LEXIKOTHEK
LÄNDER – VÖLKER – KONTINENTE
BAND II

EIN BAND AUS DEM INFORMATIONS-
UND BILDUNGSSYSTEM

Lexikothek

LÄNDER VÖLKER KONTINENTE

BAND II
AFRIKA (SÜDLICH DER SAHARA) UND AMERIKA

HERAUSGEGEBEN VON
PROF. DR. GUSTAV FOCHLER-HAUKE

BERTELSMANN
LEXIKON-VERLAG

DAS GESAMTWERK ERSCHEINT MIT BEITRÄGEN VON
ALOIS PHILIPP ALTMEYER, PROF. DR. FRANZ ANSPRENGER, PROF. DR. GERHARD AYMANS, PROF. DR. HELMUT BLUME,
HERBERT VON BORCH, HERBERT BUTZE, PROF. DR. WILLI CZAJKA, PROF. DR. KLAUS FISCHER, PROF. DR. GUSTAV FOCHLER-HAUKE,
PROF. DR. ERDMANN GORMSEN, DR. ELISABETH GROHS, PROF. DR. GERHARD GROHS, PROF. DR. ERWIN GRÖTZBACH,
HARRY HAMM, DR. KARL HELBIG, PROF. DR. WALTER HELLMICH, DR. GERHARD HERRMANN, PROF. DR. LUTZ HOLZNER,
PROF. DR. HELMUT JÄGER, PROF. DR. ADOLF KARGER, DR. HERBERT KAUFMANN, DR. HANS-PETER KOSACK,
DR. ANDREAS LOMMEL, DIPL.-GEOGRAPH WERNER LUDEWIG, DR. JÖRG MAIER, PROF. DR. WALTHER MANSHARD,
PROF. DR. WILHELM MATZAT, DR. JENS MEINCKE, PROF. DR. HORST MENSCHING, PROF. DR. HUBERT MILLER,
DR. GERHARD MUSCHWITZ, KLAUS NATORP, DR. HEINRICH PLETICHA, DR. FRANZ A. ROSENBERGER, DR. HEINZ SCHAMP,
PROF. DR. LUDWIG H. SCHÄTZL, DR. HEINRICH SCHIFFERS, PROF. DR. CARL SCHOTT, DR. HELLMUT SCHROEDER-LANZ,
PROF. DR. ULRICH SCHWEINFURTH, PROF. DR. GERHARD SENDLER, PROF. DR. WOLF-DIETER SICK, DR. ANNELIESE SIEBERT,
HEINZ SIEGERT, PROF. DR. ANGELIKA SIEVERS, DR. PETER SIMONS, PROF. DR. REINHARD STEWIG,
PROF. DR. OTTO FRIEDRICH TIMMERMANN, PROF. DR. CARL TROLL, PROF. DR. HARALD UHLIG, DR. CHRISTIAN VELDER,
PROF. DR. WOLFGANG WEISCHET, CARLOS WIDMANN, PROF. DR. FRIEDRICH WILHELM, PROF. DR. OTTO ZERRIES,
DR. HEINZ-GERHARD ZIMPEL

FEDERZEICHNUNGEN: HERIBERT LOSERT
GRAFIK: HERMANN SCHÄFER

DAS GESAMTWERK
BAND I: EUROPA (OHNE SOWJETUNION) – VORDERER ORIENT – NORDAFRIKA
BAND II: AFRIKA (SÜDLICH DER SAHARA UND AMERIKA
BAND III: SOWJETUNION – ASIEN – AUSTRALIEN UND OZEANIEN – ARKTIS UND ANTARKTIS – DIE MEERE

Chefredakteur: Dr. Gert Richter
Redaktion: Hermann Josef Barth und Erhard Bethke (verantwortlich);
Franz Moraller – Reela Veit
Bildredaktion: Monika Ritter

Einband: C. Solltal

Layout: Hans Roßdeutscher

Das Wort LEXIKOTHEK
ist für Nachschlagewerke
des Bertelsmann Lexikon-Verlages
als Warenzeichen eingetragen

© VERLAGSGRUPPE BERTELSMANN GMBH/BERTELSMANN LEXIKON-VERLAG
GÜTERSLOH – BERLIN – MÜNCHEN – WIEN 1974 A
GESAMTHERSTELLUNG MOHNDRUCK REINHARD MOHN OHG, GÜTERSLOH
LANDKARTEN DER KONTINENTE VOM KARTOGRAPHISCHEN INSTITUT BERTELSMANN, GÜTERSLOH
PRINTED IN GERMANY
ALLE RECHTE VORBEHALTEN – ISBN 3-570-08937-1

Hinweise für den Leser

Konzeption: Bei dem vorliegenden dreibändigen Werk handelt es sich – trotz des eher konventionellen Titels – nicht um eine geographische Länderkunde traditioneller Art, sondern um den Versuch, die einzelnen Länder und Staatengruppen in ihren vergangenheitsbelasteten Gegenwartsproblemen und in ihren Entwicklungstendenzen unter möglichst vielen – geographischen, völkerkundlichen, politischen, wirtschaftlichen, kulturgeschichtlichen – Aspekten verständlich zu machen.

Geographen stellen zwar die Mehrheit der **Mitarbeiter**, aber unter diesen sind auch Geologen, Ozeanographen, Völkerkundler, Volkswirtschaftler, Soziologen und Politologen sowie Publizisten vertreten, um eine vielseitige und facettenreiche Darstellung, eine »Bestandsaufnahme unseres Planeten«, zu geben.

Die **Gliederung** des Werkes soll es dem Leser möglichst erleichtern, den gewaltigen Stoff zu überschauen; sie soll bestimmte Grundprobleme und Entwicklungstendenzen aufzeigen. Aus dem Bestreben heraus, die Multikausalität dieser Prozesse sichtbar zu machen, wird nicht eine systematische Einzelbetrachtung aller Länder dieser Erde geboten, sondern eine Gesamtschau der politisch, wirtschaftlich, ethnologisch oder geographisch zusammengehörenden Großräume. Der optimalen Information des Lesers über die bestehenden Verhältnisse, Veränderungen und gegenseitigen Abhängigkeiten dient u. a. die Einteilung in verschiedene Kapitelkategorien:

Kapitel mit diesem Zeichen sind Einführungskapitel; sie dienen der allgemeinen Bestandsaufnahme, dem **Überblick** über die Kontinente. Alle wesentlichen Gebiete, Begriffe und Namen werden im Zusammenhang ihrer Aspekte analysiert.

Kapitel mit diesem Zeichen verfolgen bestimmte, wesentliche Teilthemen, wichtige, übergreifende Sachprobleme im **Querschnitt** und stellen die thematische Verbindung zwischen den Grundkapiteln her.

Zum Anliegen dieses Werkes gehört es, den Leser zu eigenem Denken und zum Überprüfen des gebotenen Stoffes zu veranlassen, ihn zu »aktivieren«. Diesem Zweck dienen folgende dem Band beigegebene Hilfsmittel:

Das »**Schwerpunktregister**« am Beginn der Bände erlaubt es, im raschen Zugriff Informationen über wichtige Aspekte zu erhalten; es fordert damit zu »alternativem« Lesen auf.

Die »**Informationskästchen**« bieten in Form von »Länder-Steckbriefen«, Tabellen, Zeittafeln, Kurzbiographien usw. eine große Zahl von Zusatzinformationen.

Die »**Literaturhinweise**« stehen in den einzelnen Beiträgen und geben eine von den Autoren getroffene, meist kommentierte Auswahl aus dem wichtigsten internationalen Schrifttum, das dem Leser ein weiterführendes Studium ermöglicht.

Bebilderung und Grafik bieten nicht bloße Illustration, sondern bemühen sich um »Veranschaulichung«. Die Bildauswahl fällt unter die Verantwortung des Verlages. Das gilt auch für die geschlossenen *Bilddoppelseiten*, die bestimmte Detailthemen unabhängig vom Lauftext abhandeln und mit ihrer bewußten Bild-Text-Integration und einem separaten Kommentartext eigenständige Kleinkapitel darstellen. Diese Kommentartexte wurden von den Autoren der jeweiligen Kapitel verfaßt, soweit sie nicht anders gekennzeichnet sind. Sinn der Bilddoppelseiten und der Einzelbilder konnte es nicht sein, eine auch nur annähernd vollständige Veranschaulichung der jeweiligen Großräume bzw. Länder zu geben oder auch nur die jeweils »typischsten« Landschaften, Städtebilder usw. zu bringen. Die Fülle der Aspekte schloß eine Vollständigkeit von vornherein aus; andererseits war eine Wiederholung gleicher Hauptthemen zu vermeiden. Der Verlag hat im Interesse einer interessanten thematischen Mischung nicht bei jedem Land die geographisch, wirtschaftlich und völkerkundlich wichtigsten Themen gewählt, sondern des öfteren auch reizvollen peripheren Themen den Vorzug gegeben.

Die **Schreibweise der Personen- und der geographischen Namen** wurde von der Redaktion weitgehend derjenigen des AZ-Lexikons der LEXIKOTHEK angeglichen. Nicht »eingedeutscht« wurden indische sowie spanische bzw. portugiesische Namen wie Mexico, Ecuador, Puerto Rico, Moçambique usw.; hingegen wurden zur Vermeidung unbefriedigender sprachlicher Zwittergebilde die entsprechenden Adjektive mit deutschen Suffixen – »mexikanisch, mosambikisch« usw. – als deutsche Eigenschaftswörter betrachtet und mit deutschen Konsonanten geschrieben.

Um eine höchstmögliche **Aktualität** zu gewährleisten, wurden auch nach Redaktionsschluß eingetretene wichtige Ereignisse und Änderungen noch am Schluß von Band III (Seite 400) aufgenommen.

Einwohnerzahlen, Größenangaben, Export- und Importziffern u. dgl. entsprechen stets den letzten, offiziellen Angaben des betreffenden Landes oder der UNO, soweit nicht ausdrücklich eine bestimmte Bezugs-Jahreszahl angegeben ist; da jedoch beispielsweise Volkszählungen (besonders in außereuropäischen Ländern) nur in größeren Zeitabständen vorgenommen werden, können offizielle Einwohnerzahlen ein relativ weit zurückliegendes Bezugsjahr haben, ohne inaktuell zu sein. Die Information ist – auch bei Schätzungen – von ungeschmälertem Wert, besonders bei Vergleichszahlen.

Herausgeber und Verlag

Inhalt

Ein Ⓑ kennzeichnet Bilddoppelseiten

Schwerpunktregister 9

Afrika 10
GUSTAV FOCHLER-HAUKE

Scheinbare Einförmigkeit und echte Vielfalt 10 – Die größte Wüste der Erde 10 – Im Pulsschlag des Kongo 11 – Zwischen Sénégal und Niger 12 – Rund um die Kalahari 14 – Staatliches, ethnisches und kulturelles Mosaik 15 – Situation und Zukunftsaufgaben der afrikanischen Wirtschaft 17 – Quo vadis, Africa? 18

Ost- und Nordostafrika 20
HERBERT KAUFMANN

Panorama der ostafrikanischen Landschaft 20 – Ein Schauplatz der Menschwerdung 20 – Von den Anfängen der Geschichte bis zur Europäer-Zeit 22 – Tansania 23 – Kenia 25 – Ⓑ Paradiese für Tiere und Tierfreunde 26/27 – Uganda 29 – Ⓑ Sisal und Agave 30/31 – Rwanda und Burundi 32 – Ostafrikanische Zusammenarbeit 33 – Nordostafrika – von Äthiopien geprägt 34 – Das französische Territorium der Afar und Issa 36 – Somalia 37 – Ⓑ Die äthiopische Kirche 38/39

Die Erforschung Afrikas 40
HEINRICH SCHIFFERS

Die »alte« Zeit im »Dunklen Kontinent« und der neue Blickpunkt 40 – Die »African Association« 43 – Der »Run« auf Afrika 45 – Afrikaforschung heute: Spezialisten und Teamwork 47

Das südliche Afrika 48
ALOIS PHILIPP ALTMEYER

Ein Großraum gegensätzlicher Natur 48 – Buren, Briten, Bantu 48 – Der Weg in die Unabhängigkeit 51 – Ⓑ Gold und Diamanten 52/53 – Völker werden Staaten 54 – Ⓑ Apartheid 56/57 – Wirtschaft zwischen Kral und Kompressor 59 – Partnerschaft im Weltgeschehen 63 – Ⓑ Die Bantu im südlichen Afrika 64/65

Länder in Afrikas Mitte 68
HEINRICH SCHIFFERS

Wo liegt das Zentrum des »Schwarzen Erdteils«? 68 – Ein großes Landbecken mit Regenwäldern, Savannen und reichen Bodenschätzen 69 – Zaire – der Kongostaat par excellence 71 – Ⓑ Verkehr und Transport: Problem Nr. 1 72/73 – Ⓑ In der Kupferprovinz 76/77 – Die Zentralafrikanische Republik – ein Binnenland im Meer der Savannen und Wälder 78 – Die Volksrepublik Kongo – Erbin des Kongo-Königreiches 79 – Kamerun – vom Meer zum Tschadsee 80 – Gabun und Äquatorial-Guinea – Waldländer unter der Äquatorsonne 82

Nigeria 84
LUDWIG SCHÄTZL

Das Drama von »Biafra« 84 – Ⓑ Ibadan, die größte Eingeborenenstadt Schwarzafrikas 86/87 – Natur- und Stammesvielfalt eines Tropenlandes 88 – Ⓑ Bilder aus Nordnigeria 90/91 – Der größte Erdnußexporteur der Welt 92 – Das Erdölland der Zukunft 92

Lebendige afrikanische Traditionen 94
ELISABETH UND GERHARD GROHS

Familie und Sippe 94 – Rechts- und Eigentumsordnung 97 – Religion 99 – Kunst 100

Staaten in Oberguinea 102
WALTHER MANSHARD

Von Guinea bis Dahomey 102 – Ⓑ Ghana und der Kakao 104/105 – Die westafrikanischen Tropen 106 – »Wasserspeicher« Guinea 107 – Diamantenland Sierra Leone 108 – Liberia – älteste Republik auf afrikanischem Boden 109 – »Musterland« Elfenbeinküste 110 – Ghana – führender Kakaoproduzent der Erde 112 – Togo – der »Zwerg« unter den Guinealändern 113 – Ⓑ Menschen in Togo 114/115 – Dahomey – bis vor drei Generationen letzte Bastion des Sklavenhandels 116 – Zukunft mit Fragezeichen 117

Die Sahara und die Sudanländer 118
HEINRICH SCHIFFERS

Eine Reise durchs »Wüstenmeer« 118 – Das »kleine Wüsten-Abc« und die Zukunft der Sahara 119 – Ⓑ Söhne und Töchter der Wüste: die Tuareg 122/123 – Wie die Saharier mit der Wüste fertig werden 125 – Im »Land der Schwarzen« 127 – Ⓑ Der Tschadsee 128/129 – Vergangenheit und Zukunft 132

Das portugiesische und das spanische Afrika 134
GERHARD SENDLER

Seit fünf Jahrhunderten auf dem »Schwarzen Erdteil«: die Portugiesen 134 – Die Kapverdischen Inseln, São Tomé und Príncipe 136 – Angola 136 – Moçambique 140 – Ⓑ Cabora Bassa – Energieprojekt im Widerstreit der Meinungen 142/143 – Portugiesisch-Guinea 144 – »Spanisch-Sahara« 145

Ausbreitung und Rückzug der europäischen Kolonialherrschaft in Afrika 146
FRANZ ANSPRENGER

Sklavenhandel und westeuropäischer Rassismus 146 – Die »Verdammten dieser Erde« 146 – Die merkwürdige Koalition 149 – Hinkende Partnerschaft 150 – Ein fast unblutiger Rückzug 152

Madagaskar 154
WOLF-DIETER SICK

Ein »Kontinent im kleinen« 154 – Traditionalismus als Hemmschuh der Landwirtschaft 156 – Ⓑ Madagaskar – ein Kontinent im kleinen 158/159 – Ansätze moderner Entwicklungen 161 – Umsiedlung und »Malgachisierung« 162

Amerika 164
GUSTAV FOCHLER-HAUKE

Die »Neue Welt« 164 – Drei Staaten, ein Kontinent: Nordamerika 164 – Landbrücke Zentralamerika, Inselwelt Westindien 170 – Ein Erdteil gewaltiger Gebirge und riesiger Tiefländer: Südamerika 170 – Fehlschläge und Fortschritte panamerikanischer Zusammenarbeit 174

Angloamerika – Realität und Widerspruch zugleich 176
GUSTAV FOCHLER-HAUKE

Vom Kolonialland zur ersten Staatsbildung 176 – Die große Krise des jungen Staates 177 – Endlich Großmacht: »Hands off«-, »Big stick«- und »Open door«-Politik 180 – Ein zweiter Staat entsteht aus französisch-britischem Erbe 181 – Die Suche nach der eigenen Identität 183 – Von der Überfremdung zu echter Partnerschaft und Gemeinschaft 185

Kanada 186
CARL SCHOTT

Der zweitgrößte Staat der Erde 186 – Ⓑ Verkehrsader Sankt-Lorenz-Strom 188/189 – Von der Entdeckung zur Unabhängigkeit 191 – Indianer und Eskimos 193 – Ⓑ Pionierland Kanada 194/195 – Anglokanadier und Frankokanadier 196 – Weizenfarmen, Obstplantagen, Riesenwälder 198 – Ⓑ Die Niagarafälle – Naturschauspiel und Energiequelle 200/201 – Ein Bergbaugigant 202 – Aufstieg zur Industrie- und Handelsgroßmacht 202 – Verantwortung in der Weltpolitik 203

Die Vereinigten Staaten von Amerika 204
LUTZ HOLZNER

Weltmacht der Widersprüche 204 – Ⓑ Das Schicksal der nordamerikanischen Indianer 206/207 – »Gottes eigenes Land« 208 – Ⓑ Steinerne Zeugen der Vergangenheit 210/211 – Ⓑ Yellowstone-Impressionen 214/215 – Die amerikanische »Frontier« 216 – Segen und Fluch des »American Way of Life« 221 – Ⓑ Ballungsraum Ostküste 224/225 – Industrialisierung als Motor 226 – Die nachindustrielle Überflußgesellschaft: »Affluent Society« und »White Collar Revolution« 228 – Die amerikanische Klassengesellschaft 229 – Ⓑ Neger sein in den USA 232/233 – Die amerikanische Krise 234

Die Rolle der USA in der Welt 236
HERBERT VON BORCH

Amerika kann nicht mehr die Arche Noah sein 236 – Die hohe Zeit des »Kalten Krieges« 237 – Das Vietnam-Abenteuer und die Folgen 239 – Ⓑ Ein Erdteil im Umbruch 240/241

Mexico und Zentralamerika 246
KARL HELBIG

Uralter Bestand, heute wirksam wie einst 246 – Ⓑ Tropische Hochkulturen 248/249 – Sind Mexico und Zentralamerika eine Einheit? 250 – Ⓑ Der Panamakanal 252/253 – Mexicos politischer Weg in den letzten hundert Jahren 254 – Mexicos stolze Wirtschaftsbilanz, ein halbes Jahrhundert nach der Revolution 257 – Ⓑ Rodeo in Mexico 260/261 – Zentralamerikas Wirtschaft gestern und heute 263 – Ⓑ Rund um den Kaffee 264/265 – »Weder Millionen noch Almosen – wir wollen Gerechtigkeit!« 266

Westindien 268
HELMUT BLUME

Die tropischen Inseln Amerikas 268 – Ⓑ Vulkanisches Westindien 270/271 – Die Entkolonialisierung und das Erbe der Kolonialzeit 272 – »Zuckerkranke« Landwirtschaft 275 – Die »Zuckerinseln« im wirtschaftlichen Wandel: Industrialisierung und Fremdenverkehr 277 – Ⓑ Kubanische Kontraste 278/279 – Strukturwandlungen der Gegenwart 281

Die Andenländer 282
WOLFGANG WEISCHET

Chile – vielgestaltiges Kordillerenland auf neuen Wegen 282 – Ⓑ Cuzco – der »Nabel« des Inka-Reiches 286/287 – Bolivien –

ein Binnenstaat auf der Suche nach einer besseren Zukunft 288 – ⒷDer größte See Südamerikas 290/291 – Perú – indianische Tradition und sozialrevolutionärer Wandel 293 – ⒷMachu Picchú 296/297 – ⒷVolkstypen aus Perú 300/301 – Ecuador – Strukturvorteile auf unruhiger Basis 302 – Kolumbien – von der Natur begünstigt, von Pionieren geprägt 303

Versunkene Kulturen
in Zentral- und Südamerika 308
OTTO ZERRIES

Die Azteken 308 – Die Maya in Guatemala und Yucatán 309 – Die Goldländer 313 – Das Inka-Reich in Altperú 314

Venezuela 316
ERDMANN GORMSEN

Kordilleren, Llanos, Inselberge 316 – ⒷDer Orinoco – das »Große Wasser« 318/319 – Das Ende der Llanero-Romantik 320 – Mit der Industrie kam die Verstädterung 321 – ⒷErdöl aus Venezuela 322/323 – Von Simón Bolívar bis heute 325

Die Guayana-Länder 326
(Guyana, Surinam und Französisch-Guayana (Guayane Française)
ERDMANN GORMSEN

Dreigeteilte Einheit eines tropischen Lebensraumes 326 – Guyana – eine »kooperative Republik« 330 – Surinam – ethnisch differenziert, aber tolerant 331 – ⒷDie Guayana-Länder – tropischer Lebensraum vieler Kulturen 332/333 – Französisch-Guayana – ein unterentwickeltes »Überseedepartement« 335

Brasilien 336
CARLOS WIDMANN

Industrielle Großmacht aus zweiter Hand 336 – ⒷBrasília – die neue Bundeshauptstadt 338/339 – Das Scheitern der Demokratie oder die Stunde der Generale 342 – Kubitschek, der Träumer 343 – ⒷReichtum und Elend unterm Zuckerhut 344/345 – Quadros, der Exzentriker 346 – Goulart, der Demagoge 348 – Die Geographie des Hungers – der brasilianische Nordosten 349 – ⒷIndianer in Brasilien 350/351 – Dom Helder, der »rote« Erzbischof 354 – Industrielles Herz Brasiliens: São Paulo 355 – ⒷKarneval in Rio 356/357 – Die Mär von der Rassenharmonie 358

Die La-Plata-Staaten 360
WILLI CZAJKA

Drei Flüsse – eine Mündung 360 – ⒷAnden, Chaco, Patagonien 362/363 – Indianer, Spanier und andere Einwanderer 365 – Schwerpunkte von Siedlung und Wirtschaft 367 – ⒷUruguays Metropole 368/369 – Bodenschätze und Verkehrswege 371 – Landwirtschaft zwischen Chaco und Feuerland 372 – ⒷViehwirtschaft in Argentinien 374/375 – Das gebirgige Argentinien 376 – Raum für Pioniere: Ostpatagonien und Feuerland 379 – Die Gegenwartslage der La-Plata-Staaten 380

Lateinamerika – ein Kulturerdteil
sucht seine Zukunft 382
GUSTAV FOCHLER-HAUKE

Schmelztiegel von Rassen und Völkern 382 – Durch Verstädterung zu einem neuen Proletariat 382 – Die Rolle von Kirche und Militär 384 – Das Ernährungsproblem 385 – Überfremdung und Wirtschaftsnationalismus 386 – Nationale und soziale Reformversuche 387 – Castro und der Castrismus in seiner Bedeutung für Lateinamerika 388

Hauptregister 392

Bildnachweis 399

Sigel: Bu = Herbert Buhe; F.-H. = Prof. Dr. Gustav Fochler-Hauke

Schwerpunktregister

Agrarexport 32, 83, 92, 108, 109, 111, 113, 117, 140, 144, 156, 266, 276, 293, 294, 303, 305, 306, 324, 330, 349

Bevölkerung 14, 37, 61, 66, 88, 94–101, 89, 98, 111, 117, 125, 126, 145, 157, 168, 184, 196, 219, 220, 230, 231, 274, 302, 320, 330, 331, 335, 337, 340, 358, 359, 365, 367

Bodenschätze 19, 49, 52, 53, 71, 75–77, 92, 93, 108, 109, 113, 140, 145, 168, 202, 227, 258, 262, 282, 284, 285, 293, 299, 304, 307, 317, 328, 331, 334, 335, 371, 372

Bündnisse und Konföderationen 18, 33, 54, 68, 163, 174, 175, 244, 245, 342, 389

Entkolonialisierung 24, 133, 146–153, 272, 273

Entwicklungshilfe 47, 61, 151, 152, 163, 352, 353

Erdöl 93, 202, 258, 262, 293, 303, 304, 316, 321–323, 328

Erforschung 23, 40–47, 136, 137, 191

Handel 19, 168, 203, 262, 276, 280, 324, 342

Industrialisierung 71, 75, 93, 168, 192, 202, 203, 223, 226–228, 277, 280, 281, 285, 298, 306, 307, 317, 321, 337, 335–358, 366, 370, 386

Klima 14, 48, 69, 70, 88, 106, 107, 120, 121, 154, 172–174, 190, 213, 216, 217, 272, 305, 326, 361

Kolonialherrschaft 24, 50, 51, 133, 134, 136, 137, 146–153

Krisenherde und Konflikte 18, 24, 25, 28, 32, 33, 50, 51, 54, 59, 71, 84–88, 133, 176–179, 349, 352–355

Ländersteckbriefe 23, 25, 29, 33, 34, 36, 37, 51, 54, 55, 58, 69, 75, 78, 79, 80, 83, 92, 107, 108, 109, 110, 112, 113, 116, 120, 121, 126, 127, 156, 208, 273, 274, 277, 284, 288, 293, 302, 303, 334, 370

Landwirtschaft 17, 19, 49, 74, 92, 104, 105, 107, 111, 125, 140, 144, 156–161, 168, 191, 198, 209, 212, 217, 263–266, 275–279, 289, 292, 294, 302, 305, 306, 320, 321, 324, 328, 330, 334, 337, 349, 366, 372–376, 379

Rassenschranken 25, 55–58, 67, 146, 150, 179, 231

Regierungsumstürze und Revolutionen 24, 25, 28, 32, 33, 84–88, 133, 235, 256, 292, 384, 385

Soziale Reformen 256, 299, 321, 352, 353, 384, 385, 387–391

Staatenbildung 15, 16, 24, 25, 35, 54, 58, 148, 176, 181–183

Statistische Übersichten 19, 69, 124, 125, 126, 168, 191, 209, 219, 222, 227, 251, 276, 324, 340

Unabhängigkeit 24, 25, 51, 54, 118, 148, 151, 176

Vegetation 13, 48, 88, 107, 121, 130, 155, 156, 171, 174, 190, 272, 361, 365, 366

Verkehr 19, 46, 47, 72, 73, 203, 227, 257, 258, 275, 321, 337, 372

Weltpolitik 180, 203, 236–245

Wirtschaftsstrukturen 49, 273, 275–281, 304, 328, 366, 380, 381

Gustav Fochler-Hauke

Afrika

Scheinbare Einförmigkeit und echte Vielfalt

Die klare Umgrenzung des afrikanischen Kontinents verführt leicht dazu, Afrika als eine Einheit anzusehen. Es trifft dies jedoch weder für die natürlichen Gegebenheiten noch für die Bevölkerung oder die Kultur zu. In der Natur stehen sich mehrere Großregionen mit sehr verschiedenartigem Bau und mannigfaltigen Oberflächenformen gegenüber. Das gewissermaßen »afrikafremde« Atlassystem im Norden weist gegenüber dem Hauptteil des Festlandes die stärksten Unterschiede auf, ist doch dieser ein uralter Kontinentalblock mit ausgedehnten Rumpf- und Tafellandschaften, während der Atlas zu den Gebirgssystemen mit jüngerer Struktur gehört. Aber auch innerhalb dieses »alten« Afrikas lassen sich mehrere Großräume sehr unterschiedlichen Charakters unterscheiden: der Osten mit seinen Hochländern und Vulkanriesen, Zentralafrika mit dem riesigen Kongobecken, der Süden mit der Kalahari und den Kapketten, die Länder entlang des Golfes von Guinea, der Sudan und schließlich die Sahara, die an den Syrten bis an das Mittelmeer heranreicht. Trotz aller Einförmigkeit im großen ist im einzelnen die Mannigfaltigkeit dieses mit den Inseln rund 30 Millionen qkm umfassenden Erdteils immer wieder staunenerregend. Pflanzen- und Tierwelt, Rassen und Völker Afrikas bergen eine Fülle von Kontrasten. Das südlich der Sahara gelegene »Schwarzafrika« erscheint nicht zu Unrecht in vieler Hinsicht als das »eigentliche« Afrika.

Für Europa ist der afrikanische Kontinent, der mehr als 350 Millionen Menschen beherbergt, aber in seiner mittleren Bevölkerungsdichte nur etwa über 40% des Weltdurchschnitts erreicht, zweifellos wichtig, aber nicht lebenswichtiger als die Wirtschaftsregionen der anderen Kontinente. Afrika hat nur selten, etwa zu den Zeiten der altägyptischen Hochkultur und während der Maurenherrschaft, nachhaltig auf die übrige Welt im aktiven Sinne eingewirkt. Damals aber gingen die Kräfte nicht von Schwarzafrika aus, sondern von den rassisch und kulturell ganz anders bestimmten Randländern des Nordens. Nun aber scheint zum erstenmal das Negertum, nach der vielfältigen Überformung in der kolonialen Epoche, dazu bestimmt zu sein, sein ureigenstes Gewicht in die Waagschale zu werfen. Noch vermag niemand zu sagen, wie die Entwicklung vor sich gehen wird. Immer größere Probleme werden sichtbar, für die noch keine gültigen Lösungen gefunden werden konnten. Europa muß, wie die übrige Welt, an der Bewältigung dieser Probleme mitwirken, und Afrika kann auf diese Mitwirkung nicht verzichten.

Der Norden hatte bereits in vorgeschichtlicher Zeit enge Beziehungen zu Asien und Europa, und diese Beziehungen sind eigentlich nie abgebrochen, sondern haben vielmehr immer wieder neue Kräfte einströmen lassen. Phönizier und Griechen gründeten in den nordafrikanischen Küstenbereichen zahlreiche Kolonien. Das Römerreich verband die gesamte Mittelmeerwelt kulturell, verkehrsmäßig und politisch und schloß Nordafrika an die mediterrane Kultur an. Das Christentum wurzelte in Teilen Nordafrikas früher ein als in vielen Ländern Europas. Als die islamischen Araber vom 7. Jahrhundert an Nordafrika überfluteten, wurde manches von dem alten Kulturerbe verschüttet, aber Grundlegendes blieb doch, wenn auch in gewandelter Form, erhalten. In neuerer Zeit ist wahrscheinlich, vom Süden abgesehen, kein Teil Afrikas so stark von Europa her beeinflußt worden wie die nordafrikanischen Länder. Es zeigt sich jedoch ständig deutlicher, daß auch die Kolonialepoche die alten Traditionen nicht auslöschen konnte, sondern sie nur umformte und ihnen neue Möglichkeiten gab, sich zu entwickeln. Wie die Araber es bisher nicht vermochten, die alteingesessenen Berber der Atlasländer völlig zu assimilieren, so ist es den europäischen Kolonialmächten nicht gelungen, ihrerseits den arabisierten Norden für immer zu überfremden. Heute ringen die Völker der nordafrikanischen Staaten um den ihnen gemäßen Weg der Eingliederung in die werdende Weltzivilisation. Die starke Prägung durch die arabisch-islamische Kultur, die Nordafrika zu einem Teil des Orients werden ließ, birgt ebenso viele Hemmnisse wie Antriebe für den Weg in die neue Zeit. Auch Nordafrika läßt sich in mehrere enger miteinander verwandte Regionen zusammenfassen: die Atlasländer Marokko, Algerien und Tunesien, die den »Maghreb« – den arabischen »Westen« – bilden, und die Syrtenlandschaften, die sich, mit Libyen im Kernraum, vom Südosten Tunesiens bis nach Ägypten erstrecken, das von den uralten Kulturoasen des Nils bestimmt wird. Soviel Gemeinsames indes den afrikanischen Norden verbindet – ein jedes Land hat doch seine ganz besonderen Probleme und Möglichkeiten.

Die größte Wüste der Erde

Südlich der nordafrikanischen Staaten, die tief in die Sahara hineingreifen, aber mit ihren Wirtschafts- und Bevölkerungszentren zu den Mittelmeerküsten hin orientiert sind, ist eine Staatengruppe gelegen, die keinen Zugang zum Meer besitzt oder zumindest in Natur und politischer Entwicklung nicht vorwiegend »meerbezogen« ist. Wüsten und Wüstensteppen nehmen einen großen Teil ihrer Fläche ein, haben sie doch einen wesentlichen Anteil an der Sahara, der ausgedehntesten Wüste der Erde. Der arabische Name »Es Sahra«, der nicht nur »gelb« oder »rötlich«, sondern auch etwa »wüste Ebene« bedeutet, weist auf den Naturcharakter dieser Großlandschaft hin. Weite

Landstriche dieser Wüste gehören politisch noch zu Nordafrika. Einzelne Landschaftsnamen – z. B. Tanezrouft (»Land der Furcht«) – kennzeichnen in besonders treffender Weise die Natur der Sahara; auch im saharischen Südstreifen lassen Landschaftsbezeichnungen wie Ténéré (etwa »Land da draußen«, d. h. jenseits der Weidemöglichkeiten) erkennen, daß der Wüstencharakter hier noch vorherrscht. Weiter nach Süden zu schließt dann der andere große afrikanische Landschaftsgürtel an: der bis auf 1000 km Breite den ganzen Kontinent von West nach Ost einnehmende Sudan (arabisch »Bilad es Sudan«, »Land der Schwarzen«), in dem der allmähliche Übergang von der Wüstensteppe zu den Savannen stattfindet und das eigentliche Schwarz- oder Negerafrika beginnt. In dieser Zwischenzone haben sich einst stark vom Norden her beeinflußte Staaten gebildet, die sich teilweise bis in die Kolonialzeit hinein ihre Unabhängigkeit bewahrten. Sahara und Sudan waren die Schauplätze großer, »klassischer« Entdeckungsreisen, die sich mit den Namen berühmter Forschungsreisender wie Hornemann und Clapperton, Caillié und Barth, Rohlfs, Nachtigal, Foureau und Lamy verbinden. Die heutigen Staaten haben, von der Republik Sudan abgesehen, keine überregionale Bedeutung, aber sie bilden doch wichtige Bindeglieder zwischen Nord- und Negerafrika.

Der Osten des Kontinents hat nach Natur und Bevölkerung viele Gemeinsamkeiten; dennoch lassen sich in mancher Hinsicht recht unterschiedliche Aufteilungen und Untergliederungen vornehmen und auch vertreten. Eine gewisse Sonderstellung nimmt das sogenannte »Osthorn« ein, das im wesentlichen mit Äthiopien und den Somaliländern zusammenfällt und wo kühlere Gebirgslandschaften von trockenen Plateaus und Ebenen umgeben sind. Historisch gesehen haben enge Verbindungen zu Südarabien Sonderentwicklungen begünstigt. Das eigentliche Ostafrika läßt sich als der Teil des Kontinents umschreiben, der zwischen den östlichen Randschwellen des Kongobeckens und dem Indischen Ozean gelegen ist. Manchmal wird diese Region nicht ganz zutreffend als das »Dach Afrikas« bezeichnet, da hier über Hochplateaus gewaltige Vulkanmassive aufragen – die höchsten Erhebungen des ganzen Kontinents – und von hier aus Gewässer sowohl zum nahen Indischen Ozean als auch zum fernen Atlantik und zum Mittelmeer hinabziehen. Junge tektonische Bewegungen haben in Ostafrika die Erdkruste zerstückelt, mächtige Schollen herausgehoben und steile Bruchstufen sowie tiefe, von großen Seen erfüllte Gräben geschaffen, während vulkanische Eruptionen riesige Vulkandome und ausgedehnte Lava- und Tuffdecken entstehen ließen, wie sie besonders für weite Gebiete Äthiopiens typisch sind. Feucht- und Trockensavannen, Trockenwald und Grassteppen sind charakteristisch; tropische Feuchtwälder treten zurück. Die wildlebende Tierwelt ist so reich wie in keiner anderen afrikanischen Großregion, und die zahlreichen Nationalparks sind zu einer besonderen Attraktion des Fremdenverkehrs geworden. In britischer Kolonialzeit waren einige der wichtigsten Länder wirtschaftlich und verwaltungsmäßig zu einer Einheit zusammengefaßt worden. Diese zukunftweisende Politik, die auch für die Gegenwart noch Impulse gab, hat leider jüngst durch nationalistische Egoismen eine Schwächung erfahren.

Im Pulsschlag des Kongo

Im großen Gegensatz zu Ostafrika steht der Riesenraum im Inneren des Erdteils, in dem scharfe Grenzen schwer zu ziehen und Übergangssäume überall vorhanden sind. Am ehesten kann man unter »Zentralafrika« die äquatornahen Regionen des Kontinents zusammenfassen, soweit sie zwischen dem Golf von Guinea und den Rändern des Zentralafrikanischen Grabens liegen und von der Lundaschwelle im Süden und der Asandeschwelle im Norden begrenzt sind. Im wesentlichen handelt es sich um das Becken des Kongo und seine Umrandung. Zwar wird es in einem breiten Gürtel beiderseits des Äquators durch innertropisches Regenklima mit ganzjährig hoher Feuchtigkeit und Wärme gekennzeichnet und weist im Jahresmittel Niederschläge von 2000–3000 mm auf; an den höheren Rändern und an der Küste erfährt das Klima jedoch hinsichtlich Niederschlagsverteilung und Temperatur ganz wesentliche Abwandlungen. Der an wertvollen Hölzern reiche Regenwald wurde an vielen Stellen, besonders in den Randgebieten, durch den Menschen schon stark umgewandelt und ist dort Sekundärvegetation oder Kulturland gewichen; trotzdem umfaßt er immer noch eine Fläche von mehr als 2 Millionen qkm. An ihn schließen sich im Norden und im Süden Feuchtsavannen bzw. – besonders im Süden – regengrüne Trockenwälder (Miombowälder usw.) an.

Der weitaus größte Teil dieses tropischen Waldlandes ist sehr dünn besiedelt; Bevölkerungsverdichtungen gibt es überwiegend in den offeneren Landstrichen und in den Bergbaugebieten der Randschwellen. Restgruppen von Zwergvölkern (Pygmäen), einst lediglich Sammler und Jäger, nun teilweise aber zum Pflanzbau übergegangen, leben in diesen Waldgebieten neben verschiedenen Bantustämmen, die wahrscheinlich von Nordosten her eingedrungen sind. Altnigritische Kultureinflüsse haben sich nach Süden hin ausgebreitet, wie umgekehrt von Südosten her Elemente der altrhodesischen Simbabwe-Kultur einsickerten. Die Lebensweise der Waldbantu war bis vor kurzem relativ einheitlich, wurde jedoch im Zuge der kolonialwirtschaftlichen Erschließung der jüngeren Zeit mehr oder weniger tiefgreifend verändert, eine Entwicklung, die sich jüngst durch starke Abwanderung in die allzu schnell gewachsenen Städte noch weiter akzentuiert hat. Da – von Ausnahmen abgesehen – dieser Teil Afrikas französischer bzw. belgischer Kolonialbesitz war, ist Französisch Amts- und Bildungssprache geblieben. Durch diese Tatsache und dadurch, daß sich einige afrikanische Sprachen weithin zu Verkehrssprachen entwickelt haben, wird die an sich große Aufsplitterung in sprachliche Gruppen stark gemildert. So hat sich zwischen dem Stanley-Pool im Süden und dem Ubangi im Norden das einfache Lingala einen großen Einflußraum geschaffen, während in südlichen Landstrichen das Kiliba (Chiluba) weit verbreitet ist. Am unteren Kongo und im Kasaigebiet wird Kikongo (Fiote) gesprochen, und von Osten her hat sich, u. a. durch die Sklavenjäger von einst, das auf Bantu-Grundlage entstandene, von Fremdwörtern aus europäischen Sprachen und Arabisch durchsetzte Kisuaheli (Kingwana) als Verkehrssprache einen weiten Raum erobert.

An alten, vorkolonialen Reichen hat es in Zentralafrika keineswegs gefehlt, doch befanden sich deren Mittelpunkte meist in den Randgebieten des eigentlichen Kongobeckens. Die Entstehung des Reiches der Bakuba (Buschongo, Kuba) im Gebiet der Flüsse Sankuru und Kasai reicht weit zurück, wenn auch seine Blüte erst in den Beginn des 17. Jahrhunderts fällt. Im 15. Jahrhundert entfaltete sich am oberen Lualaba das Luba-Reich zu einem größeren Herrschaftsgebiet; ein Jahrhundert später gewann das südwestlich davon gelegene Lunda-Reich unter einer wahrscheinlich aus dem Nordosten eingewanderten Herrenschicht Einfluß.

Zu den interessantesten dieser alten vorkolonialen Staaten Afrikas gehört das Kongo-Reich am Unterlauf des Stromes, das sich zeitweise stark nach Süden ausdehnte und an dessen Traditionen in der jüngsten Zeit ehrgeizige Politiker mit Plänen einer Neubildung anzuknüpfen versuchten. Schon der portugiesische Seefahrer Diego Cão, der 1482 die Kongomündung entdeckte, knüpfte Beziehungen mit diesem Staatswesen an, die nahezu zwei Jahrhunderte lang auf der Basis der Gleichberechtigung mit Portugal bestehenblieben. Der bedeutendste Negerherrscher jener Zeit war der christliche König Afonso I., unter dem das Christentum vorübergehend Eingang fand. Sklavenhandel, innere Streitigkeiten und der politische Druck seitens der Kolonialmächte führten zum Niedergang dieses in seiner Kultur und Staatsstruktur bemerkenswerten Herrschaftsgebietes. Die langwierige Auseinandersetzung der Kolonialmächte um den äquatorialafrikanischen Raum wurde schließlich durch die von Bismarck angeregte Berliner Kongokonferenz (1884/85) und die dort beschlossene »Kongoakte« in das entscheidende Stadium geführt.

Zwischen Sénégal und Niger

Noch stärker als bei der Abgrenzung anderer afrikanischer Großregionen treten bei der Definierung des Begriffes »Westafrika« Schwierigkeiten auf. Abgrenzungen nach physischen, ethnischen oder politisch-geographischen Gesichtspunkten ergeben jeweils andere Umrisse. Das ehemalige Französisch-Westafrika reichte z. B. bis tief in die Sahara hinein. Nach der Oberflächengestaltung überwiegen in weiten Bereichen Tafel- und Stufenländer sowie herausgehobene Plateaus. In Guinea und dessen Nachbargebieten sind ausgedehntere Gebirgslandschaften anzutreffen, während an den Küsten und an den Unterläufen der Ströme Tieflandscharakter herrscht. Vom immerfeuchten tropischen Klima und von den Regenwäldern im Süden läßt sich ein Übergang zum kurzperiodisch trockenen Tropenklima und zum sommerfeuchten Savannengürtel des Sudans feststellen; die Bodengunst ist überaus unterschiedlich.

Groß ist die ethnische Vielfalt der westafrikanischen Länder. Die von Norden und Nordosten her eingewanderten, vielfach nomadischen oder halbnomadischen hamitischen und arabischen Gruppen sind nur wenig über die feuchteren Savannen nach Süden vorgedrungen. Der tropische Waldgürtel bildete lange Zeit eine Schranke zwischen den Negergruppen des Südens und den nördlichen Völkerschaften, wenn auch im einzelnen die Vermischung mannigfaltig war. Der Einfluß der sudanischen Reiche – etwa Gana, Mali, Bambara – reichte nicht wesentlich über den 10. Breitengrad nach Süden hinaus. Im Südosten bildeten sich Staaten mit teilweise weit zurückreichenden Traditionen, so vor allem Dagomba, Dahome, Benin und die Reiche der Joruba (Yoruba) und der Aschanti. Die in der Frühzeit europäischer Einflußnahme vorwaltenden merkantilen Interessen sind noch heute in Bezeichnungen wie Pfeffer-, Elfenbein-, Gold- und Sklavenküste zu erkennen. Frankreich und Großbritannien wurden schließlich die entscheidenden Kolonialmächte, mit Abstand gefolgt von Portugal und Belgien. Die brandenburgisch-dänisch-schwedischen Festsetzungsversuche hatten nur kurzfristigen Erfolg, und auch Spanien konnte sich nur bescheidene Besitzungen sichern. Die deutsche Kolonialherrschaft währte nur einige Jahrzehnte. Mit der Gründung von Liberia begannen im 19. Jahrhundert die Ansätze zu einer eigenständigeren Entwicklung.

Die in der Kolonialzeit unter einem neuen Überbau politisch und sprachlich, aber auch wirtschaftlich gewachsenen Strukturen haben nach Erlangung der Unabhängigkeit fast aller west-

248 Mill. »Schwarze«

97 Mill. »Nichtschwarze« (ohne Europäer bzw. »Weiße«)

Wie schwarz ist der »Schwarze Erdteil«?

5 Mill. Europäer bzw. »Weiße«

350 Mill. Gesamtbevölkerung

afrikanischen Gebiete ihre teils trennende, teils verbindende Kraft behalten, was sich namentlich in einer zögernden Zusammenarbeit zwischen frankophonen und einst britischen Besitzungen zeigt. Die Ansätze zu einer regionalen Kooperation sind in kaum einem anderen Teil Afrikas so zahlreich wie in diesem Raum, vornehmlich in den von der französischen Kolonialepoche geprägten Gebieten, in denen der wirtschaftliche und kulturelle Einfluß Frankreichs stark geblieben ist. Der mehrfach unternommene Versuch, eine umfassende »Westafrikanische Wirtschaftsgemeinschaft« zu schaffen, harrt noch immer seiner Verwirklichung. Die von der UNO-Wirtschaftskommission für Afrika (ECA) unternommenen Schritte haben immerhin zu einer subregionalen Zusammenarbeit geführt. Der Zusammenschluß mehrerer Staaten zur »Union Douanière des États de l'Afrique de l'Ouest« (UDEAO) brachte nur vorübergehend bescheidene Fortschritte; gleiches gilt für die langjährige Tätigkeit des »Conseil de l'Entente«. Eine allmähliche Vertiefung der Kooperation wurde dagegen in der »Union Douanière et Économique de l'Afrique Centrale« (UDEAC) erreicht. Alle diese Verbindungen sind jedoch labil.

Die bis zum heutigen Tag erfolgreichste Zusammenarbeit wurde im Rahmen der mehrfach umgegliederten »Organisation Commune Africaine, Malgache et Mauricienne« (OCAMM) erzielt, der die meisten Länder der ehemaligen Kolonialgebiete Französisch-West- und Französisch-Äquatorialafrika, Zaire, die Volksrepublik Kongo, Rwanda, Mauritius und u. a. Madagaskar angehören; sie hat mit einer Reihe von Unterorganisationen, besonders in Finanz-, Markt- und Verkehrsangelegenheiten, faktische Kooperation eingeleitet. Die Assoziierung fast aller westafrikanischen Länder mit der EWG wirkt sich für die wirtschaftliche Entwicklung und den Außenhandel sehr vorteilhaft aus.

Rund um die Kalahari

Für die Abgrenzung Südafrikas als Erdteilregion wird im allgemeinen ein etwa von der Mündung des Sambesi zur Mündung des Kunene verlaufender Übergangsraum gewählt. In Bau und Oberflächenformen hat Südafrika die Form einer Schüssel. Über dem Grundgebirge liegen weithin kambrische Schichten. Im Süden bestehen die Sedimente teils aus Landbildungen, teils aus Meeresablagerungen; sie wurden vom Oberen Karbon an zum System der Kapketten gefaltet, während die Gebiete nordöstlich davon eine Einmuldung und bis zur Trias eine Ausfüllung mit den mächtigen »Karru«-Schichten erfuhren. Durch Abtragung entstanden in weiten Regionen Südafrikas Rumpfflächen. Die heutigen Oberflächenformen sind das Ergebnis tertiärer Heraushebungen und Absenkungen sowie von Abtragungsvorgängen. Wichtigste Großformen sind das in sich gegliederte Kalaharibecken und die Hochlandumrahmung mit der treppenartig zur Küste abfallenden Großen Randstufe (Great Escarpment), die mit 3482 m in den Drakensbergen ihre größte Höhe erreicht. Dazu kommen die bis weit über 2000 m ansteigenden Kapketten, das ziemlich schmale östliche Küstenvorland und u. a. die Namib entlang der Westküste. Der größere Teil Südafrikas liegt im Bereich der Trockenregion der Südostpassate; nur der Süden befindet sich außerhalb der tropischen Zone. Lage und Relief bedingen unterschiedliche Klimaregionen. So ist das Hochland von Rhodesien gemäßigt tropisch und das anschließende Küstenvorland in Moçambique tropisch-schwül, während die Küste von Natal zu den feuchten Subtropen gerechnet werden kann. Das Kalaharibecken hat ein überwiegend wintertrockenes, kontinentales Steppenklima; das Kapland hingegen kennt Winterniederschläge, die in den höheren Randstufengebieten als Schnee fallen können. Sehr trocken sind das Einzugsgebiet des unteren Oranje und Südwestafrika, das in der Namib eine Küstenwüste besitzt.

Südafrika gehört zu den früh vom Menschen bewohnten Gebieten der Alten Welt. Im einzelnen bestehen über Alter und Zusammengehörigkeit der Funde noch Differenzen. Negride Einflüsse vor dem Neolithikum sind vorläufig nicht nachgewiesen. Die zu den Khoisaniden gehörenden, als Wildbeuter und Sammler lebenden Buschmänner wanderten vor 12000 bis 15000 Jahren in Südafrika ein; von ihnen stammen zahlreiche Felszeichnungen und Höhlenmalereien, die dem Alter nach verschieden, aber nur zum kleineren Teil jüngeren Datums sind. Als ihnen verwandt gelten die Hottentotten (eigene Bezeichnung »Khoi-Khoin«), die ursprünglich reine Hirtennomaden waren, später von den Weißen, in deren Dienste sie teilweise traten, nach Norden und Osten bzw., wie die Nama, nach Südwestafrika abgedrängt wurden. Die negriden Stämme mit Bantusprachen, darunter die Sotho, Ndebele und Ñguni, sind im wesentlichen erst vom 16./17. Jahrhundert an nach Südafrika vorgedrungen, von früheren Vorstößen abgesehen. Von älteren Reichen künden u. a. die Ruinen von Simbabwe in Rhodesien, die vermutlich mit dem im Frühmittelalter entstandenen Monomotapa-Reich in Zusammenhang stehen dürften. Herrschaftsgebilde der Xosa gab es im 18. Jahrhundert am Keifluß. Als erste Europäer kamen die Portugiesen an südafrikanische Küsten (Diego Cão 1484 am Kreuzkap, Bartolomeu Diaz 1487 in der Lüderitzbucht, 1488 Umsegelung des Kaps der Guten Hoffnung durch Diaz). Es folgten die Niederländer, die sich jedoch erst ab 1652 unter Jan van Riebeeck unter dem Tafelberg in der Gegend des heutigen Kapstadt als Siedler niederließen und später von den Hottentotten weitere Gebiete erwarben. Aus Holländern, Niederdeutschen und französischen Hugenotten bildete sich das Volk der Buren, das eine eigene Sprache, das Afrikaans, entwickelte. Im Jahre 1770 erreichten die Buren auf ihrem Vorstoß nach Norden den Großen Fischfluß (Groot Visrivier). Dort trafen sie erstmals mit Bantustämmen zusammen, mit denen sie sich im Kampf um gute Weidegründe während der hundert Jahre dauernden »Kaffernkriege« auseinandersetzten. In weiten Teilen Südafrikas haben die Weißen ein älteres Heimatrecht als die später gekommenen Schwarzen. Als zweite weiße Gruppe begannen die Briten 1795 mit der Eroberung des Kaplandes, und in der Folge sahen sich viele Buren gezwungen, in »Treks«, die 1835 einsetzten, nach Norden auszuweichen. Die unter Tschaka von den Zulu unterworfenen anderen Bantustämme zogen sich nach verschiedenen Richtungen zurück; die letzten Kämpfe der Buren mit den Zulu gingen 1860 zu Ende, zu einer Zeit, als in Verbindung mit den Zuckerplantagen eine weitere Bevölkerungsgruppe ins Land geholt wurde: die Inder. Der 1899–1902 zwischen Buren und Briten mit wachsender Erbitterung ausgefochtene Burenkrieg endete infolge der britischen Übermacht mit der Unterwerfung der Buren (Friede von Vereeniging). Aber bereits 1910 entstand aus dem Oranje-Freistaat, Transvaal, der Kapprovinz und Natal die Union von Südafrika, die 1931 völlig unabhängig wurde und aus der schließlich die Republik Südafrika hervorging.

Eindeutiges politisches und wirtschaftliches Kraftfeld ist die Republik Südafrika, das einzige voll entwickelte Land des ganzen Kontinents; sie hat nicht nur das Gebiet von Südwestafrika – von der UNO in »Namibia« umbenannt – praktisch in ihr Staatsgebiet integriert, sondern arbeitet auch eng mit Rhodesien, Moçambique und Angola zusammen. Von entscheidender wirtschaftlicher Bedeutung ist die Republik für die jungen Staaten Botswana, Lesotho, Malawi und Swasiland, in geringerem Umfang auch für Sambia. Zwar lehnen alle diese Länder die südafrikanische Rassentrennungspolitik mehr oder weniger scharf ab; sie können sich aber dem wirtschaftlich übermächtigen Südafrika auf absehbare Zeit nicht entziehen.

Staatliches, ethnisches und kulturelles Mosaik

Die Umrisse der afrikanischen Staaten hängen nur ganz bedingt mit der geographischen Lage bzw. der Anordnung der Klima- und Vegetationszonen zusammen; politische Zielsetzungen, historische Traditionen und Zufälligkeiten haben bei der Abgrenzung eine Rolle gespielt. Die nordafrikanischen Staaten haben ihre Wurzel und ihr Schwergewicht an der Küste des Mittelmeeres; sie reichen in der Sahara so weit nach Süden, bis sie sich mit den Staaten berühren, deren Bevölkerung und deren Wirtschaftsleben von der Savannenzone des Sudans geprägt sind. Mögen auch die Grenzen der im Sudan gelegenen bzw. dort ihr Zentrum besitzenden Staaten in ihrem heutigen Verlauf auf die keineswegs einheitlichen Verwaltungstendenzen und Notwendigkeiten der französisch-britischen Kolonialepoche zurückgehen, so läßt sich doch in vielen Fällen ein Fortwirken vorkolonialer Einflüsse feststellen. Die Landschaftszone des Sudans war im südlich der Sahara gelegenen Afrika Schauplatz der mannigfaltigsten Staatenbildungen des Kontinents. Die aus dem Norden und Nordosten kommenden Eroberer vermochten sich in diesem Raum besonders günstige Voraussetzungen für ihre Machtentfaltung zu schaffen; wie die bereits vor ihnen hier ansässigen Völker erkannten sie in diesen offenen oder halboffenen Regionen eine vorteilhafte Basis für die Ausdehnung der politischen Gemeinschaften weiter nach Süden, in den tropischen Regenwald hinein. Die vorkolonialen Reiche besaßen ihren Kern indessen weniger inmitten des äquatorialen Regenwaldes selbst, sondern weitgehend südlich davon, in der günstigere Entfaltungs- und Bewegungsmöglichkeiten bietenden Zone der laubabwerfenden Miombowälder bzw. der sogenannten »Parklandschaften«. Gleiches galt für das Monomotapa-Reich, das sich im Gebiet des heutigen Rhodesiens entwickelte und im 18. Jahrhundert zerfiel. Die von Bantu bewohnten südafrikanischen Gebiete, aus denen jüngst neue Staaten hervorgingen, besitzen keine unmittelbaren Wurzeln in den vor der Kolonialzeit bestehenden, meist lockeren und nicht sehr beständigen politischen Gemeinschaften. Der Kern Äthiopiens liegt in einem offenen Hochland; die Republik Südafrika hingegen hat sich von der Küste her tief in die Gras- und Buschsteppen des Inneren hinein ausgedehnt. Man kann feststellen, daß überwiegend im Bereich des tropischen Regenwaldes gelegene Staaten sich an die Küste angelehnt oder sich wirtschaftlich und politisch auf Mittelpunkte außerhalb des Regenwaldes gestützt haben. Auch die ausgesprochenen Wüsten waren bis zur Gegenwart nie Kerne größerer Staatenbildungen; allenfalls bildeten die Oasen Ausgangspunkte oder Zellen politischer Gemeinschaften (z. B. des Senussi-Ordens im Osten des heutigen Libyens). Für eine ganze Reihe von Staaten bedeutet die Lage wesentlicher Teile ihres Territoriums in Wüstenregionen oder in zumindest sehr trockenen Landstrichen ohne ausreichende Bewässerungsmöglichkeiten schwere Nachteile. Ihre große Ausdehnung ist für zahlreiche afrikanische Staaten alles andere als vorteilhaft, denn vielfach besitzen sie nicht nur eine zu geringe Bevölkerung, um ihr Staatsgebiet in absehbarer Zeit wirklich zu durchdringen, sondern verfügen auch nicht über die finanziellen und technischen Möglichkeiten, um eine enge Verbindung der riesigen Randgebiete mit den staatstragenden Kernen herzustellen. Eineinhalb Dutzend afrikanischer Staaten nehmen jeweils eine Fläche ein, die größer ist als z. B. jene Frankreichs oder Spaniens. Neben diesen Großstaaten gibt es ausgesprochene Klein- und Kleinststaaten wie Gambia, Burundi und Rwanda, Lesotho und Swasiland.

In allen besiedelten Kontinenten – mit Ausnahme von Australien – gibt es Binnenstaaten ohne Zugang zum Meer. Afrika weist jedoch mehr solche Länder auf als alle anderen Kontinente zusammen. Einige Staaten haben zwar Meeresanschluß – Äthiopien erst wieder seit der Angliederung von Eritrea –, aber in vielen Fällen ist der Anteil der Küste sehr geringfügig oder ohne natürliche Häfen und ohne ein entwicklungsfähiges Hinterland. In der Lage zum Meer zeigt sich bei vielen Staaten, daß sie aus kleinen europäischen Küstenniederlassungen hervorgegangen sind, von denen aus dann früher oder später die nicht selten willkürliche oder zufällige Ausdehnung nach dem Inneren erfolgte. Bei den großen kolonialen Besitzungen war es unwichtig, ob Verwaltungsgebiete, die im Binnenland geschaffen wurden, selbst oder nur über benachbarte Landstriche Zugang zum Meer besaßen, da ja diese Besitzungen politische oder zollpolitische Einheiten bildeten, etwa Französisch-Äquatorialafrika und Französisch-Westafrika sowie Britisch-Ostafrika. Die Umwandlung dieser großen Einheiten in souveräne Einzelstaaten brachte für die Binnengebiete eine völlig neue Lage, deren Ungunst man durch Föderierung oder durch eine zoll- und handelspolitische Zusammenarbeit mit einem Küstenstaat zu beheben sucht. Die politische Zerstückelung großer Kolonialeinheiten in der jüngsten Vergangenheit, von manchen Kritikern als »Balkanisierung Afrikas« angeprangert und in ihren letzten Ursachen den einstigen Kolonialmächten zur Last gelegt, hat dazu geführt, daß der afrikanische Kontinent im Verhältnis zur Fläche besonders viele politische Grenzen aufweist, die zum größten Teil weder mit physischen noch mit rassisch-ethnischen, religiösen oder wirtschaftlich-kulturellen Trennungslinien zusammenfallen. Dadurch haben besonders die Binnenstaaten und die weit in das Innere hineinreichenden Länder viele Nachbarn, mit denen teilweise aus ethnischen, politischen oder sonstigen Gründen erhebliche Differenzen bestehen.

Von der Bevölkerungszusammensetzung her ist der Norden des Kontinents verhältnismäßig am einheitlichsten, zumal die bis vor kurzem relativ breite europäische Bevölkerungsschicht in die Mutterländer – in erster Linie nach Frankreich – zurückgekehrt ist; das weitgehende Verschwinden dieses ethnischen und religiösen »Fremdkörpers« war begleitet von einer Abwanderung des größten Teils der vielfach alteingesessenen jüdischen Minderheit. Sprachlich, religiös und in Verbindung damit auch kulturell ist heute der Norden durch das Arabische – in seinen verschiedenen Abwandlungen – und den Islam bestimmt; selbst hier wirken jedoch noch ethnische und kulturelle Unterschiede nach. Äthiopien ist ein ausgesprochener Vielvölkerstaat, in dem die herrschende Schicht der Amharen und deren Verwandte nicht nur in ethnischer, sondern auch in religiöser Hinsicht – als Mitglieder der äthiopischen Kirche – eine Minderheit bilden. Rassisch und sprachlich am stärksten gemischt sind die Sudanstaaten – d. h. die Staaten, die von der Sudanzone nach Nord und Süd ausgreifen –, und zwar gemischt im Sinne nebeneinanderlebender, in sich relativ einheitlicher, aber gegenüber den Nachbarn verschiedener Gruppen wie auch im Sinne miteinander verschmolzener Schichten. Negride und nichtnegride Gruppen, westatlantische Klassensprachen, Mande- sowie tschadische, tschadohamitische und ostsudanische Sprachen, Islam, christliche Konfessionen und Naturreligionen, seßhafte und nomadische Elemente bringen zu den in der Natur vorhandenen Gegensätzen weitere Spannungen. Im größten Staat dieses Gürtels, der Republik Sudan, aber auch im volkreichsten, in Nigeria, sind diese Gegensätze am stärksten ausgeprägt und haben dort auch in jüngster Zeit zu besonders blutigen Auseinandersetzungen geführt. Ausgeglichenere Verhältnisse herrschen auf dem »Osthorn«, dem Wohngebiet der hamitischen Galla und Somali; letztere sind jedoch auf verschiedene politische Gemeinschaften verteilt.

Der riesige Lebensraum der Bantugruppe ist zwar sprachlich und rassisch einheitlicher als der Sudangürtel, doch bestehen bei den Untergruppen der Bantu nicht unbeträchtliche Verständigungsschwierigkeiten; auch die kulturellen Traditionen sind von Gruppe zu Gruppe bisweilen sehr verschieden. Außerdem zeigt sich innerhalb der einzelnen Staaten wiederum die religiöse Zersplitterung in christliche Konfessionen und Naturreligionen, zu denen – besonders im Osten – noch der Islam tritt. Die Restgruppe von Pygmäen in den Urwäldern des zentralen Bantugebietes ist zahlenmäßig sehr klein und auch sonst bedeutungslos. Außerordentlich facettenreich ist die Zusammensetzung der madagassischen Bevölkerung, in der sich negride, indomelanesische und malaiische Komponenten finden; christliche Konfessionen und nichtchristliche Kulte ergeben auch hier eine religiöse Vielfalt.

Außerordentlich unterschiedlich ist die Bevölkerungsverteilung. Weitaus am stärksten bevölkerte Region ist das Tal des unteren Nils mit seinem Delta; auf das Nutzland bezogen, gehört Ägypten zu den am dichtesten besiedelten Staaten überhaupt. Zu den verhältnismäßig gut besiedelten Gebieten mit weiträumig mehr als 25, z. T. sogar über 50 Einwohnern/qkm zählen außerdem die Mittelmeerregionen des Maghreb, Landstriche des westlichen Sudans, besonders Nigeria und Ghana, die Hochlandgebiete ostafrikanischer Staaten, Malawi und Teile der Republik Südafrika. Fast alle übrigen Gebiete sind ausgesprochen dünn und vielfach nur sporadisch besiedelt, wobei die in vielen Staaten bestehenden Gegensätze zwischen übervölkerten und fast menschenleeren Landstrichen schwerwiegende Probleme hervorrufen. Kleinere Länder wie Burundi, Rwanda und Malawi oder auch Lesotho sind darauf angewiesen, den Bevölkerungsdruck dadurch zu mindern, daß sie Saisonarbeiter in die Nachbarländer entsenden. Die Verstädterung im modernen Sinne ist in Ägypten, Algerien, Marokko, Tunesien und Südafrika am stärksten fortgeschritten; in Nigeria, wo alte Ackerbau- und Handelstraditionen bestehen, reicht das stark entwickelte Städtewesen – abzulesen an zahlreichen Großsiedlungen – in vorkoloniale Zeit zurück. Auch in vielen anderen afrikanischen Staaten ist die Verstädterung stark fortgeschritten; in ihrem Gefolge brechen akute Krisen aus, wachsen Arbeitslosigkeit und Radikalität an, lösen sich Stammesbindungen rasch. Immer neue Bevölkerungsschmelztiegel und Unruheherde entstehen, da die jungen Staaten – im Gegensatz zur Republik Südafrika – nicht über ausreichende Finanz-, Wirtschafts- und Organisationskraft verfügen, um das Wachsen der Städte organisch zu gestalten. Die natürliche Bevölkerungszunahme ist vorwiegend in Nord- und Südafrika sowie in einigen ostafrikanischen Ländern am stärksten, da hier bei hohen Geburtenziffern meist sinkende Sterblichkeitsquoten bestehen. Nach UNO-Angaben hatte Afrika im Jahre 1900 eine Gesamtbevölkerung von rund 120 Millionen Menschen, was einem Anteil an der Weltbevölkerung von etwa 7,7 % gleichkam; 1972, also zwei bis drei Generationen später, waren es bereits 371 Millionen bzw. über 9%, und für das Jahr 2000 lauten die UNO-Prognosen auf 817 Millionen bzw. 12,5%.

Eines der größten Hindernisse für die Entwicklung der afrikanischen Staaten ist das niedrige Niveau der Volksbildung. Sehr unbefriedigend ist außerdem in den meisten afrikanischen

Ady, P. H.: Oxford Regional Economic Atlas of Africa. *London 1965.* – Africa Maps and Statistics. *(Hgg. v. Afrika-Institut) Kapstadt/Johannesburg. 1962ff.* – Afrika-Bibliographie. *(Hgg. v. d. Deutschen Afrika-Gesellschaft Bonn.)* – Afrika heute. *(Halbmonatlich hgg. v. d. Deutschen Afrika-Gesellschaft.) Bonn.* – Afrika-Handbuch. *(Hgg. v. Afrika-Verein Hamburg.)* – *Ansprenger, F.*: Afrika – eine politische Länderkunde. *Berlin 1967.* – *Ansprenger, F.*: Der Schwarz-Weiß-Konflikt in Afrika. *Mainz 1971.* – *Bernatzik, H. A.*: Afrika-Handbuch der angewandten Völkerkunde, 2 Bde. *Innsbruck 1947.* – *Brzezinski, Z.*: Africa and the Communist World. *Stanford/Cal. 1963.* – *Busia, K. A.*: Das Problem von Freiheit und Einparteienstaat Afrika. *(In: A. Hunold [Hg.]: Afrika und seine Probleme.) Zürich 1965.* – *Cornevin, M.*: Histoire de l'Afrique contemporaine. *Paris 1971.* – *Damman, E.*: Die Religionen Afrikas. *(In: Die Religionen der Menschheit, Bd. 6.) Stuttgart 1963.* – *Damman, E.*: Völker, Sprachen und Kulturen. *(In: Afrika-Handbuch.) Hamburg 1967.* – *Davidsen, B.*: Die Afrikaner. *Bergisch-Gladbach 1970.* – Die Länder Afrikas. *(Hgg. v. d. Sektion Afrika- und Nahostwissenschaften der Universität Leipzig.) Berlin (Ost) 1969.* (Mit zahlreichen Angaben über in sozialistischen Ländern erschienene Afrika-Bücher.) – *Fage, J. D.*: An Atlas of African History. *London 1958.* – *Fochler-Hauke, G.*: Afrika – heute. Zwischen Tradition und Neugestaltung. *(In: Geogr. Taschenbuch.) Wiesbaden 1964.* – *Fochler-Hauke, G.*: Das politische Erdbild der Gegenwart, Bd. 1. *Berlin 1968.* – *Frobenius, L.*: Das sterbende Afrika. *Frankfurt/M. 1928.* – *Gourou, P.*: L'Afrique. *Paris 1970.* – *Hance, W. A.*: The Geography of Modern Africa. *New York 1964.* – *Hausen, K.*: Deutsche Kolonialherrschaft in Afrika. *Zürich/Freiburg 1970.* – *Holzer, W.*: 26mal Afrika. *München 1967.* – *Jackson, St. P.*: Climatological Atlas of Africa. *Lagos/Nairobi 1961.* – *Kimble, G. H. T.*: Tropical Africa, 2 Bde. *New York 1961.* – *Klute, F.*: Afrika. *Hannover 1935.* – *Manshard, W.*: Afrika südlich der Sahara. *(In: Fischer Länderkunde, Bd. 6.) Frankfurt/M. 1970.* (Mit reichhaltigen bibliogr. Angaben.) – *Maquet, J./Gansmayr, H.*: Afrika – Die schwarzen Zivilisationen. *München 1970.* – *Marquardt, W.*: Zur wirtschaftlichen Entwicklung Afrikas. *München 1962.* – *Mary, G.*: Afrika-Schrifttum, 2 Bde. *Wiesbaden 1966 u. 1971.* – Meyers Kontinente und Meere. *(Bd. Afrika.) Mannheim 1968.* – *Molnar, Th.*: Nationalismus in Afrika. *(In: Afrika und seine Probleme.) Erlenbach, 1965.* – *Panikkar, K. M.*: The Afro-Asian States and their Problems. *London 1959.* – *Reibstein, E.*: Soziale und völkerrechtliche Theorien des Afro-Marxismus. *(In: Saeculum.) Freiburg/Br. 1965.* – *Schiffers, H.*: Afrika. *(In: Harms Handbuch der Erdkunde.) München 1967.* – *Schiffers, H. (Hg.)*: Die Sahara und ihre Randgebiete, Bde. 1–3. *München 1971/72.* – *Schmidt, E.*: Die Bevölkerungsdichte in Afrika in Beziehung zu den Natur- und Kulturlandschaften. Erläuterungen zu einer Karte. *(In: Mitt. d. Geogr. Gesellschaft in München.) 1960.* – *Schultze, J. H.*: Beiträge zur Geographie Tropisch Afrikas. *(In: Wiss. Veröff. d. Dt. Inst. f. Länderkunde, N. F. 13/14.) Leipzig 1955.* – *Senghor, L. S.*: Négritude und Humanismus. *(Übers. v. H.-H. Jahn.) Düsseldorf 1967.* – *Splett, O.*: Afrika und die Welt. *München 1955.* – *Stamp, L. D.*: Africa. A Study in Tropical Development. *New York 1964.* – *Westermann, D.*: Geschichte Afrikas. *Köln 1952.* – *Ziegler, J.*: Politische Soziologie des neuen Afrika. *München 1966.*

Staaten der Ernährungs- und damit der Gesundheitszustand. Zwar wurden während der europäischen Kolonialepoche bedeutende Fortschritte in der Bekämpfung der tropischen Seuchen gemacht, aber immer noch sind Malaria, Schlafkrankheit und Wurmkrankheiten – um nur einige zu nennen – eine Geißel für viele, namentlich tropische Landstriche. Der größere Teil der nichtweißen Bevölkerung Afrikas gilt als unter- oder fehlernährt; Säuglingssterblichkeit und Kinderkrankheiten sind weit verbreitet.

Situation und Zukunftsaufgaben der afrikanischen Wirtschaft

In den meisten Staaten wird noch bis auf lange Zeit hinaus die Landwirtschaft Haupterwerbsquelle der Bevölkerung sein, und viele von ihnen werden in ihren Deviseneinnahmen auf den Export tropischer Pflanzungsprodukte angewiesen bleiben. Die Landwirtschaft muß daher zunächst den Vorrang in der Förderung behalten und die Industrialisierung in enger Verbindung mit ihr vorangetrieben werden. Einige Staaten, die über größere Ölvorräte verfügen, sind in ihren künftigen Entwicklungsmöglichkeiten begünstigt; aber auch sie dürfen ihre Agrikultur nicht vernachlässigen. Schätzungsweise leben heute noch sieben bis acht Zehntel der afrikanischen Bevölkerung von der Landwirtschaft. In Ägypten und in den Maghreb-Ländern besitzen die verschiedenen Methoden intensiverer Bewässerungswirtschaft alte Traditionen; im Nildelta erreicht der Anbau eine ungewöhnlich hohe Intensität. Pflugbau ist auch sonst in Nordafrika tief verwurzelt, während in Negerafrika noch immer Hackbau ohne Großviehzucht vorwiegt. An vielen Stellen, namentlich im Sudan, lassen sich Überlagerungen von Ackerbau- und Hirtenkulturen feststellen. Viehzucht wird von den Nichtweißen in den Steppen Nord- und Südafrikas, aber auch in den Savannen betrieben, und zwar meistens sehr extensiv. Die unzweckmäßige Bodenbearbeitung hat in ausgedehnten afrikanischen Gebieten zu vielfältigen Formen der Bodenzerstörung geführt, die bisher nur in wenigen Gebieten unter Anleitung ausländischer Fachleute ernsthaft bekämpft wird. Die Schaffung intensiverer Wirtschaftsformen und moderner Bewässerungsanlagen ist im Rahmen von Entwicklungsplänen im Gange oder in Vorbereitung, zumeist in Verbindung mit Entwicklungskrediten und technischer Hilfeleistung von seiten bestimmter UNO-Organisationen, der EWG, der Weltbank und vieler Staaten aus Ost und West. Doch entsprechen alle Maßnahmen bei weitem nicht den Erfordernissen.

Afrika wird als Faktor des Weltmarktes, auf dem es durch Kakao, Baumwolle, Kaffee, Erdnüsse, Sisal, Palmöl, Gold, Diamanten, Kobalt, Kupfer, Platin, Öl, Eisen und einige andere Produkte Bedeutung hat, vielfach zu hoch eingeschätzt. Insgesamt ist es an der Weltein- und -ausfuhr nur zu etwa 6% beteiligt. Die Außenhandelsbilanz der meisten afrikanischen Staaten weist ein ständiges Defizit auf, das sich bei fortschreitender Industrialisierung zunächst noch vergrößern dürfte. Afrika ist also ganz besonders auf engste Zusammenarbeit mit den Industrienationen angewiesen. Nur ein einziger afrikanischer Staat fällt nach der UNO-Klassifizierung nicht unter die Entwicklungsländer, sondern gilt als entwickeltes Land: Südafrika. Die vorhandenen Berechnungen zeigen, daß – von Südafrika abgesehen – alle afrikanischen Länder zu den Staaten mit den niedrigsten Einkommen gehören. Der Anteil Afrikas am Welt-Bruttosozialprodukt macht weniger als 3 % aus, und das Pro-Kopf-Einkommen beträgt etwa ein Fünftel des Weltdurchschnitts. Ungefähr ein Viertel des afrikanischen Bruttosozialprodukts entfällt auf die Republik Südafrika.

Intensivierung und Differenzierung der Bodenkultur, Pflanzenschutz und Schädlingsbekämpfung gehören zu den großen Aufgaben im Afrika der Gegenwart und der Zukunft. Diese Aufgaben können jedoch nur dann gelöst werden, wenn viele der überlieferten Lebensformen und der allgemeine Wirtschaftsgeist eine Änderung erfahren. Die vermehrte Nutzung der Bodenschätze ist ebenso wie die Industrialisierung nur mit außerafrikanischer Hilfe durchzuführen.

Quo vadis, Africa?

Eine eingehende Betrachtung der afrikanischen Länder macht deutlich, daß es kein »Afrika« schlechthin und keine »afrikanische Einheit« gibt, trotz aller Bemühungen der 1963 gegründeten »Organisation für die Einheit Afrikas« (OEA, französisch »Organisation de l'Unité Africaine«, englisch »Organization of African Unity«), die alle unabhängigen Staaten des Kontinents mit Ausnahme von Rhodesien und der Republik Südafrika umfaßt. Auf den Konferenzen der OEA zeigte sich bisher fast stes, daß entweder die wirklich wesentlichen Entschlüsse auf dem Papier blieben oder den als derzeit unlösbar erkannten Problemen einfach aus dem Wege gegangen wurde. Einmütigkeit ergab sich bislang fast nur bei Entschließungen, in denen »Rassismus«, »Imperialismus«, »Kolonialismus« oder »Neokolonialismus« der westlichen Industrienationen sowie Portugals, Rhodesiens und Südafrikas gegeißelt wurden. Nicht immer einig war und ist man sich in der OEA über die politische, finanzielle und militärische Unterstützung der »Befreiungsbewegungen«. Zwar wurden zu diesem Zweck verschiedene Organisationen und Sonderfonds geschaffen; dennoch ist bis heute weder die portugiesische noch die rhodesische oder südafrikanische Position ernsthaft gefährdet worden, sosehr auch die Vereinten Nationen moralische Verurteilungen aussprachen und wiederholt mit politischen Sanktionen drohten.

Die Gründe für die unruhige und insgesamt unbefriedigende Entwicklung sind vielfältig. Afrika ist ethnisch, sprachlich-kulturell und in der Sozialstruktur ungleich differenzierter als Europa – und selbst dieses hat seine Einheit noch nicht gefunden. Der durch arabische Kultur und den Islam geformte Norden Afrikas hebt sich als eine eigene Welt von Schwarzafrika ab und ist in vieler Hinsicht alles andere als eine Einheit. Der Gegensatz zwischen stark islamisch geprägten und entweder christlich gewordenen oder noch in traditionellen Naturreligionen verhafteten ethnischen Gruppen hat sich als Quelle von Unruhen ganz besonders in den Staaten erwiesen, die aus dem Landschaftsgürtel des Sudans in die Sahara hineinreichen. Im engeren Schwarzafrika ist jedoch die Differenzierung kaum weniger groß, sind doch, wie bereits erwähnt, fast alle Staaten durch eine Vielzahl von Stammesgruppen und Stämmen bestimmt, aus denen sich auch im günstigsten Falle nur ganz allmählich Nationen entwickeln können. Der Tribalismus, der aus Stammesdifferenzen erwächst und diese zugleich schürt, ist in den meisten Ländern Ursache heftiger innerer Auseinandersetzungen; dies hat sich auch in Kenia gezeigt, in das besonders große Hoffnungen hinsichtlich einer Entschärfung der Stammesgegensätze gesetzt worden waren. Nigeria, zunächst als Vorbild echter Föderalisierung zum Nutzen aller hier lebenden großen »Völker« gepriesen, erlebte den verlustreichsten aller bisherigen afrikanischen Bürgerkriege. Aufstände und Bürgerkriege in den verschiedensten Ländern haben über 1 Million Afrikaner zeitweise oder für dauernd zu Flüchtlingen gemacht. Aus ethnischen und sozialen Gründen genährte Konflikte führten jüngst zu furchtbaren Metzeleien in Burundi; auf ähnlichen Ursachen beruhende Spannungen bestehen zwischen Nachbarn, etwa zwischen Äthiopien und Somalia. Dazu kamen solche, die aus vermeintlich berechtigten historischen Ansprüchen in den verschiedenen Teilen des Erdteils aufflammten und jederzeit wieder aufflammen können.

Panafrikanische Tendenzen ohne klare Definition, die Verkündung eines »arabischen« oder eines »afrikanischen« Sozialismus – diese und andere Schlagworte haben viel Verwirrung gebracht. Staaten, die sich als »progressiv« auffassen, stehen anderen gegenüber, die sich als »demokratisch« bezeichnen oder so bezeichnet werden, ohne daß hier derartige Definitionen dem traditionellen Begriffsinhalt entsprächen. Sezessionistische Bestrebungen wurden und werden nicht durch politische Reformen, sondern durch Gewalt unterdrückt. Echte charismatische Führer wie einst Ben Bella in Algerien und

Die Massenmedien in Afrika

(im Vergleich mit Europa)

	Afrika	Europa	Afrika	Europa
	1959		1967	
Anzahl der Lichtspieltheater	2400	60 000	2600	62 200
Gesamtzahl der Kinositze (in Mill.)	1,3	23	1,7	26
Anzahl der Kinositze je 1000 Ew.	6	55	5	58
	1959		1969	
Anzahl der Rundfunksender	–	–	650	4950
Anzahl der Runkfunkempfänger (in Mill.)	4,2	91	15,6	129
Anzahl der Rundfunkempfänger je 1000 Ew.	18	216	45	280
Anzahl der Fernsehsender (mit Umsetzern)	–	–	112	6515
Anzahl der Fernsehempfänger (in Mill.)	0,04	20,3	1,1	86,5
Anzahl der Fernsehempfänger je 1000 Ew.	0,2	48	3,2	188
Anzahl der Tageszeitungen	220	2020	210	1800
Geschätzte Gesamtauflage (in Mill.)	2,9	106	3,8	119
Anzahl der Exemplare je 1000 Ew.	12	252	11	259

Afrika und die Welt in Zahlen

Fläche (mit Inseln): 3016 Mill. qkm – **Einwohnerzahl** (Schätzung) 350–370 Mill. – **Anteil an der Weltbevölkerung** (Schätzung) über 9% – **Anteil am Bruttosozialprodukt der Welt:** weniger als 3% – **Anteil am Kraftfahrzeugbestand der Welt:** weniger als 2%
Bei dem folgenden Wirtschaftsvergleich zwischen Afrika und der Welt sind die z. T. geschätzten und abgerundeten Zahlen von FAO und UNO für das Jahr 1970 zugrunde gelegt.

Land- und Forstwirtschaft, Fischerei
(Produktion in Mill. t, falls nichts anderes angegeben)

	Welt	Afrika
Getreide	1200,0	50,0
Kakaobohnen	1,5	1,0
Kaffee	4,1	1,3
Baumwollfasern	12,0	1,3
Baumwollsaat	21,7	2,4
Mais	260,0	19,1
Erdnüsse	18,0	4,4
Oliven	6,9	1,0
Naturkautschuk	2,9	0,2
Palmkerne	1,6	1,0
Hartfasern	0,9	0,37
Zucker	73,0	4,6
Fischereiertrag	69,0	4,2
Rundholz (in Mill. cbm)	2350,0	270,0
Viehbestand (in Mill. Stück):		
Rinder	1124,0	155,5
Schafe	1069,0	140,5
Schweine	629,0	6,5
Pferde	68,0	3,9
Milch	400,0	13,2
Fleisch	80,0	3,6
Wolle (Rohwolle)	2,7	0,2

Bergbau
(Produktion in Mill. t, falls nichts anderes angegeben)

	Welt	Afrika
Kupfererz	6,3	1,3
Steinkohle	2123,0	59,6
Bauxit	59,0	3,4
Zinn (Sn-Gehalt, in 1000 t; ohne UdSSR, China und DDR)	186,0	19,4
Erdöl	2278,0	294,3
Diamanten (in Mill. Karat)	47,0	38,9

Industrie
(Produktion in Mill. t)

	Welt	Afrika
Roheisen	440,0	5,3
Rohstahl	593,0	5,3
Aluminium	9,7	0,2
Zement	570,0	18,7

Energie und Verkehr

	Welt	Afrika
Elektrische Energie (in Mrd. kWh)	7000,0	87,8
Eisenbahn-Gütertransport (in Mrd. Netto-t/km)	5026,0	99,0
Seegüterumschlag (in Mill. t)	5099,0	500,0
Linienflugverkehr (in Mrd. Fluggast/km)	382,0	7,5

Außenhandel
(Wert in Mrd. US-Dollar)

	Welt	Afrika
	385,0	9,1
Einfuhr (cif)	327,0	14,3
Ausfuhr (fob)	311,0	14,7

Kwame Nkrumah in Ghana verbrauchten ihre Persönlichkeitskraft in utopischen Zielsetzungen und in der Unterdrückung all jener Kräfte, die sie nicht zu den ihren zählten. Militärputsche erschüttern so gut wie jährlich den einen oder anderen Staat. An die Stelle des charismatischen Politikers tritt immer mehr der »starke Mann«, der sich auf seine Stammesgruppe oder auf militärische Macht – oder auf beides – stützt und Hilfe von West und Ost annimmt. So manche dieser militärischen Staatsstreiche waren vom Willen zu echter Reform der herrschenden Zustände getragen, scheiterten aber am politisch-organisatorischen Unvermögen der Urheber, an der in den meisten Ländern üblich gewordenen Korruption und am wuchernden Bürokratismus.

Die allzu rasche Bevölkerungsvermehrung hat überdies zu außerordentlichen Problemen für Arbeitsbeschaffung und Volksbildung geführt. Die Landwirtschaft, die in den meisten Ländern noch Haupterwerbsquelle ist, aber z. T. nicht den eigenen Nahrungsbedarf zu decken vermag, erfährt überwiegend zu wenig Förderung, während andererseits große Kapitalien in oft ungenügend geplanter und unzweckmäßiger Industrialisierung angelegt werden und die Auslandsverschuldung wächst. Für die meist aus Rohstoffen bestehenden Exportgüter erzielen die Ausfuhrländer schwankende Preise, so daß Staatshaushalt und Devisenwirtschaft mit ständig neuer Unsicherheit belastet sind. Landflucht und ungeregelte Zuwanderung in die Städte schaffen ein entwurzeltes, allen Traditionen entfremdetes Proletariat bisher unbekannter Art und damit Ansatzpunkte für sozialrevolutionäre Bewegungen. Wenige Angehörige der Intelligenz nehmen das Opfer auf sich, fern der Städte auf dem Lande zu wirken, wo sie am dringendsten benötigt würden. Zu viele Afrikaner drängen sich in Verwaltung und Politik, zu wenige werden in modernen Handwerken oder als Fachkräfte für Landwirtschaft und Industrie ausgebildet. Zu viele westliche Vorbilder sind in Politik, Verwaltung und Berufsorganisationen unbesehen übernommen worden, obgleich ihre Eignung für das Afrika von heute oder morgen mitunter sehr zweifelhaft erscheint. Koloniale Auswirkungen haben in Sprache und Bildungswesen teils zu nützlichen, teils zu nachteiligen Differenzierungen geführt, etwa zwischen frankophonen und anglophonen Ländern. Nicht wenige afrikanische Politiker, die sich stolz auf Erbe und Zukunft einer »Négritude« berufen, sprechen, schreiben und denken dennoch in der Sprache und der Begriffswelt europäischer Völker. Allzu viele »arrivierte« Afrikaner verschaffen sich außergewöhnliche Privilegien und begründen damit soziale Unterschiede, die zur Herausbildung von Klassen vorher nicht gekannter Art führen. Die westlichen Industrieländer gewähren bisher ungleich mehr an wirtschaftlicher Hilfe als die kommunistischen. Aber wie beim Westen der Drang nach wirtschaftlichen Vorteilen vielfach im Vordergrund steht, so herrscht bei den kommunistischen Ländern das Ziel ideologischer Beeinflussung. Heute leben rund neun Zehntel aller Afrikaner in unabhängigen Staaten und etwa ein Zehntel in Ländern, in denen eine weiße Minderheit die Macht innehat. Mit fortschreitender Entkolonialisierung hat Afrikas politisches Gewicht in der Weltöffentlichkeit stark zugenommen, wie es sich nicht zuletzt in der Vollversammlung der Vereinten Nationen zeigt. In wirtschaftlicher Hinsicht aber bestehen zahlreiche Abhängigkeiten weiter, zu denen ständig neue hinzukommen. So viele Schatten indes für die absehbare Zukunft über Afrika liegen werden: Wohl keiner der aus der kolonialen Herrschaft entlassenen Staaten wird die gewonnene politische Unabhängigkeit – so schwach diese auch in vielen Fällen sein mag – auf die Dauer aus wirtschaftlichen oder ideologischen Gründen einer neuen Vormacht aus West oder Ost opfern.

Herbert Kaufmann

Ost- und Nordostafrika

Panorama der ostafrikanischen Landschaft

Ein dreifaches System von Bruchstufen und Grabenbrüchen teilt die ostafrikanische Rumpffläche auf. Im Westen ist es der Zentralafrikanische Graben, der vom Bahr El Ghasal bis zum Malawisee (früher Njasasee) und zur Mulde des Sambesi verläuft. Im Zentrum befindet sich der Ostafrikanische Graben, und im Osten, längs der Küste des Indischen Ozeans, zieht sich ein Graben zwischen den Inseln Pemba und Sansibar und dem Festland hin.

Die äquatoriale Lage und die vorwaltenden Windsysteme bestimmen das Klima. Von Oktober bis April weht der trockene Nordostmonsun; die übrige Zeit herrscht der feuchte Südwestpassat, der jedoch im allgemeinen nur dem küstennahen Hochlandrand beträchtlichere Niederschläge bringt. Ostafrika ist somit keineswegs ein immerfeuchtes Gebiet. Nur die südliche Küste hat in der Regel 1200 mm Jahresniederschlag; der Victoriasee empfängt 1500 mm und einige Gebirge Kenias auch 2000 mm und mehr. Auf den Hochflächen des Binnenlandes indessen fallen nur zwischen 500 und 1000 mm Regen im Jahr; aus diesem Grunde scheiden weite Landstriche (mit weniger als 800 mm Jahresniederschlag) für eine intensive landwirtschaftliche Nutzung aus. Hohe Regenmengen weisen hingegen die Inseln auf. Die Temperatur an der feuchtwarmen Küste des Festlandes beträgt im Monatsmittel 23–28° C; hier, an den Sandstränden und Lagunen des Indischen Ozeans, gedeihen denn auch Kokospalmen, und zwischen Hoch- und Niedrigwasserzone haben sich weithin Mangroven angesiedelt. Mit steigender Höhenlage werden die Temperaturunterschiede im Landesinnern ausgeprägter.

Die landschaftliche Vielfalt Ostafrikas ist groß. Über den Halbwüsten in den Niederungen beiderseits des Rudolfsees, die einer nomadischen Bevölkerung kärgliche Existenz bieten, drehen sich in den heißen Mittagsstunden rötliche Staubkreisel zwischen den »Schornsteinen« unterirdischer Termitenburgen. In den Schilfsäumen der Seeufer und Sandbänke befindet sich eines der großen Vogelparadiese der Erde. Kraterseen auf unbewohnten Inseln beherbergen Krokodile. Das kleine Fischervolk der El Molo befährt die Ufer des Rudolfsees mit Binsenflößen, um Fische zu speeren; Sportangler haben hier schon 250 Pfund schwere Exemplare gefangen.

Im Osten, zwischen Albert- und Edwardsee, erreichen die Gipfel der alten Scholle des Ruwenzorimassivs mehr als 5000 m Höhe. Tropische Regenwälder – mit zahlreichen Elefantenherden –, Wildbäche, ausgedehnte Hochmoore, Schluchten und schneebedeckte Grate machen die vergletscherte Gipfelregion schwer zugänglich.

Vom Kivusee aus, der die westliche Grenze des kühlen Hügellandes von Rwanda bildet, sieht man nachts den Widerschein glühender Lava in den Kratern der Virungavulkane auf den Wolkenbänken. In den Wäldern leben Pygmäen und hausen Gorillas. In Rwanda, einem der dichtestbesiedelten Gebiete Afrikas, bestimmen in den unteren Regionen der Hügel Bananenhaine und Eukalyptuswälder, weiter oben Bambusdickichte das Bild der Landschaft. Die Sümpfe in der Kageraniederung, an der Grenze zu Tansania, bieten Flußpferden und Büffeln vielfach noch ungestörten Aufenthalt. In Kenia und Tansania beherbergen Dornsavannen mit mächtigen Baobabbäumen auch heute noch Hunderttausende von Gnus und anderen Antilopenarten sowie Zehntausende von Elefanten und Büffeln. In den natronhaltigen Seen des Ostafrikanischen Grabens sammeln sich Flamingos in solcher Zahl, daß die Ufer wie mit rosaroten Bändern gesäumt sind.

Unter den Seen wirkt der 68 800 qkm große Victoriasee wie ein Binnenmeer. An seinen tief ins Land hineinstoßenden Buchten und auf den zahlreichen Inseln haben sich Bauern und Fischer niedergelassen. In Nil, Tana und Rufiji besitzt Ostafrika große Ströme, deren Nutzung für Bewässerung und Elektrizitätsgewinnung begonnen hat.

Ein Schauplatz der Mensch-Werdung

Der sammelnde und jagende, später werkzeugmachende Urmensch war in Ostafrika Hunderttausende von Jahren ansässig, bevor die Vorfahren der heutigen Bewohner sich dort niederließen. In dem evolutionären Prozeß der Mensch-Werdung hat dieser Teil der Erde eine große, vielleicht eine entscheidende Rolle gespielt. Oldoway heißt das Stichwort. Diese Schlucht in der Serengeti hat dank der Grabungen der britischen Forscherfamilie Leakey und ihrer Mitarbeiter einige der frühesten Beispiele von Hominiden freigegeben (Zinjanthropus boisei). Eine entwickeltere Menschenform stellt der werkzeuggebrauchende Homo habilis dar, der nahezu anderthalb Millionen Jahre vor dem Auftreten des Homo sapiens lebte. Um 750 000 v. Chr. benutzte ein ostafrikanischer Menschentyp, den die Wissenschaftler Homo erectus nennen, Werkzeuge von gleichmäßiger Art und Beschaffenheit, vor allem schwere Faustkeile. 1972 östlich des Rudolfsees unternommene Grabungen stellten die bislang gültige Evolutionstheorie in Frage, fand man doch in 2,6 Millionen Jahre alten Schichten Schenkelknochen und den Schädel eines Homo erectus, der vielleicht gleichzeitig mit dem Australopithecus und schon vor dem Homo habilis lebte. Gegen 50 000 v. Chr. war die Nutzung des Feuers bekannt; auch hatten sich neue Methoden der Herstellung von Steinwerkzeugen durchgesetzt. Etwa um 10 000 v. Chr. kamen offenbar neue Einwanderergruppen mit besseren technologischen Kenntnissen nach Ostafrika. Nun wurden die Werkzeuge klein und scharfkantig. Die mit Haken ausgestatteten steinernen Pfeil- und Lanzenspitzen ermöglichten erfolgreicheres Jagen. Felsüberhänge und Höhlen, die als Wohnplätze benutzt wurden, finden sich aus dieser steinzeitlichen Epoche in Nsongezi am Kagerafluß, in Magosi – in der ugandischen Landschaft Karamoja – und am Elmenteitasee in Kenia. An dieser zuletzt erwähnten Stelle sind in Gräbern auch Skelette kaukasoider Menschen in Hockstellung gefunden worden.

Die ostafrikanischen Felsbilder und die wenigen (schematischen) Ritzzeichnungen sind verhältnismäßig jung. Viele entstanden erst, als die einwandernden Hirtenvölker der frühen Eisenzeit (eine Bronzezeit hat es in Ostafrika nie gegeben) ihre Rinderherden durch die Savanne zu treiben begannen. Das Rot für die farbigen Bilder wurde durch Mischen von zerstoßener Eisenerde mit Fett und Urin gewonnen; aus Holzkohle machte man schwarze und aus Kaolin oder Guano weiße Farbe. Gut erhaltene Darstellungen von Menschen und Tieren wurden bei Kondoa, Singida und am Eyasisee entdeckt. Ritzzeichnungen sind unter überhängenden Felsen, die den Hirten Schutz gewährten, den sogenannten »Abris« (französisch, svw. »Unterstand«), in den Granitbergen des östlichen Ugandas zu sehen.

Kenia, Versammlung der Kikuju ·
In Europa wurden die Kikuju
vor allem durch den »Mau-Mau«-
Aufstand und die Persönlichkeit
Jomo Kenyattas bekannt.

Zwischen 1500 und 1000 v. Chr. brachten aus dem Norden einwandernde Völker, unter denen sich auch Menschen mit kaukasoiden Merkmalen befunden haben müssen, Ackerbau und Herdenwirtschaft nach Ostafrika. Um 500 v. Chr. wurde die Landwirtschaft von negroiden Völkern betrieben, die über eiserne Waffen und Werkzeuge verfügten. Die Möglichkeit, daß eisernes Gerät nicht nur vom Niltal und von Äthiopien her, sondern auch aus dem Südwesten oder gar von jenseits des Indischen Ozeans nach Ostafrika gelangte, ist nicht auszuschließen. Man nimmt an, daß in dieser Epoche die in Wellen erfolgenden Wanderbewegungen von Bantu-, aber auch von nilotischen Völkern große Teile des ostafrikanischen Raumes besetzten. Der eiserne Speer kann bei der Eroberung eine ausschlaggebende Rolle gespielt haben. Damals begann die Verdrängung und Absorbierung pygmoider Völker, von denen die Legenden der Stämme berichten. Bis auf den heutigen Tag haben sich Reste von Khoisangruppen erhalten – so die Sandawe Zentraltansanias und (vermutlich) die Hadza, ein Jägervolk am Eyasisee –, deren Sprachen urtümliche Klick- und Schnalzlaute (anstelle von Konsonanten) aufweisen. Jäger- und Sammlervölker zogen sich vor den ackerbautreibenden Stämmen tief in die Steppe oder, wie die Ndorobo, in die Hochlandwälder Kenias zurück.

Eigenarten der physischen Erscheinung, die mit den Begriffen »negroid«, »buschmannoid«, »kaukasoid« und »pygmoid« unterschieden werden, decken sich nicht mit kulturellen und sprachlichen Abgrenzungen der Völkerschaften des ostafrikanischen Raumes. Pygmäen finden sich in Ostafrika nur noch in Urwäldern an der Grenze zwischen Uganda und Zaire; sie benutzen Sprachen benachbarter Bantustämme. Obschon die körperlichen Merkmale der Bevölkerung Ostafrikas nur höchst selten an die Buschmänner Südwestafrikas erinnern, sind die obengenannten Sandawe von der Sprache her verwandt mit den südwestafrikanischen Hottentotten und Buschmännern, die zur Khoisan-Sprachgruppe gehören. Die übrigen, zahlenmäßig bedeutenderen Sprachgruppen werden zusammenfassend unterschieden nach Bantu-, nilotischer, kuschitischer und semitischer Sprachgruppe. An manchen Küsten und auf einigen Inseln wird arabisch gesprochen. Andere semitische Sprachen sind Amhariya, Tigre und Tigrinya in Äthiopien. Die Verkehrssprache Ostafrikas, Kisuaheli, die unter der Küstenbevölkerung entstand, enthält viele arabische Worte und andere Elemente, ist aber doch den Bantusprachen zuzuordnen.

Die Stämme mit Bantusprachen erreichten Ostafrika über einen langen Zeitraum hin aus Süden, Südwesten und Westen. Stämme mit kuschitischen Sprachen sind weniger häufig. Zu ihnen gehören u. a. die Somali im Nordosten Kenias. Andere kuschitische Gruppen sind die Borana- und die Rendile-Galla sowie die Galuba, alle im nördlichen Kenia beheimatet. 700 km weiter nach Süden finden sich noch einmal Kuschiten: die Mbugu in Usambara und die Mbulu oder Iraku unweit des Manyarasees. Zu den Niloten zählen die Masai und ihre Verwandten, die Samburu und die Arusha. Andere Niloten im Hochland von Kenia sind die Kalenjin, zu denen u. a. Tugen, Suk, Nandi und Kipsigi gehören. Eine nilotische Sprache sprechen auch die Luo, der zweitgrößte Stamm Kenias.

In begrenztem Umfang brachten die Einwanderer aus Indien im 19. und im 20. Jahrhundert indische Sprachen nach Ostafrika. Außer dem Kisuaheli wurde aber keine der afrikanischen Sprachen dadurch beeinflußt. Die wichtigste europäische Sprache wurde Englisch, das auch heute noch in Uganda, Kenia und Tansania von Teilen der Bevölkerung und der Verwaltung benutzt wird – in Tansania am wenigsten, in Uganda am meisten. Rwanda und Burundi übernahmen unter Beibehaltung der einheimischen Bantusprachen Französisch als Amtssprache.

Von den Anfängen der Geschichte bis zur Europäer-Zeit

Geschichtlich wird Ostafrika erstmals greifbar aus den pharaonischen Berichten über Handelsfahrten nach »Punt« (Äthiopien und Somalia) und aus einem anonymen, griechisch geschriebenen Reiseführer für Kaufleute und Kapitäne, dem »Periplus der Eritreischen See«, der um 110 n. Chr. entstand. Dank dieser wenigen erhaltenen Schilderungen besitzen wir eine Vorstellung vom Ostafrikahandel der Ägypter, Griechen, Araber, Perser und Inder. Stoffe, Eisenwaren, Glasperlen, Trinkgefäße, Kupfer-, Zinn- und Silberwaren waren die nach Ostafrika eingeführten Produkte, Schildkrötenschalen, Elfenbein, Gold, Sklaven und Weihrauch wurden ausgeführt. Sehr früh schon haben sich arabische und persische Händler in den ostafrikanischen Handelsplätzen niedergelassen und auch in die Küstenbevölkerung eingeheiratet. Aus der kommerziellen Einflußsphäre entstanden Stadt- und Inselkönigreiche, die häufig in enger Beziehung oder auch Abhängigkeit zu den Heimatländern der Auswanderer standen. Mit der Ausbreitung der Araber, vom 7. Jahrhundert an, wurden die Oberschichten der ostafrikanischen Siedlungen islamisch. Im 15. Jahrhundert besuchten chinesische Handelsschiffe die ostafrikanische Küste. Der indirekte Handel mit China reicht allerdings weiter zurück, wie hier aufgefundene Porzellangegenstände beweisen.

Mit der Ankunft Vasco da Gamas (1498) begannen zweihundert Jahre portugiesischer Vorherrschaft an der Küste, zeitweise unterbrochen von Kämpfen mit den Arabern und auch mit afrikanischen Küstenstämmen. Die ostafrikanischen Häfen waren für Portugal Stützpunkte zur Versorgung der Schiffe auf dem Seeweg nach Indien. Das Fort Jesus in Mombasa erinnert an diese Herrschaft. 1729 vertrieb der Imam von Oman die Portugiesen endgültig aus diesem Teil Afrikas.

Rasseltrommel, Ostafrika

Massai-Speer, Kenia

Einfellige Bechertrommel, Tanganjika

Um 1500 entwickelten sich im Hinterland bedeutende Königreiche wie Buganda, Bunyoro, Burundi und Rwanda unter dem Einfluß eingewanderter Hirtenvölker (Hima, Tutsi). Während die Masse der Bevölkerung aus Bantu bestand, waren die Angehörigen der Oberschicht und der Königsklans Menschen äthiopider Rasse, die ihre mitgebrachte, vermutlich kuschitische Sprache aufgegeben hatten. Später wanderten auch Niloten (Luo) ein und gründeten in Bunyoro und Ankole (beide in Uganda) Dynastien.

Bantuvölker zogen von Süden und Südwesten her in das Gebiet des heutigen Tansanias, wo die letzten Wanderwellen im 19. Jahrhundert eintrafen. Von Norden drangen Masai, geführt von ihren »regenmachenden Laibonen« (Priestern und Sehern), in die Steppengebiete nördlich und südlich des Kilimandscharo ein. Die Ngongberge bei Nairobi scheinen sie schon Ende des 17. Jahrhunderts erreicht zu haben.

Von Sansibar, Pemba, Mombasa, Bagamoyo und Kilwa – Stützpunkten des arabischen Handels – zogen ab 1820 Trägerkarawanen nach Westen in Richtung auf die großen Seen. So entstanden arabische Handelsniederlassungen in Ujiji am Tanganjikasee, in Kota Kota am Malawisee und später auch in Kampala. Händler wie Tippu-Tip (alias Hamed bin Mohammed) aus Sansibar betrieben Sklavenjagden in Katanga und Manyema im Kongogebiet. Die großen Gewinne aus dem Sklavenhandel wurden noch dadurch vermehrt, daß die Gefangenen auf dem Weg nach Sansibar Elfenbein zu transportieren hatten. Aus dieser Epoche des 19. Jahrhunderts stammen die arabischen Siedler, die man bis hin zum Tanganjikasee findet.

Das Ende der arabischen Herrschaft an der Ostküste Afrikas setzte ein, als der Export von afrikanischen Sklaven durch eine Reihe von Aktionen Großbritanniens unterbunden wurde. Der koloniale Ehrgeiz der europäischen Mächte, die sich in Ostafrika und auf den Inseln festzusetzen wünschten, beschleunigte diese Entwicklung. 1847 unterzeichnete der Sultan von Sansibar ein Abkommen über das Verbot der Sklavenausfuhr aus seinen afrikanischen Besitzungen. Aber erst 1873 wurde der Sklavenmarkt auf Sansibar geschlossen. 1897 erklärte der Sultan alle Sklaven in seinen Besitzungen für frei. Den Eigentümern wurden Entschädigungen gezahlt.

Der Inbesitznahme durch die europäischen Großmächte ging die Erforschung Ostafrikas voran. Gleichzeitig begann auch die Missionierung. Die deutschen Missionare Johann Ludwig Krapf und Johannes Rebmann brachten 1848 den ersten Bericht von den schneebedeckten Bergspitzen am Äquator (Kilimandscharo); der Schotte David Livingstone gelangte 1866 zum Malawisee; der Tanganjika- und der Victoriasee wurden 1858 von Richard Burton bzw. John Hanning Speke besucht. Baron Claus von der Decken wurde 1865 von Somalis getötet, als er versuchte, vom Jubafluß her den Keniaberg zu erreichen; Samuel Baker und seine Frau sahen 1863 als erste Weiße den Albertsee; der Ungar Samuel Graf Teleki und der Österreicher Ludwig von Höhnel erforschten in den Jahren 1887/88 den Rudolfsee.

Die Geschichte der Missionierung Ostafrikas setzte 1844 mit Krapf ein; aber erst im letzten Drittel des 19. Jahrhunderts wurde von katholischer und von protestantischer Seite Mission mit Nachdruck betrieben. Leider führte dieser Eifer im Königreich Buganda zu Rivalitäten zwischen den beiden Konfessionen und zu blutigen Zusammenstößen. Widerstand von afrikanischer und von arabischer Seite war häufig. Trotzdem entwickelten sich die Missionsstationen nach schwierigen Anfängen befriedigend. Im Laufe der Jahre verbesserten sich auch die Beziehungen zwischen den Missionsgruppen verschiedener Konfession. Obwohl die erste Aufgabe der Missionen darin bestand, unter der Bevölkerung Christen zu gewinnen, trugen sie auch in umfassender Weise durch Einrichtung von Schulen und durch Handwerkerausbildung zum geistigen und technischen Fortschritt bei. Die von ihnen gegründeten Krankenhäuser und medizinischen Untersuchungsstationen haben für die Erhaltung und Verbesserung der Gesundheit der afrikanischen Bevölkerung Pionierarbeit geleistet.

Nach dem Zweiten Weltkrieg kam es in vielen protestantischen Missionsgebieten zur Ablösung der Missionskirche durch die afrikanischen Kirchen mit eigenem Klerus. Die katholischen Diözesen sind nach und nach zu gleichberechtigten Mitgliedern der römisch-katholischen Kirche herangewachsen. Die hohe Zahl der Christen aller Bekenntnisse in führenden Stellungen von Staat und Wirtschaft in Ostafrika unterstreicht auch äußerlich den Erfolg der Missionsarbeit. Nicht zu übersehen ist aber auch die Tätigkeit der synkretistischen, d. h. aus verschiedenen religiösen Quellen schöpfenden Sekten, welche offenbar einem Bedürfnis nach spezifisch afrikanischen Religionsformen entsprechen.

Tansania

Am 26. Februar 1885 unterzeichnete der deutsche Kaiser einen Schutzbrief, der die von Carl Peters durch Verträge mit ostafrikanischen Häuptlingen gesicherten Gebiete unter den Schutz des Reiches stellte. Da diese Gebiete auch vom Sultan von Sansibar beansprucht wurden und die deutschen kolonialen Interessen mit denen Großbritanniens – insbesondere hinsichtlich Ugandas und Sansibars – zu kollidieren drohten, setzten sich deutsche und britische Unterhändler im Oktober 1886 in London zur Klärung aller Ansprüche zusammen. Einflußsphären wurden abgesteckt. Frankreichs Zustimmung gewann man

---

Tansania
(Jamhuri ya Tanzania, United Republic of Tanzania)
Mitglied des Commonwealth of Nations

Präsidialrepublik mit Bundesparlament und Regionalparlament (für Sansibar); keine Wehrpflicht; Hauptstadt Dar es Salaam (344 000 Ew., davon 4400 Europäer).

Fläche: 939 701 qkm – **Einwohnerzahl:** Etwa 13,3 Mill. – **Bevölkerungsdichte:** 14,5 Ew./qkm

Festlandteil (Tanganjika)
Hauptstadt: Dar es Salaam – **Fläche:** 937 058 qkm – **Einwohnerzahl:** Etwa 13,63 Mill. – **Bevölkerungsdichte:** 14,5 Ew./qkm – **Jährlicher Geburtenüberschuß:** 26‰ – **Bevölkerung:** 95% Bantu (u.a. Sukuma, Haya, Makonde, Njamwesi, Tschagga); hamitische Massai, arabisch-negritische Suaheli; 86 000 Indischstämmige, 30 000 Araber, 17 000 Europäer (meist Briten) – **Sprache:** Kisuaheli, Bantudialekte und hamitische Mundarten, Arabisch (an der Küste); Englisch als Verkehrssprache – **Religion:** 2 Mill. Moslems, 1,5 Mill. Katholiken, 0,5 Mill. Protestanten; Hindu-Minderheit; Anhänger von Naturreligionen – **Wichtige Ausfuhrgüter:** Baumwolle, Kaffee, Sisal (zusammen 40% des Exports), Diamanten, Tee, Erdnüsse, Pyrethrum, Gold

Inselteil (Sansibar und Pemba)
Hauptstadt: Sansibar (70 000 Ew.) – **Fläche:** 2643 qkm – **Einwohnerzahl:** 355 000 – **Bevölkerungsdichte:** 134 Ew./qkm – **Jährlicher Geburtenüberschuß:** 19‰ – **Bevölkerung:** Bantu und Bantu-Mischlinge 75, Araber rund 12, Inder und Pakistaner 5% – **Sprache:** Kisuaheli, Englisch – **Religion:** Islam – **Wichtige Ausfuhrgüter:** Gewürznelken (70% des Exportwertes), Kopra (10%), Kokosöl (5%), Kokosfasern (3,6%), Fische

durch Anerkennung eines französischen Protektorats über die Komoren.

Fortdauernde Interessenkonflikte zwischen Deutschland und Großbritannien machten ein weiteres Abkommen notwendig, das am 1. Juli 1890 unterzeichnet wurde. Darin wurde Uganda als Teil der britischen Einflußzone anerkannt. Ein Protektorat über Witu, an der kenianischen Küste, mußte von den Deutschen aufgegeben werden. Das Deutsche Reich anerkannte ein britisches Protektorat über Sansibar und Pemba und erhielt die Zusicherung, daß England den Sultan von Sansibar zum Verkauf des bisher an die Deutschen nur verpachteten Küstengebietes in Tanganjika drängen werde. Als Ausgleich für die deutschen Konzessionen übertrugen die Briten Helgoland an das Deutsche Reich.

Wie in Deutsch-Ostafrika, so scheiterte auch in Kenia und Uganda der Versuch, durch eine mit weitreichenden Privilegien ausgestattete Kolonialgesellschaft zu regieren. Doch selbst nach der Übernahme der direkten Verwaltung durch die Kabinette von London und Berlin kam es noch zu Aufständen, die militärisch niedergeschlagen wurden. In den Königreichen Rwanda, Burundi und Karagwe begnügte sich die deutsche Verwaltung mit mittelbarer Ausübung der Herrschaft, so daß die traditionellen Beziehungen zwischen den Hima-Fürsten und ihren Untertanen erhalten blieben. Anders in den übrigen Teilen Deutsch-Ostafrikas, wo Aufstände eine Entmachtung der Häuptlinge und Könige durch die deutsche Regierung zur Folge hatten.

Schwierigkeiten für die afrikanische Bevölkerung brachte die Landnahme für Plantagenzwecke – vor allem an den Hängen von Kilimandscharo und Meru –, wenngleich sie nicht im entferntesten den Umfang der britischen Landnahme im Hochland von Kenia erreichte. Die Annahme, daß genügend Arbeitskräfte für die Plantagen vorhanden seien, erwies sich als Irrtum, da Geld wenig Anreiz bot und jedermann sein Leben aus der eigenen Landwirtschaft fristen konnte. Als sowohl die Hüttensteuer wie später die Kopfsteuer, deren Zweck es war, die Männer zur Lohnarbeit zu bringen, fehlschlugen, wurde Zwangsarbeit angeordnet, und zwar gleichermaßen für private Pflanzungen wie für öffentliche Bauvorhaben. Der Versuch der Einfuhr von japanischen und chinesischen Arbeitern (1891) war kein Erfolg.

Die Erschließung des Territoriums wurde wesentlich gefördert durch den Bau der Eisenbahn von Tanga und Dar es Salaam ins Hinterland, nach Moshi bzw. zum Tanganjikasee. Der Ausbruch des Ersten Weltkrieges verhinderte die Fortführung der Linie nach Rwanda und Burundi.

Die Benutzung von Kisuaheli als Amts- und Schulsprache begünstigte die Verständigung zwischen Schwarz und Weiß.

Eine Reform der kolonialen Praktiken steuerte ab 1907 dem Amtsmißbrauch von Weißen und Afrikanern. Ein Landgesetz schützte die afrikanischen Bauern vor Enteignung. Körperliche Strafen wurden auf besondere Fälle begrenzt. Auf der Versuchsstation von Amani gezüchtete und erprobte Nutzpflanzen wurden im Land verbreitet. Freie Saatgut- und Geräteverteilung bereitete den Eintritt des afrikanischen Bauern in die Marktproduktion vor.

Das abrupte Ende der deutschen Herrschaft in Tanganjika, das durch General von Lettow-Vorbeck hinhaltend verteidigt wurde, läßt kein abschließendes Urteil über die deutsche Kolonialbilanz zu. Neben Mißgriffen und Exzessen hat sie Leistungen aufzuweisen, die dem Lande und seiner afrikanischen Bevölkerung anhaltenden Nutzen brachten. Man schätzt, daß nahezu 10 % der Kinder im Schulalter zum Zeitpunkt des Kriegsausbruchs eine schulische Ausbildung genossen. Fügt man zu diesem Bild die human- und veterinärmedizinischen Forschungsergebnisse und Maßnahmen – Bekämpfung der Schlafkrankheit, des Schwarzwasserfiebers und der Pocken –, so ergibt sich zweifellos ein beachtlicher Fortschritt gegenüber der Lage von 1890. Die Voraussetzungen für die Einheit des Territoriums und der Nation von Tansania wurden in jener Zeit sprachlich, verkehrsmäßig und verwaltungsmäßig gelegt.

Nach der Übernahme Tanganjikas durch Großbritannien mußten zuerst die erheblichen Kriegszerstörungen im Mandatsgebiet beseitigt werden. Erst ab 1925 durften deutsche Pflanzer zurückkehren. 1926 wurde der erste Gesetzgebende Rat des Territoriums ins Leben gerufen, anfangs ohne afrikanische Mitglieder. Der Wechsel zum Treuhandsystem unter Aufsicht der Vereinten Nationen (1946) brachte die ersten Afrikaner in den Rat und leitete über zu einer Entwicklung, die die Geschicke des Landes wieder in afrikanische Hände legte.

Hatte Kenia in Jomo Kenyatta seinen charismatischen Führer, so fand ihn Tanganjika in Julius Nyerere, einem Lehrer. Die von ihm am 7. Juli 1954 mitbegründete Partei »Tanganyika African National Union« (TANU) zählte 1958 bereits 200 000 Mitglieder und organisierte sich nach dem Muster, das Kwame Nkrumah in Ghana für seine Einheitspartei entwickelt hatte. Nach sehr erfolgreichen Wahlkampagnen gewann die TANU am 9. Dezember 1961 für Tanganjika die Unabhängigkeit. 1964 schloß sich der Staat mit Sansibar zu Tansania zusammen.

Unter den drei ostafrikanischen Staaten hat Tansania den klarsten Kurs auf eine sozialistische Gesellschaft genommen. Als Programm dient die Erklärung von Arusha (Februar 1967); darin werden Selbsthilfe und Rückkehr zu gemeinsamer landwirtschaftlicher Arbeit betont und Praktiken wie Vermietung von Wohnungen an Beamte und Parteifunktionäre sowie deren Beteiligung an Geschäften als »ausbeuterisch« gebrandmarkt. Ein strikter Zentralismus und eine vom Staat gesteuerte, teilweise verstaatlichte Wirtschaft sind weitere Kennzeichen der Politik der tansanischen Regierung.

Truppenmeutereien und Führungskrisen haben die Entwicklung sowohl im festländischen als auch im insularen Teil Tansanias belastet. Das Sultanat Sansibar war im Dezember 1963 selbständig geworden. Am 11. Januar 1964 stürzten afrikanische Revolutionäre den Sultan und entmachteten die arabische Oberschicht. Ein sozialistischer, diktatorischer Revolutionsrat unter Scheich Abeid Karume (1972 ermordet) übernahm die Macht. Verstaatlichung und Auflösung des Großgrundbesitzes waren die Folge. Revolutionsgerichte eliminierten durch drakonische Maßnahmen die Gegner der Afro-Shirazi-Partei und brachten jegliche Opposition zum Verstummen. Der Zusammenschluß mit Tanganjika ließ die Selbstverwaltung Sansibars intakt; die beiden Regierungsparteien wurden nicht vereinigt. Trotz ähnlicher ideologischer Ausrichtung der jeweiligen Führungskreise stehen der wirksamen Verschmelzung der beiden ungleichen Landesteile Tansanias noch mancherlei Hindernisse im Wege. Bemerkenswert erscheint in diesem Zusammenhang die Tatsache, daß eine gemessen an der Kopfzahl der sansibarischen Bevölkerung unverhältnismäßig große Zahl der Abgeordneten im gemeinsamen Parlament aus Sansibar stammt und daß Reisen in beiden Richtungen der Genehmigung durch die Inselbehörden bedürfen.

Bei einer Gesamtfläche von 939 701 qkm hat Tansania etwa 13,63 Millionen Einwohner (1971). Die radikale sozialistische Wirtschaftskonzeption des Landes hat dazu geführt, daß 1970 schon drei Viertel aller Einfuhren über die »State Trading Corporation« liefen. Eine entsprechende, aber langsamere Entwicklung ist auf dem Gebiet der Ausfuhren (vor allem Kaffee, Diamanten, Cashewnüsse, Gewürznelken und Baumwolle) im Gange. Der Gewürznelkenhandel des sansibarischen Landesteils ist voll verstaatlicht. Staatseigentum sind auch Banken, viele Industriebetriebe und zahlreiche große Hotels.

Neben den vielfach mit ausländischer Hilfe betriebenen industriellen und landwirtschaftlichen sowie sozialen und schulischen Entwicklungsprojekten ist der Bau einer Eisenbahn von Dar es Salaam nach Kapiri Mposhi in Sambia zum Transport des dort geförderten Kupfererzes (unter Umgehung der Eisenbahnnetze von Rhodesien und Moçambique) von größter Bedeutung, da davon auch die Erschließung einiger bisher zurückgebliebener Gebiete abhängt. Die Bahn wird mit Hilfe eines Kredits von 3 Milliarden tansanischen Schilling gebaut, den die Volksrepublik China zur Verfügung gestellt hat.

Wie Kenia, so kennt auch Tansania das Problem der Landflucht, dem offenbar weder durch Gegenpropaganda (»Zurück aufs Land!«) noch durch Siedlungsdörfer (»Ujamaa«-Dörfer) und ein umfassendes System der landwirtschaftlichen Kooperativen beizukommen ist. Der Staat versucht aber erfolgreich, der Slumbildung durch Anlage von Stadtrandsiedlungen entgegenzuwirken. Industrialisierung und Elektrifizierung (u. a. Staudamm am Großen Ruaha) werden neue Arbeitsplätze für eine schnell wachsende Bevölkerung schaffen.

Seit der Unabhängigkeit Tansanias sind zahlreiche Grundschulen in den Dörfern entstanden. Höhere Schulen und Fachschulen wurden ausgebaut und eine Universität in Dar es Salaam geschaffen.

Kenia

Das Gebiet des heutigen Kenias war anfangs nur als unumgängliche Rollbahn für den langen Schienenweg von der Küste des Indischen Ozeans nach dem Victoriasee betrachtet worden. Erst um 1900 fand das Land mit seinem großen landwirtschaftlichen Potential und seinem für Europäer günstigen Klima größeres Interesse in England. Als Protektorat Ostafrika geriet das Gebiet zwischen Mombasa und dem ostafrikanischen Grabensystem am 1. Juli 1895 unter britische Kontrolle. Erst 1897 und 1926 kamen die westlichen Teile des heutigen Staates hinzu. Bis 1904 wurde das Protektorat von Sansibar aus verwaltet. Zwischen 1895 und 1907 ereigneten sich zahlreiche – erfolglose – Aufstände gegen die Herrschaft der Weißen.

Kenia
(Jamhuri ya Kenya, Republic of Kenya)
Mitglied des Commonwealth of Nations

Präsidialrepublik mit Einkammerparlament; laut Verfassung mehrere Parteien, praktisch jedoch nur Kenya African National Union; Hauptstadt Nairobi (509 286 Ew., davon 19 185 Europäer).

Fläche: 582 644 qkm (davon 13 392 qkm Seen) – **Einwohnerzahl:** Etwa 12,07 Mill. (davon über 90% ländliche Bevölkerung) – **Bevölkerungsdichte:** 20,6 Ew./qkm (170 Ew./qkm am Victoriasee) – **Jährlicher Geburtenüberschuß:** Etwa 29‰ – **Bevölkerung:** 60% Bantu (u. a. Kikuju, Luhya, Kamba), Niloten, Hamiten und Kuschiten, 140 000 Inder, Pakistaner und Goanesen; 27 000 Araber; 41 000 Europäer, meist britischer Herkunft – **Sprache:** Englisch und Kisuaheli als Amtssprachen; Umgangssprachen der Bantu, Niloten, Hamiten, Inder, Araber usw. – **Religion:** Protestanten 30, Katholiken 20, Moslems 4%; Hindu-Minderheit; 1000 Juden; Anhänger von Naturreligionen – **Wichtige Ausfuhrgüter:** Kaffee (rund 20% des Exportwertes), Tee, Sisal, Pyrethrum, Viehzuchtprodukte

---

Der britische Kommissar Sir Charles Eliot, der 1901 die Verantwortung für die Verwaltung übernahm, wurde mit Zustimmung des Londoner Foreign Office die treibende Kraft der europäischen Siedlung im Hochland von Kenia. Von Anfang an steuerten die Siedler, darunter zahlreiche Südafrikaner, das Ziel an, afrikanische und indische Landkäufe auszuschließen. Die kriegerischen Masai konnten durch Druck und Verhandlungen veranlaßt werden, ihre von den Weißen begehrten Weidegebiete zu räumen und sich mit Land im Süden von Nairobi zu begnügen. Die indische Bevölkerung wurde durch Verwaltungsbestimmungen und Ermessensentscheidungen am Kauf von Land in den von Europäern beanspruchten Teilen Kenias gehindert. Ab 1939 regelte ein Gesetz die ausschließliche und ständige Besiedlung von 43 000 qkm des Hochlandes durch Europäer, obgleich zu jenem Zeitpunkt die Proteststimmen der Afrikaner längst unüberhörbar geworden waren.

Die asiatischen Einwanderer waren nicht die Nachkommen der zum Eisenbahnbau nach Kenia transportierten indischen Arbeiter, sondern teils direkt aus Indien, teils über Sansibar gekommene Kaufleute, Handwerker und Regierungsangestellte aller Art. Ihr Beitrag zur wirtschaftlichen Entwicklung des Landes war bedeutend. Die indische »Duka« (Laden) war in den abgelegensten Gegenden zu finden, und der indische Handwerker verrichtete Arbeiten, zu denen die Europäer nicht willens und die Afrikaner noch nicht in der Lage waren. Immer wieder haben die Inder gegen die diskriminierenden Landgesetze Sturm gelaufen. Von der nicht gesetzlich fixierten Rassenschranke in Bars, Hotels und Restaurants wurden sie ebenso betroffen wie die Afrikaner. Da sie selber jedoch gegenüber den Afrikanern ein diskriminierendes gesellschaftliches Verhalten an den Tag legten, bestimmte Wirtschaftszweige ihren eigenen Landsleuten bzw. Familienmitgliedern vorbehielten und an der Ausbildung von Afrikanern nur ein geringes Interesse zeigten, ergab sich ein Rassen- und Klassenkonflikt, bei dem jede eingewanderte Rassengemeinschaft nur ihren eigenen Vorteil gegenüber den Afrikanern zu sichern trachtete.

Diese Entwicklung und der Landhunger der afrikanischen Stämme, aber auch die Entstehung einer Elite von afrikanischen Politikern und Gewerkschaftlern ließen die Auseinandersetzung heranreifen, die mit dem größten Kolonialaufstand Ostafrikas (1952–1957) begann und 1963 mit der Unabhängigkeit Kenias endete. Andere Faktoren trugen ebenfalls zum Konflikt bei, so die Entstehung landloser afrikanischer Gruppen in den europäischen Farmgebieten (200 000 sogenannte »Squatters« 1945) und in den Städten, wo die afrikanische Bevölkerung sprungartig wuchs und die typischen Wohnformen städtischer Slums entstanden.

Am 20. Oktober 1952 machte die Ausrufung des Ausnahmezustandes in Kenia die Öffentlichkeit auf eine bedrohliche Störung der Verhältnisse aufmerksam. Der Aufstand konzentrierte sich auf das Siedlungsgebiet der Kikuju innerhalb und außerhalb des Stammesreservats und veranlaßte die Regierung, Angehörige dieses Stammes in die bereits überfüllten Reservate umzusiedeln. Politische Führer der Kikuju, darunter Jomo Kenyatta, wurden zu vieljährigen Haftstrafen verurteilt. Konzentrationslager und psychologische Umerziehung waren neben militärischen Operationen die Mittel, welche die britische Regierung gegen den Terror der Mau-Mau-Kämpfer einsetzte. Die geheimen Eidesferemonien und die Ermordung politischer Gegner und Nichtkombattanten spalteten aber auch den Kikuju-Stamm in einen extremistischen und einen kompromißbereiteren Flügel. Als der Aufstand niedergeschlagen war, wurde die Umerziehung in den Lagern noch Jahre weitergeführt. Die Kosten für die Brechung des kenianischen Wider-

Flamingos am Lake Hannington (Nordkenia)

Giraffen und Zebras in einem ostafrikanischen Nationalpark

Paradiese für Tiere und Tierfreunde

Es gibt vermutlich wenige Gebiete auf der Erde, wo so viele Wildtiere noch unter einigermaßen ursprünglichen Bedingungen leben und zugleich von Besuchern beobachtet werden können wie in den Nationalparks Ostafrikas und Zaires. Allerdings ist der Bestand dieser Parks nur dank der Devisen ausländischer Touristen gesichert. Im übrigen sind die »Tierparadiese« als künstliche Inseln von innen und außen bedroht – von innen durch überstarkes Anwachsen der Tierzahl, von außen durch den Landbedarf der Afrikaner.

Touristen mit afrikanischen Begleitern auf »Safari«

Elefant vor einem Hotel im kenianischen Hochland

standes bezifferten sich bis Juni 1959 auf mehr als 55 Millionen Pfund Sterling. Die Zahl der bis Ende 1956 getöteten Mau-Mau-Anhänger betrug 11 503, die der getöteten britischen Soldaten zum gleichen Zeitpunkt 167; unter den Zivilisten waren 1877 Tote zu beklagen.

Schon 1960 ergaben die Verhandlungen in London zwischen Kenias afrikanischen Politikern und der britischen Regierung Entwurf und Versprechen einer Unabhängigkeit, die dann am 12. Dezember 1963 zustande kam. Jomo Kenyatta, der erste Präsident Kenias, war der geistige Architekt von »Uhuru«, der Unabhängigkeit. Ihm ist es in erster Linie zu verdanken, daß die verschiedenen Rassen seit der Unabhängigkeit friedlich zusammenleben und das Land einen bemerkenswerten Aufschwung genommen hat. Das politische Kernproblem Kenias, die Überwindung des Stammesegoismus, konnte durch die Vatergestalt Kenyattas in den Hintergrund gedrängt werden. Gelöst ist es indessen ebensowenig wie die Integration der Inder.

Kenia, mit einer Fläche von 582 644 qkm, rund 12,07 Millionen Einwohnern (1972; darunter etwa 140 000 Asiaten, von denen weniger als die Hälfte die Staatsbürgerschaft besitzen, und knapp 28 000 Araber, davon nur ungefähr 3700 Staatsangehörige) und einem jährlichen Bevölkerungswachstum von 33 ⁰/₀₀, leidet unter den typischen Erscheinungen eines Entwicklungslandes: strukturelle Arbeitslosigkeit, Unterbeschäftigung, zunehmender Wanderungsdruck auf die städtischen Zentren, besonders die Hauptstadt Nairobi (knapp 300 000 Einwohner 1961, über 500 000 Einwohner 1971, davon 19 185 Europäer). Um Staatsangehörigen, vor allem Afrikanern, einen größeren Anteil an der Wirtschaft zu sichern, werden asiatischen Kaufleuten, Handwerkern und Angestellten die Arbeitsgenehmigungen entzogen. Die Afrikanisierung der Arbeiter- und Angestelltenschaft wird außerdem durch staatliche Auflagen für die Unternehmen vorangetrieben. Staatliche Entwicklungsgesellschaften bemühen sich, teilweise in finanzieller und personeller Zusammenarbeit mit anderen Staaten und ausländischen Firmen, neue industrielle und landwirtschaftliche Arbeitsstätten zu schaffen. Kaffee, Tee, Sisal, Mais, Cashewnüsse und Pyrethrum (eine Chrysanthemenart, die zur Herstellung von Insektenpulver dient) werden weiterhin – unbeschadet der Afrikanisierung der früheren »White Highlands« – erfolgreich für den Export angebaut. Der Fremdenverkehr besitzt in den Naturschutzgebieten (darunter einem Unterwasser-National-

Kenia, Zentralprovinz · Gipfelmassiv des Mount Kenia, mit 5191 m höchster Berg und Wahrzeichen des Landes, dem er seinen Namen gab.

schen Regierungssystems garantierte; aber in den übrigen Königreichen und Distrikten übte die britische Verwaltung ein sehr direktes Regime aus. Auch die relativ geringe Zahl der von Europäern betriebenen Pflanzungen ergab sich nicht aus einer ein für allemal festgelegten Landpolitik, sondern hing mit einer erst 1923 getroffenen Entscheidung des Kolonialamtes zusammen, wonach die Sicherung des ugandischen Bauern allen anderen Erwägungen vorzugehen habe.

Im Jahre 1931 gab es in Uganda nur 2001 Europäer und 14 860 Asiaten. Die Europäer waren ganz überwiegend in Verwaltung und Mission tätig, die Asiaten (indische Hindus und Moslems aus dem Gebiet von Bombay und von der Kathiyavarhalbinsel) im Handel; doch seien auch die großen Zuckerrohrplantagen der indischen Familien Mehta und Madhvani erwähnt. Afrikanisches Ressentiment gegen das asiatische Monopol im Groß- und Einzelhandel kam schon in den dreißiger Jahren zum Ausdruck. Aber erst 1972 kam es zur Ausweisung aller Asiaten durch General Amin.

Die britische Protektoratspolitik bis zum Ende des Zweiten Weltkrieges faßte zwar eine langsame wirtschaftliche Entwicklung der afrikanischen Bevölkerung, nicht aber die Vorbereitung auf eine Unabhängigkeit ins Auge. Es wurden wenig Anstrengungen zu einer Überwindung des Stammespartikularismus unternommen. Versuche zur Einführung von Kisuaheli wurden gerade von seiten der Baganda bekämpft. Andererseits

---

Uganda
(Republic of Uganda)

Mitglied des Commonwealth of Nations

Präsidialrepublik mit Einkammerparlament; keine Wehrpflicht; Hauptstadt Kampala (170 000 Ew. mit Vororten).
Fläche: 235 886 qkm (davon 42 684 qkm Binnengewässer) – **Bevölkerungsdichte** 42,9 Ew./qkm (im Landesteil Buganda 290 Ew./qkm) – **Jährlicher Geburtenüberschuß:** Etwa 25‰ – **Bevölkerung:** Zwei Drittel Bantu (davon 20% Buganda); sudanische, nilotische und hamitische Gruppen; 90 000 Asiaten, 10 000 Europäer – **Sprache:** Englisch als Amtssprache; Kisuaheli und Stammessprachen, hauptsächlich Luganda – **Religion:** 2,8 Mill. Katholiken, 1,6 Mill. Protestanten, 300 000 Moslems; Anhänger einheimischer Naturreligionen – **Wichtige Ausfuhrgüter:** Kaffee 40–50%, Baumwolle (über 20%), Kupfer, Tee, Ölsaat, Häute

---

park) mit ihrer einzigartigen Tierwelt Attraktionen ersten Ranges; da Kenia überdies von gutem, sonnigem Klima begünstigt ist, verwundert es nicht, daß der Tourismus zum zweitgrößten Devisenbringer nach der Kaffeeausfuhr geworden ist.

Uganda

In Uganda wurde die britische Herrschaft militärisch erzwungen und durch Verträge legalisiert. Die Könige von Buganda und von Bunyoro wurden nach Kämpfen abgesetzt und starben im Exil. Wenn unter der »Pax britannica« die Interessen der afrikanischen Bevölkerung eine größere Berücksichtigung fanden als in den benachbarten Territorien, so war dies nicht das Ergebnis einer vorgefaßten und geradlinig durchgehaltenen Politik, sondern das Resultat der Umstände und der aus heftigen Meinungsdifferenzen allmählich zustande gekommenen Entscheidungen. Uganda ist auch nicht ein Musterbeispiel indirekter Herrschaft. Wohl gab das Protektoratsabkommen von 1893 dem Königreich Buganda einen Status, der die Herrschaft des »Kabaka« (König) und den Fortbestand seines hierarchi-

widersetzte sich Großbritannien sezessionistischen Tendenzen im Königreich Buganda und veranlaßte 1953 sogar die Zwangsexilierung des Kabaka. Die aus der Epoche der frühen Missionierung rührenden Konflikte zwischen den christlichen Konfessionen wurden in Form von Stammesrivalitäten fortgeführt. Die unentwegte Unterstützung des für die Verwaltung wichtigen Häuptlingstums erschwerte eine Demokratisierung. Noch 1971 verlangten die Baganda die Wiedereinführung der 1966 zerstörten Monarchie.

In Uganda wie in Kenia hatte der afrikanische Nationalismus sich schon vor dem Zweiten Weltkrieg bemerkbar gemacht. Die 1953 erfolgte Absetzung des Buganda-Herrschers Mutesa II. durch den britischen Gouverneur machte aus dem konservativ-feudalistischen, vorwiegend die Sezession seines Königreiches planenden Mann einen nationalen ugandischen Märtyrer. Ein Jahr zuvor war die erste moderne nationalistische Partei ins Leben gerufen worden. 1961 entstand die monarchistische Partei der Baganda, »Kabaka Yekka«. Unter Apolo Milton Obote wurde später der »Uganda People's Congress« zur stärksten Massenpartei außerhalb Bugandas. Nach anfänglichem Vorsprung rückte die vorwiegend von Katholiken unter-

Links: Sisalplantage in Tansania

Sisal und Agave

Die Agave sisalana wurde 1893 aus Mexico nach dem damaligen Deutsch-Ostafrika gebracht. Sechzig Exemplare überlebten. Aus ihnen entwickelte sich bei Tanga (Tansania) das mit einem Jahresertrag von 130 000 t größte Sisalanbaugebiet der Welt. Die anspruchslose Pflanze liefert während zehn Jahren ihre bis zu 1,5 m langen Blätter. Aus ihnen werden Fasern zur Herstellung von Seilen, Schnüren, Körben, Netzen, Säcken, Teppichen und Matten gewonnen. Länger als ein halbes Jahrhundert stand Sisal unter den Hauptexportprodukten Kenias und Tanganjikas (des festländischen Teils von Tansania). Aber diese tropische »Erfolgspflanze«, die vielen Zehntausenden von Menschen Arbeit gab, ist krisengefährdet. Überproduktion hat die Preise gedrückt, und Kunststoffe ersetzen das natürliche Produkt. Noch immer sind Tansania (200 000 t jährlich), Brasilien, Moçambique, Kenia und Mexico große Sisalerzeuger; aber viele Plantagen mußten die Tore schließen. Neue, ertragreichere Züchtungen, Rationalisierung und Preisabkommen mögen noch einmal Aufschub gewähren. Aber die große Zeit des Sisals ist in jedem Fall zu Ende.

Oben: Zum Trocknen ausgelegte Sisalblätter   Oben: Zurichten und Bündeln der Sisalstränge. Unten: Flechten von Sisalkörben

stützte »Democratic Party« in die Opposition. Mit der am 9. Oktober 1962 erlangten Unabhängigkeit erhielt das Land eine komplizierte Verfassung, welche die vier Königreiche Buganda, Ankole, Toro und Bunyoro und die zentral verwalteten Provinzen unter der englischen Königin als Staatsoberhaupt zusammenfaßte. 1963 wurde der Kabaka von Buganda der erste Präsident des Staates. Als Premierminister Obote sich im Frühjahr 1966 selbst zum Präsidenten machte, kam es am 24. Mai desselben Jahres zur entscheidenden Auseinandersetzung. Der Palast Mutesas II. wurde von Truppen gestürmt, der Herrscher selbst floh nach England ins Exil, wo er einige Jahre später starb. Am 25. Januar 1971 wurde Obote seinerseits von Truppen unter Führung des Generals Idi Amin Dada entmachtet und mußte in Tansania Zuflucht suchen. Die Entwicklung führte zu Spannungen zwischen Uganda und den beiden Nachbarrepubliken Tansania und Rwanda, teilweise auch zu Kämpfen im Grenzbezirk von Bukoba.

Ugandas Stammesprobleme sind jenen Kenias verwandt, aber zusätzlich erschwert durch die Herrschaft der Militärs, die untereinander um Macht und Einfluß ringen. Eine Harmonisierung dieser Gegensätze ist die wichtigste politische Aufgabe für die Zukunft der über 10 Millionen Einwohner dieses kleinen Landes (235 886 qkm einschließlich der Binnengewässer).

Obote hatte durch Regierungserlaß eine Art sozialistischer Revolution ausgerufen und versucht, deren Programm in die Tat umzusetzen. 1970 wurden zahlreiche Großbetriebe in Industrie, Bergbau, Handel und Landwirtschaft sowie Banken und Versicherungsfirmen ganz oder teilweise verstaatlicht. Unter Amin wurde auch ausländisches Eigentum verstaatlicht. Einfuhren werden durch Staatsgenehmigung reguliert, und ein Teil der Importe und Exporte läuft über die staatliche »National Trading Corporation«. Die schubweise betriebene »Ugandisierung« der Arbeitsplätze wurde 1972 durch die Ausweisung mehrerer zehntausend Asiaten und die Zuteilung ihrer Geschäfte und Betriebe an Afrikaner abgeschlossen; diese und andere Maßnahmen von Präsident Idi Amin Dada haben Wirtschaft und Stabilität Ugandas erheblichen Schaden zugefügt.

Bemerkenswert ist der Aufschwung, den das ugandische Schulwesen genommen hat. Mit rund 800 000 Schülern zu Anfang der siebziger Jahre hat sich die Schülerzahl im Vergleich zu der von 1962 nahezu verdoppelt. Die Makerere-Universität in Kampala ist die älteste Ostafrikas.

Für Ugandas Wirtschaft ist die Kupferausfuhr bedeutsam. Wolfram wird ebenfalls gewonnen, nach Uran und Diamanten wird prospektiert. Im übrigen ist Uganda der sechstgrößte Kaffee-Erzeuger der Welt; daneben exportiert es Tee und Baumwolle. Haupthandelspartner sind Großbritannien, die USA, Japan und die Bundesrepublik Deutschland. Zusammen mit Kenia und Tansania bildet Uganda die nur bedingt funktionierende »Ostafrikanische Gemeinschaft«. Die politischen Ereignisse Anfang der siebziger Jahre brachten den vorher dank guter Straßen und großer Nationalparks zunehmenden Fremdenverkehr zum Erliegen.

Rwanda und Burundi

Die beiden alten Königreiche wurden 1919 der Mandatsverwaltung Belgiens unterstellt. Nach der Unabhängigkeit Burundis (1962) versuchte das Staatsoberhaupt, König Mwambutsa IV., eine Politik des Ausgleichs zwischen der Tutsi-Aristokratie (der er selber angehörte) und den Hutu-Bauern. Die durch häufige Europa-Aufenthalte bedingte Abwesenheit des Königs und die Gegnerschaft der linksstehenden Tutsi-Intellektuellen in der Uprona-Partei (Parti de l'Unité et du Progrès National) ließen die Monarchie schließlich scheitern. Am 15. Januar 1965 wurde der Hutu-Ministerpräsident erschossen. Eine Gruppe kritischer Hutu, die jetzt eine Machtübernahme durch die Tutsi fürchtete, unternahm am 18. Oktober 1965 einen Putsch, der von dem königstreuen Oberst Michel Micombero niedergeschlagen wurde. Im Sommer setzte der neunzehnjährige Kronprinz seinen Vater Mwambutsa ab und ließ sich als Ntare V. krönen. Aber schon am 28. November 1966 stürzte ihn die Uprona-Partei, rief die Republik aus und machte Oberst Micombero, der sich inzwischen den radikalen und revolutionären Gruppen angeschlossen hatte, zum Präsidenten. Unter seinem Regime kam es zur bisher größten und blutigsten Auseinandersetzung zwischen Hutu und Tutsi. Die nie genau ermittelte Zahl der Opfer geht in die Zehntausende. Die Armee schlug den Hutu-Aufstand noch einmal nieder.

Anders in Rwanda, wo es noch in der belgischen Mandatszeit, im Juli 1959, zu einer blutigen Revolte gegen die Tutsi kam. Die von den Hutu im Januar 1961 ausgerufene Republik

Uganda, Völkervielfalt · Zwei Vertreter der hamito-nilotischen Bevölkerungsgruppe.

wurde im Juli 1962 unabhängig. Unter Staatspräsident Grégoire Kayibanda nahm das Land eine ruhige Entwicklung. Die Probleme der Übervölkerung und Arbeitslosigkeit bestehen jedoch fort. Mit einer Fläche von 26 338 qkm gehört Rwanda zwar zu den kleinsten Staaten Afrikas; es zählt aber 3,83 Millionen Einwohner (1971) und ist damit das dichtestbesiedelte afrikanische Land (annähernd 146 Einwohner/qkm). Die Be-

---

Rwanda
(Republica y'u Rwanda, République Rwandaise)

Präsidalrepublik mit Einkammerparlament und allgemeinem Wahlrecht; keine Wehrpflicht; Hauptstadt Kigali (15 000 Ew.).

Fläche: 26 338 qkm – **Einwohnerzahl:** 3,83 Mill. – **Bevölkerungsdichte:** 146 Ew./qkm – **Jährlicher Geburtenüberschuß:** Etwa 30‰ – **Bevölkerung:** Bantu (vorwiegend Hutu) 90, hamitisch-nilotische Tutsi 9, Twa-Pygmäen 1% – **Sprache:** Französisch und Kinyarwanda als Amtssprachen; Kisuaheli als Verkehrssprache – **Religion:** Rund 50% Christen (davon 90% römisch-katholisch), Stammesreligionen – **Wichtige Ausfuhrgüter:** Kaffee bis 50% des Exportwertes), Gerste, Ölfrüchte, Tee, Baumwolle, Tabak, Pyrethrum, Chinarinde, Zinnerz, Wolfram, Colombo-Tantalit, Berylliumsilikat

Burundi
(Republika y' Uburundi, République du Burundi)

Präsidalrepublik mit Einkammerparlament und Wahlpflicht; Hauptstadt Bujumbura (annähernd 100 000 Ew.).

Fläche: 27 834 qkm – **Einwohnerzahl:** Etwa: 3,6 Mill. – **Bevölkerungsdichte:** 129 Ew./qkm – **Jährlicher Geburtenüberschuß:** 20‰ – **Bevölkerung:** Bantu (Hutu) rund 87, hamitische Tutsi 12, Twa-Pygmäen 1%; 3400 Europäer (meist Belgier), 1500 Asiaten (überwiegend Inder) – **Sprache:** KiRundi (Banrya) und andere einheimische Idiome sowie Französisch als Amtssprachen; Kisuaheli z.T. als Verkehrssprache – **Religion:** Katholiken über 50, Protestanten 3, Moslems 1%; Anhänger von Naturreligionen – **Wichtige Ausfuhrgüter:** Kaffee, Baumwolle, Ölfrüchte, Häute und Mineralien

---

völkerung – mehr als die Hälfte Christen (vorwiegend Katholiken) – ist zu 98% in der Landwirtschaft tätig. Das jährliche Pro-Kopf-Einkommen beträgt nur 40 US-Dollar. Die materielle Armut des Landes läßt sich an dieser Ziffer ablesen. Außer mit Strukturproblemen ist die rwandische Landwirtschaft auch mit kultisch-mythologischem Ballast behaftet: Noch immer üben die langgehörnten, einst von den Tutsi eingeführten Rinder eine Anziehungskraft auf die Menschen aus, die in umgekehrtem Verhältnis zu ihrem praktischen Nutzen steht. Längst gibt es nicht mehr genug Weideflächc für diese Tiere, und Fleisch- und Milchproduktion sind gering. Aber die mythische Bedeutung der Kühe läßt – wie in Burundi – keine rationale wirtschaftliche Änderung dieses Zustandes zu.

Rwandas Export besteht aus seinem Kaffee und in geringerem Umfang auch aus Tee und Pyrethrum; seine Handelsbilanz weist aber ständig ein Defizit aus. Rwandische Arbeitskräfte suchen vielfach Arbeit in den benachbarten Ländern Zaire, Uganda und Tansania, wo sie teils im Bergbau, teils als Saisonarbeiter begehrt sind. Obgleich das Land dank seiner Naturschönheiten (Virungavulkane, Kivusee, Kagerapark) sich durch Fremdenverkehr Deviseneinnahmen verschaffen könnte, erschweren die Binnenlage und die nur bescheiden entwickelte Hotellerie die Nutzung dieses Potentials.

Burundi – 27 834 qkm, rund 3,6 Millionen Einwohner (1971), davon über die Hälfte Christen (zu neun Zehnteln Katholiken) – ist mit 129 Einwohnern/qkm kaum weniger dicht besiedelt als Rwanda. 90% der Bevölkerung leben von der Landwirtschaft (auch vom Fischfang). Die Viehbestände (mit den gleichen Problemen wie in Rwanda) sind groß. In der Hauptstadt Bujumbura, am Nordende des Tanganjikasees, befindet sich etwas Industrie. Der Export des Landes – ganz überwiegend Kaffee, dann auch Baumwolle und Häute – läuft über den Hafen der Hauptstadt nach der 210 km weiter südlich gelegenen tansanischen Hauptstadt Kigoma und von dort mit der tansanischen Eisenbahn nach Dar es Salaam (1245 km). Die ungünstige Verkehrslage fern vom Meer, die geringe Zahl von Straßen (nur 70 km sind asphaltiert) und die nur 25–30% der Kinder erfassende Schulerziehung erschweren die Entwicklung Burundis außerordentlich.

Ostafrikanische Zusammenarbeit

Ostafrika mit seinen zwei kleinen und drei mittelgroßen Staaten bietet sich geradezu an als ein ideales Gebiet wirtschaftlicher und politischer Zusammenarbeit. Das Vorhandensein einer Sprache, die fast überall in einem gewissen Umfang verstanden wird – das Kisuaheli –, und die international geläufigen Amtssprachen Englisch bzw. Französisch, die eine ständige Verbindung zum Welthandel und zur Welt der Wissenschaft gewährleisten, sind bemerkenswerte Vorteile. Ein gutes, ausbaufähiges Verkehrssystem, bedeutendes landwirtschaftliches, industrielles und touristisches Potential sowie eine in allen fünf Territorien ähnliche Sozialstruktur legen der Kooperation wenig Hindernisse natürlicher Art in den Weg. Solche Vorteile würden nur zunichte gemacht, käme es zu einem materiellen Aufstieg, an dem die afrikanischen Volksmassen nicht den ihnen gebührenden Anteil hätten. Ideologische Auseinandersetzungen, Stammeskonflikte und Machtkämpfe herrschsüchtiger Cliquen, ferner Interventionen mächtiger ausländischer Staaten und Wirtschaftsimperien könnten allerdings die in erfreulichem Umfang zu verzeichnenden Fortschritte gefährden. Es ist daher zu hoffen, daß die Erhaltung des inneren politischen Gleichgewichts und der wirtschaftlichen Stabilität Vorrang haben wird vor Rüstungsausgaben und Fernzielen, ehe das eigene Haus Mauern und Dach besitzt.

In welchem Maße haben nun die Regierungen der ostafrikanischen Staaten die bestehenden Gunstbedingungen für ein nachbarschaftliches Miteinander zu nutzen gewußt? Am 6. Juni 1967 unterzeichneten die Präsidenten von Uganda, Tansania und Kenia einen Vertrag, der die wirtschaftliche Zusammenarbeit innerhalb einer »Ostafrikanischen Gemeinschaft« (OAG, East African Economic Community and Common Market) regelte. Der Vertrag trat am 1. Dezember 1967 in Kraft. Er legte fest, daß eine Reihe öffentlicher Einrichtungen gemeinsam von den drei Staaten betrieben werden sollten. Die Hauptverwaltungen von Eisenbahn und Flugverkehr kamen nach Nairobi. Das Hauptquartier der OAG wurde in Arusha (Tansania) errichtet. Tansania erhielt auch die Verwaltung der Häfen, während die Post und die Entwicklungsbank ihren Sitz in Kampala nahmen. Regionale Büros bleiben jedoch bestehen. Zum Schutz junger nationaler Industrien darf jeder Partnerstaat Transfersteuern erheben, wenn Produkte gleicher Art aus dem Nachbarland eingeführt werden.

Trotz der erwarteten Schwierigkeiten nahm die OAG einen erfolgreichen Anfang. Wo nationale Interessen scheinbar unlösbare Konflikte verursachten, vermochten die Staatspräsidenten in direktem Gespräch einen Ausgleich zu finden. Erst als im August 1971 der Gegensatz zwischen Idi Amin Dada und

Julius Nyerere zu Scharmützeln zwischen den Truppen Ugandas und Tansanias führte, wurde die Arbeit der OAG gelähmt.

Unterschiede in der Wirtschaftspolitik der drei ostafrikanischen Staaten haben sich seit der Unabhängigkeit ergeben. So sind die nationalen Zahlungsmittel nicht mehr frei konvertierbar, und Arbeitsuchende bedürfen schwer zu erhaltender Genehmigungen, um im Nachbarland eine Tätigkeit aufzunehmen. Verstaatlichungen in Tansania und Uganda haben dort zentralistische Wirtschaftsformen gefördert, während Kenia ein gemischtes System staatlicher und privater Wirtschaft vorzieht. Am 1. Januar 1971 vollzogen die OAG-Partnerstaaten die Assoziierung mit der EWG; das Abkommen regelte eine begrenzte Liberalisierung des Handels zwischen den beiden Gemeinschaften.

Nordostafrika – von Äthiopien geprägt

Mit 1 221 900 qkm nimmt Äthiopien den größten Teil Nordostafrikas ein. Das äthiopische Hochland, oft mit einer Festung verglichen, grenzt sich im Nordosten, gegen Eritrea, durch einen 3000 m hohen, steilen Abfall ab. Im Südosten machen die Höhenunterschiede immer noch zwischen 1000 und 1500 m aus. Im Süden, im Südwesten und im Westen erlauben Täler einen leichteren Zugang zum Hochland. Vom Tanasee aus (1830 m ü. d. M.) hat sich der Blaue Nil oder Abbai einen Cañon durch vulkanische Decken, Sandsteine und Kalke gesägt, um dann in

---

Äthiopien
(Yatyiopya Nigusa Nagast Manguist)

Erbmonarchie; keine politischen Parteien; Hauptstadt Addis Abeba (750 000 Ew.).

Fläche: 1 221 900 qkm – **Einwohnerzahl:** Etwa 25 Mill. – **Bevölkerungsdichte:** 20 Ew./qkm – **Jährlicher Geburtenüberschuß:** Etwa 18‰ – **Bevölkerung:** Amharen und Tigre (ein Drittel), Galla (zwei Fünftel), Afar, Somali, Niloten; 150 000 Italiener – **Sprache:** Amhariya und Galla als Amtssprachen; Englisch, Italienisch, Französisch und Arabisch als Verkehrssprachen – **Religion:** 60% koptische (monophysitische) Christen bei Amharen, Tigre und – zu einem Drittel – bei Galla; 30% Moslems (Somali, Dankali, z.T. Galla und Afar); Juden und Anhänger von Naturreligionen – **Wichtige Ausfuhrgüter:** Kaffee (bis 50% des Exportwertes), Häute, Felle, Ölsaaten, Hülsenfrüchte und Gold

---

gewaltigem Bogen den Tiefebenen des Sudans zuzuströmen. Ein Flug über Äthiopien enthüllt eine Landschaft von eigenartigem Reiz. In Tigre überquert man zahlreiche Tafelberge, auf denen schachbrettartig die Felder liegen. Steile Pfade führen zu den Dörfern hinauf. In Gebirgstürmen und überraschend aufbrechenden Tälern bietet sich das Simengebirge dar, mit Gipfeln von bis zu 4500 m Höhe. Im Zentrum des Hochlandes fallen die weiten, vielfach baumlosen Ebenen auf. Dörfer finden sich längs der wenigen großen Straßen, aber auch am Rande der Berge. Im Westen erkennt man Vulkankegel, deren Lavaergüsse nach dem Sudan züngeln. Steht man auf den Klippen im alten kaiserlichen Residenzort Ankober, fällt der Blick in das heiße, trockene dreieckige Senkungsfeld von Afar. 170 m u. d. M. liegt der Assalsee, im Hinterland der Tadjourabucht. Riffe in unterschiedlicher Höhe begleiten die Küste des Roten Meeres von Berbera bis zu den Danakilbergen. Aktive und erloschene Vulkane liegen in dieser Grabenbruchzone. Südöstlich des Grabens fällt Somalia in Gestalt einer Keilscholle langsam nach Südosten hin ab. Zwei bedeutende Flüsse,

Juba (Webi Ganane) und Webi Schebeli, queren, aus den äthiopischen Bergen kommend, den Südwesten Somalias von Norden nach Süden und vereinigen sich dann im sumpfigen Flachland längs der Sanddünen der Küste.

Das Klima Nordostafrikas ist recht unterschiedlich, je nach Höhe und geographischer Lage. Der Osten wird von den Monsunwinden beeinflußt. Das Hochland ist kühl und erhält ausreichende Niederschläge, während das Tiefland durchweg sehr heiß und trocken ist. Diese Unterschiede nutzend, steigen die Hirten des Hochlandes im Winter in die Ebene hinab; wenn hier die Weidegründe zu verdorren beginnen, ziehen sie sich wieder in die höhergelegenen Regionen zurück.

So unterschiedlich wie das Klima ist auch die Vegetation. Dem Besucher fallen im Tiefland die Akazien, im Hochland die Nadelbäume auf. Der Eukalyptusbaum wurde erst unter Kaiser Menelik II. eingeführt. Wild wachsender und angepflanzter Kaffee gedeiht im Südwesten, in der Provinz Kefa; aber auch in der Provinz Harer ist der Kaffeeanbau verbreitet. Wichtigstes Getreide ist Teff, aus dem das weiche, flache, poröse Injira-Brot bereitet wird. Durrahirse und – vor allem in Südwesten – Mais gehören zu den wichtigeren Getreidearten.

Auf 25 Millionen Menschen wird die bisher nie gezählte Einwohnerschaft des Vielvölkerstaates Äthiopien geschätzt. Außerordentlich groß ist die Vielfalt von Sprachen, Religionen, Kulturen und Traditionen in diesem ältesten Staat auf afrikanischem Boden. Die einzelnen Gruppen bedienen sich der äthiopischen, der arabischen oder der lateinischen Schrift. Ge'ez ist die klassische Sprache der äthiopischen Kirche; es ist auch die Sprache einer reichen kirchlichen Literatur.

Nach der kulturgeschichtlich aufschlußreichen Legende ist der Begründer der heute herrschenden salomonischen Dynastie, Menelik I., der Sohn der äthiopisch-sabäischen Königin Makeda und des jüdischen Königs Salomo gewesen. Tatsächlich haben im Norden des heutigen Äthiopiens vor und nach der Zeitenwende Beziehungen zu Ägypten (Meroë). Palästina und Südarabien bestanden. Im 1. Jahrhundert v. Chr. wurde Aksum gegründet, dessen König Ezana im Jahre 340 n. Chr. die Taufe annahm. Im 16. Jahrhundert konnte die Eroberung des christlichen Kaiserreiches durch islamische Stämme, geführt von Achmed Granj, nur mit Hilfe eines portugiesischen Expeditionskorps verhindert werden. An der Spitze der Portugiesen stand Cristoforo da Gama, der Sohn Vasco da Gamas.

Nach einer wechselvollen Geschichte wurde 1889 Menelik II. (1844–1913) aus der Landschaft Schoa zum Kaiser gekrönt. Unter seiner Herrschaft dehnte sich das Reich aus und erhielt im wesentlichen seine gegenwärtige territoriale Gestalt; nur Eritrea wurde ihm erst 1952 als autonomes Gebiet (1962 als äthiopische Provinz) eingegliedert. Nach dem Tode ihres Vaters bestieg Meneliks Tochter Zauditu den Thron. Ras Tafari Makonnen, Sohn eines Vetters des Kaisers, wurde 1916 zum Regenten ernannt. Am 2. November 1930 empfing er als »Negusa Nagast« mit dem Namen Haile Selassie I. die Kaiserkrone. Am 3. Oktober 1935 begann das faschistische Italien die Eroberung Äthiopiens. Doch schon am 5. Mai 1941 konnte der Kaiser, der sich in London im Exil aufgehalten hatte, wieder in seine Hauptstadt einziehen. Die Rückeroberung war ermöglicht worden durch Partisanenverbände und die militärischen Operationen einer aus Engländern, Rhodesiern, Südafrikanern, Australiern und Kenianern bestehenden Streitmacht.

Die lange Regierungszeit Kaiser Haile Selassies schließt Kriege und Krisen, Aufstände und Putsche ein. So versuchten 1960 General Mengistu und die Leibgarde, die Macht zu ergreifen. Die Palastrevolte wurde ebenso unterdrückt wie die immer wieder aufflackernden Studenten- und Schülerunruhen.

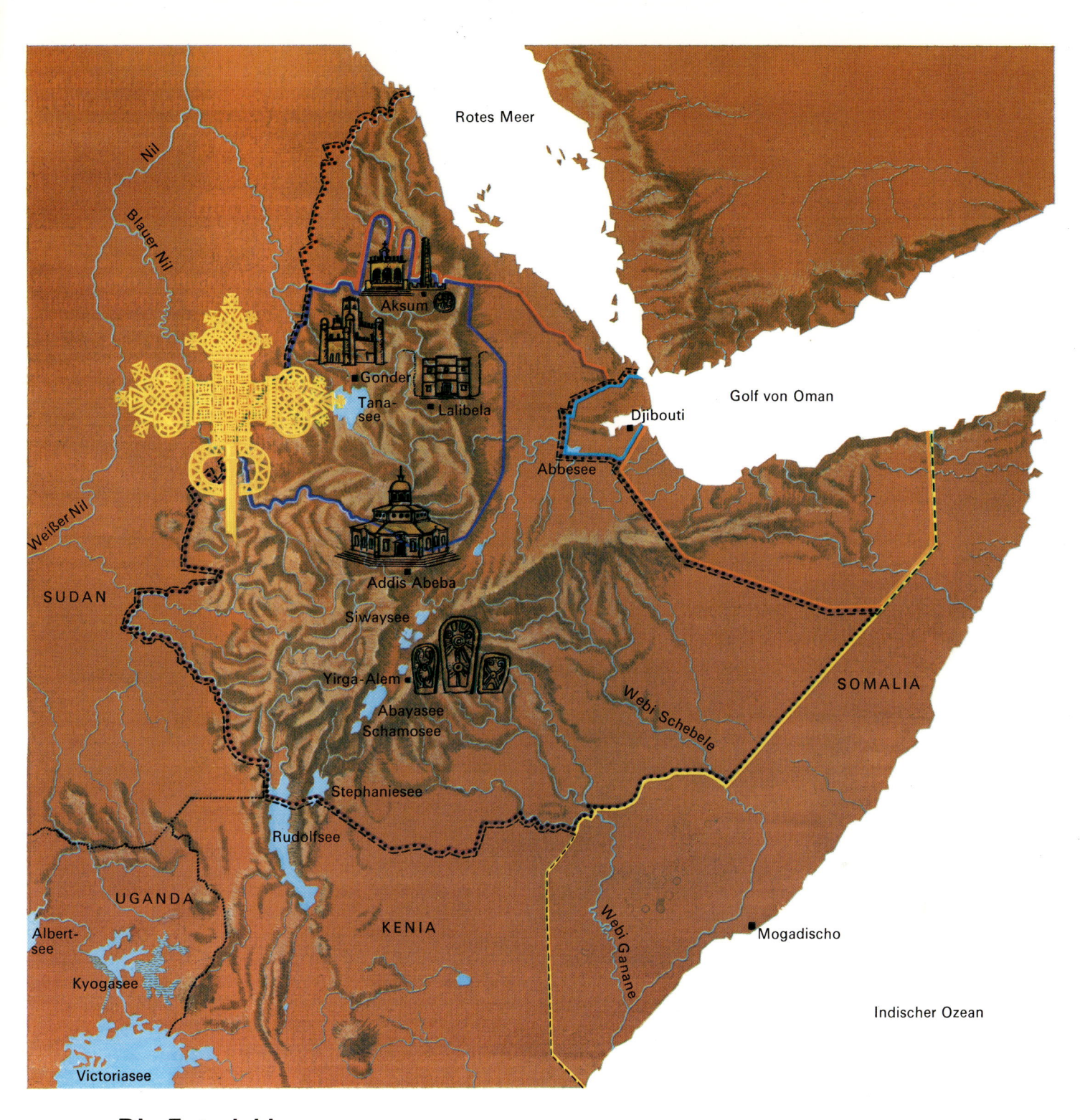

Die Entwicklung Äthiopiens und der Somaliländer seit dem Ende des 19. Jahrhunderts

—— Äthiopisches Kernland

—— Äthiopische Eroberungen durch Johannes IV. und Menelik II., ab den achtziger Jahren des 19. Jahrhunderts

—— Eritrea, 1890–1941 italienische Kolonie, 1941–1952 unter britischer Verwaltung, danach bis 1960 autonomes Gebiet innerhalb Äthiopiens, seitdem äthiopische Provinz

·········· Derzeitige Grenze Äthiopiens

—— Französisches Territorium der Afar und der Issa, 1896–1946 französische Kolonie (Französisch-Somaliland), seitdem französisches Überseeterritorium mit beschränkter Selbstverwaltung

—— Britisch-Somaliland, 1884–1960 britisches Protektorat (1940/41 unter italienischer Besetzung), seitdem Bestandteil von Somalia

—— Italienisch-Somaliland, 1889–1941 italienisches Protektorat bzw. Kolonie, danach bis 1949 unter britischer Verwaltung, 1950–1960 italienisches UN-Treuhandgebiet, seitdem Bestandteil von Somalia

– – – – Grenze von Italienisch-Ostafrika 1936–1941

·········· Staatsgrenze von Uganda und Kenia

Koptische Klapper, Äthiopien

Die Rebellion in einem Teil Eritreas hält jedoch an. Abgesehen von ideologischen Einflüssen aus dem Ausland, die teilweise auch von fremden Geldgebern unterstützt werden, erweist sich für die Unruhe im Lande ein einheimischer Faktor als wesentlich: Nach und nach ist eine Klasse aufgeklärter Äthiopier herangewachsen, die weder die Vormacht der äthiopischen Kirche noch das in der Verfassung verankerte Gottesgnadentum des Kaisers anzuerkennen gewillt ist. Ihre Kritik entzündet sich an der Langsamkeit des sozialen Fortschritts, an der wirtschaftlichen Rückständigkeit und am Mangel an Demokratie. Blickt man jedoch zurück auf das 19. Jahrhundert, dann wird die Leistung des Kaisers als Modernisator und Reformer deutlich. Innerhalb der Grenzen, die ihm Tradition, Staatsräson, Geldmangel, politische Gegenkräfte von innerhalb und außerhalb der Grenzen, aber auch das Selbstverständnis seiner Aufgabe setzten, hat er das Äthiopien von heute gestaltet. Durch den von ihm eingeleiteten Prozeß der Modernisierung und Alphabetisierung sind jedoch auch jene Kräfte freigeworden, die vielen die Unzulänglichkeit des Erreichten schmerzlich bewußtmachen. Hier liegen das Problem und der Konflikt des Entwicklungslandes Äthiopien, dessen unbestrittene historische Leistung darin besteht, eine eigene Kultur hervorgebracht und diese sowohl gegen den erobernden Islam als auch gegen die kolonialen Bedrohungen von türkisch-ägyptischer und von italienischer Seite verteidigt zu haben.

Noch sucht die Bevölkerung zu 90 % ihr Auskommen in der Landwirtschaft; aber der Zuzug in die Städte hält an. Die Zahl der Arbeitslosen stellt ein soziales und politisches Problem dar. Die Industrie konzentriert sich um die Städte Addis Abeba und Asmera (Asmara), die über Eisenbahnverbindungen zu den Häfen von Djibouti bzw. Massaua verfügen. In Aseb (Assab) ist mit sowjetischer Hilfe eine Erdölraffinerie entstanden. Zu den Exportprodukten Äthiopiens zählen neben Kaffee auch Honig, das Anregungsmittel Tschat, auch Kat genannt (Catha edulis), das nach Aden und dem Jemen exportiert wird, Zibet (ein Duftstoff aus der Drüsenabsonderung der Zibetkatze), Häute, Felle und vor allem Lebendvieh. Zu den wichtigsten Abnehmerländern gehören die USA, Italien, Saudi-Arabien und Großbritannien. Als Lieferant steht Italien an erster Stelle.

Eine große Zukunft dürfte der Fremdenverkehr in Äthiopien vor sich haben. Mehr und mehr konzentriert sich die Aufmerksamkeit auf den kulturellen Reichtum des Landes, das mit einer Fülle von Kunstschätzen Aufschluß gibt über seine zweitausendjährige Geschichte.

Das französische Territorium der Afar und der Issa

Das 23 000 qkm große, teilweise wüstenhafte Territorium beiderseits der Tadjourabucht, das heute rund 130 000 Einwohner beherbergt, wurde im Jahre 1862 von Frankreich erworben. Aus den beiden Protektoraten Tadjoura und Obock entstand 1896 Französisch-Somaliland. Der Bau der Eisenbahnlinie von der Hauptstadt Djibouti nach Addis Abeba, 1917 beendet, ist das Werk französischer Ingenieure.

Die Bevölkerung gehört teils zu den Afar (Danakil), teils zu den somalischen Stämmen der Issa und Issak. Nomadische Weidewirtschaft ist die übliche Existenzform in dem trockenen, sehr heißen Gebiet. Die Hauptstadt Djibouti lebt großenteils von seinem Hafen (der bis zur Schließung des Suezkanals einen sehr lebhaften Schiffsverkehr aufwies), d. h. von der Versor-

---

Französisches Territorium der Afar und der Issa
(Territoire français des Afars et des Issas)

Überseeterritorium mit beschränkter Selbstverwaltung unter dem (einheimischen) Präsidenten des Regierungsrates; der französische Gouverneur bestimmt über Außenpolitik, Verteidigung, Währung, Außenhandel, internationalen Verkehr, Justiz und Rundfunk; Hauptstadt Djibouti (62 000 Ew.).

Fläche: 23 000 qkm – **Einwohnerzahl:** Etwa 130 000 – **Bevölkerungsdichte:** 5,4 Ew./qkm – **Bevölkerung:** Rund 42 000 Afar (Danakil), 58 000 Somali, 8300 Araber; 10 000 Franzosen und andere Europäer (größtenteils in Djibouti), 38 000 sonstige Ausländer – **Sprache:** Französisch als Amtssprache; einheimische Idiome – **Religion:** Islam; katholische Minderheit – **Ausfuhr:** Unbedeutend; der Hafen von Djibouti ist Umschlagplatz für die Eisenbahntransporte von und nach Äthiopien sowie Versorgungsstation für die Schiffahrt

---

gung der anlaufenden Schiffe mit Treibstoff und Wasser und vom Umschlag der für Äthiopien über die Bahn transportierten Güter sowie vom Goldhandel. Trotzdem ist das Territorium in seiner Gesamtheit für Frankreich ein Zuschußgebiet: Niemand in diesem Land zahlt Einkommensteuer; es wird lediglich ein genereller Zoll von 18 % auf alle Importe erhoben. Die Kosten für Beamtenschaft, Schulen, Krankenhäuser usw. werden von Frankreich getragen.

Wegen der Rivalitäten zwischen Äthiopien und Somalia um den Anspruch auf diesen Teil der Küste hat sich dieser letzte französische Kolonialbesitz in Afrika halten können. Für Äthiopien stellt die französische Kontrolle des Hafens von Djibouti eine Garantie dafür dar, daß sein lebenswichtiger Ein- und Ausfuhrhandel nicht von Somalia bedroht wird. Der somalische Nationalismus betrieb in den sechziger Jahren mit großem Eifer die Eingliederung des Territoriums in ein »Großsomalia«. Es kam zu Zwischenfällen, Attentaten und Unruhen, insbesondere während eines Staatsbesuches von General de Gaulle.

Die Ausweisung zahlreicher Somali und der Wandel der innenpolitischen Lage in Somalia änderten aber das Verhältnis. Ein Modus vivendi wurde gefunden, aus dem sowohl Somalia als auch Äthiopien wirtschaftlichen Nutzen ziehen.

Somalia

Die über 2,9 Millionen Einwohner (1972) zählende Republik Somalia umfaßt ein Gebiet von 637 657 qkm, das vom Golf von Aden bis an den Jubafluß reicht. In der Hauptstadt Mogadischo leben mehr als 200 000 Menschen. Die sieben großen Stämme des Landes sprechen Dialekte einer kuschitischen Sprache, des

> **Somalia**
> *(Al Jumhuriya Al Dimuqratiya Somaliya, Somali Democratic Republic)*
>
> Republik, seit 1969 geführt von einem Revolutionsrat; Hauptstadt Mogadischo (200 000 Ew.).
>
> **Fläche:** 637 657 qkm (28 000 km Küstenlinie) – **Einwohnerzahl:** 2,9 Mill. – **Bevölkerungsdichte:** 4,4 Ew./qkm – **Jährlicher Geburtenüberschuß:** 27‰ – **Bevölkerung:** Überwiegend Somalistämme, darunter viele Nomaden; 15 000 Araber; italienische, britische, indische und pakistanische Minderheiten – **Sprache:** Somali, Englisch, Italienisch – **Religion:** Islam (sunnitische Moslems); etwa 4000 Katholiken – **Wichtige Ausfuhrgüter:** Vieh, Häute und Felle (zusammen 60% des Exportwertes), Bananen, Gemüse, Holz, Baumwolle, Weihrauch, Myrrhe, Gummiarabikum

Somalischen. Als Verkehrssprachen sind Englisch, Italienisch, Amhariya, Arabisch und Kisuaheli verbreitet. 70 % der fast ausschließlich moslemischen Bevölkerung führen ganz oder teilweise eine nomadische Existenz. Im Süden, an Juba und Webi Schebeli, wird Bananenanbau betrieben. Wichtige Nahrungspflanzen sind Sorghumhirse, Mais, Bohnen, Melonen und Süßkartoffeln.

Kaum ein Staat in Afrika bietet ein solches Bild sprachlicher, kultureller und sozialer Einheit und ist von einem ähnlich starken Zusammengehörigkeitsgefühl geprägt wie Somalia. Letzteres entspringt der Überzeugung der Somali, von gemeinsamen Vorfahren aus der Familie des Propheten abzustammen. Somalische Innenpolitik war trotz einer gemeinsamen nationalistischen Basis, die vor allem im Verhältnis zu den Nachbarstaaten Kenia und Äthiopien in Erscheinung tritt, Sippenpolitik.

Rassisch nicht zu den aus Südarabien eingewanderten Somali gehört eine Gruppe von kleinen Stämmen (Tumal, Jibir, Midgan), die als Schmiede, Lederarbeiter und Jäger zur Klientel der großen Somalistämme rechnen. Trotz eines Zuges zur Aufsplitterung in kleine und kleinste Familieneinheiten und eines nachdrücklichen Hangs zur Unabhängigkeit und Freiheit von jeglicher Autorität fühlt sich jedes Individuum zu einer »Dia«-Gruppe gehörig, einer Gemeinschaft von verwandten Sippen, die für ihre Angehörigen nötigenfalls »Dia« – nämlich Blutgeld – zahlt. Die Führer religiöser Orden üben beträchtlichen Einfluß aus.

In der Vergangenheit haben die zahlreichen politischen Parteien vielfach nicht politische Programme, sondern die Zugehörigkeit zu einer Sippe oder einer »Dia« entrichtenden Gemeinschaft widergespiegelt. Bei Rekrutierungen für Polizei und Armee wurde Rücksicht auf den Sippenproporz genommen, denn ein Ungleichgewicht in Rängen und Mannschaften hätte gefährliche politische Konsequenzen heraufbeschwören können. Es wird sich zeigen, ob die Regierung der revolutionären Offiziere diesen Tribalismus abbauen oder überspielen kann.

Die Idee einer somalischen Nation mit einem eigenen Territorium ist an die dreißig Jahre alt. Der Wunsch wurde durch den Zusammenschluß von Britisch-Somaliland und dem früheren Italienisch-Somalia zur Republik Somalia, am 1. Juli 1960, nur teilweise erfüllt. 250 000 Somali in Kenia und die mehr als 500 000 Somali im äthiopischen Südosten – in den Landschaften Ogaden und Hawd – sind ebenso außerhalb der Grenzen geblieben wie diejenigen Somali, die sich um Djibouti, auf dem französischen Territorium der Afar und Issa, aufhalten. Gewaltsame Einigungsversuche scheiterten am Widerstand der Nachbarstaaten. Streitigkeiten über den Verlauf der Grenzen bestehen fort.

Ungeachtet der engen Wirtschaftsbeziehungen des Landes mit dem Westen, der insbesondere die somalischen Bananen abnimmt, ist seit dem Staatsstreich der Offiziere vom 21. September 1969 eine stärkere Hinwendung Somalias zur Sowjetunion erkennbar. Die UdSSR hat das Heer und die Luftwaffe des Landes ausgerüstet und das Militär ausgebildet. Die Staatsführung der Offiziere zeigt eine sozialistische Tendenz. Seit 1964 ist Somalia mit der EWG assoziiert. Wirtschaftshilfe wird von Ost und West gegeben. Nach sehr schwierigen Anfängen sind gewisse Verbesserungen der Wirtschaftsstruktur festzustellen. Die Zukunft Somalias wird wesentlich vom Erfolg weiterer wirtschaftlicher Förderungsmaßnahmen sowie nicht zuletzt von der Überwindung des Stammes- und Sippenegoismus abhängen.

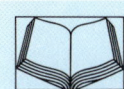

> *Afrika-Verein, Hamburg (Hg.):* Afrika. *(In: Klett Handbuch für Reise und Wirtschaft, Bd. 2.) 2. Aufl. Stuttgart 1971. – Afrika-Verein, Hamburg (Hg.):* Afrika-Handbuch für Wirtschaft und Reise, *Bd. 2. Hamburg 1968. – Cole, S.:* The Prehistory of East Africa. *London 1964. – Gerstner, G.:* Kirchen im Fels. *Stuttgart 1968. – Greenfeld. R.:* Ethiopia. *London 1965. – Hausner, K. H./Jezie, B.:* Burundi-Rwanda. *Bonn 1968. – Levine, D. N.:* Wax and Gold. *Chicago/London 1965. – Oliver, R./Matthew, G.:* History of East-Africa. *London 1963/66. – Schiffers, H.:* Afrika. *(In: Harms Handbuch der Erdkunde Bd. 5.) München 1973. – Touval, S.:* Somali Nationalism. *Cambridge, Mass. 1963.*
>
> *Unter der umfangreichen Literatur aller Art zu Ostafrika ist auf das Buch einer gelehrten Frau, der Prähistorikerin Sonia Cole, aufmerksam zu machen (es liegt als Taschenbuch in England vor), die das Kapitel Vorgeschichte in autoritativer Weise dargestellt hat. Es beweist, daß jener Teil des Kontinents in der Entwicklung des Menschen eine ungewöhnliche Rolle gespielt hat. – Georg Gersters Bildband ist einer der besten, die je über ein Land Afrikas zusammengestellt wurden, und unübertroffen, was Äthiopien angeht. Das Buch bietet: Entdeckungen in der reichen Kirchenbaukunst jenes Landes, dessen christliche Kultur 1500 Jahre zurückreicht. Meisterfotos. – Das Werk des Briten Greenfield hilft dem Leser, einen geschichtlichen Überblick zu Äthiopien zu gewinnen, beschreibt anschaulich den Weg Kaiser Haile Selassies zur Macht, charakterisiert seine Regierungsmethode und geht schließlich im Zusammenhang mit dem Putsch des Generals Mengistu Neway 1960 auf die vielschichtigen Hintergründe der Unruhe im Lande ein. Der Autor verbirgt seine Sympathie für die junge Generation keineswegs. Als Dean of Students war er mit ihnen in ständigem Kontakt während seines mehrjährigen Aufenthaltes in Addis Abeba. – Das Afrika-Handbuch von Klett ist eine Neubearbeitung des erst 1968 abgeschlossenen zweibändigen Werkes in jetzt drei Bänden, von denen der Band 2 unter anderm Ost- und Nordostafrika behandelt. Vorzüglich geeignet zum Nachschlagen; zuverlässig; handlich. – Dem Thema Äthiopien und Amharen rückt der Amerikaner Levine mit den Mitteln der Psychologie, Soziologie und Völkerkunde zu Leibe. Das erlaubt tiefe Einblicke in das Geflecht von Traditionen, Wertvorstellungen und Religion und deckt die Bezüge auf, die sich von dort hindernd oder fördernd zu dem Versuch der Modernisierung des Landes ergeben. – Heinrich Schiffers hatte geographische Tatsachen zusammengestellt; dazu aber eine Fülle von Einzelheiten über Land und Leute, Wirtschaft, Sitten, Kultur.*

Die äthiopische Kirche

Oben und unten: Palmsonntag in Äthiopien

Die monophysitische (Christus = eine Natur und Person) äthiopische Kirche gehört zu den traditionsreichsten Kirchen der Christenheit. Fast 1600 Jahre lang hat sie sich in Afrika ohne Verbindung mit den übrigen Kirchen erhalten. Ihre kulturelle Leistung wird jetzt erst in ihrem vollen Umfang sichtbar; die Lieder, Gesänge und Tänze ihrer Priester, ihre handgeschriebenen illustrierten Bibeln, ihre kultischen Geräte und Gewänder, ihre aus dem Fels gemeißelten Kirchen legen Zeugnis davon ab. Generationen von (verheirateten) Priestern und Mönchen haben, meist in großer Armut, ihr gedient. Aber diese Kirche hat auch einen hemmenden Einfluß auf das Land ausgeübt. Neuerungsfeindlich, theologisch erstarrt, mehr politisch als sozial wirkend, hat sie zäh an ihren Vorrechten und an denen der herrschenden Klassen festgehalten. Die Alphabetisierung der jungen Generation, die kritische (und oft ungläubige) Einstellung der Schüler und Studenten gefährdet ihre Stellung ebenso wie ein militanter Islam.

Oben: Priester mit Schirm, einem Zeichen kirchlicher Würde   *Unten: Moderne koptische Kirche*

Heinrich Schiffers

Die Erforschung Afrikas

Die »alte« Zeit im »Dunklen Kontinent« und der neue Blickpunkt

Der Grieche Herodot bereiste um 450 v. Chr. den Nordosten des afrikanischen Kontinents, sammelte eine Menge Nachrichten auch über die Nachbargebiete und hinterließ ausführliche Darstellungen ihrer Natur, der hier lebenden Menschen und ihrer Lebensweise. Der Römer Cäsar führte Krieg an Afrikas Nordküste. Mitten in seinem erbitterten Kampf um die Macht zeigte er Interesse an dem großen hydrographischen Problem, das schon die alten Ägypter beschäftigte. »Man gebe mir die sichere Aussicht, die Quellen des Nils zu finden, und ich will vom Bürgerkriege ablassen«, lautet ein Ausspruch Cäsars. Die Karthager unternahmen Kolonisationsfahrten längs der Nord- und der Westküste. Der Karthager Hanno soll einen mächtigen Vulkanausbruch in der Guineabucht (Kamerunberg?) beobachtet haben. Anderen seines Volkes soll die Umfahrung der Kontinentmasse geglückt sein. Doch ein Verständnis für die Eigenständigkeit des Erdteils begann sich erst im 15. und im 16. Jahrhundert herauszubilden. Auf Karten aus dieser Zeit ist Afrika mit Indien verbunden.

Im Mittelalter, um 1200, handelten Vertreter der oberitalienischen Handelshäuser mit den Herrschern am Niger. Der goldreiche »Mohrenfürst« Kankan Musa von Melle (Mali) war auch in Europa volkstümlich. Man wußte offenbar über Tausende von Kilometern nordafrikanischer Verkehrswege und über Wirtschaftsgewohnheiten der Afrikaner ziemlich genau Bescheid. An der Ostküste finden wir, gleichfalls im Mittelalter, Handeltreibende aus Arabien, Persien und China. Wie die Kapitäne und die sie aussendenden Handelsherren in den so weit entfernten Umschlaghäfen eine Vorstellung vom Warenreservoir im »Schwarzen Erdteil« gewonnen haben, ist nur in Einzelheiten bekannt. Arabische Seehändler der Ostküste besaßen bereits im 15. Jahrhundert nautische Instrumente und Karten. Erinnern wir uns der kartographischen Darstellungen, die die Normannen auf Sizilien von arabischen Reisenden erhielten!

Die Phönizier – und später die Portugiesen – betrachteten das, was ihre Leute entdeckten und was ihre »Wissenschaftler« daheim als Anleitungen für ihre Agenten daraus entwickelten, als Staatsgeheimnis. Von Fahrten über die »Säulen des Herkules« – die Straße von Gibraltar – oder gar äquatorwärts über das Kap Nun (gegenüber den Kanarischen Inseln, heute Kap Tarfâia) hinaus wurden Fremde durch Greuelnachrichten abgeschreckt. Erst vom 18. Jahrhundert an wurden Ergebnisse wissenschaftlicher Afrikaforschung in Europas Gelehrtenwelt Allgemeingut. Bis dahin blieb man auf die »Wundermeldungen« angewiesen, die seit eh und je auch aus dem Herzen des »Wilden Erdteils«, des »Dunklen Kontinents« nach Europa durchgesickert waren. Die Europäer waren »gierig nach neuen Dingen« – oder, wie die gebildeten Schichten es ausdrückten, »novarum rerum cupidi«. Und der Erdteil lieferte sie reichlich! Schon die Römer meinten: »Semper aliquid novi ex Africa« – »Immer was Neues aus Afrika«. Aber, was für Unterlagen hatten denn jene Griechen, die schon um 750 v. Chr. an den Küsten Nordafrikas kolonisierten?

Das in den Bergen der Cyrenaika gelegene Cyrene war ein mit prächtigen Tempeln ausgestattetes Zentrum der griechischen Kultur, das zeitweilig 100000 Einwohner zählte! Die heutigen Ruinenstädte Leptis Magna in Libyen und Volubilis in Marokko stellten zur Römerzeit höchst bedeutende »lateinische« Kulturzentren dar. Den jahraus, jahrein vermehrten Mund-zu-Mund-Informationen müssen sich »Bulletins« irgendwelcher Art zugesellt haben. Dies gilt ebenso für die Erkundungsvorgänge beim Handel mit »schwarzer Menschenware«, die aus der Tiefe des afrikanischen Kontinents bereits zur Römerzeit nach Europa und in den asiatischen Kontinent gebracht wurde. Im Gegenzug gelangte »weiße Ware« von den europäischen Küsten des Mittelmeers in die Korsarenmetropolen Nordafrikas. Einer der Europäersklaven war der spanische Dichter Cervantes, der 1575 in die Gewalt der »Barbaren« geriet. 1580 losgekauft, kehrte er nach Spanien zurück und vermehrte Europas Wissen vom Erdteil »vor seiner Haustür«.

Als der Norden Afrikas und fast die gesamte Iberische Halbinsel im Mittelalter muslimisch geworden waren, brachten die Reiseberichte gelehrter Araber Kunde von der Sahara, die dort, wo der Kontinent am breitesten ist (fast 6000 km), wie eine Barriere vor Zentralafrika liegt. Von dessen Ausdehnung und Natur wußte man bis ins späte 18. Jahrhundert ebenso wenig wie von den sich anschließenden Hunderttausenden von Quadratkilometern Südafrikas, das durch buchtenarme Steilküsten, gefährliche Meeresströmungen und Gefällknicke im Unterlauf der großen Ströme gegen jeglichen Einblick abgeschirmt war. Im Nordwesten erzeugten aus der Sahara westwärts verfrachtete Staubmassen über dem Atlantik das Schrecken verbreitende »Dunkelmeer«, das die Wüstenbarriere um Hunderte von Kilometern verbreiterte. An der Guineaküste forderten, nachdem wagemutige Kapitäne dieses Hindernis zu überwinden gelernt hatten, fieberhauchende Mangrovensümpfe ihre Opfer.

Aber alles, was an »Erschröcklichem« auch aus dem Innern berichtet und in phantastischen Bildern dargestellt wurde, hinderte selbst Einzelgänger nicht, zu Beginn der Neuzeit ihr Glück im »Wilden Erdteil« zu versuchen. Meist standen diese Reisenden in Verbindung mit Gesandtschaften, vielfach waren es Geistliche. Der Jesuit Pedro Paëz stand 1613 am Tanasee in Äthiopien, lange vor James Bruce (1772 ebendort), der sich für den Entdecker der Nilquellen hielt.

Im Innern, wo sich die weiten, flachen Becken mit ausgedehnten Sumpfzonen breiteten, mußte man sich mit dem Mechanismus der Regenzeiten vertraut machen. Reittiere fehlten im Bereich der Tsetsefliege. Der malariakranke Forscher benötigte Träger, die ihn in der Hängematte fortbrachten. Volkliche Zersplitterung, Völkerwanderungen, Fehden und der Sprachenwirrwarr waren weitere Erschwernisse für den, der auszog, das »Herz Afrikas« zu erkunden. Phantastische Geschichten geben die Chroniken der Portugiesen her. Sie kletterten im 16. Jahrhundert von der Küste des Roten Meeres 4000 m hoch hinauf in die äthiopische Bergwelt, auf der Suche nach einem Priester-Herrscher Johannes, der den Europäern mit ihren Kreuzzugideen helfen könnte, den Vorstoß der Muselmänner über Konstantinopel und Spanien hinaus zu stoppen. Auch die damals das altchristliche äthiopische Reich regierende Kaiserin-Mutter hatte sich von den moslemischen Galla bedroht gefühlt. Sie sandte den Armenier Mathias 1509 nach Portugal um Hilfe, mit einem Stück des Heiligen Kreuzes als Ausweis. 1520 kam er mit einer portugiesischen Gesandtschaft wieder zurück. Die äthiopischen Fürstlichkeiten waren gar nicht beeindruckt von einer ihnen vorgelegten Weltkarte, aus der zu ersehen war, wie klein sich das um »Entwicklungshilfe« angegangene Land des europäischen Königs neben dem riesigen Kontinent ausnahm. Die Portugiesen ihrerseits waren enttäuscht, den mysteriösen Herrscher Johannes nicht gefunden zu haben, versprachen aber Hilfe und halfen auch tatsächlich.

Einige Jahrzehnte zuvor, 1482, waren andere Portugiesen mit Missionaren, Handwerkern, Kisten voll Werkzeugen, europäischen Haustieren und Nahrungspflanzen an den unteren Kongo gekommen. Hier zimmerten sie an einem christlichen Negerkönigreich, das allerdings nach einigen Jahrzehnten wieder im Dämmer der großen Wälder verging. Es war das Zeitalter von Cortés und Magalhães, eine Zeit, da Globus und Navigationsinstrumente neue Orientierungshilfen boten und man wieder und wieder im Bericht des Marco Polo blätterte, der schon im Hochmittelalter von der »anderen« Seite der Erde berichtet hatte. Der portugiesische Königssohn Heinrich, genannt »der Seefahrer«, war es, der um 1440 den ersten regelrechten Forschungsapparat aufbaute – mit Archiv, Karten und Geräten, langfristigen Programmen und Forschungsbeauftragten. Den Kapitänen, die er auf die Erkundung der afrikanischen Westküste ansetzte, versprach er Handelskonzessionen, wenn sie mehr als 100 km weiter vorwärtsdrängen als ihre Vorgänger. So kamen 1470 Portugiesen zur Kamerunküste und umsegelte Bartolomeu Diaz achtzehn Jahre später das Südkap, dessen Name aus »Kap der Stürme« schleunigst in »Kap der Guten Hoffnung« umgetauft wurde. Neun Jahre danach begann Vasco da Gamas Indienfahrt, die Kontakte mit der erstaunlich entwickelten Wirtschaftszone an der afrikanischen Ostküste brachte. Auf den Karten tauchten nun bald Bezeichnungen wie »Goldküste«, »Pfefferküste« und »Sklavenküste« auf.

Was uns Europäer am meisten erstaunt, ist die Selbstverständlichkeit, mit der – einmal ganz abgesehen von den gleichzeitigen Unternehmen in Amerika und Asien – die Angehörigen des kleinen portugiesischen Volkes Flächen- und Punktziele am Rande und tief im Innern eines Erdteils ansteuerten, der mehr als dreimal so groß war wie ihr heimatlicher Kontinent. Ohne Berge von Rapporten und Routenkarten konnte das nicht gesche-

Südafrika, Kapstadt · Die Silhouette des Tafelberges. Im Zusammenspiel mit den Farben des Meeres ein unvergeßliches Bild.

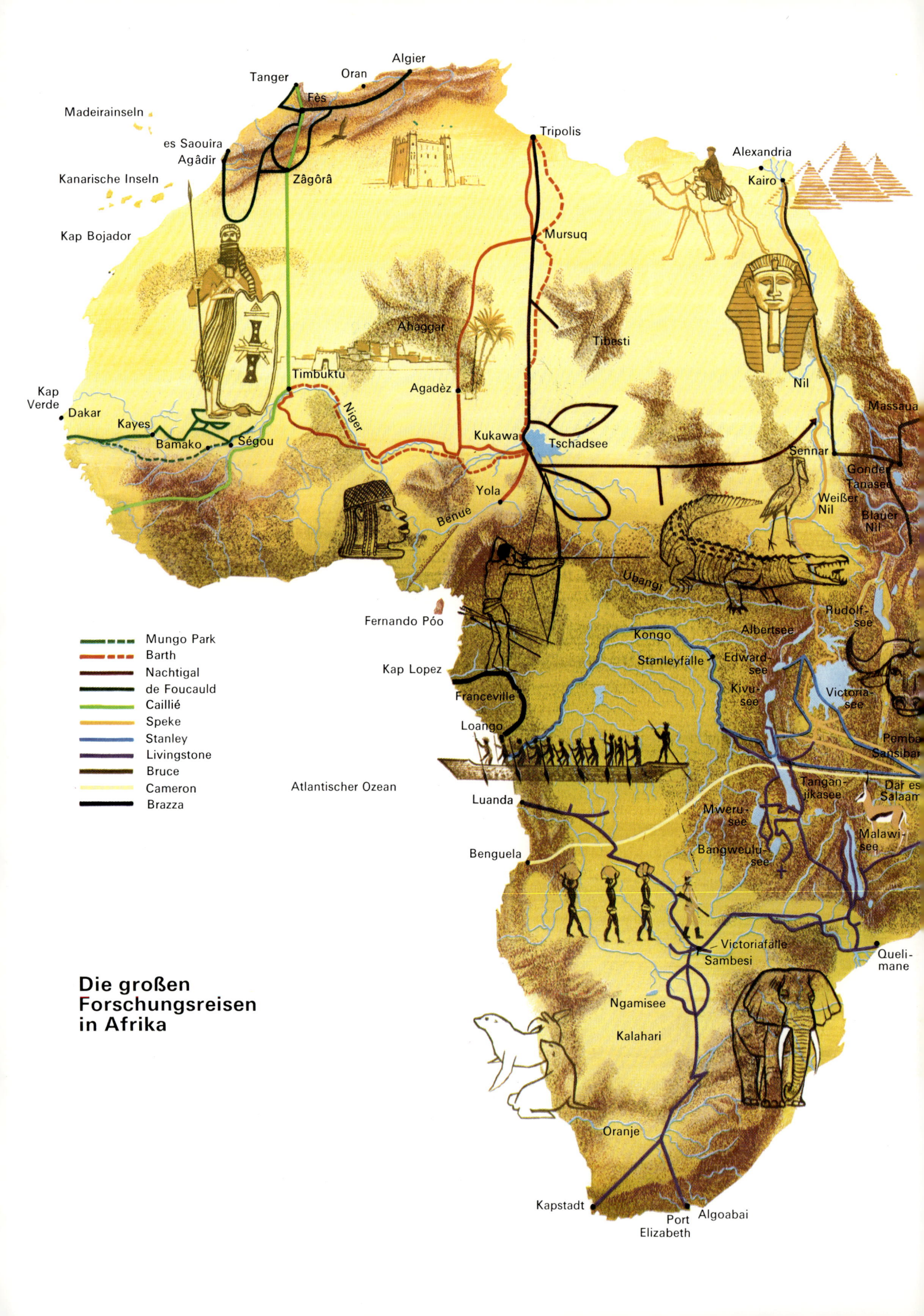

Die großen Forschungsreisen in Afrika

Legende:
- Mungo Park
- Barth
- Nachtigal
- de Foucauld
- Caillié
- Speke
- Stanley
- Livingstone
- Bruce
- Cameron
- Brazza

hen. Wie bruchstückhaft indessen das Wissen von den afrikanischen Räumen trotzdem gewesen sein muß, zeigt sich an dem, was es in der zweiten »klassischen« Periode der Afrikaforschung, dem 19. Jahrhundert, noch zu entdecken gab.

Blicken wir nun zurück auf die kurz skizzierten 1800 Jahre, die vor den Jahrzehnten portugiesischer Afrikafahrten liegen, ohne uns von dem Nimbus verwirren zu lassen, der bis heute die abenteuerlichen Leistungen der neuzeitlichen Entdeckerhelden, vornehmlich jener des 19. Jahrhunderts, umgibt. Über all das haben in Hunderten von Werken so gut wie ausschließlich Europäer berichtet. Inzwischen aber ist Afrika weit vom alten »Mutterkontinent« abgedriftet. Die Geschichte des »Dunklen Kontinents«, auch die seiner Erforschung, wird nun von afrikanischen Autoren erkundet und dargestellt. Das geschieht aus der Mitte des eigenen Kontinents heraus und nicht in fernab liegenden Metropolen. Wir müssen künftig mit den Begriffen »Entdeckung« und »Erforschung« recht vorsichtig umgehen. Bis in die Gegenwart hinein handelt es sich hier lediglich um Vorstellungen von Europäern. Ihre Abenteuerlust, ihr weder Tod noch Siechtum fürchtender Forscherdrang, aber auch die unersättliche Gier nach »Schätzen«, die alle Strapazen lohnen sollten – sie umgeben das scheinbar so fest umrissene Thema »Erforschung« mit einem Geflecht ganz verschiedener, neu zu analysierender Antriebe und Bewertungsfaktoren. Zumal dann, wenn wir dreierlei bedenken: den damals in europäischen Residenzen wuchernden Willen zum Erwerb überseeischer Herrschaftsgebiete, das unerschütterliche Überlegenheitsgefühl der »Weißen« und ihren missionarischen Eifer, die Heilsbotschaft Christi überallhin zu tragen – selbst wenn es, wie 1875 im moslemischen Nordafrika, mit einem »visum pro martyrio«, einem »Visum für den Märtyrertod«, geschah. So zogen drei Weiße Väter, das Tedeum singend, vom Saharaatlas aus südwärts auf die Oasenstadt El-Goléa zu. Straußenjäger fanden ihre Leichen bald darauf in den Dünen. Drei anderen Patres erging es sechs Jahre später ebenso.

In ihrer Sucht, zu systematisieren und zu klassifizieren, aber auch bewußt verschleiernd zerlegten Europäer die Taten ihrer Landsleute in solche der Entdeckung, der Erforschung und der Eroberung »herrenloser Gebiete«. Ihre naive Mentalität ließ sie von Heroen wie Henry Morton Stanley sprechen, dessen Ruhm als Entdecker des Kongos sie mittels der Presse durch die ganze Welt (der Weißen) verbreiteten. Sie setzten damit etwas als weltweit absolut, was den davon Betroffenen, den »Schwarzen«, den »Wüstenräubern«, von Anfang an unbegreiflich und zugleich auch verdächtig vorkam. »Warum fragt ihr nach der Lage und dem Namen des Berges (des Sees, des Flusses)? Seid ihr so arm, daß ihr in eurem Land keine solchen Berge habt?« – so war ihre Reaktion. Die von europäischen Reisenden als »lächerliche Angst« bezeichnete Abneigung der »Wilden«, über angeblich so harmlose Dinge wie die Richtung von Wegen oder die Lage von Wasserstellen auszusagen, war in Wirklichkeit die klare Erkenntnis der Afrikaner, daß selbst den wohlmeinendsten »Sendboten« bald Unterwerfung heischende andere, eben landhungrige Eroberer, folgen würden. Namen wie Sahara-Français, Rhodesien, Deutsch-Südwestafrika, Fort-Lamy, Salisbury, Namen, die so lange auf den Karten in aller Welt wie selbstverständlich standen und z. T. noch stehen, bewiesen den »Eingeborenen«, daß sie nur zu recht hatten, Erforschung (durch Europäer) neben Eroberung zu setzen. Dabei hatten sie selber nie, weder forschend noch erobernd, einen Fuß in die Länder der Weißen gesetzt.

Das haben viele Europäer bis heute nicht nachvollzogen. Es sollte jedoch die Erkenntnis wachsen, daß das, was traditionell die Geschichte – auch die der Erforschung – Afrikas genannt wird, radikal neu geschrieben werden muß.

Die »African Association«

Bis zum Ende des 18. Jahrhunderts beschränkte sich die Erkundung Afrikas vornehmlich auf die Küstenregionen – man bedenke, daß der knapp 30 Millionen qkm große Erdteil insgesamt 30 600 km Küste aufweist. Stützpunkte anzulegen und von da aus Handel zu treiben, gehörte zum guten Ton europäischer Fürstenhöfe. Man verschiffte zu dem Zweck selbst schwedischen Granit in numerierten Blöcken. Der Kurfürst von Brandenburg und der Herzog von Kurland eiferten den Portugiesen nach, deren erste feste Station an der Guineaküste, Elmina (svw. »Minenstadt«), an das begehrte Gold erinnert.

Nachdem sich am Südkap die Niederländer festgesetzt hatten, drangen von hier aus einzelne Forscher auf eigene Faust weit ins Landesinnere. Von dem Bayern Peter Kolb, der Mathematiker und Astronom war, stammen die ersten Beschreibungen der südafrikanischen Pflanzen und Tiere; um 1710 beschrieb er Art und Lebensweise der Hottentotten, damals die beherrschende Bevölkerungsgruppe im Süden. Im großen und ganzen aber begnügte man sich jahrzehntelang mit der 1670 erschienenen Afrika-Darstellung des holländischen Arztes Olfert Dappert; der Titel des Buches: »Umbständliche und eigentümliche Beschreibung von Afrika und denen dazugehörigen Königreichen«. Erst der französische Kartograph Bourguignon d'Anville mühte sich mit der »Reinigung« des Kartenbildes ab. Aber er ließ auch viel erarbeitetes Wissen über innerafrikanische Gewässer als angebliches Produkt von Phantasiegebilden unberücksichtigt.

In den folgenden Jahrzehnten entwickelte sich, über wenige, nach außen wirkende Einzelaktionen im Dienste machtpolitischer Ziele hinaus und angeregt durch James Cooks weltweite Fahrten, in Europa ein breites Allgemeininteresse an der Entschleierung unbekannter Länder. Im Hinblick auf Afrika war es Cooks Begleiter, der Naturwissenschaftler

Brown, R.: The story of Africa and its explorers, 4 Bände. London 1892/95. – Cornelius, C. D.: Die Drifttheorien im Lichte der Sahara-Geologie. (In: Die Sahara und ihre Randgebiete. München 1971). – Cornevin, R. u. M.: Geschichte Afrikas. Stuttgart 1966. Darmstaedter, P.: Geschichte der Aufteilung und Kolonisation Afrikas, 2 Bände. Berlin 1913/1920. – Davidson, B.: Urzeit und Geschichte Afrikas. Hamburg 1961. – Davidson, B.: Vom Sklavenhandel zur Kolonisierung. Hamburg 1966. – Embacher, Fr.: Lexikon der Reisen und Entdeckungen. Leipzig 1882. – Hassert, K.: Die Erforschung Afrikas. Leipzig 1941. – Herodot: Historien. Stuttgart 1955. – Italiaander, R.: Heinrich Barth, im Sattel durch Nord- und Zentral-Afrika. Wiesbaden 1967. – Kayser, K./Leroi-Gourhan, A.: Die berühmten Entdecker und Erforscher der Erde. Köln 1966. – Krämer, W.: Die Entdeckung und Erforschung der Erde. Leipzig 1967. – Krämer, W.: Die Geschichte der Entdeckung unserer Erde in 6 Bänden, Bde. 1–2. Leipzig 1971. – Pleticha, H.: Der Weg ins Unbekannte. 3000 Jahre Afrikaforschung in Augenzeugenberichten. Rimpar 1953. – Schiffers, H.: Wilder Erdteil Afrika. Das Abenteuer der großen Forschungsreisen. Frankfurt/M. 1962. – Schiffers, H. (Hg.): Heinrich Barth. Ein Forscher in Afrika. Wiesbaden 1967. – Schiffers, H.: Afrika – als die Weißen kamen. Bilder und Dokumente der Augenzeugen. Düsseldorf 1967.

Das Buch von Hassert ist durch seine Gliederung in Forschungsräume, Forscher-Persönlichkeiten und ihre Leistungen und seine reichhaltigen Literaturangaben ein empfehlenswertes Standardwerk. – In die Geographie des erforschten Erdteils und in die Entwicklung der Völker und ihrer Kulturen eingebettet ist die Forscher-Leistung bei Schiffers. Zahlreiche Bilder und Karten setzen die Akzente für das Wesentliche. – Das ältere Werk in 4 Teilen von Brown geht ausführlich auf die Geschichte ein und bringt gutes Bilder- und Kartenmaterial. – Im Werk von Kayser sind die Porträts einzelner Forscherpersönlichkeiten und in dem von Pleticha die Wiedergabe von alten Originalberichten das Wertvollste. – Von Cornevin und Darmstaedter stammen die grundlegenden Werke für Geschichte und Aufteilungs-Politik. Die wohl bedeutendste wissenschaftliche Forscherleistung u. Persönlichkeit Heinrich Barth wird in Schiffers Ausgabe von mehreren Autoren eingehend analysiert. In Schiffers Afrika – als die Weißen kamen erscheint Afrika in Originalbildern so, wie es die ersten dort auftauchenden Weißen sahen.

Joseph Banks, der den entscheidenden Anstoß gab. Zusammen mit mehreren Gleichgesinnten gründete er 1788 in London die »British Association for promoting the discovery of the interior parts of Africa«, kurz »African Association« genannt, die 1834 in der Londoner Geographischen Gesellschaft aufging. Systematisch nahm sie die Erkundung der großen Stromsysteme in Angriff und wählte sorgsam ihre Beauftragten aus. Wie bei früheren Unternehmungen war die Erforschung mit anderen Zielen verbunden: neue Handelswege zu finden, nachdem die britischen Gebiete in Nordamerika sich selbständig gemacht hatten, den Bildungsstand der »armen schwarzen Heidenkinder« zu heben und den fluchwürdigen Sklavenhandel abzuschaffen.

Auf Afrikakarten der Zeit um 1800 könnte man zwischen Niger, Nil, Kongo und Sambesi einen weißen Fleck lassen. Aber gerade diese Ströme waren es, die damals Hauptwege ins unbekannte Innere namentlich für zukünftigen Handel zu sein schienen. Ganze Scharen von Europäern arbeiteten bald daran, mit Hilfe von Erstdurchquerungen ein Erkundungsnetz über den Erdteil zu legen. Die zu lösenden Rätsel waren mannigfaltig: Gab es denn wirklich den sagenhaften »Borno lacus« (See der Sudanlandschaft Bornu), den schon die Karten des 16. Jahrhunderts annähernd richtig in der Gegend des Tschadsees plazierten? Bestand eine Verbindung zwischen Tschad, Nil und Niger, der als »Nil der Neger« bezeichnet wurde? Kam der Kongo aus dem Tschadbecken, wie man es vor Stanleys sensationeller Stromfahrt glaubte?

In europäischen und nordamerikanischen Fachzeitschriften und auch in den Tageszeitungen jener Jahrzehnte findet man eine Fülle von Berichten, auch von Zuschriften, die ein weltweites Interesse (der Weißen) an Fragen bezeugen wie: wohin nun eigentlich der Niger fließe und was es mit der geheimnisvollen »Stadt des Goldes«, Timbuktu, am Südrand der »Großen Wüste«, der Sahara, auf sich habe. Vier mühevoll geplante Expeditionen der »African Association«, die dies klären sollten, scheiterten. Der schottische Wundarzt Mungo Park versuchte 1795 vom Gambiafluß aus nach Timbuktu vorzudringen. Nach unsäglichen Mühen gelangte er (1796) bis zur Stadt Ségou am Nigerknie, weit unterhalb des ersehnten Zieles. Immerhin brachte er von seiner Expedition die Nachricht mit, daß der Strom nach Osten fließe und nicht etwa nach Westen, in den Senegal. Eine zweite Reise (1805/06) führte ihn bis vor Timbuktu. Sein letzter Brief zeugt von einer heutzutage kaum mehr begreiflichen Hingabe an Forscherziele. Er schreibt darin: »Sollte auch ich nicht mehr zurückkehren, so habe ich wenigstens die Genugtuung, auf meinem Strom zu sterben.« Bei einem Scharmützel mit Uferbewohnern fand er den Tod.

Einem Bäckerssohn aus der Vendée, René Caillié, blieb es vorbehalten, auf einer jahrelang vorbereiteten Reise, gleichfalls von Süden her, als Pilger verkleidet »la ville mystérieuse«, die »geheimnisvolle Stadt«, zu erreichen und als erster die Kunde von ihren

Merkwürdigkeiten nach Europa zu bringen. Damit verdiente er sich den von der Pariser Geographischen Gesellschaft für die Vorlage eines authentischen Timbuktu-Berichtes ausgesetzten Preis. Denn dem Engländer Alexander Gordon Laing war es zwei Jahre zuvor zwar geglückt, von Tripolis aus bis nach Timbuktu vorzustoßen, aber er fand bei der Rückreise den Tod und konnte seine Erlebnisse nicht mehr veröffentlichen. In England behauptete man, Caillié, dem die ausgestandenen Strapazen ein frühes Ende bereiteten, sei gar nicht in Timbuktu gewesen.

Der Hamburger Gelehrte Heinrich Barth, in britischem Auftrag von 1849 bis 1855 in Sahara und Sudan unterwegs, weilte monatelang in der Stadt und bestätigte, daß der »ungebildete« Caillié die Wahrheit gesagt hatte. Die Nigerstadt war längst nicht mehr, wie Jahrhunderte vorher, ein Zentrum des Handels mit dem Gold der Schwarzen und dem Salz aus der Wüste, auch nicht mehr ein Mittelpunkt islamischer Gelehrsamkeit. Dagegen gab es im Sudan, so erfuhr man von Barth, große und relativ gut organisierte Reiche mit glanzvoller Vergangenheit.

Barth schloß im Auftrag der britischen Königin mit dem Herrscher des Reiches Kanem-Bornu einen Staatsvertrag ab. (Abschriften davon befinden sich im Hamburger Staatsarchiv.) Dessen Paragraphen, von gleichgestellten Herrschern vor der Aufteilung Afrikas niedergelegt, sollten alle heute mit Entwicklungshilfe befaßten Stellen studieren. Der »Fall Barth« war auch dadurch merkwürdig, daß sich in diesem Mann eine geradezu unwahrscheinliche Fülle von Fähigkeiten und Kenntnissen auf den verschiedensten Gebieten vereinigte. Beschlagen in Topographie, Klimatologie, Ethnologie, Wirtschafts- und Geschichtskunde, trug Barth auf einigen Tausenden von Druckseiten eine solche Menge an Material und grundlegenden Einsichten zusammen, daß er mit Recht nicht nur als wandelnde »Ein-Mann-Universität«, sondern auch als »Vater der Afrikawissenschaften« bezeichnet worden ist. In einheimischer Kleidung und unter dem Namen Abd el Kerim (»Sohn des Allerhöchsten«) legte er, wie anhand seiner minuziösen Routenkarten nachzumessen ist, in fünf Jahren und drei Wochen 15 550 km zurück. Unterwegs erlernte er sechs oder noch mehr Sprachen, disputierte mit sudanischen Gelehrten über Aristoteles und war bald so berühmt, daß Leute in Not sich an seinen Weg stellten und seinen Segen durch Handauflegung erbaten.

Der »Run« auf Afrika

Die zweite Hälfte des 19. Jahrhunderts ist recht eigentlich die Epoche des »Run« auf Afrika. Politische Absichten der Regierungen in London und Paris, aber auch in Berlin, die »Interessengebiete« von der Küste aus immer weiter ins Hinterland auszudehnen, waren der Anlaß zur Aussendung von Missionen in alle Teile des Kontinents. Aber auch jetzt zogen, in noch stärkerem Maße als vordem, un-

Entdeckungsgeschichte Afrikas. Der Deutsche Gustav Nachtigal 1869 vor seinem Aufbruch von Tripolis in den Sudan.

Der Engländer Sir Henry Morton Stanley auf seiner zweiten Afrikareise 1874–1877, unfreundlich empfangen in Bumbireh.

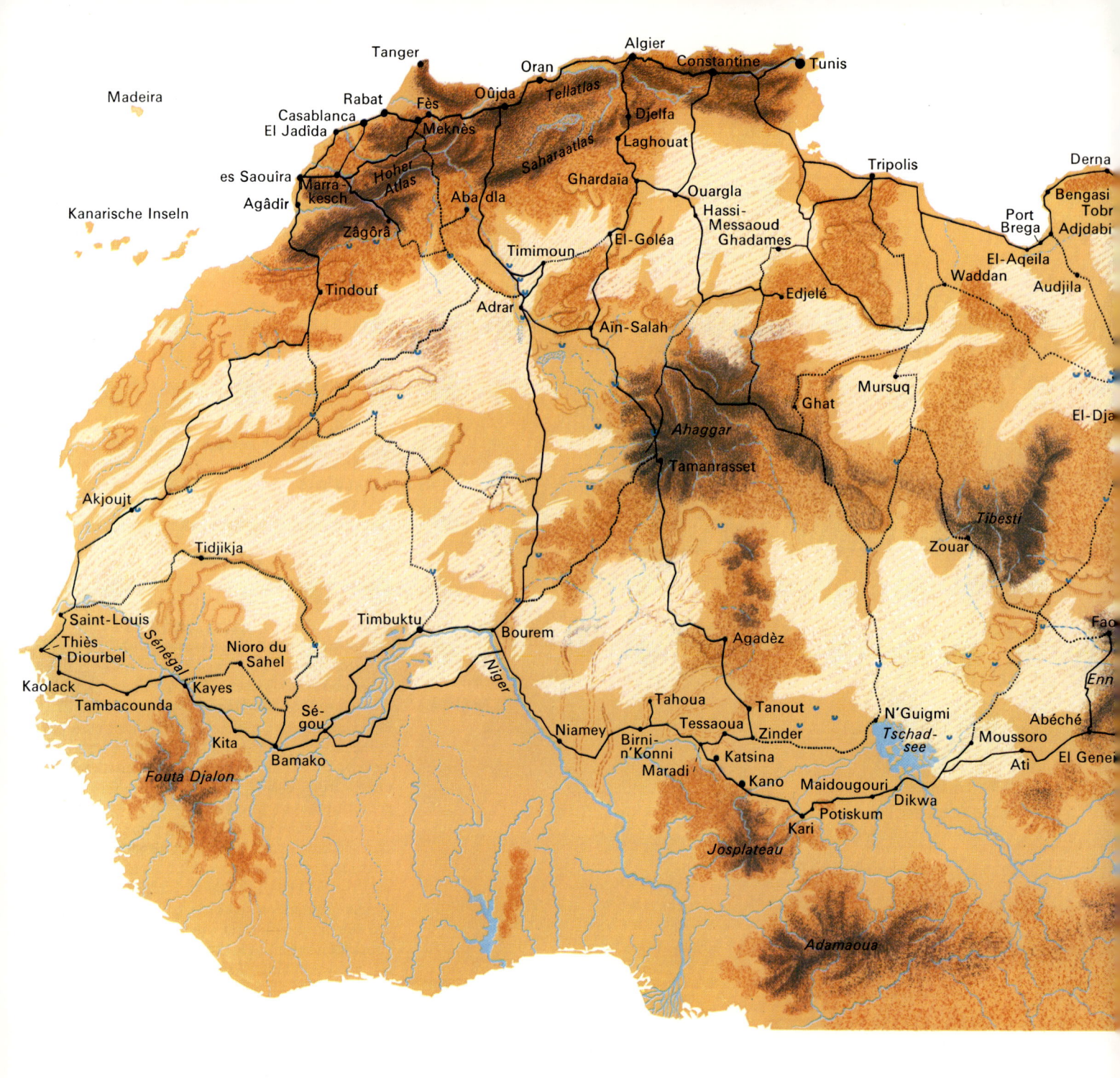

ternehmende Einzelgänger jahrelang, manchmal gar jahrzehntelang durchs Innere. Goldschmiede und Kürschner verließen Kairo nilaufwärts, Elfenbeinhändler legten Stationen in den Feuchtwäldern an. Der württembergische Volksschullehrer Karl Mauch zog von Kapstadt aus in den Norden der späteren Republik Südafrika und fand dort jene Goldfelder, die ebenso wie die Diamantenlager zu der wirtschaftlich-politischen Entwicklung weiter Teile Afrikas durch Cecil Rhodes führten (»Afrika – britisch vom Kap bis Kairo!«). Der Baum, in den nahe dem Äquator der Italiener Giovanni Miani seinen Namen ritzte, wurde als »Miani-Baum« ein Orientierungspunkt der Karten. Den Deutschbalten Georg Schweinfurth aus Riga beauftragte die Preußische Akademie der Wissenschaften mit dem Studium der Zuflüsse des oberen Nils. Schweinfurth wurde zum Begründer der Pflanzengeographie überhaupt; er schilderte aber auch bis dahin völlig unbekannte Reiche Innerafrikas und überraschte die Welt mit seinem Bericht über Begegnungen mit Pygmäen. Schweinfurths Werk »Im Herzen von Afrika«, das von Gustav Nachtigal – »Sahara und Sudan« –, die Bücher über Livingstones Reisen und die von geschickt aufgemachten Abenteuern berstenden Bände Stanleys waren die Bestseller für jung und alt in den »Mutterländern« der von Reißbrettgrenzen zerschnittenen »Schutzgebiete« und Kolonien.

In dem Netzwerk von Karawanenstraßen und Trampelpfaden durch Wüste und Savannen und zwischen den von Soldaten und Händlern besetzten Küsten- und Uferstationen schmolzen nun die weißen Flecken auf den Afrikakarten rasch zusammen. Während sich einerseits in den wissenschaftlichen Publikationen der zweiten Hälfte des 19. Jahrhunderts der internationale Austausch der Kenntnisse über die dem Kontinent eigentümlichen breitenparallelen Klima- und Bewuchszonen, über Seen und Stromgeflechte, über Hochgebirge, Städte und Stationen Afrikas widerspiegelt, kam andererseits mit der Arbeit von Grenzfestlegungskommissionen auch die Zeit der national umgrenzten Forschungsräume: der Briten im Osten und im Süden, der Franzosen im Westen und im Norden, der Deutschen, der Italiener, der Spanier.

Am Anfang der »Afrikawelle« standen die Reisen und Werke Stanleys, Journalist, Abenteurer und Entdecker zugleich, sowie seiner Zeitgenossen Emin Pascha, Wissenschaftler und glückloser Gouverneur der Nilprovinz Äquatoria, und der Deutsche Carl Peters, Haudegen und selbsternannter Kolo-

Karawanenstraßen in der Sahara

niengründer. Viele andere Europäer, unter ihnen nicht wenige Missionare, denen wir vom 16. Jahrhundert an grundlegende sprachwissenschaftliche Arbeiten verdanken, gerieten bei ihren Unternehmungen in das Räderwerk der Aufteilungspolitik.

Zu welch abenteuerlichen Vorgängen der unbändige Wille führte, einen weißen Fleck vom afrikanischen Kartenbild zu wischen, zeigt der Fall des in »Flußschlachten« auf die zu seiner Begrüßung herangefahrenen »Wilden« schießenden Stanley. Wie er den Bogen des gewaltigen Kongostroms für alle Welt – und nicht mehr nur für geheime Staatsarchive – sichtbar in die bisher auf den Karten klaffende »Leere« einmeißelte (Flußfahrt vom 5. November 1876 bis 8. August 1877), hat er Kilometer für Kilometer nachgewiesen. »Entdeckungen« mißt man gerne an den Auswirkungen. In diesem Falle beschleunigte Stanleys Tat die Entstehung von Belgisch-Kongo und gab der Berliner Kongokonferenz willkommene Unterlagen.

Die beiden Weltkriege berührten den Erdteil im Norden und führten zur raschen Entwicklung genauer Kartenbilder. Gleiches ermöglichten Kraftwagen und Flugzeug.

Afrikaforschung heute: Spezialisten und Teamwork

Die Afrikaforschung der letzten Jahrzehnte hat in einer Flut von Bänden über Kunst und Handwerk der schwarzen Völker die Ansicht von »kulturlosen Primitiven« als unhaltbar hinweggefegt. Zeugnisse frühmenschlichen Wirkens, wie sie an Fundstätten in Ost- und Südafrika sowie am Südrand der Sahara zutage gefördert wurden, haben Afrika als eine, wenn nicht gar die Wiege der Menschheit ausgewiesen. UNESCO-Initiativen (Kartenwerke zu Geologie, Klima, Völkern) ermöglichen es, die wissenschaftliche Ausbeute der über den ganzen Erdteil verstreuten Forschungsinstitute in ihrer Gesamtheit darzustellen. Im Zuge der Prospektion nach Bodenschätzen sind einzelne afrikanische Landstriche zu mustergültig durchforschten und beschriebenen Erdräumen geworden. Und doch gibt es noch Gebiete von über 1 Million qkm – in der Sahara – ohne eine einzige Wetterbeobachtungsstation!

Der jüngste Forschungsabschnitt, nach der Selbständigwerdung der meisten Länder und der Heranbildung einheimischer Forscher auf den afrikanischen Hochschulen, wendet sich Problemkreisen zu, wie sie ähnlich auch für andere Erdteile gelten: Industrialisierung, Ausbau des Verkehrsnetzes, Entwicklung der Viehzucht (im Zusammenhang mit den noch großen Wildbeständen), Bekämpfung von Krankheiten, Förderung von Schul- und Bildungswesen, Verbesserung der Sozialstruktur in den stürmisch anwachsenden Städten, namentlich der Küstengebiete. Was Entwicklungshilfe genannt wird, erfordert genaueste Durchforschung kleinster Landparzellen wie der Großregionen.

Längst ist Caillié, dessen Jugendtraum es war, Timbuktu zu sehen, ersetzt durch Stäbe von Fachleuten, die in technisiertem Teamwork Hand in Hand arbeiten. Heute wirken, nun im Auftrag afrikanischer Ministerien und nicht mehr einer europäischen Zentrale, Chinesen, Japaner, Russen, Bulgaren neben niederländischen Wasserbauingenieuren und Reisbauspezialisten von Taiwan. Livingstone, der sich fiebernd in Regenfluten durch die Sümpfe am Bangweulusee tragen läßt und dabei unentwegt beobachtet und notiert, ist abgelöst vom politisch durchleuchteten Spezialisten mit genau paragraphiertem Arbeitsvertrag.

Blicken wir abschließend auf nur einen der vielen Forschungsräume des so lange dunklen Kontinents, auf die 8,6 Millionen qkm des hundert Jahre hindurch »nutzlosesten Raumes von ganz Afrika«, den »Ozean aus Sand und Stein«: die Sahara. Was Hunderten von Forschern seit Herodot und Stanley nicht gelang, brachten moderne Forschungsmethoden und konzentrierte Milliardeninvestitionen zuwege. Sie zauberten in weniger als zehn Jahren Milliardengewinne (seit 1957) aus Öllagerstätten in Südalgerien und Nordlibyen hervor. Heute braucht man sich hier nicht mehr darum zu sorgen, ob der »Papst der Sahara«, wie einer der Senussiführer im 19. Jahrhundert genannt wurde, einen in diese oder jene Oase hineinläßt. Vielmehr sucht man mit außerordentlich kostspieligen Methoden die Billionen Kubikmeter Wasser, Erdöl oder Erdgas unter der Oberfläche abzuschätzen.

Die Sahara ist daneben ein schier unerschöpfliches Betätigungsfeld für Wissenschaftler der verschiedensten Disziplinen. Hier werden »Saurierfriedhöfe« durchwühlt, da Tausende von Felsbildern der »steinernen Chronik« kopiert, die gerade diese Wüste darstellt; dort versucht man zu erkunden, wann und wo einer der Erdpole ausgerechnet in der Sahara lag. Andere kommen hierher, um zu erforschen, wie und wohin die »Platten« der Erdkruste, nach Alfred Wegeners und anderer Kontinentaldrift-Theorien, im Zusammenhang mit den Randzonen des Roten Meeres bewegt werden. Und besonders Wagemutige stellen detaillierte Vergleiche zwischen der größten Erdwüste und der nun auch durchforschten Mondwüste an.

Für neugierige Einzelgänger besteht trotzdem noch Spielraum in Fülle.

Alois Philipp Altmeyer

Das südliche Afrika

Ein Großraum gegensätzlicher Natur

Der hier zu betrachtende, an Oberflächenkontrasten überaus reiche Großraum umfaßt acht Länder: die Republik Südafrika, Südwestafrika bzw. Namibia, Lesotho, Swasiland, Botswana, Rhodesien, Sambia und Malawi, das naturräumlich zum Ostafrikanischen Grabensystem gehört. (Moçambique wird in einem andern Zusammenhang ausführlich behandelt.) Trotz einer viele tausend Kilometer langen Küste enthält dieser Raum sechs Binnenländer. Hinsichtlich der Oberflächenformen gliedert sich die durch Lundaschwelle und Mitumbakette vom feuchttropischen Kongobecken getrennte Region in einzelne, von Norden nach Süden zunehmend trockener werdende subtropische Beckenräume, deren Rahmen das südwestafrikanische Küstengebirge (etwa 2000 m ü.d.M.) und die östliche Große Randstufe (Drakensberge, bis zu 3482 m) bilden. Die Lage in der Passatzone, die verschieden temperierten Meeresströme und die sehr starken Höhenunterschiede bestimmen Klima und Vegetation. Die eingeschlossenen Hochplateaus (900–1800 m), typisch für Rhodesien und Sambia, zeigen zahlreiche regionale Übergangs- und Sonderformen des Klimas. Die Savannenländer sind feuchter als die westlichen Gebiete, die unter dem Einfluß des aus südlicher Richtung wehenden Passats stehen; an der Westküste wirkt sich außerdem der kühle Benguelastrom aus, vor allem durch Nebelbildung. Der Savannengürtel, reich an Akazienarten und Baobabs (Affenbrotbäumen) und belebt von Huftieren, dehnt sich über den Sambesi nach Südosten aus. Die Kalahari (eine abflußlose, rund 800 000 qkm große Beckenlandschaft) im Regenschatten der Gebirge gelegen, ist ein Trockenraum mit Übergängen zur Halbwüste. Die klimatischen Unterschiede zwischen dem kühleren Westen, dem trockenen Binnenland und dem unter der Einwirkung des warmen Moçambiquestroms stehenden Osten treten deutlich hervor.

Mit der Verjüngung des Kontinents nach Süden hin verstärkt sich die breitenparallele Zonierung der Vegetation; von Westen nach Osten folgen nacheinander Vollwüste (Namib), Halbwüste, Dornstrauchsavanne (Kalahari), Grasland (»Veld«) in Middel- und Hoëveld und schließlich die vegetationslose Höhenstufe der Drakensberge. In der Nord–Süd-Richtung ergibt sich die Gliederung vom regengrünen Tropenwald über Trockensavanne, Halbwüste (Karru oder Karoo) und die Höhenstufe der Swartberge (Grasland) zum regengrünen Feuchtwald. Diese Gebirgszüge erhalten durch den Südostpassat reichliche Niederschläge und weisen in ihren kühleren Lagen außertropische Wuchsformen auf; bei 2000 m Höhe setzt die Baumgrenze ein. Eine klimatische Besonderheit ist das subtropische, von Winterregen gekennzeichnete Klima der Kapküste.

Die Landschaften überbieten sich in Gegensätzlichkeiten, die von blühenden Gärten und üppigen Plantagen am Indischen Ozean über karge Hochplateaus und Hochgebirge bis zu öden Steppen und trostlosen Wüsten am Atlantik reichen. Ursprünglich wurden diese Räume weidewirtschaftlich genutzt und waren nur dünn besiedelt. Das Hauptproblem liegt hier nach wie vor beim Wasserhaushalt – es sind »durstige Länder«. Bewässerungsanlagen und die Erschließung der Wasserkraft bilden wesentliche Entwicklungsfaktoren. Lange verwehrten Gebirgszüge den Zugang zum Landesinneren, zumal keine schiffbaren Flüsse die Verbindung zu den Häfen der Küste gewährleisteten. Die Richtung schwarzer und weißer Völkerwanderungen wurde durch die Niederschlagsverhältnisse und die malariaverbreitende Tsetsefliege bestimmt. Bantuvölker gaben regenreichen Küstengebieten den Vorzug; dort findet man sie noch heute. Für die Weißen erwies sich das Hochland nördlich des Limpopo als geeignetstes Siedlungsgebiet.

Die Entdeckung reicher Bodenschätze führte zu neuen Wirtschaftsformen und schließlich zur industriellen Entwicklung, für die Geofaktoren immer wieder den Ausschlag gegeben haben. Wirtschaftsorganisation und Raumordnungspolitik sind gerade hier unabdingbare Grundlagen einer erfolgversprechenden politischen Planung.

Buren, Briten, Bantu

Im Gegensatz zu Nordafrika war der Süden des Kontinents zu Anfang der großen Entdeckungsfahrten Europas noch »Terra incognita«. Die Portugiesen hatten 1488 »nebenbei« das Südkap umsegelt – für sie noch das »Cabo tormentoso«, das »Kap der Stürme«. Mehr als hundert Jahre später war es auch für die Engländer noch uninteressant; Bedeutung erhielt es erst für die kleinen Niederlande, als die Frage der Indienflotte akut wurde. 1652 gingen drei holländische Schiffe am nunmehr »Kap der Guten Hoffnung« geheißenen Südkap vor Anker. Der Auftrag lautete: Gründung einer Versorgungsstation und eines befestigten Stützpunktes. Nach dem Ausbau der Station wurde das Kapland nach und nach holländische Siedlungskolonie. Portugal hätte hier ein Reich gründen können, England eine Kolonie – den Niederländern ging es vorwiegend um die Sicherung des Seeweges nach Indien. Die Nachbarn der kleinen Kolonie, Buschmänner und Hottentotten, waren vorläufig unzugänglich, ja feindselig. Neger gab es hier noch nicht. Erst über anderthalb Jahrhunderte später begann dann die eigentliche Geschichte Südafrikas, eines Großraums, von dem man nicht viel mehr wußte als zwei Jahrtausende vorher die Römer. Dann richteten sich neue Hoffnungen auf das Kap. Es geriet in den Zwiespalt der »Herrenvölker«.

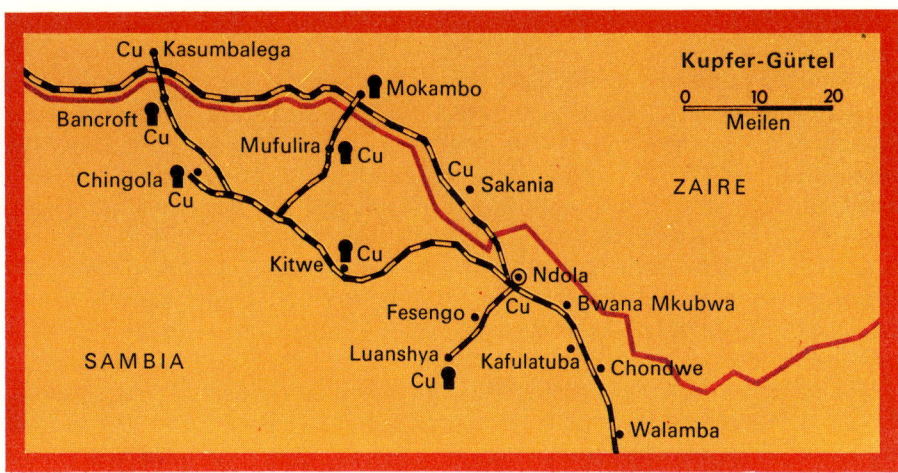

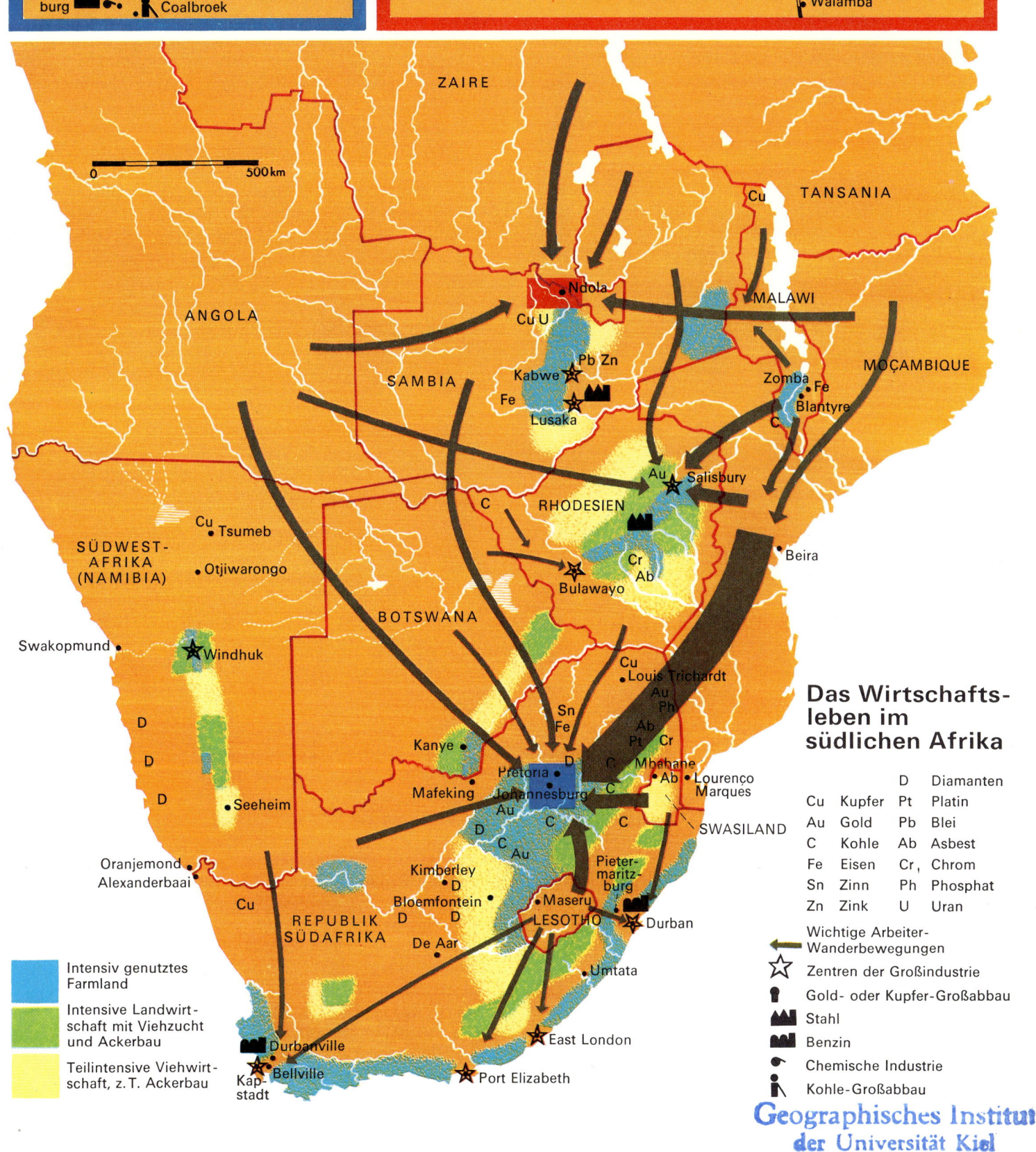

Das Wirtschaftsleben im südlichen Afrika

Witwatersrand
0 10 20 Meilen

Pretoria
Bapsfontein
Krugersdorp — Au U
Kemptonpark
Randfontein
Boksburg — Au
Benoni
Roodepoort — U Au
Johannesburg
Germiston — Au
Springs — Au
Brakpan — Au U
Nigel
Evaton
Meyerton — C
Vereeniging
Heidelberg — Au
Vanderbijlpark
Sasolburg
Coalbroek

Kupfer-Gürtel
0 10 20 Meilen

ZAIRE
Cu Kasumbalega
Mokambo
Bancroft — Cu
Mufulira — Cu
Cu Sakania
Chingola — Cu
Kitwe — Cu
Ndola
Fesengo
Cu Bwana Mkubwa
SAMBIA
Luanshya — Cu
Kafulatuba
Chondwe
Walamba

Legende

- D — Diamanten
- Cu — Kupfer
- Pt — Platin
- Au — Gold
- Pb — Blei
- C — Kohle
- Ab — Asbest
- Fe — Eisen
- Cr — Chrom
- Sn — Zinn
- Ph — Phosphat
- Zn — Zink
- U — Uran

→ Wichtige Arbeiter-Wanderbewegungen
☆ Zentren der Großindustrie
♙ Gold- oder Kupfer-Großabbau
⛰ Stahl
🏭 Benzin
⚗ Chemische Industrie
⛏ Kohle-Großabbau

- 🟦 Intensiv genutztes Farmland
- 🟩 Intensive Landwirtschaft mit Viehzucht und Ackerbau
- 🟨 Teilintensive Viehwirtschaft, z.T. Ackerbau

Geographisches Institut der Universität Kiel
Neue Universität

Die europäischen Kriege dieses Zeitalters sind bekannt. Die Niederlande wurden im 18. Jahrhundert von der Liste der Großmächte gestrichen. Auch in der christlichen Seefahrt hatten Kanonen das letzte Wort. Vergebens versuchte Frankreich, sich des Kaps zu bemächtigen – der Enderfolg war den Briten beschieden. 1806 marschierten britische Truppen ein, 1814 wurde die Abtretung der Kolonie bestätigt. Die englische Besiedlung begann jedoch erst 1820. Zwischen den holländischen Buren und den britischen Neusiedlern kam es zu harten Auseinandersetzungen. Die Abschaffung der Sklaverei im Jahre 1834 traf die Grenzburen besonders hart. Gegen Buschmänner und Hottentotten wurden »Kommandos« eingesetzt. Im Zuge der Landnahme – hier durchaus wörtlich als »Wegnahme von Land« zu verstehen – stießen die farmenden Buren auf das erste große Hindernis: die Bantu.

Vom 15. Jahrhundert an waren die Bantu aus einem nördlichen Druckzentrum in weit nach Südosten vorstoßenden Wellen vorgedrungen; andere Stämme wurden in den Völkerstrudel hineingezogen. Die Südwestbantu, darunter Herero und Ovambo (Ambo), zogen sich zurück, nicht ohne Kämpfe mit den Hottentotten. Der Ozean drängte die Eroberer nach Süden. In den zwanziger Jahren des 19. Jahrhunderts kam es dann zum bewaffneten Zusammenstoß mit den Weißen. Die Neger ließen sich in warmen Gebieten nieder, wo Wasser und Buschwerk vorhanden waren; dort findet man die Stämme noch heute. Die Buschmänner mußten vor den Bantu zurückweichen

Buren nach Osten auf, ebenfalls in Richtung klimatisch günstiger Zonen. Als sie 1779 bei der Landnahme auf die große Masse der Bantustämme stießen, entstand ein zweites Spannungszentrum. Am Kap sprach man vom strategisch-wirtschaftlichen Wert des Hafens und der Festung. Bei den Buren aber herrschte Mißstimmung. Auf Schritt und Tritt wurden sie bevormundet: Englisch war Amtssprache, London bestimmte die Politik und den Umgang mit den Eingeborenen, und der aus den Niederlanden herübergeretteten kalvinistischen Lebensauffassung trat mehr und mehr die »im Gepäck der Missionare mitgebrachte« Aufklärungsdoktrin gegenüber. So fühlten sich die Buren als Außenseiter im eigenen Land.

Als Ausweg aus diesem Dilemma drängte sich die Flucht auf. In aller Heimlichkeit wurden die Vorbereitungen dafür getroffen, und 1835 war es dann soweit: Auf ochsenbespannten Planwagen und mit Bibel und Flinte bewaffnet, brachen die »Voortrekkers« auf. Ihr Ziel war das unerforschte Innerafrika, Heimat von Löwen, Leoparden und kriegerischen Stämmen. Die 12 000 Grenzburen dieses »Großen Treks« verteilten sich in Gruppen. Über Karten und Kompaß verfügten sie nicht; wohl aber beseelte sie die Hoffnung unbeugsamer Pioniere und der biblische Glaube an ihr »Gelobtes Land«. Abends baute man die Wagenburg, über Tag hielten Frauen und Mädchen die Waffen parat. Der Hauptteil der Gruppen bewegte sich in Richtung der reichen Grasländer von Natal. Mehrere Gruppen wurden aufgerieben, auch diejenige, die mit Tshakas Mörder,

Felsbilder der Buschmänner, Südafrika

oder wurden ausgerottet. Um 1822 erfolgte die erste große Abwanderung der schwarzafrikanischen Ñguni aus dem südlichen Druckzentrum (heute Natal); ihr Anführer und späterer Herrscher war der despotische Zuluhäuptling Tshaka (1787–1828). Für einige Führer vertriebener Stämme wurde er zum Vorbild. So zog der Sothohäuptling Sebetwane nach Norden und eroberte das Gebiet der Barotse (Sambia). In zwei Gebieten gelang es den Stammesfürsten, Versprengte und Flüchtlinge mit der örtlichen Bevölkerung zu Nationen zusammenzuschweißen. Auf diese Weise entstand Swasiland als Staatsgebiet der Swasi, während sich das Volk der Basuto (Basotho) unter seinem tapferen Häuptling Moschesch in Basutoland (heute Lesotho) eine nationale Heimstätte schuf. Zulugruppen splitterten sich unter neuen Führern ab. Msilikatsi führte sein Volk, die Ndebele (Matabele), in einem dramatischen Fluchtzug über die Drakensberge nach dem heutigen Rhodesien. Vor ihm wichen andere Sotho, die Tswana (Betschuana), in Richtung Kalahari aus und ließen sich im heutigen Botswana (früher Betschuanaland) nieder.

Die Zulu hatten ein Vakuum geschaffen. Nun brachen die

seinem Halbbruder Dingaan, verhandelt hatte. Der letzte große Trekkerführer, Andries Pretorius, brachte 1838 den Zulu eine entscheidende Niederlage bei. Das offene Land zwischen dem Oranje- und dem Vaalfluß wurde besetzt, obwohl die dortigen Eingeborenen blieben. Bevor es aber zur Ansiedlung kommen konnte, mußten die aufsässigen Ndebele »befriedet« werden. Nach Auffassung der britischen Kolonialverwaltung waren die Voortrekkers weiterhin Untertanen Ihrer Majestät. Die Buren ignorierten dies und gründeten ihre Republik Natal. Das Unternehmen scheiterte, denn 1843 annektierten die Briten das Gebiet. Der Trek setzte sich wieder in Bewegung, weiter nordwärts. Man erreichte das Gebiet um die heutige Hauptstadt Pretoria, Transvaal.

Buren, Briten und Bantu kämpften nun um die Macht- und Besitzpositionen. Die »Kaffernkriege«, die bereits 1779 eingesetzt hatten, rissen nicht ab, und die Burenrepubliken erlitten wechselvolle Schicksale. Die britische Außenpolitik beschränkte sich auf das Maß des rein Haushälterischen, was englische Historiker von einem »halben Jahrhundert voller Drückebergeroperationen« sprechen ließ. Man gliederte Republiken aus und gliederte sie wieder ein. Mit den Bantu mußten sich vor allem die Buren schlagen; nur nach Bedarf griff Großbritannien ein. Dann erhoben sich die Basuto; Moschesch, der sein Land nicht länger als Zankapfel der Weißen sehen wollte, wandte sich in einem Brief an Königin Victoria. Darin hieß es: »Mein Land, o Königin, ist Deine Bettdecke, die Läuse darin sind mein Volk.« Der Häuptling bat um Schutz – der britische Gouverneur übersetzte mit »Annexion«. Daraufhin schlugen sich Briten und Zulu erneut; erst in der letzten Runde verloren die Neger. Die annektierte Burenrepublik Transvaal hingegen brachte den Briten eine Niederlage bei, was dem burischen Nationalismus gewaltigen Auftrieb verschaffte. Die große Entscheidung zwischen Großbritannien, Transvaal und der Kapprovinz bahnte sich an.

Zur gleichen Zeit trat eine neue Macht gegen die Buren auf den Plan: die britischen Missionsgesellschaften. Besonders in Basutoland, Betschuanaland und Nyasaland – dem heutigen Malawi – machte sich ihr Einfluß bald stark bemerkbar, namentlich jener der »London Missionary Society«. Der lang verschollene, dann von Stanley wiedergefundene David Livingstone veröffentlichte aufsehenerregende Berichte über Sklavenhandel, Vertreibungen und die Ausrottung ganzer Stämme. Das erste britische Kanonenboot gegen Menschenhandel wurde auf dem Malawisee eingesetzt. Die 55 Völkergruppen, von den kriegerischen Ñguni auf ihren Eroberungszügen durch Basutoland und Swasiland, durch Süd- und Nordrhodesien aufgesogen, kamen allmählich zur Ruhe. Zwischen Buren, Briten und Bantu schien sich ein Modus vivendi abzuzeichnen. Doch bei den Weißen trat bald der Wille zur Konsolidierung und Ausweitung der Machtpositionen immer stärker in den Vordergrund.

Unter solchen Auspizien vollzog sich Südafrikas plötzlicher Anschluß an die Weltgeschichte. Den Anlaß dafür bildeten zwei zufällige Entdeckungen: 1866 wurden im Landesinneren Diamantenfelder, 1886 Goldlager gefunden. Ahnungslos war der »Große Trek« über Hoëveld und Steppe gezogen, ein Gebiet, das sich als reiche Schatztruhe der Erde erweisen sollte. Abenteurer, Schatzgräber und Glücksritter aus aller Welt strömten nun in Scharen nach dem Eldorado. Mit eiserner Faust – oder, wie es ein Kritiker ausdrückte, »mit Menschenliebe plus 5 %« – legte der britische Wirtschaftsführer Cecil Rhodes die Diamantenclaims zusammen und wurde Premierminister der Kapprovinz. Seine 1889 gegründete »British South Africa Company« erhielt durch »Royal Charter« Hoheitsrechte und sicherte sich Rhodesien. Rhodes' Traum von einem britischen Afrika-Imperium stieß sich indessen bald an der Burenrepublik Transvaal unter Ohm Kruger. Rhodes verkörperte die kolonialistische Mentalität, Kruger solides Burentum. Der Putsch von 1895, der die Kruger-Regierung durch ein »Uitlander«-Regime ersetzen sollte, scheiterte. Rhodes hatte politisch ausgespielt. Inzwischen befanden sich auch die Ndebele Rhodesiens in offenem Aufruhr. Die Spannungen wuchsen.

1899 kam es schließlich zum Krieg zwischen den Burenrepubliken und Großbritannien. Das Empire mobilisierte 448 000 Mann – gegen 87 000 Burensoldaten, die sich auf Guerillataktik verlegten. Die Briten antworteten mit einer Politik der verbrannten Erde und mit Konzentrationslagern für Frauen und Kinder. 1902 ging der Krieg zu Ende: Transvaal und Oranje-Freistaat wurden britische Kolonien. Doch die Verhandlungen gingen weiter, und 1910 wurde dann die Union von Südafrika – zusammengesetzt aus der Kapprovinz, Transvaal, dem Oranje-Freistaat und Natal – aus der Taufe gehoben. Für Großbritanniens »Jahrhundert der Irrtümer« hatte die Stunde geschlagen. Den Beute-, Nahrungs- und Eroberungszügen der unruhigen Schwarzafrikaner war durch die Kolonialisierung, »die Balgerei um Afrika«, ebenfalls ein Ende gesetzt worden. Buren und Briten betrachteten nunmehr den ganzen Süden als eine Region, in der die Initiative notwendigerweise von den dort lebenden Weißen ausgehen mußte. Rhodes hatte sein Land wohlweislich veranlaßt, zwischen Betschuanaland und dem Sambesi ein britisches Interessengebiet zu schaffen, wobei es an Deutsch-Südwestafrika einen schmalen Korridor als Verbindung zum Sambesi abtrat: den Caprivizipfel.

Der Weg in die Unabhängigkeit

Der Anfang des 20. Jahrhunderts war gekennzeichnet von klassischer Kolonisierung auf der einen Seite, Unabhängigkeitsbestrebungen auf der anderen. Bei der Bildung der Union von Südafrika wurden die Gebiete Basutoland, Swasiland und Betschuanaland »High Commission Territories«; vorgesehen war eine spätere Einverleibung in die Union. Basutoland war bereits seit 1884 britisches Protektorat gewesen. In Rhodesien (Süd- und Nordrhodesien) hatte Rhodes seinen letzten Sieg durch Schlichtung ausgehandelt. Um Betschuanaland stritten sich nach wie vor treklustige Buren und expansionshungrige Briten. Für die Swasi galten die Weißen als nützliche Verbündete gegen die Zulu. Den Buren überließ der Swasiherrscher große Teile des Landes; mit Gin und Gewehren kaufte man weitere Gebiete hinzu. Die Folge davon waren chaotische Zustände. Zu guter Letzt kam es dann doch zu einer gemeinsamen britisch-burischen Regierung, in der sich Unternehmertum, Traditionsbewußtsein und Feudalaristokratie friedlich zusammenfanden. Für einen schwarzen Nationalismus war die Zeit

---

Republik Südafrika
*(Republiek van Suid Afrika,
Republic of South Africa)*

Parlamentarische Bundesrepublik; 1961 aus dem Commonwealth of Nations ausgetreten; Wahlrecht für über 18 Jahre alte Bürger europäischer Abstammung; allgemeine Wehrpflicht für Weiße; Hauptstadt als Regierungssitz Pretoria (561 703 Ew.).

Fläche: 1 221 037 qkm – **Einwohnerzahl:** Etwa 22,1 Mill. (davon rund 60% städtische Bevölkerung) – **Bevölkerungsdichte:** 18,1 Ew./qkm – **Jährlicher Geburtenüberschuß** (etwa): Weiße 15, Bantu 5,5, Mischlinge 31‰ – **Größere Städte:** Kapstadt (Parlamentssitz; 625 000 Ew., mit Vororten 1 096 595 Ew.), Johannesburg (1 432 643 Ew.), Durban (843 327 Ew.), Germiston (187 000 Ew.), Bloemfontein (180 179 Ew.), Benoni (136 000 Ew.), Springs (143 200 Ew.) – **Bildung:** Nach Rassen getrennte Schulerziehung; für die Kinder europäischer Abstammung Schulpflicht vom 7. bis zum 16. Lebensjahr (Grundschule); Mischlingskinder werden zu 100%, Bantukinder zu 80% eingeschult, 3jährige Mittelschule, 5jährige höhere Schule mit Abitur; Rund 56 000 Studenten – **Bevölkerung:** Etwa 14 893 000 Bantu, 3 779 000 Weiße, 1 996 000 Mischlinge, 614 000 Asiaten (vorwiegend Inder) – **Sprache:** Afrikaans und Englisch als Amtssprachen; Bantu- und indische Sprachen – **Religion:** Weiße zu rund 94% Protestanten (u. a. Niederländische Reformierte Kirche 53%, Anglikanische Kirche 13, Methodisten und Presbyterianer 12%), zu 6% Katholiken; 116 000 Juden; fast alle Mischlinge und etwa 6 Mill. Bantu sind christlich, vorwiegend protestantisch (1 Mill. Katholiken); daneben Stammes- und Naturreligionen der Bantu; etwa 400 000 Hindus, rund 100 000 Moslems – **Wichtige Ausfuhrgüter:** Gold (40% des Exportwertes), Platin, Diamanten, Uranerze und andere Bergbauprodukte, Wolle, Mais, Früchte, Zucker, Häute, Maschinen, Textilien

Gold und Diamanten

Arbeiter eines südafrikanischen Goldbergwerks beim »Essenfassen«

Arbeiter beim Goldschmelzen

Gold und Diamanten bedeuteten für Südafrika den Grundstock für seine Entwicklung zur wirtschaftlichen und politischen Macht. Die Diamanten ermöglichten erst die Goldausbeutung; fast über Nacht standen Riesensummen bereit. Aus den romantischen Zeiten der »Diggers« sind nur noch einige abenteuerlustige Sucher übriggeblieben. Der Goldbergbau ist heute weitgehend automatisiert. »Am Witwatersrand sind die Minen am Sterben«, bemerkte Harry F. Oppenheimer. Doch es gibt neue Fundstellen, um die man bereits Städte baut. Die Minenarbeiter, allesamt freiwillige Kontraktarbeiter, kommen aus etwa fünfzig Stämmen. Schulzeugnisse brauchen sie keine – die Einstellung erfolgt aufgrund eines praktischen Intelligenztests. Der Städter, sofern nicht selbst in den Bergwerken tätig, trifft die schwarzen Schatzgräber nur sonntags – bei den »Minentänzen«, bei denen die Stammeszugehörigkeit des einzelnen Tänzers unschwer zu identifizieren ist. Die Arbeitskameradschaft zwischen schwarzen und weißen Bergarbeitern ist im allgemeinen vorbildlich.

Abraumhalde einer Goldmine bei Johannesburg

Diamantenwäscher

> **Südwestafrika**
> *(Suidwes Afrika, South-West Africa, von der UNO Namibia genannt)*
>
> Ehemals deutsche Kolonie, seit 1920 als Völkerbund- bzw. UNO-Mandat von Südafrika verwaltet; UNO-Beschlüsse auf Annullierung des Mandats und Verselbständigung Südwestafrikas – unter dem Namen Namibia – von der Republik Südafrika nicht anerkannt; Klage der UNO gegen die Republik vom Internationalen Gerichtshof zurückgewiesen; Südwestafrika entsendet 6 Abgeordnete und 4 Senatoren in das südafrikanische Parlament; Gesetzgebender Rat (Nationalpartei 16, Opposition 2 Sitze) ohne Beteiligung der Afrikaner gewählt; Hauptstadt Windhoek (rund 72000 Ew., davon 23000 Weiße).
>
> **Fläche:** 842292 qkm (mit Walfischbucht) – **Einwohnerzahl:** 650000 (vorwiegend ländliche Bevölkerung) – **Bevölkerungsdichte:** 1,2 Ew./qkm – **Bevölkerung:** Zehn verschiedene afrikanische Völkerschaften (u.a. Ovambo, Hottentotten, Damara, Herero, Buschmänner); 90000 Weiße, 25000 Mischlinge – **Sprache:** Afrikaans, Englisch, Deutsch; afrikanische Sprachen – **Wichtige Ausfuhrgüter:** Diamanten, Kupfer, Zinn, Blei, Zink, Silber, Kadmium, Vanadium, Wolfram und Lithium, Viehzucht- und Fischereiprodukte

noch nicht reif. Das ehemalige Deutsch-Südwestafrika wurde der Union 1920 vom Völkerbund als Mandatsgebiet übertragen. Auch in Nyasaland hatten die Deutschen im Ersten Weltkrieg die Waffen strecken müssen; das ehemalige Malawi-Reich verdankt seine Staatwerdung und seine heutige Gestalt nicht zuletzt den schottischen Missionaren, die hier unter den Schwarzen wirkten und die den Wahlspruch »Afrika den Afrikanern!« prägten.

Die Parole sollte Schule machen. Besonders der Versuch der Regierenden, die Investitionen der Besetzungspolitik zurückzugewinnen, machte die Afrikaner hellhörig. Es folgten Krisen, Widerstand und Bündnisse gegen die Weißen. Gleichzeitig erlebte die Union eine echte industrielle Revolution. Um die unterentwickelten Länder kümmerte man sich weniger. Für eine Begründungsphilosophie zur Rechtfertigung des Kolonialismus war es zu spät, nachdem das deutsche Kolonialreich zerschlagen war und die Kolonialmächte an Arroganz und Selbstvertrauen eingebüßt hatten.

Der Weg in die Unabhängigkeit hatte im Falle der Union bereits 1910 zum Ziel der vollen Souveränität geführt. In beiden Weltkriegen kämpfte das Land auf britischer Seite; die Kaproute war strategisch wertvoll. Die massive Kritik der farbigen Commonwealth-Mitglieder an der südafrikanischen Apartheid-Politik war es u.a., die die Union 1961 zum Austritt aus dem Commonwealth of Nations bewog; im gleichen Jahr wurde die Republik ausgerufen. Südwestafrika, von den Vereinten Nationen Namibia genannt und 1966 formal dem Mandatsrecht der Republik Südafrika entzogen, wird praktisch als Teil der Republik verwaltet. Proteste der UNO und des Weltsicherheitsrates sind erfolglos geblieben.

Auf die Einverleibung von Großbritanniens drei ehemaligen Protektoraten hat Südafrika verzichtet; es zeigt keine Absicht, seine Grenzen auszudehnen. Für Basutoland, bis in die jüngste Vergangenheit ständig im Spannungsfeld zwischen Buren und Briten, folgten politische Reformen; 1966 wurde es unter dem Namen Lesotho unabhängig – nicht ohne Spannungen zwischen dem »König aus Oxford« und seinem Premierminister. Nicht viel anders lagen die Dinge in Betschuanaland, dessen Isoliertheit auch das Verharren auf einer rückständigen Wirtschaftsstufe zur Folge hatte. Sir Seretse Khama gewann die Wahlen von 1965 und führte ein Jahr später sein Land als Botswana in die Unabhängigkeit. In Swasiland mußte es aufgrund einer aufgezwungenen Verfassung zu neuen Entscheidungen kommen. Kralvorstände und Häuptlinge hielten zu ihrem alten Monarchen, König (Ngwenyama) Sobhuza II., der zusammen mit der Monarchin regiert. 1968 wurde auch dieses Land unabhängig.

Als die 1953 gegründete »Zentralafrikanische Föderation« aus Nord- und Südrhodesien sowie Nyasaland nach zehn Jahren auseinanderbrach, trennten sich auch die beiden Rhodesien. Dabei kam es zu Krisen im Commonwealth of Nations und in Großbritanniens Beziehungen zu Afrika. Auf afrikanischer Seite lautete die Forderung: »One man, one vote«; sie wurde nicht verwirklicht. Die Föderation war eine Idee der Weißen gewesen, wobei man mit politischen und wirtschaftlichen Vorteilen dafür plädiert hatte. Mittlerweile war jedoch die afrikanische Opposition stark angewachsen – alle prominenten afrikanischen Widerstandsführer hatten ihr britisches »Gefängnisexamen« abgelegt und waren damit zu »Helden« geworden. Von der zugesagten britischen Endkontrolle über die allgemeine Eingeborenenpolitik war nicht mehr die Rede. Mit der Auflösung des künstlichen Staatsgebildes erfüllten sich die Forderungen afrikanischer Nationalisten, die die Föderation von Anfang an bekämpft hatten. 1964 wurde Nordrhodesien

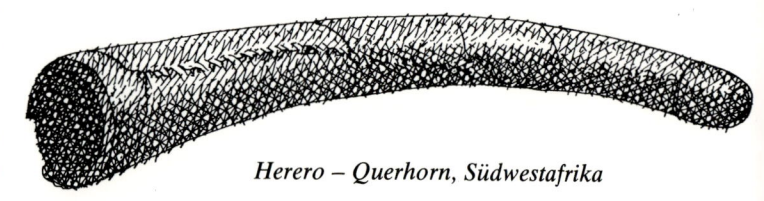

Herero – Querhorn, Südwestafrika

als Sambia unabhängig. Im gleichen Jahr bildete auch Nyasaland eine eigene Regierung und erlangte als Republik Malawi volle politische Souveränität.

Südrhodesien, das nie eine echte Kolonie gewesen war, hatte sich bereits 1961 eine neue Verfassung gegeben, nicht ohne Einwilligung Großbritanniens. Dennoch kam es zum offenen Bruch mit der Krone. Nachdem 1965 Ian Smith – in den Augen seiner Anhänger »der Königin treuester Rebell« – einen gewaltigen (weißen) Wahlsieg errungen hatte, kam es noch im selben Jahr zur einseitigen Unabhängigkeitserklärung. Unbeirrt von Protesten und Sanktionen seitens der UNO und Großbritanniens setzte das Smith-Regime seine eigenständige, auf dem Prinzip der Rassentrennung beruhende Innenpolitik fort. 1970 erfolgte die Umwandlung Rhodesiens in eine Republik; für die britische Regierung ist die Queen nach wie vor Staatsoberhaupt des Landes zwischen Limpopo und Sambesi.

Völker werden Staaten

Die Zukunft begann für die Bantu, als sie Busch und Grasland verließen und den Stamm aufgaben, der bis dahin ihre Welt gewesen war – mit Gesetzen und Traditionen, die das ganze Dasein erfaßten: Geburtsriten, Jugendinitiation, Eheschule, Ahnenkult, Götterverehrung, Bestattungsbräuche.

Der Zerfall der alten Ordnungen setzte mit der Missionierung und dem Erlernen europäischer Sprachen ein. Die Kultur der Weißen war die stärkere; sie kannte weder Fruchtbarkeitsriten noch Medizinmänner, weder Zauberdoktoren noch Hexen und Vielweiberei. Die Waffen der Europäer sorgten für Frieden; Sklaven durfte es nicht mehr geben. Die junge Generation wuchs in einer neuen Vorstellungswelt auf. Der Häuptling verlor seine Gewalt und konnte fortan bestenfalls Beamter

Lesotho
(Kingdom of Lesotho)
Mitglied des Commonwealth of Nations

Konstitutionelle Monarchie mit Zweikammerparlament; drei Parteien, Hauptstadt Maseru (etwa 15 000 Ew.).

Fläche: 30 355 qkm – **Einwohnerzahl:** 950 000 (116 000 Bürger von Lesotho leben in der Republik Südafrika) – **Bevölkerungsdichte:** 31 Ew./qkm – **Jährlicher Geburtenüberschuß:** 28‰ – **Bevölkerung:** Bantu (Basuto); 2000 Weiße, 1000 Inder – **Sprache:** Bantusprachen (SeSotho), Englisch – **Religion:** Über 60% Christen (davon 40% Katholiken); Anhänger von Naturreligionen – **Wichtige Ausfuhrgüter:** Diamanten, Wolle und andere Viehzuchtprodukte

Botswana
(Republic of Botswana)
Mitglied des Commonwealth of Nations

Präsidialrepublik mit Einkammerparlament und allgemeinem Wahlrecht; keine Wehrpflicht; Hauptstadt Gaberones (15 000 Ew.).

Fläche: 600 372 qkm – **Einwohnerzahl** (Schätzung): Etwa 670 000 – **Bevölkerungsdichte:** 1 Ew./qkm – **Jährlicher Geburtenüberschuß:** 30‰ – **Bevölkerung:** Betschuanen der Bantugruppe Sotho-Tswana; 3500 Weiße, 2000 Inder und »Farbige«; Buschmänner – **Sprache:** SeTswana und andere Bantusprachen; Englisch z.T. als Amts-, Bildungs- und Handelssprache – **Religion:** Anhänger von Naturreligionen; etwa ein Siebentel (meist protestantische) Christen – **Wichtige Ausfuhrgüter:** Fleisch, Vieh und Viehzuchtprodukte, Asbest, Gold, Mangan

Swasiland
(Swaziland; Umbenennung in Ngwane geplant)
Mitglied des Commonwealth of Nations

Konstitutionelle Monarchie mit Einkammerparlament und allgemeinem Wahlrecht; Hauptstadt Mbabane (14 000 Ew.).

Fläche: 17 363 qkm – **Einwohnerzahl:** 420 000 (davon rund 90% ländliche Bevölkerung) – **Bevölkerungsdichte:** Gut 24 Ew./qkm – **Jährlicher Geburtenüberschuß 1963 bis 1969:** 30‰ – **Bevölkerung:** Über 90% Swasi (Nguni-Gruppe der Bantu, verwandt mit den Zulu); 9000 Weiße, mehr als 2000 Mischlinge – **Sprache:** SiSwati (Isi-Zulu) als Staatssprache; Englisch auch als Verwaltungs- und Bildungssprache – **Religion:** 50–60% Christen (u.a. rund 32 000 Katholiken); Anhänger von Naturreligionen – **Wichtige Ausfuhrgüter:** Eisenerz (ein Viertel des Exportwertes), Asbest, Holz, Baumwolle, Zucker, Viehzuchtprodukte

Sambia
(Republic of Zambia)
Mitglied des Commonwealth of Nations

Präsidialrepublik mit Einkammerparlament (75 gewählte und 5 ernannte Abgeordnete) und allgemeinem Wahlrecht; Hauptstadt Lusaka (238 200 Ew.).

Fläche: 746 254 qkm – **Einwohnerzahl:** Etwa 4,3 Mill. (davon 75% ländliche Bevölkerung) – **Bevölkerungsdichte:** 5,7 Ew./qkm – **Jährlicher Geburtenüberschuß (Afrikaner):** 31‰ – **Größere Städte:** Kitwe (180 000 Ew.), Ndola (150 000 Ew.), Mufulira (über 100 000 Ew.) – **Bevölkerung:** Bantu (Matabele, Mashona, Barotse), kleine Buschmanngruppen; 70 000 Weiße (meist Briten und Südafrikaner), 9500 Asiaten (meist Inder), über 2000 Mischlinge; etwa 7000 Flüchtlinge aus Angola und Moçambique – **Sprache:** Bantusprachen, Englisch – **Religion:** Anhänger von Naturreligionen; protestantische (420 000) und katholische (730 000) Minderheiten; Moslems – **Wichtige Ausfuhrgüter:** Bergbauprodukte (insgesamt 90% des Exportwertes); u.a. Kupfer, Blei, Kobalt, Mangan, Zink), Tabak, Holz.

---

werden. Technischer Fortschritt paßt nicht zum Kral, auch wenn sich der neue Minenarbeiter vor der ersten Einfahrt in die Grube noch ein Amulett beim zuständigen Medizinmann besorgt. Christliche Mädchen werden nicht mehr »gekauft«. Neue Eliten bilden sich heraus und setzen sich durch. Vor der Kulisse einer sich emanzipierenden »Dritten Welt« zeichnet sich die neue Entwicklung vom Stamm zur Nation ab.

Daß gerade der modernste Staat dieses Großraumes, die Republik Südafrika, an ethnischen Einheiten festhält, mag paradox klingen, doch handelt es sich hier um Völker, die sich als Nationen betrachten. Für andere Staaten ist der unermüdlich über Rundfunk und auf Parteiversammlungen ertönende Slogan »One Sambia, one nation!« typisch. Für ein Nationalgefühl fehlen jedoch historische Bindungsfaktoren wie gemeinsame Sprache, Lebensweise oder Tradition. Einen Haupteinigungsfaktor bilden heute die europäischen Sprachen. Aus einer Vielfalt von Stämmen eine Nation zu bilden, verlangt eine straffe Staatsführung. Oft stehen die neuen Führer vor einem politischen Vakuum. Demokratische Reste des alten Kollektivs müssen nun stammesverbindend wirken; im allgemeinen erwartet man Erfolge eher durch Evolution als durch Revolution. Doch der Preis ist oft hoch; man denke z. B. an die Entmachtung der Häuptlinge.

Tribalismus und Afrikanisierung stehen nicht selten in hartem Widerspruch. Die Stammesegozentrik leistet der Durchsetzung von Sonderinteressen und zentrifugalen Bestrebungen Vorschub. So mußte in dem von achtzig Stämmen bewohnten Sambia der Parteiapparat die Organisation schaffen. Ein von der britischen Königin geadelter Fürst büßte seine Macht ein. Königreiche wurden Provinzen. Selbst in den »Mine Compounds« von Johannesburg leben Stämme getrennt, damit der Arbeitsfriede gewährleistet bleibt. In anderen Staaten hingegen rivalisieren sie im Ringen um die Macht. Bestechung, Postenjägerei und Vetternwirtschaft sind üblich. Auch muß der erfolgreiche Stammesangehörige für seinen Clan sorgen. Brisant wird der Machtkampf, wenn er religiöse Formen annimmt. Bekannt ist der Aufstand der Lumpa-Sekte. Die »Prophetin« Alice Lenshina gab »Himmelspässe« aus, um ihre Anhänger zur Bekehrung der Ungläubigen anzufeuern; die letzten der Fanatiker endeten im Hagel von Maschinengewehren. Als Mittel zur Überwindung der Stammesegozentrik soll die Afrikanisierung, d. h. die von Staats wegen vorgenommene Besetzung wichtiger Positionen mit Afrikanern, dienen. Indes handelt es sich hierbei oft nur um eine andere Spielart der »Europäisierung«, indem ein westlich geschulter afrikanischer Beamter das Amt des weißen Vorgängers übernimmt. Die Ergebnisse sind oft bedenklich. Malawi und Lesotho haben nach wie vor weiße Lehrmeister, während in Sambia die »Sambianisierung« weitestgehend verwirklicht worden ist.

Besondere politische Probleme verzeichnet die Entwicklung der Einzelstaaten, an erster Stelle das »Land auf der schwarzen Liste«, die Republik Südafrika mit ihrer Apartheidpolitik. Rassentrennung und Rassismus im Sinne von »Segregation« sind keine weiße Erfindung; das zeigt Afrika in Kämpfen neueren Datums. Man kennt die Verachtung schwarzer »Herrenvölker« gegenüber den unterworfenen Stämmen, aber auch gegenüber der großen Gruppe der Bantu. Doch waren es Europäer, die aus »Apartheid« eine Gesetzgebung machten. Rhodes hatte wohl die Entwicklung vorausgesehen, wenn er meinte: »Die Rasse ist dabei, die Religion als größten Trennungsfaktor der Menschheit zu ersetzen.« Dies traf für Südafrika zu, nicht zuletzt aus geschichtlichen Gründen. Die reformierte kalvinistische Kirche, die nationale Burenkirche, ist von einem starken Sendungsbewußtsein geprägt. Am Anfang be-

Schilder-Apartheid auf einem Bahnhof in der Republik Südafrika

Apartheid

Bantu-Stadt Soweto (über 750 000 Ew.)

In ihrer alten Form ist die »Politik der Pigmente« zum Scheitern verurteilt. Zwar spricht man nach wie vor von »getrennter Entwicklung«, doch der Akzent hat sich auf das zweite Wort verlagert. Trotz unterschiedlicher Ausgangspositionen – rassisch, ethnisch, wirtschaftlich – soll und muß eine endgültige Form des Zusammenlebens von Schwarz und Weiß in der Republik Südafrika wie in Rhodesien gefunden werden. Das Problem drängt zur Entscheidung, humanitär und politisch. Man wird sich auf neue Konzeptionen zu einigen haben. Weder Anhänger noch Gegner der Apartheid – beides gibt es im schwarzen wie im weißen Lager – sehen in Gewalt oder Kompromißlosigkeit ein annehmbares Mittel zur Beendigung des Konflikts. Patentrezepte von dritter Seite verraten durchweg Unwissenheit, Vorurteile und Zweckdenken, wenn sie nicht gar von eigenen staatlichen Mißerfolgen ablenken sollen. Eine friedliche Lösung setzt Zugeständnisse auf beiden Seiten voraus. Der Weiße trennt sich zögernd von der »Herr–Knecht-Vorstellung«. Die Frage bleibt, wann und in welchen Proportionen die Macht zu verteilen sei.

Malawi
(Republic of Malawi)

Präsidialrepublik mit Einkammerparlament und Wahlrecht für alle über 21 Jahre alten Bürger; keine allgemeine Wehrpflicht; Mitglied des Commonwealth of Nations; Hauptstadt Zomba (gut 20 000 Ew.).

Fläche: 118 484 qkm (mit Binnengewässern) – **Einwohnerzahl:** Etwa 4,55 Mill. – **Bevölkerungsdichte:** 38,5 Ew./qkm – **Jährlicher Geburtenüberschuß:** 27‰ – **Bevölkerung:** Bantu (u.a. Nyanja, Sena); 14 200 Mischlinge, etwa 7000 Europäer (meist Briten), 10 000 Asiaten (Inder und Pakistaner) – **Sprache:** Englisch als Amtssprache; Nyanja, Tumbuco, Yao – **Religion:** Anhänger von Naturreligionen; 10–12% Moslems; christliche Minderheit; Hindu-Gruppen – **Wichtige Ausfuhrgüter:** Tee und Tabak (ein Fünftel des Exportwertes), Erdnüsse, Gemüse, Baumwolle

---

trachtete man die Unterordnung der Schwarzen als gottgewollt und berief sich dabei auf das Alte Testament. Nicht daß solche Theologie eine Handhabe für die Politik liefern sollte – es war die Politik, die daraus Konsequenzen zog. So entstanden Farben-Schranken. Doch die Zeit väterlicher Führung der Schwarzen war bald vorbei, und die Lage änderte sich binnen kurzem, als die Bantu in die Städte drängten. Jetzt schuf der Weiße künstliche Barrieren, um dem Bantu zu zeigen, »wo sein Platz ist«. Der Tourist aus Europa steht verdutzt vor der »Schilderapartheid«. Zahlreiche Vorschriften regeln die Beziehungen der Rassen, ganz gleich, ob es sich um Arbeit (»Job Reservation«) oder Liebe (»Immorality Act« gegen Geschlechtsverkehr und Ehe zwischen Farbigen und Weißen) handelt – um nur zwei Beispiele zu nennen. Wohnbezirke trennt der »Group Areas Act«. Man arbeitet zusammen, muß aber getrennt leben. Für die Regierung bedeutet Apartheid getrennte Entwicklung der unterschiedlichen Bevölkerungsgruppen. Es geht um ein Prinzip. Bereits vor Jahrzehnten erklärte der südafrikanische Politiker Jan Christiaan Smuts in Oxford: »Segregation ist die traditionelle Politik der Union.« Die Opposition gegen diese Auffassung begann schon im vorigen Jahrhundert (Mahatma Gandhi, 1898). Es folgten Aktionen von Widerstandsgruppen, bis diese verboten wurden und ihre Führer ins Gefängnis wanderten. Auf beiden Seiten ging und geht man zu weit. Jeder Landeskenner weiß, daß vollständige Apartheid unmöglich ist. Schwarz und Weiß – dies gilt auch für die »Farbigen« – sind aufeinander angewiesen, in der Familie wie in der Fabrik. Von »fremden« Kirchen, an ihrer Spitze die katholische, wird die Apartheid hart bekämpft. Doch die unerbittlichste Gegnerin der weißen Rassisten ist die Biologie: Das Zahlenverhältnis zwischen Weißen und Nichtweißen verbessert sich infolge des unterschiedlichen Bevölkerungswachstums zusehends zugunsten der letzteren. Hinzu kommt, daß die schwarzen Völker weniger denn je bereit sind, mit anderen, auch solchen gleicher Hautfarbe, eine Nation zu bilden. Auf dieser Ebene trifft man sich mit der Regierung: Bantu-Staaten (Bantustans bzw. Bantu Homelands) gelten nicht nur auf der Europäerseite als Lösung. Schwarze wollen ohnehin keine Pseudoeuropäer werden – dafür ist ihr Nationalgefühl schon zu stark entwickelt. Eine »Detribalisierung«, eine Stammesentwurzelung, hat hier also nicht stattgefunden. Beide Seiten, Bantu und Weiße, wollen die Unterjochung schwächerer Gruppen durch stärkere verhindern. Die Regierung schafft gleichberechtigte schwarze Einzelstaaten auf der Grundlage alter Bantu-Heimatländer. Die nationalistische weiße Presse kommentiert: »Man wird von der negativen zur positiven Apartheid übergehen müssen.« Mit dem Fortschritt der Bantu ist es den Weißen ernst; auch tragen sie 78 % der Bildungsausgaben für die Bantu-Erziehung. Der Lebensstandard der Bantu in der Republik Südafrika ist der höchste aller Völker Schwarzafrikas, und die Zahl der Akademiker aus ihren Reihen liegt über derjenigen des gesamten restlichen Afrikas. Für die Regierung ist der Erfolg dieser ihrer Politik nur eine Frage der Zeit. Sollte diese Erwartung eintreffen und eine vernünftige Lösung gefunden werden, so würde dies den Kritikern ihre Gegnerschaft schwermachen. Aber auch ein Versagen der allmählichen Bantu-Emanzipation und der »Bantustanisierung« würde nicht unbedingt das Ende der weißen Herrschaft bedeuten. Wohl aber könnte sich eine Auflösung des Staatsverbandes mit bedenklichen Auswirkungen ergeben. Die Entwicklung deutet auf eine Trennung in schwarze und weiße Territorien, die auf der Basis der Gleichberechtigung zusammenarbeiten sollen. Jede Lösung muß auch die oppositionellen Bantu umfassen. Der Weiße kam als Einwanderer, der Bantu

Rhodesien
(Republic of Rhodesia)

Republik mit Zweikammerparlament, von Großbritannien als dominionartiges Mitglied des Commonwealth of Nations und damit als unter britischer Souveränität stehend betrachtet; die Regierungspartei Rhodesian Front vertritt Rassentrennung und Vorrechte der Weißen und hat alle 50 den Weißen vorbehaltenen Parlamentssitze inne; die gemäßigte, rassisch gemischte Vereinigte Volkspartei erhielt 7 Sitze, die rein afrikanische UNPP 1 Sitz; Hauptstadt Salisbury (400 000 Ew.).

Fläche: 390 622 qkm – **Einwohnerzahl:** 5,69 Mill. (davon 80% ländliche Bevölkerung) – **Bevölkerungsdichte:** 14,5 Ew./qkm – **Jährlicher Geburtenüberschuß:** 32‰ – **Bevölkerung:** Überwiegend Bantu; 230 000 Weiße, 8900 Asiaten (hauptsächlich Inder), 15 200 Mischlinge – **Sprache:** Englisch, Bantusprachen – **Religion:** Protestanten über 30, Katholiken etwa 8%; 6000 Juden; moslemische Minderheit; Anhänger von Naturreligionen – **Wichtige Ausfuhrgüter:** Bergbauprodukte (Asbest, Chromerz, Gold, Kupfer, Zinn, Wolfram), Tabak, Tee, Getreide, Zucker

---

ebenfalls. Beiden ist dieses Land Heimat. Ein »Südafrikanisches Commonwealth« wird Milliarden kosten, und man ist bereit, sie zu investieren. Aber auch für diese Form der Apartheidpolitik künden sich bereits erste Komplikationen an: Der neue Zukunftsstaat Transkei fordert den Abzug der Weißen.

Mit kaum weniger Interesse als die Apartheid wird vielfach die Südwestafrika- bzw. Namibia-Frage zur Diskussion gestellt. Dabei übersieht man häufig, daß im einstigen »Deutsch-Südwest« fast ein Dutzend Völkerschaften leben, darunter etwa 100 000 Weiße. Wie sollen aus ihnen »Namibier« werden? Die Deutschen fanden das Land so vor, wie Gott es geschaffen hatte – mit Wüsten, Einöden, trostloser Küste und »Menschen aus der Steinzeit«. In den dreißig Jahren ihrer Herrschaft legten sie die Grundlagen für eine moderne Entwicklung. Eine Infrastruktur war somit weitgehend vorhanden, als die Südafrikaner das Mandat übernahmen. Die Vereinten Nationen bestätigten die Verfügung des Völkerbundes. Als ungeahnte Bodenschätze entdeckt waren, wechselte die UNO ihren Kurs. Die – bislang erfolglosen – Maßnahmen gegen die Republik Südafrika sind angeblich nichtafrikanischen Ursprungs. Die Regierung in Pretoria betrachtet ihre Zuständigkeit für Südwestafrika als nach wie vor rechtmäßig. Kommentierte Staatspräsident Banda von Malawi: »Die Großmächte sind nicht bereit, die Republik Südafrika aus Südwestafrika zu vertreiben. Die Schaffung eines ‚Rates für Südwestafrika' war zumindest kindisch.« Es fehlen sowohl Alternativvorschläge

Pretoria, Church Square · Ohm Kruger-Denkmal, links dahinter Ratssaal des Provinzrates von 1899 und Provincial Building (rechts).

der UNO als auch eindeutige Befreiungsanträge der betroffenen Völker. Ein nichtweißer Sonderkommissar der UNO betrachtete sogar die Bantustan-Politik Südafrikas (Beispiel Ovamboland) als Lösung. Nach den Plänen der Republik soll in absehbarer Zeit ein Volksentscheid bestimmen, ob das Territorium von Südafrika oder von der UNO zu verwalten sei.

Gegen das abtrünnige Rhodesien wollte die »Organisation für die Einheit Afrikas« (OEA) auf breiter Front einschreiten, nicht nur mit Sanktionen, sondern auch mit militärischer Intervention der Briten und afrikanischer Staaten. Selbst Länder, die in Großbritannien Schulden hatten, wollten im Falle einer Weigerung Londons ihre dortigen Konten auflösen. Banda bezeichnete solche Aktionen als unfair und unrealistisch. Dies war nicht die einzige afrikanische Commonwealth-Krise. Es folgte die Debatte um Waffenlieferungen für die Republik Südafrika, die »weiße Macht in Afrika«. Dem Westen geht es um ein Anliegen, das Schwarzafrika nur indirekt betrifft: die strategische Bedeutung der Kaproute. Nasser hatte den Suezkanal als eine Art ägyptische Privatangelegenheit betrachtet und damit ein neues Fragezeichen hinter das Problem der Erdölversorgung gesetzt. 80% der Schiffe, die bis zu seiner Schließung im Verlauf des Sechs-Tage-Krieges von 1967 den Kanal passierten, waren Tanker. Seitdem ist diese wichtige Wasserstraße nur noch ein »Panzergraben«. Für Schiffe ab 100000 t Ladung ist heute die Kaproute ohnehin nicht mehr der teurere Weg, abgesehen davon, daß man inzwischen schon 300000-t-Tanker einsetzt, für die der Suezkanal sowieso zu klein wäre. Während Wüstensand in den Kanal rinnt, verdient man am Kap Riesensummen. Selbst bei einer Wiedereröffnung des Suezkanals wird dieser einen Teil seiner weltwirtschaftlichen Bedeutung eingebüßt haben. Sein strategischer Wert indessen bleibt ungeschmälert, besonders für die Sowjetunion, die durch Stützpunkte einen stärkeren Einfluß im Indischen Ozean anstrebt.

Die Republik Südafrika hatte sich längst auf den Kanal-Ausfall vorbereitet. Schon während der Suezkrise von 1956 waren 12000 Schiffe umgeleitet worden. Der Weg um das Kap ist eine Lebensader zwischen Ostafrika, dem Nahen Osten, Südasien und dem Westen geworden. Das einzige dem Westen wirklich zugeneigte Land in diesem Teil der Welt ist die Republik Südafrika. Sie besitzt moderne, auch militärisch bedeutsame Häfen, u. a. im großen Marinestützpunkt Simonstown. Für die NATO ist und bleibt der Wendekreis des Krebses die südlichste Seeverteidigungslinie. Jetzt operieren sowjetische Flottenverbände im Süden. Die Kaproute, am Schnittpunkt zweier Ozeane, hat für den Westen höchsten Sicherheitswert und muß folglich gegen Feindnutzung abgesichert werden. Politische Sanktionen gegen die Republik könnten sich deshalb fatal auswirken. Daran denkt man auch bei der US-Kriegsmarine. Südafrika soll ein Bollwerk an der Südflanke des NATO-Bereichs bleiben, gewissermaßen Europas letzte Grenze. Immerhin ist die Republik am Kap die stärkste Militärmacht Afrikas.

Die politischen Beziehungen der neuen Staaten zur übrigen Welt gaben zunächst Anlaß zu zahlreichen Fehlurteilen in West und Ost; alte und neue Bindungen, fremde Ideologien, politische Systeme und der Wettlauf in der Entwicklungshilfe wurden falsch eingeschätzt. Im Zeitalter der Machtblöcke ist die wirtschaftliche Schwäche dieser Staaten vielleicht ihre große Stärke. Nach außen wollen sie sich taktisch klug zwischen den Fronten halten. Einerseits haben sie Jahrzehnte, wenn nicht Jahrhunderte zu überspringen, andererseits müssen sie ihr Schicksal in die eigenen Hände nehmen. Die Standortbestimmung läßt drei Grundtendenzen erkennen: Koexistenz, Nichteinmischung und Blockfreiheit. Aus der Erkenntnis der Interdependenz, der wechselseitigen Abhängigkeit, muß logischerweise der Wille zu friedlichem Miteinander erwachsen. Für die Völker Afrikas besitzt die Fortschrittlichkeit der Industrienationen zwei Gesichter: ein kapitalistisches und ein kommunistisches. Die neuen Staaten wollen nicht »Tanzbären der Großmächte« werden. Der »Kalte Krieg« zwischen Ost und West ist nicht ihr Problem – er würde hier nur neue Konflikte schaffen. Fremde »Ismen« erscheinen den Afrikanern unglaubwürdig, auch wenn Entwicklungshilfe neutrale Haltung verlangt; dogmatische Patentlösungen entfallen. Die neuen Staaten bestehen auf ihrem Recht, am Fortschritt unserer Welt teilzunehmen. Dazu wollen sie ihren Beitrag liefern, gleichzeitig aber ihren eigenen Weg der Entwicklung gehen.

Wirtschaft zwischen Kral und Kompressor

»Schwarzafrika hatte einen schlechten Start« (René Dumont). Nur die Republik Südafrika ist technisch-industriell voll entwickelt. In allen übrigen Staaten des südlichen Afrikas treten wirtschaftliche Schlüsselprobleme mehr oder minder nachhaltig in Erscheinung; ihre Kenntnis ist für eine sachgerechte Einschätzung der wirtschaftlichen Verhältnisse und Möglichkeiten unerläßlich.

An erster Stelle sei der Dualismus der Wirtschaft genannt: traditionelle Subsistenzwirtschaft (Bedarfsdeckung) auf der einen Seite, markt- bzw. exportorientierte Wirtschaft auf der anderen. Diese Spaltung ist für fast alle Staaten typisch, besonders für Lesotho und Botswana. Der Dualismus – »Was Geld bringt, liegt in den Händen der Weißen« – findet nicht selten eine Parallele im Handel mit anderen Staaten. Der Afrikaner alter Prägung lebt von der Hand in den Mund. Von nicht geringer Bedeutung sind die traditionellen Besitzverhältnisse; das Land ist vielfach Gemeinschaftseigentum des Stammes, oft sogar Besitz des Häuptlings. Malawi kennt eine mutterrechtliche Landvererbung; in den anderen Staaten herrscht durchweg ein jahrhundertealtes Kollektivsystem. Vieh gilt als soziales Attribut; was zählt, ist nicht Qualität, sondern Quantität. Außerdem wird Vieh zur Entschädigung der Brautfamilie verwendet. In Botswana ist der Viehbesitz des Häuptlings maßgebend. Privateigentum paßt ohnehin schlecht zum Kral.

Das Schlüsselproblem Nr. 1 ist indessen der Wassermangel. Selbst in der Republik Südafrika verschlingt die Wasserbeschaffung Millionen. Von vitaler Bedeutung ist Wasser für die Landwirtschaft, die das Gros der Bevölkerung ernährt. Aber auch im handwerklichen Bereich wirkt sich die Wassernot nachteilig aus; so leiden, um ein einfaches Beispiel zu nennen, die Gerbereien im viehreichen Botswana unter ungenügender Wasserversorgung. Die Nutzung der Wasservorräte zur Energiegewinnung – durch den Bau von Kraftwerken – ist vorderhand noch weniger akut. Als dorniges Problem erweist sich auch das Fehlen einer Infrastruktur, dies sowohl in der Landwirtschaft als auch in der Industrie. Moderne Verkehrs- und Transporteinrichtungen sind sogut wie nirgends vorhanden, und wenn, dann in veralteter Form. Der Begriff »Fernmeldeverbindung« ist oft nicht mehr als eine ehrgeizige Bezeichnung für überraschend schnelle »Buschtelegrafie«. Nur ein Weißer konnte sagen: »Coloniser, c'est transporter« – »Kolonisieren heißt transportieren«. Von einem zeitgemäßen Verkehrsnetz kann man lediglich in der Republik Südafrika und in Rhodesien sprechen, z. T. auch in Südwestafrika. Ein extremes Gegenbeispiel ist Lesotho, wo mangelnde Verkehrsverbindungen die Versorgung der Bevölkerung gefährden. In Botswana ist die »Missionaries Road« Handelsstraße geblieben; dafür hatte Rhodesien gesorgt.

Aus den bisher genannten Gegebenheiten erhellt unschwer ein weiteres wirtschaftliches Hemmnis: der Kapitalmangel. Die nach europäischen Normen relativ unproduktiven Staaten in diesem Großraum sehen sich gezwungen, gleichzeitig für die Errichtung einer Infrastruktur und die Beschaffung von Geldern zu sorgen, ist doch Kapitalbildung die Voraussetzung für den weiteren Aufschwung, zunächst für die »Startbeschleunigung«. Aus eigenen Mitteln ist Kapitalbildung aber nicht möglich. Und wer investiert in einem armen Land, wenn der Industriegigant Südafrika beste Chancen bietet?

Ein anderer negativer Aspekt ist in rückständigen Arbeits- und Viehzuchtmethoden gegeben. Wenn dies schon für die Bantu-Gebiete der fortschrittlichen Republik Südafrika zutrifft, können Kommentare für andere Staaten entfallen. An agrarwirtschaftlichen Erfordernissen seien nur Konturpflügen (Pflügen des Ackerbodens entlang der Höhenlinien), Fruchtwechselwirtschaft und Pflege der Weiden erwähnt.

Neue Fragen ergeben sich aus der veränderten Arbeitswelt einschließlich des Arbeitsmarktes. Allein die Einführung der Uhr schuf Probleme. Hinzu kommt, daß der ländliche Bantu nicht mehr zu bieten hat als seine Muskelkraft. Für ihn ist es ein weiter Weg, bis er Präzisionsarbeit leisten, mit Maschinen umgehen und Apparate bedienen kann. Nichtstun gehörte beim Stamm zur persönlichen Freiheit; nun wurden auf einmal Arbeitsdisziplin und Pünktlichkeit verlangt. Andererseits will man »verdienen« ... Die Grenze zwischen dem Bantu, der nur für den Eigenbedarf anbaut, und seinem Stammesgenossen in der Fabrik ist fließend. So in Malawi: Wenn die Landarbeit oder der Fabriklohn zum Lebensunterhalt nicht ausreicht, greift man notfalls auf beide zurück. Da das Interesse der Fabrikanten durchweg nur dem Arbeiter als »Arbeitskraftlieferanten« gilt und sich nicht auf dessen Familie erstreckt, entstehen tragische Konfliktsituationen, von den Problemen der Landflucht und der Proletarisierung der Städte ganz zu schweigen. Dabei zwingt die Bevölkerungszunahme zur Industrialisierung, ohne die es keinen Fortschritt gibt. Die Zeit der reinen Agrar- und Rohstofflieferungen ist vorbei. Die Schaffung einer Industrie zieht aber die Erschließung von Absatzmärkten nach sich. Das Inland reicht kaum aus dafür, und gegenüber dem Ausland ist man nicht konkurrenzfähig. Überdies ist die Handelsstruktur der meisten Staaten die gleiche. Hinzu kommen die Zollschranken.

Nicht ohne Bedeutung sind auch soziale und psychologische Faktoren, die sich fortschritthemmend auswirken: Bräuche, Traditionen, Mangel an Arbeitsethos, Widerstand gegen Reformen. Bisher hatte die Gruppe oder der Stamm das letzte Wort; nun soll der einzelne verantwortlich sein. Oft wird auch die »Afrikanisierung« überstürzt. Ein afrikanischer Staatssekretär meinte in diesem Zusammenhang: »Die Posten sind besetzt, aber es tut sich nichts mehr.« Ochieng, ein afrikanischer Journalist, erklärte einmal sarkastisch: »Seit der Kolonialzeit hat das Establishment nur die Hautfarbe gewechselt.« Mancher Kleinstaat hat sich vorsichtshalber Fachleute aus der Republik Südafrika geholt.

Mit politisch bedingten Schwierigkeiten haben alle Staaten im südlichen Afrika zu rechnen. Die Republik Südafrika findet – ungeachtet der Apartheid – die besten Lösungen dafür, indem sie die Bantu systematisch in die Entwicklung miteinbe-

Kalebasse, Sambesi

»Amtsstab« der Zulu, Südafrika

Völkerwanderungen im südlichen Afrika seit 1500

Legende:
- //// Lundaschwelle
- → Hauptwanderungen der Bantu
- → Europäische Expansion vor dem »Großen Trek«
- → Europäische Expansion während des »Großen Treks« und später
- → Wanderungen der Hottentotten
- ∞ Gebiete der Buschmänner

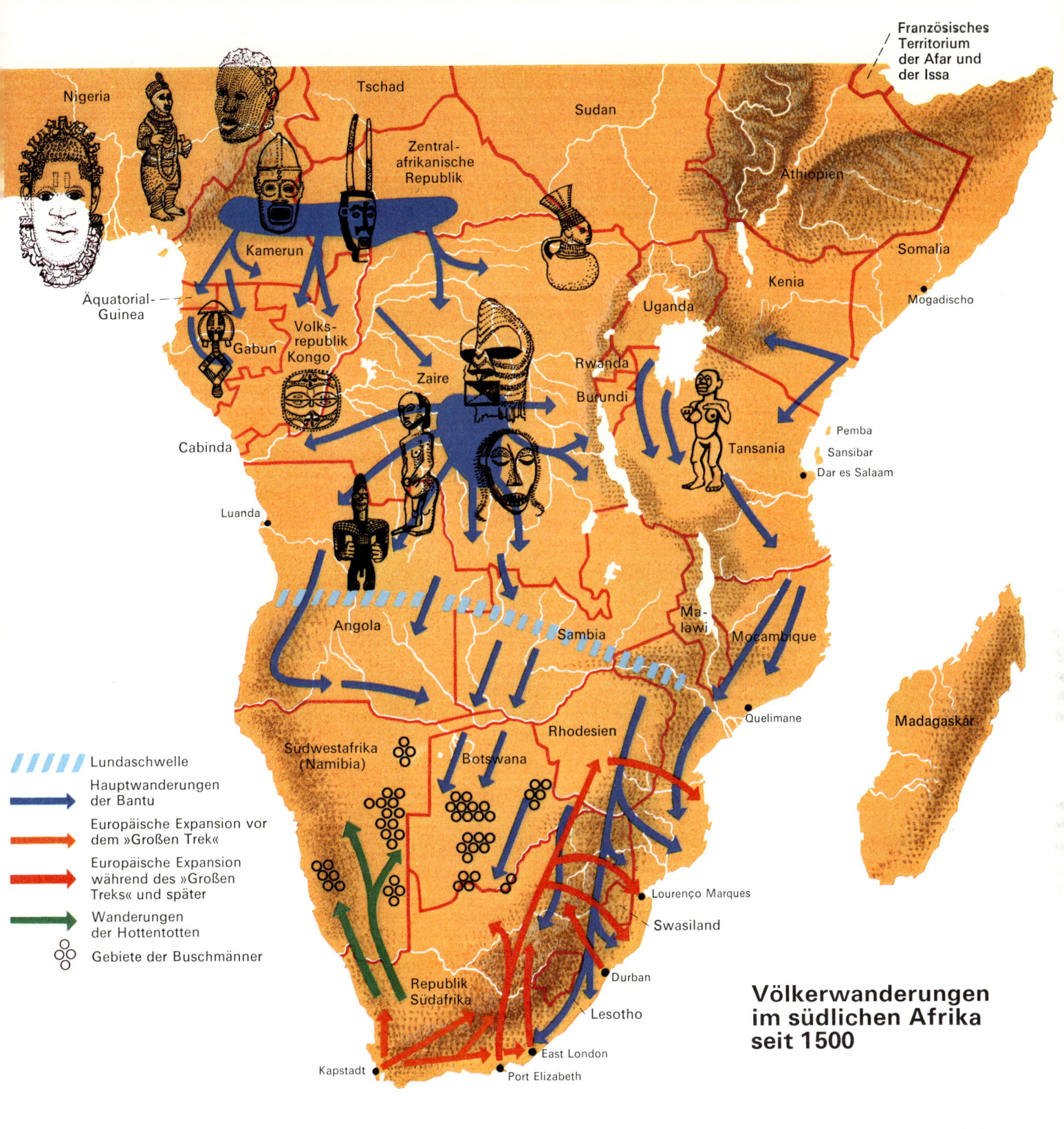

zieht. Entwicklungsplanung und Entwicklungshilfe variieren von Land zu Land. Nimmt man die Republik Südafrika aus, sind alle Staaten dieses Großraumes »Entwicklungsländer«. Die Entwicklungshilfe ist teils multilateral, teils bilateral, wobei der Osten in der Behandlung der jungen Nationen oft geschickter vorgeht als der Westen. Von den Fehlern beider lernt Afrika schnell. Je nach Bindung werden Regierungs- oder Sonderabkommen geschlossen. Lesotho und Botswana z. B. genießen Vorzug bei Großbritannien; Malawi und Sambia haben Abkommen mit der Bundesrepublik Deutschland getroffen. Den Afrikanern entgeht nicht, daß Entwicklungshilfe Geschäft und Machtkampf zugleich bedeutet. »Hilfe ist gut, Handel ist besser« – dies hört man auch hier. Und: »Freundschaft kauft man nicht.«

Im folgenden seien die Entwicklungsschwerpunkte jedes einzelnen Landes in knapper Form dargestellt.

In der Republik Südafrika geht es um die Zukunft einer weißen Bevölkerungsminderheit und einer erdrückenden nichtweißen Bevölkerungsmehrheit. Ein Hauptproblem ist die Dezentralisierung der Industrie, wodurch die Entstehung neuer Ballungsräume verhindert werden soll. Eine Voraussetzung dafür ist zunächst der Aufbau einer Infrastruktur, vor allen Dingen in bezug auf die Energieversorgung. Die wichtigste Aufgabe ist politisch belastet: die Industrialisierung der Bantu-Heimatländer. Nach Bedarf werden Trabantenstädte für schwarze Arbeiter und ihre Familien gebaut.

Südwestafrika bzw. Namibia muß seinen Wohlstand größtenteils aus der Wüste beziehen. Der Ausbau des Verkehrsnetzes – auch zur Republik Südafrika – wird mit Eifer betrieben. Über den neu entdeckten Bodenschätzen vergißt man jedoch nicht die Landwirtschaft. »Das Farmland muß bleiben«, lautet die Devise. Die Entwicklung der Industrie entspricht derjenigen Südafrikas; ein zweiter Fünfjahresplan ist 1969 angelaufen. Zu den Projektgebieten zählt der Ballungsraum Ovamboland, dessen Bevölkerung von 80 000 Menschen 1914 auf über 320 000 zu Beginn der siebziger Jahre angestiegen ist.

Lesotho wurde einmal als »Schwamm Afrikas« bezeichnet, dessen Wasser verlorengehe. Projekte für Wassernutzung liegen vor, aber sie verlangen Reformen in Landwirtschaft und Viehhaltung. Besonders rückständig ist das Verkehrsnetz des Landes. Der Handel zeigt seit Ende 1970 eine gewisse Aufwärtsentwicklung. Die Abhängigkeit von der Republik Südafrika ist eindeutig; ausländisches Kapital findet kaum Investitionsanreize.

Die Situation in Swasiland berechtigt zu einigen Hoffnungen. Der Abbau der Bodenschätze, Aufforstungsprojekte und andere Vorhaben zeigen Erfolge. Im Entwicklungsprogramm der Vereinten Nationen hat das Land einen guten Ruf.

In Rhodesien steht der Kampf der weißen Siedler um die Vormachtstellung im Vordergrund. Als Mitglied der »Zentralafrikanischen Föderation« hatte das Land sein Wirtschaftsniveau stark angehoben. Jetzt geht es um das politische Überleben des verbal weltweit geächteten Regimes der weißen »Colonials«. Drei Fünftel der schwarzen Rhodesier leben von der Bedarfsdeckung. Für den Export produzieren die Weißen, die über mehr als 50 % des Bodens verfügen. Um die angestrebte wirtschaftliche Unabhängigkeit zu erreichen, müssen Entwicklungsprojekte abgeändert, Industrien umstrukturiert werden. Ein Großprojekt (Anbaugebiete) zur Versorgung von einem Drittel der Bevölkerung ist angelaufen. Entwicklungsschwerpunkte sind Landwirtschaft und Energieversorgung.

Sambias Reichtum ist sein Kupfer, dessen Preis vom Weltmarkt abhängt. Mit Rhodesiens einseitiger Unabhängigkeitserklärung und dem daraus resultierenden Zwang für Sambia, sich politisch und wirtschaftlich auf eigene Füße zu stellen, begann für das Land eine schwierige Zeit. Präsident Kaunda griff zu harten Maßnahmen. Die »Sambianisation« reicht jedoch nicht aus, und Verstaatlichungen sind an der Tagesordnung. Die Wirtschaftstätigkeit von Ausländern wird mehr und mehr eingeschränkt; nur zwanzig vorgeschriebene »Kategorien« stehen ihnen zur Verfügung. Zu den interessantesten Projekten zählt der Bau eines Automobilwerkes in Zusammenarbeit mit FIAT.

»Man wird uns helfen, aber wir müssen viel arbeiten.« Das war die realistische Voraussage des malawischen Staatspräsidenten Banda. Die Abgelegenheit des Landes und mangelnde Verkehrsverbindungen erschweren Malawis Entwicklung. Die Traditionen wirken fortschritthemmend. Ein Hauptproblem ist die Sicherung der Ernährung. Alle Wirtschaftsbereiche sind reformbedürftig. Die Eigenleistungen sind hier nicht weniger beachtlich als die Hilfe anderer Staaten, nicht zuletzt der USA. Wichtigstes Ziel der Entwicklungsplanung ist die Infrastruktur. Präsident Bandas Kommentar: »Über Erfolg oder Versagen unserer Leistungen werden die nächsten fünf oder zehn Jahre entscheiden.«

Südafrika, Gate Park · Verwitterung und Abtragung führten zu pilzförmig vorkragenden Plateauflächen, da die harten Deckschichten weniger abgetragen wurden als die weicheren Gesteine.

Botswanas vordringlichste Aufgabe ist die Wasserbeschaffung: Der Okavango versumpft bzw. trocknet aus. Besitzverhältnisse, Siedlungsweise, Landwirtschaft und Viehhaltung sind rückständig und sehr reformbedürftig. Gegen den Fortschritt steht die angestammte Einstellung. Für Rhodes hatte Betschuanaland als eine Art Nord–Süd-Transitgebiet Bedeutung. Der neue Staat, durch seine Abseitslage benachteiligt, möchte wirtschaftlich nicht mehr Stiefkind sein. Als wichtigsten marktgängigen Artikel hat Botswana Viehzuchtprodukte anzubieten. Grundlage seiner Zukunftshoffnungen sind die neu entdeckten Bodenschätze. Bergwerke und Industrie sollen endlich das Haushaltsdefizit ausgleichen. Der Nationale Entwicklungsplan 1970–1975 weist anspruchsvolle Ziele aus: höherer Lebensstandard, weitgehende Unabhängigkeit des Landeshaushalts, neue Arbeitsplätze, gerechter Einkommensausgleich zwischen Stadt und Land. Der Durchführungszeitraum für dieses Programm zeigt afrikanischen Optimismus. Mit Großbritannien wurde für die Jahre 1971 bis 1976 ein neues Beistandsabkommen unterzeichnet.

Partnerschaft im Weltgeschehen

Der hier vorgestellte Großraum gehört zu den »reichsten 2 000 000 Quadratmeilen« des Kontinents. Trotz unterschiedlicher historischer und politischer Entwicklung und bei aller Verschiedenheit der innenpolitischen und staatlichen Konzeptionen konnte der Anreiz zur Zusammenarbeit nicht ausbleiben: Abgesehen von gemeinsamen geographischen Gegebenheiten und Problemen geht es bei allen Staaten um den Fortschritt – der sich über Ideologien hinwegsetzt. »Panafrika« war bisher eine Illusion. Großraumplanung, mit dem Hauptziel übernationaler Zusammenarbeit, erscheint wichtiger denn je zuvor. Diese Erkenntnis, geboren unter dem Zwang, das ökonomische Wachstum durch regionale Verbindungen zu stärken, hat sich durchgesetzt. Oft ist es die Wirtschaft, die der Politik zum Durchbruch verhilft. Persönliche Kontakte mehren sich, und die Zahl der wirtschaftspolitischen Übereinkünfte steigt mit dem zunehmenden Verständnis für die politische Situation der Nachbarstaaten und mit der Rücksicht auf neue, durch die Erlangung der Souveränität geschaffene Machtverhältnisse.

Die bisherigen Erfolge in der Zusammenarbeit gehen z. T. auf das Jahr 1920 zurück, als die eben entstandene Union von Südafrika mit den inzwischen unabhängig gewordenen Protektoraten eine Zoll- und Währungsunion vereinbarte (1920 auch mit Südwestafrika). Da die Länder dieses Großraums allesamt zur britischen Einflußsphäre gehörten, konnten Sprache, Methoden und Einrichtungen der einstigen Kolonialherren übernommen werden. Daß die stärksten Entwicklungsimpulse nach wie vor von der Republik am Kap ausgehen, unterliegt keinem Zweifel; was andere Staaten erreichen wollen, ist dort bereits vorhanden. Die Republik Südafrika ist ein wichtiger Absatzmarkt für viele Agrarprodukte und andere Erzeugnisse der Nachbarstaaten. Darüber hinaus ist sie ein vielseitiger, schneller und günstig gelegener Lieferant, und ihre Beziehungen zu den ehemaligen »High Commission Territories« werden ständig enger. Lesotho »lebt vom großen Nachbarn« (Wanderarbeiter!); mit Genugtuung stellte der Wirtschaftsbericht für 1971 fest, daß die Stromversorgung des Landes durch nahezu unbeschränkt mögliches Zurückgreifen auf das Energiepotential der Republik gewährleistet sei. Die Schaf- und die Angorawolle Lesothos werden zusammen mit Südafrikas Wolle verkauft. Im Falle Swasilands haben sich die sechzig Jahre alten

Unten: Eine der Frauen des Königs von Swasiland

Die Bantu im südlichen Afrika

Die südafrikanischen Bantu stehen heute an einem der großen Scheidewege ihrer wechselvollen Geschichte. Sie sind ebenso heterogen wie die Völker Europas, dabei jeder Hetze abhold und stolz auf ihr historisches Erbe, an dem sie zäh festhalten. Auf der anderen Seite drängt sich ihnen die neue Entwicklung auf. Doch der ungestüme Übergang vom archaischen zum europäisch-zivilisierten Afrika überfordert sie. Die Bantu sind – heute zahlreicher denn je – ein Problem für den Weißen, der den Stammesfehden ein Ende setzte. Ihre Vitalität erlaubt es den Bantu, das Wagnis einer gewissen Selbstverleugnung einzugehen, um eine stärkere Kultur zu übernehmen. In die Rolle der Zaungäste der westlichen Kultur werden sie sich aber nicht mehr zurückdrängen lassen, auch wenn altes Brauchtum geopfert werden muß. Eine erste Kombination von Demokratie und Bantu-Tradition stellt die Transkei dar. Wie auf dem Bild (oben rechts), so fehlen allzuoft die Männer – der Sog der Städte wirkt sich aus. Man wird deshalb die Industrie in der Nähe der Hütten ansiedeln müssen.

Oben: Nomadisierende Bantu in Lesotho   Oben: In der Transkei   Unten: Perlengeschmückter Schamgürtel der Swasi-Mädchen

Beziehungen zu Südafrika bewährt. Auch für Botswana hat die wirtschaftliche Zusammenarbeit mit der Republik Vorrang; hier gibt es bereits vielfältige Wirtschaftsbeziehungen, in denen Südafrika nicht ohne weiteres von einem anderen Staat abgelöst werden könnte. Da Südwestafrika, wie schon an anderer Stelle gesagt, von der Republik als Landesteil verwaltet wird, besitzt die wirtschaftliche Verflechtung keinen zwischenstaatlichen Charakter. Bei der Unterstützung Rhodesiens hat sich Südafrika eine gewisse Zurückhaltung auferlegt; noch denkt die Republik nicht an eine Ausschaltung Rhodesiens. Sogar für Sambia ist Südafrika die billigste und schnellste Einkaufsquelle; nicht zuletzt sind es südafrikanische Bergfachleute, die Sambia bei der Hebung seiner Bodenschätze behilflich sind.

Diese Aufstellung könnte zum Trugschluß einer einseitig günstigen Ausgangsposition der Republik Südafrika führen. Tatsache ist aber, daß auch Afrikas südlichster Staat auf die Nachbarn angewiesen ist: Südafrika benötigt Wanderarbeiter und muß Agrarprodukte und Viehzuchterzeugnisse einführen. Andererseits hat es Erfolge auf dem Gebiet der Eingliederung der eigenen Bantu in Industrie und Wirtschaft aufzuweisen. Im Dienstleistungsbereich liegt der Vorteil eher bei den kleineren Staaten, in der Nachbarschaft hochentwickelter Industriezentren. Für erfolgreiche Zusammenarbeit – trotz der politischen Gegensätze – liefern Rhodesien und Sambia Beispiele auf dem Gebiet der Energieversorgung (Kariba-Kraftwerk an der rhodesisch-sambischen Grenze) und des Verkehrs (rhodesische Eisenbahn). Für eine Kooperation aller Staaten des südlichen Afrikas bestehen jedenfalls vielversprechende Ansätze, und die Zukunftsprognosen sind nicht schlecht.

Grenzüberschreitende Projekte beziehen sich in erster Linie auf die Infrastruktur. Mit ihnen sollen Probleme gelöst werden, die der Einzelstaat nicht bewältigen kann. Nicht wenige von ihnen sind politisch belastet, etwa das auch für Südafrika wichtige Staudammprojekt von Cabora Bassa im portugiesischen Moçambique. Die umfassende Zielsetzung des Projekts dürfte indessen kaum die Ansicht rechtfertigen, es handle sich hierbei um ein politisches Manöver Südafrikas (das nach Inbetriebnahme des Kraftwerks seinen Strom über eine Entfernung von 1370 km beziehen wird); nach den Angaben der Initiatoren soll Cabora Bassa mehrerlei bewirken: Energieerzeugung für alle Anliegerstaaten, Regulierung des Sambesi (Schiffbarmachung zugunsten der Staaten des Sambesitals, damit Einsparung von Eisenbahnbau), Be- und Entwässerung in der Landwirtschaft, Förderung der Wirtschaft Malawis. Weniger spektakulär ist das Oxbow-Projekt in Lesotho, wichtig sowohl für das Land selbst (Verkauf von Energie und Wasser) als auch für die Republik Südafrika (Wasser- und Energieversorgung). Erwähnenswert ist auch das Kunene-Projekt an der Grenze zwischen Südwestafrika und Angola; das Wasserkraftwerk soll Strom in Gebiete beiderseits der Grenze liefern. In Botswana ist ein Stausee am Okavango vorgesehen, der Botswana, aber auch das westliche Transvaal und eventuell Südwestafrika mit Wasser versorgen soll. Bewässerungsprojekte in Südafrika und Rhodesien sollen mittels einer Stauung des Limpopo durchgeführt werden. Darüber hinaus liegen bilaterale Pläne für eine Verbesserung des Verkehrswesens (die Luftlinie Swasiland–Malawi ist schon in Betrieb), des Fernmeldewesens und der Wassernutzung vor. Eine Postunion besteht bereits.

Eine Reihe politischer Hindernisse stehen einem weiteren Ausbau der zwischenstaatlichen Beziehungen entgegen. Dies gilt vor allem für das Verhältnis zwischen den beiden ehemaligen rhodesischen Staaten. Überdies stößt Sambias zwiespältige Haltung auf Kritik: Während die meisten Staaten aus Gründen der inneren Sicherheit Guerillatätigkeit nicht dulden, fördert Sambia diese, obwohl es mit den zu »befreienden« Staaten Handel treibt, z. T. sogar auf sie angewiesen ist. Gegen eine politische Gängelung im Zuge engerer Wirtschaftsverflechtung wehren sich alle Staaten. Die Entwicklung in Rhodesien wirkt sich negativ auf Malawi aus – man traut dem unsicheren Lieferanten nicht mehr. Rhodesien selbst hat Bedenken hinsichtlich einer möglichen Marktunterwanderung durch die Republik Südafrika. Botswana, dessen Wirtschaft weitestgehend von der rhodesischen Eisenbahn abhängt – die z. T. durch sein Staatsgebiet führt –, sichert sich gegen neue rhodesisch-südafrikani-

Die Bantu

Bantu – das Wort bedeutet »die Menschen« oder »das Volk« – war ursprünglich ein rassischer Sammelbegriff, mit dem eine mehr oder weniger einheitliche Großgruppe von 200 Stämmen bezeichnet wurde. Heute wird jedoch darunter eine Sprachgruppe von etwa 90 Mill. Menschen verstanden, die ein Drittel des afrikanischen Kontinents bevölkern und mehr als 600 Bantusprachen und -hauptdialekte sprechen, die z. T. stark voneinander abweichen. Dennoch läßt ein Wortschatzvergleich den Schluß auf eine gemeinsame Sprachwurzel zu. Auch Kisuaheli ist eine Bantusprache.

Zu den bedeutendsten Bantustämmen zwischen Kongo und Kap der Guten Hoffnung zählen Swasi, Zulu, Ovambo und Matabele; im Südosten leben Nguni, Tonga, Sothe-Tswana und Xhosa, im Südwesten u. a. Herero und Ovambo. Manche dieser Stämme weisen einen starken hamitischen Einschlag auf, ihre Hautfarbe ist heller als die der reinen Neger. Allein in der Republik Südafrika leben neun Bantustämme mit annähernd 15 Mill. Angehörigen. Von den islamischen Arabern wurden die Bantu als »Kafir« (»Ungläubige«) bezeichnet; von daher stammt der von den ersten weißen Siedlern übernommene Ausdruck »Kaffern«.

Je ursprünglicher die Lebensformen einzelner Bantuvölker sich gegenüber der vordringenden Zivilisation noch behauptet haben, desto ausgeprägter ist das Stammesbewußtsein. Im höchsten Ansehen stehen der Häuptling und die »Ältesten« als seine Berater, wie überhaupt der soziale Rang durch das Lebensalter bestimmt wird.

Schriftzeichen und Geld waren vor der Ankunft der Weißen unbekannt. Die Vergangenheit wird in Geschichten und Legenden überliefert; sie stärken das Selbstbewußtsein gegenüber anderen Stämmen und das Festhalten an Brauchtum, stammeseigenem Sittenkodex und Gewohnheitsrechten. Nichtstun wird als Freiheit empfunden und gilt daher nicht als tadelnswert. Die religiösen Kulte sind gekennzeichnet durch den Glauben an einen Hochgott und an Geister, durch Ahnenkult, Animismus, Aberglauben, Magie (Medizinmorde!) und Hexerei; die Bantu-Priester sind Medizinmänner, Wahrsager und Zauberdoktoren.

Privater Grundbesitz fehlt; für den Lebensunterhalt wird gemeinsam gesorgt. Die Männer waren ursprünglich vorwiegend Jäger und Krieger; die Feldarbeit obliegt noch weitgehend den Frauen. Reichtum wird am Besitz von Nutztieren gemessen. Die typische Siedlungsform ist der Kral, ein Runddorf, dessen Hütten das Viehgehege umschließen. Die Geräte für den Ackerbau waren primitiv; Rad und Hebel waren vordem unbekannt. Die Metallverarbeitung beschränkte sich auf die Herstellung von Hacken und Waffen. Die typische Bantu-Kunst gilt kultischen Gegenständen, Amuletten, geschnitzten Figuren, Ornamenten und Verzierungen an den Hütten. Christentum, Technik und westliche Kultur haben das alte Gesellschaftsgefüge gelockert und das Stammesleben weitgehend zerstört. Nach und nach entsteht eine neue Arbeitswelt, neue Ansprüche werden geweckt, Geld wird unentbehrlich, und der Übergang zu neuen Wirtschaftsformen, zur Leistungsgesellschaft zwingt sich auf. Als Bindungsfaktoren überbrücken europäische Sprachen die sprachliche Isolierung der einzelnen Stämme; neue Gedanken und politische Parolen finden Eingang. Die Übernahme der fremden Vorbilder hat die Entstehung von Nationen und Staaten im südlichen Afrika begünstigt. Freilich sind oft nur äußere Formen westlich – gewisse Leitbilder bestimmen noch immer der Stamm.

sche Eisenbahnprojekte ab. Auf der anderen Seite tendiert es nach engeren Beziehungen zu Südwestafrika (Zugang zum Meer!), müßte aber darüber mit Südafrika verhandeln. Die Republik Südafrika als mächtigster Staat dieses Großraums betrachtet die Unterstützung, die sie den Nachbarländern gewährt, als Hilfe zur Selbsthilfe. Selbst da, wo der psychologische und der politische Druck gegen den »weißen Süden« stark wird, geht die Zusammenarbeit in der Stille weiter; so ist der Inhalt des Handelsabkommens zwischen Malawi und Südafrika geheim. Allen Staaten ist jedoch klar, daß sie ihr Heil schließlich bei sich selbst finden müssen – und nicht bei den Vereinten Nationen. Aus diesem Blickwinkel ist auch das Vorgehen der Republik Südafrika zu beurteilen, wenn sie innerhalb des eigenen Territoriums Macht an Bantu-Gebiete mit innerer Autonomie weitergibt. Transkei, Tswanaland, Zululand, Vendaland und Gazankulu (Machangana) sind 1973 nur Anfänge.

Die Weichenstellung für die Zukunft läßt eine Grunderkenntnis klar zutage treten: Zusammenarbeit liegt im Interesse aller, und Unabhängigkeit ist kein Garant für weiteren Fortschritt. Es konnte nicht ausbleiben, daß die Republik Südafrika als der höchstentwickelte Staat wenn nicht die Federführung, so doch die Initiative ergreifen mußte. Von der Notwendigkeit »engerer Bande zwischen Südafrika und seinen Nachbarstaaten« sprach bereits 1937 Premierminister Malan. Inzwischen ist die Republik zur Tat übergegangen; als Beispiele seien genannt: staatliche und private Kapitalhilfe, technische, wissenschaftliche und Forschungshilfe (Spezialfonds für Entwicklungsprogramme), Investitionen (u. a. in Lesotho, Swasiland, Botswana), Ausbildung von Fachkräften. Die Verstärkung der Zusammenarbeit genießt Vorrang. Malans Nachfolger sind auf der Linie ihres Vorgängers geblieben. Die erste bedeutsame Unterhaltung kam zwischen Premierminister Verwoerd und seinem lesothischen Amtskollegen zustande; sie galt dem Thema »Friedliche Koexistenz und Zusammenarbeit«. Wie der Lesotho-Premier bezeichnet auch Malawis Staatspräsident Banda die Südafrikaner als »Freunde«. Die zunehmende Intensität der diplomatischen Beziehungen und die steigende Zahl der Staatsbesuche sind eine interessante Parallele zu den Bestrebungen, sich auf den verschiedensten wirtschaftlichen Gebieten aufeinander abzustimmen. Innenpolitische Unterschiede – im Falle der Apartheid oft als anachronistisch verurteilt – bilden auf die Dauer keine unüberwindbaren Hürden. Vor der UNO erklärte ein afrikanischer Premierminister: »Nur mit friedlichen Mitteln kann man Apartheid bekämpfen. Gewalt macht sich nicht bezahlt. Die Republik muß an den Verhandlungstisch kommen.« So werden Anstoß und Richtung oft von der Politik gegeben. Umfang und Zahl der Wirtschaftsabkommen sind im Steigen begriffen. Mit der Einrichtung einer Mission in Pretoria setzte Malawi 1969 ein Signal und besiegelte damit die bereits vorher gut funktionierende Zusammenarbeit zwischen den beiden Staaten. So war es nicht weiter verwunderlich – obwohl in der Weltpresse als Sensation herausgestellt –, daß 1970 der südafrikanische Premierminister und sein Außenminister auf Staatsbesuch in Malawi weilten. Präsident Banda meinte bei diesem Anlaß: »Wir sind Pioniere interafrikanischer Beziehungen.« Banda macht auch keinen Hehl aus seiner Bereitschaft zur Zusammenarbeit mit Rhodesien. Er ist kein Einzelgänger: Sir Seretse Khama, Botswanas Staatsoberhaupt und Regierungschef, war vor ihm in Pretoria. »Entente« und »kontinentales Denken« sind inzwischen häufig gehörte Bezeichnungen geworden. Man will sich einigen auf die gemeinsame Aufrechterhaltung von Stabilität und wirtschaftlichem Wohlstand, Anerkennung der gegenseitigen wirtschaftlichen Abhängigkeit und Nichteinmischung in die inneren Angelegenheiten der Nachbarstaaten. Seit 1966 wird von einer »Wirtschaftsgemeinschaft der südafrikanischen Staaten« und einem gemeinsamen Markt gesprochen. Die Republik Südafrika wird dabei mit politischer und wirtschaftlicher Macht vorsichtig umgehen müssen, um die Nachbarstaaten aufholen zu lassen. Denn die Partnerschaft wird nicht in einem Bündnis zwischen arm und reich bestehen können. Wird am Ende der Entwicklung ein »Südafrikanisches Commonwealth« stehen? Vorderhand sind die Konfliktmöglichkeiten noch groß genug, um die Zukunft mit vielen Fragezeichen zu versehen.

Adam, H.: Südafrika – Soziologie einer Rassengesellschaft. *Frankfurt/M. 1969. – Altmeyer, A. P.:* Südafrika – Europas letzte Grenze. *Zürich 1956. – Burger, J.:* The Gulf Between. *Cape Town 1960. – Hirschberg, W.:* Völkerkunde Afrikas. *Mannheim 1965. – Holzer, W.:* 26mal Afrika. *München 1967. –* Le Dossier Afrique. *(In: Marabout Université.) Verviers 1962. – Manshard, W.:* Afrika südlich der Sahara. *(Fischer Länderkunde, Bd. 5.) Frankfurt/M. 1970. – Oliver, R./Fage, J. D.:* A Short History of Africa. *Harmondsworth 1969.* Einige Werke sind informatorisch besonders beachtenswert: Manshard, W.: *Ein hervorragender Kenner der Verhältnisse, untersucht die geographischen, wirtschaftlichen, gesellschaftlichen und politischen Gegebenheiten in ihren räumlichen Bindungen. Es ist gleichzeitig der erste Versuch, moderne sozialgeographische Konzeptionen zu berücksichtigen. Der Verfasser zeigt, wie das Problem der Modernisierung viele traditionelle afrikanische Strukturen und Werte in Frage stellt. Die Folgen des afrikanischen Umbruchs werden klar aufgezeigt. Der Autor greift die Schlüsselprobleme auf und bietet zuverlässige Vergleichswerte. –* Oliver, R./Fage, J. D.: *Dieses Gemeinschaftswerk zweier Experten gibt trotz seiner Kürze einen umfassenden Überblick. Es zeigt die für Afrikas Geschichte typischen Phasenverschiebungen auf und reiht diesen Erdteil erneut in universale Zusammenhänge ein. Es zeigt ein neues Afrika, belastet mit »Reißbrettgrenzen« und anderen Relikten der Kolonialzeit, konfrontiert mit den Notwendigkeiten unseres Jahrhunderts. Methodisch und sprachlich ansprechend, schildert das Buch die neuen Probleme des Kontinents, der nach dem Zusammenprall der dynamischen Kräfte aus Europa mit den weithin archaischen und relativ stagnierenden Gesellschaftsstrukturen zurückgebliebener Völker den Anschluß an die Weltgeschichte sucht.* Burger, J.: *Der umstrittenste afrikaanse Journalist – er schreibt auch in englischen Blättern – greift als Hauptthema das Rassen- und Völkerproblem der Republik auf. Neue Frontstellungen lassen historische Gegensätze verblassen. Burger räumt auf mit der »Wagenburgmentalität«, mit veralteten Gedankengängen und überholten Theorien. Er rechnet mit starker Annäherung zwischen Schwarz und Weiß und sieht in einer gewissen Integration die einzige endgültige Alternative zur Apartheid. Die Staatsform, die ihm vorschwebt: eine Bundesrepublik Südafrika, Föderation weißer und schwarzer Staaten.* Adam, H.: *In einer sehr kritischen Untersuchung der soziologischen Situations- und Entwicklungsfaktoren zeigt der Verfasser besonders die negativen Aspekte der Apartheidpolitik. Die Lektüre des Buches läßt erkennen, wie gefährlich es ist, abstrakte Begriffe und importierte Ismen mit Wertungen zu verbinden, die oft in wirklichkeitsfremde Denkmodelle ausarten. Aufschlußreich sind die Beispiele von eklatanten Fehlprognosen. Bezeichnend ist die Schilderung, wie aus Rassenbeziehungen Geschäftsverhältnisse werden – wie durch die Wirtschaft oft der Politik Grenzen gesetzt werden. –* Holzer, W.: *Dieses unorthodoxe Werk eines Journalisten legt eine wohlabgewogene Analyse der erlebten afrikanischen Verhältnisse vor. Die verblüffende Kenntnis der Details überrascht nicht weniger als der Spürsinn für kaum bekannte und dennoch entscheidende Zusammenhänge in den Gegebenheiten der Interdependanz. Die treffsicheren Prognosen des Autors sind mit gediegenen Vergleichen und aufschlußreichem Zahlenmaterial unterbaut. Jedes Gebiet erscheint getrennt »in Zahlen«; das Orts- und Sachregister ist sehr umfassend.*

Heinrich Schiffers

Länder in Afrikas Mitte

Wo liegt das Zentrum des »Schwarzen Erdteils«?

Lagebestimmungen bei Kontinenten sind, wie die Festlegung natürlicher Grenzen bei Erdteilen, nicht immer gleich. Wo liegt beispielsweise die Mitte Asiens, wo die Südgrenze Nordamerikas, wo das Zentrum Afrikas?

Derlei Fragen haben ihre Berechtigung, wenn es darum geht, den Grad der Kontinentalität – Binnen- oder Randlage? – und die entsprechenden klimatischen Bedingungen, etwa hinsichtlich des Wirtschaftslebens, festzustellen. Die »Organisation für die Einheit Afrikas« (OEA) sollte an afrikanische Wissenschaftler die Preisfrage vergeben, was unter der Mitte Afrikas eigentlich zu verstehen sei. Lange genug haben besessene Pfadsucher aus dem kühlen Norden des verflossenen »Mutterkontinents« nach dem »Herzen« des »Dunklen Erdteils« geforscht – in den Guinealändern zuerst, dann am Tschadsee, schließlich in der Gummi-Privatkolonie des Belgier-Königs Leopold. Das ist nun hundert Jahre her.

Mathematisch müßte das Zentrum 700 km ostsüdöstlich von Fort-Lamy liegen. Aber das klimatische Äquator-Schwergewicht zieht weiter nach Süden, in den Norden von Zaire, der einstigen Demokratischen Republik Kongo, vordem Belgisch-Kongo. Damit gelangen wir in die Urwälder, wo noch Pygmäen hausen, die sich schon die Pharaonen kommen ließen, als die verborgenen Quellen von »Vater Nil« – auch ein uraltes »Zentrum« Afrikas – Herodots Neugier nach dem Erdteilinnern erregten.

Man betrachtet heutzutage vor allem die Zentralafrikanische Republik und die nördliche Hälfte von Zaire als unmittelbar zentral gelegene Räume. Aufgrund des verwandten Landescharakters wird vielfach auch die Volksrepublik Kongo hinzugerechnet. Der Südwestteil Zentralafrikas, bestehend aus Gabun, Äquatorial-Guinea und Kamerun, ist gleichzeitig dessen

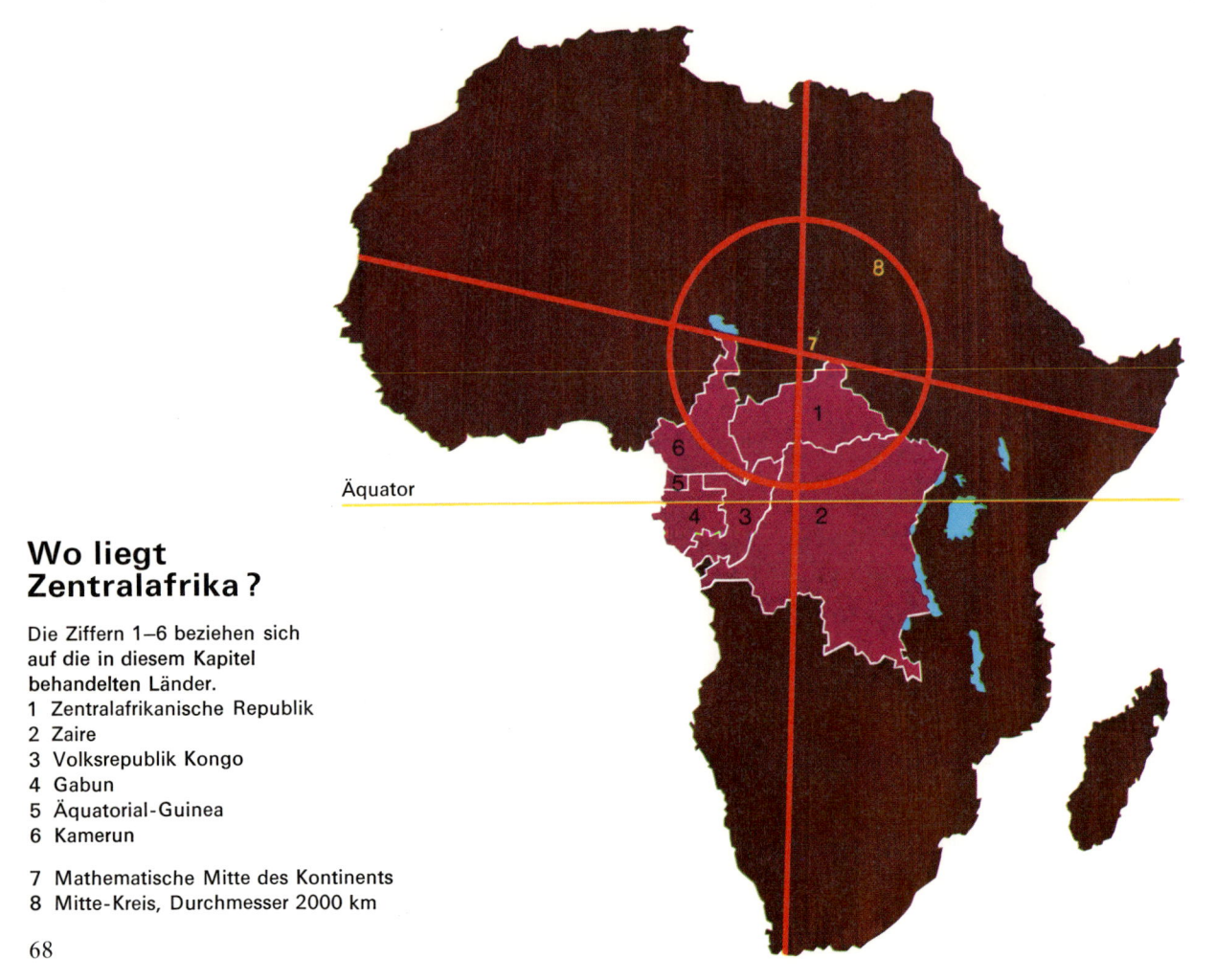

Wo liegt Zentralafrika?

Die Ziffern 1–6 beziehen sich auf die in diesem Kapitel behandelten Länder.
1 Zentralafrikanische Republik
2 Zaire
3 Volksrepublik Kongo
4 Gabun
5 Äquatorial-Guinea
6 Kamerun

7 Mathematische Mitte des Kontinents
8 Mitte-Kreis, Durchmesser 2000 km

westliches Randgebiet (zu Niederguinea); der Südwesten der Republik Sudan sowie der Westen Ugandas, Rwandas und Burundis flankieren den Zentralraum auf der anderen, der östlichen Seite. Nach der Fläche nehmen die beiden Mitte-Staaten – also die Zentralafrikanische Republik und Zaire – rund 3 Millionen qkm ein. Ihre Bevölkerung von insgesamt etwa 24 Millionen Menschen stellt in ethnischer Hinsicht ein Bündel

Holzglocke in Frauengestalt, Zentralafrika

Zentralafrika – weit gefaßt

Am Großraum Zentralafrika, im weitesten Sinne begriffen (vgl. hierzu auch Grafik S. 68), haben elf Staaten Anteil, also mehr, als in diesem Beitrag behandelt werden. Es sind dies (Fläche und Einwohnerzahlen jeweils abgerundet):

	Fläche (in Mill. qkm)	Einwohnerzahl (in Mill.)
Randländer		
Tschad	1,284	3,800
Kamerun	0,475	5,840
Gabun	0,267	0,500
Volksrepublik Kongo	0,342	0,960
Äquatorial-Guinea	0,028	0,290
Sudan	2,505	16,090
Uganda	0,235	10,130
Rwanda	0,026	3,830
Burundi	0,027	3,620
Insgesamt	5,189	45,060
Zentrale Länder		
Zentralafrikanische Republik	0,623	1,640
Zaire	2,345	22,480
Insgesamt	2,968	24,120
Alle Länder zusammen	8,157	69,180

Zupfinstrument (Zanza), Zentralafrika

von Groß-, mehr noch von Kleingruppen dar, mit Übergängen von den Sudannegern über die Semibantu zu den Bantu.

Zweckmäßig wäre es, wenn die 6000 km und mehr entfernt wohnenden europäischen Wissenschaftler und auch die aus Kinshasa und Bangui – den Hauptstädten von Zaire bzw. der Zentralafrikanischen Republik – den Mittelpunkt Afrikas einmal mit den Augen der im Halbdunkel vor ihren Blätterhütten hockenden Ituri-Pygmäen anschauten. (Der Ituri oder Aruwimi ist ein rechter Nebenfluß des mittleren Kongo.) In der Stille des Lianengewirrs, die das scheue Okapi umgibt, erwachsen dem Betrachter, der europäische Maßstäbe völlig beiseite läßt, wirklich »afrikanische« Gedanken, wertvoller vielleicht als solche, die beim Studieren der Kupferproduktionsziffern von Katanga (Südprovinz von Zaire) wachgerufen werden.

Im folgenden wird zunächst Zaire behandelt, danach die Zentralafrikanische Republik, Kamerun, Gabun und Äquatorial-Guinea sowie die Volksrepublik Kongo betrachtet.

Ein großes Landbecken mit Regenwäldern, Savannen und reichen Bodenschätzen

Ein Blick auf die Karte lehrt, daß die Zwergmenschen zwar tief drinnen in den Wäldern sitzen, daß aber der dichte Regenwald keineswegs den ganzen Kongostaat Zaire überzieht. Der Waldgürtel endet rund 200 km nördlich und 500 km südlich des Äquators.

Der Südteil von Zaire ist auf 800 km Nord–Süd-Erstreckung von Feucht- und Trockensavannen überzogen, deren Zungen von Süden her in das Wäldermeer hineinreichen. Anbau und Siedelzonen haben in den 2,2 Millionen qkm deckenden Waldpelz zahlreiche Felder- und Siedlungsvierecke eingekerbt. Nach Nordwesten hin findet der Regenwald seine Fortsetzung in Oberguinea. Was ihn erhält und fast ganzjährig feuchte Schwüle über das Riesengebiet verbreitet, ist das Klima, gekennzeichnet durch aufsteigende, in der Höhe sich abkühlende und täglich sich ausregnende Luftmassen (jährlich 2000–3000 mm Niederschlag, d. h. drei- bis viermal soviel wie in Mitteleuropa). Wie wir wissen, wandert die Sonne scheinbar bis zum nördlichen und zum südlichen Wendekreis (Tropenzone). Für die meiste Zeit des Jahres steht sie jedoch mehr oder weniger senkrecht, also im Zenit, über dem Wäldermeer; daher der Ausdruck Zenitalregen. Tag und Nacht sind jeweils fast immer genau zwölf Stunden lang; der thermische Äquator biegt im Westen nach Norden ab und erreicht in Südkamerun 5° nördlicher Breite. Es gibt im Waldbereich nur geringe Jahrestemperaturschwankungen (zwischen 22° und 26° C). Für die Einheimischen ist das nichts Besonderes. Die Fremden aber gewöhnen sich nur langsam an diese Gleichmäßigkeit, an die hohe Luftfeuchtigkeit und die täglichen Wolkenbrüche, die die Wege binnen kurzem unter Wasser setzen; sie empfinden das Absinken der Temperatur um wenige Grad, namentlich morgens (auf etwa 21° C), sogar als kalt und entzünden ein Holzfeuer im Kamin – ein seltsamer Anblick für den Neuankömmling aus Übersee, der, kaum der klimatisierten Flugzeugkabine entstiegen, beim Warten auf den Stadtwagen schon bald schweißgebadet ist und in diesem Zustand die Herberge betritt. Solche Temperaturschwankungen wirken vor allem im Innern des Kongobeckens auf Landesfremde stark ein, und Erkältungskrankheiten sind an der Tagesordnung.

Zentralafrikanischer »Klimakalender«

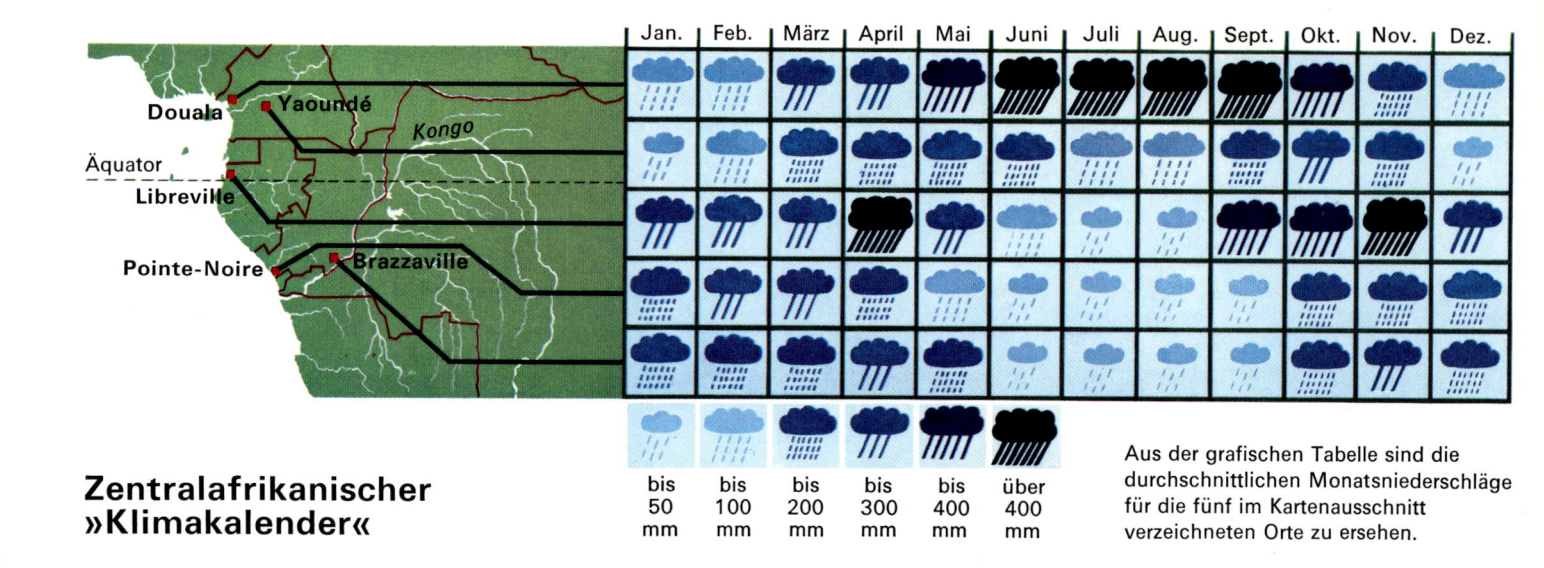

| | bis 50 mm | bis 100 mm | bis 200 mm | bis 300 mm | bis 400 mm | über 400 mm |

Aus der grafischen Tabelle sind die durchschnittlichen Monatsniederschläge für die fünf im Kartenausschnitt verzeichneten Orte zu ersehen.

Wie bei Angaben über die Wüste, so muß man auch bei solchen über den Urwald beachten, was sich hinter den Zahlen der Handbücher verbirgt, etwa wenn sie darauf verweisen, daß die Jahresamplitude der Temperatur von 2° C, wie sie für diesen Riesenraum vom Südosten Kameruns bis zum Victoriasee gilt, den kleinsten diesbezüglichen Wert von ganz Afrika darstellt.

Über der tropischen Urwaldzone – der Begriff »Urwald«, häufig auf das Wäldermeer der Äquatorzone bezogen, sollte besser durch den Ausdruck »Regenwald« ersetzt werden, da es forstwirtschaftlich nicht genutzte Urwälder auch in anderen Zonen gibt –, über der Zone des tropischen Regenwaldes also breitet sich infolge der starken Sonneneinstrahlung, der zu allen Jahreszeiten fallenden Regen und der ziemlich gleichbleibenden, relativ hohen Temperaturen (Äquatorialklima) ein »Wolkenring« aus (im Englischen »cloud ring«, im Französischen »pot noir« genannt), den wir über die ganze Erde verfolgen können. Die sich nördlich und südlich anschließende Zone kennt dagegen zwei abgegrenzte, durch eine »kleine« und eine »große« Trockenzeit voneinander geschiedene Regenzeiten. Diese ändern sich mit der Breitenlage; wer nach Zentralafrika zu reisen beabsichtigt, tut gut daran, vorher den Klimakalender genau zu studieren.

Manche wundern sich zu hören, daß nicht die Äquatorzone die höchsten Temperaturen der Erde aufweist, sondern die Zone der Wärmewüste. Das hängt zusammen mit der abkühlenden Wirkung und der ständig hohen Luftfeuchtigkeit unter der äquatorialen Wolkendecke. (In der fast wolkenfreien Sahara gibt es oft extreme Schattentemperaturen um 50° C, und die relative Feuchtigkeit kann hier bis unter 5% absinken!) Auf den höhergelegenen Plateaus, die das innere Kongobecken umranden, herrschen bei wesentlich dünnerem Baumbesatz auch höhere Temperaturen. Die großen östlichen Nachbarländer Zaires liegen zwar gleichfalls teilweise im Äquatorialbereich, haben aber ein vollkommen verschiedenes Klima. Die Kongo-Regenwaldzone endet im Osten, von Ausnahmen abgesehen, fast abrupt an einer über 1000 km langen, über die Reihe der dort liegenden Seen hinwegziehenden Nord–Süd-Linie. Es ist daher nicht ganz von ungefähr, daß hier auch die politischen Grenzen verlaufen.

Das nördliche Nachbarland von Zaire, die Zentralafrikanische Republik, ragt über 10° nördlicher Breite hinaus in die Trockensavanne hinein, wo sich bereits der Einfluß der Wüste bemerkbar macht. Im großen und ganzen gehen jahraus, jahrein beträchtliche Wassermassen über dem gesamten Raum nieder. Im Dezember erreicht die Kongo-Wasserführung (Gesamtlänge des Lualaba-Kongo: 4320 km) mit 60 000 cbm/sec ihren Höchststand, im Juli mit 29 000 cbm/sec ihren Tiefststand. (Zum Vergleich: Die mittlere Abflußmenge des Rheins bei Emmerich beträgt 2320 cbm/sec.) Das geschlossene Kongo-Wasserstraßennetz umfaßt 8000 km; alle Wasserstraßen von Zaire zusammen erreichen eine Länge von 12 000 km. Ihre Schiffbarkeit hängt ab vom wechselnden Zenitstand der Sonne bei ihrer scheinbaren Nord–Süd-Wanderung, was je nach Jahreszeit verschieden hohe Wasserstände bedingt. Auch sind die Gefällsunterschiede zu berücksichtigen, etwa das »Höllentor« (Portes de l'Enfer) bei Kongolo, die 7 Stanleyfälle und die 32 Livingstonefälle. Die Gefällsbrüche ergeben sich aus der Oberflächengestaltung. Das Gesamtreich der Wälder und Savannen überzieht ein mehrere hundert Meter eingetieftes – dem Tschadseebecken ähnliches – spättertiäres Landbecken von etwa 1,5 Millionen qkm Ausdehnung. Seine nördliche Umrahmung, die Asandeschwelle (eine nach dem Volk der Asande benannte Plateauzone), erreicht rund 500 m ü. d. M. Im Westen ist die Aufwölbung der Ränder besonders ausgeprägt (Benguelaberge mit 2620 m in Angola); die anschließende Abbiegung des Kontinentrandes zum Atlantik zeigt die Gestalt einer Rumpftreppe. Die südliche Schwelle, nach einem alten Ne-

Klangholz, Zentralafrika

gerreich Lundaschwelle genannt, bildet die Wasserscheide zum Kalaharibecken. Die Plateaus der Zaire-Provinz Katanga (jüngst in Schaba umbenannt) enthalten in ihren Schiefern und den sogenannten Kundelungu-Sandsteinen reiche Kupfererzadern. Der Untergrund auch der übrigen Umrahmungsteile birgt daneben wertvolle Mineralien wie Zinn, Zink, Gold, Diamanten, Kobalt, Kohle, Eisen und Uranerz sowie Erdöl.

Die Grundlagen der Wirtschaft dieses Raumes sind damit bereits vorgestellt: Holzgewinnung in den Wäldern; Ackerbau und Fischfang an den Flüssen; Viehzucht auf den Weiden der Randplateaus, soweit diese außerhalb des »Einzugsbereichs« der Tsetsefliege liegen; vielfältige Möglichkeiten für eine Industrialisierung auf der Basis des weltbekannten Katanga-Kupfers sowie von Uran, Diamanten und Gold.

Alte Reiche mit hoher Kultur entstanden im Kongobecken

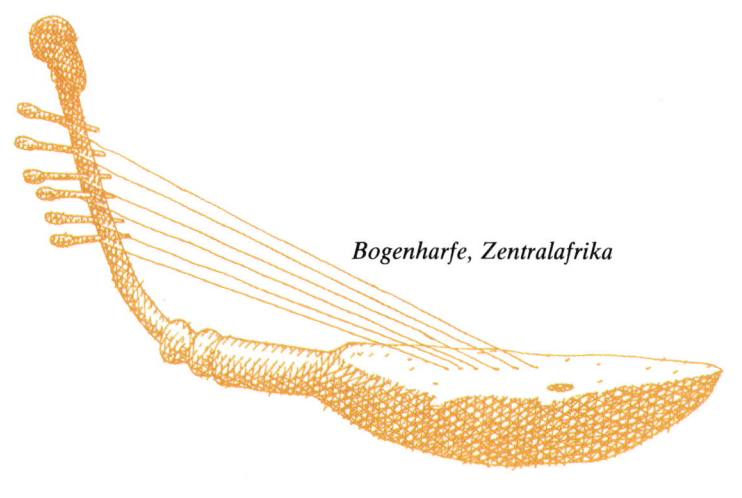

Bogenharfe, Zentralafrika

südlich der Regenwaldzone: das Reich der Bakuba oder Buschongo an Kasai und Sankuru, das Luba-Reich zwischen oberem Lualaba und Tanganjikasee, das Lunda-Reich und das Kongo-Königreich nahe der Westküste. Viele ihrer Metallkunstwerke erregen in den Museen das Staunen der ganzen Welt. Forscher versuchten das Gewässernetz von Osten und von Westen her zu enträtseln; es sei an dieser Stelle nur an die sensationelle Kongofahrt Stanleys erinnert. Manche von ihnen waren auf der Suche nach seltenen Tieren wie Okapi und Kongopfau. Schon Livingstone begegnete Negertrupps, die Katanga-Kupfer transportierten, lange bevor belgische Geologen und Ingenieure den Bewegungen der Erdschollen und den Bodenschätzen nachgingen und die mit grausamen Methoden betriebene rücksichtslose Ausbeutung der Naturkautschuk liefernden Kongowälder begann.

Die vorwiegend den Bantu zugeordneten Völker des Kongobeckens werden nach ihrer traditionellen Ernährungsweise in zwei große Gruppen eingeteilt: die »Maniokvölker« in den Wäldern und deren Randgebieten, die »Hirsevölker« in den offeneren Landschaften. Gemeinsames Merkmal der hier behandelten Länder ist – von den Küstenstreifen Kameruns, Äquatorial-Guineas, Gabuns und einer schmalen Küstenzunge Zaires, am Unterlauf des Kongo, abgesehen – ihre Binnenlage. Wirtschaftsteilräume der Zentralafrikanischen Republik (Osten) und Zaires (Nordosten) haben eine Küstendistanz nach Nordosten, Osten und Nordwesten von über 1500 km. Zur Abhängigkeit von den Küstenanliegern kommen die Erschwernisse, die der Zwang zu mehrfachem Umladen der Güter bei der Aus- und Einfuhr mit sich bringt (Lkw–Bahn–Fluß–Meer). Der hier besonders wichtige Luftverkehr hat eine begrenzte Kapazität und ist aus klimatischen und anthropogeographischen Gründen besonders kostspielig und nur mit bedingter Regelmäßigkeit möglich.

Über glatten statistischen Zahlen und stark verallgemeinernden Wirtschaftsangaben aus Räumen von Hunderttausenden von Quadratkilometern wird oft vergessen, was Entfernungen und klimatische Gegebenheiten für die Alltagsversorgung im Landesinnern bedeuten. In Kisangani, der Hauptstadt der Ostprovinz von Zaire, gibt es z. B. nur ein einziges modernes Hotel – für ein Gebiet, dessen Fläche jener der Bundesrepublik Deutschland gleichkommt. Die Fleisch- und Gemüseversorgung der – meist von Griechen und Portugiesen geführten – Geschäfte Kisanganis erfolgt mit Lkw über 600 km Regenwaldpiste, die in Zeitabständen von zwei bis drei Wochen nicht befahrbar ist.

Zaire – der Kongostaat par excellence

Das 2 345 409 qkm umfassende 1972 über 23 Millionen Einwohner zählende Zaire steht der Fläche nach unter allen afrikanischen Staaten an dritter Stelle. Es wurde von 1908 bis 1960 als Überseegebiet vom fast achtzigmal kleineren und 6000 km entfernten Königreich Belgien aus regiert. Belgisch-Kongos Entlassung in die Unabhängigkeit – am 30. Juni 1960 – war begleitet von schweren Unruhen, die sich hauptsächlich fernab der randlich gelegenen Hauptstadt Kinshasa (bis 1966 Léopoldville) ereigneten; im Mittelpunkt der Auseinandersetzungen standen vor allem der revolutionäre Patrice Lumumba, der sezessionistische Katanga-»König« Moïse Tschombé und weiße Söldner. Das Eingreifen von UNO-Verbänden sicherte die staatliche Integrität. 1966 wurde General Joseph Désiré Mobutu Staatspräsident des nunmehr festgefügten Landes. Der aus neun (anfangs sechs) Provinzen bestehende Kongostaat Zaire – die kolonialzeitliche Verwaltungsgliederung wurde großenteils beibehalten – hat sich seitdem langsam, aber stetig entwickelt und die »Kongolonisierung« planmäßig vorangetrieben.

Industrialisierung und Verstädterung sind in Zaire weiter vorangeschritten als in vielen Nachbarländern. 1956 gab es bereits dreißig städtische Agglomerationen mit jeweils über 10 000 Einwohnern. Noch sind in abgelegenen Waldzellen althergebrachtes ländliches Eigenleben und eine vielerorts in die Verwaltung hineinreichende Rivalität der Stammesgruppen festzustellen. Daneben gibt es aber moderne und eigenständige Industrielandschaften mit städtischem Gepräge sowie eine steigende, jegliche genaue statistische Erfassung vereitelnde Landflucht, und dies bei Entfernungen von 1600 km im Falle von Kinshasa–Lubumbashi oder gar 2400 km zwischen Moanda an der Atlantikküste und der Regenwaldecke im Nordosten des Landes.

Aus den Schlagzeilen der Weltpresse ist Zaire seit Jahren verschwunden. Zahlreiche Belgier wirken wieder als beratende Fachleute im Lande; einschließlich der Familienangehörigen zählt die belgische Kolonie in Zaire heute etwa 50 000 Köpfe (1958 waren es 85 000, 1960 nur 15 000). Die Heranbildung eines Stabes unterer und mittlerer Verwaltungsbeamter und der Ausbau eines wettersicheren Verkehrsnetzes werden dem weiteren Zusammenwachsen der durchschnittlich je 300 000 qkm deckenden Provinzen dienen.

Eine Reise durch Zaire, das neun Nachbarn (ohne Cabinda) und 9180 km Grenzen, davon 40 km Atlantikgrenze, zählt und den größten Teil des Kongo-Einzugsbereiches umfaßt, ist voller erstaunlicher und gegensätzlicher Einblicke in Naturschönheiten, Naturgewalten, Kulturzustände, Lebens- und

Bahnanlage in Les Saras (Zaire)

Urwaldstraße im Kongobecken

Verkehr und Transport: Problem Nr. 1

Die Isolierung der Großräume Afrikas ist, was oft vergessen wird, schon durch Distanzen von Tausenden von Kilometern gegeben. In der Luftlinie ist Algier von Kinshasa 4600, von Johannesburg 7700 km entfernt. Zwischen Dakar und Mogadischo liegen 7000, zwischen Kairo und Luanda 4900 km. Von Wolkenbrüchen, die sich täglich und über viele Wochen hin wiederholen, werden auch die besten der ohnehin raren Überlandstraßen in Mitleidenschaft gezogen. Bis zur Auto-Zeit wurden fast alle Lasten in diesem 30 Mill. qkm umfassenden Raum auf dem Rücken der Kamele und auf dem Kopf der Träger transportiert. Besondere Schwierigkeiten waren am westlichen Rand des Kongobeckens zu überwinden, um dem Warenstrom vom Kontinentinnern den Weg zum Ozean zu bahnen. An Afrikas 30 600 km langer Küstenlinie liegt nur alle 700 km ein größerer Hafen. Cecil Rhodes' Projekt einer Bahn vom Kap nach Kairo kam nicht zustande. An der Transsahara-Autostraße, die das »Herz Afrikas« über Fort-Lamy und Bangui erschließen soll, wird noch in der Nordwüste (bei Aïn-Salah) gearbeitet. Und bis heute sind die politischen Grenzen, zeitweise hermetisch geschlossen, Barrieren auf dem Wege der so entscheidend wichtigen transafrikanischen Verkehrslinien. Wenn Pflanzer in Bukavu, an der Ostgrenze von Zaire, ihre Waren westwärts auf den Weg gebracht haben, müssen diese noch sechsmal umgeladen werden, ehe sie nach 3824 km Matadi, den Hafen am unteren Kongo, erreichen. Davon ist die größte Einzelstrecke die auf dem Kongo mit 1784 km, was der Entfernung zwischen Brüssel und Sizilien entspricht.

Oben: Fährverkehr auf dem Kongo

Unten: Güterumschlag im Hafen von Kinshasa

Unten: Kleinbootbetrieb auf dem Kongo

Die Landnutzung in Zaire

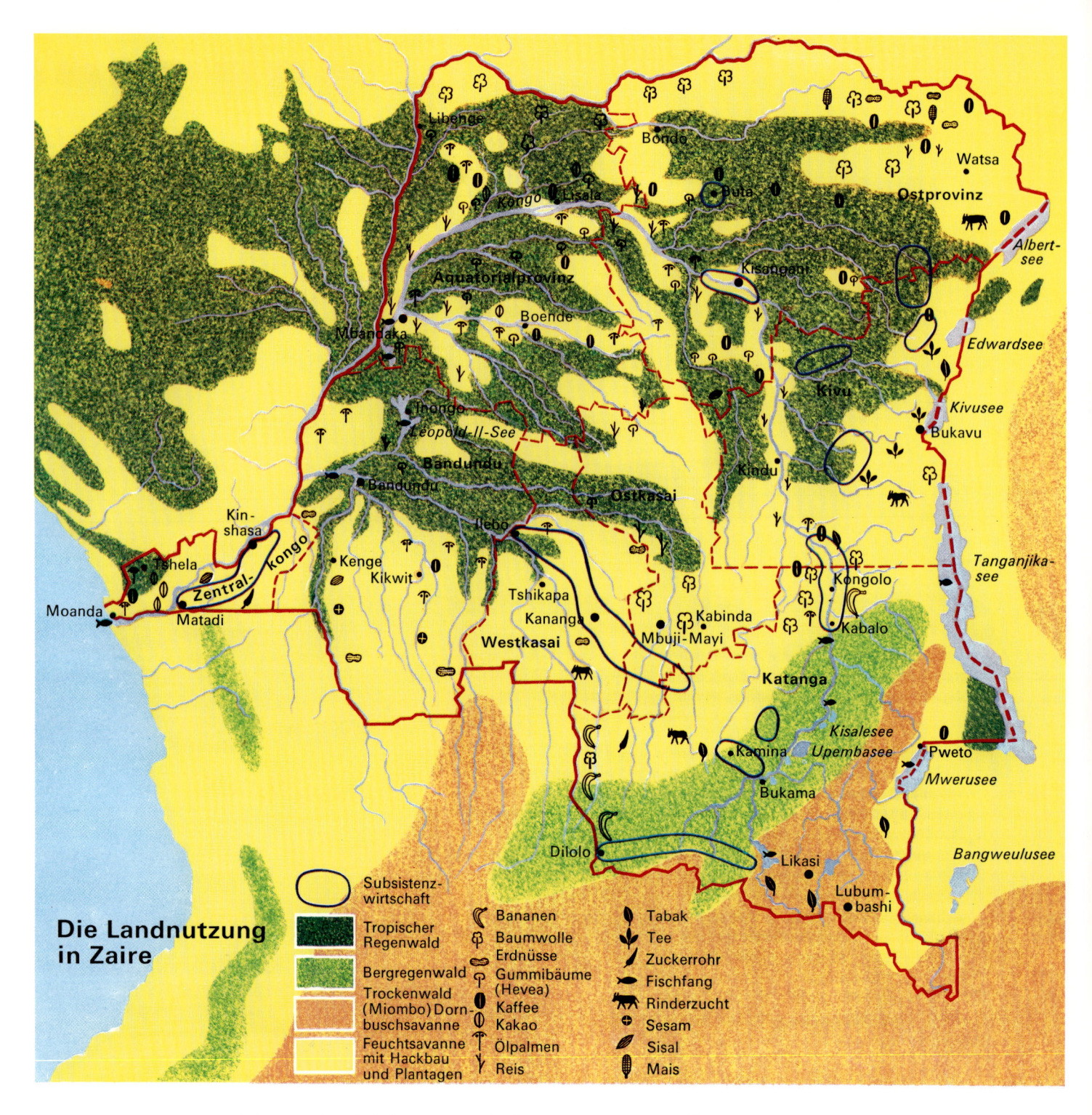

Legende:
- ○ Subsistenzwirtschaft
- Tropischer Regenwald
- Bergregenwald
- Trockenwald (Miombo) Dornbuschsavanne
- Feuchtsavanne mit Hackbau und Plantagen
- Bananen
- Baumwolle
- Erdnüsse
- Gummibäume (Hevea)
- Kaffee
- Kakao
- Ölpalmen
- Reis
- Tabak
- Tee
- Zuckerrohr
- Fischfang
- Rinderzucht
- Sesam
- Sisal
- Mais

Wirtschaftsweisen. Es ist kein Wunder, daß dieser zentral gelegene Staat eine Sogwirkung auf umliegende Unruheherde ausüben mußte. Die Zahl der in Zaire lebenden Flüchtlinge wurde Anfang 1970 auf 500 000 geschätzt; 400 000 von ihnen kamen aus dem portugiesischen Angola, 60 000 aus Südsudan.

Die Provinz Équateur, die Äquatorialprovinz im Nordwesten, an zwei Seiten eingefaßt vom Knie des Ubangiflusses, der Zaire nach Norden gegen die Zentralafrikanische Republik, nach Westen gegen die Volksrepublik Kongo abgrenzt, liegt an der Stelle eines früheren Binnenmeeres. Sie wird vom gewaltigen, südwärts abströmenden Kongogeäder durchzogen, das von breiten, überschwemmten, den Verkehr auf den Wasserweg verweisenden Sumpfwäldern gesäumt ist. Man gewinnt hier Kopal (eine Harzsorte), Kautschuk, Palmöl und Edelhölzer. Die Lichtungen werden vielfach von Kaffeepflanzungen eingenommen. Über die am linken Kongoufer und genau auf dem Äquator gelegene Provinzhauptstadt Mbandaka (früher Coquilhatville) führt keine kontinentale »Äquatorstraße«, so wie es auch keine »Wendekreispiste« in der Sahara gibt.

Die Ostprovinz, gleichfalls überwiegend Waldgebiet, doch dichter besiedelt als die Äquatorialprovinz, ist im Norden, an der Asandeschwelle, eine offene Parksavanne mit Baumwollfeldern und Kaffeeplantagen. Hochgebirgslandschaften grenzen an den Albertsee. Die artenreiche Pflanzen- und Tierwelt dieses auch ethnologisch interessanten Raumes – hier leben u. a. Mangbetu und Pygmäen – ist von belgischen Wissenschaftlern in vieljährigen Studien erforscht worden. Die Provinzhauptstadt Kisangani, unweit der Stanleyfälle am Kongo gelegen, ist Ausgangspunkt der Straßen zur Republik Sudan und nach Uganda; ihr alter Name Stanleyville erinnert an die Gewaltmärsche des britischen Entdeckungsfanatikers und an

Emin Pascha, den unglückseligen Forscher-Gouverneur von »Äquatoria« (im Sudan). Die Goldminen von Kilo und Moto, beide nordwestlich des Albertsees, erbringen immerhin 1,7 % der Welt-Goldproduktion und eröffnen mit ihrem Fördergut die lange Liste der Bodenschätze von Zaire, das u. a. 60 % der Weltförderung an Kobalt liefert.

Die nach dem schönsten See des Ostafrikanischen Grabensystems benannte Provinz Kivu besitzt fruchtbare Böden und ist relativ dicht besiedelt. Sie hat eine morphologisch ausgeprägte Grenze zu den östlichen Nachbarländern, unter ihnen die 1916 in belgische Verwaltung gegebenen, vordem deutschen Besitzungen Rwanda und Burundi. Im nordöstlichsten Zipfel der Provinz erhebt sich auf eine Höhe von über 5000 m der schneebedeckte Ruwenzori (»Mondgebirge«); rundum erstrecken sich Urwälder mit reichem Großwildbestand (u. a. im Kivu-Nationalpark) – ein wahres »afrikanisches Eden« und ein prächtiges Ziel für afrikabegeisterte Touristen. Wegen des angenehm kühlen Klimas und der guten Böden wurde dieses fruchtbare Gebiet schon früh – auch in der Regenwaldzone – von Europäern besiedelt, die hier Kaffee, Tee, Pyrethrum und Chinin anpflanzten und Viehzucht betrieben. In dem durch Straßen erschlossenen Westen der Provinz werden Reis und Baumwolle angebaut sowie Zinn- und Wolframerze aufbe-

Zaire
(République de Zaïre)

Präsidialrepublik mit Einkammerparlament; Wahlrecht für alle Erwachsenen; keine Wehrpflicht; Gesetzgebung praktisch direkt durch den Staatspräsidenten; Hauptstadt Kinshasa (rund 1 300 000 Ew.).

Fläche: 2 345 409 qkm (davon Ackerland 3,1, Weide 28, Wald 55%) – **Einwohnerzahl:** Über 23 Mill. (davon über 75% ländliche Bevölkerung) – **Bevölkerungsdichte:** 9,5 Ew./qkm – **Jährlicher Geburtenüberschuß:** 22‰ – **Größere Städte:** Lubumbashi (etwa 318 000 Ew.), Kisangani (230 000 Ew.), Kananga (150 000 Ew.), Likasi (146 400 Ew.), Matadi (110 000 Ew.) – **Bevölkerung:** Bantu, sudanische Gruppen, Niloten, hamitische Gruppen, Pygmäen, Araber; etwa 36 000 Weiße, meist Belgier; außerdem rund 500 000 Flüchtlinge aus Angola, Rwanda und Sudan – **Sprache:** Französisch als Staatssprache; als Verkehrssprachen u.a. Kiluba, Lingala, Kikongo, Kisuaheli – **Religion:** 6,5 Mill. Katholiken, 1,1 Mill. Protestanten, 150 000 Moslems, 1500 Juden; Anhänger von Naturreligionen – **Viehbestand:** Ungefähr 1,6 Mill. Ziegen, 900 000 Rinder, 570 000 Schafe, 442 000 Schweine – **Wichtige Ausfuhrgüter:** Kupfer (etwa 60% des Exportwertes), Kobalt (6%), Kaffee (6%), Palmöl (5%), Uran, Diamanten, Kakao, Baumwolle

reitet. Große Wasserkraftwerke liefern Energie. Hier lag einst das »Land der Furcht«, so benannt wegen der arabischen Sklavenjäger und des Aufstands der Batetele, und hier befanden sich auch einige der größten Unruhezentren während der bewegten sechziger Jahre von Zaire. Die Provinz Kivu ist gewissermaßen ein kulturelles Übergangsland nach Osten. Man spricht das auch vor allem in Ostafrika gebräuchliche Kisuaheli, das neben dem Lingala im Westen, dem Kikongo im Zentrum und dem Kiliba in Kasai zu den vier Hauptverkehrssprachen des Landes zählt. Von der Kongostadt Kindu entwickelt sich südwärts, nach Katanga hinein, das wirtschaftliche wichtige, bislang aber noch recht weitmaschige Eisenbahnnetz Zaires. Die Provinzhauptstadt Bukavu, an der Südspitze des Kivusees gelegen, ist Ausgangspunkt mehrerer wichtiger Fernstraßen.

Das an Größe fast an Frankreich heranreichende Katanga bzw. Schaba war lange Zeit Schlagzeilenlieferant für die Presse in aller Welt. Die südlichste Provinz Zaires ragt mit einem 100 km breiten und 400 km langen Zipfel nach Sambia hinein. Aus der regenwaldfernen Feuchtsavanne im Norden der Provinz gelangt man auf dem Randplateau des Kongobeckens in die Zone der Trocken- oder Miombowälder und des Dornbuschs, in der sich noch viele Anbau- und Viehzuchtreserven befinden. Hier verläuft die von April bis Oktober nahezu regenlose Kongo–Sambesi-Wasserscheide. Der Mineralreichtum der Provinz, vor allem an Kupfererz – das wertmäßig etwa 60 % der Ausfuhren Zaires ausmacht –, verlockte zu einer »Staat-im-Staate«-Entwicklung und machte Katanga zu einem Exerzierfeld der mit Großbritannien und der Republik Südafrika verflochtenen Brüsseler Finanziers. So wurde es zum zweitwichtigsten Industriegebiet von ganz Afrika, aber auch zu einem in Sachen Sozialeinrichtungen und Siedlungswesen für den gesamten Kontinent vorbildlichen Lebensraum. Eine veritable industrielle Revolution gestaltete dieses küstenferne afrikanische Binnenland völlig um. Die Provinzhauptstadt Lubumbashi (früher Elisabethville), zweitwichtigster Flugverkehrsknoten Zaires und durch gute Straßen sowie durch Bahnlinien mit Lusaka, Salisbury und Pretoria verbunden, ist ungefähr 1400 km sowohl von der Ost- wie von der Westküste des Erdteils entfernt. Bis in die fünfziger Jahre erfolgte der Abtransport von Katangas Industrieprodukten vornehmlich über die 2107 km lange Eisenbahnstrecke von Lubumbashi zur angolesischen Hafenstadt Lobito (Benguelabahn); nachdem jedoch 1956 die 446 km lange Bahnlinie vom westkatangischen Kamina nach Kabalo (am oberen Lualaba) fertiggestellt war, ergab sich eine zusätzliche Ausfuhrmöglichkeit über Kalemie (früher Albertville), über den Tanganjikasee hinweg nach Kigoma und von da aus weiter mit der Bahn nach Dar es Salaam, eine Strecke von insgesamt 2750 km. Infolge der Spannungen mit Portugal treten namentlich heute Rentabilitätserwägungen hinter politischen Überlegungen zurück. Immerhin ist durch die neue Bahn–Schiff-Verbindung eine weitaus bessere Versorgung mit Kraftstoffen gegeben, als dies über den 2785 Fahrkilometer entfernten Petroleumhafen Ango-Ango bei Matadi (am Mündungstrichter des Kongo) der Fall war. Während der Kolonialzeit war die Struktur der rund dreihundert »Großen Gesellschaften« in Katanga von einer Mischung aus Staats- und Privatinitiative getragen, und es gab halbstaatliche Körperschaften (»Corporations parastatales«) mit Behördenfunktionen. Eine hervorragende Stellung besaß die Union Minière du Haut-Katanga (UMHK); sie wurde 1967 vom neuen Kongostaat als Société Générale Congolaise des Minerais (Gécomines) übernommen. In ihrem ehemaligen Alleinherrschaftsgebiet versuchen nunmehr internationale Firmengruppen tätig zu werden (z. B. der japanische Mitsui-Konzern).

Das ungleich besiedelte Kasai (5–10 Einwohner/qkm), Schauplatz des alten Bakuba-Reiches und seiner hochstehenden Kultur, ist aufgeteilt in die beiden Provinzen West- und Ostkasai. Den größten Teil von Kasai nehmen Feuchtsavannen ein, die von den nordgerichteten, von Galeriewäldern gesäumten Kasai- und Sankuruzuflüssen durchzogen werden. Neben ausgedehnter Subsistenzwirtschaft, wie sie sich in allen Provinzen findet, gibt es marktbezogenen Mais- und Baumwollanbau. Aus Kasai kommen Industriediamanten – jährlich etwa 12 Millionen Karat –, die in manchen Jahren bis zu 75 % der Weltproduktion ausmachen; die beiden Kasai-Provinzen sind das Tätigkeitsfeld der der UMHK verwandten, 1906 gegründeten Société Internationale Forestière et Minière du Congo (Forminière). Zentrum von Ostkasai wurde die rasch wachsende Diamantenstadt Mbuji-Mayi (früher Bakwanga), die heute über 100 000 Einwohner zählt. Kananga (früher Luluabourg), die

Oben: Kupfererzgewinnung im Tagebau

Zum Versand anstehende Kupferdrahtrollen

In der Kupferprovinz

Rechts: Arbeiter auf dem Gelände
einer Kupfererzgrube der Gécomines

Links: Verladen von Kupferbarren
der Gécomines (früher Union
Minière du Haut-Katanga)

Oben: Minenarbeiter in Katanga

Als Livingstone 1871 westlich des Tanganjikasees auf den Hochsteppen der Nil-Kongo-Wasserscheide unterwegs war, um die altberühmten Kupfererzlager des Landes Katanga zu finden, begegnete er langen Kolonnen von Trägern, die Kupfererzbrocken zu den Häfen der Ostküste schleppten. Doch dem fragenden Europäer gaben die Schwarzen keine Auskunft. Erst 1892 entdeckte der belgische Geologe J. Cornet die unermeßlichen, im Tagebau zu gewinnenden Kupfererzvorkommen im Quellgebiet des Lualaba (Hauptarm des oberen Kongo). Später fand man auch Kohle, Mangan und Kobalt. Die in der Folge mit Industriestandorten übersäte Provinz Katanga, heute Schaba genannt, überzog sich, von Kraftwerken aus, mit Hochspannungsleitungen. Bahnen und Straßen wurden herangeführt, um die Kupferproduktion (heute jährlich 300000 t) an die Küsten zu bringen. Die zur Industriearbeit »bekehrten« Afrikaner wurden zu Städtern in sorgsam geplanten Siedlungen. Anders in dem südlich sich anschließenden Gruben- und Industriegebiet: Hier leben sie, als Kontraktarbeiter auf Zeit, in Behelfsunterkünften.

Hauptstadt Westkasais, ist ein bedeutender Verkehrsknotenpunkt und mit seinen rund 150000 Einwohnern Zaires viertgrößte Stadt.

Die alte Hauptstadtregion ist heute dreigeteilt: Die Provinz Zentralkongo (Hauptstadt Matadi) besteht aus dem durchschnittlich 60 km breiten Landkorridor zum Atlantik. Die rund 400 km von der Kongomündung entfernte Metropole Kinshasa bildet eine eigene Provinz; die von Feuchtsavannen überzogene Provinz Bandundu mit der gleichnamigen Hauptstadt stellt das Hinterland dar. Großkraftwerke, deren Bau z. T. seit 1928 geplant ist (Inga-Projekt), sollen das Energiepotential des gefällereichen unteren Kongo nutzen und den seit langem bestehenden, bei der Verwirklichung weiterer Industrialisierungsvorhaben verstärkt zu gewärtigenden Engpaß in der Stromversorgung beheben. Der Kongo durchbricht unterhalb seiner seeartigen Erweiterung im Stanley Pool die das Kongobecken westlich begrenzende Niederguineaschwelle; erst in Matadi war die Errichtung eines für den Seeumschlag geeigneten Hafens möglich. Die bisher nur zu einem Bruchteil und regional ungleichmäßig genutzten Wasserkräfte des Kongostaates werden auf zwei Fünftel der Reserven Gesamtafrikas geschätzt. Zur Zeit beträgt die Stromerzeugung in Zaire knapp 3 Milliarden kWh.

Die Hauptstadt des Landes, Kinshasa, liegt 307 m ü. d. M. und erhebt sich auf einer Alluvialterrasse am linken Kongoufer gegenüber von Brazzaville, Kapitale der Volksrepublik Kongo. Die Stadt geht auf eine Gründung von Stanley (1881) zurück und trägt den Namen eines Bateke-Dorfes, das im Gebiet des neuen Hafens (Umschlag 0,8 Millionen t) lag und an dessen Stelle sich heute ein Geschäftsviertel erstreckt. Die von den Belgiern großzügig und schön gestaltete Stadt hat breite Baumalleen und ist bis in die Vororte meist schachbrettartig gegliedert. Im Hafen endet die Binnenschiffahrt und beginnen Bahn und Erdölpipeline nach Matadi. Den international wichtigen Flughafen Ndjili, 24 km südöstlich vor den Toren Kinshasas gelegen, bedienen vorwiegend Air Congo und die belgische Sabena. Die Einwohnerzahl der Stadt ist von rund 100000 im Jahre 1945 auf weit über 1 Million Menschen angewachsen, nicht zuletzt durch den Zustrom von Flüchtlingen aus dem Landesinnern im Verlauf der bürgerkriegsähnlichen Wirren, die dem Tag der Unabhängigkeit folgten. Kinshasa beherbergt in der 1925 von Löwen aus als Missionsuniversität gegründeten und 1970 vom Staat übernommenen Universität Lovanium die wichtigste Hochschule des Landes.

Die Zentralafrikanische Republik – ein Binnenland im Meer der Savannen und Wälder

Das nördliche Nachbarland von Zaire hat mit 622 984 qkm und einer Bevölkerung von 2,25 Millionen Menschen ein Viertel der Ausdehnung und weniger als ein Zehntel der Einwohnerschaft des Kongostaates. Wie dieser liegt die Zentralafrikanische Republik tief im Kontinentinnern; aber im Gegensatz zu Zaire besitzt sie keinerlei Zugang zum Meer. Und während sich beim südlichen Nachbarn der Übergang vom äquatorialen Regenwald zur Trockensavanne in Nord–Süd-Richtung vollzieht, ist es in der Zentralafrikanischen Republik genau umgekehrt.

Das von West nach Ost 1400 km messende, auf dem Kartenbild diagonal versetzt erscheinende Landviereck liegt auf der Ubangi- oder Nordäquatorialschwelle. Sein früherer Name »Territorium Ubangi-Schari«, unter dem es ein Teilgebiet von

---

Zentralafrikanische Republik
(République Centrafricaine)

Präsidialrepublik mit Einkammerparlament, allgemeinem Wahlrecht und allgemeiner Wehrpflicht (seit 1966 Verfassung aufgehoben, Parlament aufgelöst); Hauptstadt Bangui (1966 rund 150 000 Ew. mit Vororten).

Fläche: 622 984 qkm (davon Wald 12, Ackerland 9%) – **Einwohnerzahl:** 2,25 Mill. (davon 80% ländliche Bevölkerung) – **Bevölkerungsdichte:** 3,5 Ew./qkm – **Jährlicher Geburtenüberschuß:** 25‰ – **Bevölkerung:** Vorwiegend Bantu der Ngala-Gruppe und sudanische Gruppen (u.a. Banda, Mandjia, Baja, Bangi, Sangha); Pygmäen – **Sprache:** Französisch als Amtssprache und Sangho als »nationale Umgangssprache«; Bantu- und Sudansprachen – **Religion:** Katholiken 20, Protestanten 5, Moslems 5%; Anhänger von Naturreligionen – **Viehbestand:** 510 000 Ziegen, 462 000 Rinder, 110 000 Schafe, 25 000 Schweine – **Wichtige Ausfuhrgüter:** Diamanten (30% des Exportwertes), Baumwolle, Kaffee, Kautschuk, Holz

---

Französisch-Äquatorialafrika war, deutet seine Zugehörigkeit zu zwei Stromsystemen an. Vieles, was von dem gut ausgerüsteten Hafen der Hauptstadt Bangui am Grenzfluß Ubangi ausgeführt wird (Umschlag 1969 bei 230000 t), schwimmt 1260 km ubangi- bzw. kongoabwärts nach Brazzaville. Dort wird es verladen und auf die 515 km weite Bahnreise zur Küste geschickt; hier, in Pointe-Noire, wird es von neuem umgeschlagen und erreicht nun erst den Weltmarkt. Der Import verläuft auf die gleiche Weise, nur im gegenläufigen Sinne, und ebenso wird in beiden Richtungen mit dem Transitgut von und nach der Republik Tschad verfahren.

Das wenig erschlossene, arme, auf Lebensmitteleinfuhr angewiesene Land der 35 Volksgruppen weist ein niedriges Lohnniveau auf. Hauptsächlicher Exportartikel sind seine Diamanten (meist Schmuckdiamanten), deren Jahresproduktion rund 500000 Karat beträgt. Das spöttisch als »L'Afrique de l'Afrique« bezeichnete Land liegt im sogenannten »Afrique diamantaire«. Der Kongostaat jenseits des Flusses ist ebenfalls reich an Diamanten, und es gibt Diamanten-»Spezialisten« in Scharen. Aber 700 km Ubangigrenze sind nicht leicht zu überwachen! So erscheinen denn im Etat der Zentralafrikanischen Republik nur etwa 60 % der tatsächlichen Diamanten-Jahreserzeugung.

Das Stadtbild des 1889 gegründeten Bangui, an dessen nach europäischer Art übersichtlich und weitläufig gebautes modernes Viertel sich ausgedehnte Afrikanerquartiere anschließen, ist malerisch belebt von Einheimischen, Haussa-Händlern, Bororo-Viehtreibern, Portugiesen und Griechen. Rings um die Stadt breiten sich prachtvolle Urwälder aus, die bei einem Jahresniederschlag von bis zu 2000 mm ihrer wissenschaftlichen Bezeichnung »Regenwälder« alle Ehre machen. Nordwärts engen sie sich zu Ufer- oder Galeriewäldern ein. Mehrere Meter hohes Elefantengras begleitet noch lange die kaum straßenbreiten Naturwege, denen der Laterit eine gewisse Festigkeit verleiht. Ehe man die Nordgrenze über Bodenwellen und tiefe Mulden mit halsbrecherischen Balkenbrücken überquert, ist die Feuchtsavanne lichten und trockenen Baum- und Graslandschaften gewichen; erst nach 1139 Fahrkilometern erreicht man eine größere Stadt, die Tschad-Metropole Fort-Lamy.

Ein höheres Gebirge (um 1400 m) gibt es nur im menschenarmen, neuerdings dem Reiseverkehr erschlossenen Nordosten des Landes, im Gebiet der alten Sultanate Dar Rounga, Dar Fertit und Dar Kouti. Die Abgelegenheit der Zentralafrikanischen Republik wird noch dadurch betont, daß auch die fünf Nachbarstaaten dem an Naturschönheiten so reichen Land nur diejenigen Landstriche zukehren, die dünn besiedelt und wirtschaftlich schwach entwickelt sind – vortrefflich geeignet als Sammelplätze für Rebellen. Aber auch Flüchtlinge kamen in den sechziger Jahren über die Grenzen, und zwar rund 50 000 aus Südsudan und Nordzaire.

Wenn manche Gegenden wie ausgeräumt erscheinen und die aus Rechteckhütten bestehenden Siedlungen sich kilometerweit nur entlang der wenigen Savannen- und Waldpisten reihen, dann liegt das zum einen daran, daß dieses Herzland Afrikas im Verlauf von Jahrhunderten durch die Raubzüge der Sklavenjäger aus dem Norden entvölkert wurde, zum anderen daran, daß die vom Kongo her nordwärts vordringenden Franzosen, als sie – sechzig Jahre nach ihrem »Sprung übers Mittelmeer« – ihre ersten Posten in der Nähe bescheidener Missionsstationen errichteten, aus Sicherheitsgründen die unruhigen Bewohner aus der Tiefe der Wälder umsiedelten.

In abgelegenen Gebieten begegnet man noch Männern – auch aus dem Pygmäenvolk –, die mit Bogen und Fangnetz auf Großwildjagd gehen, um für ihre Familien Fleischkost zu beschaffen. Alltagsnahrung wie Maniok, Mais und Erdnüsse liefern die Brandrodungsfelder der fleißigen Frauen. Der Baumwollanbau, in der französischen Zeit mit einigem Nachdruck überall durchgesetzt, hat gerade ihnen mehr materielle Unabhängigkeit gebracht, wenn auch der Gewinn klein geblieben ist. Wichtig sind die Früchte des Mangobaums; nach ihnen heißt die der sommerlichen Hauptregenzeit vorgeschaltete kleinere März-Regenperiode »Saison des Manges«. Das selbsterworbene Geld beschleunigte bei den Frauen in der Zeit zwischen 1945 und 1950 die in ganz Schwarzafrika viel zuwenig beachtete »Bekleidungsrevolution«. Auf Lastwagen drangen damals syrische Händler mit ihren verlockenden Textil-Angeboten bis in die entlegensten Orte vor.

Nach Erlangung der Souveränität (13. August 1960) blieb Frankreich weiterhin Finanzhelfer, Berater und Haupthandelspartner. Die wichtigste Fluglinie führt von Bangui über Fort-Lamy nach Paris. Französisch wird weithin gesprochen. Als »Nationale Umgangssprache« gilt Sangho.

Unruhen konnten angesichts der engen verwandtschaftlichen Beziehungen in der Verwaltung (unter den vielen Ministern auch Frauen) nicht ausbleiben. Ein Militärputsch in der Nacht zum Neujahrstag 1966 brachte den Oberbefehlshaber der Armee, Jean Bedel Bokassa, an die Macht. In seinem Bemühen, den Nachteil der Binnenlage des Landes zu mildern, fördert er insbesondere den Bau von Eisenbahnen: nach Fort-Lamy und nach Yaoundé, der Hauptstadt von Kamerun. Ein jugoslawisches Unternehmen erhielt 1969 einen 30-Jahres-Vertrag zur Nutzung von 400 000 ha Wald. Doch frachtgünstiger gelegene Nachbarländer sind auch reich an Edelhölzern.

Devisenträchtige Touristen finden in diesem so nahe dem »Herzen Afrikas« gelegenen Land ebenso viele verlockende Ziele wie Wissenschaftler, ob Ethnologen, Kultur- oder Wirtschaftsgeographen.

Die Volksrepublik Kongo – Erbin des Kongo-Königreiches

Die Grenzen der Volksrepublik Kongo sind ebenso wie jene der meisten afrikanischen Länder eine Hinterlassenschaft der Kolonialzeit. Von der 800 km langen Küste zieht sich das Territorium 1200 km nordöstlich ins Kontinentinnere; Kongo und Ubangi bilden die Grenze zu Zaire, dem anderen, siebenmal so großen Kongostaat. Seine Abgelegenheit von der Kongomündung verdankt das Land der Aufteilungspolitik der europä-

Volksrepublik Kongo
(République Populaire du Congo)

Republik mit Einkammerparlament (seit 1969 aufgelöst); Hauptstadt Brazzaville (etwa 200 000 Ew.).

Fläche: 342 000 qkm – **Einwohnerzahl:** Etwa 960 000 (davon über 70 % ländliche Bevölkerung) – **Bevölkerungsdichte:** 2,5 Ew./qkm – **Jährlicher Geburtenüberschuß:** 13‰ – **Bevölkerung:** Bantu- (u. a. Bakongo, Bavili, Bateke, Mbochi) und sudanische Gruppen; etwa 10 000 Europäer, meist Franzosen – **Sprache:** Französisch als Amtssprache; als Verkehrssprachen u. a. Lingala, Kikongo – **Religion:** Katholiken 40, Protestanten 15 %; etwa 5000 Moslems; Anhänger von Naturreligionen – **Viehbestand** (Schätzung): Ungefähr 50 000–100 000 Ziegen und Schafe, 29 000 Rinder, 17 000 Schweine – **Wichtige Ausfuhrgüter:** Holz (zwei Fünftel des Exportwertes), Diamanten (ein Drittel), Erdöl, Palmöl, Tabak, Bananen

ischen »Schutzmächte« im 19. Jahrhundert. Die Hauptstadt Brazzaville (etwa 200 000 Einwohner) trägt den Namen des französischen Afrikaforschers und Regierungsemissärs Pierre Savorgnan de Brazza, der hier 1880 einen kleinen Militärstützpunkt errichtete. Keine Brücke spannt sich zu der gegenüberliegenden Zaire-Hauptstadt Kinshasa – der Transport von Personen und Gütern geht über Fähren vonstatten. Die weiträumige Metropole, zu der die beiden großen, zeitweise unruhigen Afrikanersiedlungen Poto Poto und Bacongo gehören, ist bekannt durch Künstlervereinigungen und zahlreiche Sekten; von ihr aus wurde bis 1958 das gesamte Französisch-Äquatorialafrika (2,5 Millionen qkm) bis hin zum Tibesti verwaltet. Sie beherbergt bedeutende Forschungsinstitute, u. a. das Institut Pasteur (seit 1906).

Das ehemalige Reich des »Manikongo«, des »Kongo-Königs«, dem die Portugiesen des 15. Jahrhunderts ihre christliche Assistenz in seiner nachmals auf den Namen Sao Salvador do Congo getauften Urwaldresidenz anboten, ist bis heute ein unruhiges und von Landflucht gezeichnetes Gebiet. Das nebelreiche, feuchtheiße, hälftig von Regenwald bedeckte Land auf dem Westrand des Kongobeckens war bis zur Erlangung der Autonomie im Jahre 1958 (am 15. August 1960 unabhängig) unter dem Namen »Moyen-Congo« französisches Überseeterritorium. Die Verbindungen zur einstigen Kolonialmacht bestehen fort. Noch heute leben 10 000 Franzosen – darunter solche mit Beraterstatus – in der Volksrepublik Kongo; die Staatssprache ist Französisch.

20 % der rund 950 000 Einwohner stellen die Bateke mit ihren 77 Untergruppen. Die Bakongo (Sammelname für die große, über die heutigen Grenzen hinausgreifende Bantugruppe) sind seit Jahrhunderten meisterliche Elfenbeinschnitzer, Goldschmiede und Schöpfer ausdrucksvoller Masken. 42 % der Bevölkerung sind weniger als 16 Jahre alt; die Einschulungsquote beträgt 95 %. Treibende politische Kraft im Staate ist die »proletarische« Partei »Nouveau Parti Congolais du Travail« (NPCT), die sich der Entwicklung des »wissenschaftlichen Sozialismus« verschrieben hat.

Das Schwergewicht von Wirtschaft und Siedlung liegt ganz im Süden; allein in den drei Städten Brazzaville, Pointe-Noire und Dolisie – den drei größten des Landes – lebt ein Viertel der Bevölkerung.

Drei Viertel der Bewohner betreiben Feldbau und etwas Viehzucht. Hauptanbaupflanzen sind Zuckerrohr, Erdnüsse und Maniok; außerdem wird Palmöl gewonnen. Im Bereich der Flüsse Niari und Kouilou gibt es entwickelte Großformen der

Prunkbeil der Basonge, Kongo

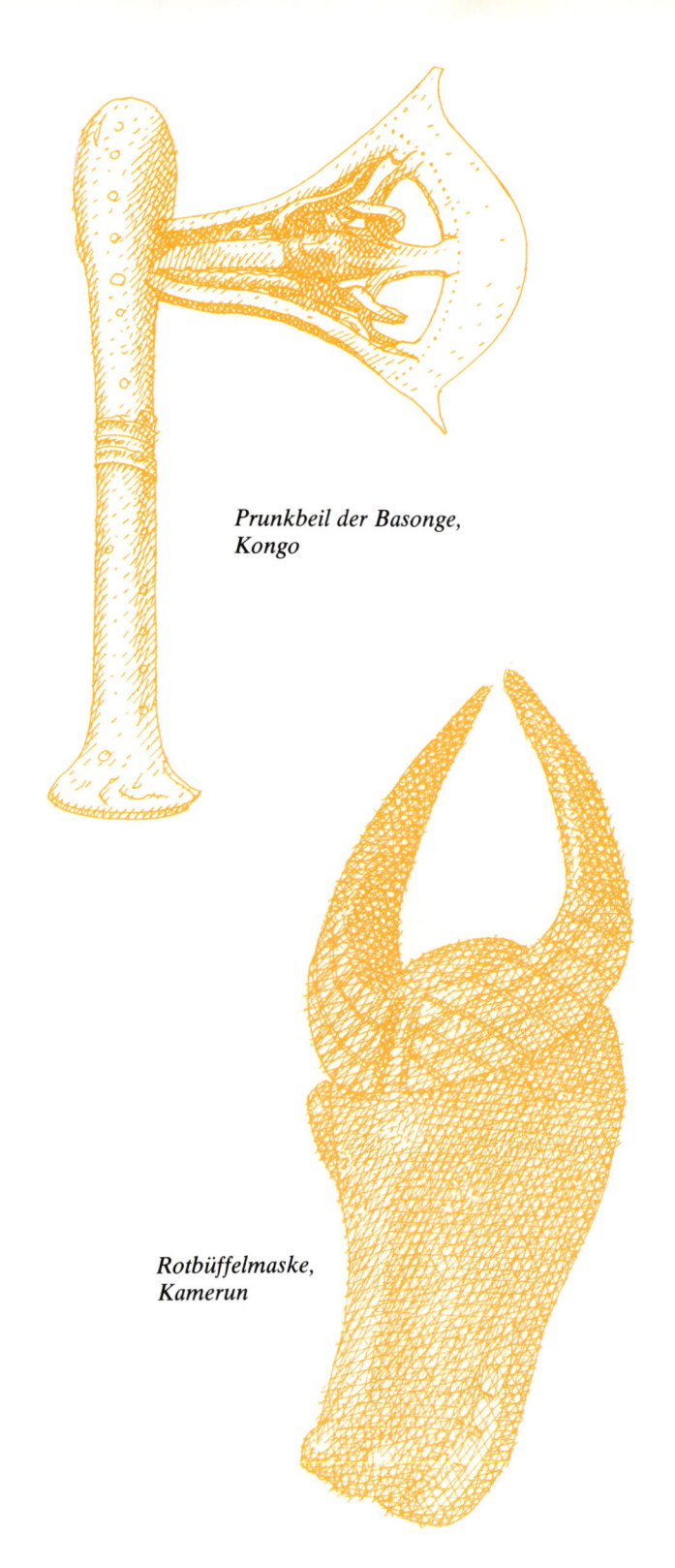

Rotbüffelmaske, Kamerun

Die Achse der Zukunft einer »Äquatorialen Union« reicht, in Verbindung mit einem »Transcamerounais« genannten Verkehrsweg, vom rasch wachsenden Seehafen Pointe-Noire (rund 100 000 Einwohner, Güterumschlag 1969 etwa 2,8 Millionen t) über die Südbahn und die Hauptstadt (Flußhafenumschlag 1969 ungefähr 370 000 t) sowie den Binnenschiffahrtsweg Brazzaville–Bangui tief ins Kontinentinnere. Die Volksrepublik Kongo bildet zusammen mit Kamerun, Gabun und der Zentralafrikanischen Republik die »Zentralafrikanische Zoll- und Wirtschaftsunion« (Union Douanière et Economique de l'Afrique Centrale, UDEAC).

Kamerun – vom Meer zum Tschadsee

Das beliebte Reiseziel Kamerun ist, vor allem mit europäischen Augen gesehen, eines der schönsten Länder Afrikas und nach Lage, Oberflächenbau und Ausstattung (Klima, Pflanzenkleid, Kulturstufen usw.) eines der wissenschaftlich interessantesten des ganzen Erdteils.

Des Karthagers Hanno »Götterwagen«, der Berg, »aus dem Flammen in den Himmel stiegen und Feuerströme ins Meer flossen«, könnte der Kamerunberg gewesen sein (Hannos Reise fand um 525 v. Chr. statt). Er ragt als dicht bewaldeter Hauptgipfel des küstennahen, noch vulkanisch aktiven Gebirges (»Höhle der Götter« genannt) auf eine Höhe von 4070 m empor. Im Februar/März 1922 ergoß sich Lava aus sechs Kratern zum Meer und setzte unterwegs die Regenwälder in Brand. Bis zum August desselben Jahres wurden 10 Millionen cbm Lavamassen gefördert; in 2850 m Höhe bildete sich u. a. die Gaskingrotte (5 m Durchmesser).

Kamerun
(République Fédérale du Cameroun)

Präsidialrepublik (Bundesstaat) mit Einkammerparlament; keine Wehrpflicht; Hauptstadt Yaoundé (gut 100 000 Ew.).

Fläche: 475 442 qkm (davon Wald 50, Ackerland 18, Weiden 18%) – **Einwohnerzahl:** Etwa 5,9 Mill. – **Bevölkerungsdichte:** 12,5 Ew./qkm – **Jährlicher Geburtenüberschuß:** 22‰ – **Bevölkerung:** Bantu-, Semibantu- und Sudanstämme (u. a. Bamileke, Fulbe, Haussa); etwa 16 500 Europäer, meist Franzosen – **Sprache:** Französisch und Englisch als Amtssprachen; Bantu- und sudanische Sprachen sowie Fulbe) – **Religion:** Katholiken über 18, Protestanten etwa 10, Moslems 10–20%; Anhänger von Naturreligionen und Sekten (z. B. die Kirdi) – **Viehbestand:** 4,0 Mill. Schafe und Ziegen, 2,0 Mill. Rinder, 350 000 Schweine, 22 000 Pferde – **Wichtige Ausfuhrgüter:** Kakao (25% des Exportwertes), Kaffee (20%), Aluminiumoxyd, Holz, Baumwolle, Bananen, Erdnüsse, Palmkerne

---

Landwirtschaft. Die an Umfang kleine, aber relativ vielseitige und rasch aufstrebende Industrie (Holzeinschlag 770 000 cbm, Pottascheproduktion 205 000 t im Jahre 1969) kann das hohe Außenhandelsdefizit des Landes nicht wettmachen. Trotz des staatlichen Dirigismus sind viele Unternehmen in ausländischen – meist französischen – Händen geblieben.

Eisenbahnen gibt es nur im Süden. Sie bilden das Rückgrat des dortigen Wirtschaftslebens. Beim Bau der 517 km langen Kongo–Ozean-Bahn, der in Etappen vor sich ging (1922–1934–1939), waren ebenso wie bei jenem der Stichbahn nach Matadi große Geländeschwierigkeiten zu überwinden (43 Viadukte, 13 Tunnel). Über eine Abzweigung nach Norden, zur gabunischen Grenze, wird das Mangan von Moanda abtransportiert.

In gerader Nordostlinie haben sich als Pendant eines tektonischen Grabens weitere Gebirge aufgetürmt: der 1000 m über das Umland aufragende Riesenkrater Eboga im Manengoubagebirge zwischen Dschang und Nkongsamba, ferner das Adamaouahochland und, noch weiter nördlich, schon am Rand des Tschadbeckens, die wilden Mandaraberge. Deren urtümliche Bewohner, die von den umwohnenden Moslems »Kirdi« (»Heiden«) genannten »Felsenmenschen«, stellen – wie die Pygmäen ganz im Süden, in den Küstenwäldern bei Kribi – Zeugen altafrikanischer Kultur dar und sind längst Schauobjekte des Tourismus geworden. Im hochliegenden Kameruner Grasland haben alte Reitervölker überdauert, deren Bräuche und Trachten bei glanzvollen Aufzügen und deren Kunsthandwerk in kleinen Lokalmuseen zu bewundern sind.

Kamerun, Töpfermarkt · Tongefäße halten Vorräte kühl. Sie sind deshalb besonders ideale Vorratsbehälter heißer Zonen.

Über einen schmalen Landkorridor (ähnlich dem Atlantikzipfel Zaires) hat Kamerun (475 442 qkm) Zugang zum Tschadsee und verfügt über einen Teil des Schari-Mündungsgebietes; hier leben tüchtige Bootsbauern und Fischergruppen (Kotoko, Banana).

Die vorgenannte Gebirgskette zieht noch weiter nach Nordosten, schräg durch die Sahara, über die Riesenkrater des Tibestigebirges hinweg. Sie ist den Geologen als »Kamerunlinie« bekannt; auch südwestwärts, in den Atlantik hinein, läßt sie sich über Fernando Póo, São Tomé und Annobón bis zum fernen, einsamen Felseneiland von Saint Helena verfolgen.

Meer- und äquatorbestimmt ist die Grundlinie des Landdreiecks von Kamerun. Der Südsaum des Regenwaldes führt in die bunte Länderreihe Oberguineas und damit ins westafrikanische Gebiet hinein; er wird von mehr als 4000 mm Regen im Jahr überschüttet. Konvektiv- und Zenitalregen bewirken beim Küstenort Déboundscha Rekord-Niederschlagsmengen von über 10 000 mm im Jahr; 70 % davon fallen in der Zeit von Juli bis September. Ähnlich hohe Niederschlagswerte sind nur vom Hawaiiarchipel und von Assam bekannt.

Die dichte Wolkendecke des Küstengebietes verliert sich auf der 1200 km langen Süd–Nord-Erstreckung Kameruns schon bald landeinwärts. Der aus dem riesigen Wüstenraum im Norden entgegenblasende Nordostpassat macht die dem Regenwald folgende Feuchtsavanne zur offenen, trockenen Baum- und Dornbuschsavanne, die eine lange Dürrezeit erlebt und am Tschadsee nur noch 300–400 mm Jahresniederschlag empfängt. Gute Straßen mit weiten Fernsichten führen, stetig ansteigend, von der mit Ölpalmenpflanzungen durchsetzten Mangroven- und Regenwaldküste ins Landesinnere. Nach etwa 200 km befindet man sich bereits auf über 1000 m ü. d. M.; gegen den Tschadsee hin flacht sich das Hochplateau langsam ab.

Als charakteristische Anbaupflanzen folgen nacheinander Bananen, Kakao, Kaffee und schließlich Baumwolle (um Foumban); dort beginnen die Viehzuchtgebiete.

Der ursprünglich nur die Küstenregion bezeichnende Zufallsname des Landes stammt von den Portugiesen. Im 15. Jahrhundert gelangten portugiesische Seefahrer an die Mündung des Wouri, der durch das heutige Douala, die größte Stadt Kameruns, fließt. Wegen seines Reichtums an Krabben nannten sie ihn »Rio dos Camaroes« (svw. »Krabbenfluß«). In der hohen Zeit des Kolonialismus trieben die Deutschen ihr Schutzgebiet wie einen Keil zwischen die englische und die französische Interessenzone bis an den heute politisch viergeteilten Tschadsee. Dieses »tote Herz Afrikas« wurde damals irrtümlicherweise als potentielle Wirtschaftsdrehscheibe betrachtet. Ein Ostvorsprung im Norden, der sogenannte »Entenschnabel«, verschwand durch Tauschverhandlungen. Die Briten, nach dem Ersten Weltkrieg zusammen mit den Franzosen Mandatsmacht über Kamerun geworden, verleibten dessen westlichen Teil ihrer Kolonie Nigeria ein. Lange trennte diesen wirtschaftlich recht gut entwickelten Landesteil – dessen südliche Hälfte 1961 wieder zu Kamerun kam, während die nördliche Hälfte bei Nigeria verblieb – ein »eiserner Vorhang« ab, u. a. dicht vor dem Gebirgsluftkurort Dschang. Diese Entwicklung wirkt bis in die Gegenwart hinein, besitzt doch Westkamerun ein eigenes Teilparlament (das allerdings fast ausschließlich beratende Funktionen ausübt). Der fähige Gründungspräsident der Bundesrepublik Kamerun, Hadsch Ahmadou Ahidjo, ein Moslem aus dem Norden, der in umständlichen Abstimmungsverfahren die »Wiedervereinigung« durchsetzte, hat die Förderung des Nationalbewußtseins mit Erfolg betrieben. In Anbetracht der Doppelstruktur auch dieses afrikanischen Staates (wie Tschad und Sudan) war dies kein leichtes Unterfangen:

Dem trockenen Norden mit seiner viehzüchtenden, teilweise arabisierten Moslembevölkerung steht der feuchte, auf Kaffee-, Bananen- und Holzexport ausgerichtete Süden mit seiner »heidnischen« und christlichen Einwohnerschaft gegenüber. Dazu kommt die ethnische Vielfalt dieses Landes, das nicht weniger als 143 Volksgruppen zählt. Einigendes Band bilden nach wie vor die französische Sprache und Verwaltungstradition. Die Unruhen der fünfziger Jahre im Wohngebiet der großwüchsigen, überaus kunstsinnigen und wirtschaftlich aktiven Bamileke, einer moslemischen Bergvolkgruppe, unter der die kommunistisch gelenkte UPC (Union des Populations Camerounaises) agitierte, wurden durch die seit langem bestehende Landflucht in Richtung des Stadt-Magneten Douala und durch organisierte Umsiedlungen aus der Welt geschafft.

So wie Kamerun nach der Fülle und Bedeutung seiner traditionellen Kunstwerke eine eigene, oft beschriebene Kunstprovinz darstellt, so befindet sich auch dieser Staat im »Erdteilknick« am Golf von Biafra mit seiner hohen Einschulungsquote (65 %, im Süden 100 %) und seiner regsamen Universität in Yaoundé (1962 gegründet, 1969 rund 3000 Studenten und 56 Professoren) nach Aussage aller Landeskenner in der Spitzengruppe der afrikanischen Staaten.

Gabun und Äquatorial-Guinea – Waldländer unter der Äquatorsonne

Wie Freetown und Liberia erinnert der Name der gabunischen Hauptstadt Libreville an die Sklavenbefreiung im 19. Jahrhundert: Die Siedlung entstand 1849 als Zufluchtsort für eine Gruppe von Negern, die von einem Sklavenschiff geholt und freigelassen worden waren. Das bis zur Küste von Wäldern bedeckte und vom Flußsystem des Ogooué durchzogene Mittelgebirgsland Gabun (267 667 qkm) liegt beiderseits des Äquators. Die 800 km lange Küste des Landes bildet im Süden eine hafenlose Haffküste. Im Norden war durch das weit vorspringende Kap Lopez Hafenmöglichkeit für Port-Gentil und durch das Gabunästuar, eine fast zum Meeresarm erweiterte Flußmündung, eine solche für die Hauptstadt gegeben.

Gleich den schlauen Duala verstanden es die zur Gruppe der Fang (Pangwe), der größten von fünfzig Bantusippen, gehörigen Mpongwe des Küstenlandes, die Europäer um die Mitte des 19. Jahrhunderts vom direkten Handel mit dem Hinterland fernzuhalten. Heute konzentriert sich die Bevölkerung immer mehr um die Häfen, die Standorte der Forstwirtschaft und des Bergbaues, so daß, wie in den Nachbarländern, weite Gebiete unbewohnt sind. Drei Viertel der Einwohner Gabuns leben vom Ackerbau; dieser dient aber lediglich der Deckung des Eigenbedarfs und spielt in der Gesamtwirtschaft eine untergeordnete Rolle.

Die seit dem 17. August 1960 unabhängige, auf liberale Wirtschaftsführung bedachte Republik hat einen ausgeglichenen Staatshaushalt und eine aktive Handelsbilanz. Dazu verhelfen vor allen Dingen der Abbau der auf 200 Millionen t geschätzten Manganerzlager (52 % Metallgehalt) tief im Innern, in Moanda bei Franceville – der umständliche Abtransport des Fördergutes erfolgt mittels Drahtseilbahn (76 km) und Bahn nach Pointe-Noire –, die Produktion einer Sperrholzfabrik bei Port-Gentil, die den Waldreichtum des Landes nutzt und zu den größten Weltfirmen ihrer Art zählt, und die Erdölgewinnung an der Küste (seit 1965). Bei Mounana wird für den alleinigen Abnehmer Frankreich Uranerz gefördert, aufbereitet und angereichert. Der Bau einer 565 km langen Eisenbahnlinie, des »Transgabonais«, soll es ermöglichen, das Eisenerz aus

Kamerun, Jagdformen · Jäger vom Stamm der Kaka aus der Baum-Savannen-Zone. Armbrust und Pfeile dienen vor allem der Jagd auf Kleintiere wie z. B. Vögel.

Gabun
(République Gabonaise)

Präsidialrepublik mit Einkammerparlament und Wahlrecht für alle Erwachsenen; Hauptstadt Libreville (57 000 Ew.).

Fläche: 267 667 qkm (davon Wald 75, Ackerland 1%) – **Einwohnerzahl:** Etwa 500 000 – **Bevölkerungsdichte:** 1,8 Ew./qkm – **Jährlicher Geburtenüberschuß:** Etwa 10‰ – **Bevölkerung:** Bantugruppen (Fang, Sira, Mbete, Kale, Kande); Pygmäen; etwa 13 000 Europäer, meist Franzosen – **Sprache:** Französich als Amtssprache; Bantusprachen, besonders Fang – **Religion:** Etwa 250 000 Katholiken, 50 000 Protestanten; Anhänger von Naturreligionen – **Viehbestand:** 98 000 Schafe und Ziegen, 5000 Rinder, 7000 Schweine – **Wichtige Ausfuhrgüter:** Mangan, Holz, Erdöl, Uranerze, Kakao

Äquatorial-Guinea
(Republica de Guinea Ecuatorial)

Präsidialrepublik mit Zweikammerparlament; Hauptstadt Santa Isabel (auf Fernando Póo; 40 000 Ew.)

Fläche: 28 051 qkm (davon Festlandgebiet mit Elobeyinseln 26 017, Fernando Póo 2017 qkm) – **Einwohnerzahl:** Etwa 300 000 (davon drei Viertel auf dem Festland) – **Bevölkerungsdichte:** 15,7 Ew./qkm – **Jährlicher Geburtenüberschuß:** 18‰ – **Bevölkerung:** Überwiegend Bantu (Fang, Benga); auf Fernando Póo etwa 15 000 Bube und 2500 Fernandinos (Mischlinge) – **Sprache:** Spanisch als Staatssprache; Bantusprachen; auf Annobón kreolisches Portugiesisch – **Religion:** Über 80% Katholiken – **Viehbestand:** 6000 Ziegen, 27 000 Schafe, 6000 Schweine, 3000 Rinder – **Wichtige Ausfuhrgüter:** Kakao (50% des Exportwertes), Kaffee, Holz

dem äußersten Nordosten, bei Bélinga (Vorräte auf 1 Milliarden t geschätzt), nach dem zum Tiefseehafen auszubauenden Hafen von Owendo nahe der Hauptstadt zu transportieren. Ein relativ dichtes Flugnetz dient der Entwicklung des abgelegenen und weithin schwer zugänglichen Landesinnern.

Die ganze Welt verfolgte einst mit Anteilnahme das Wirken des »Urwalddoktors« Albert Schweitzer, der 1913 in dem bereits im Mittelalter als arabischer Handelsplatz dienenden Lambaréné eine Krankenstation einrichtete – die erste des Landes. Inzwischen hat der gabunische Staat große Anstrengungen unternommen, um das Gesundheitswesen zu verbessern. Außer einem Zentralkrankenhaus in Libreville gibt es heute drei weitere moderne Hospitäler, eine Reihe von Heimen zur Pflege von Lepra- und Schlafkranken sowie ein das ganze Land überziehendes Netz von kleinen Sanitätsstationen.

Das Schul- und Unterrichtswesen hat sich erst nach 1945 in größerem Ausmaß entwickelt. So kommt es, daß noch immer jeder zweite Gabuner Analphabet ist. Inzwischen wurden jedoch große Fortschritte erzielt: Derzeit liegt die Einschulungsquote bereits bei 90 %. 1960 wurde mit dem Aufbau einer Landesuniversität in Libreville begonnen.

Die gabunische Landschaft findet in Äquatorial-Guinea ihre Fortsetzung. Die am 12. Oktober 1968 von Spanien unabhängig gewordene Präsidialrepublik besteht aus der Kontinentalprovinz Río Muni, einem gebirgigen Landviereck zwischen Kamerun und Gabun (einschließlich einiger kleiner Inseln 26 017 qkm), sowie der nach dem portugiesischen Entdecker Fernão do Póo benannten Vulkaninsel Fernando Póo (2017 qkm) und dem ebenfalls vulkanischen Eiland Annobón (17 qkm). Gleich dem insularen ist auch der festländische Teil Äquatorial-Guineas von tropischem Regenwald bedeckt; Río Muni empfängt auch während der von November bis März reichenden »Trokkenzeit« Niederschläge.

Von den annähernd 300 000 Einwohnern des jungen Staates leben rund 70 000 in der von Fernando Póo und Annobón gebildeten Inselprovinz. Deren Hauptstadt Santa Isabel (40 000 Einwohner), im Norden von Fernando Póo, ist gleichzeitig Verwaltungssitz des ganzen Landes; die moderne und besuchenswerte Stadt liegt an einem ertrunkenen Krater, der als Hafen dient. Im Wirtschaftsleben von Fernando Póo spielen die etwa 2500 Mischlinge (Fernandinos) eine maßgebliche Rolle. Die ungefähr 15 000 Bube (Bubi) auf der Insel gehören ebenso wie die etwa 150 000 Fang in Río Muni zur großen Stammesgemeinschaft der Bantu; beide Volksgruppen sind schon seit Jahrhunderten hier ansässig.

In beiden Provinzen Äquatorial-Guineas hat der Plantagenanbau alte Tradition. Produziert werden vor allem Kakao (1970: 23 000 t auf 55 000 ha) und Kaffee (1970: um 6000 t auf 61 000 ha), auf Annobón neuerdings auch Apfelsinen und Zitronen. Seit eh und je sind in den Pflanzungen zahlreiche »Gastarbeiter«, vorwiegend aus Ostnigeria und Kamerun, beschäftigt (rund 30 000). Große wirtschaftliche Bedeutung kommt außerdem den Wäldern des Landes zu. 1968 belief sich der Einschlag an Nutzholz, besonders an dem für die Sperrholzfabrikation wichtigen Okoume, auf 845 000 cbm.

Wirtschaft, Gesundheits- und Erziehungswesen des Landes hatten am Ende der spanischen Zeit einen hohen Stand erreicht. Im Zuge von Unruhen im März 1969, die auch zu Spannungen zwischen Äquatorial-Guinea und dem einstigen »Mutterland« führten, verließen die rund 8000 Europäer, zumeist Spanier, bis auf wenige hundert das Land. Nach Beilegung der Differenzen mit Madrid wurde noch im Jahre 1969 in Bata (30 000 Einwohner), der Provinzhauptstadt von Río Muni, ein Vertrag abgeschlossen, in dem sich Spanien zu weiterer Warenabnahme und Finanzhilfe verpflichtete.

Bilan économique du Congo-Brazzaville. *(In: Europe France Outremer, Nr. 497/71.) Paris 1971.* – Bouquerel, I.: Le Gabon. *In: Que sais-je?) Paris 1970.* – Cornevin, R.: Histoire de Congo. *Paris 1963.* – Gabon: une expansion rapide. *(In: Europe France Outremer, Nr. 447/69.) Paris 1969.* – Helmschrott, H.: Die Zentralafrikanische Republik als Wirtschaftspartner. *Köln 1965.* – Kaufmann, H.: Kongo, Rwanda-Urundi. *Bonn 1955.* – Länderberichte des Statistischen Bundesamts. *Stuttgart/Mainz.* – Lecoq, R./u.a.: Les Bamiléké. *Paris 1953.* – Legum, C.: Africa. Contemporary Record. *London 1971.* – Le Vine, V. T.: The Camerouns from Mandate to Independence. *1965.* – Robert, M: Le Congo physique. *Brüssel 1942.* – Westermann Lexikon der Geographie. *Braunschweig 1971.* – Young, C.: Politics in the Congo. *Princetown 1965.*

Über Zentralafrika – einen sehr dehnbaren Begriff mit rasch wechselnder Entwicklung seiner Länder – informieren wissenschaftlich exakt die Stichwörter im Westermann Lexikon der Geographie, die allerdings z. T. auf ältere Quellen zurückgreifen. Die frankophonen Länder werden laufend und ausführlich in der Zeitschrift Europe France Outremer, Paris, mit neuestem Zahlenmaterial behandelt.

Ähnliches gilt auch für die Länderberichte des Statistischen Bundesamts und die z.T. neu aufgelegten Länder-Hefte der Deutschen Afrika-Gesellschaft, Bonn. Ausführlich und zuverlässig informiert das umfangreiche Sammelwerk von C. Legum über neueste politische und wirtschaftliche Vorgänge. – Über Völker und Kulturen des Kongo (Zaire) unterrichtet das Werk von H. Kaufmann, über die Natur des Landes berichtet M. Robert, über seine Geschichte schreibt R. Cornevin, und seine neuere Politik schildert C. Young. Helmschrott befaßt sich mit der Zentralafrikanischen Republik, Bouquerel mit Gabun, Le Vine schließlich mit Kamerun.

Ludwig Schätzl

Nigeria

Das Drama von »Biafra«

Die kurze Geschichte des souveränen Nigerias ist sehr bewegt. Niemand hätte dem Land bei der Aufhebung der Kolonialherrschaft voraussagen mögen, daß es am 1. Oktober 1970, dem zehnten Jahrestag seiner Unabhängigkeit, auf einen erbitterten, mit modernen Waffen geführten Bürgerkrieg zurückzublicken habe. Und doch ist der Bruderkrieg nicht ein isoliertes Ereignis, sondern die letzte Eskalation von Spannungen, die ihre Ursache in der historischen, ethnischen und wirtschaftlichen Vielfalt dieses Großraums haben.

Ein Abriß der jüngeren Geschichte zeigt die frühzeitige Islamisierung des Nordens (ab dem 11. Jahrhundert). Über die Saharorouten im Kontakt mit Nordafrika, schuf der Karawanenhandel blühende Stadtstaaten wie Katsina, Kano, Zaria. Die Überlieferung nennt sieben Haussa-Staaten. Die Fulbe (Fulani) sind in die nigerianische Geschichte eingegangen durch ihren Führer Osman Dan Fodio (1744–1817), der zur Erneuerung des Islams zum »Heiligen Krieg« aufrief. Bis auf das im Nordosten, am Tschadsee, gelegene Kanuri-Reich Kanem-Bornu wurden der gesamte Norden, das Nupe-Reich im mittleren Landesteil und die nördlichen Gebiete des Oyo-Reiches der islamischen Fulbe-Herrschaft unterworfen. Das bedeutendste Reich im Süden war Oyo, das schon vor Ankunft der Portugiesen im 15. Jahrhundert bestand und dem die meisten Joruba angehörten. In das 13./14. Jahrhundert gehören die berühmten Bronzen, Terrakotten und Steinplastiken aus Ife, dem religiösen Zentrum der Joruba. Die ersten Ausgrabungen in Ife, im Jahre 1910, leitete der deutsche Forscher Leo Frobenius. Die Ibo – ihr Kernland ist der zentrale Osten – lebten bis ins 20. Jahrhundert in Dorfgemeinschaften ohne übergreifende politische Organisation. Die Südvölker stellten wesentliche Kontingente im amerikanisch-afrikanischen Sklavenhandel (16.–19. Jahrhundert).

Die Epoche der britischen Kolonialherrschaft (1850–1960) legte den Grundstein für den verhängnisvollen Nord–Süd-Gegensatz und für die politische Strukturierung des unabhängigen Nigerias. Die Briten versäumten es, Nigeria als Einheit zu verwalten. Im Norden bestärkten sie die moslemische Feudalaristokratie in ihrer Macht und verursachten damit den verhängnisvollen zivilisatorischen Rückstand dieses Landesteils gegenüber dem fortschrittlichen Süden. Nicht weniger entscheidend war die Behandlung der Minderheiten. Die kleineren Volksgruppen forderten vergeblich regionale Selbständigkeit und wurden so den Pressionen der vorherrschenden Völker ausgesetzt. Nigeria erhielt die Unabhängigkeit als eine Föderation, in der das eine der drei Bundesländer nach Bevölkerungszahl und Fläche größer war als die beiden anderen zusammen genommen. Der Süden wurde in zwei miteinander rivalisierende Staaten (Western und Eastern Region) aufgeteilt, denen der Norden, obwohl wirtschaftlich und in der Bildung unterlegen, als einheitlicher Block dominierend gegenüberstand. Die Bundesregierung wurde von der Partei des Nordens angeführt; ihr Koalitionspartner war die Partei des Ostens, die trotzdem jahrelang und in erbitterter Schärfe die Politiker der Nordregion attackierte.

Das fehlende politische Gleichgewicht machte ein Erstarken des Nationalbewußtseins illusorisch. Stammeszwistigkeiten – der in ganz Afrika berüchtigte Tribalismus –, Machtmißbrauch und Korruption zerrütteten die demokratische Ordnung, so daß die Machtübernahme des Militärs vom Januar 1966 zunächst vom Volk begrüßt wurde. Doch das Mißtrauen erwachte bald. Bei dem Coup waren die führenden Politiker ermordet worden, nicht aber jene, die dem Ibostamm angehörten. Der Westen des Landes war enttäuscht, weil sein prominentester Politiker, der als Oppositionsführer unter der alten Regierung ins Gefängnis gekommen war, nicht aus der Haft entlassen wurde. Die Erbitterung wuchs, als der neue Machthaber Aguiyi-Ironsi, selbst ein Ibo, seine Berater bevorzugt aus dem eigenen Volk rekrutierte. Am 29. Mai 1966 erließ Aguiyi-Ironsi ein Dekret, in dem die Föderation aufgekündigt wurde mit dem Ziel, ein zentralistisch regiertes Nigeria aufzubauen. Dies hätte die politische Entmachtung des Nordens zur Folge gehabt. Mit der Verkündigung des Dekrets kam es zu ersten blutigen Ausschreitungen der Nordnigerianer gegen die dort zugezogenen Ibo. Die Furcht vor einer Ibo-Hegemonie führte zum zweiten Militärputsch. Am 31. Juli 1966 übernahm Gowon, Katholik aus einem kleinen Volk im mittleren Landesteil, die Macht.

Den Massenpogromen vom Ende September 1966 fielen Tausende von Ibo zum Opfer, und Hunderttausende von Ibo verließen in panikartiger Flucht den Norden. Im Osten wurden die dort lebenden Nigerianer, die nicht aus der Ostregion stammten, aufgefordert, in ihre Heimat zurückzukehren. Angesichts der Massaker strebte der Militärgouverneur der Ostregion, Ojukwu, die Sezession an, unterstützt und angetrieben von der akademischen Elite seines Volkes, jedoch nicht beachtend, daß die Minderheiten der Ostregion ihrerseits aus dem von den Ibo dominierten Bundesland auszuscheren gedachten. Die staatsfeindlichen Aktionen Ojukwus (z. B. Sperrung des Hafens Port Harcourt für die Exportprodukte aus dem Norden) nahm Gowon aufgrund seiner auf Versöhnung ausgerichteten Politik hin. Doch die Spaltung des Landes ließ sich nicht abwenden.

Nachdem die Bemühungen, den Alleingang Ojukwus zu stoppen, gescheitert waren, verhängte Gowon am 27. Mai 1967 den Ausnahmezustand. Gleichzeitig verkündete er die neue, auf zwölf Bundesstaaten basierende Struktur der Föderation: Die übermächtige Nordregion wurde in sechs Bundesstaaten aufgeteilt, die Westregion mußte Randgebiete an den neuen Bundesstaat Lagos abtreten, die seit 1963 bestehende Mittelwestregion blieb unverändert, und die Ostregion wurde dreigeteilt. Das war für den Sezessionisten Ojukwu eine schlechte Lösung, da der Reichtum des Ostens, das Erdöl, zum Großteil in den beiden Küstenstaaten der kleineren Volksgruppen lagen. Am 30. Mai 1967 proklamierte Ojukwu die frühere Ostregion als souveränen Staat »Biafra«. Am gleichen Tag befahl Gowon die Generalmobilmachung der Armee und verhängte über die abtrünnige Region eine totale See-, Luft- und Landblockade. (Am wenigsten erfolgreich war während des Kriegsverlaufs die Luftblockade.) Noch versprach Gowon eine bloße Polizeiak-

Mütterberatung · Sozialfürsorge und medizinische Betreuung helfen, Zivilisationsfolgen und Krankheiten einzudämmen.

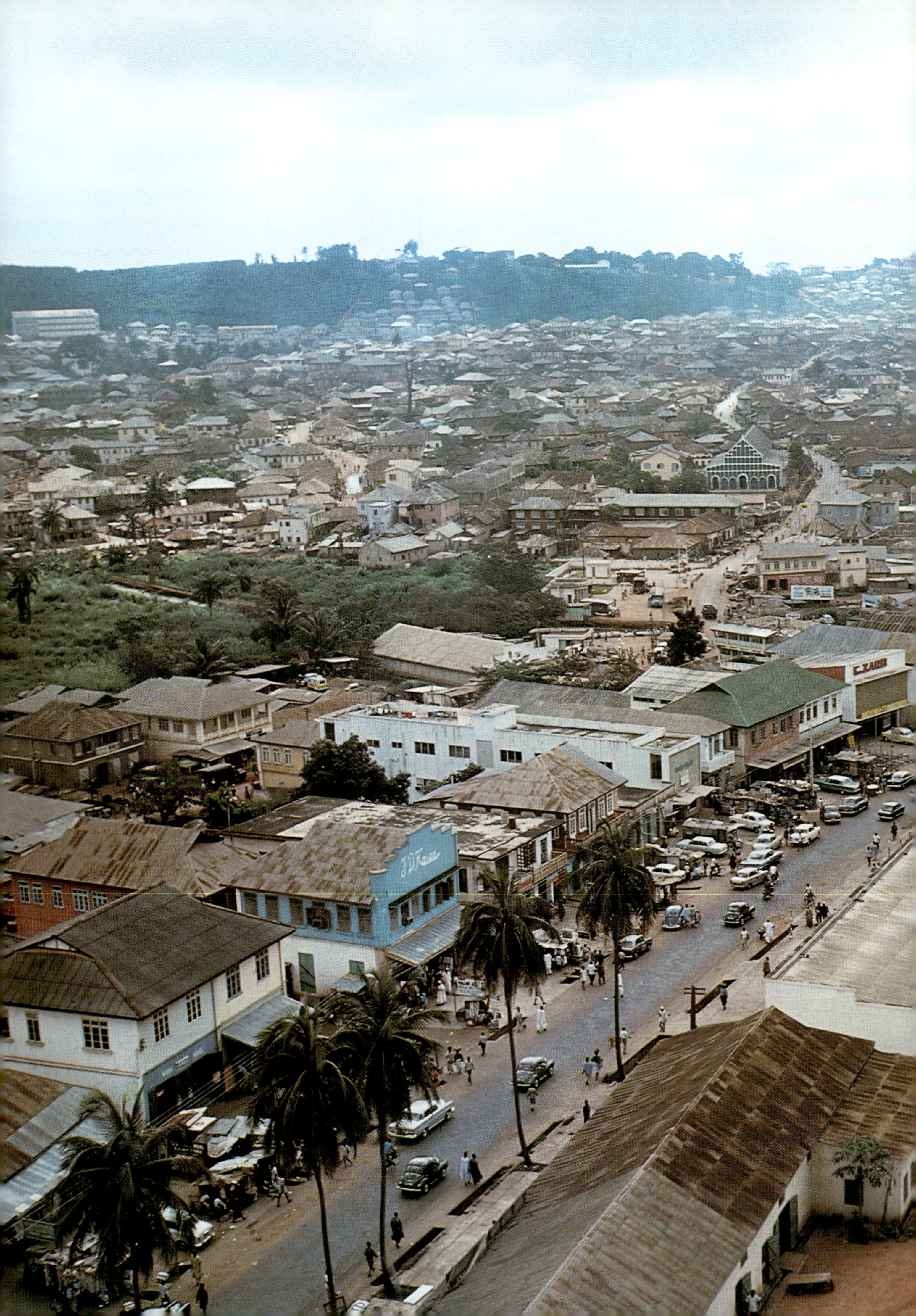

Ibadan, die größte Eingeborenenstadt Schwarzafrikas

Links: Die Lebanon Street in Ibadan

Oben: Straßenverkauf in Ibadan

Eine Besonderheit der Joruba ist ihre alte städtische Tradition. Die bedeutendste – wenn auch nicht die älteste – Joruba-Stadt ist Ibadan, Regierungssitz Westnigerias und erste Universitätsstadt des Landes (seit 1948); ihre Bevölkerung wird im Zensus von 1963 mit 627 000 Einwohnern angegeben. Aus einer Wehrsiedlung entstanden, entwickelte sich Ibadan zur größten Eingeborenenstadt des tropischen Afrikas. Das Stadtbild läßt, sieht man von den modernen Hochbauten, Wohn- und Verwaltungsvierteln ab, eher an ein urbanisiertes Dorf denken. Ein erheblicher Teil der Stadtbevölkerung lebt von der Landwirtschaft; daraus resultiert eine enge Verknüpfung mit dem agrarisch strukturierten Umland. Dank seiner günstigen Verkehrslage ist Ibadan zu einem gewichtigen Handelszentrum geworden. Der einstmals bestimmende Einfluß der Ausländer im Exportgeschäft (Kakao) sowie im Groß- und Einzelhandel wird vom Staat mehr und mehr zurückgedrängt. Dem Kleinhandel dient eine Vielzahl von bunten Märkten in der Altstadt.

tion gegen die Rebellen. Aber Ojukwu und seine Anhänger hatten sich auf die Sezession militärisch vorbereitet. Das erklärt die Anfangserfolge der »Biafraner«, die im August desselben Jahres den mittleren Westen überrannten. Dann setzte der jahrelange verzweifelte Kampf gegen die nigerianische Übermacht ein, verbunden mit dem Rückzug der Rebellentruppen und der Ibo-Bevölkerung auf einen immer kleiner werdenden Lebensraum. Sämtliche Friedensverhandlungen scheiterten bereits im Ansatz, da Biafra nicht bereit war, die Einigkeit Nigerias als Vorbedingung zu akzeptieren. Hunger und Elend der Bevölkerung in den Kriegsgebieten lösten weltweite Hilfsaktionen aus. Das Rote Kreuz und andere humanitäre Organisationen flogen auf eigenes Risiko den Rebellenflugplatz Uli-Ihiala an, da aus Gründen der militärischen Sicherheit die Nigerianer Nachtflüge, die Biafraner Tagflüge ablehnten. Das Rote Kreuz stellte die Flüge ein, als im Juni 1969 ein Flugzeug der Organisation von der nigerianischen Luftabwehr abgeschossen wurde.

Es hat auf beiden Seiten nicht an Versuchen gefehlt, den Bürgerkrieg als Religionskrieg zu deklarieren, was er aber nie gewesen ist.

Der von den Biafranern lautstark erhobene Vorwurf des Völkermords wurde von dem internationalen Beobachterteam der Vereinten Nationen, das auf Einladung Nigerias von September 1968 bis Kriegsende in den Kampfgebieten recherchierte, entkräftet; Kritik wurde jedoch geübt an den Bomberangriffen, die, wenig gezielt, vielfach die Zivilbevölkerung trafen.

Die Einmischung der Weltmächte in diesen Konflikt basierte auf politischem und wirtschaftlichem Kalkül. Nigeria wurde militärisch von Großbritannien und der Sowjetunion unterstützt. Für die Briten standen wirtschaftliche Interessen auf dem Spiel, während der UdSSR an einem politischen Einbruch in das bis dahin eindeutig nach Westen orientierte Nigeria gelegen war. Frankreich lieferte, offiziell dementierend, über Gabun Waffen nach Biafra – es hatte ein Interesse am Zusammenbruch des großen und potentiell sehr reichen Commonwealth-Landes, dessen frankophile Nachbarländer allesamt vergleichsweise unbedeutend sind. Portugals Militärhilfe an Biafra war ein trauriger Beweis seiner Kolonialpolitik, der jedes Mittel zur Schwächung der afrikanischen Staaten recht ist. Die Helfer Biafras verlängerten das Blutvergießen – abwenden konnten sie die Niederlage ihres Schützlings nicht.

Nach zweieinhalb Kriegsjahren eroberten die Nigerianer am 11. Januar 1970 Owerri, die einzige größere den Rebellen verbliebene Stadt. Die Nacht zuvor hatte Ojukwu das letzte Flugzeug, das den Uli-Ihiala Airstrip verlassen konnte, bestiegen und war geflohen. Am 12. Januar erklärte der von ihm eingesetzte Sachwalter, Oberstleutnant Effiong, über Radio Biafra die Kapitulation der Rebellen. Am 13. Januar verkündete Gowon eine Generalamnestie für die früheren Biafraner – in Nigeria sollte es keinen »Nürnberger Prozeß« geben. Geeint und in Frieden, aber ohne daß die Konfliktmöglichkeiten geringer geworden wären, begann Nigeria seine zweite Dekade als souveräne Nation.

Natur- und Stammesvielfalt eines Tropenlandes

Nigeria liegt in den Tropen. Klima und Vegetation sind jedoch entsprechend der Größe des Landes regional unterschiedlich. Die Niederschläge z. B. nehmen von Süden nach Norden ab; so vermindert sich die durchschnittliche jährliche Niederschlagsmenge von 3050 mm in Calabar auf 635 mm in Maiduguri. Auch die jahreszeitliche Verteilung der Niederschläge zeigt große Gegensätze. Im Norden dauert die Regenzeit höchstens sechs Monate mit einem Niederschlagsmaximum, im Süden acht und mehr Monate mit doppeltem Niederschlagsmaximum. Dementsprechend lassen sich mehrere Vegetationszonen unterscheiden. An die Mangrovensümpfe entlang der Küste und im Nigerdelta schließt sich über die ganze Landesbreite der tropische Regenwald an. Mit abnehmender Niederschlagsmenge geht die Waldzone in die Feuchtsavanne über; es folgt als Übergang zur Sahara die Trockensavanne und im äußersten Nordosten die Dornstrauchsavanne. Die Savannen haben den größten Anteil an der Landesfläche.

Die dominierenden Völker Nigerias sind die im Norden ansässigen Haussa, die Joruba im Südwesten und die Ibo im Osten. Haussa, Ibo und Joruba haben einen Anteil von jeweils etwa einem Sechstel an der Gesamtbevölkerung der Bundesrepublik Nigeria. Die zweitstärkste ethnische Gruppe in Nordnigeria sind die Fulbe, gefolgt von den Kanuri. Die Fulbe sind, sofern nicht mit andern Rassen vermischt, von grazilier Gestalt, haben schmale Lippen, gewelltes Haar und hellbraun-bronzene Haut; sie stellen die hellste Rasse der auf nigerianischem Boden lebenden Völker dar. Durch Zentralnigeria zieht sich ein breiter Gürtel zersplitterter Stämme, von denen Nupe und Tiv die bedeutendsten sind. Die Edo, die ursprünglich mit den Joruba im westlichen Bundesland zusammenlebten, setzten ihre Forderung auf einen eigenen Bundesstaat (Mid Western) bereits 1963 durch.

Die Küstenregionen im Osten Nigerias werden von mehreren Volksgruppen (u. a. Efik-Ibibio, Ijaw, Ekoi) bewohnt. Vor dem Bürgerkrieg hatten diese Gebiete, die seit 1967 die beiden Bundesstaaten Rivers und South Eastern bilden, eine starke Quote von eingewanderten Ibo. Port Harcourt z. B. war zu einer Ibo-Stadt geworden; der Anteil der ursprünglichen Einwohner an der Stadtbevölkerung war auf ein Fünftel zusammengeschrumpft. Der Widerstand gegen eine Wiederaufnahme der Ibo ist in beiden Bundesstaaten noch groß. Die Ibo siedeln im Staat East Central und als Minderheit im Bundesstaat Mid Western. Die meisten Ibo, die in Millionenstärke im übrigen Nigeria lebten, waren vor Kriegsausbruch in den Osten zurückgekehrt und wurden im Verlauf des Biafra-Kriegs auf jetziges und eigentliches Territorium zurückgedrängt. Das Ibo-Land war schon ohne die Flüchtlinge das dichtestbesiedelte Gebiet in Afrika (Nildelta ausgenommen), obwohl die Böden hier relativ unfruchtbar sind; nur die ständige Abwanderung hat die Ibo bei der gegebenen Wirtschaftsstruktur überleben lassen.

Die nigerianische Bevölkerung lebt überwiegend in Dörfern. Gebiete mit hoher Bevölkerungsdichte sind Kano mit Umland im Norden, das Joruba-Land mit den Millionenstädten Lagos und Ibadan (größte Eingeborenenstadt im tropischen Afrika) und das übervölkerte Ibo-Land. Das südwestlich vom Niger gelegene Land der Joruba ist gekennzeichnet durch viele und große Stadtsiedlungen. Der hier erreichte Grad der Verstädterung ist für Schwarzafrika einmalig; allerdings sind die typischen Joruba-Städte der Anlage nach nichts anderes als urbanisierte Dörfer.

Zonen mit extrem hohen Bevölkerungszahlen stehen menschenarme Gebiete gegenüber. Der Norden ist im Vergleich zum Süden dünnbesiedelt; in den sechs nördlichen Bundesstaaten, die vier Fünftel der Landesfläche umfassen, lebt nur etwas mehr als die Hälfte der nigerianischen Bevölkerung.

Ein gravierender Nord-Süd-Gegensatz besteht im Erziehungswesen. Die moslemische Führungsschicht des Nordens

Stämme in Nigeria

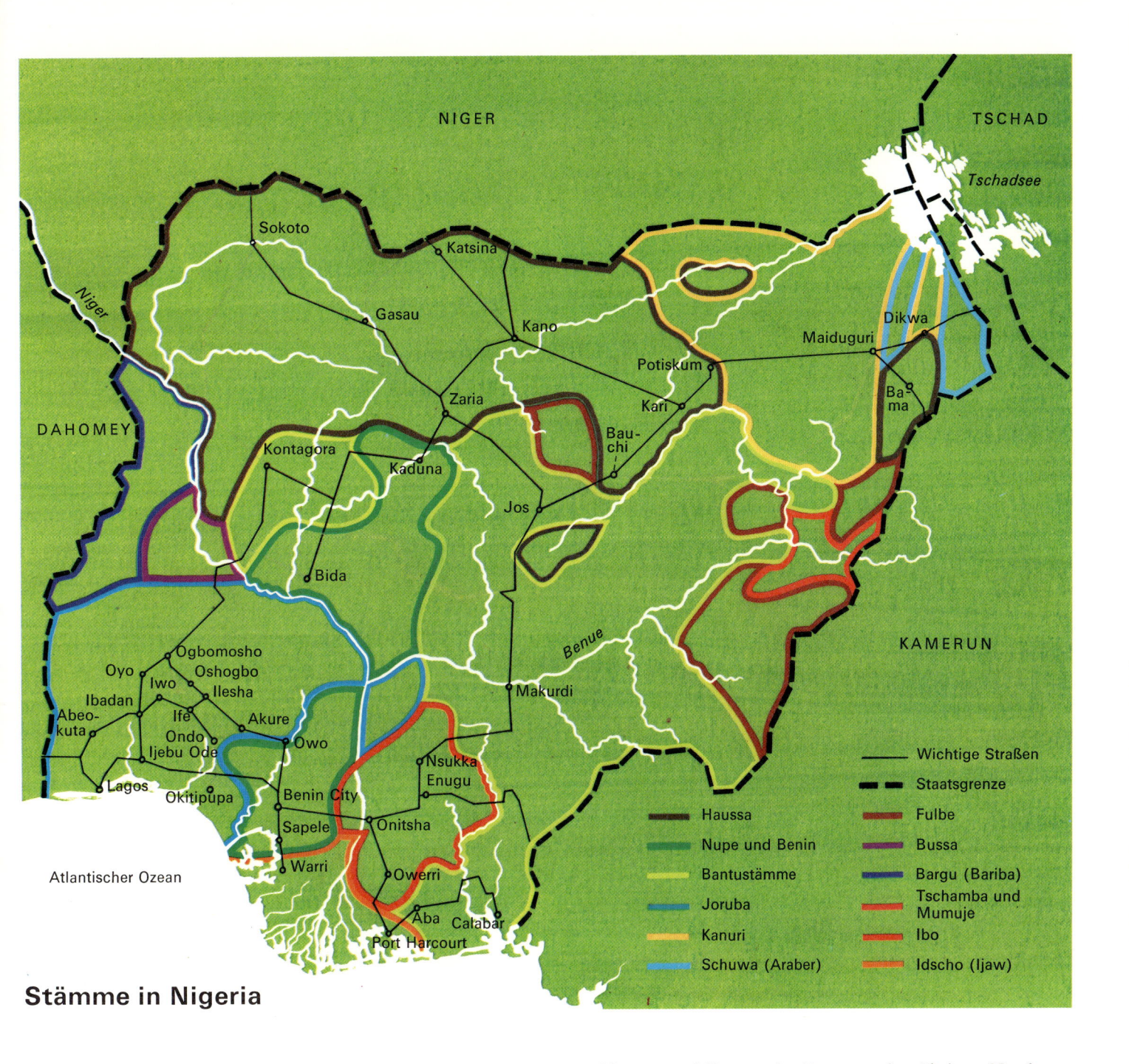

verbot die christliche Missionstätigkeit in ihrem Machtbereich. Missionsarbeit bedeutete aber auch Schulbildung und Krankenpflege. Da die Missionare im Süden ohne Behinderung arbeiten konnten, blieb der zivilisatorische Fortschritt jahrzehntelang auf diesen Landesteil beschränkt. Das regional unterschiedliche Bildungsniveau erzeugt in Nigeria weit mehr Spannungen als die soziale Ungerechtigkeit. Heute hat der Norden seine vordringlichste Aufgabe erkannt – eine gigantische Aufgabe in Anbetracht der bestehenden Diskrepanz. In der Provinz Sokoto z. B. ging 1969 von zwanzig Kindern gerade eins zur Schule, während in den meisten südlichen Gebieten schon damals fast jedem Kind eine Grundschulausbildung ermöglicht wurde. Noch größer ist das Mißverhältnis bei den weiterführenden Schulen und den Universitäten. Die erste Universität wurde 1948 in Ibadan gegründet, und auch die Universitäten von Nsukka (1960), Lagos (1961) und Ife (1962) liegen im Süden. Selbst an der einzigen Universität des Nordens, der von Zaria (1962), kamen 27 % der Studenten im Studienjahr 1968/69 aus dem Süden; die meisten Studenten der Universität (über 60 %) stammten aus den Bundesstaaten Benue Plateau und Kwara, der Rest aus den übrigen Nordstaaten.

Dies verdeutlicht eine zweite, nicht weniger große Diskrepanz: den bildungsmäßigen Vorsprung der beiden Randstaaten (weniger islamisiert) gegenüber dem eigentlichen Norden. Auf dieser Basis ist es einleuchtend, daß im Wettbewerb um die Arbeitsplätze, von denen es viel zu wenige gibt, die Südnigerianer einen Vorsprung haben und auch im Norden relativ leicht Anstellung finden.

Vor dem Bürgerkrieg waren viele Stellungen in Verwaltung, Handel, Industrie und Bergbau des Nordens von ihnen besetzt. Spannungen blieben nicht aus. Insbesondere die Ibo wurden beschuldigt, ihre Verwandten und Stammesangehörigen bei der Arbeitsbeschaffung zu bevorzugen. Da andererseits der Norden die politische Führung in der Föderation innehatte, argwöhnten die Südvölker, daß für die Besetzung von Regierungsstellen – die Regierung ist ein wichtiger Arbeitgeber – weniger fachliche als vielmehr politische Verdienste ausschlaggebend waren. Offiziell willkommen geheißen, kehren seit Kriegsende Ibo zögernd in den Westen und noch zaghafter in

Links: Fulbefrau

Oben: Gehöft auf dem Josplateau

Bilder aus Nordnigeria

Das abgebildete Gehöft mit seinen Wohn- und Speicherhütten ist charakteristisch für das nordnigerianische Josplateau, ein Hochland mit granitischen Inselbergen (bis zu 1800 m ü. d. M.); seit Anfang dieses Jahrhunderts werden hier Zinnerz und Kolumbit abgebaut. Nigeria ist auf dem Weltmarkt der größte Exporteur von Erdnüssen, die im Norden weithin in kleinbäuerlichen Betrieben angebaut und in Kano für den Weitertransport zur Küste gesammelt werden. Wegen der geringeren Verbreitung der Tsetsefliege konzentriert sich die Viehhaltung auf Nordnigeria; die Viehzüchter und Hirten sind hauptsächlich nomadisierende Fulbe. Der vom islamischen Kultureinfluß geprägte Norden Nigerias weist gegenüber den anderen Landesteilen einen deutlichen Bildungsrückstand auf, da die Moslemschulen nur religiöses Wissen vermitteln.

Unten: Erdnußpyramiden in Kano

Unten: In einer nordnigerianischen Moslemschule

91

den Norden zurück. Ihr in der Zwischenzeit von den Regierungen der Bundesstaaten verwaltetes Eigentum wird ihnen zurückgegeben; lediglich die Regierung des Bundesstaates Rivers betreibt hier eine Verzögerungspolitik. Aber es wird mehr Zeit brauchen und einer guten politischen Führung bedürfen, um die Vorurteile auf beiden Seiten wieder abzubauen.

Der größte Erdnußexporteur der Welt

Nigeria ernährt sich selbst; die Lebensmittelimporte sind ohne größere Bedeutung. Aufgrund der natürlichen Gegebenheiten haben sich die Regionen spezialisiert. Im Norden wird Viehzucht sowie Baumwoll- und Erdnußanbau betrieben, die Hauptprodukte des Westens sind Kakao und Kolanüsse, die des mittleren Westens und Ostens Kautschuk bzw. Palmerzeugnisse. Tabak wird überwiegend im Westen und im Raum um Zaria angebaut. Die Holzgewinnung konzentriert sich auf den Regenwaldgürtel im Süden. Neben diese wichtigen Handelsgüter tritt eine Fülle von Agrarprodukten, die vorwiegend dem lokalen Bedarf dienen. Wie für die meisten Entwicklungsländer charakteristisch, ist auch in Nigeria die Landwirtschaft von großer Bedeutung. 70 % der Erwerbstätigen beziehen ihr Einkommen aus der Landwirtschaft, und obwohl der Anteil der land- und forstwirtschaftlichen Erzeugnisse am Gesamtexport des Landes aufgrund der Erdölexporte stark zurückgegangen ist, betrug er 1970 noch immer 32 %.

Nigeria ist in der glücklichen Lage, mehrere Produkte auf dem Weltmarkt anbieten zu können. Viele Entwicklungsländer hätten vor dem finanziellen Ruin gestanden, wenn sie wie Nigeria während des Bürgerkrieges den Wegfall zweier wichtiger Exportgüter (Palmöl bzw. Palmkerne und Erdöl) hätten hinnehmen müssen. Auf dem Weltmarkt ist Nigeria der größte Erdnußexporteur, ebenso liegt es in der Produktion von Palmerzeugnissen an erster, ferner bei Kakao an zweiter Stelle, und von den afrikanischen Ländern ist es neben Liberia der größte Kautschukproduzent. Trotz dieser Dimensionen basiert die Landwirtschaft auf kleinen, bäuerlichen Betrieben. Ihre Arbeitsweise ist unwirtschaftlich; primitives Gerät, veraltete Anbaumethoden und geringe Erträge je Landeinheit und Arbeitskraft sind die Regel.

Mit mehreren Programmen ist die Regierung seit Jahren bemüht, die Landwirtschaft zu modernisieren. Viel wird davon abhängen, ob es gelingen wird, die landwirtschaftliche Produktion ertragreicher und das ländliche Leben attraktiver zu gestalten. Im nationalen Entwicklungsplan 1970–1974 wird die Landwirtschaft allerdings nicht als Wachstumssektor angesehen. Es wird erwartet, daß die Agrarproduktion gerade mit dem Bevölkerungszuwachs Schritt halten wird. Von der kriegsbedingten Hungersnot abgesehen, hat es bis heute keine Engpässe in der Nahrungsversorgung gegeben; das Problem besteht vielmehr in der Fehlernährung – der sattsam bekannten »Eiweißlücke« – als Folge der Eßgewohnheiten. Vor allem muß die Landwirtschaft mehr und mehr Menschen Beschäftigung bieten, rechnet man doch mit jährlich 500 000 Schulabgängern, die nur zum geringeren Teil von den nichtagraren Wirtschaftsbereichen absorbiert werden können. Die gegenwärtige Lage hingegen ist beunruhigend: Landflucht und wachsende Arbeitslosigkeit in den großen Städten, Unterbeschäftigung und geringer Verdienst (häufig noch Subsistenzwirtschaft) auf dem Lande. Die Bauern, die für den Export produzieren und sich dadurch vergleichsweise besser stellen als z. B. die für den Inlandbedarf arbeitenden Maniokpflanzer, sind unzufrieden. Sie liefern ihre Produkte über Zwischenhändler an staatliche Absatzorganisationen ab, die ihnen nach Qualitätsgraden einen festen Preis vergüten. Die staatliche Preisregulierung bewahrt die Bauern vor kurzfristigen Schwankungen der Weltmarktpreise; ihre zweite und wichtigere Funktion ist es, dem Staat Einnahmen zu verschaffen – die festgesetzten Erzeugerpreise liegen wesentlich unter dem Weltmarktniveau.

Bei den Entwicklungsaufgaben, die Nigeria zu bewältigen hat, war die zusätzliche Besteuerung der landwirtschaftlichen Exportprodukte unvermeidbar. Die Kritik bezieht sich auf die aufwendige Arbeitsweise der Organisationen und auf die Tatsache, daß die Investitionen, die mit diesen Geldern finanziert wurden, den ländlichen Gebieten am wenigsten zugute kommen. Die unteren Einkommensschichten, zu denen die Bauern durchweg gehören, tragen die Hauptlast der Steuern. Als 1968 die Kopfsteuer erhöht werden sollte, kam es im westlichen Bundesstaat zu blutigen, von politischen Agitatoren geschürten Volksaufständen. Fast ein Jahr lang wurde die Region von den Unruhen erschüttert. Im Juli 1969 enthauptete die aufgebrachte Bevölkerung der Stadt Ogbomosho ihren »Oba« (König); im September des gleichen Jahres stürmten die Bauern aus den umliegenden Dörfern das Gefängnis von Ibadan und befreiten über vierhundert Gefangene, von denen viele wegen nicht bezahlter Steuer einsaßen. Aufgrund der Unruhen machte die Militärregierung die Erhöhung der Kopfsteuer rückgängig; gleichzeitig wurden die Kakaopreise geringfügig angehoben. Zu der Einkommenskluft zwischen Land- und Stadtbevölkerung tritt ein weiteres Verdienstgefälle innerhalb der nichtagraren Wirtschaftsbereiche: Die manuelle Arbeit wird im Vergleich zur Tätigkeit in den gehobenen Beschäftigungskategorien extrem niedrig entlohnt. Ein Universitätsprofessor z. B. verdient dreißigmal soviel wie ein angelernter Arbeiter.

Das Erdölland der Zukunft

Eine entsprechende Politik vorausgesetzt, sollte Nigeria jedoch in der Lage sein, die anstehenden Probleme wie Arbeitslosigkeit und Wiedereingliederung der Ibo in den Arbeitsprozeß, geringe Produktivität der Landwirtschaft, ungerechte Einkommensverteilung, Bildungsdiskrepanz und Mangel an Fachkräften in den Griff zu bekommen. Das Land ist reich an Bodenschätzen; es hat umfangreiche Vorkommen von Erdöl, Erdgas,

---

Nigeria
(Federal Republic of Nigeria)
Mitglied des Commonwealth of Nations

Bundesrepublik; seit 1966 Bundesparlament und Regionalparlamente aufgelöst und durch zentrale Militärregierung ersetzt; Hauptstadt Lagos (841 749 Ew.).

Fläche: 923 768 qkm – **Einwohnerzahl:** Etwa 56,67 Mill. – **Bevölkerungsdichte:** 60,3 Ew./qkm – **Jährlicher Geburtenüberschuß:** 25‰ – **Größere Städte:** Ibadan (727 565 Ew.), Ogbomosho (371 000 Ew.), Kano (342 610 Ew.), Oshogbo (242 336 Ew.), Ilorin (241 849 Ew.), Abeokuta (217 201 Ew.), Port Harcourt (208 237 Ew.), Zaria (192 700 Ew.), Ilesha (192 300 Ew.) – **Bevölkerung:** Ibo, Joruba, Ibibio, Tiv, Haussa, Fulbe, Kanuri, Edo, Nupe – **Sprachen:** Englisch als Amtssprache; Arabisch, Sudan- und Bantusprachen, Fulbe, Haussasprachen – **Religion:** Über 40% Moslems; 7–8 Mill. Christen (davon 2,8 Mill. Katholiken); Anhänger von Naturreligionen – **Wichtige Ausfuhrgüter:** Erdöl (58%), Erdnüsse (über 20% des Exportwertes), Kakao (15%), Palmkerne und -öl, Kautschuk, Baumwolle, Zinn, Holz, Kohle, Früchte, Häute

Glanzkohle, Braunkohle, Zinnerz, Kolumbit und Kalk. 1971 stand Nigeria unter den wichtigsten Erdölproduzenten der Welt an zehnter Stelle, obwohl die Förderung erst am Anfang ihrer Entwicklung steht.

Die Suche nach Erdöl wurde 1937 durch die Shell-BP, eine Tochtergesellschaft der Weltkonzerne Shell und British Petroleum Company, aufgenommen. Das erste Erdölfeld wurde Anfang der fünfziger Jahre in Ostnigeria entdeckt, und der Erdölexport begann 1958. Zur Shell-BP haben sich mittlerweile elf andere internationale Erdölfirmen gesellt; weitere Bewerber stehen an. Die nachgewiesenen Erdölfelder konzentrieren sich auf Festlandgebiete in den Bundesstaaten Mid Western und Rivers sowie auf die seichten Meeresgewässer entlang der Küste. Einige wenige Felder liegen im Bundesstaat East Central. Da noch weite Gebiete unerforscht sind, ist mit Neuentdeckungen von Erdöllagerstätten in Südnigeria und in den Küstengewässern zu rechnen. Eine Raffinerie bei Port Harcourt versorgt den Inlandsmarkt; der überwiegende Teil der Erdölproduktion wird jedoch ausgeführt. Die Förderung stieg von Jahr zu Jahr schlagartig an und hatte 1966 rund 21 Millionen t erreicht, als der Bürgerkrieg sie für über ein Jahr praktisch zum Erliegen brachte. Die Erdölproduktion hatte sich 1971 mit 76 Millionen t gegenüber dem Vorkriegsniveau mehr als verdoppelt, und sie wird weiter ansteigen; bis Mitte der siebziger Jahre wird mit einem jährlichen Fördervolumen von etwa 150 Millionen t gerechnet. Die binnenwirtschaftliche Bedeutung der Erdölindustrie kann man gar nicht hoch genug veranschlagen. Die Abgaben, die die Erdölgesellschaften an die nigerianische Regierung abführen müssen, waren 1970 in der Größenordnung von 1 Milliarde DM. Bei einer Förderung von 150 Millionen t dürften sie gemäß den im Mai 1971 getroffenen Vereinbarungen zwischen Erdölfirmen und Regierung auf 7 Milliarden DM ansteigen.

Nicht weniger wichtig ist das Rohöl im Außenhandel des Landes. Der Anteil des Erdölexports an der Gesamtausfuhr stieg von 15 % im Jahre 1964 auf 58 % im Jahre 1970. Das nigerianische Erdöl wird überwiegend in Westeuropa abgesetzt; größter Importeur ist nach Großbritannien die Bundesrepublik Deutschland. Bei der Suche nach Erdöl stießen die Erdölgesellschaften auf riesige Erdgasvorkommen. Außerdem fallen bei der Erdölförderung große Mengen Ölfeldgas als Kuppelprodukt an. Diese Gasförderung muß gegenwärtig bis auf einen geringen Prozentsatz abgefackelt werden, da der Inlandsverbrauch von Erdgas noch sehr bescheiden ist und Exportbemühungen bisher gescheitert sind.

Die Erdölindustrie ist kapitalintensiv, sie bietet relativ wenig Arbeitsplätze. Der mit Abstand größte Arbeitgeber im Bergbau ist die Zinnindustrie mit durchschnittlich 50 000 Beschäftigten; sie konzentriert sich auf das Josplateau. Der Abbau der Zinnerze setzte 1905 ein. Das in Nigeria verhüttete Erz wird als Zinnmetall ausgeführt; am Gesamtexport des Landes war es 1970 mit 4 % beteiligt. Im Bereich der Zinnerzfördergebiete wird auch Kolumbit abgebaut. Große Glanzkohlenvorkommen erstrecken sich von Enugu aus nordwärts bis zum Benuefluß; Braunkohle wurde beiderseits des Nigers im Raum von Asaba und Onitsha nachgewiesen. Nur die Enugu-Kohle wird seit 1915 abgebaut; allerdings führte der Bürgerkrieg zur Stillegung der Zechen. In der Vergangenheit war der Kohlenbergbau wirtschaftlich bedeutend; heute wird die Kohle von anderen Energieträgern verdrängt. Seit 1969 versorgen das große Kainji-Wasserkraftwerk am Niger sowie zwei Erdgaskraftwerke das Land mit elektrischer Energie; die Kohlenkraftwerke wurden bis auf eines stillgelegt. Der wichtigste Abnehmer der Enugu-Kohle, die nigerianische Eisenbahn, betreibt forciert die Umstellung auf Diesellokomotiven. Als erstes modernes Verkehrsmittel installierte die britische Kolonialregierung die Eisenbahn; fortan konnten die Ausfuhrgüter auf dem Schienenweg zu den Häfen Lagos und Port Harcourt gebracht werden. Das Eisenbahnnetz ist heute weiter ausgebaut, nur arbeitet die staatliche Eisenbahngesellschaft reichlich unrationell. Die Folge ist, daß die Straße als Verkehrsträger stark überlastet ist.

Bei der Industrialisierung des Landes hat Nigeria den Vorteil der Marktgröße: Mit seinen 56,5 Millionen Einwohnern, (1971 nach UNO-Angaben; $2/5$ der Bevölkerung Westafrikas) ist Nigeria der bei weitem einwohnerstärkste Staat Afrikas; die Errichtung von Industriebetrieben scheitert also langfristig nicht an zu geringen Absatzmöglichkeiten. Nigerias zweiter Vorteil ist sein relativ reiches Wirtschaftspotential. Die Industrieproduktion verzeichnete zwischen 1960 und 1970 das stürmische reale Wachstum von jährlich 15 %. Selbst der Bürgerkrieg hat diesen Trend nicht unterbrochen. Die verarbeitende Industrie war 1970 am Bruttoinlandsprodukt mit bescheidenen 9 % beteiligt; ein Jahrzehnt zuvor waren es aber nur 3 %. Mit anderen Worten: Nigeria steht am Anfang einer sich schnell ausdehnenden Industrialisierung. Noch dominieren Betriebe, die auf der Verarbeitung der land- und forstwirtschaftlichen Erzeugnisse des Landes basieren, wie Holz-, Gummi-, Textil-, Tabak-, Leder- und Zuckerindustrie sowie Ölmühlen. Andere wichtige Industriezweige sind Zement- und Metallindustrie, Brauereien, Druckereien, Seifen- und Plastikwarenindustrie. Der größte Industriestandort ist Lagos mit Umland. In weitem Abstand folgt die Städtereihe Kaduna–Zaria–Kano und Ibadan, ferner – besonders vor dem Biafra-Krieg – Port Harcourt und Aba. Die Konzentration der Industrie- und Handelsbetriebe an wenigen Orten erzeugt ein wachsendes Ungleichgewicht zwischen »Entwicklungsinseln« und dem weithin unterentwickelten Rest des Landes. Hinzu kommt die erheblich höhere wirtschaftliche und infrastrukturelle Entwicklung des Südens gegenüber den nördlichen Regionen. Ein anderes Problem ist die sehr hohe Beteiligung des ausländischen Kapitals in allen gewinnbringenden Wirtschaftsbereichen.

Nigeria besitzt die potentiellen Wirtschaftsgrundlagen, die zur Erhöhung des Volkseinkommens und zur Hebung des allgemeinen Lebensstandards notwendig sind. Es wäre tragisch, wenn politische und soziale Konflikte den Entwicklungsprozeß hemmen würden.

Buchanan, K. M./Pugh, J. C.: Land and People in Nigeria. *London 1958.* – *Crowder, M.:* The Story of Nigeria. *1966.* – *Helleiner, G. K.:* Peasent Agriculture, Government and Economic Growth in Nigeria. *Homewood/Illinois 1966.* – *Kaufmann, H.:* Nigeria. *Bonn 1962.* – *Kilby, P.:* Industrialization in an Open Economy: Nigeria 1945–1966. *London 1969.* – *Kirk-Greene, A. H. M.:* Crisis and Conflict in Nigeria, A Documentary Sourcebook 1966–70, 2 Bde. *Oxford 1971.* – *Schätzl, L. H.:* Petroleum in Nigeria. *Ibadan 1969.* – *Udo, R. K.:* Geographical Regions of Nigeria. *London 1970.*
Bei den angeführten Publikationen handelt es sich um eine begrenzte Auswahl der umfangreichen, vornehmlich englisch-sprachigen Nigerialiteratur. Einen gedrängten Überblick über die geschichtliche Entwicklung des Landes gibt das Buch von Crowder. *– Die Arbeit von* Udo *ist als Einführung in die geographischen Charakteristika der einzelnen Landesteile gedacht. Umfassende Darstellung der für die Erhöhung des Volkseinkommens wichtigen Wirtschaftsbereiche stellen die Arbeiten von* Helleiner *(Landwirtschaft),* Kilby *(verarbeitende Industrie) und* Schätzl *(Erdölwirtschaft) dar.*

Elisabeth und Gerhard Grohs

Lebendige afrikanische Traditionen

Familie und Sippe

Obwohl das Afrika südlich der Sahara durch Sklavenhandel, Kolonialisierung und christliche Mission sowie durch die Urbanisierung und die Industrialisierung der Folgezeit ständigen, oft gewaltsamen Eingriffen in seine Sozialstruktur ausgesetzt war und ist, haben sich viele Traditionen erhalten können, die in anderen Kontinenten dem Ansturm der industriellen Revolution erlegen sind. Traditionen können entwicklungsfördernd oder entwicklungshemmend wirken. Oft ist es schwierig, die positiven und die negativen Auswirkungen von Traditionen im Prozeß gesellschaftlicher Entwicklung festzustellen und gegeneinander abzuwägen. Unter lebendigen Traditionen sollen die Formen des menschlichen Zusammenlebens verstanden werden, die ihren Wert für Gesellschaft und Individuum auch in Zeiten schnellen sozialen Wandels erweisen konnten.

Sie finden sich vor allem in vier Bereichen, auf die diese Untersuchung beschränkt werden soll: in der Familienstruktur – in Familie und Sippe –, in der Rechts- und Eigentumsordnung, in der Religion und in der Kunst. Wenn eine solche Differenzierung vorgenommen wird, muß jedoch im Auge behalten werden, daß es sich dabei nicht um selbständige Einheiten handeln kann, sondern nur um verschiedene Aspekte weitgehend integrierter afrikanischer Sozialsysteme.

Die europäische Form der aus Mutter, Vater und Kind(ern) bestehenden Kernfamilie ist in Afrika – abgesehen von einigen in Süd- und Zentralafrika lebenden Jäger- und Sammlervölkern – als unabhängige soziale und wirtschaftliche Einheit kaum anzutreffen. Diese »Kleinfamilie« ist vielmehr Bestandteil einer »Großfamilie«; diese schließt die Mitglieder mehrerer Generationen ein, die sich von einem gemeinsamen Vorfahren in väterlicher oder mütterlicher Linie ableiten.

Obwohl die Selbständigkeit der Kernfamilie verschieden groß sein kann, liegen die letzten Entscheidungen doch in der Hand des Oberhauptes der Großfamilie, in vaterrechtlichen Gesellschaften beim »Urahn«, bei mutterrechtlichen Gesellschaften beim Bruder der »Urahnin«. Mutterrechtliche Züge findet man bei verschiedenen Kongovölkern und in einigen Gegenden Zentral- und Westafrikas, was sich u. a. in ausgeprägten Initiationsriten für Mädchen und in der Wahrnehmung von Erziehungsfunktionen durch den Bruder der Mutter zeigt; vaterrechtliche Strukturen sind vor allem bei den Agrarvölkern der süd- und ostafrikanischen Savannen anzutreffen und in einem großen Teil Westafrikas. Bei einigen westafrikanischen Völkern, z. B. bei den Jakö, den Lodagaba und den Aschanti, übernehmen beide Sippen gleichwertige Funktionen.

Da Polygynie (Vielweiberei) in Afrika weit verbreitet ist, muß als eigentlicher Familienkern die aus einer Mutter und ihren Kindern bestehende Einheit, deren Mitglieder emotional sehr stark miteinander verbunden sind, angesehen werden. Der Einfluß der Sippe erstreckt sich auf fast alle Lebensbereiche des Individuums: wirtschaftlich durch das der Sippe als Produktions- und Verbrauchsgemeinschaft gehörende Land (oft Kollektiveigentum) – bei Hirtenvölkern tritt zum Land die Herde –, sozial in den Verpflichtungen aller gegen alle, rechtlich durch die Schlichtung von Streitigkeiten innerhalb und außerhalb des Verbandes, religiös schließlich in der eng verstandenen Bindung zu den Ahnen. In dieser engen Verflechtung gegenseitiger Verantwortung und in der Unterordnung unter ein hierarchisches oder demokratisches Prinzip ist es oft nicht möglich, den individuellen Ansprüchen einzelner gerecht zu werden, was jedoch durch ein Gefühl wirtschaftlicher und sozialer Sicherheit, das auf dem Bewußtsein gleicher Abstammung, sozialer Kontinuität und Zusammengehörigkeit beruht, wieder ausgeglichen wird.

Die Stabilität der Großfamilie beweist sich auch in der heutigen Zeit schnellen sozialen Wandels aus zwei Gründen: Zum einen lebt nach wie vor der weitaus größte Teil der Bevölkerung auf dem Lande, wo die Großfamilie weiterhin ihre Funktionen erfüllt; zum anderen bedürfen gerade die Familienmitglieder, die in die schnell wachsenden Großstädte Afrikas ziehen, um ihren Lebensunterhalt zu verdienen, des sozialen Sicherheitssystems der Großfamilie.

Drei Gruppen solcher Abwanderer aus dem ländlichen Familienverband sind zu unterscheiden. Die erste Gruppe bilden die für kurze oder längere Zeit in die Industrie- oder Bergwerkszentren oder auf Plantagen zie-

Die Begegnung von Vergangenheit und Gegenwart führt zu neuen Formen: Xylophon mit Klangkörpern aus Benzinfässern.

henden ungelernten Arbeiter, die ihre Frauen und Kinder meist auf den Dörfern zurücklassen. Entweder kehren sie nach einiger Zeit selbst wieder auf das Land zurück, oder sie holen ihre Familien nach, wenn ihnen ihr Lebensunterhalt in der Stadt gesichert erscheint. Die zweite Gruppe wird von jenen jungen Männern oder Frauen gebildet, die aufgrund ihrer Schulbildung in den Städten einen neuen Arbeitsbereich suchen und ihre Ehe dann nach völlig neuen, städtischen Kriterien (freie Partnerwahl, Kleinhaushalt, Berufstätigkeit beider Partner) führen, aber einen großen Teil der alten Normen beibehalten. So sucht man die Zustimmung der Eltern bei der Partnerwahl, gibt ein Brautgeschenk, heiratet im elterlichen Dorf, schickt die Kinder vorübergehend oder auch ganz zu den Verwandten und ist sicher, jederzeit – z. B. bei Verlust des Arbeitsplatzes oder im Krankheitsfall – wieder einen Platz im elterlichen Haushalt zu finden. Schließlich ist jene Gruppe von Abwanderern zu berücksichtigen, die durch ihre Tätigkeit in modernen Berufen (Handwerker, Lehrer, Geschäftsleute, Verwaltungsbeamte oder Politiker) höhere Mobilität zeigen und aus wirtschaftlichen Gründen zur monogamen Kleinfamilie tendieren.

Zahlreiche Verbindungen bestehen zwischen der Großfamilie und den unabhängig lebenden Kindern oder Geschwistern. Bei rituellen und festlichen Anlässen, bei Schwierigkeiten im Beruf und im Alter kehrt man ganz oder vorübergehend zum Familienverband zurück. Oft werden die Mädchen und die Jungen zur Absolvierung der Initiationsriten aufs Land geschickt, da man sich von Reifezeremonien in angestammter Umgebung mehr Wirksamkeit erhofft. Bei Krankheit und Unglück besucht man die traditionellen »Schreine« oder konsultiert die einheimischen Doktoren. Bei Scheidungen ist die Frau sicher, wieder im Familienverband aufgenommen zu werden. Andererseits scheuen sich auch stellungssuchende entfernte Verwandte nicht, bei ihren »arrivierten« Verwandten, deren Lohn kaum zum Unterhalt der eigenen Familie reicht, Unterkunft und Verpflegung zu erbitten. Deshalb fehlen jüngere Geschwister, die in der Stadt zur Schule gehen, arbeitssuchende Brüder und Schwäger, Väter und Mütter nur in wenigen dieser sogenannten »städtischen Kleinfamilien«. Vielfach übernimmt einer dieser Verwandten die Betreuung der Kinder und die Versorgung des Haushalts, so daß die Frau ihrem Beruf nachgehen kann – eine Chance, die Frauen in westlichen Industriegesellschaften nicht mehr haben, da der Staat und Privatinitiativen die fehlende Großfamilie nur unvollkommen ersetzen.

Auf dem Lande läuft das Leben auch dann, wenn die Männer als Wanderarbeiter abwesend sind, im alten Rhythmus weiter. In fast allen afrikanischen Ländern sichert sich die Frau durch die Bewirtschaftung der ihr zugeteilten Felder eine gewisse Unabhängigkeit. In Gesellschaften wie jenen der Joruba, der Nupe oder der Ibo Westafrikas leisten die Frauen durch Handel oder Spezialisierung auf bestimmte handwerkliche Tätigkeiten einen nicht unbedeutenden wirtschaftlichen Beitrag, wodurch ihr politischer Einfluß im öffentlichen Leben entsprechend wächst. Nutznießer sind an erster Stelle die eigenen Kinder. Vielen Kindern wäre z. B. ohne Unterstützung der Mutter der Besuch einer Schule und späteres Studium nie möglich gewesen. In Gebieten starker Wanderarbeit, in denen die zurückbleibenden Frauen selbständig die Pflanzungen versorgen, geht mit zunehmender wirtschaftlicher Bedeutung der Frau auch eine Stärkung ihrer Sippe einher; die Sippe wird dann in allen wichtigen Fragen konsultiert, so daß vielfach eine Verschiebung zugunsten mutterrechtlicher Tendenzen entsteht.

Im allgemeinen ist jedoch eine Zunahme vaterrechtlicher Tendenzen zu beobachten. Sie wurde insbesondere durch die von den Kolonialmächten eingeführte Erbfolge vom Vater auf den Sohn ausgelöst. Die neue Erbfolge verringert in mutterrechtlichen Gesellschaften den Einfluß des Mutterbruders auf den Neffen; in vaterrechtlichen Gesellschaften schwächt sie ebenfalls den Zusammenhalt der Sippe, da traditionell die Brüder vor den Söhnen erbten. Grundsätzlich kann man davon ausgehen, daß das Kindererbrecht die Familie, das Senioratserbrecht oder das Eigentum im fortdauernden Verband hingegen die Sippe stärkt. Schwächend auf die Sippe wirkt sich auch die Möglichkeit des jungverheirateten Paares aus, sich in Orten mit den besten Verdienstchancen und nicht mehr ausschließlich im Dorf des Mannes oder der Frau anzusiedeln. Damit fällt aber auch das den Schwiegereltern durch praktische Arbeit auf der Pflanzung abgeleistete Brautgeschenk fort, das nun ganz in Geld oder Sachwerten zu zahlen ist und wegen seiner Höhe die Heirat der Männer verzögern kann. Allerdings greift hier oft die moderne staatliche Gesetzgebung beschränkend ein. Auch viele Sanktionen, die früher die unbedingte Unterordnung der Sippenangehörigen gewährleisteten, haben an Wirksamkeit verloren. Wirtschaftliche Einflüsse, etwa die Einführung von Exportprodukten, sowie soziale und politische Veränderungen nahmen viele Entscheidungen aus der Hand des Sippenältesten, dessen religiöse Funktionen sich gleichzeitig verringerten. Diese Umstrukturierungen scheinen jedoch nicht zur Auflösung des Sippenverbandes zu führen, sondern vielmehr bilaterale Tendenzen zu stärken, die es dem einzelnen freistellen, sich an die mütterliche oder an die väterliche Sippe zu wenden. Die Stabilität der Sippenstrukturen wird oft durch Bünde (Geheimbünde, Altersklassen, Titelgesellschaften) gestärkt, die alle Mitglieder eines Initiationsjahrgangs oft bis zum Lebensende eng miteinander verbinden.

Eine neuartige Entwicklung ist in den Stammesvereinigungen (Tribal Unions) zu sehen, die in vielen west- und ostafrikanischen Städten entstanden sind und die alle aus einem Dorf oder einer Großsippe gekommenen Zuwanderer umfassen. Sie übernehmen viele der Funktionen der Großfamilie, indem

Südafrika, Ndebele · Mädchen vor einem Ndebele-Haus, das mit den typischen geometrischen Ornamenten geschmückt ist.

sie sich um die Neuankömmlinge kümmern, traditionelle Feste feiern, arbeitsunfähigen Mitgliedern helfen, Ehen anbahnen, die heimatliche Überlieferung pflegen und Streitfälle schlichten. Der Zusammenhalt zwischen städtischen Eliten und ländlichen Großfamilien wurde besonders deutlich im nigerianischen Bürgerkrieg, als die zahlreichen Flüchtlinge ohne moderne Organisationsapparate in die bestehende Gesellschaft integriert werden konnten.

Rechts- und Eigentumsordnung

Das traditionelle Recht Afrikas ist, obwohl einige Untersuchungen vorliegen, noch nicht systematisch erschlossen worden. Im Afrika südlich der Sahara lassen sich drei Haupttypen der Herrschaftsorganisation unterscheiden: 1. die einfache »Bandenorganisation« von Jäger- und Sammlervölkern (u. a. Buschmänner und ostafrikanische Jägervölker); 2. »segmentäre« Gesellschaften, denen eine zentrale Herrschaft fehlt und deren politische Organisation durch Teilordnungen gegliedert ist (u. a. Ambo, Tiv, Talensi und Nuer); 3. Gesellschaften mit zentralen Herrschaftsinstanzen, z. B. solche, die entweder unter einem Häuptling oder unter einem König hierarchisch organisiert sind, oder solche, die unter diesem noch weitere Unterhäuptlinge kennen.

Der dritte Typ ähnelt mittelalterlichen Rechtsordnungen in Europa am meisten. Typisch für Afrika ist jedoch die starke Kontrolle der Häuptlinge durch ihre »Untergebenen« (z. B. durch Abwahl, Reduzierung der Funktionen, Beschlüsse von Ältestenräten usw.); aufgrund dieser Kontrolle ist ein »Absolutismus« nur selten und lediglich für kurze Zeit möglich. Der erste Typ kommt praktisch nur noch in Rückzugsgebieten des Kontinents vor. Doch beansprucht der zweite Typ, jener der segmentären Gesellschaften, starkes Interesse, weil hier eine Möglichkeit struktureller Gleichrangigkeit von verschiedenen Gruppen in einer gegliederten Gesellschaft demonstriert wird, die den Vorstellungen des Marxismus von der »Abschaffung des Staates« nahe kommt. Das Einstimmigkeitsprinzip und die Gewohnheit, durch lange Beratungen (Palaver) schließlich einen Konsensus herbeizuführen, ohne auf – allerdings auch hier nicht völlig ausgeschlossene – repressive Entscheidungsmethoden zurückgreifen zu müssen, haben hier ihre traditionelle Wurzel. Einige moderne sozialistische Staaten in Afrika, so Tansania und Guinea, versuchen an diese Prinzipien segmentärer Gesellschaften anzuknüpfen.

Allen Typen ist jedoch gemeinsam, daß privater Grundbesitz fast immer unbekannt ist; der afrikanische Eigentumsbegriff steht damit im Gegensatz zu jenem des römischen Rechts, der durch die Kolonialmächte in Afrika eingeführt wurde. Meistens gehört das Eigentum dem gesamten Volk, als Einheit der Lebenden und der Toten gedacht und oft in einem fernen Vorfahren symbolisiert. Er-

Stämme in Afrika

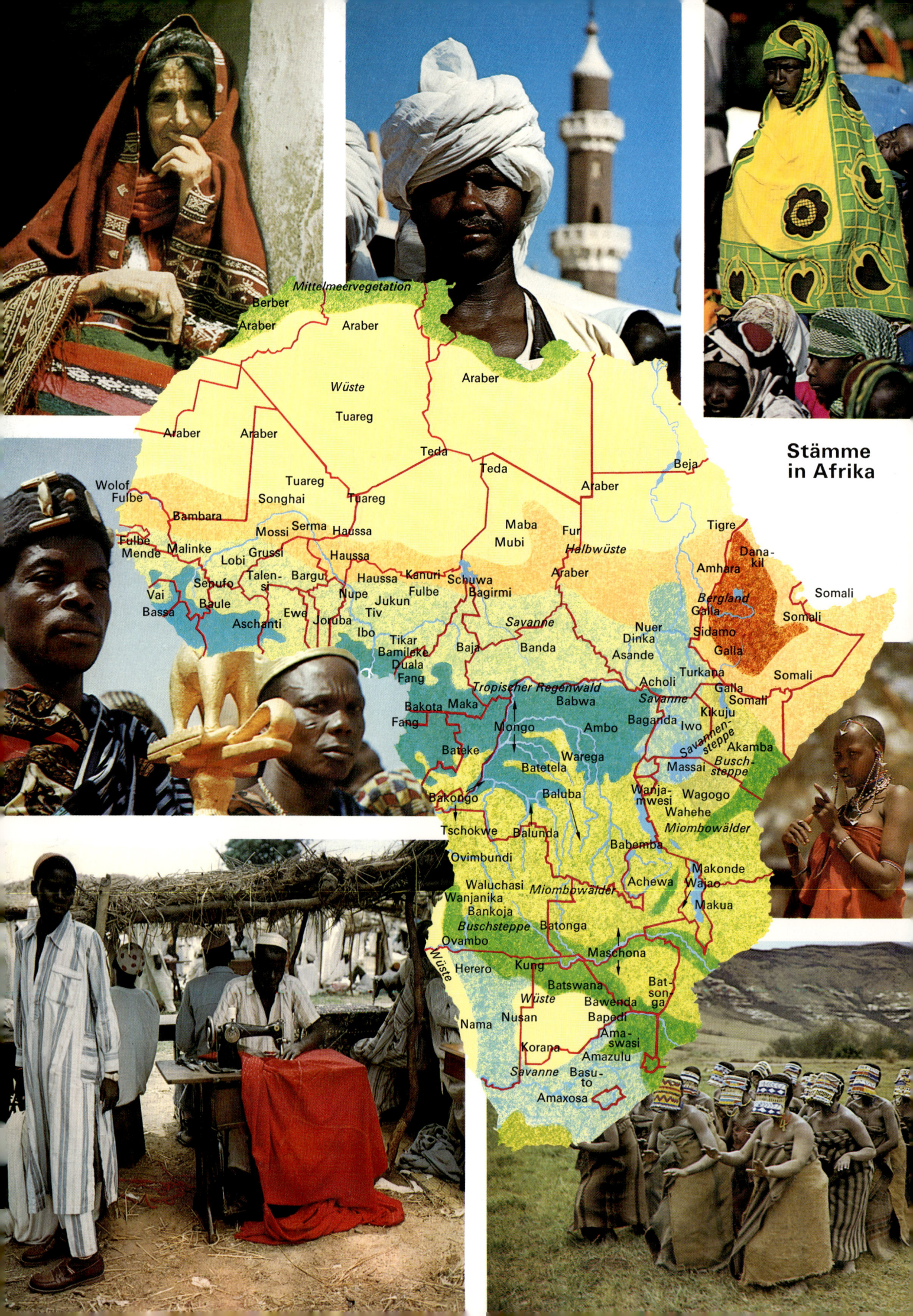

Mittelmeervegetation
Berber
Araber
Araber
Araber
Wüste
Tuareg
Araber
Araber Araber
Teda Teda
Araber
Beja
Wolof
Fulbe
Tuareg
Songhai
Tuareg
Maba
Mubi
Fur
Halbwüste
Tigre
Fulbe
Bambara
Mossi
Serma
Haussa
Danakil
Amhara
Mende
Malinke
Lobi Grussi
Haussa
Kanuri
Schuwa
Bagirmi
Araber
Bergland
Galla
Somali
Vai
Sepufo
Talensi
Bargu
Nupe
Haussa
Jukun
Fulbe
Sidamo
Somali
Bassa
Baule
Aschanti
Ewe
Joruba
Ibo
Tiv
Tikar
Bamileke
Baja
Savanne
Banda
Nuer
Dinka
Asande
Turkana
Galla
Somali
Duala
Fang
Acholi
Kikuju
Iwo
Bakota
Fang
Maka
Tropischer Regenwald
Babwa
Baganda
Akamba
Massai
Savannensteppe
Mongo
Ambo
Warega
Buschsteppe
Bateke
Batetela
Wanjamwesi
Wagogo
Wahehe
Bakongo
Baluba
Babemba
Miombowälder
Tschokwe
Balunda
Makonde
Wajao
Ovimbundi
Achewa
Makua
Waluchasi
Miombowälder
Wanjanika
Bankoja
Batonga
Ovambo
Maschona
Buschsteppe
Herero
Kung
Batswana
Batsonga
Wüste
Nama
Nusan
Bawenda
Bapedi
Korana
Amaswasi
Amazulu
Savanne
Basuto
Amaxosa

gänzt wird dieses Prinzip durch ein vielfach sehr differenziertes System von Nutzungsrechten, die sich im Hinblick auf die Erfordernisse der modernen Geldwirtschaft als sehr anpassungsfähig erwiesen haben.

Zweifellos hat das Fehlen privaten Bodeneigentums und das System gegenseitiger Verpflichtungen, die Herrscher und Beherrschte, Kinder und Eltern sowie die Glieder einer Großfamilie oder Sippe miteinander verbinden, dazu beigetragen, die Planungsfeindlichkeit und den einseitig am Profit interessierten Individualismus kapitalistischer Gesellschaften zu hemmen. Die oben skizzierte Struktur der Großfamilie bietet eine Grundlage für neue Formen des Zusammenlebens in einer sich industrialisierenden Welt, wie sie z. B. in den ländlichen Genossenschaften, den Nachbarschaftsgerichten, den städtischen Selbsthilfegruppen und anderen Gruppierungen deutlich werden. Ihren konsequenten Ausdruck findet die Großfamilie im traditionellen Recht. Im Strafrecht ist für manche afrikanische Rechtssysteme der Kompensationsgedanke typisch, nach dem Verbrechen gegen Individuen nicht mit dem Tode oder mit Freiheitsentzug geahndet werden, sondern die Sippe des Täters zu materieller Wiedergutmachung verpflichtet ist.

Traditionell kann jedoch nicht nur das afrikanische Recht im engeren, d.h. auf Schwarzafrika bezüglichen Sinne genannt werden, sondern auch das islamische Recht, das in verschiedenen Staaten herrscht, z.B. in den Saharastaaten Mauretanien und Tschad und an der Küste Ostafrikas. Hier stellen sich große Probleme in Rechtsgebieten wie Eherecht und Erbrecht, die oft kaum in Einklang zu bringen sind mit christlichen oder überkommenen afrikanischen Vorstellungen. Die wachsende Mobilität wirft eine Fülle von Rechtsproblemen auf, die pragmatische Lösungen verlangen. Eine gemischte oder pluralistische Rechtsordnung, die hieraus entstünde, könnte auch für andere Länder Anregungen geben.

Religion

Ebenso wie das Recht ist auch die traditionelle Religion Afrikas eng verknüpft mit den verschiedenen ökonomischen und politischen Organisationsformen der afrikanischen Völker.

Die meisten Jäger- und Sammlervölker haben eine ausgeprägte Vorstellung von einem »Hochgott«, der mitunter als ein Himmel und Erde umfassendes Weltenpaar vorgestellt wird. Bauernvölker dagegen haben darüber hinaus auf ihr Land ausgerichtete Kulte entwickelt, in denen der Stamm auf einen vergöttlichten Urahn oder Stammesgründer zurückgeführt wird, etwa in den Hima-Staaten Ostafrikas und bei den Aschanti Westafrikas.

Die Kulte, die den Ahnen und den Naturgottheiten gewidmet sind, reichen von den im kleinsten Familienkreis den Ahnen vorgetragenen Fürbitten bis zu großen öffentlichen Zeremonien, die tage- oder wochenlang anhalten können und Hunderte von Menschen in ihren Bann ziehen. Während im intimeren Rahmen der Großfamilie der Sippenälteste die rituellen Verpflichtungen erfüllt, sind es bei den großen Feierlichkeiten Priester und andere Würdenträger. Die Verbindung mit den Gottheiten wird durch in Trance tretende Priester hergestellt oder über kultische Gegenstände, Masken und Skulpturen, von denen die Gottheit vorübergehend Besitz ergreift. Gesang, Tanz und der unablässig ertönende Rhythmus der Trommeln bereiten diese Begegnung vor und schaffen jenes Klima des Außergewöhnlichen, in dem die Kommunikation mit übernatürlichen Kräften gelingt. Der Teilnehmerkreis beschränkt sich nicht mehr nur auf einige in den Kult Eingeweihte, sondern erstreckt sich auf die gesamte Gruppe, die das Anliegen des einzelnen teilt.

Ob es sich nun um großartige Massenspektakel oder um stille Riten einer kleinen

»Eingeborenenmedizin«, Südafrika · Medizinmänner versorgen sich auf einer Straße von Johannesburg mit Kräutern, Schildkrötenherzen und ähnlichen »Arzneien«. Aberglauben, hypnotische und suggestive Faktoren und Kenntnis heilkräftiger Pflanzen verbinden sich in der traditionellen Heilkunst.

Gruppe handelt, immer geht es darum, jene Weltordnung zu erhalten, die das reibungslose Zusammenleben der Menschen ermöglicht. Opfer und Ritus sollen das durch menschliches Versagen gestörte Gleichgewicht der Welt wieder ins Lot bringen.

Neben die Fürbitte tritt der Dank für die Gaben, die man empfangen hat. Erntefeiern, denen das zeremonielle Pflücken und Essen der besonders hoch bewerteten Feldfrucht vorangegangen ist, werden zu großen Gemeinschaftsfesten, bei denen verkleidete und maskentragende Tänzer als Repräsentanten der Ahnen auftreten können (so bei den Joruba Nigerias).

Ernteriten, Regenrituale und Reinigungszeremonien sind auch heute noch dort lebendig, wo die wirtschaftliche Abhängigkeit von einer oder wenigen Anbaufrüchten stark ist. Dort, wo Verstädterung und das Eindringen christlichen und wissenschaftlich-technischen Denkens die magischen Erklärungen in Frage stellt, gehen auch die Ahnenkulte zurück. Dafür treten in Zeiten politischer Unsicherheit, wirtschaftlicher Krisen und sich verstärkender Emanzipation vielfach »Propheten« auf, sendungsbewußte religiöse Führer, die es vermögen, die Stammesgrenzen zu überwinden und oft Tausende von Anhängern um sich zu scharen. Beispiele dieser Art gibt es vor allem in Westafrika, in der Republik Südafrika, in Zaire und in der Zentralafrikanischen Republik.

Verschieden von ihnen und doch z. T. mit denselben Funktionen ausgestattet sind die sogenannten »unabhängigen Kirchen«. Häufig von christlichen Kirchen abgespalten, versuchen sie afrikanische Glaubensvorstellungen und Zeremonien mit biblischem Gedankengut zu vereinen. Vielfach sind sie Träger politischen Veränderungswillens; da andere legale Ausdrucksmöglichkeiten oft von der Regierung blockiert werden – etwa in der Republik Südafrika –, teilt sich dieser vorzugsweise in religiöser Sprache mit.

Die christliche Mission, anfangs meist in striktem Widerspruch zu überlieferten afrikanischen Kult- und Sozialformen wie Initiationsriten, Polygynie und Brautgeschenk befangen, übernahm nach und nach in steigender Zahl Elemente afrikanischer Religiosität, zunächst in den Gottesdienstformen (Musik, Tanz). Im Zuge ihrer fortschreitenden Emanzipation gegenüber den europäischen Mutterkirchen und deren kultureller Ausstrahlung führen die christlichen Kirchen Afrikas diese Entwicklung auch inhaltlich weiter. Hierin ähneln sie dem Islam, der für andere Formen des religiösen Ausdrucks sehr viel aufgeschlossener ist und im Afrika südlich der Sahara viele einheimische Kultelemente übernommen hat, die ihn vom nordafrikanischen oder vom asiatischen Islam unterscheiden.

Trotz vermehrter Anpassungsfähigkeit der großen Religionen bleibt Afrika auf religiösem Gebiet überaus schöpferisch, zumal die zahllosen durch den Modernisierungsprozeß ausgelösten sozialen und persönlichen Konflikte immer neue religiöse Wege suchen lassen, die diese Konflikte zu überwinden vermögen. Die »Schreine« in Westafrika, an denen Priester in Trance Voraussagen und Ratschläge auch an Angehörige gebildeter Schichten geben, sind hierfür nur ein Beispiel.

Kunst

Liegt die Stärke von Afrikas Rechtsüberlieferungen und religiösen Vorstellungen in ihrer Verbindung mit lebendigen Formen sozialen Zusammenlebens, die sie dem Individualisierungsprozeß technologisch-kapitalistischer Einflüsse widerstehen ließen, so gilt das ebenso für die afrikanische Kunst, die besonders stark in den Sog der Kommerzialisierung gezogen wird.

Viele Experten, geschult an den afrikanischen Masken und Skulpturen, die in den großen Museen Europas und Amerikas Eingang

Nigeria, afrikanische Kultur · Eindrucksvoller Kopf aus einer Werkstatt in Ife, gegossen in der Technik der »verlorenen Form«. Ife ist ein bedeutendes kunsthandwerkliches Zentrum.

gefunden haben, glauben, daß die steigende Nachfrage nach afrikanischer Kunst und der schwungvolle Handel, der sich ihrer und der Pseudokunst bemächtigt hat, das Ende ebendieser afrikanischen Kunst sei. Sie übersehen dabei, daß die von ihnen besonders beklagte Serienfertigung von Imitationen nicht das Ende der für den rituellen oder folkloristischen Gebrauch zu schnitzenden Einzelstücke bedeuten muß, leben doch viele der Zeremonien in alter oder gewandelter Form weiter. Ferner verkennen sie, daß selbst »Imitationen« künstlerische Qualitäten aufweisen können, da sie in Handarbeit und ohne maschinelle Hilfe gefertigt werden. Schließlich hat die europäische Tradition des passiven Kunstbetrachtens außer acht gelassen, daß Masken ihren Wert nicht »in sich selbst« haben, sondern Teil eines schöpferischen Prozesses sind, in dem durch Choreographie, Improvisation, Tanz, Musik, Ehrfurcht oder Ausgelassenheit jenes emotionale Klima gemeinschaftlicher Teilnahme geschaffen wird, in dem überkommene Vorstellungen, Mythen und Werte weitergegeben werden.

Selten werden in afrikanischen Gesellschaften Lehren direkt vermittelt; sie sind vielmehr in Symbole gehüllt und nur jenen verständlich, die die Normen und Werte der Gesellschaft als verbindlich anerkannt haben. Vieles muß dabei, von Tabus sanktioniert, widerspruchslos akzeptiert werden. Während dies durch die mystische Einbeziehung von Ahnen und Göttern in die rituelle Handlung geschieht, bietet gerade der Ritus dem einzelnen die Möglichkeit, sich gegen die Starrheit der Normen aufzulehnen und seine Persönlichkeit durch Improvisation in Tanz oder Musik zur Geltung zu bringen.

Diese Spontaneität des Ausdrucks hat oft auch dort, wo künstlerisches Schaffen vom rituellen Hintergrund gelöst wurde, ein Absinken der künstlerischen Qualität verhindert. Die verschiedenen afrikanischen Festspiele in Dakar und Algier haben gezeigt, daß nationale Tanzgruppen bei hoher künstlerischer Qualität ihre ethnische Verschiedenartigkeit in großem Einfallsreichtum auszudrücken und zugleich durch das Zusammenfügen von Stammestraditionen zur Stärkung des Nationalbewußtseins beizutragen vermögen. Die drei bisher in Ife (Nigeria) veranstalteten Festspiele demonstrierten das hohe Niveau traditioneller afrikanischer Tänze, wiesen aber auch auf die Schwächen hin, die durch die unvermeidliche Umwandlung eines aktiv teilnehmenden Publikums in ein Unterhaltung suchendes hervorgerufen werden.

Durch intensive Erforschung der ursprünglichen Bedeutung ritueller und folkloristischer Tänze suchen moderne Choreographen in Ost- und Westafrika neue Kunstformen zu entwickeln, die nicht der Unterhaltung einer kleinen städtischen Schicht dienen, sondern jenen Teil der Bevölkerung erreichen sollen, aus dem sie letztlich ihre Inspiration beziehen. Dasselbe gilt für die afrikanische Dichtung und Literatur und für das afrikanische Theater. Bei aller Gegenwartsbezogenheit nehmen sie doch in zunehmendem Maße traditionelle Themen auf, die auch ihre Ausdrucksformen bereichern. Die »Négritude«-Bewegung, die unter der Führung von Aimé Césaire und Léopold Sédar Senghor versuchte, europäische und afrikanische Elemente zu vereinen, hat sich inzwischen selbst gewandelt und ist in den englischsprachigen Gebieten Afrikas mitunter auf Kritik gestoßen. Diese Kritik wird vor allem von südafrikanischen Autoren und afrikanischen Marxisten vorgetragen; sie befürchten, daß aus der »Négritude« eine konservative Wendung zur Vergangenheit entstehe, wie sie in der Republik Südafrika von der Regierung aufoktroyiert wird, und daß das Interesse an der Vergangenheit über die Zwänge der Gegenwart hinwegtäusche.

Viele der modernen afrikanischen Künstler, geprägt durch die in den Kunstfakultäten vermittelten westlichen Vorstellungen, versuchen heute aus ihrer Isolation auszubrechen und neue Anregungen in der eigenen Tradition zu finden. Andere Künstler, so die Makonde-Schnitzer Ostafrikas und Bildhauer wie der Kenianer Wanjau und der Nigerianer Lamidi Fakeye – um nur wenige zu nennen –, haben ihre Techniken in traditioneller Meister–Schüler-Beziehung erlernt und verarbeiten nun die Themen und Motive ihrer Umwelt in eigenwilligen Kompositionen.

Außer in solchen individuellen Schöpfungen lebt afrikanische Kunst weiter bei den zahlreichen Gelegenheiten, die Gruppen von Menschen vereinigen, sei es, daß man sich von Sängern über Mythen und Heldentaten der Vorfahren berichten läßt, sei es, daß man sich zu bestimmten Riten und festlichen Anlässen versammelt, sei es, daß man beim Rhythmus der Trommeln die Felder bestellt.

Auch das afrikanische Kunsthandwerk hat sich trotz der Einfuhr billiger Baumwollstoffe und Haushaltsartikel standhafter erwiesen, als zu befürchten war. Wenn auch kunstvoll geformte Tongefäße und originell verzierte Kalebassen vielerorts den handlicheren Aluminium- oder Plastikgefäßen gewichen sind, so haben sich doch in zahlreichen Dörfern noch alte Techniken erhalten. Die berühmten ghanaischen Kentegewebe oder die handgemalten Stoffe der malischen Bamana werden auch heute noch hergestellt und nicht nur als Touristenware angeboten, sondern von den Einheimischen getragen. Durch eine gezielte Museumspolitik und durch die Schaffung nationaler Kunsthandwerkszentren versucht man diese Traditionen aufrechtzuerhalten. Viel Initiative und Enthusiasmus nichtafrikanischer Künstler und Forscher trugen dazu bei, solche Überlieferungen vor dem Aussterben zu bewahren. Inzwischen gelangt eine immer größer werdende Zahl von Afrikanern zu der Einsicht, daß die soziale und wirtschaftliche Entwicklung nicht unweigerlich die Zerstörung jeglicher Tradition zur Voraussetzung oder Folge haben muß. So gegensätzliche afrikanische Staatsmänner wie Senghor und Nyerere haben das erkannt und bewiesen durch ihre Schriften und Reden, daß es lebendige afrikanische Traditionen gibt, die es wert sind, verteidigt zu werden.

Allgemein – *Baumann, H./Thurnwald, R./Westermann, D.:* Völkerkunde von Afrika. *Essen 1940.* – *Hirschberg, W.:* Völkerkunde Afrikas. *Mannheim 1965.* – *Lloyd, P. C.:* Africa in Social Change. *London 1967.* – *Middleton, J. (Hg.):* Black Africa. *London 1970.* – *Ottenberg, S. u. P. (Hg.):* Cultures and Societies of Africa. *New York 1960.*
Die »Völkerkunde« von Baumann, Thurnwald und Westermann ist ein umfassendes Standardwerk zu diesem Thema; z.T. allerdings durch die Entwicklung überholt. – P. C. Lloyd liefert eine kurze Darstellung des sozialen Wandels Westafrikas.

Familie – *Goode W.:* World Revolution and Family Patterns. *London 1963.* – *Müller, E. W.* Familie (In: Entwicklungspolitik. Handbuch und Lexikon.) *Stuttgart/Mainz 1966.* – *Phillips, A. (Hg.):* Survey of African Marriage and Family Life. *London 1953.*
A. Phillips Buch gibt die beste Übersicht über die Probleme des Wandels für die afrikanische Familie.

Recht – *Fortes, M./Evans-Pritchard, E. E. (Hg.):* African Political Systems. 3. Aufl. *London 1967.* – *Gluckmann, M.:* Ideas and Procedures in African Customary Law. *London 1969.* – *Middleton, J./Tait, D.:* Tribes without rulers. 3. Aufl. *London 1967.* – *Schott, R.:* Eigentum und Eigentumsordnung. (In: Entwicklungspolitik. Handbuch und Lexikon.) *Stuttgart/Mainz 1966.*
In M. Gluckmann lernen wir einen der besten Kenner des traditionellen afrikanischen Rechts kennen. – Fortes und Evans-Pritchard geben eine kurzgefaßte Übersicht über die Typen traditioneller politischer Systeme Afrikas.

Religion – *Damman, E.:* Die Religionen Afrikas. *Stuttgart 1963.* – *Lewis, I. M.:* Islam in Tropical Africa. *Oxford 1966.* – *Parrinder, E. G.:* African Traditional Religion. *London 1962.* – *Schlosser, K.:* Propheten in Afrika. *Braunschweig 1949.*
Eine ausführliche, aber stark vom christlichen Standpunkt beeinflußte Darstellung der afrikanischen Religionen liefert E. Damman. – E. G. Parrinder gibt zum gleichen Thema eine kurzgefaßte, übersichtliche Darstellung.

Kunst – *Jahn, J.-H.:* Geschichte der Neoafrikanischen Literatur. *Düsseldorf/Köln 1966.* – *Leiris, M./Delange, J.:* Afrika, die Kunst des schwarzen Erdteils. *München 1968.* – *Leuzinger, E.:* Afrika, Kunst der Negervölker. *Baden-Baden 1959.*
Gründlich und sachkundig ist Leuzingers typologisierende Darstellung afrikanischer Kunst. – Jahn liefert eine Übersicht, die auch außerafrikanische »schwarze« Literatur einbezieht.

Walther Manshard

Staaten in Oberguinea

Von Guinea bis Dahomey

Die hier gemeinsam behandelten Länder Oberguineas – von Guinea bis Dahomey – sind keineswegs als einheitlicher Großraum aufzufassen, da ihre politischen Grenzen die unterschiedlichsten natur-, kultur- und wirtschaftsgeographischen Raumeinheiten schneiden. Innerhalb der Großregion Westafrika, zu der auch noch der westliche Sudan – vom Senegal bis zum Niger – gehört, lassen sich die Guinealänder nach ihrer geographischen Lage zu einer westlichen, einer mittleren und einer östlichen Gruppe zusammenfassen, wobei das zu den östlichen Guinealändern gehörige Nigeria in einem eigenen Kapitel, die weiter südlich, zwischen Kamerunberg und Kongo gelegenen Länder Niederguineas im Zusammenhang mit Zentralafrika ausführlich dargestellt werden.

Verglichen mit den offenen Savannengebieten des westlichen Sudans sind die Waldgebiete der Guineaküste lange Zeit abseits der Hauptströmungen der afrikanischen Geschichte geblieben. Bis vor wenigen Jahrzehnten noch war der Waldgürtel eine Schranke, die für den Menschen, seine Ideen und Handelserzeugnisse nur schwer zu überwinden war. Die Mehrzahl der Europäer, die vom 15. Jahrhundert an auf dem Seewege nach Oberguinea kamen, waren am Handel mit Gold und Sklaven interessiert, den sie durch afrikanische Mittelsmänner von der Küste aus abwickeln konnten, ohne sich den Gefahren der fieberverseuchten Wälder im Landesinnern auszusetzen. Erst nach der Abschaffung des Sklavenhandels begann sich Europa intensiver mit anderen Produkten Westafrikas zu befassen. Die Anbaugebiete lagen wieder in den Küstenregionen.

In den Feuchtwäldern Oberguineas und in den verkehrsgünstiger gelegenen Küstensavannen führte die Entwicklung von weltmarktorientierten Exportprodukten in landwirtschaftlichen Kleinbetrieben und auf Plantagen zu einer bedeutenden Bevölkerungsverdichtung. Außerdem entwickelte sich um die alten Faktoreien und Forts an der Küste zwischen Dahomey und Gambia die Mehrzahl der Küstenstädte Westafrikas. Auch die neuen Verkehrswege Eisenbahn und Autostraße haben durch ihre Anziehungskraft auf die Siedlungen beträchtliche Umgruppierungen hervorgerufen. Zwischen armen und reichen Gebieten, zwischen passiven und aktiven Räumen gibt es vielschichtige Ausgleichsströmungen, die in zahlreichen Wanderbewegungen ihren Niederschlag finden. Besonders in Küstenländern wie Ghana oder der Elfenbeinküste übten die relativ hohen Löhne und die niedrigen Preise für überseeische Konsumprodukte eine starke Sogwirkung auf die umliegenden ärmeren Gebiete aus und trugen zu der unterschiedlichen Verteilung und zur Durchmischung der Bevölkerung bei. Ein Anzeichen für das Ausmaß der Mobilität in den Guinealändern ergibt z. B. das Zahlenverhältnis der Geschlechter und die Analyse der Bevölkerung nach Geburtsorten. Unter den Saisonarbeitern überwiegt durchweg das männliche Element. In vielen jungen Städten ist ein hoher Prozentsatz der Bevölkerung in der weiteren Umgebung oder im Ausland geboren, und zahlreiche Guinealänder weisen höhere Bevölkerungsdichten auf als andere Teilgebiete Afrikas. Trotz des Kulturkontaktes mit dem Westen schimmert in der unterschiedlichen Siedlungsdichte mehr noch als in Europa das traditionelle Gefüge einer vor allem landwirtschaftlich tätigen Bevölkerung durch.

Der historische und kulturelle Gegensatz zwischen den Savannen des westlichen Sudans und den Wäldern Oberguineas wird noch durch einen anderen wichtigen Kontrast teils akzentuiert, teils erweitert: den Gegensatz zwischen den alten, mehr kontinental ausgerichteten städtischen Zentren des Sudans und den meist viel jüngeren Hafenstädten an der Küste des Golfs von Guinea. Der in den Guinealändern besonders deutliche Urbanisierungsprozeß birgt Gefahren, aber auch den Keim zur weiteren sozialen Entwicklung. In den Städten und Großstädten muß sich die Bevölkerung neu durchgliedern und organisieren, und das Miteinander der zahlreichen, oft bunt durcheinandergewürfelten, aus den alten Ordnungen kommenden Menschen sehr verschiedener Stammes- und Rassenzugehörigkeit muß sich neu einspielen. Schnelles Wachstum neuer sozialer Verbindungen ist typisch für die afrikanische Stadt. Neue Treffpunkte bilden sich, in denen der dem traditionellen Gesellschaftssystem entrückte Städter Halt und Sicherheit sucht. Auch religiöse Bindungen zu Europa, Asien und Amerika und besonders die modernen politischen Massenparteien sind vom urbanisierten Afrikaner schnell aufgenommen worden. Auf dem Lande stehen die alten, noch mehr kollektiv gelagerten Landbesitz-, Pacht- und Erbverhältnisse im Widerstreit mit modernen Formen individueller Besitz- und Wirtschaftsauffassung, die sich besonders bei der Bildungsaristokratie der »Arrivierten« durchsetzen.

Die Gestalt der jüngeren westafrikanischen Städte fiel je nach dem Grad der Einmischung und Kontrolle der jeweiligen Kolonialmacht recht unterschiedlich aus. Vielfach spiegelt sich im streng geometrisch angelegten Schachbrettmuster der Stadtanlagen die Ordnung der ehemaligen Kolonialplanung wider. Besonders in den vordem französischen und in den portugiesischen Gebieten verrät die Anlage selbst kleiner Städte Vorbilder im europäischen »Mutterland« – mit einem zentralen Platz samt dazugehörigem Denkmal und mit breiten, von schattenspendenden Bäumen flankierten Straßen. Dagegen tritt in älteren Stadtvierteln von Accra oder in den übervölkerten Slums von Lagos das »Laisser-faire« der britischen Stadtplanung im 19. und zu Anfang des 20. Jahrhunderts zutage. Wenn man das Antlitz der ärmeren Wohnbezirke der afrikanischen Städte beschreiben will, gebraucht man häufig die Bezeichnungen »Shanty-town« oder »Bidonville« (»Kanisterstadt«). Auch in den Guinealändern gibt es weite städtische Flächen, deren Lehmhütten und notdürftig aus Wellblech, Kanistern, Kistenholz und Säcken zusammengeflickte Unterschlüpfe noch Tausenden als Behausung dienen. Diese außergewöhnlichen Zusammenballungen gleichen vielfach eher großen Dörfern als den Vororten von Großstädten. Gerade für die neu in die Stadt ankommende Bevölkerung ist dieser Behausungstyp charakteristisch.

Besonders seit dem Ende des Zweiten Weltkrieges ist im Rahmen der schnellen städtischen Entfaltung die Stadtplanung in den Vordergrund gerückt worden. Hier gibt es noch ein weites Feld für planerische Gestaltung und Verbesserung, ist doch die Mehrzahl der Städte Westafrikas in den letzten Jahrzehnten so sprunghaft angewachsen, daß etwa Strom- und Wasserversorgung, Abwasserbeseitigung, Verkehrswesen und der Aufbau von Vorstadtsiedlungen in diesen »Boom-towns« mit der Entwicklung nicht Schritt zu halten vermochte. Spekulatives Bauen und viele provisorische Gebäude sind typisch für diesen »unruhigen, eiligen Urbanismus«.

Sierra Leone, Diamantenvorkommen · Im krassen Gegensatz zu den hochtechnisierten europäischen Firmen arbeiten diese afrikanischen Diamantensucher bei Kenema-Blama nur mit einfachsten Mitteln.

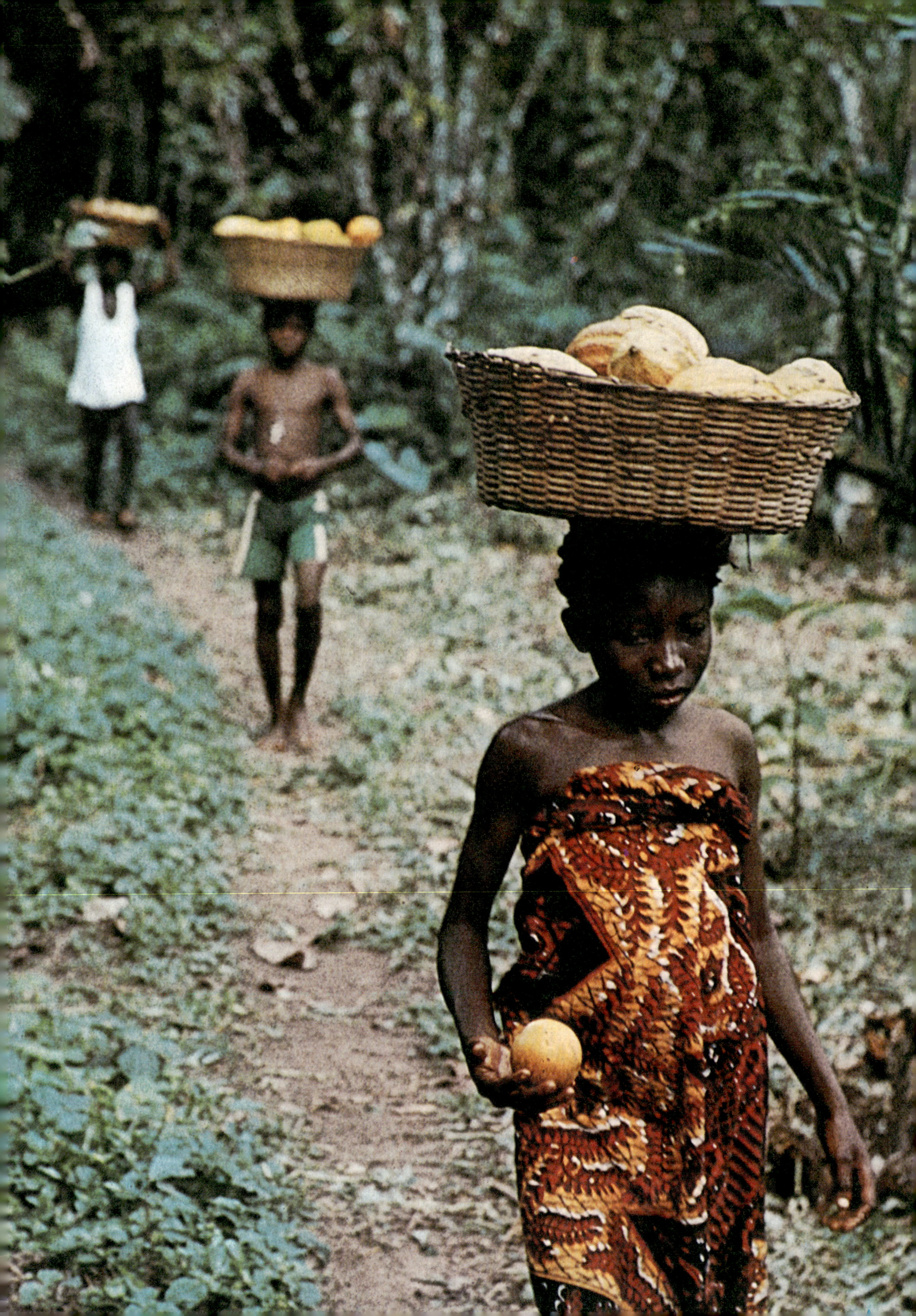

Kakaofrüchte

Kakaobohnen

Oben: Kakaobohnen werden zum Trocknen ausgelegt

Ghana und der Kakao

Links: Auf einer Kakaofarm in Ghana

Als führender Kakaoproduzent der Erde verdankt Ghana seinem weltmarktorientierten Kakaoanbau Impulse, die die gesamte Entwicklung des Landes nachhaltig beeinflußt haben. Entsprechend seiner südamerikanischen Heimat zieht der Kakaobaum feuchte und kühle Standorte im Schatten hoher Waldbäume vor. Die Ernte der goldgelben Kakaofrüchte erfolgt in der Trockenzeit. Anschließend werden die Kakaobohnen fermentiert und auf Holzgestellen getrocknet. Kakaoplantagen gibt es in Ghana nicht; der Kakaoanbau geht vielmehr größtenteils in kleinen und mittleren Betrieben vor sich. Zahlreiche Saisonarbeiter kommen für Anbau und Ernte aus den armen Savannengebieten Nordghanas in den reichen Kakaogürtel, der ein wichtiger Ausgangsraum für soziale und politische Neuerungen ist.

Die westafrikanischen Tropen

Innerhalb des westafrikanischen Kontinentalabschnitts trennt die breite Oberguineaschwelle die trockenen, offenen Binnenräume des westlichen Sudans von der feuchtheißen, im Hinterland meist bewaldeten und politisch stärker zerstückelten Guineaküste. Auch die Grenze zwischen Feuchtsavanne (»Guineasavanne«) und Trockensavanne (»Sudansavanne«), die etwa mit der Nordgrenze des Hauptverbreitungsgebietes der Ölpalme zusammenfällt, wird häufig als Grenzsaum zwischen westlichem Sudan und Oberguinea herangezogen.

Für viele Landschaften Westafrikas sind Flachländer (500–750 m ü. d. M.) typisch. Manche der von steilen Inselbergen durchsetzten Ebenen sind das Ergebnis einer besonderen erdgeschichtlichen Abtragungsphase. Sie sind oft von der nächsten Ebene durch eine Stufe oder ein schmales Gebiet aktiverer Erosion getrennt. Man hat es also vielfach mit einer Reihe weiter, niedriger Stufenlandschaften zu tun, durch die sich die großen Flüsse, von einzelnen Stromschnellen und Wasserfällen unterbrochen, ihren Weg bahnen. Diese Stufen und Fußflächen (Pedimente) sind ein wichtiges Formenelement der westafrikanischen Landschaft. Auf ihnen ist die Wasserversorgung ausreichend; ihre Böden sind meist gut entwässert, und die Siedlungen konzentrieren sich auf diese Gebiete.

In den stärker beregneten Landstrichen nahe der Küste hat die chemische Verwitterung das Muttergestein bis tief unter die Oberfläche zersetzt. Den meisten Böden Westafrikas mangelt es an pflanzlichen Nährstoffen. Tierische Düngung ist meist nicht möglich, da die Tsetsefliegen die Großviehhaltung in vielen Gebieten einschränken. Künstliche Düngung kann sich der afrikanische Bauer in den meisten Fällen noch nicht leisten. Die hohen Temperaturen und die Tätigkeit von Bakterien und Insekten beschleunigen die chemischen Zersetzungsvorgänge an der Bodenoberfläche. Durch die Niederschläge werden viele lebenswichtige Nährstoffe (darunter besonders Stickstoff und Phosphor) aus dem Oberboden ausgewaschen. Der üppige Pflanzenwuchs des »Urwaldes«, der übrigens meist nicht so dicht ist, wie er in der Literatur beschrieben wird, gibt ein ganz falsches Bild von der Fruchtbarkeit tropischer Böden. Das schnelle Wachstum ist vielmehr durch hohe Temperaturen, hohe Luftfeuchtigkeit und Niederschläge bedingt.

Wie alle Tropenklimate zeigt auch das Klima Oberguineas Charakterzüge, die es deutlich von den Witterungsverhältnissen unserer gemäßigten Breiten unterscheiden. Erstens verändert sich die Tageslänge in äquatorialen Breiten nur wenig; im allgemeinen dauert sie von 6 bis 18 Uhr. Zweitens steht die Sonne während des ganzen Jahres viel höher am Himmel als bei uns. Zweimal im Jahr befindet sie sich in der Mittagszeit genau im Zenit. Als ein Ergebnis dieser Faktoren sind die jahreszeitlichen Temperaturschwankungen im tropischen Westafrika nur relativ schwach ausgeprägt. Der Jahresverlauf ist nicht durch die Unterschiede von Sonneneinstrahlung und Wärme gekennzeichnet, sondern durch den Kontrast zwischen feuchten und trockenen Jahreszeiten.

Die starke Einstrahlung in Zonen hohen Sonnenstandes führt in äquatorialen Breiten zu einem ausgedehnten Tiefdruckgürtel, in den die Luftmassen höheren Drucks aus benachbarten Räumen einströmen. Die Bewegung dieser Luftmassen drückt sich im planetarischen Windsystem aus. Im Norden Westafrikas ist es der Nordostpassat, der Harmattan, der aus dem trockenen Kontinentinnern nach Südwesten weht. Im Süden werden feuchtere, oft kühlere tropische Meeresluftmassen vom südlichen Atlantik nach Norden in Richtung auf den thermischen Äquator – er bezeichnet die Zone höchster Temperatur und tiefsten Luftdrucks – angesogen; sie nähern sich in einer feucht-labilen Strömung von Westen her der westafrikanischen Küste und bringen hier die Hauptniederschläge.

In den näher am Äquator gelegenen Gebieten, in denen die Sonne zweimal mit größerem zeitlichem Abstand einen Hochstand erreicht und die deshalb zweimal unter den Einfluß der meist labilen äquatorialen Feuchtluftströmungen kommen, entwickeln sich zwei Regenzeiten, die von einer kurzen Trockenperiode (im August/September) und einer längeren winterlichen Trockenzeit (November bis Mitte März) unterbrochen werden. Weiter nördlich verschmelzen beide Niederschlagsmaxima zu einer einzigen sommerlichen Regenzeit des sudanischen Typs. Dabei ist zu beachten, daß ein großer Teil der Niederschläge in heftigen Gewitterböen mit tropischen Wolkenbrüchen zu Anfang und zu Ende der Regenzeiten fällt. In Westafrika sind es besonders die sogenannten Linienstörungen, die Tornados, die sich auf breiter Front von Osten nach Westen bewegen und die wahrscheinlich mit östlichen Höhenwinden in Zusammenhang stehen.

Für die vereinfachte klimatologische Darstellung der Guinealänder muß betont werden, daß sich die klimatischen Bedingungen natürlich von einer Zone zur anderen nur ganz allmählich verändern und daß die Grenzlinien deshalb notwendigerweise etwas willkürlich gezogen werden müssen. Aber in keinem Teil der Erde ist die Abfolge der Klimagürtel so regelmäßig und breitenparallel ausgebildet wie im tropischen West-

Fetisch, Westafrika

Schmuckreif mit Schellen, Westafrika

Schelle, Elfenbeinküste

afrika, wo Dauer und Ergiebigkeit des Regens stufenweise von Norden nach Süden zunehmen und wo mit wachsenden Niederschlägen auch die Temperaturen des wärmsten Monats nach Süden hin absinken.

Den Hauptklimatypen entsprechen besondere Vegetationsformen. Bei einer längeren Regenzeit geht die sudanische Trockensavanne in die Feuchtsavanne Oberguineas über, die im Gegensatz zur Grassavanne des westlichen Sudans auch als Baumsavanne bezeichnet werden kann. Vergleichsweise feuerbeständige Einzelbäume stehen hier schon so eng zusammen, daß ihre Kronen ein fast geschlossenes Dach bilden. Entlang der Flußläufe, Schluchten und Quellmulden finden sich bereits die weniger feuerresistenten Arten des tropischen Feuchtwaldes. Große Teile gerade dieser Vegetationszone sind durch Brandrodung und Holzeinschlag stark umgeformt worden. Eine typische Leitpflanze dieses Gebietes ist der Schibutterbaum. Die »Guineasavanne« besteht also hauptsächlich aus lichten Grasfluren, auf denen sich einzelne Baumgruppen verteilen. Die Gräser werden bis zu 3 m hoch; die Stämme der Bäume sind kurz und dick und erreichen eine Höhe von 15 m. Immergrüne Ufer- oder Galeriewälder finden wir dagegen in Tälern und Quellmulden, wo sie auch z. T. von den Bränden verschont geblieben sind.

Auch in der äquatorwärts anschließenden Waldzone hat sich der Einfluß des wirtschaftenden Menschen verändernd ausgewirkt; die ehemaligen »Urwälder« sind fast durchweg Sekundärwäldern gewichen, deren Bewuchs oft nur noch Dickicht- und Gebüschformen aufweist. Der ursprüngliche Feucht- und Regenwald zeigt eine stockwerkartige Stufung von verschieden hohen Büschen über niedrige, mittelhohe und hohe Bäume, die durch Schlingpflanzen zusammengehalten werden, bis zu einzelnen besonders hohen (bis zu 60 m) Baumriesen, die alles überragen. Innerhalb der Feuchtwaldzone lassen sich an der trockenen Nordseite wechselgrüne Wuchsformen, die dem asiatischen Monsunwald ähneln, von den immergrünen Arten des immerfeuchten Regenwaldes unterscheiden. Entlang der flachen Küsten sind in den Lagunen und Deltagebieten Sümpfe weit verbreitet, in denen neben den Bäumen des Feuchtwaldes Sumpfpflanzen (z. B. Raphiapalmen) häufig anzutreffen sind. Wo Flußmündungen, Lagunen und Priele im Brackwasserschlick unter Gezeiteneinwirkung stehen, haben sich verschiedene Mangrovenarten entwickelt, deren stelzenartige Luftwurzeln der Landschaft ein eigentümliches Gepräge verleihen.

»Wasserspeicher« Guinea

Das vom trockenen Oberlauf des Nigers bis an die regenüberschüttete Westküste Afrikas reichende Guinea (245 857 qkm) hat gemeinsame Grenzen mit sechs Nachbarländern: Portugiesisch-Guinea, Senegal, Mali, Sierra Leone, Liberia und der Elfenbeinküste. Bei der von General de Gaulle im Jahre 1958 herbeigeführten Volksabstimmung über die politische Zukunft der ehemals französischen Kolonien entschied sich Guinea als einziges Land gegen ein Verbleiben in der »Communauté« und gegen die weitere enge Zusammenarbeit mit dem »Mutterland«. Seitdem hat sich Guinea unter der Führung seines Präsidenten Sékou Touré zwischen Ost und West gehalten.

Ein großer Teil der etwa 4 Millionen Einwohner gehört den Fulbe (Fulani) und den Malinke (Mandingo) an. Die Hauptstadt des Landes, Conakry (gut 200 000 Einwohner), liegt auf einer ins Meer vorspringenden Halbinsel und besitzt in ihrem Tiefwasserhafen den wichtigsten Hafen des Landes. Weitere wichtige Bevölkerungskonzentrationen liegen im höheren und deshalb gesünderen Plateau des Fouta Djalon, wo Kindia, Mamou und Dabola sich zu städtischen Zentren entwickelt haben, und im südlichen Guineahochland, am N'Zérékoré und Macenta.

In seiner Eigenschaft als Hauptwasserscheide zwischen dem Oberlauf des Nigers und dem Atlantik weist das von den Franzosen oft als »Château d'eau« (Wasserspeicher) bezeichnete Guinea interessante natur- und wirtschaftsgeographische Züge auf. Beim Vorherrschen feucht-labiler atlantischer Luftmassen

Guinea
(République de Guinée)

Präsidialrepublik mit Einkammerparlament und allgemeinem Wahlrecht; allgemeine Wehrpflicht; Hauptstadt Conakry (etwa 200 000 Ew.).

Fläche: 245 857 qkm – **Einwohnerzahl:** Etwa 4,01 Mill. (davon 90% ländliche Bevölkerung) – **Bevölkerungsdichte:** 16,3 Ew./qkm – **Jährlicher Geburtenüberschuß:** 25‰ – **Bevölkerung:** Sudanische Gruppen (u. a. Mandingo, Malinke, Sussu, Kissi), über 25% Fulbe; etwa 8600 Franzosen – **Sprache:** Französisch als Staatssprache; als Verkehrssprachen u. a. Mandingo, Fulbe – **Religion:** Etwa 60% Moslems; christliche Minderheiten (1–2%); Anhänger von Naturreligionen – **Wichtige Ausfuhrgüter:** Aluminiumoxyd (60% des Exportwertes), Eisenerz, Diamanten, Palmkerne, Kaffee, Bananen

kommt es an der Küste zu hohen Niederschlägen (jährlich über 2000 mm). Dichte Uferwälder sind weit verbreitet. Das zerschnittene Sandsteinplateau des Fouta Djalon, das einen großen Teil von Guinea einnimmt, ist eines der größten Hochlandgebiete Westafrikas überhaupt; hier nehmen die Flußsysteme von Niger, Sénégal und Gambia ihren Ausgang. In einer Reihe von Stufen, die die Flüsse in engen Tälern durchschneiden, steigen die westlichen Bergketten des Fouta Djalon auf 1515 m ü. d. M. an. Die Niederschläge im Gebirge sind zum Teil noch höher – wenn auch unregelmäßig über das Jahr verteilt – als an der Küste. So zeigt auch die Vegetation starke Gegensätze. Die Küstenwälder setzen sich vor allem in den Flußtälern fort, in denen das Grundwasser meist in Quellen austritt. Die trockeneren Hochflächen, auf denen harte Lateritkrusten im porösen Sandsteinboden weite Verbreitung finden, werden von grasreichen Savannen eingenommen.

Das weiter südlich gelegene Guineahochland unterscheidet sich in Charakter und Formenschatz wesentlich vom Fouta Djalon. Statt der Sandsteinschichten tritt hier die von Nordosten nach Südwesten streichende Bergkette der kristallinen afrikanischen Grundgebirgsmasse zutage, auf der die höheren Erhebungen eher Inselberg- als Tafellandcharakter haben und auf der deshalb auch die flächenhaften Lateritverkrustungen nicht so ausgedehnt sind wie im Fouta Djalon. Seinen höchsten Punkt erreicht das Guineahochland im Mount Nimba (1850 m), der im Grenzgebiet zwischen Liberia, der Elfenbeinküste und Guinea liegt.

Entsprechend den naturgegebenen Gegensätzen von Relief, Klima und Vegetation ist die agrarische Struktur des Landes recht vielgestaltig. Entlang der Küste findet sich Reis- und Bananenanbau. Im Guineahochland gibt es Ölpalmen- und im Fouta Djalon Bananenplantagen. Im Nigergebiet schließlich dient die Pflanzwirtschaft fast ausschließlich der Selbstversorgung; in den Flußniederungen wird Reis, an den trockenen Hängen Hirse angebaut.

Wegen ihrer geringen Anfälligkeit gegenüber der tierischen Schlafkrankheit, der durch die Tsetsefliege übertragenen Nagana, dürften die besonders von den Fulbe gezüchteten, aus dem Fouta Djalon stammenden Ndamarinder auch in anderen westafrikanischen Ländern vermehrt Verbreitung finden.

In seinen reichen Bodenschätzen besitzt Guinea eine zukunftsträchtige Grundlage für seine aufstrebende Wirtschaft, die mit Ausnahme derjenigen von Ghana und Nigeria erheblich vielseitiger ist als die aller anderen westafrikanischen Staaten. Neben den großen Bauxitlagerstätten, die sich teils verkehrsgünstig direkt an der Küste (Iles de Los vor Conakry), teils in der Nähe von Flüssen und Wasserfällen befinden, gibt es auf der teilweise zum Stadtgebiet Conakrys gehörenden Kaloumhalbinsel bedeutende und hochwertige Eisenerzvorkommen, die seit 1953 im Tagebau gefördert werden. Ähnlich wie in anderen westafrikanischen Ländern werden auch in Guinea Diamanten (im Macenta-Distrikt) und Gold (um Siguiri am Niger) mit ganz einfachen Methoden aus dem Flußsand ausgewaschen.

Guineas Wasserkräftepotential für die Stromgewinnung ist beträchtlich. Infolge der unsicheren politischen Lage erscheint es aber fraglich, ob die bisher diskutierten Entwicklungspläne in Zukunft realisiert werden können. Im Verkehrsnetz klaffen noch große Lücken; der bergige Charakter des Landes hat den weiteren Ausbau des Straßen- und des Eisenbahnnetzes aufgehalten. Hauptverkehrsträger des Landes ist die noch vor dem Ersten Weltkrieg angelegte Eisenbahn von Conakry nach Kankan, der zweitgrößten Stadt des Landes (rund 80 000 Einwohner). Für die südlichen Teile Guineas bildet die Straße nach der liberianischen Hauptstadt Monrovia den einzigen Zugang zum Meer. Durch die Mannigfaltigkeit seiner Bodenschätze und Anbauprodukte bietet Guinea Möglichkeiten, die derzeit erst zu einem geringen Ausmaß genutzt werden.

Diamantenland Sierra Leone

Das zum Kontinentinnern hin nur an Guinea und Liberia stoßende Sierra Leone (71 740 qkm) erstreckt sich von niedrigen, versumpften Küstenebenen zu savannenbedeckten Ausläufern des inneren Berglandes. Die geschichtliche Entwicklung des heutigen Sierra Leones (rund 2,6 Millionen Einwohner) begann damit, daß gegen Ende des 18. Jahrhunderts mit Unterstützung philanthropischer Kreise eine Gruppe befreiter Negersklaven aus Liverpool nach Westafrika zurückgesiedelt wurde. Im Jahre 1808 wurde die Besitzung der Sierra-Leone-Gesellschaft von der britischen Regierung als Kronkolonie übernommen und die Hauptstadt Freetown mit besonderen Selbstverwaltungsrechten ausgestattet. Die ersten Siedlungen, die auf dem von den Temne-Häuptlingen der Sierra-Leone-Halbinsel erworbenen Grund und Boden gegründet wurden, gewannen – trotz großer Verluste infolge von tropischen Krankheiten und Kämpfen mit den »Eingeborenen« – durch das Hinzukommen weiterer befreiter Sklaven, die von der britischen Marine den Sklavenhändlern abgejagt wurden, an Größe.

Nach der Ablösung des Sklavenhandels durch das Faktoreigeschäft schwang sich Großbritannien später auch zur Schutzmacht über Teile des Hinterlandes der Sierra-Leone-Halbinsel auf. Im Jahre 1896 wurde das Protektorat etwa in seiner heutigen Ausdehnung gegen Guinea abgegrenzt. Ein einheitliches Sierra Leone gibt es aber erst seit 1924, als nämlich Kolonie und Protektorat verwaltungsmäßig zusammengelegt wurden und sich die Zuständigkeit des Gesetzgebenden Rats auf das Hinterland ausdehnte. Nach einer Reihe von weiteren Verfassungsänderungen in der Zeit nach dem Zweiten Weltkrieg erhielt Sierra Leone dann nach Ghana und Nigeria im Jahre 1961 als dritter Staat des ehemaligen Britisch-Westafrikas seine volle Unabhängigkeit.

Als besondere Landschaftseinheit fällt die von Nordwesten nach Südosten verlaufende Sierra-Leone-Halbinsel auf, die von 600–900 m hohen Bergen gekrönt ist. Es handelt sich hier um besonders harte Gesteine, die der Abtragung besser widerstanden haben als die meist lockeren Ablagerungen in den anderen Küstenstrichen. Das Sierra Leone River genannte Ästuar des Rokelflusses ist den Seeleuten an der Westküste schon seit Jahrhunderten als sicherer Ankerplatz und ausgezeichneter Naturhafen bekannt. Die Bergrücken der Halbinsel liegen genau in der Bahn der vorherrschenden Südwestwinde, die in der Regenzeit sehr hohe Niederschläge (bis zu 5000 mm im Jahr) bringen. Entlang der übrigen Küste des Landes wechseln weite Mangrovensümpfe mit abgesunkenen Unterläufen größerer Flüsse ab; die Landschaft ist von dem Wechselspiel der Gezeiten und dem Hochwasser in der Regenzeit geprägt. Weiter im Landesinnern steigt das Land über zerschnittene Hochflächen in mehreren Stufen zu den Ausläufern des Fouta Djalon im Norden und des Guineahochlandes im Süden an.

Wie in andern Ländern ist auch in Sierra Leone der Anbau von Sumpf- und Bergreis für die Ernährung der Bevölkerung besonders wichtig. Maniokanbau ist nur an der Küste, Hirseanbau nur in den Savannen des Landesinnern von Bedeutung. Während der Bergreis im System des Wanderfeldbaues bereits seit Jahrhunderten kultiviert wird, ist der Sumpfreis erst in den letzten Jahrzehnten in den gerodeten Mangrovensümpfen des Küstentieflandes eingeführt worden. In Sierra Leone, wo in Rokupr seit Jahren ein Zentrum der westafrikanischen Reisforschung liegt, in Nigeria und auch in Gambia gibt es ausgedehnte Flächen solcher Mangrovensümpfe, die mit Reis bebaut werden könnten, sollte es gelingen, das Mangrovendickicht zu beseitigen und den Salzwassereinfluß abzudämmen. Gerade für Sierra Leone haben diese Pläne große Bedeutung. Zur Zeit jedoch besteht in Westafrika, wo die Masse der Bevölkerung von stärkehaltigen Nahrungsmitteln wie Maniok (Kassawa) und Jams lebt, noch ein großer Bedarf an Reisimporten.

Das wichtigste Ausfuhrprodukt des von der Landwirtschaft geprägten Sierra Leones sind Palmkerne, die wertmäßig auch einen erheblichen Anteil am Agrarexport ausmachen. Ein großer Teil des produzierten Palmöls wird allerdings an Ort und Stelle verbraucht. Auch Kaffee, Kolanüsse und geringe Mengen von Ingwer, Piassava (Palmblätterfasern) und Bananen werden exportiert. Eine Reihe von kleineren Fabrikbetrieben (u. a. Öl- und Reismühlen sowie Sägewerke) dienen der Aufbereitung und Verarbeitung der gewonnenen Rohstoffe.

Im Bergbau hat die Gewinnung von alluvial abgelagerten

Sierra Leone
Mitglied des Commonwealth of Nations

Präsidialrepublik mit Einkammerparlament; keine Wehrpflicht; Hauptstadt Freetown (mit Vororten 178 600 Ew.).

Fläche: 71 740 qkm – **Einwohnerzahl:** 2,6 Mill. – **Bevölkerungsdichte:** 36,3 Ew./qkm – **Jährlicher Geburtenüberschuß:** 15‰ – **Bevölkerung:** Sudanische Gruppen (Mende, Temne, Soso, Kuranko, Limba); etwa 50 000 »Kreolen« im Küstenbereich; 2500 Asiaten und 2300 Europäer (meist Briten) – **Sprache:** Englisch als Amtssprache; Sudansprachen (u. a. Malinke), Krio – **Religion:** Über 30% Moslems; 70 000 Protestanten, 41 000 Katholiken; Anhänger von Naturreligionen – **Wichtige Ausfuhrgüter:** Diamanten (50% des Exportwertes), Eisen- und Chromerze, Palmkerne, Kakao, Kaffee, Kolanüsse, Piassavafasern

Diamanten im Bezirk Kono große wirtschaftliche Bedeutung. Sierra Leone hat sich in den letzten Jahren zu einem führenden Exporteur von Industriediamanten entwickelt. Ein Hauptproblem bleibt der Gegensatz zwischen den im modernen Großeinsatz arbeitenden europäischen Firmen (wie dem Sierra Leone Selection Trust) und den mit recht primitiven Mitteln arbeitenden afrikanischen Diamantenwäschern. Seit den dreißiger Jahren werden in Marampa auch hochprozentige Eisenerze abgebaut. Die Gewinnung von Platin und Gold spielt heute keine so große Rolle mehr wie früher. Bis vor wenigen Jahren bildete neben der Bahnlinie der Eisenerzgesellschaften (Marampa–Pepel) die jetzt stillgelegte staatseigene Schmalspurbahn von Freetown (rund 178 600 Einwohner mit Vororten) über Bo nach Pendembu, samt Nebenlinien erbaut 1899–1911, das Rückgrat des Fracht- und Personenverkehrs in Sierra Leone.

Wirtschaftlich gesehen ist Sierra Leone ein armes Land. Die Böden sind indessen noch entwicklungsfähig, besonders jene entlang der Küste; für die Böden auf den häufig steilen Berghängen des Hinterlandes besteht allerdings weithin Erosionsgefahr. Diamanten und Eisen sind die wichtigsten mineralischen Erzeugnisse, Palmkerne und Reis die bedeutendsten Agrarprodukte. Der Gegensatz und die Konkurrenz zwischen der Kreolen-Bevölkerung der einstigen »Colony« an der Küste und den afrikanischen Stammesgruppen des Hinterlandes hat sich nicht immer glücklich auf die wirtschaftliche und politische Gesamtentwicklung ausgewirkt (z. B. in der Frage der Landbesitzverhältnisse).

Liberia – älteste Republik auf afrikanischem Boden

Liberia (111 369 qkm), das »Land der Freien«, ist in seiner heutigen politischen Form als Negerrepublik aus den ab 1821 laufenden Bemühungen der »American Colonisation Society« für die Wiederansiedlung befreiter Sklaven hervorgegangen. Von den rund 1,6 Millionen Einwohnern der seit 1847 souveränen Republik – mithin die älteste auf afrikanischem Boden – entfallen etwa 20 000 auf die in Verwaltung und Wirtschaft eine ziemlich geschlossene Oberschicht bildenden Abkömmlinge der befreiten Sklaven, die sich »Ameriko-Liberianer« nennen.

Hinsichtlich seiner Oberflächengestalt läßt sich Liberia in fünf Hauptzonen untergliedern, die von den vielen Flüssen des Landes meist rechtwinklig durchschnitten werden. Unmittelbar an der Küste liegt ein flaches Vorland; seine Ufer sind an den zahlreichen »Creeks« – zeitweilig ausgetrockneten Flußbetten –, Buchten und Lagunen vielfach mit Mangroven gesäumt und weiter landeinwärts mit Sekundärwald bedeckt. Diese Küstenebene geht dann in ein sanftwelliges, mit dichtem Regenwald bestandenes Hügelland (30–120 m ü. d. M.) über. Jenseits dieser Hügelketten überschreitet man eine Reihe steiler Stufen und betritt ein ebenfalls dicht bewaldetes, stark zerschnittenes Tafelland (mittlere Höhe um 300 m). Weiter nordöstlich setzt sich das Bergland um den Mount Nimba noch bis über die Grenzen des Landes fort. Die liberianische Küste ist fast fortwährend feuchten, monsunartigen, aus Südwesten kommenden Luftmassen ausgesetzt, und die Niederschläge erreichen z. T. über 4000 mm im Jahr. Nur gegen das Landesinnere nimmt die Regenhöhe ab, und der trockenzeitliche Nordostpassat gewinnt an Einfluß.

Im Vergleich mit der Vorkriegszeit sind in Liberia in den letzten Jahren auf vielen Gebieten beachtliche wirtschaftliche Fortschritte zu verzeichnen. Nach einer jahrzehntelangen Periode, die von Wirtschaftskrise und Staatsbankrott gekennzeichnet war, hat sich eine für die Zukunft hoffnungsvolle Entwicklung angebahnt. Der Stabilisierung der Verhältnisse kam besonders die gute Kriegs- und Nachkriegskonjunktur in rüstungswichtigen Rohstoffen sowie das Interesse amerikanischer Wirtschaftskreise an der Entwicklung des bis dahin noch recht wenig erschlossenen Landes entgegen.

Das wichtigste landwirtschaftliche Exportprodukt ist für Liberia der Kautschuk. Seit 1925 besitzt die Firestone Rubber Company hier große Gummiplantagen, mit deren Ausbeutung 1934 begonnen wurde. Firestone wurde so in Liberia zu einem »Staat im Staate«. Zahlreiche neue Siedlungen mit Schulen und Krankenhäusern wurden für die über 25 000 Arbeiter des Firestone-Konzerns angelegt. Daneben wurden aber auch die Ameriko-Liberianer zur Gründung eigener Pflanzungen ermutigt. Der Abbau der großen Eisenerzvorkommen des Landes führte bereits in den fünfziger Jahren zu einer wesentlichen Verbreiterung der Wirtschaftsbasis, so daß Liberia bald nicht mehr allein vom Kautschukexport abhängig war. Im Jahre 1961 übertraf der Wert der Eisenerzausfuhr zum erstenmal den der Kautschukausfuhr. 1967 machte das Eisenerz 72 %, der Rohkautschuk aber nur noch 17 % des Exporterlöses aus. Nach Erschließung der großen Vorkommen in den Bomi Hills und der Ausbeutung von Lagerstätten am Monofluß und in der Bong Range (70 km nordöstlich von Monrovia) liegt das wichtigste Eisenerzgebiet an der Grenze zur Elfenbeinküste, im Gebiet des Mount Nimba; die hier lagernden Vorkommen (Eisengehalt 65 %) werden auf 200 Millionen t geschätzt. Schon jetzt ist Liberia Afrikas führender Eisenerzproduzent (1971 Förderung 21,8 Millionen t).

Das im Vergleich mit anderen Ländern Westafrikas zurückgebliebene Verkehrsnetz Liberias hat in der Vergangenheit die Erschließung und Entwicklung des Landes sehr behindert. Seitdem das Erzgebiet der Bomi Hills durch eine Eisenbahn mit Monrovia verbunden wurde, ist auch für das Nimba-Erz der Bau einer Erzbahn zum modernen Tiefwasserhafen von Buchanan durchgeführt worden. Entlang der 560 km langen Küste des Landes bilden die oft an Flußmündungen gelegenen kleinen, offenen Reedehäfen die hauptsächlichen Verkehrsschwerpunkte. Einen modernen Freihafen besitzt die Hauptstadt Monrovia (rund 100 000 Einwohner), wo auch viele Frachtschiffe aus steuerlichen Gründen als »Fluchttonnage« registriert sind, obwohl sie Liberia nie anlaufen.

Die zukünftige Entwicklung Liberias ist in erster Linie von weiteren ausländischen Kapitalinvestitionen abhängig. Voraussetzung bleibt allerdings die beschleunigte Verkehrserschließung des Landes; die Eröffnung der Häfen von Monrovia

---

Liberia
(Republic of Liberia)

Präsidialrepublik mit Zweikammerparlament; Wahlrecht für Neger mit Eigentum; allgemeine Wehrpflicht; Hauptstadt Monrovia (100 000 Ew.).

Fläche: 111 369 qkm – **Einwohnerzahl:** Etwa 1,57 Mill. – **Bevölkerungsdichte:** 14,1 Ew./qkm – **Jährlicher Geburtenüberschuß:** 19‰ – **Bevölkerung:** An der Küste Ameriko-Liberianer, von eingewanderten amerikanischen Negern abstammende, kleine Schicht; im Hinterland u. a. Mandingo, Gola, Kissi, Kpelle, Kru; etwa 6000 Weiße – **Sprache:** Englisch als Staatssprache; als Verkehrssprachen u. a. Mande, Kru – **Religion:** 30 % Moslems; 60 000 Protestanten, 17 000 Katholiken; Naturreligionen – **Wichtige Ausfuhrgüter:** Eisenerz (72 %), Kautschuk (20 %), Kaffee, Palmkerne, Kakao, Diamanten

und Buchanan war in dieser Hinsicht ein bedeutender Schritt vorwärts. Eine weitere vordringliche Aufgabe ist die verstärkte Heranziehung der Bevölkerung zur Mitarbeit am Wirtschaftsaufbau des Landes und vor allem die Heranbildung einer zuverlässigen Facharbeiterschaft. In Liberia ist nicht nur die Einordnung des aus seiner alten Stammesordnung herausgerissenen, entwurzelten Afrikaners ein Problem; auch der Gegensatz zwischen der zahlenmäßig kleinen Oberschicht der Ameriko-Liberianer an der Küste und den Stämmen des Hinterlandes, die den weitaus größten Teil der liberianischen Einwohnerschaft stellen, birgt sozialen Zündstoff. Einen Ausgleich zwischen den beiden Bevölkerungsgruppen erstrebt Präsident Tolbert – gleich seinem 1971 verstorbenen Vorgänger Tubman – mit seiner Politik.

»Musterland« Elfenbeinküste

Von einem lagunenreichen Küstenstreifen erstreckt sich die »Côte-d'Ivoire« (319 822 qkm) über einen Regenwaldgürtel bis weit landeinwärts in die Trockensavannen des westlichen Sudans.

Schon früh nahmen französische Seefahrer von Dieppe und Rouen aus Fühlung mit dieser Küste auf, die später nach dem damaligen Elfenbeinhandel benannt wurde. Aber erst in der zweiten Hälfte des 19. Jahrhunderts wurde eine Reihe von Schutzverträgen mit den afrikanischen Häuptlingen geschlossen; die ersten französischen Handelshäuser bauten ihre Faktoreien an der Küste. In diese Zeit fallen auch die schweren Kämpfe gegen den Sklavenjäger Samory, der sich schließlich den französischen Behörden ergeben mußte.

Elfenbeinküste
(République de la Côte-d'Ivoire)

Präsidialrepublik mit Einkammerparlament; Wahlrecht für alle Erwachsenen; Hauptstadt Abidjan (mit Vororten über 400 000 Ew.).

Fläche: 319 822 qkm – **Einwohnerzahl:** Etwa 4,42 Mill. – **Bevölkerungsdichte:** 13,8 Ew./qkm – **Jährlicher Geburtenüberschuß:** 23‰ – **Bevölkerung:** Westafrikanische Gruppen (Anyi, Kru, Mande), Fulbe; 40 000 Europäer, meist Franzosen – **Sprache:** Französisch als Staatssprache; Sudansprachen (Kwa an der Küste) – **Religion:** Moslems 24, Christen 12% (größtenteils Katholiken); Anhänger von Naturreligionen – **Wichtige Ausfuhrgüter:** Kaffee (39% des Exportwertes), Holz (19%), Kakao (17%), Erze, Bananen, Ananas

---

Nachdem im Ersten Weltkrieg bereits etwa 20 000 Afrikaner der Elfenbeinküste in der französischen Armee (z. T. sogar auf dem europäischen Kriegsschauplatz) gedient hatten, brachten die Jahre von 1918 bis 1939 eine schnelle wirtschaftliche Entwicklung. Auch im Zweiten Weltkrieg bemühte man sich sehr um eine Steigerung der Produktion kriegswichtiger Güter (vor allem Kautschuk und Pflanzenöle). Diese Entwicklung setzt sich auch in der Nachkriegszeit fort. Als eines der reichsten Mitglieder in der Gruppe ehemals französischer Kolonien hat die seit 1960 unabhängige Elfenbeinküste (rund 4,4 Millionen Einwohner) unter ihrem Präsidenten Houphouët-Boigny eine wichtige Stimme im tropischen Afrika.

Geographisch läßt sich die Elfenbeinküste in folgende Hauptlandschaftszonen unterteilen: Der breite, meist niedrig gelegene Waldgürtel reicht fast geschlossen bis zur Küste; weiter im Landesinnern schließen sich nach Norden die Savannen an; den äußersten Nordwesten erreichen noch die gebirgigen

Ghana/Elfenbeinküste, Musikinstrumente · Ein »Balaphon«-Spieler vom Stamm der Lobi (Voltagruppe). Das Instrument ähnelt einem Xylophon.

Städtische Bevölkerung in Westafrika

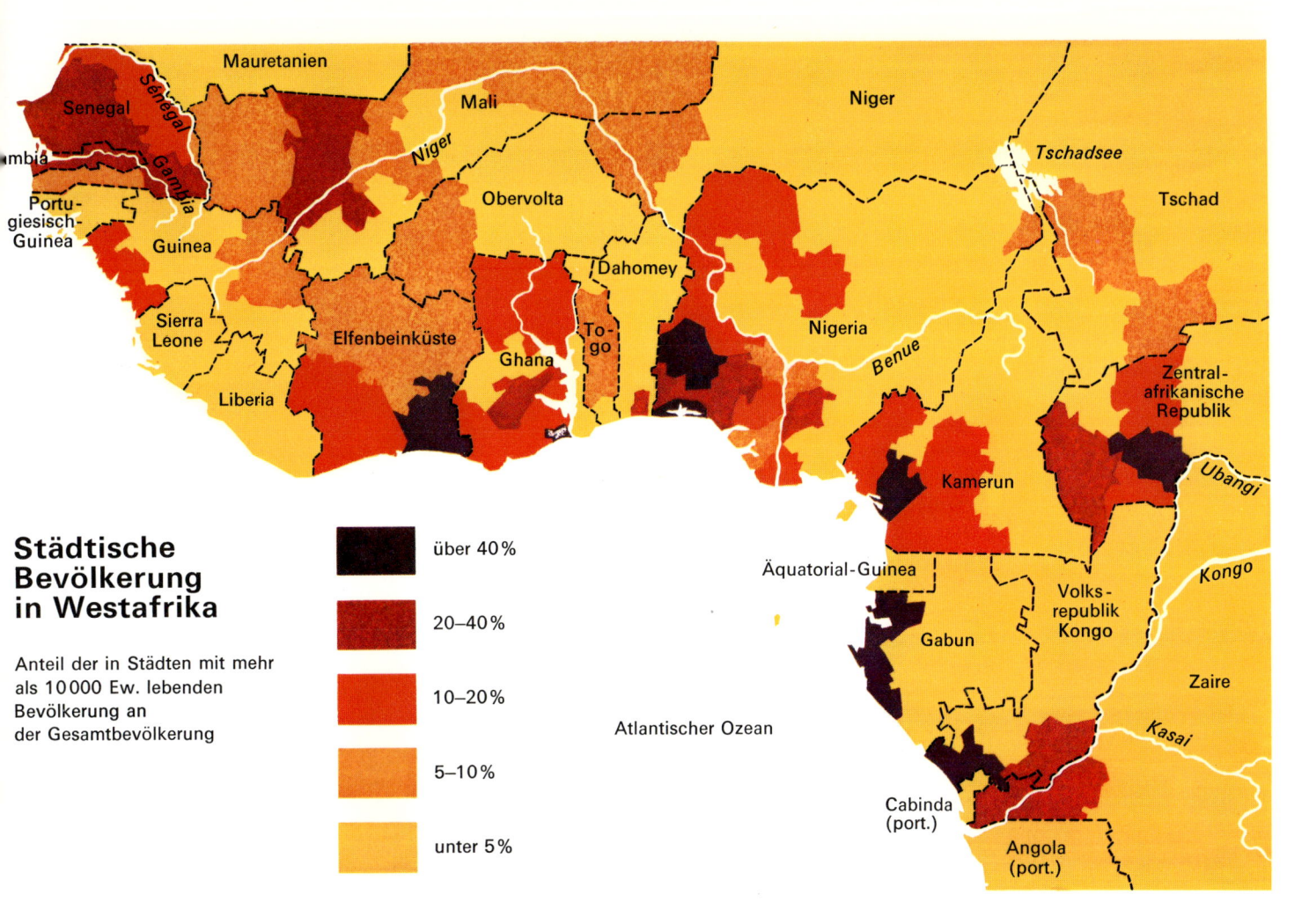

Anteil der in Städten mit mehr als 10 000 Ew. lebenden Bevölkerung an der Gesamtbevölkerung

- über 40 %
- 20–40 %
- 10–20 %
- 5–10 %
- unter 5 %

Ausläufer des Guineahochlandes mit einem eigenen Vegetationstyp. Infolge des Nebeneinanders von einheimischer Agrarproduktion für den Binnenmarkt und weltmarktorientierten Pflanzungen besitzt die Elfenbeinküste eine sehr vielseitige Agrarstruktur.

Unter den Exportprodukten hat der in den östlichen und den zentralen Waldgebieten angebaute Kaffee eine besondere Bedeutung. Die Kakaokultur wurde aus der ehemaligen Goldküste eingeführt und wird fast ausschließlich von afrikanischen Bauern gepflegt. Durch sorgfältige Planung konnte die Kakaoproduktion der Elfenbeinküste in den Jahren 1960–1970 verdoppelt werden. Sie liegt heute knapp unterhalb der 200 000-t-Grenze; die Elfenbeinküste liegt damit nach Ghana und Nigeria (1972: 280 000 t) an dritter Stelle unter allen Kakao produzierenden Ländern der Welt. Die Bananenkulturen befinden sich hauptsächlich in den Händen europäischer Plantagengesellschaften. Ölpalmenpflanzungen sind im Westen des Landes und an der Küste verbreitet. In den nördlichen Savannen nimmt die Baumwolle eine etwas wichtigere Stellung ein. Der Sisal- und der Kapokanbau besitzen hier nur eine geringe lokale Verbreitung. Dagegen gibt es überall die bereits erwähnten Nährfrüchte des Waldes und der Savanne, unter denen Knollenfrüchte wie Maniok, Taro und Jams im Osten mehr und mehr den Reis verdrängen.

Die Landwirtschaft der Elfenbeinküste hat sich seit dem Zweiten Weltkrieg sprunghaft entwickelt. Hohe Wachstumsraten, die sich auch in der industriellen Expansion widerspiegeln, erklären sich zum einen aus dem großen potentiellen Reichtum des Landes, zum andern aus seinen großzügigen Investitionsbedingungen und aus der nach wie vor engen Zusammenarbeit mit Frankreich, bei der man sich nicht auf gewagtes planwirtschaftliches Experimentieren einließ und es auch vermied, die Afrikanisierung auf Kosten der Wirtschaftlichkeit zu forcieren.

Die Förderung von Bodenschätzen spielt, wenn man von einer wachsenden Manganproduktion (bei Grand-Lahou) absieht, noch keine größere Rolle. Viel wichtiger ist die Forstwirtschaft. Die Elfenbeinküste besitzt große Reserven an tropischen Harthölzern, vor allem an Mahagoni und Teakholz. Besonders im Westen des Landes gibt es noch weite, verkehrsentlegene und wenig berührte Regenwälder. Für die industrielle Entwicklung des Küstengebiets hat die verstärkte Nutzung der Wasserkraftreserven an Bedeutung gewonnen. Das erste große Stauwerk wurde vor wenigen Jahren am Biafluß im Südosten des Landes angelegt. Das im Bau befindliche Bandama-Projekt wird die Größenordnung des Volta-Stausees in Ghana erreichen.

Der Hauptverkehr spielte sich zunächst auf den Lagunen ab, auf denen zahlreiche Lastkähne geschleppt wurden, die Agrarprodukte und Baumstämme nach Abidjan schafften und sperrige Güter, wie Baumaterialien, im Hinterland entlang der Küste verteilten. Die Flüsse sind kaum als Verkehrsträger geeignet. Der Sperrgürtel des Regenwaldes wurde erst im 20. Jahrhundert durch eine Eisenbahnlinie überwunden.

Durch den Vridikanal und den Ausbau des Lagunenhafens von Abidjan wurde die schnelle Entwicklung der Hauptstadt (1963 rund 250 000, 1972 weit über 400 000 Einwohner) ermöglicht. Die großzügig angelegte Metropole ist ein Musterbeispiel dafür, wie eine moderne Großstadt im tropischen Afrika aussehen kann. Ihre weitere Umgebung gehört zu den wirtschaftlich und sozial am besten entwickelten Gebieten des Landes. Der Einzugsbereich des Hafens umfaßt nicht nur die Elfenbeinküste, sondern reicht weit nach Obervolta und Mali, ja bis in den westlichen Sudan hinein. Steuerliche Vergünstigungen haben zahlreiche Industriebetriebe angezogen. So gibt es u. a. Großbäckereien, Textil-, Tabak- und Kaffeepulverfabriken, einen Montagebetrieb für Kraftfahrzeuge, ein Aluminiumwerk und eine Ölraffinerie.

Ghana – führender Kakaoproduzent der Erde

Der Name Ghana gilt dem gebildeten Westafrikaner seit Jahrzehnten als ein Symbol eigenständiger afrikanischer Reichstradition. Allerdings ist die Verbindung des modernen Ghanas mit dem nördlich des Nigers im westlichen Sudan gelegenen mittelalterlichen Staatswesen Gana mehr eine romantische Fiktion, ein Anknüpfen an eine ruhmreiche Vergangenheit als eine wirklich historisch begründete Tatsache. Dieses alte Königreich Gana ging auf eine Berbergründung (wahrscheinlich im 4. Jahrhundert n. Chr.) zurück und war stark nach Nordafrika orientiert. Nach seinem Höhepunkt um die Jahrtausendwende wurde es allmählich vom Mali-Reich überflügelt.

Die ersten europäischen Seefahrer, die sich vorsichtig entlang der ungesunden Westküste Afrikas nach Süden vortasteten, nannten die verschiedenen Küstenabschnitte nach den damals wichtigen »Handelsgütern« Pfeffer-, Elfenbein-, Gold- und Sklavenküste. Von diesen Frachten, die einst von der Küste Westafrikas ihren Weg nach Europa fanden, ist einzig das Gold der Goldküste auch heute noch ein wichtiges Ausfuhrprodukt. Während die Portugiesen aber in der weiteren Umgebung ihrer Forts Gold gewannen, hat sich die Goldgewinnung heute weiter in die Waldgebiete im Landesinnern verlagert. Für Jahrhunderte unterhielten die verschiedenen europäischen Mächte – Briten, Niederländer, Franzosen, Portugiesen, Dänen, Schweden und sogar für kurze Zeit die Brandenburger (1632, 1685, 1694) – Festungen und Handelsniederlassungen an der Küste.

Das Aschanti-Reich, das um 1800 fast die ganze südliche Hälfte des heutigen Ghanas einnahm, wurde nach vielen kriegerischen Auseinandersetzungen schließlich 1901 dem britischen Empire einverleibt. Inzwischen hatten auch die Franzosen an der Elfenbeinküste und die Deutschen von Togo aus begonnen, ihre Schutzgebiete westlich und östlich der Goldküste zu konsolidieren. Die Briten erweiterten ihren Machtbereich durch die Schaffung eines Protektorats im Norden von Aschanti. Das gesamte britische Territorium der Goldküste erlangte 1957 – nach verschiedenen Verfassungsänderungen und Übergangsstadien – als Ghana die volle Unabhängigkeit, zunächst als Dominion innerhalb des Commonwealth of Nations. Im Jahre 1960 wurde es in eine Republik umgewandelt.

Mit 238 538 qkm erreicht Ghana beinahe die Fläche des ein-

Ghana, Hafenarbeiter · Noch immer ist die menschliche Arbeitskraft am billigsten (da im Überfluß vorhanden) und am vielseitigsten einsetzbar wie hier bei Entladearbeiten.

Ghana
(Republic of Ghana)
Mitglied des Commonwealth of Nations

Republik mit Einkammerparlament und regionalen Volksversammlungen; allg. Wahlrecht; Hauptstadt Accra (mit Vororten 849 000 Ew.).

Fläche: 238 538 qkm – **Einwohnerzahl:** 8,86 Mill. (davon etwa 70% ländliche Bevölkerung) – **Bevölkerungsdichte:** 36 Ew./qkm – **Jährlicher Geburtenüberschuß:** 27‰ – **Bevölkerung:** Akan (u.a. Aschanti), Fanti, Ewe, Mole-Dagbani, Fulbe, Haussa; 7000 Europäer – **Sprache:** Englisch als Staatssprache; als Verkehrssprachen u.a. Twi, Fanti, Ga, Fulbe – **Religion:** Moslems (im Norden 15–25%); 950 000 Katholiken, 700 000 Protestanten; Anhänger von Naturreligionen – **Wichtige Ausfuhrgüter:** Kakao (60% des Exportwertes), Holz, Manganerz, Bauxit, Ölfrüchte, Diamanten, Gold

stigen »Mutterlandes«, während seine rund 8,86 Millionen Menschen zählende Bevölkerung nur gut einem Achtel jener Großbritanniens entspricht. Landschaftlich setzt sich Ghana deutlich aus drei Zonen zusammen: der schmalen Küstensavanne, dem geschlossenen Waldgürtel und dem nördlichen Savannenraum.

Die Wirtschaft der alten Akan-Königreiche – die Aschanti sind ein Stamm der Akan – fußte großenteils auf der Goldgewinnung; daher der Name »Goldküste«, den die ersten europäischen Händler diesem Gebiet gaben. Nach dem Eindringen europäischen Kapitals wurden in den Jahren 1898 bis 1901 zahlreiche Bergbaugesellschaften gegründet. Wegen der hohen Transportkosten erzielten die meisten dieser überwiegend kleinen Gesellschaften keine großen Gewinne. Erst gegen Ende des 19. Jahrhunderts und zur Zeit des Burenkrieges in

Südafrika setzte mit dem Bau einer Stichbahn von der Küste ins Landesinnere der hektische »Jungle boom« im Goldbergbau der Goldküste ein. Die reichen Lager von Obuasi, die schon im 17. Jahrhundert von den Denkyera bearbeitet worden waren, wurden 1897 von der Ashanti Goldfields Corporation übernommen. Andere reiche Goldfelder bei Prestea, Bibiani und Tarkwa entwickelten sich schnell zu Schwerpunkten des Goldbergbaues. Im Umkreis dieser größeren Bergbaustädte hat die Landschaft durch weite Kahlschläge ihren Waldcharakter eingebüßt und ähnelt europäischen Bergbaugebieten.

Der langen Geschichte des Goldbergbaues, vom primitiven Auswaschen in alten Zeiten bis zur chemischen Ausfällung in der Gegenwart, steht die kurze Entwicklungsperiode der Ausbeutung der anderen Bodenschätze gegenüber. Diamanten wurden gegen Ende des Ersten Weltkrieges beim Goldwaschen im Birimfluß bei Akim-Abuakwa entdeckt. Bei den nicht unbedeutenden Vorkommen handelt es sich vor allem um kleine Industriediamanten. Die Manganproduktion der Goldküste schnellte im Ersten Weltkrieg (ab 1916) empor, als dieses Metall für die Stahlveredlung und die Herstellung von Batterien in Europa wichtig wurde. Im Zweiten Weltkrieg setzte die Ausbeutung der bereits seit dem Ersten Weltkrieg bekannten Bauxitlager ein. Zunächst wurden die in Küstennähe, bei Awaso und Sefwi Bekwai, gelegenen Vorräte dieses wichtigen Rohstoffes abgebaut. Andere große Lagerstätten sollen im Rahmen des Volta-Projekts abgebaut werden.

Neben den von jeher überall angebauten Bodenfrüchten wie Mais, Taro, Maniok, Reis und Gemüse, die fast ausschließlich für den Eigenbedarf bestimmt sind, bildeten die weltmarktorientierten Kakaokulturen den Hauptschlüssel für die wirtschaftliche Entwicklung des Landes. Die ersten Kakaobohnen wurden in der zweiten Hälfte des 19. Jahrhunderts in den Waldgürtel der britischen Kolonie Goldküste eingeführt. Zunächst war es besonders die Basler Mission, die den Kakaoanbau unterstützte. Seit Anfang des 20. Jahrhunderts ist die Kakaoproduktion ganz außerordentlich angestiegen (1896: 34 t, 1906: 9000 t, 1916: 160000 t, 1960: 410000 t, 1971/72: 450000 t). Sie überflügelte nach und nach alle übrigen agrarischen Exportprodukte, etwa Kautschuk und Palmöl, die noch im 19. Jahrhundert eine größere Rolle gespielt hatten, und machte Ghana zum größten Kakaoerzeuger und -exporteur der Welt. Im Zuge neuzeitlicher Schädlingsbekämpfung und künstlicher Düngung dürfte mit einer weiteren Produktionssteigerung zu rechnen sein. Die »Swollen shoot« genannte Viruskrankheit der Kakaopflanze ist durch das schnelle Ausholzen der befallenen Bestände und die Neuanpflanzung resistenter Arten in den letzten Jahren zurückgedrängt worden. Palmerzeugnisse (Palmkerne, Palmöl, Kopra) haben nur noch für den Inlandsmarkt Bedeutung. Auch die unter ähnlichen Klima- und Bodenverhältnissen wie der Kakao wachsenden Kolanüsse werden nur in die benachbarten Länder des westlichen Sudans ausgeführt.

Die Viehhaltung ist auf die trockenen Küstensavannen und in noch stärkerem Ausmaß auf die nördlichen Savannen beschränkt, wo die an Schatten und Feuchtigkeit gewöhnte Tsetsefliege ungünstige Lebensbedingungen vorfindet.

In der Entwicklung von Holzeinschlag, -export und -industrie spiegelt sich Ghanas jüngere Wirtschaftsgeschichte wider. Der Holzexport begann im Jahre 1888 mit 500 Mahagoni- »Blöcken« und nahm bis zum Ersten Weltkrieg ständig zu (1907: 51 000 cbm, 1913: über 85 000 cbm). Damals lag das Hauptausbeutungsgebiet in der Westprovinz des heutigen Ghanas. Axim entwickelte sich dort zu einem der bedeutendsten Mahagoniausfuhrhäfen der Welt. Nach Fertigstellung der Eisenbahn von Accra nach Kumasi (erbaut 1905–1923) griff die Holznutzung auf die Provinz Ashanti über, doch nimmt die Westprovinz in der Holzgewinnung nach wie vor die Führungsstelle ein.

Wieweit das Volta-Projekt durch die Gewinnung von Hydroenergie und deren industrielle Nutzung, vor allem für die Aufbereitung von Bauxit zu Aluminium, die Wirtschaft Ghanas auf eine breitere Grundlage stellen wird, muß abgewartet werden. Immerhin sind im Raum Accra–Tema schon beachtliche Fortschritte in dieser Hinsicht erzielt worden.

Das wichtigste städtische Zentrum ist Accra (mit Vororten 849 000 Einwohner); aus einem an alte europäische Festungen angelehnten Dorf entstanden, hat die Stadt seit 1877 die Funktion der Landeshauptstadt inne, die vorher Cape Coast besaß. Cape Coast ist heute ein wichtiges Erziehungszentrum mit zahlreichen Oberschulen und einem neuen University College. Das im Waldgürtel gelegene Kumasi (rund 350 000 Einwohner), die alte Hauptstadt des Aschanti-Reiches, ist einer der größten Märkte Westafrikas.

Togo – der »Zwerg« unter den Guinealändern

Ähnlich wie Ghana erstreckt sich auch das benachbarte, viel kleinere Togo (56 600 qkm) – es ist der kleinste der hier behandelten Staaten – von der Oberguineaküste bis in die Landschaften des westlichen Sudans. Auch hier waren es in der Frühzeit der europäischen Einflußnahme die Portugiesen, die von ihren Stützpunkten Elmina (Goldküste, vgl. S. 112), Ouidah (Sklavenküste) und von Orten wie Grand-Popo, Petit-Popo, Anécho und Porto-Séguro aus den Sklavenhandel organisierten und gleichzeitig zahlreiche neue Nutzpflanzen (Maniok, Mais und Kokosnüsse) in die Küstengebiete einführten.

Das erste deutsche Protektorat ging auf die achtziger Jahre des 19. Jahrhunderts zurück, als sich eine ganze Reihe deutscher Händler an der Küste niederließen. Schon bald nachdem Gustav Nachtigal einen Schutzvertrag mit dem Häuptling des Dorfes Togo (heute Togoville) abgeschlossen hatte, wurde das Küstengebiet 1884 zur ersten deutschen Kolonie in Afrika; der Name des kleinen Dorfes (»Togo«, ein Wort aus der Sprache der Ewe, bedeutet etwa »hinter dem See [d. h. der Lagune]«) wurde als Bezeichnung für das ganze Territorium übernommen.

Die kurze deutsche Herrschaft (1884–1914) in der »Musterkolonie« Togo hat sich auf die wirtschaftliche und politische Struktur des Landes nachhaltig ausgewirkt. Zu Anfang des Ersten Weltkrieges wurde Togo von französischen und britischen

---

Togo
(*République Togolaise*)

Präsidialrepublik mit Einkammerparlament und allgemeinem Wahlrecht; Hauptstadt Lomé (100 700 Ew.).

Fläche: 56 600 qkm – **Einwohnerzahl:** Über 2 Mill. (davon 85 % ländliche Bevölkerung) – **Bevölkerungsdichte:** 35,3 Ew./qkm – **Jährlicher Geburtenüberschuß:** 25‰ – **Bevölkerung:** Westafrikanische Gruppen (u. a. Adja-Ewe 45 %), Splittergruppen von Haussa, Fulbe und anderen Stämmen; etwa 1300 Europäer – **Sprache:** Französisch als Amtssprache, Sudansprachen wie Ewe, Kabre, ferner Fulbe, Dagomba, Tim – **Religion:** 350 000 Katholiken, 135 000 Protestanten; etwa 8 % Moslems; Anhänger von Naturreligionen – **Wichtige Ausfuhrgüter:** Kalziumphosphat (43 % des Exportwertes), Kaffee (22 %), Kakao (19 %), Palmkerne, Kopra, Baumwolle

Menschen in Togo

Wie in anderen Ländern des tropischen Afrikas haften auch in Togo der Masse der bäuerlichen Bevölkerung noch Züge an, wie sie für einen vorwiegend auf die Deckung des Eigenbedarfs bedachten Bauernstand in der ganzen Welt zu finden sind. In den letzten Jahrzehnten wurden die traditionellen Wirtschaftsordnungen jedoch immer stärker in den Strom der Welt- und Geldwirtschaft hineingezogen. Die Rolle der Häuptlinge hat sich gewandelt. Vom »Schmelztiegel« der Städte und von den reicheren Gebieten im Süden aus haben sich europäische Konsumgewohnheiten und Organisationsformen (Parteien, Gewerkschaften, Klubs) durchgesetzt, die dem jungen Afrikaner neue soziale Kontakte ermöglichen. Dies gilt besonders für das sich schnell entwickelnde Schul- und Bildungswesen. Der Umwandlungs- und Auflösungsprozeß birgt indes auch Gefahren für die weitere politische Entwicklung, wie sie z. B. in den Militärrevolten zum Ausdruck kommen. In diesem Sinne spiegeln die hier gezeigten Bilder das Aufeinandertreffen von neuen und alten Formen und damit eine für ganz Afrika typische Situation wider.

Unten und rechts: Großer Empfang für Togos Staatsgäste – Zuschauergruppen am Straßenrand

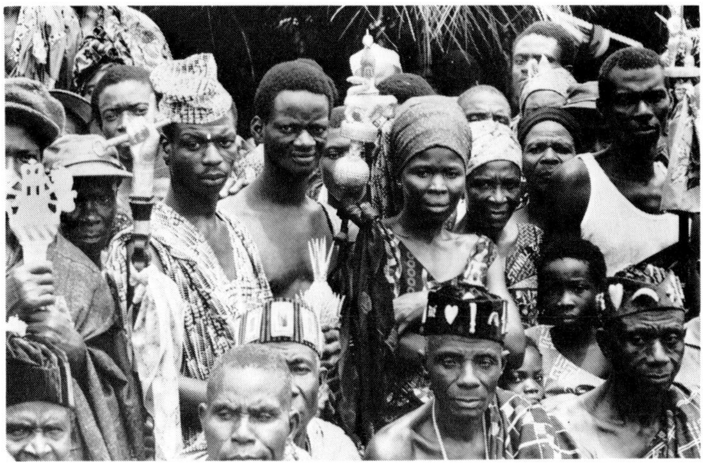

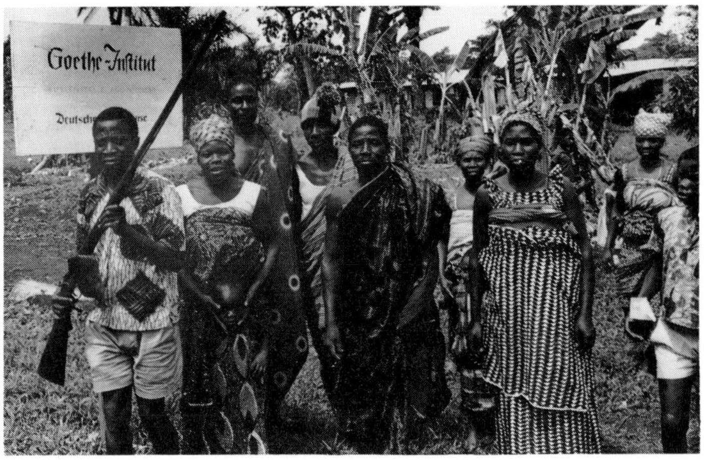
Goethe-Institut

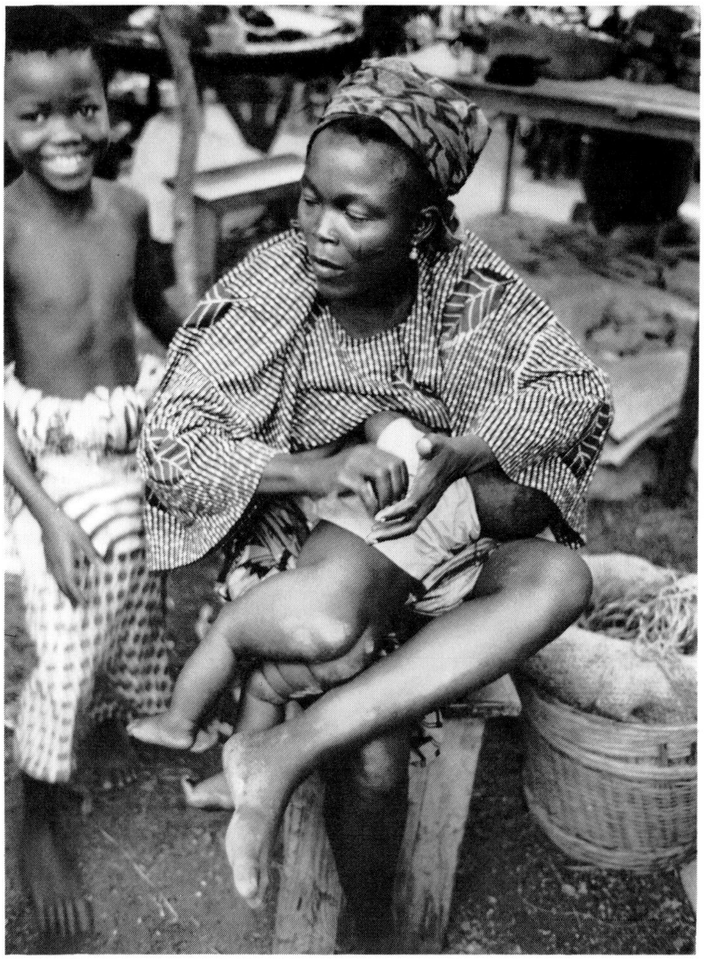

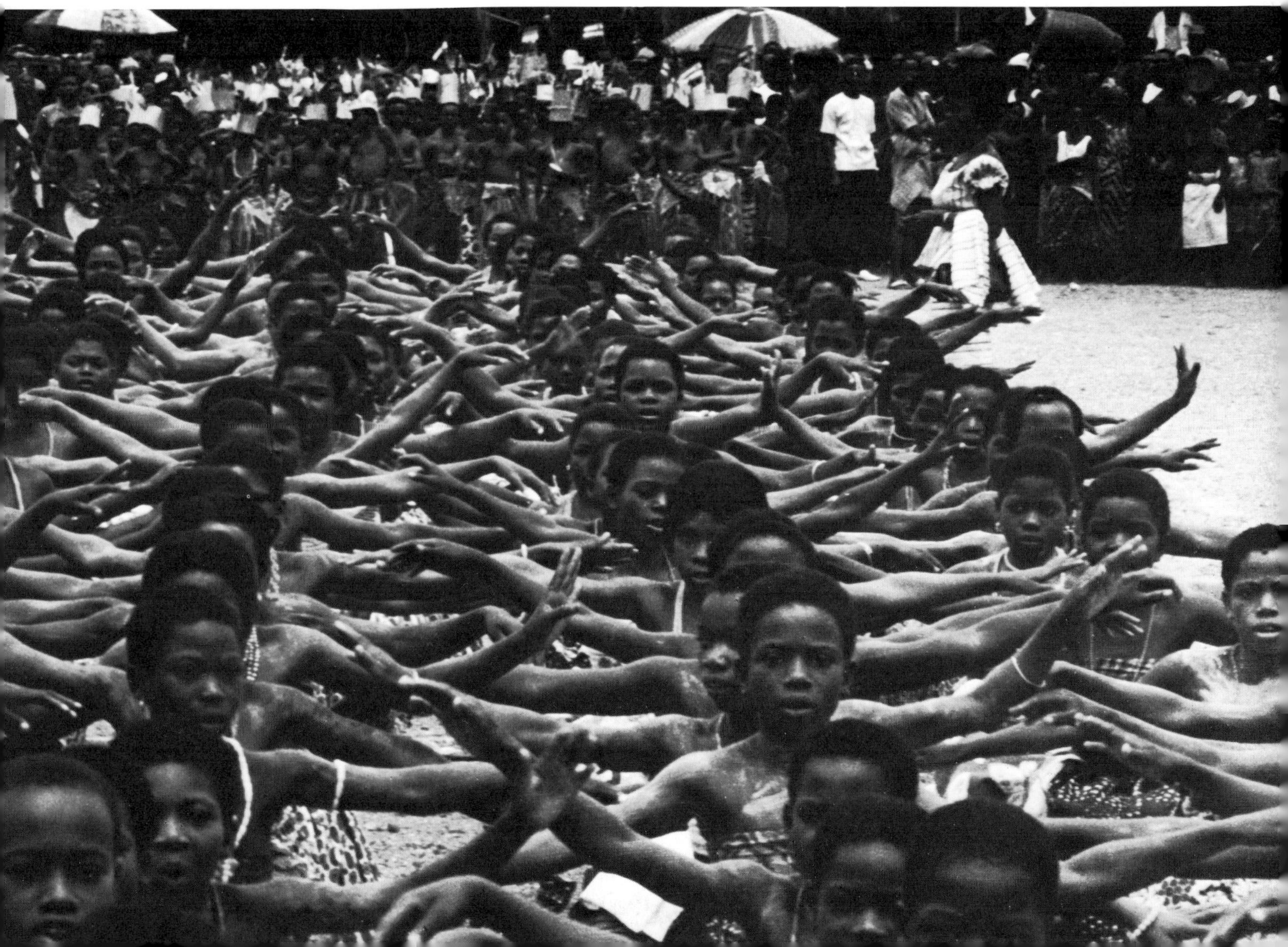

Truppen besetzt. Im Friedensvertrag von 1919 wurde dann eine neue Einteilung durchgeführt. Das vormalige Deutsch-Togo bekam nun eine getrennte britische und französische Mandatsverwaltung (1922), wurde später (1946) zum Treuhandgebiet der Vereinten Nationen erklärt und erhielt 1960 die volle Unabhängigkeit.

Ebenso wie in den Nachbarstaaten ist auch in Togo (rund 2,1 Millionen Einwohner) die Bevölkerungsstruktur gekennzeichnet vom Gegensatz zwischen den schon länger im Kontakt mit Europa lebenden Stammesgruppen (besonders den Ewe) im Süden und den weniger entwickelten nördlichen Stämmen (u. a. Bassari, Konkomba, Kabre, Fulbe und Dagomba).

Togo ist vielleicht als das afrikanische Land zu bezeichnen, das am meisten unter der willkürlichen Grenzziehung der Kolonialzeit gelitten hat. Im Vergleich mit Ghana besitzt das kleine Land nur geringe wirtschaftliche Möglichkeiten. Das von Südwesten nach Nordosten streichende, aus jungpräkambrischen Gesteinen steil aufgefaltete Togo-Atakora-Gebirge war lange Zeit ein Rückzugsgebiet, dessen Bewohner sich in voreuropäischer Zeit auch deutlich vom Einfluß des Islams frei hielten und die sich selbst heute noch sprachlich von den benachbarten Stammesgruppen unterscheiden.

Das westliche Togo ist infolge der hohen Niederschläge (1200–1500 mm im Jahresdurchschnitt) dicht bewaldet. Diese einzigen Waldgebiete des Landes sind wirtschaftlich wegen ihrer Kaffee- und Kakaopflanzungen wichtig, die z. T. bereits auf die deutsche Zeit zurückgehen und auch heute noch bedeutende Exporterlöse bringen. Die Pflanzungen sind vollständig in afrikanischen Händen; Arbeitskräfte für die meist kleinen Betriebe werden in den nördlichen Savannen, vor allem unter den Kabre, angeworben. Die trockenen Hügel und aufgelösten Kuppen der »Inselbergplatte« südlich der Atakorakette (um Sokodé) gehören schon fast ganz zur Savanne. In diesem Raum sind als wichtige Produkte Hirse, Erdnuß und Tabak zu nennen. In Fortsetzung des ärmlichen Mittelgürtels von Ghana besitzt auch Togo in den Ebenen des Otiflusses und den benachbarten Sandsteintafeln Gebiete mit geringerer Bevölkerungsdichte, in denen ebenfalls Hirse- und Jams- sowie Erdnußanbau dominieren. Der sandige Nehrungs- und Lagunenstreifen erstreckt sich etwas landeinwärts. Auf den Nehrungen wurden ab 1886 mit Unterstützung der deutschen Kolonialverwaltung in großem Umfang Kokospalmen gepflanzt. Bis heute wird von diesen Pflanzungen Kopra exportiert. Ein weiterer Haupterwerbszweig der einheimischen Ewe-Bevölkerung ist der Fischfang im Küstenmeer und in den Lagunen.

An die Lagunenzone schließt sich die »Terre de Barre« an (»barre« ist eine französische Abänderung des portugiesischen Wortes »barro« = Ton), ein durch Flüsse gut bewässertes Roterdegebiet, das dicht besiedelt und intensiv kultiviert ist. Mais, Jams und Maniok sind die vorherrschenden Nutzpflanzen; Ölpalmen werden dagegen nicht soviel gepflanzt wie im benachbarten Dahomey.

Die weiter nördlich gelegenen, von der Natur wenig begünstigten Feuchtsavannen des Monogebiets sind spärlicher besiedelt. Die Siedlungen liegen vor allem an der Hauptstraße und entlang der nach Norden führenden Eisenbahn. Hauptanbaufrucht ist neben Mais und Jams (am Mono selbst Reis) die Ölpalme, vorwiegend im Süden. Auch Schibutter und Erdnußprodukte der trockenen, mit Affenbrotbäumen und Fächerpalmen durchsetzten Savannen spielen eine gewisse Rolle. Auf den etwas besseren Gneis- und Granitböden des Kabreberglandes gibt es einige begrenzte Gebiete mit terrassierten, gedüngten und z. T. bewässerten Feldern, die eine etwas höhere Bevölkerungsdichte aufweisen.

Noch mehr als Ghana ist Togo ein ausgesprochenes Agrarland, das zu über einem Drittel landwirtschaftlich genutzt wird und in dem Kakao, Kaffee, Palmkerne und Kopra die Hauptausfuhrprodukte darstellen. Für den Binnenmarkt haben im Süden Mais und Maniok, im Norden Hirse, Jams und Bohnen größere Bedeutung. Die Ausbeutung mineralischer Vorkommen war in der Vergangenheit ziemlich unwichtig. In den letzten Jahren sind reichere Phosphat-, Bauxit- und Eisenerzlagerstätten entdeckt worden. Besonders der Phosphatexport verspricht gute Erträge.

Von der Hauptstadt Lomé (knapp 100 000 Einwohner) aus führen mehrere Stichbahnen in das Landesinnere, und zwar die früher häufig als »Kakaobahn« bezeichnete Eisenbahnlinie nach Palimé, die entlang der küstennahen Palmenhaine nach Anécho verlaufende »Ölbahn« und die »Baumwollbahn« in die nördlicher gelegenen Kleinstädte Atakpamé und Blitta. Lomé, das gleichzeitig die wichtigste Hafenstadt Togos ist, besitzt seit 1967 einen modernen, mit finanzieller Hilfe der Bundesrepublik Deutschland gebauten Tiefwasserhafen als Ergänzung des offenen Reedehafens, über den zuvor der gesamte Seehandel des Landes abgewickelt worden war.

Dahomey – bis vor drei Generationen letzte Bastion des Sklavenhandels

Dahomey reicht von der politisch zerstückelten Oberguineaküste bis an den Mittellauf des Nigers. Das an der berüchtigten Sklavenküste gelegene Land war bis vor einem knappen Jahrhundert ein wichtiger Sklavenlieferant Mittel- und Südamerikas. Als erste hatten sich hier – 1580 in Ouidah – die Portugiesen festgesetzt. Nachdem sie im 17. Jahrhundert durch die Niederländer von der Goldküste vertrieben worden waren, machten sie die Forts von Dahomey zu ihren Hauptstütztpunk-

> **Dahomey**
> (République du Dahomey)
>
> Republik mit Konsultativversammlung aus drei Kammern; Hauptstadt: Porto Novo (77 000 Ew.).
>
> **Fläche:** 112 622 qkm – **Einwohnerzahl:** Etwa 2,76 Mill. (davon 85% ländliche Bevölkerung) – **Bevölkerungsdichte:** 24,4 Ew./qkm – **Jährlicher Geburtenüberschuß:** 23‰ – **Bevölkerung:** Westafrikanische Gruppen, vorwiegend Adja und Fong (zusammen über 50%), ferner Joruba (13%), Bargu (12%), Dendi, Somba, Fulbe; 3000 Europäer, meist Franzosen – **Sprache:** Französisch als Staats- und z. T. als Umgangssprache; als Verkehrssprachen u.a. Kwa, Fon, Gu, Joruba, Dendi – **Religion:** Katholiken 15, Moslems 12%; Anhänger von Naturreligionen – **Wichtige Ausfuhrgüter:** Palmkerne und -öl (über zwei Drittel des Exportwertes), Baumwolle, Erdnüsse, Kaffee, Rizinus

ten an der afrikanischen Westküste. Von hier aus wurde der Sklavenhandel bis weit in die zweite Hälfte des 19. Jahrhunderts hinein fortgesetzt. Das letzte Schiff mit »schwarzer Fracht« verließ die Reede von Ouidah im Jahre 1885. Erst 1961 wurde das letzte kleine portugiesische Kastell bei Ouidah nach einem Ultimatum der Regierung von Dahomey übernommen. Ein Jahr zuvor hatte der Staat Dahomey im Zuge der Auflösung des französischen Kolonialbesitzes in Afrika die Unabhängigkeit erhalten.

Mit einer Fläche von 112 622 qkm und einer gut 2,8 Millionen Menschen zählenden Einwohnerschaft gehört Dahomey mit Togo, Liberia und Sierra Leone zu den kleineren Ländern

Westafrikas. Die Bevölkerung verteilt sich ungleich auf die großen Ballungsräume um die Haupt- und Hafenstadt Cotonou (rund 120 000 Einwohner) sowie das ehemalige Verwaltungszentrum Porto-Novo (etwa 80 000 Einwohner) und die entlegenen, fast menschenleeren Gebiete weiter im Norden.

Ähnlich wie in den Nachbarstaaten wiederholt sich auch in Dahomey die landschaftliche Gliederung Oberguineas. Nur fehlt hier, wo die Savannen in breiter Front die Küste erreichen, der Waldgürtel. Eine Nehrungs- und Lagunenküste hat sich vor einer Reihe breiter Flußmündungen oder Ästuarien entwickelt, von denen sie nur an einigen Stellen unterbrochen wird. In den Lagunen wird – soweit sie nicht derart verlandet sind, daß der Anbau von Mais, Taro und Gemüse möglich ist – intensiv Fischfang betrieben. Die Fischervölker leben z. T. noch in Pfahlbausiedlungen; ihre Lebensgewohnheiten haben sich seit »vorgeschichtlicher« Zeit kaum verändert.

Nördlich der Lagunenzone setzt sich die »Terre de Barre« Togos fort. Es handelt sich um ein etwa 100 m ü. d. M. gelegenes Gebiet, dessen leuchtendrote Böden sich aus tertiären Lehmen entwickelt haben. Gerade dieser südliche Savannenraum eignet sich bei Düngung für intensiven Daueranbau. Ein flaches, sumpfiges Senkungsgebiet bildet den Übergang zu den dichtbesiedelten Plateaus von Mitteldahomey und zu den daran anschließenden ärmlichen Tafelländern und Sandsteinflächen des Nordens und des Nordwestens, auf deren trockenen Savannen sudanische Hirsearten angebaut werden und halbnomadische Viehzucht verbreitet ist.

Infolge des längeren Kontakts mit europäischen Händlern hatte sich die Küstenbevölkerung früh auf die Versorgung der absegelnden Sklavenschiffe spezialisiert und vor allem lange haltbare Nährfrüchte wie Maniok, Jams, Mais und Gemüse, besonders Bohnen, angebaut. Auch in der Gegenwart werden deshalb in Süddahomey noch viel Mais und Gemüse neben Ölpalmen gepflanzt. Die leichten, meist alluvialen Böden eignen sich bei gut über das Jahr verteilten Niederschlägen (um 1000 mm im Jahresdurchschnitt) für den Anbau dieser Nahrungspflanzen, zumal die natürlichen Bedingungen für Kakao- und Kaffeepflanzungen nicht ausreichen.

Die Hauptexportprodukte des Landes sind Palmöl und Palmkerne, die nach dem Zusammenbrechen des Sklavenhandels eine Haupteinnahmequelle der damaligen Kolonie bildeten. Auf den großen Ölpalmenplantagen wurden Ölmühlen und Seifenfabriken angelegt, so daß ein Teil der Früchte fortan an Ort und Stelle verarbeitet werden konnte. Auch Kokospalmenhaine sind auf den Nehrungen und Lagunenufern von Grand-Popo bis zur nigerianischen Grenze verbreitet. Die Kokosnüsse werden großenteils frisch auf den Märkten verkauft. Während Mais und Maniok fast im ganzen Land angebaut werden, beschränken sich Baumwoll-, Erdnuß-, Hirse- und Reiskultur auf die nördlichen Savannen.

Größere mineralische Vorkommen sind in Dahomey bisher nicht erschlossen worden.

Die Eisenbahnlinie von Cotonou nach Parakou ist die Hauptverkehrsachse des Landes; ihr Ausbau bis in den nördlich gelegenen Nachbarstaat Niger wird diskutiert. Der wichtige Handelsplatz Cotonou hat seit 1965 einen gut ausgebauten Tiefwasserhafen.

Dahomey leidet ebenso wie Togo unter seiner geringen Flächengröße und dem Mangel an wichtigeren wirtschaftlichen »Trümpfen«. Dabei haben beide Länder vor den Trockengebieten des westlichen Sudans die gute eigene Ernährungsgrundlage voraus. Außerdem verfügen sie in den Küstenräumen über eine Bevölkerung, die in Handel und Verwaltung schon seit langem mit europäischen Gepflogenheiten vertraut ist und die deshalb schon zur Zeit der französischen Kolonialverwaltung in vielen anderen Teilen West- und Äquatorialafrikas Verbindungsleute stellte.

Zukunft mit Fragezeichen

In einem Augenblick, da die Hälfte der Menschheit am Rande des Existenzminimums lebt, d. h. in einem Zustand, den wir, träfe er auf uns zu, als elend bezeichnen würden, stehen auch die hier beschriebenen Guinealänder an einem wichtigen Punkt ihrer Entwicklung.

Die immer weiter aufreißende Kluft zwischen Industrie- und Entwicklungsländern ist eines der Zentralprobleme unserer Zeit. Engere Zusammenarbeit in Richtung auf eine afrikanische Einheit ist zwar politisch sinnvoll, aber wirtschaftlich oft nicht sehr ergiebig. »Was sollen wir untereinander teilen? Unsere Armut?« antwortete Félix Houphouët-Boigny, der Präsident der Elfenbeinküste, seinen Kritikern.

Neben den politischen Aktionen, die sich in den letzten Jahren in zahlreichen Militärrevolten äußerten, so in Ghana, Dahomey, Togo und Sierra Leone, sollte der technologische Fortschritt nicht übersehen werden. Die großen hydroelektrischen Projekte an Volta (Ghana), Bandama (Elfenbeinküste) und Niger könnten ein Schlüssel für die schnellere wirtschaftliche Entwicklung sein.

Die »Bevölkerungsexplosion« der afrikanischen Länder verläuft zwar nicht so dramatisch wie in Lateinamerika oder im übervölkerten Südasien. Aber auch in Westafrika muß mit einer Verdoppelung der Bevölkerung in den nächsten 20–25 Jahren gerechnet werden. Die hierdurch aufgeworfenen Probleme hinsichtlich Ernährung, Erziehung, Gesundheitswesen und Wohnungsbeschaffung sind außerordentlich schwerwiegend und durch die betroffenen Länder allein kaum lösbar.

Unsere wissenschaftlichen Vorstellungen von der optimalen Beziehung des Menschen zu seinem Lebensraum sind derzeit noch sehr unterschiedlich. Unsere Anstrengungen sollten jedoch auf ein Gleichgewicht gerichtet sein, in dem die Bevölkerungszahl den natürlichen Voraussetzungen in bezug auf Bodenbeschaffenheit, Wasserhaushalt, Pflanzen- und Tierwelt bzw. Tierhaltung, Bodenschätze usw. angepaßt ist. Mit diesem Ziel im Auge könnte eine moderne, humanökologisch orientierte geographische Wissenschaft verbesserte Grundlagen für eine sinnvolle Entwicklungshilfe schaffen.

Afrika-Verein, Hamburg (Hg.): Westafrika. (In: Afrika-Handbuch, Bd. 1.) Hamburg 1967. – Boateng, E. A.: A Geography of Ghana. Cambridge 1959. – Gleave, M. B./White, H. P.: Economic Geography of West Africa. London 1971. – Grenzebach, K.: Länder an der Oberguineaküste. (In: Westermann Lexikon der Geographie.) Braunschweig 1968. – Harrison-Church, R. J.: West Africa. A study of the environment and man's use of it. London 1966. – Manshard, W.: Die geographischen Grundlagen der Wirtschaft Ghanas. Wiesbaden 1961. – Morgan, W. B./Pugh, J. C.: West Africa. London 1969. – Pfeffer, K. H.: Gambia, Sierra Leone. Bonn 1958. – Pfeffer, K. H.: Ghana. Bonn 1958. – Schulze, W.: Liberia. London 1973.

Das Buch von K. Grenzebach enthält eine fundierte und prägnante Zusammenfassung aller Daten. – Harrison-Church schrieb das Standardwerk zur geographischen Länderkunde Westafrikas. – Morgan und Pugh geben eine umfassende Darstellung, die in ihrer systematischen Gliederung und Methodik neue Wege geht. – Von W. Schulze stammt die beste Länderkunde Liberias.

Heinrich Schiffers

Die Sahara- und die Sudanländer

Eine Reise durchs »Wüstenmeer«

Ein Bestseller vor hundert Jahren, noch für lange Jahrzehnte bei alt und jung volkstümlich geblieben, nannte sich schlicht und einfach »Sahara und Sudan«. Verfasser war der Arzt Gustav Nachtigal (1834–1885) aus Eichstedt bei Stendal. Von Tripolis aus, wo er am 16. Februar 1869 aufbrach, durchquerte er mit einer kleinen Karawane die gesamte Wüste, suchte zwischendurch noch ein bis dahin in Europa nur dem Namen nach bekanntes Hochgebirge, den Tibesti, das Bergland der Riesenkrater, auf – seit 1964 befindet sich in der dortigen Hochtal-Oase Bardaï eine deutsche Forschungsstation – und sah sich dann im Sudan, vom Tschadsee aus, in den alten, unabhängigen Reichen um, die sich bis zum Nil ausdehnten (Kanem-Bornu, Bagirmi, Ouadai, Darfur, Kordofan). Im »leeren« Wüstenmeer arbeitete er sich von einer Oasen-Insel zur anderen vor, bis auch diese zurückblieben und bleichende Skelette von verdursteten Sklaven bei den wenigen Wasserstellen, Zeugen einer zu Ende gehenden Epoche transsaharischen Handels, den Weg durch unbewohnte Dünenlandschaften wiesen, südwärts in die »neue Welt«, die der Schwarzen am Tschadsee, mit Wolken, Regen, Bäumen, Wildtierherden, mit Dörfern, Feldern und mehr oder weniger prunkvollen Residenzen.

Anders als heute, da man mit Jeep und Flugzeug für Wochen oder Monate Punktziele aufsucht, wanderte und ritt Nachtigal, in einem gewaltigen Halbkreis von über 17360 km Länge, übernachtete 2040mal, meist im Freien, und langte im September 1874 in Kairo an. Dies war eine der letzten großen Reisen im noch fast ganz unabhängigen Norden von Afrika. Danach wurden von europäischen Hauptstädten aus am grünen Tisch linealgerade Grenzen gezogen, und es begann die Aufteilung unter Franzosen, Spanier, Portugiesen, Briten, Italiener und Deutsche. Damit ist auch schon die Erforschungs- und die Aufteilungsgeschichte der beiden Räume erzählt. Die Etappen, in denen sie schrittweise abgeschlossen und in denen die von Nachtigal erlebte Unabhängigkeit, freilich in anderen Abgrenzungen, wiederhergestellt wurde, zeigt uns die neueste Geschichte: 1922 erlangte Ägypten eine eingeschränkte, 1936 volle staatliche Souveränität, gefolgt 1951 von Libyen, 1956 von Sudan, Marokko und Tunesien. 1960 wurden fast alle übrigen im sudanisch-saharischen Großraum liegenden bzw. in ihn hineinreichenden Staaten, nämlich Tschad, Kamerun, Nigeria, Niger, Obervolta, Mali, Mauretanien und Senegal, in die Unabhängigkeit entlassen. 1962, nach Beendigung des Algerien-Kriegs, war dann Algerien an der Reihe, und das kleine Gambia bildete im Jahre 1965 das Schlußlicht. Der letzte koloniale Fleck auf der Karte dieser Großregion ist »Spanisch-Sahara«, an der Nordwestküste Afrikas.

Das »kleine Wüsten-Abc« und die Zukunft der Sahara

Die Bezeichnung »Saharaländer« – und ähnliches gilt auch für die Sudanländer – kommt dann recht zur Geltung, wenn man den erdteilgroßen Wüsten-Naturraum aus seiner Mitte heraus betrachtet. Den fortschrittlichen Regierungen in den Hauptstädten, die meist sehr weit von ihrem »Sandozean«-Anteil im Norden oder im Süden entfernt ihren Sitz haben, muß daran liegen, zunächst einmal die wichtigeren Lebenszonen zu entwickeln, die alle dem Rande der Wüste folgen. Die Etikettierung als »Saharaland« = »Wüstenland«, gemäß blasser geographischer Klassifizierung, liegt einer jungen, nationalstolzen Republik Libyen, die Milliardengewinne aus dem von Nichtlibyern erforschten Erdöl zieht, begreiflicherweise wenig. Derlei Begriffe, selbst wenn sie nur in wissenschaftlicher Terminologie verwendet werden, erinnern den hellhörigen Nordafrikaner allzusehr an die gerade erst vergangene Kolonialzeit unter europäischen Vorzeichen.

Den heutigen Europäern hingegen müßte es endlich bewußt werden, daß der klassische »Wüstenräuber« nichts mit einem Verbrecher der gemäßigten nördlichen Breiten gemein hatte. Wenn einem weltabgeschiedenen, zwischen Dünen-»Meeren« hausenden Stamm die Kamele starben oder entführt wurden, von deren Milch nicht nur die Kinder lebten, blieb seinen Mitgliedern keine andere Wahl, als sich »anderswo«, bei Glücklicheren, welche zu beschaffen – die rauhe, aber erbarmungslose Wüsten-Wirklichkeit!

Nimmt man die Mitte der Wüstenzone irgendwo zwischen Tunis und dem Tschadsee an, dann sind Entfernungen von etwa

Das Zelt bietet Schutz gegen Sonneneinstrahlung und Nachtkühle und ist zugleich die am besten ventilierte Unterkunft der heißen Zone.

Die natürliche Großlandschaft Sudan

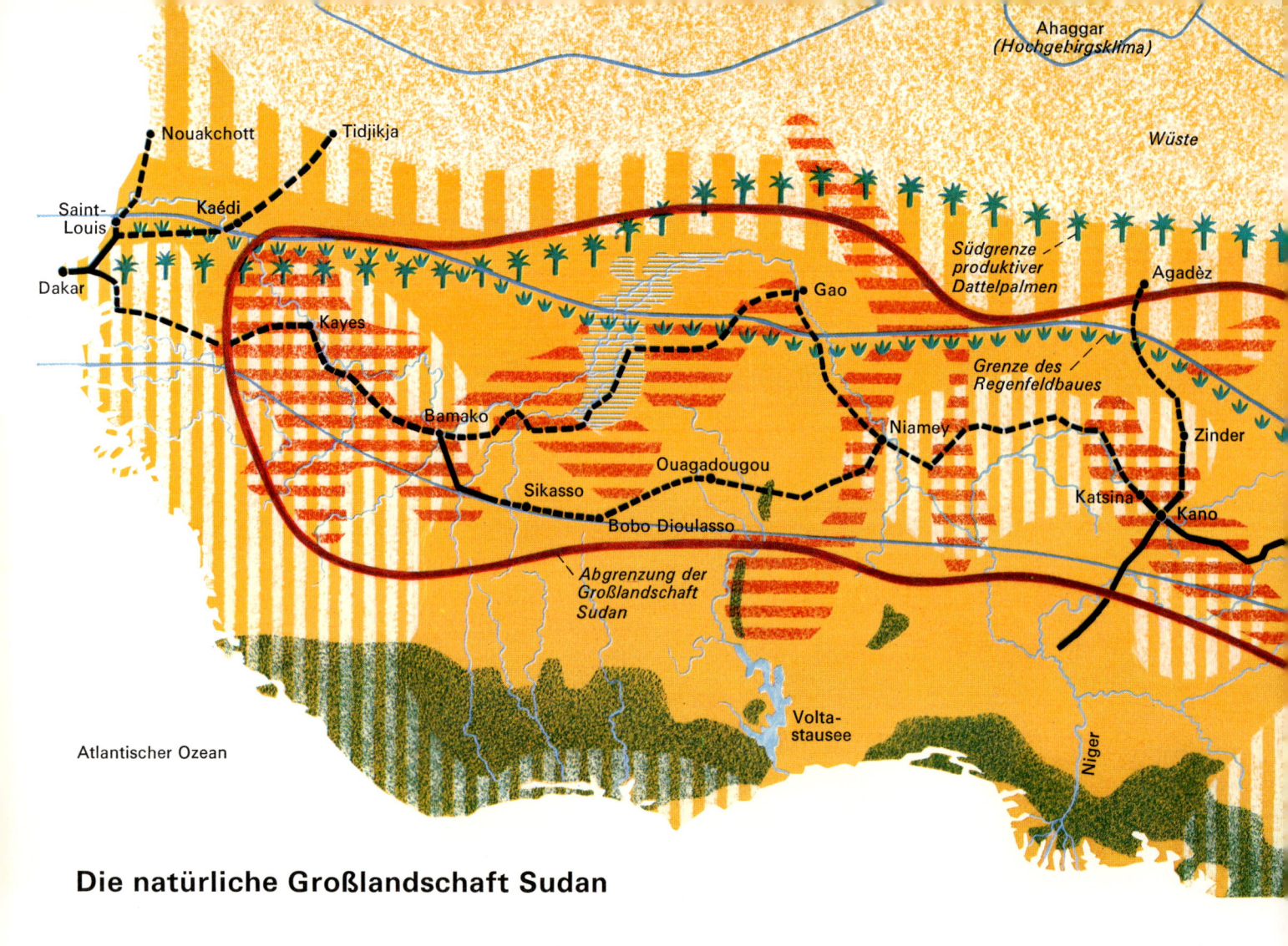

2400 km zurückzulegen, um an die begrenzenden Meere im Westen und im Osten zu gelangen. Die gedachte Linie folgt dem nördlichen Wendekreis; daher wird die Sahara mitunter als »Wendekreiswüste« bezeichnet. Dieser Name weist auf das Klima dieses Raumes hin. Es wird durch einen stets aus gleicher Richtung wehenden trocken-warmen Wind, den Nordostpassat, gekennzeichnet. Dessen Südfront wandert zwar je nach Jahreszeit nach dem Süden (im Winter) oder nach dem Norden (im Sommer), aber der größte Teil des Raumes bleibt doch ständig unter seinem Einfluß; deshalb auch die Bezeichnung »Passatwüste«. Die an Feuchtigkeit armen Luftmassen kommen weit aus dem Osten; sie charakterisieren die Trockenregionen von Iran und Arabien. Wenn auch Wolken in der Sahara keineswegs fehlen, so sind sie doch seltener als in den nördlichen und südlichen Nachbarräumen; eine weithin geschlossene Wolkendecke, wie wir sie kennen, gibt es hier jedenfalls nicht.

Es wird angenommen, daß das Klima im Bereich der heutigen Sahara bis um 4000 v. Chr. feuchter war. Fest steht, daß der größte Teil dieses zur Wüste gewordenen Gebiets seit Jahrtausenden der ungehinderten Sonneneinstrahlung ausgesetzt ist, und zwar von 6 bis 18 Uhr; das bedeutet im Jahr, knapp gerechnet, über 4200 Stunden Ausdörrung des Bodens. Seit Jahrtausenden herrschen in diesen weiten Fels- und Sandeinöden mithin Temperaturen von bis zu 50° C im Schatten,

Tschad
(République du Tschad)

Präsidialrepublik mit Einkammerparlament und allgemeinem Wahlrecht; keine Wehrpflicht; Hauptstadt Fort-Lamy (mit Vororten etwa 132 000 Ew.).

Fläche: 1 284 000 qkm (davon Weide 35, Wald 13, Ackerland 6%) – **Einwohnerzahl:** Etwa 3,80 Mill. – **Bevölkerungsdichte:** 3,2 Ew./qkm – **Jährlicher Geburtenüberschuß:** Etwa 15‰ – **Bevölkerung:** Araber und sudanische Gruppen (Tubu, Sara, Kotoko), Niloten; etwa 4900 Europäer, meist Franzosen – **Sprache:** Französisch als Amtssprache; arabische, nilotische und sudanische Sprachen – **Religion:** Moslems etwa 50, Katholiken 3–5, Protestanten 3%; Anhänger von Naturreligionen – **Viehbestand:** 4 Mill. Schafe und Ziegen, 4,5 Mill. Rinder, 350 000 Kamele, 300 000 Esel, 150 000 Pferde – **Wichtige Ausfuhrgüter:** Baumwolle (über 60% des Exportwertes), Viehzuchtprodukte, Erdnüsse, Salz

Niger
(République du Niger)

Präsidialrepublik mit Einkammerparlament und allgemeinem Wahlrecht; keine allgemeine Wehrpflicht; Hauptstadt Niamey (86 000 Ew., mit Umgebung 123 000 Ew.).

Fläche: 1 267 000 qkm – **Einwohnerzahl:** 4,21 Mill. – **Bevölkerungsdichte:** 3,3 Ew./qkm – **Jährlicher Geburtenüberschuß:** (Durchschnitt 1963–1968): 27‰ – **Bevölkerung:** Haussa über 40, Fulbe 14, Tuareg 10%; Angehörige sudanischer Gruppen (u. a. Dyerma und Songhai zusammen 15%); 6000 Europäer, meist Franzosen – **Sprache:** Französisch als Amtssprache; Songhai-Dyerma, arabische Mundarten, Fulbe und Haussa, Tamaschagh – **Religion:** 75% Moslems; 0,5% Christen; Anhänger von Naturreligionen – **Viehbestand:** 5,9 Mill. Ziegen, 2,7 Mill. Schafe, 4,2 Mill. Rinder, 330 000 Esel – **Wichtige Ausfuhrgüter:** Erdnüsse (50–60% des Exportwertes), Vieh und Viehzuchtprodukte, Fische, Zinn, Uranerz, Gummiarabikum, Salz

Feuchtewerte von teilweise unter 5 % und eine potentielle Verdunstung von 4000–7000 mm im Jahr (Mitteleuropa: um 1000 mm jährlich).

Die Luftzirkulation wird von Strahlströmen (Jetstreams) dirigiert. Nur wenn der Mensch diese beeinflussen könnte, bestünde Aussicht, eine großflächige Wiederbegrünung wie vor 5000 oder 6000 Jahren zu erreichen. Man sieht, daß all die vielen »Regenerierungspläne«, die auch heute noch die Phantasie mancher Europäer beschäftigen, buchstäblich »auf Sand gebaut« sind.

Die Wolkenarmut über der Sahara bedingt eine starke nächtliche Wärmeabstrahlung des Bodens. Dann sinken die Temperaturen rasch ab. Frühmorgendliche Werte um −5° C (in Gebirgen bisweilen um −15° C) sind namentlich im Winter keine Seltenheit. Der Araber sagt: »Die Sahara ist ein kaltes Land, in dem es heiß ist.« Menschen, Pflanzen, Tiere und Felsen müssen Tagesdifferenzen von 30–50° C ertragen. Mit Knall reißen quadratmetergroße Platten von den nackten Gebirgssteilhängen ab. Menschen trinken wegen der Hitze und des durch sie hervorgerufenen übermäßigen Verlustes an Körperflüssigkeit mühelos 15 l mitunter recht wenig sauberes Wasser am Tag. Kleintiere überdauern die Hitzestunden in Sandhöhlen. Die Stunden der Hitze überwiegen die Kältestunden bei weitem, und die Sahara ist somit eine echte Wärmewüste, im

Mali
(République du Mali)

Präsidialrepublik mit Einkammerparlament, allgemeinem Wahlrecht und allgemeiner Wehrpflicht; Hauptstadt Bamako (ungefähr 189 200 Ew.).

Fläche: 1 239 700 qkm – **Einwohnerzahl:** Etwa 5,26 Mill. – **Bevölkerungsdichte:** 4,2 Ew./qkm – **Jährlicher Geburtenüberschuß:** 19‰ – **Bevölkerung:** Etwa 50% Angehörige westsudanischer Gruppen (u.a. Malinke, Songhai); berberische Tuareg, Mauren (arabisch-berberische Mischbevölkerung), Fulbe; über 7500 Europäer – **Sprache:** Französisch als Amtssprache; als Umgangssprachen Bambara, Songhai-Dyerma, Arabisch, Fulbe – **Religion:** Zwei Drittel Moslems; 46000 Katholiken, 20000 Protestanten; Anhänger von Naturreligionen – **Viehbestand:** 5,3 Mill. Schafe, 5,2 Mill. Rinder, 528000 Esel – **Wichtige Ausfuhrgüter:** Baumwolle, Erdnüsse, Vieh und Viehzuchtprodukte, Trockenfische, Gummiarabikum

Obervolta
(République de Haute-Volta)

Präsidialrepublik mit Einkammerparlament und allgemeinem Wahlrecht; keine Wehrpflicht; Hauptstadt Ouagadougou (110000 Ew.)

Fläche: 274 200 qkm (davon rund 18% Ackerland) – **Einwohnerzahl:** 5,49 Mill. – **Bevölkerungsdichte:** 20 Ew./qkm – **Jährlicher Geburtenüberschuß:** 21‰ – **Bevölkerung:** Volta-Semibantu (ein Drittel Mossi, ein Sechstel Bobo und verwandte Stämme, ein Achtel Yatenga, Sonike, Dyula), außerdem Fulbe, Haussa und Tuareg; etwa 3000 Europäer, meist Franzosen – **Sprache:** Französisch als Staats- und Bildungssprache; sudanische Sprachen und Fulbe als Umgangssprachen – **Religion:** Etwa 25% Moslems; christliche Minderheiten; Naturreligionen – **Viehbestand:** 4,1 Mill. Schafe und Ziegen, 2,7 Mill. Rinder – **Wichtige Ausfuhrgüter:** Vieh und Viehzuchtprodukte (50%), Erdnüsse, Baumwollsaat, Schinüsse, getrocknete Fische

Der Gesichtsschleier ist Ausdruck der Männlichkeit: Tuareg in Festtagskleidung

Söhne und Töchter der Wüste: die Tuareg

Mögen sie auch mit dem Geigerzähler in der Hand den Geologen bei der Suche nach Erzen in ihrer angestammten Domäne, dem Hochgebirge Ahaggar, helfen, als Führer den Touristen durch ihre phantastische Vulkanwelt und zu den Felsbildern geleiten oder auf den Ölfeldern als Hilfsarbeiter tätig sein, statt, wie einst, hoch zu Kamel die Sand- und Geröllfelder der grenzenlosen Sahara zu durchqueren – immer noch umgibt viele Tuareg der Glanz ihrer Vergangenheit als »Ritter der Wüste«.

Die Tuaregfrauen sind unverschleiert

Wohn- und Schlafraum
der Tuareg:
das Ziegenhaarzelt

Rechts:
Tuaregpatriarch liest
im Koran, der im
»Tifinagh«, der
Schrift der Tuareg,
auf Holz
geschrieben ist

Größere Siedlungen im Wüstenraum der Sahara

Bei den folgenden Angaben über die Einwohnerzahl ausgewählter Oasensiedlungen kann es sich nur um stark abgerundete Schätzungen handeln, da die traditionellen Namen meist ganze Siedlungsgruppen bezeichnen und die zugänglichen Statistiken umwohnende und zuziehende Nomaden nur teilweise erfassen.

	Einwohnerzahl		Einwohnerzahl
Nordwüste			
Marokko		**Ägypten**	
Figuîg	18 000	Siwa	7 000
Algerien		Dakhla	10 000
Biskra	45 000	El-Kharga	15 000
Béchar	50 000		
Adrar	15 000		
Timimoun	15 000	**Südwüste**	
Aïn-Salah	15 000	**Mauretanien**	
Ghardaïa	50 000	Afar	10 000
Touggourt	50 000	Tidjikja	6 000
Ouargla	20 000	**Niger**	
El-Oued	45 000	Bilma	2 000
El-Goléa	18 000	Agadem	8 000
Tunesien		**Tschad**	
Gafsa	33 000	Fada	8 000
Tôzeur	15 000	Bardai	2 000
Qebilî	35 000		
Libyen		**Libyen**	
Ghadames	2 000	Sebha	8 000
Audjila	5 000	Ghat	4 000

Die Differenz der Bevölkerungsziffern zwischen Nord- und Südwüste ist auffallend. Dabei ist die Südsahara eigentlich nur im Winter eine Wüste, denn im Sommer kann man dort mit mehr oder weniger regelmäßigen Regenfällen rechnen. Diese reichen aber nicht aus, um den Bewohnern ausreichende Lebensmöglichkeiten zu garantieren. Daher nimmt die Zahl derer, die mit ihrem Vieh in den südlichen Nachbarraum, den Sudan, zu den besseren Weidegründen wandern (Transhumanten), von Jahr zu Jahr zu. Und nicht alle kommen zurück; viele lassen sich für immer in den dichter besiedelten Gebieten mit ihren besseren Böden und günstigeren Klimaverhältnissen nieder und vermischen sich mit der dortigen Bevölkerung. Infolge des wachsenden Halbnomadismus und des damit verbundenen »Hängenbleibens« in den südlichen Regionen nimmt die Bevölkerungsdichte in den Südrandgebieten der Wüste langsam, aber stetig weiter zu.

Gegensatz etwa zu den Kältewüsten der arktischen Gebiete und Hochasiens.

Im Landschaftsbild herrschen Ebenen vor, deren durchschnittliche Höhe 300–500 m ü. d. M. beträgt. Zwei Hochgebirge, Ahaggar und Tibesti, beide um 3000 m hoch, erheben sich aus ihnen, und zwar ziemlich genau in der Mitte der Sahara, aber 1000 km voneinander entfernt. Der tagsüber fast unablässig wehende Wind – er erreicht bei Sandstürmen manchmal Geschwindigkeiten von über 100 km/h! – kann Lockermassen von Millionen Tonnen über Hunderte, ja über mehr als 2000 km verfrachten. Bei einer Reise muß man auf solche Stürme ebenso gefaßt sein, wie man ihnen bei der Erstellung von Festbauten Rechnung zu tragen hat. Natürlich gibt es auch Windstillen.

Apropos Wasser und Wind: Die (unsichtbare) Saugpumpe der Verdunstung zieht, im Verein mit dem Wind, die Bodenfeuchtigkeit und aus dem Gestein gelöste Salze ununterbrochen nach oben. Das trifft besonders die Oasengärten, in denen sich nicht selten wie Schnee glitzernde Salzkrustendecken bilden, die jeglichen Anbau vereiteln. Es gibt aber auch in den weiten und abflußlosen Flachbecken dieser Wüste Gebiete von über

Sahara, Piste · Radspuren, in den Sand gerammte Stangen oder leere Benzinfässer sind häufig die einzigen Wege-Markierungen der sogenannten »Wüstenstraßen«.

100 qkm Ausdehnung, Sebchas (Sebkhas) oder Chotts (Schotts) genannt, die mit Salzen überkrustet bzw. durchtränkt sind.

Durch Tiefbohrungen hat man indes festgestellt, daß unter der Oberfläche der Sahara viele Billionen Kubikmeter Wasservorräte lagern. Aber: Wo genau und wie? Staunenswerte Erfolge bei punkthaft vorgenommenen Bohrungen regten die Phantasie fernab wohnender Projektemacher an. Doch das »Meer unter der Wüste« präsentiert sich, ähnlich wie Erdöl und Erdgas, nicht in großen Hohlräumen, sondern in wasserdurchsetzten, beckenförmig gefalteten Gesteinsschichten, in denen das begehrte Naß sich bewegt und, wenn man es richtig anbohrt, unter heftigem Druck nach der Art artesischer Brunnen aufsteigt, zuweilen hoch über die Oberfläche emporschießend. An andern Stellen muß das Wasser mühselig aus bis zu 100 m tiefen Brunnen (heute mit Motorpumpen) nach oben geholt werden.

Kein Fluß zieht in die von den Meeren durch randliche Aufwölbungen abgeschlossenen Beckenlandschaften hinein (der Nil ist ein die Wüste durchquerender Fremdfluß). Da der Jahresniederschlag im größten Teil der Sahara bei 20–50 mm liegt (in der Bundesrepublik Deutschland: um 700 mm jährlich), kann das belebende Element folglich nur aus der Tiefe kommen. So begreift man, wenn es in der durch die Ölfunde partiell zur Weltwirtschaftsprovinz gewordenen Sahara heißt: Wasser ist wichtiger als Erdöl.

Obwohl die Kenntnis des Sahara-Untergrundes namentlich seit Mitte der fünfziger Jahre gewaltige Fortschritte gemacht hat, kann man in diesem Wüstenraum von kontinentalen Ausmaßen nie und nirgendwo genau sagen, ob die Grenze zum Raubbau am wichtigsten Rohstoff erreicht oder bereits überschritten worden ist.

Mit diesen knappen Ausführungen konnte das in seinen Folgen leider viel zuwenig beachtete »kleine Wüsten-Abc«, von dem alles, aber auch alles in den Wüsten-Hinterländern abhängt, wenigstens angedeutet werden.

Wie die Saharier mit der Wüste fertig werden

Man kann darüber streiten, wem in der Vergangenheit die bedeutendere Rolle bei der Überwindung der Sahara zufiel: den Nomaden oder den Oasenleuten. Heute jedenfalls liegt das Schwergewicht bei den Seßhaften. Den entscheidenden Einschnitt im Leben der Nomaden brachte die Ankunft der Europäer. Deren Linealgrenzen trennten jahrhundertealte Weidegebiete ab. Ihre fliegenden Kolonnen, die Kamelreiterverbände – die sogenannten Meharisten –, später auch Kraftwagen und Flugzeug hielten die abgelegensten und listigsten Saharier an langer Leine. Die Regibat, die »großen Nomaden« des Westens, waren es gewohnt, jahraus, jahrein zwischen dem Vorland Südmarokkos und dem Senegal mit ihren Tieren hin und her zu pendeln. Heute verlaufen hier die Grenzen von fünf Ländern: Marokko, Spanisch-Sahara, Algerien, Mauretanien und Mali.

Die berberischen Tuareg, in Literatur und Filmen als die »Verschleierten« mit Schwert und Schild, als die »Ritter der Wüste« berühmt geworden, beanspruchten ein Herrschaftsgebiet, das den Ahaggar umschloß und bis ans Nigerknie reichte. Heute ist der Lebensraum der Tuareg politisch viergeteilt; er umfaßt Südalgerien, Mali, Niger und den Südwestrand von Libyen.

Die rassisch schwer einzuordnenden Tubu (Tibbu), gleichfalls mit einem Hochgebirge – dem Tibesti – als Kerngebiet, berühmt wegen ihrer Schnelligkeit und Bedürfnislosigkeit, waren vordem in weit über 1 Million qkm »zu Hause«. Sie finden sich heute im Fessan (Südlibyen), in Kufra (Südostlibyen) und am Tschadsee, wo viele sich mit den Sudan-Schwarzen vermischt haben und seßhaft geworden sind. Politisch gehören sie zu Libyen, Niger und Tschad.

In der Nilwüste leben die Kababisch, gleich den Vorgenannten vorzügliche Kamelzüchter. In der Nordwüste engagierten sich arabisch-berberische Schaamba gern bei der Wüstenpolizei. Dadurch blieb ihnen die Freiheit des Schweifens, und sie konnten ihre Wüstengenossen kontrollieren.

Alle waren Jahrhunderte hindurch »Söhne der Wolken«, weil diese ihnen Regen und damit Weidegründe anzeigten. Sie lebten in ihren Zeltlagern wie auf einer Insel, fast ganz autark, da die Kamele oder Schafe und Ziegen das Hauptnahrungsmittel, die Milch, sowie Haare und Haut, die Rohstoffe für Bekleidung und Behausung, lieferten. Manche bauen in salzfreien Erweiterungen der Täler, der Wadis, vorübergehend etwas Hirse an. Andere haben in Schluchtoasen Gärten angelegt, so die Tubu im Tibesti.

Wenn es auch vom alten, »echten« Nomaden hieß, er sehe mit Verachtung auf die mit der Hacke werkenden Oasenleute herab, so ist doch – zumindest heute – die Zahl der ausschließlich von ihren Tieren lebenden Wanderhirten gering. Ihre Fähigkeiten, mit den Kamelen die Grundlagen für den einst blühenden transsaharischen Handel zu bilden, lagen mit dessen Ersterben gegen Ende des 19. Jahrhunderts brach. Der Ehrgeiz, das beste Mehari (Rennkamel) für die »Rezzou« (Razzien auf »lukrative« kleine Karawanen) zu züchten, wurde übertragen auf die Aufzucht von Schlachtvieh, das der Lkw zu den großen Zentralmärkten des Nordens entführt. Alle Nomaden kennzeichnet der Stolz auf das freie Umherstreifen; damit verbunden sind eine Unrast und der unbändige Wille, Bindungen irgendwelcher Art selber zu bestimmen. Wie schwer muß es ihnen in der Gegenwart fallen, sich Weisungen einer sehr weit ab liegenden Zentrale zu fügen, die der Registrierung, der Zuteilung von Brunnen und dem Schulbesuch der Kinder wirksameren Nachdruck verleihen kann als seinerzeit die Handvoll Europäer

---

Bestand an Dattelpalmen in einzelnen Oasengruppen der Sahara
(geschätzte Zahlen in Mill.)

Nordwüste

Marokko
Tafilâlt	0,3
Ouèd ed Drá	0,1

Algerien
Straße der Palmen	0,5
Gourara	0,8
Touat	0,5
Tidikelt	0,5
Mzab	0,2
Zibane	0,9
Rir und Ouargla	3,2
Souf	0,2

Tunesien
Djerîd und Gabès	1,0
Nefzâoua	0,7

Libyen
Tripolitanische Küstenoasen	1,1
Nordlibysche und benachbarte Oasen	0,4

Ägypten
Westägyptische Oasen	0,3

Südwüste

Mauretanien
Mauretanische Oasen	0,3

Niger
Ténéré-Oasen	0,3

Libyen
Fessan-Oasen	1,0
Kufra-Oasen	0,07

Tschad
Tibesti-Ennedi-Oasen	0,15

auf ihren einsamen Posten! Streitigkeiten zwischen Zentralverwaltung und Sahariern sind jüngst in Mali und im Norden von Tschad vorgekommen.

Die Jüngeren haben für das zwar unabhängige, aber ruhelose Schweifen, die unablässige harte Arbeit bei den Tieren, die Monotonie der Ernährung und der Umgebung nicht mehr viel übrig. Sie erliegen, wie die Landjugend bei uns, mehr und mehr den Verlockungen der festen Plätze, der Lohnarbeit. Der Transistor im Zelt hat die radikale Wandlung, die mit dem Lkw begonnen hatte, vollendet.

Die meisten jener Europäer, die mit dem Wagen saharische Siedlungen erreichen, erleben das romantische Bild von Oasenstädten im Norden von Südalgerien oder im Süden von Marokko. Da sind die von schmalen wasserblauen Rinnsalen (Segias) durchzogenen Dattelpalmenhaine, die majestätischen Baumkronen zu Tausenden schnurgerade aneinandergereiht, die Gemüse- und Obstgärten. Dann flachgedeckte weiße, gelbe oder rötliche Kubushäuser, ein weiter viereckiger, von Arkaden eingerahmter Markt (Souk) mit lebhaft gestikulierenden Männern in hellen Wollmänteln und mit Kapuzen. Dazu Lastwagen und ein paar Kamele und Esel. Ferner Reste einer Stadtmauer und, meist erhöht, eine mehr oder minder verfallene Festung (Kasbah) der Einheimischen oder ein Militärposten (Bordj). Das weithin fensterlose Gassengewinkel der Altstadt, nach Quartieren der Familien gegliedert, weist auf einstige Verteidigungsbedürfnisse hin. Es folgen rechtwinklig sich schneidende Alleen mit schmucken Verwaltungsgebäuden, Krankenhaus, Schule und, noch wie Fremdkörper wirkend, mehrstöckige Wohnblocks. In der Ferne dann das Gewoge der vegetationslosen Dünen oder öde Felshänge, denen man rundum wie einer Gefängnismauer folgen kann.

Allenthalben an der Siedlungsperipherie fallen betonierte Wasserführungen mit Stauwehren auf, Zeugen des Bemühens der Verwaltungen, die alten Bewässerungsanlagen, deren Unterhalt viel menschliche und tierische Arbeitskraft erfordert, zu ersetzen. Wie verloren stehen im schattigen Grün die hohen Rollengerüste oder Schwenkbalken der Brunnen (Bir).

In modernen Büros mit den Bergen von Anweisungen der hauptstädtischen Planungsbehörden beugen sich Agronomen verschiedenster Nationen über Pläne zur Regenerierung der Landwirtschaft, vorbereitet in den weit draußen liegenden Versuchsgärten (Périmètres agricoles). Manchmal trifft man mitten in den oft riesig sich dehnenden Palmenpflanzungen auf Leerflächen, die den Gedanken an Kahlschläge aufkommen lassen. Ein Dattelschädling (Bayoud), seit Jahrzehnten bekannt, aus Südmarokko mit Karawanen, heute auch in Waren auf den Lastwagen eingeschleppt, ist schuld daran. Ein Abwehrmittel gegen ihn ist bislang nicht gefunden – eine schwere Sorge für Algerien. Unsere Datteln der besten Exportsorte (»Deglat nour«) kommen immerhin fast ausschließlich von dort.

An den Tankstellen sieht man die Fahrzeug-Ungetüme der Ölwirtschaft. Wer Glück und Zeit hat, den bringt das Flugzeug über gelbe Dünenwellen und schwarze Plateauflächen hinweg, aus denen beim Niedergehen die Regelstrukturen eines anderen als des in Jahrhunderten gewachsenen Siedlungstyps auftauchen, einer »Reißbrett-Oase« der »Industrie-Nomaden«. Solche künstlichen Oasen sind z. B. El-Borma in Südtunesien, Hassi-Messaoud und In-Aménas in Algerien sowie Zelten und die imponierenden neuen Ölhafen-Siedlungen in Libyen. Hier sieht man fahrbare, aber auch feste Reihenbungalows, Ladenstraßen, sorgfältig gepflegte Grünflächen, Swimming-pools, Bars, Sportplätze, weite Lagerhallen, silbrig leuchtende, in Dünen verschwindende Rohrleitungen und die Nacht erhellende Abgasfackeln.

Täuschen wir uns aber nicht: Der Gruppe von Siedlungen, die durch die Verkehrslage oder durch nahe Ölzentren begünstigt sind, steht in den Millionen Quadratkilometern des gesamten Wüstenraumes die andere, die »innersaharische«, gegenüber. Das sind wirtschaftlich unergiebige, denkbar isolierte »Inseln«, in denen der Abenteuerlustige, der Siedlungsgeograph, der Ethnologe und der Soziologe zwar Reste altsaharischer Lebensweise beobachten können, die aber für den Reisewilligen im Regelfall nur auf dem Luftweg zugänglich sind, da sie größtenteils 1000, 2000, ja 3000 km vom nächsten Stützpunkt der Zivilisation entfernt liegen.

Relativ bequem gelangt man in den Ahaggar-Hauptort Tamanrasset (Südalgerien), Zentrum der Tuareg. Gleiches gilt für das nordwestsaharische Aaiún in der spanischen Sahara, die Oasengruppe des Tafilâlt (Südostmarokko) und, wenn die politischen Verhältnisse es erlauben, für die nach Lage und Geschichte interessanten ägyptischen Oasen westlich des Nils. Nicht so leicht geht es, wenn man in der phantastisch zerklüfteten Vulkangebirgslandschaft des Tibesti (von Fort-Lamy aus) Bardaï anfliegt. Noch schwieriger ist (von Tripolis oder Bengasi aus) die Oasenlandschaft Kufra zu erreichen, ebenso Bilma in der Landschaft Kaouar (Republik Niger), wo weit über tausend Jahre lang auf der sogenannten Bornu-Straße (Tschadsee–Tripolis), der wichtigsten transsaharischen Karawanenstraße,

Die Länder mit Sahara-Anteil

Land	Arider[1] bzw. hyperarider[2] Landesteil in % der Gesamt-Landesfläche	Entfernung der Hauptstädte von ihrem am weitesten entfernten »Wüstenpunkt« in km
Marokko	30	750
Algerien	90	1900
Tunesien	60	730
Libyen	95	1275
Ägypten	100	1000
Span.-Sahara	100	800
Mauretanien	90	1620
Mali	50	1500
Niger	84	1750
Tschad	52	1250
Sudan	56	1050

[1] In ariden Gebieten ist die Verdunstung größer als die Niederschlagsmenge.
[2] In hyperariden Gebieten bleiben Niederschläge länger als ein Jahr aus.

Mauretanien
(Al Djoumhouriya Al Muslemiya Al Mawritaniya)

Präsidialrepublik mit Nationalversammlung, allgemeinem Wahlrecht und allgemeiner Wehrpflicht; Hauptstadt Nouakchott (35 000 Ew.).

Fläche: 1 030 700 qkm – **Einwohnerzahl:** Etwa 1,2 Mill. – **Bevölkerungsdichte:** 1,1 Ew./qkm – **Jährlicher Geburtenüberschuß:** 20‰ – **Bevölkerung:** 80% Mauren (arabisch-berberische Mischbevölkerung), Tukulör, Soninke, Wolof, Fulbe; etwa 3000 Europäer – **Sprache:** Arabisch als Amts- und Nationalsprache, außerdem Französisch; Hassanije, Fulbe sowie berberische und sudanische Sprachen – **Religion:** Islam als Staatsreligion; christliche Minderheit (5700 Katholiken) – **Viehbestand:** 5,5 Mill. Schafe und Ziegen, 2,2 Mill. Rinder, 500 000 Kamele, 210 000 Esel – **Wichtige Ausfuhrgüter:** Eisenerz (80–90% des Exportwertes), Vieh, Viehzucht- und Fischereiprodukte, Gummiarabikum, Salz

Zehntausende von Sklaven passieren mußten. Heute noch wird hier aus unerschöpflichen Lagern Salz gewonnen, das (einstige) »Uhrwerk des saharischen Handels«. Die jährlich nach Südwesten, zum mittleren Sudan, ziehende Salz-Kamelkarawane, die Airi – früher bis zu 5000, heute nur mehr ein paar hundert Tiere zählend –, führen uns seit längerem Fernsehen und Bildbände vor.

Dem scharf Beobachtenden entgeht nicht die Mühe, die der Oasenbauer auch nach der Abschaffung alter, drückender Pachtverhältnisse überall aufwenden muß. Das System der unterirdischen Wasserkanäle (Foggaras) verfällt seit der Befreiung der nun rasch sozial aufsteigenden schwarzen Sklavenarbeiter, der »Abid«, zusehends. Krankheiten der Augen, der Atmungs- und der anderen inneren Organe, u. a. die Bilharziose, sind Plagen, die sich nur langsam zurückdämmen lassen.

Die Jugend drängt auch hier zur Lohnarbeit (Ölindustrie, Handel, Verwaltung). Das Abströmen zu den Nordstädten ist nur zu verlangsamen, wenn die Administration die immer noch im einförmigen Wüstenalltag Gefangenen durch Modernisierung am Ort halten kann. Bei allen Entwicklungsplanungen ist der Isolierungsfaktor der schwerwiegendste. Dem psychologisch und ethnologisch geschulten Arzt kommt hierbei eine überragende Rolle zu.

Seit der Krisenzeit des Nomadismus, die mit der Ankunft der Europäer begann, haben alle Verwaltungsgremien mit einer schwierigen Frage zu tun. Namentlich heute besteht ziemlich einhellig das Bestreben, die Wandernden zur Seßhaftigkeit zu »bewegen« und sie zu ökonomisch »funktionierenden« Wesen zu machen. Einst, als die Nomaden neben unternehmungslustigen Familien aus dem Norden selber zur Gründung von Oasensiedlungen beitrugen, sicherten sie sich (noch in der Gegenwart bestehende) Besitzrechte an den Dattelpalmen und am Wasser. In Atar (Mauretanien), in Faja (in der südlich vom Tibesti gelegenen Landschaft Borkou) und an anderen Orten tauchten sie zur Erntezeit auf und heischten Abgaben. Nicht selten ging es dabei recht gewaltsam zu. Die Nomaden maßten sich auch Schutzrechte über die Seßhaften an, die ihnen faktisch, trotz Befestigungen, fast wehrlos ausgeliefert waren, zumal jene den Warentransport und den Sklavennachschub für die Gärten in Händen hatten. Damit ist es seit langem vorbei.

Zwischen den Gefühlen des Stolzes auf ihre Unabhängigkeit und den Verlockungen der sich rasch modernisierenden Oasen schwanken die nomadisierenden Wüstensöhne hin und her. Sie lassen sich vorübergehend am Siedlungsrand nieder, nehmen auch die festen Wohnungen an, die man ihnen zur Verfügung stellt, nicht selten sogar Arbeit auf den Ölfeldern. So sind von den früher etwa 600000 Vollnomaden gegenwärtig vielleicht noch 200000 übrig. (Die Sahara-Statistik ist allerdings wesentlich ungenauer als die der anderen afrikanischen Gebiete.) Die Zahl der Halbnomaden nimmt von Jahr zu Jahr zu. Sie bewohnen bereits eigene Viertel und werden so zu einer weiteren sozialen Schicht. Bald wird die Oase eine Schema-Siedlung sein, die, abgesehen von isolierten kleinen Wohngruppen, kaum noch das zeigt, was der Europäer sich unter den aus den Werken von Gustav Nachtigal oder Gerhard Rohlfs bekannten kleinen »Wüsten-Paradiesen« vorstellt. Geblieben sind natürlich die Kulisse der Gärten, die sonnenüberflutete Altsiedlung und das Marktgetriebe. Im Zeichen der Tourismusförderung sorgt, vor allem in Algerien, die Verwaltung für die Konservierung romantischer Züge.

Der Südrand der Sahara empfängt allein nennenswerte Niederschläge, nicht selten allerdings unterbrochen von verhängnisvollen mehrjährigen Dürren, oft von katastrophalem Ausmaß wie im Jahr 1973. Hier gibt es Regenteiche, die Viehzucht (vornehmlich Rinderzucht) ermöglichen, und hier vollzieht sich auch der fluktuierende Übergang der Sahara zum Großraum Sudan, in einer fast 6000 km von Westen nach Osten sich erstreckenden »Ufer«-Zone (Sahel).

Wirtschaftlich gibt der Sahararaum, von den Bodenschätzen abgesehen, nicht allzuviel her: Datteln, Schlachtvieh, Wolle, Salz. Die Abhängigkeit der Wüstensiedlungen von der Außenversorgung nimmt ständig zu, ungeachtet der verschieden erfolgreichen staatlichen Anstrengungen, den Anteil der landwirtschaftlichen Eigenversorgung zu vergrößern und Kleinindustrien anzusiedeln. Die vermehrte Mobilität infolge von Straßenausbau und Luftverkehr hat Vor- und Nachteile.

Im »Land der Schwarzen«

Die Territorien der in diesem Beitrag im Vordergrund stehenden Staaten Mauretanien, Mali, Obervolta, Niger und Tschad bedecken den weitaus größten Teil des Sudans. Außer diesen haben aber eine Reihe weiterer Länder Anteil am Großraum Sudan, vornehmlich die gleichnamige Republik, ferner – jeweils mit ihren nördlichen Gebieten – die Zentralafrikanische Republik und die allermeisten Staaten an der Guineaküste, unter ihnen insbesondere Nigeria. Von den hier mitbehandelten Ländern Senegal und Gambia liegt immerhin die Nordhälfte des ersteren noch im Sudan- bzw. Sahelbereich, während das

---

Gambia
(The Republic of Gambia)
Mitglied des Commonwealth of Nations

Republik mit Einkammerparlament und allgemeinem Wahlrecht für Erwachsene; keine Wehrpflicht; Hauptstadt Banjul (36570 Ew.).

Fläche: 11 295 qkm – **Einwohnerzahl:** Etwa 370 000 – **Bevölkerungsdichte:** 32,7 Ew./qkm – **Jährlicher Geburtenüberschuß:** 21‰ – **Städte:** Einzige größere Stadt ist Banjul (s. o.); Brikama (4400 Ew.), Salikene (4000 Ew.) – **Bevölkerung:** Mandingo (40%), Wolof, Fulbe (20%); etwa 600 Europäer – **Sprache:** Englisch als Staatssprache; als Umgangssprachen u.a. Wolof, Mandingo, Fulbe – **Religion:** Über 80% Moslems; 35 000 Protestanten, 7400 Katholiken; Anhänger von Naturreligionen – **Wichtige Ausfuhrgüter:** Erdnüsse und Erdnußöl, Palmkerne, Fischereiprodukte, Häute, Felle, Wachs – **Wichtigste Außenhandelspartner:** Großbritannien und andere Mitglieder des Commonwealth of Nations. Assoziierungsabkommen mit Senegal

---

Senegal
(République du Sénégal)

Republik mit allgemeinem Wahlrecht und allgemeiner Wehrpflicht, Hauptstadt Dakar (581000 Ew.).

Fläche: 196 722 qkm – **Einwohnerzahl:** Etwa 4,02 Mill. (davon rund 75% ländliche Bevölkerung) – **Bevölkerungsdichte:** 20,4 Ew./qkm – **Jährlicher Geburtenüberschuß:** 22‰ – **Städte:** Kaolak (96 300 Ew.), Thiès (90 700 Ew.), Saint-Louis (81 200 Ew.), Rufisque (49 700 Ew.) – **Bevölkerung:** Sudanische Gruppen (u.a. Wolof, Serer, Tukulör, Soninke, Malinke), Fulbe; über 60 000 Flüchtlinge aus Portugiesisch-Guinea (1970); 15 000 Libanesen und Syrier; 47 000 Europäer (1965), meist Franzosen – **Sprache:** Französisch als Amtssprache; Sudansprachen, Fulbe – **Religion:** Moslems 76, Christen 5% (vorwiegend Katholiken); Anhänger von Naturreligionen – **Viehbestand:** 2,8 Mill. Rinder, 2,8 Mill. Schafe und Ziegen, 167 000 Esel – **Wichtige Ausfuhrgüter:** Erdnüsse, Erdnußöl, Ölkuchen (über zwei Drittel des Exportwertes), Häute und Felle, Phosphate, Titan, Salz

Typische Sumpfvegetation am Tschadseeufer *Unten: Polderland am Tschadsee*

Der Tschadsee

Oben: Fischer im Sumpfland des Tschadsees. Unten: Fischer im Papyrusboot

Der im Norden an die größte Wüste der Erde stoßende Tschadsee wird im Süden, auch in der ärgsten Trockenzeit, von den Wassermassen des Chari gespeist und so am Leben erhalten – ein bemerkenswertes permanentes Naturereignis bei einer Wasserfläche von der 45fachen Größe des Bodensees und einer Seetiefe von nur 1–5 m. Jahraus, jahrein gibt der Tschadsee 1000 t Fische her. Aber er ist politisch viergeteilt und von der nächsten Küste (bei Douala) über 1000 km entfernt. Mit Einpolderungen für den Anbau (am Ostufer), mit der Modernisierung des Fischfangs und zwischenstaatlichen Kooperationsabkommen sucht man die wirtschaftlichen und verkehrsmäßigen Nachteile, die die Abgelegenheit des Sees mit sich bringt, zu mildern und auszugleichen.

fast ganz von senegalischem Gebiet umschlossene, die Trichtermündung und die beiden Uferstreifen des namengebenden Flusses einnehmende Gambia, mit 11 295 qkm Afrikas kleinster Staat, gleich Senegal auf den Atlantik ausgerichtet und bereits – wie Südsenegal – von wechselfeuchtem Tropenklima gekennzeichnet ist.

Man müßte sich darüber einigen, was genau unter dem Sudan zu verstehen ist. Seine Grenzen sind auf keiner Erdteilkarte verzeichnet. (Die Kartengrafik S. 120/121 soll dieses Manko beheben.) Indes sind »Sudan«, »Sudanklima«, »Sudanneger« in Europa gängige Begriffe, seit arabische Chronisten im Mittelalter aus dem »Bilad es Sudan«, dem »Land der Schwarzen«, berichteten, von seinen großen Reichen, seinen Residenzen, bedeutenden Herrschern und seinem aus Handel erwachsenen Reichtum. Die Gruppierung als »Sudanländer« für die im Naturgroßraum an der Schwelle zwischen semiarider (halbtrockener) und humider (feuchter) Region gelegenen Republiken ist heute jedoch weniger aktuell denn je und sollte vielleicht besser, auch nach Auffassung zahlreicher sachverständiger Afrikaner, dem Nilland Sudan vorbehalten bleiben. Ob das Trauma, unter keinen Umständen mehr das Wort »Neger« zu gebrauchen, einmal von den Europäern weicht, die an all die in der Kolonialzeit von ihren Vorfahren begangenen Sünden denken, ist ungewiß. Die Tendenz geht sowieso dahin, auch das »Schwarz« vom Doppelwort »Schwarzafrikaner« nicht mehr zu mögen und im Hinblick auf die Pflege des Nationalgefühls spezialisierend (und zugleich trennend) Nigerianer, Kameruner usw. zu sagen. Was uns so einfach und wissenschaftlich relativ deutlich definiert erscheint: der Ausdruck »Sudanneger« – er ist politisch jedenfalls nicht mehr zu vertreten.

Die Araber kamen aus dem semitisch-hamitischen Sprachbereich hellhäutigerer Menschen, damals schon kurz »die Weißen« genannt, in das Land der »Schwarzen«. Nun bemühen sich vor allem die Pflanzengeographen, das in West–Ost-Richtung 5300 km lange und in Nord–Süd-Richtung rund 900 km breite Band zwischen Wüste und Regenwald, mit seinen vielen ineinander verzahnten Übergängen von Klima, Vegetationsformen und Böden, in Formeln zu fassen.

In der Vergangenheit bildete der Sudan, trotz Streitigkeiten zwischen den Ländern, in der Tat eine Einheit. Es gab regen Verkehr vom Senegal zum Roten Meer (Mekkapilger, Handelsleute). Der Islam und seine Kultur woben ein einigendes Band. Von Timbuktu reiste man nach Sokoto, Kano, Abéché, El Fascher und nach Omdurman-Karthum. Heute ist die Zerstückelung des Sudans in politisch oft unterschiedlich getönte und dementsprechend starr gekammerte Räume wichtig. Die Küstenstreifen des Sudan-Raumes wurden in den vorangehenden Kapiteln behandelt.

Im wesentlichen handelt es sich bei dem Sudan um ein flachwelliges Land von Savannen, wie heute allgemein die »Steppen« in der Tropenzone genannt werden. Zwei in Nord–Süd-Richtung verlaufende Schwellen gliedern die wenig eingetieften Becken von Niger, Tschadsee und Nil. Als Nachbar der größten Wüste der Erde empfängt der Sudan am Nordrand noch wenig ergiebige und nicht besonders regelmäßige Niederschläge. Etwa alle hundert Kilometer südwärts gibt es einen Regenmonat mehr; am Südrand, bei der Guineaschwelle und deren östlicher Verlängerung, der Ubangischwelle, sind es deren zehneinhalb.

Diesen Gegebenheiten entsprechen das Pflanzenkleid sowie Art und Lebensweise von Tier und Mensch. Aus der schütteren Sahel-Trockensavanne mit Dornbüschen, Grasgruppen und vereinzelten Akazien, mit Lauftieren und nomadisierenden oder halbnomadischen Menschen kommen wir ganz allmählich in die Feuchtsavanne. Hier ist die Vegetationsdecke geschlossener. Buschzonen und kleine Wälder – längs der Wasserläufe als Ufer- oder Galeriewälder – schauen in der feuchten Jahreszeit kaum aus dem Hochgras heraus. Der riesige Affenbrotbaum (Baobab) bietet ganzen Herden Sonnenschutz. Termitenburgen überziehen weite Flächen. Elefanten und anderes Großwild wird in den Reservaten gehegt.

Der rote Laterit, eine eisenhaltige Kruste, überzieht das Land, manchmal auch die unfruchtbare, betonharte Kruste der Bowal genannten Panzerung, von der man nicht genau weiß, ob sie von den alljährlich zur Aufbesserung der Weidedecke entzündeten Buschbränden herrührt. Nun häufen sich die Dörfer der Schwarzen, die hauptsächlich Ackerbau betreiben. Aber auch die Viehzucht (vor allem Rinder, Zebus) ist noch verbreitet; sie wird nach Süden spärlicher, da die Tsetsefliege Halt gebietet.

Die Feuchtsavanne in ihrer vollen Ausbildung (1500 mm Jahresniederschlag) nähert sich bereits den Bergen von Fouta Djalon und Adamaoua und dem Regenwald. Bis zu 5 m hohes Elefantengras versperrt die Sicht. Dichte Wälder mit Bambusgewächsen begleiten wasserreiche Flüsse. Es erscheinen Öl- und Raphiapalme, Kola- und Kapokbaum, der wilde Kaffeestrauch, Kautschuklianen. Für den größten Teil des Jahres ist der Himmel bedeckt. Auf den Feldern findet man neben Hirse, Mais und Erdnüssen den Maniokstrauch, aus dessen verdickter Wurzel ein weißes Mehl gewonnen wird, das immer noch die (wenig nährstoffreiche) Nahrung für Millionen Afrikaner darstellt. Eine der wichtigsten Nahrungspflanzen ist die Banane.

Mit der Feuchtigkeit und dem Schmutz kommen die Krankheiten. Sie bedrohen das Vieh (Nagana, Rinderpest) – weshalb der Ackerbau hier überwiegt – und den Menschen (Malaria, Gelbfieber, Pocken, Schlafkrankheit, Lepra, in der Nordzone noch Cholera).

Im südlichen Teil der Feuchtsavanne und in den Waldrändern lebt eine reiche Tierwelt: Schakal, Hyäne, Zibetkatze, Ichneumon (das man zur Ratten- und Schlangenjagd in den Häusern hält), Gepard, Leopard, Affen, unzählige Ratten, Schlangen usw. In den Strömen tummeln sich Flußpferde, die bis zu 4 t schweren Fleischspender, neben Elefanten, die ein Gewicht von bis zu 5 t erreichen.

Ein Charakteristikum des Sudans stellen die sommers weithin überschwemmten Wasserlandschaften dar: die des Nigerknies, des Tschadseegebiets, der beiden Nilströme, je 1000 bzw. 1500 km voneinander entfernt. Ein Reisender, der in der Trockenzeit hierherkommt, vermag sich nur schwer vorzustellen, wie sehr sich das Landschaftsbild in der Regenzeit verwandelt: Der Tschadsee ist dann fast doppelt so groß, die Überflutungsgebiete am Niger ändern ihr Gesicht mit wechselndem Wasserstand, und Dörfer werden zu Inseln. Die Regenfälle machen darüber hinaus Hunderte von Kilometern Weges unpassierbar. Das Einsetzen der Regenzeit bedeutet im Jahresablauf einen seit Jahrtausenden sich wiederholenden Einschnitt, und das Gesetz des Regens muß bei der Entwicklung der wirtschaftlichen Möglichkeiten ebenso berücksichtigt werden wie die so ganz andersgearteten Lebensbedingungen während der Trockenzeit: Dann verschwinden kleinere Flußläufe im Norden, das Vieh drängt sich um die Reste der Regenteiche, der Boden wird von Millionen Hufen hin und her wandernder Tiere zertrampelt, und aus der Sahara kommen Staubmassen, nachtdunkel verfärbt durch die Asche der Steppenbrände. Wenn man außerdem bedenkt, daß Dürreeinbrüche im Gefolge des Nordostpassats mit Hitzewellen aus der Sahara sich noch bis 5° nördlicher Breite bemerkbar machen und daß unter solchen Voraussetzungen fast von der Nordküste Afrikas bis 2500 km südwärts Saharaklima herrscht, kann man sich ungefähr ausmalen, wie dieser Zustand bei dann über 10 Millionen qkm – einem Drittel des Kontinents – sich auswirken muß. Daher gibt es immer wieder Rückschläge in den Haushalten der Sudanländer. Im ganzen haben sie alle ein relativ bescheidenes Lebensniveau, wesentlich niedriger jedenfalls als die küstennahen und dazu noch mit Bodenschätzen bedachten Guinealänder.

Tschad, Islamische Kultur · Die religiösen Gesetze des Islam bestimmen auch die Denkweise der Menschen und den Tagesablauf: Gebet vor der Moschee in Fort-Lamy.

Bambara-Figur, Mali

Einen der Hauptreichtümer des Sudans – soweit das Wort »Reichtümer« hier überhaupt angebracht ist – stellen die Viehbestände dar. Sie zu zählen ist ein fast hoffnungsloses Unterfangen. Nach neueren Schätzungen gibt es an die 30 Millionen Rinder (davon rund 10 in Nigeria, 4 in Mali), und, vor allem im Norden, über 50 Millionen Schafe und Ziegen (allein in der Republik Sudan 13, in Mali 10 Millionen). Läßt die Haltung von Schafen und Ziegen an sich schon auf wenig ergiebige Weidegründe schließen – was auch hier zutrifft –, so wirkt sich die Baumweide der Ziegen noch zusätzlich verhängnisvoll aus, ebenso das vorerwähnte, noch nirgends eingedämmte Abbrennen des Grases.

Außer dem auf die großen Märkte des Südens gerichteten Herdentreiben (heute durch Lkw- und Bahntransport teilweise ersetzt) sind auch die jahreszeitlich bedingten Wanderungen nach dem Norden und Süden nicht günstig. Es ist für europäische Augen ein ganz ungewohntes Schauspiel, wenn vom Südrand der Wüste und aus dem Sahel Zehntausende mit ihrem Vieh aufbrechen und nach dem Süden ziehen, unbekümmert um die Besonderheit der durchzogenen Gebiete; im Tschadseeraum reichen die Wanderungen gar bis nach Zentralafrika hinein. Dabei gibt es oft turbulente, nur durch Militär zu regulierende Szenen, zumal wenn das Vieh wieder zurück nach dem Norden wandert.

Im letzten Jahrzehnt haben die Seuchenbekämpfung, die Verbreitung moderner Zucht- und Wartungsmethoden von Viehzuchtstationen aus, die Verbesserung der Wasserversorgung, die Errichtung von Schlachthöfen im Bereich der Trokkensavanne und die Beschleunigung der Transporte durch Kraftwagen und Flugzeug stellenweise zu einer Verdoppelung des Viehbestandes geführt. Die rapide Bevölkerungszunahme in den südlichen Nachbarlandschaften kommt dieser Tendenz entgegen. Im Großraum Sudan gäbe es aber noch ganz andere Möglichkeiten, wenn übernationale Organisation und straffe nationale Haushaltsführung größere Investitionen zur Schaffung der technischen Voraussetzungen anlockte. Hinzutreten müßte das erfolgreiche Bemühen, den Einheimischen eine neue Einstellung zur Viehhaltung zu vermitteln. Noch legen sehr viele Viehhalter nach alter Weise in erster Linie Wert auf eine möglichst große Zahl von Tieren, da diese Ansehen verleiht. Potentiell könnte der Sudan eine Fleischkammer für Afrika werden. Freilich, bis zur Erzeugung und zum Export solch hochwertiger Viehprodukte, wie wir sie aus Südamerika kennen, dürfte es noch lange dauern.

Länder wie Mali, Niger und Tschad leiden zudem an einer Doppelstruktur, die ihre Ursache in der schematischen Nord–Süd-Grenzziehung durch die Europäer hat. Menschen unterschiedlicher Rasse und Lebensweise wurden in ein und denselben Staat gezwungen. Im Norden ragen diese Staaten in die Wüste hinein. Hier sitzen die Nachkommen derer, die einst die Vorfahren der Schwarzen im Süden als Sklaven verkauften. Im Süden der Staaten befinden sich meist die wirtschaftlichen Schwerpunkte und mit Bamako (Mali), Niamey (Niger) und Fort-Lamy (Tschad) auch die Hauptstädte. Die daraus entstehenden Differenzen in Tschad und in der Republik Sudan sind aus den Tageszeitungen bekannt.

Um im Sudan – wie auch in andern Teilen Afrikas – eine exportorientierte Großraumwirtschaft nach australischem oder südamerikanischem Muster zu schaffen, müßte man erst die mit der Befreiung des »Schwarzen Erdteils« erfolgte Zersplitterung in eine Vielzahl höchst souveränitätsbewußter Staaten überwinden. An sich bieten die Sudanländer, wie kaum ein anderer Großraum in Afrika, mit ihren ziemlich ähnlichen Verhältnissen gute Aussichten für wirtschaftlich effektive Zusammenschlüsse. Indessen – die Politik geht zur Zeit noch, wie man weiß, andere Wege.

Der Verkehr der Sudanländer mit der übrigen Welt verläuft in der Gegenwart, von der nach dem Norden ausgerichteten Republik Sudan abgesehen, sogut wie ausschließlich über Straßen, Bahn- und Fluglinien, die allesamt südwärts, zur Guineaküste und nach Dakar, führen. Nach Zentralafrika und erst recht darüber hinaus, nach dem südlichen Afrika, gibt es nur wenig Verbindungen. Ähnliches gilt für die Richtung nach Äthiopien.

Vergangenheit und Zukunft

Infolge seiner verkehrsmäßigen Isolierung hebt sich der Viehzucht- und Ackerbauraum Sudan ziemlich genau in seiner uralten Umrahmung heraus. Wohl sind Niamey, Kano und Fort-Lamy wichtige End- und Umsteigestationen des die Wüste passierenden Flugverkehrs. Aber was ist das gegenüber den mittelalterlichen Glanzzeiten! Damals, als die Sahara keineswegs eine Schranke war, trotz der für unsere Begriffe mühsamen und zeitraubenden Kamelreisen nach Norden und Nordosten. Damals, als in Timbuktu, Sokoto, Kano, Abéché und El Fascher große Karawanen anlangten. Man liest erstaunt, was noch im 19. Jahrhundert Heinrich Barth über Kano, das »London der Schwarzen Welt«, schreibt. Oder was über Reisegesellschaften berichtet wird, die, diplomatische Mission mit Handelsinteressen und Pilgerschaft verbindend, mit mehr als 10 000 Tieren nach Kairo zogen, schräg durch die Sahara, besonders durch deren nahezu menschenleeren und heute fast wasserstellenlosen, 3 Millionen qkm großen Osten. In Kairo wurden buchstäblich Millionenwerte umgesetzt, die außer über die genannte Route auch über eine andere Handelsstraße in die Nilmetropole gelangten: die »Darb el Arbein«, die »Straße der vierzig Tage«, die, von Süden nach Norden führend, bei Asyut den Nil erreichte.

Wir sind beeindruckt von der Verwaltungskraft der Herrscher des Tschadreiches Kanem-Bornu, die längs der Bornu-Straße zielstrebig nach Norden vorstoßend sich den in der nördlichen Sahara liegenden Fessan einverleibten, von wo aus die Wirtschaftslinien nach Tripolis und von dort nach Europa führten. Und staunend erfahren wir von den regelmäßigen Besuchen Florentiner Geldleute in Timbuktu, von den Expeditionen des marokkanischen Sultans zum Nigerknie, wo ein Stützpunkt errichtet wurde. Tausende von Kilometern spielten damals keine Rolle. Zeit hatte man genug, und auf Menschen- und Tierverschleiß, etwa im Sinne heutigen Rentabilitätsdenkens, wurde wenig Rücksicht genommen. Sicherlich war die Wasserversorgung auf solchen Reisen, die heute gar nicht mehr zu wiederholen wären, besser organisiert, als es uns moderne Karten und Reisebeschreibungen erahnen lassen. Immer nur hören wir vom Verkehr auf der »Seidenstraße« und von Asiens »Wundern« in den Berichten Marco Polos. Von den »Wundern« im Großraum Sudan und davon, wie die gewaltigen Karawanenzüge eigentlich organisiert wurden, findet sich in unseren Schulbüchern kaum ein Wort.

Vor allem die religiös-politischen Ostvorstöße der Fulbe, von ihrer ursprünglichen Heimat Fouta Djalon in Guinea bis zum Tschadsee und zum Adamaouahochland in Kamerun, setzten die Massen physisch und geistig in Bewegung. Die Fulbe begründeten Staaten im Gebiet Sokoto–Kano, im Machtbereich und neben den Gründungen der als Handelsleute bekannten Haussa. Westlich und östlich davon gab es noch viel ältere Reiche. Am Südrand der westlichen Sahara war es Gana, dessen Name auf den Guineastaat überging. Im Osten bildeten sich die arabisch-islamisch beeinflußten Sultanate von Ouadai, Darfur und Kordofan.

Eigenartige Länder waren die rund um den Tschadsee sich erstreckenden Reiche Kanem-Bornu und Bagirmi. Im Schnittpunkt der Karawanenstraßen gelegen, waren sie Fremdeinflüssen besonders ausgesetzt und hatten, wie alle alten Sudanländer – im scharfen Gegensatz zu heute –, stark schwankende, auf Karten kaum darzustellende Grenzsäume.

In zeitweise glänzender Isolierung ragte nahe dem Niger die volkreiche einstige »Goldstadt« Timbuktu hervor, wegen deren Reichtums aus dem Handel mit Gold und Salz (das eine kam aus dem Süden, das andere aus dem Norden) sich im Mittelalter und noch später die Wüstenritter und die kleinen Herrscher am Nigerknie in den Haaren lagen. Europäische Forschung hat – in teilweise arg zeitbefangenen Darstellungen –, gefolgt von den Arbeiten afrikanischer Wissenschaftler, die großartigen und wechselvollen Schicksale auf dem sudanischen Schauplatz aus Chroniken und aus den Aufzeichnungen der Entdeckungsreisenden zusammengetragen.

Das Ende dieses eindrucksvollen Kapitels der Menschheitsgeschichte kam, nicht ohne heroische Gegenwehr der Betroffenen, um 1900 mit den Europäern. Ihre Gewehre besiegelten den Untergang jahrhundertealter Verbindungen. Noch erinnert der Name des damals von den Franzosen südlich des Tschadsees gegründeten Fort-Lamy an jenen Offizier, der sich im Aufteilungs-Endkampf zum höheren Ruhme seines Vaterlandes hervortat. In der Folge wurde ein halbes Jahrhundert lang in Paris, London und Rom allein bestimmt, was im Tibesti, am Niger, am Tschadsee, in den Savannen und Wäldern am Nil politisch zu geschehen hatte. In den europäischen Hauptstädten grassierte noch die aus dem Zeitalter der Entdeckungen überkommene Vorstellung von »herrenlosen Gebieten«, in denen man nur seine Fahne aufzupflanzen brauchte, um von ihnen Besitz zu ergreifen – Gebieten wohlgemerkt, die die kolonialisierenden Staaten an Ausdehnung meist um ein Vielfaches übertrafen. Vielleicht verführte der Anblick der Endlosigkeit und vermeintlichen »Leere« des Sandmeeres zu solch längst überholter Anschauung.

Die Europäer waren nach Nordafrika einmarschiert wie im Mittelalter die Araber in das weite Berberland des Atlas. Im Gegensatz zu diesen blieben aber jenen nicht mehrere Jahrhunderte, um sich einzurichten. Hinzu kamen die erdteilgroßen Ausmaße des beherrschten saharisch-sudanischen Raumes; außerdem hatte man sich ja noch um eroberte Gebiete in Asien zu kümmern. Und dies mit einer Verwaltung im Dampfer- und Reittier-Tempo! Aus alledem ist, sehen wir einmal ganz von der Gewaltsamkeit der europäischen Kolonialstrategie ab, unschwer zu erkennen, daß die Europäer fast in jeder Hinsicht schlicht überfordert waren.

Die Tagebücher der verloren auf ihren Savannen-Posten sitzenden Administratoren bezeugen zwar, wie viele in die Zukunft weisende Ideen manche hatten, aber auch, was sie über ihr Alltagspensum hinaus, gemäß den Anordnungen aus 6000 km entfernten Ministerien, an zusätzlichen Aufgaben hätten bewältigen sollen. Sie schafften es einfach nicht, und Beamte oder Militärs, die nach beendetem Heimaturlaub von Paris aus auf ihre Amts- oder Wachstube im Sahel zurückkehrten, machten gelegentlich einen kleinen »Umweg«, indem sie, in einem gewaltigen Südbogen Westafrika umfahrend, sich zuerst zum Ubangi durchschlugen, um von da aus mit dem Boot, später im Sattel ihren Bestimmungsort zu erreichen.

Die letzte große Belastungsprobe vor der Entkolonialisierung ergab sich während des Ersten Weltkrieges; aber nicht etwa in den nördlichen und den südlichen Randgebieten des insgesamt 14 Millionen qkm deckenden Wüsten- und Savannenraumes (Europa in traditioneller Abgrenzung 10 Millionen qkm), sondern – wenig beachtet und in der mit allem und jedem sich beschäftigenden Afrika-Literatur kaum behandelt – innerhalb dieses »Kontinents im Kontinent«. Da zeigte Nomadengeist, wessen er fähig ist: In Westlibyen, Südmarokko, Río de Oro (Spanisch-Sahara) und im mittleren Sudan brachen gleichzeitig Aufstände los; die Revoltierenden hatten ihre Aktionen durch Kamelreiter-Boten über 5000 km hinweg aufeinander abgestimmt. In den Räumen der alten Sudanreiche gärte es. Ganz Libyen, bis auf wenige Küstenplätze, und der Tibesti wurden in Eile evakuiert und Truppen von der hart bedrängten Westfront im fernen Europa abgezogen. Es war die große Zeit jener Saharier, um deren Eingliederung man sich heute in den Wüstenhinterländern der jungen Sahara- und Sudanstaaten bemüht. Doch dieser Widerstand blieb in der heraufkommenden Auto- und Flugzeug-Ära ohne entscheidenden Erfolg.

Der endgültige Abzug der Europäer aus Sahara und Sudan vollzog sich – im Gegensatz etwa zum benachbarten Nordalgerien und zu Belgisch-Kongo, dem heutigen Zaire – fast reibungslos. Aus Verwaltungs-Unterbezirken und deren Abgrenzungslinien wurden Staaten und Staatsgrenzen (so im Falle Obervoltas). Aus der 4 Millionen qkm deckenden und einheitlich französisch dirigierten Landmasse mit einem »Sahara-Français« und einem »Soudan-Français« ging ein Bündel verschieden großer und ungleich ausgestatteter »National«-Staaten hervor.

Die Raumgröße und die Küstenferne von Wüste und Savanne, die Diktatur des Klimas, die Völkervielfalt am Südrand der Sahara, unterschiedliche politische und soziale Strukturen – und nicht nur die Folgen kolonialzeitlicher Eingriffe – bilden das den jungen Staaten hier hinterlassene Erbe.

Sudan – Born, M.: Zentralkordofan. *Marburg 1965.* – Fischer, W.: Obervolta. *Bonn 1962.* – Harrison-Church, R. J.: West Africa. *London 1963.* – Kaufmann, H.: Nigeria. *Bonn 1962.* Lebon, J. H. G.: Landuse in Sudan. *London 1965.* – Oliver, J.: Problems of the aridlands of the Sudan. *London 1968.* – Schultze, A.: Das Sultanat Bornu. *Essen 1910.* – Schultze, J. H.: Der Ost-Sudan. *Berlin 1963.* – Suret-Canale, J.: Afrique Noire occidentale et centrale. *Paris 1961.*
Weitverbreitet, besonders als Unterrichtswerk, ist das reich mit Zahlen und Grafiken versehene, in mehreren Auflagen erschienene Werk von Harrison-Church. – *In die Problematik geht* Oliver. – *Kritisch den Westen beleuchtend, scharf antikolonialistisch ist* Suret-Canale. – *Einen Blick in die verschlungene Geschichte des Tschadsee-Raumes wirft* A. Schultze. – *Grundlagen, doch ohne den neuesten Zeitabschnitt, bringt* H. Kaufmann. – *Die gerade im Osten besonders interessanten Übergangsverhältnisse im Raum Wüste/Savanne nach Naturerscheinungen, Lebens- und Wirtschaftsweisen behandeln* J. H. Schultze *für das Ganze und* M. Born *für einen Teil.* – *Den Sudan, den Naturgroßraum südlich der Sahara, mit alter, bunter Geschichte und Kultur, muß man aus Werken mit den verschiedensten Titeln aussuchen. Wie er vor hundert Jahren aussah, schilderten* H. Barth *und* G. Nachtigal. *Die Länderhefte der Deutschen Afrika-Gesellschaft Bonn und des Statistischen Bundesamtes in Wiesbaden, aber auch Sonderhefte von Europe France Outremer, Paris, bringen neuere Angaben.* – *Nachdrücklich sei, gerade für den Sudan, darauf hingewiesen, daß manche auf das »Neueste« bedachte Publikationen die Berücksichtigung wertvoller, immer noch gültiger Erkenntnisse »klassischer« Reisender vermissen lassen (*Barth, Nachtigal, Rohlfs*).*
Sahara – Capot-Rey, R.: Le Sahara Français. *Paris 1957.* – Despois, J./Raynal, R.: Géographie de l'Afrique du Nord-Ouest. *Paris 1967.* – Dubief, J.: Le climat du Sahara. *Algier 1959 und 1963.* – Furon, R.: Le Sahara. *Paris 1964.* – Gaudio, A.: Les Civilisations du Sahara. *Verviers 1967.* – Krüger, C. (Hg.): Sahara. (Bild- und Textband.) *Wien 1967.* – Lhote, H.: Die Felsbilder der Sahara. *Würzburg 1959.* – Migliorini, E.: L'esplorazione del Sahara. *Turin 1961.* – Monod, Th.: Majâbat al-Koubrâ. *Dakar 1958.* – Nachtigal, G.: Sahara und Sudan, 3 Bde. *Berlin 1881.* – Schiffers, H. (Hg.): Die Sahara und ihre Randgebiete, 3 Bde. *München 1971/73.*
Eine Sahara-Bibliographie von Blaudin de Thé *(1959) enthält weit über 10 000 Literaturangaben zu Büchern und Aufsätzen! 70% der Sahara-Literatur sind in französischer Sprache abgefaßt.* – *Der Klassiker für die geographische Darstellung bleibt* Capot-Rey, *wenn auch die neueste Entwicklung fehlt.* – *Eine Gesamtdarstellung (auch Gesundheitsfragen, Touristik, Ölwirtschaft und Felsbilder) bringt mit neuesten Zahlen* H. Schiffers *(35 Autoren, rund 2000 Seiten und 800 Abbildungen).* – *Standardwerke der Erforschung schrieben* Nachtigal, Monod *und* Migliorini. – *Über Geologie berichtet gut lesbar* Furon, *über das Klima* Dubief. – *Ein eindrucksvoller Bildband mit guten Texten stammt von* Krüger. – *Übersichtlich und mit neuesten Angaben ist das Werk von* Gaudio. – *Die Felsbilder (mit vielen Fotos) beschreibt* Lhote. – *Ein Muster der Regionalbeschreibung ist das Buch von* Despois. – *Bereisungskarten bietet* Michelin *(Nr. 153/154).*

Gerhard Sendler

Das portugiesische und das spanische Afrika

Seit fünf Jahrhunderten auf dem »Schwarzen Erdteil«: die Portugiesen

Spätestens seit dem Jahre 1960, in dem die meisten afrikanischen Kolonien ihre Unabhängigkeit erhielten und das daher die stolze Bezeichnung »Afrikanisches Jahr« erhielt, vor allem aber seit den blutigen Unruhen im Distrikt Uíge in Nordwestangola während der ersten Monate des folgenden Jahres, bei denen 12 000 Einheimische und 1000 Weiße getötet wurden, sowie seit den Berichten über die Massaker in Moçambique 1973 sind die portugiesischen Territorien in Afrika neben Rhodesien und der Republik Südafrika der wohl am meisten diskutierte Teil des »Schwarzen Erdteils«. Trotz der Mehrheitsbeschlüsse der UNO, die Portugal verurteilen und zur Änderung seiner Politik in Übersee, vornehmlich in Afrika, auffordern, hält die portugiesische Regierung an ihrer Afrikapolitik unbeirrt fest. Sie vertritt die Auffassung, daß Portugal aus historischen, völkerrechtlichen, moralischen und auch aus patriotischen Gründen ein verbrieftes Recht auf seine Überseegebiete habe. Trotz der Guerillatätigkeit von Befreiungsbewegungen in Angola, Portugiesisch-Guinea und Moçambique versucht Portugal alles, um seine Stellung in Afrika zu halten.

Wenn auch die z. T. sehr problematische politische Entwicklung in zahlreichen unabhängig gewordenen Staaten Afrikas, die Existenz der Republik Südafrika und Rhodesiens im Rükken von Angola und Moçambique sowie weltpolitische Ursachen sicherlich von Bedeutung für diesen Sachverhalt sein mögen, so lassen sich doch eine ganze Reihe anderer Bestimmungsgründe anführen, die vornehmlich aus dem jahrhundertelangen engen Kontakt der Portugiesen mit dem tropischen Afrika und ihrer Verhaltensweise gegenüber den Einheimischen resultieren.

Die geographische Lage der portugiesischen Territorien in Afrika, von Portugal »Überseeprovinzen« (»Províncias ultramarinas«) genannt, weist nachdrücklich auf den entscheidenden Abschnitt des Zeitalters der Entdeckungen hin: die planmäßige Erschließung der Afrikaroute nach Asien durch die Nautiker aus der berühmten Seefahrtschule des portugiesischen Prinzen Heinrich. Während die Entdeckung oder Wiederentdeckung der Nordwestafrika vorgelagerten Inselgrup-

Angola, Verkehrsverhältnisse · Durch den Ausbau auch von kleinen Häfen wie Moçâmedes versucht Portugal, das Hinterland weiter aufzuschließen.

pen, die sich als wertvolle Stützpunkte für die in südlichere Breiten strebende europäische Schiffahrt anboten und von denen heute nur noch die Kapverdischen Inseln (seit 1458 portugiesisch) zu Afrika gerechnet werden, ein gemeinsames Werk von Portugiesen, Spaniern und Italienern war, können die Portugiesen die Entschleierung der westafrikanischen Küste südlich des sagenumwobenen Kaps Bojador sowie der ostafrikanischen Küstenflanke vom Kap der Guten Hoffnung bis zum südlichen Wendekreis und damit die Entdeckung der tatsächlichen Umrisse des gesamten Afrikas als ihre ureigenste Leistung in Anspruch nehmen. Von den Beiträgen, die von Portugiesen und in ihren Diensten stehenden Europäern zum Aufschwung der Wissenschaft in jener Zeit geleistet wurden, sind neben der kartographischen Festlegung des afrikanischen Küstenverlaufs (z. B. Cantino-Weltkarte von 1502) und dessen Beschreibung einschließlich der erforschten Küstensäume vor allem die Klärung der für die folgenden Gründungen von Niederlassungen als Stützpunkte für Schiffahrt, Handel und Mission entscheidenden klimatologischen Frage – im Hinblick auf die Bewohnbarkeit der Tropen – und die Lösung des Problems eines weltumfassenden Seeverkehrs zu nennen. Die für Portugal seit dem Entdeckungszeitalter selbstverständliche Auffassung, daß die erkundeten, wirtschaftlich in Besitz genommenen und der christlichen Mission zugeführten Territorien in Afrika und Asien integrierende Bestandteile Portugals seien, kommt bezeichnenderweise auch in dem Heldenlied des wohl berühmtesten portugiesischen Dichters, Luis de Camões (1524–1580), dessen Todestag seitdem portugiesischer Nationalfeiertag ist, zum Ausdruck. In seinen »Lusiaden« (nach Lusus, dem sagenhaften Stammvater der Portugiesen) hebt er u. a. die Großtat der Umschiffung Afrikas durch Vasco da Gama über die Ebene des tatsächlichen Geschehens in den Himmel nationaler Verklärung.

Nach dem Entdeckungszeitalter erscheint die portugiesische Präsenz an der afrikanischen Westküste als außerordentlich verhängnisvoll für Schwarzafrika. Bedingt durch die parallel mit der Entdeckung Afrikas verlaufende Entdeckung Westindiens und Brasiliens begann der Sklavenhandel über die westafrikanischen Hafenstützpunkte, dem neben den Portugiesen wenig später auch Vertreter anderer europäischer Völker und die Türken nachgingen. Nach Schätzungen auf der Basis erhaltener Dokumente dürften allein zwischen 1650 und 1856, dem Zeitpunkt des offiziellen Verbots des Sklavenhandels in Angola, über die Hafenplätze Santo António do Zaire, Luanda und Benguela etwa 5 Millionen Schwarze nach Brasilien, aber auch nach Westindien und in die nordamerikanischen Südstaaten gebracht worden sein. Die Kontakte der Portugiesen mit den Afrikanern an der Ostseite des Kontinents verliefen anders als an der Westküste, trafen doch hier die Portugiesen bei ihrer Ankunft auf alte arabische Handelsstädte, die bereits seit Jahrhunderten in wirtschaftlicher Verbindung mit Persien, Indien und China standen. Der Sklavenhandel spielte in Ostafrika nur eine untergeordnete Rolle, und die dortigen portugiesischen Häfen dienten hauptsächlich als Zwischenstationen auf dem Wege nach Asien.

Am Vorabend der Berliner Kongokonferenz von 1884/85 waren die portugiesischen Besitzungen in Afrika bereits sehr stark zusammengeschrumpft. Lediglich in Portugiesisch-Guinea, das schon zu jener Zeit seine gegenwärtigen Umrisse aufwies, in Angola, das aus einem breiten Küstenstreifen zwischen den Mündungen des Loge und des Kunene bestand, und in Moçambique, damals ein schmales Küstenband zwischen Kap Delgado und der Delagoabai (Baia de Lourenço Marques), hatte sich Portugal gegen die übrigen Kolonialmächte seit dem Entdeckungszeitalter erfolgreich behaupten können. Das gleiche galt für die atlantischen Inseln: die Kapverdischen Inseln, São Tomé und Príncipe. Portugals Wunsch nach einem geschlossenen Territorium vom Atlantischen zum Indischen Ozean wurde 1889 durch den Briten Cecil Rhodes vereitelt, als er das Gebiet zwischen Angola und Moçambique, das spätere Rhodesien (heute Rhodesien und Sambia), für die britische Krone in Besitz nahm. Nach entsprechenden Verträgen Portugals mit Großbritannien wurden 1891 die Westgrenze von Moçambique und 1905 die Ostgrenze von Angola fixiert und damit die noch heute gültigen Grenzen dieser beiden Gebiete festgelegt.

Von der Gesamtfläche Afrikas unterstehen 2 065 831 qkm, d. h. 7 % des afrikanischen Areals, der portugiesischen Oberhoheit; hier leben 4,4 % der Bevölkerung des ganzen Kontinents.

Von 1930 – dem Jahr des Beginns einer bewußten politischen und wirtschaftlichen Neuordnung der Überseegebiete – bis 1951 besaß Portugal zwei Verfassungsgesetze: die eigentliche, nur für das »Mutterland« geltende politische Verfassung und die Kolonialakte. Mit der Einfügung der Kolonialklausel in die politische Verfassung wurden die Kolonien in den Status von »Überseeprovinzen« übergeführt. Seit der 1971 erfolgten Verfassungsänderung besteht ein für das gesamte portugiesische Hoheitsgebiet verbindliches Grundgesetz. In diesem sind nur die Fakten verankert, die sich auf den Sonderstatus der »Überseeprovinzen« beziehen; diese werden als autonome Gebiete innerhalb des portugiesischen Einheitsstaates bezeichnet. Im gegenwärtigen Text der Verfassung wird die Autonomie der »Überseeprovinzen« durch die Bestimmung anerkannt, »daß sie eine ihrer geographischen Lage und den Bedingungen des sozialen Milieus angepaßte politisch-administrative Organisation erhalten sollen«.

Zweifellos basiert die portugiesische Position in Afrika im Gegensatz zu jener anderer europäischer Staaten, die bis vor kurzem auf dem »Schwarzen Erdteil« als Kolonialmächte präsent waren, auf einer jahrhundertealten Erfahrung. Durch die fünfhundertjährige portugiesische Verwurzelung auf dem afrikanischen Kontinent und die entsprechend traditionsreichen Beziehungen zwischen Europäern und Afrikanern ist Portugals Stellung in Afrika einmalig in ihrer Art. Portugal hat immer eine Politik der intensiven Rassenmischung betrieben. Der Portugiese kannte und kennt keine Rassenschranken, und man ist fast geneigt zu sagen, daß der Multirassismus im portugiesischen Charakter begründet liege. Die besondere Veranlagung des in der Regel selbst armen und bedürfnislosen Portugiesen im Umgang mit den Afrikanern resultiert darüber hinaus aus einer Bereitschaft, auf derselben sozialen Stufe wie die Einheimischen zu leben. Diese Tatsache ist wohl in erster Linie dafür verantwortlich zu machen, daß den Befreiungsbewegungen, die in nicht unbeträchtlichem Ausmaß Stammesgegensätze ausnutzen, keine schnellere Ausbreitung ihrer Machtsphäre möglich war.

Die Kapverdischen Inseln, São Tomé und Príncipe

Ursprünglich mit dem Kontinent verbunden, tauchen rund 350 km westlich vom Kap Verde (oder Cap Vert), auf dessen Südwestspitze die senegalische Hauptstadt Dakar liegt, aus 3500 m Meerestiefe die aus vulkanischen Gesteinen aufgebauten Kapverdischen Inseln auf. Mehrere untermeerische Vulkane verbinden diese Inselgruppe mit dem ebenfalls durch Vulkanismus beeinflußten flachen Bruch- und Senkungsfeld von Senegambien (d. h. dem im wesentlichen von Senegal und Gambia eingenommenen Landstrich), an dessen Südrand sich Portugiesisch-Guinea befindet. Die ebenfalls aus vulkanischem Baumaterial bestehenden Inseln São Tomé und Príncipe im Golf von Guinea markieren den ursprünglich breiten Küstensaum des westlichen Afrikas. Beide zusammen bilden gleich den Kapverdischen Inseln (4033 qkm) eine eigene »Überseeprovinz« (964 qkm). Aufgrund ihrer geologischen Struktur sind diese beiden Überseeprovinzen im Gegensatz zu Angola und Moçambique ohne Belang. Der Küstensaum vor der Guineaschwelle, die in Angola in die – meist präkambrischen Untergrund aufweisenden – Hochflächenregionen des Binnenlandes überleitet, setzt sich aus jüngeren marinen Sedimenten zusammen, die als erdölspeichernde Gesteine hervorragende Bedeutung besitzen.

Angola

Nicht nur wegen seiner flächenmäßigen Ausdehnung ragt unter allen portugiesischen »Überseeprovinzen« Angola heraus, zu dem die nördlich der Kongomündung gelegene Exklave Cabinda hinzuzurechnen ist. Die früheste Kunde von der Küste Angolas brachte der portugiesische Seefahrer Diogo Cão als Ergebnis seiner ersten Entdeckungsfahrt (1482/83), auf der er die Mündung des Kongo (Rio do Zaire) erkundete und die ersten Verbindungen mit dem alten Kongo-Reich herstellte, nach Europa. Als Zeichen portugiesischer Herrschaftsansprüche südlich des Äquators wurde – wie auch an weiteren markanten Küstenpunkten – ein Steinpfeiler (»Padrão«) gesetzt, in dessen

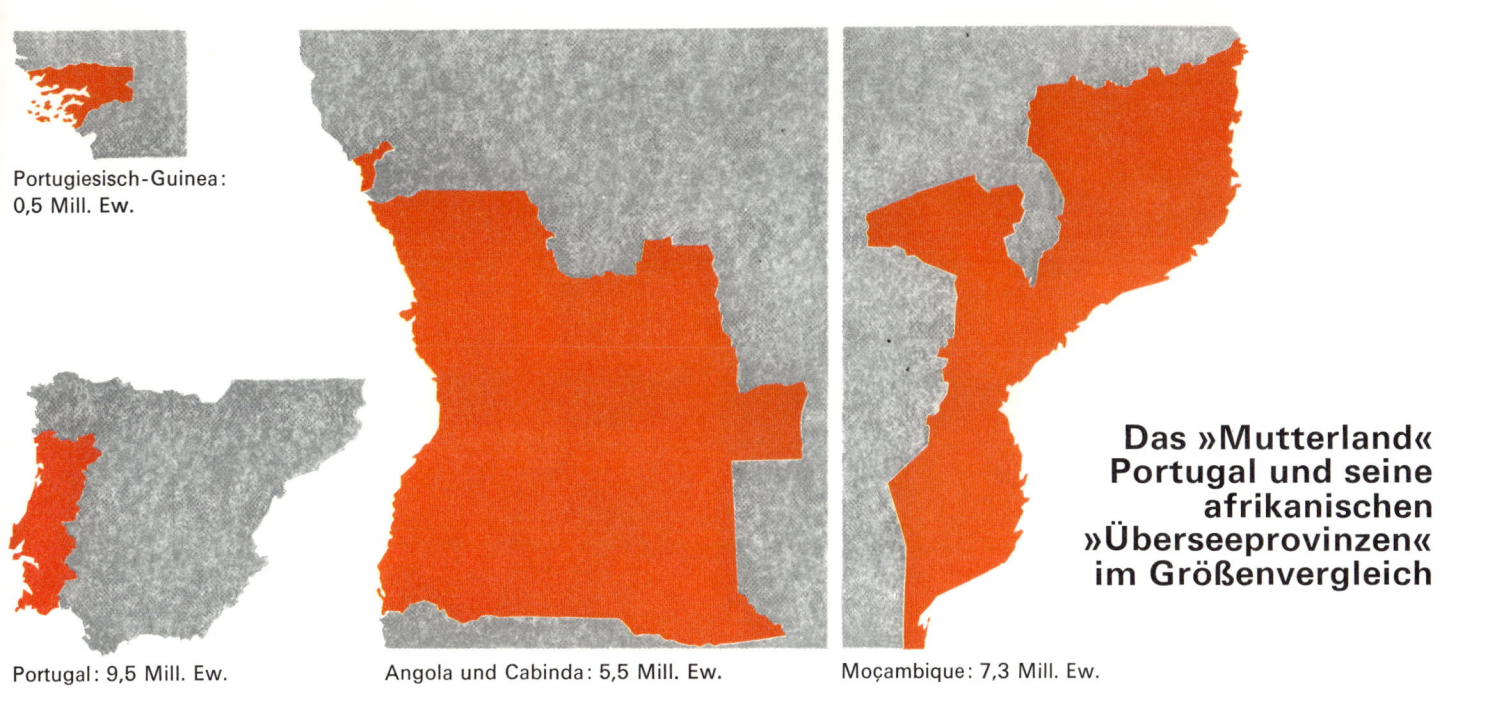

Portugiesisch-Guinea: 0,5 Mill. Ew.

Portugal: 9,5 Mill. Ew.

Angola und Cabinda: 5,5 Mill. Ew.

Moçambique: 7,3 Mill. Ew.

Das »Mutterland« Portugal und seine afrikanischen »Überseeprovinzen« im Größenvergleich

oberes Ende ein Kreuz, das portugiesische Königswappen, das Entdeckungsdatum (August 1483), der Name des Expeditionsleiters sowie die Proklamation der portugiesischen Souveränität im neuentdeckten Lande eingemeißelt waren. Cãos Expedition erreichte ihren südlichsten Punkt auf der Höhe der Bucht von Moçâmedes, nachdem u. a. die Buchten von Luanda und Benguela kartographisch festgehalten worden waren. Auf der zweiten Entdeckungsfahrt Diogo Cãos (1484–1486) wurde die Küste zwischen Kap Negro und Kap Cross (Kreuzkap) und damit der südlichste Küstenabschnitt Angolas entschleiert. Als wissenschaftliche Ergebnisse dieser Reise sind die Erkundung der Bucht von Cabinda, vertiefte Kenntnisse über den Verlauf und den pflanzengeographischen Charakter des Küstensaumes von Niederguinea und die Entdeckung des nordwärts gerichteten kühlen Benguelastromes (Kap Frio) besonders hervorzuheben.

Nach dem Eintreffen der ersten portugiesischen Missionare und Handwerker im Kongo-Reich (1490) ist besonders das Jahr 1555 wichtig. In jenem Jahre wurden die Jesuiten vom Nachfolger König Alfonsos gewaltsam aus dem Kongo-Reich vertrieben. Sie verlegten ihren Sitz von São Salvador do Congo im heutigen Nordwestangola in das südlich des Cuango gelegene Gebiet von Ndongo, dessen »Ngola« (König) mit Hilfe der Jesuiten die Oberhoheit des »Manikongo«, des »Kongo-Königs«, abzuschütteln gedachte, dessen Selbständigkeit aber die portugiesische Krone nicht anerkannte. Von diesem »Ngola« leitet sich der Landesname Angola ab, der ursprünglich nur für das etwa 4200 qkm große Gebiet an der Mündung des Cuanza galt. Mit diesem Gebiet wurde 1575 der Portugiese Paulo Dias de Novais belehnt, dessen Flotte noch im gleichen Jahr in die Bucht von Luanda einlief. Damit begann nicht nur die Geschichte von Luanda, sondern die Geschichte der Kolonie Angola überhaupt.

Wie langsam allein die portugiesische Festsetzung an der angolanischen Küste voranging, unterstreichen die Gründungsdaten der weiteren wichtigen Küstenstädte des Landes, so von Benguela, gegründet 1617, und Moçâmedes, gegründet 1839. Luandas und Benguelas Existenzgrundlage war bis zu dessen offiziellem Verbot der Sklavenhandel. Der Silberbergbau, etwa bei Zonza do Jtombe, spielte nur eine untergeordnete Rolle, gab es doch viel ergiebigere Quellen in dem gleichzeitig in Besitz genommenen Südamerika. Dem durch die Aufhebung des Sklavenhandels ausgelösten wirtschaftlichen Dilemma versuchte Portugal, das bis 1836 Angola völlig der privaten Initiative überlassen hatte, in der Folgezeit mit gezielten wirtschaftspolitischen Maßnahmen zu begegnen.

Die für die damalige Zeit imponierenden Entwicklungsmaßnahmen der Portugiesen in Angola blieben jedoch aufgrund der politischen und wirtschaftlichen Schwäche Portugals im Ansatz stecken. Statt des erhofften Aufschwungs trat das Gegenteil ein, und bis 1886, dem Jahr der Ratifizierung der »Kongoakte« durch die portugiesische Regierung, blieb es sehr zweifelhaft, ob Portugal überhaupt Besitzer seiner Kolonie Angola bleiben würde. Man kann sagen, daß das »Mutterland« bis zu diesem Zeitpunkt in weiten Teilen Angolas nur nominelle Macht ausübte. Nachdem nun also die Rechtslage der Kolonie international geklärt war, begann man noch im gleichen Jahr mit dem Bau einer Eisenbahn von Luanda nach Malanje, dem bald darauf der der Benguelabahn (1903) und der Moçâmedesbahn (1905) folgte. Damit erfüllte Portugal die in der »Kongoakte« festgelegte deutsche Doktrin des »Hinterlandes«, laut der jede europäische Macht, die sich an der Küste festgesetzt hatte, spezielle Ansprüche auf das Landesinnere besaß und die Grenzen ihrer Besitzungen so weit ausdehnen konnte, bis sie mit denen eines anderen Einflußbereiches zusammentrafen, allerdings nur unter der Bedingung, daß mit den Eingeborenen abgeschlossene Verträge sofort zur Kenntnis der anderen Mächte gebracht würden. Ohne Verkehrswege in das Landesinnere wären jedoch Gebietsansprüche illusorisch geblieben. Mit dem Bahnbau setzte gleichzeitig im gesamten Binnenland eine »Befriedungsaktion« gegenüber zahlreichen kriegerischen Völkerschaften ein, die erst in den zwanziger Jahren ihren Abschluß fand.

Angola zählt mit seiner Fläche von 1 246 700 qkm zu den großen Ländern des afrikanischen Kontinents. Zwischen Kongo und Namib erstreckt sich seine Küste über eine Entfernung von 1650 km; seine durchschnittliche Breite beträgt rund 1000 km. Die für ein Tropenland respektable Eindringtiefe reduziert sich jedoch auf gut die Hälfte, wenn man die für eine agrarwirtschaftliche Nutzung extrem schlechten naturgeographischen Voraussetzungen in den Binnenhochländern der östlichen Landeshälfte in Betracht zieht. Die von Luanda und Moçâmedes ausgehenden Eisenbahnen tragen dieser Tatsache in etwa Rechnung. Bis zu einer Küstenentfernung von rund 500 km können die Eisenbahnen mit einem nennenswerten Transportaufkommen aus dem Agrarbereich rechnen. Eine Verlängerung dieser beiden Strecken ließe sich nur durch eine bergwirtschaftliche Massenproduktion – mit entsprechendem Transportanfall – im Osten des Landes oder jenseits der Grenzen rechtfertigen. Letzteres war der Fall in Katanga, dessen Kupfer denn auch der Benguelabahn für lange Zeit eine Sonderstellung verschaffte.

Landschaftlich gliedert sich Angola in mehrere voneinander abgegrenzte Räume. Die Küstenebene wird von der vorwiegend aus kristallinen Gesteinen aufgebauten Randschwelle abgelöst, die im Süden des Landes in Gestalt der Serra da Chela eine maximale Höhe von 2270 m erreicht. Die gestufte und von den beiden großen Flüssen Cuanza und Kunene auf kataraktenreichen Abschnitten durchbrochene Randschwelle vermittelt den Übergang zum durchschnittlich 1200–1500 m hoch gelegenen Randschwellenhochland, dem Planalto de Angola, einer Rumpffläche, die besonders in ihrem mittleren Abschnitt, um Nova Lisboa, von zahlreichen Inselbergen überragt wird. Weiter nach Osten geht der Planalto allmählich in das Binnenhochland über, das sich von der Luandaschwelle zum Kalaharibecken abdacht.

Klimatisch und damit auch pflanzengeographisch ist Angola sehr stark differenziert. Der Bereich der Küstenebene ist trotz der in ihrem Nordteil episodisch fallenden Niederschläge (Luanda 368, Lobito 260 mm jährlich) insgesamt als arid zu bezeichnen (Moçâmedes 30 mm Regen jährlich). Entsprechend der Niederschlagshöhe wird die Dornstrauch- und Sukkulentensavanne südlich von Lobito immer dürftiger und geht schließlich in die Halbwüste, bei Porto Alexandre in die Vollwüste (Ausläufer der Namib) über. Randschwelle und Planalto erhalten, wenn auch nach Höhenlage und zunehmender Entfernung vom Äquator in unterschiedlichem Maße, ausreichende Sommerniederschläge. Der immergrüne tropische Bergwald im Norden der Randschwelle ist stark dezimiert. Er wird abgelöst von regengrüner Grassavanne, diese wiederum von der Dornstrauchsavanne. Der gesamte Planalto gehört pflanzengeographisch zur Zone der regengrünen Trockenwäl-

Angola, moderner Städtebau · Besonders die Hauptstadt Luanda mit ihren Hochhäusern und dem neuen Tiefwasserhafen zeigt den »Fortschritt« der letzten Jahre.

Angola, Kaffee-Ernte · Kaffee zählt zu den wichtigsten Agrarprodukten und Ausfuhrgütern der »portugiesischen Überseeprovinz« Westafrika.

Ländern kann man von einer »Bevölkerungsexplosion« in Angola nicht sprechen. Da die Einwohnerstatistik nicht nach rassischen Merkmalen gliedert, ist die genaue Zusammensetzung der Bevölkerung unbekannt; nach Schätzungen dürften im Lande nicht mehr als 200 000 Weiße und etwa 70 000 Mischlinge leben. Die Hälfte der Weißen wohnt in den Städten – allein in Luanda 60 000 –, die übrigen leben zusammen mit den Bantu verstreut als Händler, Bauern, Verwaltungsbeamte, Angestellte, Lastwagenfahrer, Handwerker und Arbeiter.

Wenn auch im vergangenen Jahrhundert Ansätze zur Erschließung des Landes feststellbar sind, wobei der Bahnbau entscheidend ins Gewicht fällt, kann man erst seit 1928 von einer planmäßigen ökonomischen Entwicklung Angolas sprechen; sie verlief parallel mit der politischen und wirtschaftlichen Stabilisierung in Portugal selbst, d. h. mit der Etablierung des

der, während die einförmigen Weiten der Binnenhochländer von dürftigen Trockensavannenwäldern bestanden sind.

Die Hauptwohngebiete der in Angola ausschließlich anzutreffenden Westbantu, die wiederum in zahlreiche Völkerschaften und Stämme regional gegliedert sind, waren und sind die eine ausreichende Existenzgrundlage bietende Randschwelle und der Planalto.

Von einer regelrechten Besiedlung der Binnenhochländer (über die Hälfte des Landes) kann indes keine Rede sein; nicht mehr als etwa 100 000 Bantu und eine kleine Gruppe von Buschmännern, die als Reste einer nichtnegriden Rasse im äußersten Südwesten Angolas als Sammler und Jäger ihr Leben fristen, dürften hier beheimatet sein. Erst nach der Festsetzung der Portugiesen an der Küste, vor allem aber nach der Errichtung der Zuckerrohr- und Ölpalmplantagen im Bereich der bewässerten Flächen längs der Unterläufe der Flüsse zwischen Catumbela und Kongo trat eine stärkere Auffüllung dieses Küstensaumes mit Bantu ein. Angola wies 1970 eine Bevölkerungszahl von insgesamt 5,6 Millionen Einwohnern auf. Der Bevölkerungszuwachs belief sich in den Jahren 1960–1970 auf 700 000 Personen. Im Vergleich mit anderen afrikanischen

Salazar-Regimes. Bis heute erfolgt bei voller Anerkennung der privaten Initiative die Entwicklung nach planwirtschaftlichen Gesichtspunkten.

Regional gesehen bildete dabei zunächst das agrarwirtschaftlich wertvolle Hinterland von Luanda mit seinem dominierenden Kaffeeanbau einen eindeutigen Entwicklungsschwerpunkt. Während des Zweiten Weltkrieges stagnierte der wirtschaftliche Aufschwung. Die nach dem Kriege einsetzende starke Nachfrage nach tropischen Agrarerzeugnissen aller Art und nach mineralischen Rohstoffen brachte dem gesamten Lande steigende Deviseneinnahmen und damit den entscheidenden ökonomischen Entwicklungsimpuls, der durch gezielte wirtschaftspolitische Maßnahmen nach dem Aufstand an der Nordgrenze noch erheblich forciert wurde. Die verbesserte wirtschaftliche Lage führte vor allem im ersten Nachkriegsjahrzehnt zu einer verstärkten Zuwanderung portugiesischer Arbeitskräfte, ohne die der für ein Tropenland beachtliche Stand der Infrastruktur und die schnelle, wirtschaftlich abgesicherte Entwicklung der Küsten- wie der Binnenstädte nicht denkbar wäre. Zwar ist der dualistische Aufbau der angolanischen Wirtschaft noch nicht überwunden, aber er hat doch weitgehend durch die wenigstens teilweise Eingliederung eines größeren Bevölkerungskreises in die für den Markt produzierende Wirtschaft an Schärfe verloren.

Für eine solide wirtschaftliche Entwicklung besitzt Angola durch seine Agrar- und Montanwirtschaft eine gute Ausgangsbasis. Entsprechend der naturgeographischen Differenzierung von Nord nach Süd und der Höhenlage haben sich bei schon erheblicher Bereicherung der Anbaupalette mehr oder minder scharf abgrenzbare Agrarräume herausgebildet. Im Randschwellenbereich und im randschwellennahen Planalto nördlich des Cuango dominiert der Kaffee (zu 97 % Coffea robusta). Mit einem durchschnittlichen Jahresexport von 180 000 t nimmt Angola den dritten Rang in der Welt-Kaffeeproduktion ein. Südlich des Cuanza wird Kaffee nur noch auf einem schmalen Streifen längs der Randstufe bis 12° südlicher Breite angebaut, im Binnenland nur noch an einzelnen frostfreien Plätzen. Verbreiteten Baumwollanbau findet man im nördlichen Küstenstreifen zwischen Ambrizete und unterem Cuanza sowie zwischen 8 und 10° südlicher Breite im östlichen Einzugsgebiet des Cuanza. Im Hinterland von Lobito befindet sich der Hauptteil der Sisalproduktionsflächen Angolas (jährlich 50 000 bis 60 000 t). Wichtigste Anbauprodukte, die die Aufnahmefähigkeit des Binnenmarktes bei weitem überschreiten, bilden jedoch Mais und Maniok; bereits im 16. Jahrhundert von den Portugiesen aus Amerika eingeführt, haben diese beiden Pflanzen seitdem Ernährung und Ernährungswirtschaft im tropischen Afrika grundlegend verändert. Ergänzt wird dieses Anbauprogramm durch die Kultivierung von Tabak, Zitrusfrüchten und Gemüse sowie durch extensive Rinderzucht. Hingewiesen wurde bereits auf den – ausschließlich plantagenmäßig betriebenen – Zuckerrohranbau (Zuckerertrag bei 25 000 t jährlich) in den Küstenoasen; dort gibt es neben Ölpalmplantagen auch Bananenpflanzungen, die in den letzten Jahren rasch an Bedeutung zunehmen (Bananenproduktion jährlich 36 000 t). Bedingt durch den fischreichen Benguelastrom spielt die Fischereiwirtschaft an der südangolanischen Küste eine wesentliche Rolle.

Von den zahlreichen Agrarprodukten, die Angola für den Export zur Verfügung stellt, finden lediglich Kaffee und Sisal in nennenswertem Umfang Absatzmärkte außerhalb der Escudo-Zone. Grund hierfür ist u. a. die nicht ausreichende Quantität oder die noch nicht vorhandene Qualität der Erzeugnisse. Das kleine Portugal importiert alle diese Überschußprodukte zu Preisen, die in der Regel erheblich über dem Weltmarktpreis liegen. Es stützt damit die nach wie vor dominierende Agrarwirtschaft Angolas auf nachhaltige Weise.

Neben der Landwirtschaft gewinnt der Bergbau mehr und mehr an Bedeutung. Eine weltwirtschaftlich maßgebliche Position Angolas, etwa bei Eisenerz (Hauptvorkommen bei Cassinga; Gesamtproduktion 1970: 6,09 Millionen t) oder Erdöl (in Cabinda und bei Luanda; Jahresförderung 1971: 5,8 Millionen t), kann sich jedoch erst nach Abschluß der Prospektionsarbeiten ergeben. Auch auf dem Gebiet der Nichteisenmetalle (z. B. Kupfer, Bauxit bzw. Aluminium, Uranerz) dürfte Angola künftighin einige Chancen haben. Die sekundären Diamantenlagerstätten im agrarwirtschaftlich wertlosen Binnenhochlandgebiet des Distrikts Lunda, im äußersten Nordosten des Landes, werden seit 1917 ausgebeutet (Förderung 1970: rund 2,4 Millionen Karat) und haben für die wirtschaftliche Entwicklung Angolas fast schicksalhafte Bedeutung erlangt.

Der unaufhaltsame Einzug der Moderne zeigt sich besonders auffällig in den Städten, allen voran die Hafen- und Provinzhauptstadt Luanda mit ihren rund 500 000 Einwohnern. Für die Gründung aller angolanischen Städte waren verkehrs- und wirtschaftsgeographische Überlegungen entscheidend. Neben der hervorragenden maritimen Verkehrsgunst, die auf mehrere hundert Kilometer entlang der Küste zwischen Kongo- und Catumbelamündung nur die geschützte Bucht von Luanda bietet, entsprach die Beschaffenheit des inneren Buchtrandes – er besteht aus einer nur schmal ausgebildeten Strandebene, die von einem durchschnittlich 40 m hohen Kliff überragt wird – der Vorliebe der Portugiesen, Städte in amphitheatralischer Hanglage zu errichten. Sie brachten diese Vorliebe, der u. a. Lissabon und Porto ihren städtebaulichen Reiz verdanken, aus ihrer Heimat mit. Stellt in Brasilien Salvador, das frühere Bahia, die vollendete Kopie eines portugiesischen Stadtbildes dar, so gilt in Angola gleiches für Luanda, das zur Zeit des Sklavenhandels mit Bahia in enger Verbindung stand.

Die 1945 erfolgte Ablösung des Reedehafens von Luanda durch einen modernen Tiefwasserhafen sowie die in jüngster Zeit abgeschlossene Umgestaltung der Cidade Baixa, der Unterstadt, in eine moderne City zeichnen die erst nach dem Zweiten Weltkrieg vollzogene Einbindung Angolas in den weltwirtschaftlichen Kreislauf nach, wobei der lukrative Kaffee-Export die überragende Rolle spielte. Die neuen Industrieviertel der Cidade Alta, der Oberstadt, zeugen von dem Bemühen, nicht nur die Wirtschaftsstruktur der Stadt zu verbessern, sondern auch das ganze Land unabhängiger von außen zu machen.

Besonders dieses lusitanische Luanda erinnert, stellvertretend für das gesamte Angola, in zahlreichen Aspekten an das portugiesischsprachige Brasilien, mit dem sich nun außer Portugal selbst auch Angola und Moçambique zunehmend in kulturellem Austausch befinden, dem enge wirtschaftliche Kontakte folgen sollen. Und gerade in Luanda werden die ehrgeizigen Zukunftspläne der Portugiesen in Afrika deutlich, politisch in absehbarer Zeit die »brasilianische Lösung« zu verwirklichen. Ist man sich doch allenthalben bewußt, daß Angola und Moçambique nicht auf ewige Zeit portugiesische »Überseeprovinzen« bleiben können.

Moçambique

Die Grenze zwischen dem tropischen und dem südlichen Afrika wird meist entlang dem Südrand des tropischen Trockenwaldes gezogen, d.h. längs einer Linie Kunene–Etoschapfanne–Kubango/Okavango–Kuando–oberer Sambesi. Das 778 009 qkm große Territorium von Moçambique gehört jeweils hälftig zu diesen beiden natürlichen Großlandschaften. Von den rund 7,3 Millionen Einwohnern Moçambiques leben allerdings 60 % in der nördlichen, tropischen Landeshälfte. Diese zählt von ihrem geologischen Aufbau her zu Ostafrika, das im Norden durch die Senke des Rudolfsees und im Süden durch den Sambesi begrenzt wird. Im Westen reicht es bis zur Wasserscheide der Zentralafrikanischen Schwelle.

Entscheidend für das Verständnis Ostafrikas ist neben dessen Gliederung in Küstenland, Randgebirge, Hochland und Grabensystem der Umstand, daß die Regenzeiten hier infolge der großen Beständigkeit des Nordostmonsuns und besonders des ihn ablösenden Südostpassats nach Länge und Ergiebigkeit schwächer entwickelt sind als im benachbarten Kongobecken, so daß der Gürtel des immergrünen Tropenwaldes hier seine einzige Unterbrechung auf den Landflächen der Erde erfährt.

Ostafrika ist insgesamt gesehen schwach bevölkert. Der Hauptgrund hierfür liegt darin, daß dieser Raum stets ein

»Portugiesische Überseeprovinz« Moçambique, Regierungssitz. Die Verlegung des Regierungssitzes nach Lourenço Marques machte diese Hafenstadt zum wirtschaftlich dominierenden Zentrum. Durch eine Ausstrahlung erhielt der Süden wichtige Impulse für die weitere Entwicklung.

Schauplatz des Kampfes gewesen ist. Der Tropenwald war der Völkerbewegung feindlich und wurde von ihr umgangen. So mußte der offene Raum zwischen den zentralafrikanischen Seen und dem Indischen Ozean ein Einfallsgebiet für jene Völker werden, die zunächst von Norden her diesen Teil Afrikas zu durchziehen strebten; ebenso lag Ostafrika überseeischen Eindringlingen offen, die sich vom Nordostmonsun an seine Küste tragen ließen. In diesem Zusammenhang ist es bezeichnend, daß die ersten Schwerpunkte portugiesischer Präsenz zunächst nördlich des Sambesi lagen. Zehn Jahre nach der Entdeckung des Seeweges nach Indien durch Vasco da Gama, (1488), wurden Quelimane sowie die Inseln Moçambique und Ibo, allesamt nördlich des Sambesi, zu Seestützpunkten ausgebaut, südlich des Stromes nur Inhambane. Ein Vordringen in den Goldminenbezirk von Manicaland (Rhodesien), in den sich auch die arabischen Kaufleute nie gewagt hatten, sollte den Portugiesen erst 1574 gelingen. In der Zwischenzeit stießen sie auf dem unteren Sambesi vor. Sie gründeten die Flußhafenstützpunkte Vila de Sena und Tete (1531) und bauten das etwa 100 km von Delta entfernte Quelimane zur Nachschubbasis aus, so daß auch dieser Handelsweg unter ihre Kontrolle kam. Gleichzeitig begann man wie in Angola mit der Missionsarbeit, die vornehmlich dem Monomotapa-Reich mit seinen Goldschätzen galt, das zu Beginn des 17. Jahrhunderts die portugiesische Oberhoheit anerkannte. Wie gefährlich das Hinterland der Küste von Moçambique für die Portugiesen lange Zeit war, erhellt auch aus der Tatsache, daß die Insel Moçambique, nach der später das ganze Land benannt wurde, ab 1542 zum Hauptstützpunkt ausgebaut wurde. Das dortige Fort São Sebastião stellt das größte europäische Militärbauwerk im tropischen Afrika dar. Bis zur 1752 erfolgten Ernennung eines Generalgouverneurs für Portugiesisch-Ostafrika, der seinen Sitz in der Stadt Moçambique (auf der gleichnamigen Insel) nahm, unterstand dieses Territorium verwaltungsmäßig dem Vizekönig von Gôa (ehemals Portugiesisch-Indien). Dieser enge Zusammenhang mit Indien hatte eine beachtliche Zuwanderung von Indern in die Küstenplätze Moçambiques zur Folge; die Inder kamen wie die Portugiesen als Händler ins Land und tragen bis heute zur rassischen Vielfalt der mosambikischen Hafenstädte bei.

Bis zur Mitte des 19. Jahrhunderts war Moçambique politisch wie wirtschaftlich völlig bedeutungslos. Schon seit 1650 hielt Großbritannien den Seeweg nach Indien fest in seiner Hand, und bis zur verwaltungsmäßigen Trennung Moçambiques von Gôa hatten die Araber ihre Herrschaft an der ostafrikanischen Küste bis zum Rovumafluß, der heute die Nordgrenze Moçambiques bildet, unangefochten wieder ausgedehnt. Im letzten Drittel des 19. Jahrhunderts, gekennzeichnet durch die Aufteilung Afrikas unter die europäischen Kolonialmächte, erhielt Moçambique dann seine heutigen politischen Grenzen.

Mit der 1898 vorgenommenen Verlegung des Regierungssitzes nach Lourenço Marques, 2000 km von der Insel-Stadt Moçambique entfernt, setzte nicht nur der Bedeutungsschwund der alten Metropole ein, denn zugleich verlor Lissabon seine Oberhoheit über praktisch ganz Moçambique nördlich des Saveflusses, das mit nichtportugiesischem Kapital ausgestattete Entwicklungsgesellschaften (»Companhias«) unter sich aufteilten. Ab 1926 und mit fortschreitender politischer und wirtschaftlicher Konsolidierung in Portugal wurden die souveränen Rechte der »Companhias« jedoch allmählich wieder abgebaut; der Schlußstrich unter dieses Kapitel wurde allerdings erst 1941 gezogen. Die Verlegung der Hauptstadt entsprang einem politischen Motiv: Das schwache Portugal hatte sich gegen das starke Großbritannien zu behaupten, das seine Hand auf das südliche Drittel der mosambikischen Küste legen wollte, eine Region, der für den wirtschaftlich wertvollsten Teil des südlichen Afrikas erstrangige verkehrsgeographische Bedeutung zukam. Die Folgen dieser Schwerpunktverschiebung sind bis heute nicht überwunden: ein deutliches ökonomisches Übergewicht des Südens gegenüber dem Norden des Landes und eine funktionale Verflechtung des gesamten Moçambique mit dem südlichen Afrika. Aus Moçambiques Anlehnung an die (gleichfalls von Weißen regierten) Nachbarländer Rhodesien und Südafrika resultiert die heutige Zuordnung dieser portugiesischen »Überseeprovinz« zum südlichen Afrika, und zwar weniger aus naturgeographischen als aus – letztlich politisch bedingten – anthropogeographischen Gründen.

Betrachtet man Moçambique auf einer physischen Übersichtskarte, so fällt der große Flachlandanteil in Gestalt eines mehr oder weniger breiten Küstensaumes auf. In einem schmalen Streifen hat Moçambique im Grenzgebiet zu Rhodesien Anteil an der Ostkante des südafrikanischen Binnenhochlandes; die höchste Erhebung liegt hier mit 2436 m in den Lebomboergen. Nördlich der Sambesisenke wird das Küstenvorland von der bis auf 1000 m ansteigenden, von zahlreichen Inselber-

Das tief eingeschnittene Sambesital mit Kraftwerkstollen

Cabora Bassa – Energieprojekt im Widerstreit der Meinungen

Das Militär spielt eine zentrale Rolle

Zufahrtstraße von Tete nach Songo

Stollenbau für das Kavernenkraftwerk

Auf seinem mittleren Abschnitt durchbricht in Moçambique der Sambesi die aus präkambrischen Gneisen und Graniten aufgebaute Schwelle des Massivs Serra do Songo-Serra de Chipiriziua in einem 50 km langen und bis 800 m tief eingeschnittenen Tal. Enorm ist die Wasserkraft des Flusses, dessen Wasserführung während der Hochwasserperiode (Dezember–Mai) hier bis zu Werten um 10 000 cbm/sec. ansteigt. Zwölf Jahre dauerten die umfangreichen Vorarbeiten in dem schwach besiedelten und verkehrsmäßig nicht aufgeschlossenen Gebiet, bis 1969 unter internationaler Beteiligung mit dem Bau des Staudammes und der Kraftwerksanlage von Cabora Bassa begonnen werden konnte. 1975 werden die Staumauer (Höhe 160 m, Kronenlänge 300 m, Fassungsvermögen des Stauraumes 75 Mrd. cbm) und das Kavernenkraftwerk (Leistung 1224 MW) und die Gleichstromfreileitung (1360 km) nach der Schaltanlage Apollo bei Pretoria fertiggestellt sein. 1979 wird eine Leistung von 2040 MW in das südafrikanische Energienetz eingespeist werden können und damit Cabora Bassa die leistungsstärkste hydroelektrische Kraftwerkanlage Afrikas sein, mit deren Bau zugleich aber auch die planmäßige wirtschaftliche Entwicklung der Sambesi-Region des portugiesischen Moçambique eingeleitet wird. Anhänger der Unabhängigkeitsbewegungen befürchten durch die wirtschaftliche Bedeutung des Projekts sowie durch Ansiedlung portugiesischer Einwanderer eine Stärkung der Kolonialmacht.

gen und -gebirgen überragten Rumpffläche des ostafrikanischen Hochlandes abgelöst, das am Malawisee, dem südlichsten Glied des Zentralafrikanischen Grabensystems, abbricht. Klimatisch gehört Moçambique zur Zone des wechselfeuchten Tropenklimas. Die Vegetation prägt sich gemäß den lokalen oder regionalen Verhältnissen in Grassavannen (so im Gorongosa-Nationalpark nordwestlich von Beira), Baumsavannen oder lichten Savannenwäldern aus. Ausgesprochen niederschlagsarm sind das Gebiet zwischen Save und Limpopo und der Raum um Tete, am Sambesi. Sehr hohe Sommerniederschläge mit einem Maximum von über 2200 mm erhält der ostafrikanische Hochlandabfall nordwestlich von Quelimane, wo – wie im südlichen Malawi – Tee kultiviert wird.

Die einheimische Bevölkerung von Moçambique setzt sich aus Ost- und Südbantu zusammen, die der Sambesi voneinander trennt und die noch mehr als ihre Stammesgenossen in Angola, die Westbantu, in zahlreiche ethnische Gruppen und Stämme untergliedert sind. Durch den Aufstand am Rovuma ist besonders der kulturell hochstehende katholische Stamm der Makonde bekannt geworden, dem die Freiheit von jeher über alles geht und der von den Portugiesen immer bevorzugt behandelt wurde. Neben den Bantuvölkern, die ungefähr 7,1 Millionen Menschen umfassen, nimmt sich die meist in den Städten lebende Gruppe der Weißen, Inder und Chinesen mit schätzungsweise 200 000 Personen bescheiden aus.

Die Wirtschaft Moçambiques wird von der Landwirtschaft geprägt, die fast gänzlich der Selbstversorgung dient. Neben den großen Plantagen aus der Zeit der »Companhias« (Zuckerrohr, Kopra, Tee), den hauptsächlich im Distrikt Moçambique anzutreffenden Sisalpflanzungen und den Zitruskulturen in den Distrikten Manica e Sofala und Lourenço Marques gibt es die von den Portugiesen ab etwa 1950 unter sehr großem finanziellem Aufwand geschaffenen »Kolonate«; mit letzteren wurde der Versuch unternommen, moderne europäische Farmwirtschaft einzuführen. Der Aufbau einer marktwirtschaftlich ausgerichteten Landwirtschaft, die in den meisten Distrikten gute Entwicklungschancen hat, stößt jedoch schon aufgrund der negativen Einstellung des schwarzen Mannes zur Feldarbeit auf fast unüberwindbare Schwierigkeiten, ganz abgesehen davon, daß bis heute aufnahmefähige Binnenmärkte fehlen. Landwirtschaftlicher Schwerpunkt ist der Distrikt Zambézia. Wertmäßig stammen die zum Export gelangenden Agrarprodukte zu 50 % von den Farmen der schwarzen Bevölkerung, so vor allem Cashewnüsse und Baumwolle, zu 50 % von den von Europäern geleiteten Plantagen, hauptsächlich Zucker, Tee, Kopra und Sisal. Von den genannten Erzeugnissen haben aber lediglich die Cashewnüsse eine nennenswerte Position auf dem Weltmarkt.

Die Bergbauwirtschaft ist bis auf den bescheidenen Kohlenabbau bei Tete nicht entwickelt, was auf den unzureichenden Prospektionsstand zurückzuführen ist. Dabei sind Eisenerze, Gold, Kohle, Bleiglanz, Kupfer und Uran im westlichen Teil des Distrikts Tete sicher nachgewiesen; aber bis heute hat man nur vage Vorstellungen von der Abbauwürdigkeit der Lagerstätten. Große Hoffnungen im Hinblick auf den wirtschaftlichen Fortschritt knüpfen sich deshalb gerade im Sambesi-Einzugsgebiet des Distrikts Tete an das Staudammprojekt Cabora Bassa, mit dessen Verwirklichung nach zwölfjähriger Vorarbeit 1969 begonnen wurde und das nach seinem endgültigen Ausbau in absehbarer Zeit eine Kapazität von 3,6 Milliarden kW aufweisen wird.

Bei der einseitigen Wirtschaftsstruktur von Moçambique kommt dessen Rolle als Transitland außerordentliche Bedeutung zu. Die ständig negative Handelsbilanz wurde bisher durch die Einnahmen aus der Verkehrswirtschaft größtenteils ausgeglichen. Moçambique, durch leistungsfähige Eisenbahnen mit der Republik Südafrika, Swasiland, Rhodesien, Sambia und Malawi verbunden, wickelt über seine Häfen Lourenço Marques (Umschlag 1972: 14,8 Millionen t), Beira (Umschlag 1972: 3,4 Millionen t) und neuerdings Nacala, dessen Bucht mit ihren hervorragenden Tiefenverhältnissen die Hafenfunktion der alten Hauptstadt Moçambique fortsetzt, den Import und den Export der genannten Länder entweder ganz oder zumindest zu einem erheblichen Teil ab. Seine verkehrsgeographisch überaus günstige Lage nahe dem wirtschaftlich am weitesten fortgeschrittenen Teil Afrikas, aber auch die infolge der anhaltenden Schließung des Suezkanals zurückgewonnene Schlüsselposition am Verkehrsäquator sichern Moçambique tagespolitische Ereignisse überdauernde Vorteile, über die kein afrikanisches Land in gleichem Umfang verfügt.

Die Transitfunktion bindet den Hauptteil der wirtschaftlichen Aktivität im Süden des Landes, der über kein nennenswertes eigenes Hinterland verfügt. Am meisten davon profitiert haben dabei die Hafenstädte Lourenço Marques (270 000 Einwohner) und Beira (60 000 Einwohner), die, im Besitz der »schnellsten« Häfen des afrikanischen Kontinents, sich auch industriewirtschaftlich rasch entwickeln. Im Küstenstreifen zwischen Lourenço Marques und Beira sind bereits günstige Voraussetzungen für eine wirksame, umfassende Planung gegeben. Dem überwiegenden Teil des Landes fehlt indessen der Entwicklungsunterbau, die Infrastruktur, weitgehend oder noch völlig. Ökonomische Schwerpunkte bilden im Norden die Küstenhäfen der Distrikte Zambézia (Quelimane) und Moçambique (Nampula, Nacala) und die »Teeinsel« Milange an der Grenze zu Malawi. Eine wirtschaftliche Erschließung ist hier wie auch im Distrikt Tete aufgrund der agrar- und montanwirtschaftlichen Möglichkeiten erfolgversprechend. Die Schwierigkeiten sind jedoch selbst bei Einsatz umfangreicher Investitionen (z. B. Cabora Bassa) außerordentlich groß und können nur langfristig zu einer Änderung der gesamten Verhältnisse führen.

Portugiesisch-Guinea

Vierzehn Jahre früher als die Kapverdischen Inseln, denen Portugiesisch-Guinea verwaltungsmäßig bis 1879 unterstand, wurde der südlichste Küstenstreifen des senegambischen Tieflandes von Nuno Tristão 1446 entdeckt. Bis zu dessen administrativer Eigenständigkeit unterhielten die Portugiesen in diesem Teil Guineas nur wenige Faktoreien in den Küstenplätzen Cacheu, Bolama und Bissau. Bissau war bis zum gleichen Zeitpunkt Hauptstützpunkt, verlor aber diesen Rang wegen der ständigen Bedrohung durch die Pepel (Papei) 1870 an das auf einer Insel gelegene Bolama und ist erst seit 1942 wieder Hauptstadt.

Was dem insgesamt flachen Land seinen besonderen Charakter verleiht, sind die zahlreichen Trichtermündungen der Flüsse, die untergetauchte Flußmündungen darstellen und als breite Meeresbuchten weit ins Land greifen. Das Küstengebiet ist in viele Inseln aufgelöst und wegen der Flachheit des Landes in besonderem Maße den Gezeiten ausgesetzt, so daß nur 28 000 qkm der Gesamtfläche von 36 125 qkm ständig landfest sind.

Zu den Randtropen gehörend, erhält Portugiesisch-Guinea Niederschläge in einer ausgesprochenen Regenzeit während der Sommermonate; sie betragen an der Küste im Mittel 2100 mm und nehmen nach dem Innern auf 1400 mm ab. Bestimmend für das Landschaftsbild sind im zerlappten Küstenbereich dichte Mangroven- und Galeriewälder, im Landesinneren Strauch- und Grassavannen. Die Savannen eignen sich für eine relativ intensive Viehzucht. Bodenschätze sind nicht vorhanden.

Die arabischen Begriffe »Sudan« und »Guinea«, die heute für die physisch-geographische Großgliederung des Raumes zwischen Sahara und Kongobecken verwendet werden, kennzeichneten ursprünglich die dominierenden rassischen Merkmale der einheimischen Bevölkerung südlich der Sahara, wobei zwischen einer zwar dunkleren, aber nicht eigentlich schwarzen Bevölkerung im Sudan und einer schwarzen in Guinea, d. h. südlich des Sénégalstroms, unterschieden wurde. Diese Bevölkerungsmerkmale waren bereits Heinrich dem Seefahrer aus arabischen Quellen bekannt und entsprechen auch heute noch in etwa den Tatsachen.

Die rund 560 000 Menschen zählende Bevölkerung Portugiesisch-Guineas gliedert sich in 28 Völkerschaften; der Anteil der Weißen ist mit 15 000 Personen äußerst gering. Die stärkste Gruppe stellen die Sudanneger (57 %) dar, gefolgt von den hauptsächlich im Nordosten des Landes wohnenden, oft hellhäutigen Fulbe (20 %) und den an der Küste lebenden Pepel (7 %). Der Rest sind Grumeten (Negermischlinge) und Mulatten. Verbreitetste Religion im Hinterland ist der Islam, während im Küstenbereich – abgesehen von den katholischen Verwaltungszentren im ganzen Lande – Naturreligionen vorherrschen. Außer durch seine ethnische und kulturelle Buntheit auf engstem Raum unterscheidet sich Portugiesisch-Guinea auch dadurch von Angola und Moçambique, daß von den hier lebenden Weißen praktisch keiner als Bauer oder Pflanzer tätig ist; das Wirtschaftsleben wird ausschließlich von der Landwirtschaft der Einheimischen geprägt. Je nach Standortgunst werden im Hackbau Hirse, Maniok, Bohnen oder Zuckerrohr zur Eigenversorgung angepflanzt, außerdem Reis und Erdnüsse, die neben Palmkernen und Holz die wenigen Exportprodukte darstellen, die über Bissau verschifft werden. Beachtlich ist die extensive Weidewirtschaft (Rinder, Ziegen, Schafe).

Die Anfänge der Haupt- und Hafenstadt Bissau (26 000 Einwohner, davon 8000 Weiße), am rechten Ufer des Geba-Mündungstrichters, gehen auf eine kleine Kaufmannssiedlung des 16. Jahrhunderts zurück, neben der Ende des 17. Jahrhunderts die Festung São José entstand. (Der volle portugiesische Name der Stadt lautet São José de Bissão.) Bissau hat sich in den letzten Jahrzehnten zu einer modernen Stadt entwickelt. Sein Hafen befindet sich auf der Ilha de Bissão und ist durch eine Brücke mit dem Festland verbunden.

Trotz erster positiver Ergebnisse der portugiesischen Entwicklungspolitik und trotz des Fehlens von Rassendiskriminierung entfalten Befreiungskämpfer seit einigen Jahren im Grenzbereich zu Senegal und der Republik Guinea eine gewisse Aktivität. Es gibt verschiedene revolutionäre Gruppen, aber sie sind untereinander zerstritten und verfolgen verschiedene Ziele. Der Führer der bedeutendsten Befreiungsbewegung, Almicar Cabral, stammte von den Kapverdischen Inseln. Er hatte sich zum Ziel gesetzt, diese und Portugiesisch-Guinea zu einem unabhängigen Einheitsstaat zu machen. Die Einheimischen fürchten sich jedoch vor einem möglichen Übergewicht der ihnen überlegenen europäisierten Mischlinge der Kapverdischen Inseln. Anderseits ist für sie ein Anschluß an die Republik Guinea oder an Senegal wegen des dort viel schlechteren Lebensstandards nicht aktuell, so daß sich der Großteil der Bevölkerung – wie in Angola und Moçambique – den Portugiesen gegenüber »loyal« verhält. Cabral wurde im Januar 1973 ermordet.

»Spanisch-Sahara«

Die an der nordwestafrikanischen Küste in Reichweite der Kanarischen Inseln sich befindende spanische Sahara-»Überseeprovinz« gehört nicht mehr zum tropischen Afrika, sondern liegt innerhalb des Bereichs des subtropischen Halbwüsten- und Wüstenklimas. Die kühle Meeresströmung des Kanarenstroms läßt die Temperaturen an der Küste im Mittel nur wenig über 20° C ansteigen. Im Landesinneren werden dagegen extreme Hitzewerte von bis zu 45° C gemessen.

»Spanisch-Sahara« stellt ein 300–500 m hoch gelegenes, von Dünen überzogenes Sandsteinplateau dar. Die Küste ist ausgesprochen verkehrsfeindlich. Das Plateau ist von Wadis stark zerschnitten, besonders im nördlichen Landesteil Saguia el Hamra, wo oasenhafter Anbau möglich ist. Der südliche Landesteil Río de Oro besteht aus Wüste und Halbwüste.

Zur Wahrnehmung ihrer Fischereiinteressen setzten sich die Spanier 1885 an der nordwestafrikanischen Küste fest. Sie nannten dieses Gebiet nach der von den Portugiesen 1436 an der sonst ungegliederten Küste entdeckten Bucht, in der sie eine Flußmündung vermuteten, Río de Oro (»Goldfluß«). An der genannten Bucht befindet sich Villa Cisneros, der Verwaltungssitz von Río de Oro. Die Küste zwischen Kap Bojador und Kap Blanc war bereits den Arabern vor der Zeit des Prinzen Heinrich bekannt und wurde bis zum Entdeckungszeitalter für das Ende Afrikas angesehen. Nach alten Überlieferungen sollten sich südlich der Sahara von goldführenden Flüssen durchzogene Länder ausdehnen. Wie sich jedoch bald herausstellte, war das ein handfester Irrtum; in dem Namen Río de Oro lebt er fort.

Bewohnt wird das 266 000 qkm umfassende »Spanisch-Sahara«, das erst 1958 seine endgültige Grenze zu Marokko erhielt, von gut 70 000 nomadisierenden Berbern und Arabern, bei denen sich im Übergangsgebiet zur Sahelzone bereits zunehmend ein unverkennbar negroider Einschlag feststellen läßt; sie betreiben Kamel- und Ziegenzucht. Außer ihnen leben rund 7000 Europäer, fast ausschließlich Spanier, im Land.

> *Kuder, M.*: Angola. Eine Landeskunde. *(In: Wiss. Länderkunden, Bd. 6, Darmstadt) 1971. – Hamann, G.*: Der Eintritt der südlichen Hemisphäre in die europäische Geschichte. Die Erschließung des Afrikaweges nach Asien vom Zeitalter Heinrichs des Seefahrers bis Vasco da Gama. *Wien 1968. – Matznetter, J. u. T.*: Portugiesisch Afrika – Einheit und Differenzierung. *(In: Mitt. d. Österr. Geogr. Ges., Bd. 112.) 1970. – Gomez Moreno, P.*: Pozos del Sahara. *Madrid 1964.*

1963 machte das kaum einen Außenhandel aufweisende »Spanisch-Sahara« Schlagzeilen, als im Rahmen der Erdölprospektion 100 km südöstlich von Aaiún, dem unweit des Atlantiks gelegenen Verwaltungssitz von Saguia el Hamra und der gesamten »Überseeprovinz«, eines der größten Phosphatvorkommen der Welt – mit einem geschätzten Vorrat von 1,7 Milliarden t – entdeckt wurde. In der Folge wurde von der Lagerstätte nach Aaiún ein Transportband verlegt, und zu Beginn der siebziger Jahre verließen die ersten Phosphatschiffe den modernisierten Hafen 30 km westlich von Aaiún. Ansonsten betreibt man hier neben Viehzucht auch Fischfang sowie Salzgewinnung in Salzgärten.

Marokko, Algerien und Mauretanien erheben Anspruch auf »Spanisch-Sahara«, das nach ihren Vorstellungen in der Form eines Referendums über seinen zukünftigen politischen Weg entscheiden soll.

Franz Ansprenger
Ausbreitung und Rückzug der europäischen Kolonialherrschaft in Afrika

Sklavenhandel und westeuropäischer Rassismus

Die europäischen Kolonialmächte haben ihre Flaggen über Afrika eingezogen. Allein Portugal verteidigt noch mit Waffengewalt seinen Besitzanspruch auf Angola, Moçambique und das kleine Portugiesisch-Guinea. Seit Februar 1961 schwelt dieser Kleinkrieg. Länger als sieben Jahre dauerte der Unabhängigkeitskrieg Algeriens gegen Frankreich. Überall sonst in Afrika vollzog sich der europäische Rückzug, der Prozeß der sogenannten Entkolonialisierung, im wesentlichen gewaltfrei. Von dem entgegengesetzten Prozeß in der Vergangenheit, der Ausbreitung der europäischen Kolonialherrschaft in Afrika, kann man dasselbe nicht behaupten. Zwar gehört Europas Afrika-Präsenz nicht zu den besonders blutrünstigen Kapiteln der neueren Geschichte – kein Vergleich zum gegenseitigen Abschlachten der europäischen Nationen in den beiden Weltkriegen! Aber Gewalt haben die Europäer doch genug angewandt, als sie Afrika im 19. Jahrhundert in einem plötzlichen Anfall von »Imperialismus« (das Wort kam aus diesem Anlaß in Gebrauch) eroberten und die Aufstände der Kolonialisierten hart niederschlugen. Das ist noch gar nicht so graue Vergangenheit. Am 18. Juli 1970 starb in Namibia (Südwestafrika) der Fürst der Herero, Hosea Kutako, im Alter von über hundert Jahren. Er hatte 1905 den Freiheitskampf seines Volkes gegen die deutsche Herrschaft miterlebt, und von 1917 an war er als Herero-»Oberhäuptling« von der südafrikanischen Verwaltung anerkannt, und zwar für die ganze Dauer dieser Verwaltung. Seit 1916 regiert in Äthiopien Haile Selassie, praktisch als unmittelbarer Nachfolger des 1913 verstorbenen Kaisers Menelik II., der 1896 die Italiener in der Schlacht bei Adua schlug (wodurch Äthiopiens Unabhängigkeit gewahrt wurde).

Die europäische Kolonialherrschaft war für Afrika eine Episode. Im Ernst begann die Eroberung des Innern erst nach der Berliner Kongokonferenz von 1884/85, denn dort machten die Kolonisatoren effektive Besitzergreifung zur Bedingung für jeden Souveränitätsanspruch. Erst nach dem Ersten Weltkrieg setzten sich die Kolonialverwaltungen in den am schwersten zugänglichen Gebieten durch – im Regenwald, in der Wüste. Sie blieben weniger als eine Generation.

Nun wäre es falsch, zur Tagesordnung überzugehen, wenn wir uns klargemacht haben, wie kurz die Periode europäischer Herrschaft in Afrika war. Denn erstens hat sie Afrika tiefer und vor allem einheitlicher umgemodelt als jemals eine historische Epoche zuvor. Zweitens ist dieses afrikanische Abenteuer auch für das Verständnis der Geschichte Europas und damit für unser Verständnis der eigenen Gegenwart und Zukunft wichtig. Der Faschismus, den die Deutschen als eine furchtbare Gefahr für menschliches Zusammenleben am eigenen Leibe und im eigenen Geiste erfahren haben, wurzelt mit einem Teil – nach Meinung des Verfassers dem wichtigsten Teil – seiner Fasern im Rassismus. Der spezifisch westeuropäische Rassismus aber hat seinen Ursprung in den historischen Beziehungen Europas zu Afrika. Insofern ist er älter als die direkte europäische Kolonialherrschaft, ging er doch hervor aus der Sklaverei und dem Sklavenhandel, durch den europäische Nationen neues »Menschenmaterial« in ihre amerikanischen Plantagen-Kolonien verfrachteten. Der Rassismus entstand im späten 18. Jahrhundert, als die an der amerikanischen Negersklaverei interessierten Europäer dieses System gegen wachsende Kritik von seiten anderer Europäer rechtfertigen wollten. Dabei – und vermutlich zu ebendiesem Zweck – entwickelten sie das Märchen von der natürlichen Minderwertigkeit der afrikanischen Neger, von ihrer Zufriedenheit unter der Sklaverei, daß sie es niemals in Freiheit so gut gehabt hätten, daß sie unfähig wären zur Selbstregierung und zu faul zur Arbeit. Dieser ganze Unsinn – ursprünglich also nichts anderes als ein Propagandaschema zur Rechtfertigung des Sklavenhandels und der Sklaverei – bestimmt noch jetzt in gewissem Umfang das europäische Afrikabild. Es hängt mit der rassistischen Verkrampfung des europäisch-afrikanischen Verhältnisses zusammen, daß wir uns

Sklavenhandel · Holzstich aus dem Jahre 1872. Anschauliche Schilderung eines Überfalls arabischer Sklavenjäger auf ein Dorf im Sudan.

bis heute schwertun, die einfache Frage zu beantworten, warum die europäischen Nationen im späten 19. Jahrhundert plötzlich Afrika erobert haben. Denn die ökonomischen Antworten reichen nicht aus.

Die »Verdammten dieser Erde«

Natürlich müssen wir, auch wenn wir uns nicht zum Marxismus bekennen, die ökonomischen Ursachen der kolonialistischen Eroberungspolitik ernst nehmen. Marx selbst hat das »Wettraufen« der europäischen Regierungen um Afrika (das »Scramble«, wie die Engländer sagen) nicht mehr erlebt. Nur über die

Negersklaverei und das ältere merkantilistische Kolonialsystem im allgemeinen hat Marx im ersten Band des »Kapitals« (24. Kapitel) böse und wahre Worte geschrieben. Zum modernen Kolonialismus der imperialistischen Epoche konnten erst die Marxisten des frühen 20. Jahrhunderts aufgrund eigener Beobachtungen etwas sagen. Lenin schrieb 1916 in seiner Anti-Kautsky-Kampfschrift über den »Imperialismus als höchstes Stadium des Kapitalismus« (wobei er die Argumente der imperialistischen Politiker Europas wiederholte): »Einzig und allein der Kolonialbesitz bietet volle Gewähr für den Erfolg der Monopole gegenüber allen Zufälligkeiten im Kampfe mit den Konkurrenten [...] Je höher entwickelt der Kapitalismus, je stärker fühlbar der Rohstoffmangel, je schärfer ausgeprägt die Konkurrenz und die Jagd nach Rohstoffquellen in der ganzen Welt sind, desto erbitterter ist der Kampf um die Erwerbung von Kolonien [...]« Diese These ist falsch und war es schon 1916. Gerade die aufstrebenden Industriemächte, das Deutsche Reich und die USA, befriedigten schon vor dem Ersten Weltkrieg ihren Rohstoffbedarf nicht vorwiegend in eigenen Kolonien, und weder sie noch Frankreich lenkten ihren Kapitalexport dorthin; Lenin selbst führt in seiner Broschüre entsprechende Zahlen an. Gewiß rivalisierten die europäischen Mächte um Kolonialbesitz und halbkoloniale Einflußsphären; aber keineswegs kämpften sie darum, schon gar nicht erbittert. Vielmehr wurden vor 1914 und nach 1918 alle Kolonialkrisen zwischen den europäischen Staaten mit friedlichen Mitteln der Diplomatie, des Kompromisses, der »Kompensation« gelöst. Der Erste Weltkrieg brach nicht wegen Marokkos aus. Noch 1914 einigten sich Berlin und London über eine Aufteilung der portugiesischen Kolonien in Afrika. 1935 duldete Großbritannien die italienische Aggression gegen Äthiopien, und bis 1939 war es nicht abgeneigt, Hitler durch Rückgabe einiger Kolonien (die dieser gar nicht ernsthaft haben wollte) zu besänftigen.

Gewiß, die europäischen Industrienatio-

Afrika auf dem Weg in die Unabhängigkeit

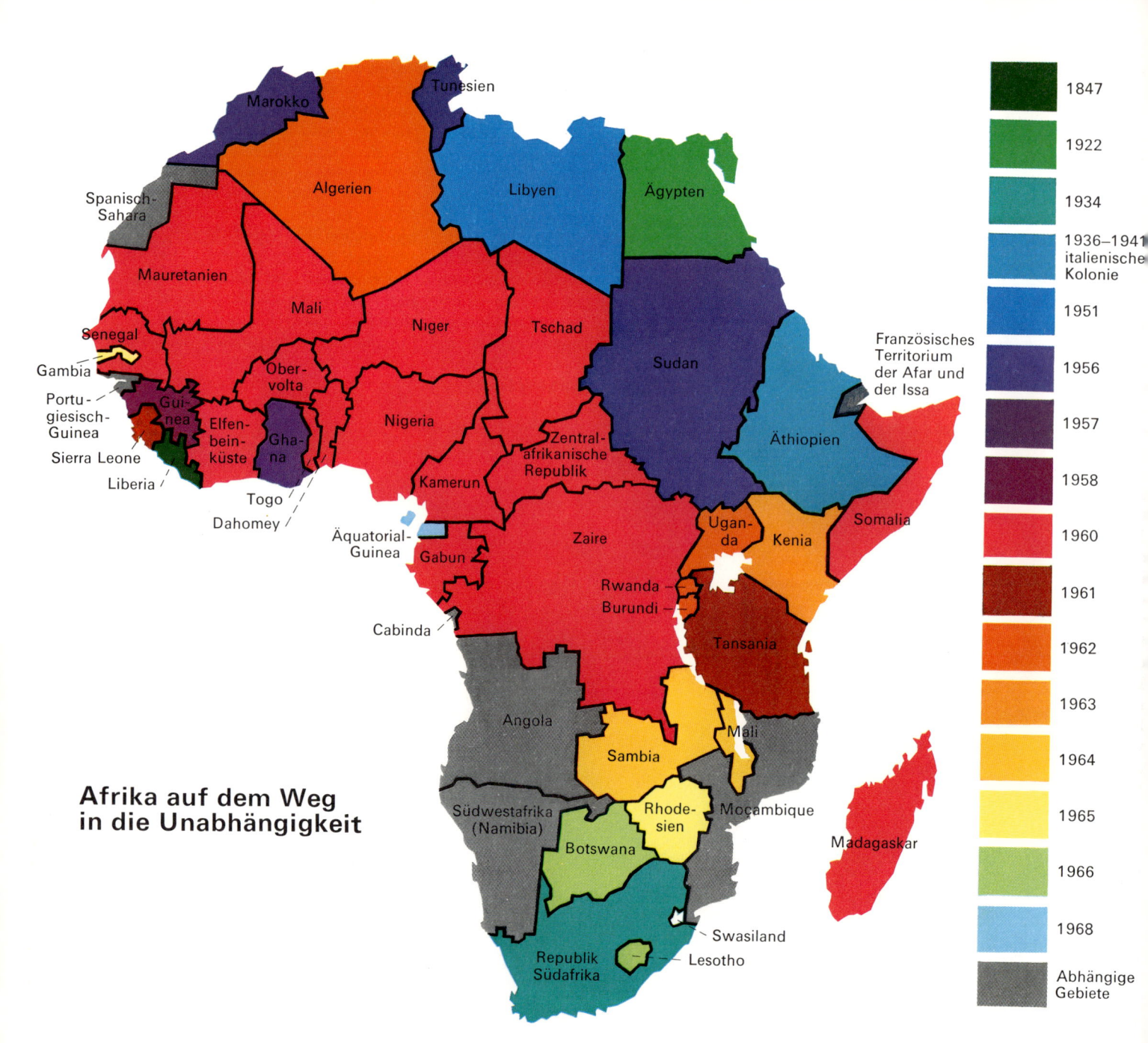

Farbe	Jahr
	1847
	1922
	1934
	1936–1941 italienische Kolonie
	1951
	1956
	1957
	1958
	1960
	1961
	1962
	1963
	1964
	1965
	1966
	1968
	Abhängige Gebiete

nen wandten sich gegen Ende des 19. Jahrhunderts, eine nach der anderen, vom Freihandel ab. Jahrzehnte zuvor hatte der Sieg des Freihandels in Großbritannien die Sklavenwirtschaft auf den Westindischen Inseln zu Fall gebracht und damit auch die Küstenstützpunkte in Westafrika entwertet. Deutschland führte 1879, Frankreich 1892 Schutzzölle ein. Es liegt nahe, einen Zusammenhang mit der kolonialistischen Eroberung zu vermuten. Die Daten stimmen ungefähr überein – aber eben nur ungefähr: Bismarck wollte 1879 noch keine Kolonien, Frankreich steckte 1892 schon mitten in der Eroberung West- und Zentralafrikas. Der Zusammenhang ist in Wirklichkeit nicht so einfach. Kein europäischer Staat eroberte nach 1885 sein afrikanisches Kolonialreich im Interesse oder gar im Auftrag der Großindustrie, die zur gleichen Zeit ihre Macht im Heimatland durchsetzte. Nur: Da die Großindustrie bei ihren ganz und gar unkolonialen Geschäften die Stütze des Staates in Anspruch nahm, beanspruchten auch jene geschäftstüchtigen Randfiguren, die in Afrika Handel treiben wollten, den »Schutz der Flagge« für ihre vergleichsweise bescheidenen Profite. Sie erhielten ihn – sehr zum Ärger anderer Kreise in den Metropolen. Erst allmählich gewöhnten sich die wirklichen Großkapitalisten daran, auch ein bißchen in den eigenen Kolonien zu investieren, da diese nun einmal da waren. Der deutsche Kolonial-Staatssekretär Dernburg mußte 1907 immer noch darum bitten. Erst im März 1914 wurde die deutsche Eisenbahn in Ostafrika von Dar Es Salaam zum Tanganjikasee fertig. Die französischen Protektionisten sperrten sich bis 1914 gegen die zollfreie Einfuhr von Kaffee und Kakao aus den eigenen Kolonien – kein Wunder, daß das Exportkapital der Franzosen lieber nach Rußland oder sonstwohin wanderte, nur nicht ins französische Afrika! Allein der Bergbau Südafrikas und Belgisch-Kongos lockte schon früh europäisches Privatkapital an. Hier konnten große Profite gemacht werden, und hier (wenigstens in Südafrika) kam denn auch in späteren Jahren eine einigermaßen ausgeglichene Industrialisierung samt wirtschaftlichem Wachstum in Gang. Die Früchte dieser Entwicklung ernteten freilich keineswegs alle Einwohner der Union von Südafrika und späteren Republik Südafrika, sondern zu etwa drei Vierteln die weiße Minderheit, die heute nur etwa ein Fünftel aller Einwohner ausmacht.

Auch Südafrika wurde nur eine partielle, eine steckengebliebene Siedlungskolonie der weißen Eroberer Afrikas, in ähnlicher Weise (mit noch geringeren Prozentsätzen europäischer Bevölkerung) das im Norden angrenzende Rhodesien, das französische Algerien, das britische Kenia. Deshalb war das kolonialisierte Afrika nie mit den eigentlichen »Kolonien« Westeuropas (das lateinische »colere« heißt ja ursprünglich »anpflanzen«) vergleichbar, etwa mit Australien und Neuseeland, wo die neuen weißen Nationen schließlich ebenso wohlhabende Gesellschafen bildeten wie in der alten Heimat, oder gar mit Nordamerika.

Die afrikanischen Kolonien blieben Randzonen der wirtschaftlichen Aktivität Europas, Randzonen auch seiner politischen Dynamik, rückständig, unterentwickelt. In dieser Beziehung sind sie durchaus Lateinamerika und Asien vergleichbar, die doch sonst kulturell und historisch so ganz anders aussehen. Es steckt schon Realität in der Vorstellung von einer Welt der »Have-nots«, der »Habenichtse«, deren Völker als die eigentlichen »Verdammten dieser Erde« in diesem letzten Drittel des 20. Jahrhunderts gegen die Machtzentren, die Industrienationen, die Welt der »Haves« aufbegehren. Das Grundschema stimmt, auf dem ein Frantz Fanon, ein »Che« Guevara, ein Lin Piao ihre revolutionären Theorien aufgebaut haben. Es stimmt auch – darauf hat der Mitbegründer des Panafrikanismus, der Amerikaner William Edward Burghardt DuBois, schon kurz nach 1900 hingewiesen –, daß das große Thema dieser Konfrontation die »Rassenschranke« ist. Denn alle reichen Nationen der Erde mit der einzigen Ausnahme Japans sind heute weiß, und nahezu alle nichtweißen Völker und Volksgruppen selbst innerhalb der reichen Staaten sind arm. Ob der »Kampf der Dörfer gegen die Städte im Weltmaßstab«, um mit Lin Piao (1965) zu reden, vornehmlich die Form revolutionärer Kriege nach dem vietnamesischen Modell annehmen wird oder die Form des Feilschens an UNCTAD (Welthandels)-Konferenztischen und kartell- oder gewerkschaftsähnlicher Solidarisierungen von Rohstoffproduzenten (wie es die Erdöl erzeugenden Staaten in jüngster Zeit immer wieder vorexerzieren), bleibt abzuwarten. Die weitere Entwicklung wird vor allem auch davon abhängen, wie die reichen Nationen den Ansprüchen ihrer ehemaligen Kolonien und gegenwärtigen Neokolonien begegnen.

Die merkwürdige Koalition

Wirtschaftlich also blieben die Kolonien links liegen; die kapitalistische Produktionsweise verdrängte dort keineswegs so rasch und radikal die älteren Formen, wie Rosa Luxemburg es vor 1914 erwartet hatte. Eine von den kapitalistischen Metropolen abhängige, unterentwickelte Wirtschaft und eine ebensolche Gesellschaft entstanden. Zwei Kennzeichen erscheinen hier besonders wichtig: Erstens erfaßten die koloniale Wirtschaft und Gesellschaft (Exportlandwirtschaft, Bergbau, Handel, Geld, Schulen, Verwaltung usw.) nur einen kleinen Teil der afrikanischen Bevölkerung jeder Kolonie. Zweitens war der Verkehr mit den Metropolen (nicht unbedingt, aber doch vorwiegend mit dem politisch herrschenden »Mutterland«) für die Kolonie lebenswichtig – wenigstens für ihren embryonalen »modernen Sektor« –, der Verkehr mit der Kolonie jedoch für das »Mutterland« und für die Metropolen im ganzen nicht.

Wer bestimmte politisch in dieser hinkenden Partnerschaft? Trotz aller Unsicherheit sei folgende Mutmaßung erlaubt: Wenn annähernd stimmt, was bisher hier behauptet wurde, dürfte das Großbürgertum in Industrie und Finanz, das in einer europäischen Nation nach der anderen (außer in Osteuropa) an die Macht kam, nicht die treibende Kraft bei der Kolonialisierung Afrikas, nicht der Machthaber in den Kolonien gewesen sein. Wenn wir die historischen Quellen befragen, stoßen wir denn auch, vor allem in Frankreich und in Deutschland, auf eine merkwürdige Koalition von Beamten, Offizieren und kleinbürgerlichen Abenteurern (Typ für die letzte Gruppe: Carl Peters). Und wenn wir auf die heutige Republik Südafrika und auf ihre noch intakte weiße Kolonisten-Herrscherschicht blicken, stellen wir fest: Der Monopolkapitalist par excellence, der mit seiner Machtfülle im Zentrum eines Konzerngeflechts geradezu dem Lehrbuch der politischen Ökonomie des Kapitalismus entsprungen scheinende Harry F. Oppenheimer (geboren 1908), »Chairman« der Anglo-

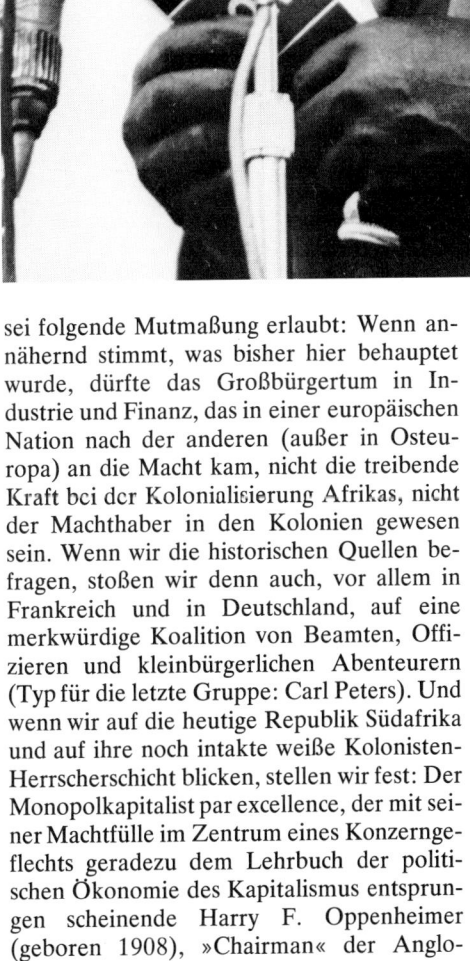

Afrikanische Befreiungsbewegung · Jomo Kenyatta, Staatsoberhaupt von Kenia, einer der geistigen Väter afrikanischer Emanzipation.

American Corporation, der De Beers Consolidated Mines Ltd. usf. usf. – man ist wirklich versucht, ihm Titel nach Art der verblichenen Könige und Kaiser Europas zu geben –, dieser Oppenheimer finanziert keineswegs die halb oder ganz faschistische »Nationalpartei« der Republik Südafrika, die seit 1948 an der Macht ist. Vielmehr möchte Oppenheimer gern, gerade weil er sich auf die kapitalistische Profitrechnung versteht, die Apartheid ummodeln und den Nichtweißen der Republik Südafrika mehr Kaufkraft verschaffen; er wäre auch bereit, das Mehr an Kaufkraft in der politischen Münze des Stimmrechts auszahlen zu lassen. Gewiß braucht Herr Oppenheimer weder für sich noch für seine unmittelbaren Nachfahren Konkurrenz von Schwarzen oder gar Überwältigung durch Schwarze zu fürchten; der kleine Weiße, Facharbeiter oder Briefträger oder Polizist, muß dagegen sehr wohl Angst um seine Stellung und seinen reichlichen Lohn haben, sobald die politisch gemauerten Rassenschranken fallen. Folglich ist der kleine Weiße (nicht jeder einzelne, aber die Mehrheit) entschlossen, seine Privilegien zu verteidigen. Und folglich haben die kleinen Weißen Südafrikas nach der politischen Macht gegriffen, sie an der »Whites only«-Wahlurne erfaßt und bisher festgehalten. Die von Herrn Oppenheimer favorisierte »Fortschrittliche Partei« bekommt trotz aller Milliarden ihres Patrons weniger als 10 % der weißen Stimmen, und nur in einem Wahlkreis gewann sie das Parlamentsmandat; zufällig wohnen in diesem Wahlkreis, wie man hört, die im Durchschnitt reichsten Leute des Landes. So sehen die Machtverhältnisse heute in der Republik Südafrika aus, wo das »gute alte« Afrika der Kolonialzeit noch lebt. Daraus können wir vielleicht einige Rückschlüsse auf die Zusammensetzung der einstigen Kolonialpartei in den europäischen Metropolen und auf die gesellschaftliche Herkunft der Kolonisatoren im französischen, britischen, deutschen, portugiesischen, spanischen oder italienischen Afrika der Jahre 1885–1945 ziehen.

Von einer für die Machtverhältnisse in den Metropolen nicht typischen, im marxistischen Schema als »kleinbürgerlich« einzuordnenden, wirtschaftlich nicht von sich aus einflußreichen, rassistischen Schicht von Beamten und Händlern (auch wohl Missionaren) ging die Staatsgewalt aus, die die Afrikaner in den Kolonien zu spüren bekamen. Es wurde schon erwähnt, daß die Metropolen untereinander, sehr zur Enttäuschung eines Lenin, bei der Aufteilung Afrikas friedlich miteinander auskamen. Selbst die beiden Weltkriege wurden im kolonialen Afrika nicht so heiß und – was das gegenseitige Abschlachten der weißen Herren anging – nicht so unmenschlich geführt wie in Europa. Für die Afrikaner war das ein magerer Trost. Denn bei ihrer »Behandlung« oder auch »Sonderbehandlung« (um dem Sprachschatz der SS vorzugreifen) galten weder Haager Konvention noch Rotes Kreuz. Die Vernichtung des Hererovolkes nach seinem Aufstand gegen die Deutschen im Jahre 1905 war als eine »Endlösung« dieser »Frage« geplant und wurde entsprechend praktiziert – auch ohne Gaskammern. Wie viele Kongolesen vor 1908 den Strafexpeditionen der Soldaten des Belgier-Königs zum Opfer fielen, wird niemand mehr feststellen können.

Natürlich kämpften auch die afrikanischen Widerständler oder Rebellen nicht gerade vornehm. Aber nach allem, was wir wissen, zeigten sie sich in vielen Kolonialkriegen zivilisierter als die weißen Aggressoren. Das gilt für die Senussi in Libyen und für die Mossi in Obervolta, für die arabisierten Afrikaner an der Küste Deutsch-Ostafrikas, für die Herero von 1905 und für die rebellischen Zulu desselben Jahrzehnts. Es ist nicht nur eine Reaktion gekränkten Stolzes, wenn das unabhängige Afrika heute die Namen der Widerstandskämpfer ehrt, ihre Gräber schmückt oder ihre Asche überhaupt erst in die Heimat überführen läßt, Straßen und Schulen und – natürlich! – Kasernen nach ihnen benennt.

Hinkende Partnerschaft

Erstaunlich sind nicht der afrikanische Widerstand gegen die europäischen Eroberungen und die immer wieder losbrechenden Aufstände. Erstaunlich ist, daß es nicht mehr davon gab, daß so viele Afrikaner früher oder später die europäische Kolonialherrschaft nicht nur gequält hinnahmen, sondern sie begrüßten und aktiv mit den Zwingherren zusammenarbeiteten. Sie taten es, weil der Kolonialstatus gegenüber dem alten Zustand tatsächlich Verbesserungen vieler Art brachte. Die Franzosen sprachen von einer »mise en valeur«, einer »In-Wert-Setzung«, der Kolonien. Natürlich fand Ausbeutung, ja stellenweise Ausplünderung statt. Die meisten Werte, die in den Kolonien »gesetzt« wurden, wanderten als Profite in die Metropolen. Von dieser Tatsache kann keine antimarxistische Kritik etwas wegdeuten. Aber es blieben einige – und nicht nur wirtschaftliche – Werte für das kolonialisierte Afrika übrig, die das alte Afrika nicht in diesem Umfang besessen hatte: innerer Friede vor allem; deshalb besserer Handel, sei es auch nur mit den von jeher bekannten Gütern; ab und an eine Handvoll Ratschläge für die Verbesserung der Landwirtschaft (anderswo freilich Vertreibung von Grund und Boden durch Weiße oder einfach Vernachlässigung); hier und da ein paar Schulen (allerdings mit Lehrplänen nach Wunsch und Interesse der weißen Herren); Gesundheitspflege (wenn auch kaum Vorbeugung gegen Krankheiten). Es ist billig, alle diese Neuerungen als Werkzeuge der Beherrschung und Ausbeutung zu verurteilen, wie das heute Mode ist. Bevor die Afrikaner ihre Kinder in die Schulen der Weißen schickten, prüften sie das Angebot sehr genau, jahre- und oft jahrzehntelang. Sie waren sehr mißtrauisch. Wenn sie schließlich ihre Kinder einschulten, so daß gegen Ende der Kolonialzeit weder die Behörden mit dem Massenandrang fertig wurden, noch die schmalbrüstige Kolonialwirtschaft die Absolventen sinnvoll beschäftigen konnte, dann deshalb, weil sie sich vom »Wert« dieser Schulen, trotz aller ihrer Mängel, überzeugt hatten.

Vielleicht ist Afrikas Ja zur Schule von größerer historischer Tragweite als manche Parteigründung im Zuge der Entkolonialisierung, dieser und jener Wahlsieg oder irgendein Unabhängigkeitsdatum. Daß Afrika die europäischen Kolonialschulen (staatliche und kirchliche) nicht nur duldete, sondern akzeptiert hat und bis heute nicht genug davon bekommen kann, ist sicher ein dorniges Problem gegenwärtiger Entwicklungspolitik. Historisch ist es ein Hinweis darauf, daß auch der Kolonialismus bei allen seinen Schrecken kein Schwarz-Weiß-Drama war, sondern eine kompliziertere Angelegenheit darstellte.

Afrikaner arbeiteten mit den europäischen Kolonialherren ihrer Länder zusammen. Man mag darin eine sittlich verwerfliche »Kollaboration« mit dem nationalen Feind sehen, mag die allmählich sich profilierende Schicht afrikanischer Erfüllungsgehilfen des Kolonialismus mit dem schimpflichen Namen »Kompradoren-Bourgeoisie« belegen (er stammt von den chinesischen Marxisten, die darunter die käuflichen Handlanger des Auslandes im Unterschied zur »nationalen Bourgeoisie« zusammenfaßten). Man kann aber auch in demselben Phänomen eine Vorstufe für heilsame, entwicklungsnotwendige »Kooperation« zwischen Europa und Afrika sehen, wie sie (angeblich) jetzt im Zeichen der »Entwicklungshilfe« stattfindet; die Zusammenarbeit steckt ja schon im Titel der jeweils zuständigen Ministerien, wenigstens in Bonn und Paris.

Für den Historiker läuft die Ideologie beiderseits auf die richtige Feststellung hinaus, daß der Rückzug der europäischen Kolonialherrschaft aus Afrika sich über weite Strecken als gemeinsame Aktion von Europäern und Afrikanern abgespielt hat. Wer hat die Entkolonialisierung vorangetrieben, wer sie gebremst? Nicht einmal diese Rollen sind klar verteilt. Gewiß, die jungen »Bildungseliten« Afrikas forderten überall ein rasches Tempo, denn sie wollten ja in die Schuhe der abziehenden Kolonialherren schlüpfen. Aber auch viele Europäer, verantwortliche Politiker und Meinungsmacher, konnten gar nicht schnell genug die Souveränitätsurkunden in Afrika austeilen, vor allem in den späteren sechziger Jahren. »Zur Unabhängigkeit verurteilt« fühlten sich manche Afrikaner in den kleinen und besonders armen Ländern.

Warum räumten die Europäer Afrika? Das kolonialistische Geschäft scheint sich nicht rentiert zu haben; mindestens die traditionellen kolonialen Wirtschaftszweige erholten sich nur mühsam oder gar nicht von der großen Krise der dreißiger Jahre. Dabei wurde die Verwaltung der Kolonien trotz aller Sparsamkeit immer teurer. Viele Steuerzahler murrten. Die demokratischen Traditionen der großen Kolonialmächte Großbritannien

Herero-Aufstand 1904 im ehemaligen Deutsch-Südwestafrika · Die »friedliche« Darstellung der Verhandlung zwischen dem deutschen Gouverneur Leutwein und den Hereros täuscht: Die Kämpfe zwischen den Aufständischen und den Kolonialtruppen waren von äußerster Härte, und der Stamm der Hereros wurde stark dezimiert.

und Frankreich stellten die Regierenden allmählich vor das Dilemma, den Afrikanern politische Rechte einzuräumen. So blieb nur die Ablösung, die Entlassung in Autonomie und Unabhängigkeit.

Ein fast unblutiger Rückzug

Wiederum, wie schon vor 1914, bewältigten die europäischen Regierungen den Prozeß ohne größeren Streit untereinander. Auch die Operation der Vereinten Nationen am Kongo blieb dank Hammarskjöld und Kennedy ein Unternehmen innerhalb der westlichen »Familie« unter Einschluß Indiens. Ernsthafter war schon, von Paris oder London (oder Brüssel) aus betrachtet, der Vormarsch neuer kapitalistischer Mächte in die früheren Domänen. Die USA haben in Marokko, Guinea, Zaire Position bezogen; Japan dringt in jüngster Zeit auf dem ost- und dem zentralafrikanischen Markt vor, verkauft seine Autos, sucht nach neuen Kupfervorkommen. Die Bundesrepublik Deutschland investiert – nach einer langen Periode der »Gießkannen-Hilfe« an jedweden, der die DDR ignorierte (infolgedessen erkannte bis 1969 kein einziger Staat Afrikas die DDR diplomatisch an) – nun doch konzentriert in bestimmten afrikanischen Ländern: Liberia, Libyen, Tansania ... Aber gerade das deutsche Beispiel zeigt, wie geschickt eine ehemals führende Kolonialmacht es verstand, die keimende Rivalität in ein großes gemeinsames Unternehmen einzubinden und dadurch unter politischer Kontrolle zu halten. Das ist der einfache Hintergrund des in seinen Einzelheiten so komplizierten Assoziierungs-Verhältnisses zwischen der EWG und achtzehn afrikanischen Staaten – aus der dominierenden europäischen Sicht betrachtet. Aus afrikanischer Sicht ist es ein Beispiel unter vielen für die organisierte Kooperation im Entkolonialisierungsprozeß, die manche Kritiker spöttisch eine »Zusammenarbeit zwischen Reiter und Pferd« nennen.

Der europäische Rückzug aus Afrika begann 1945, eigentlich erst 1956, denn in diesem Jahr wurden Marokko, Tunesien und Sudan, praktisch auch schon Ghana unabhängig – und Briten und Franzosen mußten ihre Suez-Niederlage einstecken, die das Ende ihrer Großmachtrolle besiegelte. Er verlief bis auf den Algerien-Krieg fast unblutig; kleinere Guerilla-Feuer in Kamerun und Kenia wurden ausgetreten. Es blieben Staaten zurück, von denen zwar viele sehr klein, sehr arm und deshalb sehr schwach waren und nach wie vor sind, die sich aber im ersten Jahrzehnt ihrer politischen Unabhängigkeit mit nur einer be-

Nigeria, »Neubildungen von Traditionen« · Im »House of Chiefs« tragen die Stammesoberen als Attribute ihres Amtes Kopfbedeckungen ähnlich den Perücken englischer »Würdenträger«.

deutungslosen Ausnahme (Sansibar) behauptet haben. Die Europäer hinterließen zwar fast überall ungesicherte Regierungssysteme, unter denen sich nach wenigen Jahren Staatsstreiche wie eine Epidemie ausbreiten konnten – westliche Demokratie ließ sich eben doch nicht so einfach per Dekret nach Afrika übertragen. Aber hinter den wankenden Kulissen von Einheitsparteien oder Parlamentsmehrheiten, Militärkomitees oder Revolutionsbewegungen (wie sie sich nannten) blieb eine zähe, oft auch zähflüssige und manchmal ziemlich korrupte Verwaltung bestehen, die, unmittelbar aus den europäisch dirigierten Kolonialverwaltungen hervorgegangen, deren Sünden, aber auch deren Tugenden dem unabhängigen Afrika vermittelte. Man kann gewiß über diese Verwaltung klagen wie über jeden bürokratischen Apparat; ohne ihn wäre jedoch Entwicklungspolitik im heutigen Afrika von vornherein Utopie. Denn wer soll die noch so erleuchteten Anordnungen der politischen Führer im Alltag der Dörfer realisieren? Das »Volk« schafft das auch bei bestem Willen nicht allein. Ohne Beamte geht es nicht.

Auf diese Weise spricht Afrika in seinen Amtsstuben, wo praktisch die Politik gemacht wird, immer noch englisch und französisch – selbst dort, wo man demonstrativ das Arabische (wie in Algerien) oder Kisuaheli (in Tansania) zur Nationalsprache erhoben hat; nur Libyen, Ägypten und natürlich Äthiopien bilden Ausnahmen. Und dies ist die ökonomische Seite der kolonialzeitlichen Erbmasse: Afrika gehört weiterhin dem Bereich der kapitalistischen Weltwirtschaft an, einschließlich der Staaten, die einen »sozialistischen« Entwicklungsweg suchen; nur für Ägypten spielt das sozialistische Lager als Handelspartner und Kapitalgeber die maßgebliche Rolle. Bei dieser Partnerschaft mit den kapitalistischen Industrienationen ist Afrika zweifellos der Unterlegene, Ausgebeutete. Ungünstige Handelsbedingungen, Abfließen der Profite nach Europa und Amerika, Ausrichtung vieler Entwicklungspläne an den Bedürfnissen der westlichen Metropolen, sogar »Brain Drain« in Gestalt vieler hochqualifizierter Afrikaner, die in Europa bleiben – das alles läßt sich nachweisen. Aber die Alternative sollte man nicht in den Reißbrett-Konstruktionen europäischer oder auch afrikanischer Sozialisten (die ersteren sind zahlreicher) suchen. Vielmehr muß man fragen, wie Afrika weiterkommen könnte, wenn die ausbeuterische Kooperation mit dem Westen plötzlich aufhörte. Hinweise darauf kann man in Guinea studieren. Sie sind nicht besonders ermutigend.

Vielleicht ist es für Afrika kein Unglück, sondern im Gegenteil ein Grund zu hoffen, daß heute nicht nur Außenseiter der westeuropäischen Industriegesellschaften, sondern auch die internationalen kapitalistischen Großmächte anfangen, sich für den Erdteil zu interessieren. Mit Großmächten sind weniger die USA oder die EWG gemeint als vielmehr die internationalen Großkonzerne. Sie bzw. ihre Vorläufer waren an der kolonialistischen Eroberung Afrikas, wie oben angedeutet, nur am Rande beteiligt. Seit den fünfziger Jahren ist ihr Blick stärker – wie es scheint: zunehmend stärker – auf Afrika gerichtet. Eine ernsthafte Erschließung der afrikanischen Bodenschätze und vor allem der gewaltigen Energiereserven des Kontinents, davon ausgehend eine Industrialisierung bei gleichzeitiger (wenn auch noch zaghafter) Umstellung und Modernisierung der Agrarproduktion, die sich nun nicht mehr an den Luxusansprüchen der Europäer, sondern am Bedarf der eigenen Völker ausrichtet – das vollzieht sich heute in Afrika, unter den Flaggen der jungen Staaten, aber technisch möglich gemacht durch die aus der Kolonialzeit übernommene Kooperation zwischen Afrika und Europa. Nach Ansicht des Verfassers wäre es ein Unding, diese Zusammenarbeit im Namen revolutionärer Schwärmerei zu zerstören. Die Aufgabe besteht vielmehr darin, im Namen einer realistisch geplanten Befreiung Afrikas die Ungerechtigkeiten, mit denen die Zusammenarbeit behaftet ist, Stück für Stück auszumerzen. Das wird schmerzlich sein, und die an ihren Profiten Getroffenen werden schreien. Manches wird bei der Verwirklichung sozialer Reformen langsamer laufen müssen als unter europäischer Vormundschaft. Auf lange Sicht jedoch werden sich die Reformen für alle lohnen. Geschieht das nicht, ist die ökonomische und gesellschaftliche Beziehung zwischen Afrika und Europa im (Neo-)Kolonialismus erstarrt, »systemimmanent« und nicht mehr veränderlich – dann freilich behalten diejenigen recht, die den kriegerischen Aufstand der »Have-nots« gegen die »Haves« herbeiwünschen.

Albertini, R. von (Hg.): Moderne Kolonialgeschichte. *Köln/Berlin 1970.* – *Amin, S.:* L'Afrique de l'Ouest bloquée; l'économie politique de la colonisation 1880–1970. *Paris 1971.* – *Ansprenger, F.:* Afrika – Eine politische Länderkunde. *Neu bearb. Aufl. Berlin 1972.* – *Deschamps, H. (Hg.):* Histoire Générale de l'Afrique Noire, de Madagascar et des Archipels, *2 Bde. Paris 1970/71.* – *Gann, L. H./Duignan, P.:* Burden of Empire. An appraisal of Western colonialism in Africa south of the Sahara. *London 1968.* – *Gann, L. H./Duignan, P. (Hg.):* Colonialism in Africa 1870–1960, Bde. 1 und 2. *Cambridge 1969–1970.* – *Jalée, P.:* Le Pillage du Tiers Monde. Etude économique. *(Auch in deutscher Übersetzung.) Paris 1965.* – *Merle, M. (Hg.):* L'Afrique Noire contemporaine. *Paris 1968.* – *Mommsen, W. J. (Hg.):* Der moderne Imperialismus. *Stuttgart 1971.* – *Nuscheler, F.:* Dritte Welt und Imperialismustheorie. *(In: Civitas, Bd. 10.) Mannheim 1971.* – *Ranger, T. O.:* Connections between »primary resistance« movements and modern mass nationalism in East and Central Africa. *(In: The Journal of African History, Bd. 9.) Cambridge 1968.*

Die wissenschaftliche Revision der afrikanischen Geschichte des 19. und des 20. Jahrhunderts ist in vollem Gange, vor allem in Afrika selbst und an den Universitäten der ehemaligen größten Kolonialmächte Großbritannien und Frankreich. Wir sehen diese Geschichte nicht mehr ausschließlich als Kolonialgeschichte, d. h. als Überlieferung von Handlungen europäischer Eroberer in Afrika. Dennoch wird ihr Hauptthema zweifellos die europäische Kolonisation bleiben – allerdings eher unter dem Aspekt des Verhaltens von Afrikanern unter dieser Fremdherrschaft. Der Engländer T. O. Ranger (Professor für Geschichte in Rhodesien, später in Tansania, seit 1969 in Kalifornien) hat mit seinem hier zitierten Aufsatz einen methodisch fundamentalen Beitrag zur Revision der afrikanischen Geschichte geleistet.

Die Diskussion über Geschichte und Gegenwart aller Kontinente der »Dritten« oder »Armen Welt«, auch Afrikas, wird seit ungefähr Mitte der fünfziger Jahre wieder maßgeblich von marxistischen Wissenschaftlern mitbestimmt. Sie wollen die zu Anfang des Jahrhunderts entstandene Imperialismustheorie verteidigen und modernisieren. Auch wer die allgemeinen Prämissen des Marxismus ablehnt, muß sich den Thesen der neuen Imperialismustheoretiker stellen. Für Afrika erscheinen dem Verfasser besonders einige Bücher aus dem französischen Sprachbereich wichtig; die hier zitierten Werke von S. Amin (einem Ägypter, der jetzt in Dakar doziert) und P. Jalée stehen unter ihnen an erster Stelle. Der Hamburger Politologe F. Nuscheler hat in seinem Aufsatz einen breiten, gut dokumentierten und kritischen Überblick über den gegenwärtigen Stand der Imperialismusdebatte vorgelegt. Das 1968 erschienene Buch von Gann und Duignan, ein Vorläufer der von diesen beiden Wissenschaftlern in den folgenden Jahren herausgegebenen Sammelbände über Colonialism in Africa, versteht sich als temperamentvoller Versuch einer Widerlegung marxistischer Imperialismustheorien.

Das unter Leitung von M. Merle veröffentlichte Buch über das zeitgenössische Schwarze Afrika, in der »Collection U« erschienen, bietet ein gutes Beispiel für die konzentrierten Lehrbücher aus der didaktischen Tradition der französischen Universität. In ähnlicher Absicht, aber für eine andere Zielgruppe (Gymnasiallehrer und andere Vermittler politischer Bildung) hat der Verfasser dieses Beitrags auch die Neuauflage seiner zuerst 1961 konzipierten »politischen Länderkunde« über Afrika gestaltet.

Wolf-Dieter Sick

Madagaskar

Ein »Kontinent im kleinen«

Madagaskar nimmt sowohl natur- als auch kulturgeographisch eine Sonderstellung ein, die eine von den anderen Großregionen Afrikas getrennte Behandlung erfordert. Die einschließlich einiger Nebeninselchen 587 041 qkm große Insel wird mit gewissem Recht als »Kontinent im kleinen« bezeichnet. Sie hat seit ihrer Trennung von den übrigen Südkontinenten (Gondwanaland) am Ende der Kreidezeit eine eigene Entwicklung. Kulturell betrachtet ist sie ein Übergangsglied zwischen Afrika und Asien.

Die Besiedlungsentwicklung spiegelt diese Zwischenstellung wider. Die Insel wurde spät vom Menschen erschlossen; Funde reichen nicht vor die Zeitenwende zurück, und von einer Urbevölkerung ist nichts Sicheres bekannt. Das entscheidende Ereignis war die in den Jahrhunderten um die Zeitenwende einsetzende und vielleicht bis zum 16. Jahrhundert anhaltende Einwanderung aus dem malaiisch-polynesischen Raum, gelenkt durch die Strömungen des Indischen Ozeans. Äußerer Habitus, Mentalität und manche Kulturgüter der Bevölkerung (Reisanbau, Auslegerboote, Wortschatz und Aufbau der Sprache) beweisen noch heute die Verwandtschaft mit dem südostasiatisch-ozeanischen Raum. Im Mittelalter gründeten die Araber als Seefahrer und Händler Stützpunkte an der Nordwest- und der Ostküste; auch sie hinterließen ihre Spuren in Rasse, Sprache und religiösen Vorstellungen (Astrologie!). Der Westen der Insel wurde durch den Sklavenhandel negrid beeinflußt; vielleicht ergaben sich Kontakte mit Afrika auch schon bei der Einwanderung von Indonesien. Negride Elemente haben sich sowohl in der Physiognomie der Bevölkerung (Hautfarbe, Haar- und Lippenform) als auch in der madagassischen Wirtschaft (Hirseanbau, Viehzucht) erhalten.

Vom 16. Jahrhundert an wird die historische Entwicklung besser faßbar. Die zu Landbewohnern gewordenen Seefahrer waren in das bis dahin wohl kaum besiedelte Inselinnere eingedrungen. Es bildeten sich etwa zwanzig noch heute existierende, weniger rassische als geographisch-politische Gruppierungen darstellende »Stämme« heraus, die kleine Königreiche gründeten. Die bedeutendsten dieser Volksgruppen sind die Merina und die Betsileo im Zentrum, die Betsimisaraka und die Antaisaka im Osten, die Sakalava im Westen, die Tsimihety im Norden und die Antandroy im Süden Madagaskars; unter ihnen errangen die Merina im 19. Jahrhundert eine Vormachtstellung über weite Teile der Insel. Ebenfalls im 19. Jahrhundert setzten sich indische Einwanderer im Westen, chinesische im Osten Madagaskars fest; beide Volksgruppen spielen, obwohl zahlenmäßig gering, eine bedeutsame Rolle im madagassischen Wirtschaftsleben.

Nachdem die Insel zu Beginn des 16. Jahrhunderts von Portugiesen entdeckt worden war, wurde sie in der Folgezeit Ziel portugiesischer, niederländischer, britischer und französischer Bestrebungen, Handel und jeweiligen Machtbereich auszuweiten. Doch erst 1896 gelang es den Franzosen, Madagaskar nach jahrelangen und heftigen Kämpfen ihrem Kolonialreich einzuverleiben.

Madagaskar, zwischen 12 und 25° 5′ südlicher Breite gelegen, gehört noch ganz den Tropen an. Sein Klima wird im großen durch die jahreszeitlich wechselnde Lage der äquatorialen Tiefdruckrinne im Norden und des subtropischen Hochs im Süden bestimmt. Im Südwinter beherrscht der aus dem Subtropenhoch wehende Südostpassat den Großteil der Insel, im Südsommer hingegen liegt sie in der Frontzone, der sogenannten »Innertropischen Konvergenz«, zwischen äquatorialen Westwinden (Nordwestmonsun), Südostpassat und südlichen Winden. Diese Luftmassen und Winde bedingen den Wechsel der Niederschläge, deren räumliche Verteilung zusammen mit der Abstufung der Temperatur vom Relief abhängt.

Den Kern der Insel bildet ein Sockel aus kristallinen und metamorphen Gesteinen, die früh gefaltet, dann eingerumpft und wieder gehoben wurden. Dieses Hochland ist reich gegliedert; es weist neben Rumpfflächen Härtlinge aus Granitintrusionen, junge vulkanische Formen sowie Becken und jung eingetiefte Täler auf und ragt an mehreren Stellen bis in Höhen von mehr als 2000 m ü. d. M. Nach Osten fällt es zum Indischen Ozean steil an Bruchstufen ab, denen ein schmales Küstenland mit einer von Lagunen und Nehrungen gekennzeichneten Ausgleichsküste vorgelagert ist. Nach Westen dacht sich das Hochland flacher ab. Der alte Sockel wird hier von jüngeren (permischen bis tertiären) Schichten überdeckt; gegen Westen einfallend und von wechselnder Widerständigkeit, bilden sie eine typische Schichtstufenlandschaft, besonders ausgeprägt im stark verkarsteten Kalk. Die Westküste ist von Dünen, Flußdeltas und Trichtermündungen mit Mangrovenbewuchs geprägt. Korallenriffe umgeben die Insel auf weite Strecken.

Diesem Aufbau und der Lage folgen deutlich die Unterschiede von Klima, Vegetation und Böden, welche die Kulturlandschaft bis heute stark bestimmen. Fünf Großräume lassen sich dabei unterscheiden:

Die steile Ostflanke der Insel mit dem Küstenvorland liegt

Madagaskar, das Gesicht der Städte · Die meisten Straßen der Hauptstadt Tananarive, der einzigen Großstadt des Inselstaates, haben überwiegend kleinstädtischen Charakter. Für die anderen Städte Madagaskars – nur wenige erreichen mehr als 100 000 Einwohner – gilt das in verstärktem Maß.

ganzjährig unter dem Südostpassat, der hier reiche Steigungsregen (jährlich 1500–4000 mm) bringt. Tropische Wirbelstürme (Mauritius-Orkane) mit starken Regenfällen verheeren häufig die Ostküste; sie dringen aber auch in das Innere der Insel vor. Die Jahresmitteltemperaturen liegen in Küstennähe zwischen 23 und 25° C; die jahreszeitlichen Schwankungen sind gering. Diesem schwülen Klima entspricht der üppige immerfeuchte tropische Regenwald mit zahlreichen Baumarten, Lianen und Schlingpflanzen in schichtförmigem Aufbau; er geht nach oben in Berg- und Nebelwald über und stockt auf mächtigen Rotlehmböden. Jahrhundertelange Rodung hat ihn allerdings weithin zu artenarmem Sekundärwald (Savoka) mit Bambus und Bananengewächsen (Ravenala) degradiert.

Von dieser Ostseite hebt sich das über 1000 m hohe zentrale Hochland ab. Im Regenschatten und unter der Föhnwirkung des Südostpassats gelegen, hat es eine deutliche, drei bis sechs Monate währende Trockenzeit im Südwinter und empfängt seine Niederschläge (rund 1000–2000 mm jährlich) hauptsächlich durch den südsommerlich wehenden Nordwestmonsun und aus Zenitalregen. Der wechselnden Höhenlage entsprechend gehen die Mitteltemperaturen bei hohen Tagesschwankungen im Südwinter auf 8–16°, im Südsommer auf 16–22° C zurück. Diesem wechselfeuchten tropischen Höhenklima war von Natur aus ein laubabwerfender Trockenwald angepaßt, der jedoch durch langen Raubbau bis auf entlegene Höhen und Täler einer monotonen und artenarmen Grassavanne gewichen ist. Ihr regenzeitliches Grün und ihr trockenzeitliches Graugelb charakterisieren heute die weiten Flächen des Hochlandes zusammen mit dem Rot der teilweise unfruchtbaren Ferrallitböden.

Der Nordwesten nimmt eine Übergangsstellung ein. Er hat

nicht nur am südsommerlichen Monsunregen, sondern auch am südwinterlichen Passatregen Anteil; aus diesem Grunde dauert hier die Trockenzeit höchstens zwei Monate, und demzufolge reicht auch der Regen- bzw. Bergwald von der Ost- bis zur Westküste. Der äußerste Norden hingegen ist wieder trockener und ähnelt dem Westen der Insel, wo der Gegensatz zwischen Regen- und Trockenzeit noch schärfer als im Hochland ausgeprägt ist. Die Zahl der Trockenmonate kann hier auf acht ansteigen und die Jahresregenmenge auf 500 mm absinken. Die mittleren Jahrestemperaturen liegen mit 24–27° C naturgemäß über denen des Hochlandes, aber infolge größerer Kontinentalität auch über denen der Ostseite. Der natürliche Trockenwald ist im Westen zwar noch in größeren Inseln erhalten, doch überwiegt heute ebenfalls Sekundärvegetation mit Grassavanne und lockeren Beständen von Palmen (Raphia, Satrana, Satramira), Akazien und Affenbrotbäumen (Baobab) auf lehmig-sandigen Roterden.

Der Südwesten schließlich ist der trockenste Teil der Insel. Abseits des Passat- und des Monsuneinflusses im Hochdruckbereich gelegen, empfängt er nur spärliche Zenitalregen oder

---

Madagaskar
(République Malgache, Repoblika Malagasy)

Präsidialrepublik mit Zweikammerparlament und allgemeinem Wahlrecht; allgemeine Zivil- und Wehrdienstpflicht; Hauptstadt Tananarive (362000 Ew.).

Fläche (mit Nebeninseln): 587041 qkm – **Einwohnerzahl:** Etwa 6,90 Mill. – **Bevölkerungsdichte:** 11,5 Ew./qkm – **Jährlicher Geburtenüberschuß:** 36°/oo – **Größere Städte:** Fianarantsoa (230000 Ew.), Tamatave (154000 Ew.), Tuléar (140000 Ew.). – **Bevölkerung:** Madagassen (malaiisch-polynesische Gruppen wie Merina, Betsimisaraka und negritische Gruppen wie Sakalaven); 37000 Komorianer, 17000 Inder und Pakistaner, 9000 Chinesen; 33000 Franzosen – **Sprache:** Französisch und Malagasy als Amtssprachen; Merina und andere einheimische Idiome als Umgangssprachen – **Religion:** Rund 30% Christen (je zur Hälfte Katholiken und Protestanten); 5% Mohammedaner im Nordwesten; Anhänger von Naturreligionen – **Wichtige Ausfuhrgüter:** Kaffee, Vanille, Reis, Gewürznelken, Zucker (zusammen 60% des Exportwertes), Pflanzenöle, Sisal, Raphia, Fleisch, Graphit, Glimmer

---

durch wandernde Depressionen bedingte Niederschläge (250–600 mm jährlich) und hat acht bis neun Trockenmonate. Sporadische Nutzung hat auf den nicht lateritischen Kalk- und Sandböden noch Bestände der interessanten ursprünglichen Flora und Fauna mit zahlreichen endemischen, also nur hier anzutreffenden Formen belassen. Die Pflanzenwelt wird durch Trocken- und Dornbusch mit Euphorbien, Mimosen, Kakteen, Aloe und den eigenartigen einheimischen Didiereazeen, laubabwerfenden Strauch- und Baumgewächsen von kaktusähnlichem Aussehen, charakterisiert. Die Tierwelt weist als Besonderheiten Halbaffen (Lemuren) und Riesenschildkröten auf, während der einst hier heimische Riesenvogel Äpyornis längst ausgestorben ist. Für ganz Madagaskar ist der Reichtum an endemischen Vögeln, Reptilien (Chamäleons) und Insekten (prächtige Schmetterlinge!) anzuführen, der wiederum die biogeographische Sonderstellung der Insel unterstreicht.

Traditionalismus als Hemmschuh der Landwirtschaft

In der heutigen Agrarwirtschaft und -landschaft mischen sich noch traditionelle mit kolonialen Zügen. Grundlage der Ernährung ist seit alters der Reis. Intensiver Naßreisanbau wird auf kleinen Parzellen und kunstvoll angelegten Terrassen in den feuchten Niederungen des zentralen Hochlandes, im östlichen Vorland und an den Flüssen im Westen betrieben, teils mit Bewässerung, teils in Regenfeldbau; die Kulturlandschaft erinnert dadurch zuweilen an Ostasien. Bergreis wird nur wenig angebaut. Die Hänge und Höhen (Tanety) über den Reisfeldniederungen tragen Trockenkulturen mit Maniok, Mais, Bohnen, Süßkartoffeln und Taro, im Hochland neuerdings auch mit Kartoffeln. Um die Siedlungen wird etwas Gemüse angebaut. Während Reis in größeren Mengen exportiert wird, dienen die genannten Trockenkulturen überwiegend der Selbstversorgung der Bevölkerung.

Diese Anbauskala wird, vor allem im feuchtwarmen Tiefland des Ostens und des Nordwestens, durch andere, z. T. erst im 19. Jahrhundert eingeführte Nutzpflanzen erweitert, die großenteils für den Export bedeutsam sind. Dazu zählen insbesondere Kaffee, Zuckerrohr und Bananen, in geringem Maße Kakao. Europäische Obst- und Gemüsearten werden im Hochland gepflanzt; im Tiefland werden in jüngster Zeit auch Agrumenplantagen angelegt. Seit der Kolonialzeit sind Gewürznelken, Pfeffer, Vanille und Essenzen von Parfümpflanzen wichtige Ausfuhrposten. Für Vanille ist Madagaskar führend in der Weltproduktion. Im trockeneren Westen wurde der Anbau von Erdnüssen, Kap-Erbsen und Tabak, neuerdings auch der von Baumwolle eingeführt. Die jahreszeitlich überschwemmten Flußufer (Baiboho) sind dafür bevorzugte Standorte. Schließlich sind eine Reihe von Öl- und Faserpflanzen (Öl- und Kokospalmen, Raphia, Paka, Kapok) zu nennen, von denen indessen nur die in großen Plantagen kultivierte Sisalagave für den Export von Bedeutung ist.

Traditionell ist in Madagaskar die Viehhaltung. Die weiten Grassavannen des Westens und des Südwestens dienen als extensive Weide für die etwa 11 Millionen Zeburinder. Sie spielen für die Versorgung der Städte eine Rolle, liefern jedoch nur wenig für den Export, und die Erträge sind infolge mangelnder Pflege der Tiere gering. Im Vordergrund stehen vielmehr

Madagassisches Saiteninstrument

noch das Ansehen, das eine große Zahl von Rindern ihrem Besitzer verleiht, und das Schlachten bei den vielen traditionellen Festen und Opfern. Ziegen- und Schafherden werden vor allem im trockenen Südwesten gehalten. Insgesamt ist Madagaskars Viehhaltungsquote, d. h. die Zahl der Tiere je Einwohner, eine der höchsten der Erde.

Die agrarwirtschaftliche und -soziale Entwicklung der Insel spiegelt sich in den Betriebs- und Besitzformen wider. Der größte Teil der Nutzfläche wird von kleinen Betrieben Einhei-

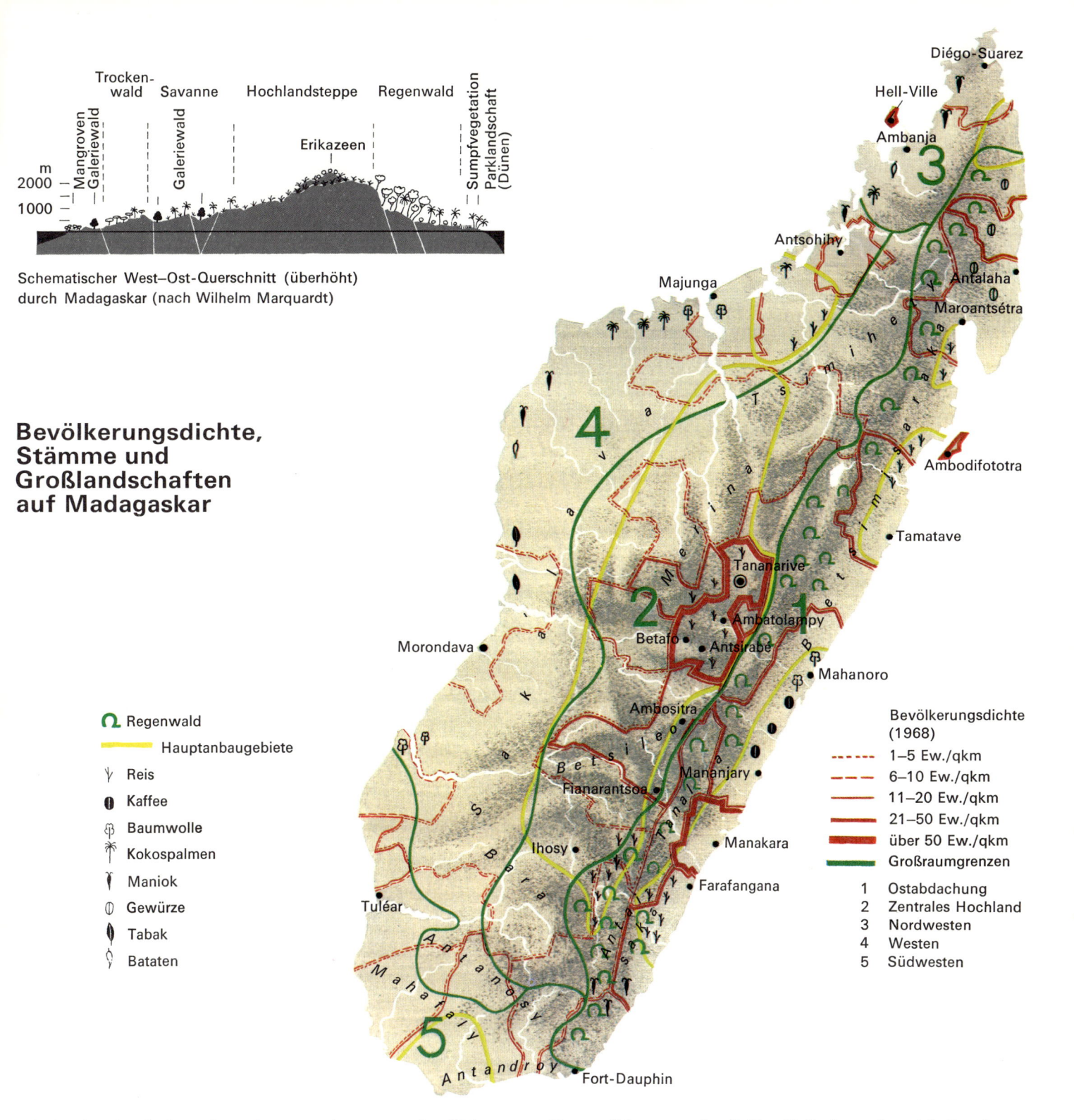

Schematischer West–Ost-Querschnitt (überhöht)
durch Madagaskar (nach Wilhelm Marquardt)

Bevölkerungsdichte, Stämme und Großlandschaften auf Madagaskar

Ω Regenwald
— Hauptanbaugebiete
Ψ Reis
● Kaffee
⊕ Baumwolle
❋ Kokospalmen
▼ Maniok
⏾ Gewürze
♦ Tabak
ᵩ Bataten

Bevölkerungsdichte (1968)
----- 1–5 Ew./qkm
----- 6–10 Ew./qkm
──── 11–20 Ew./qkm
──── 21–50 Ew./qkm
──── über 50 Ew./qkm
──── Großraumgrenzen

1 Ostabdachung
2 Zentrales Hochland
3 Nordwesten
4 Westen
5 Südwesten

mischer bewirtschaftet; sie umfassen meist nur wenige Hektar. Die Wirtschaftsmethoden sind, abgesehen von dem besonders im Hochland intensiv betriebenen Reisanbau, nach wie vor extensiv. In den Waldgebieten dient die Brandrodung (Tavy) der Erschließung neuer Flächen als Ersatz für erschöpfte Böden; in den Grassavannen werden große Brände angelegt, um das Neuausschlagen der Gräser zu fördern und die Futternot am Ende der Trockenzeit zu mildern. Fruchtwechsel und Düngung sind noch ungenügend verbreitet, so daß lange Brachzeiten notwendig sind. Ackerbau und Viehhaltung machen sich häufig die Nutzflächen streitig und bedürfen einer stärkeren Koordination. Pflug und Wagen mit Bespannung setzen sich nur zögernd durch – das Vieh wird überwiegend zum Umstampfen (Piétinage) der Reisfelder verwendet. Maschinen sind noch kaum vorhanden; Grabspaten (Angady), Erntemesser und Tragkorb sind die üblichen Arbeits- bzw. Transportgeräte. Fa-

milientraditionen und religiöse Bräuche stehen häufig einem Fortschritt entgegen. Marktwirtschaftliches Denken ist noch wenig entwickelt; die Produktion dient überwiegend der Selbstversorgung und nur zu einem geringen Teil dem Verkauf von Reis und Viehprodukten, im Tiefland auch von Kaffee, Gewürzpflanzen, Bananen und anderen Früchten. Den Verkauf in den Städten und den Export übernehmen Zwischenhändler.

Der madagassische Bauer hängt an seinem Boden. War früher der kollektive Besitz der Sippen- und Dorfgemeinschaften bestimmend, gewinnt jetzt das individuelle Privateigentum immer mehr an Bedeutung. Pacht (Métayage), bei der ein Teil der Ernte an den Grundbesitzer abgeliefert wird, ist nur im Westen stärker verbreitet. In größeren Betrieben werden familienfremde Arbeitskräfte in Stoßzeiten, z. B. während der Ernte, beschäftigt. Die fast allgemein verbreitete Erbteilung hat das

Madagaskar – ein Kontinent im kleinen

Unten: Reisfelder im Hochland von Madagaskar *Oben: Trockenwald mit Affenbrotbäumen im Westen Madagaskars*

Wenig berührte Naturlandschaften, Trockenwälder mit mächtigen Affenbrotbäumen und Regenwälder haben sich noch in den Randgebieten Madagaskars erhalten. Doch den größten Teil der Insel bedecken heute baumarme Grassavannen, die als Weidegebiete dienen. Dazwischen liegen kleinparzellierte und oft terrassierte Reisfelder, die an Süd- und Südostasien erinnern, und einfache Lehmziegelgehöfte der Kleinbauern. Nur in einigen Zentren des Hochlandes und der Küste hat sich städtisches Leben mit Industrieansätzen entwickelt.

Markt in der Hauptstadt Tananarive

Kleinbauerngehöft im Hochland von Madagaskar

159

Kulturland, besonders die Reisfelder, stark parzelliert und zu Landmangel in anbaugünstigen Gebieten geführt, während für Trockenkulturen und Weide noch Ausweichmöglichkeiten durch weitere Rodung bestehen. Nur 20 % der Landesfläche sind noch mit Wald bestanden; 62 % dienen extensiver Weide, 9 % sind unproduktiv und nur 9 % intensiv nutzbar.

Moderne Formen der Agrarwirtschaft fanden erst in der Kolonialzeit Eingang, zunächst im Interesse der französischen Kolonialmacht. Madagaskar ist jedoch, anders als z. B. Nord- und Ostafrika, nicht zu einer europäischen Siedlungskolonie großen Stils geworden, da es hier an ertragreichen Flächen und Arbeitskräften fehlte; so sind dem Land manche Spannungen erspart geblieben. Die französischen Kolonisten besaßen zumeist mittlere und kleinere Pflanzungen mit Polykultur ähnlich den Eingeborenenbetrieben. Sie wurden verstreut im Hochland angelegt, konzentrierter um die Städte und am Alaotrasee, wo intensiver Reisanbau gepflegt wird. Längs der Ostküste entstanden Pflanzungen mit Kaffee, Gewürznelken, Pfeffer und Vanille, im Westen kombinierte Betriebe mit Viehzucht sowie Tabak- und Erdnußanbau, im Nordwesten Plantagen mit Parfümpflanzen. Diese Struktur europäischer Kolonistenbetriebe besteht noch heute; ihre Zahl hat jedoch seit einem Aufstand im Jahre 1947, insbesondere aber seit 1960, als Madagaskar die volle Unabhängigkeit erlangte, abgenommen. Infolge dieser Besitzstruktur stammen nur wenige Exportprodukte (Zucker, Sisal) aus Großbetrieben; die meisten (Kaffee, Gewürze, Vanille, Reis, Viehprodukte) werden von kleineren Unternehmen der Kolonisten, vor allem aber der Eingeborenen erbracht.

Seit 1960 sind durch staatliche Initiative, z. T. mit Kapitalhilfe und technischer Unterstützung des Auslandes, Anstrengungen zur Modernisierung der Agrarstruktur unternommen worden. Französisch-madagassische Gesellschaften befassen sich mit der Verbesserung von Infrastruktur und Produktion in bestimmten Entwicklungsgebieten des Hochlandes, etwa am Alaotrasee und in der Sakay, und des westlichen Tieflandes an den Unterläufen der Flüsse Morondava, Mangoky und Fiherenana; letztere sollen vor allem der Ansiedlung von umzugswilligen Bewohnern des überfüllten zentralen Hochlandes dienen. Einkaufs- und Verkaufsgenossenschaften sollen die Versorgung der Betriebe und die Vermarktung verbessern.

Unter den dringlichen Zukunftsaufgaben ist der Kampf gegen Brandrodung und Weidebrände zu nennen. Das wird aller-

Madagaskar, Bevölkerung · Frauen und Kinder von der Ostküste. Malaiisch-polynesische, arabische und negride Elemente sind in Kultur und Bevölkerung erkennbar.

oder, infolge städtischen und europäischen Einflusses, mehrstockige Backsteinbauten mit Veranden. Im Tiefland bestehen die Häuser noch aus pflanzlichem Material, wobei für die feuchte Ost- und Nordwestküste der Pfahlbau charakteristisch ist. Typisch für das ganze Land ist der rechteckige Firstdachbau und die klimatisch und astrologisch bedingte Nord–Süd-Orientierung der Häuser. Die früheren befestigten Schutzsiedlungen auf den Höhen sind in tiefere Lagen, in die Nähe der Felder und der Verkehrslinien, gerückt. Die Bewohner eines Dorfes verbindet oft gemeinsame Abstammung; Weiler und Einzelhöfe sind Ausbauten jüngerer Generationen.

Größere Orte mit zentralen Funktionen sind meist neueren Datums. Städte im funktionalen Sinne haben sich erst im 19. Jahrhundert mit der Ausweitung der Merina-Macht und im Zuge der Kolonisation entwickelt. Zunächst mit militärischen und Verwaltungsaufgaben betraut, haben sie heute als Märkte oder Einkaufszentren und im Bildungs-, Verkehrs- und Gesundheitswesen auch Versorgungsfunktionen für das Umland. Mit Ausnahme der Hauptstadt Tananarive (gut 362 000 Einwohner), Sammelpunkt von Verwaltung, Wirtschaft, Verkehr und Kultur, erreicht jedoch kein Ort Großstadtniveau; nur drei (Tamatave, Majunga, Fianarantsoa) überschreiten mit Vororten 100 000, und 23 weitere haben mehr als 5000 Einwohner. In den größeren Städten mischt sich einheimische Tradition mit französischem Einfluß. Großstädtischer Lebensstil findet selbst in Tananarive nur langsam Eingang.

Auf die Städte ist auch die bisher nur wenig entwickelte Industrie konzentriert. Handwerkliche Betriebe sind in Ergänzung zur Landwirtschaft in größeren ländlichen Orten anzutreffen; Webereien, Flechtereien und Töpfereien befassen sich u. a. mit der Verarbeitung einheimischen Materials, andere Firmen erzeugen und reparieren einfache Geräte. Die Industrie selbst produziert überwiegend Konsumgüter. Dabei steht die Nahrungsmittelindustrie mit Reismühlen, Zucker-, Stärkemehl-, Öl- und Konservenfabriken an der Spitze. Es folgt die Textilindustrie mit der Verarbeitung von Baumwolle, Sisal und Paka. Die nächstwichtigen Industriezweige sind Metallverarbeitung, Zement- und Ziegelherstellung, Tabak- und Holzverarbeitung, Druckwesen, Automontage und Bauindustrie. Die Schwerindustrie fehlt. Als Industriestandort führt mit Abstand Tananarive, gefolgt von der Hochlandstadt Antsirabé und den Provinzhauptorten. Reis-, Zucker- und Stärkemehlfabriken haben auch ländliche Standorte. Der geringe Grad der Industrialisierung zeigt sich darin, daß der industrielle Bereich nur 9 % des Nationaleinkommens bestreitet. 1967 waren nur 21 500 Arbeiter in der Industrie beschäftigt. Großbetriebe sind selten. Die Industrie ist überwiegend absatz- und rohstofforientiert. Ihre Entwicklung wird durch den Mangel an Kaufkraft, Kapital, Fachkräften und Verkehrswegen gehemmt. Eine verstärkte Verarbeitung einheimischer Rohstoffe zur Senkung der Einfuhren ist Nahziel der künftigen Industrialisierung.

Der Bergbau liefert der Industrie nur wenig Grundstoffe. Zwar bringt der geologische Aufbau Madagaskars vielfältige Lagerstätten mit sich, doch sind diese noch ungenügend erforscht, wenig ergiebig oder schwer zugänglich. Größere Bedeutung, auch für den Export, hat bisher nur die Förderung von Graphit und Glimmer (Mica) im Osten. Neuerdings wird die Chromgewinnung intensiviert.

Alle Zweige der Wirtschaft sind durch die unzureichende Verkehrserschließung gehemmt. Seit Beginn des Jahrhunderts, als der Trägerverkehr noch den Transport bestimmte, sind allerdings beachtliche Fortschritte erzielt worden. Das rund 8000 km lange, zu einem Drittel asphaltierte Nationalstraßennetz verbindet heute die wichtigsten Teile des Landes. Die meisten

dings die vermehrte Pflege des bereits erschlossenen Landes voraussetzen. Dieser Absicht dienen die Verstärkung von Düngung und Fruchtwechsel, der Schutz des Bodens vor Erosion durch Terrassierung und Aufforstung sowie die Errichtung von Be- und Entwässerungsanlagen mit Talsperren und Kanälen in Gebieten mit langer Trockenheit. Für die Viehhaltung ist eine Verbesserung der Rassen und der Fütterung (mit Kunstweiden und Futteranbau) sowie eine Kooperation mit Ackerbau und Forstwirtschaft zu fordern. Grundlage aller Reformen aber ist die verstärkte Erziehung und Bewußtseinsbildung der Landbevölkerung, die von passivem Traditionalismus zu modernen Wirtschaftsmethoden und zur aktiven Mitwirkung an der Gesamtwirtschaft des Landes gelangen muß.

Ansätze moderner Entwicklungen

Eigenartig sind Madagaskars ländliche Siedlungen als Bestandteil der Agrarlandschaft. Im Hochland waren die Häuser früher großenteils aus Holz; aufgrund des Holzmangels findet man heute nur mehr Gebäude aus ungebrannten Lehmziegeln

Bahnlinien (insgesamt 865 km lang) verknüpfen die Zentren des Hochlandes untereinander und mit der Ostküste; die Konkurrenz der Straße macht sich für sie nachteilig bemerkbar. Die vielfach festzustellende Bevorzugung Tananarives zeigt sich auch im Verkehrsnetz. Sein weiterer Ausbau und seine Erhaltung werden durch die nicht unbeträchtlichen Höhenunterschiede, ungünstige Witterungsbedingungen und die großen Entfernungen über oft bevölkerungsarme Gebiete erschwert und verteuert. So kommt dem Flugverkehr große Bedeutung zu, der über eine beachtliche Zahl von Landeplätzen in allen Landesteilen verfügt. Der Binnenschiffsverkehr ist infolge des gefällereichen Reliefs belanglos. Der Seeverkehr bedient sich einer großen Zahl von Häfen, von denen jedoch nur Tamatave und mit Abstand Majunga einen größeren Umschlag aufweisen (Gesamtumschlag 1968: 2 Millionen BRT). Im internationalen Rahmen leidet Madagaskar durch seine Lage abseits der großen Weltverkehrsrouten; so hat sich auch der Fremdenverkehr trotz mancher lohnender Ziele im Land bisher nur wenig entwickelt.

Umsiedlung und »Malgachisierung«

In der heutigen Bevölkerungs- und Sozialstruktur Madagaskars spiegeln sich seine Natur- und Wirtschaftsverhältnisse wider. 1969 zählte das Land fast 7, im Jahre 1921 knapp 3,5 Millionen Einwohner. Dieses Wachstum wird sich in Zukunft noch verstärken, denn der jährliche Geburtenüberschuß beträgt derzeit 36‰; fast 50% der Bevölkerung sind jünger als 15 Jahre. Damit drängt sich die Frage nach weiterer Produktionssteigerung und Landerschließung auf. Dazu kommt, daß die Einwohnerschaft entsprechend der Naturausstattung der Insel sehr ungleichmäßig verteilt ist: 60% konzentrieren sich auf einem Fünftel der Fläche. Während in den intensiv kultivierten und produktionsgünstigen Gebieten des zentralen Hochlandes und der Ostküste Dichtewerte von über 20, stellenweise von über 50 Einwohnern/qkm erreicht werden, zählen weite Räume im Westen und Südwesten unter 5 Einwohner/qkm; nur die Flußmündungsgebiete sind hier stärker besiedelt. So ergibt sich im Ostteil der Insel eine Übervölkerung, die nach Ausgleich verlangt. Die Binnenwanderung ist in Madagaskar eine weitverbreitete Erscheinung. Auswanderungsgebiete sind insbesondere die dichtbewohnten Stammesbereiche der Me-

Madagaskar, religiöse Kunst · Aus Holz geschnitzte Grabstele von der Ostküste der Insel: Männer und Frauen tragen einen Sarg zu Grabe.

rina, der Tsimihety und der Betsileo im Hochland sowie der Südosten; aber auch aus den Wohngebieten der Mahafaly und der Antandroy im Süden, der infolge seiner Trockenheit unzureichend nutzbar und damit relativ übervölkert ist, stammen zahlreiche Umsiedler. Zielgebiete sind der noch aufnahmefähige Nordwesten und küstennahe Bereiche im Westen. An der Binnenwanderung beteiligen sich einerseits Landarbeiter, die nach ein- oder mehrjährigem Gelderwerb wieder in ihre Heimat zurückkehren, andererseits die eigentlichen Umsiedler, die in fremden Gebieten Land erwerben und sich dort auf Dauer niederlassen. Es fehlt dabei nicht an Widerstand der eingesessenen Bevölkerung; eine Vermischung der Stämme ist dadurch jedenfalls nicht erfolgt.

Eine zunehmende Bedeutung gewinnt daneben die Verstädterung. Obwohl noch 86 % der Bevölkerung in ländlichen Orten und nur 8 % in Städten mit über 20000 Einwohnern leben, ist der Zug der besitzarmen Landleute in die zentralen Orte, wo man sich Arbeit und einen höheren Lebensstandard erhofft, deutlich festzustellen. Der Zuwachs kann jedoch vom Handels- und vom Dienstleistungsbereich nicht voll aufgenommen werden, so daß sich eine städtische Unterschicht entwickelt, die arbeitslos ist oder von Gelegenheitsarbeit und Kleinsthandel lebt.

Der größte Teil – etwa 85 % – der Madagassen ist in der Landwirtschaft tätig; in den übrigen Wirtschaftsbereichen sind neben den Einheimischen Ausländer noch stark beteiligt. Von den rund 100000 Fremden, die nur 1,4 % der Gesamtbevölkerung ausmachen, sind etwa ein Drittel Franzosen, die als Kaufleute, u. a. bei großen französischen Handelsgesellschaften, aber auch als Lehrer, technische Berater und verstreut als Pflanzer tätig sind. Die wirtschaftliche Zusammenarbeit der Madagassischen Republik mit Frankreich ist auch nach Erlangung der Unabhängigkeit eng geblieben. Die etwa 9000 Chinesen sind vorwiegend Kleinhändler und besorgen den Aufkauf von Exportprodukten, während die rund 17000 Inder im Großhandel und z.T. als Inhaber von Pflanzungen noch eine bedeutende Stellung im Wirtschaftsleben innehaben.

Mit Ausnahme einer kleinen städtischen Oberschicht in Wirtschaft und Verwaltung ist die Masse der Madagassen ein bäuerliches Volk mit niedrigem Lebensstandard. Das Jahreseinkommen eines Haushalts wird auf etwa 1000 DM geschätzt, was einem Pro-Kopf-Einkommen von 200–300 DM entspricht. In der Förderung der breiten Volksschichten durch Verbesserung der Landwirtschaft, des Bildungs- und des Gesundheitswesens sind beachtliche Fortschritte erzielt worden, deren Intensität allerdings aus Mangel an Geldmitteln und Fachkräften in den entlegenen Gebieten noch gering ist. Immerhin ist es der Gesundheitsfürsorge gelungen, ein Netz von Stationen aufzubauen und Krankheiten wie Pest, Pocken und Malaria wirkungsvoll zu bekämpfen; stark verbreitet sind immer noch Tuberkulose, Bilharziose und Geschlechtskrankheiten. Das Bildungswesen ist so weit ausgebaut, daß die schulpflichtigen Jahrgänge etwa zur Hälfte eingeschult werden können. Schulträger sind neben dem Staat private Institutionen und in starkem Maße die christlichen Missionen. Eine eigene Universität in Tananarive, mit über 3000 Studenten, bildet die künftige Führungsschicht aus.

An dieser Universität brachen 1972 Studentenunruhen als Beginn einer schweren innenpolitischen Krise aus. Der Aufstand wurde von nationalistischen Kräften des Hochlandes getragen und richtete sich gegen die beherrschende Partei des Präsidenten Tsiranana und dessen starke Anlehnung an Frankreich, die sich vor allem im Bildungswesen und Außenhandel auswirkte. Der Präsident wurde gestürzt und durch eine Militärregierung ersetzt; eine verstärkte »Malgachisierung« begann. Außenpolitisch folgte der Distanzierung zu Frankreich und dem Abbruch der Beziehungen zu Südafrika und Taiwan eine Kontaktsuche nach Osten, insbesondere zur Volksrepublik China.

Gleichzeitig wurden die alten Gegensätze zwischen den Volksgruppen der Küstengebiete und des Hochlandes wieder wach. Die Küstenbevölkerung befürchtet unter der neuen Regierung einen verstärkten Druck der Merina des Hochlandes; so kam es Ende 1972 zu blutigen Auseinandersetzungen in Tamatave.

Die Regierung ist bis jetzt (1973) noch nicht Herr dieser innenpolitischen Probleme und der von Finanzflucht und Rückgang der Exporte begleiteten wirtschaftlichen Krise geworden. Dem Versäumnis, das Bildungswesen den Erfordernissen der Gegenwart anzupassen, folgt nun die nationale Radikalisierung mit einer noch unsicheren politischen Zukunft. In den ländlichen Gebieten zeichnet sich weithin ein Rückfall in die Subsistenzwirtschaft und in die traditionellen, dem Fortschritt mißtrauenden Lebensformen ab.

Madagaskar sucht heute nach einem neuen Standort zwischen dem Westen, dem es als assoziiertes Mitglied der EWG verbunden ist, und dem Osten. In der »Organisation für die Einheit Afrikas« (OEA, vgl. auch S. 68) betont es die Sonderstellung seiner Lage und Bevölkerung. Innenpolitisch ist der soziale und wirtschaftliche Ausgleich zwischen den Volksgruppen vornehmliches Ziel. Es gilt nun, die Gefahren zu meiden, die sich aus der Vielseitigkeit des »Kontinents im kleinen« und seiner Lage zwischen den Erdteilen ergeben, und vielmehr die Chancen zu einer sowohl eigenständigen wie völkerverbindenden Rolle zu nutzen.

Atlas de Madagascar. *Tananarive 1969 ff.* – Bastian, G.: Madagascar. Etude géographique et économique. *Paris 1967.* – Battistini, R.: L'Afrique australe et Madagascar. *Paris 1967.* – Décary, R.: Moeurs et coutumes des malgaches. *Paris 1951.* – Deschamps, H.: Histoire de Madagascar. *Paris 1965.* – Guilcher, A./Battistini, R.: Madagascar. Géographie régionale. (In: Les cours de Sorbonne.) *Paris 1967.* – Hänel, K.: Madagaskar, Komoren, Réunion. (In: Die Länder Afrikas, Bd. 3.) *Bonn 1958.* – Isnard, H.: Madagascar. *Paris 1965.* – Madagascar-Revue de Géographie. *Tananarive 1962 ff.* – Robequain, Ch.: Madagascar et les bases dispersées de l'Union française. *Paris 1958.*

Unter den angeführten Schriften, die nur aus jüngeren Gesamtdarstellungen ausgewählt wurden, sollen zur Information des Lesers besondere Erwähnung finden: Robequain, Ch.: Umfassendste neuere Bearbeitung mit Behandlung aller wesentlichen natur- und kulturgeographischen Faktoren und besonderer Berücksichtigung der wirtschaftlichen Struktur. In Einzelheiten seit der Unabhängigkeit des Landes etwas veraltet. – Battistini, R.: Kurzgefaßte, jedoch gründliche und auf zahlreichen eigenen Studien dieses ausgezeichneten Kenners von Madagaskar beruhende Darstellung, die auch die neue Entwicklung mit einbezieht. – Bastian, G.: Für den Unterricht angefertigte, insbesondere die bevölkerungs- und wirtschaftsgeographische Struktur des Landes darstellende Schrift mit Beschreibung auch der regionalen Einheiten. Methodisch ansprechend mit vielen gut informierenden Grafiken und Bildern. Atlas de Madagascar: Gemeinschaftswerk von Experten mit zahlreichen instruktiven Karten über alle wesentlichen geographischen und wirtschaftlichen Faktoren im Stil der Nationalatlanten, mit Erläuterungen und Quellenangaben. – Entsprechend der Forschungsgeschichte ist die wissenschaftliche Literatur über Madagaskar überwiegend französisch. Eine deutsche Landeskunde ist vom Verfasser für die Länderkundliche Reihe der Wissenschaftlichen Buchgesellschaft, Darmstadt, geplant.

Gustav Fochler-Hauke

Amerika

Die »Neue Welt«

Die einst so oft, heute nur noch relativ selten gebrauchte Bezeichnung »Neue Welt« für Amerika ist eigentlich »amerikafremd«, denn sie geht auf die Entdeckung des Doppelkontinents der westlichen Halbkugel durch die Europäer und seine neuzeitliche Aufschließung durch im wesentlichen europäische Bevölkerungselemente zurück. Für die Träger (die Indianer) der zur Entdeckungszeit noch lebendigen indianischen Hochkulturen bedeuteten Ankunft, Eroberung und zivilisatorische Umgestaltung ihrer »Welt« durch die über den Atlantik gekommenen Menschengruppen (die sogenannten Entdecker und später die Kolonisatoren) wahrscheinlich noch ungleich stärker den Einbruch einer »neuen« Welt in ihre ihnen bekannte als umgekehrt. Für beide Seiten aber war zunächst die Einordnung des jeweiligen Gesichtskreises in ein »Weltganzes« noch nicht möglich. In den noch nicht einmal fünfhundert Jahren, die seit der ersten Begegnung vergangen sind, haben sich Alte und Neue Welt grundsätzlich verändert und hat die Heraufkunft des naturwissenschaftlich-technischen Zeitalters folgenschwere Entwicklungen für den ganzen Erdball gebracht, wie sie im räumlichen Ausmaß, in der Umgestaltung der Natur und der immer stärkeren räumlich-zeitlichen Zusammendrängung allen Geschehens niemals vorher möglich gewesen wären. Es hat sich aber trotz aller dieser tiefgreifenden Vorgänge deutlich gezeigt, daß die vorkolonialen Traditionen der Neuen Welt keineswegs in ihrer Gesamtheit überwältigt und unfruchtbar gemacht werden konnten. Andererseits hat die wissenschaftliche, wirtschaftliche und technische Entwicklung im Zusammenhang mit ihren hier nicht zu untersuchenden Einzelkräften zu der Tatsache geführt, daß viele Erscheinungen und Vorgänge, deren Wurzeln in der Alten Welt zu suchen sind, in der Neuen Welt ihre stärkste Ausprägung und schließlich ihre Übersteigerung und Erstarrung erfuhren. Namentlich die Suche nach einer neuen, gerechteren gesellschaftlichen Strukturierung hat in der Gegenwart erneut einen folgenschweren Einbruch von Ideen aus der Alten in die Neue Welt gezeigt, dessen Tragweite nicht geringer einzuschätzen sein dürfte als die Invasion vor einem halben Jahrtausend und die nachfolgende Überflutung durch die Weißen und die von ihnen zwangsweise verpflanzten Schwarzen.

»Westfeste« und »Ostfeste«, wie die Kontinentalmassen der Alten und der Neuen Welt nach einem altmodischen Sprachgebrauch ebenfalls genannt werden, sind in ihrer Ausdehnung außerordentlich unterschiedlich, denn Gesamtamerika erreicht noch nicht einmal die Größe Asiens, erst recht nicht, wenn man diesem seine »Europa« genannten, westlich des Urals gelegenen Landflächen zurechnet. Allein zwei Staaten der Alten Welt, Indien und China, zählen je für sich mehr Menschen als der Doppelkontinent der westlichen Halbkugel, der dennoch durch seinen wirtschaftlich und technisch vorgeprellten Norden seit Jahrzehnten entscheidende Einflüsse auf die Geschicke der ganzen Erde auszuüben vermag und sich erst jüngst auf die Begrenztheit auch seiner Möglichkeiten zu besinnen beginnt. Vieles in Amerika erscheint als gigantisch, nicht nur die wirtschaftlich-technische Potenz, sondern auch manche Elemente seiner physischen Gestalt. Nirgends sonst als in Amerika gibt es einen Gebirgsgürtel gleich jenem im wesentlichen aus Rocky Mountains und Anden gebildeten, der, wenn auch in sich sehr unterschiedlich gestaltet, aus nordpolaren Breiten bis in die subantarktischen Regionen reicht und sich über alle Klimazonen erstreckt. Dieser Gebirgsstrang, der die pazifische Umrandung der Neuen Welt darstellt, übertrifft mit seiner Länge von rund 15 000 km noch beachtlich die im geologischen Bau differenzierteren Gebirgssysteme, die sich in der größten Landmasse der Alten Welt vom Atlantik bis zum Pazifik verfolgen lassen. Auch gibt es außer Amerika keinen anderen Kontinent, der – vom südpolaren Klimabereich abgesehen – an allen Klimazonen südlich und nördlich des Äquators Anteil hat. Wenn man Australien ausnimmt, so ist auch Gesamtamerika die am stärksten isolierte Kontinentalmasse, nur im äußersten – subpolaren bis polaren – Norden an Europa angenähert, im übrigen aber nirgends auf breiter Front den übrigen Festlandmassen unmittelbar zugewandt, sondern von diesen durch die Weiten des Atlantik bzw. des Pazifik getrennt. Gewiß ist diese Lage auf dem Erdball heute keineswegs mehr abträglich; sie hat sich im Zusammenhang mit der Entwicklung von Weltverkehr und Weltwirtschaft in vieler Hinsicht zu einem Vorteil gewandelt. Aber in weiter zurückliegenden Zeiten bedeutete sie zweifellos eine nicht geringe Benachteiligung. Amerika war und ist nicht nur in seinem historischen Rhythmus und, wenn auch nur bedingt und zonenweise, in seinem geologischen Bau sowie in der Entwicklung seiner Oberflächenformen andersartig als die Landmassen der »Ostfeste«, sondern es ist auch in sich, in den beiden Großeinheiten seiner Doppelgestalt, durch starke Kontraste geprägt, die in Natur und Kultur Nord und Süd tiefgreifend voneinander unterscheiden.

Drei Staaten, ein Kontinent: Nordamerika

Ganz allgemein gilt Nordamerika nach seiner Fläche, die nur von drei Staaten – Kanada, den USA und Mexico – eingenommen wird, als der drittgrößte Kontinent, aber die Größenangaben schwanken je nach den Kriterien der Abgrenzung. Nicht selten werden in geographischen Statistiken auch die zentral-

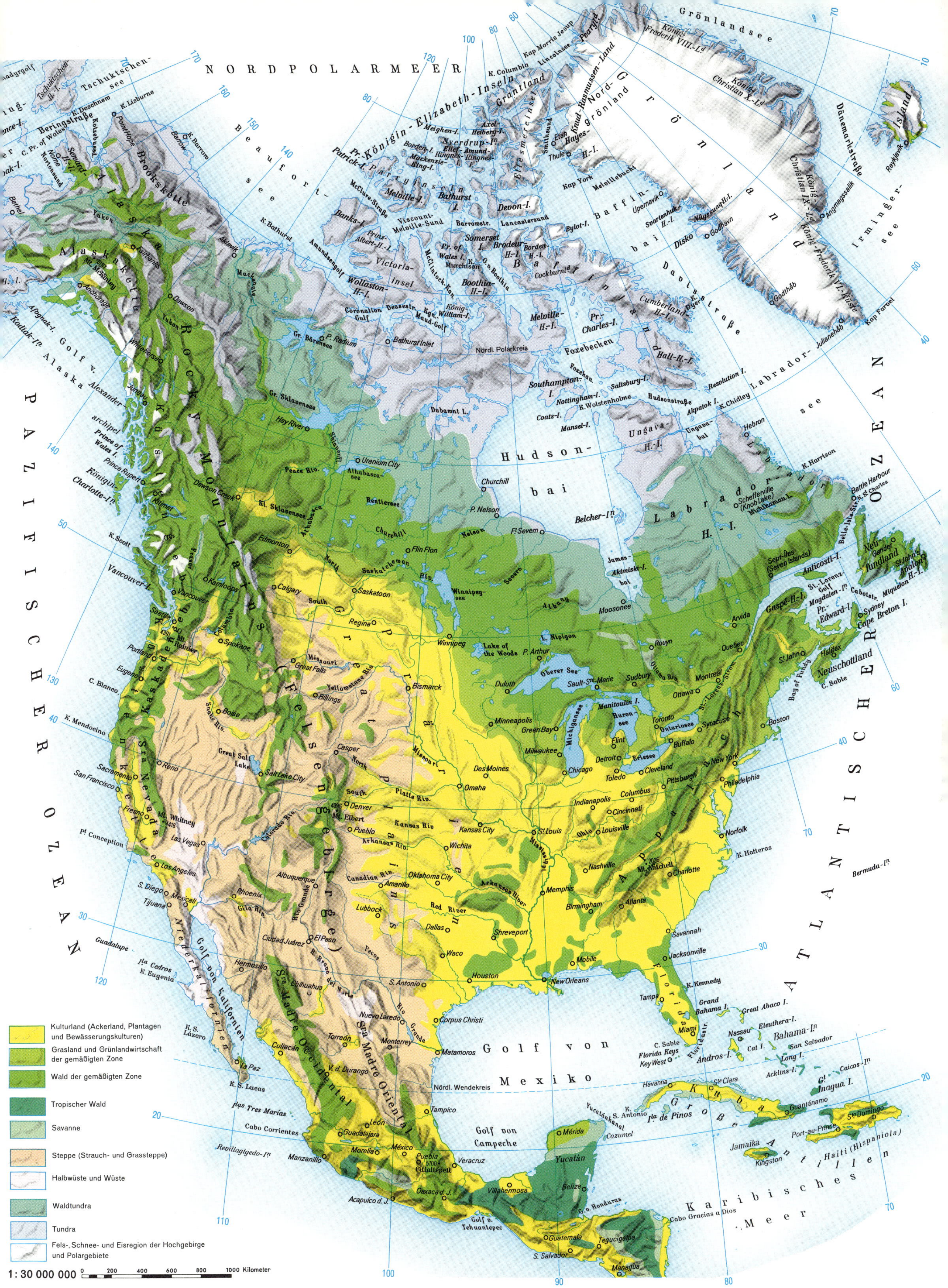

amerikanische Landbrücke und Westindien zu Nordamerika gerechnet, so daß sich ein Raum von rund 24 Millionen qkm ergibt. Eine solche Grenzziehung wird jedoch weder den physischen noch den kulturgeographischen Gegebenheiten gerecht, sind doch Zentralamerika und Westindien durchaus eigenständige Natur- und Kulturregionen. Am häufigsten wird Nordamerika als Kontinent im Süden am Isthmus von Tehuantepec abgegrenzt, obwohl sich dies nur ganz bedingt im physischen, keineswegs aber im sprachlich-kulturellen und im sozialstrukturellen Sinne unterbauen läßt; bei einer derartigen Definition umfaßt der Nordkontinent der Neuen Welt, wenn man Grönland einbezieht, etwas über 23,4 Millionen qkm, ohne Grönland etwas mehr als 21 Millionen qkm. Die Abgrenzungsschwierigkeiten sind aber auch bei einer Ausklammerung Grönlands noch nicht gelöst, denn Mexico ist großenteils in ethnischer und namentlich in historisch-kultureller Hinsicht vom übrigen Nordamerika wesentlich unterschieden. Ohne Mexico und Grönland hat dieses engere, »eigentliche« Nordamerika eine Fläche von nur 19,35 Millionen qkm und beherbergt knapp 231 Millionen Einwohner.

Inseln und Halbinseln machen fast ein Viertel der Gesamtfläche Nordamerikas aus. Dennoch ist der tatsächliche Durchdringungsgrad geringer, als aus dem Küstenabstand und dem Grad der Insularität angenommen werden könnte, da die Aufgliederung im gewaltigen, aber kaum erschlossenen arktischen Bereich am ausgeprägtesten ist. Im Kap Prince of Wales (Alaska) nähert sich Nordamerika dem asiatischen Kontinent zwar auf nur wenig mehr als 90 km, aber die vor allem infolge der klimatischen Bedingungen außerordentlich geringe Besiedlung und Nutzung der hier einander benachbarten amerikanischen und asiatischen Landstriche relativieren diese Nachbarschaft erheblich. In seiner herkömmlichen Abgrenzung beträgt die Längserstreckung Nordamerikas zwischen Kap Barrow an der Eismeerküste von Alaska und dem Isthmus von Tehuantepec 7200 km, was der Entfernung Berlin–Peking entspricht. Die Ost–West-Ausdehnung erreicht im subarktischen Gürtel nahezu 6000 km, im subtropischen Bereich nördlich von Mexico nur noch etwas über 4000 km.

Zu den größten tektonischen Einheiten der Erdkruste gehört der Kanadische Schild, der, rings um die riesige Hudsonbai angeordnet und im nahezu unbesiedelten Kanadischen Archipel durch eine Vielzahl von Halbinseln, Inseln und Meeresstraßen gegliedert, rund 5 Millionen qkm umfaßt. Es handelt sich hierbei überwiegend um Rumpfflächen aus altkristallinen Gesteinen, die von alten Sedimenten überlagert sind. Die Reliefenergie, d. h. das Ausmaß der relativen lokalen Höhenunterschiede, ist im allgemeinen gering. Im fast menschenleeren Nordosten befinden sich jedoch kompliziert gebaute Gebirgszonen, die im Norden der Ellesmereinsel Höhen von 2700 m erreichen. Das zwischen der Hudsonbai und der Prärieregion liegende »Hudsonien« ist durch zahlreiche Seen (u. a. Athabascasee, Großer Sklavensee, Großer Bärensee) charakterisiert. Die über 1,5 Millionen qkm große Labradorhalbinsel ist ein welliges Plateau aus Graniten und Gneisen, das im Osten Höhen von bis zu 1800 m aufweist. Die eiszeitliche Vergletscherung hatte für die Herausbildung der heutigen Oberflächenformen entscheidende Bedeutung. Die in der Gegenwart vergletscherten Gebiete – rund 150 000 qkm – befinden sich hauptsächlich im Osten und im Nordosten des Kanadischen Archipels. Der Sommer ist kurz; im Archipel dauert er z. B. nur von Ende Juni bis Anfang August, und hier betragen auch die mittleren Jahresniederschläge nur selten mehr als 250 mm. Der Dauerfrostboden reicht teilweise bis in 600 m Tiefe, und die sommerliche Auftauschicht ist in weiten Teilen weniger als 1 m dick. Die nordwestlich der Hudsonbai gelegenen Gebiete haben mittlere Januar- und Februartemperaturen von –35 bis –38 °C; im Yukonterritorium wurden absolute Minima von –63 °C gemessen. Die nördliche Baumgrenze zeigt einen sehr unregelmäßigen Verlauf, liegt sie doch im Mackenziedelta bei 70° nördlicher Breite, während sie z. B. an der Jamesbai bis 53° nördlicher Breite nach Süden vorspringt. Die subarktische Zone der Barren Grounds zwischen der Hudsonbai und den bereits genannten großen Seen im Westen kennzeichnet überwiegend eine tundraartige Vegetation. Klima und Bodenverhältnisse gestatten im größten Teil des Schildes keine landwirtschaftliche Nutzung. Dagegen hat die Ausbeutung der reichen Bodenschätze, zu denen Edel- und Buntmetalle sowie radioaktive Erze gehören, Bedeutung erlangt.

Das große östliche Gebirgssystem des Kontinents Nordamerika, die Appalachen, erreichen eine Länge von 2000 km und eine Breite von bis zu 300 km. Die härteren Gesteine bilden langgestreckte Bergzüge, während in den weicheren Schichten vielfach breite, durch Quertäler miteinander verbundene Längstäler ausgeräumt wurden. Dieses hauptsächlich aus paläozoischen Gesteinen bestehende Gebirgssystem läßt sich in mehrere Untereinheiten gliedern (Appalachische Plateaus, Allegheny Mountains, Cumberland Plateau). Das Great Appalachian Valley bildet eine durch kurze Bergkämme gegliederte, durch Ausräumung weicher Schichten entstandene Tiefenzone. Östlich folgt das eigentliche Appalachengebirge (Blue Ridge), das durch breite Rücken und nur wenig sich darüber erhebende Gipfel charakterisiert wird (Mount Mitchell, 2038 m; Great Smoky Mountains, 2030 m). Während im Süden mehrere parallele Züge vorhanden sind, ist im Norden nur eine Kette ausgeprägt, die nach Osten steil zu der stark von Flüssen zerschnittenen Rumpffläche des Piedmontplateaus abfällt. In der Grenzzone zwischen diesem und der atlantischen Küstenebene liegt die sogenannte Fall-Linie (Fall Line), in deren Bereich ältere Gesteine mit einer Verbiegung unter jüngere Bildungen der Küstenstriche untertauchen. An den hier befindlichen Schnellen und Wasserfällen endet die Schiffahrt; im 19. Jahrhundert entwickelten sich hier Umschlagplätze, und der Bau von Wasserkraftwerken zog die Entstehung von Industriesiedlungen nach sich. Die größeren der zum Atlantik ziehenden Flüsse, etwa Roanoke und James River, durchbrechen die Appalachen in »Gaps« genannten Lücken. Die Niederschläge sind vor allem im Süden reichlich, wo u. a. im Blue Ridge Jahresmittel von 2000 mm gemessen werden. Einst bildeten die Appalachen ein ausgesprochenes Waldland von sehr verschiedener Zusammensetzung, gekennzeichnet von besonders großem Artenreichtum im Süden und weiten Nadelwäldern im Norden sowie in den höheren Regionen. Der ursprüngliche Wald ist allerdings verschwunden und hat streckenweise Forst- und Agrarflächen Platz gemacht. Die Artenvielfalt ist noch in ihrer ganzen Fülle in Nationalparks (Shenandoah, Great Smoky Mountains) zu bewundern. Die Appalachen waren nie Kernräume indianischer Stämme. Für die europäische Besiedlung bedeuteten sie ein Hindernis, das nach und nach überwunden wurde. Längst verursachten Entwaldung, Bodenerosion und vielfach unzweckmäßige Landnutzung große Schäden und verwandelten ausgedehnte Landstriche in Notstandsgebiete, die erst seit den dreißiger Jahren dieses Jahrhunderts durch die umfassenden Arbeiten der »Tennessee Valley Authority« reaktiviert und im Zuge der Errichtung von Großkraftwerken industrialisiert wurden. Unter den mannigfaltigen Bodenschätzen sind die reichen Kohlenvorkommen hervorzuheben.

Das innere Nordamerika gliedert sich in eine Reihe von Tiefländern und höher gelegenen Ebenen. Eine gewisse Son-

Kanada, Nordwest-Territorien · Wälder, Flüsse, oft in tiefen Canyons fließend, Berge, Seen und Tundren bestimmen das Gesicht des noch weitgehend unberührten kanadischen Nordens.

derstellung nehmen die Tiefländer des Sankt-Lorenz-Stroms (Saint Lawrence Lowlands) ein, die zu einem großen Teil noch im Bereich des Kanadischen Schildes, im Südosten, Süden und Südwesten jedoch schon innerhalb des Gürtels ungefalteter paläozoischer Schichten gelegen sind. Hier befinden sich die Großen Seen (Great Lakes), die in ihrer Gesamtheit eine Fläche von rund 248 000 qkm einnehmen; allein der größte von ihnen, der Obere See (Lake Superior), bedeckt ein Areal von 84 131 qkm. Die Seen liegen in großräumigen tektonischen Einmuldungen, die in der Eiszeit umgestaltet wurden und seither weitere Veränderungen erfahren haben. Die derzeitige Entwässerung erfolgt vom Oberen See über den Saint Mary's River zum Huronsee (61 797 qkm), der seinerseits durch die Mackinacstraße unmittelbar mit dem Michigansee (58 016 qkm) in Verbindung steht; den südlichen Ausläufer des Huronsees verbinden Saint Clair River, Lake Saint Clair und Detroit River mit dem Eriesee (25 612 qkm), der wiederum über den Niagara River zum Ontariosee (18 941 qkm) Abfluß hat. Die nach dem Ende der letzten Eiszeit am Rande einer Schichtstufe aus harten Kalken entstandenen Niagarafälle sind seither um rund 11 km zurückgewandert. Die Ziegeninsel (Goat Island) trennt den 51 m hohen und über 300 m breiten US-amerikanischen Fall (American Falls) vom größtenteils kanadischen Hufeisenfall (Horseshoe Falls, auch Canadian Falls genannt), der eine Breite von 900 m und eine Höhe von 48 m aufweist und über den mehr als 90% der Wassermassen des Flusses in die Schlucht hinabstürzen. Im Gefolge der Wasserkraftnutzung sind seit dem Ende des 19. Jahrhunderts auf beiden Seiten der Fälle Industriestädte entstanden. Die Entwässerung des Gebietes der Großen Seen geschieht durch den rund 3000 km langen Sankt-Lorenz-Strom, der in mehreren Phasen zu einem Großschiffahrtsweg (Sankt-Lorenz-Seeweg, Saint Lawrence Seaway) ausgebaut wurde. Die klimatisch begünstigte Umgebung der riesigen Wasserbecken weist sowohl eine hochentwickelte Agrarwirtschaft als auch reiche Bodenschätze (Eisenerze, Buntmetalle usw.) auf; dank dieser breiten Wirtschaftsbasis, der Ausbeutung des beträchtlichen Potentials an Hydroenergie und günstiger Verkehrsverhältnisse haben sich in diesem Gebiet einige der vielseitigsten nordamerikanischen Wirtschaftszentren herausgebildet.

Eine große Muldenzone bildet das sogenannte Innere Becken (Continental Basin) zwischen den Kordilleren und den

Amerika in Zahlen
(Angaben nach UNO-Daten)

Fläche
Nordamerika
  Nur USA und Kanada: 19 352 557 qkm
  Angloamerika mit Mexico (bis zum Isthmus von Tehuantepec): über 21 Mill. qkm
  Angloamerika mit Mexico, Zentralamerika und Westindien: 24 Mill. qkm
Südamerika: 17 798 273 qkm

Einwohnerzahl (1972)
Nordamerika
  Nur USA und Kanada (Schätzung): Etwa 231 Mill. (6,6 % der Weltbevölkerung)
  Angloamerika mit Mexico, Zentralamerika und Westindien (Schätzung): Etwa 328 Mill.
Südamerika (Schätzung): Etwa 198 Mill.
Lateinamerika (Zentralamerika, Südamerika und Westindien; Schätzung): Etwa 294 Mill. (7,6 % der Weltbevölkerung)

Absolute Bevölkerungszunahme 1960–1970
Nordamerika: 30 Mill.
Lateinamerika: 75 Mill.
Das durchschnittliche Bruttosozialprodukt je Ew. betrug 1970 in den USA über 4840, in Kanada über 3550, in Lateinamerika knapp über 400 US-Dollar (mit bedeutenden Unterschieden in den einzelnen Ländern); das durchschnittliche Wachstum des Bruttosozialprodukts in Lateinamerika belief sich 1965–1968 auf 5, 1969–1970 auf 9 %. Der Index des Bruttosozialprodukts (1963 = 100) erreichte 1970 in Angloamerika insgesamt 132, je Ew. 121, im übrigen Amerika (Zentral- und Südamerika, Mexico und Westindien) insgesamt 151, je Ew. jedoch nur 123.

	Nord- und Zentralamerika (einschl. Westindiens)	Südamerika
Land- und Forstwirtschaft, Fischerei (1970)		
Produktion in Mill. t, falls nichts anderes angegeben		
Bananen	4–4,0[1]	9,8
Erdnüsse	1,5	1,2
Kaffee	0,7	1,7
Kakaobohnen	0,1	0,3
Kartoffeln	17,9	8,9
Körnermais	118,2	27,9
Reis	5,2	10,2
Sojabohnen	31,5	1,6
Weizen	49,0	8,0
Milch	67,3	18,0
Hühnereier (in Mrd. Stück)	87,6	18,1
Zucker	18,5	9,0
Tabak	1,1	0,4
Baumwollfasern	2,7	1,1
Wolle	0,1	0,3
Rundholz (in Mill. cbm)	501,0	238,6
Fischereiertrag	4,8	14,8
Viehbestand (in Mill. Stück):		
Pferde	16,3	17,0
Rinder	167,7	198,5
Schafe	27,9	125,5
Schweine	81,6	78,3
Bergbau (1970)		
Produktion in Mill. t, falls nichts anderes angegeben		
Bauxit (unterschiedlicher Nässegehalt)	16,4	10,9
Eisen	85,6	47,9
Kupfer	2,2	0,9
Mangan	0,2	1,0
Nickel (in 1000 t)	334,4	2,5
Zinn (in 1000 t)	0,8	36,6
Kalisalz (K_2O-Gehalt)	5,6	0,2
Phosphate	35,3	0,1
Erdgas (in Mrd. cbm)	702,8	21,0
Erdöl	566,9	239,3
Steinkohle	554,8	7,4
Industrie (1970)		
Produktion in Mill. t, falls nichts anderes angegeben		
Aluminium	4,6	0,1
Papier (einschließlich Pappe)	46,5	2,3
Roheisen	96,8	6,4
Rohstahl	134,4	9,6
Zement	87,0	21,1
Pkw und Lkw (in Mill. Stück)	9,4	0,6
Elektr. Energie (in Mrd. kWh)	1897,3	207,0
Außenhandel (1970)		
Wert in Mrd. US-Dollar		
Einfuhr (cif)	65,4	9,7
Ausfuhr (fob)	65,0	10,9

Der zentralamerikanisch-westindische Anteil an der in der linken Spalte genannten Produktion ist bescheiden bis unbedeutend, abgesehen von Kaffee, Kakao, Zucker und Bauxit.

[1] Bananen werden hauptsächlich in Mexico, Zentralamerika und Westindien geerntet.

Appalachen. Durch die Abtragung wurden weiträumige Schichtstufenlandschaften geschaffen. Nördlich von Ohio und Missouri sind ausgedehnte glaziale Ablagerungen vorhanden. Hauptlebensader dieses Beckens ist der Mississippi (indianisch »Vater des Wassers«), der bis zu seiner Mündung in den Golf von Mexico eine Länge von 4074 km und insgesamt ein Einzugsgebiet von 3,24 Millionen qkm besitzt. Wichtigster (rechter) Nebenfluß ist der an sich längere, aber wasserärmere Missouri; Mississippi und Missouri zusammen bilden ein Stromsystem von 6754 km Länge. Verkehrsmäßig weit bedeutender als der Missouri ist der mit seinen Quell- und Nebenflüssen die Westabdachung der Appalachen entwässernde, 1541 km lange Ohio; unterhalb dessen Einmündung hat der Mississippi den Charakter eines mäandrierenden Dammflusses. Rund 160 km stromabwärts von New Orleans beginnt dann das eigentliche Mississippidelta. Die mittlere Wasserführung des bei New Orleans 2,4 km breiten Riesenstroms beträgt über 19 000 cbm/sec. Die Gesamtmasse der jährlich dem Golf zugeführten Sinkstoffe erreicht etwa 400 Millionen t. Das Mississippi-Missouri-System verzeichnet jährlich einen Gütertransport von rund 300 Millionen t, woran vor allem auch der Ohio und der kanalisierte Illinois-Wasserweg wesentlichen Anteil haben. Die wirtschaftliche Bedeutung des Mississippibeckens liegt in seiner vielseitigen Agrarwirtschaft, seinen reichen Bodenschätzen (besonders Kohlenvorkommen, Erdöl- und Erdgaslager in Texas und Lousiana) und der auf der Basis dieser Rohstoffe hier enststandenen breitgefächerten Industrie.

Den westlichsten Teil der Inneren Tiefländer (Interior Lowlands) bilden die bis 700 km breiten Großen Ebenen (Great Plains), die in Klima und Pflanzenwelt ein Übergangsgebiet darstellen, in dem nach Westen zu die Wälder des Ostens von Grasfluren abgelöst werden; die Bezeichnung »Prärie« (vom französischen »prairie« = »Wiese, Wiesenland«) bürgerte sich während der Landnahme durch die Kolonisten ein. In Teilen von Nebraska und Kansas ist fruchtbarer Löß weit verbreitet. Im Grenzgebiet zwischen South Dakota und Wyoming erstrekken sich die Badlands, ein in ein Labyrinth von Schluchten, Pfeilern und Tafeln aufgelöstes Plateau aus erosionsanfälligen Mergeln und Tonen. Der feuchtere Osten der Prärien wird in großem Umfang durch Ackerbau genutzt; in ihm liegt u. a. das wichtige kanadische Winterweizengebiet. Der größere westliche Teil der Prärien dient der Rinderzucht. Neben Winterweizen (im Norden) werden Zuckerrüben und Mais angebaut; in Texas tritt zur Viehzucht u. a. die Baumwollkultur. Im trockeneren Westen wurden durch die Zerstörung der ursprünglichen Grasnarbe fruchtbare Schwarzerdegebiete der auswaschenden und abtragenden Gewalt von Regen und Stürmen preisgegeben; durch entsprechende Gegenmaßnahmen konnte ein nicht unerheblicher Teil des Landes inzwischen wieder der Kultur zugeführt werden.

Den Westen des Kontinents nimmt das nordamerikanische Kordillerensystem ein, das bei etwa 40° nördlicher Breite auf eine Ost–West-Erstreckung von ungefähr 1500 km anschwillt. In Bau und Formenwelt zeigen sich bedeutende Unterschiede. Im ganzen handelt es sich um eine mesozoisch-tertiär gefaltete Gebirgsregion, die – z. T. von Bruchbildungen und Vulkanismus begleitet – in mehreren Phasen herausgehoben wurde. Das Felsengebirge, bekannter unter den Namen Rocky Mountains, besteht im kanadischen Bereich aus einem über 2000 km langen Kettenbündel, in dem zwischen den östlichen und den westlichen Ketten ein grabenartiger Tiefenzug gelegen ist. In den nördlichen Abschnitten finden sich reiche Vergletscherung und weithin hochalpiner Formenschatz. In den USA erreichen die »Rockies« eine Länge von mehr als 2200 km; infolge der nach Süden hin zunehmenden Trockenheit ist hier im allgemeinen die Vergletscherung nur von geringem Umfang. Nachwirkungen vulkanischer Tätigkeit sind vor allem im Yellowstone-Nationalpark, der durch seine heißen Springquellen (Geysire) und seine bunten Kalksinterterrassen berühmt geworden ist, anzutreffen. Südlich des Wyomingbeckens schließen die kulissenartig angeordneten Ketten der südlichen Rocky Mountains an, die eine große Anzahl von Becken (»Parks«) umrahmen; die Gipfel erheben sich teilweise auf über 4000 m, darunter der höchste des gesamten Felsengebirges, der Mount Elbert (4395 m) in den Sawatch Mountains. Im nördlichen und im mittleren Teil der »Rockies« erleichterten tief eingeschnittene Täler die Querung des Gebirgssystems durch Bahnen und Straßen. Weite Gebiete der Rocky Mountains sind noch bewaldet. Die Vegetation zeigt eine deutliche Höhenstufung. Die Niederschlagsmenge ist regional sehr unterschiedlich, dementsprechend auch die landwirtschaftliche Nutzung; aber selbst in sehr trockenen Becken sind vielfach intensive Bewässerungskulturen angelegt worden. Die Nähe von Kohlenlagerstätten und die Nutzung der Wasserkräfte haben den Abbau der vielfältigen Metallvorkommen gefördert.

Westlich der Rocky Mountains folgt die Zone der Intermontanen Plateaus und Becken, die in Alaska mit dem Yukon Plateau beginnt. Von riesiger Ausdehnung ist das gebirgsumrahmte, etwa 500 000 qkm große Columbia Plateau, im wesentlichen ein Ergußtafelland. Nach Süden zu folgt das bis zu 800 km breite Große Becken (Great Basin), aus dessen Wannen und Aufschüttungsflächen sich zahlreiche, meist relativ kurze Ketten herausheben, die sogenannten Basin Ranges, die teilweise lichte Waldbestände tragen, während die Trokkenbecken den Charakter von Wüstensteppen haben. Im Osten des Großen Beckens befindet sich als Rest eines größeren eiszeitlichen Sees in 1282 m Höhe ü. d. M. der abflußlose Große Salzsee (Great Salt Lake). Er ist im Mittel nur 5 m tief und unterliegt starken Spiegelschwankungen, so daß sein Areal zwischen 3900 und 5200 qkm wechselt; die Mormonen haben seit dem vorigen Jahrhundert die Umgebung des Sees z. T. durch Bewässerungsanlagen in wertvolles Kulturland umgewandelt. Nach Süden schließt an diese Zone des Great Basin das zwischen 1800 und 3000 m ü. d. M. gelegene, rund 112 000 qkm umfassende Schichttafelland des Colorado Plateau an. Großartige Canyons zerschneiden es, darunter der 350 km lange, 6–29 km breite Grand Canyon des Colorado River, der eine Tiefe von bis zu über 1700 m aufweist.

Der westliche Teil des Kordillerengürtels ist stark aufgegliedert und am großartigsten in der das südliche Alaska bogenförmig durchziehenden, stark gefalteten Alaskakette (Alaska Range). Die Vergletscherung der im Westen z. T. Vulkane tragenden Ketten ist umfangreich. Im zentralen Teil erhebt sich der 1912 erstmals bezwungene Mount McKinley (6193 m), der höchste Gipfel Nordamerikas. Zu den bedeutendsten Ketten der pazifischen Küstenregion Alaskas gehören die Saint Elias Mountains mit dem Mount Logan (6050 m) als höchstem Gipfel Kanadas. Aus der Vereinigung mehrerer von den Saint Elias Mountains herabkommender Eisströme entstanden hier ausgedehnte, zum Meer hinziehende Vorlandgletscher, darunter der 100 km lange und eine Fläche von über 4200 qkm einnehmende Malaspinagletscher, das größte außerpolare Eisfeld Nordamerikas. Im Gegensatz zu den trockeneren und winterhärteren inneren Gebieten Alaskas ist die Küstenzone – gleich dem südlich an Alaska anschließenden British Columbia – feuchter und wintermilder. Das Western Mountains System ist in Halbinseln und Inselfluren vielfach aufgegliedert. Die fjordreichen Küstenlandschaften sind durch den warmen Kuro-Schio-Strom begünstigt, sehr niederschlagsreich und weithin von üppigen Wäldern aus Sitka- und Douglastannen bedeckt. Ähnlich niederschlags- und waldreich ist die Westabdachung des Kaskadengebirges (Cascade Mountains), das von zahlreichen Vulkanen überragt wird (Mount Rainier, 4392 m). In Kalifornien folgt auf die Küstenketten (Coast Ranges) das Große Kalifornische Längstal, eine Senke zwischen diesen Ketten und der Sierra Nevada; es ist durch Bewässerungsanlagen zu einer der bedeutendsten Acker- und Obstbaulandschaften des nordamerikanischen Westens geworden. Die 700 km lange Sierra Nevada, aus Gneis, kristallinen Schiefern und Kalken aufgebaut, fällt nach Westen (zum Längstal) langsam, nach Osten (zum Großen Becken) dagegen steil ab. Im Süden, wo sie echten Hochgebirgscharakter hat und auch kleinere Gletscher aufweist, erreicht sie im Mount Whitney eine Höhe von 4418 m; der Osten ist überwiegend steppenhaft, während die niederschlagsreichere Westseite von dichten Wäldern bekleidet wird. Die Bestände der bis über 100 m hohen Mammutbäume (Sequoia gigantea, Sequoia sempervirens) wurden wegen ihres wertvollen Holzes (»Redwoods«) bereits stark dezimiert, genießen jedoch im Sequoia- und im Yosemite-Nationalpark Schutz. Östlich der Sierra Nevada bzw. am Südwestrand des Großen Beckens liegt das wüstenhafte »Tal des Todes« (Death Valley); in ihm wurde die bisher höchste Temperatur des Kontinents gemessen (56,7 °C). Es enthält in seinen ausgedehnten unter dem Niveau des Meeresspiegels gelegenen Flächen mit −86 m den tiefsten Punkt Nordamerikas. Die verschiedenen Zonen des Kordillerengürtels im Bereich des engeren Nordamerikas setzen sich mit verwandtem Bau nach Süden hin in Mexico fort.

Landbrücke Zentralamerika, Inselwelt Westindien

Wie Mexico, so gehört auch Zentralamerika kulturgeographisch und sprachlich eindeutig zu Lateinamerika. Es wurde durch die »Conquista« (spanisch »Eroberung«) in das spanische Kolonialreich eingegliedert. Britischer Einfluß ist nur an wenigen Stellen nachhaltiger wirksam gewesen. Dagegen haben die USA etwa seit der Jahrhundertwende die Wirtschafts- und die Sozialpolitik maßgebend mitbestimmt. Durch den von den USA erbauten und von ihnen kontrollierten Panamakanal hat Zentralamerika mit den angrenzenden Meeresräumen ein weit über seine regionale Bedeutung hinausreichendes weltpolitisches und strategisches Gewicht. Mitunter wird als eigentliche Trennungslinie zwischen Nord- und Südamerika der nur 46 km breite Isthmus von Panamá angesehen, doch bildet die zentralamerikanische Landbrücke in geologischer und in geographischer Hinsicht eine durchaus begründbare Einheit, so daß es gerechtfertigt erscheint, sie in ihrer Gesamtheit als Verbindungsglied zwischen den beiden Kontinenten zu betrachten. In diesem Sinne reicht sie vom rund 220 km breiten (mexikanischen) Isthmus von Tehuantepec im Norden bis zur Wasserscheide zwischen Río Atrato und Río Tuira im panamaisch-kolumbianischen Grenzgebiet; bei einer solchen Abgrenzung ergibt sich ein Raum von rund 750 000 qkm. Physisch-geographisch gehören auch die mexikanischen Bundesstaaten Tabasco und Chiapas sowie die Halbinsel Yucatán – an der außer Mexico auch Britisch-Honduras (Belize) und Guatemala Anteil haben – zu Zentralamerika. Als größtenteils mexikanisches Staatsgebiet wird dieser nördliche Abschnitt der zentralamerikanischen Landbrücke jedoch im allgemeinen Nordamerika zugeschlagen. Die verbleibende Fläche von gut 500 000 qkm entfällt auf Britisch-Honduras, die Staaten Guatemala, Honduras, El Salvador, Nicaragua, Costa Rica und Panamá sowie die Panamakanalzone (Canal Zone); hier leben rund 17,5 Millionen Menschen (1972), und die mittlere Bevölkerungsdichte beträgt etwa 35 Einwohner/qkm.

Auf dieser Landbrücke lassen sich ein nördliches und ein südliches, jeweils teilweise in sich zerbrochenes Gebirgssystem unterscheiden.

Die heutige schmale Landenge von Panamá wurde im jüngsten Abschnitt des Tertiärs gebildet. Ein besonderes Charakteristikum bildet die fast 1300 km lange Vulkanzone, deren bis auf über 4000 m aufragende Kegel in kulissenartig verschobenen Reihen angeordnet sind. Die Mehrheit der über achtzig Vulkane ist noch in jüngerer Zeit tätig gewesen; Vulkanausbrüche und tektonische Erdbeben haben immer wieder schwere Zerstörungen verursacht. Das Tiefland ist auf der atlantischen Seite viel ausgedehnter als auf der pazifischen. Am feuchtesten sind im allgemeinen die dem Passat zugekehrten Nord- und Nordostabdachungen. In Klima und Pflanzenwelt zeigt sich, wie im tropischen Südamerika, eine deutliche Differenzierung nach Höhenstufen. Der wechselnde Rhythmus der Niederschläge im pazifischen Gebiet erleichtert die menschliche Aktivität. Es ist deshalb verständlich, daß die Spanier in der Kolonialzeit sich hauptsächlich in den westlichen Landstrichen festsetzten, wo auch die indianische Bevölkerung ihre wichtigsten Siedlungsgebiete besaß; bis in die Gegenwart stellt der Westen die Kernräume von Wirtschaft und Siedlung. Im Osten hat nur besonders ausgeprägte Landnot bei zu dicht gewordener Bevölkerung zu einer jungen Pionierkolonisation in den Regenwald hineingeführt. Die mit modernsten Methoden angelegten Pflanzungen der großen – namentlich US-amerikanischen – Gesellschaften auf der immerfeuchten Ostseite sind auf wenige Produkte beschränkt, in erster Linie auf Bananen; Pflanzenkrankheiten haben verschiedentlich zu einer Verlegung auf die pazifische Seite geführt, auf der auch die Trockenzeit bei wichtigen Produkten, etwa bei Kaffee, Tabak und Baumwolle, die Reife und die Ernte erleichtert.

Noch nicht eindeutig geklärt ist, warum sich, vom nördlichen Yucatán abgesehen, im weiteren zentralamerikanischen Raum die Hochkultur im östlichen Waldland – im Petén – entwickelte, so die »klassische« Maya-Kultur.

Vielschichtiger noch und verworrener als die spanische »Conquista« auf dem Festland der Neuen Welt waren Entdeckung, Eroberung und Besiedlung der tropischen Inseln zwischen dem Atlantik und der zentralamerikanischen Landbrücke. Die Gesamtfläche der Großen und der Kleinen Antillen beträgt nur knapp 240 000 qkm, die Einwohnerzahl übersteigt jedoch 25 Millionen (1973). Noch in geologisch junger Zeit gab es zeitweise Landverbindungen mit dem Festland. Kalkgesteine sind weit verbreitet, Karstbildungen – darunter der tropische Kegelkarst – häufig. Auf den Großen Antillen findet sich aber auch Grundgebirge aus alten Gesteinen; hier werden tektonische Zusammenhänge mit den zentralamerikanischen Gebirgen deutlich. Während tätiger Vulkanismus fehlt, finden sich auf den Kleinen Antillen zahlreiche aktive Kegel. Die höchsten Gipfel erheben sich auf der von den Spaniern einst Hispaniola genannten Insel Haiti, wo sie Höhen von mehr als 3000 m erreichen. Das Klima dieser Insel- und Meereswelt ist ozeanisch; die tropische Höhenstufung, der Unterschied zwischen Luv- und Leeseiten sowie der Einfluß der berüchtigten Hurrikane, die zwischen Juni und November auftreten, starke Niederschläge bringen und immer wieder große Verheerungen anrichten – all dies zeigt sich in der Vegetation, die alle Abwandlungen von Regen- und Bergwäldern bis zu den verschiedensten Savannen-, Dorn- und Kakteenformationen aufweist. Die landschaftliche Schönheit und das milde Winterklima dieser tropischen Inselwelt haben in neuerer Zeit das Aufleben des Fremdenverkehrs mit all seinen Vor- und Nachteilen gefördert.

Der Anteil der Weißen an der Bevölkerung beträgt auf den Großen Antillen noch gut 40%, auf den Kleinen Antillen dagegen nur ungefähr 3%, da hier das Schwergewicht bei Negern und Mulatten liegt. Auf den meisten Inseln wiegt noch heute Agrarwirtschaft vor, mit einem Nebeneinander von Großbetrieben mit Monokultur und kleinbäuerlichen Betrieben mit Gemischtwirtschaft. Wirksame Maßnahmen zur Bodenreform gab und gibt es, von Cuba abgesehen, nur vereinzelt, und Übervölkerung ist auf vielen Inseln ein ernstes Problem geworden.

Ein Erdteil gewaltiger Gebirge und riesiger Tiefländer: Südamerika

Der Südkontinent der Neuen Welt bildet mit einer Fläche von 17,78 Millionen qkm und einer Bevölkerung von rund 190 Millionen Menschen den Schwerpunkt jenes Großraumes, der bald als »Lateinamerika«, bald als »Iberoamerika« und – wenn nur

Kulturland (Ackerland, Plantagen und Bewässerungskulturen)
Grasland der gemäßigten Zone
Wald der gemäßigten Zone
Tropischer Wald (vorwiegend tropischer Regenwald)
Savanne (Campos und Llanos)
Trockenwald und Trockensavanne (Chaco und Caatinga)
Steppe (Strauch- und Grassteppe)
Halbwüste und Wüste
Alpine Vegetation (Puna und Paramo) Subantarktische Strauch- und Moostundra
Fels-, Schnee- und Eisregion der Hochgebirge
1: 30 000 000
0 200 400 600 800 1000 Kilometer
Karibisches Meer
Große Antillen
Kleine Antillen
Kuba
Havanna (La Habana)
Sta Clara
Bahama-In
Gt Inagua I.
Ila de Pinos
Guantánamo
Jamaika
Kingston
Haiti (Hispaniola)
Port-au-Prince
Sto Domingo
Puerto Rico
San Juan
Anguilla
Guadeloupe
Dominica
Martinique
Fort-de-France
Barbados
Tobago
Trinidad
Port of Spain
Ila de Margarita
Yucatán
Yucatánkanal
K. S. Antonio
Cozumel
Belize
G. v. Honduras
Cabo Gracias a Dios
Tegucigalpa
Managua
Nicaragua-see
S. José
Cabo Blanco
Colón
Panamá
G. v. Darién
G. v. Panama
Coiba
Pta Naranjas
Kokos-I.
Malpelo
Pta Gallinas
Golf v. Venezuela
Cartagena
Barranquilla
Maracaibo
See v. Maracaibo
Valencia
Caracas
Maturin
Monteria
Mérida
Cúcuta
Medellin
Manizales
Bogotá
Cali
Buenaventura
Pasto
Quito
Esmeraldas
Chimborazo
6267
Guayaquil
G. v. Guayaquil
Cuenca
Tumbes
K. Pariñas
Llanos
Orinoco
Cd Bolívar
Pto Carreño
Bergland von Guayana
Mt. Roraima
2810
Brokopondo-meer
Georgetown
Paramaribo
Cayenne
Boa Vista
Maracá
Macapá
Marajó
Belém
Mitú
Caquetá
Äquator
Rio Negro
Japurá
Manaus
Amazonas
Santarém
Itaituba
Pebas
Iquitos
Selvas
Marañón
Moyobamba
Chiclayo
Trujillo
Huascarán
6768
Huánuco
Ucayali
Callao
Lima
Pisco
Cuzco
Juruá
Rio Purus
Rio Branco
Pto Velho
Rio Madeira
Manicoré
Tapajós
Xingu
Tocantins
Marabá
Gurupi
São Luis
Camocim
Fortaleza
Teresina
Floriano
Iguatu
Natal
Recife
Maceió
Aracaju
Salvador
Ilhéus
Pto Nacional
Barra
São Francisco
Caatingas
Campos
Brasilianisches Bergland
Guajará-Mirim
Rio Guaporé
Trinidad
Mato Grosso
Plateau von Mato Grosso
Cuiabá
Araguaia
Brasília
Goiânia
Rio Verde
Paranaíba
Uberaba
Diamantina
Belo Horizonte
Vitória
Titicacasee
La Paz
Illimani
6882
Cochabamba
Mamoré
Sta Cruz
Arequipa
Arica
Poopósee
Potosí
Sucre
Corumbá
Campo Grande
Chaco
Gran Chaco
Paraguai
Iquique
Tupiza
Südl. Wendekreis
Pilcomayo
Aracatuba
Ribeirão Preto
Bauru
Campinas
Londrina
Paraná
Concepción
São Paulo
Rio de Janeiro
Santos
Campos
Atacama
Antofagasta
Salta
Taltal
Asunción
Ponta Grossa
Curitiba
Blumenau
Florianópolis
Desventurados
S. Félix
S. Ambrosio
S. Miguel de Tucumán
Resistencia
Corrientes
Copiapó
La Rioja
R. Salado
Passo Fundo
Sta Maria
Pto Alegre
Coquimbo
Lna Mar Chiquita
Córdoba
Santa Fe
Salto
Bagé
Pelotas
Rio Grande
Uruguay
Aconcagua
6960
Mendoza
Rosario
Paraná
Durazno
Valparaiso
Santiago de Ch.
S. Rafael
Buenos Aires
Rio de la Plata
Montevideo
La Plata
Juan-Fernández-In
Alejandro Selkirk
Robinson Crusoe
Talca
Sta Rosa
Dolores
Pampas
Concepción
R. Colorado
Bahía Blanca
Mar del Plata
Restinga de Sefton
Temuco
R. Negro
Viedma
Valdivia
Osorno
S.-Matías-G.
Valdés-H.-I.
Castro
Chiloé
Chonos-archipel
Pto Aisén
Comodoro Rivadavia
S.-Jorge-G.
Cabo Tres Puntas
H.-I. Taitao
Penas-G.
Ila Campana
Wellington-I.
Patagonien
Anden
Kordilleren der Anden
Bahía Grande
Rio Gallegos
Falkland-In
Stanley
Hanover
Magalhãesstr.
Desolación
Feuerland
Punta Arenas
Sta Inés
K. S. Diego
Le Maire-Str.
Ila de los Estados
Ushuaia
Kap Hoorn

die spanischsprachigen Länder gemeint sind – als »Hispanoamerika« bezeichnet wird. Die jahrhundertelangen Zusammenhänge mit den europäischen Völkern romanischer Sprache und ganz besonders mit jenen der Iberischen Halbinsel haben fest verwurzelte Traditionen geschaffen. Doch diese Traditionen erfahren zunehmend eine Umformung. Lateinamerika ist keineswegs ein zahlenmäßig von Weißen bestimmter Erdraum, bilden diese doch in ihm eine Minderheit. Da Rassendiskriminierung im allgemeinen fehlt, geht die Vermischung weiter. Die Unterschiede, die sich aus historischen Vorgängen ergaben, und die in der Natur dieses Kontinents vorhandenen Verschiedenheiten sind differenzierend prägende Merkmale Lateinamerikas. Einesteils befanden sich in der vorkolumbischen Zeit – d. h. der Zeit vor der Ankunft des Kolumbus im Jahre 1492 – die verschiedenen indianischen Gruppen vielfach voneinander isoliert und auf sehr unterschiedlicher Kulturstufe: Mehr oder weniger »primitive« Jäger und Sammler sowie Pflanzer ohne größere politische Gemeinschaften und ohne höher entwickelte zivilisatorische Traditionen standen Hochkulturvölkern gegenüber, etwa den mexikanischen Azteken und deren Vorgängern, den Maya Zentralamerikas und den Ketschua (Quechua) des im Kernraum der Anden entstandenen Inka-Reiches, also Kulturen und Reichsbildungen, die sich auch untereinander wesentlich unterschieden. Andernteils darf nicht vergessen werden, daß auch die Europäer, die in der Kolonialzeit und vom vorigen Jahrhundert an nach Lateinamerika kamen, sehr verschiedenartige Traditionen mitbrachten.

Südamerika bildet im physisch-geographischen Sinne eine echte Einheit, so differenziert es auch in seinen verschiedenen Naturregionen wirkt. Es ist ein vorwiegend tropischer Kontinent; nur im Süden reicht es in die gemäßigte Zone, im patagonisch-feuerländischen Gebiet gar bis in den subantarktischen Klimabereich. Seine wichtigsten Naturräume sind auf einer physischen Karte unschwer zu erkennen: »Amazonien«, das riesige Einzugsgebiet des Amazonas; das Bergland von Guayana; das ausgedehnte Orinocotiefland; das Brasilianische Bergland; der Gran Chaco, kurz »Chaco« genannt; das flache Aufschüttungsland der Pampa, dessen einstige Grassteppe längst zum Kulturland geworden ist; die von Strauch und Grassteppe überzogenen patagonischen Mesetas; schließlich der mächtige Wall der Anden im Westen. Das Paraná-Paraguay-System mit dem Río de la Plata – Länge 4400 km, Entwässerungsgebiet 4,3 Millionen qkm – bildet eine wichtige Eingangspforte zum Südosten des Kontinents.

Der westliche Kordillerengürtel ist zweifellos eines der hervorstechendsten Merkmale Südamerikas. Die gewaltige Ausdehnung des Andensystems – der »Cordillera de los Andes« –, die zwischen dem Karibischen Meer und Feuerland rund 7500 km, unter Einrechnung der bis Trinidad zu verfolgenden Ausläufer sogar 9000 km beträgt, bedeutet natürlich große Unterschiede im geologischen Bau, im Klima, in Bodenbildung und Vegetation. Im Süden sind die Anden relativ schmal und niedrig; gegen Norden zu aber gewinnen sie zunehmend an Breite und Höhe und im unwirtlichen bolivianisch-peruanischen Hochland, dem Altiplano, mit rund 800 km ihre größte Breite. Die Sedimentgesteine stammen aus drei großen Senkungströgen verschiedenen Alters. Von den gebirgsbildenden Prozessen war die jüngste, hauptsächlich im Tertiär erfolgte und von starkem Vulkanismus begleitete für Struktur und Heraushebung weitgehend die wichtigste. Die mächtigsten Vulkane liegen im tropischen Abschnitt, so der Chimborazo (6267 m) und der höchste noch tätige Vulkan der Erde, der Cotopaxi (5897 m); der höchste Andengipfel, der Aconcagua (6959 m), ist kein Vulkan. Zu den besonderen Kennzeichen dieses Gebirgssystems gehören u. a. die zwischen der Westkordillere und den Küstenketten gelegene, im Süden am besten entwickelte Längssenke und durch jüngere tektonische Bewegungen an die eigentlichen Anden angegliederte Teile der aus alten Gesteinen aufgebauten brasilianischen Masse. Die Pässe liegen, vom Süden abgesehen, sehr hoch. Nur in Patagonien durchbrechen Flüsse das ganze Gebirgssystem. Die rezente Vereisung ist in der Südkordillere am ausgeprägtesten. Während in den tropischen Anden die klimatische Schneegrenze im Mittel zwischen 4500 und 4900 m liegt, steigt sie in den sogenannten Trockenanden (Andes áridos) bis auf über 6000 m an. Im gemäßigt-subantarktischen Abschnitt sinkt sie auf 600–700 m ab; ein krasser Gegensatz zwischen der sehr feuchten Westflanke und der im Lee der Westwinde gelegenen trockenen Ostabdachung der Kordillere ist charakteristisch.

Zu den Besonderheiten der Anden gehört im tropischen Abschnitt die eindrucksvolle, in sich differenzierte Höhenstufung von Klima und Pflanzenwelt. So finden wir in der bis auf etwa 1000 m reichenden unteren Stufe, der Tierra caliente (»Heißes Land«), je nach den Niederschlagsverhältnissen tropischen Regenwald, Feucht- und Trockensavannen und sogar Wüste, in der nachfolgenden, bis in etwa 2200 m Höhe sich erstreckenden Tierra templada (»Gemäßigtes Land«) tropische Gebirgswälder, Gebirgssavannen und gleichfalls wüstenhafte Landstriche; im dritten, z. T. bis an die 3700-m-Marke stoßenden »Stockwerk«, der Tierra fría (»Kaltes Land«), treten in den feuchten Abschnitten Nebelwälder (»Ceja de la Montaña«) auf, die meist die obere Waldgrenze bilden. In der höchsten »Etage«, der Tierra helada (»Eisiges Land«), finden sich in den relativ feuchten Gebieten der Páramo- oder Jalcaregion Polster- und Rosettenpflanzen, während mit zunehmender Trockenheit vom nördlichen Perú an steife Gräser, Sträucher, Dornbusch und Salzpflanzen der Punaregion herrschen. Je nach der Höhenstufe wechselt auch die wirtschaftliche Nutzung, wobei die unterste tropische Produkte liefert, in der oberen aber unterhalb der Dauerschneegrenze nur noch extensive Viehzucht oder aber Bergfeldbau möglich ist. Bis in Höhen von über 4000 m werden Knollengewächse, daneben auch Gerste angebaut. Die höchsten Hirten- und Bergbauernsiedlungen liegen z. T. noch oberhalb von 5000 m. Die indianische Bevölkerung hat sich am besten im bolivianisch-peruanischen Altiplano erhalten, so vor allem die schätzungsweise 1,2 Millionen Aymará, die wahrscheinlichen Schöpfer der Tiahuanaco-Kultur des 1. Jahrtausends n. Chr., und die zahlenmäßig vermutlich fünfmal stärkeren Ketschua, die Träger des Inka-Reiches.

Zu den alten Massen des Kontinents gehört das Guayanamassiv. Es besteht größtenteils aus horstartigen Blöcken des herausgehobenen und zerbrochenen alten Sockels; dieser ist in seinem Westteil weithin von einer mächtigen Decke aus triassischen und kretazeischen Sandsteinen und Quarziten überlagert, die Plateaus und isolierte Tafelberge mit mauerartigen Abstürzen bilden. Im Südwesten und im Norden befinden sich die höchsten Erhebungen (in der Serra Imeri der Pico da Neblina mit 3014 m und der Pico 31 de Março mit 2992 m). Der größere Teil des Berglandes trägt Regenwald, der mit zunehmender Höhe in tropische Bergwälder übergeht; im übrigen sind auf den hochgelegenen Plateaus und Tafeln Grasfluren, Sümpfe und Moore, in trockeneren Randgebieten auch Savannen vorhanden. Die Besiedlung ist außerordentlich dünn.

Eine Großeinheit im geologisch-tektonischen Sinne bildet der Brasilianische Schild, der ein Areal von fast 5 Millionen qkm einnimmt. Im einzelnen zeigt das Relief starke Abhängigkeiten von der Überdeckung des kristallinen Grundgebirges durch paläozoische und mesozoische Sedimentgesteine sowie vulkani-

Brasilien / Argentinien, Paranágebiet · In ihrer Dimension, Höhe und Gewalt besonders eindrucksvoll, eingebettet in tropischen Urwald, zählen die Iguazú-Fälle zu den großen Sehenswürdigkeiten Südamerikas. Der Iguazú, Nebenfluß des Paraná, stürzt über eine 70 m hohe Melaphyrstufe.

sche Decken; vom Paraná nach Mato Grosso und in dessen Nachbargebiete hinein dehnen sich riesige Lavadecken, die mit einer Fläche von 0,8 Millionen qkm das größte Ergußtafelland der Erde bilden. Zwischen den zerbrochenen und verschieden stark herausgehobenen, u. a. in der Serra do Mar steil gegen die Küste abfallenden östlichen Randzonen und den einförmigen Abdachungen (Chapadas) der innerbrasilianischen Gebiete des Planalto, des Hochlandes, bestehen beträchtliche Gegensätze. Die Küstenformen sind trotz geringer Gliederung auf weite Strecken recht vielfältig. An der Amazonasmündung und an deren Einbuchtungen ist eine typische Mangrovenküste anzutreffen. Bis etwa 17° südlicher Breite sind der Küste Riffe vorgelagert; charakteristisch ist die teilweise bereits zerstörte Restingazone mit ihren häufig von Dünen besetzten Strandwällen. Besonders im Süden gibt es ausgedehnte Nehrungen und Lagunen, unter ihnen die rund 10000 qkm große Lagoa dos Patos und die fast 3000 qkm messende und bis zu 12 m tiefe Lagoa Mirim. In der Umgebung von Rio de Janeiro erheben sich im aufgelösten Küstengebirge über die streckenweise versumpften und mit Urwald bedeckten Senken (Baixadas) zahlreiche Einzelberge (Morros), Gebirgsstöcke wie das Tijucamassiv mit dem Corcovado (682 m) und durch schalige Verwitterung entstandene Glockenberge, von denen der Zuckerhut (Pão d'Açucar, 395 m) weltberühmt geworden ist. In diesen Landstrichen befinden sich aber auch einige der schönsten, z.T. zu Nationalparks erklärten Gebirge des Brasilianischen Schildes; die Serra da Mantiqueira (mit den Agulhas Negras und dem 2890 m hohen Pico da Bandeira) und die über 2200 m hohe Serra dos Orgãos (»Orgelgebirge«) mit steil aufgerichteten Gneisplatten und bizarren Abtragungsformen.

Klima, Böden und Pflanzenwelt sind in einem Bereich vom Ausmaß des Brasilianischen Berglandes im einzelnen naturgemäß stark differenziert. Der Nordosten hat noch ähnliche Temperaturmittel wie Amazonien, aber die Jahresschwankungen sind hier größer; der trockene brasilianische Bundesstat Ceará weist bereits Maximalwerte von über 40°C auf. Die an der Leeseite der Küstengebirge befindlichen Landschaften und die Nordostküste sind ausgesprochen niederschlagsarm; in den trockensten Binnengebieten werden bisweilen nur Jahresmittel von weniger als 300 mm und zehn bis elf Trockenmonate verzeichnet. In diesem Trockengebiet – dem »Polígono das sécas« – ereignen sich immer wieder Dürrekatastrophen, denen man durch vermehrten Bau von Stauanlagen entgegenzuwirken versucht. Ganz anders ist es an der Ostküste: Unter dem ständigen Einfluß des Südostpassats erhält sie hohe Niederschläge (im Jahresmittel mitunter über 2000 mm), wobei in den nördlichen Küstenbereichen Winterregen, in den südlichen dagegen Sommerregen vorherrschen. Im eigentlichen Südbrasilien sind die mittleren jährlichen Niederschläge ähnlich hoch, erreichen allerdings mancherorts durch Stau an der Serra do Mar viel höhere Werte, die z.T. über 4000 m liegen. Die jährlichen Temperaturschwankungen sind größer als im tropischen Bereich, die Sommer jedoch auch sehr warm und im großen Senkungsfeld des Grande Pantanal (»Großer Sumpf«) ausgesprochen feuchtheiß. Stärker als im zentralbrasilianischen Bergland (Planalto Central) sind im südlichen Hochland die Temperaturen im Sommer durch die Höhe gemildert; hier treten in Lagen über 1000 m jährlich bis zu dreißig Frosttage und vereinzelt sogar Schneefälle auf. »Minuanos«, winterliche Kaltluftvorstöße, können bis in das nördliche Paraná hinein schwere Schäden in den Kaffeepflanzungen verursachen. Während im Nordosten Galeriewaldstreifen aus Karnaubapalmen sowie von halboffenen Gehölzformationen bestandene Feuchtsavannen, die Campos Cerrados, das Landschaftsbild bestimmen, finden sich im »Trockenvieleck« Wuchsformen, die an feuchtigkeitsarme Standorte angepaßt sind; besonders typisch in dieser Hinsicht sind die Caatingas mit ihrem niedrigen Gehölz, ihren Dornsträuchern und Sukkulenten. Weiter südlich schließen sich laubabwerfende tropische Feuchtwälder an; sie sind z. T. schon stark dezimiert und haben vielfach Acker- oder Grasland und Sekundärgehölzen (Capoeira) Platz gemacht. Die tropischen Regenwälder der Ostküste wurden größtenteils vernichtet, und auch die einst weit verbreiteten Araukarienwälder des südbrasilianischen Hochlandes sind durch Kahlschläge erheblich gelichtet. Den weit überwiegenden Teil des Planalto Central kennzeichnen Campos cerrados, die insgesamt etwa 1,5 Millionen qkm einnehmen. Zwischen ihnen und der Hyläa, dem amazonischen Regenwaldgebiet, herrscht laubabwerfender Feuchtwald (Cerradão). Baumlose Grasfluren (Campos limpos), haben im Plateau von Mato Grosso weite Verbreitung.

In dem vom Südrand des Guayanamassivs, vom Nordrand des Brasilianischen Berglandes, von Atlantik und Anden eingegrenzten Raum liegt das größte tropische Tieflandgebiet der Erde, Amazonien (Amazonia), ein Teil des Amazonas-Einzugsbereichs. Der größte Strom Südamerikas und der wasserreichste der Erde hat von der Ucayaliquelle bis zur Mündung eine Länge von über 6200 km und ein Einzugsgebiet von mehr als 7 Millionen qkm. Die riesige Einmuldung zwischen den alten Massen ist zwar in ihrer Anlage geologisch alt, hat aber ihre heutige Formenwelt erst im späteren Pleistozän, seit ihrer Öffnung zum Atlantik hin, erhalten. Klimatisch ist Amazonien durch immerfeuchtes tropisches Regenklima mit Zenitalregen und mittleren Jahrestemperaturen von 25 bis über 27 °C – bei sehr geringen jahreszeitlichen und ziemlich kleinen Tagesschwankungen – sowie ganzjährig hoher relativer Luftfeuchtigkeit bestimmt; der durchschnittliche Jahresniederschlag liegt im Westen bei 3000 mm, sinkt im mittleren Amazonien auf rund 2000 mm ab und steigt dann im Amazonas-Mündungsgebiet wieder an. Die gewaltige Gewässer-Sammelader Amazonas empfängt allein über 100 schiffbare Nebenströme und hat an der Mündung bei hohem Mittelwasser eine Wasserführung von 120 000 cbm/sec. Dieses größte Stromnetz der Erde gibt gemeinsam mit dem vorherrschenden tropischen Regenwald, der Hyläa, dem Gesamtraum sein eigentliches Gepräge; im Osten und in Randgebieten sind jedoch auch ausgedehnte Feuchtsavannen (Campos, Campinas) vorhanden. Auf den vorwiegend tertiären und quartären Ablagerungen der Terra firme ist der Regenwald als sogenannter Etéwald am typischsten vertreten. Als Siedlungsstreifen sind die Erosionsufer, die Barrancos, wichtig; dahinter liegt die von seichten Seen durchsetzte, mit rezenten fruchtbaren Ablagerungen bedeckte Várzeazone, die für die Landnutzung die besten Bedingungen bietet, aber nur knapp 2 % der Fläche Amazoniens ausmacht. Die Zahl der in dieser Großlandschaft lebenden Indianer ist auch nicht annähernd bekannt; teils handelt es sich um isolierte Stämme, die als Jagd- und Flußnomaden leben, teils um Gruppen der Aruak, der Kariben, der Ge (Gês) und er Tupí, die einen einfachen Feldbau mit Grabstock betreiben und infolge der raschen Erschöpfung des Bodens auf Brandrodungswirtschaft angewiesen sind. Die koloniale Siedlung, von Portugiesen, Negern sowie Mulatten und anderer Mischbevölkerung getragen, drang nur sehr langsam und im allgemeinen sporadisch in Amazonien vor. Der um die Mitte des 19. Jahrhunderts einsetzende Kautschukboom, das im Auftrag weißer Konzessionäre (Seringalistas) von Mestizen (Seringueiros) vorgenommene Sammeln von Wildkautschuk (besonders Hevea brasiliensis), brachte in die Binnengebiete eine kurzfristige wirtschaftliche Aktivität. Bedeutung hat die Manganerzgewinnung in Amapá.

Fehlschläge und Fortschritte panamerikanischer Zusammenarbeit

Die nach dem Zweiten Weltkrieg in Europa mit Erfolg eingeleiteten Schritte zu wirtschaftlicher und politischer Zusammenarbeit haben auch Lateinamerika wichtige Impulse für eine derartige Kooperation gegeben.

Die ersten Bemühungen um eine großräumige politische Zusammenarbeit in der Neuen Welt liegen schon über eineinhalb Jahrhunderte zurück. Es war der Venezolaner Simón de Bolívar, der erstmals und ernsthaft versuchte, eine Zersplitterung der befreiten Länder und Völker zu verhindern. Ab 1819 schien sich durch die Gründung der Republik Großkolumbien, an deren Spitze Bolívar trat, zumindest zwischen dem Karibischen Meer und den Zentralanden ein Großstaat herauszubilden. Bolívar aber vermochte es nicht, den Widerstand gegen seine Konzeption zu brechen, sosehr er auch versuchte, den Zusammenhalt gegen eine um sich greifende Anarchie mit teilweise diktatorischer Gewalt zu sichern. Perú, Venezuela und Ecuador fielen nacheinander von der großkolumbianischen Union ab, und 1830 sah sich Bolívar zur Abdankung veranlaßt. Ohne Erfolg blieb der 1826 von ihm einberufene panamerikanische Kongreß von Panamá, denn nur wenige Länder nahmen daran teil. Die große Idee, einen echten amerikanischen Bund unter Einschluß der USA zu schaffen, war gescheitert.

Etwa zur gleichen Zeit (1823) kam es auch im kleinräumigen Zentralamerika zu einem – allerdings ebenfalls erfolglosen – Versuch, mit der zentralamerikanischen Föderation aus den ehemaligen Provinzen des Generalkapitanats Guatemala einen dauerhaften Bund zu schließen. Partikularistische Bestrebungen der einzelnen Bundesstaaten und immer wieder ausbrechende Bürgerkriegswirren führten ab 1839 zur Auflösung der Föderation und zur Konstituierung der souveränen Staaten Costa Rica, El Salvador, Guatemala, Honduras und Nicaragua. Im Zusammenhang mit den Interessen der USA am Bau eines transkontinentalen Kanals durch eine der zentralamerikanischen Landengen erfolgten 1803 die Losreißung der Provinz Panamá von Kolumbien und die Bildung eines sechsten unabhängigen Staates in Zentralamerika, der infolge der engen Bindungen an die USA politisch und wirtschaftlich bis heute eine Sonderentwicklung durchgemacht hat. Erst in jüngster Zeit wurden erneut Bestrebungen lebendig, noch vorhandene Traditionen aus gemeinsamer Vergangenheit, die geographische Nachbarschaft und die wirtschaftliche Notwendigkeit als Anlaß zu einer engeren Kooperation zu nehmen. Grundlegend wurde der am 13. Dezember 1960 abgeschlossene »Generalvertrag über die Wirtschaftsintegration Zentralamerikas«, der, zunächst von El Salvador, Guatemala und Nicaragua, 1962 auch von Honduras und Costa Rica ratifiziert, mehrfach ergänzt wurde. Trotz aller Schwierigkeiten hat der »Gemeinsame Zentralamerikanische Markt« (Mercado Común Centroamericano, MCC) Erfolge erzielt. So nahm der Anteil des Regionalhandels des MCC am gesamten Außenhandel der Mitglieder von 1960 bis 1968 von 6 % auf über 20 % zu. Seit dem Konflikt zwischen El Salvador und Honduras im Jahre 1969 gab es Rückschläge, u. a. durch zeitweise Suspendierung der Mitarbeit.

Besonders kompliziert erweist sich die Aufsplitterung der britischen Besitzungen in Westindien. Ein erster Versuch, durch einen politischen Zusammenschluß dieser Inseln die Interessen auf ein gemeinsames Ziel auszurichten und die lokalen politischen Ambitionen zu überwinden, führte in den fünfziger Jahren zum Aufbau einer »Westindischen Föderation« (auch »Karibische Föderation« genannt), die am 3. Januar 1958 wirksam wurde. Es kam jedoch bald zu Enttäuschungen; die divergierenden wirtschaftlichen Interessen, die Größenunterschiede zwischen den Mitgliedsländern und die lokalen und regionalen politischen Sonderbestrebungen erwiesen sich als zu groß. Jamaica und Trinidad-Tobago schieden, als sie 1962 unabhängig geworden waren, aus dieser Karibischen Föderation aus, die sich nun nicht mehr als sinnvoll erwies. Die kurzlebige »Ostkaribische Föderation« scheiterte schon 1965. Im Jahre 1967 gelang der britischen Regierung die Schaffung der »Assoziierten Staaten Westindiens« (West Indies Associated States, WIAS), deren Mitglieder volle innere Autonomie besitzen. Als nur bedingt positiv hat sich die »Karibische Freihandelszone« (Caribbean Free Trade Area, CARIFTA) erwiesen, die 1968 zustande kam und der neben WIAS-Mitgliedern Barbados, Jamaica, Guyana und Trinidad/Tobago angehören.

Der umfassende Versuch wirtschaftlicher Zusammenarbeit in Amerika wurde – wenn man von dem zwar nicht politisch-organisatorisch, aber faktisch vorhandenen Wirtschaftsblock USA/Kanada absieht – auf Anregung des »Interamerikanischen Wirtschafts- und Sozialrates« (Consejo Interamericano Económico-Social CIES) und der UNO-Wirtschaftskommission für Lateinamerika (Comisión Económica para América Latina, CEPAL) unternommen. Es schien notwendig, die Kooperation schließlich über Südamerika hinaus auszudehnen. Dabei waren und sind die Voraussetzungen hierfür nicht gerade günstig: riesige räumliche Dimensionen und Entfernungen, ungleichmäßige Besiedlung, unzureichende Landverbindungen zwischen den einzelnen Partnern, Mangel an Kapital und Fachkräften, innenpolitische Labilität, Produktion ähnlicher oder gleicher Exportgüter für den Weltmarkt. Dennoch wurde der Schritt gewagt: Am 18. Februar 1960 kam es in Montevideo zur Unterzeichnung des Vertrages über die »Lateinamerikanische Freihandelszone« (Asociación Latinoamericana de Libre Comercio, ALALC, englisch Latin American Free Trade Association, LAFTA). Am 1. Juni 1961 trat der Vertrag in Kraft. Gründungsmitglieder waren Argentinien, Bolivien, Brasilien, Chile, Mexiko, Paraguay, Perú und Uruguay; Ecuador, Kolumbien und Venezuela traten später bei. Im Unterschied zur EWG sind bei der ALALC gemeinsame Außenzölle nicht vorgesehen. Für die Agrarpolitik gelten Sondervereinbarungen. Seit 1960 hat sich der Anteil des ALALC-Regionalhandels am Gesamtaußenhandel der Mitglieder von 6,86 auf zeitweise 12% erhöht. Nicht nur Größe und Nachbarschaft, sondern auch die wirtschaftlichen Strukturen sind die Ursache dafür, daß vom ALALC-Regionalhandel rund ein Drittel auf Argentinien, fast ein Viertel auf Brasilien und etwa ein Achtel auf Chile entfallen. Um die Kooperation zwischen benachbarten Mitgliedern zu stärken, wurden innerhalb der ALALC Subregionen gegründet, so 1969 die Andengruppe (Pacto Subregional Andino, auch Acuerdo de Cartagena oder Cooperación Andina de Fomento, CAF, genannt), der Bolivien, Chile, Ecuador, Kolumbien, Perú und Venezuela angehören, ferner die La-Plata-Gruppe (Tratado de la Cuenca del Plata) mit Argentinien, Bolivien, Brasilien, Paraguay und Uruguay. Besondere Bedeutung für die Entwicklung des MCC und der ALALC erlangte die 1960 gegründete »Interamerikanische Entwicklungsbank« (Banco Interamericano de Desarrollo, BID, englisch Interamerican Development Bank, IADB). Das 1964 in Lima errichtete ständige »Iberoamerikanische Parlament«, das der Begegnung der Parlamentarier der lateinamerikanischen Länder dienen soll, erscheint bisher als wenig geeignet, die umfassende wirtschaftliche Kooperation zu fördern.

Den zumindest organisatorisch bedeutsamsten Zusammenschluß der Neuen Welt bildet die »Organisation Amerikanischer Staaten« (Organization of American States, OAS, spanisch Organisación de los Estados Americanos, OEA), die aus den Traditionen der im vorigen Jahrhundert abgehaltenen und letztlich auf Bolívar zurückgehenden panamerikanischen Konferenzen hervorgegangen ist. Ihr gehören 1973 alle unabhängigen Staaten Nord-, Zentral- und Südamerikas sowie Westindiens an, ausgenommen Guyana und Kanada (seit 1972 »Beobachterstatus«) und auch Cuba, das 1962 ausgeschlossen wurde. Am 30. August 1947 erfolgte in Rio de Janeiro der Abschluß eines kollektiven Sicherheitsbündnisses (daher auch »Riopakt« genannt); 1948 wurde auf der Konferenz von Bogotá der derzeitige Name gewählt. Hauptziele sind: gemeinsame Aktion bei Angriffen, friedliche Regelung von Streitigkeiten untereinander und Verhängung von Sanktionen bei Nichtanerkennung von Schlichtungsverfahren und bei anderen Verstößen sowie die Förderung der wirtschaftlichen und kulturellen Zusammenarbeit. Zur Erreichung dieser Ziele schuf sich die OAS verschiedene Organe; das Generalsekretariat befindet sich in Washington. 1967 wurde die Schaffung einer »Kernwaffenfreien Zone Lateinamerika« vereinbart. Soviel auch an der Arbeit der OAS Kritik geübt wurde, sie konnte doch mehrfach bei Bürgerkriegsunruhen und kriegerischen Auseinandersetzungen schlichtend eingreifen. Das Schwergewicht der OAS lag von Anfang an bei den Vereinigten Staaten. Die revolutionären Umwälzungen in mehreren Mitgliedsländern und die Neuorientierung der US-amerikanischen Außenpolitik werden nicht ohne Einfluß auf die OAS sein.

Amerika. *(In: Harms Handbuch der Erdkunde.) München 1970.* – Baulig, H.: Amérique septentrionale, *2 Bde. Paris 1936.* – Beyhaut, G.: Süd- und Mittelamerika. *Frankfurt/M. 1965.* – Brown, R. H.: Historical Geography of the United States. *New York 1948.* – Die interamerikanische Entwicklungsbank. *(In: Wirtschaftsbericht der Deutschen Überseeischen Bank.) Hamburg 1971.* – Farb, P.: Face of North America. *London 1964.* – Fochler-Hauke, G.: Südamerika. *(In: Westermann Lexikon der Geographie. Bde. 1–4 mit allen Stichwörtern.) Braunschweig 1968 (mit umfassender Bibliographie).* – Hofmeister, B.: Nordamerika. *(In: Fischer Länderkunde.) Frankfurt/M. 1970 (mit reicher Bibliographie).* – Gierloff-Emden, H. G.: Mittelamerika. *(In: Informationen zur Politischen Bildung.) Bonn 1967.* – Große Illustrierte Länderkunde, *Bd. 2. Gütersloh 1963.* – Innes, H.: Die Konquistadoren. *Bern 1970.* – James, P. E./Jones, C. F.: American Geography. *Syracuse 1954.* – Knapp, R.: Die Vegetation von Nord- und Mittelamerika. *1965.* – Küchler, A. W.: The Potential Natural Vegetation of the Conterminous United States. *New York 1964.* – Lamberg, R. F.: Die castrische Guerilla in Lateinamerika. *Hannover 1971.* – Lorenz, G. W.: Dialog mit Lateinamerika. *Tübingen 1970.* – Machatschek, F.: Nordamerika. *Leipzig 1928.* – Masur, G.: Simón Bolívar und die Befreiung Südamerikas. *Konstanz 1949.* – Miller, G. J./Perkins, A. E./Hudgins, B.: Geography of North America. *New York 1954.* – Mittler, M.: Die Eroberung eines Kontinents (Nordamerika). *Zürich 1971.* – Patersen, J. H.: North America. *London 1960.* – Platt, A.: Latin America. *New York 1943.* – Rosier, I.: Revolution in der Sackgasse – Lateinamerika. *Freiburg/ Br. 1970.* – Samhaber, E.: Südamerika von heute. *Stuttgart 1954.* – Schmieder, O.: Die Neue Welt, 2 Bde. *München 1962/63 (mit reicher Bibliographie).* – Shaw, E. B.: Anglo-America. A regional Geography. *New York 1959.* – Sonntag, H. R.: Der Fall Perú. Nasserismus in Lateinamerika. *Wuppertal 1970.* – South American Handbook. *Jährlich. London.* – Stoetzer, O. C.: Panamerika. Idee und Wirklichkeit. *Hamburg 1964.* – Stucki, L.: Kontinent im Aufbruch. Südamerika auf dem Weg ins 21. Jahrhundert. *Bern 1971.* – Wehner, F.: Ibero-Amerika – Ein Handbuch. *(Hgg. v. Ibero-Amerika-Verein.) Hamburg 1964.*

Gustav Fochler-Hauke

Angloamerika – Realität und Widerspruch zugleich

Vom Kolonialland zur ersten Staatsbildung

Die politisch-staatliche Entwicklung im engeren, häufig Angloamerika genannten Nordamerika hat aus sehr vielen Gründen einen ganz anderen Verlauf genommen als jene Lateinamerikas. Von wenigen Ausnahmen abgesehen, gingen die Staaten Süd- und Zentralamerikas aus dem Niedergang der spanischen und der portugiesischen Kolonialmacht hervor, wobei Indianer und Mestizen sich als wesentliche Träger der Zukunftsgestaltung erhielten. Trotz der den meisten Ländern gemeinsamen spanischen Sprache entwickelten sich Nationen, in denen vorkolumbisches Erbe in unterschiedlicher Stärke nachwirkt. Ganz anders in Nordamerika, wo lange Zeit hindurch eine Reihe von europäischen Ländern handels- und machtpolitisch tätig waren und wo schließlich neben Mexico nur zwei Staatswesen heranwuchsen, die in vielen Zügen angelsächsisch bestimmt wurden und in denen die zahlenmäßig stets relativ schwache, durch die Landnahme noch weiter dezimierte »eingeborene« Bevölkerung, d. h. in erster Linie die Indianer, keine die Zukunft mitbestimmende Kraft wurde. Außerdem waren weite Gebiete Nordamerikas nördlich des 30. Breitengrades trotz der von Natur aus leichten Besiedlungsmöglichkeit kolonial kaum oder überhaupt nicht durchdrungen worden, so daß die eigentliche Landnahme hier – zumindest im Bereich der heutigen USA – durch einen eigenständigen amerikanischen Staat geschah.

Gründe für die Auswanderung nach Nordamerika waren im 17. und im 18. Jahrhundert nicht nur die verheerenden Folgen des Dreißigjährigen Krieges und der zahlreichen anderen Kriege in Europa, sondern auch die Einführung stehender Armeen, die Auflösung der mittelalterlichen Feudalordnung, religiöse Verfolgungen und wirtschaftliche Umstrukturierungen. Die Hauptmasse der Auswanderer stammte von den Britischen Inseln; die meisten von ihnen ließen sich in den späteren Neuenglandstaaten und weiter südlich, in den wenig besiedelten atlantischen Küstenstrichen, nieder. Die Deutschen und die Schotten aus Nordirland bildeten vor allem weiter westlich das tragende Element der Grenzbevölkerung. Im 17. Jahrhundert war die Zahl der weißen Kontraktarbeiter größer als die der eingeführten Negersklaven, die erst um die folgende Jahrhundertwende zahlreicher wurden, da sie, zynisch gesagt, billiger waren und auf Lebenszeit ausgenutzt werden konnten. Immerhin wurden in Jamestown, der 1607 entstandenen Keimzelle der Kolonie Virginia, bereits 1619 durch ein niederländisches Schiff die ersten Negersklaven an Land gebracht. Für 1776 wird die Zahl der Negersklaven in Nordamerika schon auf 300 000 bis 500 000 geschätzt. In den Neuenglandstaaten, den Staaten im New England genannten Nordosten, machten die britischen Siedler 1776 rund neun Zehntel der Bevölkerung aus; die Zahl der Neger war verschwindend klein. In diesem Gebiet, wo 1643–1684 eine erste Konföderation – gewissermaßen eine Vorstufe für die Bildung der späteren USA – bestand, wurde auch bereits 1787, wie in New York und Pennsylvania, ein erstes Sklavenverbot erlassen. Ganz anders lagen die Verhältnisse im Süden, wo auf den Tabak-, Reis-, Zuckerrohr- und Indigopflanzungen das afrikanische Element bald unentbehrlich und in der zweiten Hälfte des 18. Jahrhunderts mindestens so zahlreich oder noch stärker als das weiße geworden war. Außer britischen und deutschen hatten sich hier nicht zuletzt auch niederländische und skandinavische Einwanderer eine relativ starke Stellung verschafft. Während in den Neuenglandstaaten und in den mittleren Gebieten hauptsächlich kleine und mittelgroße Siedlerstellen entstanden, die durch Freiteilbarkeit (Realteilung) nach und nach stark in Parzellen aufgesplittert wurden, andererseits aber bald durch das weitere Vordringen nach dem Westen immer neues Land zur Verfügung stand, herrschte im Süden Großgrundbesitz, der als Erbe stets an den Erstgeborenen fiel. Im Gegensatz zum Süden entwickelte sich im Norden und z. T. auch in den mittleren Gebieten recht früh ein reges Gewerbe. Nicht nur in der Bevölkerungszusammensetzung, sondern auch in der sozialen Schichtung bildeten sich daher große Gegensätze zwischen Nord und Süd aus. In den nördlichen Kolonien wirkte das Puritanertum religiös und durch Selbstverwaltungstendenzen auch politisch früh bestimmend. Ganz allgemein besaßen die Kolonien in ihrer inneren Organisation eine beachtliche Freiheit.

Die dreizehn britischen Kolonien, die bis 1732 als Kron-, Freibrief- (»Chartered Colonies«) oder Landschenkungs- bzw. Eigentümerkolonien (»Proprietor Colonies«) entstanden waren, unterschieden sich in ihren Bevölkerungs-, Wirtschafts- und politischen Strukturen teilweise sehr stark voneinander. Gemeinsam war ihnen die vorherrschend gewordene englische Sprache und der ausgesprochene Hang zur Selbstverwaltung. Ebenso genossen sie alle den Schutz des »Mutterlandes« gegen den französischen Expansionsdruck, der sich in einem weiten Bogen rings um die dreizehn Kolonien mit wechselnder Stärke bemerkbar machte, eine Gefahr, die erst durch den Englisch-Französischen Krieg (French and Indian War) von 1754–1763 behoben wurde. Die nun bedeutend gestärkte britische Position zeigte sich allerdings mehr und mehr in Einmischungen der Londoner Regierung. Die neue Handels- und Reichspolitik des »Mutterlandes« stieß bei den »Amerikanern«, d. h. den – z. T. schon seit Generationen – in Nordamerika ansässigen Kolonisten, auf zunehmenden Widerstand. Diese Haltung war um so mehr zu begreifen, als die Siedler zwar der Gesetzeshoheit des britischen Parlaments unterworfen, aber in diesem nicht vertreten waren. Die Entwicklung führte schließlich zum Kampf um die volle Unabhängigkeit von Großbritannien.

Nachdem sich bereits 1774/75 Delegierte der verschiedenen Kolonien, unter ihnen Männer wie Benjamin Franklin, für den Unabhängigkeitskampf ausgesprochen hatten, war die Entwicklung nicht mehr aufzuhalten. Sowohl die puritanischen Kreise in den Neuenglandstaaten, deren Hauptwiderstand sich in Boston (wo 1773 eine Teeladung der »Britisch-Ostindischen Kompanie« versenkt worden war) konzentrierte, als auch die selbstbewußten Pflanzer des Südens waren nun zum – notfalls auch bewaffneten – Widerstand entschlossen. Der 1774 nach Philadelphia einberufene Kontinentalkongreß ernannte George Washington zum Oberbefehlshaber der nun aufzubauenden Armee, und am 19. April 1775 begann mit dem Gefecht von Breed's Hill (irrtümlich Bunker's Hill genannt) der lang andauernde und verlustreiche Unabhängigkeitskrieg. Auch nachdem am 4. Juli 1776 der Kontinentalkongreß in Philadelphia die von Thomas Jefferson entworfene Unabhängigkeitserklärung verabschiedet und damit die Lossagung vom britischen Mutterland vollzogen hatte, blieb die Lage der »Confederation« und ihrer Streitkräfte schwierig. Von vielleicht entscheidender Bedeutung wurde die Unterstützung des Bundes durch Frankreich und französische Truppen unter Führung von Marie Joseph Lafayette. Mit der Kapitulation der britischen Truppen

Befreiungskampf der nordamerikanischen Staaten · Die »Tea Party von Boston« (1773) leitete die Ablösung vom englischen Mutterland ein.

unter General Lord Cornwallis in Yorktown/Virginia am 19. Oktober 1781 war der endgültige Sieg nicht mehr zweifelhaft. Im Frieden von Paris (3. September 1783) mußte London die Unabhängigkeit der dreizehn konföderierten Staaten anerkennen und die*en auch die bereits 1763 von Frankreich abgetretenen Gebiete bis zum Mississippi überlassen. Der Versuch, auch die kanadischen Gebiete von London loszureißen, mißlang jedoch zu dieser Zeit ebenso wie im Krieg gegen Großbritannien (1812–1814). Der Bestand der Konföderation, deren Kongreß wenig Macht besaß, schien noch lange gefährdet, zumal soziale Umschichtungen, Übergriffe der neuen Autoritäten, Enteignung und Vertreibung vieler englandtreuer »Loyalists« sowie das immer stärker werdende Streben nach einer Trennung von Kirche und Staat stets neue Erschütterungen verursachten.

Die große Krise des jungen Staates

Frühzeitig wurde von dem jungen Staat, der sich als Hort der Freiheit gab und in Europa auch als solcher verstanden wurde, eine Politik eingeschlagen, die unerwünschte Einwanderer fernhalten bzw. ihre Wiederausweisung ermöglichen sollte. Insgesamt wurden zwischen 1820 und 1850 etwas über 5 Millionen Einwanderer gezählt, von denen Iren, Deutsche und Briten die weitaus stärksten Kontingente stellten. Durch Pioniersiedlung, Landkauf und nicht zuletzt durch Krieg, namentlich gegen Mexico, wurde das Staatsgebiet der USA immer weiter ausgedehnt, so daß es um die Mitte des 19. Jahrhunderts faktisch schon den heutigen Umfang besaß, bis auf Alaska, das erst 1867 erworben wurde.

Für die Geschichte der USA, den Charakter ihrer Bevölkerung und die Herausbildung des besonderen »Wirtschaftsgeistes« waren die Idealisierung des »Pioniertums« und die große »Westwanderung« wesentlich. Die Kämpfe um die Art und Weise der Besiedlung waren langwierig und hartnäckig, und zwar aus verschiedenen Gründen. Die Südstaaten mit ihren großen Pflanzungen wollten weder einen starken Zustrom neuer Ansiedler noch eine Landaufteilung, da die Plantagen selbst einen großen Landbedarf hatten. Die Oststaaten traten für hohe Bodenpreise ein, um ihre Schulden besser abtragen zu können, während im leeren Westen billiger Boden möglichst viele Siedler anlocken sollte. Darüber hinaus bestanden auch unterschiedliche Auffassungen hinsichtlich der wirtschaftlichen Prioritäten: Die dichter besiedelten und schon stärker sich industrialisierenden Ostküstenstaaten und einige der an sie angrenzenden Bundesstaaten erstrebten zunächst eine Stärkung der Union durch bewußten Ausbau von Handel und Gewerbe, die Staaten des Westens hingegen mußten aufgrund der bei ihnen herrschenden Verhältnisse der Neuansiedlung den Vorrang einräumen.

Die Sklavenfrage wurde für den noch immer jungen und von zahlreichen inneren Spannungen erfüllten Staat mehr und mehr zu einer seine Existenz bedrohenden Sprengkraft. In den fortgeschrittenen, durch bäuerliche Wirtschaft, reges Gewerbe und florierenden Handel bestimmten Gemeinwesen des Nordens bzw. Nordostens und im hauptsächlich durch mittlere und kleine Familienbetriebe charakterisierten »Neuland« des Westens gab es wenig Neger und praktisch kaum Sklavenprobleme. Demgegenüber spielte in der Plantagenwirtschaft der Südstaaten lange Zeit die Haltung von schwarzen Arbeitssklaven eine entscheidende Rolle, die sich mit der Ausdehnung des Baumwollanbaues noch weiter verstärkte. Um 1860 gab es in den Südstaaten knapp 4 Millionen Sklaven, die etwa 90% aller in den USA lebenden Neger ausmachten. Das Gesellschaftssystem des Südens ließ keine echte Möglichkeit für sozialen und wirtschaftlichen Fortschritt. Außerdem fühlten sich die führenden Schichten dieser Staaten durch den vom Norden her immer stärker nach Süden vordringenden, vielfach skrupellosen Handel mit industriellen Erzeugnissen übervorteilt. Die Wurzeln der ständig sich verschärfenden Konflikte waren demnach mannigfaltig. Als 1860 Abraham Lincoln, der sich für die Einschränkung der Sklaverei einsetzte, zum Präsidenten gewählt

Kampf um die Unabhängigkeit · Nachdem 1773 die Versenkung einer Teeladung der Ostindischen Kompanie als Protest gegen die Zölle den bewaffneten Konflikt auslöste, übernahm im Juni 1775 Washington in Cambridge das Kommando über die nordamerikanischen Miliztruppen.

wurde, traten elf Südstaaten – zuerst South Carolina, dann weitere zehn Staaten des »Deep South« und, unter Führung von Virginia, des »Upper South« – aus der Union aus und schlossen sich zu den »Konföderierten Staaten von Amerika« zusammen.

Mit der Einnahme des Bundesforts Sumter, einer Insel-Festung vor der Hafeneinfahrt von Charleston (South Carolina), durch die Konföderierten im April 1861 brach der bis 1865 andauernde Sezessionskrieg aus, der bisher einzige wirklich schwere auf US-amerikanischem Boden ausgetragene Krieg. Dank besserer militärischer Führung vermochten sich die Streitkräfte des Südens lange Zeit gegenüber den zahlenmäßig stärkeren Unionstruppen durchzusetzen. Allmählich wirkten sich aber das erheblich größere Wirtschaftspotential und die verkehrstechnische Überlegenheit des Nordens zu dessen Gunsten aus, zumal der Süden durch Blockademaßnahmen von Zufuhren abgeschnitten war und erhoffte britische Hilfe ausblieb. Die Truppen des Nordens wandten, besonders in der Endphase des Krieges, die Taktik der »verbrannten Erde« an – auch im Zweiten Weltkrieg und im Vietnam-Krieg von den Heeren mehrerer Länder in schrecklichem Umfang geübt – und machten damit die von Lincoln aufrichtig vertretenen Ideale (»government of the people, by the people, for the people«) unglaubwürdig. Auch die bedingungslose Übergabe (»unconditional surrender«), die dem Heer des Südens nach der Niederlage bei Appomattox Courthouse in Virginia (9. April 1865) abverlangt wurde, war keine günstige Voraussetzung für eine Aussöhnung, wie sie Lincoln anstrebte. Sosehr auch der Präsident ein Gegner der Sklaverei war, so hatte bei ihm doch die Rettung der Union als Bundesstaat den unbedingten Vorrang, wie einer seiner Aussprüche bezeugt: »Wenn ich die Union dadurch retten könnte, daß ich alle Sklaven befreite, würde ich es tun. Wenn ich die Union retten könnte, ohne einen einzigen Sklaven zu befreien, würde ich es auch tun.« Wenige Tage nach Kriegsende wurde Lincoln von einem fanatischen Südstaatler ermordet. Das Verbot der Sklaverei erging am 18. September 1865 durch einen Zusatz zur Bundesverfassung; weitere Zusätze garantierten die Gleichberechtigung aller Bürger der USA ohne Ansehen der Rasse, eine Zusicherung, die in der Praxis bis heute teilweise Papier geblieben ist. Der Bürgerkrieg hatte für den Süden den Verlust von weit mehr als 300 000 Menschen gebracht; aber auch der Norden zählte über eine Viertelmillion Tote.

Die Südstaaten waren gedemütigt, ihre Wirtschaft zusammengebrochen, ihr Territorium auf weite Strecken verwüstet. Der Norden hielt den Süden in der bis 1877 währenden »Reconstruction Period« unter Militärverwaltung und erlegte ihm härteste Finanz- und Steuerlasten auf, was zu neuem Haß führte. Zahlreiche Politiker mischten sich in die Belange des Südens ein. Wirtschaftshyänen und Ämterjäger des Nordens, sogenannte Carpetbaggers (die gewissermaßen nur über eine Reisetasche – englisch »carpet-bag« – verfügten), strömten in die Südstaaten, und Machtmißbrauch und Spekulation waren an der Tagesordnung. Vielen Politikern des Nordens dienten die Neger nur als Mittel für eigensüchtige Zwecke. Es erfolgten praktisch keine Landneuverteilungen; die Freigelassenen, größtenteils Analphabeten, fristeten meist als Tagelöhner oder Kleinpächter ein kümmerliches Dasein und bildeten ein ländliches Proletariat. Den unteren Schichten der Weißen ging es nicht viel besser. Die Rassengegensätze verschärften sich neuerlich, und weiße Geheimbünde wie der berüchtigte Ku-Klux-Klan schürten den Haß. Von 1890 an erließen die meisten Südstaaten rassendiskriminierende Bestimmungen, sogenannte »Jim Crow«-Gesetze (mit dem Namen Jim Crow wurden die amerikanischen Neger belegt), die die Farbigen mehr oder weniger an der Ausübung politischer Rechte hinderten, sie sozial- und bildungsmäßig benachteiligten und zu mannigfacher Art von Rassentrennung im öffentlichen Leben führten.

Im Gegensatz zur Rassenschranke gegenüber den Negern entwickelte sich eine solche in den Beziehungen zwischen den Weißen und den Indianern nur bedingt. Soweit sie nicht durch Mischehen in der weißen Bevölkerung aufgingen, wurden die Indianer nach der Öffnung des 1889 geschaffenen Indianerterritoriums in Ostoklahoma für die weiße Besiedlung und nach seiner Auflösung mit Gründung des Staates Oklahoma (1907) immer mehr in Reservationen und damit in ein Randdasein abgedrängt. Die weiße Bevölkerung begann sich durch den Wandel in der Einwanderung stärker als bisher zu verändern; waren bei den über 10 Millionen Einwanderern der Jahre 1861–1890 Nord-, Mittel- und Westeuropäer noch zu mehr als drei Fünfteln beteiligt, so sah die Situation zwischen 1891 und 1920 ganz anders aus: Von den mehr als 18 Millionen Einwanderern waren nun bereits über drei Fünftel Südeuropäer, Slawen sowie mittel- und osteuropäische Juden. Auch aus Mexico und Westindien strömten neue ethnische Gruppen zu. Die meisten jener Neuankömmlinge, die von der »alteingesessenen« Bevölkerung als besonders fremd, kulturell unterlegen und als schwer assimilierbar betrachtet wurden, fanden in den Industriegebieten Beschäftigung, in erster Linie als ungelernte Arbeiter, und diese »industrielle Reservearmee« war bei den wiederholten wirtschaftlichen Krisen der Folgezeit zur Massenarbeitslosigkeit verdammt.

In der zweiten Hälfte des 19. Jahrhunderts hatte mit verstärkt betriebener Hebung der Bodenschätze und fortschreitender Industrialisierung eine ganz neue Entwicklungsperiode eingesetzt, die auch eine ständig raschere Verstädterung nach sich zog und die Sozialstruktur entscheidend änderte. Hatten die Südstaaten nur örtlich und in begrenztem Umfang Anteil an dieser Entwicklung, so bildete sich in den Oststaaten und im Ohiogebiet ein ausgesprochener Industriegürtel heraus;

er zog – namentlich ab dem Ersten Weltkrieg – auch immer mehr Neger aus dem Süden an, was für das Negertum nicht nur sozial, sondern auch räumlich große Veränderungen mit sich brachte und im Norden hier bislang unbekannte Rassenprobleme zeitigte. Wie immer auch die Strukturänderungen sich auswirken mochten – noch lange nach der Jahrhundertwende galten für die USA Schlagwörter wie »Land der unbegrenzten Möglichkeiten« und »Land der Freiheit«. Bei aller Bevölkerungsvielfalt hatte sich die englische Sprache – unter Ausbildung zahlreicher Eigenheiten – behauptet und war, wie viele englische Traditionen, für die Prägung des »Amerikaners« wesentlich geworden. Dennoch war etwas ganz Neues entstanden – unmißverständlich muß die Betonung bei »Angloamerika« auf den drei letzten Silben liegen.

Endlich Großmacht: »Hands off«-, »Big stick«- und »Open door«-Politik

Wirtschaftlich und außenpolitisch wuchs die Kraft der USA in ungeahnter Weise; das Staatsgebiet wurde weiter ausgedehnt, u.a. durch den Krieg mit Mexico und den Kauf von Alaska. Gegenüber den europäischen Ländern hatte man sich frühzeitig eine Parole geschaffen, um auch moralisch deren weiterer Einflußnahme entgegenzutreten. In seiner Jahresbotschaft vom 2. Dezember 1823 hatte Präsident James Monroe die von John Quincy Adams formulierte Auffassung vertreten, daß ein Eingreifen europäischer Staaten in die Angelegenheiten Amerikas und damit in jene der USA nicht geduldet werden könne. Durch diese seit 1853 als »Monroe-Doktrin« bekannte politische Linie wurde anfangs russischen Ansprüchen an der nordwestpazifischen Küste, später europäischen Einmischungen in zentral- und südamerikanische Belange entgegengetreten. Diese Politik des »Hands off« wurde schließlich umgedeutet in eine Art Interventionsrecht, ja Interventionspflicht der USA in bezug auf die Angelegenheiten der anderen amerikanischen Länder. Die USA hatten in ihrer Außenpolitik bis etwa 1890 dennoch eine mehr oder minder isolationistische Richtung verfolgt. Theodore Roosevelt, der zu den Befürwortern eines Krieges gegen Spanien gehörte, wurde als Staatspräsident um die Jahrhundertwende zu einem der Begründer imperialistischer Tendenzen der USA, der Politik des »Big stick« gegenüber den lateinamerikanischen Staaten. Diese Politik führte u.a. zur Festsetzung der USA in Panamá, waren doch diese Landenge und ihre Überwindung durch einen Großschiffahrtskanal mit der Hinwendung der Vereinigten Staaten zum Pazifik lebenswichtig geworden. Der Sieg über Spanien brachte den USA nicht nur Puerto Rico ein, sondern auch die weit abgelegenen Philippinen am Westrand des Pazifischen Ozeans, in dessen Mitte man im Zusammenhang mit dem Krieg gegen Spanien am 12. August 1898 die Hawaii-Inseln annektierte. Die industrielle Entwicklung und das gewonnene weltpolitische Ansehen bewogen die nun endgültig zur Großmacht aufgestiegenen USA, sich auch in politische Entwicklungen in Europa und Ostasien einzumischen, wobei imperialistische Bestrebungen und freiheitlich-friedensbetonte Losungen in teils naiver, teils heuchlerischer Weise miteinander verknüpft wurden. Das Eintreten für ein unabhängiges China und damit gegen japanische Expansionstendenzen, die »Open door«-Politik diente natürlich auch ihren eigenen handelspolitischen Interessen. Die Friedensvermittlung nach dem Russisch-Japanischen Krieg von 1904/05 erbrachte erstmals den eindeutigen Beweis dafür, daß die USA zu einer Weltgeltung beanspruchenden Macht geworden waren. Die entscheidende Wende kam mit dem 1917 erfolgten Eintritt der USA in den Ersten Weltkrieg an der Seite der Alliierten. Dies geschah zum Schutz eigener Wirtschafts- und Finanzinteressen in den bedrohten Ländern der Alliierten, aber auch aus Verbundenheit mit vielen Persönlichkeiten, Institutionen und Auffassungen Großbritanniens und Frankreichs und aus missionarischem Eifer für die Wahrung von Demokratie und Völkerrecht, denen man in anderen Regionen wenig Bedeutung zumaß, sobald dort eigene Interessen auf dem Spiel standen. Die Teilnahme am Ersten Weltkrieg machte die USA endgültig von einem Schuldner zu einem Gläubiger und zur führenden Weltmacht.

Amerikanischer Sezessionskrieg · General Grant und sein Stab. Unter der Führung dieses Generals gewannen die Unionstruppen im blutigen Bürgerkrieg von 1861–1865 die wichtigsten Schlachten.

Schlachtfeld von Gettysburg · Bei Gettysburg wurden 1863 die konföderierten Truppen der Südstaaten unter Robert E. Lee entscheidend zum Rückzug gezwungen.

Ein zweiter Staat entsteht aus französisch-britischem Erbe

Am 1. Juli 1967 wurde der hundertste Jahrestag der kanadischen Staatsgründung feierlich begangen. Die Gründung des Dominion of Canada am 1. Juli 1867 bedeutete jedoch noch keineswegs die Bildung eines souveränen Staates, sondern schuf nur die Grundlage dafür. Während Großbritannien nach den Unabhängigkeitskämpfen von 1775–1783 die dreizehn Gründerstaaten der USA als souverän anerkennen mußte, blieb seine Macht im Bereich des heutigen Kanadas noch lange wirksam. Zunächst hatte es so ausgesehen, als besäße Frankreich in diesem Teil Nordamerikas die besten Chancen, sich ein überseeisches Reich von Dauer zu schaffen. Von Jacques Cartier war bereits 1534/35 das Gebiet des Sankt-Lorenz-Stroms – das ab 1608 offiziell als »Neufrankreich« bezeichnet wurde – für Frankreich in Besitz genommen worden. Die Besiedlungsversuche blieben jedoch jahrzehntelang unbedeutend und gewannen erst Anfang des 17. Jahrhunderts einigen Umfang. Die Entwicklung der französischen Besitzungen hatte unter der geringen Zahl der Kolonisten, unter Besitzzersplitterung, dem französischen Bestreben, diese Siedlungsgebiete kolonialpolitisch mit den französischen Niederlassungen am Mississippi zu verbinden, und später unter Frankreichs Verwicklung in die europäischen Zwistigkeiten zu leiden. Frühzeitig hatte es Reibereien mit britischen Kolonisten gegeben, die, von Neuengland vordringend, an die französischen Sperrforts gestoßen waren. Neuschottland, anfangs von Franzosen besiedelt, war schon 1713 an Großbritannien abgetreten worden, desgleichen Neufundland. Die Zusammenstöße mit britischen Siedlern hatten sich ab 1756 zu einem Krieg ausgeweitet, in dessen Verlauf die Engländer schließlich Sieger wurden. Im Frieden von Paris mußte Frankreich, wie schon erwähnt, 1763 alle seine Besitzungen auf heute kanadischem Boden an Großbritannien abtreten. Die 1670 gegründete Hudsonbaikompanie hatte, von der englischen Krone mit allen Rechten ausgestattet, längst die riesigen Weiten westlich der Hudsonbai zu durchstreifen und zu besetzen begonnen.

Frankreich war zwar aus Kanada und praktisch aus ganz Nordamerika als Kolonialmacht verschwunden, aber die französischen Siedler waren geblieben. Diese Siedler galten, obwohl sie durch den Quebec Act von 1774 die Beibehaltung des französichen Zivilrechts und Religionsfreiheit zugesichert erhalten hatten, als politisch unbedeutend; ihre Sonderbestrebungen wurden als »müßige und engstirnige Vorstellung einer kleinen und verstiegenen Nationalität« angesehen. In der ferneren Zukunft sollte sich dies allerdings als ein Irrtum herausstellen, denn die Frankokanadier, durch ihr katholisches Bekenntnis von den überwiegend protestantischen britischen Siedlern getrennt, behaupteten sich durch ihren Kinderreichtum, ihre Religion und ihre Sprache als eigenständiges Element, mochten auch nach der Französischen Revolution gegenüber dem einstigen »Mutterland« eine Entfremdung und schließlich eine gewisse Provinzialisierung eintreten.

Eine zu Beginn des Unabhängigkeitskampfes unternommene amerikanische Invasion wurde 1775/76 zurückgeschlagen; damit war die Absicht, Nordamerika gewaltsam zu einem großen Angloamerika zu vereinigen, fürs erste durchkreuzt. Noch einmal, im US-amerikanisch-Englischen Krieg von 1812 bis 1814, kam es zu einem vergeblichen Versuch, die Briten aus Kanada zu verdrängen und dieses an die USA anzuschließen. Nun ergoß sich eine neue Welle britischer Einwanderer nach Kanada. Dieser Zustrom verstärkte sich in den zwanziger Jahren des 19. Jahrhunderts im Zuge zunehmender Arbeitslosigkeit in Großbritannien und Irland, und in den vierziger Jahren erreichte er infolge der Hungersnot in Irland seinen Höhepunkt, blieb aber auch in den folgenden Jahrzehnten noch groß. Landgesellschaften organisierten die Ansiedlung und die Landzuteilung. Wohl wanderte ein Teil der Neusiedler nach den USA ab; dafür strömten andere Kolonisten aus dem südlichen Nachbarland nach Kanada. Die neu geschaffenen Provinzen zeigten bald ein recht starkes Eigenleben, aus dem sich verschiedentlich Konflikte ergaben. Ober- und Unterkanada (Niederkanada) wurden 1840 ohne Rücksicht auf ihre verschiedenartige Bevölkerung zu einer einzigen Provinz Kanada zusammengeschlossen, der man eine eigene parlamentarische Regierung gewährte. Die innenpolitischen Verhältnisse blieben jedoch unbefriedigend.

In der Zwischenzeit hatten sich, u. a. durch die Ausbreitung der Hudsonbaikompanie über die Rocky Mountains hinweg, Streitigkeiten mit den USA ergeben; die Differenzen wurden im Jahre 1846 durch den Oregon-Vertrag, der die Staatsgrenzen auf den 49. Breitengrad fixierte, beigelegt.

Noch war die Basis für einen künftigen unabhängigen Staat Kanada nicht gesichert; einerseits verlangten die verschiedenen kanadischen Gebiete Autonomie, andererseits gab es aber auch Bestrebungen, mit den wirtschaftlich viel schneller sich entwickelnden USA zusammenzugehen. Ab 1864 unternahm London schließlich zielbewußte Schritte, um die kanadischen Besitzungen zu festigen und in einem Bundesstaat zu vereinen, ein Vorhaben, das durch den am 1. Juli 1867 in Kraft getretenen British North America Act besiegelt wurde. Die 1840 zu einer Provinz vereinigten Gebiete von Unter- und Oberkanada – die heutigen Provinzen Ontario und Quebec – bildeten nunmehr gemeinsam mit Neubraunschweig und Neuschottland den Bundesstaat Kanada. 1871 trat British Columbia, 1873 die Prinz-Edward-Insel der Konföderation bei. Die lange umstrittenen Sverdrupinseln wurden im Februar 1931 von Norwegen endgültig als kanadisches Hoheitsgebiet anerkannt. Am spätesten – erst 1949 – kam Neufundland zu Kanada.

Das politische Selbstbewußtsein der Kanadier wuchs trotz des starken, traditionell der Krone verbundenen britischstämmigen Elements, wobei aber stets eine enge Bindung an das »Mutterland« betont wurde. Erst Premierminister Wilfrid Laurier forderte im Jahre 1900, daß Kanada frei sein müsse, im Vollbesitz legislativer Unabhängigkeit zu handeln. Die Politik der Eigenständigkeit wurde später besonders auch von Regierungschef William Lyon Mackenzie King fortgeführt, der entschieden dafür focht, Kanada aus den internationalen Verwicklungen des Britischen Empire herauszuhalten. Kanada ging daran, eigene diplomatische Vertretungen einzurichten. Am 11. Dezember 1931 wurde Kanada schließlich durch das Statut von Westminster endgültig ein voll souveräner Staat im Rahmen des Commonwealth of Nations.

Die Suche nach der eigenen Identität

Kanada hat in den vergangenen Jahrzehnten zweifellos seine Stellung in der Welt und sein außenpolitisches Prestige gefestigt. Weniger klar ist seine innenpolitische Situation. Die Suche nach einem Selbstverständnis, nach einer nationalen Identität hat Kanada in neuerer Zeit in eine schwere Krise geführt, deren Überwindung zu den großen Zukunftsaufgaben des Landes gehört. Ganz allgemein wurde bis vor kurzem innerhalb und außerhalb Kanadas mehr oder weniger das Kanadiertum, ungeachtet aller »Amerikanisierung« der Lebensweise, als britisch-protestantisch angesehen. Die nichtbritischen Neueinwanderer zählten in dieser Hinsicht nicht, die Frankokanadier aber, als im Kern ältestes Element europäischer Herkunft, in ihrer Sprache und auch durch die katholische Religion eine große und klar umrissene Gruppe, wurden sozusagen »übersehen«, zumal sie sich in einer Provinz, in Quebec (französisch Québec), am stärksten konzentrierten. Quebec ist zwar die ausgedehnteste kanadische Provinz, umfaßt aber nur etwa ein Siebentel der Gesamtfläche des Landes, praktisch sogar nur ein Viertel, wenn man die kaum besiedel-

Ku Klux Klan · In den Jahren nach ihrer Gründung beging diese Geheimsekte in der Verfolgung von Negern und Katholiken besonders brutale Verbrechen und Fememorde. Die dargestellte Szene schildert den Fall John Campell, der 1871 vom Ku Klux Klan zum Tod verurteilt, aber von der Polizei gerettet wurde.

Lincoln (links) · Der »Sklavenbefreier« wird bei seinem Einzug in Richmond, der ehemaligen Hauptstadt der konföderierten Südstaaten, von der Negerbevölkerung begeistert begrüßt.

ten Territorien außer acht läßt. Die mitunter vertretene Ansicht, Kanada sei eine Art »Super-Schweiz«, da den Frankokanadiern nach dem Frieden von Paris hinsichtlich der (katholischen) Religion, des bürgerlichen Rechts und des Agrarsystems ohnehin großzügige Zugeständnisse gemacht worden seien, so daß der Erhaltung ihrer Sprache und ihrer Eigenart keine Hindernisse im Weg gestanden hätten, traf in Wirklichkeit nur bedingt zu. Die britische »Großzügigkeit« war vor allem passiv; die Erhaltung des Frankokanadiertums war nicht zuletzt dem Wirken des katholischen Klerus zu verdanken, der für länger als ein Jahrhundert besten Stütze der Frankokanadier als ethnisch-kultureller Sondergruppe, allerdings auch mitverantwortlich für Konservativismus auf fast allen Lebensgebieten.

Bis zur Unabhängigkeit Kanadas fühlten sich die Frankokanadier sicherlich nicht zu Unrecht als Untertanen der englischen Kolonialmacht; nach Erlangung der Unabhängigkeit aber verstärkte sich bei ihnen das Gefühl, nun wirtschaftlich und kulturell unter die Vormundschaft der in der Hauptstadt Ottawa und im ganzen Lande tonangebenden Anglokanadier geraten zu sein. In den wirtschaftlichen Belangen war dies auch in gewissem Sinne der Fall, da die konservative bäuerlich-bürgerliche, stark klerikal bestimmte franko-kanadische Gesellschaft sich viel später als die anglokanadische in eine industriell-kapitalistische umzuwandeln begann und somit im Hintertreffen war. Dazu kam die Benachteiligung durch die Sprache, denn in Handel und Wirtschaft war das Französische – in breiten Kreisen der Frankokanadier als stark dialektgefärbte Umgangssprache dienend – im anglokanadischen Raum, namentlich im industriell rasch fortschreitenden Ontario, dem Englischen gegenüber nicht wettbewerbsfähig. Viele US-amerikanische Firmen investierten lieber in den anglokanadischen Gebieten, schon um lästige Sprachschwierigkeiten zu umgehen. Ein Teil der Frankokanadier kooperierte auch aus egoistischen Gründen mit den Anglokanadiern stärker, als es traditionsstolzen frankokanadischen Schichten genehm war. All dies führte zu Reibungen, denen jedoch auf den höheren Ebenen der Politik wenig Beachtung geschenkt wurde. Dazu kam noch, daß die auf Autonomie drängende frankokanadische Partei in der Provinz Quebec infolge des Mehrheitswahlrechts weit unterrepräsentiert blieb.

Die ethnisch-sprachliche Situation Kanadas wird nicht genügend deutlich, wenn man die englischsprechenden Kanadier den Frankokanadiern gegenüberstellt. Nach den Zählergebnissen waren die englischstämmigen Kanadier 1871 mit 60,5, 1951 mit 51,9 und 1961 mit 43,8% an der Gesamtbevölkerung beteiligt, während der frankokanadische Anteil ziemlich konstant blieb; er sank zwischen 1871 und 1961 nur auf 30,4% ab und ist auch derzeit noch etwa gleich hoch. Rechnet man die katholischen, englischsprechenden Iren von den Anglokanadiern ab – was durchaus gerechtfertigt erscheint, da die Iren in ihren

Traditionen und Interessen keineswegs ohne weiteres mit den eigentlichen Angloamerikanern übereinstimmen –, so ist der Anteil der »echten« Anglokanadier mit knapp 35% nicht sehr viel größer als jener der Frankokanadier; dennoch haben jene es verstanden, dem Staat ihre Traditionen weitgehend aufzuprägen und sich die wichtigsten Positionen zu sichern. Der Kampf der Frankokanadier gegen diese Übervorteilung hat jüngst zeitweise Formen angenommen, die einer separatistischen Bewegung gleichkommen. Aber auch die Separatisten dürften wissen, daß ein unabhängiger Staat »Québec« mit größten wirtschaftlichen Schwierigkeiten zu kämpfen haben würde und mit dem Abzug anglokanadischen und vielleicht auch US-amerikanischen Kapitals rechnen müßte. Da die eigenen Investitionsmittel zu gering wären, um die wirtschaftlichen Probleme der Provinz zu lösen, würde aber möglicherweise auch das Gegenteil eintreten: noch größere Kapitalüberfremdung durch die USA.

Von der Überfremdung zu echter Partnerschaft und Gemeinschaft

Es hat lange gedauert, ehe die kanadische Wirtschaft in der Lage war, Großinvestitionen aus eigenem Kapital zu finanzieren. Zunächst war es hauptsächlich britisches Kapital, das die wirtschaftliche Entwicklung förderte. Noch 1939 lag der britische Anteil an den ausländischen Investitionen bei weit über einem Drittel; unterdessen ist er auf etwa ein Zehntel gesunken. Dagegen hat sich infolge der immer engeren Verflechtung der Gesamtwirtschaft Kanadas mit jener der USA die Quote des US-amerikanischen Kapitals in den kanadischen Unternehmen ungewöhnlich rasch erhöht, so daß heute bereits über drei Viertel des investierten Auslandskapitals aus den USA stammen; besonders hoch ist die Beteiligung US-amerikanischer Gelder bei den Wachstumsindustrien der jüngeren Zeit, u. a. in der Erdöl- und Erdgasindustrie und in der elektronischen Industrie. 1972 waren von den hundert größten kanadischen Unternehmen rund die Hälfte unter ausländischer Finanzkontrolle; bei vielen anderen gab es erhebliche ausländische Minoritätsanteile. Einige der größten Unternehmen sind dabei noch gar nicht berücksichtigt, da sie als Tochtergesellschaften ausländischer Konzerne keine getrennten kanadischen Geschäftsergebnisse veröffentlichen, so General Motors of Canada. Private US-amerikanische Gelder beherrschen fast die gesamte Autoindustrie und den überwiegenden Teil der Elektro- und der chemischen Industrie sowie des Bergbaues. Die Gefahren dieser Überfremdung sind seit langem erkannt. Zu entscheidenden Gegenmaßnahmen ist es aber bisher kaum gekommen, weil die Macht des US-amerikanischen Kapitals erdrückend und eine Eindämmung der Kontrolle durch den »Großen Bruder« im Süden außerordentlich schwierig ist.

Kanada, einer der größten und reichsten Staaten der Erde, der wahrscheinlich das Vier- bis Fünffache der heutigen Bevölkerung aus eigener Kraft wirtschaftlich und sozial tragen könnte, sieht sich infolge seines historischen Werdegangs und vieler Versäumnisse in den vergangenen zwei Jahrhunderten schweren Problemen gegenüber, nicht nur ethnisch-sprachlichen, sondern auch sozialen. Mit politischem Weitblick und Toleranz ließen sich wahrscheinlich alle offenen Fragen lösen. Ein unabhängiges »Québec« wäre ein zerbrechliches und mit vielen Schwierigkeiten belastetes Staatswesen, ein Restkanada aber gegenüber dem übermächtigen Nachbarn USA noch schwächer als das heutige Kanada. Bei einer unvoreingenommenen Beurteilung der Gesamtsituation will es dennoch scheinen, daß die Erhaltung Kanadas in seinen heutigen Grenzen und eine gerechte ethnisch-sprachliche und soziale Neuordnung in den Bereich des Möglichen gehören. Diese Erhaltung der Einheit in der Vielfalt und der staatlichen Eigenständigkeit sowie das Bemühen um eine stärkere wirtschaftliche Selbstbestimmung dürften indessen kein Hindernis für ein weiteres Zusammenwachsen der beiden nordamerikanischen Staaten zu einem großen, gemeinsam wirkenden Kraftfeld sein, für das der wirtschaftliche Unterbau längst gezimmert ist. Faktisch ist Nordamerika bereits in ungleich größerem Maße »vereinigt« und geeinigt als Europa, ein realer Kultur- und Wirtschaftskreis: »Angloamerika«.

*Minderheitenprobleme ·
Auseinandersetzungen um die
Schließung einer französischsprachigen Zeitung in Montreal,
Signal der Spannungen zwischen
Anglo- und Frankokanadiern.*

Bartz, F.: Französische Einflüsse im Bilde der Kulturlandschaft Nordamerikas. (In: Erdkunde.) Berlin 1955. – *Brown, R. H.:* Historical Geography of the United States. *New York 1948.* – *Catlin, G.:* Die Indianer Nordamerikas. *Kassel 1973.* – *Griffen, P. F./Young, R. N./Chatham, R. L.:* Anglo-America. *San Francisco 1962.* – *Hansen, M. L.:* Der Einwanderer in der Geschichte Amerikas. *Stuttgart 1948.* – *Hofmeister, B.:* Nordamerika. (In: Fischer Länderkunde.) Frankfurt/M. 1970. – *Pfeifer, G.:* Die Kolonisierung Nordamerikas durch die europäischen Staaten. *Bonn 1942.* – *Schmieder, O.:* Die Neue Welt, Teil II. (Nordamerika.) München 1963. – *Schlott, G.:* Amerika heute. *München 1972.* – *Schott, C.:* Kanada. (In: Geographisches Taschenbuch 1964/65.) Wiesbaden. – *Semple, C.:* American History and its Geographic conditions. *Boston 1933.* – *Webb, W. P.:* The Great Frontier. *Austin 1964.*

Carl Schott

Kanada

Der zweitgrößte Staat der Erde

Kanada umfaßt den ganzen nördlichen Teil Nordamerikas einschließlich des arktischen Archipels, mit Ausnahme Alaskas und der kleinen, vor der Südküste Neufundlands gelegenen Inselgruppe Saint-Pierre-et-Miquelon, die als einzige noch in französischem Besitz ist. Es erstreckt sich über 88 Längengrade und ist in sieben Zeitzonen eingeteilt. Im Norden reicht es im Kap Columbia bis über den 83. Breitengrad hinaus, im Süden, im Bereich der Großen Seen, bis in die Höhe von Rom. Dieser riesige Raum, als Staatsgebiet flächenmäßig allein von dem der Sowjetunion übertroffen, wird nur von knapp 22 Millionen Menschen bewohnt, deren Siedlungen sich fast ausschließlich in einer schmalen Zone entlang der Grenze zu den Vereinigten Staaten befinden und von hier aus etwa 150 km nach Norden ausgreifen. Der größte Teil des Landes ist – von wenigen inselhaften Besiedlungen abgesehen – nahezu menschenleer. Die 0°-C-Jahresisotherme umschließt mehr als zwei Drittel des kanadischen Territoriums. Am Nordrand der wirtschaftlich erschlossenen Gebiete der Neuen Welt gelegen und in die Polarzone hineinreichend, ist Kanada mithin ein ausgesprochen boreales Land.

Mit seinem einzigen angrenzenden, direkten Nachbarn, den USA, ist es wirtschaftlich und kulturell auf das engste verbunden. Beide Länder wurden durch westeuropäische Einwanderer erschlossen. Während jedoch in den USA die Angelsachsen von jeher unbestritten ihre dominierende Stellung wahrten, hat sich in Kanada das französische Element der ersten Einwanderer und Siedler neben dem angelsächsischen behauptet. Rund 30 % der Bevölkerung sind Frankokanadier, deren Autonomiebestrebungen sich in neuerer Zeit verstärkt haben. Im Gegensatz zu den Vereinigten Staaten kennt Kanada kein Farbigenproblem. Trotz seiner geringen Bevölkerungszahl ist das Land heute eine der bedeutendsten Wirtschaftsmächte der Welt.

Kanada hat über große Gebiete hinweg ein einheitliches Gepräge, das durch die Gleichförmigkeit der Vegetation noch unterstrichen wird. Geologisch-morphologisch lassen sich sechs Großlandschaften unterscheiden. Das Appalachengebirge entspricht in Geschichte und Formenwelt etwa den deutschen Mittelgebirgen. Weite, von Restbergen überragte Rumpfflächen

Badlands, Süd-Alberta · Diese beeindruckende Landschaft im Red-Deer-River-Gebiet entstand durch Erosion, die zur bizarren Auflösung der Sedimentgesteine führte.

mit breiten Tälern bestimmen das Landschaftsbild. Die Saint Lawrence Lowlands – die Niederung des Sankt-Lorenz-Stroms – bilden die Kernlandschaft; sie beginnt bei der Stadt Quebec und zieht sich längs des Stromes nach Westen bis zum Detroit River hin. Obwohl das Gebiet kaum 2% der kanadischen Landfläche ausmacht, leben in diesen intensiv bebauten Landstrichen zwei Drittel der Gesamtbevölkerung Kanadas, und vier Fünftel der kanadischen Industrie haben hier ihren Standort.

Der stabilste und älteste Teil des Landes und zugleich das »Rückgrat« ganz Nordamerikas ist der Kanadische Schild, der hufeisenförmig die Hudsonbai umgibt. Er nimmt mehr als die Hälfte Kanadas ein und hat die Form einer großen, flachen Schüssel. Am Rande ist der Schild leicht aufgewölbt. Im Osten, in Labrador, steigt er bis auf 1600, in Baffinland bis auf 2700 m an und bricht mit einer steilen, wilden Fjordküste zum Meer ab. In der Eiszeit wurde die Rumpffläche des Schildes vom Eis überformt, das auch den Felsuntergrund, entsprechend seiner Härte, mehr oder weniger ausgehöhlt hat. So entstand eine große Rundhöckerlandschaft mit zahllosen, meist von Seen erfüllten Hohlformen. Die ungeheure Zahl von großen und kleinen Süßwasserseen bedeckt 8% der Landesfläche. Weil das Inlandeis den Felsuntergrund freigelegt hat, gibt es auf dem Schild, auch in seinen südlichen Zonen, keine Möglichkeit der landwirtschaftlichen Nutzung. Man hat ihn einst das »tote Herz« Kanadas genannt; dank der zahlreichen neuentdeckten Erzvorkommen hat er aber in den letzten Jahren große Bedeutung für die Wirtschaft des Landes gewonnen. Zwischen dem Schild und den Kordilleren erstrecken sich die aus flachgelagerten Schichten bestehenden Inneren Ebenen. An der US-ameri-

Hafenpartie von Quebec City

Schleuse bei Beauharnois

Der Sankt-Lorenz-Strom verbindet die fünf Großen Seen – die größte Süßwasseransammlung auf der Erde – mit dem Ozean. Schon in der Pionierzeit war er eine wichtige Verkehrslinie zur Erschließung des Binnenlandes. Die Stromschnellen zwischen Montreal und dem Ontariosee sind keine Hindernisse mehr, seit Kanada und die USA gemeinsam 1945–1959 den Strom zu einem Großschiffahrtsweg mit 7 Schleusen ausbauten. Seither können auch große Seeschiffe etwa 4000 km weit ins Innere des amerikanischen Kontinents fahren. Durch den Sankt-Lorenz-Kanal und den Wellandkanal, der die Niagarafälle umgeht, sind auch Städte wie Toronto, Detroit und Chicago an den Weltseeverkehr angeschlossen.

Ölraffinerie bei Montreal

Verkehrsader Sankt-Lorenz-Strom

kanischen Grenze erreichen sie eine Breite von mehr als 1300 km, nach Norden werden sie schmaler. Im Süden kam es aus klimatischen Gründen zur Ausbildung ausgedehnter Prärien. Sie sind durch zwei Landstufen gegliedert und steigen von 250 m bei Winnipeg bis auf 1000 m bei Calgary an. Im Westen werden die Inneren Ebenen von dem 1500 km langen und 600 km breiten Kordillerensystem begrenzt, das aus verschiedenen größeren Einheiten besteht. Seine Ostfront bildet der kanadische Teil der Rocky Mountains mit dem 3954 m hohen Mount Robson als höchstem Gipfel. Im Westen erstrecken sich die 1500 km langen Coast Mountains nach Norden. Ihnen vorgelagert ist die Island Range, die von der Vancouverinsel bis zu den Saint Elias Mountains nach Alaska führt und in dem 6050 m hohen Mount Logan ihre höchste Erhebung besitzt. Zwischen Rocky Mountains und Coast Mountains liegen das Fraser Plateau und das Yukon Plateau. Der Kanadische Archipel gehört im Süden noch zum Kanadischen Schild, im Norden wird er durch flachgelagerte, kaum gestörte Schichten gebildet. Nahezu vegetationslose Ebenen, Tafelberg- und Plateaulandschaften charakterisieren ihn. Im äußersten Nordosten, auf der Ellesmereinsel, erhebt sich die bis gegen 3000 m hohe United States Range.

Während der Eiszeit war Kanada, mit Ausnahme einzelner Gebiete, von einer geschlossenen Eisdecke überzogen. Vom Ende der Eiszeit an erfolgte eine Aufwölbung, wobei fruchtbare spätglaziale Meeressedimente über den Meeresspiegel herausgehoben wurden; in den Saint Lawrence Lowlands finden sich deshalb günstige Ackerböden. Auch die Großen Seen entstanden in der Eiszeit. Beim Rückzug des Eises bildeten sich große Eisstauseen, die inzwischen verschwunden sind und tonreiche, fruchtbare Böden hinterlassen haben. Vor allem der Clay Belt, im Norden der Provinzen Ontario und Quebec, und die Prärien bei Winnipeg profitieren mit ihren Weizenkulturen von dieser Gegebenheit.

Der Größe des Landes entspricht eine klimatische Vielfalt. Vom gemäßigten bis zum arktischen, vom See- bis zum Halbwüstenklima sind in Kanada alle Übergänge vorhanden. Vorherrschend ist ein streng kontinentales Klima mit kalten, langen Wintern, die unvermittelt, mit nur kurzem Frühling, in einen warmen, kurzen Sommer übergehen. Abgesehen vom südlichen Neuschottland, von Südontario und der Westküste zeigt Kanada borealen Charakter. Selbst in den dichtbesiedelten Kulturlandschaften kennt man im Winter überall russische, zum größten Teil sogar sibirische Kältegrade. Im Norden wurden −63 °C als tiefste Temperatur gemessen. Das Kordillerensystem im Westen wirkt als absolute Klimascheide; während unter dem Einfluß des warmen Kuro-Shio-Stroms an der pazifischen Küste die Jahresniederschläge z.T. auf über 6000 mm ansteigen, sinken sie schon hinter der ersten Küstenkette im Regenschatten auf 250 mm ab. Die tief in das Innere des Kontinents – bis zur Höhe des Breitengrades, auf dem Köln liegt – eingreifende Hudsonbai trägt ab Januar eine geschlossene Eisdecke. Die Inseln des Kanadischen Archipels sind im Winter größtenteils durch Festeis miteinander verbunden. Die Eisdecke der Hudsonbai bricht im Mai an der Südküste auf, die eigentliche Bai bleibt aber bis Juni geschlossen; unübersehbare Massen von Treibeis halten sich bis in den September. 60% der kanadischen Landfläche haben Dauerfrostboden, der im Sommer nur oberflächlich auftaut. Der atlantische Einfluß an der Ostküste Kanadas ist verhältnismäßig gering. Dafür macht sich hier die Auswirkung des an der Küste Labradors entlangziehenden, eisbedeckten Labradorstroms bemerkbar; bei seinem Zusammentreffen mit dem Golfstromwasser im Bereich der Neufundlandbänke kommt es zu Nebelbildungen, die in der Schiffahrt berüchtigt sind. Eine typische Witterungserscheinung sind die aus dem Norden vordringenden Blizzards (»Cold waves«), mit Schneestürmen verbundene Kaltluftmassen, die gewaltige Temperaturstürze hervorrufen und binnen weniger Stunden den gesamten Verkehr lahmlegen können. Der Winter wird meist durch solche Blizzards eingeleitet. Treten sie in den Prärien zu früh auf, wird meist ein Großteil der Ernte vernichtet. Den »Cold waves« entsprechen im Sommer die »Hot waves«, die in Ontario mit Gewittern und hoher Luftfeuchtigkeit in Erscheinung treten, im Westen dagegen als trockene Winde zu einer starken Beeinträchtigung der Weizenkulturen führen können. Vor allem für die Landwirtschaft wichtig ist der am Fuße der Rocky Mountains wehende Chinook, ein Föhn, der sich bis weit in die Prärien hinein auswirkt und in der weithin als Farmland genutzten Vorgebirgszone die Schneedecke abschmilzt, so daß hier Winterweide möglich ist. Das Ausbleiben des Chinooks führte vereinzelt zu riesigen Viehverlusten.

Quer durch Kanada, vom Atlantischen bis zum Pazifischen Ozean, zieht sich ein 1000–3000 km breiter Waldgürtel, der im Südosten vielfach mit Laubbäumen durchsetzt ist. Er nimmt 36% der kanadischen Landfläche ein und besteht zu 61% aus Nadelholz, zu 12% aus Laubholz; der Rest ist Mischwald. Im Norden geht dieser Wald in die kahlen Tundraflächen der Barren Grounds über, die 21% des kanadischen Areals bedecken. Im Bereich des Kanadischen Archipels gibt es nur noch Felstundra mit inselhafter Vegetation aus Moosen und Flechten.

Während die nördliche Waldgrenze in Labrador wegen der ungünstigen klimatischen Verhältnisse nicht über den 52. Breitengrad hinausreicht, schiebt sie sich im Mündungsgebiet des Mackenzie bis dicht an die Küste des Nordpolarmeeres vor. Im südlichen Teil der Inneren Ebenen dehnten sich einst von Winnipeg bis an den Fuß der Rocky Mountains die baumlosen Grasfluren der Prärien aus, die heute zum größten Teil in fruchtbare Weizenfelder verwandelt sind. Zwischen Atlantik und Rocky Mountains zeigt der boreale Wald ein ziemlich einheitliches Gepräge und weist in seiner Zusammensetzung nur geringe regionale Unterschiede auf. Die wichtigsten Baumarten sind Schwarz- und Weißfichten, Lärchen, Tannen und Kiefern. In den südlichen, mit Laubwald durchsetzten Zonen war der Zuckerahorn weit verbreitet. Im September, während des Indianersommers, erstrahlen die Wälder wochenlang in herrlichen Farbtönen, vom leuchtendsten Gelb bis zum tiefsten Purpurrot. Das Ahornblatt ziert seit 1964 die kanadische Flagge. An der Westküste von British Columbia treten in tieferen Lagen andere Waldgesellschaften auf. Dank der Klimagunst erreicht hier das Größenwachstum der Bäume Ausmaße wie nur an wenigen Stellen der Erde. Als wichtigste Arten seien die Douglas- und die Hemlocktanne, Thujen und Sitkafichten genannt; 800–1200 Jahre alte Bäume erreichen eine Höhe von mehr als 70 m und haben Stammdurchmesser von 3–5 m. Die großen Talsysteme im Innern der Kordilleren sind infolge der geringen Niederschläge gebietsweise versteppt.

In den Wäldern gab es eine große Zahl von Pelztieren, die früher für das Wirtschaftsleben des Landes überaus wichtig waren. In den Tundren und an deren Rand lebten einst Millionen von wilden Rentieren, die Karibus; heute ist ihr Bestand auf wenige hunderttausend Tiere zusammengeschrumpft. Auch der Bison, der einmal die Prärien und Waldsteppen bevölkerte, wurde nahezu vollständig ausgerottet; inzwischen hat man wieder einige Herden herangezogen. Das wichtigste Großtier der Tundra ist der Moschusochse; er lebt, heute in geringer Zahl, in den entlegensten, nahezu vegetationslosen Einöden. Bundesregierung und Provinzregierungen haben in verschiedenen Landesteilen riesige Naturschutzparks eingerichtet.

Von der Entdeckung zur Unabhängigkeit

Die ersten Europäer auf kanadischem Boden waren – um 1000 n. Chr. – Wikinger aus Grönland. Ihre Unternehmungen blieben aber nur eine Episode und ohne Bedeutung für die Entwicklung des Landes. Erst 1497 fuhr der Genuese Giovanni Caboto (John Cabot) unter englischer Flagge wieder an die Küsten Kanadas, und 1534/35 leitete der Franzose Jacques Cartier die Entdeckung des Sankt-Lorenz-Golfs ein. Er gelangte 1535 bis in die Gegend von Montreal und machte dort 1541 den ersten (fehlgeschlagenen) Siedlungsversuch. In den folgenden Jahren kamen europäische Fischer und auch Entdeckungsreisende ins Land, aber erst 1605 wurde in Neuschottland eine französische Siedlung gegründet, und zwar durch Samuel de Champlain, der auf seinen Reisen 1608 bis zur Ontariohalbinsel – dem Huronenland – vorstieß; im gleichen Jahre gründete er Quebec. 1641 wurde von sechzig Jesuiten die Siedlung Ville-Marie angelegt, das spätere Montreal (Mont Royal). In der Folgezeit entstand zwischen Quebec und Montreal ein kleines bäuerliches Gemeinwesen, von dem aus die Franzosen ein gewaltiges Kolonialreich aufbauten, dessen wirtschaftliche Grundlage der Pelzhandel bildete. In den ersten Jahren brachten die Indianer des Hinterlandes die Felle noch nach Quebec und Montreal, aber bald zogen die Franzosen selbst in die Wälder. Damals entwickelte sich der Typ des Waldläufers, der sich ganz der indianischen Lebensweise anpaßte und oft auch eine Indianerin zur Frau nahm. Robert de La Salle entdeckte von Kanada aus den Ohio und den Mississippi; er und andere Franzosen waren die eigentlichen Erforscher dieser riesigen Räume. Den Waldläufern folgten die Missionare. Zum Schutz der Pelzhändler und Missionare begannen die Franzosen bald Forts vorzuschieben, die an den Wasserwegen und anderen strategisch wichtigen Punkten angelegt wurden. Auf diese Weise erstreckte sich schließlich im Rücken der an der Ostküste siedelnden Engländer eine Reihe befestigter französischer Stützpunkte, von den Großen Seen bis zur Mündung des Mississippi. Viele Städte sind aus solchen Forts hervorgegangen.

Auf der Suche nach einer nordwestlichen Durchfahrt nach China, der sogenannten Nordwestpassage, entdeckten die Briten Labrador und Baffinland. 1610 gelangte Henry Hudson in die später nach ihm benannte Bai. 1670 wurde in London die Hudsonbaikompanie gegründet. Karl II. von England übertrug seinem Vetter, Prinz Ruprecht von der Pfalz, und achtzehn Edelleuten das Pelzhandelsmonopol, außerdem absolute staatliche Autorität im Bereich der Hudsonbai und ihres kontinentgroßen Hinterlandes. Die Gesellschaft errichtete zahlreiche Stützpunkte als Sammelplätze für Pelze, die bald in gro-

Territoriale Gliederung und Bevölkerung

	Einwohnerzahl (1971; in 1000)	Anteil der Anglokanadier (1961; in %)	Anteil der Frankokanadier (1961; in %)	Anteil der Deutschkanadier (1961; in %)	Anzahl der Indianer (1970)	Anteil der städtischen Bevölkerung (1970; in %)	Hauptstadt
Kanada insgesamt	21 561	44	30	6,0	237 510	74	Ottawa
Neufundland	521	94	4	0,4	–	54	Saint John's
Prinz-Edward-Insel	110	80	17	0,6	420	37	Charlottetown
Neuschottland	768	71	12	6,2	4 410	58	Halifax
Neubraunschweig	626	55	39	1,2	4 160	51	Fredericton
Quebec	6 021	11	81	0,8	26 300	78	Quebec
Ontario	7 753	60	10	6,4	53 000	80	Toronto
Manitoba	982	43	9	10,0	33 360	67	Winnipeg
Saskatchewan	926	40	6	17,0	33 850	49	Regina
Alberta	1 624	45	6	14,0	27 320	69	Edmonton
British-Columbia	2 178	59	4	7,0	46 050	75	Victoria
Yukonterritorium	17	47	7	7,5	2 560	48	Whitehorse
Nordwestterritorien	35	21	6	3,0	6 080	40	Yellowknife

Landwirtschaft und Industrie

	Fläche (in qkm)	Farmareal (1971; in ha)	Anzahl der Farmen (1966)	Rückgang der Farmzahl 1966–71 (in %)	Anzahl der Industriebetriebe (1968)	Anzahl der Industriearbeiter (1968)	Anteil der Bergbauproduktion (in %)
Neufundland	404 500	25 000	1 040	3,9	254	11 910	5,1
Prinz-Edward-Insel	5 660	310 000	4 540	28,5	138	2 255	0,1
Neuschottland	55 500	532 000	6 000	37,6	852	32 890	1,1
Neubraunschweig	73 400	536 000	5 485	37,0	620	28 140	2,0
Quebec	1 540 700	4 320 000	61 260	23,7	10 513	521 220	15,4
Ontario	1 068 600	6 386 000	94 720	13,8	12 933	810 710	25,9
Manitoba	650 100	7 603 000	34 980	12,0	1 393	48 100	5,2
Saskatchewan	651 900	26 023 000	76 970	10,2	756	15 650	7,4
Alberta	661 200	19 803 000	62 700	9,7	1 822	49 760	25,4
British-Columbia	948 600	2 329 000	18 400	3,6	3 331	121 490	9,0
Yukonterritorium	536 300	1 800[1]	18[1]	5,3	18	90	0,6
Nordwestterritorien	3 976 200				14	90	2,5

[1] Yukonterritorium und Nordwestterritorien zusammen

ßer Zahl auf den Londoner Markt kamen, wo besonders die damals hochbewerteten Biberfelle beträchtliche Gewinne abwarfen. 1798 erhielt die Hudsonbaikompanie auch die Gebiete westlich von Rupertsland (so benannt nach dem pfälzischen Prinzen), also praktisch den ganzen Westen. Beim Vordringen nach Süden stieß man auf die Franzosen, die auch von Neuengland aus schwer bedrängt wurden. Es kam zu erbitterten Kämpfen um die Jagdgebiete, bei denen die Franzosen unterlagen, weil sie den zahlenmäßig viel stärkeren Briten nicht genügend Truppen entgegenstellen konnten. Frankreich selbst leistete kaum Hilfe. Der mehr als hundert Jahre andauernde Krieg zwischen Franzosen und Engländern fand 1763 mit dem Frieden von Paris ein Ende. Mit Ausnahme der beiden kleinen Inseln Saint-Pierre und Miquelon nebst Nebeninselchen mußte Frankreich seine gesamten Besitzungen in Nordamerika an Großbritannien abtreten. Die Kämpfe, in denen von beiden Parteien auch Indianer eingesetzt worden waren, haben ihren literarischen Niederschlag in dem fünfteiligen »Lederstrumpf«-Romanzyklus von James Fenimore Cooper gefunden. Zum Zeitpunkt der Übergabe an Großbritannien lebten im Land 90000 Siedler; zwei Drittel von ihnen wohnten am Sankt-Lorenz-Strom, ein Drittel im atlantischen Kanada. Zunächst von den Briten unterdrückt, erhielten die Franzosen 1774 durch den Quebec Act, die »Magna Charta« der Frankokanadier, das Recht auf freie Ausübung ihrer (katholischen) Religion, die Anerkennung ihrer Sprache, ihrer Rechtsprechung und das Recht auf eigene Schulen. Diese weise Tat rettete Kanada den Engländern, als kurz darauf der Unabhängigkeitskrieg in den Vereinigten Staaten ausbrach, denn die Frankokanadier sahen keine Veranlassung, sich den Aufständischen anzuschließen. 1783 kamen die sogenannten Loyalisten – von den Revolutionären vertriebene oder freiwillig ausgewanderte Anhänger des Königs von England –, außerdem Soldaten, die für Großbritannien gekämpft hatten, aus den Staaten nach Kanada. Einige von ihnen erhielten kostenlos Land in Neuschottland und Neubraunschweig, andere am Ufer des Sankt-Lorenz-Stroms und am Ontariosee, in der heutigen Provinz Ontario, dem Zentrum des Angelsachsentums in Kanada.

1791 wurde das Land in zwei Provinzen aufgeteilt: das von Franzosen besiedelte Unter- und das westlich Montreals gelegene Oberkanada, das 1841, nach Aufständen im Jahre 1837, in Westkanada umbenannt wurde; dieses hatte englisches Landrecht, seine Hauptstadt war das 1793 gegründete Toronto. Beide Provinzen erhielten 1841 als erste im britischen Weltreich das Selbstverwaltungsrecht. 1867 kam es durch den Zusammenschluß der Kolonien Unter- und Oberkanada – in Quebec und Ontario umgetauft –, Neubraunschweig und Neuschottland zur Gründung des Dominions. 1870 verkaufte die Hudsonbaikompanie ihr 1,6 Millionen qkm umfassendes Gebiet an Kanada. Aus dieser Erwerbung wurden 1870 Manitoba, 1905 Alberta und Saskatchewan als selbständige Provinzen herausgelöst; der Rest, das Yukon- und das Nordwestterritorium, blieb ohne Selbstverwaltung. Als Handels- und Pelzunternehmen existiert die Hudsonbaikompanie noch heute. Sie unterhält im Norden mehr als 200 Handelsposten; außerdem besitzt sie in allen großen Städten Kaufhäuser und betreibt Flug- und Schiffahrtslinien.

1871 schloß sich die kleine, um Vancouver entstandene Kronkolonie British Columbia (Britisch-Kolumbien) an das Dominion an. Der 1885 vollendete Canadian Pacific Railway leitete die Erschließung der kanadischen Prärien und den Zusammenschluß des Landes ein. In den Prärien hatten sich 1874 aus Rußland eingewanderte Mennoniten angesiedelt; dank ih-

Farmwirtschaft · Die landwirtschaftlichen Betriebe der Prärien entsprechen in den Dimensionen und der Ausrüstung mit Lagerhäusern und eigenen Bahnanschlüssen industriellen Unternehmen.

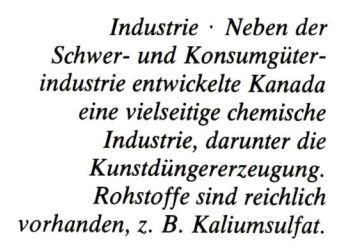

Industrie · Neben der Schwer- und Konsumgüterindustrie entwickelte Kanada eine vielseitige chemische Industrie, darunter die Kunstdüngererzeugung. Rohstoffe sind reichlich vorhanden, z. B. Kaliumsulfat.

rer in den russischen Steppen gesammelten Erfahrungen im Getreideanbau erzielten sie auch in den Prärien, die man bis dahin für landwirtschaftlich ungeeignet gehalten hatte, große Erfolge.

1873 kam die Prinz-Edward-Insel, 1949 schließlich Neufundland als zehnte Provinz an Kanada.

1914–1918 nahm Kanada am Weltkrieg teil und sandte Truppen auf die Kriegsschauplätze in Frankreich und Belgien. Seit der Empire-Konferenz von 1926 hatte es praktisch vollständige Selbständigkeit und das Recht, mit andern Staaten Handels- und politische Verträge abzuschließen; durch das Statut von Westminster, 1931, wurden diese Rechte legalisiert. Der Zweite Weltkrieg, in dem Kanada wieder auf der Seite der Alliierten stand, regte mit dem Aufbau einer Rüstungsindustrie die nun rasch fortschreitende Industrialisierung an.

Kanada ist ein Bundesstaat mit einer parlamentarisch-demokratischen Regierungsform nach britischem Vorbild. An der Spitze des Bundes steht der von der britischen Majestät auf Vorschlag der Bundesregierung ernannte Generalgouverneur. Die gesetzgebende Gewalt liegt beim Parlament, das aus zwei Kammern besteht: dem Unterhaus, das alle fünf Jahre vom Volk gewählt wird, und dem Senat, dem Oberhaus, dessen Mitglieder auf Lebenszeit vom Generalgouverneur auf Vorschlag der Bundesregierung ernannt werden. Der Senat kann nicht überstimmt werden. Der Premierminister – der schon mehrfach aus den Reihen der Frankokanadier kam – führt die Regierungsgeschäfte.

Innerhalb des Landes gab es immer wieder Bestrebungen um einen Anschluß an die Vereinigten Staaten. Sie scheiterten ebenso wie der Versuch der USA im Jahre 1812/14, Kanada zu erobern. Trotz solcher Ambitionen sind die Grenzen zwischen beiden Ländern ohne jede militärische Anlage geblieben.

Indianer und Eskimos

Heute leben in Kanada 237 510 Indianer, ebensoviel wie bei der Ankunft der Europäer. Sie machen etwa 1% der Gesamtbevölkerung aus und spielen weder politisch noch in der Wirtschaft eine Rolle. Kriege, durch die Europäer eingeschleppte Krankheiten und der Alkohol hatten sie zunächst stark dezimiert. Ab 1900 nahm ihre Zahl wieder zu; ein Teil von ihnen ist mit »weißem« Blut vermischt. 75% aller Indianer wohnen in 2217 Reservationen unter der Aufsicht der Regierung, die ihnen Zuschüsse gibt, die Steuerfreiheit gewährt und für Schulen und Ärzte sorgt. 1970 besuchten 69 000 Indianerkinder Schulen, die Hälfte von ihnen solche, in die auch weiße Kinder gehen. Im Süden betreiben die Indianer Ackerbau, aber ihre Farmen machen überall einen dürftigen Eindruck; viele haben die Reservate verlassen und versuchen, sich in das Wirtschaftsleben der Weißen einzugliedern. In British Columbia arbeiten sie in der Holzindustrie, in der Fischerei und in Fischkonservenfabriken. Manche verdienen Geld durch den Fremdenverkehr. Die Irokesen von Coughnawaga bei Montreal sind wegen ihrer Schwindelfreiheit gesuchte Arbeiter beim Wolkenkratzerbau; eine Gruppe von ihnen hat sich im New Yorker Stadtteil Brooklyn niedergelassen. Die übrigen Indianer leben frei und weit versprengt im Norden, wo sie sich nach Art ihrer Väter von der Jagd ernähren. Es gibt noch etwa fünfzig Stämme mit eigenen Sprachen; sie leben in 562 kleinen »Bands« mit 10 bis 7000 Mitgliedern.

Als Verkehrsmittel dient den Indianern im Sommer das einst aus Birkenrinde hergestellte, heute vielfach aus Segelleinwand gebaute und von einem Außenbordmotor angetriebene Kanu.

Lunenburg, Neuschottland/Kanada

Pionierland Kanada

Rechts und außen: Pioniertradition und Einwanderung beeinflussen den Lebensstil

In Kanada erinnert noch vieles an die Zeiten der ersten europäischen Pioniere. Das gilt insbesondere für die Lebensbedingungen im hohen Norden des Landes.

Der größte Teil der 22 Mill. Einwohner jedoch lebt im Süden. Jahr für Jahr kommen aus allen Teilen der Welt neue Einwanderer, die in den vielseitigen Industrien Arbeit finden; bei dem starken Anwachsen der kanadischen Wirtschaft und der geringen Bevölkerung des riesigen Raumes haben sie, wenn sie tüchtig sind und sich den Verhältnissen des Landes anpassen, große Chancen. Der Mensch wird hier in erster Linie nach seiner Leistung gewertet. Es gibt keine Klassengegensätze im europäischen Sinne, auch die Nationalität spielt eine geringe Rolle.

Trotz des anhaltenden Zustroms von Einwanderern ist die Neulanderschließung seit längerer Zeit zum Stillstand gekommen; die Kulturgrenze weicht sogar nach Süden zurück. Man dringt in den Norden nur vor, um die Wälder zu nutzen, und auf der Suche nach wertvollen Bodenschätzen. Die Orte werden nur für kurze Zeit angelegt. Die Verbindung mit dem Süden schaffen Stichstraßen, die z. T. einzig im Winter mit Schneetraktorenzügen zu befahren sind. Wegen der unermeßlichen Weite des Landes wurde das Flugzeug wichtiges Verkehrsmittel. Der einst so wichtige Pelztierfang ist heute nicht mehr bedeutend.

In Mittelkanada, im Raum zwischen den Städten Quebec und Detroit/Windsor, entstanden zahlreiche große Industriestädte, die 85% der Güterproduktion Kanadas liefern. Hauptzentren sind Montreal und Toronto mit je etwa 2,8 Mill. Einwohnern.

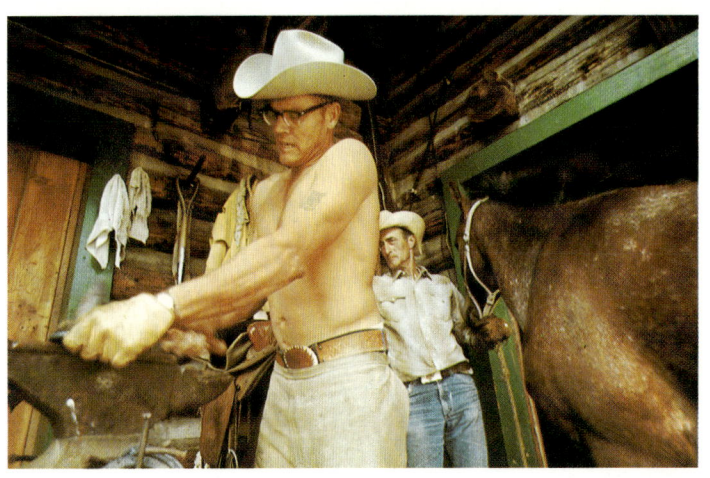

195

Im Winter benutzen sie den Toboggan, einen Schlitten, der durch kurzes Abspringen und Vorwärtsstoßen in Fahrt gehalten wird. Einzelne Gruppen haben von den Eskimos den Hundeschlitten übernommen. Heute leben viele der »freien« Indianer in festen Häusern bei den Pelzhandelsposten und Missionsstationen im Norden.

Die Indianer an der Pazifikküste ernährten sich früher vorwiegend vom Fischfang. Sie besaßen in geschlossenen Dörfern feste Holzhäuser, die reich geschnitzt waren. Als sie durch die Pelzhändler das Stahlmesser kennenlernten, entwickelten sie die Kunst der Totempools, bis zu 30 m hoher geschnitzter Statuen; diese Fertigkeit ist unter dem Einfluß der europäischen Kultur wieder verlorengegangen. In den Prärien hatten sich die Indianer auf die Bisonjagd verlegt. Nach der Übernahme des Pferdes von den Spaniern waren diese Indianergruppen, vor allem die Sioux, zu gefürchteten Reiterstämmen geworden. Die letzten Kämpfe mit ihnen fanden in Kanada in den Jahren um 1870 statt. Die Irokesen Südontarios waren die einzigen, die Feldbau betrieben; sie pflanzten Mais, Kürbisse, Bohnen und Tabak an und siedelten in – oft befestigten – Dörfern. Die Irokesen gehörten zu den kühnsten und fähigsten Indianern Nordamerikas.

Im äußersten Norden Kanadas, an der unwirtlichen arktischen Küste und auf den zahlreichen Inseln des Kanadischen Archipels, leben 16 000 Eskimos weit verstreut in kleinsten Gruppen und Grüppchen als Jäger, Sammler und Fischer. Sie wurden ebenfalls durch von Weißen eingeschleppte Epidemien in ihrer Existenz gefährdet. Neuerdings wird versucht, sie in den Wirtschafts- und Verwaltungszentren des Nordens an die weiße Zivilisation heranzuführen. Die Eskimos haben ein umfangreiches Kunstgewerbe entwickelt und stellen schon fast fabrikmäßig kleine Menschen- oder Tierskulpturen aus Speckstein her, die überall in Kanada als Eskimokunst feilgeboten werden. Auch die Vorfahren der Eskimos sind, wie jene der Indianer, aus Asien über die Beringstraße ins Land gekommen; sie haben typisch mongolische Gesichtszüge.

Anglokanadier und Frankokanadier

Vor dem Jahre 1763 waren 12 000 Franzosen nach Quebec und 1000 nach Neuschottland eingewandert; seitdem gab es keine Zuwanderung mehr. Dank einer erstaunlichen Fruchtbarkeit hatte sich dieses kleine Häuflein bis 1763, als Kanada an Großbritannien abgetreten wurde, im Gebiet von Quebec auf 63 000 und in Neuschottland und Neubraunschweig auf 5000 Personen vermehrt. Bis heute ist die Zahl der Frankokanadier auf 7 Millionen angewachsen, ungeachtet der 2 Millionen, die als Arbeiter in die US-amerikanischen Neuenglandstaaten abwanderten. Die französischen Kanadier blieben weitgehend unbeeinflußt von den geistigen Auswirkungen der Französischen Revolution. Sie und ihre Nachkommen haben als einzige in ganz Nordamerika seit dreihundert Jahren an ihrer Sprache und Kultur, an ihrem Glauben, ihren Sitten und Gebräuchen festgehalten und schließlich eine völlige Gleichberechtigung des Französischen mit dem Englischen erzwungen. Wie im Frankreich des 17. Jahrhunderts blieben diese Bauern ihrer Scholle und der geistigen und geistlichen Führung ihrer Kirche verbunden. Ihr Zentrum Quebec ist Sitz des Erzbischofs und der berühmten Laval-Universität Das Stadtbild wirkt mit seinen vielen Kirchen, Klöstern und religiösen Institutionen ganz unamerikanisch und erinnert stark an europäische Städte. Unter der Leitung der katholischen Kirche und mit der Unterstützung der Provinzregierung haben die Franzosen eine systematische Siedlungspolitik betrieben; immer wieder sind junge Farmer in die Wälder des Nordens vorgedrungen, um das Land urbar zu machen.

Im Zusammenhang mit der fortschreitenden Industrialisierung kam es zu einer starken Abwanderung in die Städte, mit der sich ein Absinken der Geburtenrate verband. Die genügsamen Frankokanadier waren billige Arbeitskräfte und unterwanderten die angelsächsischen Kolonisten, die man am Ende des Unabhängigkeitskrieges als Gegengewicht in den Gebieten südöstlich von Montreal angesiedelt hatte, nach und nach völlig; war die Bevölkerung dieses Distrikts 1837 noch zu 90% angelsächsisch, so zählte man hier 1931 bereits 82% frankokanadische Einwohner. Nach dem Unabhängigkeitskrieg waren in großer Zahl Engländer, Schotten und Iren nach Kanada eingewandert, hauptsächlich in die Provinz Ontario. Als nach 1871 die Prärien erschlossen wurden, zogen Neueinwanderer aller europäischen Nationen, vor allem aus Osteuropa, in diese Räume, so daß die Angelsachsen dort bald nicht mehr in der Majorität waren. Ab den dreißiger Jahren des 20. Jahrhunderts folgte ein Zuwandererstrom aus Südeuropa, zumeist von Italienern. Diese Entwicklung führte zu folgender Bevölkerungszusammensetzung: 43,8% Angelsachsen, 30,4% Franzosen, 6,0% Deutsche, 1% Russen, 2,5% Polen, Ungarn und Tschechen, 2,1% Skandinavier, 2,5% Italiener, 2,4% Niederländer, 1,2% Indianer und Eskimos, 0,5% Japaner und Chinesen, 0,6% Österreicher, 0,2% Neger; die restlichen 7% verteilen sich auf eine Vielzahl von Herkunftsländern bzw. Volksgruppen. In den Städten haben sich die Einwanderer großenteils in national einheitlichen Vierteln niedergelassen, und diese ethnische Buntheit bestimmt das Bild der kanadischen Städte.

Neben der Einwanderung findet auch eine beträchtliche Auswanderung, vor allem von Akademikern und Führungskräften, in die Vereinigten Staaten statt. Von 1955 bis 1970 sind allein 14 560 Ingenieure in die USA abgewandert, weil sie dort bessere Verdienstmöglichkeiten sahen; in der gleichen Zeit gingen aus kanadischen Universitäten 35 600 graduierte Ingenieure hervor. Ähnliches gilt für Chemiker und andere akademische Berufe.

Bestimmend und dominierend im Wirtschaftsleben und in der Kultur Kanadas sind seit langem die Anglokanadier, denn die französischen Kanadier schickten ihre Söhne lieber als Kolonisten in die Wälder und versäumten es so, rechtzeitig eine Führungsschicht auszubilden. Die englischen Farmer dagegen ließen ihre Kinder ein College besuchen und ermöglichten es ihnen damit, bald die führenden Stellen in der Wirtschaft auch rein französischer Siedlungsgebiete einzunehmen. Es ist charakteristisch, daß im Herzen »Französisch-Kanadas«, in Montreal, britische Kaufleute eine Privatuniversität gründeten, die berühmte McGill-Universität. Die jungen Frankokanadier sehen überall englischstämmige Landsleute und z. T. auch US-Amerikaner in den führenden Stellungen, vor allem in der Wirtschaft von Montreal, während sie selbst vorwiegend die unteren und abhängigen Berufe ausüben; sie folgern daraus, daß sie unterdrückt würden. Es war zweifellos ein Fehler der katholischen Kirche, die Intelligenz der Bevölkerung nur für ihre eigenen Institutionen auszubilden. Erst jetzt versucht die Provinzregierung, diesem Mißstand durch einen großzügigen Ausbau der allgemeinen Bildungseinrichtungen abzuhelfen. So ist zu hoffen, daß in absehbarer Zeit eine Generation heranwächst, die die gleichen Berufschancen hat wie bisher die besser ausgebildeten Angelsachsen, und daß auf diese Weise ein friedliches Nebeneinander der beiden großen Volksgruppen in Kanada möglich wird. Denn eine Herauslösung Quebecs aus dem Staatsverband würde für Kanada andere Folgen haben, als es sich die «Québec libre»-Bewegung vorstellt. Ein selbständiges Quebec müßte mit einem schweren wirtschaftlichen Rückschlag, wenn nicht gar mit einem Zusammenbruch rechnen. Es fehlt an Eigenkapital, und das anglokanadische, das US-amerikanische und das britische Kapital würden wahrscheinlich großenteils herausgezogen werden. Schon vor der letzten Wahl haben manche Banken und Handelsfirmen wegen des starken Anwachsens der separatistischen Bewegung ihre Geschäftsunterlagen aus den Safes von Montreal in die von Toronto und nach den USA ausgelagert. Die Vereinigten Staaten betrachten die Entwicklung mit Sorge, denn ein selbständiger, ausgesprochen anti-US-amerikanisch eingestellter, vielleicht sogar sozialistischer Staat an ihrer Nordgrenze würde viele Probleme hervorrufen. Ein Staat Quebec würde zudem Anglokanada in zwei Teile aufspalten, so daß die englischsprachigen Gebiete ihre Verbindung miteinander verlören. Diese Provinzen würden sich vielleicht an die USA, die ohnehin schon zu mehr als der Hälfte an Kanadas Wirtschaft beteiligt sind, anschließen.

Drei Viertel aller Kanadier leben in Städten, die sich besonders im Südosten des Landes zusammenballen. Von den insgesamt neunzehn Großstädten liegen neun in den Saint Lawrence Lowlands. Die ältesten kanadischen Städte sind, wie erwähnt, aus an strategischen Punkten gelegenen Forts der Kolonialzeit, in neuerer Zeit – besonders im Westen – auch aus Eisenbahnstationen hervorgegangen. Sie sind durchweg in der Art des Schachbrettmusters angelegt. In den alten Städten unterscheiden sich die Frankokanadier durch ihre Siedlungsweise stark von den Anglokanadiern. Letztere bevorzugen das Einzelhaus, während die Franzosen in Mehrfamilienhäusern – mit den typischen Außentreppen zu den oberen Stockwerken – wohnen. So hebt sich innerhalb Montreals der Vorort Westmount, dessen fast ausschließlich angelsächsische Bevölkerung das Einzelhaus bevorzugt, von den anderen Stadtteilen ab. Schon früh hat man damit begonnen, in den Geschäftszentren der Städte Bürohochhäuser zu errichten, die mittlerweile für die City jeder kanadischen Stadt charakteristisch geworden sind. Seit den zwanziger Jahren baut man allgemein in der Nähe des Zentrums – oft in sanierten Slums – und in den Außenvierteln vielstöckige, bis zu zwanzig Etagen hohe Appartementhäuser. Die Altstadtkerne wurden und werden neu gestaltet (mit Ausnahme von Quebec, das durch Gesetze den alten Hausbestand konserviert), so in Ottawa, Toronto, Halifax, Winnipeg und Montreal. Montreal konnte durch die Anlage eines unterirdischen Geschäftszentrums seine Innenstadt wieder aktivieren, während in den andern Stadtkernen gelegene Kaufhäuser und Geschäfte ihre Dependenzen längst in den Einkaufszentren der Vororte eröffnet haben. Hier, in der Nähe der Wohnung des Verbrauchers, können auch genügend Parkplätze errichtet werden, z.T. für 10000 Autos. Die wohlsituierten Bevölkerungsschichten haben meist die Innenstädte als Wohnplatz aufgegeben und sind in die Vororte gezogen. In ihren frei gewordenen Wohnungen, die modernen Wohnansprüchen nicht mehr genügen, haben sich Neueinwanderer in nationalen Gruppensiedlungen niedergelassen. Um den täglichen Menschenstrom zwischen Zentrum und Vorstädten schnell und reibungslos zu befördern, haben die kanadischen Großstädte ein Netz von Schnellstraßen gebaut, deren Fahrbahnen nicht selten zehn und zwölf Spuren aufweisen.

Das Haus der ersten Siedler in Kanada war die »Shanty«, eine primitive, einräumige Blockhütte. Später wurde das in den Neuenglandstaaten entwickelte Farmhaus übernommen, beeinflußt ab der Mitte des 19. Jahrhunderts durch den »Georgian Style«, eine Ausdrucksform des englischen Biedermeierstils. Die Mennoniten haben als einzige in Kanada auf ihren Höfen Wohn- und Wirtschaftsgebäude unter einem Dach vereinigt. Heute bevorzugt man das einstöckige Ranchhaus, vor allem in städtischen Siedlungen. War zunächst allgemein die Holzbauweise üblich, selbst in den Städten, wo man nur die öffentlichen Gebäude in Stein errichtete, hat sich seit der Jahrhundertwende die Steinbauweise durchgesetzt, hauptsächlich wegen der Brandgefahr. Die Kirchen, die Regierungs- und Verwaltungsgebäude, die Universitäten, Colleges und Schulen weisen die Stile aller europäischen Architekturperioden auf, wobei sich die Frankokanadier vornehmlich an die Eigentümlichkeiten des französischen »Mutterlandes« anlehnten, u.a. an dessen Vorliebe für Renaissance- und Barockbauten. In anglokanadischen Städten bevorzugte man eher romanisch-normannisch-gotische Formen für öffentliche Bauten und Kirchen. Banken haben meist tempelartige Gestalt. In neuester Zeit haben sich Sachlichkeit und Zweckmäßigkeitsdenken durchgesetzt.

Nach dem Zensus von 1961 gibt es in Kanada 45,7% (römische) Katholiken, 1,3% Griechisch-Orthodoxe, 1% Russisch-Orthodoxe, 1,4% Juden. 20% gehören der United Church an, 13,2% der Anglikanischen Hochkirche, 4,5% sind Presbyterianer, 3,6% Mennoniten, 3,3% Baptisten, 0,8% Mormonen. Mit großer, in Europa weitgehend unbekannter Intensität halten die Kanadier an ihren religiösen Bindungen fest. Es gibt Sekten, die ihre eigenen Formen der Religionsausübung und der davon abgeleiteten Lebensgestaltung z.T. seit Jahrhunderten befolgen, auch wenn sie nun manchmal zu den modernen Lebensbedingungen in krassem Widerspruch stehen. So leben in Ontario Mennoniten, deren Vorfahren anfangs des 19. Jahrhunderts aus den USA zugewandert sind, die sogenannten »Pennsylvania Dutch«. Sie sprechen noch heute ihre Mischsprache aus Deutsch und Englisch. Ihre extremste Gruppe benutzt weder Maschinen noch Telefon, behält Pferdewagen bei und trägt Kleidung ohne Knöpfe. Die moderneren Gruppen fahren zwar Auto, aber nur solche, die – einschließlich der Chromteile – schwarz lackiert sind. Trotz dieser selbstauferlegten Behinderungen sind sie tüchtige Landwirte und wirtschaftlich erfolgreich. Am umstrittensten sind die »Duchoborzen«, die auf Veranlassung von Tolstoi nach Kanada auswanderten. Sie leben heute in British Columbia. In gewissen Abständen führen sie große Protestaktionen durch, bei denen sie sich ungewöhnlicher Mittel bedienen.

In einem Pionierland vom Zuschnitt Kanadas konnte sich das kulturelle Leben erst spät, nach einer Konsolidierung der wirtschaftlichen Verhältnisse, entfalten. Streben nach eigenem Besitz hatte die Einwanderer ins Land geführt und beherrschte zunächst ihr ganzes Sinnen und Trachten. Zu Beginn des 19. Jahrhunderts, mit dem einsetzenden Wohlstand, fing man an, sich auch künstlerisch zu äußern, formal zunächst gänzlich in der Abhängigkeit Frankreichs und Großbritanniens. Seit dem Ende des Jahrhunderts ist jedoch das Bestreben, eine eigene nationale Kunst hervorzubringen, immer stärker geworden. Der Staat hat von vornherein viel dazu beigetragen, diese Entwicklung zu unterstützen. 1880 wurden die Royal Canadian Academy und die National Gallery of Canada gegründet. In den zwanziger Jahren dieses Jahrhunderts konstituierte sich die »Group of Seven«, eine Malergruppe, die, aus dem Spätimpressionismus kommend, die kanadische Landschaft mit kanadischen Augen sehen wollte. Sie gab der nationalen Malerei einen gewaltigen Aufschwung, und die Reproduktionen ihrer Bilder schmücken die Büro- und Schulräume im ganzen Land. Im Bestreben, eine nationale Kultur zu schaffen, versuchte man zuerst, die Einwanderer aus den verschiedenen Ländern Europas zu assimilieren; jetzt hat man erkannt, daß sie mit Beiträgen, die sie aus ihrer Volkszugehörigkeit schöpfen, die kanadische Kultur außerordentlich zu bereichern vermögen. In den letzten Jahren wurden viele Symphonieorchester, Ballettschulen, Kunstakademien und Theater gegründet, so daß man das kulturelle Leben in Kanada heute als überaus rege bezeichnen kann, nicht zuletzt auch dank europäischer und US-amerikanischer Gastspieltruppen. Nach dem Zweiten Weltkrieg, der in Kanada eine starke Industrialisierung und Verstädterung bewirkte, erfolgte nicht nur die Gründung zahlreicher neuer Universitäten, sondern ebenso ein großzügiger Ausbau der schon bestehenden, so daß es heute 47 Hochschulen im Lande gibt, davon bezeichnenderweise 21 in Ontario.

Weizenfarmen, Obstplantagen, Riesenwälder

Die Landwirtschaft beschäftigte um 1900 noch 40% der Erwerbstätigen; heute sind es nur mehr 10%. Zunächst ganz auf die Selbstversorgung eingestellt, hat man erst in der zweiten Hälfte des vorigen Jahrhunderts, vor allem von der Ontariohalbinsel aus, mit dem Export landwirtschaftlicher Produkte begonnen. In den Prärien entwickelte sich gegen Ende des 19. Jahrhunderts eines der größten Weizenanbaugebiete der Erde. Kanada nimmt 1972 im Weizenanbau die sechste Stelle in der Weltrangliste und nach den USA die zweite Stelle als Weizenexportland ein. Ebenso wie die US-amerikanische Landwirtschaft wurde die kanadische in den letzten Jahren weitestgehend mechanisiert, wobei die Betriebe durch Zusammenlegung vergrößert wurden und ihre Zahl von 733 000 (1941) auf 366 000 (1971) zurückging. Man konnte sich nun erlauben, nur die besseren Böden zu nutzen, so daß z. B. in Neubraunschweig und Neuschottland seit 1900 rund 60% des in Kultur genommenen Landes wieder aufgegeben wurden und nur 20% der Farmen übrigblieben. Im südlichen Quebec und auf der Ontariohalbinsel hat sich eine hochentwickelte, vielseitige Landwirtschaft ausgebildet, die hauptsächlich Milch- und Fleischviehzucht und – vor allem in der Umgebung der Großstädte – Gemüse- und Obstanbau betreibt. Am zahlreichsten sind die Obstkulturen auf der Niagarahalbinsel. Auch bei Montreal gibt es große Obstanbaugebiete. In Südontario werden als Spezialkulturen Tabak, Sojabohnen, Körnermais und Zuckerrüben

Toronto, Rathaus · Dieses 1965 eingeweihte, von Viljo Rewell, einem Schüler Alvar Aaltos, erbaute Gebäude ist symptomatisch für die zukunftsorientierte Aktivität Kanadas.

In der nördlichen Randzone der Prärien hat sich mit Zunahme der Niederschläge auf der Basis von Futtergetreide – Weizen, Hafer und Gerste – die Fleischviehzucht stärker entwickelt. Ferner nutzt man die aus den Rocky Mountains kommenden Flüsse für umfangreiche Bewässerungskulturen, auf denen Heu, Zuckerrüben und Gemüse gedeihen. In British Columbia beschränkt sich die Landwirtschaft auf einige Täler und Küstenlandschaften. Um Vancouver entwickelte sich eine gemischte Farmwirtschaft mit Milchproduktion und Gemüseanbau zur Versorgung der Millionenstadt. Wenn um die Mitte des vorigen Jahrhunderts ein Farmer die Lebensmittel für sich und drei andere Personen produzierte, so 1920 bereits für neun, 1945/49 für fünfzehn und 1970 schließlich für 43 Menschen. Die kanadische Bundesregierung ist nach eingehenden Untersuchungen zu der Auffassung gekommen, daß eine weitere Einschränkung der Kulturfläche vorgenommen werden muß. Auch zwei Drittel der noch bestehenden Farmen sollten verschwinden.

60–70% der Fischfänge stammen von der Atlantik-, 20% von der Pazifikküste, der Rest aus der Inlandfischerei. Die Fischerei der Atlantikküste befindet sich seit Jahren in einer Umstrukturierung. Die unrentable Küstenfischerei soll zugunsten der mit modernsten Fangschiffen auf den Bänken vor Neufundland und Neuschottland arbeitenden Hochseefischerei eingeschränkt werden. Auch wird die Salz- und Trockenfischherstellung zugunsten von Frisch- und Gefrierfischbereitung aufgegeben. Durch diese Umstellung konnte der US-amerikanische Markt gewonnen werden, der heute zwei Drittel der kanadischen Produktion aufnimmt. An der Ostküste wird überwiegend Kabeljaufang betrieben, dem wertmäßig der Hummerfang folgt; die Heringe werden meist zu Fischmehl und -öl verarbeitet. An der Pazifikküste steht der Lachs an erster Stelle; er wird in großen Konservenfabriken verarbeitet.

Die Jagd auf Pelztiere hat die Entdeckung eines großen Teils von Nordamerika eingeleitet. Heute ist die Pelztierwirtschaft relativ unbedeutend. Obwohl 80% der auf den Markt gelangenden Felle noch von Wildtieren stammen, werden die wirklich wertvollen auf den ungefähr 2200 Pelztierfarmen, meist in Ontario, gezüchtet, die dem Wert nach 60% der Pelzausbeute ausmachen. Montreal ist Hauptverarbeitungs- und -handelsplatz für Pelze. Die einstmals so wichtigen Blau- und Silberfuchsfarmen sind mittlerweile den Nerzfarmen gewichen.

Fast die Hälfte des Landes ist von Wald bedeckt, aber nur 60% davon enthalten nutzbare Bestände, die außerdem z.T. unzugänglich sind. Etwa 90% der Wälder gehören dem Staat, der sie verschiedenen Industrien zur Ausbeutung auf Zeit überläßt. In den einzelnen Zweigen der Holzindustrie sind 140000 Menschen beschäftigt. Der jährliche Einschlag beträgt 1970 etwa 26 Millionen cbm, von denen 60% in die Schnittholz- und 40% in die Zelluloseproduktion gehen. Um 1800 begann man in Ostkanada mit der Nutzung der Wälder (Balken- und Schnittholz). Die Schnittholzherstellung hat sich heute fast ausschließlich nach British Columbia verlagert, während Ostkanada sich, nach der Erschöpfung der White-Pine-Bestände, auf Zellulosegewinnung spezialisierte, einen der wichtigsten Zweige der kanadischen Wirtschaft. Die Verarbeitung findet in wenigen Großbetrieben statt, meist an den Mündungen der Nebenflüsse des Sankt-Lorenz-Stroms. Die Flußlage ermöglicht den billigen Antransport des Holzes aus dem Hinterland. 1968 gab es in Kanada 137 Zellulose- und Papierfabriken; allein 93 von ihnen hatten in Quebec und Ontario ihren Standort, und sie lieferten 73% der Zelluloseproduktion des Landes. 80% der Zellulose wird zu Zeitungspapier verarbeitet (1970: 7,8 Millionen t); drei Viertel der Produktion gehen in die USA.

angebaut; auch finden sich dort riesige Hühner- und Truthühnerfarmen. In den Küstengebieten haben der Kartoffelanbau und die Obstkulturen überregionale Bedeutung. Im Westen, in den Prärieprovinzen, die man erst nach 1871 landwirtschaftlich zu erschließen begann, kam es zur großangelegten Weizenmonokultur, die fast industrieähnliche Formen angenommen hat, mit Farmgrößen, die in Saskatchewan – dem Schwerpunkt des Weizenanbaus – oft 400 ha betragen und im zentralen Weizengebiet zuweilen die 1000-ha-Grenze überschreiten. Hier wohnen die Farmer meist in einer benachbarten Stadt, von wo aus sie nur zur Frühjahrs- und Herbstbestellung hinfahren, sofern sie nicht überhaupt Bestellungs- und Erntegesellschaften mit diesen Arbeiten beauftragen. Die Weizenernten sind ständig gestiegen. Nur ein Drittel des Weizens wird im Lande selbst benötigt. Aber trotz der großen Ankäufe, z.B. durch die Sowjetunion und China, ist die Überproduktion so groß, daß 1970 die Regierung Entschädigungen zahlte, um etwa 6 Millionen ha Land brachfallen zu lassen. Der Verkauf des Weizens wird durch den »Wheat Board« vorgenommen. In den trockensten Gebieten der Prärien und am Fuß der Rocky Mountains gibt es riesige Ranchbetriebe, z.T. mit einer Größe von 100000 ha.

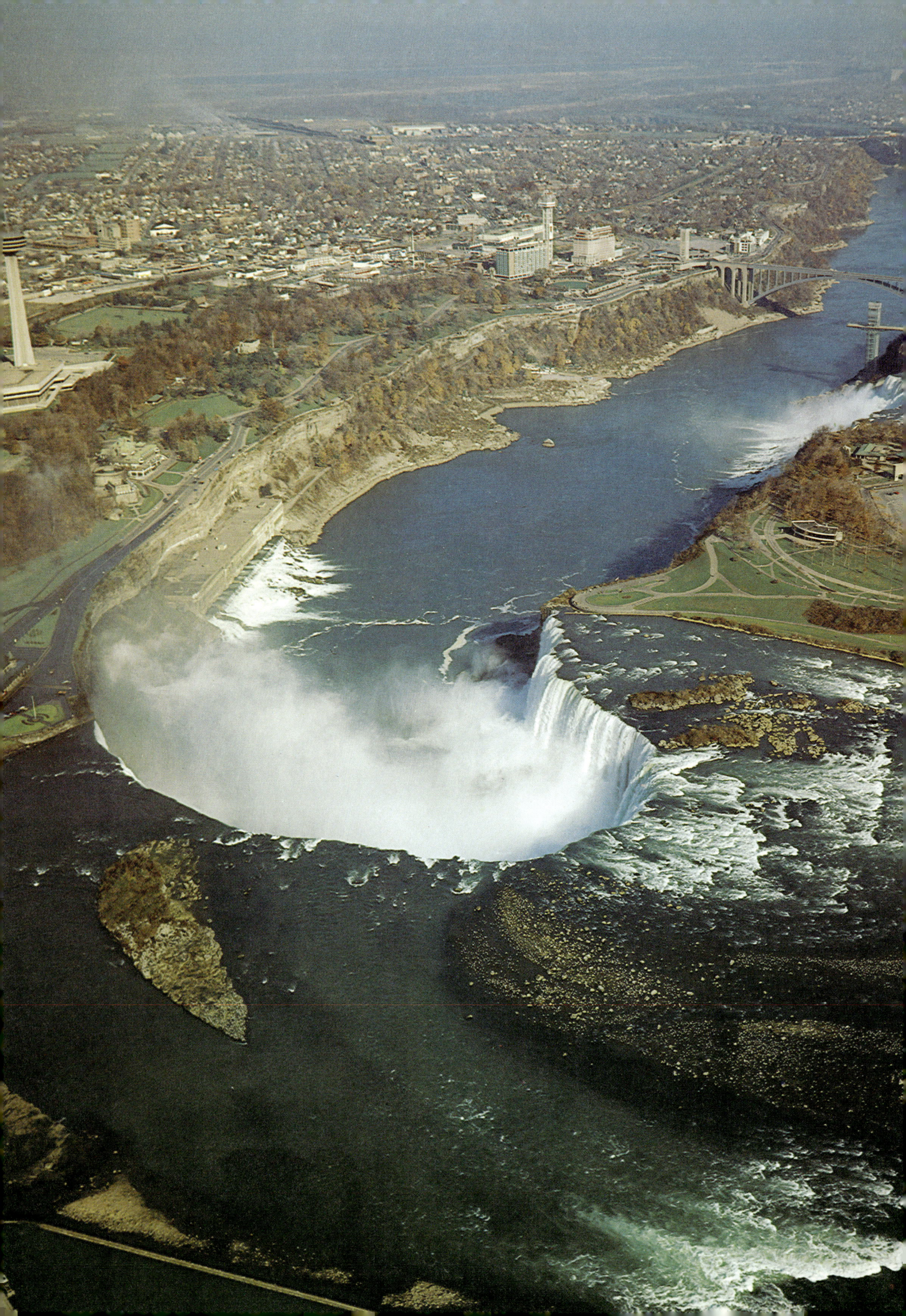

Hufeisenfall, vom kanadischen Ufer aus gesehen

Die Niagarafälle – Naturschauspiel und Energiequelle

Links: Blick von oben auf den Hufeisenfall. Rechts hinten der US-amerikanische Fall

Die Niagarafälle gehören zu den eindrucksvollsten Naturschauspielen der Erde. Sie sind – ebenso wie die Großen Seen – ein Erbe der Eiszeit. Die aus dem Eriesee kommenden Wasser stürzen über die Niagara-Kalkstufe 48 m in die Tiefe, wo sie einen Cañon einschnitten, der durch Erosion jedes Jahr um 1–1,5 m weiter zurückweicht. Goat Island teilt die Fälle in den kanadischen Hufeisenfall und den US-amerikanischen Fall. 94% der Wassermassen fließen mit 6000 cbm/sec über den Hufeisenfall, nur 6% über den Fall auf US-amerikanischem Gebiet. Heute werden die Wassermassen zur Stromgewinnung genutzt. Nur noch ein Rest gelangt, durch Betonleitdämme geregelt, über die Fälle. Weil sie die Schiffahrt verhindern, wurde schon sehr früh auf kanadischem Gebiet der rund 45 km lange Wellandkanal durch die Niagarahalbinsel gebaut. Dieser heutige Großschiffahrtsweg, auf dem jährlich etwa 60 Mill. t Güter transportiert werden, überwindet die 100 m Höhendifferenz zwischen Erie- und Ontariosee. Entdeckt und erstmals beschrieben wurden die Fälle 1678 von dem Franzosen Hennepin.

Kanada ist mit 36% der Gesamtleistung (1970) größter Zeitungspapierproduzent und der bedeutendste Zelluloseexporteur der Welt. In British Columbia hat sich seit der Eröffnung des Panamakanals eine großangelegte Schnittholzindustrie entwickelt, die ebenfalls vorwiegend für den Export arbeitet. Den Nachwuchs der ausgebeuteten Bestände überläßt man immer noch der Natur. Eine systematische Aufforstung, wie sie in Europa üblich ist, befindet sich erst im Anfangsstadium.

Ein Bergbaugigant

Nach den Vereinigten Staaten und der Sowjetunion ist Kanada heute der drittgrößte Erzproduzent und der größte Erzexporteur auf dem Weltmarkt. Es führt 80% seiner Förderung aus; davon gehen etwa zwei Drittel (1965) in die USA, die auch an der Erschließung der Bodenschätze besonders stark beteiligt sind. Die moderne Entwicklung des Bergbaues begann am Ende des vorigen Jahrhunderts mit der zufälligen Entdeckung der größten Nickellagerstätten der Erde, bei Sudbury; die Nickelförderung hat jährlich den Wert von rund 500 Millionen Dollar. 1903 wurden Silber- und Goldlager in Nordontario entdeckt, wo sich ein Bergbaugebiet entwickelte, das sich bis in die Provinz Quebec ausdehnt und neben Kupfer und anderen Erzen vor allem große Mengen Gold liefert. Weil der Goldpreis seit 1934 unverändert geblieben ist, mußte ein großer Teil der Goldbergwerke wegen Unrentabilität wieder geschlossen werden.

Nach dem Zweiten Weltkrieg kam es zu einem gewaltigen Ausbau der Bergwerke, ausgelöst von dem steigenden Rohstoffbedarf der Vereinigten Staaten, deren eigene Lagerstätten sich zu erschöpfen begannen. Man bedient sich bei der Suche nach Erzvorkommen modernster elektronischer Methoden, z.T. vom Flugzeug aus, kann man doch aus der Luft mit Hilfe von Magnetometer und Szintillometer selbst Lagerstätten unter einer Deckschicht feststellen. In Labrador, an der Grenze zu Nordquebec, wurden jüngst riesige Eisenerzlager entdeckt und durch den Einsatz einer gewaltigen Luftbrücke erschlossen. Mit einer Jahresproduktion von zeitweise mehr als 30 Millionen t Eisenerz steht Kanada heute an sechster und in der Eisenerzausfuhr an erster Stelle. Zu den Erzen, die besondere Bedeutung gewonnen haben, gehören neben Nickel, Kupfer, Eisen, Zink, Gold, Silber, Blei, Platin und Uran.

1947 kam es zur Entdeckung der ersten größeren Erdöl- und Erdgasvorkommen in Alberta. Inzwischen hat sich die Förderung auch auf die benachbarten Gebiete von Saskatchewan und British Columbia ausgedehnt. Der Wert der Erdölförderung lag 1969 schon bei 1 Milliarde Dollar, jener der Erdgasproduktion bei 400 Millionen Dollar. Neue Funde sind auch im Makenziedelta gemacht worden. Das Erdöl wird in Pipelines in die USA und nach Ostkanada bis Toronto gepumpt, das Erdgas sogar bis nach Montreal. Neben diesen Vorkommen besitzt Kanada in den Ölsanden am Athabascafluß eine der größten bekannten Erdöllagerstätten der Welt überhaupt. Mittlerweile konnte man ein wirtschaftliches Verfahren entwickeln, das Öl aus den Sanden zu gewinnen.

Die umfangreichen Kohlenvorkommen konnten wegen ihrer ungünstigen Lage zu den Verbrauchszentren bisher keine größere Bedeutung gewinnen. In dem Maße, wie die Kohlenlager in Neubraunschweig und Neuschottland der Erschöpfung entgegengehen, sinkt die jährliche Förderung ab. Mittelkanada importiert etwa 26 Millionen t aus nahegelegenen Lagern der USA. In British Columbia hat ein Kohlenexport nach Japan eingesetzt.

Der gesamte Bergbau beschäftigt über 100 000 Arbeiter (1970), der Wert der Bergbauproduktion betrug 1969 etwa 4,69 Milliarden Dollar.

Zu den wichtigsten Naturschätzen Kanadas gehört auch die Wasserkraft, deren Ausbau am weitesten in Ostkanada vorangetrieben worden ist. 34% der installierten Kapazität entfallen auf Quebec, gut 31% auf Ontario. An den Churchill Falls in Labrador wurde 1972 eines der größten Kraftwerke der Welt in Betrieb genommen. Der hier entstandene Stausee ist 150mal so groß wie der Bodensee. Dank seiner billigen Elektrizität konnte Kanada eine umfangreiche elektrochemische Industrie entwickeln und – obwohl es keine eigenen Bauxitlager besitzt – nach den USA zum zweitgrößten Aluminiumproduzenten der Welt aufsteigen; die Produktion wird zu über vier Fünfteln exportiert. Vor einigen Jahren wurden in Saskatchewan umfangreiche Kalilagerstätten entdeckt; der Abbau stagniert aber infolge der starken Konkurrenz auf dem Weltmarkt.

Im Zusammenhang mit dem Bergbau wurden Siedlungen weit nach Norden in den Urwald vorgeschoben und z.T. betriebsfertig vom Flugzeug aus aufgebaut; ebenso schnell werden derartige Ortschaften allerdings bei Erschöpfung der Lagerstätten wieder verlassen. So gehören »Ghosttowns« – Geisterstädte – zum Bild mancher kanadischen Landschaft. Die bekannteste von ihnen, Dawson City, stammt noch aus den Zeiten des Goldrauschs. Das neueste Beispiel ist Elliot Lake; hier war im Zusammenhang mit den Uranbergwerken von Blind River eine Musterstadt für 25 000 Menschen aufgebaut worden; sie steht heute nahezu leer.

Aufstieg zur Industrie- und Handelsgroßmacht

Die um die Mitte des vorigen Jahrhunderts einsetzende Mechanisierung der Landwirtschaft schuf eine umfangreiche Landmaschinenindustrie. Daneben entstanden Mühlen und Fleischkonservenbetriebe. Der Bau der Eisenbahnen regte die Errichtung von Waggon- und Lokomotivfabriken an, besonders in Montreal und Toronto. Eine stärkere Industrialisierung setzte erst als Auswirkung des Ersten Weltkriegs ein, der auch die Flugzeugfabrikation einleitete. Die Munitionslieferungen brachten eine große Steigerung in der Verhüttung von Kupfer, Nickel und Zink mit sich. Der Konsumgüterbedarf war wegen der zahlenmäßig geringen Bevölkerung unbedeutend; eine eigene Konsumgüterproduktion konnte mit der billigen Massenfabrikation der USA nicht konkurrieren. Fertigwaren wurden eingeführt oder aus importierten Fertigteilen in Montagewerken zusammengesetzt. Die Montagewerke waren Tochtergesellschaften großer amerikanischer Firmen, die sich von Kanada aus auch den Commonwealth-Markt erschlossen. Während des Zweiten Weltkriegs kam es zu einer raschen Entfaltung der Industrie, und dieser Prozeß hat nach dem Krieg weiter angehalten. Neben den Aufbereitungsindustrien entwickelte sich eine umfangreiche, außerordentlich vielseitige Fertigungsindustrie, vor allem in Ontario und Quebec. Gegenüber dieser enormen Industrieballung in den Saint Lawrence Lowlands erscheinen die Anteile der anderen Provinzen fast kärglich. In 32 000 Industriebetrieben sind rund 20% aller kanadischen Erwerbstätigen beschäftigt; der Gesamtproduktionswert der Industrie belief sich 1970 auf über 46 Milliarden Dollar.

Hauptindustriezweige sind Nahrungsmittel-, Papier-, Textil-, Eisen- und Stahl-, Maschinen-, Auto-, Verbrauchsgüter-, Kunststoff- und chemische Industrie. Die Fahrzeugindustrie hat ihren Standort vor allem in Ontario, in Windsor, Oakville und Oshawa. Hier werden mehr als 90% aller kanadischen Autos hergestellt. Flugzeuge baut man in Toronto, Montreal und Hamilton. Zentrum der Petrochemie ist das Chemical Valley in Sarnia bei Windsor. Das Verlagswesen konzentriert sich in Toronto. Die Konsumgüterindustrie kann sich zum überwiegenden Teil nur dank der Importzölle für Fertigwaren halten. Der gewaltige Ausbau der kanadischen Industrie war einzig mit Hilfe von Fremdkapital möglich, das früher hauptsächlich aus Großbritannien kam, heute aber vor allem aus den USA stammt. Einzelne Industriezweige kamen praktisch fast völlig in ausländischen Besitz, vor allem in jenen von US-Unternehmen, wie die Autoindustrie, die Ölraffinerien und die Gummiindustrie. Man neigt neuerdings dazu, Anstoß an dem Fremdkapital zu nehmen, das in Kanada investiert wurde, ohne daran zu denken, daß diese blühende Entwicklung nur dank der ausländischen Investitionen möglich geworden ist.

Der Sankt-Lorenz-Strom mit seinen Nebenflüssen und die Großen Seen bilden einen Seeweg durch Ostkanada, den man inzwischen soweit ausgebaut hat, daß seit 1959 auch große Seeschiffe bis zum Westende des Oberen Sees fahren können, eine Strecke, die vom Ozean aus 3648 km weit ins Landesinnere führt. Seitdem hat Thunder Bay (aus dem Zusammenschluß der Städte Fort William und Port Arthur entstanden) einen jährlichen Umschlag von 20 Millionen t erreicht, fast ebensoviel wie Montreal (23 Millionen t). Freilich ist dieser Transportweg von Mitte Dezember bis Mitte April vom Eis geschlossen. Um die riesigen Entfernungen – vor allem in Ost–West-Richtung – zu überwinden, war der Bau von Eisenbahnen von entscheidender Bedeutung. Die Eisenbahngesellschaften betreiben auch Hotels sowie Schiffahrts- und Fluglinien. Das Eisenbahnnetz ist seit dem Zweiten Weltkrieg z.T. weiter ausgebaut worden, besonders im Norden, im Zusammenhang mit der Erschließung neuer Erzlagerstätten, u.a. in Labrador.

Auch im Straßenbau, mit dem nach 1800 begonnen worden war, wurden große Verkehrswege geschaffen, so der Transcanada Highway – eine 7780 km lange Autobahn von der Ost- zur Westküste –, der Mackenzie Highway und die Alaskastraße.

Die Siedlungen im Norden sind auf den Wasserweg oder das Flugzeug angewiesen. Im Winter versorgt man sie über die »Trails«, Winterstraßen, die nach dem Eintritt des Frostes über Bäche, Flüsse, Seen und Sümpfe hinwegführen. Auf ihnen verkehren Schneetraktorenzüge, die aus 20–25 Fahrzeugen bestehen können. Im äußersten Norden werden Motorschlitten benutzt, vor allem für den Personenverkehr. Aber erst der großartige Ausbau des Luftverkehrsnetzes hat das Entfernungsproblem wirklich gelöst.

Im Welthandel steht Kanada heute etwa gleichrangig mit Japan an fünfter Stelle hinter den Vereinigten Staaten, der Bundesrepublik Deutschland, Großbritannien und Frankreich. Es exportiert ein Drittel seiner Produktion und ist daher besonders abhängig von Schwankungen auf dem Weltmarkt. Seit Jahren ist die Handelsbilanz positiv. Bis 1876 war Großbritannien der wichtigste Außenhandelspartner; seit dieser Zeit und namentlich seit dem Zweiten Weltkrieg haben die USA diese Stelle eingenommen. In den letzten Jahren sind 65–70% des kanadischen Exports nach den Vereinigten Staaten gegangen, nur noch 15% nach Großbritannien und 5% nach anderen Commonwealth-Staaten. Unter den übrigen Exportländern rangiert Japan noch vor der Bundesrepublik Deutschland. Auch die Importe stammen zu 70% aus den USA. Je ein knappes Drittel des Exports sind Rohstoffe und Halbfertigwaren (z.B. Zellulose), über ein Drittel Fertigwaren, von den Importen dagegen mehr als zwei Drittel Fertigwaren.

Verantwortung in der Weltpolitik

Kanada versucht mehr und mehr, eine unabhängige Politik zu vertreten, trotz aller Bindungen an das Commonwealth of Nations und des starken Einflusses seines direkten Nachbarn, der Vereinigten Staaten. Es ist weltweite Verpflichtungen eingegangen und besitzt in den meisten Ländern Botschafter, in den Commonwealth-Ländern Hochkommissare. Als Mitglied der UNO beteiligt es sich aktiv an deren verschiedenen Teilorganisationen. Entwicklungshilfe leistet es vor allem in den Commonwealth-Staaten, u.a. beim »Colomboplan« für Süd- und Südostasien.

Aus strategischen Gründen gehört Kanada u.a. auch dem Nordatlantikpakt an, und im Sinne einer gemeinsamen Verteidigungspolitik hat es zusammen mit den USA ein Luftabwehrsystem geschaffen. Innerhalb der NATO unterhält Kanada ständige Streitkräfte in der Bundesrepublik Deutschland; außerdem hat es, um die Friedenssicherungsbestrebungen der UNO zu unterstützen, Truppenkontingente in verschiedenen Krisengebieten der Welt stationiert. Diese UN-Streitkräfte bestehen aus Freiwilligen – eine allgemeine Wehrpflicht gibt es in Kanada nicht. Selbst ohne territoriale Absichten, setzt es sich intensiv für den Weltfrieden ein. Die gewaltige Industrie der Vereinigten Staaten mit ihren großen Rohstoffbedürfnissen ist der ideale Wirtschaftspartner für Kanada; man kann damit rechnen, daß die wirtschaftliche Zusammenarbeit – trotz aller Bemühungen um Unabhängigkeit von äußeren Faktoren – in der Zukunft noch weiter ausgebaut wird.

Atlas of Canada. *Ottawa 1957.* – Bernhard, H./ Winkler, E.: Kanada zwischen Gestern und Morgen. *2. erw. Aufl. Bern 1966.* – Camu, P./Weeks, E. P./ Sametz, Z. W.: Economic Geography of Canada. *Toronto 1964. 1969.* – Dawe, A.: Profiles of a Nation. *Toronto 1970.* – Marsh, L.: Communities in Canada. *Toronto 1970.* – Hamelin, L.-E.: Le Canada. *Paris 1969.* – Park, J.: The Culture of Contemporary Canada. *Toronto 1970.* – Putnam, D. F.: Canadian Regions. A Geography of Canada. *7. Aufl. Toronto 1956.* – Sayn-Wittgenstein, H. E. von: Kanada. *Nürnberg 1968.* – Trotier, L. (Hg.): Studies in Canadian Geography: The Atlantic Provinces *(A. G. Macpherson);* Quebec *(F. Grenier);* Ontario *(L. Gentilcore);* The Prairie Provinces *(P. J. Smith);* British Columbia *(J. L. Robinson);* The North *(W. C. Wonders). Montreal/Toronto 1972.* – Warkentin, J. (Hg.): Canada. A Geographical Interpretation. *Toronto 1968.*

Die Literatur über Kanada ist naturgemäß vorwiegend in englischer Sprache geschrieben. Die derzeit beste Gesamtdarstellung von Warkentin *erschien anläßlich des hundertjährigen Staatsjubiläums. – Die unter der Leitung von* Trotier *herausgegebenen Bände über die verschiedenen Regionen Kanadas behandeln vor allem aktuelle Probleme, sie wurden zum Internationalen Geographentag 1972 in Montreal vorgelegt. – Das Werk von* Putnam *bietet eine systematische Darlegung der kanadischen Geographie. – In deutscher Sprache liegt zwar umfangreiche, aber weitgehend veraltete Literatur vor. – Von den vielen Reisebeschreibungen ist die der Geographen* Bernhard *und* Winkler *sehr zuverlässig. –* Sayn-Wittgenstein *gibt eine umfassende Darstellung nicht nur der Geographie Kanadas, sondern auch seiner Kultur. – Das* Canadian Geographical Journal *wendet sich monatlich an ein allgemein interessiertes Publikum.* Hamelin, *der führende franco-kanadische Geograph, stellt besonders die Nordlage des Landes und auch die Situation der französischen Kanadier heraus. – Eine soziologische Behandlung der Lebensbereiche Kanadas gibt* L. Marsh.

Lutz Holzner

Die Vereinigten Staaten von Amerika

Weltmacht der Widersprüche

An die Stelle des Bildes eines reichen, strahlenden und freien Amerikas, des Landes der »unbegrenzten Möglichkeiten« und des Zufluchtortes für zahllose Verfolgte und Flüchtlinge, ist heute vielerorts das Bild des »häßlichen Amerikas« getreten. Beide Vorstellungen sind, für sich allein genommen, unzureichend und geben jeweils nur einen Teilaspekt dieses Landes wieder. In Wahrheit ist Amerika – hier werden, wenn nicht anders gesagt, darunter stets die USA verstanden – schon immer beides zugleich gewesen und ist es heute noch. Die Vereinigten Staaten von Amerika sind noch immer wohlhabender, erfolgreicher und toleranter als die meisten übrigen Nationen der Erde. Die amerikanischen Bürger leben immer noch besser, unbeschwerter und genießen größere persönliche Freiheiten als die Bürger vieler anderer Nationen. Gleichzeitig aber sind auch all die negativen Seiten Amerikas, die heute so heftig kritisiert werden, vorhanden. Fast nirgendwo anders auf der Welt blühen das Verbrechen und die Gewalttätigkeit, herrschen skrupelloses Gewinnstreben und geistige Leere so sehr vor wie in den Vereinigten Staaten. Soziale Ungerechtigkeit und Unsicherheit, verschmutzte Flüsse und Seen, Slums und verpestete Luft in den Städten sind ebenso ein Teil amerikanischen Alltags wie verlogene Propaganda und Reklame, rührseliges Nationalbewußtsein und eiskalter Lobbyismus der Militärs und des Großkapitals in Politik und Wirtschaft.

Es gehört mit anderen Worten zum Wesen der Vereinigten Staaten, daß sie durch unvergleichlich größere innere Gegensätze, ja Widersprüchlichkeiten gekennzeichnet, daß sie viel umfassender und vielschichtiger sind als viele andere Staaten der Erde. Nichts kann einem Verständnis dieses Landes mehr dienen als diese einfache Feststellung. Um den Charakter des Landes und der Nation sowie deren Gang durch die Geschichte verstehen zu können, ist es nötig, sich auf diese Vielschichtigkeit, die ihr innewohnenden Gegensätze und deren Ursachen zu konzentrieren. Zu den bemerkenswertesten und grundlegendsten Widersprüchlichkeiten gehört, daß der Durchschnittsamerikaner sich eines fast beispiellos hohen Lebensstandards, ja Überflusses erfreut, während gleichzeitig viele seiner Mitbürger auf dem Lande wie in den Städten in unwür-

Wüste von Nevada · Sarkasmus, Humor, Zynismus oder Unternehmungsgeist? Dieses Schild, das der wachsenden Bevölkerung die Wüste »reserviert«, verrät von jedem etwas und sagt damit in seiner Art auch viel über die Mentalität des Nordamerikaners aus.

ligen materiellen Verhältnissen leben müssen. Wohl kaum ein Land der Erde stellt mehr industrielle Produkte her, verfügt über mehr Rohstoffe, bietet mehr Dienstleistungen an und produziert mehr Nahrungsmittel als die Vereinigten Staaten, und dennoch gibt es zahlreiche Arbeitslose, leiden Menschen Hunger, fehlt ein allgemeines Sozialfürsorgesystem, herrscht wirtschaftliche Unsicherheit. Weiterhin sind zwar individuelle Freiheit, Toleranz und demokratische Ordnung die unantastbaren Grundlagen amerikanischen Lebens; trotzdem dürfte es schwerfallen, anderswo einen ähnlichen Mangel an Individualität, einen ähnlichen Zwang zum Konformismus und zur Anpassung an geltende Regeln des täglichen Lebens, Denkens und Handelns zu finden wie in den Vereinigten Staaten. Obwohl in den USA der Grundsatz gilt, daß jeder Mensch gleich geschaffen ist und gleiche Rechte und Pflichten hat, gibt es zahlreiche Minderheiten, die unterdrückt werden oder denen man zumindest gewisse Rechte vorenthält. Wenige Gesellschaften der Erde sind so mobil, unvoreingenommen und »offen«, d. h. dem sozialen Aufstieg und dem Glücksstreben des einzelnen hold, wie die in den Vereinigten Staaten; und dennoch ist die amerikanische Gesellschaft streng in Klassen geteilt, die miteinander wenig gemein haben und sich auch räumlich getrennt in Wohngettos ansiedeln und gegeneinander abschließen. Schließlich dürften in keinem Land der Erde Automation und technische Errungenschaften das Leben des einzelnen wie der Gesellschaft mehr durchdrungen und bequemer gestaltet haben als in den Vereinigten Staaten. Gleichwohl sind die US-Amerikaner weiter von der Erfüllung ihrer persönlichen Glücksträume entfernt als je, haben Materialismus, technischer Fortschritt und Perfektionismus die amerikanische Gesellschaft an den Rand des

Das Schicksal der nordamerikanischen Indianer

Beim Beginn der Eroberung und Besiedlung Nordamerikas durch die Europäer lebten zwischen Pazifik und Atlantik, dem Nordpolarmeer und den Trockengebieten des Südwestens schätzungsweise 1 Mill. »Indianer«; es dürfte sich ursprünglich um mehrere hundert Stämme gehandelt haben. Neben Jägern, Sammlern und Fischern, die sich vor allem im Westen, Norden und Nordosten fanden, gab es Ackerbauern. Auf beachtlicher Stufe standen die zwischen Colorado und Rio Grande in einer Art »Einhausdörfern« lebenden Stämme, die von den Spaniern »Pueblo«-Indianer, d. h. »Dorfindianer«, genannt wurden und u.a. Mais, Hülsenfrüchte, Baumwolle und Tabak anbauten.

Alkohol, eingeschleppte Krankheiten, Wild-Dezimierung, Vertreibung und schließlich die blutigen »Indianerkriege« von 1794–1813 und in den letzten Jahrzehnten des vorigen Jahrhunderts besiegelten das Schicksal der Indianer. In den USA wurden die Indianer erst 1924 zu freien Staatsbürgern erklärt; 1912 hatten sie das Recht erhalten, die ihnen zugewiesenen »Reservate« zu verlassen und

Zeltlager der Schwarzfuß-Indianer (Aquatintastich nach Bodmer, 1832–1834)

auch wieder in sie zurückzukehren. Der »Indian Service« nimmt sich in vielseitiger Weise der in den über 300 Reservaten lebenden Indianer an. – In jüngster Zeit sind die Indianer selbstbewußter geworden; eine immer größere Zahl beginnt sich in das allgemeine Wirtschaftsleben zu integrieren. – Für 1970 wurde die Gesamtzahl der Indianer Nordamerikas auf etwas über 1 Mill. geschätzt; davon lebte rund ein Viertel in Kanada. Die Indianer sind demnach in Nordamerika wieder so zahlreich wie zur Zeit der Entdeckung des Kontinentes. (F.-H.)

Indianerdorf Ninilshik

Krieger der Cheyenne-Indianer. Sie gehören wie die Schwarzfuß-Indianer zu den Algonkin

> **Vereinigte Staaten von Amerika**
> *(United States of America, USA)*
>
> Präsidialrepublik mit bundesstaatlicher Verfassung und Zweikammerparlament (Senat und Repräsentantenhaus); Wahl des Präsidenten durch Wahlmänner für jeweils 4 Jahre; 50 Bundesstaaten mit eigener Verfassung, selbständigen Parlamenten und gewählten Gouverneuren; Hauptstadt Washington, District of Columbia (756 510 Ew., mit Vororten 3,09 Mill. Ew.).
>
> **Fläche:** 9 363 032 qkm (davon 7 827 620 qkm Festland mit 48 Staaten, Alaska mit 1 518 800 qkm und Hawaii mit 16 705 qkm) – **Einwohnerzahl:** Etwa 208,8 Mill. – **Bevölkerungsdichte:** 22 Ew./qkm – **Jährlicher Geburtenüberschuß:** 8,0 % – **Bevölkerung:** 184,1 Mill. Weiße, 22,7 Mill. Neger, 2,0 Mill. andere (u. a. Indianer, Asiaten) – **Sprache:** Englisch; 9 Mill. eingewanderte Bürger (»foreign born«) z. T. mit anderer Muttersprache; 950 000 Ureinwohner (Indianer) mit Stammessprachen – **Religion:** Rund 70,4 Mill. Protestanten, 47,9 Mill. Katholiken, 5,8 Mill. Juden, 3,5 Mill. Angehörige von Ostkirchen, ferner u. a. 88 000 Altkatholiken, 100 000 Buddhisten.

Chaos und in einen Strudel von Korruption, Verbrechen und Gewalttätigkeit gebracht und den einzelnen in unglückliche Vereinsamung und Verunsicherung und in geistige Leere gestürzt.

All diesen auf den ersten Blick unvereinbaren Gegensätzlichkeiten der USA liegen gewisse Sachverhalte zugrunde, die sich sowohl aus den vorhandenen physisch-geographischen Gegebenheiten als auch aus der Geschichte und den ganz besonderen sozial- und kulturgeographischen Verhältnissen dieses Teils der Ökumene herleiten lassen. Zunächst sind die Größe und der schier unerschöpfliche Reichtum des Landes selbst zu nennen. Die USA erstrecken sich quer durch einen ganzen Kontinent und liegen zum größten Teil in der kulturell wichtigsten Klimazone – der nördlich-gemäßigten –, die mit ihren überwiegend fruchtbaren Böden, den reichen Bodenschätzen, den Wäldern, den Seen und Flüssen die Grundlage für einen riesigen gemeinsamen Markt von über 200 Millionen Menschen abgibt. Sodann ist die relativ junge Geschichte des Landes von Wichtigkeit, ferner die Tatsache, daß Nordamerika von Einwanderern aus fast allen Teilen der Welt erschlossen und kolonisiert wurde. Der Eroberergeist und das Erlebnis der Siedler, daß es in weiter Ferne immer noch mehr Land, immer noch weitere Reichtümer gab, daß sich daher persönlicher Einsatz lohnte und daß es niemals darauf ankam, woher man stammte, sondern wie man sich bewährte – das alles hat ebenfalls mitgeholfen, diesem Land in Nordamerika und dem Leben seiner Menschen jene Gestalt zu verleihen, die sich uns heute darbietet. Schließlich ist das besondere Wertungssystem der Gesellschaft zu nennen, das sich im Laufe der Zeit in diesem weiten, fruchtbaren, reichen Land herausgebildet hat. Die Einwanderer ließen die alte Heimat mit all ihren Traditionen, mit ihren Unfreiheiten und ihrer Enge hinter sich. Dafür brachten sie in die neue Heimat Selbstvertrauen mit und ihre technischen und geistigen Fertigkeiten sowie ihren Traum von Freiheit, die Ideen der Neuzeit, Unternehmungsgeist, Mut, den Willen, etwas Neues zu schaffen, Optimismus. Hieraus ergab sich auch der Durchbruch zur Demokratie und zum Prinzip der Volkssouveränität, das in den Vereinigten Staaten nach Alexis de Tocqueville zur Allmacht oder Tyrannei der Mehrheit führte. »Schon die ersten Einwohner der Vereinigten Staaten brachten die Vorstellung dorthin mit, die Mehrheit habe vermöge ihrer Einsicht das Recht, im Staate zu herrschen« (de Tocqueville). Welche möglichen Folgen sich daraus entwickeln konnten, sah de Tocqueville schon damals so: »Wenn in Amerika die Freiheit jemals verlorengeht, so wird man der Allmacht der Mehrheit die Schuld daran geben müssen, da sie die Minderheit zur Verzweiflung gebracht und gezwungen haben wird, ihre Zuflucht zur äußeren Gewalt zu nehmen. Dann wird, aber nur als Folge des Despotismus, die Anarchie eintreten.« Zum Prinzip der Volkssouveränität gesellte sich der Einfluß der in Europa entstandenen und nun in der Neuen Welt ungehemmt sich entfaltenden protestantischen Ethik, einer Weltanschauung, die sich nach und nach zu dem für die Vereinigten Staaten so kennzeichnenden »Progressivismus« umgestaltete, sich mit dem Industrialismus und der Philosophie des Kapitalismus verband und das heute gültige Wertungssystem der nordamerikanischen Gesellschaft beherrscht: Industrialismus als Technologie, Kapitalismus als der rechte Weg, diese zu organisieren, und Demokratie als der einzige Weg, beide zu regieren (»Industrialism as a technology, capitalism as a way of organizing it, and democracy as a way of running both«, M. Lerner).

Diese physisch-geographischen, geschichtlichen und sozialgeographischen Bedingungen, die die Vereinigten Staaten als Gemeinwesen, als Nation und Kulturraum zu dem gemacht haben, was sie heute sind – ein überaus ehrgeiziges und erfolgreiches Modell menschlichen Experimentierwillens, das trotzdem viele Probleme nicht lösen konnte und Keime des Mißerfolges, vielleicht des Scheiterns schon seit seinen ersten Anfängen in sich birgt –, sollen im folgenden näher analysiert und im Zusammenhang mit den heute herrschenden Verhältnissen dargelegt werden.

»Gottes eigenes Land«

Die zwei ersten wichtigen Schlüssel zum Verständnis der Vereinigten Staaten sind die schiere Größe und der natürliche Reichtum des Landes. Beide Faktoren haben einen wichtigen Einfluß auf die Gestaltung der amerikanischen Kulturlandschaft und auf die Entwicklung der amerikanischen Gesellschaft und ihres Wertungssystems ausgeübt. Sie haben u. a. die Vorstellung von Nordamerika als »Gottes eigenem Land« – "God's own Country" – gefördert, eine Vorstellung, die zahlreiche positive wie negative Aspekte der heutigen USA erklärlich macht.

Die Vereinigten Staaten erstrecken sich vom 49. Breitengrad im Norden (Karlsruhe–Regensburg–Wolgograd) bis zur Rio-Grande-Mündung und nach Florida im Süden (Mitte der Sahara) über 2500 km und von Kap Cod im Osten bis Kap Mendocino im Westen über 4500 km vom Atlantischen bis zum Pazifischen Ozean über einen ganzen Kontinent und vier Zeitzonen hinweg; sie umfassen, mit Alaska und Hawaii, über 9,3 Millionen qkm, etwa 37mal die Fläche der Bundesrepublik Deutschland. Diese Größe und diese Weiträumigkeit der Vereinigten Staaten werden durch die natürliche Landschaftsgestaltung akzentuiert, die durch die geologisch-morphologische Struktur des Landes vorgegeben ist. Es überwiegt, anders als in Europa, die kontinentale, großräumige Gliederung. Im wesentlichen lassen sich nur sieben Großräume unterscheiden: die atlantische und die Golfküstenebene mit dem Gebiet des unteren Mississippi; das Gebirgssystem der Appalachen; der Kanadische oder Laurentische Schild, der jedoch nur noch in einigen seiner südlichen Ausläufer auf das Staatsgebiet der USA übergreift; das Innere Becken oder das Innere Schichtstufenland; die Rocky Mountains; die Intermontanen Plateaus und Becken; das pazifische Küstenland.

Alles scheint von gewaltigeren Dimensionen zu sein als anderswo: die weiten Landschaften, die großen Entfernungen, die

Größe und Reichtum der USA

	Fläche (in qkm)	Anteil an der Landfläche (in %)
Gesamte Landfläche (ohne Inlandseen)	9 170 496	100,0
Landwirtschaftlich nicht genutzte Fläche	3 836 556	41,8
Waldland	2 051 829	22,4
Unproduktives Land	1 121 119	12,2
Städte, Industrieareale, Nationalparks	663 708	7,2
Landwirtschaftliche Nutzfläche	5 333 940	58,2
Kultivierte Ackerfläche	1 796 868	19,6
Weideland (einschließlich Waldweide)	3 469 515	38,2
Landwirtschaftliche Gebäude und Straßen	36 423	0,4

Gebirge, die Ströme und Wasserfälle, die Binnenseen, die Wälder, die fruchtbaren Ebenen und die Wüsten und Halbwüsten. Selbst das Klima ist durch Besonderheiten und Extreme gekennzeichnet. Mit seinem überwiegend kontinentalen Charakter bringt es strenge, schneereiche Winter, feuchtheiße Sommer, lange Dürren, schwere Flutkatastrophen und verheerende Wirbelstürme. Die großen Dimensionen und die damit verbundenen harten Bedingungen des Landes stellten zwar anfänglich hohe Ansprüche an den Menschen, aber sie stärkten dadurch auch seine Energie, seinen Mut, seine physische Widerstandskraft, seine Erfindungsgabe, seinen Lebenswillen und seinen Kampfgeist. Dazu kommt, daß es der natürlichen Vorzüge in den Vereinigten Staaten noch weit mehr gibt als Widerstände und daß daher letzten Endes der materielle Erfolg des Menschen auch ungleich größer geriet als anderswo. Viele US-Amerikaner betonen zwar ganz richtig, daß der ungeheure wirtschaftliche Erfolg ihrer Nation in erster Linie ihnen selbst zu verdanken sei, ihrer aufgeklärten »progressiven« Grundeinstellung, ihren technischen und organisatorischen Fähigkeiten, ihrer harten Arbeit, der Regierungs- und der Wirtschaftsform des Landes. Hinzuzufügen sind jedoch zwei wichtige Faktoren, die den Einsatz und den daraus resultierenden Erfolg der Amerikaner wesentlich unterstützt haben. Zum einen waren nämlich die meisten grundlegenden Techniken und organisatorischen Methoden der modernen kommerziell-industriellen Welt bereits in Europa entwickelt worden und wurden sozusagen vorgefertigt nach Nordamerika übertragen, wo sie nun erstmals ungehindert und überdies in viel größerem Maßstab als in Europa angewandt werden konnten, den Dimensionen des amerikanischen Landes entsprechend. Zum anderen bot Nordamerika neben seiner Größe und Weiträumigkeit eine Reihe von natürlichen Reichtümern, die bis heute noch von kaum einem anderen Land der Erde übertroffen werden und die ohne Zweifel mit die wichtigste Voraussetzung für den großen wirtschaftlichen Erfolg der amerikanischen Nation gewesen sind.

Man kann fast sagen, daß die Vereinigten Staaten auch heute noch so groß und so reich sind, daß es schwerfallen dürfte, sie jemals wirtschaftlich zugrunde zu richten. Noch heute besitzt kein Land der Erde – wahrscheinlich auch nicht die UdSSR – eine größere Vielfalt und einen reicheren Vorrat an natürlichen Schätzen aller Art. Die Vereinigten Staaten verfügen z.B. über sehr große, wirtschaftlich unmittelbar nutzbare Waldareale. In ihren Grenzen fließen zahlreiche wasserreiche Flüsse, dehnen sich der Welt größte Süßwasserseen. Die USA besitzen im ganzen gesehen über 15% der potentiell für die Stromerzeugung nutzbaren Wasserkräfte der Welt. Über 30% aller gegenwärtig bekannten Kohlenvorkommen befinden sich in den Vereinigten Staaten, meist in mächtigen im Tagebau zu erreichenden Flözen. Die riesigen Braunkohlenvorkommen sind in dieser Schätzung nicht enthalten. Fast ein Zehntel aller Eisenerzvorkommen und gut ein Achtel aller Erdölvorkommen der Erde sowie schier unerschöpfliche Mengen von Naturgas stehen den USA innerhalb ihrer eigenen Grenzen zur Verfügung. Sie besitzen weiterhin einen Überfluß an Schwefel, Phosphaten, Pottasche, Nickel, Kupfer, Blei, Zink, Silber, Helium, Molybdän, Titan, Salz, Magnesium, Aluminiumerzen, Asbest, Uran und vielen anderen Bodenschätzen.

Das Land ist so überreich und riesengroß, daß weite Teile mitsamt ihren Lagerstätten und natürlichen Reichtümern bis heute erst oberflächlich vom Menschen in Besitz genommen, kultiviert und umgestaltet worden sind. Es gibt auch Ballungsgebiete, die voll und ganz vom Menschen geprägt, die im Sinne

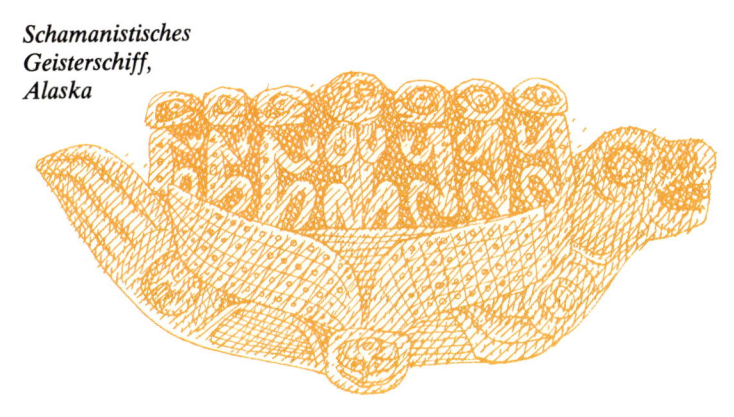

Schamanistisches Geisterschiff, Alaska

des Wortes Kulturlandschaften geworden sind, wie die großen Stadtlandschaften des Ostens, die Industrie- und Landwirtschaftszonen des Mittleren Westens oder die Bewässerungsgebiete Kaliforniens und Utahs. Ein europäischer Besucher, der gewohnt ist, alles bis aufs letzte zu nützen und zu pflegen, kann sich in den Vereinigten Staaten dem überwältigenden Eindruck nicht entziehen, den der Überfluß an Land und natürlichen Reichtümern auf ihn ausübt. Für ihn besonders auffällig sind auch die zahlreichen natürlichen Ressourcen, die skrupellosem Raubbau zum Opfer fielen, z.B. die ehemaligen, heute weitgehend mit nutzlosem Sekundärwald bestandenen Waldgebiete des Ostens, in den Appalachen und in den Staaten Wisconsin, Michigan und Minnesota oder die Flüsse und Seen, die z.T. irreparabel verschmutzt sind, oder auch die durch exzessive Monokultur, Überstockung durch Vieh oder bedenkenlose Zerstörung der natürlichen Vegetation und des Wasserhaushalts ruinierten Landstriche ehemaliger landwirtschaftlicher Ausbeutung. Auch dieser Raubbau und diese Verschwendung in den USA erscheinen als ein wichtiges Ergebnis des Überflusses an Land und natürlichen Reichtümern, die bedenkenlos auszubeuten man sich nicht scheute, da es ja von allem so übergenug gab. Letztlich ist es also auch ein Ergebnis dieser Vorstellung von »God's own Country« in all seiner Größe und seinem Reichtum, daß der US-Amerikaner bisweilen noch heute dazu neigt, die natürlichen Gaben des Landes zu verschwenden und gering zu achten.

Vielleicht am wichtigsten für die Entwicklung der Vereinigten Staaten war der Reichtum an landwirtschaftlich nutzbarem Land. Noch heute besitzt kein Land der Erde ein größeres und produktiveres landwirtschaftliches Areal unter zum größten

Steinerne Zeugen der Vergangenheit

Der Grand Canyon, das Tal des Coloradoflusses in Arizona, ist zweifellos eines der großen Naturwunder der Erde und zugleich eines der Symbole der gewaltigen Natur des nordamerikanischen Kontinents selbst. Dieser Kontinent ist weit und reich und teilweise noch fast unberührt, und diese Weite und dieser Reichtum waren es unter anderem, die den US-Amerikanern ihren relativ raschen und stolzen Aufstieg als Nation und Weltmacht ermöglicht haben. In seiner Größe und Gegensätzlichkeit stellt Nordamerika nach wie vor große zivilisatorische und organisatorische Aufgaben. Besonders für die ersten Siedler war das Land vorwiegend eine Wildnis, der es mit unsäglichen Mühen den Stempel westlicher Zivilisation aufzuprägen galt. Die Präsidentenköpfe am Mount Rushmore in den Black Hills (South Dakota), geschmacklich vielleicht nicht jedermanns Sache, mögen als sichtbarer Ausdruck dieses Strebens gelten, eine feindliche, scheinbar unbezwingbare Naturlandschaft in den Griff zu bekommen, sie umzuformen, zu bändigen und zu beherrschen.

Oben: Die Porträts der Präsidenten Washington, Jefferson Theodore Roosevelt und Lincoln (von links nach rechts) am Mount Rushmore.
Rechts: Teilansicht des Grand Canyon

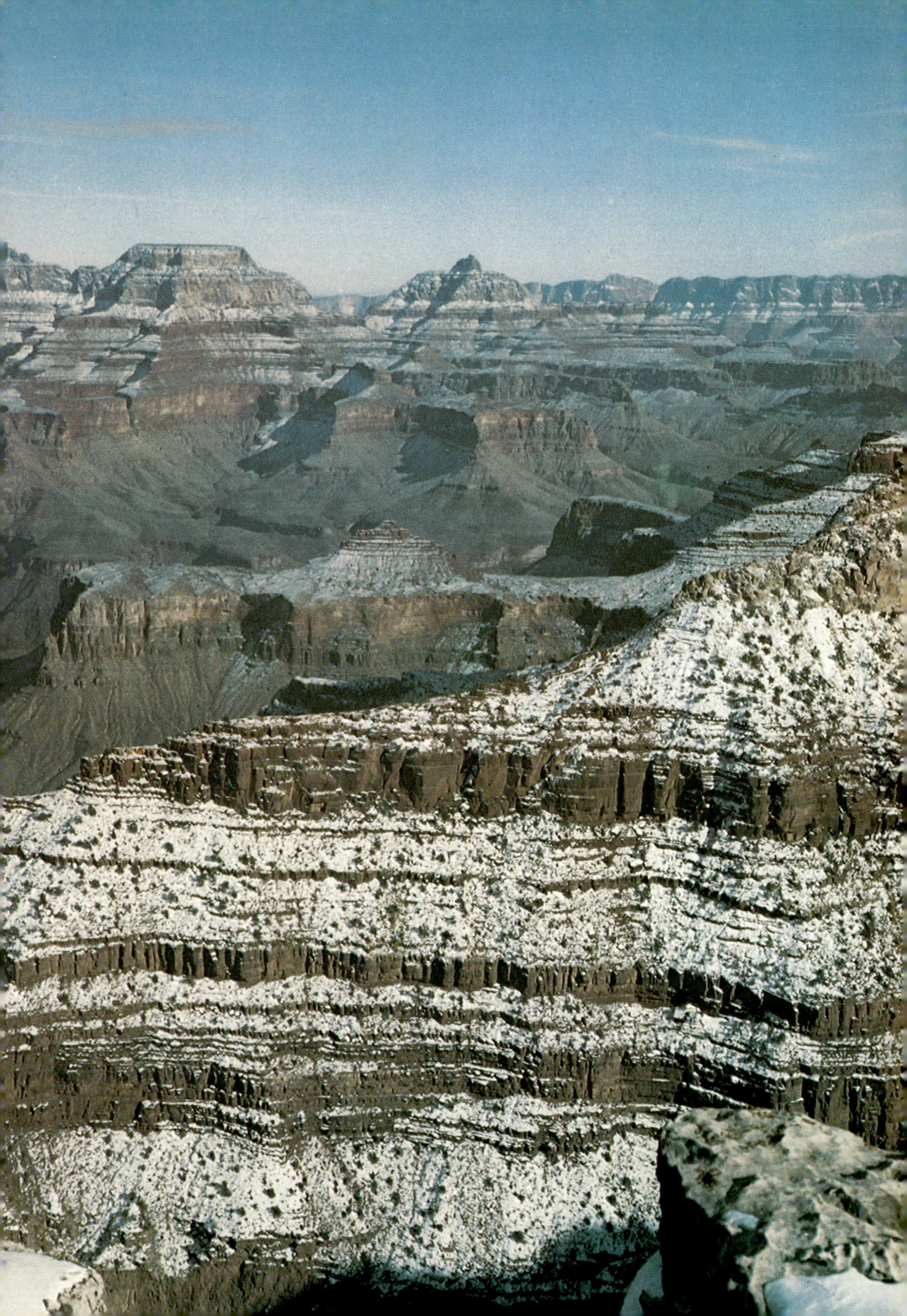

Teil gemäßigten Klimaverhältnissen als die USA (heute allein fast 1,8 Millionen qkm kultivierte Ackerfläche, mehr als die siebenfache Fläche der Bundesrepublik Deutschland). Die mögliche Erweiterung der Anbaufläche auf etwa 3,1 Millionen qkm, die relativ einfach und preiswert erzielte Überschußproduktion, die komplementären Boden- und Klimazonen sowie die ausgezeichneten Verkehrsverbindungen, die zusammen eine großräumliche Spezialisierung und damit fast völlige nationale Autarkie ermöglichen, sind grundlegende Voraussetzungen für den großen, fast beispiellosen wirtschaftlichen Reichtum der Vereinigten Staaten.

Zweifellos sind die weiten, endlos erscheinenden, fast monokulturartig jeweils zu mehr als 50% einem bestimmten landwirtschaftlichen Produkt gewidmeten Landwirtschaftsgürtel der USA, die berühmten »Agricultural Belts«, wohl der bekannteste und dennoch immer wieder von neuem faszinierende Ausdruck amerikanischen Reichtums und amerikanischer Weiträumigkeit. Mit Worten kaum beschreibbar ist z.B. der Eindruck der ein bis zwei Autoreisetage dauernden Fahrt durch den »Corn Belt«, den fruchtbaren Maisgürtel des Mittleren Westens, eine Reise durch einen Ozean von übermannshohen Maisfeldern, der nur von den Siedlungsinseln der fabrikähnlichen Farmen mit ihren Silos alle 10 bis 15 km entlang den Autobahnen unterbrochen wird.

J. H. Paterson macht außer der Größe und Weiträumigkeit des Landes selbst noch gewisse damit zusammenhängende historische, ökonomische und physisch-geographische Gründe für die Entwicklung der großen amerikanischen Landwirtschaftsgürtel verantwortlich. Die frühen Siedler der landwirtschaftlich gar nicht so bevorzugten nordostatlantischen Kolonien mußten zunächst so autark wie möglich sein, weil das europäische Siedlungsgebiet im Norden und im Westen von Gebirgen, Waldgebieten und Indianerreservationen eingeengt war, aber auch deshalb, weil ein einigermaßen funktionierendes Landverkehrsnetz fehlte und daher der Austausch von landwirtschaftlichen Produkten zwischen den einzelnen Siedlungen praktisch unmöglich war. Diese Situation änderte sich jedoch bald. Nachdem das Verkehrsnetz ausgebaut war und Warenaustausch zwischen den Siedlungen möglich wurde, entwickelte sich eine gewisse regionale Spezialisierung in den östlichen Kolonien, die zum erstenmal Rücksicht auf Bodenqualität, Klimaverhältnisse, Siedlungsstruktur und Bevölkerungsdichte zuließ. Ein weit wichtigerer Faktor war jedoch die Entdeckung, daß jenseits der Appalachen, in den weiten, noch unbesiedelten und z.T. noch gar nicht bekannten Gebieten des Westens, viel fruchtbarere Böden und bessere Klimaverhältnisse als im Osten herrschten, die einen leichteren und gewinnbringenderen Anbau ermöglichten. Für viele Farmer des Nordostens, besonders der Mittelgebirgslandschaften Neuenglands und der westlichen Piedmontgebiete, mußten die endlosen flachen Grasländer von Kentucky und die leicht bewaldeten »Forest openings« von Ohio wie ein Paradies erscheinen.

So bildeten sich nach der amerikanischen Unabhängigkeitserklärung von 1776 und der einsetzenden Besiedlung des Westens rasch die für die USA heute so typischen großzügigen Anbauverhältnisse heraus. Vor allen Dingen verschoben sich die Zentren des landwirtschaftlichen Anbaues relativ schnell nach Westen, und zwar immer jeweils so weit, wie der Ausbau des Verkehrsnetzes es erlaubte. Das beste Beispiel hierfür ist der Anbau von Weizen. Bis 1825 noch wurde Weizen vorwiegend in Neuengland angebaut. Im Jahre 1825 jedoch wurde der Eriekanal eröffnet, der den Hudson River (New York) mit den östlichen Großen Seen verband. Prompt verschob sich das Hauptweizenanbaugebiet in die offenen Landschaften um den

Colorado, Viehtrieb · Eine der klassischen »Western-Regionen« im Vorland der Rocky Mountains mit ihren bald satten, bald außerordentlich dürftigen Grasfluren als Grundlage der Weidewirtschaft.

Eriesee im westlichen Teil des Staates New York. Mit dem Ausbau der Eisenbahnverbindungen zwischen dem Osten und dem gesamten Gebiet der Großen Seen, besonders nach der Fertigstellung der Verbindung New York–Chicago im Jahre 1852, wanderte der Weizengürtel durch Ohio, die Grasgebiete von Illinois, Wisconsin und Iowa (1860–1870) und erreichte mit der Fertigstellung der Northern Pacific Railways und der Canadian Pacific Railways seinen heutigen Standort in Kansas sowie in North und South Dakota. Hier wurde dem weiteren Vordringen des Weizens durch die zunehmende Trockenheit nach Westen hin ein Ende gesetzt.

Die Farmer der alten atlantischen Siedlungsgebiete mußten sich notgedrungen auf solche Produkte umstellen, die keinen weiten Transport vertrugen und gleichzeitig in den sich rasch vergrößernden Städten hohe Preise erzielten. So entstand der »Heu- und Milchgürtel« (»Hay and Dairy Belt«) mit eingestreuten intensiven Obst- und Gemüseanbaugebieten, wo Böden und Klima es zuließen. Der Mittlere Westen aber, das zentralgelegene Gebiet zwischen den Flüssen Ohio und Missouri und den Großen Seen, entwickelte sich zum »Corn Belt«, der landwirtschaftlich produktivsten Zone der Vereinigten Staaten, die sowohl die Vorteile ihrer westlichen Nachbargebiete, die weiten, fruchtbaren Ländereien, als auch die ihrer östlichen Nachbargebiete, städtische Absatzmärkte in dem ab etwa 1850 sich entwickelnden Industriegürtel (»Industrial Belt«), nicht aber deren Nachteile besitzt. Sie leidet nicht unter den unzureichenden Niederschlägen, wie sie weiter westlich zu beobachten sind, und verfügt gleichzeitig über fruchtbarere Böden als die Farmen im Osten. Der Mittlere Westen entwickelte sich mit anderen Worten zu einer Landschaft, die durch ein vorbildliches Gleichgewicht von Viehzucht und Ackerbau (Fleischerzeugung auf Maisfuttergrundlage: Corned beef und Corned pork), bäuerlicher Produktion und städtischen Absatzmärkten gekennzeichnet ist.

Westlich und südlich von dieser wunderbaren, wirklich fast durch göttliche Freigebigkeit verwöhnten Landschaft, die sich über fast 500 000 qkm erstreckt, werden die Bedingungen weniger günstig. Im Westen, in den Great Plains, die bis zu den Rocky Mountains reichen, fehlen die städtisch-industriellen Absatzmärkte; vor allem aber macht sich hier das nordamerikanische Klimaregime bemerkbar, das ungefähr westlich des 100. Längengrades eine bemerkenswerte Abnahme der Niederschläge mit sich bringt. Südlich des Mittleren Westens fehlen ebenfalls die städtischen Absatzmärkte. Darüber hinaus hat sich hier die historisch bedingte Vorherrschaft von »König Baumwolle« (»King Cotton«) lange Zeit negativ ausgewirkt; erst heute wird sie allmählich durch ein Zurückdrängen der Baumwolle zugunsten anderer, verschiedenartiger Anbauprodukte (»General farming«) ersetzt.

Letztlich sind bei aller Bedeutung historischer und ökonomischer Gründe für die Ausbildung der weiten monokulturartigen Landwirtschaftsgürtel physisch-geographische Bedingungen, allen voran klimatische, ausschlaggebend. Im allgemeinen gilt, daß dort, wo die Grenzen der landwirtschaftlichen Gürtel von West nach Ost verlaufen, sie durch den Temperaturunterschied, dort aber, wo sie von Nord nach Süd verlaufen, sie durch den Niederschlag bestimmt sind. Dieser letztere Faktor ist jedoch von größerer Bedeutung als der Temperaturgang. Das Klima der Vereinigten Staaten wird vor allem durch das Fehlen einer in Ost-West-Richtung verlaufenden Gebirgsschranke sowie durch das von Nord nach Süd angeordnete Großrelief (Rocky Mountains und Appalachen) bestimmt, beides ein Grund für den so typischen ungehinderten Austausch polarer

»Minerva Springs and Terrace«

Yellowstone-Impressionen

Der in den Bergen von Wyoming gelegene Yellowstone-Nationalpark mit seinen heißen Schwefelquellen, seinen Geysiren und seinen obligatorischen Bären auf dem Campingplatz ist eines der bevorzugten Reiseziele ausländischer USA-Besucher. Die beiden Niagarafälle zwischen dem Ontario- und dem Eriesee, die Evergladessümpfe in Florida, die Badlands in South Dakota, der Great Salt Lake in Utah und das Death Valley zwischen Kalifornien und Nevada sind weitere solche Ausflugsziele, die zudem so weit voneinander entfernt liegen, daß meist nur der ausländische Tourist sie alle besuchen kann, wenn er die Vereinigten Staaten »pauschal« bereist. Daß ihm dabei aber das eigentliche, das zeitgenössische Amerika entgeht, sollte hier angefügt werden. Die USA – das sind heute die großen Stadtlandschaften, Lebensraum für 73% der Bevölkerung, mit all dem Glanz und all dem Elend der modernen spätkapitalistischen Großstadtgesellschaft; das sind ferner die verseuchten Seen und Flüsse, die vom Tagebergbau zerstörten Landstriche und vor allem die Menschen, die versuchen, mit alledem fertigzuwerden.

Oben: »Highland Terrace«    *Oben: »Punch Bowl Spring«*    *Unten: Begegnung auf dem Campingplatz mit Meister Petz*

215

und tropischer Luftmassen im größten Teil der USA und für die weiten Trockengebiete im Westen.

Die polar-kontinentalen Luftmassen des nördlichen Kanadas sind im Sommer mit kühlem, klarem Wetter, im Winter mit sehr kalten Temperaturen verbunden, die oft noch bis ins subtropische Florida und an die ansonsten milde Golfküste vordringen. Die tropisch-maritimen Luftmassen aus dem Golf von Mexico bringen im Sommer feuchtheiße Luft bis in das Gebiet nördlich der Großen Seen, im Winter mildes Wetter mit Regen, Sprühregen und Nebel. Da die Position beider Luftmassen mit den Jahreszeiten wechselt, gilt die Regel, daß die polar-kontinentalen Luftmassen im Winter, die tropisch-maritimen Luftmassen im Sommer vorherrschen. Dennoch findet, dank der weiten gebirgslosen Ebenen des Landesinneren, während des ganzen Jahres häufiger Luftmassenaustausch statt, der jeweils mit großen Temperaturstürzen oder -anstiegen – bis zu 25 °C in wenigen Stunden – verbunden ist.

Da im weiten Inneren des Landes der Luftmassenaustausch zwischen Süden und Norden so rege ist und das Wetter rasch wechselt, dient zu einer Klimagliederung der USA meist das Niederschlagsregime. Eine solche Gliederung entspricht auch weitgehend der kulturgeographischen Werteskala der Böden und des Klimas ganz allgemein, was sich deutlich in der Bevölkerungsverteilung und der landwirtschaftlichen Nutzung des Landes widerspiegelt. Auf der Grundlage der Niederschlagsverhältnisse werden drei große Gebiete unterschieden: der humide Osten bis etwa zum 100. Längengrad, der reichliche Niederschläge vom Golf von Mexico und vom Atlantik her erhält, wobei die Appalachen keine Klimascheide darstellen; der trockene Westen, der ungefähr vom 100. Längengrad im Osten bis zur pazifischen Küstengebirgskette im Westen reicht, in deren Regenschatten weniger als 250 mm Jahresniederschlag fallen, ein Gebiet extensiver Viehhaltung, wo Ackerbau im allgemeinen nur mit Hilfe von Bewässerung betrieben wird; die humide Westküste, die im nördlichen Teil zu allen Jahreszeiten große Niederschlagsmengen aus dem Nordpazifik erhält und im südlichen Teil, also in Kalifornien, mediterrane Verhältnisse mit Sommertrockenheit und Winterregen aufweist. Obwohl im allgemeinen die potentielle Produktivität der Böden von Osten nach Westen hin, also über den 100. Längengrad hinaus, zunimmt, erlauben die abnehmenden Niederschläge sowie die orographischen Verhältnisse keinen großflächigen Ackerbau in den semiariden und ariden Gebieten des Westens.

Der amerikanische Westen, dieses riesige Gebiet, das sich vom 100. Längengrad im Osten bis zu den pazifischen Küstengebirgen im Westen erstreckt, erscheint auf den Landnutzungskarten der USA unter der Bezeichnung »Weideland- und Bewässerungszone« (»Grazing and Irrigated Crops Region«). In Wahrheit hat man es hier, nach W. P. Webb, mit einem Wüsten- und Halbwüstengebiet von ungeheuren Dimensionen zu tun, mit »Amerikas toter Mitte«, die nur sehr extensiv nutzbar ist, wo der Unterschied zwischen landwirtschaftlich genutzter und ungenutzter Fläche einen Unterschied zwischen völliger Brache und einem einzigen Stück Rind oder Schaf je 100 ha bedeuten kann. Darüber hinaus ist dieses extensive Weideland in den Gebirgszonen und in den Wüstenrandgebieten des Westens meist saisonbedingt, so daß die gesamte landwirtschaftliche Nutzung, mit Ausnahme der eingestreuten Bewässerungs-»Inseln«, äußerst dürftig ist. Um einen Eindruck der Weite und Größe auch dieses Raumes zu gewinnen, muß man sich vergegenwärtigen, daß er im Süden fast in den Tropen beginnt und im Norden fast bis zu der nördlichen Grenze der gemäßigten Zone reicht und von Ost nach West sich über 2000 km erstreckt. Was aber hier das Klima dem Menschen versagte, haben z.T. reiche Bodenschätze wieder gutgemacht. Und auch landwirtschaftlich ist der Westen nicht für immer verloren. Pläne, die großen Ströme und Seen Westkanadas in die Great Plains zu leiten, sind schon gefertigt. Die jungfräulichen Böden und das Wasser des Nordens können auch aus großen Teilen dieses Landes noch ein grünes Paradies machen, falls es notwendig sein sollte.

Wie immer man auch die USA betrachten will, man kann nicht umhin, ihre Größe, ihre Weiträumigkeit und ihren Reichtum zu bewundern und zu preisen. Daß dieses gewaltige Land dem Menschen auch heute noch nahelegt, es als »Gottes eigenes Land« anzusehen, kann wahrlich nicht verwundern. Daß es jeden Menschen, Siedler, Neueinwanderer oder Besucher, in seinen Bann zu schlagen vermag und ihn mit der Zeit prägt, mag ebenfalls niemanden überraschen.

Die amerikanische »Frontier«

Zwei weitere wichtige Schlüssel zum Verständnis der Vereinigten Staaten sind, daß sie ein Neusiedelland mit einer relativ kurzen Geschichte sind und daß sich das amerikanische Volk aus Einwanderern – oder deren Nachkommen – fast aller Völker und Rassen der Erde zusammensetzt. Auch diese beiden Faktoren haben, besonders im Zusammenhang mit der Größe und dem Reichtum des Landes, wichtige Einflüsse auf die Gestaltung der amerikanischen Kulturlandschaft und auf den Charakter der amerikanischen Denk- und Lebensweise ausgeübt. Bedeutend sind hierbei vor allem die Landnahme selbst und das erfolgreiche Vorantreiben der Zivilisations- und Siedlungsgrenze, der sogenannten »Pionierfront« (»American Frontier«), über einen fast menschenleeren, reichen, fruchtbaren Kontinent hinweg, in einem Zeitraum von 150 Jahren. (Die Indianerbevölkerung im gesamten Gebiet der heutigen USA betrug im Jahre 1776 ungefähr 800 000 bis 1 Million.)

Die rasche und erfolgreiche Landnahme ist für die amerikanische Gesellschaft ein historisch und soziologisch bedeutsamer Vorgang erster Ordnung gewesen und hat zahlreiche typische Aspekte der heutigen Vereinigten Staaten und ihrer Gesellschaft bestimmt. Am auffallendsten, da in der Kulturlandschaft allgegenwärtig, ist die regelmäßige, nach den Himmelsrichtungen im Quadratmuster ausgerichtete Landaufteilung als bewußter Bruch mit der europäischen Siedlungstradition und als Ausdruck der großangelegten, von der Regierung geplanten Siedlungsaktion. Typisch ist auch die hartnäckige Betonung von Recht, Gesetzlichkeit und Ordnung (»Law and Order«) in der amerikanischen Gesellschaft, entstanden in der Pionierwelt der »Frontier«, und damit zusammenhängend das Akzeptieren von Gewalt und Gewaltanwendung in Zeiten der Unordnung und Gefahr. Eine große Rolle spielte die Landnahme auch bei der Entwicklung des amerikanischen Individualismus, der Betonung des persönlichen Erfolges, der persönlichen Unabhängigkeit und der individuellen Bewährung. Die Landnahme hat die Überzeugung der Amerikaner von der Rechtmäßigkeit ihres Vorgehens und damit verknüpft ihr Selbstvertrauen und ihr Sendungsbewußtsein als Nation und Kulturgemeinschaft gefördert. Sie hat die bereitwillige Aufnahme und das allmähliche Einschmelzen von Angehörigen verschiedener Völker unterstützt. Sie hat das Prinzip der Demokratie und der Freiheit des einzelnen im Bewußtsein der Nation verankert, aber auch die rigorose Forderung nach Anpassung und bedingungsloser Unterordnung unter den »American Way of Life« und die Beschlüsse der Mehrheit sowie die daraus häufig resultierenden Spannungen zwischen Gesellschaft und Minoritäten, wenn

Klimazonen und wichtigste Anbauregionen Nordamerikas

- Arktisches Klima
- Subarktisches Klima (Tundra)
- Feuchtes Kontinentalklima, kurzer Sommer
- Feuchtes Kontinentalklima, langer Sommer
- Subtropisches Klima
- Steppe
- Hochland
- Subtropisches Mittelmeerklima
- Seeklima
- Wüste
- Tropische Savanne
- Waldregionen
- Dauerfrostböden und arktische Gletscher

- Farmland
- Heuwirtschaft
- Milchwirtschaft
- Getreide
- Weizen
- Baumwolle
- Tabak
- Obst
- Subtropische Früchte
- Grasland, Viehzucht

Amulett, Nordamerika

diese eine Anpassung und Unterordnung entweder nicht vollziehen wollen oder aus unüberwindlichen Gründen nicht vollziehen können, wie die Indianer oder die Neger. Die rasche und erfolgreiche Landnahme hat aber auch ganz allgemein den so typischen Optimismus der Amerikaner hervorgerufen und sie in ihrem Anspruch bestärkt, Träger des ehrgeizigsten und erfolgreichsten Experiments der Menschheitsgeschichte zu sein. Sie hat schließlich den bereits erwähnten Hang zur Verschwendung und zum skrupellosen Raubbau gefördert. Man kann den Geschäftsgeist, die Härte, das rücksichtslose kapitalistische Gewinnstreben und viele andere, z. T. recht negative Seiten der heutigen amerikanischen Gesellschaft nicht verstehen, wenn man sich nicht vergegenwärtigt, welche Versuchungen die Verteilung und Ausbeutung eines so gewaltig großen und reichen Landes auf die Menschen ausgeübt hat. Noch bis in die dreißiger, ja vierziger Jahre dieses Jahrhunderts hinein galt, daß das Land, der verfügbare Raum und die von der Natur bereitgestellten Reichtümer unerschöpflich seien. Man kannte nicht die Angst vor dem »Morgen«. Wenn man die Möglichkeiten eines Landstriches erschöpft hatte, konnte man immer wieder weiterziehen (»move on«). Die Wälder schienen endlos, das fruchtbare Land unerschöpflich, die Weiden unendlich, die Wasserreserven und Bodenschätze unermeßlich. Worauf es anzukommen schien, war, wer schneller und effektiver die Ressourcen nützen und in klingende Münze umwandeln konnte. Das große Erwachen begann u. a. mit dem Erlebnis der »Staubschüssel« (»Dust Bowl«) in den dreißiger Jahren dieses Jahrhunderts, hervorgerufen durch die sinnlose Überbeanspruchung semiarider Randgebiete im Westen, und mit dem Erlebnis der allgemeinen Verschmutzung und Zerstörung der Umwelt in den sechziger Jahren dieses Jahrhunderts. Erst so spät nach dem Ende der eigentlichen Landnahme begann das amerikanische Volk zu verstehen, daß die Zeit der »Frontier« wirklich zu Ende war. Den Schock, den diese Erkenntnis bei der amerikanischen Gesellschaft ausgelöst hat, kann man nur recht verstehen, wenn man den überragenden Einfluß des Erlebnisses dieser großen, mit anderen Landnahmen der Geschichte kaum vergleichbaren Siedlungsbewegung in Betracht zieht. Was heute in den Vereinigten Staaten geschieht, ist in vieler Hinsicht das Erwachen aus dem Traum der Landnahmezeit.

Das eigentliche Werden der amerikanischen Nation vollzog sich in weniger als hundert, die amerikanische Landnahme selbst wie gesagt in etwa 150 Jahren. Zwischen 1776 und 1783 erkämpften sich die dreizehn britischen Kolonien an der Atlantikküste die Unabhängigkeit von der Krone und bildeten den Kern der Vereinigten Staaten von Amerika mit einem Territorium von etwa 940 000 qkm (etwa 10 % des Gebietes der heutigen USA). Bis zum Jahre 1783 erweiterte sich dieses Staatsgebiet durch Verträge mit Großbritannien und mehreren Indianerstämmen auf 1,6 Millionen qkm. 1803 kauften die Vereinigten Staaten das gesamte Kolonialreich Frankreichs in Nordamerika, das alles Land westlich des Mississippi bis zu den Rocky Mountains umfaßte – ein Gebiet von etwa der fünffachen Größe Frankreichs –, im »Louisiana Purchase« für 15 Millionen Dollar auf und wuchsen dadurch um weitere 2,5 Millionen qkm. Im Jahre 1819 verkaufte Spanien Florida an die USA für 6 Millionen Dollar. 1845 wurde Texas, das sich 1836 von Mexico losgelöst hatte, mit 825 000 qkm ein Bundesstaat der Union. 1848–1853 annektierten die Vereinigten Staaten Kalifornien und Neumexico (New Mexico) mit 1,3 Millionen qkm. 1846 trat Großbritannien das Oregonterritorium im Nordwesten des Landes mit etwa 300 000 qkm an die Vereinigten Staaten ab. Im Jahre 1867 kauften die USA für 7,2 Millionen Dollar von Rußland ganz Alaska mit 1,4 Millionen qkm. In weniger als hundert Jahren, von 1776 bis 1867, hatten sich auf diese Weise die Vereinigten Staaten um das Zehnfache vergrößert. (Vgl. Transparentdruck S. 240/41.) Ein Gebiet von über 9,3 Millionen qkm stand einer kleinen Bevölkerung zur Besiedlung und Ausbeutung zur Verfügung, ein für einen Staat der Neuzeit unerhört großzügiger Beginn. Ein halber Kontinent voll unerschöpflicher Reichtümer konnte erschlossen werden, ohne trennende politische Grenzen, ohne Kleinlichkeit und Beschränkung, ein Land, das daher von vornherein die Vorteile der regionalen Spezialisierung und Arbeitsteilung uneingeschränkt ausnutzen konnte. Da es anfangs jedoch nicht genügend Einwohner gab, um auch alle Gebiete zu besiedeln und alle vorhandenen Ressourcen zu nutzen, dauerte es noch längere Zeit, bis das Land wirklich völlig besiedelt und in Besitz genommen war.

Während der britischen Kolonialzeit bildete das Appalachengebirge die Westgrenze. Entgegen der weitverbreiteten Meinung lag dies nicht in erster Linie an der topographischen Barriere des Gebirges selbst, sondern entsprang dem Versuch Großbritanniens, seine Interessensphäre in Nordamerika von derjenigen Frankreichs zu scheiden. Dies gelang durch die Schaffung einer Sperrzone von Indianerreservationen westlich der Appalachen, so daß eine Westwärtswanderung großen Stils erst nach der Unabhängigkeitserklärung der Vereinigten Staaten möglich wurde. Die eigentliche amerikanische Kolonisationsepoche, die nun folgte, wurde mit dem Beschluß eingeleitet, alles Land, das noch nicht offiziell besiedelt war, besonders die Territorien westlich der Appalachen, zu Staatsland (»Public Domain«) zu erklären und an interessierte Siedler oder Unternehmen zu verkaufen; später, besonders nach 1850, wurde Land zur rascheren und gezielteren Erschließung an Neusiedler praktisch verschenkt. Dies war die Grundlage für die großzügige rasche und geplante Aufteilung und Besiedlung der gewaltigen Territorien im Westen und die Gründung von neuen Staaten, nachdem die einzelnen, jeweils unter einem Gouverneur der Bundesregierung stehenden Territorien einen demographischen und wirtschaftlichen Reifegrad erreicht hatten.

Westlich des altbesiedelten Kulturlandes im Osten dehnt sich heute das quadratische Schachbrettmuster, das nach H. Lehmann den für zwei Drittel der USA so charakteristischen Bruch

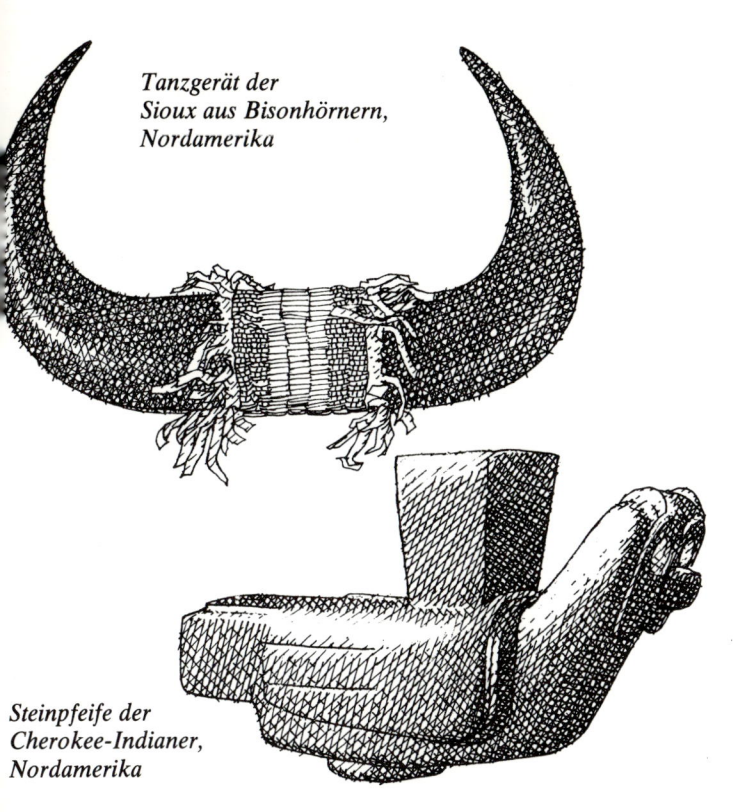

Tanzgerät der Sioux aus Bisonhörnern, Nordamerika

Steinpfeife der Cherokee-Indianer, Nordamerika

mit der europäischen Tradition, den Sieg der »Ratio«, das Manifestwerden der Aufklärung im Bild einer Kulturlandschaft darstellt. Diese »Congressional Township«-Einteilung, 1785 beschlossen, folgte dem einfachen System der Landaufteilung nach in Nord–Süd- und Ost–West-Richtung angelegten Quadraten von jeweils 6 auf 6 Meilen (93,2 qkm), die ihrerseits jeweils in 36 »Sections« zu je 1 Quadratmeile (2,6 qkm) und diese wiederum in 4 »Quarter Sections« zu je 160 Acres (64,5 ha) unterteilt wurden. In einem Gesetz von 1841 und besonders im Homestead Act von 1862 wurde jedem Siedler nach dem Aufbau und der Kultivierung einer Farm eine ganze Quarter Section für einen nominellen Betrag besitzrechtlich überlassen. Diese Maßnahme, aber auch die Größe der Besitzungen machten Dorfsiedlungen praktisch unmöglich und führten zu der in den zentralen und den westlichen Gebieten der Vereinigten Staaten dominierenden ländlichen Siedlungsform des Einzelhofes, der »Isolated farmstead«. Die quadratische Township-Einteilung der amerikanischen Landschaft setzt sich über alle topographischen Unebenheiten hinweg und geht bis in die Städte hinein. Soziologisch wirkte sich dieser ganze Vorgang der geplanten Landaufteilung in dem Sinne aus, daß keine ständische Gesellschaftsgliederung entstehen konnte. Die Amerikaner wurden zu Amerikanern als eine Gemeinschaft von freien, gleichberechtigten Farmern (H. Lehmann).

Die fast unbegrenzten Möglichkeiten des jungen Staatswesens, besonders im Hinblick auf die vielversprechenden wirtschaftlichen und politischen Verhältnisse, übten im übervölkerten, kleingekammerten, durch Kriege, Revolutionen, Hungersnöte, überkommene feudale Besitz- und Rechtsverhältnisse und religiöse wie politische Intoleranz gekennzeichneten Europa große Anziehungskraft aus. Im Jahre 1800 betrug die gesamte Bevölkerung der USA einschließlich der Negersklaven des Südens etwa 5,5 Millionen Einwohner. Bei der Volkszählung des Jahres 1970 zählte man 207 Millionen, nach neuesten Erhebungen 208,8 Millionen. Obwohl dieses gewaltige Wachstum auch der überdurchschnittlichen natürlichen Bevölkerungsvermehrung entspringt, waren es doch in erster Linie die Einwanderer, die die Bevölkerungszahlen der USA, zumindest während der ersten 120–130 Jahre, so unverhältnismäßig rasch emporschnellen ließen. Von 1820 bis 1970 haben sich über 45 Millionen Menschen aus fast allen Ländern und Angehörige fast aller Rassen der Erde in den Vereinigten Staaten niedergelassen. Kein anderes Land kann auf einen ähnlichen Zustrom von außen zurückblicken.

Europäer waren bei der Einwanderung in die USA am stärksten vertreten. Dabei lassen sich vier große Einwanderungswellen unterscheiden. Zwischen 1820 und 1860 überwogen Einwanderer aus Schottland, Irland, England und Deutschland, besonders aus Hessen und der Pfalz. Zwischen 1860 und 1890 waren Deutsche, Engländer und Skandinavier am zahlreichsten. Zwischen 1900 und 1914 überwogen Slawen aus Polen, der Ukraine und Rußland sowie Südeuropäer, besonders Italiener. Nach dem Ersten Weltkrieg wanderten weitere Osteuropäer und auch viele Deutsche in die USA aus, doch wurden Einwanderungsquoten festgelegt, die den Zuzug auf nur 150 000 Personen im Jahr begrenzten. Dabei wurden Nordwesteuropäer (Engländer, Iren, Schotten, Skandinavier, Niederländer und Deutsche) allen anderen Volksgruppen vorgezogen. Die vierte große Einwanderungswelle fand in den Jahren 1933–1950 statt. Zahlreiche deutsche Juden und andere politisch Verfolgte dieser turbulenten Zeit sowie Flüchtlinge des Zweiten Weltkrieges fanden in den USA Zuflucht. In die Gebiete der pazifischen Westküste wanderten, besonders zwi-

Bevölkerungsentwicklung und Einwanderung

Die Einwohnerzahl der USA betrug (in Mill.)

1790	3,9	1890	62,9
1800	5,5	1900	75,9
1810	7,2	1910	91,9
1820	9,6	1920	105,7
1830	12,8	1930	122,7
1840	17,0	1940	131,7
1850	23,1	1950	150,7
1860	31,4	1960	179,3
1870	39,8	1970	207,0
1880	50,1		

1820–1970 kamen 45,1 Mill. Einwanderer in die USA; die Herkunftsländer waren (Zahlen in Mill.):

Großbritannien, Irland	9,6
Deutschland	7,0
Italien	5,2
Österreich-Ungarn	4,3
Kanada	4,0
Rußland bzw. UdSSR	3,3
Mexico	1,8
Schweden	1,3
Asiatische Länder	1,3
Norwegen	0,9
Frankreich	0,7
Übrige Länder (mit Cuba, Puerto Rico)	5,7

schen 1850 und 1880, zahlreiche Chinesen und Japaner ein. Rassische Vorurteile und Furcht vor der japanischen Tüchtigkeit veranlaßten die Regierung schon damals, Einwanderungsquoten für diese beiden Volksgruppen einzuführen, und zwar nur je 100 Personen im Jahr.

Wohl lassen sich gewisse Gebiete in den Vereinigten Staaten ausmachen, die von der einen oder der anderen Volksgruppe bevorzugt wurden, z. B. die Staaten Wisconsin, Minnesota und Iowa, die besonders von Skandinaviern und Deutschen, der Staat Pennsylvania, der von zahlreichen Deutschen (»Pennsylvania Dutch«), Polen und Ukrainern besiedelt und kultiviert wurde, oder die Weizengebiete der Präriestaaten des Westens, die ebenfalls von Ukrainern bevorzugt als Siedlungsgebiete ausgesucht wurden. Im ganzen gesehen hat jedoch ein bemerkenswerter biologischer und ideologischer Einschmelzungsprozeß im Laufe der Zeit Einwanderer aus den verschiedenen Ländern zu einem neuen Mischvolk zusammengeschweißt; das Wort vom »Schmelztiegel« (»Melting Pot«) ist also durchaus angebracht. Die Vermischung der Volksgruppen ist einerseits der bewußten Erziehung der Einwandererkinder in den amerikanischen Schulen zu verdanken, andererseits aber auch der traditionsentbundenen Atmosphäre der »Frontier«, also der Kolonial- oder Siedleratmosphäre, wo althergebrachte und überkommene Bindungen und Sitten hinter den Notwendigkeiten des Alltags und hinter der großen, begeisternden Aufgabe der Besiedlung dieses Riesenlandes zurücktraten.

Dem neuen großen Mischvolk der Amerikaner gehören zwar auch heute noch nicht alle Einwohner der Vereinigten Staaten an. Gerade jetzt, in einer Zeit, da ethnische und kulturelle Minderheiten überall auf der Welt um Gleichberechtigung und Anerkennung ringen, haben auch gewisse Bevölkerungsgruppen in den USA, so die Neger, die Puertorikaner, die Polen, die Hispanoamerikaner und die Indianer, begonnen, sich ihrer Eigenarten bewußt zu werden und diese gegen den herrschenden Trend der Mehrheit durchzusetzen. Aber gerade angesichts dieser jüngsten und meist erfolglosen Bemühungen der Minoritäten wird erst recht deutlich, wie weit die allgemeine Entwicklung hin zu einem großen neuen Einheitsvolk in den USA bereits gediehen ist. Von Anfang an war den verantwortlichen Schöpfern des Staates daran gelegen, eine Gesellschaft zu formen, in der durch biologische Mischung und politische, soziale und religiöse Toleranz ein neues Volk mit einer eigenständigen Lebensform entstehen konnte. Noch im Jahre 1790 machte das englischstämmige Element in der jungen Republik 80% der Bevölkerung aus. Durch die Einwanderung aus Deutschland, Italien, Irland und anderen Ländern war der englische Anteil bis 1920 auf unter 50% gesunken. Trotzdem ist der angelsächsische Kultureinfluß für alle bis heute der wichtigste geblieben; die Einwanderer und erst recht deren Kinder und Kindeskinder sahen es als selbstverständlich an, sich in diese Lebensform einzuordnen. Die Eroberung des Landes, die gemeinsamen nationalen Ziele, der Wille, sich wirtschaftlich und sozial emporzuarbeiten und anerkannt zu werden, überwogen den Drang, alte Sitten und Gebräuche, die Heimatsprachen und mitgebrachte kulturelle Eigenarten zu bewahren.

In den Schulen wurde darüber hinaus bewußt an der Schaffung der neuen Gesellschaft gearbeitet. Amerikanische Geschichte, englische Sprache, die Werte der amerikanischen Gesellschaft und Nation, allen voran eine demokratische Grundeinstellung, ferner die puritanische Heiligung der Berufsarbeit, die Zügelung des Genusses und das damit verbundene Ideal der gefühlsbeherrschten, unabhängigen Persönlichkeit des Angelsachsentums und schließlich die Symbole amerikanischer Einheit: die Fahne, die Nationalhymne und der stolze Treueid an die Vereinigten Staaten (»I pledge allegiance to the flag of the United States of America, and to the republic for which it stands, one nation under God, indivisible, with liberty for all [...]«) – all dies bildet bis heute die Grundlagen nationaler Vereinheitlichung bei den Kindern der Einheimischen wie jenen der Einwanderer.

So ist es nicht verwunderlich, daß die amerikanische Bevölkerung, trotz ihrer verschiedenartigen ethnischen, rassischen und kulturellen Herkunft, soziologisch, politisch und kulturell viel einheitlicher ist, als es vergleichsweise vielleicht das

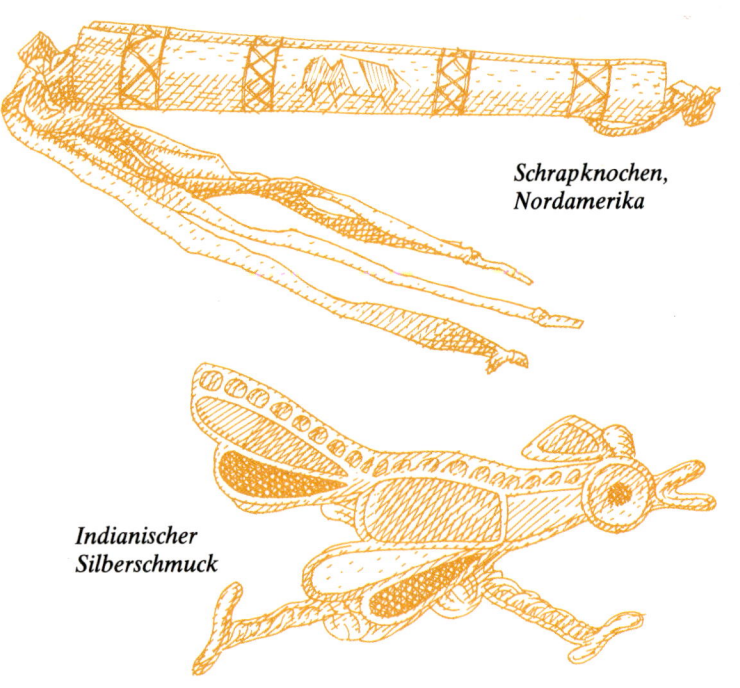

Kalifornien, Vegetationsbeispiel · Weite Gebiete Kaliforniens sind extrem trocken und vielfach wüstenhaft. Die Kandelaberkakteen setzen charakteristische Akzente.

Schrapknochen, Nordamerika

Indianischer Silberschmuck

deutsche Volk jemals war. Daß diese Einheitlichkeit des amerikanischen Volkes eine große Stärke der Nation darstellt, leuchtet ein. Daß diese Nation gleichzeitig aber auch zur kulturellen, sozialen und geistigen Monotonie neigt, ist aus gleichen Gründen erklärlich. Der Zwang zur Einpassung und Einschmelzung so vieler ethnischer und kultureller Elemente besitzt notgedrungen diese negativen Seiten und hat, trotz grundlegender Toleranz und demokratischer Einstellung, u.a. zu so typisch amerikanischen Erscheinungen geführt wie der Diktatur der öffentlichen Meinung, der Diktatur der Mehrheit, der Monotonie und Verflachung des Lebens, dem manchmal unerträglichen Zwang des Sichanpassens um der Gleichmacherei willen.

Segen und Fluch des »American Way of Life«

Neben der Größe und dem Reichtum des Landes sowie der geschichtlichen Entwicklung der Nation durch Landnahme und Einwanderung ist noch ein dritter Faktor für das Verständnis der heutigen Vereinigten Staaten wichtig. Dieser Faktor ist das geltende Wertungssystem der amerikanischen Gesellschaft, der vielgenannte »American Way of Life«. Grundlegend für ihn waren zunächst der Einfluß des englischen demokratischen Gedankens und der Einfluß der englischen protestantischen Ethik, die sich später zu einem säkularisierten Progressivismus (»Progressive Attitude«) verbanden. Durch den erfolgreichen Aufbau eines riesigen Wirtschafts- und Machtkomplexes in kurzer Zeit erhielt dieser »American Way of Life« seine offensichtliche Bestätigung, das einzig richtige Wertungssystem zu sein.

Die vier grundlegenden Voraussetzungen dafür beruhen nach C. DuBois auf einer vier Punkte umfassenden Doktrin: 1. Das Universum wird mechanistisch aufgefaßt. 2. Der Mensch ist der Herr des Universums. 3. Alle Menschen sind gleich. 4. Die Menschen sind verbesserungsfähig (»perfectible«). Die mechanistische Weltanschauung der amerikanischen Gesellschaft sieht das Universum und jeden seiner Teilaspekte als Ganzheiten an; diese bestehen wiederum aus Einzelteilen, die alle, schlecht oder recht, zusammenwirken. Durch pragmatischen Erfindungsreichtum und persönlichen Energieaufwand kann der Mensch diese mechanistischen Beziehungen entdecken und manipulieren. Praktisch alle Erscheinungsformen des

Die Verstädterung der US-amerikanischen Bevölkerung

Der Anteil der städtischen Bevölkerung an der Gesamtbevölkerung in der USA betrug (in %)

Jahr	%	Jahr	%
1790	5,1	1890	35,1
1800	6,1	1900	39,7
1810	7,3	1910	45,7
1820	7,2	1920	51,2
1830	8,8	1930	56,2
1840	10,8	1940	56,5
1850	15,3	1950	64,0
1860	19,8	1960	69,9
1870	27,5	1970	73,5
1880	28,2		

Lebens werden wie materielle Dinge angesehen, die entweder als Teile oder als miteinander verbundene Mechanismen verstanden werden; dieses Konzept schließt auch Zeit als Ding ein, ferner Persönlichkeit und Gruppenbeziehungen. Präzise Messungen aller Dinge stehen daher hoch im Kurs, und zwar nicht nur für materielle Objekte, sondern auch für Zeit, Intelligenz und zwischenmenschliche Beziehungen. Großer Wert wird in diesem Zusammenhang dem Geld als Einrichtung beigemessen, kann es doch in besonderem Maße dazu dienen, viele sonst nicht meßbare Dinge meßbar und damit bewertbar zu machen, etwa Erfolg, den sozialen Status, Einfluß und vieles andere mehr. Reinlichkeit und Ordnung gelten ebenfalls als wichtig. Maschinen arbeiten nicht gut, wenn sie verschmutzt sind oder wenn die Teile nicht an ihrem rechten Platz sind; dasselbe trifft für Individuen in der Gesellschaft zu. Auch Wissenschaft besitzt einen hohen Rang, jedoch nur solange sie dazu verwendet wird, »den Ablauf der Dinge zu verbessern« (»to make things work better«). Reine Wissenschaft oder Drang nach wissenschaftlicher Erkenntnis um ihrer selbst willen sind verdächtig.

Individualismus wird als Wert stets hoch gepriesen, hat jedoch in den Vereinigten Staaten einige besondere Beitöne. Im Idealfall soll jeder Mensch gleiche wirtschaftliche, soziale und politische Chancen haben (»equal opportunity«). Diese Rechte des Individuums sollen laut allgemeiner Meinung aufrechterhalten und garantiert werden – ohne Ansehen von Person, Rasse, Hautfarbe, Volkszugehörigkeit oder Religion. Jeder soll innerhalb des Systems dieselben Möglichkeiten haben, zum Erfolg zu gelangen, wenn er sich nur an die »Spielregeln« hält (»play the game«), sich also anpaßt und genügend Energie und Einfallsreichtum aufbietet. Erfolg beruht natürlich auf der Grundlage des Konkurrenzgeistes (»Competitiveness«). Dieser Konkurrenzgeist rangiert sehr hoch im amerikanischen Wertungssystem. Er wird durch Freigebigkeit, Großzügigkeit und soziale Bescheidenheit (»Understatement«) abgemildert. Der ideale Erfolgsmensch fällt nicht aus dem Rahmen und nimmt Anteil an den anderen Mitgliedern der Gesellschaft, besonders an den Schwächeren, Unglücklicheren, den dauernden Verlierern (»Underdogs«), aber stets mit dem deutlichen Unterton der freiwilligen Mildtätigkeit. Soziale Gerechtigkeit für alle, verstanden als echtes Recht auf öffentliche Unterstützung und Fürsorge, gilt nicht als Wert, sondern geradezu als Unwert. Dem Erfolglosen haftet nach wie vor das Stigma des »Schlechteren« an, den man bedauern muß.

Ein weiterer Wert ist die von innen her regulierte Moralität, das Gewissen im Menschen, das ihm schon sagt, was gut und was schlecht sei und wieweit er innerhalb des Systems aufsteigen, »sein Glück machen« kann, ohne anderen zu sehr zu scha-

Ballungszentren · Chicago, der Industriegigant im Herzen des Landes, ist nach New York und vor Los Angeles der größte Siedlungskomplex der USA.

Industriegebiete und verstädterte Regionen in den USA

Oben: Das Kapitol in Washington D.C.

Unten: Teilansicht von Miami

Ballungsraum Ostküste

146 Mill. US-Amerikaner leben heute in Städten, etwa 35 Mill. von ihnen allein in jenem auch »Megalopolis« genannten Städte-Gürtel an der Ostküste, der sich über 900 km von Boston bis Washington D. C. erstreckt. Weitere Ballungszentren entwickelten sich im Südosten, so um Norfolk (Virginia), Atlanta (Georgia) und Miami (Florida). In den Citys erheben sich imposante Bürohochhäuser, umringt von vielspurigen Stadtautobahnsystemen, die den täglichen Fahrzeugstrom oft nur mühsam bewältigen. Die meisten städtischen Familien leben in Eigenheimen am Rande der großen Städte, die durch die Ansiedlung von Industrie- und Großhandelsfirmen sowie von »Shopping Centers« ständig weiter ausufern.

Stadtautobahnsystem in Boston

Oben: Manhattan, New Yorks Geschäftszentrum

Unten rechts: Straßenbrücken verbinden die Inselkette der Florida Keys, Florida

den. Angesichts der steigenden Kriminalität beginnt ein großer Teil der Amerikaner am Vorhandensein dieses Gewissens im Menschen zu zweifeln. Auch das Vertrauen in die Moralität der Regierung, das ebenfalls lange Zeit den blinden Glauben der Amerikaner an ihre Führer gefördert hat, ist durch die Aufdeckung von Korruptionsfällen (Watergate!) und Kriegsverbrechen (My Lai!) stark erschüttert worden.

Indessen waren es die genannten Werte des »American Way of Life«, der dem Streben nach Erfolg und Reichtum, Glück und materiellem Wohlstand so viel Wert beimißt, die die Vereinigten Staaten zu wirtschaftlichen und technischen Höchstleistungen angespornt haben. Der amerikanische Progressivismus mit seinem Pragmatismus, seinem vorurteilslosen Optimismus, seinem Glauben an ein mechanistisch geordnetes und daher manipulierbares Universum und seiner fast messianischen Überzeugung vom Segen der Technik erleichterte es den Amerikanern, rasch in immer neue Sphären des technisch-industriellen Fortschritts vorzudringen und gleichzeitig zu einer weitgehend »urbanen«, städtisch orientierten Gesellschaft zu werden. Obwohl in den USA die industrielle Revolution erst ungefähr in der Mitte des 19. Jahrhunderts, also etwa zur gleichen Zeit wie in Deutschland, begann, erlaubte die offene, mit dem Schlagwort »angewandte Aufklärung« (Ralf Dahrendorf) gut charakterisierte amerikanische Gesellschaftsstruktur, die raschen Veränderungen, technischen Neuerungen, persönlichem Streben und individuellem Aufstieg wenig Hindernisse in den Weg legte, ein ungleich rascheres und totaleres Vordringen der Industrialisierung, Technisierung und Verstädterung als in Deutschland. Die Bereitschaft der Menschen, sich zu verändern und sowohl physisch als auch ideell »mobil« zu sein, und der Glaube, daß allein schon jede Veränderung den begehrten Fortschritt bedeute und daß eine technisch-industrielle Organisation der Gesellschaft besser und dem Streben des einzelnen nach Glück, Erfolg und Status förderlicher sei als die althergebrachte bäuerlich-vorindustrielle Organisation der Gesellschaft, taten ein Übriges.

Es waren natürlich, wie bereits an früherer Stelle betont, nicht ganz ausschließlich der Geist dieses Progressivismus, die Bereitschaft zur Mobilität und Veränderung, das kapitalistische Erfolgsstreben und der Glaube an den technischen Fortschritt und an materielles Wohlleben, die die USA zur führenden Industriemacht der Welt gemacht haben. Es war auch nicht nur dieser Progressivismus und das zeitlich günstige Zusammentreffen einer sich technisierenden Landwirtschaft und einer sich entwickelnden technisierten Industrieproduktion in den Städten, die in den USA, ähnlich wie in anderen Ländern, die industrielle Revolution einleiteten und trugen. In den Vereinigten Staaten spielten vor allem auch die reichen Bodenschätze und die gewaltigen Landreserven und ertragreichen Böden unter günstigen Klimabedingungen sowie die frühe Erschließung des gesamten Riesenlandes durch die Eisenbahn eine wichtige Rolle. Besonders in der Landwirtschaft war eine so große Überschußproduktion an Nahrungsmitteln möglich, daß das Hauptaugenmerk der Gesellschaft und ihrer Wirtschaft ungestraft auf die Produktion von Industriegütern in den Städten gerichtet werden konnte. Die Mehrzahl der Bevölkerung konnte sich daher viel leichter als anderswo der Industrieproduktion, der Verteilung und Verwaltung dieser Güter und dem Aufbau einer kapitalistisch orientierten Verbrauchergesellschaft zuwenden. Auch die Mehrzahl der nach 1850 eingewanderten Neubürger aus Übersee, die zum größten Teil aus bäuerlichen Verhältnissen stammten, wurden ohne große Schwierigkeiten in diesen Prozeß der Industrialisierung und Verstädterung hineingezogen. Wenn heute jedoch schätzungsweise fast zwei Fünftel aller industriellen Güter der Welt in den USA hergestellt werden, wenn darüber hinaus amerikanische Firmen und amerikanisches Kapital in den entferntesten Ländern der Erde Einfluß besitzen und amerikanisches Management Arbeitskräfte und Ressourcen auch dieser fernen Länder für sich auszubeuten in der Lage ist, dann hat das mit den natürlichen Reichtümern, der landwirtschaftlichen Überproduktion und der Größe der USA allein nur noch sehr wenig zu tun.

Technik, industrielle Massenfabrikation und kapitalistische Marktpraktiken können theoretisch von jeder Gesellschaft angewandt werden, die das möchte. Es waren jedoch vorwiegend die westlichen Länder, wo der Progressivismus die willigste Aufnahme und die weiteste Verbreitung gefunden hatte, und unter ihnen wiederum vor allem die Vereinigten Staaten, die Technologie und Industrialismus, gekoppelt mit kapitalistischer Ideologie, am bedingungslosesten und skrupellosesten vorangetrieben haben und die daraus erwachsene Lebensform bis heute als die einzig mögliche betrachten. In den Vereinigten Staaten, die von allen westlichen Ländern die wenigsten Bindungen an Traditionen kennen, hat progressives Verhalten geradezu die Form eines nationalen Fetischs angenommen und kann ohne Zweifel als die wichtigste Ursache für den beinahe exzessiven technischen und industriellen Aufschwung der USA angesehen werden.

Industrialisierung als Motor

Mit nur 6% der Weltbevölkerung und etwa 6% der Landoberfläche der Erde sind die USA heute die produktivste Industrienation der Welt, mit der größten Konzentration von Industriewerken und -unternehmen, die überhaupt jemals in einem Land aufgebaut worden ist. Die wichtigste Industrieregion, der »Manufacturing Belt«, erstreckt sich von der atlantischen Küste im Osten (von Norfolk in Virginia bis zum Sankt-Lorenz-Strom) über etwa ein Drittel des gesamten Landes (rund 1500 km) bis zu einer Linie im Westen, die von Minneapolis bis Kansas City verläuft. Die übrige Industrie der USA ist vorwiegend im Piedmontgebiet von North und South Carolina und Georgia konzentriert, außerdem um Birmingham (Alabama), Dallas–Forth Worth (Texas), im Golfküstengebiet sowie um San Diego, Los Angeles, San Francisco und Seattle im pazifischen Westen.

Die Industrie der USA unterscheidet sich von derjenigen anderer Länder besonders dadurch, daß Groß- und Mammutbetriebe überwiegen. Während es z.B. in der Bundesrepublik Deutschland, in Frankreich und in Japan jeweils etwa 500 000 Industriebetriebe gibt, zählt man in den gesamten Vereinigten Staaten nur etwa 300 000. Gleichzeitig ist die Industrie in den USA so weitgehend automatisiert wie nirgendwo sonst auf der Welt (jedem Industriearbeiter in den USA stehen Maschinen im Werte von durchschnittlich 150 000 Dollar zur Verfügung) und besitzt daher auch die höchste Produktivitätsziffer je Arbeiter in der Welt. Nur noch 25,5% aller Beschäftigten sind heute in der verarbeitenden Industrie der USA tätig. Absolut führend ist die amerikanische Industrie in der Erzeugung von Massenkonsumgütern sowie von Schwerindustrieprodukten, die besonders große Quantitäten von Energie, Rohmaterialien, Kapital, gelernten Arbeitskräften und Forschungseinrichtungen voraussetzt. Sicherlich verfügt das Land über unvergleichlich große Reserven an Energiequellen und Rohmaterialien, die eine solche Vormachtstellung erst wirklich ermöglicht haben. Trotzdem war es auch vor allem der Geist des Progressi-

Bergbau- und Stromproduktion

	Jahres-produktion	Reserve
Erdgas (in Mrd. cbm)	637	7116
Erdöl (in Mill. t)	467	4827
Kohle (in Mill. t)	532	949000
Eisenerz (in Mill. t)	53	900
Elektrische Energie (in Mill. kW)	36	127

vismus, der einen so großen Aufwand an Kapitalinvestitionen, Automation, Forschung und Ausbildung in die Wege leitete und trug.

Im demokratisch-kapitalistischen System der Vereinigten Staaten stand es von vornherein jedem Individuum frei, sich als Unternehmer zu betätigen. Jedem Unternehmer war es erlaubt, ja durch die Verfassung garantiert, sich so weit zu entfalten, wie er wollte und konnte. Das rein auf Profit ausgerichtete Wirtschaftssystem bot dazu den rechten Boden. Immer mehr Kapital konnte angesammelt und in die Erweiterung der Unternehmen gesteckt werden. Weil hohe Gewinne winkten, waren US-amerikanische Unternehmer von jeher viel eher gewillt, große Risiken und Investitionen auf sich zu nehmen als Unternehmer in anderen Ländern. Nur so lassen sich die gewaltigen Anstrengungen in der Entwicklung der Automation, der Marktforschung, der Werbung, der wissenschaftlichen Forschung und der Ausbildung von Fachkräften erklären. Die Politik fast aller amerikanischen Regierungen begünstigte diese Entwicklung ganz bewußt. Noch heute werden Unternehmer und Angestellten und finanziert einen großen Teil der indumer. Die Regierung unterhält relativ hohe Zollschranken für Importwaren, sie bezuschußt die Ausbildung von Arbeitern und Angesellten und finanziert einen großen Teil der industriellen Forschungsprojekte. Vor allem investierten fast alle amerikanischen Regierungen in die Entwicklung des Kommunikations- und Verkehrswesens, entweder direkt, wie beim Bau von Straßen, Autobahnen oder Kanälen, oder indirekt, durch Begünstigung der betreffenden Unternehmen, etwa der privaten Eisenbahngesellschaften, denen sie z.B. in den Jahren der Landnahme ungeheure Landkonzessionen machten, der Flugzeugindustrie und der Luftfahrt- oder der Telefon-, Telegrafen-, Radio- und Fernsehgesellschaften. Kein anderes Land der Erde besitzt ein besseres Verkehrsnetz als die USA. Die Vereinigten Staaten verfügen über rund 26% des Welteisenbahnschienennetzes, und es gibt über 37000 km schiffbarer Wasserwege und mehr als 5 Millionen km Straßen und Autobahnen im Lande. Das Luftverkehrsvolumen (Personen und Fracht) der USA übertrifft das aller anderen Länder der Erde zusammengenommen (rund 55%). Der allgemeine Glaube an den Segen des Kapitalismus und des technischen Fortschritts mag u.a. auch die heutige Vormachtstellung der USA auf dem Gebiet der Datenverarbeitung und dem der Raumfahrt erklären, dessen Symbol, die Mondrakete, Norman Mailer sehr treffend als »Produkt dieser Mischung aus korporativem industriellen Gewinnstreben [»Corruption«] und geradezu messianischer Teamarbeit« bezeichnet hat.

Die rasche industrielle und technische Entwicklung der USA seit 1850, die durch die Größe und den Reichtum des Landes und den vorhandenen Absatzmarkt von kontinentalen Dimensionen erleichtert wurde, schien ein schlagender Beweis für die Richtigkeit und den Wert des eingeschlagenen Weges und der geltenden Maximen der amerikanischen Gesellschaft zu sein. Begeistert und skrupellos stürzte sich nun auch die Bevölkerung ins technisch-industrielle Zeitalter. Millionen Menschen zogen in die Städte, unvergleichlich mehr, als jemals bei der Eroberung des Westens beteiligt gewesen waren, jedoch mit dem gleichen fieberhaften Eifer der »Frontier«-Mobilität und der Hektik der Goldsucher von Kalifornien und Alaska. In den sich industrialisierenden Städten war eine neue »Frontier« erstanden; hier zog man nun hin, weil man hoffte, »schnelles Geld« (»quick money«) und das große Glück zu machen, Erfolg zu haben und das ersehnte Ansehen in der Gesellschaft zu erringen. Im Jahre 1850 lebten noch über 84% aller Amerikaner auf dem Lande, meist als Farmer oder Farmarbeiter; 1920 waren von ihnen nur noch knapp 49% übriggeblieben, 1950 sogar nur mehr 36%. Heute leben noch rund 55 Millionen Amerikaner (das sind etwa 27% der Bevölkerung) auf dem Lande, von denen indes weniger als 3,5 Millionen in der Landwirtschaft tätig sind (1970).

Das im Zusammenhang mit Industrialisierung und Verstädterung stehende und in seiner Größenordnung und in seinen Auswirkungen vielleicht dramatischste Beispiel moderner amerikanischer Mobilität ist die Massenwanderung der Neger aus dem agrarischen Süden in die industriellen Städte des Nordens und des Westens. Noch im Jahre 1860 lebten 89% der insgesamt 4,4 Millionen Menschen zählenden Negerbevölkerung der USA als Sklaven in den Südstaaten. Die Abwanderung der Neger in die Städte des Nordens und des Westens setzte im großen Stil erst 1910 ein und nahm besonders ab 1914, hervorgerufen durch die Kriegsproduktion der Industrie und die steigende Nachfrage nach Arbeitskräften, den Charakter einer Massenwanderung an. Die zweite Welle setzte 1940 ein, begünstigt einerseits durch eine erneute, zwischen 1939 und 1960 um mehr als 160% ansteigende Industrieproduktion, andererseits durch die Mechanisierung auch der Landwirtschaft in den Südstaaten, die einem Großteil der dort lebenden Negerbevölkerung weitgehend die traditionelle Lebensgrundlage entzog. Im Jahre 1970 wurden 22,7 Millionen Neger in den USA gezählt (11,2% der Bevölkerung). 12 Millionen von ihnen – d.h. nur noch knapp über die Hälfte (53%) – lebten im Süden, und zwar zu 55% in Städten. Von den 10,7 Millionen Negern im Norden und im Westen wohnten insgesamt mehr als 96% in Städten (nur etwa 73% der Weißen in den Nordstaaten und im Westen leben in Städten). Von den 25 amerikanischen Städten mit der größten Negerbevölkerung sind heute fünfzehn im Norden gelegen und nur zehn im Süden. Die Negerbevölkerung der Stadt New York allein wuchs zwischen 1960 und 1970 um mehr als 600 000 Personen und beträgt heute 1,67 Millionen. Die Hoffnung auf einen Arbeitsplatz in der Industrie oder zumindest auf höhere Wohlfahrtsunterstützung in den reicheren Städten des Nordens und des Westens veranlassen derzeit noch weitere Neger, aus dem agrarischen Süden dorthin abzuwandern.

Zahlreiche Großstädte, u.a. Washington D.C., Gary, Indiana und Cleveland (Ohio), sind heute überwiegend von Negern bewohnt. Gleichzeitig sind die Weißen in einem wirtschaftlich und politisch nicht weniger bedeutsamen, im zahlenmäßigen Ausmaß jedoch noch weit dramatischeren Exodus aus den eigentlichen Städten hinaus in die Stadtrandgebiete, die Suburbs, gezogen, die, als sichtbarste Manifestation amerikanischer »Mobilität«, Urbanisierung und Technisierung, die großen Städte umringen und immer weiter, wie Schimmelpilz, in das flache Land hinausufern. Die Zahl der Personen, die aus den Zentralstädten in die Stadtrandgebiete oder von einem der Vororte in einen anderen umziehen, die »Local movers«, die also innerhalb ein und desselben County bleiben, ist heute bereits etwa doppelt so groß wie die Zahl der als »Migrants« bezeichneten Personen, die bei ihrem Wohnplatzwechsel mindestens eine Countygrenze überschritten haben. Zur Illustration der Größenordnung der modernen Mobilität der Amerikaner soll angefügt werden, daß zwischen 1950 und 1970 etwa drei Viertel der Gesamtbevölkerung der USA unter die »Migrants« fielen. Unter die »Local movers« fallen jedes Jahr mindestens 20% aller Amerikaner. Allein zwischen 1960 und 1970 zogen 15 Millionen mehr Menschen zum erstenmal in einen der zahllosen Vororte der großen Städte, so daß heute 74,9 Millionen Menschen als Vorortbewohner (»Suburbanites«) bezeichnet werden. Die Vorortbewohner überflügeln heute zahlenmäßig sowohl die Einwohner aller Städte als auch die des flachen Landes. Das eindrucksvollste Beispiel für die »Vervorortung« (»Suburbanization«) in den USA ist die von J. Gottmann »Megalopolis« genannte verstädterte Ostküstenregion, die sich von Boston im Norden bis Washington D. C. im Süden über fast 900 km erstreckt und von mehr als 35 Millionen Menschen bewohnt wird.

Die Gründe für all diese Phänomene der Industrialisierung und Technisierung, für die gewaltigen Bevölkerungsverschiebungen und die damit verbundenen Verstädterungserscheinungen der letzten fünfzig Jahre sind mannigfach, haben aber alle direkt oder indirekt mit dem progressiven Geist der Gesellschaft zu tun. Vor allem spielen die Bereitwilligkeit zur Mobilität, unabdingbares kapitalistisches Erfolgsstreben und der Glaube an die Technik als Heilsbringer eine große Rolle. Auch das allgemeine Streben nach materiellem Wohlstand und der Wunsch, den persönlichen wirtschaftlichen und gesellschaftlichen Erfolg mit einer passenden exklusiven »Adresse« herauszukehren, sowie der weitverbreitete Mythos vom ländlichen Leben sind wichtige Gründe besonders für die Entstehung der weiten Vororte. In keiner anderen Gesellschaft dürften Mobilität, Industrialisierung und Automation, Technisierung des Lebens, Verstädterung und Vervorortung solche exzessiven Ausmaße angenommen haben wie in den USA.

Die nachindustrielle Überfluß-Gesellschaft: »Affluent Society« und »White Collar Revolution«

Dank der landwirtschaftlichen Überschußproduktion und des gewaltigen Erfolges der amerikanischen Industrie erfreuen sich die meisten Amerikaner eines sehr hohen Lebensstandards, wie ihn nur sehr wenige andere Länder der Erde besitzen (etwa Schweden und Neuseeland). Im allgemeinen müssen weniger Familienmitglieder arbeiten, um das jährliche Pro-Kopf-Einkommen der Amerikaner von etwa 2600 Dollar zu verdienen. Nur etwa 39% der amerikanischen Bevölkerung sind berufstätig; in Großbritannien dagegen arbeiten z. B. über 46% der Bevölkerung, erzielen aber ein Pro-Kopf-Einkommen, das um mehr als ein Drittel niedriger ist als jenes in den USA. Der Amerikaner gibt am wenigsten für Nahrungsmittel aus, nämlich nur etwa 18% seines monatlichen Einkommens, während in sämtlichen übrigen entwickelten Ländern der Erde dieser Betrag zwischen mindestens 25 und 35% liegt. Dabei ist die Qualität der Ernährungsweise, vor allem der Verbrauch von Fleisch, Eiern, Milch, Obst und Gemüse gegenüber dem von Kartoffeln und Getreideprodukten, in den USA seit 1910 so angestiegen, daß nur wenige Länder mithalten können. 1971 erklärten 61% aller amerikanischen Familien, daß sie sich Steaks und Rinderbraten in jeder Menge leisten könnten, 1972/73 aber kam es wegen hoher Fleischpreise zum Boykott der entsprechenden Geschäfte.

Die USA stellen jährlich 8–9 Millionen Automobile her, gegenwärtig noch fast 30% der Welterzeugung. Ungefähr 75% aller Autos der Welt, etwa über 88 Millionen, laufen in den Vereinigten Staaten, etwa zwei Autos für fünf Personen. 26 Millionen oder 43% aller amerikanischen Familien besitzen zwei Autos oder mehr. Die Amerikaner verfügen über mehr als 50% aller Telefonapparate und über mehr als 50% aller Radio- und Fernsehapparate der Erde. Fast die Hälfte aller amerikanischen Familien besitzt mindestens zwei Fernsehgeräte. Etwa 76% aller Wohngebäude der USA sind Einfamilienhäuser, von denen rund 80% Eigentum der Bewohner sind (in der Bundesrepublik Deutschland sind derzeit nur um 18% aller Wohngebäude Einfamilienhäuser). Die Vereinigten Staaten produzieren fast ein Viertel aller Steinkohle, je fast ein Viertel allen Stahls und Erdöls, etwa die Hälfte aller Maschinen und elektrischen Geräte und rund ein Drittel aller elektrischen Energie der Welt. Jeder Amerikaner verbraucht im Durchschnitt über 7000 kWh an Energie im Jahr einschließlich Erdöl und Erdgas (Europa etwa 3000 kWh). Rund zwei Fünftel der gesamten Eisenbahntransporte der Welt (in t/km) entfallen auf die USA. Auf die Vereinigten Staaten kommen ungefähr ein Sechstel des Weltholzeinschlags, ein Drittel der Welternte an Zitrusfrüchten, etwa ein Achtel der Weizen-, ein Viertel der Hafer-, gut zwei Fünftel der Mais- und ein Fünftel der Baumwollernte der Welt sowie zwei Fünftel der Weltproduktion an synthetischen Fasern.

Beispiele dieser Art können beliebig vermehrt werden, doch illustrieren schon die angeführten, daß die USA trotz ihrer gegenwärtigen Finanzkrise, trotz Rezession und Arbeitslosigkeit in den Jahren 1970 und 1971 über einen unvergleichlich hohen Wohlstand verfügen. Die amerikanische Gesellschaft ist eine Überflußgesellschaft (»Affluent Society«) erster Ordnung, deren allgemeiner Reichtum von keiner anderen Gesellschaft der Erde auch nur annähernd erreicht wird. Die Vereinigten Staaten geben allein für Verteidigung fast dreimal soviel aus, wie der Bundesrepublik Deutschland als Gesamtjahresbudget zur Verfügung steht. Für die Raumfahrt wurde in den USA bereits mehr ausgegeben als in Westdeutschland für den gesamten Nachkriegswohnungsbau.

Dieser unübertroffene Wohlstand der amerikanischen Gesellschaft ist gleichzeitig mit einem Minimum an Arbeitsaufwand verknüpft: Die Vereinigten Staaten waren das erste Land, das die 40-Stunden-Woche einführte. Pläne für eine 4-Tage-Woche (36 Arbeitsstunden in der Woche) werden derzeit ernsthaft diskutiert. Noch im Jahre 1957 waren 34% aller Werktätigen im sekundären Bereich der Wirtschaft beschäftigt (verarbeitende Industrie 29,1%, Baugewerbe 4,9%); 1963 waren es nur noch 33% (27,1% in der verarbeitenden Industrie, 5,9% im Baugewerbe) und 1970 nur noch 31% (25,5% in der verarbeitenden Industrie, 5,5% im Baugewerbe). Gleichzeitig nahm die Zahl der im primären Bereich der Wirtschaft (Landwirtschaft, Fischerei, Holzwirtschaft und Bergbau) Beschäftigten absolut und relativ stark ab. Im Jahre 1957 waren 5,5 Millionen Menschen in der Landwirtschaft und 809 000 Menschen im Bergbau beschäftigt (zusammen 11% aller Beschäftigten). Heute sind weniger als 3,5 Millionen Menschen in der Landwirtschaft und etwa 400 000 im Bergbau tätig (1970: Pimärwirtschaft insgesamt 6%). Die öffentliche Verwaltung (ohne Militär) beschäftigt heute 11% aller Erwerbstätigen. Am atemberaubendsten war jedoch die Entwicklung im tertiären Bereich der Wirtschaft, also in Handel, Verkehr und Geldwesen, in den Dienstleistungen, im Unterrichtswesen und im Management. 1957 waren in diesen Wirtschaftszweigen 41,8% aller Werktätigen beschäftigt, 1963 zum erstenmal mehr als die

Hälfte aller Beschäftigten des Landes (50,3%), 1970 bereits 52%. Allein im Bereich »Höhere Bildung und Erziehung« (»Higher education«) sind heute mehr Personen tätig (über 500 000) als etwa im Bergbau. Rechnet man noch die in der öffentlichen Verwaltung Beschäftigten hinzu und berücksichtigt auch noch die »White collar«-Berufe in der verarbeitenden Industrie selbst (Verwaltung, Forschung, Management), dann dürften heute über 65% aller amerikanischen Erwerbstätigen unter die Rubrik »White collar workers« fallen.

Das wichtigste Merkmal der amerikanischen Gesellschaftsentwicklung der letzten 15–20 Jahre ist also vor allem das starke prozentuale und absolute Anwachsen der Tertiärwirtschaft (Handel, Verkehr, Dienstleistungen) und der nach J. Gottmann unter »Quartärwirtschaft« zusammengefaßten Dienstleistungen wie Management, Forschung, Lehre, Finanzen, Unterhaltung und anderer abstrakter, transaktionaler Tätigkeiten (»transactional activities«). Der sehr hohe Grad der Technisierung und die immer noch stark zunehmende Automation, der große allgemeine Wohlstand und Lebensstandard sowie der damit gestiegene Bedarf an gehobenen Dienstleistungen aller Art haben bewirkt, daß das Schwergewicht in der amerikanischen Wirtschaft auf die Tertiär- und die Quartärwirtschaft verlegt wurde. Dies sind aber zugleich auch diejenigen Bereiche der Wirtschaft, in denen der größte Wertzuwachs erfolgt, in denen also nicht nur die höchsten Gehälter ausgezahlt werden (sie liegen im Durchschnitt doppelt so hoch wie in der verarbeitenden Industrie), sondern auch der größte Beitrag zum Sozialprodukt geleistet wird und in denen sich daher die amerikanische Wirtschaft am ehesten die so teuer gewordene menschliche Arbeitskraft leisten kann (B. Hofmeister). J. Gottmann nennt diese Entwicklung die »White Collar Revolution«, die Revolution der Arbeiter mit weißem Hemdkragen. Er betonte bereits 1961 anläßlich seiner Analyse der »Megalopolis«, daß die Tatsache einer überwiegend in »White collar«-Berufen beschäftigten Bevölkerung eine Revolution der gesamten Wirtschaft, ja des gesamten Lebensstils überhaupt bedeutet, in den Auswirkungen nur mit der industriellen Revolution am Ende des 19. Jahrhunderts vergleichbar.

Die Vereinigten Staaten sind seit mindestens 1955 aus dem industriellen in das nachindustrielle Stadium der Wirtschaftsentwicklung eingetreten. Durch Automation ist sowohl die Primär- als auch die Sekundärwirtschaft in der Lage, auf immer mehr menschliche Arbeitskräfte zu verzichten und trotzdem mehr und mehr zu produzieren, und zwar mehr als je zuvor. Gleichzeitig mit der Freisetzung von Arbeitskräften in diesen Wirtschaftsbereichen wurden ungezählte neue Arbeitsplätze in den tertiären und den quartären Wirtschaftsbereichen geschaffen, ja wurden geradezu notwendig. Allein durch die verkürzte Arbeitszeit und die höheren Verdienste ist z. B. der Bedarf an Unterhaltungs-»Dienstleistungen« aller Art ungemein gestiegen. Auch die Tatsache, daß die Mehrzahl der Amerikaner Eigentümer ihrer Wohnungen, meist Einfamilienhäusern, sind, hat zu zahlreichen Bedürfnissen nach Dienstleistungen – z. B. durch Realitätenbüros, Banken, Versicherungen, Architekturbüros, Reparaturwerkstätten und Gärtnereien – geführt. Bedürfnisse nach qualifizierten »White collar«-Arbeitskräften bestehen im Bereich von Automobilhandel und -service, in der Datenverarbeitung, in der modernen Verwaltung, in Werbung, Forschung und Bildungswesen, ja in der Industrie selbst.

All dies macht deutlich, daß die Überflußgesellschaft Amerikas und ihre gegenwärtige »White collar revolution« auch einen weniger humanen »Überfluß« hervorgerufen hat, nämlich einen Überfluß an ungelernten Arbeitskräften. Die Nachfrage nach gelernten, spezialisierten Arbeitskräften ist sogar derzeit, angesichts einer relativ großen Zahl von Arbeitslosen (1972: 4,8%), nicht zu befriedigen. Auf jeden Arbeitslosen in den USA kommen derzeit immer noch ein bis zwei offene Stellen. Es ist nur so, daß der Arbeitsuchende im allgemeinen für keine dieser offenen Stellen in Frage kommt. Er ist im wahren Sinne des Wortes ein »sozial Überflüssiger«. Die Arbeitslosenstatistik der USA, die jede arbeitsuchende Person aufführt – einschließlich der Oberschüler und Studenten, die nebenbei Geld verdienen wollen –, ist in dieser Hinsicht wahrlich irreführend. Die gegenwärtige Rezession hat lediglich deutlich gemacht, daß in Zukunft für ungelernte Arbeiter, die wirklichen Arbeitslosen und »Überflüssigen« des Landes, kaum mehr ein Platz in der nachindustriellen amerikanischen Wirtschaft zu finden sein wird, auch wenn die zeitweilige Stagnation eines Tages überwunden ist.

Die amerikanische Klassengesellschaft

Die amerikanische Verfassung enthält die berühmten Worte »Every man is created equal«: »Jeder Mensch ist [von Natur aus] gleich erschaffen«. Für den Amerikaner bedeutet dies vor allem, daß jeder Mensch gleichberechtigt ist, also die gleichen Chancen haben soll, glücklich zu werden und Reichtum und Ansehen zu erwerben (»equal opportunity«). Es bedeutet dagegen keineswegs, daß jeder Mensch dieses Ziel auch erreicht. Im Gegenteil: Es liegt im Wesen des amerikanischen Wertungssystems und der amerikanischen Wirtschaftsform begründet, daß es Unterschiede geben muß, daß der eine im Laufe seines Lebens mehr, der andere weniger erreicht. Weil aber anfänglich alle theoretisch die gleichen Chancen haben, ist es fast ein moralischer und individueller Qualitätsbeweis, wenn einer mehr erreicht als andere. Er kann auf seinen Erfolg stolz sein und braucht sich seines Ansehens und Reichtums nicht zu schämen. Dem Tüchtigen hilft Gott, und wer arm ist, ist meist selbst daran schuld. Der Arme in Amerika wurde schon immer in erster Linie als arbeitsscheuer, wurzelloser Tunichtgut angesehen.

Es kann jedoch kein Zweifel daran bestehen, daß die Maxime der »Equal opportunity« heute nur noch ein Traum ist. Irgendwann einmal, am Beginn der Kolonisierung oder auch noch zur Zeit der Landnahme, mag jeder Neuankömmling ähnliche, vielleicht gar gleiche Chancen gehabt haben. Sobald aber Kapital in einigen Familien angehäuft war, besaßen die Söhne und Töchter dieser Familien von vornherein bessere Chancen als die Nachkommen der »Verlierer«. Diese Diskrepanz der Möglichkeiten, die Individuen oder soziale Gruppen haben, wurde mit der Zeit immer größer. Nur 3% aller amerikanischen Familien kontrollieren heute 80% des Kapitals der amerikanischen Wirtschaft; weitere 8% der Familien besitzen den Rest.

In einer solchen Situation kann es nicht verwundern, daß die Mehrzahl der Amerikaner eigentlich keine gleichen Chancen mehr besitzen. Die Mittelschicht der Gesellschaft, das »Middle America« – es stellt die zahlenmäßig größte Gruppe dar –, ist heute nur deshalb wohlhabend, weil sie sich die Dinge des Lebens leisten kann. Eine größere Krise würde diese Menschen, die keinen wahren Anteil am Reichtum des Landes haben, rasch mittellos machen. Sie sind die Klasse der hart arbeitenden Menschen, die alles, was sie verdienen, zum Lebensunterhalt, wie luxuriös auch immer, aufwenden müssen. Gleichzeitig steigt die Zahl der wirklich Armen weiter an, und der Unterschied im Lebensstil zwischen den ganz Reichen und den ganz Armen wächst.

229

*Saint-Louis, Missouri.
Court House und Gateway.
Monumentale Selbstdarstellung
in strengen klassizistischen
und phantastischen modernen
Formelementen.*

Die Berichte von weitverbreiteter Armut im reichsten Land der Erde schockieren die Welt. Man hält es nicht für möglich, daß der schier unerschöpfliche Reichtum dieses Landes so ungleich verteilt sein kann. Dem Amerikaner ist dies jedoch dank der ererbten Maximen auch heute noch nichts Unnatürliches. Armut und Mißerfolg werden als notwendige Bestandteile des Gesellschaftssystems angesehen, das aufgrund der protestantischen Ethik und des Progressivismus in erster Linie auf materiellen Erfolg des Individuums ausgerichtet ist. Wo Erfolg ist, muß auch Mißerfolg sein, und wo Reichtum herrscht, muß es auch Arme geben. Viele sind berufen, nur wenige auserwählt. Der schockierendste Widerspruch der Vereinigten Staaten, die Armut angesichts so großen Reichtums, ist demnach gar kein echter Widerspruch. Die Armut ist vielmehr genauso wie der Überfluß ein systemimmanentes Kennzeichen der amerikanischen Gesellschaft, die dem Konkurrenzgeist und dem skrupellosen Individualismus, dem wirtschaftlichen und technischen Fortschritt wie der kapitalistischen Wirtschaftsform nach wie vor unabdingbar huldigt.

Etwa 30 Millionen Menschen oder fast 15% der Bevölkerung werden in den USA zu den Armen gezählt, darunter 6 Millionen oder 10% aller amerikanischen Familien, die über ein Jahreseinkommen von weniger als 4000 Dollar verfügen, ein Einkommen, das die Regierung als »Armutsgrenze« (»Poverty Line«) oder Existenzminimum für eine Familie von durchschnittlich 4 Personen errechnet hat (1972). 15 Millionen dieser Armen leiden tatsächlich Hunger. Sie haben nicht genug Geld, um die nötigsten Nahrungsmittel zu kaufen. Es gibt Counties im Süden der USA, in denen die Mehrzahl der Bevölkerung in Verhältnissen hausen muß, die man nur von unterentwickelten Ländern Südeuropas, Afrikas oder Lateinamerikas kennt. Im Holmes County im Staate Mississippi z.B., einem der zehn ärmsten Counties der USA, haben 1553 von 1740 ländlichen Haushalten nur Holzöfen zur Heizung und zum Kochen. Nur 141 Haushalte verfügen über fließendes Wasser, und nur 85 haben auch eine Heißwasseranlage; 761 Familien besitzen Brunnen im Hof, 68 haben nur Zisternen, 40 verfügen über natürliche Quellen. 709 Familien müssen das nötige Wasser über eine Entfernung zwischen 0,5 und 3 km herbeitragen. Nur 6% der Haushalte haben Toiletten im Haus, 64% verfügen über Toiletten im Hof, 30% aller Haushalte haben gar keine Toiletten. Über die Hälfte aller Kinder im County leiden an

Rundwürmern, 30% an Ring- und Hakenwürmern. 75% aller Negerkinder in diesem überwiegend von Schwarzen bewohnten County besitzen keine Geburtsurkunde.

Auch die Sozialfürsorge in einer Gesellschaft, die den Erfolglosen direkt oder indirekt diskriminiert, muß notgedrungen schlecht sein. Trotz einiger Einrichtungen wie »Social Security«, einer Minimalsozialrente, und »Medicare«, einer subventionierten Gesundheitsfürsorge für alte Leute, sorgen die USA für ihre Armen und Alten so schlecht wie kaum ein entwickeltes Land auf der Erde. Bei einem jährlichen Verteidigungshaushalt von derzeit noch über 74 Milliarden Dollar (1971) nehmen sich die 40 Milliarden Dollar für Sozialfürsorge im Bundeshaushalt der USA mehr als bescheiden aus. Es gibt 7 Millionen alte Menschen über 65 Jahre, die mit weniger als 100 Dollar im Monat auskommen müssen. Es gibt keine Arbeitslosen- und Krankenversicherungspflicht für Arbeitnehmer. Für einen Nichtamerikaner kaum faßbar ist die Tatsache, daß in den Vereinigten Staaten genauso viel Geld für Hunde- und Katzenfutter ausgegeben wird wie für die Nahrungsmittelcoupons (»Food Stamps«) für die Armen. Trotzdem tendiert nur eine ganz verschwindend geringe Anzahl von Amerikanern, auch unter den Ärmsten des Landes, zum Sozialismus. Seine Armut oder Arbeitslosigkeit politisch ins Feld zu führen, ist undenkbar. Es bedeutet, Mißerfolg und Resignation einzugestehen. Und das ist etwas, was auch heute noch sehr wenige, die unter dem »American Way of Life« aufgewachsen sind, übers Herz bringen.

Die geringsten Chancen im amerikanischen Gesellschaftssystem haben bestimmte rassische Minderheiten, denen man nicht erst heute, sondern von Anfang an aus rassischen Vorurteilen eine echte Chancengleichheit vorenthalten hat. Diese Minderheiten, vor allem die Indianer, die Neger, die Puertorikaner und die Hispanoamerikaner (meist aus Mexico), haben denn auch in ihren Reihen den größten Anteil der Armen Amerikas. Stets ist z.B. die Arbeitslosenzahl unter den Negern mehr als doppelt so hoch wie unter den Weißen. Etwa 8% aller weißen, aber 27% aller schwarzen Familien in den Vereinigten Staaten verfügten 1970 nicht über das Minimaleinkommen.

Sicherlich ist mit der wichtigste Grund für die hohe Arbeitslosigkeit unter den Minderheiten der Mangel an Bildung und Fachberufsausbildung. Doch ist dies nicht allzu verwunderlich, hat man doch diesen Menschen lange Zeit die gleichen Bildungschancen verweigert. Ein weiterer Grund für die unverhältnismäßig weit verbreitete Armut unter den rassischen Minderheiten sind die oft zerrütteten Familienverhältnisse. 27,8% aller Negerfamilien z.B. werden von alleinstehenden Frauen unterhalten. Sowohl der Prozentsatz der unehelichen Kinder als auch jener der geschiedenen Ehen ist dreimal höher unter Negern als unter Weißen. Bezeichnenderweise sind 90% aller amerikanischen Familien, die Fürsorge beziehen, solche Familien ohne Vater. Doch 60% dieser Familien sind schwarz. Der Grund hierfür liegt wiederum nicht bei den Negern allein. Es darf nicht vergessen werden, daß besonders die in Städten lebenden Neger durch wirtschaftliche Manipulationen und Grundstücksspekulation sowie offene oder versteckte Rassendiskriminierung stets in den ältesten und verkommensten Teilen der Städte, den Slums oder Gettos, wohnen müssen und keine oder nur geringe Möglichkeit haben, von dort herauszukommen. Übervölkerung krassester Art, Krankheiten, Kriminalität und charakterliche Zerrüttung sind die Folge. Da in den Vereinigten Staaten die Schulen von den Gemeinden getragen werden, also von dem Haussteueraufkommen der Bewohner bezahlt werden, in den Negergettos aber die Mehrzahl der Bewohner nicht Hausbesitzer sind und auch sonst keine hohen Einkommensteuern zahlen, sind die Schulen in den Gettos der Minderheiten denkbar schlecht. Als Lehrer werden dort in der Regel die schwächsten Kandidaten eingestellt, da die besseren Lehrer, nach dem auch im Schulwesen herrschenden System von Angebot und Nachfrage, die viel höheren Gehälter in reicheren Gemeinden oder Stadtteilen bevorzugen. Es ist ein Teufelskreis, in dem diese Menschen gehalten sind, ein Teufelskreis, der sich mit dem Zuzug zahlreicher Neger, Puertorikaner, Mexikaner und Indianer in die Rassengettos der großen Städte des Landes immer weiter verschlimmert. So ist die Zahl der vaterlosen Familien unter den Negern mit der wachsenden Verstädterung ständig angestiegen, anstatt abzunehmen, und zwar von 17% (1950) über 22% (1960) auf 27,8% (1970). Die Zahl der vaterlosen weißen Familien betrug dagegen konstant etwa 9%.

Typisch für den amerikanischen Konkurrenzgeist und den Kampf aller gegen alle um des persönlichen Erfolges willen ist die Tatsache, daß nicht einmal Armut vereint. In den Städten leben Neger nicht nur streng getrennt von den reicheren Weißen. Sie werden auch aufs äußerste von den vielleicht noch ärmeren Indianern gemieden, die sich lieber in der Nähe der Puertorikaner und Mexikaner niederlassen. Größten Rassenhaß zeigen die armen Weißen, denen offenbar in einer Gesellschaft, in der Qualitätsunterschiede alles bedeuten, nichts weiter zur Unterscheidung übrigbleibt als die Hautfarbe. So zeigen die amerikanischen Kernstädte ein Mosaik von räumlich deutlich voneinander getrennten Wohngebieten, die sich durch die Rassen- oder Nationalitätszugehörigkeit (Italiener, Iren usw.) der Bewohner unterscheiden.

Gleichzeitig bildeten sich, mit der Flucht zahlreicher Weißer aus den Kernstädten in neu errichtete Wohnvororte, ein nicht minder streng geschiedenes Mosaik von nach Einkommensklassen getrennten Wohnsiedlungen aus. Üblicherweise wird zwischen Vororten (»Suburbs«) der unteren, der mittleren und der höheren Einkommensklassen unterschieden, zwischen denen ein deutliches Gefälle in der Qualität der Wohnhäuser, der Wohndichte, der Schulverhältnisse und des Polizeischutzes besteht. Diese äußerlich sichtbare Trennung von Menschen unterschiedlichen »Erfolges« birgt in sich einen unablässigen Zwang, nach Erfolg zu streben, da die Zugehörigkeit zu diesem oder jenem Wohnbezirk als Statussymbol den Erfolg erst so recht deutlich werden läßt. In einer ansonsten konformistischen Gesellschaft, wo der Reiche wie der Arme gleiche Rechte genießt und wo vom Erfolgreichen erwartet wird, daß er sich im täglichen Leben und in seinem Gehabe nicht anders gibt als jeder andere auch, bleibt für die in den USA so wichtige »Meßbarkeit« des Erfolges eben oft nur diese räumliche Segregation der Klassen in sozialen Wohngettos übrig. Die Adresse zeigt immer an, bei allem »Understatement«, in welche Klasse man gehört oder zu gehören glaubt. Die so typischen Wohngettos amerikanischer Städte dürften daher ohne den ausgeprägten Konkurrenzgeist der amerikanischen Gesellschaft und ohne den Drang nach Sichtbarmachung des Erfolges um der moralischen Qualifikation des einzelnen willen kaum solche exzessiven Ausmaße angenommen haben. Eine gleiche Gesellschaft ist die amerikanische auf jeden Fall nicht. Sie ist im Gegenteil, schon ihrer Grundkonzeption nach, eine ungleiche Gesellschaft (»unequal society«), die zwar dem sozialen und wirtschaftlichen Aufstieg des einzelnen im allgemeinen wenig in den Weg legt, in der aber die Unterscheidung zwischen Erfolgreichen und Erfolglosen – die Sichtbarmachung einmal erreichter Qualifikation – zum wesentlichen Angelpunkt der gesellschaftlichen Struktur gehört.

Negerkinder in Montgomery (Alabama) — *Unten: Schwarzer Geistlicher* — *Oben: Arbeitslose Neger in New York*

Neger sein in den USA

Unten: In der Fifth Avenue in Harlem

Obwohl alle US-Amerikaner verfassungsmäßig die gleichen Rechte genießen, gibt es in den USA Minderheitengruppen, die am allgemeinen Wohlstand nicht teilhaben. Dazu gehören vor allem die Neger. Diese Nachkommen aus Afrika eingeführter Plantagensklaven waren bis nach 1900 vorwiegend in den Baumwollanbaugebieten der Südstaaten ansässig. Seitdem ist fast die Hälfte aller Neger in die Städte des Nordens und des Westens gezogen, um den armseligen Daseinsbedingungen des Südens zu entfliehen. Diese städtischen Neger ringen etwa seit Beginn der sechziger Jahre vehement um Gleichberechtigung und Chancengleichheit. Ihr anfänglicher Wunsch, es dem mittelständischen weißen Leitbild gleichzutun, ist heute dem Drang nach Hervorkehrung und Anerkennung ihrer Eigenart gewichen. Noch ist indes die Arbeitslosenquote bei den Schwarzen doppelt so hoch wie bei den Weißen, verfügen 27% aller schwarzen gegenüber nur 8% aller weißen Familien nicht über das nötige Mindesteinkommen. Die meisten schwarzen Städter leben in den ältesten, verfallensten Wohnvierteln der Zentralstädte, den Slums, wo die Schulen minderwertig, die Arbeitsbedingungen schlecht und die Kriminalitätsraten hoch sind. Die Lebensverhältnisse, die Berufs- und Bildungschancen der Schwarzen haben sich seit den ausgehenden sechziger Jahren zwar verbessert. Echte Gleichberechtigung gibt es jedoch noch nicht – der Kampf um die Bürgerrechte dauert an.

Die amerikanische Krise

Es wird oft behauptet, daß Erfolg, Reichtum und Macht, ja schon das Streben danach korrumpierend seien. Als die Schöpfer des amerikanischen Staates und der amerikanischen Gesellschaft den freien Unternehmergeist und die unabdingbare Freiheit des Individuums, nach Glück und Erfolg zu streben, gesetzlich verankerten, dachten sie sicherlich nicht an die damit heraufbeschworenen Gefahren. Es erscheint heute jedoch deutlicher als je, daß gerade dieses System, das wirklich große Qualitäten in sich birgt, dennoch auch der Korruption Vorschub leistet, daß es verwundbar ist. Die amerikanische Krise, die heute vielerorts diskutiert wird, besteht im wesentlichen darin, daß die Vereinigten Staaten als Nation praktisch alles erreicht haben, was die Schöpfer zu Beginn der amerikanischen Entwicklung zu erreichen sich erträumt hatten: Der Kontinent ist erobert und besiedelt, unermeßlicher Reichtum angehäuft, die Produktion in unerhörte Höhen geführt, die Macht der Nation in aller Welt anerkannt, und die technischen Annehmlichkeiten und der persönliche Luxus der Mehrheit der Bürger sind zu einer fast nicht mehr zu steigernden Exzessivität getrieben. Was heute geschieht, ist das Erwachen aus dem Traum von Arbeit, Kampf und Streben allein nach diesen Erfolgen und nach Fortschritt.

Es scheint so zu sein, daß die amerikanische Nation sich heute vor die Frage gestellt sieht, was nun weiter geschehen soll, nachdem das meiste, was man erträumte, erreicht ist und dennoch das Leben nicht glücklicher, auch nicht gerechter geworden ist. Es ist die Frage nach dem tatsächlichen Wert einer zweihundertjährigen Tradition eines Wertungssystems, das so hoch über allen anderen zu stehen schien und sich auf einmal als nur eines von vielen möglichen herauskristallisiert hat, vielleicht überhaupt nicht einmal als eines der besten aller möglichen Systeme.

Fast alle bisher so heilig gehaltenen Werte und Maximen des amerikanischen Wertungssystems werden heute in Frage gestellt. Das ererbte amerikanische System, dem heute viele andere westliche Gesellschaften so eifrig nachfolgen, auch wenn sie es nicht wahrhaben wollen, hat den Vereinigten Staaten zwar großen äußerlichen Erfolg gebracht. Es hat aber auch Korruption und Verbrechen gefördert, es hat geistige Leere und Verlorenheit des einzelnen gezüchtet und hat soziale Ungerechtigkeiten nicht beseitigt. Es hat schließlich gezeigt, daß bedingungslose Demokratie zur Diktatur der Mehrheit werden kann, daß übertriebene Gleichheit zum Konformismus im Inneren und nationaler Erfolg und übertriebenes Sendungsbewußtsein zu Imperialismus, Arroganz oder gar Unmenschlichkeit nach außen hin führen können. Die amerikanische Krise ist also eigentlich eine philosophische Revolution, bei der es, wie es Jean-François Revel charakterisiert hat, nicht mehr um den materiellen Lebensstandard und nur am Rande um die Verbesserung der sozialen Gerechtigkeit geht, sondern vielmehr um das Bemühen einer erwachenden Überflußgesellschaft, nun die Werte und Ziele des Lebens für die Gegenwart und die Zukunft selbst zu überdenken und sich als Gesellschaft und als Nation neu zu orientieren und dabei ungeschminkte Selbstkritik zu üben.

Die Umorientierung der amerikanischen Gesellschaft auf neue geistige Inhalte ruht im wesentlichen auf der jungen, im Überfluß groß gewordenen Generation, die den Kampf um Erfolg und Wohlleben nicht mehr durchzufechten hat, auf den rassischen und ethnischen Minderheiten und auf der radikalsten (und einsamsten) aller amerikanischen Minderheiten, der Intelligenz. In Frage gestellt werden vor allem die bisherigen Werte des Strebens nach nationalem Konformismus und materiellem Wohlleben (Materialismus) und des schonungslosen Individualismus im Zusammenhang mit dem kapitalistischen Prinzip.

Der amerikanische Konformismus, geboren aus der Unsicherheit einer kolonialen Gesellschaft, die ihr Eigenwesen noch nicht entwickelt hatte, und genährt durch die unter dem Prinzip der Massenbildung entstandenen, erschreckend flachen Halbbildung der Mehrheit der Amerikaner, ist heute in rapider Auflösung begriffen. Die rassischen Minderheiten, zahlreiche ethnische Gruppen, die Intelligenz, die Anhänger der Hippiekultur und die Verfechter des Umweltschutzes (»Ecologists«), um nur einige zu nennen, versuchen teils mit Gewalt, teils mit friedlichen Mitteln ihr Recht durchzusetzen, anders zu sein, anders zu denken und sich mitunter anders zu kleiden und zu geben als die Masse der »anständigen« (»clean-cut«) Amerikaner, die »schweigende Mehrheit« der Konformisten. Diese Minderheiten der amerikanischen Gesellschaft, zu denen sich in jüngster Zeit noch die Veteranen des Vietnam-Kriegs gesellten, haben einen Prozeß eingeleitet, der, unterstützt durch das allgemeine Ansteigen der Bildung und der Information, die Bruchstücke kultureller Einflüsse, aus denen die USA als Kolonialgesellschaft bisher bestanden, zu einer wirklich eigenen Kulturform zusammenzuführen beginnt. Aus der Phase der Zivilisations- und Nationsbildung ist das amerikanische Volk in eine kulturelle Phase eingetreten. Die »schweigende« konservative Masse, die auf diese Impulse eher negativ reagiert, ist sich noch gar nicht bewußt, wie sehr sie von diesem Prozeß bereits ergriffen worden ist. Ihr linearer »Amerikanismus« ist jedenfalls schon in den tiefsten Grundfesten erschüttert worden. Selbst sie, die nichts anderes kannten als den unzerbrechlichen Glauben an den »American Way of Life«, sehen sich heute im Stadium des Zweifels. Bei einer Repräsentativumfrage Anfang 1971 erklärten z. B. 65 % aller befragten US-Bürger, daß es ihrer Meinung nach in den USA Dinge gebe, die nicht so seien, wie sie sein sollten. 50 % hielten eine Fabrik, die die Umwelt verschmutzt, für schlimmer als ein Freudenhaus in ihrer Stadt, und nur 37 % glaubten das Gegenteil – eine veränderte Einstellung, die in der puritanisch untermauerten amerikanischen Gesellschaft ohne Parallele in der Geschichte ist. 47 % erklärten, Krieg im allgemeinen sei unmoralischer als Kriegsdienstverweigerung, 58 % der Befragten, daß der Krieg in Vietnam moralisch zu verdammen sei; nur 29 % verteidigten ihn damals noch, und 13 % zeigten keine Meinung.

Vor allem der Glaube an weiteren technischen und materiellen Fortschritt als alleinigen Heilsbringer und an materielles Wohlleben als Grundlage persönlichen Glücks ist im Schwinden. Die 16bahnigen Stadtautobahnsysteme in Chicago oder Los Angeles, die sich in einem schlangenartigen Labyrinth über- und untereinander dahinwinden und Millionen von Autos in endloser Hast hin und her befördern, die quadratkilometergroßen Müllhalden und Autofriedhöfe und die endlosen Reihen von Tankstellen, Motels, Autoverkaufsplätzen und Würstchenbuden, die Hetze nach immer mehr Geld, neuen Autos, Berufserfolg und nach immer eleganteren, bequemeren Häusern – all dies hat die Menschen nicht glücklicher, sondern eher unglücklicher gemacht. Die Frustration ist überall zu spüren. Die Astronauten auf dem Mond haben es in unnachahmlicher Weise bewiesen: Erfolg und Fortschritt, diese wichtigsten Grundlagen des »amerikanischen Traums«, selbst die Eroberung des Mondes, haben im wesentlichen keines der eigentlichen Probleme der amerikanischen Gesellschaft zu lösen vermocht; sie haben nicht einmal einen Weg zur Lösung der anstehenden Probleme gefunden.

Auch der Glaube an den absoluten Wert des Individuums, gekoppelt mit dem freien Konkurrenzgeist des kapitalistischen Systems, ist erschüttert. Man beginnt heute zum erstenmal nach dem Staat zu rufen, die wachsende Kriminalität zu bekämpfen und die sozialen Ungerechtigkeiten zu beseitigen. Bisher reagierte die Gesellschaft auf Verbrechen mit dem Verlangen nach Vergeltung und Bestrafung. »Law and Order«, Gesetzlichkeit und Ordnung, sollten, wie im Wilden Westen, durch rasche, gewaltsame Ausmerzung der Verbrecher wiederhergestellt werden. Der Glaube an das Gute im Menschen überwog die Erkenntnis, daß das amerikanische Gesellschaftssystem selbst Gewalt und Verbrechen weiterzüchtet (»America is a crime producing society«). Heute schenkt man bereits solch »revolutionären« Wissenschaftlern Gehör wie Edwin M. Schur, der vier Ursachen für Gewalttätigkeit und Verbrechen in den USA erkennt: 1. Amerika ist eine ungleiche Gesellschaft. Armut und rassische Diskriminierung rufen tiefgreifende Frustrationsgefühle, Hoffnungslosigkeit und Verzweiflung hervor; diese münden in feindselige Reaktionen aus, die die herrschende Mittelklasse dann als »kriminell« abstempelt. Unter diese Kategorie fallen auch Gewalttätigkeiten anderer Minoritäten, z.B. der Studenten. 2. Die legalisierten überseeischen Massenverbrechen (Vietnam), die täglich auf dem Bildschirm in jedem Haus zu sehen waren, vor allem die Leichenzählungsreports (»Body count«) und Berichte über die Massenmorde in den »Free fire zones« von Vietnam, in denen jedes lebende Wesen getötet wird, waren dazu angetan, das Verbrechertum in der amerikanischen Gesellschaft, besonders in der Jugend, zu fördern. 3. Das kulturelle Wertungssystem Amerikas unterstützt Verbrechen. Der übergroße Wert, der dem Geld, dem Konkurrenzgeist und dem Erfolg des einzelnen beigemessen wird, ruft Frustrationen und Zwangssituationen hervor, die die Individuen leicht zum Verbrechen verleiten, ja zwingen können. Im gleichen Zusammenhang werden nicht nur Verbrechen auf der Straße genannt, sondern auch Steuerhinterziehung, Bestechung und das Mafia-Unwesen. 4. Amerika ist erst jetzt daran, einzusehen, daß Kriminalität kein durch immer strengere Maßnahmen zu unterbindendes Fehlverhalten einzelner gesellschaftlicher Außenseiter ist, sondern daß die Grundlagen der Gesellschaft selbst zu ändern sind, bevor eine Lösung dieses Problems gefunden werden kann.

So ist die »amerikanische Krise« eigentlich die Erkenntnis einer Nation, daß ihr bisheriges Wertungssystem nicht nur Gutes, sondern auch Schlechtes hervorgebracht hat. Der Optimismus und der Geist der Veränderung, beides ebenfalls Werte des amerikanischen Systems, sowie die demokratische Gesinnung und die schonungslose Offenheit des Amerikaners rechtfertigen mehr als nur Hoffnung, daß das amerikanische Volk mit dieser Krise der Selbstreinigung fertig wird. Thomas S. Eliot sagt: »Tugenden werden uns durch unsere fahrlässigen Verbrechen aufgezwungen« (»Virtues are forced upon us by our imprudent crimes«). Dies gilt in besonderem Maße für die amerikanische Gesellschaft. Hier wird wie nirgendwo sonst in der Welt über jeden Mißstand öffentlich diskutiert. Und hier ist auch wie nirgendwo auf der Welt die Macht der öffentlichen Meinung ausschlaggebend. Es heißt mit Recht, daß »die amerikanische Regierung niemals sehr weit hinter der öffentlichen Meinung zurücksteht«. Jetzt, da die »schweigende Mehrheit« Amerikas zu begreifen beginnt, daß ihre Werte und Maximen teilweise falsch und die Verhältnisse verbesserungswürdig, ihre Regierung mangelhaft und ihre Wirtschaftsführer korrupt sind und ihre eigene Schuld an der Kriminalität und den sozialen Ungerechtigkeiten groß ist, hat die Krise aufgehört, eine solche zu sein, und ist eine neue Revolution Amerikas geworden. »Information ist Krise«, sagt Jean-François Revel, und diese Krise in Amerika ist eine Revolution, die weiterführt. Ein Untergang der amerikanischen Gesellschaft ist nicht zu erwarten.

Im Grunde ist dieses Umdenken also der Versuch, eine neue Lebenskultur zu finden, und zwar im positiven Sinne des »Versuches«: Neues zu bauen, obwohl man eben erst erkannte, daß das bisher Geglaubte nicht realisierbar sei. Es gibt nicht viele Nationen auf der Erde, die so rasch und so optimistisch ihre Fehler eingestehen und in neue Bahnen einschwenken. Dies wird besonders deutlich, wenn man sich vergegenwärtigt, wie lange das amerikanische Volk an seine Mission glaubte, unterstützt durch eine Kette spektakulärer innerer und äußerer Erfolge, und wie stark diese Idee von der »neuen Gesellschaft« der Freien und Gleichen in Amerika Wurzeln geschlagen hatte. Der amerikanische Traum fußte auf dem Glauben an das Gute im Menschen. Nirgendwo sonst waren dem einzelnen so große Freiheiten und so viel Gleichheit zugestanden worden wie in den USA. Daß der Mensch diese Freiheiten egoistisch ausnützen, daß sich im absolut freien kapitalistischen Wettbewerb so viel Unrecht, so viel Unglück und so viel Verbrechen entwickeln würden, sahen die amerikanischen Menschen in ihrem gläubigen Optimismus nicht voraus. Der Mensch hat sich der hohen Hoffnungen der amerikanischen Anfangszeit als nicht würdig erwiesen. Diese amerikanische Erfahrung geht an sich die gesamte Menschheit an.

So wenden sich denn heute die Amerikaner mehr ihren eigenen, inneren Problemen zu und ziehen sich von ihren großen Aufgaben, die sie nach außen hin übernommen hatten, zurück. Es wird auf lange Zeit für die westliche Welt kein einfaches Sich-Verlassen auf die amerikanische Nation als Schützer und Helfer mehr geben. Die Vereinigten Staaten werden nach wie vor eine Weltmacht sein, und ein neuer amerikanischer Isolationismus ist nicht mehr möglich; aber man wird es den Amerikanern nicht verdenken können, daß sie sich in den nächsten Jahren mehr auf ihre eigenen Probleme und ihre innere Revolution konzentrieren. Ihre demokratische Tradition und ihr tiefwurzelnder Optimismus läßt erwarten, daß diese innere Revolution erfolgreich sein wird. Wenn sie dennoch fehlschlagen sollte, dürfte auch die restliche Welt des Westens schwer erschüttert werden. »Die Revolution des 20. Jahrhunderts wird von den Vereinigten Staaten ausgehen. Sie kann nur dort stattfinden und hat auch schon begonnen. Auf die übrige Welt wird sie sich nur dann ausdehnen, wenn sie zuvor in den USA erfolgreich gewesen ist« (Jean-François Revel).

Dahrendorf, R.: Die angewandte Aufklärung. – Gesellschaft und Soziologie in Amerika. *München 1963.* – *DuBois, C.:* The Dominant Value Profile of American Culture *(In: American Anthropologist, Bd. 57.) 1955.* – *Gillin, J.:* National and Regional Cultural Values in the United States. *(In: Social Forces, Bd. 34.) 1955.* – *Hofmeister, B.:* Die Vereinigten Staaten von Amerika. *(In: Große Illustrierte Länderkunde.) Gütersloh 1961.* – *Lehmann, H.:* Amerika. *(In: Harms Handbuch der Erdkunde, Bd. 1.) Frankfurt/München 1955.* – *Lerner, M.:* America as a Civilization. *New York 1955. (Deutsche Ausgabe:* Amerika, Wesen und Kultur. *Frankfurt 1957.)* – *Paterson, J.:* North America, a Regional Geography. *Oxford 1962.* – *Revel, J.:* Die Revolution kommt aus Amerika. *Hamburg 1971.* – *de Toqueville, A.:* Über die Demokratie in Amerika. *Frankfurt/M. 1956.* – *U.S. Department of Agriculture:* Major Uses of Land and Water in the U.S. with Special Reference to Agriculture. *(Summary for 1964.) Washington, D. C. 1968.* – *Watson, J.:* North America, its Countries and Regions. *New York 1967.* – *Webb, W.:* The American West. *(In: Harper's Magazine.) 1957.*

Herbert von Borch

Die Rolle der USA in der Welt

Amerika kann nicht mehr die Arche Noah sein

Die Vereinigten Staaten von Amerika haben in den fast zweihundert Jahren ihrer Existenz als unabhängige Republik einen weitausholenden Zirkel durchlaufen: erst ein Volk in der Arche Noah, nach Jeffersons Worten »getrennt durch ein großes Meer von der ausrottenden Verwüstung eines Viertels der Erde« (so bot sich den Gründungsvätern Europa dar), die sich bewußt isoliert haltende, verwirklichte Utopie; dann, nach dem Zweiten Weltkrieg, der dialektische Umschlag in das völlige Gegenteil, in die Rolle des den Globus mit Paktsystemen überziehenden Weltpolizisten; und schließlich, nach der tiefen moralischen Erschütterung durch die unselige Verstrickung in Asien, in Indochina, das Tasten nach einer Synthese, der Abbau des Überengagements und das Suchen nach einem neuen Gleichgewicht, das das Extrem des Neoisolationismus vermeidet.

Von den zweihundert Jahren hat Amerika über 150 getreu dem politischen Testament seines ersten Präsidenten George Washington gelebt, der in seiner Abschiedsbotschaft 1796 die neugebildete Nation ermahnte, sich aus den weltweiten Machtkämpfen, denen zu entrinnen ja doch den Sinn des jungen Staates ausmachte, fernzuhalten und keine »verwickelnden Bündnisse« einzugehen, die sie nur wieder in solche Kämpfe zurückführen würden. Dies war weniger ein diplomatischer als ein philosophischer Isolationismus. Das Gefühl des Entronnenseins war von Anfang an, seitdem zu Beginn des 17. Jahrhunderts der leere, ungezähmte Kontinent besiedelt wurde, Bestandteil des »amerikanischen Traums«. Dieser Traum, getragen von einer optimistischen Grundstimmung, die Amerikas Schicksal im »Streben nach Glück« sah (so die Unabhängigkeitserklärung), brach nach dem Zweiten Weltkrieg zusammen. Nachdem die Vereinigten Staaten durch die Entwicklung von Interkontinentalraketen zum erstenmal in ihrer Geschichte ihre geographische Unverletzlichkeit potentiell verloren haben, kann Amerika nicht mehr die hoch über der Sintflut dahinschwimmende Arche Noah sein. Wie die übrige Welt, so müssen auch die USA in einer trügerischen Balance des Schreckens leben, im Schatten nuklearer Vernichtungswaffen von interkontinentaler Reichweite.

Selbst der Erste Weltkrieg konnte die Amerikaner nicht davon abbringen, sich aus den Rivalitäten, Eifersüchteleien und Launen Europas, vor denen George Washington sie gewarnt hatte, weitestgehend herauszuhalten. Nachdem das kaiserliche Deutschland mit dem unbeschränkten U-Boot-Krieg Amerika den Anlaß zum Kriegseintritt gegeben hatte, dessen wirklicher Grund die Rettung der britischen Flotte, dieses Abschirmungsfaktors des US-amerikanischen Isolationismus, war, focht Amerika zwar an der Seite der Entente bis zum totalen Sieg, den sein Präsident Woodrow Wilson noch 1917 als politisch unweise abgelehnt hatte. Aber als mit Amerikas Hilfe das europäische Gleichgewicht mit unheilvollen Folgen, die zwanzig Jahre später zu einer Wiederholung des Weltkriegs führten, zerstört war, schreckten die USA vor der Weltmachtrolle, die die Mitverantwortung für dieses Ergebnis doch forderte, zurück: Der Senat verweigerte die Zustimmung zum Eintritt in den Völkerbund, den Wilson wollte, und die amerikanische Öffentlichkeit verfiel der »nationalen Reflexbewegung« (wie der Diplomat Charles Bohlen es genannt hat), indem sie sich von den Geschehnissen in der Welt abkapselte – fast bis an die Schwelle des Zweiten Weltkriegs, dadurch an ihm mitschuldig werdend.

Die isolationistische Überlieferung, so verständlich sie zur Zeit der Loslösung von der britischen Krone Ende des 18. Jahrhunderts auch war, erwies sich als keine gute Schule außenpolitischer Staatskunst. Die amerikanische Demokratie war ungeübt im Blick über den eigenen Horizont hinaus; sie hätte sonst ihr Gewicht vorbeugend einsetzen können, als sich der Selbstmord Europas abzuzeichnen begann, und sie hätte, als sie zu einem späteren Zeitpunkt hineingezogen wurde, für ein rascheres Ende des Aderlasses arbeiten sollen. Statt dessen wurde dem Endsieg über ein militaristisches, antidemokratisches Deutschland eine apokalyptische Bedeutung gegeben: Dies war der Krieg zur Beendigung aller Kriege, der die Welt »sicher für die Demokratie« machen würde. Die Zerschlagung des preußischen Militarismus wurde zum Selbstzweck oder wenigstens zur Voraussetzung eines Friedens, der nicht mehr – so Wilson – auf dem von Amerika stets verächtlich beurteilten Machtgleichgewicht ruhen sollte, sondern auf der Macht einer Gemeinschaft, des Völkerbundes, und der Abschaffung der autokratischen Geheimdiplomatie.

Wäre Amerika, wie es Wilson hoffte, dem Völkerbund beigetreten, so hätte diese Kollektivmacht vielleicht Zähne eingesetzt bekommen, und der Gang der Geschichte wäre anders verlaufen. So aber blieb nur Versailles; daß die USA den Vertrag mit seinen Strafbestimmungen nicht unterzeichneten, änderte an seinem Charakter nichts, über den ein mitleidloser Kritiker der Außenpolitik seines Landes, George Kennan, schrieb: »Dies war wahrlich ein Friede, in den die Tragödien der Zukunft mit des Teufels eigener Hand hineingeschrieben waren. Einen solchen Frieden bekommt man, wenn man in seinem Geiste Kriegshysterie und unpraktischen Idealismus sich gemeinsam niederlegen läßt, wie der Löwe und das Lamm; wenn sich der kolossalen Einbildung hingibt, man könne plötzlich das internationale Leben in etwas verwandeln, was man für das eigene Antlitz hält; wenn man sich weigert, sich mit den realen Problemen zu beschäftigen [...]« (»American Diplomacy, 1900–1950«, Chicago 1951).

Eben dies tat Amerika, was die Außenwelt anbetraf, die dreißiger Jahre über, obwohl der Aufstieg Hitlers, Mussolinis und der Militärs in Japan Warnsignal genug war. Aber als Franklin D. Roosevelt 1937 seine Quarantäne-Rede hielt, in der er kollektive Handelssanktionen gegen mögliche Angreifer vorschlug, antwortete ihm ein empörter Aufschrei der Isolationisten in beiden Parteien. 1937 verabschiedete der Kongreß die Neutralitätsakte. Amerika wollte sich in nichts einmischen: Es fühlte sich in seinen Grenzen völlig sicher, beschützt von zwei Ozeanen, mit Nachbarn im Norden und im Süden, die ungefährlich waren; und die Welt war weitgehend von zwei mit ihm eng befreundeten Imperien, Großbritannien und Frankreich, beherrscht. Der Neutralitätshaltung, in der sich diese allseits beschützte Position spiegelte, entsprach, daß Amerika eine nichtmilitärische Nation war – ein heute kaum mehr vorstellbarer Zustand. 1930 betrug der Militärhaushalt der USA 1 Milliarde Dollar; 1972 hatte sich diese Zahl mit 77 multipliziert. Die Militarisierung der amerikanischen Gesellschaft seit 1947, mit Beginn des »Kalten Krieges«, wurde zu ihrem beunruhigendsten Merkmal, sowohl im Innern als auch hinsichtlich ihrer Weltrolle.

All dies hatte, von Amerika aus gesehen, die Gesetzmäßigkeit einer griechischen Tragödie. Der Erste Weltkrieg zerstörte das europäische Gleichgewicht dergestalt, daß das Deutsche Reich in Mitteleuropa zwei Jahrzehnte später hier der stärkste Staat werden konnte, durch eine Reihe schwacher junger Staaten getrennt von der gewaltigen Landmacht der kommunistischen Sowjetunion. Die westlichen Demokratien waren militärisch nicht in der Lage, die totalitären Staaten zu besiegen, wenn diese zusammen kämpfen würden. Infolgedessen blieb ihnen keine andere Wahl, als sich mit einer von ihnen gegen die andere zu verbünden, sosehr dies auch eine Hypothek auf die Zukunft sein würde.

Als Hitler Polen überrannte und Frankreich und Großbritannien 1939 Deutschland den Krieg erklärten, war die Entscheidung auch für Amerika gefallen: für ein Bündnis mit der Sowjetunion gegen das nationalsozialistische Deutsche Reich. Und diese Vorentscheidung, was auch immer später im einzelnen auf den Konferenzen von Teheran und Jalta beschlossen wurde, machte es unausweichlich, daß im Falle eines Sieges über Deutschland die kommunistische Macht im Osten ihre Herrschaft auf ganz Osteuropa ausdehnen würde. Daraus entsprang der »Kalte Krieg«, und dieser führte wiederum, infolge der durch ihn hervorgerufenen Ideologisierung der US-amerikanischen Außenpolitik, zur Intervention in Südostasien.

Die hohe Zeit des »Kalten Krieges«

Der Zweite Weltkrieg endete mit der bedingungslosen Kapitulation Deutschlands, im Gegensatz zum Ersten Weltkrieg ein vielleicht nicht vermeidbares Ziel der Alliierten, wenn auch nur, weil begrenzte Ziele mit der Sowjetunion unter Stalin nicht auszuhandeln waren. Es war trotzdem eine ungemein kurzsichtige Entscheidung – für die Roosevelt verantwortlich ist –, durch das Kriegsziel des »Unconditional surrender« Hitler mit dem deutschen Volk zu identifizieren (während Wilson einen Unterschied zwischen dem Kaiser und der Nation gemacht hatte), dem deutschen Widerstand gegen Hitler jede Stütze zu versagen und an die Stelle Deutschlands ein totales Vakuum zu setzen.

Amerika war nicht bereit, das Vakuum zu füllen. Wie nach dem Ersten Weltkrieg, so kehrte es wenn auch nicht für zwanzig, so doch für zwei Jahre zu seiner isolationistisch-antimilitärischen Tradition zurück. Unter ungeheurem öffentlichem Druck rüstete Truman sofort nach Kriegsende radikal ab; Amerikas freiwillige Zerstörung seiner Kriegsmaschine war fast so gründlich wie die unfreiwillige des geschlagenen Deutschlands. Von 1945 bis 1947 demobilisierten die USA ihre Streitkräfte von 12 auf 1,4 Millionen Mann, wobei allerdings bedacht werden muß, daß der Präsident, der als bisher einziger Staatsmann der Weltgeschichte in einem Krieg Atombomben abwerfen ließ – 1945 auf Hiroschima und Nagasaki –, die Abrüstung der herkömmlichen Streitkräfte im Kraftbewußtsein des Atommonopols vollziehen konnte. Aber die Kernwaffen haben im »Kalten Krieg« keine rationale Rolle gespielt. Der »Kalte Krieg« der Sowjetunion kann sogar als ein Manöver zur Umgehung des US-amerikanischen Atommonopols aufgefaßt werden; 1949 war dann mit der ersten Atomexplosion in der Sowjetunion das Monopol ohnehin gebrochen.

Die Sowjetunion war bereit, das Vakuum, das die deutsche Niederlage hinterlassen hatte, in Osteuropa und bis tief auf deutsches Gebiet hinein zu füllen; sie rüstete nicht ab, sondern behielt ihre 6 Millionen Mann ebeno unter Waffen, wie sie ihre 50 000 Panzer und ihre 20 000 Flugzeuge nicht verschrottete. Die Eindämmung dieser expansionistischen Macht begann mit der »Truman-Doktrin« von 1949 (für Griechenland und die Türkei), mit der Amerika den Mantel der erschöpften britischen Weltmacht ergriff. Nun waren die USA auch »offiziell« – was sie faktisch längst waren – Weltmacht, und dieser völlige Rol-

Monroe-Doktrin · 1823 verkündete Präsident Monroe als »Botschaft« an den Kongreß das Prinzip der gegenseitigen Nichteinmischung, das außeramerikanische Interventionen im Bereich des amerikanischen Doppelkontinents verhindern sollte und Zurückhaltung der USA auf anderen Kontinenten versprach. Unter der Bezeichnung Monroe-Doktrin wurde diese »Botschaft« weltweit bekannt.

lenwandel wurde bewußt und ohne Einschränkungen, ja enthusiastisch vollzogen. 1950 ging in Korea der »Kalte Krieg« in den heißen über – wie anderthalb Jahrzehnte später in Vietnam.

Nach 1947 bauten die Vereinigten Staaten das größte hegemoniale Bündnissystem auf, das auf diesem Globus jemals geschaffen wurde, mit Untersystemen in Südamerika, Europa, Asien und im Nahen Osten; rund fünfzig Staaten bekamen von Amerika Beistandsversprechen, Waffen, Militär- und Wirtschaftshilfe im Milliardenmaßstab. Das Pendel schlug in das äußerste Gegenteil dessen aus, was General Washington geraten hatte. Vor dem Ende des Zweiten Weltkrieges bestand das ganze diplomatische Arsenal der USA aus der »Monroe-Doktrin« von 1823 – einer unbestimmten Warnung an die europäischen Mächte, sich von der westlichen Hemisphäre fernzuhalten –, den Verträgen nach dem US-amerikanisch-Spanischen Krieg von 1898, mit dem sich die Vereinigten Staaten Puerto Rico, die Philippinen und Guam aneigneten (bedeutsam als erster Schritt zur Weltmacht außerhalb der nordamerikanischen Landgrenzen), und einer nicht sehr erfolgreichen Initiative um 1900 für die »Open door«-Politik in China. Die frühere Untätigkeit, besonders die in den dreißiger Jahren, diente jetzt zur Erklärung des Kurswechsels in der US-amerikanischen Außenpolitik; diese war eine Art ideologischer Überbau für die nun einsetzende Militarisierung.

Den Kernpunkt hat man das »Mandschurische Axiom« genannt. Danach erzeugen kleinere internationale Krisen, von Amerika nicht genügend ernst genommen, weitere Krisen, weil die Aggressoren nicht rechtzeitig abgeschreckt werden, bis eine Katastrophe entsteht. So führt eine Kausalkette von der japanischen Invasion in der Mandschurei zur Besetzung des Rheinlandes, von dieser wiederum zur Eroberung Äthiopiens, von dort zu München und schließlich zum Kriegsausbruch 1939. Würde Amerika schon vor 1939 weltumspannende Allianzen gehabt haben, die Hitler, den Mikado und Mussolini in Schach gehalten hätten, wäre es nie zum Zweiten Weltkrieg gekommen. Auch als »Domino-Theorie« bekannt, besagt diese außenpolitische Konzeption, die noch Präsident Johnson bis 1969 vertrat, daß das Fallen eines »Dominosteins«, etwa Südvietnams, alle anderen »Steine«, in diesem Falle sämtliche nichtkommunistischen Regimes in Asien, zum Stürzen bringe. Weil die Stützung eines »Dominosteins« mit der Verläßlichkeit der USA als Verbündeter überhaupt in Verbindung gebracht wird, steigert sich die Bedeutung einer örtlichen Operation ins Unabsehbare; ein Konflikt wie der vietnamesische Bürgerkrieg wird zum globalen Testfall erhoben und verliert die ursprünglichen Proportionen.

Die »Domino-Theorie« wird ergänzt durch die »Armeslängen«-Konzeption. Diese erwächst aus der neuartigen Erfahrung Amerikas, nicht mehr die für gegnerische Völker unerreichbare Arche Noah, sondern durch eine revolutionäre Technologie ebenso verletzlich zu sein wie andere Nationen, die keine Ozeane um sich haben. Daher verlange es die Sicherheit der USA, sich weit von den eigenen Grenzen entfernt, den Gegner gewissermaßen »auf Armeslänge« von sich fernhaltend, zu verteidigen; praktisch bedeutet dies eine dominierende militärische Präsenz in Europa und Asien. In Europa, wo die Eindämmung (»Containment«) der Sowjetmacht durch den »Marshallplan« und das NATO-Bündnis ein Überschreiten der Demarkationslinien des Zweiten Weltkriegs verhindert haben, war sie höchst erfolgreich. In Vietnam hingegen sind die Amerikaner in den Quicksand einer sozialen Revolution und in einen Guerillakrieg geraten, aus dem nach schweren Schädigungen aller Art – auch für die USA selbst, die einen beispiellosen Verlust an Prestige und moralischer Glaubwürdigkeit hinnehmen mußten – nur noch ein Rückzug möglich war, ein Rückzug, der in der »Nixon-Doktrin« eine gültige Auslegung gefunden hat.

Aber was drei Jahrzehnte der Militarisierung aus den USA gemacht haben, läßt sich nicht mit einem Federstrich aus der Welt schaffen. Die Militarisierung der Vereinigten Staaten ist nicht auf einen US-amerikanischen Moltke oder Tojo zurückzuführen, sondern sie bestand in einem Denkprozeß, der sich der zivilen Führung der Nation bemächtigte. Einflußreiche Außenminister wie Dean Acheson und John Foster Dulles sahen Amerika weltweit von der »kommunistischen Aggression« bedroht und verknüpften geographisch weit voneinander entfernt liegende mögliche Gefahrenherde zu einer einzigen »Gefährdung«, auf die sie nur eine militärische Antwort wußten. In der Formosa-Krise der Jahre 1955 bis 1958, als die Festlandchinesen die winzigen Küsteninseln Quemoy und Matsu bombardierten, erhoben Eisenhower und sein Außenminister Dulles diese strategisch gleichgültigen Stücke Erde zu einem »asiatischen Berlin«. Die »Eisenhower-Doktrin« von 1957 versprach jedem nichtkommunisti-

Jalta · 1945 entschieden Roosevelt, Stalin und Churchill auf der Krimkonferenz nicht nur über das Schicksal Deutschlands, sondern unter anderem auch über die Aufteilung der Einflußzonen in Europa.

Vietnam · Mit dem Aufmarsch ihrer Flotteneinheiten in den Küstengewässern von Vietnam begann das militärische Engagement der USA in Übersee, das schließlich in den erschreckenden Bombardierungen kulminierte.

schen Staat des Nahen Ostens Beistand gegen einen kommunistischen Angriff, wieder mit der globalen Begründung: »Die Sowjetunion strebt danach, den Nahen Osten zu kontrollieren, weil sie diese Kontrolle als einen großen Schritt in die Richtung sieht, schließlich die Stärke der ganzen freien Welt zu unterminieren [...]« (Dulles).

Die Weltarena wurde in diesem Denken zu einem allumfassenden Schauplatz der Machtrivalität mit der Sowjetunion und deren (wie man es sah) Satelliten, zu denen auch die Volksrepublik China gerechnet wurde. Man betrachtete es in Washington als weise Vorsicht, immer die schlimmste militärische Möglichkeit als die wahrscheinlichste anzunehmen, sich auf sie vorzubereiten und so politische Optionen ungenutzt zu lassen. In Europa wurde seit 1947 mit einem Überraschungsangriff der »Roten Armee«, die bis zum Kanal durchstoßen würde, gerechnet. In den fünfziger Jahren lehnten es daher die Truman- und die Eisenhower-Regierung ab, auch nur zu sondieren, ob sowjetische Verhandlungsangebote über die deutsche Einheit ernst zu nehmen seien, oder auf Vorschläge für ein militärisches Disengagement und atomwaffenfreie Zonen einzugehen.

In der Welt als Arena nahm sich Amerika das Recht auf einseitige militärische Eingriffe heraus, so Eisenhower in Guatemala 1954, Kennedy in Cuba 1961 und Johnson in der Dominikanischen Republik 1965. Eine machtvolle militärische Bürokratie, verzahnt mit einem Kongreß, dessen Mitglieder einen unbegrenzten Appetit auf Rüstungsaufträge für ihre Bundesstaaten und Wahlkreise hatten, sprach bei allen wichtigen politischen Entscheidungen mit. Adam Yarmolinsky, der von 1961 bis 1966 hohe Stellungen im Pentagon bekleidete und daher von innen her Bescheid weiß, schreibt über diesen Komplex: »Wenn auch die Betonung der militärischen Sicherheit im Nachkriegsamerika eine verständliche Erwiderung auf ausländische Drohungen, technologischen Wandel, Lehren aus der Vergangenheit und Vorlieben im Kongreß und in der Öffentlichkeit war, so hat doch die ausgedehnte Teilnahme des militärischen Establishments am politischen Prozeß diese Betonung noch verstärkt. Die Außenpolitik wurde den Verteidigungsausgaben untergeordnet und Gewaltanwendung Verhandlungen vorgezogen« (in: »Foreign Policy«, Winter 1970/71).

Das Vietnam-Abenteuer und die Folgen

Doch hatte das Pendel schon einige Zeit zuvor wieder in die Gegenrichtung ausgeschlagen. Die – damals noch nicht fühlbare – Umkehr, wenigstens im Verhältnis der Weltmächte, kann man auf die läuternde Wirkung der kubanischen Raketenkrise im Oktober 1962 zurückführen. Hier kam es zur ersten und bisher einzigen militärischen Konfrontation der Weltmächte. Chruschtschows abenteuerlicher Plan, auf Castros Insel Mittelstreckenraketen zu stationieren und die atomare Vernichtungsgewalt der Sowjetunion neunzig Meilen vor Florida aufzubauen, so daß den USA jede Warnzeit genommen worden wäre, wurde von Kennedy unter dem Risiko des Atomkrieges mit der Blockade der raketenbeladenen Frachter beantwortet. Die Frachter kehrten auf hoher See um. Der Kreml trat den strategischen Rückzug aus dem Karibischen Meer an und ließ sich dafür von Kennedy versprechen, Cuba nicht anzugreifen. Das »Einverständnis«, keine strategische Position in Cuba zu errichten, wurde von Moskau 1970 gegenüber Nixon erneuert, als Washington wegen der Bewegungen sowjetischer U-Boote Verdacht schöpfte.

Nachdem die beiden Mammutmächte in der Raketenkrise in die Mündungen ihrer Vernichtungswaffen gestarrt hatten, zeigten sie eine wachsende Bereitschaft, den nuklearen Dämon gemeinsam zu bändigen. So kam es in den folgenden Jahren zu Abkommen

über die Einstellung der Atomtests und die Nichtweitergabe von Kernwaffen sowie zu Verhandlungen über eine zahlenmäßige Begrenzung der offensiven und der defensiven Fernwaffen (SALT). Sie mündeten in die am 26. Mai 1972 in Moskau von Nixon und Breschnew unterzeichneten Verträge ein, die beide Abwehrsysteme auf ein Mindestmaß einzufrieren und die strategischen Offensivraketen in einem Interimsabkommen für fünf Jahre zu begrenzen. In einer zweiten Verhandlungsrunde wird für Offensivwaffen gleichfalls ein dauerndes Abkommen angestrebt, in dem auch komplizierte technologische Aspekte berücksichtigt werden sollen. Auch die geistige Konzeption der US-amerikanischen Außenpolitik wandelte sich. Schon John F. Kennedy begann das Verhältnis zur Macht, zur Welt anders zu sehen als durch die militaristische Brille, die ihm seine Vorgänger hinterlassen hatten. Für ihn löste der Pluralismus in beiden Lagern die Zwangsvorstellung von der monolithischen »chinesisch-sowjetischen Drohung« ab. Ein Jahr vor seiner Ermordung sagte er in der Universität Berkeley: »Niemand, der die moderne Welt studiert, kann bezweifeln, daß die großen Strömungen der Geschichte die Welt hinwegträgt von der monolithischen zur pluralistischen Idee. Jenseits des Trommelfeuers der täglichen Krisen zeichnen sich daher die Umrisse einer kräftigen und vitalen Weltgemeinschaft ab, gegründet auf Nationen, die sicher in ihrer Unabhängigkeit sind [...]«

Damals war diese Zuversicht berechtigt: Die kommunistische Erdhälfte war tief durch den sowjetisch-chinesischen Gegensatz gespalten, der Kreml hatte den Druck auf Berlin und Laos gemildert, und mit Kennedy an der Spitze schien Amerika eine neue Anziehungskraft vor allem für die »Dritte Welt« gewonnen zu haben, eine Anziehungskraft, die das verhärtete Antlitz der USA des »Kalten Krieges« nicht besaß.

Aber dann verdunkelte sich mit den Schüssen von Dallas die amerikanische Szene. Als wollten sich die USA von dem dumpfen Empfinden, sie seien gemeinsam an dem Mord schuld, reinigen, passierte Lyndon B. Johnsons Gesetzesvorlage für eine »Great Society« mühelos den Kongreß, wo sie vorher Kennedy verweigert worden war. Doch mit der Vietnam-Eskalation von 1965 machte Präsident Johnson alles wieder zunichte.

Ohne diese traumatische Erfahrung ist das neue Verhältnis der Vereinigten Staaten zur Außenwelt nicht zu verstehen. Sie begann, als Dulles, verärgert über die Ergebnisse der Genfer Asien-Konferenz von 1954, die die französische Niederlage von Diên Biên Phu vertraglich bestätigte, ungefragt Südvietnam, Laos und Kambodscha zu Schutzgebieten eines zu diesem Zweck geschaffenen Südostasienpaktes (SEATO) machte und sein Präsident Eisenhower dem südvietnamesischen Präsidenten Diem das erste Hilfsversprechen gab und 700 Militärberater entsandte.

Im Frühjahr 1965 beschloß Präsident Johnson, Nordvietnam zu bombardieren, den Bodeneinsatz der US-Truppen auszuweiten und deren Zahl auf über 500 000 Mann zu erhöhen. So wurde aus dem vietnamesischen Bürgerkrieg ein US-amerikanischer Krieg, dessen Bilanz bis 5. 1. 1973 nach amtlichen Angaben des Verteidigungsministeriums 1,2 Millionen Tote – davon 56 200 US-Amerikaner – und 137 Milliarden Dollar (des US-Budgets) aufzuweisen hatte.

Warum »amerikanisierte« Johnson 1965 den Krieg, den Nixon durch das umgekehrte Rezept, die »Vietnamisierung«, um Jahre verspätet, wie seine Kritiker meinen, mit dem am 27. Januar 1973 in Paris unterzeichneten Vertrag mit Nordvietnam beendete (wobei die entscheidende politische Substanz der Regelung der ungewissen Zukunft überlassen blieb)? Die Militärs, deren Einfluß in Asien noch immer dominierend war, hatten den Präsidenten damals überzeugen können, der Krieg sei militärisch verloren, wenn die USA nicht in großem Stil eingriffen. Die Vietkong seien in der Lage, »das Land in zwei Teile zu schneiden«. Man kann mit Recht daran zweifeln, ob dies in einem politischen Krieg dieser Art irgendwie erheblich gewesen sei. Doch erst die »Tet-Offensive« im Januar 1968 heilte den Präsidenten endgültig von seinem blinden Vertrauen auf die Generale. Die Offensive der Guerillakämpfer, in deren Verlauf die Vietkong zwanzig Provinzhauptstädte, wenn auch unter blutigen Opfern, besetzen konnten, bewies die politische Leere der militärischen Erfolge. Johnson suchte wiedergutzumachen, was er durch die Eskalation drei Jahre früher heraufbeschworen hatte. Am 31. März 1968 verzichtete er auf seine Wiederaufstellung als Kandidat für das Weiße Haus – es war wie die Abdankung eines Monarchen – und ermöglichte mit der Einstellung der Bombardierung Nordvietnams die Pariser Friedensverhandlungen. Der Krieg, dies war nun klar, war militärisch nicht zu gewinnen, allen Versicherungen zum Trotz, die der Oberkommandierende der US-Streitkräfte in Vietnam, General Westmoreland, abgegeben hatte.

Bombardierung von Nordvietnam · Die schweren Luftangriffe auf Hanoi und Haiphong, Ende 1972 nach der Stagnation langwieriger Verhandlungen unternommen und Höhepunkt des von beiden Seiten mit äußerster Härte geführten Kampfes, verwüsteten ganze Stadtviertel und führten zu Protesten in weiten Teilen der Welt. Am 27. 1. 1973 wurde das Waffenstillstandsabkommen unterzeichnet.

Im Angesicht der ganzen Welt · Links unten: Präsident Kennedy † in Berlin (mit Konrad Adenauer † und Ludwig Erhard) nach dem Mauerbau 1961 und Präsident Nixon (rechts) auf einer Pressekonferenz während des Vietnamkrieges.

Die Militarisierung der US-amerikanischen Außenpolitik und die irrige Vorstellung einer vom Kreml geleiteten Verschwörung gegen die USA, in der China nur ein Werkzeug der Sowjetunion sei, legten den Keim zu der tragischen Verstrickung der USA in Südostasien. Der nationale Aufstand, der 1949 in Vietnam ausbrach, wurde im Banne dieser fixen Idee als eine Ausgeburt der chinesisch-sowjetischen Expansionspläne betrachtet. Daher mußte dieser Expansion Einhalt geboten werden – durch militärische Präsenz der USA am 38. Breitengrad in Korea, in der Formosastraße, an der Inselstützpunkt-Kette von Japan bis zu den Philippinen und schließlich am 17. Breitengrad in Vietnam. Als es dämmerte, wie sehr China von der Sowjetunion unabhängig war, wie die ganze Logik dieser amerikanischen Intervention nicht stimmte, da war es zu spät. Die Weltmacht war in ihr Überengagement hineingeschliddert.

Warum der US-amerikanische Vietnam-

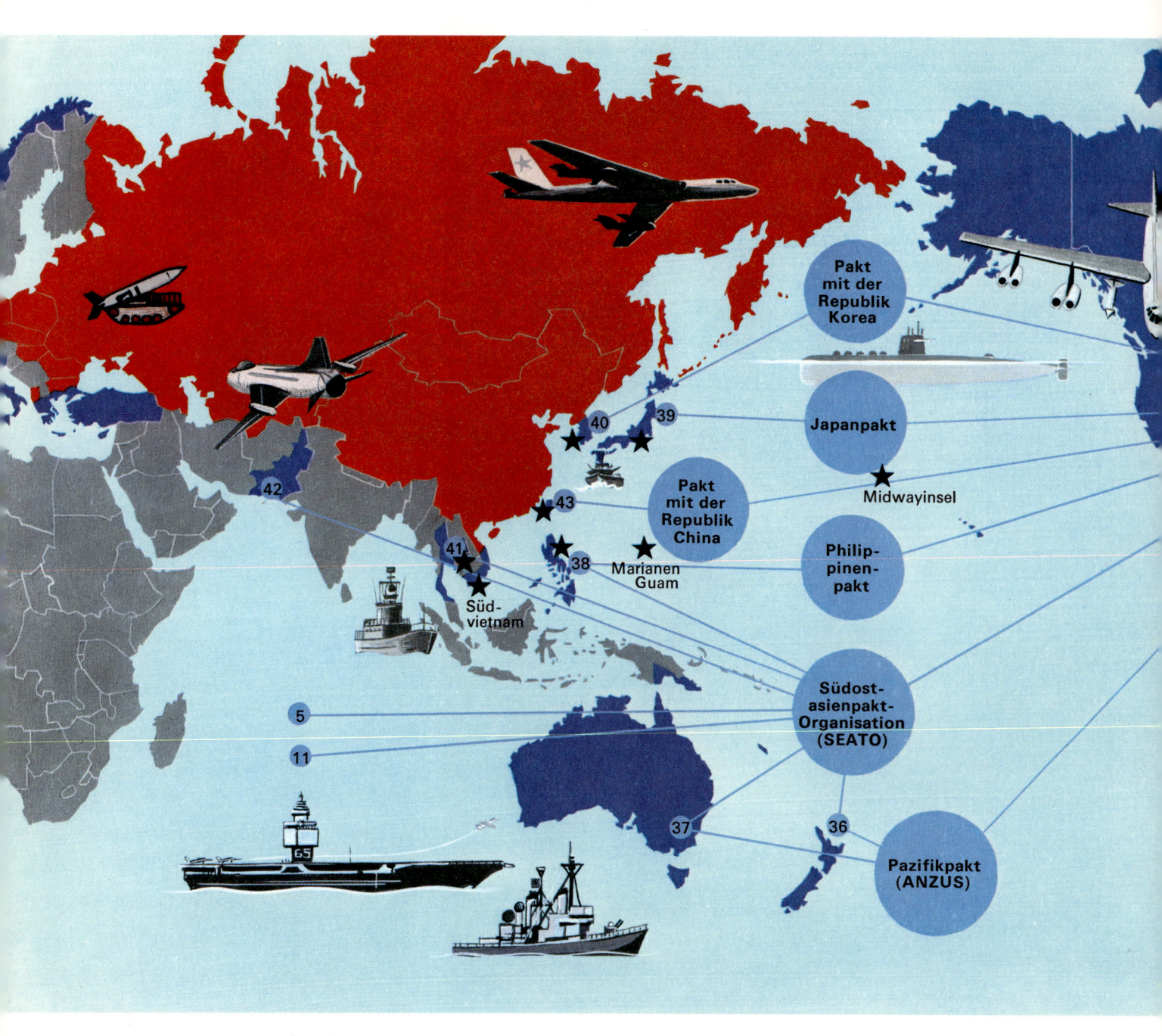

Einsatz scheitern mußte, ist nirgends besser und prägnanter in Worte gefaßt worden als in dem Urteil von Donald Duncan, einem enttäuschten Mitglied der von Kennedy geschaffenen Anti-Guerilla-Spezialtruppe der »Green Berets«. In »New Legions« (New York, 1967) schreibt er: »Wie ein Flüchtlings-Familienvater mir sagte: Wir können, wenn wir müssen, unter dem Kommunismus leben, aber wir sterben unter Bomben. Der von den Vietkong angewandte Terror ist einer, den das Volk versteht – bei aller Grausamkeit ist er doch gezielter als das Flächenbombardement. Kann man sich den Terror ausmalen, mitten in der Nacht aufzuwachen mit fliegendem Metall und Strömen von brennendem Napalm um sich herum? Wegen des politischen Zwecks ist der Vietnamese eher in der Lage, das Schleudern von Bomben gegen eine Bar oder ein Restaurant zu begreifen als die unterschiedslose Zerstörung ganzer Dörfer durch eine unpolitische B-52.«

Der Vietnam-Krieg hat zwei sehr einschneidende Wirkungen auf die Weltrolle der USA gehabt. Einerseits hat er die Bedenken gegen die Militarisierung der US-amerikanischen Außenpolitik außerordentlich verstärkt; andererseits hat er klar bewiesen, wie sehr der militärische Einfluß geschwunden ist, seitdem dessen mächtigste Exponenten im Senat sich eines anderen besonnen haben. Senator Richard Russell sagte 1968, als er noch als bedeutendste Pro-Pentagon-Figur im Kongreß angesehen wurde, nachdenklich: »Ich glaube, ich muß ein Isolationist sein. Ich finde nicht, man sollte 100 000 oder 200 000 oder 500 000 amerikanische Jungens irgendwohin verschiffen, um zu kämpfen und zu sterben in einem Krieg, der so wenig mit ihren Interessen zu tun hat.« Und Senator Stennis aus dem traditionell promilitärischen Bundesstaat Mississippi sagte schon 1967: »Ich denke, wir sind überengagiert. Ich stimmte hier in den fünfziger Jahren leichtfertig dafür, dies und das zu garantieren, und ich hatte

keine Vorstellung, wie schwer die Ausführung sein würde.«

Die noch allgemeinere Revision der US-amerikanischen Außenpolitik ist in der »Nixon-Doktrin« niedergelegt, die einer verringerten Teilnahme der USA an den Weltgeschehnissen das Wort redet. Sie ist im Grunde eine Fortsetzung jenes Pluralismus, wie ihn Kennedy verfocht, nur nicht mit dessen überschäumendem Optimismus. Denn dazwischen liegt die große Ernüchterung. Sich abzusetzen ist niemals leicht gewesen, und zwar ganz besonders nicht, wenn eine Weltmacht unter schwierigen psychologischen Bedingungen zurückstecken muß. Es ist deshalb verzeihlich, daß die »Nixon-Doktrin« bewußt mehrdeutig ist, daß sie zwischen Aktivismus und Passivität hin und her schwankt. Der Präsident, der eine empfindliche Antenne für Zeitströmungen hat, sagt der politischen Theologie ab, die die USA in den letzten dreißig Jahren in unzählige globale Verpflichtungen und Interventionen hineingezogen hat, er, der selber

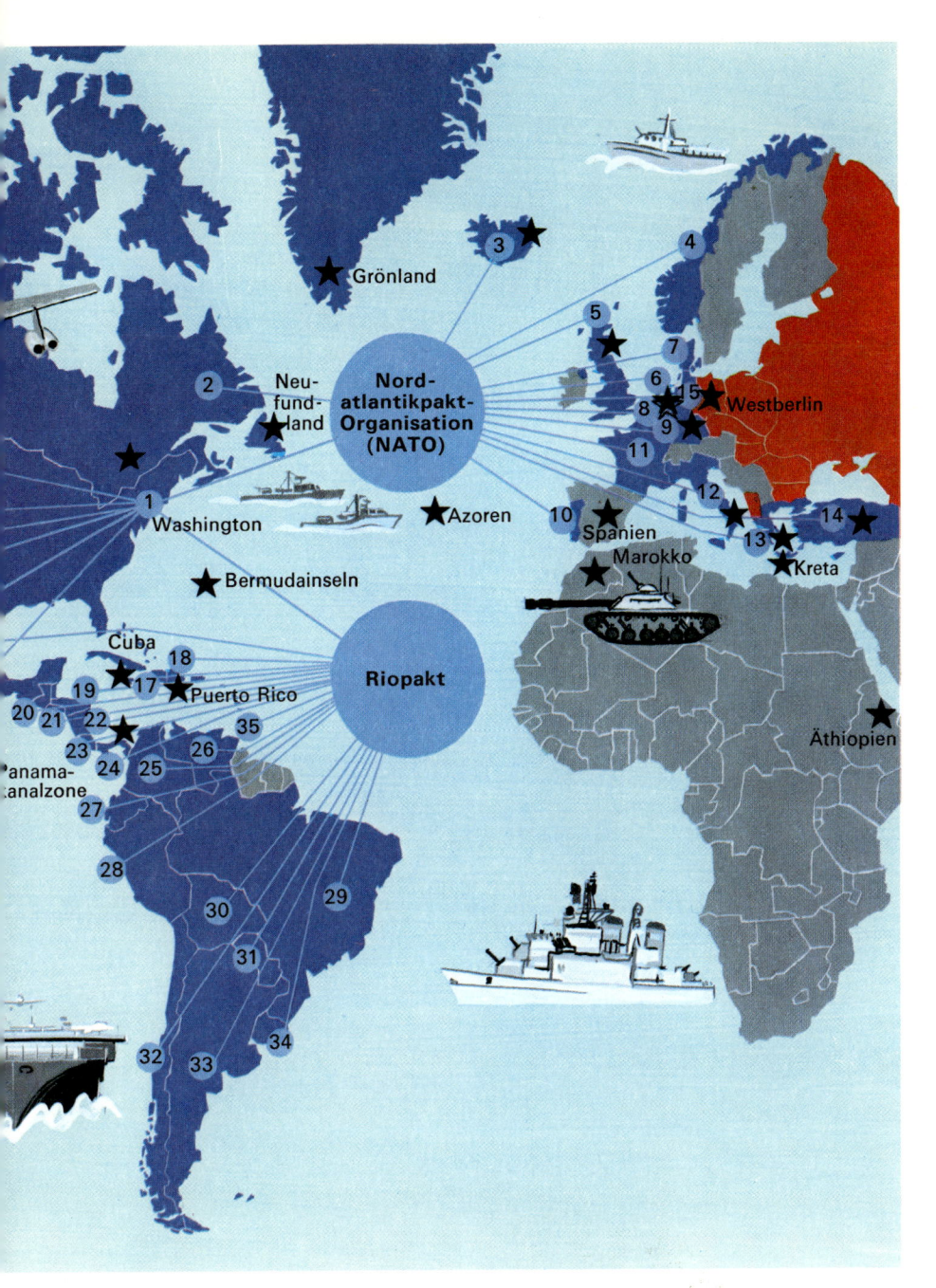

Das Verteidigungspaktsystem der USA

Nordatlantikpakt-Organisation (NATO)
1 Vereinigte Staaten von Amerika
2 Kanada
3 Island
4 Norwegen
5 Großbritannien
6 Niederlande
7 Dänemark
8 Belgien
9 Luxemburg
10 Portugal
11 Frankreich
12 Italien
13 Griechenland
14 Türkei
15 Bundesrepublik Deutschland

Riopakt
1 Vereinigte Staaten von Amerika
16 Mexico
17 Haiti
18 Dominikanische Republik
19 Honduras
20 Guatemala
21 El Salvador
22 Nicaragua
23 Costa Rica
24 Panamá
25 Kolumbien
26 Venezuela
27 Ecuador
28 Perú
29 Brasilien
30 Bolivien
31 Paraguay
32 Chile
33 Argentinien
34 Uruguay
35 Trinidad und Tobago

Pazifikpakt (ANZUS)
1 Vereinigte Staaten von Amerika
36 Neuseeland
37 Australien

Philippinenpakt
1 Vereinigte Staaten von Amerika
38 Philippinen

Japanpakt
1 Vereinigte Staaten von Amerika
39 Japan

Pakt mit der Republik Korea
1 Vereinigte Staaten von Amerika
40 Republik Korea (Südkorea)

Südostasienpakt-Organisation (SEATO)
1 Vereinigte Staaten von Amerika
5 Großbritannien
11 Frankreich
36 Neuseeland
37 Australien
38 Philippinen
41 Thailand
42 Pakistan

Pakt mit der Republik China
1 Vereinigte Staaten von Amerika
43 Republik China (Taiwan)

★ Stützpunkte von US-Armee, -Luftwaffe oder -Flotte

---

einst ihr unermüdlicher Fürsprecher war. Aber er fürchtet auch den Rückfall in den Isolationismus. Ganz bis zu George Washington soll das Pendel denn doch nicht ausschlagen. Partnerschaft soll an die Stelle der Vorherrschaft treten. Das Stärkerwerden der Verbündeten, die Heraufkunft neuer souveräner Staaten in der »Dritten Welt« und das Ende des monolithischen Kommunismus – all dies wirkt zusammen, um die Weltverpflichtungen der USA zu erleichtern. Die Vorstellungswelt der Konfrontation zweier Supermächte wurde abgelöst durch eine Weltgleichgewichtspolitik, die der Durchbruch im Verhältnis zu Peking erst wahrhaft möglich machte, dramatisiert durch Nixons aufsehenerregende Chinareise im Februar 1972. Die Vereinigten Staaten wollen nicht mehr allein die volle Bürde tragen, die sie sich selbst nach dem Zweiten Weltkrieg auferlegten. Ihr Leitsatz lautet nunmehr: »Wir werden helfen, wenn es wirklich nötig ist und wo es in unserem Interesse liegt.« Ausgebrannt ist der messianische Impuls; jetzt heißt das Motto: »Unsere Interessen sollen unsere Verpflichtungen formen, statt umgekehrt.« Außenminister Rogers sprach von einem »zurückhaltenderen diplomatischen Stil«. Eine ungewohnte Selbstbescheidung erfüllt die Amerikaner, was den Rest des 20. Jahrhunderts angeht: »Eine Welt zunehmender Komplexität verlangt viel vom amerikanischen Volk und von seiner Regierung. Wir müssen sowohl praktische Ziele anerkennen als auch die praktischen Begrenzungen unserer Kapazität.« Zu diesem »pragmatischen Realismus« – dies ist wohl die Grundeinstellung, als deren Trägerin sich die Nixon-Regierung am liebsten sieht – gehört auch die Anerkennung der Weltmacht USA, daß die andere Weltmacht, die UdSSR, im Atomwaffenpotential gleichgezogen hat. »Sufficiency«, Angemessenheit, ist daher das neue Schlüsselwort für die Einschätzung der eigenen Stärke, nicht mehr Überlegenheit. Die Nation ist gereift.

Karl Helbig

Mexico und Zentralamerika

Uralter Bestand, heute wirksam wie einst

Geh ruhig auf den Straßen,
weder zu schnell noch zu langsam [...]
Sprich nicht zu rasch, erhitz dich nicht dabei! [...]
Bewahr einen gemäßigten Ton, weder zu hoch noch zu tief!
Deine Ausdrucksweise sei sanft und heiter.
Wenn du etwas siehst und hörst,
besonders, was von Übel ist,
so laß dir nichts anmerken, sei schweigsam!

(Entnommen aus: Ferdinand Anton, »Altindianische Weisheit und Poesie«, Leipzig 1968.)

Diese Lebensweisheiten entstammen keineswegs einem Anstandsbüchlein der Gegenwart. Sie sind Lehrbeispiele aus Priesterschulen der Azteken, mündlich von Generation zu Generation in leicht faßlicher Versform weitergegeben und von frühen spanischen Gelehrten für die Nachwelt aufgezeichnet. Sie haben heute Gültigkeit wie damals und spiegeln darüber hinaus ein vollendetes poetisches Empfinden, ein hohes Kulturbewußtsein wider.

Nun wäre es falsch, eine solche Vollendung in Sprache, Bildung und Gesittung unterschiedslos auf die breite Masse der alten Indianervölker übertragen zu wollen. Gewiß, Amerika barg lebendige Hochkulturen, die jenen am Mittelmeer und im Orient, in China und Indien in nichts nachstanden. Aber direkten Anteil an ihnen hatten dort wie hier und wie heute nur bestimmte Standesgruppen und bestenfalls die auch damals schon vorhandenen »städtischen« Bevölkerungskreise. Draußen in der Provinz, in den von Stachelsteppen, Savannen und Urwäldern überzogenen Verbreitungsräumen der Jäger, Sammler und Bauern, lebte man ganz sicher nach weniger hoch entwickelten Normen. Der Kampf um das tägliche Brot war hart und zeitraubend, die Umwelt karg, denn selbst die »üppigen Tropen« verschenken hier nichts, was ihnen nicht sehr mühsam abgerungen wird.

Wie es in der Zeit vor Kolumbus, also vor nunmehr fast einem halben Jahrtausend und früher, in der »Neuen Welt«, in diesem Falle in Mexico und Zentralamerika, außerhalb der Handelszentren, Priesterstädte und Königshöfe ausgesehen hat, läßt sich noch in der Gegenwart auf einem Marsch etwa durch das guatemaltekische Departement El Petén oder in entlegenen Gebieten der Moskitoküste (Mosquitia) von Honduras milieugetreu nachempfinden. Das trifft sowohl auf die natürliche Umwelt zu und auf das, was sich »Wege« nennt, als auch auf die Behausungen der Indios und ihre nur durch die Übernahme von einigem allernotwendigsten Zivilisationsgut geringfügig abgeänderte Lebensweise.

Weniger schon gelingt das bei den vielgenannten Lacandón-Indianern in Chiapas, Mexicos südlichstem Staat. Denn dieser noch vor zwei Jahrzehnten wahrhaft im Urzustand lebende Mayastamm im tiefsten Urwald der Zuflüsse des mächtigen Usumacintastromes ist inzwischen durch den organisierten Tourismus zum Schauobjekt für neugierige und zahlungskräftige Fremde abgesunken. Ebenso werden die nicht minder ursprünglichen Cuna im Darién, der wald- und wasserreichen Osthälfte Panamás, bereits als Spitzensensation in den Werbeprospekten dieser Republik angepriesen. Mit Hilfe des Flugzeuges und einer geschickten Organisation ist ein Besuch dieser garantiert unvermischt gebliebenen »Indígenas« (Eingeborene) kein Kunststück mehr.

Im Inneren von El Petén, dem nahezu menschenleeren Tiefland im Norden Guatemalas, und im Hinterland der Moskitoküste können nur einige wenige wichtigste Verwaltungs- und Missionsstationen sowie einige Sägemühlen mit Kleinstmaschinen angeflogen werden. Im übrigen können Beamte und Missionare, Forscher oder Abenteurer nur in beschwerlichen Fußmärschen zu den dort lebenden Kekchí- bzw. Misquito-Indianern vordringen.

Hier herrscht unverändert die alte Tradition in Sitte und Brauchtum, wenn auch die Männer nun Hemd und Hose tragen und die eisernen Tortillapfannen ebenfalls aus einer fremden Fabrik stammen. Das Leben selbst geht seinen nie veränderten Gang. Für die Männer ist es bald schwere Plage im Wald und auf den Feldern, bald träges Nichtstun in der Hängematte oder im Schatten eines Baumes, wie es sich gerade fügt. Und für die Frau ist es eine einzige Plackerei mit der langwierigen Zubereitung der Tortillas (kleine, kurz gebackene Pfannkuchen aus angekochter Maismasse, dem »Ixtamal«) und der übrigen Gerichte, mit dem Stillen der Säuglinge, dem Waschen und Flicken der bis zum letzten Faden aufgetragenen Kleidungsstücke, dem Wasserholen und Brennholzsammeln. Zudem bleibt der Mann immer der Herr, er will bedient und verwöhnt sein, zumindest im Rahmen des Möglichen.

Einmal im Jahr kommt ein Cura, ein Geistlicher, von weit her, um zu predigen, gleichzeitig die fälligen Taufen oder Eheschließungen vorzunehmen und nicht zuletzt die entsprechenden winzigen Gebühren dafür zu kassieren. Das ist alles, was sich in diesen entlegenen Gebieten an »Christentum« ereignet. Im Gebälk der Häuser hängen wie eh und je aus Knochen geschnitzte Glöckchen, Jaguarkrallen, zu kleinen Segeln quadratisch geschnittene, mit Rohrstäbchen verstärkte Maisblätter und was noch alles mehr an heidnischem Geisterschutz und Talismanen.

Ähnliche überlieferte Zustände herrschen in der Gegenwart auch noch in vielen anderen Landstrichen zwischen dem Río Bravo und der Grenze Kolumbiens, also in dem hier abgehandelten Gebiet, wenn es auch im weitaus größten Teil dieses Raumes schon während der spanischen Kolonialzeit und erst recht seit Einbruch des »American Way of Life« zu entscheidenden Veränderungen gekommen ist. Manche Hochburgen des galoppierenden Fortschritts, allen voran México D.F. (Distrito Federal), die Hauptstadt der »República de los Estados Unidos Mexicanos«, der Republik der Vereinigten Mexikanischen Staaten, marschieren längst im Gleichschritt mit Europas und Nordamerikas modernsten Ballungszentren. Zumindest nach außen hin.

Wie es hinter den Wänden der Häuser und hinter den Stirnen beträchtlicher Bevölkerungsteile aussieht, kann man zum Beispiel am Allerseelentag ermessen, wo altindianische Bindungen das übernommene katholische Ritual so eindeutig überwuchern, daß jeder außenstehende Betrachter schockiert sein muß. Wissen doch selbst die Priester, daß ihre Pfarrkinder in jeder mexikanischen Kirche und jeder Heiligengrotte die Jungfrau von Guadalupe, die braune National-Maria, nicht nur als christliche Madonna, sondern gleichzeitig als »heidnische« Göttin der Fruchtbarkeit ansehen, küssen und anbeten; und sie sind klug genug, dem nicht zu wehren. Denn anders würde die Zahl der »Gläubigen« nicht sehr groß sein.

Was sonst noch überkommen ist an positiver oder negativer, richtiger gesagt an förderlicher oder hinderlicher indianischer Substanz, sei es in Sprache, Kleidung und sonstigem Kulturgut, in Wesenszügen, Weltbild, Lebensweise und Brauchtum, versucht man, je nachdem, entweder in einer Art indianischer Wiedererweckung, einer Rückbesinnung auf den »ältesten Sohn des Landes«, das »braune Blut der Vorfahren« in das eigene Nationalbewußtsein zu übernehmen oder aber, umgekehrt, durch die »Mexikanisierung« der Indios auszuschalten.

Mexicos bekanntester Vulkan, der Popocatépetl · Der 5452 m hohe Vulkankegel, von der mexikanischen Hauptstadt aus gesehen.

Der Kukulcantempel, der Haupttempel von Chichén Itzá (Mexico)

Die Sonnenpyramide von Teotihuacán (Mexico)

Tropische Hochkulturen

Verlassene Städte im Urwald Zentralamerikas und auf der verkarsteten Halbinsel Yucatán künden mit ihren Stufenpyramiden, Stelen und Wandmalereien sowie einem erstaunlich genauen Kalender von der Maya-Hochkultur, die sich ab etwa 500 v. Chr. entwickelte, ihre Blüte im 1. Jahrtausend n. Chr. erlebte und noch in vorkolumbianischer Zeit verfiel. Die in der Nähe der mexikanischen Hauptstadt gelegenen Pyramiden und anderen Bauten sind Zeugen der etwa vom 3. bis zum 9. Jahrhundert n. Chr. blühenden Teotihuacán-Kultur, deren Träger bis heute nicht eindeutig festgestellt werden konnten. (Bu)

Rundsäulen vor dem Kriegertempel von Chichén Itzá

Vor allem seit der Gründung des INI (»Instituto Nacional Indigenista«, etwa: »Nationales Institut für Eingeborenenfragen«) in México D. F. im Jahre 1940 – das auf ähnliche Bestrebungen in Zentralamerika ausstrahlt – wird dieser Prozeß der kulturellen, wirtschaftlichen und gesellschaftlichen Integration der restlichen reinen Indianer gezielt vorangetrieben, wenn auch mit wechselndem Erfolg. Der – statistisch maßgeblichen – Sprache nach beträgt die Zahl der »reinen« Indianer Mexicos übrigens nur noch 10%, der rassischen Mitgift nach mindestens dreimal soviel.

Was man vom alten Erbgut fernzuhalten versucht, findet seinen Weg über unkontrollierbare Kanäle trotzdem in die Masse der spanischsprechenden und assimilierten »Mejicanos«, ja weit über die Landesgrenzen hinaus in große Teile der übrigen Welt. Dies trifft z. B. für die uralten indianischen Zauberdrogen und Rauschgifte zu. Als stärkstes gilt das aus dem Wurzelsaft des kleinen, stachellosen Peyotl-Kaktus (Lophophora williamsii) gewonnene, Halluzinationen erzeugende Meskalin. Diese Rauschmittel erfüllten zweierlei Aufgaben: Sie waren kultisches Opfer und psychische Selbstbeeinflussung. Sie führten zu unerhörten Orgien, zu einer Verquickung von religiöser Weihe und sinnlichem Genuß, aber auch zu erwünschten Visionen, gefährlichen Illusionen und ungeahnten, doch nicht allzu lange anhaltenden Impulsen. Noch heute wandern jedes Jahr während der Karwoche die Huichol-Indianer aus den abgelegenen Bergen im Grenzraum der Staaten Jalisco, Aguascalientes und San Luis Potosí in festlich-erwartungsvollen Zügen über Hunderte von Kilometern zu den uralten Fundorten des heiligen Peyotl bis nach Zacatecas hin, um den Brauch der Ahnen unverändert fortzusetzen und eine wenn auch trügerische innere Bereicherung zu suchen, die sie äußerlich nie zu erlangen vermögen.

Es ziehen aber auch die gerissenen und geldgierigen Verderber der Menschheit, insbesondere der Jugend, durch Mexicos Weiten, um das leichter beschaffbare, viel begehrte Marihuana, das aus dem weiblichen Blütensproß illegal angebauter Hanfpflanzen gewonnene Haschisch-Harz der Neuen Welt, aufzukaufen, wo immer es ihnen geboten wird. Daneben vielleicht noch schärfere Gifte – etwa jenes aus dem Teyhuinti-Pilz im Staate Oaxaca, das zwar nicht zum Tod, aber, schlimmer noch, zu lebenslanger geistiger Umnachtung führt.

Wissen wir, was heute noch aus gleichen Quellen in die Retorten der Giftmischer gelangt? Und weiß man persönlich, ob man, als Forscher jenes Land durchstreifend, nicht vielleicht selber im Vorüberreiten einen Zweig, eine Blüte, eine exotisch leuchtende Frucht solch gefährlicher Pflanzen abgebrochen und gedankenlos vor sich in den Sattelring gesteckt hat?

Sind Mexico und Zentralamerika eine Einheit?

Die Frage ist vollkommen berechtigt, da das geographisch noch zum Nordkontinent der Neuen Welt gehörende Mexico hier mit der schmalen kontinentalen Verbindungsbrücke zum Südkontinent zusammengefaßt wird. Geologisch, klimatisch, biologisch gehen die Räume etwa beim Isthmus von Tehuantepec, der schmalsten Stelle Mexicos zwischen den beiden Ozeanen, gleitend ineinander über. Aber insgesamt besitzen sie eine Ausdehnung von 25 Breitengraden, von 1000 km nördlich des Krebs-Wendekreises, also nördlich des eigentlichen Tropengürtels, bis auf nur 800 km Abstand vom Äquator, bei wechselnder Breite zwischen 1500 km an der Grenze der USA und

---

Der Panamakanal

Die Spanier benutzten den Isthmus von Darién für den Landtransport ihrer Güter von Ozean zu Ozean. Schon 1530 reichte Álvaro de Saavedra Cerón, ein Vetter von Hernán Cortés, einen ersten Vorschlag für einen Kanaldurchstich am spanischen Hof ein. Die damaligen technischen Mittel ließen den Bau nicht zu. Der Goldrausch in Kalifornien (um 1850) belebte die Kanalpläne. Im Gespräch waren sowohl die (längere) Nicaragua-Route (Cornelius Vanderbilt) – mit Ausnutzung des Río San Juan und des Nicaraguasees, Durchstich der Landenge von Rivas – als auch die direkte über den Isthmus von Darién, wo zunächst von einer britischen Gesellschaft eine Bahn gebaut wurde (November 1835 fertig, »unter jeder Schwelle ein Toter«!). Ferdinand de Lesseps, Erbauer des Suezkanals, begann 1882 mit Hilfe einer französischen Gesellschaft den Kanalbau, scheiterte jedoch. Im Interesse ihrer politisch-strategischen Ziele übernahmen die USA 1903 das Projekt. Sie trennten die bisherige Provinz Panamá von Kolumbien ab und sicherten sich beiderseits der Trasse einen Hoheitsstreifen (Canal Zone, Panamakanalzone) von je 5 Meilen (8045 m) Breite und begannen mit den Bauarbeiten; der künstlich gestaute Gatunsee diente als Wasserreservoir. 1914 wurde der Kanal eröffnet. Einige Daten: Endplätze Colón und Ciudad de Panamá (Republik Panamá) bzw. Cristóbal und Balboa (Kanalzone); Länge zwischen den Küsten 57,5, zwischen den Einfahrten (Tiefwasser) 81,7 km; Breite nach jüngerer Erweiterung 100–300 m; Kanalbett 26,5 m ü.d.M., Mindesttiefe 12,5 m. Beiderseits 3 Schleusensysteme, jede Kammer 305 m lang und 33,5 m breit. Sitz der US-regierungseigenen Panama Canal Company ist Balboa. 1962 Eröffnung der 60 m hohen Thatcher-Ferry-Bridge bei Balboa im Verlauf des Pan American Highway. Durchfahrt von jährlich über 13 000 Schiffen mit bis zu 90 Mill. t Ladung. Neue, noch ungewisse Baupläne: 1. Erweiterung des gegenwärtigen Kanals, ohne Schleusen; 2. neuer Kanal 200 km östlich (Sasardí/Mortí-Projekt); 3. neuer Kanal in Nordwestkolumbien (Atrato-Truando-Senke); 4. Bau einer Erdölleitung (Alaska-Öle!) über den Isthmus.

Mexico und Zentralamerika

Mexico: Hauptstadt: Ciudad de México (3,62 Mill. Ew.) – Fläche: 1 972 547 qkm – Einwohnerzahl: 50,83 Mill. – Bevölkerung: Mestizen 55–75, Indianer 9–29%, Weiße 10–15% – Größere Städte: Guadalajara (1,2 Mill.), Gustavo A. Madero (1,8 Mill. Ew.), Monterrey (830 336 Ew.) – **Costa Rica:** Hauptstadt: San José (201 117 Ew.) – Fläche: 50 900 qkm – Einwohnerzahl: 1,79 Mill. – Bevölkerung: Überwiegend Weiße und Mestizen, Minderheiten von Negern, Mulatten und Indianern. – Größere Städte: Limón (32 372), Alajuela (28 600 Ew.) – **El Salvador:** Hauptstadt: San Salvador (349 333 Ew.) – Fläche: 21 393 qkm – Einwohnerzahl: 3,65 Mill. – Bevölkerung: Mestizen 70, Indianer 10–15, Weiße 10% – Größere Städte: Santa Ana (168 047), San Miguel (107 658 Ew.) – **Guatemala:** Hauptstadt: Guatemala (730 991 Ew.) – Fläche: 108 889 qkm – Einwohnerzahl: 5,4 Mill. – Bevölkerung: Indianer 43, Mestizen 33%, Minderheiten von Negern, Mulatten, Sambos und Weißen. – Größere Städte: Quetzaltenango (54 475), Escuintla (31 536 Ew.) – **Honduras:** Hauptstadt: Tegucigalpa (232 276 Ew.) – Fläche: 112 088 qkm – Einwohnerzahl: 2,68 Mill. – Bevölkerung: Mestizen 70, Indianer 20%, Minderheiten von Negern, Mulatten, Sambos und Weißen. – Größere Städte: San Pedro Sula (102 516), La Ceiba (35 322 Ew.) – **Nicaragua:** Hauptstadt: Managua (316 837 Ew.) – Fläche: 148 000 qkm – Einwohnerzahl: 1,98 Mill. – Bevölkerung: Mestizen 60–70, Neger, Mulatten und Sambos 10–15%, Weiße 8–10, Indianer 10–15%. – Größere Städte: León (64 073), Granada (38 371 Ew.), Chinandega (33 199 Ew.) – **Panama:** Hauptstadt: Ciudad de Panamá (418 013 Ew.) – Fläche: 75 650 qkm – Einwohnerzahl: 1,48 Mill. – Bevölkerung: Mestizen 50, Neger und Mulatten 20, Weiße 15–20, Indianer 5% – Größere Städte: Colón (67 641 Ew.), Ciudad David (35 538 Ew.) –

nur 60 km im Isthmus von Darién, der vom Kanal genutzten Landenge von Panamá. Es gibt Küstenniederungen und Gebirgsflanken, die den Seewinden und dem die Hauptfeuchtigkeit herbeiführenden Nordostpassat in voller Breite dargeboten sind, und nicht weniger ausgedehnte, durch die Mauern der Sierras gegen jegliche Feuchtluft von außen her abgeschlossene, hochgelegene, fast wüstenhafte Binnenbecken und -täler.

Diese geographische Mitgift bedingt starke Unterschiede im Wasserhaushalt, in Vegetationsformen und Bodenbildungen, in Abspülung und Aufschüttung der Erdkrume, in den Besiedlungs- und Bewirtschaftungsmöglichkeiten. Sie stimuliert, bremst oder lähmt die Initiativen zu einer ausgeglichenen Verkehrsplanung. Sie führt die Menschen bald näher zusammen, bald schließt sie sie gegeneinander ab. Die Vielgestaltigkeit des Reliefs bringt immer und immer wieder kaum überbrückbare Unterschiede mit sich. Nicht umsonst schätzen und verteidigen die Bewohner dieses Raumes neben ihrer »Patria grande«, dem »großen Vaterland«, also dem Staatsgebiet, in jedem Falle ihre »Patria chica«, die kleine, örtlich bestimmte und mehr oder minder isolierte Heimat.

Das hat auch den Gang der Geschichte beeinflußt. Schon in der Vorzeit trafen sich, etwa im Bereich der gegenwärtigen Staaten Nicaragua und Costa Rica, hoch entwickelte, von Norden her vordringende mit schwächer entwickelten, von Süden her sich vortastenden Völkern. Zu den vom Norden kommenden Stämmen gehörten neben Olmeken, Tolteken und Azteken, Zapoteken und Mixteken, Totonaken und Tarasken vor allem die Maya mit ihrem großen Verbreitungsbereich im südlichen Mexico, in Guatemala einschließlich Belize und der Nordhälfte von Honduras. Sie waren gute Landbauer, Handwerker, Architekten, Mathematiker, Astronomen. Sie besaßen Bilderschrift, Kalender, erstaunliche Vorstellungen von Weltall und Gottheiten, gut organisierte Staatswesen. Sie konnten Stein, Holz und Ton bearbeiten, weben, färben, flechten, Papier aus Baumrinde und kunstvollen Schmuck aus Federn, Jade, Bergkristall, Obsidian und eingehandeltem Goldblech herstellen. Nur wenige dieser Fähigkeiten finden sich bei den zu den Chibcha Südamerikas gehörenden Völkern im Süden; diese sind kleine, kulturell zurückgebliebene, zersplitterte, untereinander feindselige Gruppen.

Die Nordvölker waren Maisbauern. Schon lange vor der Zeitenwende, man vermutet um 2000 Jahre früher, ist der Feldmais im Hochland von Guatemala und vielleicht auch noch andernorts entwickelt worden. Alles war auf den Mais ausgerichtet: die Auswahl des Landes, der gesamte Feldbau, die Entwicklung von Geräten zur Verarbeitung der Körnerfrucht, Vorratswirtschaft, Steuersystem, Kult und Poesie mit hoher Verehrung des Maisgottes, mit Preis und Lob der »Milpa«, des Maisfeldes. Die Völker im Süden, in der Treibhausatmosphäre der äquatornahen Regenwälder, bauten als ihre wichtigste Nahrungspflanze die – wenig haltbare – Knollenfrucht Yuca (oder Maniok, Kassawa) an (Manihot utilissima, eine Euphorbie; nicht zu verwechseln mit der Yucca, einer baumartigen Schopflilie der halbfeuchten und trockenen Savannen).

Während die volkreichen, gut organisierten Nordvölker den Spaniern immerhin zähen, oft jahrhundertelangen Widerstand entgegensetzten, wurden die isolierten Gruppen im Süden, so verbissen und verschlagen sie sich auch hier und da wehren mochten, überrollt, ausgerottet oder in unzugängliche Rückzugsgebiete abgedrängt. So kommt es, daß Costa Rica fast »weiß« ist, richtiger gesagt: spanisch, mediterran, daß in Nicaragua und Panamá und auch weithin in Honduras der reine Indio kaum gesehen wird, wenn auch gewisse Prozentsätze noch vorhanden sind.

Nur wo administrative Eignung und militärischer Einsatz es bereits zu Vorläufern echter Staatswesen hatten kommen lassen, auf dem Boden Mexicos nämlich, vermochten die Spanier wiederum ein Großreich aufzubauen. So entstand das koloniale Vizekönigreich Neuspanien. Bis zu den Eroberungskriegen der Nordamerikaner in der ersten Hälfte des vorigen Jahrhunderts war es etwa doppelt so groß wie heute. Zentralamerika hingegen, von Guatemala bis Veragua, dem Westteil der späteren Republik Panamá – insgesamt nicht größer als Frankreich, Mexico hingegen fast viermal so groß wie dieses –, wurde nominell nur in zwei Generalkapitanate, eben Guatemala und Veragua, gegliedert. Doch praktisch behielten deren Provinzen, die etwa den kleinen Republiken der Gegenwart entsprachen, unter den Nachfahren ihrer Eroberer weitgehend ihr Eigenleben. Nach Abschüttelung der spanischen Herrschaft unternommene Versuche zum Zusammenschluß mit Mexico oder untereinander schlugen fehl. Die lokalen Feudaloligarchien, jeweils eine Handvoll mächtiger Familien, behaupteten sich weiterhin als die wahren Herren.

So richtete jede der kleinen späteren Republiken einschließlich der herausgebrochenen Kolonie Britisch-Honduras – das von der britischen Krone beanspruchte Territorium Belize (Belice) der einstmals spanischen Audiencia Guatemala – ihre Interessen, ihre Beziehungen, ihren Handel für sich allein nach Übersee aus; die Grenzen untereinander aber blieben echte Hindernisse. Erst recht jene gegen Mexico; denn ihm traute man Ausdehnungsdrang nach Süden um so mehr zu, als ihm wertvollste Gebiete im Norden an die USA verlorengegangen waren.

So kam es auch, daß man über Eigensucht und gegenseitigem Argwohn den wahren Feind für jeden einzelnen Staat und für alle zusammen übersah: den »Koloß im Norden«, die von Jahr zu Jahr an politischer, militärischer, finanzieller, wirtschaftlicher, propagandistischer Macht stärker werdenden Vereinigten

---

Berge (Vulkane), Flüsse, Seen

Die höchsten **Berge** sind – teils noch tätige – junge Vulkane, gehäuft in Mittelmexico und dem pazifischen Randgebirge Zentralamerikas (Höhenangaben in m); in **Mexico**: Pico de Orizaba (Citlaltépetl) 5747, Popocatépetl 5452, Ixtaccíhuatl 5286, Tacaná (Südgrenze) 4093; in **Guatemala**: Tajamulco 4220, Santa María 3772, Agua 3766, Fuego/Acatenango (Zwillingsgipfel) 3763/3976; in **El Salvador**: Santa Ana 2355, San Vicente 2243, San Miguel 2132; in **Honduras**: keine Vulkane; in **Nicaragua**: Momotombo 1360, Mombacho 1400; in **Costa Rica**: Irazú 3432, Turrialba 3328; in **Panamá**: Chiriquí (Barú) 3478; in **Belize**: keine Vulkane; ein nichtvulkanisches Massiv von fast 4000 m ist z.B. der Chirripó (Cordillera de Talamanca) mit 3920 m. Zu den bedeutendsten **Flüssen**, z.T. mit Stauwerken für Stromerzeugung und Bewässerung, zählen in **Mexico**: Río Grande (oder Bravo) del Norte (Grenze USA), Río Lerma/Santiago und Río Balsas (Mittelteil), Río Grijalva und Río Usumacinta (Südgrenze); in **Guatemala**: Río Chixoy, Río de la Pasión (Usumacinta), Río Motagua; in **El Salvador**: Río Lempa (mit erstem Wasser-Großkraftwerk Zentralamerikas; in **Honduras**: Río Chamelecón, Río Ulúa, Río Negro, Río Patuca, Río Segovia (oder Coco, Südgrenze); in **Nicaragua**: Río Grande mit Río Tuma (Kraftwerk), Río Escondido, Río San Juan (Südgrenze); in **Costa Rica**: Río San Carlos, Río Sarapiquí, Río Reventazón (Kraftwerk), Río Grande de Térraba; in **Panamá**: Río Changuinola, Río San Pablo, Río Bayano, Río Chucumaque.

Größte **Binnenseen**: Nicaraguasee (Cocibolca) 8400 qkm, Managuasee (Xolotlan) 1100 qkm (beide in Nicaragua: Bodensee 539 qkm!); Chapalasee (Mexico) rund 80 km lang, bis reichlich 20 km breit, durch große Trockenlegung z.Zt. etwa 1000 qkm; Izabalsee (Guatemala) 590 qkm; Gatunsee (Kanalzone, künstlich) 423 qkm.

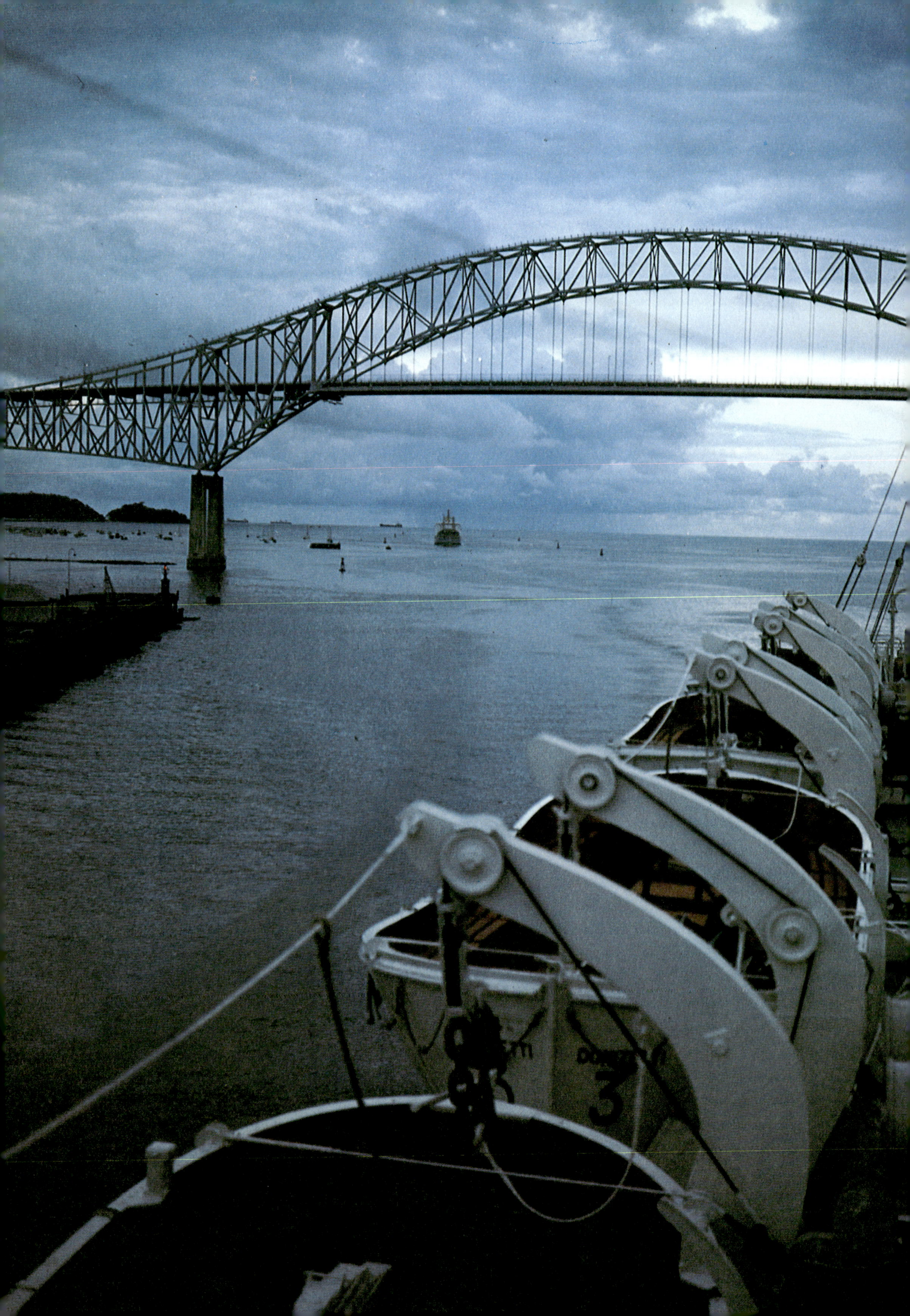
3

*Links:
Thatcher-Ferry-Hochbrücke über der Pazifikeinfahrt des Panamakanals*

Der Panamakanal

Nach dem Scheitern des Franzosen Ferdinand de Lesseps bauten die USA mit großem technischem und finanziellem Aufwand den 81,6 km langen Kanal, der 1914 fertiggestellt wurde und wirtschaftlich nicht nur für die USA, strategisch jedoch besonders für diese erhebliche Bedeutung besitzt. Eine rund 8 km breite Zone beiderseits des Panamakanals steht unter US-Hoheit. In Schleusen werden die Schiffe auf die Scheitelhöhe von 26 m gehoben; die Durchfahrt von Colón am Atlantik bis Balboa am Pazifik dauert etwa acht Stunden. Weil die Schleusen für Großtanker und Flugzeugträger zu klein sind, erwägen die US-Amerikaner den Bau eines zweiten, größeren und schleusenlosen Kanals, wofür mehrere Projekte bestehen. Wahrscheinlich ist der Bau eines neuen Kanals rund 16 Meilen westlich der »Kanal-Zone«, die nach einem vorläufigen Abkommen von 1971 der Hoheit Panamas unterstellt werden sollte, unter Beibehaltung der Schiffahrtskontrolle durch die USA. 1973 forderte Panama die volle Hoheit. (Bu)

Unten: Blick vom Schiff in das Becken der Miraflores-Schleuse; dahinter das höher liegende Kanalstück

Staaten von Amerika. Sie konnten sich erdreisten, »die tropischen Gebiete Zentralamerikas als eine Art Anhängsel ihrer eigenen Besitzungen in der gemäßigten Zone« zu betrachten. So jedenfalls formulierte es Josué de Castro, brasilianischer Wirtschaftswissenschaftler und zeitweiliger Präsident der UNO-Kommission für Ernährung und Landwirtschaft, 1953 in seinem epochalen, die ganze Welt erstmalig auf das dringlichste aller Menschheitsprobleme hinweisenden Werk »The Geography of Hunger«. In der Tat stellten die »Kleinen Fünf« Zentralamerikas infolge ihrer Wehrlosigkeit und steten Finanznot einerseits billige, bequem gelegene Rohstoffquellen, andererseits überaus günstige Absatzräume für US-amerikanische Waren und zugleich ein Anlagefeld für hochverzinsliche Kapitalien dar. Auch Mexico wurde in diese Ansprüche einbezogen. Die Mexikaner haben einen Spruch geprägt, der treffend auf diese erzwungene Abhängigkeit anspielt; er lautet in freier Übersetzung: »Mein armes Mexico, wie weit entfernt bist du von Gott – und, ach, wie nah den USA!«

Erst immer bedrohlicher werdende, an keine politischen Grenzen gebundene Probleme verursachten in jüngster Zeit auch im »Balkan Amerikas« entscheidende Wandlungen. Von den Fremden begründete, gefährlich einseitige Monokulturen (hauptsächlich Kaffee und Bananen); absolute Abhängigkeit von den Schwankungen des Weltmarktes, von der Aufnahmebereitschaft der Industriestaaten, von Konkurrenzbestrebungen in ähnlich ausgestatteten außeramerikanischen Rohstoffländern, bis zu wirtschaftspolitischen Zusammenschlüssen der Handelspartner; dazu rascher, unkontrollierbarer Bevölkerungszuwachs, Zunahme des Hungers, der Arbeitslosigkeit; die immer dringlicher werdende Forderung nach Boden und Beschäftigung, nach Bildung und sozialem Schutz, nach Änderung der überholten gesellschaftlichen Struktur und nach Abbau diktatorisch-militärischer Regierungsformen – all dies mußte zu ersten gemeinsamen Schritten führen, und zwar weniger aus Einsicht und freiwilliger Bereitschaft der Herrschenden als vielmehr aus dem Zwang zur Selbsterhaltung. Nunmehr Mexico als beispielgebende Brudernation einschließend, beziehen sich diese ersten Maßnahmen auf die wissenschaftliche, kulturelle und gesundheitspolitische, ökonomische, technische und finanzielle, zögernd auch auf die soziale und allgemein politische Zusammenarbeit.

Das sind gute Ansätze. Werden sie ausreichen zur Abwehr stets anders getarnter Eingriffe fremder Machtgruppen, die an einer Erhaltung des Status quo interessiert sind?

Mexicos politischer Weg in den letzten hundert Jahren

Im Zusammenhang mit der Olympiade 1968 war Mexico bei uns mehr im Gespräch und in den Neuerscheinungen zahlreicher Verlagshäuser häufiger im Vordergrund als sonst in Jahrzehnten. Das war jedoch nicht zum erstenmal der Fall. Genau hundert Jahre vorher war es in Europa ebenso: Mexico füllte die Schlagzeilen der Zeitungen und war Gegenstand zahlreicher Leitartikel. Nur handelte es sich damals nicht, wie dieses Mal, um allgemeine Landesbeschreibungen, Reiseskizzen und Sportbetrachtungen. Vielmehr überschlug sich die politische Berichterstattung aus diesem Teil der Neuen Welt mehr als je zuvor, und entsprechenden Spekulationen waren keine Grenzen gesetzt. Am 19. Juni 1867 war in jenem Mexico ein Drama blutig zu Ende gegangen, das die Gemüter aufs heftigste erregt hatte. Man kann dabei sagen, daß diese Erregung sich durchweg *gegen* Mexico richtete; von Sympathiekundgebungen wie in der

Stichworte zur Erforschung und Literatur

Die Erforschung und Kartierung dieses Raumes begann nicht erst mit den Spaniern. Sie konnten auf entsprechende Vorarbeiten der Azteken und der Maya zurückgreifen und bedienten sich auf ihren Erkundungszügen einheimischer Führer. Kolumbus (spanisch Cristóbal Colón) erreichte auf seiner vierten Reise im Juli 1502 die Nordküste von Honduras und gelangte weiter bis über den Isthmus von Darién. Fernández de Córdoba und Juan de Grijalva hatten 1517/18 schon Yucatán besucht bzw. heimgesucht, ehe Hernán Cortés 1519 vom neu gegründeten Veracruz aus seine Eroberung Mexicos begann. Im selben Jahr gründete Pedro Arias de Ávila die Stadt Panamá (Panamá Viejo, »Alt-Panamá«, 1671 durch die Banden des englischen Seeräubers Henry Morgan geplündert und zerstört), nachdem Vasco Núñez de Balboa am 29. September 1513 über den Isthmus her die »Südsee«, den Stillen Ozean, erreicht hatte. Gil Gonzales de Ávila erbaute 1524 an der Küste Guatemalas eine erste Kolonie (San Gil de Buenavista). Alonso de Ávila (auch Dávila) durchquerte 1531 auf der Flucht vor Maya-Truppen mit einigen Soldaten von Yucatán her die Niederungen von Belize und einen Teil des Petén, das 1524/25 auch Cortés schon auf seinem berühmten Marsch nach Honduras kennengelernt hatte. Dort hatte kurz vorher Francisco de Las Casas in seinem Auftrag den Hafen Trujillo gegründet.

Hundert Jahre später begannen die Engländer von Jamaica her mit ihren Negersklaven in Belize und an der Moskitoküste Fuß zu fassen. Sie betätigten sich als Jäger oder Holzfäller (vor allem »Log wood«, Blauholz, war als Farblieferant für die aufkommende Textilindustrie Europas gefragt) und versorgten die anlaufenden Schiffe mit Proviant. Es gibt gute Aufzeichnungen aus jener Zeit, auch von Seeleuten und Gefangenen der Piraten.

Alexander von Humboldt schloß seine zusammen mit Aimé Bonpland unternommene Südamerikareise mit einem einjährigen Mexico-Aufenthalt ab (im Gebiet Acapulco-México D. F.-Veracruz, 1803/04). Für seinen berühmten »Essai politique sur le royaume de la Nouvelle Espagne« konnte er auf reiche Archive und frühe Veröffentlichungen der Spanier, namentlich der Geistlichen Bartolomé de Las Casas, Bernardino de Sahagún und Juan de Torquemada, zurückgreifen.

Manuel Orozco y Berra und Antonio García Cubas gelten als Begründer der jungen nationalen Geschichtsschreibung und der geographischen Erfassung Mexicos. Der letztere veröffentlichte 1885 bereits einen ersten, ausgezeichneten Atlas über die gesamte Republik (14 Blätter). Einigen deutschen Emigranten nach 1848, vor allem Carl Sartorius (»Mexico about 1850«), sind aufschlußreiche zeitgenössische Darstellungen zu verdanken. Die »Goldrausch«-Zeit mit ihren Eisenbahn- und Kanalprojekten erbrachte manche Forschungsreisen in Zentralamerika und entsprechende Beschreibungen; äußerst inhaltsreich sind etwa die Werke von E. G. Squier, realistisch und spannend die »Reise nach Central-Amerika« des Hamburgers Wilhelm Marr.

»Mexico. Gesicht eines Landes« des hervorragenden nordamerikanischen Mexico-Kenners Frank Tannenbaum liegt jetzt auch in deutscher Sprache vor (Stuttgart 1967). Das beste geographische Auskunftswerk, »Mexico – Eine Landeskunde« schrieb jüngst (Berlin 1970) Hans Günter Gierloff-Emden, ein anderes mit dem Titel »Die Wirtschaft Zentralamerikas – Kartographisch dargestellt und erläutert« (Hamburg 1966) stammt vom Verfasser des vorliegenden Beitrags. Aus der Fülle neuzeitlicher populärwissenschaftlicher und unterhaltender Literatur ragen hervor: neben den allbekannten Mexico-Romanen von B. Traven mehrere Bücher des intimen Maya-Kenners Wolfgang Cordan; Bildbände von Eugen Kusch (Guatemala) und Fulvio Roiter (Mexico); die Romane »Die Kraft und die Herrlichkeit« (Revolution und Kirchenkampf in Mexico) von Graham Greene, »Der Bananenkrieg« (Beseitigung der fortschrittlichen Anti-US-Regierung Arbenz 1954 in Guatemala auf Veranlassung der United Fruit Company) von K. H. Poppe und »Der Herr Präsident« (anonyme Brandmarkung des langjährigen Gewaltdiktators – 1898 bis 1920 – Estrada Cabrera in Guatemala) von dem guatemaltekischen Literatur-Nobelpreisträger (1967) Miguel Angel Asturias

Gegenwart konnte nicht die Rede sein. Denn an diesem Tage war der frühere Erzherzog von Österreich, Ferdinand Maximilian von Habsburg, der knapp drei Jahre lang durch Napoleons III. Gnaden und mit Billigung halb Europas Scheinkaiser von Mexico gewesen war, auf dem Glockenhügel der Stadt Querétaro von einem Hinrichtungskommando der mexikanischen Freiheitsarmee erschossen worden!

Der diesen Befehl erteilt hatte, war der aus dem Staate Oaxaca stammende Vollblutindianer Benito Juárez, zapotekischer Abstammung, Führer der »Liberalen Partei« und konsequenter Gegner jeglicher Willkür von innen und außen. Bis auf den heutigen Tag ist sein Name in jedes Mexikaners Munde, und er wird es für alle Zeiten bleiben. Unter den großen Helden der Nation steht Juárez in vorderster Linie. Seine gedrungene, breite Zapotekengestalt, sein ungeheurer Schädel, sein imponierendes Gesicht mit den unverkennbar indianischen Zügen sind jedem Mexikaner in Stadt und Dorf von ungezählten Bildern und Denkmälern her bekannt. Seine Herkunft, sein Leben, seine Taten werden schon dem Schulkind gelehrt und sind in alle Bereiche von Mexicos Kunst und Literatur eingegangen. Seinen Namen tragen Schulen, Plätze und Straßen — in México D. F. die prachtvolle Avenida Juárez neben seinem Marmormonument am Zentralpark Alameda –, Vereinigungen und Ortschaften. Wer von Texas her auf der bekanntesten Durchgangsstraße nach Mexico hereinkommt, sieht sich bereits in der modernen Grenzstadt Ciudad Juárez – »Juárez-Stadt« – dem gleichen Namen gegenüber. Das Jahr 1972, das hundertste nach seinem Tode – er starb am 21. März 1872 –, wurde in ganz Mexico nicht nur amtlich, sondern auch seitens der gesamten Bevölkerung als »Año de Juárez« gefeiert.

Nach volkstümlichen oder augenfälligen Erinnerungen an jenen »Kaiser« Maximilian hingegen wird man ebenso vergebens suchen und forschen wie nach dem Namen oder Konterfei des spanischen Eroberers Hernán Cortés oder des – in Europa nicht minder als Maximilian verherrlichten und beliebt gewesenen – »ewigen Diktators« Porfirio Díaz. Männer wie diese sind aus der Geschichte Mexicos zwar nicht fortzudenken – das weiß man dort so gut wie hier. Aber ihrer erinnern möchte man sich so wenig wie möglich; sie gar zu ehren wäre eine Beleidigung der eigenen Nation.

Die Mexikaner sind, vor allem seit Alexander von Humboldts Besuch in ihrem Lande zu Anfang des vorigen Jahrhunderts, gute Kenner und Verehrer der deutschen Kultur und Geschichte. Sie wundern sich zu Recht, daß umgekehrt wir von jener Stadt Querétaro, ja von der ganzen langen und bewegten Geschichte ihres Landes in der Regel nur sehr wenig wissen, die Episode um Maximilian ausgenommen.

Dieser hatte liberalen, freiheitlichen Ideen nicht ablehnend gegenübergestanden. In Mexico jedoch mußte er sich auf die Konservativen stützen, das heißt auf kleine, aber starke und vom Ausland unterstützte Gruppen der durch die »Liberalen« – unter Juárez – von der Macht verdrängten weltlichen und kirchlichen Oberschichten. Fünfzig Jahre lang, seit der ersten großen Freiheitsbewegung gegen die spanische Kolonialmacht, war Mexico von Aufständen und Kriegen erschüttert worden, vor allem in Kriegen mit den US-Amerikanern. Diese hatten mit Unterstützung des korrupten Präsidenten Antonio López de Santa Ana mehr als zwei Fünftel des einstigen mexikanischen Territoriums an sich gebracht. Unerfahren, wie er war, hatte der fremde Kaiser versucht, das leck geschlagene mexikanische Staatsschiff mit falschen Mitteln noch ein wenig über Wasser zu halten. Inzwischen aber hätte längst ein anderer das Steuer herumgerissen und einen neuen Kurs eingeschlagen – eben jener Indianerabkömmling Benito Juárez aus dem Staate

Aztekischer Kalenderstein, Mexico

Oaxaca. Noch hätte ein Vergleich gefunden werden können, hätte nicht der falsch beratene, gutgläubige und schwächliche Monarch das schicksalhafte »Blutdekret« der offiziell noch immer amtierenden Reaktion unterschrieben und dadurch rechtskräftig werden lassen: jenes Schandpapier, das jeden bewaffneten republikanischen Freiheitskämpfer, auch Juárez, zum vogelfreien Banditen erklärte. So war es zur Gefangennahme und zur Erschießung Maximilians gekommen.

Juárez hatte in seiner Kampf- und Regierungszeit bereits weitreichende Reformen für Mexico errungen. Nach einem fünfzigjährigen Durcheinander von militärischen und großbürgerlichen Führungen verschiedenster, nur nicht demokratischer Ausrichtung kam nun erstmals das Volk selbst zum Zuge. Juárez hatte vor allem die anspruchsvollen und unerwünschten Fremden, die im Verein mit Großgrundbesitz und Kirche direkt oder indirekt über das geschundene, ausgeblutete mexikanische Volk herrschten, aus dem Lande getrieben – aber damit auch ihr Geld, und eigenes war nicht vorhanden außer wertlosem Papiergeld, das von keinem Gläubiger und Lieferanten außerhalb des Landes anerkannt wurde.

Wer Mexicos leere Kassen wieder auffüllen, seine verwüsteten Landstriche beleben, die Schätze des Bodens, der Wälder, des Untergrundes heben, die Wirtschaft ankurbeln, die Arbeitskraft organisieren, die Kontakte mit der übrigen Welt erneut und enger als bisher knüpfen wollte, der mußte – gemäß der damaligen Auffassung – dem internationalen Kapital wieder Anreiz, Zutritt und Sicherheit gewähren. Und das tat jener schon genannte »ewige Diktator« Porfirio Díaz, zu einem Zehntel gewählter, zu neun Zehnteln selbsternannter Nachfolger von Juárez, ein rücksichtsloser Ausbeuter der breiten, namentlich der bäuerlichen Volksmassen, denen er auch das letzte Stückchen Eigenland mit Hilfe raffinierter Taschenspielertricks wegjonglierte, um es an seine Freunde zu verschenken oder an ausländische Großunternehmer zu verschachern.

Das einzig wirklich Ehrenhafte, was man diesem – rechtzeitig ins prunkvolle Pariser Exil ausgewichenen – meistumstrittenen Präsidenten Mexicos nachsagen kann, ist, daß er seinen Vorgänger Juárez eines natürlichen Todes sterben ließ – eine seltene Ausnahme für Mexicos Präsidenten des vorigen Jahrhunderts; sie sind fast alle ermordet worden. Im übrigen hatte er zwar alles das erreicht, was bei Antritt seiner Regierung (im Jahre 1877) wirtschaftlich und finanziell vonnöten war; das Volk jedoch war bei diesem beachtlichen »Aufstieg« verarmt

255

und halb verhungert. In den erbärmlich bezahlten Lohndienst eigener und fremder Wirtschaftsmagnaten gepreßt und kulturell auf den tiefsten Stand abgesunken, befand es sich am Rande der Verzweiflung und war bereit, jedem neuen und besseren Ideal zu folgen – auch mit Gewalt.

Die logische Folge dieser »wirtschaftlichen Glanzzeit« – in Tat und Wahrheit eine Zeit des Ausbeutertums unter patriarchalischen Vorzeichen – war die große mexikanische Revolution. Für ihre starken Gegner und die zahlreichen mit ihnen sympathisierenden Neutralen weniger logisch war, daß diese Revolution – die bereits 1910, also sieben Jahre vor der russischen Oktoberrevolution, losbrach – trotz der geringen Hilfsmittel der Revolutionäre tatsächlich siegte. Zumindest war der Sieg all jenen, die in diesem »Aufstand der Massen« den Beginn einer proletarischen Weltrevolution vorausahnen mochten, in keinem Falle erwünscht. Der Sieg bestand zunächst in der – noch einigermaßen legal erzwungenen – Ausschaltung des Diktators Díaz, der endlich (fast einundachtzigjährig) am 25. Mai 1911 zurücktrat, anschließend in kleinen und großen Schlägen gegen seine im Lande verbliebenen Freunde nebst deren Hintermännern und Söldnern. Er wurde erfochten von Soldaten, Bauern und Arbeitern, von Frauen, Greisen und Kindern – Vorbilder für spätere Freiheitskämpfer in anderen Ländern. Eineinhalb Millionen Tote blieben auf den Schlachtfeldern, in den verbrannten, ausgeraubten Dörfern, in öden, wasserlosen Schlupfwinkeln, erhängt an Galgen und Bäumen, Gutsportalen und Glockentürmen, zu Tode gejagt und geschleift, in gegenseitigen Machtkämpfen der Revolutions-»Generäle« verblutet oder ganz einfach verhungert, verdurstet, als Opfer von Seuchen irgendwo am Wege liegengeblieben.

Aber das Banner der Revolution stand, und unter ihm konnte Venustiano Carranza, vordem Lehrer und Bürgermeister und zuletzt Gouverneur des Staates Coahuila, in eben jener Stadt Querétaro, die dem Mexikaner deshalb zum Symbol einer neuen, einer besseren Zeit geworden ist, am 5. Februar 1917 – als die Revolution in Rußland noch nicht einmal ausgebrochen war! – die erste fortschrittliche Verfassung für Mexico, die erste demokratische Verfassung ganz Lateinamerikas verkünden.

Das mexikanische Volk konnte aufleben. Die Forderungen, für die es unter fanatisch verehrten Bauernführern wie Pancho Villa und Emiliano Zapata jahrelang gekämpft und gelitten hatte, waren erfüllt worden. »Tierra y Libertad!« – »Land und Freiheit!«: so hatte es auf allen Fahnen gestanden. Und in der Tat: Die nationale, die politische Freiheit war errungen, die Vormacht der geistlichen und weltlichen Herren gebrochen, der Großgrundbesitz in die Zange genommen; die langersehnte Bodenreform, die Befriedigung des Landhungers für Millionen bitterarme Zwergbauern und landlose Peones, Tagelöhner, war in die Wege geleitet; die rassische Abwertung des Indios war beseitigt, seine rechtliche Gleichstellung mit Mischlingen und Weißen gesetzlich garantiert. In keinem anderen Lande Lateinamerikas hatte sich das »Indianische« bereits so emanzipiert wie in Mexico. Das war 1917.

Seitdem sind wiederum mehr als fünfzig Jahre verstrichen. Mexico gilt nach wie vor als ein demokratischer Staat erster Ordnung, als einer derjenigen Staaten auf amerikanischem Boden, die auch mit den Volksdemokratien normale Beziehungen pflegen. Es hat – unter dem nur zu gern als »roter Präsident« diffamierten, in Wahrheit aber einzigen echten Volkshelden der jüngsten Epoche, dem von 1934 bis 1940 amtierenden Präsidenten Lázaro Cárdenas – nicht nur die Eisenbahnen und die anderen fremden Großunternehmen verstaatlicht, sondern am denkwürdigen 18. März 1938 sogar die weltbeherrschenden angloamerikanischen Erdölkonzerne zu entmachten gewagt, indem es ihre riesigen Besitzungen gegen ratenweise Entschädigung in staatliche Hände überführte. Mitten in der Hauptstadt steht ein triumphales Monument zur Erinnerung an diese »zweite nationale Befreiung«, die Befreiung von der fremden Ölherrschaft. Mexico hat weiterhin den Großgrundbesitz auf höchstens 300 ha je Eigner beschnitten und so Millionen von Hektar Land neu verteilt. Soziale Gesetze in großer Zahl wurden erlassen und soziale Einrichtungen endlich auch für den Arbeitnehmer geschaffen. Mexico hat die Ausgaben für das Schulwesen im Staatshaushalt in die vorderste und die für das Militär in die hinterste Reihe gerückt. Es hat mit Hilfe von Be- und Entwässerungen, Krediten, durch Begünstigung des Genossenschaftswesens und die Schaffung von Fachschulen Neuland erschlossen, die Ernteerträge gesteigert, die Ernährung verbessert. Es hat ein Kulturleben aufgebaut, das den übrigen Lateinamerikanern in vielem als Vorbild dient, ebenso eine Industrie, die in Lateinamerika an Umfang nur von der Argentiniens und Brasiliens überboten wird. Seine Einfuhren und Ausfuhren erreichen Rekordziffern, sein Verkehrsnetz wird stetig ausgebaut. Für den internationalen Tourismus ist Mexico ein bevorzugtes Ziel. Seine Grenzen stehen jeder Organisation und jedem Volk gleichermaßen offen. Nicht zuletzt aufgrund dieses stürmischen Aufstieges und dieser echten internationalen Aufgeschlossenheit konnte es – als erste lateinamerikanische Nation – die Völker der ganzen Welt zum friedlichen sportlichen Wettkampf der Olympiade von 1968 zusammenrufen.

Dennoch ist das revolutionäre Ziel einer gesellschaftlichen Neuordnung, einer sozialistischen Wirtschaftsform, einer Lenkung der Geschicke durch das Volk sowenig erreicht worden wie eine alle Seiten befriedigende Lösung des Agrarproblems, das Recht auf Selbstbestimmung für die Indios, eine wirtschaftliche und finanzielle Unabhängigkeit von dem überstarken Nachbarn im Norden und von immer stärker werdenden, teils überseeischen, teils kontinentalen Kapitalgruppen. Auch gelang keine nachhaltige Einschränkung der gefährlichen Ausbeutung von nationalen Basisgütern durch verantwortungslose Unternehmer, etwa der Wälder, die kaum je durch Neupflanzungen ersetzt werden, ein Versäumnis, das der gefürchteten Erosion, der Austrocknung, Verarmung und Abspülung des Bodens, also einer Zerstörung – statt Vermehrung – der wichtigsten Ernährungsgrundlage, Tür und Tor öffnet. Und das bei einer sprunghaften Vermehrung der Bevölkerung in jedem Jahr um etwa 3,5 %! Ebensowenig wurde eine Minderung jener gegenwärtig in zahlreichen allzu schnell »aufstrebenden« Ländern um sich greifenden Tendenz erzielt, daß zwar die Reichen immer reicher, die Armen aber immer ärmer werden. Auch die Beseitigung der alteingewurzelten Hauptübel Bürokratie, Bestechlichkeit, Unzuverlässigkeit und Erpressung steht weiterhin aus. Und trotz aller wirtschaftlichen Erfolge legte das mexikanische Finanzministerium für Mitte 1972 die erschütternde Mitteilung vor, daß »rund ein Drittel der Arbeitskräfte arbeitslos oder unterbeschäftigt sind«. (Nach »Kurzbericht über Lateinamerika« der Deutsch-Südamerikanischen Bank Nr. 3/1972.)

Es gibt in Wahrheit keinerlei wirkliche Macht im Volke, weil es keine unabhängigen und keine gut geführten, zur Mitsprache berechtigten Gewerkschaften gibt. Die Regierung finanziert und schützt sie – und sie schützen die Regierung, das heißt den Präsidenten. Dieser hinwiederum wird zwar gewählt, aber vorher schon von der einzigen großen Partei bestimmt, die allerdings die verschiedensten Volksschichten in sich vereinigt: dem PRI (»Partido Revolucionario Institucional«, etwa: »Staatstragende [weil aus der Revolution von 1910–1917 hervorgegangene] Revolutionspartei«); sie stellt rund neun Zehntel aller Abgeordneten. Letzten Endes besitzt der Präsident die Befugnisse eines Diktators, gestützt auf das Machtinstrument der Armee, neben der es kein anderes gleichwertiges gibt und in der der einfache Soldat – das ist in acht von zehn Fällen der bitterarme Indio, der sich vom Wehrdienst nicht freikaufen konnte – nicht zur Wahl zugelassen wird, sofern er Analphabet ist.

Rafael Moreno, ein kritischer Diagnostiker seines Landes, kommentierte die Präsidentschaftswahlen vom Sommer 1970 überaus nüchtern: »[. . .] Die Börse reagierte ruhig in der Gewißheit, daß die Sicherheit gegeben bleibt, um auch künftig jährlich bis zu 200 Millionen Dollar Auslandskapital ins Land zu holen, wovon drei Viertel aus den USA kommen. Die Herrschenden haben eine Wahl gewonnen, aber nicht die Garantie vor der Geschichte, daß die Massen Mexicos das Erbe einer revolutionären Vergangenheit preisgeben werden [. . .]« (Nachgedruckt in: »Die Weltbühne«, Berlin 1970, Nr. 31.)

Mexicos Weg in den letzten hundert Jahren war dornenvoll und blutig, ein ständiges Auf und Ab, insgesamt aber eine selten erreichte, Respekt heischende Leistung. Eine Reihe von Zielen der mexikanischen Revolution liegen jedoch nach wie vor in weiter Ferne.

Mexicos stolze Wirtschaftsbilanz, ein halbes Jahrhundert nach der Revolution

Mexico hatte 1969 ein schlechtes Jahr. Eine große Trockenheit führte dazu, daß im Norden wertvolle Viehbestände an Durst und Hunger zugrunde gingen. In anderen, sonst besonders ertragreichen Landesteilen vernichteten katastrophale Überschwemmungen bis zu ein Drittel der Ernten. Weithin brach der Verkehr zusammen. Auf dem Isthmus von Tehuantepec, der wichtigsten Verbindung im Südteil der Republik zwischen Golf und Pazifik, war im August infolge Unpassierbarkeit der Niederungen im Bereich des Río Coatzacoalcos und anderer wasserreicher Flüsse zwei Wochen lang jeglicher Transport auf Straße und Schiene unmöglich.

Solche harten Eingriffe der Naturkräfte gehören in Mexico und Zentralamerika nicht gerade zur alljährlichen Regel, aber ebensowenig zur seltenen Ausnahme. Sie wiederholen sich mitunter schnell, dann wieder in längeren Abständen, oft mit unvorhergesehener Wucht oder genau dort, wo man sie am wenigsten erwartet hat. Bald aus dem karibischen Raum bis an die Golfküste heranbrausende »Huracanes« (Hurrikane), bald schwerste »Nortes« (Norther) aus der Mississippi-Furche verursachen außerdem beträchtliche Orkanschäden. Alle diese Katastrophen treffen außer der Landwirtschaft direkt oder indirekt die gesamte nationale Wirtschaft.

Gerade bei der Beurteilung ökonomischer Leistungen sollten solche Erschwernisse nicht unberücksichtigt bleiben. Vor ihrem Hintergrund muß also auch Mexicos stolze Erfolgsbilanz gesehen werden, die fünfzig Jahre nach der großen Revolution im gleichen Katastrophenjahr 1969 (bezogen auf das Jahr 1968) aufgestellt worden ist. Die mexikanischen Statistiker und Wirtschaftsinterpreten halten freilich diese natürlichen Erschwernisse – gewissermaßen als landesübliche Selbstverständlichkeiten – kaum je der Erwähnung wert. Man will nur zeigen, was Mexico selbst, die Mexikaner, zu leisten in der Lage sind. Was sie der Welt vorweisen können, erfordert die Korrektur mancher abwertender Einschätzung.

Eine treffliche Erfolgsschau über die vier Grundpfeiler des modernen mexikanischen Wirtschaftslebens (Verkehrserschließung, Erdölförderung, Energiewirtschaft und Wasserwirtschaft) bot im Rahmen dieser Rückblicke der Ingenieur José Hernández Terán in einem am 18. Dezember 1968 in México D. F. gehaltenen Vortrag unter dem Titel »Beneficios de la Revolución Mexicana« (»Segnungen der mexikanischen Revolution«, zu denen er übrigens auch seinen eigenen Aufstieg vom Arbeitersohn zum Staatssekretär für Wasserwirtschaft gerechnet wissen will). Sie soll hier bewußt jenen unerreichten Zielen gegenübergestellt werden, mit denen das vorige Kapitel abschloß.

Terán gehört sicher zu den tätigsten Männern Mexicos. Er ist aus der berühmten »Escuela de Ingenieros« hervorgegangen, die Benito Juárez durch Dekret vom 2. Dezember 1867 als eine zu jener Zeit für ganz Lateinamerika noch ungewöhnliche Institution ins Leben rief und der er den visionären Leitspruch mitgab: »La Escuela de Ingenieros será una de las más bellas glorias de nuestro país« (»Die Ingenieur-Schule wird eines der schönsten Ruhmesblätter unseres Landes sein«). Aus ihr bzw. ihren Nachfolge-Instituten rekrutieren sich auch die rund 500 leitenden mexikanischen Spezialisten des Wasserwirtschafts-Ministeriums mit José H. Terán an der Spitze.

Die fast ein Jahrzehnt lang wütende Revolution endete in einem Chaos. Künftige wirtschaftliche Erschließung bedeutete für Regierung und Volk Neubeginn. Jeder Aufbau beginnt – das wußten auch die Männer Mexicos – beim Verkehrswesen. Immerhin konnten Anfänge eines solchen, wenn auch abgewirtschaftet oder teilzerstört, übernommen werden.

Am besten ausgebaut waren die Eisenbahnen mit einer Streckenlänge von rund 20 000 km, für ein Land von fast 2 Millionen qkm Fläche jedoch sehr wenig. Vorwiegend in fremdländischen Händen, mußten sie gemäß der revolutionären Zielsetzung langwierig und kostspielig nationalisiert werden. Die »Straßen« waren durchweg unbefestigt, oft nur während der Trockenzeit benutzbar und auf den Gebrauch durch Ochsenkarren, Pack- und Reittiere oder Fußgänger zugeschnitten. Automobile waren Luxusgegenstände. Bis 1930 waren erst 240 km asphaltierte Allwetterstraßen und knapp doppelt soviel Schotterstraßen gebaut, überwiegend im Umkreis der Hauptstadt; eine erste Verbindung zum Pazifik führte nach Acapulco.

Interozeanische Querverbindungen gab es bei Ausbruch der Revolution, 1910, als Direktlinie nur an der schmalsten Stelle mit der »Isthmus-Bahn«. Im übrigen führten lange und verwinkelte Schienenstränge verschiedener Gesellschaften von Veracruz über México D.F. bzw. von Tampico über San Luis Potosí und Guadalajara vom Golf zum kleinen Pazifikhafen Manzanillo. Entlang beider Küsten gab es keine durchgehende Bahn oder Straße.

Entsprechend der allgemeinen Entwicklung in der Welt ist das Eisenbahnnetz (zumeist in europäischer 1435-mm-Normalspur, einige Nebenstrecken in 914-mm-Schmalspur) in der Folgezeit weniger verlängert als vielmehr technisch verbessert worden, einschließlich des rollenden Materials (z.B. Umstellung auf Diesellokomotiven). Die 20 000 km Strecke von 1910 sind bis heute lediglich auf 24 000 km angewachsen. Einige unrentable Strecken sind stillgelegt, hinderliche Lücken geschlossen worden. So wurde 1963 die schwer vermißte Nordverbindung von Chihuahua (sprich: Tschiwáwa) nach Topolobampo am Pazifik verwirklicht; ihre 73 Tunnel ergeben zusammen eine Länge von 15 km. Vom Isthmus wurde der Anschluß nach Yucatán, von Hermosillo (Sonora) nach US-Kalifornien hergestellt. Die lange Halbinsel Baja California ist nach wie vor ohne jeden Schienenstrang.

Steigende Aufmerksamkeit wurde dem Bau von Autostraßen gewidmet. Auch hierbei mußte freilich – genau wie in Zentralamerika – der notwendige Querverkehr wegen der schwer überwindbaren Randgebirge im Rückstand bleiben. Um so besser sieht es mit den Längsverbindungen durch das innere Hochland und in den Küstenniederungen aus. Auch das meistbefahrene Rückgrat des gesamten Verkehrs, Mexicos beste und längste Straße (3128 km), die »Panamericana« (Pan American Highway), auch Carretera Interamericana oder kurz »Internacional« genannt, verläuft fast ausschließlich im Hochland zwischen 1000 und 2500 m Höhe, von Ciudad Juárez an der Grenze mit Texas bis nach Ciudad Cuauhtémoc an der Grenze mit Guatemala. Das mexikanische Straßennetz umfaßte 1969 reichlich 69 000 km, mit 5746 Brücken von zusammen 132 km Länge. Gut die Hälfte davon sind befestigte Allwetterstraßen. Mehr als 10 000 km sind allein in der zweiten Hälfte der sechziger Jahre gebaut worden. Aus den 53 000 Motorfahrzeugen des Jahres 1925 sind bis 1970 rund 1,7 Millionen geworden.

Die 1917 eröffnete erste kurze Luftverbindung zwischen México D.F. und Pachuca (90 km) ist auf ein das ganze Land umfassendes Netz mit nahezu 80 öffentlichen Flugplätzen (dazu zahlreiche kleine Privatfelder) ausgeweitet worden; neun Großflughäfen stehen dem internationalen Düsenverkehr offen.

Stark ausgebaut wurde auch das Telegrafennetz: Über 150 000 km Telegrafenleitungen stehen den 37 000 km der Revolutionszeit gegenüber.

Über Jahrhunderte war Mexico »das« Silberland, Silber sein erstes Ausfuhrgut. Weniger wertvolle, doch nicht minder begehrte Industrieerze sind später hinzugekommen. In der Bleierzeugung z.B. (rund ein Zehntel der Weltproduktion) wird es auf dem amerikanischen Doppelkontinent nur von den USA und Kanada übertroffen. In jüngster Zeit geht sie allerdings zurück; Perú holt stark auf. Doch haben im Bergbau – außer Silber und Blei werden u.a. Kupfer, Zink, Mangan, Antimon, Quecksilber und Gold gewonnen – noch immer Fremdunternehmer das Übergewicht.

Anders ist es bei dem erst seit der letzten Jahrhundertwende in Erscheinung getretenen führenden aller Bodenschätze: dem Erdöl. Als Konsequenz der oben erwähnten »zweiten nationalen Befreiung« unter der Präsidentschaft von Cárdenas wurden alle ausländischen Erdölfirmen in der nationalen, dezentralisierten PEMEX (Petróleos Mexicanos) vereinigt. Die langfristige Entschädigung in Höhe von 1,6 Milliarden Pesos konnte bis 1962 restlos abbezahlt werden.

Trotz der Revolutionswirren war die Förderung dank sehr ergiebiger Fundstellen auf einen hohen Stand gebracht worden: 1921 war Mexico mit 193 Millionen Barrels (1 Barrel = 159 l; also rund 30 Millionen cbm) der zweitgrößte Weltproduzent. Ab dem Anfang der dreißiger Jahre und dann besonders nach der Enteignung sank die Produktion durch den Verlust von Fremdkapital, Absatzmärkten und Fachleuten sowie wegen mangelnder Erfahrung rapide ab, wurde aber in den folgenden Jahrzehnten wieder aufgeholt; die Ausfuhr dagegen blieb weiterhin gering. Dafür konnte jedoch der infolge von Motorisierung und Industrialisierung rasch steigende Eigenbedarf restlos aus den Lieferungen der PEMEX gedeckt und jeder Fremdlieferant strikt ferngehalten werden – sehr zum Unterschied von den zentralamerikanischen Ländern, die bisher über keine eigenen Erdölquellen verfügen und vollständig von den Fremdfirmen beherrscht werden. Die 22 Millionen t Förderung Mexicos im Jahre 1971 – bei geschätzten 774 Millionen t Reserven – nahm ausschließlich der Binnenmarkt auf. Das wirft ein helles Schlaglicht auf den schnellen Ausbau der Industrie auch außer-

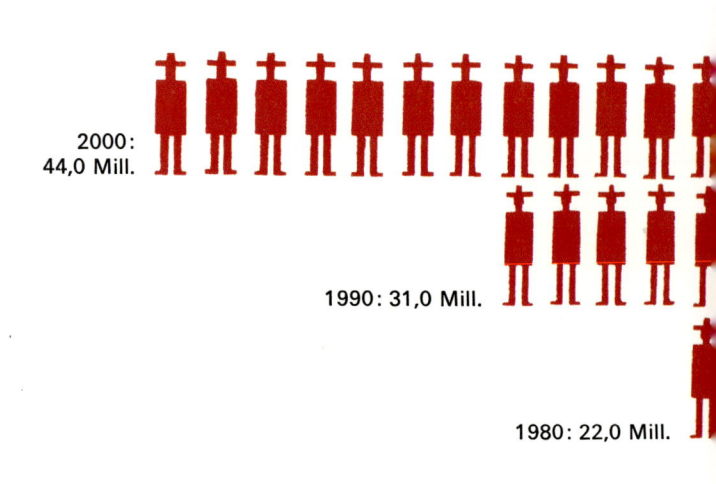

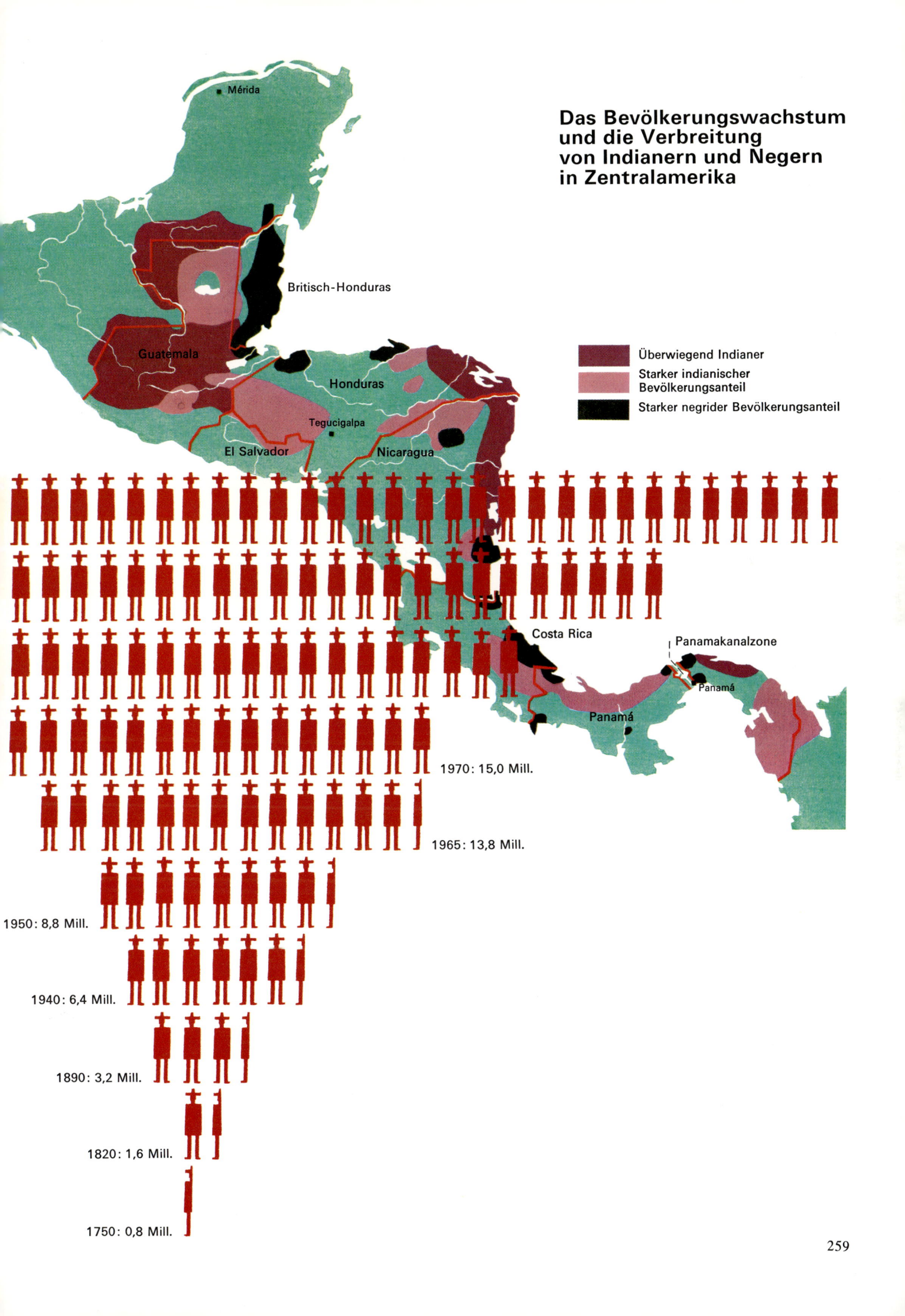

Das Bevölkerungswachstum und die Verbreitung von Indianern und Negern in Zentralamerika

- Überwiegend Indianer
- Starker indianischer Bevölkerungsanteil
- Starker negrider Bevölkerungsanteil

Mérida · Britisch-Honduras · Guatemala · Honduras · El Salvador · Tegucigalpa · Nicaragua · Costa Rica · Panamakanalzone · Panamá

1970: 15,0 Mill.
1965: 13,8 Mill.
1950: 8,8 Mill.
1940: 6,4 Mill.
1890: 3,2 Mill.
1820: 1,6 Mill.
1750: 0,8 Mill.

259

Rodeo in Mexico

Unten: Beim »Rodeogalopp«   *Oben: Rodeo-Zuschauer*

Die Rinderhirten in Mexico sind ein spanisches Erbe. Bald nach der Eroberung des Landes im 16. Jahrhundert führten die Spanier die Zucht der Langhornrinder, den jährlichen Auftrieb, den »Rodeo«, und das Brennen der Tiere ein. Beim festlichen Abschluß des Viehauftriebs beweisen die Rinderhirten ihre Reitkünste, ihre Tapferkeit und Gewandtheit, ihre »Sattelfestigkeit«. Alle Welt ist dann auf den Beinen. Auf den Straßen der Städte paradieren Ärzte, Rechtsanwälte, Geschäftsleute usw., die sich auf ihre Abstammung von den alteingesessenen Viehzüchterfamilien berufen, in aufwendigen Phantasiekostümen: mit glasperlenbestickten Sombreros, goldbetreßten Jacken und enganliegenden Hosen. Die Berufshirten indessen, die »Vaqueros«, tragen hellrote Hemden, lederne Beinschützer und glänzende Nickelsporen. Doch wie bei den argentinischen Gauchos, den venezolanischen »Llaneros« und den amerikanischen Cowboys des »Wilden Westens« geht die Romantik, die sich mit ihrem freien und harten Leben verbindet, unaufhaltsam zu Ende und weicht der zunehmenden Mechanisierung und Motorisierung. (Bu)

Oben: Einreiten junger Pferde   *Unten: Erfahrungsaustausch am Rande des Viehauftriebs*

halb der sogenannten »Industrienationen«. Zum Vergleich: 1971 erreichte Mexicos Erzeugung von Rohstahl (3,8 Millionen t) und von Walzstahlerzeugnissen (2,5 Millionen t) schon die Hälfte jener des hochindustrialisierten Australiens, die Produktion von Baumwollgarn und synthetischen Fasern bzw. Fäden übertraf die australische bereits um das Doppelte.

Im Verlauf dieser Umdisponierungen wurden große staatseigene Raffinerien in Tampico und Matamoros (Tamaulipas), Poza Rica de Hidalgo und Minatitlán (Veracruz), Azcapotzalco (Distrito Federal) und Salamanca (Guanajuato) erbaut. Von den großen Feldern an der Golfküste legte man Erdölleitungen zu den wichtigsten Verbrauchszentren des Hochlandes und – im Hinblick auf die Versorgung der westlichen Bundesstaaten nicht minder wichtig – von Minatitlán quer über den Isthmus zum Pazifikhafen Salina Cruz, neuerdings auch Erdgasleitungen nach México D.F., Monterrey (»dem Ruhrgebiet Mexicos«), Torreón und Chihuahua.

Von den zentralamerikanischen Republiken verfügt inzwischen ebenfalls jede über mindestens eine Raffinerie zur Verarbeitung des importierten Rohöls. Die größte von ihnen steht in Puerto Pilón in der Nähe von Colón, in Panamá.

Die Verarbeitung des Rohöls im eigenen Lande ermöglichte Mexico ab 1960 gleichzeitig die – zunächst noch zögernde – Einrichtung einer petrochemischen Industrie; auch hier war die PEMEX federführend. Zu den anfänglichen vier Produktionszweigen sind bis zur Gegenwart fast zwanzig weitere hinzugekommen; der Ausstoß an Petrochemikalien ist von damals 48 000 auf mehr als 800 000 t angestiegen.

In diesem Zusammenhang muß auch der imponierende, allerdings weitgehend in US-amerikanischen Händen liegende Ausbau der jungen Schwefelförderung im Nordteil des Isthmus von Tehuantepec genannt werden. Bei 1,7 Millionen t Jahresertrag und darüber ist Mexico neben den USA, der UdSSR, Kanada, Japan und Frankreich zu einem der sechs führenden Schwefelproduzenten der Erde aufgestiegen.

An Kohle hingegen ist dieses Land sehr arm. Die kleinen Vorkommen liegen außerdem peripher im äußersten Norden, weitab von den reichen Eisenerzlagerstätten. Mit nur 1,5 Millionen t war 1971 die Förderung dennoch höher als in den vorhergehenden Jahren. Die seit Urzeiten als bequemste Energiequelle genutzten Wälder – sie lieferten Brennstoff für Haushalte, Kleinindustrie, Fluß- und Küstenschiffahrt – sind weit zurückgedrängt worden. Bis zur Einbeziehung des Erdöls war die Energiebeschaffung umständlich, teuer und beschränkt. Hydroelektrische Anlagen bestanden bis zur Revolution nur in kleinstem Umfang für den Privatbedarf (z.B. auf Plantagen). Ein erstes, 1879 in der Stadt León (im Staate Guanajuato) fertiggestelltes öffentliches Kraftwerk besaß eine Kapazität von ... 8 Kilowatt! Noch schlimmer stand und steht es damit in Zentralamerika: Zu seinem Mangel an Erdöl gesellt sich sein Mangel an Erdgas und Kohle.

Der große Aufschwung Mexicos kam erst nach Gründung der »Comisión Federal de Electricidad« (1937). Seitdem sind zahlreiche Heizöl-, Diesel- und Wasserkraftwerke entstanden; dennoch können bis heute nicht alle Bezirke – vor allem nicht die abgelegenen ländlichen – beliefert werden. Durch einen Verfassungsparagraphen wurde 1960 jegliche private Beteiligung an der öffentlichen Stromversorgung unterbunden. Die Kapazität betrug 1970 etwas mehr als 5,6 Millionen kW, gegen 280 000 bei Ausbruch der Revolution. Knapp die Hälfte davon entfällt auf Wasserkraftwerke.

Mexicos Flüsse zu nutzen ist bei den jahreszeitlich abnorm schwankenden Wasserständen und der stoßweise hohen Sinkstoffanfuhr in den Hauptregenmonaten ein schwieriges, im

Einige Wirtschaftsdaten

Handelsaustausch untereinander wird durch vielfaches Angebot gleicher Produkte erschwert. Erst die unterschiedliche Industrialisierung beginnt gegenseitige Märkte zu schaffen, u.a. für Kunstdünger, Zement, Margarine, Textilien, Farben und Pharmazeutika. Der 1960 hoffnungsvoll eingeleitete Zusammenschluß zum »Gemeinsamen Zentralamerikanischen Markt« (Mercado Común Centroamericano, MCC) ist seit dem Sommer 1969 durch schwere politische Spannungen zwischen El Salvador und Honduras (verharmlost zum »Fußballkrieg«) unterbrochen, wenn nicht im ganzen gefährdet. Haupthandelspartner für alle Staaten dieses Raumes sind nach wie vor die nahegelegenen und überall stark engagierten USA, sodann Europa, mit der Bundesrepublik Deutschland an führender Stelle, und Japan. Benötigt werden an erster Stelle Maschinen und andere Industrieausrüstungen wie Werkzeuge, Elektromaterial, Fahrzeuge, Halb- und Fertigwaren jeder Art, in Zentralamerika Erdöl mit Derivaten, in manchen Ländern Lebensmittel (bis über 10% des Einfuhrwertes), große Mengen Getränke.

Zu Ausfuhr von Zerealien ist nur Mexico in der Lage; Export von Mais steht hier an zweiter Stelle hinter Baumwolle. Die Baumwollausfuhr hat seit dem Zweiten Weltkrieg auch in Nicaragua (bereits an erster Stelle), El Salvador und Guatemala aufgeholt. Kaffee ist in den »klassischen« Lieferländern Costa Rica, El Salvador und Guatemala – Nicaragua und Honduras folgen mit Abstand – weiterhin wichtigste bzw. wichtige Basis des Außenhandels. Von allen hier behandelten Ländern ist Mexico größter Kaffeeproduzent; der Kaffee folgt jedoch nach Baumwolle, Mais sowie Zucker, Garnelen und neuerdings Salz. In Panamá und Honduras bestreiten die Bananen bis zu 50% des Exportwertes, in Costa Rica und Guatemala halten sie dem Kaffee ungefähr die Waage. Auch Belize besitzt Bananen- und daneben bedeutenden Zitrusfrüchteexport, doch steht hier an erster Stelle Zucker, der überall einen stürmischen Aufstieg erlebt, aber unter schwankenden Quotenzuteilungen zu leiden hat. Garnelen – als »Shrimps« in den USA sehr begehrt und gut bezahlt und in den Küstengewässern Mexicos und Zentralamerikas reichlich vorhanden – haben nach Modernisierung der Fangflotten und Einrichtung von Gefrieranlagen überraschende Fangergebnisse erbracht. Edelhölzer und Kiefernschnittholz verhelfen Honduras, Nicaragua und Belize, aber auch Panamá und Guatemala zu beträchtlichen Einnahmen. Mexico hat Schwefel und eine reiche Auswahl von Erzen anzubieten, Nicaragua Gold und zunehmend Kupferkonzentrat. Nach Aufnahme der Erdölverarbeitung in Zentralamerika (Rohölimporte aus Venezuela) haben jüngst erstmalig – in Panamá – Industrieprodukte, nämlich Erdölderivate und Chemikalien, den ersten Platz in einer nationalen Ausfuhrliste erobert.

Studium der Wasserbauingenieure speziell berücksichtigtes Problem. Wasser wird in diesem klimatisch weithin stiefmütterlich bedachten Lande sehr groß geschrieben. Außer zur Stromerzeugung und hier und da im Tiefland für die Kleinschiffahrt werden die Flüsse dringend für die Trinkwasserversorgung von Mensch und Tier gebraucht. Im Jahre 1947 stand – unter Ausklammerung des Distrito Federal mit der Hauptstadt – erst für 20, 1973 immerhin schon für 43% der Bevölkerung gereinigtes Trinkwasser in Rohrleitungen zur Verfügung. Darüber hinaus werden die Flüsse, wo immer möglich, zu Bewässerungszwecken genutzt. Fast zwei Drittel der Gesamtfläche Mexicos müßten bewässert werden, um voll ertragreich zu sein; nur bei weniger als einem Zwanzigstel des Areals kann man in jedem Falle auf Bewässerung verzichten.

Dem Bewässerungsproblem galt denn auch nach der Revolution die besondere Aufmerksamkeit der Regierungen. Denn die in der neuen Verfassung verankerte Aufteilung der großen Haziendas und der staatlichen Landreserven an die besitzlose Landbevölkerung allein genügte nicht für die künftige Versorgung, wenn nicht gleichzeitig die Erträge gesteigert wurden. In Trockenländern ist Bewässerung, sofern sie nicht schädliche Mineralien enthält, eine hervorragende Hilfe zur Verbesserung der Ernteerträge. Umgekehrt hat die Abwehr verheerender Überschwemmungen dem Schutz der Ländereien und Siedlungen zu dienen. Nach dem schweren Aderlaß der Revolution (Einwohnerstand 1910: 15,2 Millionen; 1919: 14 Millionen) stieg die Bevölkerungskurve schnell und immer schneller an: 1930 gab es 16,6 Millionen Mexikaner, 1940 deren 19,7 Millionen; im Jahre 1960 waren es bereits 35 und 1972 über 52 Millionen! Die zusätzliche Versorgung vom Ausland her verschlang kostbare Devisen – in Guatemala und dem übrigen Zentralamerika, wo überdies anstatt Nahrungspflanzen hauptsächlich Exportgewächse angebaut werden, ist es nicht anders. Das mußte soweit wie möglich vermieden werden. Schon 1926 bildete daher die mexikanische Bundesregierung eine »Comisión Nacional de Irrigación«, eine »Nationalkommission für Bewässerung«.

Es ist hier nicht der Platz, über den dramatischen Werdegang dieser aus dem Nichts geschaffenen Einrichtung zu referieren, über ihre anfangs zu hoch gesteckten Ziele, ihre nicht seltenen Fehlplanungen und Rückschläge, ihre zunächst bescheidenen, dann immer mehr ermunternden und den Nationalstolz antreibenden Erfolge sowohl in den Großanlagen als auch in der – während der ersten Jahre in ihrer Bedeutung unterschätzten – Kleinbewässerung (diese ab 1937) bis hin zum soliden Ausbau des obenerwähnten Wasserwirtschafts-Ministeriums (»Secretaría de Recursos Hidráulicos«, ab 1947). Gekrönt und gesichert wurden die Anstrengungen 1945 durch einen Staatsvertrag über den Bau gigantischer Gemeinschaftswerke mit den – in diesem Falle als »Freunde« angesehenen – US-Amerikanern, insonderheit am langen Grenzfluß Río Grande (oder Bravo) del Norte. Nicht umsonst ist dort eines der größten Stauwerke »Presa La Amistad« (»Stauwerk Die Freundschaft«) getauft worden. Auf keinem Gebiet mehr als auf dem des Wasserbaues beweist das junge, nachrevolutionäre Mexico seine wirtschaftlichen und technischen Fähigkeiten. Seine Ingenieure, Techniker und Arbeiter, jetzt sogut wie alle von mexikanischer Herkunft, haben unter schwierigsten Bedingungen Stauwerke von 13 und mehr Milliarden cbm Fassungsvermögen erstellt. (Zum Vergleich: Die Möhnetalsperre in Westfalen würde mit ihren 134 Millionen cbm hundertmal in einem solchen Riesenbecken Platz finden.)

Parallel zum Bewässerungsprogramm wurden die planmäßige Gründung von Siedlerdörfern und die gezielte Vermehrung des Anbaues von wertvollen, dem Eigenbedarf und dem Export dienenden Gewächsen, u.a. Baumwolle, Tomaten, Zitrusfrüchte, Zwiebeln und Erdnüsse, durchgeführt – jedoch nicht nur in den besonders trockenen Landstrichen des Nordens und des Nordwestens. Auch die ausgedehnten Agrargebiete um den Chapalasee mit dem Río Lerma als Zufluß und dem Río Santiago als Abfluß wurden durch das sehr differenzierte Lerma-Chapala-Santiago-System mit Wasser und Strom versorgt und durch Trockenlegungen um große Flächen Neuland vermehrt. Ebenso wurde der ungebändigte, wasserreiche Grijalvastrom im tropischen Süden in das Bewässerungsprogramm aufgenommen, seine Wildheit gezähmt. In den mit guten Schwemmböden ausgestatteten Niederungen an der Golfküste und in geeigneten Landesteilen des mittleren Hochlandes wurde mit Hilfe von Bewässerung, zumeist unter staatlicher Regie, der Zuckerrohranbau weit über den Eigenbedarf hinaus vorangetrieben, so daß Zucker, Melasse und Rum in immer größeren Mengen auf den Ausfuhrlisten erscheinen.

Es gibt in Mexico zur Zeit allein sechs Größtanlagen von jeweils über 100 000 ha Bewässerungsfläche, fünf weitere von 50 000 bis 100 000 ha. Die zahlreichen kleinen und größeren Bewässerungsprojekte, die überall im Lande verwirklicht worden sind, können hier nur zusammengefaßt genannt werden. Im Jahre 1968 standen 2,7 Millionen ha unter staatlicher und 1,2 Millionen ha unter privater Bewässerung, 1972 insgesamt 4,2 Millionen Hektar, wobei jeder Hektar im Durchschnitt 1600 US-Dollar Anlagekosten verschlingt. Mexico steht damit in Lateinamerika an erster Stelle. Das ist zwar nur ein Siebentel bis ein Achtel der gesamten Agrarfläche des Landes; aber an Produktionswert bestritt dieses relativ kleine Gebiet 31% von den 30 Milliarden Pesos (1 US-Dollar = 12,5 mexikanische Pesos), die Mexicos Landwirtschaft im Jahre 1968 erbrachte.

Das Wappen des Wasserwirtschafts-Ministeriums trägt die stolze Umschrift: »Por la grandeza de México« (»Für Mexicos Größe«). Sie konnte nicht besser gewählt werden.

Zentralamerikas Wirtschaft gestern und heute

Weit mehr als im großräumigen Mexico sind in den kleineren Raumeinheiten Zentralamerikas die verschiedensten Landschaftsformen ineinandergeschachtelt. Nur das karibische Tiefland erlangt in seinem breitesten Abschnitt – in Nordosthonduras und Nicaragua – auf große Flächen hin eine auch in der Vegetation kaum gestörte Einheitlichkeit. Im übrigen Zentralamerika vollzieht sich ein steter, schneller Wechsel zwischen bald zusammenhängenden, bald von Kalkkuppen, Lavarippen oder Schuttströmen unterbrochenen Küstenebenen, aufgelösten Hügellandschaften mit mehr oder minder breiten Talungen, steil aufstrebenden, zerlappten Randgebirgen, gekrönt von Vulkankegeln, kreuz und quer von Schluchten und tief abstürzenden Cañons zerschnittenen Hochländern, wiederum überragt von vielfältigen vulkanischen Formen, hier und da auch von kofferförmig emporgehobenen, wie riesige Festungen anmutenden Sedimentblöcken.

Die Nutzung dieses sehr unterschiedlichen Geländes durch die einheimische Bevölkerung ist ursprünglich überall auf die gleiche Weise vor sich gegangen. Da die beiden zentralamerikanischen Grundnahrungspflanzen Mais und Bohnen in sämtlichen Höhenstufen vom Meeresniveau bis auf über 3000 m hinauf gedeihen und auch befriedigende Erträge abwerfen, gestaltete sich der indianische Landbau besonders gleichförmig. Auch die im Südteil der Landbrücke bevorzugte Yuca- oder Kassawa-Knolle wächst in den Tropen, zum Unterschied von der auf kühlere Höhen beschränkten Kartoffel, unter den verschiedensten klimatischen Bedingungen. Hinzu kommt, daß für alle drei Pflanzen auch in den trockeneren Abschnitten Zentralamerikas die vorhandenen Regenmengen ausreichen und Bewässerung entfallen kann. Brandrodung und Trockenfeldbau haben daher die vorspanische Agrarwirtschaft bestimmt. Die schnelle Erschöpfung der unbewässerten und ungedüngten Böden führte zu einem steten Wechsel der Feldstücke. Nur in einigen besonders dicht besiedelten und somit weithin entwaldeten Hochlandschaften gab es frühzeitig auch schon Dauerfeldbau, teils sogar mit künstlicher Terrassierung von Steilhängen.

Eine grundlegende Ausweitung der Landnutzung erfolgte durch die von den Spaniern mitgebrachte Viehwirtschaft. Da sie sehr extensiv betrieben wurde, bedurfte sie ausgedehnter Areale. Zu diesem Zweck wurden nach und nach große Waldgebiete durch planmäßiges Abbrennen und Verbiß des Nach-

263

Rund um den Kaffee

Der Kaffee ist ein Geschenk der Alten Welt an Amerika, während der Kakao den umgekehrten Weg genommen hat. Die Kultur der Kaffeebäume erfordert einen lockeren, humusreichen Boden. In den ersten Jahren müssen die jungen Pflanzen vor zu starker Sonneneinstrahlung geschützt werden, was durch Schattenbäume geschieht. Die roten Fruchtbeeren enthalten zwei Samen, die »Kaffee-

Kaffeestrauch   Rechts: Kaffeepflanzung bei Medellín (Kolumbien)

bohnen«, die in mehreren Arbeitsgängen vom Fruchtfleisch getrennt, dann getrocknet, sortiert und schließlich als Rohkaffee in Säcken versandt werden. Durch einen Röstvorgang wird kurz vor dem Verbrauch der Röstkaffee hergestellt. Erst hierbei bilden sich die feinen Aroma- und Geschmacksstoffe, deren belebende Wirkung die Beliebtheit des Kaffees in der ganzen Welt ausmacht. Mehrmals im Jahr tritt in London der Internationale Kaffeerat zusammen, ein »Kaffeeparlament«, in dem die Export- und die Importländer gemeinsam über die Ausfuhrquoten der Kaffeeanbauländer beraten, um den Weltmarktpreis des Kaffees zu steuern. Der Kaffee ist unter den landwirtschaftlichen Exportprodukten der Welt der größte Devisenbringer, besonders für die lateinamerikanischen Erzeugerländer, die etwa zwei Drittel der Welternte liefern, aber auch für eine Reihe von Staaten des tropischen Afrikas. Ein Preisverfall bei Überproduktion oder aus anderen Gründen bringt für diese Staaten schwierige Probleme (und oft auch politische Unruhen), weil dann die Devisen für die Einfuhr von wichtigen Bedarfsgütern fehlen und der Staatshaushalt aus den Fugen gerät. (Bu)

Unten: Kaffeepflücker in El Salvador

Trocknen der Kaffeebohnen

Unten: Wiegen der abgelieferten Bohnenmengen

Oben: Siebverlesen *Unten: Abwiegen vor dem Versand*

wuchses – mit Ausnahme bestimmter, vom Vieh nicht angenommener Gewächse – in grasreiche Savanne, teils auch in kaum noch nutzbare Dornstrauchwildnis umgewandelt. Außerdem brachten die neuen Kolonisten eine beträchtliche Anzahl altweltlicher Feld- und Gartenfrüchte in die bestehende Agrarwirtschaft ein. Manche davon, vor allem Weizen und Zuckerrohr, Banane und Zitrusfrüchte, sind sehr bald von den indianischen Bauern übernommen worden.

Die eigentliche Diversifizierung des Landbaues, der für ganz Zentralamerika bisher der Grundpfeiler allen Wirtschaftslebens geblieben ist, setzte erst nach Beseitigung der monopolistischen Kolonialherrschaft ein, als sich die jungen Republiken für fremde Unternehmer und Kapitalien öffneten. Zwar haben die beiden zuerst aufgenommenen Großkulturen: Kaffee schon vor Mitte, Bananen ab Ende des vorigen Jahrhunderts, ebenfalls lange Zeit eine Art Monopolstellung innegehabt, und die unter der Regie weniger Fremdkonzerne zusammengefaßte Bananenkultur behauptet diese noch immer. Doch vor allem die Auswirkungen der großen Weltwirtschaftskrise und der Verlust angestammter Märkte während der beiden Weltkriege ließen den zentralamerikanischen Regierungen den Übergang von Mono- zu Multikulturen geraten erscheinen. Die naturgegebene Vielfalt der Landschaft mit den verschiedensten Höhenlagen, klimatischen Verhältnissen, Oberflächenformen und Böden bot dafür beste Voraussetzungen.

Zur Bereicherung der eigenen Ernährung wurde in geeigneten Niederungen vor allem der Anbau von Reis gefördert, der die bisher zusätzliche Kolbenhirse an Ertrag und Verwendungsmöglichkeiten übertrifft. Die klaffende Fettlücke versucht man durch steigenden Anbau von Ölpflanzen, vor allem Kokospalmen, Sesam und Erdnuß, zu schließen. Auch die Samenkerne der in großem Umfang für Eigenbedarf und Export in günstigen Gegenden (großräumige Flächen für Pflugkultur, mehrere Trockenmonate zum Ausreifen, Möglichkeiten zur Schädlingsbekämpfung mit Hilfe des Flugzeugs) angepflanzten Baumwolle wandern in die Ölmühlen und Margarinefabriken. Sisalagave, Hanfbanane und Javajute (Kenaf) erbringen die Fasern für die in großer Menge zum Versand von Kaffee, Kakao usw. benötigten Säcke (Zucker in Baumwollsäcken). Kautschukpflanzungen beginnen die neu entstandenen Reifenfabriken zu beliefern. Limon- und Zitronellagras ergeben wertvolle ätherische Öle, solche fallen auch in Zitruskonservenfabriken an. Hochlandgemüse geht ins Tiefland, auf die Märkte der Städte und teils schon in die Ausfuhr.

Noch vor nicht langer Zeit bestritten Kaffee und Bananen bis zu neun Zehntel der Ausfuhr. Die Wandlungen in der Agrarwirtschaft haben auch hier die Gewichte erheblich verlagert. Vor allem Baumwolle und Zucker treten nun als gleichwertige Posten auf. Der 1960 ins Leben gerufene – freilich noch immer nicht einwandfrei funktionierende – »Gemeinsame Zentralamerikanische Markt« erleichtert gegenseitig den Austausch von Land zu Land bei entsprechendem Mangel oder Überfluß. Doch fällt den an Zahl rasch zunehmenden Industriewaren eine bedeutendere Funktion zu als den Agrarprodukten.

»Industrielandschaften« in unserem Sinne hat Zentralamerika noch nicht aufzuweisen. Abgesehen von den an die Plantagen bzw. Hauptanbaugebiete, an Minen und Häfen gebundenen Aufbereitungs- und Veredlungsbetrieben konzentriert sich bis heute die Industrie Zentralamerikas überwiegend auf die Hauptstädte und einige wenige andere größere Städte, unter denen San Pedro Sula in Honduras eine führende Stellung einzunehmen beginnt. Da Groß- und Mittelbetriebe europäischen Zuschnitts nur sehr zögernd entstehen, tritt die Industrie auch stadtlandschaftlich erst ansatzweise in Erscheinung.

Wohl aber verfügt Zentralamerika über eine »Verkehrslandschaft« erster Größenordnung: den Panamakanal. Sie wird noch an Bedeutung gewinnen, ja zu einem der meistgenutzten »Verkehrsknoten« der Welt werden, wenn die zur Zeit noch 60 km östlich des Kanals endende Carretera Interamericana nach Fertigstellung des letzten Teilstückes bis nach Kolumbien hin den Anschluß an das südamerikanische Straßennetz gefunden haben wird. Wo Straße und Kanal sich kreuzen (an der Thatcher-Ferry-Bridge), liegt der Schnittpunkt des Schiffsverkehrs zwischen Atlantik und Pazifik sowie des Landverkehrs zwischen Nord- und Südamerika.

»Weder Millionen noch Almosen – wir wollen Gerechtigkeit!«

Wirtschaftlicher Fortschritt muß nicht gleichbedeutend sein mit einem Aufstieg für alle. In Mexico hat er immerhin eher eingesetzt als in den zentralamerikanischen Ländern, die ihre »große Revolution« noch nicht hinter sich, sondern vor sich haben und die deren weiter oben auszugsweise angeführter »Beneficios« bisher weit weniger teilhaftig geworden sind als die mexikanische Nation. Besitz und Bildung, Einkommen und Persönlichkeitswert sind unter den seit der Kolonialzeit beharrlich beibehaltenen und zäher als alles andere Erbe verteidigten Feudalstrukturen allzu ungleich verteilt.

Die ungerechte Aufteilung des Bodens beispielsweise erscheint dem Außenstehenden einfach unglaublich. 2, 3, höchstens 5% der Landbesitzer verfügen in der Regel über acht oder neun Zehntel allen kultivierbaren Landes. Nur ein geringer Teil besitzt mittelgroße Ländereien. Der weitaus größte Rest muß sich mit dem kleinsten Prozentsatz begnügen. Landwirtschaftliche »Betriebe« von weniger als 1 ha Nutzfläche sind in Zentralamerika nichts Seltenes; für die indianische Bevölkerung Guatemalas sind sie die Regel. Sie reichen nicht aus zur Ernährung der Familie, erst recht nicht zum Anbau zusätzlicher Gewächse für den Export. Und wo solche angebaut werden – auch auf den größeren Pflanzungen –, halten die erzielten Erlöse nicht Schritt mit der stetigen Steigerung der Importpreise, die für die notwendigen Ausrüstungen und Gebrauchswaren bezahlt werden müssen.

Zusätzliche Arbeit gibt es saisonweise in der »Zafra«, der Zuckerrohrernte, beim Pflücken der Baumwolle und des Kaffees, doch ist hier nur selten eine Dauerbeschäftigung gewährleistet. Das zumeist nebenberuflich ausgeübte traditionelle Handwerk kommt mehr und mehr zum Erliegen. Eingeführte Waren, in erster Linie solche aus Kunststoffen und Kunstfasern, überschwemmen die Märkte. Ungezählte geschickte Kräfte werden brotlos; beste und billigste tropische Rohstoffe bleiben ungenutzt. Die geringe Attraktivität von Dorf und Landarbeit, die Not, illusionäre Vorstellungen treiben immer mehr Hungrige und Verzweifelnde in die Städte, in der Hoffnung auf einen Arbeitsplatz in der aufstrebenden Industrie. Doch diese, die ein ganzes Jahrhundert allmählicher Entwicklung übersprungen hat, beginnt fast immer gleich mit den modernsten Methoden der Technik, der Automation, der Rationalisierung und hat nicht allzu viele Arbeitsplätze anzubieten, noch dazu für maschinenungewohntes Landvolk. Offiziell geben die Regierungen Zentralamerikas zwischen 6 und 10% »Arbeitslose« zu. Wer aber zählt die »Unterbeschäftigten« und wagt sie zu nennen? Die meisten Landflüchtigen vermehren die Heerscharen der Armen und Ärmsten in den elenden Löchern hinter dem Blendwerk der Prunkstraßen und in den »Kanistersiedlungen« am Rande der Städte. Gewiß, es gibt auch in El

Salvador, in Costa Rica, in Panamá bereits eine Art »sozialen Wohnungsbau« der öffentlichen Hand. Aber die wenigen hundert, bestenfalls tausend neuen Unterkünfte im Jahr reichen kaum für den natürlichen Zuwachs aus, geschweige denn für die Massen der Zuzügler.

Ein auskömmliches Leben in unserem Sinne führen – auch weithin noch in Mexico – nur die kleinen privilegierten Schichten und, schon weit darunter, ein sich zögernd vergrößernder Mittelstand. Von den übrigen sind Millionenn nicht einmal ausreichend ernährt und erst recht nicht mit sonstigen Zivilisationsgütern versehen. Die notwendige Kalorienzahl wird vielleicht noch beim Mann, der in Arbeit steht und dem dafür zu Hause das beste Essen zugeschoben wird, kaum je bei den Frauen und Kindern erreicht. Es fehlt vor allem an tierischem Eiweiß und Fetten. Fleisch, Fisch, Milch sind für ungezählte Menschen ein seltener Luxus. Wenn sie auch nicht »verhungern«, so werden sie doch niemals richtig satt, sind nicht voll arbeitsfähig und nur beschränkt aktiv. Lediglich Mais, Knollenfrüchte und teilweise noch Zucker sind ausreichend verfügbar.

Der argentinische Wirtschaftsführer Raúl Prébisch hat auf der Welthandelskonferenz in Genf, 1964, den nur unwillig zuhörenden Vertretern der Industrienationen vorgerechnet, daß allein durch die zu Ungunsten der Rohstoffländer immer größer werdende Spanne zwischen den Preisen für die angebotenen und die benötigten Erzeugnisse die gesamte Entwicklungs-»Hilfe« wieder aufgezehrt werde. Als Sprecher der verantwortlichen Lateinamerikaner unterbreitete er Gegenvorschläge zur Verbesserung des Lebensstandards in den Entwicklungsländern.

Die Front der in anderen Normen denkenden und alles nach diesen Normen manipulierenden Manager blieb in Genf wie auch späterhin hart und geschlossen. Der von der »Dritten Welt« und hier besonders von den lateinamerikanischen Nationen gestellten Forderung nach »Aid by trade« – »Hilfe durch Handel« – setzten sie ihr eingefahrenes Marktsystem der bisherigen »Terms of trade«, will sagen einer Beibehaltung der Freizügigkeit im Welthandel, meist ohne eine Bindung an Abnahme- und Preisverpflichtung, entgegen. Fußten sie dabei auf der – nach ihrer Meinung – nicht zu schlagenden Offensivkraft des Dollars und dem bekannten Leitsatz »Honesty is the best policy – but business is business« (»Ehrenhaftigkeit ist die beste Politik – aber Geschäft ist Geschäft«)?

Viele mögen argumentieren, daß die Völker dieses Raumes aus eigener Kraft noch nicht fähig sind zur Bewältigung der ihnen gestellten Aufgaben. Wo, so fragen sie – nicht zu Unrecht –, sind genügend Fachleute, einschließlich ausreichend geschulter und gemeinnützig denkender Unternehmer, die sich nicht nur zur Etablierung möglichst schnell und möglichst viel Ertrag abwerfender Fabriken, etwa einer Schuh- oder Seifenfabrik, sondern auch langfristiger, sich über Jahre hinaus noch nicht verzinsender Objekte, etwa eines Wasserkraftwerkes oder einer Hafenanlage, bereit erklären? Kein Geld? Zu Millionen liegt es auf den Banken in Genf und Paris, London und Washington, wo man es sicherer und für sein eigenes Wohlleben unkontrollierbarer greifbar weiß als in den Luxusvillen auf dem heimischen Pulverfaß. Wer beseitigt die Korruption, die erhebliche Teile der Staatsfinanzen immer wieder in falsche Kanäle fließen läßt und so dem eigenen Volke, der eigenen Volkswirtschaft vorenthält? Wie können Lethargie und Passivität, Trunksucht und Spielwut, Unzuverlässigkeit und Mangel an Sparsinn in breitesten Schichten der Bevölkerung zu den erträumten und notwendigen Zielen führen?

Aber kann das alles anders sein, wenn jahrhundertelange Bevormundung, direkte und indirekte Gewalt, koloniale und halbkoloniale Ausbeutung – denn als die Spanier gingen, kamen die fremden »Capitalistas« als neue Herren herein – die Bewegungsfreiheit der breiten Massen eingeschränkt, ihre Initiativen gelähmt, ihre Kontrollfunktion ausgeschaltet haben und ihre Hoffnungslosigkeit, ja weithin auch gewisse Minderwertigkeitskomplexe zu beherrschenden Wesenszügen haben werden lassen!

In schnell anwachsendem Chor haben immer mehr verantwortungsbewußte Lateinamerikaner selbst, nicht zuletzt solche aus dem hier besprochenen Raum, zur Rückbesinnung auf die eigenen Kräfte aufgerufen, Dichter und Künstler, Wissenschaftler und Studenten nicht anders als die Arbeiterführer auf den Bananenplantagen der United Fruit und der Standard Fruit Company, in den Minen der American Smelting and Refining Company, den Kraftwerken von General Electric, Bond and Share, den Ölraffinerien von Standard Oil und Shell, Texaco und Carribbean Oil, in den Fabriken von International Foods und Alberti Foods, von Coca Cola, Nestlé und Maggi, Westinghouse und American Refrigeration, Evans Products, National Bulk Carriers und vieler anderer Fremdfirmen, die sich hier eingenistet haben.

Selbst in den Kreisen jener, die noch bis vor kurzem nur allzu gerne die Hände dem fremden Geldsegen öffneten, werden neue Stimmen laut. Die Zeitschrift der Industrie- und Handelskammer in Honduras, dem – gewiß nicht nur durch eigene Schuld – am meisten zurückgebliebenen Land Zentralamerikas, formulierte im März 1970 den einzig möglichen Ausweg wie folgt: »El desarrollo de los paises atrasados sólo puede ser obra de ellos mismos« (»Die Entwicklung der rückständigen Länder kann nur deren eigenes Werk sein«).

Zunehmend wird auf die tödliche Gefahr der einseitigen Überbetonung der ökonomischen Kriterien und des »Wachstums« um jeden Preis hingewiesen, wie sie in den Industrieländern alle anderen Aspekte der menschlichen Daseinserwartung bedroht. Geschichte und Tradition, Mentalität, Bildungsstand und Eignung, Ästhetik, Hygiene, kulturelle Werte vieler Art und vor allem immer wieder die Möglichkeiten bzw. die Grenzen des lokalen Naturhaushaltes müssen bei allen Aufbauplänen genauso berücksichtigt werden wie das zweifelhafte Allheilmittel »wirtschaftlicher Fortschritt«. Nicht minder betont wird die Notwendigkeit, die eigene Kultur vor den verderblichen Einflüssen fremder »kommerzialisierter Massenkultur« zu bewahren. (Vgl. z.B. die Tagungsberichte des von der UNESCO veranstalteten ersten »Weltkongresses für institutionelle, verwaltungstechnische und finanzielle Aspekte der Kulturpolitik« vom 24. August bis 2. September 1970 in Venedig, mit Delegationen aus 90 Mitgliedsstaaten; Referat in »Die Welt«, Hamburg, Nr. 205 vom 4. September 1970.)

In der Nähe des großen neuen Parlamentsgebäudes der Republik Panamá, wo neben dem Sternenbanner bereits stolz die eigene Flagge weht, und unmittelbar unter dem Denkmal für den Ende 1955 ermordeten Präsidenten José Antonio Remón Cantera, einen wegen seiner flammenden Aufrufe gegen die US-amerikanischen Bevormunder von diesen stark beargwöhnten Mann, hat ein einheimischer Künstler ein aufrüttelndes Relief geschaffen: »La Danza Macabre«. Das ist der Tanz der Hungernden, Gequälten und Entrechteten um die in der Mitte mit verbundenen Augen sitzende Göttin der Gerechtigkeit. Die Inschrift lautet: »Ni millones – ni limosnas – queremos justicia« – »Weder Millionen – noch Almosen – wir wollen Gerechtigkeit«.

Nichts auf allen seinen Reisen in diesen Ländern hat den Verfasser tiefer berührt und nachdenklicher gestimmt als diese sechs Worte.

Helmut Blume

Westindien

Die tropischen Inseln Amerikas

Am 12. Oktober 1492 landete Kolumbus, der italienische Seefahrer in spanischen Diensten, auf der zum Bahamaarchipel gehörenden Insel Guanahani (San Salvador). An diesem Tage trat der karibische Inselraum und damit Amerika in den Gesichtskreis Europas, wobei man in der Alten Welt noch lange Zeit der Meinung blieb, Kolumbus habe den westlichen Seeweg nach Indien entdeckt. (Kolumbus selbst war bis zu seinem Tode davon überzeugt.) Aus dieser Fehleinschätzung resultierte die bis heute gängige Bezeichnung »Westindien« für diesen insularen Teil des amerikanischen Doppelkontinents.

Auf seiner ersten Reise (1492/93) fuhr Kolumbus bereits an der Nordküste Cubas und Hispaniolas (Haiti) entlang. Die Inbesitznahme Westindiens für die spanische Krone und die frühe spanische Kolonisation, die in der Gründung von Santo Domingo als Sitz des Vizekönigs schon im Jahre 1496 ihren sichtbaren Ausdruck fand, wurden entscheidend für die politische und wirtschaftliche Entwicklung des Inselraums. Wenn heute allerdings nur 73% der Landfläche Westindiens zum spanischen Kulturraum gehören – nämlich Cuba, die Dominikanische Republik und Puerto Rico –, so liegt dies daran, daß es den westeuropäischen Nationen im 17. Jahrhundert gelang, in das spanische Kolonialgebiet Westindien einzubrechen. Frankreich und Großbritannien waren in der Lage, Kolonien in Westindien einzurichten, weil sich das Schwergewicht der spanischen Macht von den Inseln auf das an Edelmetallen reiche Festland verlagert hatte.

Den spanischen Besitzungen auf den Westindischen Inseln, die wirtschaftlich stagnierten und außerordentlich menschenarm geworden waren, verblieb allein die Aufgabe, die Segelrouten zwischen dem »Mutterland« und dem amerikanischen Festland zu schützen. Von dieser Funktion zeugen noch heute die eindrucksvollen Befestigungsanlagen von Santo Domingo, San Juan, Santiago de Cuba und Havanna (La Habana).

Das Nebeneinander spanischer, britischer und französischer Besitzungen innerhalb Westindiens erklärt nicht nur die unterschiedliche Entwicklung und Struktur der dortigen Wirtschaft, sondern auch die gegenwärtige sprachliche und vor allem auch die rassische, z. T. auch die agrarsoziale Differenzierung der drei Kulturräume Westindiens. Entscheidend für diese Divergenzen war der Ausbau des Plantagensystems in den britischen (Barbados, Windward und Leeward Islands, Jamaica) und den französischen Besitzungen (Saint-Domingue – heute Haiti –, Martinique und Guadeloupe). Gestützt auf die Arbeitskraft aus Afrika eingeführter Negersklaven, machte das Plantagensystem des Zuckerrohranbaues die britischen und die französischen Kolonien in Westindien zu wirtschaftlich florierenden »Zuckerinseln«, um deren Besitz jahrzehntelang zwischen den europäischen Kolonialmächten gerungen wurde. An dieser Entwicklung hatten die spanischen Kolonien keinen Anteil. Sie waren nur dünn bevölkert und kannten fast ausschließlich entweder extensive Viehhaltung (Cuba, Santo Domingo) oder bäuerliche Subsistenzwirtschaft (Puerto Rico). Bis zum Ende des 19. Jahrhunderts, d. h. im Zeitalter der kolonialzeitlichen Plantagenwirtschaft, war das Gefälle zwischen den britischen und den französischen Territorien einerseits und den spanischen andererseits das auffallendste Merkmal der Wirtschaftsstruktur Westindiens. Die daraus resultierenden Unterschiede der Bevölkerungsdichte sowie der Bevölkerungsgliederung nach Sprache und Rasse erklären auch die heutige Differenzierung der westindischen Bevölkerung.

Dank seiner Inselnatur ist der karibische Raum eine in sich geschlossene, eindeutig von den Nachbarräumen abgegrenzte Großlandschaft, die insgesamt eine Fläche von rund 234 000 qkm umfaßt. Die Westindischen Inseln trennen das Karibische Meer vom Atlantischen Ozean ab. Der etwa 4000 km lange Bogen der Westindischen Inseln gliedert sich in die Großen Antillen (Cuba, Hispaniola, Jamaica, Puerto Rico) und die Kleinen Antillen (Inseln über dem Winde, Inseln unter dem Winde). Im Norden sind den Großen Antillen die Bahamainseln vorgelagert.

Die karibische Inselwelt besteht etwa je zur Hälfte aus Gebirgs- und Tiefland. Gebirge und Ebenen sind jedoch sehr unregelmäßig verteilt; auf einzelnen Inseln dominieren Gebirge, beispielsweise auf Hispaniola, auf anderen Tiefland, etwa auf Cuba.

Nach der Reliefgestaltung und dem geologischen Bau lassen sich drei Typen unterscheiden: die Bruchfaltengebirge, die vulkanischen Bergländer und die Tiefländer.

Die Bruchfaltengebirge setzen die nord-, zentral- und südamerikanischen Kordilleren fort und sind auf die Großen Antillen und die Inseln unter dem Winde beschränkt. In zahlreiche Ketten gegliedert, streichen sie in West–Ost-Richtung durch die karibische Inselwelt. Sie erreichen in der Cordillera Central von Hispaniola 3175 m (Pico Duarte), auf Cuba und Jamaica 2005 (Pico Turquino) bzw. 2257 m (Blue Mountains), auf Puerto Rico 1338 m und auf den Inseln unter dem Winde (Isla Margarita) um 1000 m. Bei den einzelnen Gebirgssträngen handelt es sich um herausgehobene, bei den sich zwischen den Gebirgsketten erstreckenden Längstalfluchten um abgesunkene Schollen. So sinkt auf Hispaniola das Gelände in der Enriquillo-Längstalung auf 40 m u. d. M. ab. In diesem Zusammenhang ist auch das Relief des Meeresbodens zu sehen. Parallel mit der höchsten Gebirgserhebung Cubas, der Sierra Maestra, verläuft im Karibischen Meer der Caymangraben mit Tiefen von bis zu 7680 m, und in seiner östlichen Fortsetzung zieht am Nordrand Hispaniolas und Puerto Ricos der Puerto-Rico-Graben entlang, dessen Boden in der Milwaukeetiefe auf 9219 m absinkt. Der karibische Raum hat daher eine außerordentlich bedeutende Reliefenergie; die Höhenunterschiede betragen etwa 12000 m. Zerstörung bringende Erdbeben zeugen bis heute von der noch nicht zur Ruhe gekommenen Erdkruste der karibischen Inselwelt.

In ähnlicher Weise, wie in Zentralamerika der Zwischenraum zwischen nord- und südamerikanischen Kordilleren durch rezenten Vulkanismus geprägt wird, kennzeichnet auch im Bereich der karibischen Inselwelt ein bedeutender Vulkanismus das Gebiet zwischen den beiden Ästen der Kordilleren. Bei den Inseln über dem Winde – genauer gesagt beim inneren Bogen dieser Inselkette, von Saba im Norden bis Grenada im Süden – handelt es sich überwiegend um einen subrezenten Vulkanismus des Tertiärs und des Quartärs. Die durch ihn geschaffenen älteren Vulkanbauten sind bereits in mehr oder weniger starker Abtragung begriffen. Aber es gibt auch rezenten Vulkanismus. Namentlich der Vulkan Montagne Pelée auf Martinique, die Soufrière von Guadeloupe und die Soufrière von Saint Vincent haben in historischer Zeit bedeutende Ausbrüche gehabt. Besonders katastrophal war die Eruption der Montagne Pelée im

Barbados, Tourismus · Wie fast alle Westindischen Inseln ist auch Barbados mit seinem wintermilden, tropischen Klima und seinen langen Stränden internationales Ferienziel.

Vulkanisches Westindien

Die stark gebirgige Insel Dominica ist vulkanischen Ursprungs

Schwefeldämpfe entsteigen einer Spalte der Soufrière auf Saint Lucia

Der Vulkanismus ist in Westindien auf die Kleinen Antillen – genauer gesagt: auf die Inseln über dem Winde – beschränkt. Aktiven Vulkanismus gibt es nur auf Martinique (Montagne Pelée), Guadeloupe und Saint Lucia. Durch seine zahlreichen vulkanischen Bauten zeigt der innere Bogen der Inseln über dem Winde ausgesprochenen Gebirgscharakter, empfängt reiche Niederschläge und besitzt dichte immergrüne Wälder; er hebt sich deshalb mit einer besonders eindrucksvollen landschaftlichen Szenerie von den flachen, relativ trockenen, aus Kalksteinen aufgebauten Inseln des äußeren Bogens der Inseln über dem Winde ab. Daher wurden die vulkanischen Inseln bevorzugte Ziele des Fremdenverkehrs. Da die Hänge der gebirgigen Inseln meist zu steil für eine wirtschaftliche Nutzung in Großbetrieben sind, überwiegen bäuerliche Betriebe, die vor allem Bananen produzieren. Die Inseln gehören zum englischen oder zum französischen Kulturraum. Sie haben infolge der kolonialzeitlichen, auf Sklaven gestützten Plantagenwirtschaft eine Neger- und Mulattenbevölkerung.

Saint-Pierre am Fuße der Montagne Pelée auf Martinique

Jahre 1902; damals löschte eine Glutwolke die Stadt Saint-Pierre mit ihren 30 000 Einwohnern völlig aus. Auch auf vielen Inseln mit subrezentem Vulkanismus ist noch heute Solfataren- und Fumarolentätigkeit zu beobachten.

Die Tiefländer nehmen besonders auf Cuba große Flächen ein. Teilweise handelt es sich um ausgedehnte Einebnungsflächen über älteren Erstarrungsgesteinen, vielfach aber auch um niedrige Kalktafeln. Gerade die niedrigen Kalktafeln besitzen in der karibischen Inselwelt außerordentliche Verbreitung. Der gesamte Bereich der Bahamainseln wird durch sie geprägt, ebenso der äußere Bogen der Inseln über dem Winde, von Anguilla bis Barbados. Bei den niedrigen Kalktafeln handelt es sich durchweg um verkarstete Plateaus, in denen sowohl Dolinenkarst als auch der auf die Tropen beschränkte Turm- oder Kegelkarst auftreten.

Die vielfältige Reliefgliederung bedingt bei der randtropischen Lage Westindiens eine außerordentliche Differenzierung des Klimas.

Während sich nach den verschiedenen Höhenlagen insgesamt drei Temperaturzonen, die Tierra caliente (bis 900 m, mittlere Jahrestemperatur über 21°C), die Tierra templada (900–2000 m, 21–16°C) und die Tierra fría (über 2000 m, unter 16°C), unterscheiden lassen, ergibt sich im Hinblick auf die Niederschlagsverteilung ein wesentlich nuancenreicheres Bild. Die Niederschlagsmengen sind durchweg orographisch bestimmt; d. h. bei vorherrschend passatischer Luftbewegung bedingen die Reliefunterschiede die Ausbildung von Luv- und Lee-Effekt, und zwar desto stärker, je größer die Höhenunterschiede in Erscheinung treten. So zeigt das Klima auf dem gebirgigen Hispaniola eine besonders extreme Variationsbreite; vom vollhumiden bis zum ariden Klima sind hier alle Übergänge anzutreffen.

Die markanten Wandlungen des Klimas vollziehen sich ganz allgemein auf nur kurze Entfernungen und treten, wie auf der flachen Insel Barbados, auch bei nur geringen Höhenunterschieden bereits merklich in Erscheinung.

Während aber auf den flachen Inseln das Klimagefälle relativ gering ist, zeichnen sich die gebirgigen Inseln durch ein außerordentlich buntes Nebeneinander verschiedenster Klimate aus. Die wechselnde Feuchtigkeit ist ausschlaggebend für die klimatische Differenzierung der Westindischen Inseln insgesamt und ebenso jeder einzelnen Insel. Im großen und ganzen können die Großen Antillen, die Bahamainseln und die Inseln über dem Winde als feucht gelten, während die Inseln unter dem Winde eher niederschlagsarm sind.

Es ist der Wechsel des Niederschlagsganges, der die Jahreszeiten bestimmt. Der Sommer hat überwiegend feuchten, der Winter vorwiegend trockenen Charakter. Die jahreszeitlichen Temperaturschwankungen sind hingegen gering. Wetterbestimmend ist die während des ganzen Jahres ausgebildete passatische Luftbewegung, die aus dem Druckgefälle zwischen dem subtropischen Hochdruckgürtel und der äquatorialen Tiefdruckrinne resultiert. Die Passatwinde wehen im trockenen Winter besonders kräftig und beständig; im Sommer sind sie weniger ausgeprägt, und die in dieser Jahreszeit besonders hoch reichende Instabilität der passatischen Luftmassen führt zu häufigen schauerartigen Niederschlägen.

Unterbrechungen der vom Passat bestimmten Wetterlagen gibt es sowohl im Winter als auch im Sommer. So kommt es auf den Großen Antillen, vor allem auf Cuba, zu winterlichen Kaltlufteinbrüchen aus Nordamerika, die länger anhaltenden Niederschlag verursachen. Im gesamten karibischen Raum, abgesehen von Trinidad und den Inseln unter dem Winde, treten im Spätsommer und im Herbst tropische Wirbelstürme (Hurrikane) auf, die alljährlich große Verwüstungen anrichten. Sie entstehen sowohl im Seegebiet östlich der Inseln über dem Winde als auch im Karibischen Meer. Diese Wirbelstürme, bei denen Windgeschwindigkeiten von mehr als 200 km/h gemessen worden sind, wandern in der tropischen Ostströmung westwärts und schwenken bei Überschreiten des Wendekreises und Eintritt in die außertropische Westströmung nach Nordosten ab.

Die Hurrikane verursachen nicht nur durch ihre sehr hohen Windgeschwindigkeiten, sondern auch durch Flutwellen und durch Überschwemmungen, die von sintflutartigen Niederschlägen herrühren, ungeheure Zerstörungen. Durch einen gut organisierten Warndienst bemüht man sich heute, den Schutz von Menschenleben zu gewährleisten und die Schäden einzuschränken.

Die unterschiedliche Ausbildung der Klimate bringt es mit sich, daß die agrarische Nutzung sehr differiert und in den Trockengebieten ohne Bewässerung nicht auskommt. Die Klimavielfalt spiegelt sich auch deutlich in den Vegetationsverhältnissen wider. Zwischen dem artenreichen immergrünen tropischen Regenwald und der Halbwüste sind alle Pflanzenformationen der Tropen, so der regengrüne Feuchtwald und der regengrüne Trocken- und Dorn- bzw. Sukkulentenwald, verbreitet. Aufgrund der örtlichen Bodenverhältnisse treten vielfach andere Wuchsformen an ihre Stelle. So nimmt offenes Grasland, das häufig von Bäumen durchsetzt ist, weite Teile der zentralen Ebenen Cubas ein. Auch die Kiefernwaldungen Cubas und Hispaniolas sind durch die lokale Bodenbeschaffenheit bedingt, ebenso der an der Küste verbreitete Mangrovenbesatz.

In mancher Weise hat die vielseitige Naturausstattung die Westindischen Inseln zu einem Fremdenverkehrsgebiet ersten Ranges werden lassen. Das tropische, besonders im Winter so angenehme Klima dieser Inselwelt, die auch im Winter nicht unter 25°C absinkenden Temperaturen des Oberflächenwassers im Karibischen Meer sowie der Reichtum der meisten Inseln an prächtigem Sandstrand locken immer mehr Menschen aus den gemäßigten Breiten an, insbesondere aus den Vereinigten Staaten und neuerdings auch aus Europa. Die Westindischen Inseln sind dadurch heute ein bevorzugter Erholungsraum in der Neuen Welt.

Die ausgesprochene Mannigfaltigkeit der Naturgegebenheiten bestimmt die sehr unterschiedlichen Möglichkeiten, die für die menschliche Aktivität in diesem Raum bestehen. Die außerordentliche Buntheit der Kulturlandschaft wird hierdurch aber nur zum Teil erklärt. In hohem Maße ist sie auch durch die Aufgliederung der karibischen Inselwelt in verschiedene Kulturräume bedingt, deren wirtschaftlich und sozial recht unterschiedlicher Werdegang sich bis in die Gegenwart auswirkt.

Die Entkolonialisierung und das Erbe der Kolonialzeit

Die politische Entkolonialisierung setzte in Westindien besonders früh ein. Schon im Jahre 1804 erlangte Haiti nach blutigen Aufständen der Negersklaven in der französischen Kolonie Saint-Domingue seine Unabhängigkeit. Auch die Dominikanische Republik konnte sich immerhin bereits 1865 endgültig von Spanien lösen. Am Ende der spanischen Kolonialherrschaft gewann 1902 allerdings nur Cuba seine Selbständigkeit; Puerto Rico wechselte in US-amerikanischen Besitz über. Während Frankreichs ehemalige Kolonien Martinique und Guadeloupe französische »Überseedepartements« sind und die ehemaligen

Cuba
(República de Cuba)

Sozialistische Republik; gesetzgebende Gewalt beim Ministerrat; allgemeine Wehrpflicht; Hauptstadt Havanna (La Habana; über 1 Mill. Ew., als Agglomeration 1,7 Mill. Ew.).

Fläche: 110922 qkm – **Einwohnerzahl:** 8,66 Mill. – **Bevölkerungsdichte:** 78,0 Ew./qkm – **Jährlicher Geburtenüberschuß:** 22‰ – **Größere Städte:** Marianao (450000 Ew.), Santiago de Cuba (259000 Ew.), Camagüey (178600 Ew.), Santa Clara (137700 Ew.), Guantánamo (135100 Ew.), Holguín (100500 Ew.) – **Bevölkerung:** Weiße rund 70, Mulatten über 17, Neger über 12, Chinesen 0,5% – **Sprache:** Spanisch als Amtssprache; Englisch z.T. als Verkehrssprache – **Religion:** Rund 90% Katholiken; protestantische Minderheit; zahlreiche nichtchristliche Neger; 3000 Juden – **Wichtige Ausfuhrgüter:** Zucker (80–90% des Exportwertes), Tabak, Alkohol, Früchte, Gemüse, Mineralien, Edelhölzer

Bahamainseln
(Commonwealth of the Bahamas)
Mitglied des Commonwealth of Nations

Bis 1973 britische Kolonie mit innerer Autonomie, seit 10. 7. 1973 unabhängig; Hauptstadt Nassau (100000 Ew.).

Fläche: 11405 qkm – **Einwohnerzahl:** Etwa 190000 – **Bevölkerungsdichte:** 18 Ew./qkm – **Jährlicher Geburtenüberschuß:** 21‰ – **Größere Inseln** (Fläche in qkm/Einwohnerzahl): New Providence (155/80900), Grand Bahama (1126/8200), Andros (4135/7500), Eleuthera (424/7200), Abaco (2006/6500), Long Island (335/4200), Exuma (258/3400), Cat Island (412/3100) – **Bevölkerung:** Neger und Mulatten 80, Weiße (vorwiegend Briten) 20% – **Sprache:** Englisch – **Religion:** Überwiegend Anglikaner; etwa 30000 Katholiken – **Wichtige Ausfuhrgüter:** Rum, Zucker, Salz, Holz, Gemüse, Krebse

Haiti
(République d'Haïti)

Präsidialrepublik mit Einkammerparlament und Wahlrecht für alle über 21 Jahre alten Bürger; keine Wehrpflicht; Hauptstadt Port-au-Prince (448800 Ew. mit Vororten).

Fläche: 27750 qkm – **Einwohnerzahl:** Etwa 5,10 Mill. – **Bevölkerungsdichte:** 184,0 Ew./qkm – **Jährlicher Geburtenüberschuß 1963–1968:** 20‰ – **Bevölkerung:** Neger über 60, Mulatten 30%; Weiße – **Sprache:** Französisch als Staatssprache; kreolisches Französisch als Umgangssprache – **Religion:** Offiziell römisch-katholisch, aber weite Verbreitung des heidnisch-christlichen Wudukults; protestantische Minderheit; 200 Juden – **Wichtige Ausfuhrgüter:** Kaffee (40–50% des Exportwertes), Zucker, Sisal, Kakao, Bauxit, Kupfer

Dominikanische Republik
(República Dominicana)

Präsidialrepublik mit Zweikammerparlament und Wahlrecht für alle über 18 Jahre alten Bürger; Wehrpflicht; Hauptstadt Santo Domingo de Guzmán (671400 Ew.).

Fläche: 48734 qkm – **Einwohnerzahl:** Etwa 4,48 Mill. – **Bevölkerungsdichte:** 92 Ew./qkm – **Jährlicher Geburtenüberschuß:** 30,6‰ – **Bevölkerung:** Mulatten 60, Weiße 29, Neger 11% – **Sprache:** Spanisch als Staatssprache; im Westen auch kreolisches Französisch als Umgangssprache – **Religion:** Katholiken; kleine protestantische Minderheit (1,4%); 600 Juden – **Wichtige Ausfuhrgüter:** Zucker (40–50% des Exportwertes), Reis, Kakao, Kaffee, Bananen, Tabak, Bauxit

niederländischen Kolonien einen autonomen Bestandteil des Königreichs der Niederlande darstellen, sind die bedeutendsten der früheren britischen Kolonien heute unabhängige Republiken: Jamaica (seit 1963), Trinidad und Tobago (seit 1963) sowie Barbados (seit 1966) und die Bahamas (seit 1973). Die Windward Islands und die meisten der Leeward Islands wurden 1967 zu autonomen, mit Großbritannien assoziierten Staaten. Nur ein Teil der Jungferninseln und Montserrat verharren noch im Kolonialstatus unter britischer Flagge. Von den Besitzungen der Vereinigten Staaten sind nur noch die US-amerikanischen Jungferninseln Kolonialterritorium; Puerto Rico erlangte 1952 den Status eines mit den USA assoziierten autonomen Staates.

Trotz weitgehender politischer Entkolonialisierung kann von einer wirtschaftlichen Entkolonialisierung kaum die Rede sein. Noch immer dominieren die aus der Kolonialzeit überkommenen ungesunden Wirtschafts- und Sozialstrukturen. In den französischen und den britischen Gebieten waren gerade die letzten Jahrzehnte der Kolonialherrschaft, im spanischen Kulturraum die ersten Jahre nach der zumindest teilweisen politischen Entkolonialisierung durch eine beträchtliche Verstärkung negativer Merkmale in den Wirtschafts- und Sozialstrukturen gekennzeichnet. Vor allem zu Beginn des 20. Jahrhunderts führte die aus wirtschaftlichen Gründen (Konkurrenz des Rübenzuckers, Rohrzuckerproduktion in anderen Ländern) notwendige Rationalisierung des Zuckerrohranbaues, die durch die technischen Fortschritte in der Zuckerfabrikation bedingt war, zu einer Konzentration des Grundbesitzes. Erst in dieser Zeit entstanden die Zuckerrohr-Latifundien, durch die die agrarsoziale Struktur ganz wesentlich beeinträchtigt wurde. In besonderer Schärfe wirkte sich diese Entwicklung im spanischen Kulturraum Westindiens aus, weil hier das Einströmen von US-amerikanischem Kapital zusätzlich eine starke Überfremdung des Wirtschaftslebens nach sich zog.

Das kolonialzeitliche Erbe spiegelt sich auch in den demographischen Gegebenheiten wider. Die Bevölkerung Westindiens ist sehr ungleich verteilt. Im allgemeinen haben die Inseln des britischen und des französischen Kulturraumes, wo das Plantagensystem schon früh Eingang fand, eine größere Bevölkerungsdichte als diejenigen des spanischen Kulturraumes. Das gilt vor allem für die Inseln über dem Winde, die großenteils stark übervölkert sind und keinerlei Reserven potentiellen Kulturlandes besitzen. Aber auch innerhalb der Großen Antillen gibt es Übervölkerung, so in Puerto Rico, Jamaica und Haiti. Nur Cuba und die Dominikanische Republik, die Kerngebiete des spanischen Kulturraumes in Westindien, sind mit kaum mehr als 70 Einwohnern/qkm relativ dünn besiedelt und verfügen über noch erschließbare Landreserven.

Deutlicher noch als in der Bevölkerungsverteilung zeigt sich eine Differenzierung der Bevölkerung in den drei Kulturräumen Westindiens hinsichtlich der rassischen Gliederung.

Gemeinsam ist allerdings allen Inseln des karibischen Raumes das Fehlen einer indianischen Bevölkerung. Auf den Großen Antillen kamen die in der Mitte des 16. Jahrhunderts von der spanischen Krone erlassenen Gesetze zum Schutze der Indianer zu spät, denn bereits damals waren die indianischen Ureinwohner dieser Inseln, die Aruaken, nahezu völlig aufgerieben. Von der z.T. mit Negern vermischten karibischen Bevölkerung der Kleinen Antillen, von der nur noch geringe Überreste in der »Carib Reservation« auf Dominica erhalten sind, wurde die Masse von den Briten 1796 zur Moskitoküste und zu den Islas de la Bahía (vor der honduranischen Küste) deportiert.

Im spanischen Kulturraum überwiegt eindeutig das weiße

Trinidad und Tobago
(Trinidad and Tobago)
Mitglied des Commonwealth of Nations

Unabhängige Monarchie mit Zweikammerparlament. Hauptstadt Port of Spain (94 000 Ew., mit Vororten 140 000 Ew.).

Fläche: 5128 qkm (Tobago allein 301 qkm) – **Einwohnerzahl:** 1,03 Mill. – **Bevölkerungsdichte:** 208 Ew./qkm – **Jährlicher Geburtenüberschuß:** Etwa 13,3‰ – **Bevölkerung:** Neger und Mulatten 55, Inder 40, Weiße 2, Chinesen 1% – **Sprache:** Englisch als Staatssprache; als Umgangssprachen z.T. auch Spanisch und Französisch – **Religion:** Katholiken über 30, Protestanten über 25, Hindus 20, Moslems über 5%; 400 Juden – **Wichtige Ausfuhrgüter:** Erdöl und Asphalt (bis 80% des Exportwertes), Zucker, Rum, Kakao

Jamaica
(Jamaica)
Mitglied des Commonwealth of Nations

Unabhängige Monarchie mit Zweikammerparlament und Wahlrecht für alle erwachsenen Bürger; keine allgemeine Wehrpflicht; Hauptstadt Kingston (123 000 Ew.).

Fläche: 10 962 qkm – **Einwohnerzahl:** 1,95 Mill. – **Bevölkerungsdichte:** 172,7 Ew./qkm – **Jährlicher Geburtenüberschuß:** 26,6‰ – **Bevölkerung:** Neger 77, Mulatten 17%; 40 000 Inder, 12 000 Weiße; chinesische Minderheit – **Sprache:** Englisch – **Religion:** Protestanten; etwa 8% Katholiken; 1500 Juden – **Wichtige Ausfuhrgüter:** Aluminiumoxyd, Bauxit, Zucker (je 20% des Exportwertes), Rum, Bananen, Früchte, Gewürze

Puerto Rico
(El Estado Libre y Asociado de Puerto Rico, Commonwealth of Puerto Rico)

Autonomer, mit den USA assoziierter Staat; die Bewohner sind US-amerikanische Bürger, besitzen aber bei Kongreß- und Präsidentschaftswahlen kein Stimmrecht; Hauptstadt San Juan (455 421 Ew.; als Metropolitan Area 936 693 Ew.).

Fläche: 8897 qkm – **Einwohnerzahl:** 2,76 Mill. (davon 56% ländliche Bevölkerung) – **Bevölkerungsdichte:** 310 Ew./qkm – **Jährlicher Geburtenüberschuß:** 20‰ – **Sprache:** Spanisch und Englisch als Amtssprachen – **Religion:** Römisch-katholisch – **Wichtige Ausfuhrgüter:** Textilien, Zucker, Kaffee, Ananas

---

Bevölkerungselement, das in Cuba 70%, in Puerto Rico 80% erreicht. Ursache für das Zurücktreten der Negerbevölkerung im spanischen Kulturraum ist die Tatsache, daß dieser an der frühen, auf Negersklaverei gestützten Plantagenwirtschaft kaum Anteil hatte. In der Dominikanischen Republik, die wie gesagt auch zum spanischen Kulturraum gehört, erklärt sich der wesentlich geringere Anteil der Weißen aus der mehrfachen Okkupation des Staatsgebietes durch die Negerrepublik Haiti. Alle zum britischen und zum französischen Kulturraum Westindiens gehörenden Inseln haben demgegenüber eine schwarze Bevölkerungsmehrheit. Bei den meisten dieser Inseln beträgt der Anteil der Neger und Mulatten über 90%. Lediglich auf Trinidad, das an dem frühen Plantagenwesen keinen Anteil hatte, machen die Neger nur 55% der Gesamtbevölkerung aus; hier entfällt ein Anteil von 40% auf die Inder, deren Vorfahren nach Aufhebung der Sklaverei als Arbeiter für die Plantagen ins Land gebracht wurden. (In bezug auf Trinidad trifft also der Name »Westindien« sogar wörtlich in gewissem Sinne zu.) Insgesamt dürfte die Bevölkerung des karibischen Raumes zu je 40% aus Weißen und Schwarzen bestehen; etwa 18% der Bevölkerung sind Mulatten, den Rest bestreiten Inder, Chinesen und Libanesen.

Bis auf sehr wenige, unbedeutende Ausnahmen haben die Westindischen Inseln eine gemischtrassische Bevölkerung. Diese rassische Vielfalt hat zu einem Nebeneinander der Rassen geführt, das als »getrenntes Zusammenleben« bezeichnet worden ist und das überall beobachtet werden kann, unabhängig davon, ob der rassischen Bevölkerungsgliederung auch eine soziale Schichtung entspricht oder nicht.

Das vielfach ausgesprochen hierarchische Gesellschaftsgefüge, das durch den Gegensatz zwischen einer kleinen, begüterten Oberschicht und einer großen, mittellosen Unterschicht sowie durch das weitgehende Fehlen einer Mittelschicht gekennzeichnet ist, geht auf die Kolonialzeit zurück und läßt sich sowohl vom spanischen Feudalismus als auch von dem im britischen und im französischen Kulturraum errichteten Plantagensystem ableiten. In zunehmendem Maße, wenn auch nur langsam, werden allerdings diese in der Kolonialzeit entstandenen Sozialstrukturen abgebaut bzw. gewandelt. Das ist überall dort der Fall, wo es zu Industrialisierung gekommen ist, so besonders auf Jamaica, Cuba, Puerto Rico und Trinidad, während die überlieferten ungesunden Strukturen auf den rein agrarisch bestimmten Inseln, beispielsweise auf Saint Kitts, nahezu unverändert fortbestehen.

Ein während der gesamten Kolonialzeit hervorstechendes Merkmal, der im Vergleich zu den beiden anderen Kulturräumen größere Anteil der Stadtbevölkerung im spanischen Kulturraum, ist auch heute noch feststellbar. Aufgrund der gegenwärtig überall ausgeprägten Landflucht verringert sich dieses Sozialgefälle zwischen den verschiedenen Kulturräumen jedoch immer mehr. Allerdings ist nur auf Cuba und Puerto Rico der Anteil der Stadtbevölkerung so gewachsen, daß er denjenigen der Landbevölkerung übertrifft. Auf allen anderen Inseln ist die ländliche Bevölkerung sehr viel zahlreicher als die städtische.

Die Städte Westindiens sind fast durchweg kolonialzeitliche Gründungen; in allen drei Kulturräumen wurden sie in schachbrettförmigem Grundriß angelegt. Meist liegen sie an der Küste und verdanken der Hafenfunktion ihre moderne Entwicklung. Sieben der dreizehn Großstädte Westindiens liegen auf Cuba. Nach der Einwohnerzahl führt mit weitem Abstand die kubanische Hauptstadt Havanna (über 1 Million Einwohner). Die sechs außerkubanischen Großstädte Westindiens sind die Hauptstädte San Juan (Puerto Rico), Kingston (Jamaica), Port-au-Prince (Haiti), Santo Domingo de Guzmán (Dominikanische Republik) und Port of Spain (Trinidad und Tobago) sowie die puertorikanische Hafenstadt Ponce; vor allem infolge einer bedeutenden Landflucht sind sie seit den vierziger Jahren stark gewachsen. Wie im Lebensstil der Bevölkerung, so ist auch in der Architektur der Stadtkerne viel von der Überlieferung des jeweiligen europäischen »Mutterlandes« zu spüren. Immer mehr werden jedoch im Stadtbild durch den Bau moderner Geschäfts- und Wohnhochhäuser die kolonialzeitlichen Merkmale verdrängt.

Aufgrund der hohen Geburtenrate sind viele der Inseln des karibischen Raumes übervölkert, insbesondere die Inseln über dem Winde sowie, von den Großen Antillen, Jamaica, Haiti und Puerto Rico. Diese Inseln haben mit die höchsten Einwohnerdichtewerte der Erde. Allen anderen Inseln voran steht Barbados mit einer Bevölkerungsdichte von mehr als 500 Einwohnern/qkm. Da die meisten der übervölkerten Inseln vorwiegend oder rein agrarisch geprägt sind, Landreserven für eine Ausweitung der Kulturflächen jedoch fehlen, und da ferner Auswanderung für den Bevölkerungsüberschuß nicht mehr

Flugverkehr im karibischen Raum

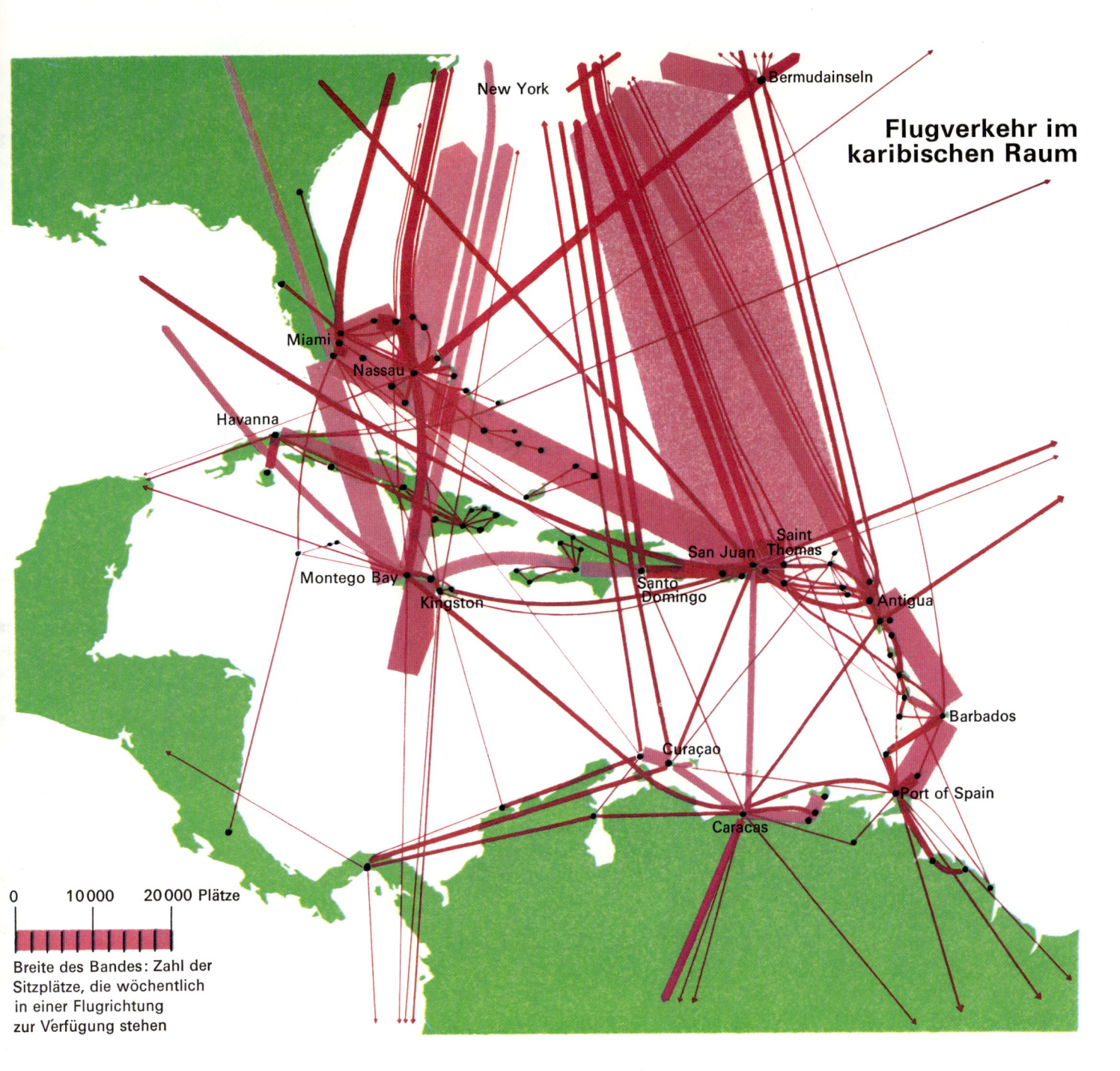

0 10 000 20 000 Plätze

Breite des Bandes: Zahl der Sitzplätze, die wöchentlich in einer Flugrichtung zur Verfügung stehen

möglich ist, stellt der Bevölkerungsdruck manche insulare Gemeinwesen vor schier unlösbar erscheinende wirtschaftliche Probleme.

»Zuckerkranke« Landwirtschaft

Grundlage der Wirtschaft ist, wie in der Kolonialzeit, wenn auch nicht mehr in ausschließlicher Weise, die agrare Produktion. Diese wurde in der Kolonialzeit einseitig auf den Zuckerrohranbau ausgerichtet. Die Inseln über dem Winde und Saint-Domingue (Haiti), d.h. die britischen und die französischen Besitzungen in Westindien, galten im 18. Jahrhundert als »Zuckerinseln«. Auch Niederländer, Dänen und Schweden suchten damals in Westindien Territorialbesitz zu erlangen und sich damit einen Anteil an der Produktion des begehrten Zuckers zu sichern. Im 19. Jahrhundert führten die Aufhebung der Sklaverei und die doppelte Konkurrenz von Rübenzucker- und Rohrzuckerproduktion in anderen Ländern zu einer Krise der westindischen Zuckerindustrie, die bis dahin eine Monopolstellung innehatte. Das Ergebnis war zweifacher Art: erstens die Beschränkung des Zuckerrohranbaues auf solche Inseln, die in bezug auf Relief, Klima und Böden sowie ihre Verkehrslage einen wirtschaftlichen Zuckerrohranbau erlauben; zweitens die Entstehung des durchweg in Monokultur bewirtschafteten Zuckerrohr-Latifundiums und, damit verbunden, die Ausweitung des Zuckerrohrareals in den ersten Jahrzehnten des 20. Jahrhunderts, vor allem im spanischen Kulturraum Westindiens (Cuba, Dominikanische Republik, Puerto Rico).

Noch heute gibt es Inseln, auf denen die Zuckerproduktion den einzigen Wirtschaftszweig von Bedeutung darstellt; dies gilt z. B. für Saint Kitts und Barbados. Auf anderen Inseln spielt die Zuckerproduktion neben sonstigen Wirtschaftszweigen eine wichtige, wenn nicht die führende Rolle; dies trifft beispielsweise für die Dominikanische Republik, Jamaica und Trinidad, für Guadeloupe und Martinique zu. In Cuba, das auch zu dieser Gruppe gehört, wurde einige Jahre nach der Castro-Revolution von 1959 dem Zuckerrohranbau wieder die Priorität eingeräumt, und er besitzt dort heute einen größeren Umfang als je zuvor. Schließlich gibt es auch Inseln, auf denen in

Der Außenhandel der Antillen

Die folgenden Angaben (Antigua und Dominica blieben unberücksichtigt) sind berechnet nach »Yearbook of International Trade Statistics 1960« (UN Departement of Economic and Social Affairs, New York 1968) und »The West Indies and Caribbean Yearbook 1970«.

	Außenhandelsvolumen		
	in 1000 US-Dollar	in %	in US-Dollar je Ew.
Cuba	1 611 040	19,90	239
Jamaica	464 575	5,73	270
Haiti	72 564	0,09	21
Dominikanische Republik	297 470	3,67	99
Puerto Rico	3 025 547	37,35	1288
US-amerikanische Jungferninseln	246 600	3,04	7707
Britische Jungferninseln	3 978	0,05	594
Saint Kitts	11 770	0,14	206
Montserrat	3 577	0,04	298
Guadeloupe	127 780	1,58	452
Martinique	137 272	1,70	470
Saint Lucia	16 592	0,20	175
Saint Vincent	11 063	0,13	138
Grenada	15 960	0,20	179
Barbados	100 024	1,23	431
Trinidad	756 845	9,34	918
Niederl. Antillen	1 199 750	14,80	6116
Insgesamt	8 102 407	99,19	19601

Die Kleinen Antillen und ihr politischer Status

	Fläche (in qkm)	Bevölkerung (in 1000)
US-amerikanische Jungferninseln (Saint Croix, Saint Thomas, Saint John)	344	56
Britische Kronkolonien:		
Britische Jungferninseln	174	9
Montserrat	84	14
Mit Großbritannien assoziierte Staaten		
– im Bereich der Leeward Islands:		
Saint Kitts, Nevis, Anguilla	399	54
Antigua, Barbuda	444	61
– im Bereich der Windward Islands:		
Dominica	790	70
Saint Lucia	603	105
Saint Vincent	389	91
Grenada	345	92
Französische »Überseedepartements«:		
Guadeloupe	1729	325
Martinique	1080	335
Niederländische Antillen		
– im Bereich der Inseln über dem Winde:		
Saba, Sint Maarten (Südteil von Saint-Martin), Sint Eustatius (Bovenwindse Eilanden)	68	4
– im Bereich der Inseln unter dem Winde:		
Aruba, Curaçao, Bonaire (Benedenwindse Eilanden)	921	196

jüngster Zeit der Zuckerrohranbau relativ und absolut stark verloren hat (Puerto Rico) oder ganz verschwunden ist (Saint Vincent, Saint Lucia, US-amerikanische Jungferninseln).

Die führende Stellung, die Westindien im Zuckerrohranbau noch immer hat, erhellt daraus, daß es 25% der Weltrohrzuckerproduktion liefert. Weitere wichtige Exportkulturen sind Bananen, Kaffee, Kakao, Kokospalmen, Ananas, Sisal, Tabak und Zitrusfrüchte, neuerdings auch tropisches Obst, z.B. Mango. Während die Muskatnuß auf Grenada und die Pfeilwurz auf Saint Vincent im vergangenen Jahrhundert an die Stelle von Zuckerrohrkulturen traten, wird das Zuckerrohr gegenwärtig auf einzelnen Inseln durch Ananas (Puerto Rico) und vor allem Bananen (Windward Islands) zurückgedrängt.

Für alle diese Kulturen gilt, daß sie sowohl den Großbetrieb, die Plantage, als auch den bäuerlichen Kleinbetrieb kennzeichnen. Jedoch trägt das Bild der Agrarlandschaft sehr unterschiedliche Züge, je nachdem, ob Großbetriebe oder Kleinbetriebe vorwiegen. So ist für die Anwesen der schwarzen Kleinbauern eine ausgesprochene Mischkultur von Feldfrüchten und Fruchtbäumen charakteristisch. Auf den Parzellen findet man in völlig regellosem Nebeneinander die Knollengewächse Batate, Malanga, Maniok, Taro und Jams, ferner Mais, Erdnuß, Bohne und Straucherbse, dazwischen Brotfruchtbaum, Mango, Mehlbanane und Papaya (Melonenbaum). Die Parzellen sind unregelmäßig begrenzt. Wenn immer möglich, betreibt der Kleinbauer Wanderfeldbau. Streusiedlung

Trinidad, Umstrukturierung · Idyllische Buchten und Segelschiffe zeigen nur eine Seite Trinidads. Neben dem Fremdenverkehr und der Plantagenwirtschaft entwickelt sich wie in Jamaica und Puerto Rico auf Trinidad bodenständige Industrie.

herrscht im allgemeinen vor. Das bäuerliche Wirtschaftsland ist meist verkehrsabgelegen; die verstreuten Anwesen können vielfach nur auf Fußpfaden erreicht werden. Demgegenüber nehmen die Areale der Plantagen das verkehrsgünstige Gelände, meist die Küstenebenen, ein, überwiegend solche Gebiete, die gute Böden und nur so geringe Reliefunterschiede haben, daß der Anbau weitgehend mechanisiert werden konnte. Die großen Parzellen sind geradlinig durch ein rechtwinklig angelegtes System ausgebauter Wege bzw. von Feldbahnen begrenzt, das auf die Aufbereitungsanlage, beispielsweise eine Zuckerfabrik, ausgerichtet ist. An diese angelehnt finden sich die Arbeiterdörfer; auch sonst herrscht im Plantagenland allgemein geschlossene Siedlung vor.

In der verschiedenen Ausbildung der Agrarlandschaft spiegelt sich die aus der Kolonialzeit ererbte agrarsoziale Struktur. Der größere Teil der landwirtschaftlichen Nutzflächen ist Großgrundbesitz; vielfach besteht ein ausgesprochenes Latifundium. Der Anteil bäuerlicher Betriebe ist im allgemeinen gering; unter ihnen dominieren kleine Besitzgrößen, und häufig überwiegt das Minifundium. Die agrarsoziale Struktur ist von Insel zu Insel unterschiedlich. Die ungesündesten Merkmale, ein Nebeneinander von Latifundium und Minifundium, finden sich auf Inseln des britischen und des französischen Kulturraumes, so auf Antigua, Saint Vincent, Guadeloupe und Martinique.

Mit Maßnahmen, die auf eine Besserung der agrarsozialen Struktur abzielen, hat man auf verschiedenen Inseln begonnen; außer auf Cuba ist aber die Agrarreform nirgends konsequent durchgeführt worden. So ist bislang die aus der Kolonialzeit überlieferte ungesunde agrarsoziale Struktur erhalten geblieben. Auch auf Cuba ist der Gegensatz zwischen Groß- und Kleinbetrieben durch die nach der Revolution vorgenommene Neuregelung des Grundbesitzes nicht beseitigt worden, denn die kapitalintensive Zuckerrohrkultur wird nach wie vor in Großbetrieben durchgeführt, die allerdings alle in staatlichen Besitz übergegangen sind, während die arbeitsintensive Tabak- und Kaffeeproduktion bei den bäuerlichen Betrieben verblieb. So entfallen heute 58% der landwirtschaftlichen Betriebsfläche auf die nach dem Vorbild der sowjetischen Sowchosen organisierten »Granjas Estatales« und 42% auf bäuerliche Betriebe. Da es keine Pachtbetriebe mehr gibt, das Verhältnis der Groß- zu den Kleinbetrieben sich zugunsten der letzteren verschoben hat und die mittlere Größe der bäuerlichen Anwesen 15 ha beträgt, ist auf Cuba eine Situation geschaffen worden, in der die überlieferten Strukturen beseitigt sind. Auf fast allen anderen Inseln des karibischen Raumes ist eine Agrarreform genauso dringend, wie sie es in Cuba war. Es ist jedoch durchaus denkbar, daß sie – anders als im kommunistischen Cuba – ohne die völlige Zerschlagung des privaten Großgrundbesitzes und der Mittelbetriebe durchgeführt werden kann.

Barbados
Mitglied des Commonwealth of Nations

Unabhängige Monarchie mit Zweikammerparlament und Wahlrecht für alle erwachsenen Bürger; keine allgemeine Wehrpflicht; Hauptstadt Bridgetown (12 500 Ew., mit Vororten 94 000 Ew., 1969).

Fläche: 430 qkm – **Einwohnerzahl:** 240 000 – **Bevölkerungsdichte:** 558 Ew./qkm – **Jährlicher Geburtenüberschuß:** 12,7‰ – **Sprache:** Englisch als Staatssprache; als Umgangssprache z.T. auch Französisch – **Religion:** 70% Anglikaner; Methodisten, Mährische Brüder; Katholische Minderheit – **Wichtige Ausfuhrgüter:** Zucker, Melasse, Rum, Margarine

---

Die »Zuckerinseln« im wirtschaftlichen Wandel: Industrialisierung und Fremdenverkehr

Nur eine Minderzahl von Inseln wurde bislang von der Industrialisierung erfaßt. Wo dies der Fall ist, sind nur in geringem Maße Bodenschätze die Grundlage dafür; denn Westindien ist relativ arm an Minerallagerstätten. Von Bedeutung sind allerdings die Bauxitvorkommen, vor allem diejenigen der Kalkplateaus von Jamaica. Dieser Staat ist heute der führende Bauxitproduzent der Erde. In zunehmendem Maße wird die bauxitische Roterde, die bislang überwiegend nach der Trocknung zum Export gelangte, in Jamaica selbst zu Aluminiumoxyd und neuerdings auch zu Aluminium verarbeitet. Hingegen werden die reichen Eisenerz- und Nickelerzlagerstätten Cubas noch immer überwiegend für den Export abgebaut; die Entwicklung einer großen Hüttenindustrie ist indes geplant. Auf Trinidad machen die Erdölvorkommen nur einen Bruchteil des auf dieser Insel raffinierten Erdöls aus. Weitere Lagerstätten von Bedeutung gibt es in Westindien nicht.

Den stärksten Industrialisierungsgrad weist Puerto Rico auf, das keinerlei Rohstoffe besitzt. Grundlage sind vielmehr das bedeutende Arbeitskräftepotential, das relativ geringe Lohnniveau und die Nähe des aufnahmefähigen US-amerikanischen Marktes, der Puerto Rico aufgrund der Assoziierung mit den USA offensteht.

Alle wirtschaftlich bedeutenden Industrieunternehmen der Vereinigten Staaten haben Zweigbetriebe auf Puerto Rico; aber auch europäische Unternehmen sind dort vertreten. Die puertorikanische Industrie bezieht Rohstoffe und Halbfabrikate im wesentlichen aus den USA und liefert die Fertigprodukte ebendorthin. Die Industrialisierung wird seit Beginn der fünfziger Jahre systematisch betrieben und hat in kurzer Zeit so bedeutende Erfolge gezeitigt, daß nicht nur die westindischen Republiken Jamaica und Trinidad/Tobago bemüht sind, dem Beispiel der puertorikanischen Industrialisierungspolitik zu folgen, sondern daß auch Entwicklungsspezialisten aus lateinamerikanischen, asiatischen und afrikanischen Ländern in großer Zahl nach Puerto Rico kommen, um die Entwicklung dieser Insel zu studieren.

Natürlich sind für die anderen Inseln Westindiens die Industrialisierungsmöglichkeiten nicht so günstig wie für das mit den USA verknüpfte Puerto Rico. In zunehmendem Maße erweist sich jedoch für die Inselstaaten, insbesondere für diejenigen des britischen Kulturraumes, vor allem für Jamaica und Trinidad/Tobago, Kanada als ein die Industrialisierung und den Ausbau des Handels fördernder Staat.

Mit dem Industrieausbau ist die Einseitigkeit der bisherigen industriellen Produktion bereits weitgehend überwunden. Dies gilt für sämtliche Inseln mit einem stärkeren Industrialisierungsgrad mit Ausnahme der Niederländischen Antillen (Curaçao und Aruba), wo sich die Industrie nach wie vor fast ausschließlich auf die Raffination aus Südamerika importierten Rohöls beschränkt. Vor allem Puerto Rico und Cuba, die beide früher einseitig auf Zuckerproduktion ausgerichtet waren, haben heute vielseitige Industrien, nicht nur Konsumgüter-, sondern auch Produktionsmittelindustrien. In Cuba schreiten Ausmaß und Diversifikation der Industrien allerdings nicht so schnell fort, wie ursprünglich von der Revolutionsregierung geplant, da nach 1963 wieder dem agraren Bereich die Priorität eingeräumt werden mußte. Auch hat der Übergang von der freien Marktwirtschaft zur jetzigen Planwirtschaft dazu geführt,

Oben: In der Altstadt von Havanna   Unten: Sierra de los Órganos   Oben: Teilansicht von Havanna

Kubanische Kontraste

Die kubanische Hauptstadt Havanna hat mit über 1 Mill. Ew. die mit Abstand höchste Einwohnerzahl unter den Städten Westindiens. Überhaupt ist der Anteil der städtischen Bevölkerung in Cuba mit 58% größer als auf jeder anderen Insel des karibischen Raumes. Dennoch basiert Cubas Wirtschaft auch nach der Castro-Revolution noch immer auf der Agrarproduktion. Zuckerrohr und Tabak sind die überlieferten Exportkulturen. Trotz einer konsequent durchgeführten Agrarreform hat sich nichts an der Tatsache geändert, daß die kapitalintensive Zuckerrohrkultur in Großbetrieben, der arbeitsintensive Tabakanbau in bäuerlichen Betrieben erfolgt. Auch die Abhängigkeit Cubas vom Absatz seiner Zuckerproduktion konnte nicht beseitigt werden. Allerdings wurde die Agrarwirtschaft diversifiziert und die Industrialisierung vorangetrieben. Von fast allen anderen Inseln Westindiens unterscheidet sich das zum spanischen Kulturraum gehörende Cuba durch eine geringe Bevölkerungsdichte (rund 70 Ew./qkm) und durch das Überwiegen von Weißen (73%). Neger und Mulatten stellen nur 27% der kubanischen Bevölkerung.

Unten: Frohe Gesichter nach Beendigung der »Zafra«, der Zuckerrohrernte

Bei der »Zafra«

Arbeiter beim Zigarrensortieren

Curaçao, autonomes Gebiet der Niederlande · Willemstad – im Bild eine Hafenpartie – mit seinen im Kolonialstil angelegten Vierteln ist Sitz der Selbstverwaltungsorgane. Das moderne Curaçao wird durch die Erdölraffinerien bestimmt, die Rohöl aus Venezuela weiterverarbeiten.

daß das Angebot industrieller und auch agrarer Produkte völlig unzureichend ist.

Der Industrialisierungsprozeß in Westindien zeigt eine deutliche Differenzierung. Der französische Kulturraum hat bislang keine industrielle Entwicklung zu verzeichnen, im britischen Kulturraum sind es nur die Inseln Jamaica und Trinidad, im spanischen die Inseln Cuba und Puerto Rico. Ohne Zweifel ist es der spanische Kulturraum, der die stärkste Industrialisierung aufzuweisen hat; diese ist im wesentlichen unter dem Einfluß der Vereinigten Staaten erfolgt, in der Vergangenheit auf Cuba, heute auf Puerto Rico, das den höchsten Industrialisierungsgrad erreicht hat.

Durch die Industrialisierung ergeben sich heute innerhalb Westindiens Divergenzen, die ganz offensichtlich stärker sind als die überlieferte kulturräumliche Gliederung. So leben in Haiti 80% der Bevölkerung von der Landwirtschaft, in Puerto Rico nur noch 20%; nur 1% des Bruttosozialprodukts von Antigua (noch weniger in Guadeloupe) entfällt auf die Industrie, hingegen etwa 25% in Puerto Rico.

Diese gegenwärtig rasch fortschreitende Tendenz des Divergierens aufgrund unterschiedlicher Wirtschaftsstrukturen spiegelt sich deutlich auch in Art und Umfang der Außenhandelsverflechtungen.

Im Volumen des Außenhandels steht das Einflußgebiet der USA an der Spitze, Puerto Rico im absoluten Volumen, die US-amerikanischen Jungferninseln im relativen (bezogen auf die Einwohnerzahl). Wie stark die Divergenzen bereits sind, ergibt ein Vergleich von Haiti und Puerto Rico. Haiti (mit 11% der Fläche und 18% der Bevölkerung Westindiens) bestreitet 0,09%, Puerto Rico (mit 4% der Fläche und 12% der Bevölkerung) mehr als 37% des gesamten Außenhandelsvolumens von ganz Westindien.

Während die Mehrzahl der Inseln des karibischen Raumes nach wie vor agrare Produkte exportieren, und zwar vielfach, wegen noch immer bestehender Monokulturen, in großer Einseitigkeit, ist Puerto Rico mittlerweile außerordentlich vielseitig im Export, und es dominieren bereits Industrieerzeugnisse.

Wichtigster Handelspartner der Westindischen Inseln sind die USA, obwohl einige Inseln, beispielsweise Martinique und Guadeloupe, handelsmäßig einseitig mit Europa verknüpft sind und die anderen Inseln des britischen und des französischen Kulturraumes ebenfalls starke Handelsverbindungen mit Europa haben. Selbst die Umstrukturierung des Handels von Cuba, der nach Puerto Rico zweitgrößten Handelsnation Westindiens, hat die Vorrangstellung der USA im Handel Westindiens nicht beseitigen können. Völlig einseitige Handelsbeziehungen zu den USA haben jedoch nur die zum Einflußgebiet der Vereinigten Staaten gehörenden Inseln, also Puerto Rico und die US-amerikanischen Jungferninseln.

Jüngster Wirtschaftszweig Westindiens ist der Fremdenverkehr, der nach dem Zweiten Weltkrieg einen ungeahnten Aufschwung genommen hat und auf manchen Inseln, so auf den Bahamainseln, an der Spitze aller Wirtschaftszweige steht. Fast alle Inseln sind bemüht, sich einen Anteil am Fremdenverkehr zu sichern.

In der Mehrheit sind es Bürger der USA, die Westindien als Touristen besuchen; in zunehmendem Maße wird die westindische Inselwelt aber auch Ziel des europäischen Tourismus. Die Tatsache, daß Cuba als Ziel des internationalen Tourismus ausgefallen ist, kam anderen Inseln zugute. So hat sich die jährliche Besucherzahl der Bahamainseln im Zeitraum von 1959 bis 1968 von 159000 auf 915000 erhöht, die Puerto Ricos von 159000 auf 911000, die der US-amerikanischen Jungferninseln von 164000 auf 814000 und die Jamaicas von 191000 auf

396 000. Auch auf manchen Inseln der Kleinen Antillen ist der Fremdenverkehr in dem genannten Zeitraum in die Höhe geschnellt. Beispielsweise wuchs die Besucherzahl Antiguas von 16 000 auf 76 000, die Saint Lucias von 10 000 auf 46 000.

Welches sind die Grundlagen dieser außerordentlichen Entwicklung?

Zunächst muß vor allem festgestellt werden, daß die Westindischen Inseln in verschiedener Hinsicht hervorragend als Erholungsgebiet geeignet sind. Sie besitzen ein randtropisches Klima, das sich durch ganzjährige Wärme auch des Meerwassers und durch winterliche Trockenzeit auszeichnet. Jede Insel hat viele Kilometer palmenbestandener Sandstrände. Außer den Möglichkeiten des Seebadens und des Wassersports gibt es ideale Voraussetzungen für die Sportfischerei, und die zahlreichen Korallenküsten locken den Sporttaucher in besonderem Maße. Hinzu kommen die Mannigfaltigkeit der tropischen Landschaft, die vielfältige Folklore und das aufgrund der unterschiedlichen Bevölkerungsstrukturen und des unterschiedlichen historischen Hintergrundes so abwechslungsreiche Lokalkolorit.

Diese bunte Welt Westindiens konnte der Tourist bis zum Zweiten Weltkrieg nur auf Schiffskreuzfahrten erleben. Auch heute schicken die nordamerikanischen und die europäischen Reedereien ihre Passagierschiffe während des Winters auf Kreuzfahrt in die westindische Inselwelt. Aber die Passagiere dieser Schiffskreuzfahrten machen nur noch einen sehr kleinen Teil des Touristenstromes aus. Der überwiegende Teil der Touristen besucht Westindien auf dem Luftwege.

Seit dem Zweiten Weltkrieg hat der Flugverkehr in Westindien einen ungeheuren Aufschwung genommen. Praktisch jede dieser Inseln ist heute unschwer mit dem Flugzeug erreichbar, und viele haben tägliche Flugverbindung durch Düsenmaschinen mit nordamerikanischen Städten, manche aber auch mit süd- und zentralamerikanischen und mit europäischen Ländern. Außer dem Flugverkehr hat der Ausbau des Hotelwesens wesentlich zur Entwicklung des Fremdenverkehrs beigetragen. Von Jahr zu Jahr ist die Zahl der Fremdenbetten gestiegen, ist ein Hotelneubau dem anderen gefolgt. So konnten sich die Bahamas, Puerto Rico und die Jungferninseln bereits zu Zielen des nordamerikanischen Massentourismus entwickeln. Demgegenüber trägt der Fremdenverkehr auf den anderen Inseln noch individuellere Züge. Die Entwicklung Westindiens als Fremdenverkehrsgebiet schreitet gegenwärtig so rasch voran, daß heute selbst die entlegenen Inseln von ihm erfaßt sind.

Strukturwandlungen der Gegenwart

Das Erbe der Kolonialzeit ist in Westindien allgegenwärtig. Es überwiegen negative Merkmale, insbesondere eine durch das Feudalsystem bzw. durch die Plantagenwirtschaft der Kolonialzeit verursachte ungesunde Sozialstruktur, ferner Einseitigkeit der Wirtschaft aufgrund unzureichender Entfaltung des sekundären und des tertiären Bereichs, in der Agrarwirtschaft außerdem die Neigung zur Monokultur. Nur auf wenigen Inseln sind bereits wirtschaftliche Erfolge in der Überwindung des kolonialzeitlichen Erbes zu verzeichnen, wobei nicht übersehen werden sollte, daß die Ansätze zu dieser Entwicklung vielfach bereits in das erst nach dem Zweiten Weltkrieg zu Ende gegangene Kolonialzeitalter fielen.

Alle Inseln des karibischen Raumes sind Entwicklungsländer. Durch die wirtschaftliche Entwicklung, insbesondere die sich gegenwärtig auf einigen Inseln vollziehende Industrialisierung, macht sich ein Gefälle innerhalb Westindiens bemerkbar, das sich nachhaltiger auszuwirken scheint als die überkommene Aufteilung in drei Kulturräume. Die stärkste wirtschaftliche Entfaltung erlebt gegenwärtig das US-amerikanische Einflußgebiet.

Auch durch die politischen Ereignisse der jüngsten Vergangenheit hat Westindien eine neuartige, überaus starke Divergenz erlebt. Mit der kubanischen Revolution gelangten 47% der Landfläche und 34% der Bevölkerung Westindiens unter ein kommunistisches Regime. Diese Entwicklung führte zu einer zeitweisen Isolierung Cubas, das lange Jahre verkehrsmäßig nur von Europa sowie von Mexico und Chile zu erreichen war und damit zu einer starken Umstrukturierung überlieferter Verkehrs- und Handelsverflechtungen. Die durch die kubanische Revolution hervorgerufene Divergenz ist auch deswegen besonders tiefgreifend, weil das sozialistische Cuba der einzige Staat in Westindien ist, der die so notwendige Agrarreform konsequent durchgeführt und der sonst überall verbreiteten Landflucht Einhalt geboten hat.

Für all jene Inseln Westindiens, die eine industrielle Entwicklung bisher nicht erlebt haben und für die eine solche aus wirtschaftlichen Gründen auch in der Zukunft wohl kaum in Betracht kommen dürfte, ist die Übervölkerung ein sehr ernstes Problem, vor allem nachdem die Möglichkeit der Einwanderung in die ehemaligen europäischen »Mutterländer« und in die USA stark eingeschränkt wurde und die wirtschaftlich bessergestellten Inseln die Zuwanderung von Arbeitskräften aus den wirtschaftlich schwachen Nachbarinseln ebenfalls untersagen. Die im Jahre 1958 gegründete »Westindische Föderation« ist wegen derartiger Spannungen zwischen den Inseln des britischen Kulturraumes schon bald (1962) auseinandergebrochen. Die 1968 gegründete »Karibische Freihandelszone« (CARIFTA) bildet einen neuen Ansatz zur Kooperation.

Wenn auch die Entwicklung des Fremdenverkehrs für die meisten Inseln des karibischen Raumes eine Erweiterung der wirtschaftlichen Basis bedeutet, so ist doch nicht zu übersehen, daß der Tourismus für diejenigen Inseln, die keine andere wirtschaftliche Entwicklung aufzuweisen haben, im Grunde genommen nur eine Variante der traditionellen Monokultur darstellt. Der neue Fremdenverkehr ist genauso krisenanfällig wie die agrare Monokultur. So ist der Fremdenverkehr, der zudem nur einem kleinen Teil der Bevölkerung Arbeitsmöglichkeiten bietet, sicherlich nicht, wie er manchmal fälschlicherweise eingeschätzt wird, ein Allheilmittel für die Zukunft.

Durch die Strukturwandlungen der Gegenwart ist die traditionell stark divergierende westindische Inselflur noch kontrastreicher geworden. Die Probleme der Bevölkerungs-, Sozial- und Wirtschaftsstruktur haben an Gewicht und Zahl nicht ab-, sondern zugenommen. Nicht nur durch die vielfachen inneren Differenzen ist Westindien ein spannungsgeladener Erdraum; die Situation ist auch dadurch verschärft, daß sich in dieser zwischen Nord- und Südamerika gelegenen Inselwelt neuerdings die wirtschaftlichen, politischen und strategischen Interessen der beiden Weltmächte USA und UdSSR begegnen. Die Entwicklung innerhalb des karibischen Raumes dürfte von außerordentlicher weltpolitischer Bedeutung sein.

Blume, H.: Die Westindischen Inseln. *Braunschweig 1968.* – *Lamore, J.:* Cuba. (In: Que sais-je? Nr. 1395.) – *West, R. C./Augelli, J. P.:* Middle America. Its lands and peoples. *Englewood Cliffs, N. J. 1966.* – *Weyl, R.:* Geologie der Antillen. *Berlin 1966.*

Wolfgang Weischet

Die Andenländer

Chile – vielgestaltiges Kordillerenland auf neuen Wegen

Chile ist ein echtes Hochgebirgsland. Trotzdem sind die Chilenen kein Gebirgsvolk, weil – anders als in den tropischen Zentral- und Nordanden von Bolivien und Kolumbien – im außertropischen Südteil der Kordillere die natürlichen geographischen Gegebenheiten eine Konzentration und Begrenzung der maßgeblichen Wohn- und Wirtschaftsgebiete des Menschen auf das Vorland des Gebirges bedingen. Gleichwohl spielen die Anden, von den Chilenen als »Muralla nevada« (»Beschneite Mauer«) bezeichnet, eine entscheidende Rolle in der ökologischen Begründung der Hauptlebensräume wie wir im Laufe der Ausführungen noch sehen werden.

Im großen Überblick gewinnt die »Cordillera de los Andes« nach ihrem Auftauchen aus dem subantarktischen Ozean am Kap Hoorn (etwa 56° südlicher Breite) in weiten, stockwerkartigen Anstiegen stetig an Höhe und Massigkeit. Während man sie in Westpatagonien und im südlichen Mittelchile hinsichtlich des Formencharakters noch mit den Alpen vergleichen kann, überragen viele Gipfel im Hinterland von Santiago (hier und im folgenden für Santiago de Chile) das 6000-m-Niveau. Hier liegen die niedrigsten Pässe schon oberhalb 3000 m, also höher als in den Ostalpen die meisten Bergspitzen. Weiter äquatorwärts steigen die Paßhöhen sogar auf 4000 m an.

Die Westflanke des Hochgebirges bricht in Mittelchile zu einem tektonischen Graben ab; er trennt als sogenannte chilenische Längssenke die Hochkordillere vom Küstenbergland. Der Boden der Längssenke wird im Bereich der südchilenischen Seenregion vorwiegend aus 100–300 m hohen fruchtbaren Moränenhügelländern gebildet, während vom Río Bío-Bío an äquatorwärts ebene Flußaufschüttungsformen vorherrschen, die ideale Voraussetzungen für die in diesem Klimabereich unerläßliche Anlage von Bewässerungssystemen abgeben. Vom Aconcaguatal an setzt die Längssenke im Kleinen Norden für etwa 800 km aus. Die Flüsse aus der Hochkordillere treten sofort in die Durchbruchstäler im Küstenbergland ein und haben darin mit terrassierten Aufschüttungen wieder ideale Oberflächen zur Anlage von Bewässerungskulturen geschaffen. Im Großen Norden bildet zwischen dem Hinterland von Antofagasta und der Grenzstadt Arica die Pampa del Tamarugal wie-

Chile, Kupfergewinnung · Wärmekraftwerk in Chañaral, das die Mine El Salvador bei Potrerillos mit Energie versorgt. Der Export erfolgt über den Hafen von Barquitos.

der eine Auffangsenke für das von der nun bereits extrem wüstenhaften Andenabdachung abtransportierte Abtragungsmaterial, das in Oberflächennähe mit verschiedenen Salzen, namentlich mit Salpeter (daher der Name »Salpeterpampa«), angereichert ist.

Klimatisch gesehen reicht das fast 4000 km lange und 756 945 qkm große Land von der regennassen, sturmumtobten Subantarktis über alle feuchtebedingten Klimaabstufungen der gemäßigten Zone und der Subtropen bis zur hygrisch wie thermisch extremsten Wüste der Erde am äußersten Südrand der Tropen. In Patagonien wird nur dadurch, daß die seit 1901 als Grenzlinie gegen Argentinien festgelegte Wasserscheide streckenweise auf der Ostseite der Kordillere verläuft, der im ganzen bescheidene Siedlungs- und Viehwirtschaftsraum gewonnen (rund 4 Millionen ha extensive Weiden, 200 000 ha beackerbares Land), den die riesigen Südprovinzen Aysén und Magallanes (Gesamtfläche rund 220 000 qkm = 22 Millionen ha) aufweisen. Hier wohnen rund 140 000 Menschen; sie leben vor allem von der wirtschaftlich dominierenden Wollschafhaltung, die bis vor kurzem noch vorwiegend von kapitalstarken Großgesellschaften betrieben wurde, nach deren Enteignung in den sechziger Jahren aber an Kolonistenbetriebe und Genossenschaften übergegangen ist. Ein kleiner Teil der Bevölkerung ist in der staatlichen Petroleumgesellschaft beschäftigt, die beiderseits der Magalhãesstraße das einzige Erdöl- und Erdgasfeld Chiles ausbeutet, das den Bedarf des Landes zu ungefähr 30% decken kann.

Ab der Getreideanbaugrenze in Chiloé (breitenmäßig vergleichbar mit Mittelitalien) äquatorwärts beginnt der eigentliche Lebensraum der Chilenen: die ganzjährig feuchte südchile-

> **Chile**
> *(República de Chile)*
>
> Präsidialrepublik mit Zweikammerparlament und Wahlrecht für alle über 21 Jahre alten Bürger; Wehrpflicht; Hauptstadt Santiago de Chile (2,76 Mill. Ew. mit Vororten). – Seit 12. 9. 73 Militärregierung.
>
> **Fläche:** 756 945 qkm (Chile beansprucht außerdem den zwischen 53 und 90° westlicher Länge gelegenen Antarktissektor mit 1,25 Mill. qkm) – **Einwohnerzahl:** Etwa 9 Mill. (davon 68% städtische Bevölkerung) – **Bevölkerungsdichte:** 13,2 Ew./qkm – **Jährlicher Geburtenüberschuß:** 17,4‰ – **Größere Städte:** Valparaiso (289 000 Ew.), Concepción (184 000 Ew.), Viña del Mar (174 000 Ew.), Antofagasta (125 000 Ew.), Talcahuano (135 000 Ew.) – **Bevölkerung:** Mestizen 65, Weiße 25–30, Indianer 5% – **Sprache:** Spanisch – **Religion:** Katholiken 91, Protestanten 3%; etwa 30 000 Juden – **Wichtige Ausfuhrgüter:** Kupfer (74% des Exportwertes), Eisenerz (6%), Salpeter (2,0%), Kohle, Jod, chemische Produkte, Wolle, Felle, Obst, Wein, Fischmehl.

nische Seenregion und die durch Winterregen und Sommerdürre ausgezeichnete subtropische Zentralzone.

In der Seenregion ist die Kulturlandschaft noch sehr jung, denn die Erschließung des Kleinen Südens hat erst um die Mitte des 19. Jahrhunderts begonnen, da im Norden die Araukaner sich in der heute noch »Frontera« (»Grenze«) genannten Zone südlich des Río Bío-Bío mehr als dreihundert Jahre erfolgreich verteidigt und im Süden die unbezwingbar erscheinenden Regenwälder die spanischen Eroberer ferngehalten hatten. So waren in der Seenregion nur an ganz besonders günstigen Standorten wenige menschenarme indianische Siedlungsinseln in einem riesigen Waldland vorhanden, als sich die von der chilenischen Regierung im übervölkerten Deutschland angeworbenen Kolonisten nach 1847 ans Werk machten, sich eine neue Heimat zu schaffen und Chile die für viele Jahrzehnte ertragreichsten und landwirtschaftlich fortschrittlichsten Provinzen zu erschließen. Der nicht zu übersehende und leicht zu neidischen Gefühlen herausfordernde wirtschaftliche Erfolg der deutschstämmigen Landwirte und Kleinindustriellen wird indessen – wenigstens bisher noch – von allen Chilenen als respektable Leistung zum Vorteil des ganzen Landes anerkannt.

Nördlich der Frontera, in der Zentralzone, ist die Landkultur auf die Abflüsse aus der Hochkordillere zur Bewässerung der Kulturen, vorwiegend von Weizen, Hülsen- und Ölfrüchten, Reis, Mais, Wein, Obst, Orangen und Zitronen sowie Alfalfa (Luzerne) als wichtigstem Viehfutter, angewiesen. In diesem Zusammenhang fügt es sich günstig, daß die Kordillere in derselben Richtung an Höhe und Breite gewinnt, wie die Häufigkeit regenbringender Wetterlagen abnimmt. So können nämlich im Winter größere Niederschlagsmengen aufgefangen und in den kühlen Höhen in Schneedecken, Bergklüften und Schuttmänteln so lange gespeichert werden, bis im Vorland die Vegetationsperiode und damit der Wasserbedarf einsetzt. Optimal sind die Bedingungen im Einzugsbereich der Flüsse Maipo und Aconcagua, wo das Gebirge auf großen Arealen über die klimatische Schneegrenze aufragt und vergletschert ist. So wird die Konzentration von rund 13% der agrarischen Nutzfläche und mehr als 33% des Bewässerungslandes von ganz Chile in den flächenmäßig kleinen Zentralprovinzen Santiago, O'Higgins und Colchagua verständlich. Die Naturgunst führte also letztlich zu der für Chile bezeichnenden, wirtschaftlich und politisch-strukturell aber äußerst nachteiligen Bevölkerungs-, Städte- und Indutrieagglomeration in der »Zona metropolitana«: Im Viereck zwischen den Städten San Antonio und Valparaíso an der Küste sowie La Calera und Santiago im Innern sind auf 8000 qkm (nur etwa 1% der Gesamtfläche Chiles) fast die Hälfte der Einwohner, 59% der industriellen Arbeitsplätze und 73% der Industrieproduktion des ganzen Landes konzentriert.

Vom Aconcaguatal bis nach Copiapó besteht die Landschaftsanordnung im Kleinen Norden aus Flußoasen mit zusammengenommen 170 000 ha Bewässerungskulturen in einem dürren Strauchsteppenbergland, das in der Hauptsache als Schaf- und Ziegenweide dient und in Form großer Gemeinschaftsbesitze durch arme Halbnomaden bewirtschaftet wird.

Der Große Norden Chiles, die Atacamawüste (Nordchilenische Wüste), gehört orographisch schon zu den Zentralanden und klimatisch zu einer Zone der Erde, in der seit der Entstehung der Anden permanent extreme Trockenheit und Wassermangel herrschten. Im zentralen Teil dieses Andenabschnittes liegt die riesige Hochebene des Altiplano, als »Dach der Neuen Welt« vergleichbar mit dem Pamir im Bereich der asiatischen Hochgebirge. Die Atacamawüste ist der verschüttete Westtrauf des »Daches«; er führt von der vulkangekrönten Hochgebirgsschwelle am Westrand des Altiplano zu den abflußlosen Becken in der Pampa del Tamarugal hinunter, die im Westen vom Küstenbergland gegen den Pazifischen Ozean abgeschirmt werden. Während in der »Salpeterpampa« Regen praktisch unbekannt ist, bringen Schauerwolken, die vom Altiplano kommen, den höheren Teilen der Gebirgsabdachung noch etwas Niederschlag. Seine Menge ist aber so gering, daß insgesamt nur 18 000 Menschen (ethnisch bereits zu den Hochlandindianern Boliviens gehörend) auf der Basis nomadisierender Viehhaltung und – in der äußersten Nordostecke – dürftigen Anbaues von Getreide und Kartoffeln am Punarand leben können.

Um dieses dürre, öde, extrem wüstenhafte Land ist 1879–1884 zwischen Chile und Bolivien-Peru Krieg geführt worden. Es ging zunächst um die Bergschätze Salpeter (deshalb die Bezeichnung »Salpeterkrieg«) und Silber, die inzwischen aber hinsichtlich ihrer wirtschaftlichen Bedeutung bei weitem vom Kupfer übertroffen werden. Heute leben im Großen Norden ungefähr 550 000 Menschen direkt oder indirekt von der Bergwirtschaft, davon rund 100 000 gewissermaßen vor Ort in den Salpeterfabriken der Längssenke und in den Erzminen am Kordillerenrand, der Rest in den Hafenstädten, mehr als 120 000 allein in Antofagasta. Chile zieht aus dem Großen Norden gegenwärtig mehr als die Hälfte seines gesamten Exporterlöses. Zur Zeit des Salpeterbooms kurz nach dem Ersten Weltkrieg war sogar der gesamte Staatshaushalt bis auf 10–20% mit den Einnahmen aus der Salpetersteuer allein bestritten worden. Die Kupferlagerstätten sind mit einem Vorrat von 31 Millionen t Reinkupfer die größten bisher auf der Erde bekannten. Die Großminen Chuquicamata (östlich von Antofagasta), Potrerillos–El Salvador (im Hinterland von Chañaral) und El Teniente (in der Kordillere südlich von Santiago), von US-amerikanischen Gesellschaften ausgebaut und seit dem Jahr 1971 verstaatlicht, produzieren in guten Jahren zusammen etwa 500 000 t Reinkupfer neben rund 80 t Silber und 1,5 t Gold. Vier sogenannte mittlere Minen bringen es jeweils noch auf die ansehnliche Menge von rund 40 000 t Reinkupfer im Jahr. Hochwertiges Eisenerz wird in einer Menge von 11 Millionen t jährlich in verschiedenen, vorläufig noch vorwiegend von ausländischen Gesellschaften betriebenen Tagebau-Minen im Kleinen Norden gewonnen und exportiert. Molybdän, Mangan, Quecksilber, Blei und Zink kommen an vielen Stellen vor, fallen aber wirtschaftlich weniger ins Gewicht. Salpeter wird zwar noch in ungefähr gleicher Menge wie zu den besten Zeiten produziert, ist aber bei steigenden Gestehungskosten eher ein Verlustgeschäft. Insgesamt bringen der Erz- und der

Araukaner-Schmuckgehänge, Chile

Salpeterbergbau bei hohen Weltmarktpreisen Exporterlöse von rund 900 Millionen US-Dollar im Jahr. Demgegenüber sind die Einnahmen aus der gesamten übrigen Ausfuhr mit 150 Millionen US-Dollar nur sehr bescheiden.

Wichtig für die wirtschaftliche Struktur Chiles sind noch die relativ großen Kohlenlager in der Umgebung von Concepción und die darauf gegründeten Industrien, von denen das mit rein nationalen Mitteln aufgebaute Eisen- und Stahlkombinat Huachipato bei Concepción mit einer Jahreskapazität von fast 1 Million t Rohstahl besonders hervorgehoben werden muß. Ergänzt durch metallverarbeitende Werke, Tuchmanufakturen, Baumwollwebereien, Porzellan-, Keramik- und Glasfabriken sowie Papiermühlen, ist um Concepción ein echtes Industriegebiet entstanden, in dem rund 60 000 Arbeiter beschäftigt sind.

Als Fazit einer seit den vierziger Jahren sich ständig verschlimmernden sozialen und wirtschaftlichen Misere haben die Chilenen im Herbst 1970 in freier Wahl einen Marxisten zum Präsidenten der Republik gewählt. Es sei versucht, den Weg nachzuzeichnen, auf dem man in die gegebene sozialökonomische Situation gekommen ist. Bis zum Ende der zwanziger Jahre lebten die damals etwa 4 Millionen Chilenen von der Ausbeutung ihres naturgegebenen Reichtums an Bergbau- und Agrarprodukten sorglos und zufrieden. Und zwar nicht nur die Reichen, sondern prinzipiell alle. Der Staat konnte auf die Besteuerung von Besitz und Einkommen weitgehend verzichten. Die Reichen wurden dadurch noch reicher und konnten ihr Kapital im Ausland deponieren. Einer Mittelschicht, bestehend aus Geschäftsleuten sowie einer übertrieben großen Zahl von Privat- und Staatsangestellten, wurden soziale Leistungen zugestanden, die bei geringerem Staatseinkommen ruinös wirken mußten. Der untersten Bevölkerungsklasse garantierte man Beschaulichkeit des Daseins mit wenig Arbeit bei billigen Lebensmitteln und viel Wein.

In der Weltwirtschaftskrise endete dieses System in einer ökonomischen Katastrophe allergrößten Ausmaßes. Nicht nur, daß die Exportgüter für die Dauer der Krise nicht mehr abgesetzt und Importe folglich nicht mehr bezahlt werden konnten. Vielmehr hat es beim Kupfer bis zum Jahre 1950 gedauert, ehe es wieder denselben Kaufwert auf dem Weltmarkt erreichte, den es in den Jahren vor der Krise hatte. Da der Natursalpeter mit dem industriellen Kunstprodukt sowieso nicht mehr konkurrieren konnte, war Chile für fast zwei Jahrzehnte seiner Einnahmequellen beraubt. Die außenwirtschaftliche Orientierung mußte folglich in radikaler Weise zugunsten eines Ausbaues der Binnenwirtschaft aufgegeben werden, wobei der Landwirtschaft und der Fertigungsindustrie die entscheidenden Schlüsselpositionen zukamen. Erstere hat aber zwischen 1940 und 1962 ihr Produktionsaufkommen nur um 30% steigern können, während in der gleichen Zeit die Bevölkerung um 55% zunahm. Die Konsequenz war eine Deckungslücke bei den Grundnahrungsmitteln. 1972 hat Chile für fast 300 Millionen US-Dollar Weizen, Fleisch und andere Agrarprodukte eingeführt. Bei einer Dauernutzfläche von ungefähr 5,5 Millionen ha (25% bewässerbar) und einer extensiv nutzbaren Ergänzungsfläche von 24 Millionen ha sowie einer Bevölkerung von 10 Millionen ist evident, daß das zu geringe Nahrungsmittelaufkommen nicht die Folge einer zu knappen agrarischen Grundlage, sondern einer extensiven Wirtschaftsweise ist, sind doch z.B. 59% der ackerfähigen Flächen Grünland, vor allem Naturweiden. Für die extensive Wirtschaftsweise lassen sich vor allem zwei Gründe anführen: die aus der Vergangenheit ererbte ungesunde agrarsoziale Struktur und eine stetig stärker werdende Scherenwirkung zwischen politisch fixierten Preisen und inflationär steigenden Produktionskosten bei vernachlässigter Infrastruktur. 60% der Betriebe hatten 1965 im Durchschnitt nur 2 ha Trocken- bzw. 0,6 ha Bewässerungsfeld. Davon kann keine Familie menschenwürdig leben. Als anderes Extrem gehörten fast 40% der ackerfähigen Nutzfläche zu rund 3000 Latifundien mit jeweils mehr als 1000 ha, weitere 40% zu sogenannten Fundos mit einer Größe von 100–1000 ha. Gut bewirtschaftete Betriebe wurden in die Extensität gedrängt, weil die Kosten für Handarbeit durch unverhältnismäßig hohe Sozialabgaben, diejenigen für die dringend notwendigen Maschinen durch extreme Importrestriktionen und -steuern in die Höhe getrieben wurden. So ging man zur betriebswirtschaftlich günstigsten Form der Nutzung, der Viehhaltung, über. Das Nahrungsmittelaufkommen sank.

Bei der Entwicklung der nationalen Fertigungsindustrie ist zunächst unter der Leitung eines Planungsstabes hervorragender chilenischer Fachleute Erstaunliches geleistet worden. Vor allem wurde die Versorgung mit elektrischer Energie entscheidend verbessert, eine nationale Erdölindustrie aufgebaut, das Eisen- und Stahlwerk in Huachipato und daran anschließende metallverarbeitende Werke errichtet, die Textil-, Schuh- und Nährmittelproduktion ausgeweitet, die Fischereiwirtschaft auf einen industriellen Stand gebracht und vieles andere mehr. Zwischen 1940 und 1955 stieg die industrielle Produktion um 180% bei einem Zuwachs von rund 250 000 neuen Arbeitsplätzen. Dieser hoffnungsvolle Ansatz ist letztlich daran gescheitert, daß das Bevölkerungswachstum demjenigen der Wirtschaft davongelaufen ist. Jährlich erreichen ungefähr 120 000 junge Chilenen ein Lebensalter, in dem sie in den Beruf eintreten müßten. Würde die Industrie entsprechend ihrem gegenwärtigen Anteil an der Gesamtbeschäftigtenzahl 25% von ihnen aufnehmen wollen, so wären das drei- bis viermal mehr, als sie gegenwärtig tatsächlich jährlich aufnimmt. Da die Landwirtschaft sowieso im Vergleich zur Produktion übersetzt, der Bergbau wegen fortlaufender Mechanisierung nicht aufnahmefähig ist, mußte die Folge ein überdimensionierter Anstieg der Beschäftigung im Dienstleistungsbereich sein, also dort, wo die Sozialprivilegien besonders groß und kostspielig sind. Diese lassen sich nur bestreiten aus entsprechend hohen Steuer- und Sozialabgaben des Produktionsbereichs, mit dem Effekt, daß die Produkte im internationalen Vergleich überteuert sind. Außerhalb Chiles lassen sie sich aus Konkurrenzgründen nicht absetzen, und selbst auf dem durch hohe Importsteuern abgeschirmten Binnenmarkt können sich viele von ihnen nicht einmal durchsetzen. Der teuren Ware stand gleichzeitig eine geringe Kaufkraft gegenüber. Mitte der fünfziger

Cuzco – der »Nabel« des Inka-Reiches

Arbeit auf einem Kartoffelfeld bei Cuzco

Oben: Häuser im spanischen Kolonialstil

Bettler in Cuzco

Unten: Volksfest an Christi Himmelfahrt

Oben: Blick auf das Zentrum von Cuzco; links die Fassade der Kirche La Compañia, im Mittelgrund das Kloster La Merced, rechts der Turm der Kathedrale

Etwa um 1200 n. Chr. entstand im Hochbecken von Cuzco ein politisches Gemeinwesen, aus dem sich nach und nach, insbesondere ab der ersten Hälfte des 15. Jahrhunderts – also erst ein Jahrhundert vor der Eroberung durch die Spanier –, das mächtige Inka-Reich entwickelte. Während seiner Blütezeit umfaßte es die innerandinen Hochplateaus und die vorgelagerten Küstenstriche vom Río Patía in Südwestkolumbien bis zum Río Maule in Zentralchile; nach Schätzungen soll es insgesamt mehrere Millionen Einwohner gehabt haben.

Die zu den fähigsten Organisatoren der Weltgeschichte zählenden Inka verdankten ihre Herrschaft über die unterworfenen Indianerstämme nicht zuletzt einem ausgezeichneten Nachrichtendienst. Nach Auffassung der spanischen Chronisten hatten die Inka-Straßen in der ganzen Welt nicht ihresgleichen. Mittelpunkt des Reiches und Residenz der Inka-Herrscher war Cuzco (in der Ketschuasprache svw. »Nabel«), 3400 m ü. d. M. in einem Hochbecken gelegen. Noch heute sind aus jener Zeit Mauerreste erhalten, deren gewaltige Steinblöcke ohne Mörtel zusammengefügt sind. (Bu)

Jahre gehörten etwa 60% der Chilenen zu Familien, denen im Monat weniger als umgerechnet 40 US-Dollar zur Verfügung standen. Die in der Statistik zu den »Reichen« gerechneten Angestellten verdienten im Durchschnitt auch nur etwas über 100 US-Dollar monatlich. So schloß sich der Teufelskreis frühzeitig. Gegen Ende der sechziger Jahre stieg die industrielle Produktion mit 2–3% gerade noch so viel wie die Bevölkerung. Die Arbeitslosigkeit griff rapide um sich. Befriedigung der materiellen Bedürfnisse erwartete die Mehrheit der chilenischen Arbeiterklasse auf dem Weg über marxistische Neuordnung von Staat und Gesellschaft.

Den gewiß nicht fehlerfreien Bemühungen Allendes um friedliche sozialistische Reformen wurde durch einen Militärputsch am 11. September 1973 ein Ende gesetzt. Allende kam, während die Soldaten den in Brand geschossenen Präsidentenpalast stürmten, ums Leben.

Zu den ersten Maßnahmen der Regierung Allende gehörten die Verstaatlichung der Banken und die Nationalisierung der großen Kupferminen. Der voraufgegangene Präsident Eduardo Frei hatte bereits durchgesetzt, daß der chilenische Staat zu 51% Anteilseigner an den Minengesellschaften wurde und 60–80% des Reingewinnes dem Fiskus zuflossen. Nach der Enteignung der US-amerikanischen Großkonzerne rechnet man damit, weitere 20 Millionen US-Dollar jährlich in Chile zu behalten, wenn erst die Produktion wieder das Ausmaß der Jahre 1969 und 1970 erreicht hat.

Mit größter Intensität hatte sich Allende der Weiterführung der Agrarreform angenommen, für die seine Vorgänger in den Jahren 1962 und 1967 die notwendigen gesetzlichen Grundlagen geschaffen hatten. Danach wurde aller Grundbesitz enteignet, der eine Richtgröße von 80 ha Bewässerungsland in der Nähe von Santiago bzw. im Produktionswert äquivalente Flächen in anderen Landesteilen überschritt. Um möglichst viele von den rund 200000 landhungrigen Familien zu versorgen, wurden die enteigneten Großbetriebe nicht aufgeteilt, sondern als ganze in Form von Gemeinschaftsbesitz (cooperativas) weitergegeben oder in Staatsfarmen bzw. »Centros de Reforma Agraria«, das sind Kombinate aus zusammengefaßten ehemaligen Großbetrieben und Weiterverarbeitungsindustrien, überführt.

Bolivien – ein Binnenstaat auf der Suche nach einer besseren Zukunft

An Fläche (1098581 qkm) ungefähr so groß wie Frankreich, Spanien und Portugal zusammen, zählt Bolivien nur zwei Drittel der Einwohner von Groß-Paris (5,19 gegenüber mehr als 8 Millionen). Sie konzentrieren sich zu 85% auf die traditionellen Kernräume auf dem Altiplano und in den Gebirgen Hochboliviens, wo aus physisch-geographischen Gründen die nutzungsfähigen Flächen relativ begrenzt und zumeist bis an die Grenze der Möglichkeiten in Anspruch genommen sind. Demgegenüber ist das tropische Tiefland im Osten, im Oriente, mit nicht ganz 500000 Einwohnern auf fast 700000 qkm noch menschenleer und weitgehend unerschlossen.

Drei Viertel der Bolivianer leben von der Landwirtschaft. Die landeseigene Produktion an Grundnahrungsmitteln reicht aber trotz der riesigen Staatsfläche und der im ganzen gesehen dünnen Bevölkerung nicht zur Eigenversorgung aus, so daß zusätzlich Weizen, Reis und Ölfrüchte eingeführt werden müssen. Das hängt z.T. mit naturgegebenen Schwierigkeiten zusammen, ist aber letzten Endes eine Konsequenz unterentwickelter Wirtschaftsmethoden und schlechter agrarsozialer Struktur.

Bolivien
(República de Bolivia, República Boliviana)

Präsidialrepublik mit Zweikammerparlament und Wahlrecht für alle Männer und Frauen; Wehrpflicht; faktische Hauptstadt (Regierungssitz) La Paz (rund 600000 Ew. mit Vororten), verfassungsmäßige Hauptstadt Sucre (84000 Ew.).

Fläche: 1098581 qkm – **Einwohnerzahl:** Etwa 5,19 Mill. (davon rund 35% städtische Bevölkerung) – **Bevölkerungsdichte:** 4,6 Ew./qkm – **Jährlicher Geburtenüberschuß:** 26‰ – **Größere Städte:** Oruro (119000 Ew.), Cochabamba (157000 Ew.), Santa Cruz de la Sierra (etwa 124900 Ew.) – **Bevölkerung:** Indianer knapp 55, Mestizen 31, Weiße 13, Neger 0,1% – **Sprache:** Spanisch als Staatssprache; Ketschua (etwa 34% der Indios) und Aymará (etwa 25%) als Umgangssprache der Hochlandindianer – **Religion:** 93% Katholiken; 45000 Protestanten, 4000 Juden – **Wichtige Ausfuhrgüter** (1968): Zinn (52,7% des Exportwertes), Silber (6,4%), Wolfram (5,5%), Antimon (3,4%), Zink, Kupfer, Erdöl

---

Daran hat auch die radikale Besitzreform vom Jahre 1953 nichts geändert.

Die wichtigen Hauptlebensräume der Bolivianer befinden sich auf dem sogenannten Punablock der südlichen Zentralanden. Kernstück davon ist der Altiplano, eine 700 km lange und fast 200 km breite innerandine Auffüllungssenke, deren Boden zwischen 3700 und 3800 m hoch liegt und die ringsum von Gebirgsschwellen gegen das Vorland abgeschlossen ist. Der Altiplano beginnt im Süden in einer menschenleeren Hochlandwüste, der Puna de Atacama; im mittleren Teil besteht er aus einer Folge von riesigen, ebenen Becken, in denen große, von Büschelgrassteppen umgebene Salzpfannen liegen. Erst im Nordteil, in der Feuchtpuna, wird er dann flächenhaft agrarisch nutzbar und besiedelbar. Rund um den Titicacasee (6900 qkm, 3810 m ü.d.M.) herrschen die günstigsten Bedingungen, weil durch die wärmespeichernde Wirkung der Wassermassen die Vegetationszeit verlängert, die Frostgefahr reduziert und so die Anbaugrenze auf bis zu 4100 m hinaufgerückt wird. Vor allem läßt sich in seenahen Gebieten noch Mais kultivieren, während normalerweise auf dem Altiplano bei Monatsmitteltemperaturen von 6–12°C nur anspruchslosere Gewächse wie Gerste, Andenmelde, Bohnen und vor allem Kartoffeln bei geringen Erträgen angebaut werden können. Das Gelände nahe dem See ist lückenlos von kleinparzellierten, an den Berghängen terrassierten Trockenfeldern überzogen. Die Kleinbauern wohnen z.T. in Einzelgehöften, meist aber in geschlossenen Dörfern; ihre Häuser sind alle aus rohen Adobeziegeln schmucklos gebaut. Mit Siedlungsdichten von 50–70 Einwohnern/qkm werden Werte erreicht, die nur im Becken von Cochabamba noch übertroffen werden.

Die Ostumrahmung des Altiplano spielt im nördlichen Teil, in der Cordillera Real, wegen ihrer imponierenden Hochgebirgsszenerie und, infolge der größeren Feuchte, als Wasserspender, im südlichen Teil vor allem wegen ihrer Bergschätze eine wesentlich wichtigere Rolle für die Bolivianer als die trockene, fast menschenleere Westkordillere. Sie stellt freilich auch eine extrem hohe Verkehrsschranke dar. Nur nach Cochabamba kann man über eine Paßfurche gelangen, die nur wenig höher als 4000 m ist. Jenseits der Pässe beginnt der Abfall des Punablocks zum östlichen Tiefland. Nördlich der Umbiegungsstelle der Anden ist in den regenfeuchten Yungas der Abbruch kurz und überaus steil. In mittleren Höhenlagen, zwischen 1500 und 2500 m, herrscht zwar ein ideales Klima für den Anbau von Bananen, Kaffee, Zitrusfrüchten, tropischen Knollengewächsen, Mais und Coca, des für die indianische Bevölkerung so unentbehrlichen Narkotikums, jedoch bildet die Steilheit des Reliefs ein starkes Entwicklungshemmnis für diesen landschaftlich überaus reizvollen Lebensraum. Der südliche Teil des Andenabfalls ist ein breit ausladendes Bergland mit Höhen zwischen 3500 und 4800 m, das wegen seiner Trockenheit nur relativ bescheidene agrarische Nutzung erlaubt und deshalb nur dünn besiedelt ist.

Die günstigsten Anbau- und Lebensbedingungen bieten sich im Übergangsgebiet, in den 2200–2500 m hoch gelegenen Tälern (»Valles«) der Beckenregion von Cochabamba. Hier herrscht bei ausreichenden Niederschlägen angenehme subtropische Wärme ohne große jahreszeitliche Unterschiede. Die tieferen Teile des Beckens lassen sich bewässern und für intensive Gemüse-, Mais- und Obstkulturen nutzen. An den höher gelegenen Rändern werden vorwiegend Weizen, Kartoffeln und Bohnen kultiviert sowie Milchviehwirtschaft betrieben. Rund 800000 Menschen leben um Cochabamba; in den am dichtesten bewohnten ländlichen Bezirken beträgt die Siedlungsdichte bis zu 110 Einwohner/qkm. Den meisten Bauern stehen auch nach der Aufteilung der ehemaligen großen Haziendas nur 1–2 ha Nutzfläche zur Verfügung. Insgesamt sind also in Hochbolivien den Möglichkeiten der agrarischen Nutzung durch das physisch-geographische Milieu enge Grenzen gesteckt und die günstigen Lebensräume in alarmierender Weise übervölkert.

Hierzu kontrastiert der Oriente in jeder Hinsicht. Anstelle der oft kahlen, immer baumlosen, durchsichtigen und durchgängigen Landschaften Hochboliviens mit der Kühle und den weiten Horizonten des Berglandes umgibt die Menschen im stickigheißen Tiefland eine unüberschaubare, üppig wuchernde Vegetation. Im feuchten Norden steht ebenso wie unmittelbar am Andenfuß ein dichter tropischer Regenwald, in der Mitte dehnen sich im Einzugsbereich des Mamoré und seiner Nebenflüsse die baumbestandenen Hochgrasfluren und Galeriewälder der Feucht- und Überschwemmungssavannen, und den Süden nehmen im Chaco Trockenwälder und Dornbuschformationen ein. Lebensraum ist noch im Überfluß vorhanden, aber er muß erst einmal bewältigt werden. Und das ist offensichtlich für die Menschen aus den dichtbesiedelten Hochländern äußerst schwierig. Bis in die fünfziger Jahre war der Osten sowieso in der Hauptsache nur Betätigungsbereich von Weißen gewesen. Aber auch nachdem die nationalrevolutionäre Bewegung des Präsidenten Paz Estenssoro 1954 eine Binnenwanderung großen Stils zur Festigung der nationalen Einheit und zum Ausgleich der Übervölkerung in die Wege geleitet hat, muten die Ergebnisse (15000 Umsiedlerfamilien im Laufe von 16 Jahren), besonders im Hinblick auf den raschen Zuwachs der Landbevölkerung (etwa 1,5 Millionen in der gleichen Zeit), doch recht bescheiden an. Gewiß, anfänglich hat die Verkehrserschließung große Schwierigkeiten gemacht, und der Transport ist bei der Höhe der Pässe (4800–5200 m), der Steilheit des Reliefs und der dauernden Gefahr von Vermurungen auch heute noch schwierig und kostspielig, aber doch prinzipiell durchführbar. Gravierender im Hinblick auf den Erfolg der Kolonisationsbestrebungen ist die Frage, wie die ankommenden Kolonisten aus dem Hochland mit ihrer neuen Umgebung fertig werden. Auf einen kurzen Nenner gebracht, handelt es sich darum, daß ausgesprochene Gebirgsbewohner in dem für sie schier unerträglich heißen und stickigen Tiefland mit neuen Geräten und bis dahin unbekannten Techniken (Axt, Rodungsfeuer, Grabstockbau) aus einer sie unheimlich anmutenden natürlichen Vegetation Anbauflächen herausroden sollen für Nahrungsgewächse, an die sie sich erst langsam und widerwillig gewöhnen müssen. Um das durchzustehen, ist Pioniergeist erforderlich, eine Haltung, die bei den potentiellen indianischen Kolonisten aus dem Hochland aber sehr selten ist. So nimmt es nicht wunder, daß zwischen 1954 und 1962 jeweils nur ein Teil von ihnen trotz umständlicher Auslese und nachhaltiger genossenschaftlicher Betreuung auch tatsächlich seßhaft geworden ist. Die hochgespannten Erwartungen der Regierung, von 1962 bis 1972 insgesamt 400000 Menschen aus dem Becken von Cochabamba und weitere 50000 vom Altiplano umzusiedeln, haben sich leider nicht erfüllt; 40000 mögen es tatsächlich gewesen sein.

Die Ursache hängt hauptsächlich mit dem unentwickelten Wirtschaftsgeist der Hochlandindianer und der ihnen anerzogenen sozialen und politischen Haltung zusammen. Die einst blühenden Stämme der Aymará und der Ketschua stehen heute noch tief in der Tradition ihrer Vorfahren, die vor der spanischen Eroberung den straff organisierten Inka-Staat und die vorzüglich an die Bedingungen des Gebirgslandes angepaßte andine Hochkultur getragen haben. Von Staats wegen waren sie in Agrargemeinschaften, den Ayllus, organisiert; es wurde jeder Familie ein nominell gleicher, lagemäßig jedes Jahr wechselnder Anteil an der Feldflur als selbst zu bewirtschaftende Ackerfläche zur Verfügung gestellt. Alles Land, das über das Existenzminimum der Ayllu-Angehörigen hinausging, war Besitz des Inka und des Sonnengottes und mußte für diese Gottheiten von der betreffenden Gemeinschaft bearbeitet werden. Da Lama und Alpaka, die beiden domestizierten Arten der einheimischen Kamelschafe, als Zugtiere ungeeignet sind, blieben in der andinen Hochkultur Wagen und Pflug unbekannt. Die Feldarbeit war reine Handarbeit. Sie wurde mit dem Spaten in Gruppen geleistet. Angebaut wurden einheimische Körner- und Knollenfrüchte, besonders Kartoffeln, sowie Bohnen und Gemüse. Das einheitlich zugeteilte Vieh, benötigt vorwiegend als Lieferant von Wolle für die Bekleidung, mußte sich sein Futter auf den Brachflächen suchen. Vorsorge und Fürsorge oblagen allein dem Staat, der im Falle von Mißernten mit den »Vorräten des Sonnengottes« einsprang. Das ganze System wurde von einer blut- und leistungsmäßig ausgesuchten Beamten- und Funktionärselite geplant und mit aller Strenge verwaltet. Ein Ausbrechen aus dem sozialistisch organisierten Leben war für die breite Masse unmöglich. Sie war politisch unmündig, und sie blieb es bis an die Schwelle der Gegenwart.

Gestrickte Puppe, Bolivien

Der größte See Südamerikas

Rechts: Indianische Fischersiedlung mit Simsenbooten

Unten: Der bolivianische Wallfahrtsort Copacabana am Titicacasee

Unten: Indianische Fischersfrau am Titicacasee

Im peruanisch-bolivianischen Andenhochland liegt der größte schiffbare Hochlandsee der Erde, 3810 m ü. d. M., bis zu 272 m tief, 190 km lang und im Mittel 50 km breit: der Titicacasee, mit über 8100 qkm fünfzehnmal so groß wie der Bodensee. Seichte Stellen an den Ufern und im See sind weitflächig mit Totoraschilf (Simsen) bewachsen. Diese Sauergräser dienen u. a. zur Herstellung der eigenartigen Fischerboote, aber auch der ebenso merkwürdigen »schwimmenden Inseln«, wobei anstehende Simsen zu einem künstlichen Boden verflochten werden, auf dem die Fischer in Hütten wohnen und der, mit Erde bedeckt, sich sogar bepflanzen läßt. In der fruchtbaren Umgebung des klimatisch begünstigten Sees ist eine intensive Terrassenkultur (Kartoffeln, Quinoca, Bohnen, Gerste, Weizen und Mais) entstanden. Kleinere Städte rund um den Titicacasee dienen den Hirten und Bauern als Markt und Treffpunkt. Am Südufer liegt Tiahuanaco, eine altperuanische Ruinenstätte mit dem berühmten »Sonnentor«. Schon lange vor der Inkazeit hatte sich hier – etwa in der Zeit von 500–1000 n. Chr. – eine indianische Hochkultur entwickelt. (Bu)

Bolivien, Cordillera Real · Durch besondere Formen der Abtragung entstehen mitunter in lockerem Gestein, z. B. in tonigmergeligen Massen, bizarre Formen wie diese sogenannten Erdpyramiden.

Die Spanier führten zwar u. a. Schaf, Rind, Hakenpflug und Getreide als materielle Neuerungen ein. In sozialer Hinsicht übernahmen sie aber die alte gesellschaftspolitische Ordnung des Inka-Staates in ihren entscheidenden Teilen. Das Land von Inka und Sonnengott ging einschließlich der bei der Dezimierung der indianischen Bevölkerung zusätzlich freigewordenen Flächen zunächst in die Nutznießung und später in den Besitz von spanischen Notabeln über, die auch die Dienstpflicht der indianischen Agrargemeinschaften, später diejenige der wachsenden Zahl von Colonos übernahmen. Letztere sind Lehnsleute eines Großgrundbesitzers, die von diesem ein Stück Land zur eigenen Nutzung oder zur Halbpacht zugewiesen bekommen und dafür die Ländereien des »Patrón« bestellen, sein Vieh versorgen, Arbeiten auf dem Hof und Dienstleistungen in seinem Haushalt gegen Naturalentlohnung leisten müssen. Der Beitrag der Spanier zur sozial-kulturellen Entwicklung Boliviens beschränkte sich fast ausschließlich auf den nichtagrarischen Bereich – auf die von ihnen neu gegründeten Bergbau- und Verwaltungsstädte – und auf die »Pueblos«, kleine Landgemeinden mit Kirche, Markt, Verwaltungseinrichtungen und Schulen. Hier wohnten die »Gente decente«, die Leute, die zur »guten Gesellschaft« zählen, wie Landbesitzer, Beamte, Geistliche und Juristen, außerdem aber auch die »Cholos«, Mestizen, die als Kleinhändler und Bedienstete zwar nicht viel besser dran sind als die armen Bauern, die Campesinos, aber bereits eine gewisse Schulbildung und politisches Interesse besitzen. Den Campesinos blieb der Schulbesuch verwehrt, und als Analphabeten bekamen sie auch keinen Zugang zur Wahlurne, als nach 1821 republikanische Regierungen die spanische Kolonialherrschaft ablösten. Der einzige Fortschritt auf dem Lande blieb bis zur Mitte des 20. Jahrhunderts der medizinisch-hygienische, der zur Beseitigung einiger Volksseuchen und vor allem zur Herabsetzung der Kindersterblichkeit führte. Die Folge davon war, daß sich in dem abgeschlossenen System (keine Erweiterung der Ernährungsbasis, aber auch kein Auslaß in andere Wirtschaftsbereiche) mit zunehmendem Bevölkerungsdruck eine soziale Explosion anbahnte, die sich dann 1952 mit der Revolution des Movimiento Nacional Revolucionario (MNR) in einem totalen politischen Umsturz entlud. Nun bekamen die Campesinos nicht nur das Wahlrecht, sondern zusammen mit den Mineros, den Bergarbeitern, praktisch alle Macht im Staate. Jetzt hieß es in Bolivien: »Abajo los blancos!« (»Nieder mit den Weißen!«), wobei in schöner Übereinstimmung mit der Tradition weiß war, wer Besitz hatte. Genau wie die Minen den Mineros, wurde das Land in einer radikalen Besitzreform den Campesinos überantwortet. Bis 1964 waren 5,6 Millionen ha (das sind mehr als 76 % der Nutzfläche Boliviens) von 6400 Großbetrieben in mehr als 238 000 individuellen oder kollektiven Besitztiteln an fast 160 000 Familien neu vergeben worden. Aber am Ende haben 72 % aller Betriebe noch weniger als 5, weitere 17 % nur 5–10 ha zur Verfügung, was bei den traditionellen Agrartechniken auch nur zu einer mangelhaften Subsistenzwirtschaft reicht. Die Agrarproduktion war nach der Besitzreform rückläufig. Daran konnte auch der Versuch nichts ändern, die Tradition der indianischen Gemeinschaften in Produktions- und Absatzgenossenschaften zu reaktivieren. Eine Besserung setzt entsprechende Schulung der Campesinos, neue Anbautechniken, stärkere Mechanisierung und bevölkerungsmäßige Entlastung des Landes voraus; über die Hälfte der Landbevölkerung (700 000 Personen) ist praktisch arbeitslos und müßte anderswo eingesetzt werden. Aber wo? Der Bergbau ist von seiner Struktur her nicht in der Lage, eine große Zahl von Beschäftigten aufzunehmen (gegenwärtig sind es mit 51 000 Personen 3,2 % aller Erwerbstätigen), und die Industrie ist in Bolivien so unterentwickelt wie die Landwirtschaft.

Die verarbeitende Industrie Boliviens beschränkt sich noch auf die Herstellung von Bekleidung, Nahrungsmitteln und Getränken in den größeren Städten Santa Cruz, Oruro, Cochabamba und vor allem La Paz. Ein wesentliches Entwicklungshemmnis stellt die schlechte Energieversorgung dar. Kohle gibt es im Lande nicht, und die Erzeugung von Elektrizität hat erst in den sechziger Jahren durch den Bau einiger Wasserkraftwerke einen halbwegs befriedigenden Stand erreicht. Große Hoffnungen ruhen auf der Weiterverarbeitung des Erdöls aus den Feldern von Camiri, im nördlichen Chaco, das inzwischen in Pipelines zu Raffinerien in Sucre und Cochabamba gepumpt wird, und auf Zinnschmelzen zur Verhüttung des klassischen bolivianischen Bergbauproduktes im eigenen Lande. Beide Industrien wurden finanziell von der Sowjetunion gefördert.

Landwirtschaft und Industrie können den bolivianischen Staat nicht tragen. Seine Existenzgrundlage sind der traditionsreiche Erzbergbau und die neu hinzugekommene Erdölförderung, die zusammen mit rund 200 Millionen US-Dollar im Jahr derzeit 90% der Exporterlöse einbringen und zudem 85% der Staatseinnahmen garantieren. Die wichtigsten Bergbauprovinzen sind an den Südosten des Landes gebunden. In der Kolonialzeit war Silber das Hauptprodukt. Am Fuß des berühmten Silberberges von Potosí haben die Spanier in 4000 m Höhe, in absolut siedlungsfeindlicher Umgebung, eine bedeutende Stadt errichtet, die in ihrer Blütezeit 200000 Menschen beherbergte und die mit allem zum Leben und zur Wirtschaft Notwendigen aus den blühenden Oasen Nordwestargentiniens versorgt werden mußte. Damals wurde das Silber noch vom Erz bis zum Endprodukt, den Münzen für das Vizekönigreich Perú, an Ort und Stelle verarbeitet. Von der damaligen Pracht zeugen heute noch die Kathedrale, viele Kirchen, die Münze und kolonialspanische Patiohäuser der Reichen. In Potosí ist aber die Armut eingezogen, weil im ehemaligen »Cerro Rico« nach dem Silber nun auch das Zinnerz zur Neige geht, das hier wie überhaupt in Bolivien in der modernen Zeit die wirtschaftliche Bedeutung des Silbers übernommen hat und wertmäßig 60–65% der gesamten Erzförderung ausmacht. Die bekannten Lager werden auf 1,1 Millionen t Feinmetall geschätzt; die Produktion beträgt 30000–35000 t im Jahr. Eine Modernisierung der technischen Ausrüstung ist in vielen der insgesamt 38 Groß- und Mittelminen, aber auch in den meisten der 800 kleinen Bergwerke notwendig. Daß bei Erfüllung dieser Voraussetzung auch bei Metallgehalten von nur 0,7% gewinnbringend gewirtschaftet werden kann, beweist die größte Zinngrube Boliviens, die in Canavi. In Zukunft soll die Förderung von Kupfer, Zink, Blei und Wolfram (geschätzte Vorräte 267000, 875000, 234000 bzw. 158000 t Reinmetall) ausgeweitet und der 1970 begonnene Abbau der wertvollen Eisenerzlager von Mutún intensiviert werden; die Erdöl- und Erdgasförderung auf den Feldern um Camiri soll nach der kürzlich erfolgten Verstaatlichung der letzten ausländischen Gesellschaften zur Erhöhung der Export- und Staatseinnahmen beitragen.

Die monopolartige Stellung des Bergbaues im bolivianischen Staatshaushalt und die einseitige Ausrichtung auf ein vorherrschendes Produkt bindet die Geschicke des Landes und seiner politischen Führung in gefährlicher Weise an die schwankenden Weltmarktpreise. Das ist nach der Sozialisierung der Großunternehmen der Patiño, Aramayo und Hochschild im Jahre 1952 und durch die Übernahme fast der gesamten Bergbauproduktion durch Arbeitersyndikate und die staatliche Corporación Minera de Bolivia (COMIBOL) noch deutlicher geworden als zu Zeiten privatkapitalistischer Wirtschaftsausrichtung.

So stehen denn auch die Ablösung der nationalrevolutionären Zivilregierung durch putschende Generale im Jahre 1964 und die vielen immer wieder stattfindenden Militärrevolten überhaupt in enger Verbindung mit der Auszehrung der Staatskasse als Folge sinkender Weltmarktpreise bei nachlassender Wirtschaftlichkeit der genannten Produktionsträger.

Perú – indianische Tradition und sozialrevolutionärer Wandel

Perú ist nicht nur das flächenmäßig größte (1 285 215 qkm) unter den Andenländern, sondern wohl auch dasjenige mit der am weitesten gefächerten Naturausstattung. Das zeigt schon die Exportstatistik, in der 1969 mit 221 Millionen US-Dollar Produkte aus den Fischgründen vor der peruanischen Küste, den ergiebigsten auf der ganzen Erde überhaupt, Baumwolle und Zucker von der Costa, dem Küstenstreifen, mit 65 bzw. 39 Millionen, aus der Sierra, dem Hochland, Kupfer, Eisenerz, Silber, Zink und Blei für zusammen 465 Millionen und schließlich noch der Kaffee aus dem Oriente, dem Osten des Landes, mit 30 Millionen US-Dollar erscheinen. Es sind darin also einerseits Erzeugnisse aus den unterschiedlichsten Wirtschaftszweigen und andererseits auch die drei Hauptregionen des Landes vertreten. Flächen- und bevölkerungsmäßig haben die Regionen freilich mit 11, 26 bzw. 63% des peruanischen Territoriums und 33, 56 bzw. 11% der insgesamt 13 Millionen Peruaner ein sehr unterschiedliches Gewicht. Der Charakter der Costa wird von der vorwiegend außenwirtschaftlichen Orientierung, der Dominanz von Weißen und Mestizen mit kolonialspanischer Gesellschaftstradition, hohem Anteil der städtischen Bevölkerung mit Schulerziehung sowie der Konzentration von Kapital und politischem Gewicht geprägt. Demgegenüber repräsentiert die Sierra das indianische Perú, in alten agrarischen Wirtschafts- und Sozialstrukturen befangen, von der Costa her durch Bergwirtschaft und »Ganadería« (Viehzucht und -handel) genutzt. Der Oriente ist das Land der Pioniere und als solches erst randlich durch tropische Landwirtschaft und Erdölgewinnung erschlossen.

Tiefland der inneren Tropenzone (von 5 bis 17° südlicher Breite reichend) und doch nicht tropisch-heiß, eine der trockensten Wüsten der Erde und doch gleichzeitig weltmarktorientiertes landwirtschaftliches Überschußgebiet, ist die Costa

---

Perú
(República del Perú)

Präsidialrepublik mit Zweikammerparlament und Wahlrecht für alle über 21 Jahre alten Bürger; Wehrpflicht; Hauptstadt Lima (etwa 2,5 Mill. Ew.).

Fläche: 1 285 215 qkm – **Einwohnerzahl:** Etwa 14,50 Mill. (davon rund 50% städtische Bevölkerung) – **Bevölkerungsdichte:** 11,2 Ew./qkm – **Jährlicher Geburtenüberschuß:** 31‰ – **Größere Städte:** Callao (335 400 Ew.), Arequipa (194 700 Ew.), Trujillo (156 200 Ew.), Chiclayo (141 000 Ew.), Piura (111 400 Ew.), Cuzco (108 900 Ew.) – **Bevölkerung:** Indianer rund 45, Mestizen 33, Weiße 12, Neger und Mulatten 5%; chinesische und japanische Minderheiten – **Sprache:** Spanisch als Staatssprache; Ketschua (etwa 25% der Bevölkerung) und Aymará (3–4%) als Umgangssprachen – **Religion:** Katholiken etwa 75, Protestanten 2%; 4000 Juden; Anhänger indianischer Naturreligionen – **Wichtige Ausfuhrgüter:** Kupfer (30% des Exportwertes), Silber, Zink, Fische und Fischereiprodukte wie z. B. Fischmehl (25%), Eisenerz (7,6%), Baumwolle (7,5%), Zucker (4,5%), Erdöl, Kakao, Wolle

Perús als Lebensraum ein faszinierendes ökologisches Modell, dessen entscheidender Gestaltungsfaktor die gigantische »Kühlanlage« des vielzitierten Humboldtstromes ist. Aus der subantarktischen Westwinddrift weit im Süden des Kontinents stammend, mildert das an der Küste nur 17–18°C warme Wasser die Hitze der Tropen und gewährt der ganzen Costa ein äußerst angenehmes Klima. Freilich hat es auch eine weniger positive Konsequenz, nämlich die fast absolute Regenlosigkeit und die häufigen, in der kühleren Jahreszeit oft bedrückend wirkenden Hochnebeldecken. In dieser Wüste lebt rund ein Drittel der Peruaner, wird der größere Teil der Nahrungsmittel des Landes produziert und außerdem von rund 900 000 t Zucker und ungefähr 240 000 t Baumwolle auch noch ein jährlicher Exporterlös von etwa 110 Millionen US-Dollar erzielt. Das ist möglich, weil vom Westabfall der Anden rund 50 Fremdlingsflüsse herabkommen. Ihr Wasser wurde bereits in vorinkaischer Zeit genutzt für ausgedehnte Oasenkultur, wie viele Zeugnisse großer Städte und Kultstätten beweisen. Nördlich von Trujillo erstreckt sich das Ruinenfeld von Chan-Chan, der ehemaligen Hauptstadt des Chimu-Reiches, mit dicht aneinanderstehenden, puppenstubenartig kleinen Wohnhäusern über eine Fläche von 5–6 qkm. Von Pachacamac, dem Zentrum der ehemaligen Lima-Kultur, zeugt noch das Fundament des riesigen Tempels. Diese Kulturen, wie auch die von Ica und Nazca, hatten aber bereits vor der spanischen Conquista ihre Selbständigkeit verloren. Seit der kolonialspanischen Zeit sind die Flußoasen außer für die Nahrungsmittelproduktion in zunehmendem Maße zu Plantagengebieten für einträgliche Exportwaren ausgebaut worden. Gegenwärtig dominieren Baumwolle und Zuckerrohr. Die Qualität, besonders der ersteren, ist sehr gut, und die Exportmöglichkeiten waren bis 1969 so günstig, daß Baumwolle mit 55–66 Millionen US-Dollar die erste Stelle unter den agrarischen Exportgütern einnahm. Inzwischen ist wegen der Konkurrenz der Kunstfasererzeugung die Anbaufläche von 240 000 auf 130 000 ha reduziert worden. Der Exporterlös sank auf 44 Millionen US-Dollar. Dafür wurde die Produktionsfläche für Grundnahrungsmittel wie Mais, Reis und Ölsaaten sowie für Fruchtkulturen erhöht, um auf diesem Wege die notwendigen Importe zu reduzieren, die in den voraufgegangenen Jahren die Größenordnung von 130 Millionen US-Dollar ausmachten.

Als Voraussetzung für die Umstellung auf die bewässerungsintensiveren Nahrungsmittelprodukte mußten größere Wassermengen in der Kordillere gefaßt werden. Die Pläne laufen darauf hinaus, die bewässerbare Fläche um nicht weniger als 700 000 ha zu vergrößern und damit die bestehende zu verdoppeln. Dabei spielt die Überleitung von kleineren Quellflüssen des Amazonassystems von der Ost- auf die Westabdachung eine große Rolle, so wie es vor ein paar Jahren im Hinterland von Lima vom aufgestauten Marcapomacochasee zum Río Rimac hinüber und im jüngst mit deutscher Entwicklungshilfe vollendeten Tinajones-Werk schon durchgeführt worden ist.

Das Gebiet mit der günstigsten Wasserversorgung ist die zentrale Costa zwischen Chiclayo und Lima, weil hier in der Cordillera Blanca das am stärksten vergletscherte Hochgebirge der südamerikanischen Tropen bis in Höhen zwischen 6500 und 6800 m aufragt. Vor diesem Gebirge konzentriert sich der Zuckerrohranbau, insgesamt rund 150 000 ha, in den Oasen von Pacasmayo und Puerto Chicama, betrieben als Monokultur von weitgehend mechanisierten und rationell aufgezogenen Latifundien. Jährlich wird Zucker für 60–65 Millionen US-Dollar exportiert. Reisanbau wird auf rund 80 000 ha vor allem im Gebiet von Lambayeque, Chiclayo und Piura betrieben. Die Produktion hiervon ist nur in guten Jahren ausreichend.

In der südlichen Costa sind die bewässerbaren Flächen relativ klein und unzusammenhängend, weil das Bergland bis dicht an die Küste reicht und die Niederschläge am Westabfall der Hochkordillere mit wachsender Annäherung an das nordchilenische Trockengebiet schon sehr spärlich werden. Mischkulturen mit Wechsel von Wein, Getreidefeldern, Luzerneweiden, Obsthainen und Ölbaumpflanzungen bestimmen das Landschaftsbild. Hier sind schon immer kleinbäuerliche Betriebe mit erheblichem Anteil an der Fläche beteiligt gewesen, während in den Reis-, Baumwoll- und Zuckeroasen bis zum Jahre 1969 riesige Haziendas privater Kapitalgesellschaften dominierten. 181 von ihnen besaßen allein mehr als 55% des Anbauareals, während 35 000 Kleinbetriebe mit jeweils weniger als 5 ha nur 6,6% der Agrarnutzfläche bewirtschafteten. Nachdem in der übervölkerten Sierra bereits ab 1961 eine Neuverteilung des Besitzes von den landhungrigen indianischen Kleinbauern erzwungen wurde, sind 1968 auch die Plantagen der Costa zum kleinen Teil an Colonos verteilt, in der Regel aber Arbeitersyndikaten übergeben worden. Ihre Zahl ist groß (1969 waren es 725), und da sie gleichzeitig wichtige ökonomische Schlüsselpositionen innehaben, wird die Militärregierung viel politisches Geschick beweisen müssen, um einen befriedigenden Kompromiß zwischen der Forderung nach höherem Gewinn jedes einzelnen Mitgliedes der Syndikate, dem Machtstreben ihrer Führer und den Haushaltsinteressen des Staates zu finden.

Mit fast 12,6 Millionen t Fisch – vorwiegend Anschovis – führt Perú die Fangstatistik unter den Nationen der Erde an. 2 Millionen t Fischmehl wurden 1968/69 zusammen mit anderen Fischprodukten für rund 245 Millionen US-Dollar exportiert. Solchen Reichtum garantiert das dicht unter Land aufquellende Wasser des Humboldtstromes. In vielen kleinen Häfen ist eine Fangflotte von über 4000 zum größten Teil moder-

Perú, Gebiet von Huancayo
Lamas sind in den Andenländern immer noch ein wertvoller Besitz. Sie dienen als Transporttiere und als Wolllieferanten.

Perú, Fischmehllager in Callao
Perú ist zu einem der führenden Fischereiländer und Fischmehl zu einem seiner wichtigsten Ausfuhrprodukte geworden.

Machu Picchú

Nordwestlich von Cuzco, auf einem Bergsattel zwischen zwei zuckerhutförmigen Gipfeln oberhalb der wilden Schlucht des Río Urubamba, liegen die Ruinen einer alten Inka-Stadt. Diese blieb den spanischen Konquistadoren verborgen und wurde erst 1911 von dem US-Amerikaner Hiram A. Bingham entdeckt. Nach dem Namen des einen Gipfels nannte er die Stätte Machu Picchú (»Alter Gipfel«); ihren eigentlichen Namen kennt niemand. Die Hauptstraßen zwischen den 200 Häusern und Tempeln, die heute keine Dächer mehr tragen, bestehen aus großen und kleinen Treppen. Die ganze Stadt strebt aufwärts einem Heiligtum zu, wahrscheinlich einer Sonnenwarte. Ein sinnreiches System übereinander angebrachter Brunnen versorgte die etwa 10 000 Bewohner mit Wasser. Kunstvoll angelegte, mit Quadermauern eingefaßte Ackerbauterrassen ziehen sich die Hänge entlang. Steinerne Wachttürme auf den beiden flankierenden Gipfeln machten Machu Picchú zu einer schier uneinnehmbar wirkenden Festung. War sie Grenzburg gegen die Bewohner des tropischen Tieflandes? Viele Fragen drängen sich auf, die heute niemand beantworten kann. Die Ruinen werden ihr Geheimnis wohl noch lange, wenn nicht für immer bewahren. (Bu)

Teilansicht von Machu Picchú;
im Hintergrund der Huayna Picchú (»Junger Gipfel«)

Giebelwand eines Hauses in Machu Picchú

Indianische Wollmütze, Zentralanden

nen Fahrzeugen stationiert, die mehr als 150 Fischmehl- und Konservenfabriken versorgen. Callao, Paita, Ibo, Tambo de Mora und vor allem Chimbote sind die wichtigsten Standorte. Die Hoheitsgrenze wurde bereits 1952 auf 200 Seemeilen vor der Küste festgelegt. Trotzdem mußten inzwischen wegen sich anbahnender Überfischung maximale Fangquoten und Schonzeiten gesetzlich verfügt werden.

An der Mündung des wasserreichen Río Santa ist um Chimbote ein ansehnliches Schwerindustriezentrum aufgebaut worden. Der Schwerpunkt der industriellen Entwicklung liegt aber im Raum Lima–Callao, wo ungefähr drei Viertel der Industriekapazität ganz Perús konzentriert sind. Noch dominieren die traditionellen Branchen Nahrungsmittel, Textilien und Baustoffe. Nach dem Willen der sozialistischen und nationalistischen Militärregierung soll aber in den nächsten Jahren eine rapide Ausweitung der Industrie unter Wahrung peruanischer, bei den Grundstoffindustrien auch staatlicher Kapitalmehrheiten und Geschäftsleitungen durchgesetzt werden, um der wachsenden Arbeitslosigkeit zu steuern. 1970 waren noch 53% der Beschäftigten in der Landwirtschaft tätig, und nur 32% der Gesamtbevölkerung standen im Erwerbsleben.

Lima, von Francisco Pizarro auf dem Schwemmkegel des Río Rimac gegründet, 1542–1821 reiche Zentrale des spanischen Kolonialreiches in Südamerika, Sitz der ältesten Universität der Neuen Welt (San Marco, gegründet 1551), hat rund um die Plaza noch prunkvolle bauliche Zeugen kolonialen Glanzes und in der Kathedrale auch die Mumie Francisco Pizarros bewahrt. Nach Süden, bis zur Plaza San Martín, schließt sich das enge Schachbrettmuster der Innenstadt an, das nach dem verheerenden Erdbeben von 1776 neu angelegt wurde und heute größtenteils mit modernen Geschäftshäusern ausgefüllt ist. Jenseits der alten Bastion dehnen sich über viele Quadratkilometer bis hin nach Miraflores die vornehmen und gepflegten Villenviertel und Parks, die Lima zur attraktivsten unter den Hauptstädten der Andenländer machen. Geht man von der Plaza San Martín aber an der alten Universität vorbei in den Ostteil der Stadt und weiter in die schier unüberschaubaren, über Nacht aus dem Boden wachsenden Slums, die Barriadas, so drängt sich einem das brennende Problem der Gegenwart förmlich auf: die Integration der explosiv zunehmenden Stadtbevölkerung. 1940 hatte Lima knapp 500 000 Einwohner; heute sind es bereits 2,5 Millionen. 600 000 Menschen leben allein in den Barriadas, die man als Europäer oder Amerikaner wie die Poblaciones Callampas von Santiago, die Favelas von Rio oder überhaupt die Ansiedlungen am Rande der südamerikanischen Großstädte durchweg als Elendsviertel zu betrachten geneigt ist. Natürlich gibt es solche Viertel. Aber die meisten Barriadas sind für ihre Bewohner nicht Endstation, sondern Brückenköpfe, von denen aus sie sich den Zugang zu der an sich abweisenden, weil chronisch unter Mangel an Arbeitsplätzen und Wohnraum leidenden neuen städtisch-industriellen Umgebung erkämpfen wollen. Man wählte die Hüttensiedlungen, weil man hier bei einem Minimum an Wohnkomfort Schul- und Beschäftigungsmöglichkeit für die Kinder und Anschluß an Gleichgesinnte zur Durchsetzung von Ansprüchen auf öffentliche Versorgungsleistungen zu finden hofft.

Seit wenigen Jahren ist Perú in einem bemerkenswerten sozialrevolutionären Wandel begriffen. Der Wandel kam aus der Sierra. »Sierra« ist der landesübliche Begriff für den Lebensraum Hochperú. Er bedeutet für die Leute von der Costa, besonders für die aus Lima, eine fremde Welt. Über Jahrhunderte und bis in die Gegenwart fand die Sierra eigentlich nur wegen der Bergschätze und der extensiv bewirtschafteten Schaf- und Rinderhaziendas Interesse, außerdem wegen einiger touristisch

Pfeiftopf, Perú

attraktiver Fundstätten aus der Inkazeit. Doch dann brachten sich die Serranos, die Gebirgsbewohner, in allerjüngster Zeit politisch so nachdrücklich und kompromißlos in Erinnerung, daß daraus eine völlige Neuorientierung der gesellschaftlichen, wirtschaftlichen und politischen Situation für ganz Perú resultierte. Die lange Isolation der Sierra hat ihre guten Gründe. Vor ein paar Jahren, als die Bahn von Lima nach La Oroya auf ihrer schwindelerregenden, streckenweise sogar abenteuerlich anmutenden Trasse noch Passagiere beförderte, gehörte zum Zugpersonal ein Arzt, der den Passagieren mit reinem Sauerstoff und im Notfall auch mit Herz- und Kreislaufspritzen beistand, wenn sie die Puna, die Höhenkrankheit, befiel. Von den 41 Pässen, die im südlichen und im zentralen Perú von der Costa in die Sierra führen, liegt keiner niedriger als 4400 m; die Eisenbahn nach La Oroya muß gar 4829 m überwinden. Die West- oder Hauptkordillere ist das eigentliche Rückgrat der peruanischen Anden. Sie trägt die kontinentale Wasserscheide gegen das ostwärts anschließende Hochperú. Dieses ist im Südteil, zwischen dem Titicacasee und Huancavelica, noch charakterisiert durch weite Hochflächen (zwischen 2800 und 3200 m ü.d.M.). Mit wachsender Annäherung an die regenreicheren Gebiete der nördlichen Sierra werden die Reliefunterschiede aber deutlicher, da die Flüsse des Marañónsystems wesentlich tiefere Längstäler und Querdurchbrüche in den Gebirgssockel erodiert haben.

All diese Höhengebiete gehören, wie in Bolivien, dem kühlgemäßigten »Stockwerk« des Tropenklimas an, der Tierra fría, freilich mit dem wichtigen Unterschied, daß sie im ganzen etwas tiefer liegen und daß damit außer der Kultur von Gerste und Kartoffeln vor allem der in der indianischen Wirtschaft so ausschlaggebende Mais und im Fruchtwechsel mit diesem der von der Alten Welt eingeführte Weizen angebaut werden können. Zudem sind die östlichen und die nördlichen Teile Hochperús schon so feucht, daß erstens die Erträge des Ackerbaues größer sind und zweitens in Höhen oberhalb 3600 oder 3700 m, wo aus thermischen Gründen kein Anbau mehr betrieben werden kann, die natürliche Büschelgras- und Krautvegetation der Jalcas noch Hochweiden für Schafe, Lamas und Rinder bietet. Besiedelt ist die Sierra von rund 7 Millionen Menschen. Die meisten von ihnen sind Ketschua sprechende, reinrassige Indianer, größtenteils Analphabeten, die schätzungsweise zu 85% von der Landwirtschaft leben. Sie stehen in der Tradition der andinen Kultur des Inka-Reiches und haben die gleiche vernachlässigende Behandlung in den Jahrhunderten der Kolonial- und Feudalherrschaft erfahren wie die Aymará, ihre Blutsverwandten in Bolivien. Selbst wenn die »Case studies« von Experten internationaler Organisationen nur zur Hälfte repräsentativ sein sollten, zeichnet sich doch ein verheerendes Gesamtbild ab. Auf lediglich 1600 Kalorien je Kopf und Tag – das sind zwei Drittel des Normalsatzes! – wird die Ernährung der Landbevölkerung geschätzt. Im Gebiet von Cerro de Pasco lebten in verschiedenen indianischen Comunidades, gemeinschaftlich genutzten Ländereien, Anfang der sechziger Jahre die Menschen so dicht, daß nur noch zwischen 100 und 900 qm Nutzfläche auf jedes Mitglied der Gemeinschaft entfiel. Als Mittelwert für die Kleinbauern der Sierra wurden 0,26 ha Nutzland je Familie geschätzt. Zwischen diesen hoffnungslos übervölkerten Gebieten der Indianer lagen rund 350 große Haziendas, die 50% der nutzbaren Fläche vorwiegend zur Viehhaltung beanspruchten. Selbst wenn manche Haziendas – wie der Riesenbetrieb der Compañía Minera Cerro de Pasco mit 500000 ha für 150000 Schafe und 2000 Rinder bester Rasse – wichtige Funktionen in der Versorgung der Städte und der Minenbezirke zu erfüllen hatten, so war doch abzusehen, daß sie dem Raumanspruch der in einer Notwehrsituation stehenden Landbevölkerung in dem Moment zum Opfer fallen würden, wo diese ihre organisierte Macht auszuspielen in der Lage war. Dieser Zustand war 1961 erreicht, nachdem vor allem mit dem extrem billigen Transistorradio ein Kommunikationsmittel eingeführt worden war, mit dem über die Barriere des Analphabetentums hinweg die breite Masse direkt zu erreichen war, und nachdem in ehemaligen Soldaten und in Hochschulabsolventen, vielleicht sogar in Stipendiaten US-amerikanischer, sowjetischer oder volkschinesischer Universitäten den Indianern geschulte Führerpersönlichkeiten zur Verfügung standen. So begannen denn 1961 die Invasionen und Okkupationen (das spanische Wort »toma« für »Besitzergreifung« ist inzwischen schon Bestandteil des internationalen Sprachgebrauchs geworden) von Großbetrieben durch paramilitärisch organisierte Syndikate oder Comuneros, und 1963 setzte mit dem wirksamen Slogan »Das Land den Landarbeitern!« (»Landarbeitern« im Sinne von »Land Bearbeitenden«) der Kampf um nachträgliche Legalisierung ein. Zunächst wurden 1963 die Großbetriebe in der Sierra, 1964 in einem weiteren Gesetz zur Landreform zusätzlich 1,5 Millionen ha Land zur Neuverteilung an 60000 Familien in Hochperú enteignet und 1968 die Besitzreform auch auf die bis dahin aus wirtschaftlichen Rücksichten verschonten Plantagen der Costa ausgedehnt. Viermaliger Regierungswechsel war mit diesen Ereignissen verbunden, die eine radikale Sozialisierung und das Image der indianischen Gesellschaft als einer staatstragenden zum Ziel hatten.

Nach der Syndikalisierung der Plantagen und der Aufsiedlung der Haziendas sind die wesentlichen Betätigungsgebiete der Oberschicht noch die Fertigungsindustrie und der Bergbau. Ersterer kommt vorwiegend für die sozialökonomische Entwicklung in den Städten der Costa entscheidende Bedeutung zu, während der an die Sierra gebundene Bergbau eine Schlüsselposition im Staats- und Devisenbudget innehat. Gerade in den Jahren 1950–1970 sind bedeutende Zuwachsraten in der Bergbauproduktion erzielt und Neuerschließungen vorgenommen worden. Die Cerro de Pasco Corporation ist mit ihren Blei-, Zink-, Silber- und Kupferminen, ihren Kohlengruben und dem zentralen Hüttenwerk in La Oroya bei 20000 Beschäftigten nach wie vor die größte Gesellschaft. Südlich von Arequipa sind bei Toquepala, Quellaveco und Cuajone riesige Kupferlager mit einem geschätzten Metallgehalt von 1 Milliarde t, in Cerro Verde bei Arequipa, im Mantarotal Mittelperús und in Michiquillay bei Cajamarca im Norden kleinere Kupfervorkommen mit einem Kapitalaufwand, der an die 500 Millionen US-Dollar reicht, von ausländischen Gesellschaften aufgeschlossen worden. Der Ausfuhrwert des Kupfers stieg von 1965 bis 1970 von 121 auf 269 Millionen US-Dollar. Ähnlich starken Aufschwung hat die Eisenerzförderung in Marcona bei Nazca genommen, wo aus einem Lager von rund 350 Millionen t Erz (es ist eins der größten Lager der Welt und war schon im vorigen Jahrhundert bekannt) mit einem Eisengehalt von 58% jährlich um 10 Millionen t abgebaut, im neuen Hafen von San Nicolás aufbereitet und ungefähr zur Hälfte ins Stahlwerk nach Chimbote, zur Hälfte ins Ausland (vorwiegend nach Japan) verschifft werden. Die Jahreseinnahmen belaufen sich auf etwa 66 Millionen US-Dollar (1970). Rechnet man (ebenfalls für 1970) noch die Erlöse aus der Erzeugung von Silber (62 Millionen), Zink (47 Millionen), Blei (35 Millionen) und aus den anderen Bergbauprodukten (25 Millionen) hinzu, so ergibt sich eine ganz ansehnliche Deviseneinnahme in der Größenordnung von 500 Millionen US-Dollar, die in einem Jahr einen für die Andenländer geradezu phantastischen Außenhandelsüberschuß von 429 Millionen US-Dollar bescherte. Auf der Höhe dieser Entwicklung hat die peruanische Regierung im April 1970 beschlossen, daß in Zukunft die Raffinierung von Kupfer und der Vertrieb aller Metalle staatlichen Organisationen vorbehalten bleiben soll.

Erdöl spielte im Perú der sechziger Jahre eine größere politische als wirtschaftliche Rolle. Die 1968 nationalisierten Förder- und Aufbereitungsanlagen im äußersten Norden der Costa stehen auf Feldern, die bereits Anzeichen der Erschöpfung zeigen. Jedenfalls kann Perú bei steigendem Inlandsbedarf nur wenig davon exportieren. Große Hoffnungen werden auf die seit einigen Jahren betriebenen und z.T. bereits erfolgreichen Erdölbohrungen am Ostfuß der Anden gesetzt. Bei diesen seit mehreren Jahren durchgeführten Arbeiten ist viel zur weiteren Aufschließung des Oriente, vor allem der kordillerennahen tropischen Hügelländer beigetragen worden, wo inzwischen etwa 500000 Siedler neben tropischen Nahrungsgewächsen vor allem Tee und Kaffee, letzteren auch für den Export (jährlich 50000 t), produzieren.

Oben: Indios vor der Kirche La Compañia in Cuzco   *Unten: Urwaldindianer aus dem östlichen Tiefland*

Volkstypen aus Perú

Von Perús 14 Mill. Ew. sind etwa 10% Weiße, Neger und Ostasiaten, 40% Mestizen (Mischlinge aus Verbindungen zwischen Indios und Weißen) und über 40% »reinrassige« Indios. Fast zwei Fünftel der Gesamtbevölkerung leben im Küstenbereich, mehr als 50% im Hochland. Die Frage, wer Indio sei, sieht man heute nicht mehr rassisch, sondern soziologisch. »Indio« ist, wer eine indianische Sprache spricht, sich auf indianische Art kleidet und in einer Dorf- oder Stammesgemeinschaft nach indianischen Sitten und Gewohnheiten lebt.

Viele Angehörige der beiden größten Indiogruppen, der Ketschua und der Aymará, verstehen kein Spanisch und sind arme Bauern oder Landarbeiter. Wer dagegen in das Wirtschaftsleben, in die Zivilisation integriert ist, gilt als »Peruaner«. Dabei spielt es dann keine Rolle, wie hell oder wie dunkel seine Hautfarbe ist. (Bu)

301

Ecuador – Strukturvorteile auf unruhiger Basis

Ecuador, durch den Staatsnamen als Land unter dem Äquator ausgewiesen, ist zwar mit 263 777 qkm (einschließlich der Galápagosinseln, offiziell Archipiélago de Colón genannt) der kleinste unter den Andenstaaten (und nach Uruguay auch der kleinste Staat Südamerikas), weist aber mit 6,5 Millionen Einwohnern die größte Besiedlungsdichte und mit einem jährlichen Geburtenüberschuß von 34⁰/₀₀ die größte Wachstumsrate von allen auf. Fast 60% der Menschen leben von der Landwirtschaft; die meisten von ihnen sind Indianer und Analphabeten, ganz ähnlich wie in Bolivien. Aber Ecuador ist in seiner geographischen Natur, seiner sozialen Gliederung und der aus beiden resultierenden ökonomischen Struktur doch glücklicher aufgebaut, da Austausch, kulturelle Anregung und Wechsel leichter möglich sind als in den Flächenlandschaften der zentralen Andenländer Bolivien und Perú.

Je ein Viertel von Ecuador liegt im pazifischen Vorland der Anden, Litoral oder Costa genannt, und auf dem Gebirge selbst, in der Sierra. Der Rest, der Oriente, dehnt sich auf der Ostseite der Anden im Übergangsbereich zum nordwestlichen Amazonasbecken. Während die Sierra als topographisches Rückgrat, historisches Kernland und Bevölkerungsschwerpunkt das traditionelle Ecuador repräsentiert, hat die Costa die Rolle der wirtschaftlich expandierenden, sozial progressiven und attraktiven »New frontier«. Der Oriente liegt als schwierig zugängliche Reserve noch abseits.

Die Sierra Ecuadors besteht aus zwei weitgehend parallel laufenden Kordillerenzügen und einer dazwischenliegenden, etwa 30 km breiten Senkenzone. West- und Ostkordillere weisen einen Sockel aus mittelgebirgsartig ausgeglichenem Relief mit maximalen Höhen von 4500–5000 m auf, dem als Überbau die mächtigen Kegel und Kuppeln von fast dreißig teils erloschenen, teils noch aktiven jungen Vulkanen aufsitzen. Die Gipfel, unter ihnen der Chimborazo (6267 m), durchragen die klimatische Schneegrenze und sind daher von dicken Firn- und Eiskappen gekrönt. Durch die Eruptionen und ihre Folgeerscheinungen ist die Längssenke zwischen den Kordilleren z.T. von Lavadecken und Aschensedimenten aufgefüllt und in eine Reihe von Becken umgestaltet worden. Anders als auf dem bolivianischen Altiplano sind diese Becken aber wesentlich kleiner, überschaubarer, und ihre Böden liegen nicht 3700 oder 3800 m, sondern nur zwischen 2000 und maximal 3000 m hoch. Sie gehören also zwar auch der Tierra fría an, aber dem tieferen, wärmeren Teil davon. Das bedeutet bei den extrem geringen jahreszeitlichen Temperaturschwankungen unter dem Äquator Sicherheit vor Frösten und, wenigstens von den thermischen Gegebenheiten her, praktisch ganzjährige Vegetationszeit für Kulturpflanzen. An den Beckenrändern ist je nach Höhe des Beckenbodens ein Höhenabschnitt von 500–1400 m für landwirtschaftliche Nutzung – bei nach oben abnehmender Intensität – geeignet, bis bei etwa 3400 m ü. d. M. die graugrüne Hartgras- und Staudenflur der Páramos oder Pajonales einsetzt, die allenfalls noch als dürftige Schaf- und Rinderweide dienen kann. Ein weiterer Unterschied zu den bolivianischen Beckenlandschaften besteht in der größeren Feuchtigkeit der ekuadorianischen und in der Tatsache, daß sie durch tief eingeschnittene Flußdurchbrüche, die Valles, mit dem Andenvorland verbunden sind. Diese Valles reichen in die gemäßigte oder gar heiße tropische Klimastufe hinab. Sie sind zwar wesentlich trockener als die Sierrazone, doch liefern die von den vergletscherten Höhen herabkommenden Bäche und Flüsse genügend Wasser für subtropische und tropische Gewächse wie Zuckerrohr, Bananen, Orangen und Baumwolle.

Die flächenmäßig ausgedehnteste, klimatisch angenehmste und kulturgeographisch wichtigste Gebirgsstufe ist die fruchtbare Tierra fría. Hier liegt der weitaus größte Teil des rund 850 000 ha umfassenden Sierra-Kulturlandes, von dem eine Landbevölkerung von mehr als 1,5 Millionen Menschen leben muß. Klima und fruchtbare vulkanische Böden gestatten eine relativ intensive Nutzung mit Hilfe des traditionellen indianischen Chacra-Systems. Dabei werden Mais mit Bohnen und Kürbis zusammen auf einem Feld angebaut. Diese Kulturkombination liefert im jungen Stadium Gemüse, im ausgereiften Zustand Maismehl bzw. stark proteinhaltige Dauerfrüchte als Grundnahrungsmittel. Seitdem die Spanier den Weizen eingeführt haben, wird dieser im Fruchtwechsel mit den Chacra-Gewächsen kultiviert. Alle Feldarbeit wird von Hand ausgeführt, da die kleinen Betriebe allenfalls Geflügel und ein Schwein, aber keine Tiere zur Arbeitsleistung tragen. Trotz der Intensität des Anbaues läßt sich aber nicht übersehen, daß die Sierra übervölkert ist, zumal man noch die ungünstige Besitzstruktur in Rechnung stellen muß. 32% aller Betriebe haben weniger als 1, weitere 50% höchstens 5 ha zur Verfügung, während 1% jeweils mehr als 100 ha und zusammen über ein Viertel der gesamten Nutzfläche besitzen. Da aber diese großen Landgüter hauptsächlich aus Traditions- und Prestigegründen gehalten werden, liegt ihre Bewirtschaftung meist in Händen von Lehensleuten (Huasipungeros) oder auch von Kleinbauern, die sich als Halbpächter verdingen.

Daß dieses agrarsoziale System noch nicht explodiert ist, liegt wohl an der starken Abwanderung der Indianer, die entweder als Landarbeiter in die Costa oder als außerordentlich anspruchslose Kleinhändler in die kleineren und die größeren Städte ziehen. Beides ist nicht zuletzt wegen der guten verkehrsmäßigen Erschließung des Landes möglich. Hinsichtlich des Verkehrsnetzes ist Ecuador eines der am besten erschlossenen Länder Südamerikas. 1170 km des Pan American Highway (Carretera Interamericana) verbinden im Verlauf des aus der Inkazeit schon bekannten Camino Real (»Königsstraße«) die einzelnen Hochlandbecken und ihre von kolonialspanischen Baudenkmälern geprägten zentralen Orte. Quito (528 094 Einwohner), die Hauptstadt des Landes, erinnert durch seinen Namen an das indianische Quitu in der Kernlandschaft des Cara-Reiches. 1534 gegründet, war Quito bis in die Mitte des vergangenen Jahrhunderts die größte Stadt der Andenländer, ist aber dann durch das günstiger gelegene Guayaquil in seiner wirtschaftlichen Entwicklung gehemmt worden; wegen des relativ geringen Wachstums und trotz zahlreicher Erdbebenschä-

---

Ecuador
(República del Ecuador)

Präsidialrepublik mit Zweikammerparlament und Wahlrecht für alle über 18 Jahre alten Bürger (Wahlpflicht für Männer, außer Analphabeten); Wehrpflicht; Hauptstadt Quito (528 094 Ew.).

Fläche: 263 777 qkm (mit Galápagosinseln, 7812 qkm) – **Einwohnerzahl:** Etwa 6,50 Mill. (davon rund 36% städtische Bevölkerung) – **Bevölkerungsdichte:** 23 Ew./qkm – **Jährlicher Geburtenüberschuß:** 34‰ – **Größere Städte:** Guayaquil (794 301 Ew.), Cuenca (77 327 Ew.), Portoviejo (rund 48 000 Ew.), – **Bevölkerung:** Mestizen 29, Weiße 27, Neger und Mulatten 24, Indianer 20% u.a. – **Sprache:** Spanisch als Staatssprache; als Umgangssprache u.a. Ketschua – **Religion:** 90% Katholiken; 2500 Protestanten, 2000 Juden; Anhänger indianischer Naturreligionen – **Wichtige Ausfuhrgüter:** Bananen (50–55% des Exportwertes), Kaffee (15%), Kakao (11%), Zucker, Fischereiprodukte, Erdöl, Balsaholz, Reis

den hat es viel von seinem kolonialzeitlichen Reiz bewahrt.

Die Costa, das pazifische Tiefland Ecuadors, ist ein verhältnismäßig jung erschlossener, aber gegenwärtig stark expandierender Lebensraum. Am Ende der Kolonialzeit (1780) lebten hier nur 7% der Gesamtbevölkerung Ecuadors, 1962 dagegen fast 50% (2,5 Millionen). In der gleichen Zeit, da in der Sierra die Zahl der Bewohner auf das Fünffache stieg, wuchs sie im Tiefland um das Siebzigfache. Die Grundlage dafür bildete der Ausbau Niederecuadors zu einem Produktionsgebiet für tropische Agrarerzeugnisse für den Weltmarkt, die Erschließung von Erdölfeldern und die Ansiedlung von Konsumgüterindustrien beim Hafen Guayaquil. Die Costa Ecuadors nimmt geographisch eine Sonderstellung in ganz Südamerika ein. Es ist der einzige Raum mit erträglichem Tropenklima, der von See her leicht zugänglich und über Wasserwege (Río Guayas im Süden, Río Esmeraldas im Norden) gut aufgeschlossen ist. Außerdem weist er außergewöhnlich große klimatische Gegensätze auf: Auf dem äußersten Südzipfel der Halbinsel Santa Elena herrscht noch Halbwüste, während keine 300 km weiter nördlich schon der tropische Regenwald beginnt und an der Nordgrenze Niederecuadors mit jährlichen Regenmengen von 4000–5000 mm bereits jene Feuchteschwelle überschritten wird, die Leben und Wirtschaft erheblich erschwert. Im Zwischenraum zwischen der Wüste und dem Regenwald vollzieht sich der Übergang von der Trocken- über die Feucht- und Überschwemmungssavanne bis zum regengrünen und schließlich immergrünen tropischen Wald.

Für die Nutzung dieses Gebiets ist der Umstand entscheidend, daß im Bereich des Mittellaufes des Río Guayas schon tropischer Wald wächst, in dem der Kakaobaum wild vorkommt. Nach einer Phase der Sammelwirtschaft wurden ertragreichere Sorten von Trinidad eingeführt und planmäßig angebaut. Bis in die zwanziger Jahre entwickelte sich Ecuador zum größten Kakaolieferanten auf dem Weltmarkt; dann setzte die Hexenbesenkrankheit dem Boom und der Monokultur ein Ende. Zunächst wurde dem Kaffee, der am Kordillerenhang und im Küstenbergland gedeiht, größere Beachtung geschenkt und von 1930 an der Anbau von Bananen systematisch ausgeweitet. Heute sind Kakao, Kaffee und Bananen mit jeweils 160000–170000 ha Anbaufläche vertreten. Bananen machen mit 1,2 Millionen t jährlich rund 50% von Ecuadors Exporterlösen aus, während Kakao und Kaffee auf rund 10–15% kommen. Gerade für die Bananenausfuhr nach Übersee wirkt sich die günstige Verkehrssituation sehr vorteilhaft aus.

Hauptumschlagplatz für den gesamten Handel des Landes ist das geschäftige Guayaquil. 1537 angelegt, jedoch erst ab etwa 1870 zu seiner gegenwärtigen Bedeutung gewachsen, ist es mit rund 800000 Einwohnern Ecuadors größte Stadt und bildet mit seinen Handelshäusern und Banken und seiner Konzentration von Tabak-, Lebensmittel-, Textil-, Holz-, Chemie- und Kleineisenindustrie das wirtschaftliche Zentrum des Landes. Hier herrscht ein wesentlich höherer Lebensstandard als in den Landstädten der Sierra. Entsprechend stark ist die Zuwanderung von dort, und die Integrierung der Zuzügler erweist sich als sehr problematisch.

Das wechselfeuchte Küstenbergland um Manabí ist durch die Verflechtung von bäuerlich-agrarischer und gewerblicher Wirtschaft charakterisiert. In den Savannengebieten werden außer Nahrungsgewächsen (Mais, Bohnen, Hirse, Reis und Knollenfrüchten) vor allem Baumwolle sowie Zuckerrohr und Tabak angebaut, die z.T. in heimischen Industrien zur Verarbeitung kommen. Weltberühmtheit besitzen die Flechtwaren, insbesondere die als »Panamahüte« bekannten Strohhüte, deren beste Qualitäten vorwiegend in der Hausindustrie von Montecristi und Jipijapa hergestellt werden. Das Rohmaterial stammt von der Toquillapalme, die im Küstenbergland wild vorkommt.

Im äußersten Südwesten Niederecuadors, einer dürren Buschsavanne mit extensiver Viehzucht, liegen ergiebige Erdölfelder, die bereits seit der Jahrhundertwende ausgebeutet werden. Während in früheren Jahren ein großer Teil in den Export ging, wird heute die gesamte Förderung durch eine Raffinerie in La Libertad für den Inlandsbedarf aufbereitet. In den letzten Jahren sind im Gebiet von Lago Agrio im Urwald des Oriente neue Ölfelder entdeckt und erschlossen worden. Eine Pipeline zum Hafen Esmeraldas wurde Anfang der 70er Jahre gelegt. Bislang erfolgt die Nutzung des Erdöls noch durch konzessionierte amerikanische Konzerne. Erst 1970 wurde eine staatliche Petroleumgesellschaft ins Leben gerufen.

Trotz der im ganzen günstigen Ausstattung des Landes, trotz der guten ökonomischen Entwicklungsmöglichkeiten und trotz aufwendiger internationaler Stützung werden die wirtschaftlichen und politischen Schwierigkeiten Ecuadors von Jahr zu Jahr größer. Das Jahr 1970 brachte schwere soziale Unruhen in Form von Streiks und Studentenrevolten, die Auflösung des Parlaments, die Übernahme der Regierungsgewalt durch den Staatspräsidenten und damit die Diktatur, eine Abwertung der nationalen Währung um 28%, Importrestriktionen durch neue Einfuhrzölle, die Aufhebung des freien Devisenmarktes und als natürliche Folge einen Rückgang der in- und ausländischen Investitionen.

Kolumbien – von der Natur begünstigt, von Pionieren geprägt

Das 1138914 qkm große Kolumbien ist wegen seiner Lage beiderseits des meteorologischen Äquators und wegen der Auffächerung und Längsaufschließung des nördlichsten Teils der Anden ein Tropenland, in dem die klimatisch bevorzugten Lebensräume außergewöhnlich ausgedehnt sind und dementsprechend günstige Erzeugungsmöglichkeiten für tropische Weltmarktprodukte wie Kaffee, Bananen, Zuckerrohr, Kakao und Baumwolle bieten. Nicht zuletzt aufgrund dieser Naturgunst ist Kolumbien mit rund 19 Einwohnern/qkm das am dichtesten besiedelte unter den Andenländern, wobei zu berücksichtigen ist, daß riesige Areale im pazifischen und im amazonischen Vorland der Kordillere fast menschenleer sind. Wegen der genannten günstigen Umstände und trotz der relativ dichten Besiedlung ist Kolumbien aber auch dasjenige Anden-

---

Kolumbien
(República de Colombia)

Präsidialrepublik mit Zweikammerparlament und Wahlrecht für alle über 21 Jahre alten Bürger; Wehrpflicht; Hauptstadt Bogotá (2,51 Mill. Ew. mit Vororten).

Fläche: 1138914 qkm – **Einwohnerzahl:** Etwa 22,5 Mill. (rund 55% städtische Bevölkerung) – **Bevölkerungsdichte:** 19,0 Ew./qkm – **Jährlicher Geburtenüberschuß:** 32‰ – **Größere Städte:** Medellín (rund 1 Mill. Ew.), Cali (917600 Ew.), Barranquilla (640800 Ew.), Cartagena (318800 Ew.), Bucaramanga (315400 Ew.), Manizales (283500 Ew.) – **Bevölkerung:** Mestizen 46, Weiße 26, Neger und Mulatten 26, Indianer 2% – **Sprache:** Spanisch als Staatssprache; als Umgangssprachen indianische Idiome, z.B. Chibcha – **Religion:** 90% Katholiken; 100000 Protestanten, 10000 Juden – **Wichtige Ausfuhrgüter:** Kaffee (etwa 60% des Exportwertes), Erdöl, Bananen, Baumwolle, Zucker, Tabak, Platin, Gold

Das Wirtschaftsleben in Kolumbien

Legende:
- Staatsgrenze
- Hauptstraßen
- Haupteisenbahnen
- Schiffbarkeitsgrenze
- Erdölvorkommen
- Erdölleitung
- Smaragde
- Gold- und Platinseifen
- Bergbau (Kohle, Eisen, Salz)
- Viehzucht
- Vulkane
- Berge

land, in dem das Problem, Boden für schaffende Hände zur Verfügung zu stellen, noch am besten gelöst ist.

Kernstück des kolumbianischen Lebensraumes sind die West-, die Zentral- und die Ostkordillere, alles überdimensionale Mittelgebirgskörper, deren Gipfel normalerweise so hoch wie die höchsten Berge der Schweiz liegen (4500–4800 m). Der Zentralkordillere ist zudem im südlichen und im mittleren Drittel noch ein zusätzliches »Geschoß« aus etwa 1000 m hohen jungen, aktiven Vulkanen aufgesetzt. Auf der Breite von Medellín fiedern sich West- und Zentralkordillere in mehrere Einzelzüge auf. Die westlichsten ziehen als niedrige Bergländer entlang der karibischen Küste bis an den Fuß der Sierra Nevada de Santa Marta, die als nördlichster Eckpfeiler Südamerikas noch einmal bis in die Schneeregion aufragt. Die Ostkordillere ist etwas anders aufgebaut. Sie besteht aus zwei Randschwellen von 4000–5000 m Höhe, die zwischen sich eine Reihe von Hochbecken, sogenannte Sabanas, aufweisen. Diese Sabanas bieten ideale Voraussetzungen für Ansiedlung und Ackerbau. Zwischen den nördlichen Kordillerenästen liegen Aufschüttungsbuchten, in denen Kolumbien Anteil an den reichen Erdöllagern hat, die den Nordrand der Anden säumen.

Von den Aufschüttungsebenen im Norden, gehen zwei fast 1000 km lange, 40–60 km breite tektonische Gräben aus, in denen die in Nord–Süd-Richtung verlaufenden Stromfurchen des Río Cauca und des Río Magdalena ausgebildet sind, die die drei Hauptkordilleren voneinander trennen und den Gebirgskörper der Nordanden in einzigartiger Weise aufschließen, wenn auch durchgehender Schiffsverkehr wegen Schnellenstrecken im Mittellauf nicht möglich ist. Dabei ist aber die Aufschließung nicht nur verkehrsmäßig zu verstehen. Zunächst einmal vergrößern nämlich die Längsgräben aufgrund ihrer Länge und ihrer Tiefe (Sohlenhöhe unter 1000 m ü. d. M.)

die sonst in anderen Teilen der tropischen Anden nur an den Außenflanken vorhandenen, für die Umgestaltung zu Wirtschafts- und Lebensräumen aber außerordentlich wichtigen Gebirgssäume in der Tierra templada ausdehnungsmäßig auf das Mehrfache. Daß nahezu ein Achtel der gesamten Fläche Kolumbiens auf diese Stufe entfällt, ist eine der beiden entscheidenden naturgeographischen Voraussetzungen für den speziellen wirtschafts- und sozialökonomischen Charakter dieses Tropenlandes. Die andere ist die, daß an der Westseite Südamerikas der meteorologische Äquator 4 bis 5° nördlich des mathematischen verläuft. Daher erstreckt sich quer über Mittelkolumbien eine rund 300 km breite »äquatoriale Klimazone« mit ganzjährig ungefähr gleichmäßiger Niederschlagsverteilung, bei leichten Maxima zur Zeit der Tagundnachtgleichen. An sie schließt sich beiderseits die wechselfeuchte äußere Tropenzone an, wo mit wachsender Entfernung vom meteorologischen Äquator die Regenzeit während des Sommers der jeweiligen Halbkugel kürzer, die passatische »winterliche« Trockenzeit immer länger wird. Im Süden Kolumbiens bleibt es bis zur Grenze gegen Ecuador so feucht, daß mit Ausnahme eng

Stein-Idol, Kolumbien

begrenzter Bereiche an den Oberläufen von Río Cauca und Río Magdalena überall noch immergrüne tropische Wälder gedeihen. Nach Norden reichen diese ungefähr bis zum Abschwung der West- und der Zentralkordillere unter das Aufschüttungstiefland bzw. bis zum Südteil des Maracaibobeckens. Erst weiter polwärts – also nach Norden bzw. Süden – schließen sich die wechselfeuchten Tropen mit den entsprechenden Vegetationsformationen an.

Die kolumbianischen Hauptkordilleren sind also von Natur aus fast auf ihrer ganzen Erstreckung feuchttropische Waldgebirge, und der obenerwähnte Gunstbereich, der im Gebirgssaum der Tierra templada gegeben ist, unterliegt demnach keiner Nutzungseinschränkung infolge mangelnder Feuchtigkeit. Er stellt klimatisch nicht nur ein ideales Anbaugebiet für Zuckerrohr und Kaffee dar, sondern auch für Mais, tropische Fruchtbäume und Knollengewächse.

Auch das höhere Gebirgsstockwerk, die kühl-gemäßigte Tierra fría, die flächenmäßig annähernd ein weiteres Achtel des kolumbianischen Territoriums umfaßt, ist klimatisch günstiger als die Sierra in Perú oder in Bolivien. Zu ihr gehören vor allem die Sabanas der Ostkordillere. Mit einer durchschnittlichen Höhe von 2800 m liegen sie noch tief genug, daß bei der ganzjährig vorhandenen Feuchte zwei Ernten von Weizen oder anderen außertropischen Nahrungsgewächsen eingebracht werden können.

Tierra templada und Tierra fría beherbergen ungefähr 80% der kolumbianischen Gesamtbevölkerung – weitere 15% leben in den Berg- und Hügelländern entlang der Pazifikküste und im oberen Caucatal – und den weitaus größten Teil der rund 1,2 Millionen landwirtschaftlichen Betriebe. Dabei unterscheidet sich Kolumbien von den übrigen Andenländern in agrarsozialer Hinsicht dadurch, daß erstens die Landnot wesentlich geringer ist als sonstwo und zweitens das Mißverhältnis zwischen wenigen Großbetrieben (6900 mit mehr als 500 ha) einerseits und einer Riesenzahl von Kleinstanwesen (756 000 mit weniger als 5 ha) andererseits wegen einer relativ beträchtlichen Zahl (ungefähr 400 000) von Klein- und Mittelbetrieben mit 5–200 ha weniger kraß ist. Interessanterweise gibt es dabei deutliche regionale Unterschiede; sie spiegeln den wechselnden Einfluß des kolonialspanischen Erbes wider, der wiederum auch naturgeographische Hintergründe hat. Die Konquistadoren hatten sich zunächst im Norden an der karibischen Küste und im Süden, von Quito herkommend, im Becken von Popayán und im oberen Caucatal festgesetzt und hier die in allen spanischen Kolonien praktizierte Landaufteilung in riesige, vor allem der Viehzucht dienende Latifundien vorgenommen. Die schwerer zugänglichen Bergländer an den Flanken der drei Hauptkordilleren blieben außerhalb ihres direkten Interesses und Wirtschaftseinflusses. Heutzutage sind aber diese Gebirgsregionen, vor allem die Innenflanken der in Nord–Süd-Richtung verlaufenden Stromfurchen, Schwerpunkte agrarischer Siedlung und Wirtschaft. Der gesamte Kaffeeanbau, der auf mehr als 800 000 ha 24% der Kulturfläche Kolumbiens einnimmt, 28,9% des Gesamtwertes der landwirtschaftlichen Produktion darstellt und mit 340–350 Millionen US-Dollar über 60% der kolumbianischen Exporterlöse einbringt, wird in diesen Bergländern kultiviert.

Der Schwerpunkt des Kaffeeanbaues liegt heute auf beiden Flanken der vulkanbesetzten Zentralkordillere und auf dem Ostabfall der Westkordillere. Dies ist das Siedlungsgebiet der Antioqueños, das in seiner historischen Entwicklung ein überaus lehrreiches und für die tropischen Andenländer einmaliges Beispiel erfolgreicher, aus eigener Kraft der Bevölkerung getragener Binnenkolonisation darstellt.

Die Antioqueños als Träger der Bewegung sind eine Mischlingsbevölkerung, die sich seit dem 17. Jahrhundert im Umkreis der heutigen Stadt Medellín, im schwer zugänglichen Gebirgsland der nördlichen Zentralkordillere, aus den einheimischen Indianern, einigen Tausend importierten Negersklaven und goldsuchenden Einwanderern aus Spanien und anderen Ländern Europas herausgebildet hat. Entscheidend für die gesellschaftliche und ökonomische Entwicklung dieser Bevölkerungsgruppe war es, daß sie abseits des administrativen und gesellschaftsformenden Einflusses der spanischen Kolonialherren heranwuchs. Die Antioqueño-Gesellschaft war somit von Anfang an nicht mit der Bürde des agrarsozialen Gegensatzes zwischen einflußreichen Latifundienbesitzern und in Unmündigkeit und Abhängigkeit gehaltenen Landarbeitern oder Kleinstbauern belastet, wie er andernorts in Kolumbien und in den übrigen Andenländern z. T. bis heute anzutreffen ist.

Die Kolonisationsbewegung der Antioqueños ist von Mittel- und Kleinbauern getragen worden. Diese und die später aus ihren Reihen erwachsenen Unternehmer sind in Kolumbien als »Trabajadores«, als hart arbeitende, zielstrebige Erfolgsmenschen bekannt. Mit ein Grund für den Aufstieg der Antioqueños war und ist ihre geradezu atemberaubende Fruchtbarkeit. Während 1835 die 158 000 Antioqueños noch 10% der Gesamtbevölkerung Kolumbiens ausmachten, stellen sie heute, nach einer Zunahme von 4 Millionen in 130 Jahren, etwas über 24%. Sie haben sich bereits im Laufe des 19. Jahrhunderts alle 28 Jahre verdoppelt, eine Rate, die normalerweise von lateinamerikanischen Völkern erst heute, nach der medizinisch-hygienischen Revolution um die Jahrhundertwende, erreicht wird. Im 19. Jahrhundert hatte jede Antioqueña durchschnittlich neun Kinder; gegenwärtig sind es immerhin noch sieben. Die Antioqueños hatten am Ende des 18. Jahrhunderts im Nordteil der heutigen Provinz Caldas mit der Landnahme begonnen, indem sie sich auf zwar besitzrechtlich vergebenen, praktisch aber ungenutzten Ländereien als Kolonisten Selbstversorgungswirtschaften gründeten und nachträglich als »arme Vasallen« von den Behörden die Besitztitel für das bearbeitete Land erbaten oder auch erkämpften. Auf diesem Wege konnten sie im Laufe der vergangenen 150 Jahre ihren Siedlungsraum etappenweise um fast 300 km nach Süden ausdehnen, bis an den Rand der Stadt Cali, der kolonialspanischen Hochburg im oberen Caucatal.

Die Stoßrichtung der Landnahme folgte in charakteristischer Weise der Klimastufe der Tierra templada; der wirtschaftliche Erfolg wurde vom Klima und von außergewöhnlich fruchtbaren Böden ermöglicht. Einerseits mieden die Siedler aus guten Gründen die heißen, malariagefährdeten Hügelländer der Tierra caliente am Fuß der Kordillere, andererseits aber blieben sie bergwärts mit ihren Brandrodungskulturen stets innerhalb der Tierra templada, in der noch zwei Maisernten im Jahr und die Kultur von Yucca und Zuckerrohr sowie anderen tropischen Früchten möglich sind. So konzentrieren sich die Streusiedlungen der Bauern und die regelmäßig auf luftigen Bergspornen angelegten kleinen Landstädtchen der Antioqueños auf den Höhenabschnitt zwischen 1000 und 2500 m auf beiden Flanken der Zentralkordillere und auf dem Ostabfall der Westkordillere. Da diese Bereiche gleichzeitig bis in die Gegenwart hinein von den Aschen- und Staubablagerungen der Vulkanausbrüche eingedeckt und so mit einem jungen, mineralreichen Bodensubstrat ausgestattet worden sind, können anstelle der normalerweise in dieser tropischen Bergstufe unumgänglichen Wald-Feld-Wechselwirtschaft mit ihrem ungleich größeren Flächenbedarf intensiv genutzte Dauerfelder und -kulturen angelegt werden.

Der Vorteil zeigte sich besonders nach 1880, als die Siedler in ihre Selbstversorgungswirtschaft zunächst Kaffee als zusätzliches Marktprodukt aufnahmen und später mit zunehmender Nachfrage ihre ganze Wirtschaft mehr und mehr auf Kaffee als Hauptanbauprodukt umstellten. Während andernorts über nichtvulkanischem Untergrund Kaffeepflanzungen spätestens nach 20–25 Jahren wegen Erschöpfung der Böden aufgegeben und auf frisch gerodeten Flächen neu angelegt werden müssen, tragen die vulkanischen Aschen in Zentralkolumbien nun schon mehrere Generationen von Kaffeesträuchern, ohne daß sich ein Ertragsrückgang andeutet. Rund 70% der gesamten kolumbianischen Kaffeeproduktion kommen heute von den beiden Flanken der Zentralkordillere und vom Ostabfall der Westkordillere, also dem Siedlungsgebiet der Antioqueños. Der besondere Charakter des kolumbianischen Kaffees, seine Milde gegenüber dem oft etwas herben oder gar bitteren brasilianischen

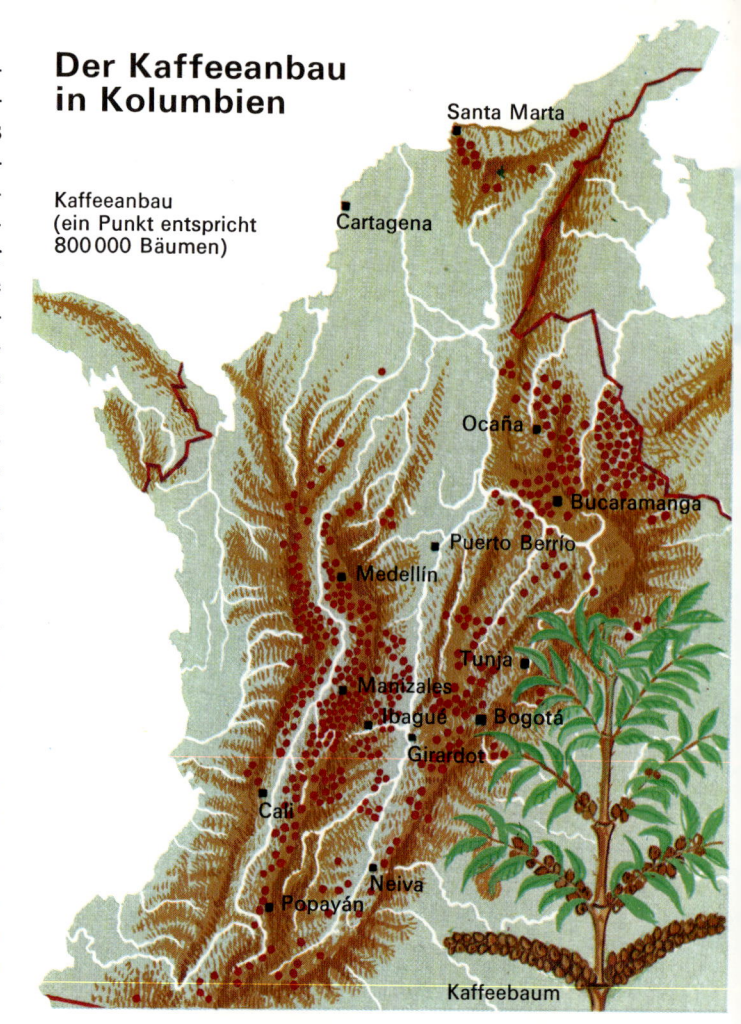

Der Kaffeeanbau in Kolumbien

Kaffeeanbau (ein Punkt entspricht 800 000 Bäumen)

Santa Marta
Cartagena
Ocaña
Bucaramanga
Puerto Berrío
Medellín
Tunja
Manizales
Ibagué   Bogotá
Girardot
Cali
Neiva
Popayán

Kaffeebaum

und die daraus resultierende Konkurrenzfähigkeit auf dem Weltmarkt hängen eng mit Kultivierungsmethoden und Aufbereitungsverfahren zusammen, die ihrerseits auf geographischen Gegebenheiten beruhen und Folgen der Besitz- und Betriebsstrukturen sind. Die Aufbereitung der Kaffeekirschen zum exportfähigen Rohkaffee (Entfernen des Fruchtfleisches, Fermentieren, Enthäuten und gegebenenfalls Polieren) verlangt Techniken, die zur Entwicklung von entsprechenden Maschinen und Geräten sowie eines Gewerbes zu deren Herstellung und Bedienung geführt haben. Sammeln, Lagerung, Aufbereitung und Ausfuhr des Kaffees haben Handel, Bank-, Kredit- und Transportwesen belebt und so die jüngere und jüngste Fortentwicklung des Lebensraumes der Antioqueños ermöglicht: die Industrialisierung. Sie ist ebenso erfolgreich gewesen wie die agrarische Kolonisierung. Beginnend mit bescheidenen Maschinen- und Textilwerken auf der Basis von Wasserkraft am Ende des vergangenen Jahrhunderts, hat sich, stimuliert von der Isolierung während der beiden Weltkriege, nach und nach im Becken von Medellín ein Industriegebiet entwickelt, das namentlich die wichtigsten Textil- und Kleiderwerke des Landes umfaßt. Wertmäßig großen Anteil hat noch die Nahrungsmittel- und Getränkeindustrie. Rund 1,5 Millionen Menschen leben im Gebiet um Medellín. Die technische Hochschule und die drei Universitäten der Stadt sind hinsichtlich der Beschäftigten auch schon zu Großunternehmen herangewachsen.

Der andere Wirtschaftsschwerpunkt Kolumbiens – mit fast einem Drittel der Gesamtbevölkerung – liegt im mittleren Teil der Ostkordillere. Es ist eigentlich die historische Kernlandschaft des Staates: die Sabana von Bogotá. Hier hatte in präkolumbischer Zeit das Kulturvolk der Muisca sein Hauptsiedlungsgebiet und das politische Zentrum seines bedeutenden

Reiches. Hierher hatten sich denn auch in den dreißiger Jahren des 16. Jahrhunderts gleich drei Konquistadoren auf den Weg gemacht: Gonzalo Jiménez de Quesada von den Stützpunkten an der karibischen Küste ausgehend, Sebastián Belalcázar von Quito kommend und Nikolaus Federmann als Feldhauptmann der Welser von deren Niederlassungen in Venezuela her. Quesada gründete 1538 Santa Fe de Bogotá, das zunächst Zentrum kolonialspanischer Macht wurde und sich später auf dieser historischen Basis, trotz der ungünstigen Verkehrsverbindungen zu den übrigen Teilen des Landes und zu den Häfen, zum geistigen, politischen und auch wirtschaftlichen Zentrum des modernen Kolumbiens entwickelte, wobei aber gleich hinzugefügt werden muß, daß im Falle von Bogotá (rund 2,5 Millionen Einwohner) das Übergewicht im Hinblick auf Bevölkerung, Wirtschaftskapazität, politische Bedeutung und Lebensstandard gegenüber anderen Städten des Landes, etwa Cali, Medellín und Barranquilla, wesentlich weniger kraß als bei den Hauptstädten der übrigen Andenländer.

Die Böden der Hochbecken der Ostkordillere sind lückenlos ausgenutzt von relativ großen, aber doch intensiv bewirtschafteten Betrieben, die aus der kolonialspanischen Zeit überkommen sind. Sie betreiben den Anbau von außertropischen Nahrungsgewächsen wie Weizen, Gerste, Kartoffeln, Futtermais oder Gemüse und halten daneben große Herden hochwertigen Milch- oder Fleischviehs zur Versorgung der nahen Millionenstadt.

Für die moderne Wirtschaftsentwicklung hat die Tatsache eine maßgebliche Rolle gespielt, daß der geologische Untergrund der Ostkordillere Lagerstätten von Steinsalz und Kalk, vor allem aber von Eisenerz und verhüttbarer Kohle aufweist. Kolumbien hat unter allen Ländern Lateinamerikas die größten Steinkohlenvorkommen (etwa 13 Milliarden t) und den intensivsten Steinkohlenabbau (rund 3 Millionen t jährlich). Die Lager der Ostkordillere sind ausgenutzt worden, um in Paz de Río (bei Socorro) ein Eisen- und Stahlwerk mit einer Jahreskapazität von 200 000 t zu errichten (ein zweites kleines Hüttenwerk steht in Medellín), an das sich weiterverarbeitende Industrie (Draht, Bleche, Gußeisen, Maschinen) angeschlossen hat. Zum Unterschied davon sind in Bogotá vor allem Nahrungsmittel- und pharmazeutische Industrie sowie ein Teil der Bekleidungsindustrie ansässig. Insgesamt hat die Industrie bei starker ausländischer Kapitalbeteiligung nach 1945 mit jährlichen Wachstumsraten von 4–8% einen raschen Aufschwung genommen und ist mit 10% der Beschäftigten und 19% des Sozialprodukts ein wesentlicher Faktor für die relativ günstige Wirtschaftssituation Kolumbiens. In diesem Zusammenhang muß aber wohl als die entscheidende Tatsache angesehen werden, daß – anders als z. B. in Chile oder in Perú – an der Erwirtschaftung der im Außenhandel dominierenden Produkte Kaffee, Baumwolle, Zucker und Bananen breite Bevölkerungsschichten beteiligt sind, die dank der dabei erzielten Einkünfte wieder über eine relativ große Kaufkraft zur Abnahme der einheimischen Industrieerzeugnisse verfügen. Daraus ergibt sich eine verhältnismäßig ausgewogene Sozialstruktur.

Aber Kolumbien hat auch sein spezielles gesellschaftspolitisches Problem lateinamerikanischer Prägung. Es ist der Kampf der Liberalen und der Konservativen um die Macht im Staate, ein Kampf, bei dem nicht nur politische Mittel, sondern auch Gewalttätigkeiten an der Tagesordnung sind. Seit vielen Jahrzehnten teilt diese Konfrontation die Kolumbianer in zwei Lager. Zu Zeiten erhöhter Spannung nimmt sie Formen eines versteckten Bürgerkrieges an wie zuletzt 1948 bis 1958, während der »Violencia« (etwa mit »Zeit der Gewalt« zu übersetzen), der schätzungsweise 400 000 Menschen zum Opfer fielen.

Zwar hatten die beiden Parteien seit 1958 eine verfassungsmäßig verankerte Koalition mit wechselnder Präsidentschaft, aber Splittergruppen und neue Guerilleros führen in manchen Provinzen die bewaffneten Auseinandersetzungen bis heute fort. Besonders betroffen sind gegenwärtig die Gebiete, in denen sich die agrarsoziale Spannung zwischen Großgrundbesitzern und landsuchenden Kleinbauern erhalten hat. Es sind die bis heute noch dünn bevölkerten tropischen Gebiete der Zuckerrohrplantagen und Viehzuchthaziendas im oberen Caucatal, der Tabakfarmen und Viehzuchtstationen im Magdalenatal, außerdem die weiträumig durch Weidewirtschaft genutzten Überschwemmungssavannen des Binnendeltas von Río Cauca und Río Magdalena mit den anschließenden Hügelländern des karibischen Nordens. Intrusos (»Eindringlinge«) sickern in die Großländereien ein und erkämpfen sich ihren Anteil am wichtigsten Produktionsgut, dem Boden. Zwar stehen in Kolumbien noch viele Hunderttausende von Hektar an unbewohnten und ungenutzten Wald- und Savannengebieten für planmäßige Kolonisation zur Verfügung, aber sie liegen im sehr schlecht erschlossenen östlichen Tiefland, abseits der traditionellen Lebensräume.

Der Chocó, das pazifische Tiefland auf der Westseite der Anden, hat bei Jahresniederschlägen von normalerweise 3000–4000 mm, in manchen Gebieten aber 7000–8000 mm sowie permanenter Hitze und Schwüle ein Klima, das vom Menschen schlecht zu ertragen ist. Im Norden, am Golf von Urabá, sind zwischen 1963 und 1967 rund 14 000 ha Bananenpflanzungen von Neusiedlern angelegt worden. 1966 wurden bereits 186 000 t Bananen über den kleinen Hafen Turbo am Golf von Darién verschifft und damit die Exporte aus dem »klassischen« Anbaugebiet um Santa Marta übertroffen, nachdem dort die Hexenbesenkrankheit einen großen Teil der Bananenplantagen zerstört hatte. Im weiter südlich gelegenen Tiefland sind Siedlungen auf agrarischer Basis nur von den Nachkommen der Neger angelegt worden, die in der Kolonialzeit zum Betrieb der spanischen Goldminen ins Land gebracht worden waren. Viele Neger beschäftigen sich auch heute noch mit der Goldwäscherei in den Ablagerungen der Flüsse, die aus der Kordillere kommen. Im großen Stil und unter Anwendung moderner technischer Hilfsmittel arbeiten drei ausländische Gesellschaften die Schotterpakete des Río Telembi durch und fördern dabei jährlich um 8000 kg Gold und 14 000 Unzen Platin. Siedlungsschwerpunkt im pazifischen Tiefland ist die nicht gerade attraktive Stadt Buenaventura, deren Hafen sich nach Fertigstellung der Bahnlinie und der Straße von Bogotá her zum wichtigsten ganz Kolumbiens entwickelt hat; mehr als die Hälfte der Ein- und Ausfuhren des Landes werden über ihn abgewickelt.

Carter, William E.: Aymara Communities and the Bolivian Agrarian Reform. *(In: Univ. Florida Monographs.) Gainesville 1964. – Deutsche Überseeische Bank:* Wirtschaftsbericht über die lateinamerikanischen Länder sowie Spanien und Portugal. *Hamburg 1970. – Monheim, F.:* Junge Indianerkolonisation in Ostbolivien. *Braunschweig 1965. – Monheim, F.:* Zur Entwicklung der Peruanischen Agrarreform. *(In: Geographische Zeitschrift) Wiesbaden 1973. – Parsons, J. J.:* Antioqueño Colonisation in Western Colombia. *Berkeley 1968. – Portes, A.:* Los grupos urbanos marginados: nuevo intento de explicación. *(In: APORTES, Nr. 18.) Paris 1970. – Weischet, W.:* Chile. Seine länderkundliche Individualität und Struktur. *Darmstadt 1970. – Mehrere Verf.:* Mittel- und Südamerika. *(In: Meyers Kontinente und Meere.) Mannheim 1969.*

Otto Zerries

Versunkene Kulturen in Zentral- und Südamerika

Die Azteken

Als die spanischen Konquistadoren unter Hernán Cortés 1519 in der Nähe des späteren Veracruz mexikanischen Boden betraten, fanden sie weite Gebiete des nördlichen Zentralamerikas und Mexicos dem überaus kriegerischen Aztekenstamm der Nahua unterworfen oder mit ihm verbündet vor. So begegneten die Spanier noch anderen Volksstämmen, zunächst, bei ihrer Landung, den friedfertigen Totonaken an der Golfküste, die schwer unter den Tributforderungen der Azteken zu leiden hatten und daher willig die Träger für Cortés' Zug gegen ihre Bedrücker im Hinterland stellten. Die alten Einwohner der Hochbecken von México (gemeint ist Ciudad de México), Puebla und Toluca (heute Toluca de Lerdo), die Otomí, waren von den Nahua nach Norden verdrängt worden, bildeten jedoch noch, mit Nahua vermischt, die Bevölkerung der Stadt Tlaxcala (heute Tlaxcala de Xicoténcatl), des erbitterten Widersachers der Azteken und nunmehr willkommenen Bundesgenossen der Spanier, mit deren Hilfe schließlich im Jahre 1521 die Eroberung der aztekischen Hauptstadt Tenochtitlán, die dem Erdboden gleichgemacht wurde, und die Zerschlagung des aztekischen Machtbereiches gelangen.

Von der faszinierenden Kultur der Azteken und verwandter Völker, ihrer Kunst und Religion haben uns zeitgenössische Berichte, indianische Dokumente und archäologische Funde ein anschauliches Bild hinterlassen. Damals wie heute war auf dem mexikanischen Hochland der Mais das Hauptnahrungsmittel, dessen Anbau man durch Bewässerung, Düngung und Terrassierung intensivierte, während man in den Küstenebenen Brandrodungsfeldbau betrieb und neben Mais auch tropische Knollenpflanzen wie Maniok und Bataten sowie Fruchtbäume, insbesondere Palmen, kultivierte. An den sumpfigen Ufern von Xochimilco im Süden des Texcocosees gedieh einst wie jetzt der Gartenbau auf den Chinampas, inselartigen, umpfählten und durch schmale Kanäle getrennten Beeten.

Die Maiskörner wurden gekocht, auf dreibeinigen Mahlsteinen zerquetscht und meist auf flachen Tonplatten zu Fladen verbacken. Die wichtigste Fleischspeise lieferte der als Haustier gehaltene, in Amerika heimische Truthahn. Das Getränk der Vornehmen bildete der ebenfalls neuweltliche Kakao; von gegorenen Getränken kannte man bereits den Pulque, einen Wein aus Agavensaft. Die im Grundriß rechteckigen Häuser der einfachen Bevölkerung, zumal auf dem Lande, hatten meist Wände aus luftgetrockneten Ziegeln und Dächer aus Stroh- oder Palmblättern. Die Maisscheuern waren vielfach hohe Tonurnen mit Strohdach oder riesige viereckige Kästen aus Stabwerk zwischen senkrechten Pfosten. Ein weiterer Bestandteil des Gehöftes war das Schwitzhaus, meist ein backofenförmiger Bau aus Ziegeln oder Steinen. Die Stadtsiedlung umfaßte auch steinerne Häuser, die meist auf Terrassen standen. Die Gebäude der Hauptstadt Tenochtitlán, des heutigen Ciudad de México, waren, wie die Venedigs, auf Inseln und Pfahlrosten im Texcocosee errichtet, durch Kanäle voneinander getrennt und im Norden, Westen und Süden durch Dämme mit dem Ufer verbunden. Die Paläste waren niedrig – höchstens zweistöckig – und mit flachen Balkendächern versehen. In Tenochtitlán umschlossen die Paläste der Herrscher außer den im Innern reich ausgestatteten Wohnräumen noch Gerichtshallen, Arsenale, Magazine, Archive, Werkstätten, Menagerien und Lustgärten. Den Hausrat bildeten Kalebassen und Holzschalen, geflochtene Deckelschachteln und Körbe, Töpfe und Steingefäße. Vor allem die Töpferei stand auf einer hohen Stufe; andere wohlentwickelte Handwerkszweige waren Stein-, Gold- und Federbearbeitung. Man bevorzugte noch immer Steingeräte, nachdem bronzene und kupferne Werkzeuge erst ziemlich spät, aber noch vor der Ankunft der Spanier von Perú her eingeführt worden waren. Das Eisen war wie im übrigen vorkolonialen Amerika völlig unbekannt. Die schon früher von den Hochkulturländern im Südosten übernommene Goldverarbeitung stand dagegen in hoher Blüte, nur noch von der Steinschneidekunst übertroffen, die meist hell- oder dunkelgrüne Steine (Jade, Jadeite usw.) zu selbständigen Schmuckstücken oder Inkrustationen in Holz verwendete. Höhepunkt der Kunstfertigkeit aber stellte die Federmosaik-Technik dar, die, ebenso wie die Papierfabrikation aus Agavenfasern und Feigenbast, noch bis in die Kolonialzeit hinein geübt wurde. Obwohl sich keinerlei Erzeugnisse der Weberei erhalten haben, stand diese zweifellos auf der gleichen hohen Stufe wie im alten Perú, was Abbildungen, Schilderungen und die heutige indianische Textilkunst in Mexico beweisen. Das Material war in der Hauptsache Baumwolle, die besonders an der Golfküste angebaut wurde. Zur Männertracht gehörte ein Durchziehschurz und eine Schulterdecke, die Frauen trugen Röcke und eine Art Poncho. Vielfältig war der Gesichtsschmuck, der in Lippe, Ohr und Nase getragen wurde. Reichhaltig war auch der Federschmuck, dessen verschiedene Formen vielfach zivile und militärische Rangabzeichen darstellten. Die Mehrzahl all dieser Dinge war nur durch ausgedehnten Handel zu erlangen. Dieser lag in den Händen des wagemutigen und angesehenen aztekischen Kaufmannsstandes, dessen Trägerkarawanen die großen Märkte des Landes beschickten. Als Geld dienten Kakaobohnen und Goldstaub in Federkielen.

Die aztekische Herrschaft beruhte auf dem Bund der drei Stadtstaaten Tenochtitlán, Texcoco (heute Texcoco de Mora) und Tlacopán im Hochbecken von México, die jeweils eigene Verwaltung und eigenes Territorium besaßen. Jedoch hatten bei der Wahl des keineswegs absolut regierenden Herrschers eines jeden Stadtstaates auch die beiden anderen Herrscher Sitz und Stimme. Diese Wahl wurde von der großen Ratsversammlung der Clan-Häupter vorgenommen, dem obersten Gremium, das auch über Krieg und Frieden entschied. Der aztekische Stadtstaat war auf einer Sippenverfassung aufgebaut; die einzelnen Sippen waren gleichzeitig lokale Gruppen, die das Land in Gemeinbesitz hatten. Von den gewöhnlichen Sippenmitgliedern hob sich eine privilegierte Adelsschicht ab, während Hörige und Sklaven mindere Rechte besaßen. Die Sklaven wurden größtenteils von Kriegsgefangenen gestellt, die man fast ausnahmslos früher oder später den Göttern opferte. Häufig wurden Kriege nur zu dem Zweck geführt, Opfersklaven zu erlangen. Die wichtigste Waffe der aztekischen Krieger war eine hölzerne Flachkeule mit seitlich angekitteter Obsidianschneide, gegen die man sich durch Wattepanzer aus Baumwolle schützte. Die Geburt eines Kindes galt gleichbedeutend mit der Erbeutung eines Gefangenen in der Schlacht, und die im Kindbett gestorbene Frau war dem gefallenen Krieger ebenbürtig. Das Schicksal der Totenseele richtete sich nach der Todesart. So wurden die Seelen der toten Krieger zu Sternen am Nachthimmel, ihre Körper aber wurden wie die der »gewöhnlichen« Toten verbrannt. Den höchsten Gott nannte man »Herr unseres Fleisches«, da er bei der Geburt die Kinderseele aus dem obersten Himmel zur Erde schickte. Als Name des Kindes wurde u. a. der eines Tieres gewählt, da man an die Schicksalsgemeinschaft des Menschen mit einem bestimmten Tier, seinem Nagual oder »anderen Ich«, glaubte. Der »Herr unseres Fleisches« bedurfte keiner besonderen kultischen Verehrung; diese erfuhr an seiner Stelle der Sonnengott Tonatiuh. Als Sonnengottheit wurde auch Huitzilopochtli, der Stammesgott der Azteken von Tenochtitlán, aufgefaßt. In den Götterhimmel der Azteken sind auch ältere Gottheiten des mexikanischen Hochlandes aufgenommen worden, so der Regengott Tlaloc, dessen Tempel neben dem Huitzilopochtlis auf der Hauptpyramide von Tenochtitlán gestanden hat. Die typische aztekische bzw. mexikanische Kultstätte war eine Stufenpyramide mit Freitreppe und Plattform; letztere trug den Tempelschrein, der das Götterbild barg. Die Pyramide war ein Abbild des als Berg gedachten Himmels, und ihre Stufen entsprachen den neun oder dreizehn Himmelsschichten. Auf der Plattform vor dem Tempel stand der Opferstein, über den man den zu opfernden Kriegsgefangenen rückwärts beugte, so daß der Opferpriester mit einem Steinmesser die Brust öffnen und das Herz herausreißen konnte, das in eine steinerne Schale gelegt wurde. Herz und Blut dienten zur Ernährung der Sonnengötter, da die Azteken von dem Glauben erfüllt waren, die Sonne bedürfe dieser Art Stärkung, um ihren Lauf fortsetzen zu können, wie überhaupt der Mensch mit dem eigenen Leben für die Erhaltung des Kosmos eintreten müsse. Bei den Festen der Erd- und Vegetationsgötter erschien der zu Opfernde als Stellvertreter des Gottes, der getötet werden mußte, um verjüngt zu werden. So wurde beim Kultdrama im Rahmen des Frühlingsfestes, das zur Zeit der Aussaat im Februar oder im März stattfand, einem Opfersklaven als dem irdischen Repräsentanten des Gottes Xipe-Totec, »Unseres Herrn des Geschundenen«, nachdem er durch Ausreißen des Herzens getötet worden war, die Haut abgezogen und einem jungen Priester übergelegt, der nunmehr die Rolle des Gottes übernahm. Xipe-Totec galt als die Verkörperung der jungen Erde im Frühling: Wie sich diese nach dem ersten Regen mit frischer Vegetation bedeckte, so mußte auch der Gott oder sein menschlicher Stellvertreter sich in eine neue Haut kleiden. Selbst die Spiele hatten meist kultischen Charakter, so das Ballspiel, bei dem der Ballspielplatz den Himmel, der fliegende Kautschukball, der nicht mit den Händen berührt werden durfte, die Sonne darstellte. Die vielfältigen Kultformen neben den dazugehörigen Mythen sind in einem Teil der erhalten gebliebenen Kodizes – Faltbücher aus Pergament (Hirschleder) oder Papier aus Agavenfasern – in einer Art Bilder- bzw. Ideenschrift interpretiert. Diese Schrift wurde ebenso wie die auf Himmelsbeobachtung und Zahlenmystik beruhende Wissenschaft von der Zeitrechnung in den Priesterschulen gelehrt. Zur Bezeichnung der Tage dienten zwei fortlaufend miteinander verbundene Reihen von zwanzig Symbolen und die durch Punkte ausgedrückten Zahlen von eins bis dreizehn.

*Totentuch, Paracaskultur ·
Gewebeborte mit eingestickter
Dämonendarstellung der
Paracas-Necropolis-Phase
um 900 v. Chr.–200 v. Chr.*

Daraus ergab sich ein Priesterjahr von 260 Tagen und ein Zyklus von 52 Jahren, nach dessen Ablauf man Welterneuerungsfeiern beging, zu denen auch die Überbauung der Tempelpyramiden gehörte. Daneben aber rechnete man zur Zeit des Spaniereinfalls auch nach dem Sonnenjahr, das in achtzehn Abschnitte zu zwanzig Tagen sowie fünf überschüssige und daher unheilvolle Tage eingeteilt war.

Die aztekische Kultur ist jedoch nur die letzte und bekannteste der altmexikanischen Zivilisationen gewesen. Sie blühte bis zu ihrem Untergang nur etwa 150 Jahre, nachdem sie ein reiches Kulturerbe von ihren z. T. verwandten Vorgängern im gleichen geographischen Raum übernommen hatte. Letzteren bezeichnet man in neuerer kulturgeschichtlicher Terminologie als Mesoamerika. Er umfaßt in großen Zügen außer dem präkolumbischen Mexico noch das Gebiet der alten Mayavölker in Guatemala und den angrenzenden Ländern. Schon im 1. Jahrtausend v. Chr. kannte man die für Mesoamerika späterhin so charakteristischen Tempelstädte mit kultischen Mittelpunkten in Form abgestumpfter Pyramiden, die Tempel oder Paläste trugen. Das wichtigste Zentrum dieser Art war das in der Ebene von Tabasco an der südöstlichen Golfküste gelegene La Venta, dessen Kultur, die nach ihm benannte La-Venta-Kultur, als Wiege der meisten in der klassischen Periode von 300 bis 900 n. Chr. sich unter lebhaften gegenseitigen Beziehungen regional herausbildenden und teilweise einander ablösenden mesoamerikanischen Kulturen angesehen wird. In Mexico war dies die Zivilisation der eingangs erwähnten Totonaken und ihrer Vorfahren an der mittleren Golfküste sowie die der Huaxteken an der Nordküste des Golfes von Mexico; im Westen der Landbrücke, an der Pazifikküste, entstand eine sehr eigenwillige Kultur, die man mit dem Volk der Tarasken in Verbindung bringt, das sich dort zur Zeit der spanischen Eroberung zäh gegen die Azteken behauptete.

Das Hochland von Oaxaca war der Lebensraum der Zapoteken und der Mixteken mit ihrem sakralen Mittelpunkt, Monte Albán. Im mexikanischen Hochland blühte und verfiel das religiöse Zentrum von Teotihuacán, dem »Ort, wo Götter wohnen«. Es machte den Tolteken von Tula Platz, deren Tradition die Chichimeken und schließlich die Azteken fortsetzten.

Die Maya in Guatemala und Yucatán

Die La-Venta-Kultur ist auch auf vielfache Weise mit dem großartigen Aufstieg der klassischen Maya-Kultur in den ersten Jahrhunderten unserer Zeitrechnung verbunden. Die Maya saßen im tropischen Tiefland von Guatemala, vor allem im Departement Petén, und im benachbarten mexikanischen Staat Chiapas. Man hat die alten Mayavölker auch die »Griechen der Neuen Welt« genannt,

Die Verbreitung der altamerikanischen Reiche

- Heutige Staatsgrenzen
- Aztekischer Machtbereich
- Inka-Reich
- Tiahuanaco-Kultur
- Chavín-Kultur
- Reich Chimor
- ■ Moderne Städte
- ○ Archäologische Fundstätten

Tula

Aztekische Götter: Tezcatlipoca, Huitzilopochtli, Yacatecuhtli

Maya-Kalender

Quiriguá

Fuchsjagd, Vasenmalerei (Perú)

Messer

Machu Picchú

denn Kunst und Wissen waren bei ihnen aufs höchste entwickelt. Höhepunkte der Maya-Kunst sind Flachreliefs und vielfarbige Wandgemälde von vollendeter Schönheit, die mit der entwickelten Vasenmalerei in engem Zusammenhang stehen.

Unweit von Yaxchilán, im Gebiet des Río Usumacinta, fand man in den vierziger Jahren unseres Jahrhunderts auf einem terrassierten Hügel etwa ein Dutzend im Dschungel versteckte Bauten. Ein Gebäude von 16,5 m Länge und 7 m Höhe enthielt in seinen drei nur von außen zugänglichen Kammern großartige Wandgemälde, auf denen u.a. Kampfszenen mit Unterwerfung von Gefangenen, Paradezeremonien, Opferrituale und Fürsten beim Anlegen ihres Schmucks zu erkennen waren. Nach diesen einzigartigen Malereien taufte man den ganzen Ort Bonampak (in der Maya-Sprache »Bemalte Mauer«). Neben einer monumentalen Architektur weist die Stätte bedeutende Großplastiken, Stelen und Altäre auf.

Die einst größte Maya-Stadt war Tikal, im nördlichen Guatemala. Zwischen zwei Höhenrücken erstreckt sich ein rechteckiger Zeremonialhof als kultisches Zentrum eines etwa 16 qkm umfassenden Gebäudekomplexes. Auf seiner West- und seiner Ostseite erheben sich, einander zugewandt, zwei der fünf bis zu 70 m hohen steilen Pyramiden des Zentrums von Tikal. Sie tragen auf ihrer Plattform Tempel mit dicken Steinmauern, die in ihrem Innern nur kleine, mit Kraggewölben abgeschlossene Kultkammern beherbergen. Mächtige Dachkämme sind neben dem falschen Gewölbe ein weiteres Kennzeichen der klassischen Maya-Architektur hier und andernorts. Eine Anzahl kleinerer Pyramiden, hinter- und nebeneinander gereiht, säumen als »Akropolis« die Nordseite des großen Platzes von Tikal, dessen Südseite von vielzimmerigen, niedrigen Gebäuden, sogenannten Palästen, eingenommen wird. Vor der flachen Monumentaltreppe am Fuße der »Akropolis«, die die beiden turmartigen Pyramiden verbindet, sind rund zwanzig Stelen aufgereiht. Diese zeigen in Flachrelief menschliche Figuren mit Jahreszahlen, deren Entzifferung im Gegensatz zu der der Worthieroglyphen weitgehend gelungen ist. Sie bezeugen sowohl bedeutende mathematische Errungenschaften wie Stellenwert und Nullzeichen (die Kenntnis der Null bei den Maya ist neuerdings bezweifelt worden) als auch eine hochentwickelte Astronomie.

Das Einschneiden von Hieroglyphen in steinerne Denkmäler, Stelen, Altäre, Skulpturen und Architekturteile war im wesentlichen eine Kunstform der klassischen Maya-Periode, während das Anfertigen neuer und das Kopieren alter Handschriften im nördlichen Yucatán bis in die frühe Kolonialzeit hinein lebendig blieben. Von diesen auf die gleiche Art wie bei den Azteken hergestellten Faltbüchern haben sich nur drei erhalten; das eine wird in Dresden, das andere in Paris, das dritte in Madrid aufbewahrt. Alle übrigen Kodizes sind dem Glaubenseifer der eindringenden Spanier zum Opfer gefallen.

Der aztekische Gott Xolotl, dargestellt als Skelett · Er begleitete nach den Vorstellungen der Azteken die Toten in die Unterwelt (14.–16. Jahrhundert).

Aus noch ungeklärten Gründen ging die ältere Maya-Kultur im Regenwald des Tieflandes im 9. Jahrhundert n. Chr. ziemlich plötzlich zugrunde. Unter mexikanisch-toltekischem Einfluß erlebte die Kultur der Maya eine Renaissance in der kargen Landschaft der Halbinsel Yucatán.

Das nördliche Yucatán ist eine wasserarme, mit Buschwald bestandene Kalksteintafel ohne Flüsse und Seen, auf der Ansiedlungen nur da möglich sind, wo Einbruchtrichter, sogenannte Dolinen, das Grundwasser bloßlegen. In der Maya-Sprache heißen solche Dolinen »Chen« oder »Tz'onot« (beides svw. »Brunnen«); »Tz'onot« hat sich im spanischen Sprachgebrauch zu »Cenote« abgeschliffen. Etwa um die Wende des 10. zum 11. Jahrhunderts n. Chr. erschien auf Yucatán eine toltekische Kriegerschar, an ihrer Spitze ein politischer und religiöser Führer, den die Maya Kukulcán nannten, eine wörtliche Übersetzung des aztekischen Namens Quetzalcoatl (»Quetzalfederschlange«). Der Name, der ursprünglich eine Gottheit bezeichnete, kam nun als Titel erstmals einem toltekischen Priester-Fürsten zu. Dieser Kukulcán, der Sage nach aus seiner Heimat Tollan, dem späteren Tula und heutigen Tula de Allende (im mexikanischen Staat Hidalgo), vertrieben, war mit seinen Begleitern von der mexikanischen Golfküste übers Meer gekommen und im südwestlichen Yucatán an Land gegangen. Den dortigen Mayastamm der Itzá führte er zu einer damals schon bestehenden Kultstätte im Norden der Halbinsel, die dem Maya-Regengott Chac geweiht war, und bemächtigte sich dieses wichtigen Wallfahrtsortes. Die neu aufblühende Stadt erhielt den Namen Chichén Itzá, d. h. »Am Brunnen der Itzá«. Die gewaltigen Bauten, die hier im Laufe der nächsten zweihundert Jahre entstanden, erinnern in vielerlei Hinsicht – und das ist der entscheidende Beweis für die Herkunft ihrer Erbauer – eindeutig an die Architektur von Tula, der alten Hauptstadt der Tolteken im mexikanischen Hochland. Der pyramidenförmige Kriegertempel, der zum Kultzentrum von Chichén Itzá gehört, ist ein

Maya-Stadt Cichen-Itzá, Yucatán · »Castillo« genannte Tempelpyramide des Kukulcán (Maya-Kultur, 11.–13. Jahrhundert).

weithin getreues Abbild des Morgensterntempels von Tula, sowohl was die Gesamtanlage als auch eine Reihe von Einzelheiten angeht. Hier wie dort bilden zwei Säulen in Form von kopfstehenden gefiederten Schlangen den Eingang zum Tempel, und wie jene von Tula erhebt sich die Kriegerpyramide von Chichén Itzá hinter einer Säulenhalle, durch die eine Treppe zur Tempelplattform führt. Eine schnurgerade gepflasterte Prozessionsstraße von 300 m Länge verbindet den Heiligen Cenote mit dem Haupttempel Chichén Itzás, der noch von Kukulcán selbst errichtet worden sein soll – daher auch Kukulcántempel genannt – und in seiner ganzen Anlage auf die klassische mexikanische Tempelpyramide zurückgeht. Die neun Absätze der 24 m hohen Stufenpyramide, die von den Spaniern fälschlicherweise Castillo (»Schloß«) getauft wurde, versinnbildlichen die neun Himmel der altmexikanischen Überlieferung; auf allen vier Seiten, die in etwa den Himmelsrichtungen entsprechen, führen Treppen mit insgesamt 364 Stufen empor. Einschließlich des Untersatzes auf der Plattform sind es 365; ihre Zahl entspricht also genau jener der Tage des Jahres, an denen die Sonne sie ersteigt.

In der letzten, »militaristischen« Epoche der Maya-Kultur, nach dem Erlöschen der toltekischen Renaissance, setzte ein allgemeiner kultureller und künstlerischer Verfall ein. Er war begleitet von einem Niedergang der alten Maya-Religion, in deren Mittelpunkt die Verehrung eines höchsten Himmelsgottes stand. So wurden zur Zeit des Spaniereinfalls keine Pyramiden und steinerne Tempel mehr erbaut; Yucatán zerfiel in zahlreiche Stadtstaaten mit weltlicher Regierung – anstelle der früheren Priesterherrschaft –, die sich gegenseitig heftig befehdeten. Ein Teil von ihnen paktierte mit den Spaniern gegen die eigenen Stammesbrüder und ermöglichte damit die endgültige Eroberung der Halbinsel im Jahre 1541. Eine Restgruppe der aus Chichén Itzá vertriebenen Itzá bewahrte jedoch auf Tayasal, einer kleinen Insel im Peténsee (Lago Petén Itzá), ihre Unabhängigkeit und ihre alte Lebensweise bis zu ihrer Besiegung im Jahre 1697.

Die Goldländer

Die zwischen den beiden Hochkulturzentren der Neuen Welt, Mesoamerika und Zentralanden, gelegenen Länder von Costa Rica bis Ecuador waren in präkolumbischer Zeit durch die meisterhafte Goldschmiedekunst ihrer überwiegend der Chibcha-Sprachfamilie angehörigen Bewohner ausgezeichnet (die Details wurden aus dünnem Draht auf die figürlich zugeschnittenen Bleche gelötet), weshalb man sie auch die Goldländer genannt hat.

Die prunkvollsten Goldarbeiten schreibt man indessen der verschwundenen Völkerschaft der Quimbaya in Westkolumbien zu. Sie wurden aus Schachtgräbern entlang dem Mittellauf des Río Cauca geborgen: schwere Helme, in verlorener Form gegossene Hohlfiguren, Flaschen, Masken und Brustplatten, Nasenzierate und anderes mehr – erlesene Werkstücke, die vergessen lassen, daß ihre Verfertiger berüchtigte Kannibalen waren. Die Herrscher der vielen regionalen Fürstentümer Westkolumbiens wurden als Halbgötter verehrt und in Sänften getragen, damit sie nicht durch Berührung mit der Erde ihre magische Kraft verlören. Da man glaubte, daß das Leben nach dem Tode dem auf Erden gliche, gab man ihnen nicht nur Lebensmittel, Maisbier und Goldschmuck, sondern auch Frauen und Sklaven mit ins Grab.

Wurzelte die Stellung der westkolumbischen Kaziken (Fürsten) letztlich auf ihren wirtschaftlichen und kriegerischen Machtmitteln als Landbesitzer, Handelsherren und Kriegsanführer, so leitete sich die Autorität der Herrscher bei den Muisca, dem hervorragendsten Chibchavolk im Osten Kolumbiens, auf der dicht besiedelten, fruchtbaren Sabana von Bogotá, in erster Linie aus dem priesterlichen und kultisch-sakralen Bereich her. Ein Beispiel hierfür ist die Legende vom El Do-

Der Inka · Begegnung des letzten Inkaherrschers Atahualpa mit den spanischen Eroberern. Darstellung aus einer Handschrift des 16. Jahrhunderts.

rado, dem »Vergoldeten Mann«, der als Fürst von Guatavita einer dieser Muiscaherrscher war. Als Abkömmling des Sonnengottes pflegte er an bestimmten Festtagen, am ganzen Leib mit Gold bestreut, so daß er bei Sonnenaufgang wie ein Abbild des leuchtenden Gottes erschien, in der heiligen Lagune zu baden. Gleichzeitig versenkte er goldene Figuren und Schmuckstücke als Opfergaben in den See, wie sie dort und in anderen Bergseen der Umgebung gefunden wurden. Ohne den Einbruch der Spanier in den Jahren 1536 bis 1538 wäre es wahrscheinlich zu einem Einheitsstaat der Muisca unter Führung eines dieser Priester-Könige gekommen.

Zur Zeit der Conquista längst verlassen war hingegen die ausgedehnte Kultstätte von San Agustín im Bereich des oberen Río Magdalena. Das Heiligtum war der Mittelpunkt der ältesten höheren Kultur Kolumbiens, deren Blüte um das Jahr 500 n.Chr. angesetzt wird. Sie hat 300–400 z.T. über 4 m hohe megalithische Skulpturen von Tieren, Menschen und Göttern aus vulkanischem Gestein hinterlassen, die über Grabhügeln oder in halbunterirdischen, mit Steinplatten ausgekleideten Kulträumen und Grabkammern aufgestellt wurden. Besonders auffällig sind menschliche Gestalten mit Raubtierhauern, die häufig von einem Tier überragt werden.

Das Inka-Reich in Altperú

Im Mittelpunkt der um 1000 v.Chr. einsetzenden vorklassischen Periode der südamerikanischen Hochkulturen stand die Kultstätte von Chavín de Huantar in den peruanischen Nordanden. Die nach ihr benannte Chavín-Kultur breitete sich als erster durchgehender archäologischer Horizont über große Teile des zentralen Andengebietes aus. Ihr Stil zeigt frappierende Ähnlichkeit mit dem etwa gleichzeitigen von La Venta an der mexikanischen Golfküste. Außerdem bildete die Verehrung einer Jaguargottheit den religiösen Inhalt beider Kulturen, zwischen denen durchaus ein Kontakt bestanden haben kann.

Die klassische Epoche des präkolumbischen Perús beginnt mit einer Blüte regionaler Kulturen an der Nord- und der Südküste, etwa um die Zeitenwende. Um 500 n.Chr. entstand im peruanisch-bolivianischen Hochland eine neue, nach ihrem religiösen Zentrum Tiahuanaco, am Südostende des Titicacasees, benannte, bedeutende Hochkultur, deren Träger vermutlich das heute noch zahlreiche Volk der Aymará war. Um die Wende des 10. zum 11. Jahrhundert umfaßte die Tiahuanaco-Kultur als zweiter archäologischer Horizont den zentralen Andenraum. Mit ihr breitete sich, vor allem nach Norden, die Kenntnis der Herstellung von Bronze, d.h. der Legierung von Kupfer und Zinn, aus, nachdem Kupfer seit der klassischen und Gold schon in der vorklassischen Periode Altperús verarbeitet wurden.

Nach dem Erlahmen der Tiahuanaco-Expansion entwickelte sich in nachklassischer Zeit, ab 1200, im Hochland um Cuzco der vom Volk der Ketschua (Quechua) getragene Staat der Inka, der sich ab der Mitte des 15. Jahrhunderts unter Ausbildung eines dritten Kulturhorizontes zu einem Imperium, in manchem dem römischen in der Alten Welt vergleichbar, vom nördlichen Ecuador bis zum mittleren Chile ausweitete. Nachdem der letzte Inka-Herrscher Atahualpa im Jahre 1532 von den Spaniern gefangengenommen und ein Jahr später hingerichtet worden war, verfiel das ganz auf die Person seines Herrschers zugeschnittene Reich dem Untergang.

Immerhin verdanken wir den ersten Chronisten der Spanier eingehende Kenntnisse über die politischen, sozialen und religiösen Verhältnisse während der letzten Jahre des Inka-Reiches. Dieses, nach seinen vier Hauptteilen, die nordwestlich, südwestlich, nordöstlich und südöstlich von Cuzco lagen, »Reich der vier Weltgegenden« genannt, wurde durch eine Reihe politischer, sozialer und religiöser Einrichtungen zusammengehalten. Die absolute Herrschaft des obersten oder »einzigen« Inka beruhte auf seiner Eigenschaft als Stellvertreter des Sonnengottes auf Erden. Seine Macht wurde nur durch den obersten Reichsrat der vier Provinzgouverneure aus inkaischem Geblüt und die Autorität des Hohenpriesters der Sonne eingeschränkt. Die Verehrung der Sonne war Staatsreligion; ihrem Kult dienten die Sonnenjungfrauen, eine Art Nonnen. Haupttempel war der sogenannte Goldhof in Cuzco.

Die einheitliche Staatssprache war das Ketschua. Ein System von Meldeläufern trug die Befehle des Inka bis in die entlegensten Reichsteile und brachte wichtige Informationen zurück. Als Gedächtnisstützen bei der Nachrichtenübermittlung dienten Knotenschnüre, die Quipus. Ein wohlausgebautes Straßennetz entlang der Küste und im Hochland diente der schnellen Verlegung von Truppen im Kriegsfall. Die gesellschaftliche

Grundeinheit war der Ayllu, eine zur Endogamie tendierende Sippe mit Vaterfolge, die gleichzeitig Siedlungs-, Wirtschafts-, Kult- und Wehrgemeinschaft war. Das gesamte Ackerland gehörte entweder dem Inka, d. h. dem Staat oder der Sonne, in der Praxis also dem Tempel und der Priesterschaft oder der Gemeinde. Es wurde stets gemeinsam bewirtschaftet. Terrassen vergrößerten die Maisanbaufläche, und Bewässerungskanäle, überdeckte Wasserleitungen und Staubecken sicherten die Wasserversorgung der Landwirtschaft. Gedüngt wurde mit dem Mist von Lama und Alpaka, die ab dem 1. Jahrtausend v. Chr. in den Zentralanden domestiziert wurden und vor allem Wollieferanten, Lasttiere und schließlich auch Schlacht- und Opfertiere waren. In der markanten Steinarchitektur des Hochlandes gab das Rechteckhaus mit Satteldach das Vorbild für Tempel und Paläste; zu den bekannten Ruinenstätten gehört Machu Picchú. Mit den Siedlungen waren oft Festungsanlagen Kasernen sowie Vorratshäuser verknüpft. Der Baustil der Spätzeit kannte kleine, rechtwinklig behauene Quadern, die in gleich breiten Reihen übereinander angeordnet und ohne Mörtel aneinandergefügt wurden. Ein typisch inkaisches Element waren trapezförmige Nischen, Fenster und Türen als einzige Fassadengliederung. Die hochentwickelte Kunst der Steinbearbeitung stand mit dem Glauben der Ketschua in Verbindung, daß gewisse Steine und Felsen als Ursprungsorte der Menschheit oder als versteinerte Vorfahren heilig zu halten seien. In der Umgebung von Cuzco finden sich daher viele Felsen, in die Sitze, Treppen, Rinnen und Vertiefungen eingemeißelt sind. Sie dienten vermutlich dem Totenkult und der Ahnenverehrung. Skulptierte steinerne Schalen und Näpfe in Gestalt eines Lamas oder eines Alpakas fanden ebenfalls kultische Verwendung, desgleichen hölzerne Becher, sogenannte Keros, mit farbigen Lackmalereien, die auch noch in der Kolonialzeit hergestellt wurden. Hauptformen der Keramik waren bauchige Amphoren mit schlankem Hals und flachem oder spitzem Boden in verschiedenen Größen. Die Gewebe, insbesondere die hemdartigen Gewänder der Männer, zeichneten sich durch geometrische – z.B. schachbrettförmige – Muster aus. Bronzegeräte waren allgemein üblich; ihre wichtigsten Formen waren Messer mit querstehender Schneide, sogenannte Tumis, Nadeln mit Scheidenkopf, die Topus, und sternförmige Keulenknäufe.

Noch heute leben die einstigen Träger des untergegangenen Inka-Reiches, die Ketschua, in großer Zahl im Hochland von Perú und Bolivien. Sie sprechen noch ihre angestammte Sprache, das Ketschua, und auch ihre Lebensweise ist vielfach noch stark indianisch betont. Das gleiche trifft im übrigen auch für die Nachfahren der alten mexikanischen Hochkulturvölker und für die heutigen Mayastämme im Hochland von Guatemala zu, deren Vorgänger von der Hochkultur Mesoamerikas nicht voll erfaßt wurden.

Disselhoff, H.-D.: Geschichte der altamerikanischen Kulturen. München 1967. – Disselhoff, H.-D.: Das Imperium der Inka und die indianischen Frühkulturen. Berlin 1972. – Thompson, J. E. S.: Die Maya. München 1968. – Trimborn, H./Haberland, W.: Die Kulturen Alt-Amerikas. Frankfurt/M. 1969. – Ubbelohde-Doering, H.: Kulturen Alt-Perus. Tübingen 1966.

Tula, Hidalgo · Karyatiden vom »Tempel des Morgensterns« (Toltekische Kultur), 10.–13. Jahrhundert. Die Figuren stellen typische toltekische Krieger dar.

Erdmann Gormsen

Venezuela

Kordilleren, Llanos, Inselberge

Venezuela ist heute fast ausschließlich als Erdölland bekannt. Und das hat – auf den ersten Blick – durchaus seine Berechtigung: es ist der Welt größter Erdölexporteur und steht noch immer an fünfter Stelle der Petroleum produzierenden Staaten. Erdöl ist der überragende Exportartikel des Landes, und der Staatshaushalt basiert zu 55% auf Einnahmen aus der Erdölwirtschaft. Trotzdem läßt sich Venezuela z. B. mit den völlig einseitig strukturierten arabischen Petroleumländern kaum vergleichen.

Einesteils verdankt das Land seiner geologischen Struktur außer den Erdölreserven auch bedeutende Lagerstätten von hochkonzentriertem Eisenerz im Guayanamassiv. Andernteils bietet die Lage im tropischen Klimabereich (zwischen 0°45' und 12°10' nördlicher Breite) die Voraussetzungen für eine vielseitige Bodennutzung von den Tiefländern bis in die Hochregionen der Anden. Damit ist die Dreigliederung Venezuelas in die für den Aufbau weitester Teile Südamerikas charakteristischen Landschaftskomplexe bereits angedeutet: die Kordilleren, die Strombecken und die kristallinen Massive. Sie haben mit ihrer Naturausstattung und dem hier herrschenden Klima die Basis für die sehr unterschiedliche Nutzung durch den Menschen gelegt und damit – jede auf ihre Weise und im Rahmen bestimmter Geschichtsepochen – wesentlich die Entwicklung des Landes bedingt.

Die Kordilleren im Norden Venezuelas gehören zu dem großen Faltengebirgssystem, das die Westflanke des südamerikanischen Kontinents darstellt und sich in Kolumbien in verschiedene Ketten spaltet und auffingert. Die breit entwickelte kolumbianische Ostkordillere spaltet sich im Grenzbereich zu Venezuela weiter auf und findet ihre Fortsetzung einerseits in der noch wenig erschlossenen Sierra de Perijá, die sich nach Norden bis an die Halbinsel Guajira fortsetzt und deren Kamm auf große Strecken die Westgrenze Venezuelas bildet, andererseits in der Cordillera de Mérida, die in ihrem zentralen, aus kristallinen Kernen aufgebauten Teil (Pico Bolívar, 5002 m) die Stufe des ewigen Schnees erreicht. Charakteristisch für dieses ab der späten Kreidezeit herausgehobene Gebirge sind die außerordentlich tief eingeschnittenen Täler, die im Laufe verschiedener Hebungsphasen abwechselnd von mächtigen Schotterkörpern zugeschüttet und wieder erodiert wurden, so daß vielfach tischebene Terrassen, die sogenannten Mesas (spanisch »Tisch«), mit unglaublich steilen Hängen hoch über die heutigen Flußbetten herausragen und als bevorzugte Siedlungslagen dienen, etwa für Mérida, die wichtigste venezolanische Andenstadt. Der Río Chama, der bei El Vigía in einer engen Schlucht nach Norden zum Maracaibobecken durchbricht, entwässert die zentrale Längstalzone des Gebirges, die ihre Fortsetzung über 3000–4000 m hohe Pässe nach Südwesten (Táchira) und nach Nordosten (Trujillo) findet. Ausgedehnte Schotterebenen stellen den Übergang zum nördlich anschließenden Mittelgebirgsland, im Gebiet der Staaten Lara und Falcón, her, das mit der Sierra de Aroa zur Senke im Bereich des Oberlaufs von Río Yaracuy und Río Cojedes abbricht. Diese Senke bildet mit ihrer Talwasserscheide eine natürliche Pforte zwischen der Küste bei Puerto Cabello und dem Orinocotiefland. Freilich bietet auch der Übergang über die Küstenkordillere (Cordillera de la Costa) bei Valencia mit dem nur 600 m hohen Paß von Las Trincheras keine besonderen Schwierigkeiten. Weiter östlich steigt das Gebirge aber zu Höhen von durchschnittlich 2000 m an (Pico Naiguatá, 2765 m), die über weite Strecken fast senkrecht zum Meer abstürzen und die Verbindung von der Küste ins Binnenland außerordentlich erschweren.

Hinter der Küstenkordillere liegen eine Reihe von Hochbeckenlandschaften, in denen sich die größten Bevölkerungskonzentrationen des Landes entwickelt haben. Besonders ausgedehnt ist das nur gut 400 m hohe, fruchtbare Becken von Valencia–Maracay mit seinem abflußlosen See, einer der Hauptbereiche tropischer Landwirtschaft und moderner Industrie in Venezuela. Das Längstal des Río Tuy dagegen öffnet sich nach Osten zum Golf von Barcelona, der seine Entstehung dem Einbruch der Küstenkordillere zum untermeerischen Cariacograben verdankt. Die im ganzen breiter angelegte Serranía del Interior südlich dieser Längsdepressionen besteht weithin aus Kreide- und Tertiärformationen, die im Übergangsbereich zum Orinocotiefland teilweise als markante Berggestalten hervortreten.

Im Rahmen der geologisch sehr jungen tektonischen Bewegungen der venezolanischen Anden, die noch heute durch starke Erdbeben immer wieder erschüttert werden, ist gleichzeitig mit der Heraushebung des Gebirges das Maracaibobecken eingesunken, wobei die Kreide- und die Tertiärsedimente noch mitgefaltet wurden. Unter den so entstandenen Sattelfalten (Antiklinalen) haben sich enorme Erdölvorräte angesammelt, die seit einem halben Jahrhundert die Basis für den steigenden Wohlstand des Landes abgeben.

Das ausgedehnte Strombecken des Orinoco, Llanos del Orinoco genannt, ist die zweite Großlandschaft Venezuelas. Es bildet seit der Kreidezeit den großen Sedimentationstrog für das Abtragungsmaterial der aufgefalteten und herausgehobenen Anden. Seine Oberfläche stellt sich daher im ganzen als eine von Nordwesten nach Südosten sehr schwach geneigte Ebene dar, auf der die Andenflüsse dem als Saumfluß gegen das südlich aufsteigende Bergland von Guayana gedrängten Orinoco zuströmen. Allerdings zeigt sich bei näherer Betrachtung, daß auch die Llanos nicht vollkommen eben sind. Im übrigen haben sich die Flüsse in die sonst weithin tischebenen Llanoflächen eingeschnitten, und der Höhenunterschied von nur wenigen Metern spielt während der Regenzeit eine wichtige Rolle, wenn das Vieh aus den überschwemmten Talniederungen auf die höhergelegenen und trockeneren Flächen flieht. Solche periodischen, mehr oder weniger lange anhaltenden Überflutungen gibt es innerhalb der Llanos vor allem im Bereich des Río Apure. Noch ausgeprägter ist dieses Phänomen in dem mit immergrünem Regenwald bewachsenen Delta, das der Orinoco gegen den Atlantischen Ozean vorgeschüttet hat.

Als dritter und nach der Flächenausdehnung größter Naturraum erstreckt sich im Süden Venezuelas das Bergland von Guayana, ein präkambrisches Massiv. Seine altkristallinen Gesteine sind weithin zu einer welligen Rumpffläche eingeebnet (La Gran Sabana), die von glockenförmigen Inselbergen und großartigen quarzitischen Tafelberggruppen (Roraima, 2810 m) überragt wird. Die geologisch junge Hebung dieses Gebirges kommt in unzähligen Schnellen und hohen Wasserfällen seiner Flüsse zum Ausdruck. Der Salto Angel, mit rund 900 m der höchste Wasserfall der Erde, stürzt von einem der Tafelberge in die Tiefe.

Den Wasserreichtum, der neuerdings auch in großen Kraftwerkanlagen am Río Caroní genutzt wird, verdankt dieses Hochland seiner Nähe zum Äquator, wo zu allen Jahreszeiten Niederschläge fallen, besonders reichlich im Frühjahr und im Herbst, wenn die Sonne im Zenit steht. Dem ganzjährigen Niederschlag entspricht ein dichter tropischer Regenwald, der für das moderne Venezuela noch völlig unerschlossen ist. Er wird von einer Reihe kleiner, in isolierten Rodungsinseln lebenden Indianerstämme bewohnt, die überwiegend zur größeren Gruppe der Kariben gehören.

Wirtschaftliche Bedeutung hat der venezolanische Teil des Guayanamassivs bisher nur im Osten erlangt, und zwar wegen der dortigen Bodenschätze. Aufgrund der indianischen Überlieferung hatten die Spanier schon seit der frühen Conquista im Bergland von Guayana immer wieder nach dem sagenhaften El Dorado, dem »Goldland«, gesucht. Aber erst um 1850 wurden Goldlagerstätten im Bereich von El Callao entdeckt, die zeitweise zu den bedeutendsten der Welt gehörten, bis sie gegen Ende des Jahrhunderts von der Förderung am Witwatersrand übertroffen wurden.

Im Gegensatz zu den Goldvorkommen haben die Eisenerzlagerstätten im nördlichen Randgebiet des Guayanamassivs bedeutende Landschaftswandlungen nach sich gezogen. Sie wurden zwar schon um 1900 in geringem Maße ausgebeutet, doch der Abbau in großem Stil setzte erst 1950 ein. Er wurde dadurch außerordentlich begünstigt, daß die hochprozentigen Erze (62% Eisengehalt) in Quarzithärtlingen (Cerro Bolívar) an der Erdoberfläche liegen und im Tagebau gewonnen werden können. Die gesamte Ausbeute wurde zunächst über eine Minenbahn und den speziell erbauten Exporthafen Puerto Ordaz nach den USA verschifft. Doch schon 1962 wurde ein großes Stahlwerk in Betrieb genommen, das in seiner ersten Ausbaustufe eine jährliche Verarbeitungskapazität von 600 000 t Eisen- und Stahlprodukten aus gut 1 Million t Eisenerz besitzt. Die dafür notwendige elektrische Energie von jährlich rund 1,5 Milliarden kWh wird in den neuen Wasserkraftwerken am Río Caroní gewonnen, die darüber hinaus große Energiemengen für ein Aluminiumwerk und für die Agglomeration von Caracas liefern.

Diese umfangreichen Bergbau- und Industrieanlagen haben einen starken Bevölkerungszustrom hervorgerufen, und so nimmt es nicht wunder, daß die neue Stadt Santo Tomé de Guayana, meist einfach Ciudad Guayana genannt, in wenigen Jahren eine Einwohnerzahl von annähernd 200 000 erreicht hat. Die junge Großstadt hat das schon 1764 gegründete Ciudad Bolívar nicht nur an Einwohnern übertroffen, sondern auch dessen bisher unangefochtene Position als einziger zentraler Ort für den weiten, wenn auch menschenleeren Raum südlich des Orinoco in Frage gestellt. Andererseits wurde die Schlüsselstellung von Ciudad Bolívar gestärkt durch die 1966 fertiggestellte einzige Brücke über den Strom, erfolgt doch die Versorgung der schnell wachsenden Bevölkerung in dem neuen Industriezentrum zum weitaus größten Teil über ebendiese Brücke, die durch Hunderte von Straßenkilometern mit dem Norden des Landes verbunden ist. Die durch den Bergbau eingeleitete Entwicklung geht über den industriellen Bereich noch wenig hinaus. Die von der staatlichen »Corporación Venezo-

Caracas, Hauptstadt Venezuelas · Diese emporgeschossene Großstadt schärfster Gegensätze, 920 m über dem Meer, liegt in einem Hochbecken der Küstenkordillere.

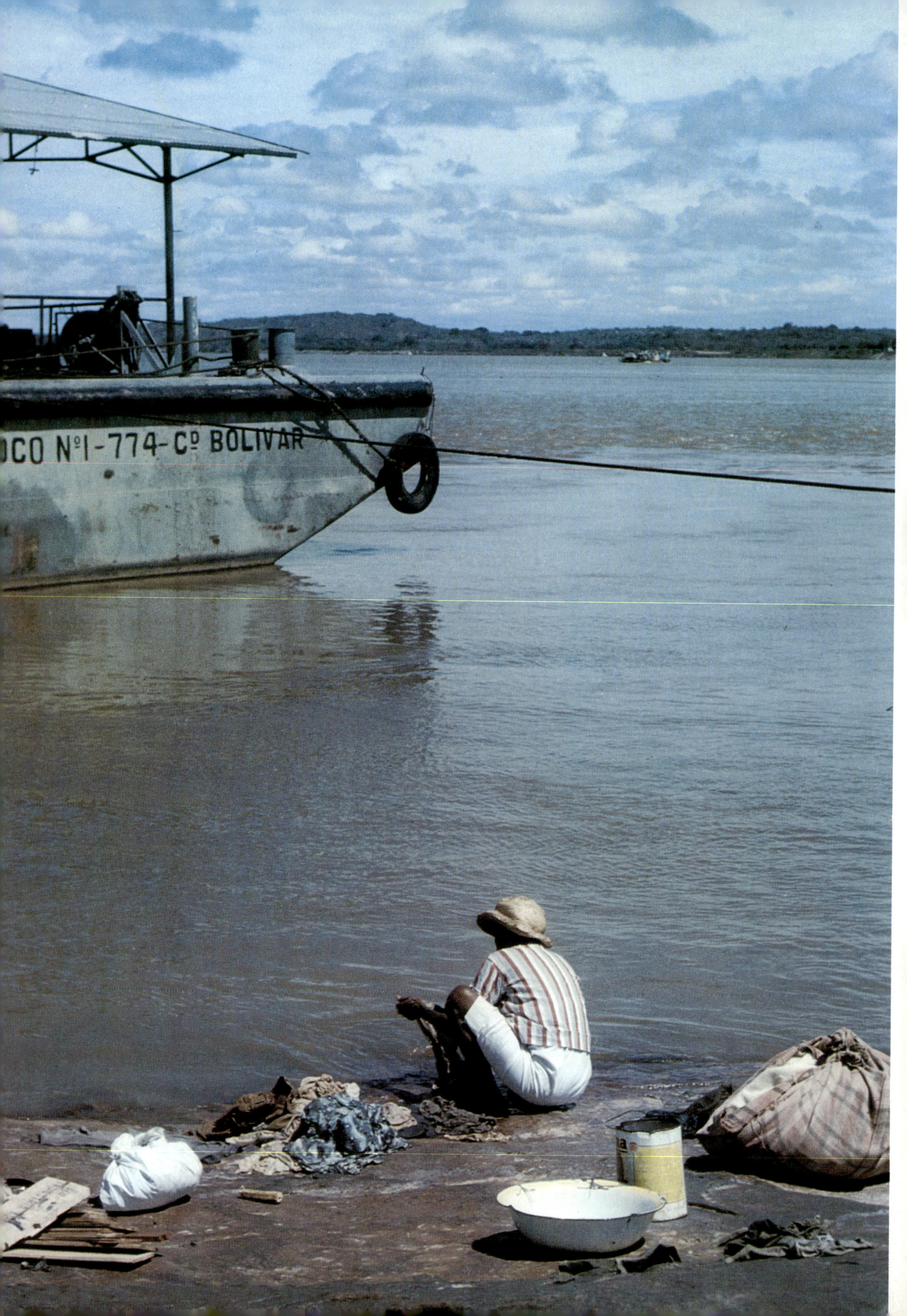
OCO Nº1-774-Cº BOLIVAR

Zu den stolzesten Strömen Südamerikas gehört der Orinoco, schon im Oberlauf »Paraguá«, d.h. »Großes Wasser« genannt. Mit rund 2500 km Länge durchfließt er sehr unterschiedliche Landschaften, in seinem Mittellauf beim Durchbruch granitischer Schwellen großartige Katarakte – die sogenannten »Raudales« – bildend, um schließlich als viele Kilometer breiter Tieflandstrom am Südrand der »Llanos« entlangzuziehen, bis er sich im riesigen Delta vielarmig auflöst. Berühmt wurde der Strom seit den Forschungen Alexander von Humboldts, der auch die Bifurkation (Gabelung) beschrieb, durch die eine Verbindung mit dem Stromsystem des Amazonas besteht. Am Unterlauf des Orinoco hat die Industrie, vor allem der Eisenerzbergbau, moderne Häfen entstehen lassen. (F.-H.)

Der Orinoco – das »Große Wasser«

lana de Guayana« (CVG) betriebene Planung umfaßt freilich auch Landerschließungsprojekte im Orinocodelta, um Tucupita. Dieses Städtchen liegt schon am Rande des »Oriente«-Erdölgebietes, das mit einer großen Zahl einzelner Felder über weite Flächen der östlichen Llanos verstreut ist und seine Hauptzentren in der Kolonialstadt Maturín und dem erst 1937 gegründeten El Tigre hat. Die in den dreißiger Jahren einsetzende Erschließung führte, vor allem durch den Straßenbau, zu einer schnellen Entwicklung der Infrastruktur dieses Raumes; daran hatten auch die alten Küstenstädte Barcelona und Cumaná sowie die Erdölraffinerie- und -hafenstadt Puerto La Cruz Anteil. Doch zwischen Bohrfeldern und Küste liegt ein Gebiet von vielen tausend Quadratkilometern, das seinen Charakter als menschenleeres, von Viehherden nur extensiv genutztes Weideland kaum verändert hat. Dabei sind die Llanos kein reines Grasland. Vielmehr tragen sie auf weite Strekken mehr oder weniger lichte Wälder sowie Palmen- und Baumsavannen. Mit den von Osten nach Westen zunehmenden Niederschlägen findet ein allmählicher Übergang zu dichten tropischen Feuchtwäldern statt.

Das Ende der Llanero-Romantik

Der Typus der Llanolandschaft mit ihren unermeßlichen Herden und dem romantisch verklärten Hirtenleben der Llaneros, wie er in dem Roman »Doña Bárbara« des venezolanischen Schriftstellers und zeitweiligen Staatspräsidenten Rómulo Gallegos eindringlich geschildert wird, findet sich besonders rein am Río Apure. Während der ganzen Kolonialzeit und bis weit hinein ins 19. Jahrhundert hat die Lebensform der Llaneros das Bild Venezuelas geprägt, dessen Wirtschaft in dieser langen Epoche zu ganz erheblichen Teilen von den Erträgen der Weidewirtschaft, d. h. vor allem vom Export der Rinderhäute, abhing. Auch heute noch hat der Staat Apure mit über 20% den weitaus größten Rinderbestand Venezuelas. Dennoch ist die Bedeutung der Viehwirtschaft insgesamt eher rückläufig.

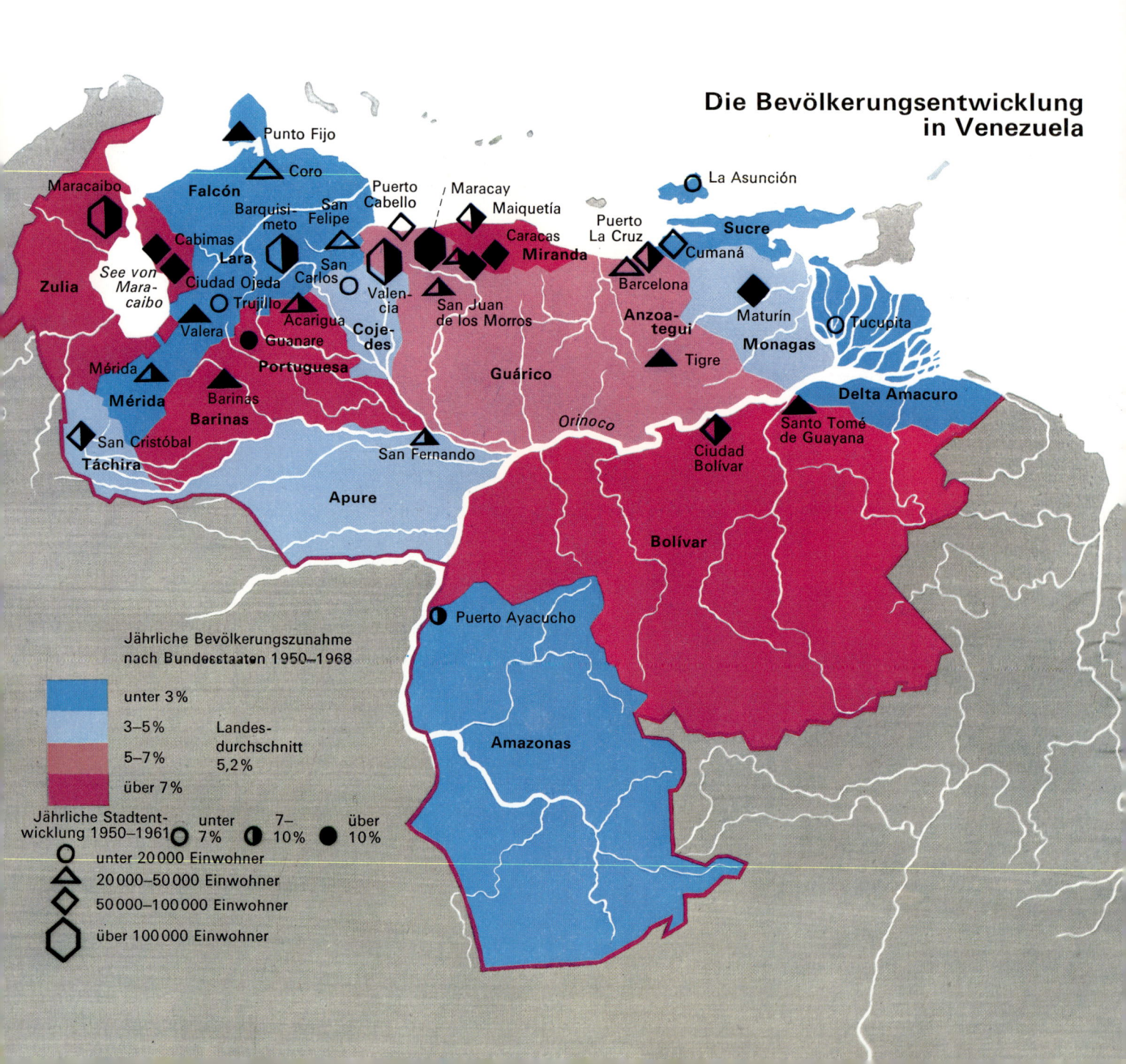

Am Nordwestrand der Llanos wurden in den letzten Jahrzehnten vom Nationalen Agrarinstitut (Instituto Agrario Nacional, IAN) bedeutende Flächen kolonisiert und an Neusiedler verteilt. Mit der staatlich gelenkten Landerschließung geht eine spontane Rodungsbewegung der landlosen Agrarbevölkerung einher; sie folgt den neuangelegten Fernstraßen am Fuß der Anden und breitet sich in verstärktem Maße an den Hängen des Gebirges aus. Sogenannte Ocupantes (wörtlich »Besatzer«) roden irgendwo ein kleines Stück Wald und können nach heutigem Recht auch von Privatländereien nicht leicht wieder vertrieben werden, wenn sie einmal ihren Conuco, ihr Minifundium, eingefriedet und ordentlich bebaut haben.

Dem Problem des ländlichen Proletariats, das aufgrund einer jahrhundertelangen Entwicklung zu immer größeren Latifundien und infolge der in den letzten Jahrzehnten emporgeschnellten Bevölkerungszahl entstanden ist, sucht die Regierung seit 1961 durch eine gemäßigte Bodenreform zu begegnen, bei der man einerseits staatlichen Landbesitz abgibt, andererseits solches Privatland (gegen Entschädigung) enteignet und verteilt, das von seinem Besitzer nicht regelmäßig genutzt wird. Damit kommen leider in vielen Fällen nur die Flächen mit relativ schlechten Böden zur Verteilung. Immerhin wurden in den Jahren von 1959 bis 1965 insgesamt 2,65 Millionen ha an 118737 Familien vergeben, freilich noch immer eine sehr kleine Zahl.

In den Anden selbst, die seit je relativ dicht besiedelt waren, sind die durchschnittlichen Betriebsgrößen ohnehin geringer, so daß eine weitere Aufteilung des Bodens nur in begrenztem Maße möglich ist. Hier gibt es einen hohen Anteil bäuerlicher Betriebe, die für den Markt produzieren. Dabei richtet sich die Auswahl der einzelnen Erzeugnisse im wesentlichen nach den klimatischen Höhenstufen: Kakao, Zuckerrohr und Bananen in der Tierra caliente, Kaffee, Orangen und andere Früchte in der Tierra templada, Weizen, Kartoffeln und europäische Gemüsesorten in der Tierra fría.

Kakao braucht jedoch außer hohen Temperaturen auch viel Feuchtigkeit, so daß er fast nur an den nach Osten offenen Küstenhöfen der Küstenkordillere gedeiht, an denen der Passatwind zum Aufsteigen und Abregnen gezwungen wird. Das schon in der frühen Kolonialzeit eingeführte Zuckerrohr besetzt weithin die ebenen, gut bewässerten Flächen in den Tälern und Beckenlandschaften. Es wird allerdings, wegen der Notwendigkeit einer schnellen Verarbeitung nach der Ernte, überwiegend in Plantagen angebaut, die über eigene Fabriken (Ingenios) verfügen. Der steigende Zuckerverbrauch hat die Regierung in den fünfziger Jahren veranlaßt, den Bau moderner Zuckerraffinerien zu fördern. Heute besteht Überkapazität.

Auch der Kaffee muß vor dem Export wenigstens teilweise aufbereitet werden. Doch gibt es hierbei auch relativ einfache Verfahren, die von kleinen Pflanzern durchgeführt werden können. Daher sind in der Tierra templada, die von Natur aus tropischen Bergwald trägt, mittelgroße bäuerliche Betriebe relativ stark vertreten, vor allem im Gebiet Trujillo–Boconó und im Staat Táchira. Die Tierra fría oberhalb der Nebelwaldstufe (gut 2000 m) ist von ihrer natürlichen Vegetation weitgehend entblößt und dem Ackerbau erschlossen worden. Hier fanden die eindringenden Spanier Temperaturverhältnisse vor, die denen in der Heimat nahe kamen und den Anbau außertropischer Getreide zuließen. Leider wurden die anthropogenen Ursachen der im entwaldeten Mittelmeerraum weitverbreiteten Bodenerosion in die Anden übertragen, was an den oft steilen Hängen zur völligen Zerstörung ausgedehnter Ackerflächen geführt hat. So haben die Weizenerträge in den letzten Jahrzehnten abgenommen, während gleichzeitig, bei wachsender Bevölkerungszahl und erhöhtem Lebensstandard, der Verbrauch stark angestiegen ist, so daß in großem Umfang Weizen eingeführt werden mußte (1970 fast 700000 t). Dagegen werden Mais und Reis in ausreichenden Mengen produziert.

Die früher vom Menschen gemiedene höchste Gebirgsstufe, über 3000 m, hat in jüngster Zeit unter dem Einfluß von Europäern und US-Amerikanern eine gewisse Bedeutung als Erholungslandschaft gewonnen. Von Mérida aus erreicht man die Schneefelder des Pico Bolívar mit einer Schwebebahn, deren Bergstation in 4675 m Höhe liegt.

Am Nordfuß der Anden hat sich seit der Verkehrserschließung in den feuchten Niederungen südlich des Sees von Maracaibo eine intensive Milchviehwirtschaft entwickelt, deren Produktion, soweit sie nicht zu Milchpulver verarbeitet wird, in Kühlwagen über fast 800 km nach Caracas transportiert wird. In schärfstem Kontrast zu diesem immerfeuchten Gebiet und den dichtbewaldeten Abhängen des Hochgebirges stehen die Küstenbereiche im Norden und die Beckenlandschaften der Staaten Lara und Falcón. Unter dem Einfluß des parallel zur Küste wehenden Passats findet sich hier das trockenste und wärmste Klima (unter 500 mm Jahresniederschlag, mittlere Jahrestemperatur bis 29°C) des Landes; die Pflanzenwelt ist durch eine mehr oder weniger schüttere Dornstrauch- und Sukkulentenvegetation charakterisiert. Sie dient fast nur der Ziegenweide. Lediglich im Umkreis von Barquisimeto werden Sisalagaven angebaut und u. a. zu Seilen und Säcken verarbeitet.

Mit der Industrie kam die Verstädterung

Venezuela hat in den letzten Jahren beachtliche Fortschritte im Aufbau einer vielseitigen Industrie gemacht. Ein großer Teil der Verbrauchsgüter, vor allem Textilien und Schuhe, aber auch Fahrzeuge, Autoreifen, pharmazeutische und viele andere Erzeugnisse, werden im Lande hergestellt. Doch ist dies nur unter dem Schutz hoher Einfuhrzölle für entsprechende Importgüter möglich.

Der Grund dafür liegt mindestens teilweise in der überragenden Stellung der Erdölwirtschaft mit ihrer hohen Arbeitsproduktivität, durch die das Lohn-Preis-Niveau in die Höhe getrieben wurde. Allerdings sind in diesem Wirtschaftszweig nur 2% der Erwerbstätigen beschäftigt, zumal noch immer ein erheblicher Teil der Gesamtproduktion als Rohöl exportiert und auf den vorgelagerten, zu den Niederländischen Antillen gehörenden Inseln Aruba und Curaçao verarbeitet wird. Immerhin wird in den Raffinerien des Landes gegenüber der Zeit vor 20 Jahren das Mehrfache an Petroleumderivaten gewonnen. Die größten Anlagen befinden sich im Bereich von Punto Fijo, an der Westküste der wüstenhaften Paraguanáhalbinsel, die mit den wichtigsten Erdölfeldern des Maracaibobeckens durch Pipelines verbunden ist. Von hier aus können die Produkte dann in Großtankern exportiert werden, für deren Tiefgang die Fahrrinne im kanalartigen, 8–12 km breiten Durchlaß zwischen dem See von Maracaibo und dem Atlantik nicht ausreicht. Auf dem Gebiet der Petrochemie wäre eine Erweiterung wesentlich, denn so bedeutend das Erdöl einerseits für die Entwicklung des Landes ist, so schwierig ist andererseits das Problem, die derzeitige Monostruktur der venezolanischen Wirtschaft, die noch immer weit überwiegend auf dem Rohstoffexport basiert, in eine Polystruktur überzuführen. Einen bedeutenden Faktor bei diesen Bestrebungen stellt die Verbesserung der Infrastruktur des Landes dar.

Schon 1926 wurde die 1206 km lange Transandenstraße (Carretera Transandina) von Caracas über Valencia, Barquisimeto und Mérida bis zur kolumbianischen Grenze fertiggestellt. In ihrem höchsten Paß überschreitet sie 4077 m! Doch die große Entwicklung begann erst nach dem Zweiten Weltkrieg mit dem Bau der Autobahn La Guaira–Caracas–Valen-

Oben: Curaçao · Raffinerien und Tanks für venezolanisches Erdöl *Unten: Erdölleitungen in Venezuela*

Erdöl aus Venezuela

Venezuela ist das südamerikanische Erdölland schlechthin; es steht in der Weltförderung an fünfter Stelle und wird als Exporteur nur von Staaten des Nahen Ostens übertroffen. Rund 90% des Exporterlöses und über die Hälfte des Staatshaushaltes hängen vom Erdöl ab. Die aus der Erdölwirtschaft stammenden Mittel haben die Verstädterung gefördert und die Hauptstadt Caracas zu einer problemreichen Millionenstadt wuchern lassen. Auch im Hauptfördergebiet am Maracaibo-See geht die Verstädterung rasend vor sich. Maracaibo wuchs im letzten Jahrzehnt um 300000 auf über 700000, Cabimas von 91000 auf über 155000 Einwohner. Im zweiten großen Erdölgebiet, im »Oriente«, blieb neben der Erdölwirtschaft die Entwicklung gering, und weniger als 1% der Erwerbstätigen ist im Erdölsektor beschäftigt. (F.-H.)

Unten: Bohrturm in Maracaibo

Unten: Erdöltanks in Maracaibo

cia–Puerto Cabello, mehreren großen Durchgangsstraßen durch die Llanos, den beiden Linien am Nord- und am Südfuß der Anden und vielen gut ausgebauten Verbindungsstraßen, die heute fast alle asphaltiert sind. Aus der großen Zahl aufwendiger Brückenbauten treten die 1600 m lange Hängebrücke über den Orinoco bei Ciudad Bolívar und die 8,3 km lange Spannbetonbrücke über den Ausgangskanal des Sees von Maracaibo besonders hervor. Demgegenüber ist das heutige Eisenbahnnetz bedeutend kürzer als um die Jahrhundertwende; viele unrentable Schmalspurstrecken wurden stillgelegt.

Noch stärker als dieser Ausbau der Infrastruktur, der Venezuela zu einem der besterschlossenen Länder Lateinamerikas macht, springen die Umgestaltungen und Erweiterungen der Städte ins Auge, allen voran die Agglomeration der Hauptstadt Caracas. Hier ist von der bescheidenen Kolonialstadt mit ihren einstöckigen Patiohäusern im rechtwinkligen Straßenschema nur wenig übriggeblieben. Allerdings gab es hier auch nicht viele baugeschichtlich wertvolle Gebäude, da die Stadt 1812 einem schweren Erdbeben fast völlig zum Opfer fiel. Lediglich während der autoritären Präsidentschaft von Antonio Guzmán Blanco (1870–1887, mit kurzen Unterbrechungen), in die auch erste Ansätze einer Industrie- und Eisenbahnentwicklung fielen, wurden unter dem Einfluß europäischer Architekten größere öffentliche Gebäude im historisierenden Stil errichtet. Dagegen bevorzugte der langjährige Diktator Juan Vicente Gómez (1908–1910, 1915–1929, 1931–1935) als »Residenz« Maracay, das er mit Caracas und Valencia schon um 1930 durch eine Betonstraße verband.

Die eigentliche »Explosion« der venezolanischen Städte setzte erst nach dem Zweiten Weltkrieg ein. Binnen zweieinhalb Jahrzehnten hat sie den Anteil der städtischen Bevölkerung (in Gemeinden mit mehr als 5000 Einwohnern) von 22% (1936) auf rund 60% ansteigen lassen, was den Verhältnissen in ausgesprochenen Industriestaaten nahe kommt. Rund 20% der venezolanischen Bevölkerung leben allein in der Agglomeration der Hauptstadt Caracas, deren City durch das imposante Centro Simón Bolívar mit seinen beiden Bürotürmen und einem mehrgeschossigen unterirdischen Parkplatz- und Straßensystem gekennzeichnet wird, das in ein Stadtautobahn-System übergeht. Außer modernen Geschäftszentren hat sich auf dem Gelände ehemaliger Kaffeehaziendas in den fünfziger Jahren auch die neue Universität in einem großangelegten Campus ausgebreitet. Dagegen liegen viele neue Fabriken in den Seitentälern. Die Nähe zur Küste und die klimatisch angenehme Höhenlage (900 m) haben gewiß zur Bevorzugung von Caracas als Hauptstadt beigetragen, ein Rang, der ihm im 19. Jahrhundert zeitweise von Valencia streitig gemacht wurde. Es ist auch durchaus verständlich, daß die großen Petroleumgesellschaften ihre Hauptverwaltungen in Caracas und nicht etwa in dem sehr heißen Maracaibo eingerichtet haben. Auch die Regierung hat einen großen Teil der aus dem Erdöl gewonnenen Einnahmen zunächst in Caracas investiert.

Ganz ähnliche Wandlungen im inneren Gefüge und im Erscheinungsbild haben, wenn auch in bescheidenerem Ausmaß, alle anderen größeren Städte in den fünfziger und den sechziger Jahren durchgemacht, wobei sie ihre jeweiligen Sonderfunktionen weiter ausbauten. Aufgrund ihrer günstigen Lage sind Valencia und Maracay heute neben Caracas die wichtigsten Industriestädte des Landes; hier werden u. a. Textilien, Kraftfahrzeuge und Autoreifen hergestellt. Weiter westlich, am Nordfuß der Anden, ist Barquisimeto ein bedeutender Handelsplatz. Der Kaffeehandel in den südlichen Anden konzentriert sich dagegen in San Cristóbal, während Mérida eine Rolle als Universitäts- und Touristenstadt spielt.

Entwicklung des Schulwesens in Venezuela von 1951 bis 1970

	Zahl der Schulen bzw. Anstalten		Zahl der Schüler		Zahl der Lehrkräfte	
	Insgesamt	Privat	Insgesamt	Privat	Insgesamt	Privat
Volksschulen						
1951	6956	369	503122	59567	14697	2049
1970	10665	1147	1726410	230207	51032	–
Höhere Schulen						
1951	135	83	27000	8781	1649	859
1970	659	423	287952	69648	12731	5997
Lehrerbildungsanstalten						
1951	3T	19	3593	1122	378	182
1970[1]	71		14900		1224	

[1] Staatliche und private Institutionen zusammengenommen

Venezuelas Export 1961 und 1970

	Exportmenge (in 1000 t)	
	1961	1970
Erdöl und Derivate	144737,9	182878,9
Eisenerz	14564,8	21089,3
Kaffee	24,6	16,9
Kakao	9,8	12,0
Zement	113,6	204,5
Sonstige Produkte	24,4	576,0
Gesamtexport	159475,1	204777,6

	Exportwert (in Mill. Bolivares)			
	1961	%	1970	%
Erdöl und Derivate	7449,6	92,7	12801,7	90,8
Eisenerz	442,5	5,5	797,2	5,6
Kaffee	75,6	1,0	57,1	0,4
Kakao	25,9	0,3	30,3	0,2
Zement	6,2	0,1	10,8	0,1
Sonstige Produkte	29,9	0,4	404,6	2,9
Gesamtexport	8029,7	100,0	14101,7	100,0

(Gesamtexport in Mill. US-Dollars: 1965 = 2713; 1970 = 2664)

Landwirtschaftliche Besitzverhältnisse in Venezuela

(Nach der letzten Erfassung aus dem Jahre 1961)

Betriebsgröße	Zahl der Betriebe	Anteil an der Gesamtzahl der Betriebe (in %)	Fläche (in ha)	Anteil an der gesamten landwirtschaftlichen Nutzfläche (in %)
Unter 1 ha	17734	5,5	9441	0,04
1–9 ha	195685	62,0	743847	2,9
10–99 ha	81554	25,9	2043147	7,9
100–999 ha	16281	5,2	4554060	17,5
1000–4999 ha	3383	1,1	6919489	26,5
5000 ha u. m.	840	0,3	11734878	45,1
Insgesamt	315477	100,0	26004862	100,0

Die Verstädterung dokumentiert sich auch in den ausgedehnten Ranchogebieten an den Rändern aller größeren Städte, in denen die landflüchtige Bevölkerung in primitiven Behausungen ihre erste und oft dauernde Bleibe findet. Zwar sind von seiten der Regierung schon seit Beginn der fünfziger Jahre eine ganze Reihe größerer Siedlungsprojekte mit Wohnblocks und Hochhäusern durchgeführt worden, doch konnte damit das Problem der Wohnraumnot noch in keiner Weise gelöst werden. Die Massenzuwanderung wurde übrigens in den fünfziger Jahren noch erheblich verstärkt durch europäische Einwanderer, vor allem aus Italien und anderen südeuropäischen Ländern, so daß 1961 der Ausländeranteil (rund 680 000) 8,3% der venezolanischen Bevölkerung betrug. Bezeichnenderweise lebten etwa zwei Drittel von ihnen in der Agglomeration von Caracas. Die Einwanderer stellen einen nicht unwesentlichen Anteil an den mittelständischen Berufsgruppen in Handel, Dienstleistungen, Industrie und Handwerk; doch fällt rein zahlenmäßig die Zunahme durch Immigration kaum ins Gewicht gegenüber dem natürlichen Bevölkerungswachstum durch Geburtenüberschuß. Diesem Problem sucht die Regierung durch den Ausbau des Gesundheits- und des Erziehungswesens auch in den abgelegeneren Gebieten entgegenzutreten. Immerhin ist der Prozentsatz der Analphabeten im Landesdurchschnitt von 71% (1936) auf 17% (1965) gesunken, während gleichzeitig der Besuch von höheren Schulen und Universitäten deutlich angestiegen ist.

Von Simón Bolívar bis heute

Nach der frühen Entdeckung seiner Küsten (Kolumbus 1498, Ojeda/Vespucci 1498/99) und den Eroberungszügen durch die spanischen Konquistadoren und die deutschen Welser-Hauptleute (Ambrosius Ehinger, Nikolaus Federmann, Georg Hohermuth, Philipp von Hutten), also im wesentlichen in der ersten Hälfte des 16. Jahrhunderts trat Venezuela in seiner Bedeutung völlig hinter den Bergbauländern Mexico und Perú-Bolivien zurück, die als Neuspanien bzw. Perú zu Vizekönigreichen im Rahmen des spanischen Weltreichs erhoben wurden. Venezuela unterstand der Audiencia von Santo Domingo und wurde erst 1786 zum Generalkapitanat erklärt. Sein wirtschaftlicher Schwerpunkt lag in den Llanos; Rinderhäute bildeten das einzige wichtige Exportprodukt. Von den freiheitsliebenden Llaneros hat dann der südamerikanische Befreiungskampf starke Impulse erhalten.

Der bedeutendste Führer dieser Bewegung, Simón Bolívar, wurde 1783 in Caracas geboren und war 1811, zusammen mit Francisco de Miranda, die treibende Kraft für die Erklärung der Unabhängigkeit, die dann allerdings gegen die spanischen Truppen mühsam erkämpft werden mußte. Erst 1821 wurde in der Schlacht von Carabobo (südwestlich Valencia) die staatliche Selbständigkeit für die Völker Venezuelas und Kolumbiens errungen.

Das 19. Jahrhundert brachte dem selbständigen Land häufige Regierungsumstürze, mehrere Diktaturen und eine entsprechend unsichere Wirtschaftslage. Die Viehherden der Llanos wurden stark dezimiert, und an die wichtigste Stelle beim Export trat der um 1780 eingeführte Kaffee, zu dem später der Kakao, vorübergehend auch Tabak und Indigo kamen. Damit wurde das Andengebiet auch zum wirtschaftlichen Schwerpunkt des Landes. Demgegenüber hinterließ der Goldrausch in Guayana keine tiefen Spuren. Ein grundlegender Wandel ergab sich erst mit dem Erdölboom ab 1920. Das Erdöl hat Venezuela seitdem zum reichsten Land Lateinamerikas gemacht. Nach seinem Pro-Kopf-Einkommen, seiner stabilen Währung und den glänzend ausgebauten Stadtzentren läßt es sich ohne weiteres mit Industriestaaten vergleichen. Und doch gibt es noch zahlreiche Kriterien, die Venezuela zu einem Entwicklungsland stempeln. Dazu gehören vor allem die trotz aller Reformen immer noch außerordentlich großen sozialen Gegensätze zwischen Stadt und Land, aber auch innerhalb der schnell wachsenden städtischen Bevölkerung. Immerhin ist Venezuelas natürliches Potential so vielfältig, daß der Weg zu einem vollentwickelten Land, wie er unter der Devise »Sembrar el petróleo« (»Erdöl säen«) beschritten wird, durchaus möglich erscheint.

Der Erfolg dieser Bemühungen wird freilich nicht unwesentlich von der politischen Lage des Landes abhängen. Trotz relativer Ruhe in jüngster Zeit kann eine Beeinflussung durch revolutionäre Kräfte von links und rechts auch in Zukunft nicht ausgeschlossen werden. Auf den Tod des »ewigen« Diktators Gómez folgten einige relativ ruhige Jahre, doch 1948 übernahm wieder einmal eine Militärjunta die Macht. Ihr Anführer Marcos Pérez Jiménez herrschte ab 1952 als unumschränkter Diktator. Er unterband jegliche Opposition und versuchte durch spektakuläre Unternehmungen (Autobahn-, Militärbauten usw.) das Volk für sich zu gewinnen, wobei ihm der Erdölboom während des Korea-Krieges, der Ölkrise in Iran und im ersten Suez-Konflikt sehr zustatten kam.

Nach seinem Sturz im Jahre 1958 stand die neue Regierung unter Betancourt vor dem Problem, hohe Auslandsschulden abzutragen und gleichzeitig ein Programm zur Entwicklung des Landesinnern durchzuführen. Eine zusätzliche Gefahr bildeten von Castro beeinflußte Guerillagruppen, die namentlich in den Städten (Universitäten!) und den nördlichen Anden erhebliche Unruhen verursachten. Trotzdem konnten die Wahlen 1963 und 1968 verfassungsgemäß durchgeführt werden. 1968 gewann der gemäßigt linke Rafael Caldera Rodríguez von der christlich-sozialen COPEI-Partei das Präsidentenamt. Die Tatsache, daß die beiden letzten Regierungswechsel nach freien Wahlen in einem Mehrparteiensystem unter Einschluß links- und rechtsextremer Parteien ohne Zwischenfälle vonstatten gingen, ist ein ermutigendes Zeichen für die Stabilisierung der politischen Verhältnisse in Venezuela.

Atlas de Venezuela. *Caracas 1971.* – Abouhamad, J.: Los Hombres de Venezuela. *Caracas 1970.* – Borcherdt, C.: Die neue Verkehrserschließung in Venezuela. *(In: Die Erde.) Berlin 1968.* – Borcherdt, C.: Städtewachstum und Agrarreform in Venezuela. *(In: Verh. Deutscher Geographentag Bd. 36) Wiesbaden 1969.* – Burger, O.: Venezuela. *Leipzig 1922.* – Gormsen, E.: Barquisimeto. *Heidelberg 1956.* – Heaton, L. E.: The Agricultural Developement of Venezuela. *New York, London 1969.* – Hueck, K.: Die Wälder Venezuelas. *(In: Forstwissenschaftliche Forschungen, Beiheft 14.) Hamburg 1961.* – Lieuwen, E.: Venezuela, 2. Ausgabe. *London 1963.* – Marrero, L.: Venezuela y sus Recursos. *Caracas 1964.* – Morón, G.: A History of Venezuela. *London 1964.* – Otremba, E.: Entwicklung und Wandlung der venezolanischen Kulturlandschaft unter der Herrschaft des Erdöls. *(In: Geographische Rundschau.) Braunschweig 1954.* – Otremba, E.: Venezuela. *(In: Geographische Rundschau.) Braunschweig 1971.* – Ptak, H. P.: Venezuela. *Heidelberg 1952.* – Schäfer, E.: Venezuela. *Brüssel 1956. (Bildband).* – Steinvorth-Goetz, I.: Uriji jami. Die Waika-Indianer, *Caracas 1970.* – Vareschi, V.: Geschichtslose Ufer. Auf den Spuren Humboldts am Orinoco. *München 1959.* – Venezuela. *(In: Länderkurzberichte des Statistischen Bundesamtes Wiesbaden.) Mainz/Stuttgart 1971.* – Vila, M.: Zonificación geo-económica de Venezuela, *4 Bde. Caracas 1968.*

Erdmann Gormsen

Die Guayana-Länder

Guyana, Surinam und Französisch-Guayana (Guyane Française)

Dreigeteilte Einheit eines tropischen Lebensraumes

Im Rahmen des iberisch geprägten südamerikanischen Kontinents bildet »Guayana« aufgrund der historischen Entwicklung und der daraus resultierenden sozialgeographischen Struktur eine durchaus eigenständige Region, die allerdings in sich deutlich differenziert ist, gliedert sie sich doch in drei Länder mit unterschiedlichem politischem Status und unterschiedlicher kultureller Prägung.

Dabei ist die Naturausstattung Guayanas jedoch recht einheitlich. Die Basis bildet das Bergland von Guayana, der geologisch älteste präkambrische Schild des Kontinents, der freilich einen erheblich größeren Raum als das Staatsgebiet der drei Länder umfaßt und teilweise zu Brasilien und zu Venezuela gehört. Dieses gewaltige Massiv, das im Süden unter paläozoische Sedimente des Amazonasbeckens untertaucht, ist durch die nur knapp 100 m hohe Senke der Flüsse Rio Branco und Essequibo in zwei etwa gleich große Hälften geteilt. Der westliche, überwiegend venezolanische Flügel des Gebirgsmassivs weist die größere durchschnittliche Massenerhebung und die bedeutenderen Gipfelhöhen auf (Pico de Neblina, 3014 m, nach Messungen von Phelps 3045 m), und zwar in den vielfach an Brüchen herausgehobenen Tafelbergen aus Sandsteinen und Quarziten der Trias, die mit oft mehrere hundert Meter hohen, fast senkrechten Wänden aus den weitgespannten Rumpfflächen des Gebirges aufsteigen. Lediglich Guyana, das frühere Britisch-Guayana, hat im Grenzgebiet zu Venezuela und Brasilien, um den Roraima (2810 m) am östlichen Ende der Serra Pacaraima, einen geringen Anteil an diesem markanten Relief.

Demgegenüber wird der östliche, ebenfalls eingerumpfte Teil des Berglandes von unzähligen mächtigen Inselbergen überragt, die vor allem im Bereich der bedeutenden präkambrischen Granitintrusionen sehr schöne Glockenbergformen zeigen. Die größten Höhen erreicht hier das Wilhelminagebirge in Surinam mit 1280 m. Der stufenweise Nordabfall des Massivs, der in einem wenig ausgeglichenen Längsprofil der schnellenreichen Flüsse zum Ausdruck kommt, deutet auf eine junge Hebung ab dem Tertiär. Die großartigsten Wasserfälle bildet der Potarofluß im westlichen Guyana, der in den 226 m hohen Kaieteurfällen vom Sandsteintafelland abstürzt. Dem Stufenrand des kristallinen Grundgebirges ist auf weite Strecken ein niedriges, aus küstennahen Sedimenten aufgebautes Hügelland vorgelagert, das bedeutende Bauxitlagerstätten enthält. Es verschwindet schließlich unter den jüngeren Ablagerungen des Küstentieflandes, das im Westen annähernd 100 km breit ist, sich aber bei Cayenne auf wenige Kilometer verschmälert, wo einzelne Inselberge direkt an der Küste oder sogar als vorgelagerte Inseln (u. a. Teufelsinsel) in Erscheinung treten. Davon abgesehen handelt es sich um eine flache Ausgleichsküste. Die in Ost–West-Richtung strömende, sehr beständige südliche Passatdrift führt vielfach zur Verschleppung von Flußmündungen und zur Ausbildung von Nehrungen, die allmählich verlandende Lagunen mit Mangrovevegetation vom Ozean abtrennen.

Diese tropische Vegetationsformation mit ihren Stelzwurzeln gedeiht nur im Schlamm unter ruhigem Brackwasser und bei hohen Temperaturen, die im Jahresgang kaum vom 26°-C-Mittelwert abweichen und auch nur geringe Tagesschwankungen (weniger als 10°C) aufweisen. In bezug auf die Niederschläge bilden die Guayana-Länder eine Zone des Übergangs vom reinen Äquatorialklima, mit zwei Regenzeiten im Frühjahr und Herbst bei relativer Trockenheit in den übrigen Monaten, zum sommerhumiden Tropenklima, mit nur je einer Regen- und Trockenperiode. Dabei gibt es freilich im Küstentiefland und vor allem an den nach Osten gewandten Gebirgsflanken keine ausgesprochen regenlosen Monate, da der fast senkrecht auf die Küste auftreffende Nordostpassat während des ganzen Jahres genügend Feuchtigkeit vom warmen Meer heranführt. So ergeben sich für die Küstenstationen jährliche Niederschlagsmengen von 2000 bis über 3000 mm. Am Gebirgsrand fallen die Niederschläge noch reichlicher aus; vor allem der Roraima ist fast täglich in Wolken gehüllt. Unter diesen Umständen nimmt es nicht wunder, daß dieser ganze Bereich, ausgenommen die Überschwemmungsgebiete der Küstenebene und einige Savanneninseln am unteren Essequibo, von einem immergrünen tropischen Regenwald eingenommen wird. Dagegen tragen die im Lee gelegenen Hochflächen- und Beckenlandschaften im Innern des Gebirges Savannen, die je nach den örtlichen Verhältnissen eine feuchtere, etwa von Mauritiuspalmen durchsetzte, oder eine trockenere, durch Chaparrobüsche gekennzeichnete Ausprägung zeigen.

Die so skizzierte, von der spärlichen indianischen Bevölkerung noch kaum veränderte Naturlandschaft Guayanas, mit feuchtheißem Klima, undurchdringlichen Wäldern und den für die Binnenschiffahrt ungünstigen Schnellen in allen Flüssen, war zwar nicht gerade einladend für Europäer, doch hatte sie diesen eher abweisenden Charakter gemein mit einer ganzen

Surinam, Flußverkehr ·
Auf den zahlreichen Flüssen
ist der Einbaum zum Teil
noch heute ein wichtiges
Verkehrsmittel.

Reihe anderer Landschaften im Osten und im Westen Südamerikas, die trotzdem in der frühesten Kolonialzeit durch Spanier oder Portugiesen in Besitz genommen wurden. Es ist also recht erstaunlich, daß Guayana als der Europa am nächsten gelegene Teil des Kontinents so wenig Interesse erweckte. Dabei hatte Kolumbus schon 1498 seine Küste entdeckt, und ein Jahr später war Alonso de Ojeda an dem gesamten Land entlanggesegelt und wohl auch an einigen Stellen gelandet. Die Portugiesen, die zunächst stärker an der 1497/98 erstmals von Vasco da Gama befahrenen Route um Afrika nach Indien interessiert waren, besetzten ihrerseits nur einige Stützpunkte an der Ostküste des heutigen Brasiliens. Diese Abgrenzung der Interessensphären zwischen den damaligen großen Kolonialmächten war freilich nicht zufällig. Sie beruhte vielmehr auf dem 1494 unter päpstlichem Einfluß geschlossenen und auf noch früheren Absprachen beruhenden Vertrag von Tordesillas, nach dem die neu zu entdeckenden Länder der Erde westlich eines bestimmten Längengrades dem spanischen, östlich davon dem portugiesischen König zufallen sollten. Dieser Meridian verlief ungefähr durch das Mündungsgebiet des Amazonas, und damit lagen die beiderseits anschließenden Küstenstreifen im Grenzsaum der beiden Mächte. Da hinter diesen Küsten aber zunächst keine Schätze vermutet wurden, wie sie etwa in den Hochkultur-Staaten der Kordilleren entdeckt worden waren, bestand kein Anlaß zu Eroberungszügen in dieses Gebiet.

Gegen Ende des 16. Jahrhunderts begannen englische und niederländische Kaufleute Handel mit den Eingeborenen zu treiben, und 1581 entstand die erste holländische Niederlassung am Pomeroonfluß, die allerdings 1596, nach heftigen Angriffen durch Spanier und Indianer, an den Essequibo verlegt

Das Wirtschaftsleben in Venezuela und den Guayana-Ländern

werden mußte. Berichte der Indios über El Dorado, einen vergoldeten Mann im Landesinnern, gaben nach der Jahrhundertwende Anlaß zu mehreren Reisen von Sir Walter Raleigh, die durch dessen ausführliche Beschreibungen berühmt wurden, aber nicht zur Entdeckung großer Goldadern führten. So setzte eine beständigere Kolonisierung erst nach der Gründung der »Niederländisch-Westindischen Kompanie« (1621) ein; in den Jahren 1626—1630 wurden das Fort Kijk-over-al und mehrere Siedlungen an den Flüssen Essequibo, Berbice und Corantijn (Courantyne) angelegt. Nachdem die ersten britischen und französischen Gründungen im Bereich von Cayenne fehlgeschlagen waren, ließen sich ab 1630 Engländer am Surinamefluß nieder. 1651 erklärten sie Surinam (das auch das heutige Guyana umfaßte) zu ihrer Kolonie, gaben es aber 1667, im Frieden von Breda, an die Niederlande ab, und zwar im Tausch gegen das 1626 von Holländern gegründete Neuamsterdam, das spätere New York. Eine Verstärkung des niederländischen Elements in Guayana war schon um 1654, nach der Verdrängung der Niederländer aus den Küstenbereichen Nordostbrasiliens durch die Portugiesen, erfolgt, wobei übrigens eine größere Zahl portugiesischer Juden mit den liberalen Niederländern zogen.

Die ungeordneten Verhältnisse dieser Übergangszeit wurden von vielen Negersklaven zur Flucht von den Plantagen in die Wälder ausgenutzt, wo sie als »Buschneger« unter Weiterführung überkommener afrikanischer Bräuche ihre eigenständigen Stammeskulturen entwickelten, außerdem aber durch viele Jahrzehnte eine dauernde Bedrohung der europäischen Pflanzer bildeten. Nach vergeblichen Unterwerfungsversuchen und langwierigen Verhandlungen kam es in Surinam erst in den Jahren 1761 und 1762 zu Verträgen mit den beiden größten, schon 5000 bis 6000 Mitglieder zählenden Buschnegerverbänden; die Abkommen bestätigten den Buschnegern ihre Unabhängigkeit und dienen, mit einigen Abänderungen, bis heute als Grundlage ihrer Beziehungen zur staatlichen Verwaltung.

Doch auch abgesehen von diesen inneren Unruhen brachte das 18. Jahrhundert den Guayana-Kolonien keine stetige Aufwärtsentwicklung. 1712 fielen die Franzosen in Surinam ein. Dessen westlicher Teil, in den nach einer Liberalisierung der Einwanderung, im Jahre 1738, eine größere Zahl von Briten aus den Westindischen Inseln übergesiedelt war, wurde 1781 von Großbritannien und kurz darauf von Frankreich annektiert, nach zwei Jahren aber an die Niederländer zurückgegeben. Diese machten nun die französische Gründung Longchamps, an der Mündung des Demerara, zur neuen Hauptstadt Stabroek (heute Guyanas Hauptstadt Georgetown). Während der französischen Revolutionskriege eroberten französische Truppen Surinam, doch mußten sie 1786 den Briten weichen. Im Frieden von Amiens, 1802, fiel Surinam zwar an die Niederlande zurück, doch im folgenden Jahr ging der westliche Teil, das heutige Guyana, endgültig an Großbritannien über; vorübergehend (1804–1816) war auch (Rest-)Surinam noch einmal britisch. Französisch-Guayana wurde 1809 Brasilien angegliedert, aber 1817 an Frankreich zurückgegeben.

Die ersten Siedlungen waren nicht im Küstenschwemmland angelegt worden, sondern als Posten für den Indianerhandel, nahe dem oberen Ende der Flußschiffahrt am Rande des Hügellandes. Erst nach 1713 trieben die Niederländer die Kultivierung allmählich gegen die Küste vor, wobei ihnen die in ihrer Heimat entwickelten Techniken der Eindeichung und Entwässerung sehr zustatten kamen. Allerdings schränkte gerade die Notwendigkeit von Damm- und Dränagebauten die unbegrenzte Ausdehnung des intensiv genutzten Landes wieder ein. Führte schon die Anlage von Poldern zu relativ großen Besitzeinheiten, so brachte die Zuckerrohr-Plantagenwirtschaft, die große Anbauflächen mit einer entsprechenden Verarbeitungsindustrie kombiniert, ebenfalls eine Betriebskonzentration mit sich.

Eine wesentliche Voraussetzung für die Plantagenwirtschaft bildete ein genügend großes Angebot an billigen Arbeitskräften. Wie anderswo in der Neuen Welt, so kamen auch hier die auf einer sehr einfachen Kulturstufe der Wildbeuterei oder des Wanderhackbaues stehenden Eingeborenen kaum dafür in Frage. So blieb auch in Guayana als Alternative nur der Kauf afrikanischer Sklaven, die im Dreieckshandel aus Westafrika herbeigeschafft wurden. Sie bildeten sehr schnell den größten Teil der Bevölkerung.

Unter diesen Voraussetzungen erlebten die Guayana-Kolonien um 1800 eine bedeutende wirtschaftliche Blüte, wie sie im Anstieg der wichtigsten Plantagenprodukte des britischen Gebietes von 1799 bis 1801 zum Ausdruck kommt. Neben Zuckerrohr, das auch in großem Umfang zu Schnaps gebrannt wurde, spielten der im 18. Jahrhundert hier eingeführte Kaffee und die Baumwolle eine wichtige Rolle. Die Exporterlöse von Surinam und Britisch-Guayana erreichten in jenen Jahren jeweils mehr als 2 Millionen Pfund Sterling. Doch gab es in den ersten Jahrzehnten des 19. Jahrhunderts eine Reihe schwerwiegender Probleme durch die Konkurrenz anderer Kolonialgebiete.

Wirklich kritisch wurde die Gesamtsituation für das auf billiger Arbeitskraft beruhende Plantagensystem aber durch die vielfach von Missionaren geförderten Bestrebungen zur Sklavenbefreiung, die 1823 einen Sklavenaufstand im Gebiet des Demerara zur Folge hatten und schließlich in der offiziellen

Curaçao, Willemstad · Die Hauptstadt dieser Insel erinnert mit ihren Hausfassaden an Straßen der Niederlande.

Aufhebung der Sklaverei endeten: im britischen Herrschaftsbereich schon 1834, im französischen 1848 und im niederländischen 1863.

Die weitere Entwicklung und die zunehmende sozialgeographische Differenzierung der Guayana-Länder hing nun in erster Linie von der Beschaffung neuer Landarbeiter ab, da die Neger möglichst schnell von den Plantagen in die Städte zogen. Erst die ab 1838 angeworbenen indischen »Kulis« bewährten sich als Lohnarbeiter; doch die britische Kolonie mußte mit anderen Zuckeranbauländern konkurrieren, in denen die Sklaverei viel später abgeschafft wurde (z. B. Cuba 1878). Außerdem bestand eine für alle Monokulturgebiete typische Abhängigkeit vom Weltmarkt, und Preisstürze führten mehrfach zu schweren wirtschaftlichen Krisen in den Guayana-Kolonien. Andererseits haben gerade die Inder mit dem Reis eine für diese Länder neue Anbauform mitgebracht, die im modernen Wirtschaftsleben eine bedeutende Rolle spielt. Der Reis wurde zunächst nur zur Versorgung der Einwanderer auf den weniger gut gepflegten Feldern am Rande der Plantagen angebaut; von 1905 an trug er jedoch bereits zum Export bei, und heute nimmt die Reiskultur rund 60% der Anbaufläche ein, und zwar überwiegend in Form von kleinbäuerlichen Betrieben.

Surinam machte nach der Emanzipation der Sklaven eine ganz ähnliche Entwicklung durch. Im Einvernehmen mit der britischen Regierung wurden ab 1873 indische Arbeiter gewonnen, und von 1893 an holte man auch Indonesier aus der damaligen Kolonie Niederländisch-Indien. In Französisch-Guayana, das schon vorher eine geringere Entwicklung der Plantagenkultur gezeigt hatte, gelang es nicht, eine entsprechende Zuwanderung zu organisieren, so daß die Wirtschaft stagnierte. Außerdem war die Benutzung eines Küstenstreifens und der vorgelagerten Teufelsinsel als Sträflingskolonie nicht dazu angetan, die private Initiative wesentlich anzuregen und die Einwanderung zu fördern.

Guyana – eine »kooperative Republik«

In Guyana (214970 qkm) bildeten die Inder 1960 bei einer Gesamtbevölkerung von 740000 mit 48% die größte Gruppe, die sich aufgrund der besonders hohen Geburtenrate seitdem auf über 50% erhöht haben dürfte. Es folgten mit 33% die Afrikaner, die hier auch als Kreolen bezeichnet werden. Zu diesen werden in den Guayana-Ländern meist auch die Mulatten gezählt, die in Guyana 12% der Bevölkerung ausmachen. Die in der Volkszählung mit rund 25500 angegebene Zahl der Indianer (4,5%) stellt eine Schätzung unter Einschluß der im Waldland des Innern lebenden Urbevölkerung dar. Die gut 4000 Chinesen (0,7%), die rund 8000 Portugiesen (1,5%) und die etwa 3200 sonstigen Weißen (0,6%) treten demgegenüber rein zahlenmäßig weit zurück, obwohl sie im Wirtschaftsleben des Landes eine überproportionale Rolle spielen, die freilich in neuerer Zeit allmählich abgebaut wird. Immerhin betrug der Anteil der städtischen Bevölkerung bei diesen drei Gruppen 1960 fast 70%. Bei den großen Bevökerungsgruppen ist die Verstädterung nicht einheitlich, wie ein Vergleich mit den genannten Anteilen an der Gesamtbevölkerung zeigt; denn von den Stadtbewohnern waren 22% Inder, 49% Afrikaner, 22% Mischlinge sowie 7% Weiße und Chinesen. Diese historisch bedingte unterschiedliche Verteilung bedeutet, daß die Landwirtschaft ganz überwiegend – gerade auch in ihrer kleinbäuerlichen Form – eine Domäne der Inder ist, während in den städtischen Erwerbszweigen, etwa im Handel und im öffentlichen Dienst, bisher noch die anderen ethnischen Gruppen vorherrschen. In den leitenden Funktionen sind die Europäer relativ am zahlreichsten, gefolgt von den Mulatten, den Afrikanern und den Indern. Ihren traditionellen Bildungsrückstand haben die Inder in neuerer Zeit schnell aufgeholt, gerade auf der höheren Schulstufe.

Aus der ethnisch-sozialen Vielfalt, die durch die Religionsgruppen noch weiter differenziert wird (rund 46% Protestanten, 10% Katholiken, 30% Hindus, 8% Moslems), resultieren auch politische Gegensätze, die vor allem seit Erlangung der Unabhängigkeit aufgebrochen sind. So hat sich die unter der Führung des Inders Cheddi Jagan stehende linksradikale People's Progressive Party (PPP) zu einer im wesentlichen von der indischen Volksgruppe getragenen Partei entwickelt, obwohl sie anfangs bestrebt war, eine möglichst breite Einheitsfront aller Gruppen für die Erringung der Unabhängigkeit und für soziale Reformen zu bilden. Unter dieser Devise trug sie die Regierung bis 1964. Doch ihr bedeutendstes Neger-Mitglied, Forbes Burnham, gründete 1957 eine eigene, sozialdemokratische Partei unter dem Namen People's National Congress (PNC), die sich vornehmlich auf die afrikanische Bevölkerung stützt. Seit 1964 führt die PNC in Koalition mit der von dem Portugiesen Peter d'Aguiar gegründeten, rechtsorientierten Partei United Forces (UF) die Regierung. Am 26. Mai 1966 erlangte Guyana seine Unabhängigkeit, zunächst noch als konstitutionelle Monarchie mit der britischen Majestät als Staatsoberhaupt. Doch am 23. Februar 1970 erklärte es sich zur »Kooperativen Republik« im Commonwealth of Nations, und im März desselben Jahres wurde der Chinese Raymond Arthur Chung zum Staatspräsidenten gewählt. Unter den angedeuteten Voraussetzungen kann der auf dem Wappen Guyanas ausgedrückte Wahlspruch »One People, one Nation, one Destiny« (»Ein Volk, eine Nation, ein Schicksal«) vorläufig nur als ein Wunsch für die Zukunft verstanden werden.

Die Wirtschaft des Landes basiert auf knapp 1% des Staatsgebietes, d. h. dem agrarisch genutzten Teil des Küstentieflandes. Rund 60% der Kulturfläche sind Reisfelder, die vorwiegend von Kleinbauern indischer Abstammung bestellt werden. Die Ernte deckt in erster Linie den Inlandsbedarf, ist aber darüber hinaus mit 13% am Ausfuhrwert beteiligt. Von dem ebenfalls auf dem Polderland erzeugten Zucker gehen ungefähr 90% in den Export (28% der Gesamtausfuhr). Das dichte Netz von Entwässerungskanälen dient gleichzeitig dem Transport des Zuckerrohrs von den Feldern zu den elf Raffinerien, die im wesentlichen zwei Gesellschaften gehören. Der Küstendünenstreifen trägt 16000 ha Kokospalmenhaine; die hier gewonnene Kopra wird in einer Margarine- und Seifenfabrik verarbeitet. In geringerem Maße tragen Zitrusfrüchte, Bananen und Kaffee, die vor allem im westlichen Hügelland angebaut werden, zum Export bei.

Etwa 13% des guyanischen Staatsgebietes werden als Weideland deklariert, was auf eine entsprechend bedeutende Viehwirtschaft schließen lassen könnte. In Wirklichkeit reichen die Erträge noch nicht aus, um den Eigenbedarf des Landes zu decken. Fortschritte sind durch die Einfuhr von neuen Rinderrassen zu erwarten. Moderne Geflügelmastverfahren haben in den letzten Jahren die Ausfuhr von Geflügelfleisch nach Surinam, Französisch-Guayana und Trinidad ermöglicht.

Von den enormen Waldreserven, die rund 70% der Staatsfläche Guyanas einnehmen, kann wiederum nur der randlich gelegene Teil, etwa ein Fünftel, wirtschaftlich genutzt werden. Exportiert wird ein Teil der wertvollen Harthölzer wie Mora excelsa, Carapa guianensis und besonders das termiten- und bohrmuschelsichere Greenheart (Ocotea rodiaei). Ein weiteres, von Indianern in Sammelwirtschaft gewonnenes und teilweise exportiertes Waldprodukt bildet Balata, der eingedickte, dem Naturkautschuk verwandte Saft von Mimusops balata, der beim Anritzen der Baumrinde austritt. Die Fischereiwirtschaft hat mit ausländischer Hilfe in den letzten Jahren einige Fortschritte gemacht und damit die Importabhängigkeit verringert. Exportiert werden lediglich gefrorene Krabben (nach den USA).

Von größter Bedeutung für die Wirtschaft des Landes wurde der Bergbau, allerdings nicht in der von den Konquistadoren erhofften Weise: Die vor knapp hundert Jahren im westlichen Gebirgsland begonnene Goldwäscherei, die der Anlaß für noch immer nicht ganz ausgeräumte Grenzstreitigkeiten mit Venezuela war, bringt nach 4000 kg um 1900 und 1200 kg im Jahre 1938 heute nur mehr knapp 130 kg Jahresausbeute. Bedeutender sind schon die im gleichen Gebiet seit 1900 – ebenfalls vorwiegend aus Seifen – gewonnenen Diamanten. Die Produktion zeigt freilich starke Schwankungen: nach einem Höhepunkt von 214 500 (1923) und einem Tiefstand von 15 400 (1945) derzeit rund 66 000 Karat, womit immerhin 2,2% des Exports (1968) bestritten werden. Dem steht allerdings ein Exportanteil von

Geflechtrassel, Guayana

27% aus Bauxit und weiteren 15% aus Tonerde (Al_2O_3) gegenüber. Die nur 100 km oberhalb von Georgetown am Demerara, bei Mackenzie, gelegenen Vorkommen werden seit 1917 mit steigendem Erfolg ausgebeutet und haben 1971 zusammen mit den 1953 erschlossenen Minen von Kwakwani am Berbice 4,3 Millionen t 50- bis 62prozentiges Bauxit erbracht, wovon seit 1961 ein erheblicher Teil nach dem Bayer-Verfahren zu Tonerde verarbeitet wird. Guyana steht damit an fünfter Stelle unter den Bauxit produzierenden Ländern. In Matthews Ridge, im Nordwesten des Landes, werden seit 1960 Manganerze abgebaut, deren Produktion 1968 rund 38 400 t reines Mangan betrug.

Die Industrie ist über die bereits erwähnte Rohstoffverarbeitung, zu der auch die Erzeugung von Rum gehört, noch kaum hinausgekommen; sie beschränkt sich im wesentlichen auf die Herstellung von einfachen Verbrauchsgütern wie Textilien, Zigaretten und Zündhölzern, Bier und anderen Getränken, aber auch von Arzneimitteln. Die meisten Fabriken liegen in der Hauptstadt Georgetown (etwa 200 000 Einwohner), die auch alle anderen Sonderfunktionen auf sich vereinigt; so beherbergt sie die einzige Universität (gegründet 1963) und eines der beiden Lehrerseminare des Landes, eine technische Fachschule, Bibliotheken, ein Theater, ein Museum, einen zoologischen und einen botanischen Garten und ist Sitz eines anglikanischen Erzbischofs und eines katholischen Bischofs. Große Teile der auf regelmäßigem Grundriß in luftiger Holzbauweise errichteten Stadt fielen 1945 einem Brand zum Opfer. Mit ihrem – freilich nur für Schiffe mit bis zu 6 m Tiefgang befahrbaren – Hafen und dem Flughafen Atkinson Field stellt die Stadt auch das Verkehrszentrum Guyanas dar, zumal sich die ausgebauten Verkehrslinien des Landes (128 km Eisenbahn, 654 km Allwetter- und 1850 km sonstige Straßen) ebenfalls vorwiegend im Küstentiefland befinden. Hier liegt auch die zweitgrößte Stadt Guyanas, New Amsterdam (rund 20 000 Einwohner), das seinen niederländischen Charakter einigermaßen bewahrt hat.

Surinam – ethnisch differenziert, aber tolerant

In Surinam (142 822 qkm) ist die Bevölkerung noch stärker differenziert als im benachbarten Guyana. Zwar stellen auch hier die Kreolen (einschließlich der Mulatten) mit 36% und die Inder mit 34% den größten Teil, doch dazu kommen als weitere bedeutende Volksgruppen die Indonesier (meist Javanen) mit 15% und, in den Wäldern, die Buschneger, auch »Marons« genannt, die mit 9% die noch tiefer im Waldland lebenden Indianer (2%) zahlenmäßig weit übertreffen. Auch die Weißen (meist Niederländer) und die Chinesen machen nur je 2% der Bevölkerung aus. Die Religionsgliederung entspricht z. T. den Herkunftsgebieten der ethnischen Gruppen. So gibt es rund 20% Moslems und 28% Hindus, was zusammen dem Anteil der Javanen und der Inder nahekommt. Dabei werden zu letzteren selbstverständlich alle Einwanderer (und deren Nachkömmlinge) aus den erst 1947 aufgrund der Religionsunterschiede gegründeten Staatsgebieten Pakistans (d. h. der heutigen Staaten Pakistan und Bangla Desh) und der Indischen Union gerechnet, und zwar unabhängig von ihren verschiedenen religiösen Bekenntnissen. Als weiterer Faktor der Differenzierung kommt hinzu, daß die christliche Missionsarbeit unter Kreolen und Buschnegern von verschiedenen Bekenntnissen getragen war. Neben der römisch-katholischen Kirche (23%) steht als zweitgrößte christliche Glaubensgemeinschaft die schon 1735 als Sklavenmission begonnene und wesentlich von Deutschen getragene Herrnhuter Brüdergemeine (17%), die heute außer zahlreichen Schulen aller Unterrichtsstufen mehrere Polikliniken in entlegenen Buschnegergebieten unterhält. Entsprechend den konfessionellen Verhältnissen in den Niederlanden gliedern sich die übrigen Protestanten (5%) in Lutheraner und Mitglieder der reformierten Kirchen. Schließlich gibt es noch Konfuzianer, Juden, Anhänger verschiedener Sekten und einen nicht unerheblichen Teil (6%) von Animisten unter den Buschnegern und den Indianern.

Die Indianerstämme im Innern, so die Trio und die Oyana, sind z. T. noch Wildbeuter, die mit Blasrohr oder Pfeil und Bogen auf Jagd und Fischfang gehen; sie pflanzen aber in ihren kleinen Rodungsinseln, die sie im Rahmen der Feldwechselwirtschaft von Zeit zu Zeit verlegen, auch Maniok und Bananen als Grundnahrungsmittel. Demgegenüber haben die Arawak und andere Stämme am Rande des Tieflandes schon häufigeren Kontakt mit der Zivilisation. Die Buschneger leben in großen, wohlorganisierten Dörfern an den Flüssen Saramacca, Suriname und Marowijne in zeltartigen Häusern, deren Palmdächer vielfach bis zum Boden herabreichen und deren Giebelseiten häufig mit ornamentalen Flechtarbeiten oder Schnitzereien verziert sind. Überhaupt sind die Buschneger Meister in der Holzbearbeitung, sei es beim Bau von Kanus oder bei der Anfertigung von reich verzierten Hockern, Tellern, Löffeln, Kämmen, Paddeln und sonstigen Geräten. Vom Feldbau abgesehen, bestreiten sie ihren Unterhalt mit Holzfällerei, dem Zapfen von Balata und dem wegen der vielen Schnellen nicht ungefährlichen Flußtransport.

Der Feldbau im Küstentiefland beruht ebenso wie im benachbarten Guyana auf dem altniederländischen Poldersystem, wird aber in Surinam außer von den Indern auch von den Ja-

Die Guayana-Länder – tropischer Lebensraum vieler Kulturen

Die drei Guayanaländer bilden den Kern der südamerikanischen Guayana-Landschaft, die sich vom Orinoco über den Süden Venezuelas bis zum Amazonas im Norden Brasiliens erstreckt.

Die Guayana-Länder machten, nicht zuletzt, weil sie außerhalb des Hauptinteresses der Spanier und Portugiesen lagen, eine wechselvolle Geschichte durch, ehe sie schließlich französischer, britischer und holländischer Kolonialbesitz wurden. Noch heute spiegelt sich diese Entwicklung in jedem der Länder deutlich wider. Die Wirtschaft von Guyana, Surinam und Französisch Guayana zeigt ebenso eigenständige Merkmale, wie die Bevölkerung jedes dieser Länder hervorstechende Komponenten aufweist. Zur Erschließung aller Guayana-Länder wurden Neger geholt. Dazu kamen, besonders im ehemaligen Britisch-Guayana, Inder und auch chinesische Minderheiten, außerdem im holländischen Gebiet Javaner und andere Indonesier, im französischen Bereich vor allem ethnische Gruppen aus Indochina (»Annamiten« usw.). Trotz der Vermischung haben sich die Hauptgruppen viele traditionelle Elemente ihrer Herkunftsgebiete erhalten, sprachlich und kulturell, in Lebensgewohnheiten und Religion. Europäer sind eine kleine Minderheit geblieben, und die Indianer wurden völlig zurückgedrängt. Das Leben in den Ortschaften zeigt eine überaus bunte Vielfalt; deutlich heben sich charakteristische Rassenmerkmale heraus. Die ehemals holländische Kolonie wurde zum autonomen Gebiet Surinam, während Französisch-Guayana als »Überseeprovinz« behandelt wird. Das einst britische Gebiet ist heute eine unabhängige »kooperative Republik«, in der die Gegensätze zwischen Indern und afrikanischstämmigem Bevölkerungsteil politisch hervortreten. (F.-H.)

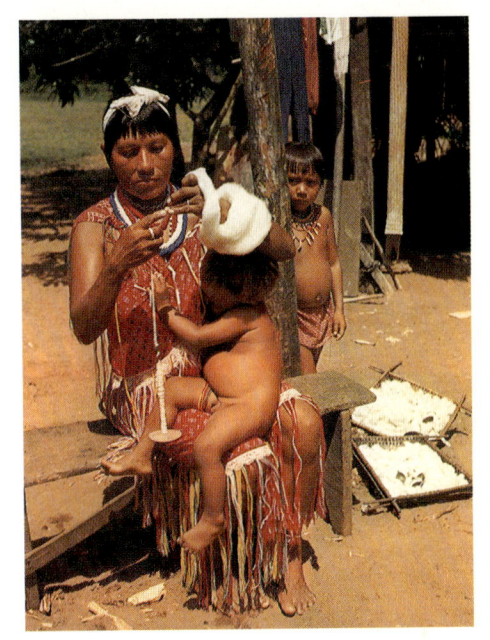

vanen getragen, und zwar zu einem erheblichen Anteil in kleinbäuerlichen Betrieben, die etwa beim Reis drei Viertel der einschlägigen Anbaufläche innehaben. Das Ackerland nimmt nur ungefähr 0,3% der Gesamtfläche des Landes ein. Noch stärker als in Guyana überwiegt in Surinam mit 68% der Flächenanteil des Reisanbaues, der mit seinen Ernteüberschüssen gut 3% der gesamten Ausfuhrerlöse Surinams erbringt und beim Export von Agrarprodukten an erster Stelle steht. War Surinam bis 1930 auf Reisimporte angewiesen, so ist es seitdem ein Reisausfuhrland. Hingegen ist die Zuckerproduktion stark zurückgegangen. Zwar nimmt auch in Surinam, wie in Guyana, das Zuckerrohr die zweitgrößte Fläche ein (6,3%), doch reicht der in nur zwei Raffinerien erzeugte Zucker heute gerade noch zur Eigenversorgung, während 1930 noch 20400 t und 1939 immerhin noch 8300 t exportiert wurden. Das übrige Agrarland zeigt ein recht vielfältiges Nutzungsbild, in dem Zitrusfrüchte (6%) und Bananen (5,4%) eine zunehmend wichtige Rolle spielen.

Die Viehwirtschaft und die Fischerei sind noch nicht in der Lage, die eigene Bevölkerung in genügendem Umfang zu versorgen; gleichwohl werden auch von hier gefrorene Garnelen ausgeführt. In der Waldwirtschaft tritt die durch Indianer betriebene Gewinnung von Balata, das in den zwanziger Jahren im Wechsel mit Kaffee und Zucker an zweiter Stelle der Ausfuhrgüter stand und noch 1966 mit 0,4% am Exporterlös beteiligt war, heute stark zurück gegenüber dem mit modernen technischen Mitteln durchgeführten Holzeinschlag, der mit 5,4% nach dem Bergbau den wichtigsten Platz in der Exportwirtschaft des Landes einnimmt.

Die Nutzung der Bodenschätze hat in Surinam einen ähnlichen Verlauf genommen wie im westlichen Nachbarland. Die 1876 mit einem Jahresertrag von 38 kg begonnene Goldwäscherei erreichte 1908 mit 1210 kg ihren Höhepunkt; seit den zwanziger Jahren schwankt die jährliche Goldförderung zwischen 100 und etwas über 400 kg (1968: 146 kg). Schon 1925 wurde der Goldexport durch die Bauxitausfuhr übertroffen, die 1922 mit 13000 t begonnen hatte und seit 1930 in steigendem Maße die Außenwirtschaft des Landes bestimmt. Die Lagerstätten im östlichen Hügelland, bei Moengo, werden seit 1916 ausgebeutet. Ein weiteres Vorkommen liegt nur rund 20 km von Paramaribo entfernt am Surinamefluß, der weiter oberhalb seit 1964 zum 1560 qkm großen Brokopondosee aufgestaut ist. Ein gleichzeitig hier errichtetes 150-Megawatt-Kraftwerk erzeugt elektrische Energie für ein Aluminiumwerk von 60000 t Jahreskapazität, das 1968 schon 43000 t reines Aluminium produzierte. Weitaus größere Mengen Bauxit werden seit 1965 in den Anlagen von Paranam, Onverwacht und Moengo zu Tonerde verarbeitet; nur noch knapp die Hälfte der Bauxitproduktion, die in den Jahren 1960 bis 1971 von 3,5 auf 6,7 Millionen t stieg, wird im Rohzustand nach den USA exportiert. Dank dieser Entwicklung konnten die Erlöse aus dem Export von Bergbauprodukten, die heute über 80% des gesamten Ausfuhrwertes ausmachen, wesentlich erhöht werden, so daß Surinams Handelsbilanz seit 1966 positiv ist.

Abgesehen von den Anlagen zur Rohstoffaufbereitung und einem großen Holzverarbeitungsbetrieb ist die Industrieausstattung des Landes noch gering und betrifft nur kleinere Fabriken der verschiedensten Branchen (Textilien, Farben, Obstsäfte, Margarine, eine Werft usw.). Immerhin waren 1966 von den 90000 Erwerbstätigen 18,5% im produzierenden Gewerbe beschäftigt gegenüber 25% in der Land- und Forstwirtschaft, 3,7% im Bergbau und über 40% im tertiären Bereich, also in Handel, Transport, öffentlicher Verwaltung und Dienstleistungen. Letztere konzentrieren sich ebenso wie die

Guyana, Surinam und Französisch-Guayana im Vergleich

	Guyana (Co-operative Republic of Guyana)	Surinam (Suriname)	Französisch-Guayana (Guyane Française)
Staatsform	»Kooperative Republik mit Einkammerparlament; Mitglied des Commonwealth of Nations	Autonomer Teil des Königreichs der Niederlande mit völliger Selbstverwaltung	Französisches »Übersee-Departement«; Wahlrecht und Wehrpflicht wie in Frankreich
Hauptstadt	Georgetown (200000 Ew. mit Vororten)	Paramaribo (Etwa 130000 Ew.)	Cayenne (Etwa 25000 Ew.)
Fläche	214970 qkm	142822 qkm	91000 qkm
Einwohnerzahl	Etwa 740000	Etwa 411000	Etwa 50000
Bevölkerungsdichte	3,5 Ew./qkm	2,8 Ew./qkm	0,5 Ew./qkm
Jährl. Geburtenüberschuß	27,9 °/oo	—	—
Bevölkerung	Inder über 48, Afrikaner 33, Mulatten 12, Indianer 4,5, Weiße 2,1, Chinesen 0,7%	Kreolen und Mulatten 36, Inder 34, Indonesier 15, Buschneger 9, Europäer (meist Niederländer), Chinesen und Indianer je 2%	Kreolen über 60, Südostasiaten und Weiße (meist Franzosen) je über 10, Indianer und Buschneger zusammen etwa 10%
Sprache	Englisch als Staatssprache; Sprachen der verschiedenen ethnischen Gruppen (u.a. Hindi, Portugiesisch, afrikanische und indianische Dialekte)	Niederländisch als Amtssprache; Sprachen der verschiedenen ethnischen Gruppen; als Umgangssprache Sranantongo (Surinamisch; ein Negerenglisch)	Französisch als Amtssprache; Dialekte von Kreolen und Buschnegern
Religion	Protestanten rd. 46, Katholiken 10, Hindus 30, Moslems 8%	Katholiken 23, Protestanten 22, Hindus 28, Moslems rd. 20%; konfuzianische und jüdische Minderheiten; Anhänger von Naturreligionen	80% Katholiken; protestantische Minderheiten
Wichtige Ausfuhrgüter	Zucker, Bauxit und Aluminiumoxyd (je 20 bis 30% des Exportwertes), Reis, Rum, Manganerze, Diamanten	Bauxit, Holz, Reis, Früchte Kaffee	Holz, Bauxit, Gold, Rum

Industrie in den Städten, und zwar ganz überwiegend in der Hauptstadt Paramaribo, die mit rund 130 000 Einwohnern etwa ein Drittel der Bevölkerung umfaßt. In der noch teilweise von der niederländischen Kolonialarchitektur geprägten Stadt, in der die meisten Europäer und fast alle Chinesen des Landes wohnen, bilden die Kreolen das bestimmende Element, und neben dem offiziellen Niederländisch ist das von ihnen gesprochene Negerenglisch oder Sranantongo (heute Surinamisch genannt) die allgemeine Umgangssprache. Allerdings gewinnen auch die Inder immer mehr an Einfluß.

Die im Lande herrschende ethnische und religiöse Toleranz läßt sich aus der Zusammensetzung (z. B. 1973) der Regierung erkennen, der vier Kreolen, ein Javane, eine Chinese und sieben Inder angehören; von den Indern sind vier Hindus, einer ist Moslem, einer Katholik und einer Mitglied der Brüdergemeine. Ein selbstgewähltes Parlament und eine eigene Regierung hat Surinam seit 1954, als die frühere Kolonie zum autonomen Teil des Königreichs der Niederlande erklärt wurde. Nur noch die Verteidigung und die auswärtigen Angelegenheiten werden von der Regierung in Den Haag wahrgenommen. Vertreter der Krone ist ein niederländischer Gouverneur.

Französisch-Guayana – ein unterentwickeltes »Überseedepartement«

Völlig unselbständig im Vergleich zu Surinam und erst recht zu Guyana ist Französisch-Guayana, das seit 1946 den Status eines integrierten »Überseedepartements« der Französischen Republik besitzt und seitdem von einem Präfekten aus dem »Mutterland« verwaltet wird. Die politischen Aktivitäten seiner Bewohner sind auf die Wahl je eines Mitgliedes der Nationalversammlung und des Senats in Paris beschränkt. Die Bevölkerung setzt sich aus 50 000 Personen (1970) zusammen. Von ihnen gelten 33 000 (darunter die 28 000 Kreolen) als französische Bürger. 6500 sind vor allem aus Südostasien stammende Ausländer, und die verbleibenden 10 500 sind Indianer und Buschneger, die nur auf besonderen Antrag die Staatsbürgerschaft erhalten. Der weit überwiegende Teil der Bevölkerung (über 40 000 Personen) lebt im Arrondissement Cayenne, d. h. im Küstenland, während das mehr als sechsmal so große binnenländische Arrondissement Inini fast menschenleer ist.

Diese außerordentlich geringe Einwohnerzahl bei einer Fläche von rund 91 000 qkm (was der Ausdehnung Portugals entspricht) geht zurück auf die Tatsache, daß man es nach der Emanzipation der Sklaven nicht verstanden hat, Arbeitskräfte aus anderen Tropenländern zu verpflichten, wenn man einmal von den wenigen Einwanderern aus China und dem damaligen Französisch-Indochina absieht. Und hierin liegt wohl einer der wichtigsten Gründe für die recht bescheidene wirtschaftliche Entwicklung des Landes. In engem Zusammenhang damit steht zweifellos auch die Benutzung der Kolonie als Verbannungsort, und zwar nicht nur der Teufelsinsel, auf der als berühmtester Häftling Alfred Dreyfus festgehalten wurde, sondern auch wesentlicher Teile des Küstentieflandes.

Mehr noch als in den Nachbarländern haben in Französisch-Guayana die schon 1855 durch einen Brasilianer entdeckten Goldvorkommen für einige Jahrzehnte die Hauptrolle gespielt. Auf ihrem Höhepunkt, um die Jahrhundertwende, lag die Goldförderung bei etwa 4 t im Jahr; 1969 waren es nur mehr 112 kg. Gewonnen wird das begehrte Metall in vielen kleineren Goldwäschereien, unter denen lediglich die mit rationelleren Methoden betriebene in Paul Isnard, im Westen des Landes, größere Erträge abwirft. Gewisse Zukunftshoffnungen rechtfertigen neben Diamanten- und Tantalitvorkommen die bedeutenden Bauxitlagerstätten nur 50 km südöstlich von Cayenne, im Bereich von Kaw, die allerdings nur einen verhältnismäßig geringen Aluminiumgehalt von 40 % haben.

Von den großen Waldungen sind in der Nachkriegszeit durch das Bureau Agricole et Forestier Guyanais (BAFOG) immerhin 2,5 Millionen ha inventarisiert worden, und die an den wichtigsten Flüssen gelegenen Sägewerke erbringen den überwiegenden Teil der Exporterlöse; hinzu kommen etwas Balata und Rosenholzöl als weitere Forstprodukte. Dagegen trägt die Landwirtschaft nur mit etwas Rum zur Ausfuhr bei. Allerdings reichen die 3500 ha landwirtschaftlicher Nutzfläche, von denen 800 ha auf Zuckerrohr entfallen, nicht im entferntesten für die Versorgung der Bevölkerung aus, zumal der Anbau, im wesentlichen von Kreolen betrieben, noch großenteils in althergebrachter Weise erfolgt. Obwohl durch die Bemühungen des BAFOG schon einige Verbesserungen eingetreten sind, müssen außer sämtlichen Industriegütern auch große Mengen an Lebensmitteln eingeführt werden. Die totale Importabhängigkeit Französisch-Guayanas findet ihren Niederschlag in einem enormen Außenhandelsdefizit (Einfuhr/Ausfuhr 11:1).

Der einzige wesentliche Impuls zu einer wenn auch nur punkthaften Entwicklung ist von dem 1966 begonnenen Aufbau des Raketen- und Raumfahrtzentrums von Kourou ausgegangen, das ein 70 mal 20 km großes Gelände einnimmt. Vor allem die Bauindustrie erfuhr dadurch einen starken Auftrieb, da außer den technischen Anlagen auch Straßen, Wohnungen, Hotels, zentrale Einrichtungen usw. errichtet werden mußten. Im Zusammenhang damit wurden auch weitere Maßnahmen zur Verbesserung der Infrastruktur getroffen. Dennoch ist Französisch-Guayana nach wie vor ein unterentwickeltes Gebiet, das im Gegensatz zu seinen Nachbarn auf dem südamerikanischen Kontinent noch keinen Bevölkerungsdruck kennt und unter den gegebenen Verhältnissen auch kaum in der Lage sein dürfte, eine eigenständige Entwicklung zu nehmen.

Borcherdt, Chr.: Ciudad Guayana (In: *Geographische Rundschau*). *1969.* – *Daly, P. H.:* From Revolution to Republic. *Georgetown 1970.* – *Daly, P./Vere, T.:* A short History of the Guyanese People. *Georgetown 1967.* – Facts and Figures about Surinam. *Paramaribo 1960. (Government Information Service).* – Guayna (In: *Länderkurzberichte des Statistischen Bundesamtes Wiesbaden*). *Mainz/Stuttgart 1969.* – *Henry, G.:* Guyane Française, son histoire 1604–1946. *Cayenne o.J.* – *Jean-Louis, P./Hauger, J.:* La Guyane Française. *Besançon 1960.* – *Kruijer, G. J.:* Suriname en zijn buurlanden. *Meppel 1960.* – *Newman, P.:* British Guiana-problem of cohesion in an immigrant Society. *London 1964.* – *Quelle, O.:* Die Bevölkerungsentwicklung in Europäisch-Guayana (In: *Die Erde*). *Berlin 1951/52.* – *Roth, V.:* Handbook of Natural Resources of British Guiana. *Georgetown 1946.* – *Schrieke, B. J. O./van Heemstra, M. J.:* Ons koningrijk in Amerika. *Den Haag 1957.* – *Sonnenkalb, P.:* Die drei Kolonialgebiete Guayanas (In: *Geographische Rundschau*). *1964.*

Die Bücher von Kruijer und Schrieke/Heemstra führen in sachlicher Form in die besonderen Probleme von Surinam ein, das wirtschaftlich relativ gut für die vorgesehene Unabhängigkeit gerüstet ist, im Gegensatz zum französischen Guayana, das eine sehr unharmonische Entwicklung von einer vernachlässigten Sträflingskolonie zum Übersee-Département erlebt hat. Newman gibt eine interessante Studie über die Probleme des Zusammenlebens heterogener Rassen und ethnischer Gruppen.

Carlos Widmann

Brasilien

Industrielle Großmacht aus zweiter Hand

Bevor Stefan Zweig sich am 23. Februar 1942 in Petrópolis von der Welt verabschiedete, indem er – zusammen mit seiner Frau – eine tödliche Menge Gift einnahm, schrieb er ein Buch über Brasilien, das den Titel trug: »Das Land der Zukunft«. Es war ein Dokument der Dankbarkeit, gewidmet der Nation, die den berühmten Emigranten aus Europa als Ehrengast aufgenommen und ihm ähnliche Achtung und Aufmerksamkeit hatte zukommen lassen wie damals die USA dem Nobelpreisträger Thomas Mann. Doch im Gegensatz zu diesem verspürte Stefan Zweig nicht den Wunsch, es mit der Zukunft aufzunehmen. Er lebte in einem schönen Haus im Städtchen Petrópolis, der ehemaligen Sommerresidenz des ersten brasilianischen Kaisers Pedro I., wo inmitten üppiger Wälder noch ein bescheidener Abglanz der Donaumonarchie fortzuleben schien. Die Frau Pedros nämlich, die Erzherzogin Leopoldine, war eine Enkelin Maria Theresias gewesen, und ihr Sohn Pedro, der als Pedro II. das Kaiserreich Brasilien ein halbes Jahrhundert lang (1840–1889) als einer der aufgeklärtesten Monarchen seiner Zeit regiert hatte, war immerhin ein halber Habsburger. Zweig suchte in Petrópolis die Atmosphäre jener »Welt von gestern«, die im Bombenhagel des Zweiten Weltkrieges endgültig zu zerfallen schien; doch als er dabei war, sein Buch über das »Land der Zukunft« zu schreiben, wurde ihm auch klar, daß Brasilien ihm die Vergangenheit nicht ersetzen konnte. Das Buch ist praktisch verschollen – es verstaubt in den Nationalbibliotheken. Haften blieb nur der Titel, dem die flinke Selbstironie der Brasilianer alsbald das Bonmot entlehnte, Brasilien sei gewiß das Land der Zukunft – und werde es ewig bleiben.

Am Anfang der siebziger Jahre unseres Jahrhunderts gebärdete sich Brasilien (wie schon mehrmals in der Vergangenheit), als ob das Schlagwort demnächst von der Wirklichkeit bestätigt würde, als habe die große Zukunft schon begonnen. Schon 1973 dürfte das Land 100 Millionen Einwohner gehabt haben; die Männer, die es regieren, treten mit einem Optimismus auf, der glauben macht, das Tempo der wirtschaftlichen und technologischen Entwicklung Brasiliens sei rasch und mächtig genug, um dem rapiden Wachstum der Bevölkerung zu entsprechen und erstmals die ganze Republik – die 35mal so groß wie die Bundesrepublik Deutschland ist – mit unaufhaltsamem Fortschritt zu durchdringen.

Die Bereitschaft der Brasilianer, in den amtlichen Optimismus einzustimmen, wenn nur einige greifbare Resultate ihn zu rechtfertigen scheinen, war schon immer beträchtlich. Diese Zuversicht beruht auf einem in frühester Kindheit aufgenommenen, enthusiastischen Vertrauen in die schiere Größe des Landes. »O Brasil é grande«, »Brasilien ist groß«, und dafür, daß diesem Riesen der höhere Segen nicht versagt bleibt, ist gesorgt. Denn immerhin: Gott ist Brasilianer.

Bei aller Naivität entbehrt dieser Optimismus durchaus nicht der Verankerung in einer (freilich diffusen) Weltanschauung, in der fortschrittsgläubigen Philosophie der französischen Positivisten des 19. Jahrhunderts nämlich, die vielleicht das Denken und ganz gewiß die Rhetorik jener Männer beherrschte, die 1889 aus dem Kaiserreich Brasilien eine Republik machten. Sie schrieben auf die gelb-grüne Fahne der Vereinigten Staaten von Brasilien die rundum positivistische Parole von Auguste Comte: »Ordem e Progresso« – »Ordnung und Fortschritt«.

Diese Fahne kam nun seit dem 1. April 1964 in die Fäuste der Militärs. Unter Berufung auf eine äußerst vage »kommunistische Gefahr« haben Brasiliens Marschälle und Generale damals nicht nur den linksliberalen Präsidenten João Goulart abgesetzt, sondern auch der brasilianischen Demokratie ein Ende bereitet, um sich auf unbegrenzte Zeit mit der Ausübung der Regierungsmacht zu beschäftigen. Während der ersten fünf oder sechs Jahre ihrer Herrschaft war die Aufmerksamkeit der Generale ganz auf die Flaggenparole »Ordnung« gerichtet; die Ausschaltung jeder ernst zu nehmenden Opposition (unter Beibehaltung eines parlamentarischen Systems, das fast nur dekorative Aufgaben erfüllt) war das Ergebnis ihrer recht brutalen Machtmethoden. Mit Beginn der siebziger Jahre indessen trat das Motto »Fortschritt« in den Vordergrund – die klassisch-liberale, dem ausländischen Kapital sehr aufgeschlossene Wirtschaftspolitik der Technokraten des Militärregimes hatte Früchte getragen. In den Jahren 1970 und 1971 betrug die Wachstumsrate der brasilianischen Wirtschaft beinahe 10%. Außer Japan konnte zu diesem Zeitpunkt kein großes Land der Welt eine derart erstaunliche Steigerung des Bruttosozialprodukts vorweisen.

Brasilien, als Investitionsziel der erklärte Liebling aller amerikanischen und westeuropäischen Firmen in Lateinamerika, wurde nun als Beispiel dafür bezeichnet, daß in einem »Entwicklungsland« durchaus ein dynamischer Kapitalismus möglich sei. An den Produktionsziffern gemessen, hatte die brasilianische Industrie (großenteils in Brasilien angesiedelte Industriezweige der US-amerikanischen und der westeuropäischen Wirtschaftsgiganten) bereits um das Jahr 1970 sowohl Argentinien als auch Mexico hinter sich gelassen. Das Dreieck Rio de Janeiro–São Paulo–Belo Horizonte dürfte, wenn die bisherige Entwicklung anhält, vielleicht in naher Zukunft mehr produzieren als alle wichtigen Industriezentren Lateinamerikas zusammen, mehr als Buenos Aires und Córdoba, Ciudad de México und Monterrey, Bogotá und Medellín. Vom Zustrom fremden Kapitals angetrieben, entwickelt Brasilien als industrielle »Großmacht aus zweiter Hand« fast zwangsläufig einen

Brasilien, der größte und volkreichste Staat Südamerikas

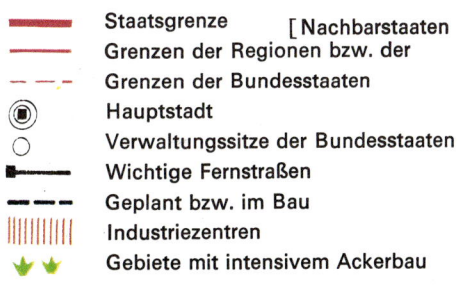

Nachbarstaaten und Bundesstaaten (mit Bevölkerungsdichte in Ew./qkm):

- Amapá −2
- Roraima −2
- Amazonas −2
- Pará 2
- Maranhão 2–10
- Ceará 30–50
- Rio Grande do Norte 30–50
- Paraíba 30–50
- Piauí 2–10
- Pernambuco 50–80
- Alagoas 50–80
- Sergipe 30–50
- Bahia 10–30
- Rondônia −2
- Goiás 2–10
- Minas Gerais 10–30
- Espírito Santo 30–50
- Mato Grosso −2
- São Paulo 50–80
- Rio de Janeiro 80–120
- Guanabara 3580
- Paraná 30–50
- Santa Catarina 30–50
- Rio Grande do Sul 10–30

Städte: Boa Vista, Caracarai, Icana, Benjamin Constant, Cruzeiro do Sul, Rio Branco, Pôrto Velho, Manaus, Santarém, Macapá, Belém, São Luis, Teresina, Fortaleza, Natal, João Pessoa, Recife, Maceió, Aracaju, Salvador, Picos, Cuiabá, Goiânia, Brasília, Belo Horizonte, Vitória, São Paulo, Niterói, Rio de Janeiro, Curitiba, Florianópolis, Pôrto Alegre, Pelotas

Nachbarstaaten: KOLUMBIEN, VENEZUELA, GUYANA, SURINAM, FRANZÖSISCH-GUAYANA, PERU, BOLIVIEN, PARAGUAY, ARGENTINIEN, URUGUAY, CHILE

Transamazônica

Legende

- Staatsgrenze [Nachbarstaaten]
- Grenzen der Regionen bzw. der
- Grenzen der Bundesstaaten
- Hauptstadt
- Verwaltungssitze der Bundesstaaten
- Wichtige Fernstraßen
- Geplant bzw. im Bau
- Industriezentren
- Gebiete mit intensivem Ackerbau
- Wichtige Bergbaugebiete
- Kaffeeanbau
- Internationale Flughäfen
- Andere große Flughäfen
- Häfen

Die Ziffern bei den Namen der Bundesstaaten bezeichnen die jeweilige Bevölkerungsdichte in Ew./qkm.

Wegeanlagen des Friedhofs in geometrischer Form

Oben und unten: Moderne Architektur (Oscar Niemeyer) und breite Straßen in Brasília

Brasília – die neue Bundeshauptstadt

Unten: Holzhütten am Rande von Brasília

Die »künstliche Metropole aus der Retorte mitten im Busch«, die von Lúcio Costa nach den modernsten Grundsätzen der Stadtplanung und Architektur entworfen und unter maßgeblicher Beteiligung von Oscar Niemeyer erbaut wurde, ist seit 1960 anstelle von Rio Bundeshauptstadt. Fast 1000 km von Rio landeinwärts auf dem »Altiplano« gelegen, soll Brasília sowohl Symbol sein für die Notwendigkeit der Erschließung der riesigen Binnengebiete als auch die Voraussetzungen für die Umsiedlung des Bevölkerungsüberschusses aus den dichtbesiedelten Bundesstaaten des Ostens und Südostens schaffen. Mit dem 1957 begonnenen Bau dieser wegen der riesigen finanziellen Aufwendungen oft kritisierten neuen Hauptstadt hat der damalige Präsident Kubitschek einen alten Verfassungsauftrag erfüllt, der bereits im vorigen Jahrhundert, nämlich im Jahre 1891 ergangen war. (Bu)

Expansionsdrang, der den Nachbarländern auf längere Sicht bedrohlich erscheint. Im Juli 1971 z. B. schlossen die sozialistische Volksfrontregierung Chiles und das damalige eher konservative Militärregime Argentiniens einen unvermuteten Freundschaftspakt, der ohne die Besorgnis vor einer dominierenden Rolle Brasiliens kaum denkbar gewesen wäre. Die Befürchtungen Argentiniens hinsichtlich einer auch argentinische Interessen beeinträchtigenden Wirtschaftsexpansion des großen Nachbarn erhielten durch den im April 1973 zwischen Brasilien und Paraguay abgeschlossenen Vertrag über den Bau eines gemeinsamen Kraftwerkes am Paraná bei Itaipú neue Nahrung; der Wasserkraftwerkskomplex soll nach seiner Fertigstellung mit einer Kapazität von mehr als 10 Millionen kW der größte der Welt sein. Argentinien befürchtet eine Beeinträchtigung seiner eigenen Pläne.

Charakteristische Merkmale einer potentiellen Großmacht sind in Brasilien reichlich vorhanden: ein riesiges Territorium, größer als jenes der USA (ohne Alaska) und fast so groß wie die Gesamtfläche aller anderen Republiken Südamerikas; billige Arbeitskräfte in Fülle; eine Landwirtschaft, die von der Monokultur des weiterhin wichtigsten Exportproduktes, des Kaffees, immer mehr abkommt und eines Tages die Selbstversorgung Brasiliens zu gewährleisten vermag; reiche Vorkommen von Eisen- und Manganerz, Bauxit, Nickel und Chrom, die nicht nur Deviseneinnahmen bringen, sondern auch einer dynamischen Industrie die notwendige Rohstoffbasis liefern. Liberale Wirtschaftspolitik und (seit 1968) eine durch keine ernsthafte Krise erschütterte Stabilität der Regierungsmacht haben bewirkt, daß diese Reichtumsquellen durch einen gewaltigen Zustrom von ausländischem Privatkapital aktiviert werden; und mit diesem Kapital kamen auch das »Know-how« der großen Konzerne und die Kredithilfe der internationalen Geldinstitute. Diese Faktoren haben Brasilien in den siebziger Jahren zu einem Koloß werden lassen, von dem seine Nachbarn befürchten, er wolle seine Macht auf vielfältige Weise den übrigen Republiken Südamerikas aufzwingen. Als Brasiliens Präsident Emílio Garrastazu Médici Ende 1971 auf Staatsbesuch in Washington weilte, tat sein Gastgeber Richard Nixon den bedeutungsschwer gemeinten Ausspruch: »Wo Brasilien sich hinneigt, dorthin wird sich auch Lateinamerika neigen.«

Da für diese These wenige Anhaltspunkte zu finden sind, darf sie wohl als (durchaus begreiflicher) Wunsch des US-amerikanischen Präsidenten gelten, aber nicht als ernsthafte Zukunftsprognose. Denn die Entwicklung in den übrigen Ländern Lateinamerikas geht offensichtlich in eine den USA wenig angenehme Richtung, und daß Brasiliens Einfluß daran etwas ändern könnte, ist unwahrscheinlich. Die Schwächen des Riesen sind trotz wirtschaftlichen Aufschwungs unschwer zu erkennen. Paradoxerweise ist gerade die wirtschaftliche Expansion, mit der Brasilien immer nachdrücklicher auf die Nachbarländer übergreift, gleichzeitig ein Beweis dafür, daß der angeblichen Großmacht für imperiale Bestrebungen die Substanz fehlt. Denn der Zwang zu exportieren entspringt hier nicht einer aus den Nähten platzenden Volkswirtschaft; er hat seinen Grund vielmehr darin, daß Brasiliens Binnenmarkt keineswegs der Bevölkerungszahl von 100 Millionen entspricht.

Brasiliens Einwohnerzahl ist – eine Folge der Unterentwicklung – keineswegs identisch mit dem Konsumentenpotential des Landes. Allenfalls jeder dritte Brasilianer kommt überhaupt als Verbraucher von hochwertigen Konsumgütern in Betracht. Für Automobile z. B. bietet das Land eine Käuferschicht, die nach Ansicht der Experten kaum größer ist als etwa diejenige der Niederlande und Belgiens. Der Exportdrang einer rapide wachsenden Industrie ist also in erster Linie die Folge

Territoriale Gliederung und Bevölkerungsentwicklung

In dem Jahrzehnt zwischen den beiden Volkszählungen von 1960 und 1970 hat die Zahl der Brasilianer um rund ein Drittel zugenommen. Die folgende Übersicht gibt Aufschluß über den jeweiligen Anteil der einzelnen Bundesstaaten.

	Fläche (in qkm)	Einwohnerzahl 1960	Einwohnerzahl 1970[1]	Hauptstadt
Acre	152589	160208	203900	Rio Branco
Alagoas	27731	1271062	1589605	Maceió
Amapá	140276	68889	114687	Macapá
Amazonas	1564445	721215	955394	Manaus
Bahia	561026	5990605	7508779	Salvador
Ceará	150630[2]	3337856	4366970	Fortaleza
Distrito Federal (Bundesdistrikt)	5814	141742	538351	Brasília
Espírito Santo[3]	45597	1188665[4]	1600305	Vitória
Fernando de Noronha	26	1389	1239	–
Goiás	642092	1954862	2941107	Goiânia
Guanabara	1356	3307163	4252009	Rio de Janeiro
Maranhão	328663	2492139	2997576	São Luis
Mato Grosso	1231549	910262	1600494	Cuiabá
Minas Gerais	587172	9798880[4]	11497574	Belo Horizonte
Pará	1250722[5]	1550935	2161316	Belém
Paraíba	56372	2018023	2384615	João Pessoa
Paraná	199554	4277763	6936743	Curitiba
Pernambuco	98281	4136900	5166554	Recife
Piauí	250934	1263368	1680954	Teresina
Rio Grande do Norte	53015	1157258	1552158	Natal
Rio Grande do Sul	282184	5448823	6670382	Pôrto Alegre
Rio de Janeiro	42912	3402728	4746848	Niterói
Rondônia	243044	70783	113659	Pôrto Velho
Roraima	230104	29489	40915	Boa Vista
Santa Catarina	95985	2146909	2903360	Florianópolis
São Paulo	247898	12974699	17775889	São Paulo
Sergipe	21994	760273	901618	Aracajú
Brasilien	8511965	70582888[4]	93215301	Brasília

[1] Angaben provisorisch
[2] Einschließlich eines 2614 qkm umfassenden, von Piauí beanspruchten Gebietes
[3] Einschließlich der Inseln Trindade und Martim Vaz
[4] Die 384297 Ew. eines 10153 qkm großen, von Minas Gerais und Espírito Santo beanspruchten Gebietes in der Serra do Aimorés, das 1963 zwischen den beiden Bundesstaaten aufgeteilt wurde, sind der Endsumme hinzuzurechnen; die brasilianische Gesamtbevölkerung zählte 1960 also 70967185 Ew.
[5] Einschließlich eines 2680 qkm umfassenden, von Amazonas beanspruchten Gebietes

einer alten Strukturschwäche Brasiliens: Den hochentwickelten Wirtschaftsformen in vier oder fünf Großstädten steht nach wie vor jener enorme rückständige Teil Brasiliens gegenüber, der ohne radikale Veränderungen seiner wirtschaftlichen und sozialen Struktur nicht in der Lage sein wird, die Produktion des entwickelten Teils zu absorbieren. Andererseits kann auch die wachsende Industrie bei immer stärkerer Bedeutung der hoch technisierten, Arbeitskräfte sparenden Produktionsmethoden nicht selbst die neuen Käuferschichten hervorbringen, die sie braucht. Daher der Zwang zum Export.

Ein Teil des Landes wälzt sich scheinbar unaufhaltsam auf dem Weg des Fortschritts voran; der andere, weniger sichtbare, aber wohl bedeutsamere Teil bleibt immer weiter zurück. Während im Hafen von Santos bereits Volkswagen, die bis zur letzten Schraube in São Paulo gefertigt wurden, für den Export nach Venezuela in Schiffe verladen werden, die aus brasilianischen Werften hervorgingen, ziehen noch die Hungernden und Zerlumpten zu Tausenden durch den brasilianischen Nordosten, ohne Hoffnung, doch unentwegt auf der Suche nach Arbeit und Brot. Die Skyline von São Paulo erinnert an Chicago – die Favelas in der Bucht von Rio gemahnen an Calcutta.

Solange in Brasilien der Wettlauf zwischen Armut und Fortschritt unentschieden bleibt, haben die Nachbarländer von dieser unterentwickelten Großmacht wenig zu fürchten. Die soziale Revolution, die Cuba hinter sich hat, die in Perú von nationalistischen Generalen eingeleitet wurde und die in Chile zu Anfang der siebziger Jahre auf demokratische Weise ihren Lauf nahm, ist in Brasilien noch nicht einmal im Ansatz vorhanden. Sie ist aber – in einer spezifisch brasilianischen Form – auch hier unvermeidlich.

Freilich: Brasilien kann sich durchaus auf längere Zeit dem wirtschaftlichen und sozialen Umwälzungsprozeß, der in mehreren Republiken Lateinamerikas begonnen hat, entziehen. Alceu de Amoroso Lima, Brasiliens bekanntester katholischer Kulturphilosoph, hat den Unterschied zwischen seinem Land und der spanischsprechenden Mehrheit der Länder Süd- und Zentralamerikas einmal so bezeichnet: Lateinamerika sei »dramatisch« veranlagt, Brasilien indessen sei »episch«. Diese Unterscheidung mag im ersten Augenblick als literarische Spitzfindigkeit erscheinen; sie ist aber für jeden, der sich längere Zeit südlich des Rio Grande umgesehen hat, einleuchtend und grundsätzlich richtig. Die Uhr der Geschichte ging in Brasilien von jeher anders als im übrigen Lateinamerika.

Nicht die Spanier haben Brasilien entdeckt, erobert und zur Kolonie gemacht, sondern die Portugiesen. Nicht die Indios bilden – wie in den Andenländern – die unterste Gesellschaftsschicht, die gleichwohl das Gesicht der Nation prägt, sondern vornehmlich die Neger, die unter portugiesischer Herrschaft aus Afrika als Sklaven eingeführt wurden. Das wurde für die politische Entwicklung des Landes entscheidend. Errangen die spanischsprechenden Länder Lateinamerikas ihre Unabhängigkeit in jahrzehntelangen, blutigen Kämpfen, so löste Brasilien sich schmerzlos und ohne Waffengewalt vom »Mutterland« Portugal. Und während die übrigen Länder Zentral- und Südamerikas dabei waren, sich in einem erbitterten Ringen der Machtinteressen und der Ideologien ihre republikanische Form zu geben, war Brasilien 67 bedeutsame Jahre lang (von 1822 bis 1889) ein unabhängiges Kaiserreich, die einzige lebensfähige Monarchie des amerikanischen Doppelkontinents.

»Asynchron«, losgelöst und nicht beeinflußt von der geschichtlichen Entwicklung im übrigen Lateinamerika, hat Brasilien im 20. Jahrhundert auch seine bürgerlich-nationalistische Reformperiode (denn eine »Revolution« kann man es wohl nicht nennen) erlebt: die Herrschaft des gewählten und äußerst volkstümlichen Diktators Getulio Vargas, der die politische Szene Brasiliens eine Generation lang – von 1930 bis zu seinem Selbstmord im Jahre 1954 – als Regisseur und Hauptdarsteller dominiert hat. Auf dem Höhepunkt seiner Laufbahn konnte Vargas relativ unabhängig von den wirtschaftlichen Machtgruppen des Landes regieren, gestützt vor allem auf seine Popularität bei den Arbeitermassen und beim Kleinbürgertum und geleitet von einem unfehlbar erscheinenden Instinkt für Politik. Die Kaffeemillionäre von São Paulo und die Großgrundbesitzer von Minas Gerais, die seit der Ausrufung der Republik das Land vierzig Jahre lang regiert hatten, verloren unter Vargas zeitweise ihren bestimmenden Einfluß. Und der

Staat, »verkörpert« in der patriarchalischen Führerfigur des Volkshelden Getulio, konnte im Dienst übergeordneter Interessen (jener der Allgemeinheit) walten.

Die Sozialgesetzgebung aus der Vargas-Zeit ist heute noch der einzige Schutz, den die Industriearbeiter der brasilianischen Großstädte genießen; die Errichtung des Stahlkombinats von Volta Redonda und die Verstaatlichung der Erdölquellen Brasiliens bildeten die Hauptpfeiler der unter Vargas eingeleiteten »industriellen Revolution«; begünstigt durch die hohen Rohstoffpreise während des Zweiten Weltkrieges, die Brasilien mit Eigenkapital versorgten, konnte die Basis der Industrialisierung ohne dominierende Beteiligung des ausländischen Kapitals und nach brasilianischem Konzept gelegt werden. Der Selbstmord von Vargas – er schoß sich im Morgengrauen des 25. August 1954 eine Kugel ins Herz – signalisiert das Ende der nationalistischen Reformperiode.

Zweimal also in den mehr als 150 Jahren, die seit Erlangung der Unabhängigkeit vergangen sind, hatte Brasilien Herrscher, die lange genug an der Macht waren, um das Gesicht des Landes entscheidend zu prägen. Der eine war Kaiser Pedro II., der andere Getulio Vargas. Im Jahre 1964 trat nun eine neue Macht in Erscheinung, die – gleichsam als Kollektiv – den Anspruch erhob, sich in die Geschichte des Landes ebenfalls durch fortgesetzte Machtausübung und zielbewußte Politik als epochemachend einzutragen: die Militärs. Bis dahin hatten sie immer

Tanzmaske, Amazonas-Gebiet

nur in bestimmten Augenblicken Schicksal gespielt (bei der Absetzung Kaiser Pedros im Jahre 1889, beim Putsch gegen Vargas 1945) oder für kurze Zeit die Regierungsgeschäfte den Politikern streitig gemacht, aber niemals als Institution die Macht im Lande an sich gerissen in der Absicht, sie zu behalten. Am 1. April 1964 besetzten die Militärs die Regierungsgebäude in der neuen Hauptstadt Brasília – und sie richteten sich darin ein, um zu bleiben. Diese (im Vokabular der Militärs) »revolutionäre Mission«, die die Streitkräfte seitdem erfüllen, hängt unmittelbar mit der Tatsache zusammen, daß Brasilien am Ende des Zweiten Weltkrieges unter den bestimmenden Einfluß der USA geriet.

341

Das Scheitern der Demokratie oder die Stunde der Generale

An nationalen Feiertagen stehen die Generale davor stramm und salutieren: Auch Brasilien hat ein Kriegerdenkmal – wahrscheinlich eines der größten, sicher das friedlichste der Welt. Niemand muß beim Anblick dieses kühlen, von Oscar Niemeyer nach dem Konstruktionsprinzip einer Waage entworfenen Monuments an vaterländische Verklärung des Militarismus denken. Es steht in der Nähe des Museums für Moderne Kunst, vor dem harmonischen Park des Gartenarchitekten Burle Marx, den Hügeln Rio de Janeiros und der Bucht von Guanabara zugewandt, nicht dem Krieg, sondern seinen Opfern gewidmet. Wenn die Generale hier beim Fahnenhissen die Hand grüßend an die Mütze legen, ist ihnen nicht mehr bewußt, daß der Schöpfer des Denkmals zu den politisch Geächteten zählt. Mit nicht geringerem Begabungseinsatz (und womöglich als Überzeugungstäter) hat der berühmteste brasilianische Architekt, eben Oscar Niemeyer, auch das Pariser Hauptquartier der Kommunistischen Partei Frankreichs gebaut.

Vier Flaggen wehen vor dem Kriegerdenkmal. Sie wehen für die vier Nationen, die nach brasilianischer Auffassung die Siegermächte des Zweiten Weltkrieges waren: die USA, Großbritannien, Frankreich – und Brasilien. So willkürlich die Auswahl der Siegerflaggen wirken muß angesichts des sehr bescheidenen Beitrags, den Brasilien für die Alliierten geleistet hat – sie mag fast gerechtfertigt erscheinen, wenn man die Nachwirkung der brasilianischen Kriegsteilnahme im eigenen Lande bedenkt: Nichts hat auf das Verhalten der einheimischen Militärs seit 1945 einen so bestimmenden Einfluß ausgeübt wie die damals mit den US-Amerikanern geschlossene Waffenbruderschaft mit all ihren Konsequenzen.

Zu Beginn der dreißiger Jahre konnte man in Copacabana noch hohe Offiziere in Uniform beobachten, die mit einem bunten Sonnenschirm in der Hand und einem Papagei auf der Schulter spazierengingen. Dieses gemütliche Auftreten offenbarte einen erfreulichen Mangel an militärischem Sendungsbewußtsein – begreiflich in einem Land, das seine Unabhängigkeit kampflos erlangt hatte und mit seinen Nachbarn seit achtzig Jahren in Frieden lebte.

Der Diktator Getulio Vargas sträubte sich gegen einen Eintritt Brasiliens in den Zweiten Weltkrieg: zum einen, weil die Preisgabe der strikten Neutralität nur eine immer stärkere Abhängigkeit von den USA zur Folge haben konnte, und zum anderen, weil er sich von der Kriegsteilnahme seiner Generale nichts Gutes versprach. Doch Vargas war, wie so mancher Staatschef eines unterentwickelten Landes in jener Zeit, nicht Herr seiner Entschlüsse; die militärisch sinnlose Versenkung brasilianischer Handelsschiffe durch Hitlers Kriegsmarine veranlaßte Vargas im August 1942, den Achsenmächten den Krieg zu erklären. Im Norden Brasiliens wurden daraufhin US-amerikanische Stützpunkte errichtet, und 1944 schickten die Brasilianer sogar ein Expeditionskorps nach Italien, das unter US-amerikanischem Oberbefehl kämpfte. Durch die Feuertaufe verloren Brasiliens Offiziere ihre politische Unschuld. Hatten sie sich bis dahin nur von den sozialen Ambitionen ihrer mittelständischen Klasse oder von gesundem Gewinnstreben leiten lassen, wenn sie gelegentlich auf das politische Leben Brasiliens einwirkten, so kehrten sie 1945 verwandelt aus Europa zurück, belastet mit einer ungewohnten Fracht: »Prinzipien« hatten von ihnen Besitz ergriffen.

Damals, am Ende der Roosevelt-Zeit, waren es noch erzdemokratische Prinzipien – die Waffenbruderschaft mit dem Pentagon stand im Zeichen des Antifaschismus. Kaum von den Schlachtfeldern Europas zurückgekehrt, stürzten die Generale den Diktator Vargas, wohl noch in dem Glauben, damit dem Geist der Freiheit zu dienen. Bald zeigte sich jedoch, daß auch andere Interessen an dem Richtungswechsel mitspielten: Die Abkehr vom Nationalismus und von der staatlichen Wirtschaftslenkung kam ohne Zweifel dem Bedürfnis der US-amerikanischen Industrie entgegen, sich die Kontrolle über die Bodenschätze Brasiliens zu sichern und obendrein einen Markt zu erobern, der bis dahin vornehmlich von europäischen Konzernen beliefert worden war.

Die Wahlen von 1950 sollten den »Demokratisierungsprozeß« krönen, den die Militärs 1945 eingeleitet hatten, indem sie Vargas stürzten. Doch das Ergebnis dieser völlig freien und korrekten Wahlen hat den Glauben der Militärs an die Demokratie nicht wenig erschüttert, denn der Wahlsieger hieß – Getulio Vargas. Das Comeback des »Vaters der Armen« dauerte freilich nur drei Jahre. Vargas brachte in seinen alten Tagen nicht mehr das Feuer auf, um seine nationalistische und sozialreformerische Politik erfolgreich fortzusetzen. Die zweite Amtsperiode des einstigen Diktators war überschattet von Cliquenwirtschaft und Korruption. Als der Chef der Präsidenten-Leibwache ein (fehlgeschlagenes) Attentat auf den Journalisten Carlos Lacerda inszenierte, der die Vargas-Administration giftsprühend attackiert hatte, entzog sich Getulio dem unerhörten Skandal und dem sicheren Staatsstreich durch Selbstmord.

Im Grunde haben die brasilianischen Militärs seither nichts anderes getan, als das zu bekämpfen, was Vargas verkörperte, ohne ihn beim Namen zu nennen. Sie nannten es Demagogie, Subversion, Korruption, Unordnung. Was vielen Offizieren noch heute an Vargas imponieren könnte: der Nationalismus, wurde im Offizierskorps durch jahrelange, systematische Erziehung kanalisiert in einen militanten, allumfassenden Antikommunismus. Das Vaterland wird nicht beschworen, um wirtschaftliche Interessen Brasiliens zu verteidigen, sondern allein zu dem Zweck, »exotisches Gedankengut«, »fremdländische Ideale« zu bekämpfen – worunter alles zu verstehen ist, was nach Ansicht der Generale auf Karl Marx zurückgeht und somit der »von Moskau, Peking und Havanna betriebenen Weltverschwörung« zugeordnet werden kann. Bestrebungen der Opposition, den Ausverkauf der brasilianischen Industrie an internationale Konzerne zu drosseln, werden als »falscher Nationalismus« gebrandmarkt und auf die Einwirkung »kommunistischer Propaganda« zurückgeführt. »Was gut ist für die Vereinigten Staaten«, sagte Juracy Magalhães, der spätere Außenminister des Militärregimes, »das ist auch gut für Brasilien.«

Seit 1945 haben die »inzestuösen Beziehungen« (wie der ehemalige Kennedy-Berater Arthur Schlesinger sie nannte) zwischen dem Pentagon und den südamerikanischen Militärs sich ständig vertieft. Beistandspakte im Rahmen des »Mutual Security Program« (Gegenseitiges Sicherheitsprogramm) regeln seit Anfang der fünfziger Jahre das Maß an Unterordnung, das die südamerikanischen Generale als Gegenleistung für die Militärhilfe der USA aufbringen müssen. Dieses reicht von der Verpflichtung, den USA strategisch wichtige Rohstoffe zu liefern, bis zur verklausulierten Schutzgarantie für US-amerikanische Privatinvestitionen; daß Parlamente mit solchen Vertragslasten nicht einverstanden sein könnten, ist nicht vorgesehen.

Die Pakte stammen aus der Zeit des Korea-Krieges, da Amerikas missionarischer Demokratisierungseifer sich zum militanten Antikommunismus gewandelt hatte. Eine ganze Generation südamerikanischer Offiziere absolvierte in den Nachkriegsjahren ideologische Schulungskurse in den USA

Brasiliens Lieferanten und Käufer

(Angaben nach »Wirtschaftsspiegel« der Deutschen Überseeischen Bank in Hamburg)

Einfuhr (Importwert in Mill. US-Dollar; Anteil in %)			Ausfuhr (Exportwert in Mill. US-Dollar; Anteil in %)		
	in Mill. US-Dollar;	Anteil in %	USA	676	24,7
USA	918	32,2	B. Deutschland	235	8,6
BR Deutschland	360	12,6	Italien	198	7,2
Japan	178	6,2	Argentinien	186	6,8
Argentinien	171	6,0	Niederlande	154	5,6
Großbritannien	161	5,6	Japan	145	5,3
Frankreich	89	3,1	Großbritannien	130	4,7
Italien	88	3,1	Frankreich	110	4,0
Kanada	71	2,5	Spanien	107	3,9
Schweiz	59	2,1	Belgien/Luxemburg	73	2,7
Venezuela	59	2,1	Übrige Länder	725	26,5
Übrige Länder	695	24,5	Insgesamt	2739	100,0
Insgesamt	2849	100,0	(Kaffee 1970 = 939,3 / 1971 = 772,5 Mill. $)		

und der Panamakanalzone und wurde dort im Sinne des Pentagons indoktriniert. Als John F. Kennedy Präsident wurde und wissen ließ, fortan seien wieder demokratische Reformer die Hauptverbündeten der USA in Zentral- und Südamerika, waren die Militärs bereits glückliche Besitzer einer Weltanschauung, mit der sie sich über solche »modischen« Zeitströmungen erhaben fühlten. In den drei Präsidentenjahren Kennedys wurden in Lateinamerika sieben demokratische Präsidenten von Militärs gestürzt.

»Geopolitische« Vorstellungen über eine Führungsrolle Brasiliens im südlichen Teil des Doppelkontinents hat es unter den brasilianischen Militärs schon immer gegeben, aber sie hatten vor dem Zweiten Weltkrieg deren gemütliches Naturell kaum zu politischer Leidenschaftlichkeit aufstacheln können. Nach der Feuertaufe in Italien, der Waffenbruderschaft mit dem Pentagon und der demokratischen Euphorie der ersten Nachkriegsjahre bahnte sich ein Umschwung an. »Altmodische« verfassungstreue Marschälle und Generale traten in den Ruhestand, und die eigentlichen Köpfe der Italienfeldzug-Generation (Castelo Branco, Cordeiro de Farias, Golbery, Geisel), die am Ende des Zweiten Weltkrieges knapp vierzig Jahre alt waren, rückten um 1960 in die Hierarchiespitze auf. Ihr Intellekt neigte zur Synthese; alte geopolitische Träumereien von brasilianischer Vormachtstellung wurden mit den Sicherheitsinteressen der USA in Übereinstimmung gebracht; Brasilien könne eine Führungsrolle nur dann spielen, wenn es sich entschließe, der politische, wirtschaftliche und militärische Hauptverbündete der USA südlich des Rio Grande zu werden – so etwa sah das ideologische Marschgepäck in den Offiziersrängen aus.

Die Pflegestätte dieser entschiedenen, wenn auch etwas vulgären politischen Philosophie war die Höhere Kriegsschule in Rio de Janeiro. Diese auf US-amerikanische Anregung von Marschall Cordeiro de Farias gegründete Lehranstalt erwarb sich bald den Spitznamen »Sorbonne« wegen ihres Anspruchs, nicht nur die militärische, sondern auch die zivile Elite des Landes zu formen. Ursprünglich unter der wohlmeinenden und sozialbewußten Parole aufgebaut, es gelte, »die Militärs mit der Wirklichkeit des Landes zu konfrontieren«, wurde die Kriegsschule sehr rasch von einer Stätte der Konfrontation zu einem Zentrum der Konspiration. Hier wurde der Putsch vom 1. April 1964 jahrelang vorbereitet, der in die brasilianische Geschichte als »Revolution vom 31. März« einging.

In den neunzehn Jahren, die vom Ende des Zweiten Weltkrieges bis zur Machtübernahme der Militärs in Brasilien verstrichen, liegt die kurze »Blütezeit« der brasilianischen Demokratie. Es war von Anfang an eine Demokratie auf Abruf. Der Wahlsieg von Vargas im Jahre 1950 hatte den Militärs gezeigt, daß die von den US-Amerikanern propagierten Ideale offenbar vom Volk nicht begriffen würden. Wie hätte es sonst einen ehemaligen nationalistischen Diktator zum Präsidenten wählen können? Gleichfalls enttäuschend fanden es die Generale, daß nach dem Selbstmord von Vargas ausgerechnet Juscelino Kubitschek zum Staatschef gewählt wurde, der von der Vargas-Partei und den Kommunisten unterstützt wurde. Kubitschek konnte nach seinem Wahlsieg von 1955 nur die Macht übernehmen, weil Kriegsminister Texeira Lott in letzter Minute einen Militärputsch verhinderte. Dabei war Kubitschek recht eigentlich der Mann, der Brasilien wie noch keine Regierung vor ihm in die Einflußsphäre der USA einbrachte. Er war es, der mit seinem an Eisenhower gerichteten Vorschlag einer »Operation Panamerika« einen Gedanken in die Welt setzte, der später von Kennedy aufgegriffen, weiterentwickelt und unter dem Schlagwort »Allianz für den Fortschritt« verbreitet wurde. Kubitscheks Konzept war einfach: Brasilien sollte von den USA Entwicklungskredite in Fülle erhalten, im Austausch dafür, daß die ohnehin schon einflußreichen US-amerikanischen Privatkonzerne in Brasilien ungestört die Führungsrolle bei der Industrialisierung übernehmen würden. Der Patriotismus Kubitscheks erschöpfte sich in der Vorstellung von stürmischem wirtschaftlichem Wachstum (»In fünf Jahren den Fortschritt von fünfzig Jahren«, lautete sein Wahlkampfslogan) und in dem grandiosen Projekt, Brasilien eine neue Hauptstadt zu bescheren.

Kubitschek, der Träumer

Alles an ihm war Großzügigkeit und Optimismus. Brasilien war in den Augen Kubitscheks wie ein vergrabener Schatz, der nur gehoben werden mußte – gleichgültig, von wem, denn alle würden ihr Teil abbekommen. Bodenschätze, Arbeitskräfte, Verbrauchermassen, Talent: all das war im Überfluß vorhanden, es brauchte nur mobilisiert zu werden. Und wer hätte dies alles in Bewegung setzen können (vorausgesetzt, man bot ihm hinreichend Gelegenheit) wenn nicht jener alte und »ehrwürdige« menschliche Trieb, das Streben nach Vorteil und Gewinn? Kurzum, Juscelino Kubitschek de Oliveira, der Arzt und erfolgreiche Gouverneur des Bundesstaates Minas Gerais, den ein Wahlbündnis zwischen Nationalisten und Kommunisten auf den Präsidentenstuhl Brasiliens gehoben hatte, war ein Liberaler.

Und er war liberal auf brasilianische Weise, nämlich maßlos. Ausländische, vornehmlich US-amerikanische Investitionen strömten wie nie zuvor ins Land. Gleichzeitig (und gemäß der Auffassung, daß Entwicklungshilfe nicht zuletzt den Interessen des Privatkapitals in den Industrieländern dient) wurde Brasilien für seinen Liberalismus mit Krediten belohnt, die es Kubitschek ermöglichten, den Aufbau der Infrastruktur mit einem noch nie dagewesenen Tempo voranzutreiben. »Fünfzig Jahre Fortschritt in fünf Jahren« war gewiß ein übertriebenes Versprechen; doch selten hat ein Politiker so viele Wahlkampfslogans in Taten umgesetzt wie Kubitschek. Brasilien machte unter ihm einen gewaltigen Sprung nach vorn. Die Entfesselung der Produktivkräfte unter seiner Regierung übertraf bei wei-

Reichtum und Elend unterm Zuckerhut

Viele Reisende preisen Rio de Janeiro als die schönste Stadt der Welt. Glockenförmige Bergkegel und steile Gebirgszüge umrahmen die von Inseln durchstreute Guanabara-Bucht. Großzügige Uferstraßen führen zu den malerischen Buchten von Flamengo und Botafago und zum weltberühmten Strand von Copacabana mit seinen vornehmen Wohnpalästen und Luxushotels. In den Hauptgeschäftsstraßen, wie z. B. in der Avenida Rio Branco, reihen sich die eleganten Geschäfte einer in mancher Hinsicht nur scheinbar reichen Stadt, deren Bild beherrscht wird vom »Zuckerhut« (395 m) und vom Concovado (704 m) mit seiner 38 m hohen Christusstatue. Aber dicht neben all dem Glanz leben Hunderttausende von Menschen, meist Farbige, in drückendster Armut. Wie Schwalbennester kleben an den steilen Berghängen ihre aus Blech- und Holzabfällen errichteten Hütten – die »Favelas« genannten Elendsviertel. Angelockt von den höheren Löhnen strömen immer mehr Menschen in diese Stadt, wo sie ein schwerer Kampf ums Dasein, um einen Arbeitsplatz, erwartet. (Bu)

OLUNA COMUNISTA

345

tem das Wirtschaftswachstum der ersten zehn Jahre nach dem Zweiten Weltkrieg. Das Bruttosozialprodukt nahm zwischen 1956 und 1960 um 30% zu. Und mindestens in einem Punkt wurden die »fünfzig Jahre Fortschritt« Wirklichkeit: Die Errichtung der neuen Hauptstadt Brasília auf der Hochebene von Goiás, fast 1000 km von der Küste entfernt, hat der Welt nicht nur »die teuerste Architekturausstellung aller Zeiten« beschert, wie böse Zungen meinten, sondern im Landesinnern einen Schwerpunkt geschaffen, der zur Erschließung des riesigen brasilianischen Territoriums schon jetzt mehr beigetragen hat als alle Großtaten brasilianischer Regierungen seit dem Sturz des Kaiserreiches.

Warum wurde Kubitschek dennoch, nach dem 1. April 1964, von den Militärs seiner politischen Rechte entledigt, warum durfte er weder wählen noch sich zur Wahl stellen, ja nicht einmal ein Interview geben? Es gibt dafür nur eine rationale Erklärung: Er war den Generalen ein zu gefährlicher Konkurrent; die Begeisterung, die er in der Öffentlichkeit (noch ein Jahrzehnt nach dem Ende seiner Amtszeit) hervorrief, erinnerte die Militärs allzu schmerzlich daran, wie wenig Enthusiasmus ihr eigenes Regime zu entfachen vermochte. Denn im Prinzip betreibt Brasiliens fest etablierte Regierung der Marschälle, Generale und Technokraten dieselbe Politik wie Kubitschek: freie Entfaltung des ausländischen Privatkapitals auf der einen Seite, großzügiger Ausbau der Infrastruktur mit internationalen Krediten auf der anderen. In einem Punkt allerdings unterschied sich Kubitscheks Wirtschaftspolitik grundlegend von der, die später die Militärs betreiben sollten: Ob aus Popularitäts-, ob aus Humanitätsgründen – Kubitschek ließ fast alle Brasilianer, die vom Wachstumsprozeß erfaßt wurden, direkt an ihm teilhaben.

Abgestuft, freilich: Der Reallohn der Arbeiter in Straßenbau und Industrie nahm zwar zu; aber die engsten Freunde, Mitarbeiter und Berater des Präsidenten erwirtschafteten sich in jenen fiebrigen Jahren des Booms Vermögenswerte und wirtschaftliche Schlüsselpositionen, die wohl noch ihren Urenkeln einen sorgenfreien Lebenswandel gestatten werden. Auch Kubitschek selbst (dessen Mutter, eine von armen Einwanderern aus Mähren abstammende, verwitwete Volksschullehrerin, das Studium des begabten Juscelino finanziert hatte) beendete seine Präsidentschaft als äußerst wohlhabender Mann. Die Regierungsmethoden Kubitscheks, die mit dem Wort Korruption etwas zu streng definiert werden, waren zumindest beim Bau von Brasília unvermeidlich. Ohne den Antrieb, den die Möglichkeit der ungeahnten Bereicherung schafft, wäre dieses Zyklopenwerk nie zustande gekommen; die Gewinnsucht hat hier eine Konzentration von Energien ermöglicht, die wohl sonst nur unter der Knute einer totalen, gleichsam pharaonischen Diktatur hätte entstehen können.

»Korruption« war freilich nur ein sekundäres Merkmal des Kubitschek-Booms, das Schmieröl, mit dem der schwerfällige Staatsapparat für außergewöhnliche Leistungen gesalbt werden mußte. Wichtiger war, daß auch breite Volksmassen von der Wohlstandswelle zumindest benetzt wurden. Der Boom in Baugewerbe und Industrie trieb die Preise in die Höhe; doch statt nun nach »klassischem« Rezept die Löhne einzufrieren, um die Inflation zu bremsen, paßte Kubitschek die Löhne dem Wachstumstempo an. Innerhalb der äußerst bescheidenen Grenzen, die der Mehrheit der Brasilianer durch Unterentwicklung und ungerechte Wirtschaftsstruktur gesetzt sind, hatten nun wirklich viele teil an dem sich entfaltenden Reichtum. Die ökonomischen Folgen dieser großzügigen Politik waren von vornherein klar: Die wichtigste Etappe der Industrialisierung Brasiliens, in der das Land praktisch vom Konsumgüter-import unabhängig wurde, vollzog sich im Zeichen galoppierender Inflation. Ende der fünfziger Jahre betrug die jährliche Geldentwertung über 80%.

Quadros, der Exzentriker

Die Militärs haben Kubitschek fünf Jahre lang fast ungestört regieren lassen, weil er hundertprozentig prowestlich war, weil das Land sich in stürmischem Aufschwung befand und weil die Offiziersgehälter nicht von der Teuerung verschlungen, sondern dieser angeglichen wurden. Doch Bereicherung und Inflation hatten das Klima vorbereitet für einen Präsidentschaftskandidaten, dessen Wahrzeichen – ein eiserner Besen – im Jahre 1960 ungemein attraktiv wirkte. Janio Quadros, ein schmächtiger, bewußt ungepflegt wirkender Studienrat aus Mato Grosso, mit breitem Schnurrbart und schwerer schwarzer Hornbrille, hatte sich als Gouverneur von São Paulo den Ruf erworben, ein vorzüglicher Verwalter und obendrein auch noch absolut unbestechlich zu sein.

Obwohl keiner Partei zugehörig, galt Quadros als konservativ. Er trat auf als der Mann, der Brasiliens von Inflation und wilder Geschäftemacherei begleiteten Aufschwung in ruhige, geordnete Bahnen lenken würde. Genau das war es, was die Mehrheit der Brasilianer sich wünschte: Quadros wurde 1960 mit 48% der Wählerstimmen zum Präsidenten erhoben; es war der höchste Wahlsieg in der brasilianischen Geschichte.

»In jedem Brasilianer steckt ein kleiner Janio Quadros«, hat einer der besten Journalisten des Landes einmal geschrieben. Jedes Landeskind versteht, wie das gemeint ist. Für den Fremden müßte die ungemein selbstkritische Sentenz etwa so übersetzt werden: »Wir sind leider nicht ganz zurechnungsfähig. Vielversprechende natürliche Anlagen – rasche Auffassungsgabe, hohe kombinatorische Intelligenz, schöpferische Phantasie, dynamische Energieentfaltung, rhetorische Gewandtheit, persönlicher Charme – sind vielen von uns eigen, doch der Charakter, den diese Eigenschaften schmücken, ist unstet, zerrissen, abgründig, von sonderbaren Stimmungswechseln geschüttelt, schwankend zwischen höchstem Optimismus und tiefster Depression, ,genialisch' in einem keineswegs positiven Sinne . . .« Ob in jedem Brasilianer ein Exzentriker stecke, wie der zitierte Publizist meint, möge dahinstehen; Janio Quadros aber, der wie ein Irrwisch durch die Spätphase der brasilianischen Demokratie fegte, die Nation in seinen Bann schlagend, war gewiß eine der eigenartigsten Persönlichkeiten auf der politischen Bühne des 20. Jahrhunderts, und es steht außer Zweifel, daß er ein typischer Brasilianer war.

Chaplinesk in Aussehen und Gestik, hat der kleine Schulmeister aus Mato Grosso dennoch die Kaffeebarone und Industriekapitäne von São Paulo fasziniert, die seine Wahlkampagnen mit gewaltigen Geldmitteln ausstatteten, ihn erst zum Bürgermeister, dann zum Gouverneur von São Paulo machten. Dennoch war Quadros nicht »ihr« Mann. Seine Anziehungskraft auf die armen Leute im Lande war außerordentlich groß, wenn er ungekämmt und unrasiert, in abgeschabten alten Anzügen und mit Löchern in den Schuhen theatralisch vor die Massen trat, um Korruption und Geschäftemacherei zu geißeln – und Brasília als »das Versailles einer männlichen Marie Antoinette« zu verspotten.

Janio – kein passenderer Vorname ist denkbar für den doppelgesichtigen Politiker – war der erste brasilianische Präsident, der von der neuen (von ihm nicht geliebten) Bundeshauptstadt aus regierte. Im futuristischen »Palais der Hochebene« entwickelte er einen sehr eigenartigen Amtsstil, eine Mischung aus 18.

> **Brasiliens Wirtschaftslage**
>
> Brasiliens Wirtschaft floriert, vor allem seit den ausgedehnten sechziger Jahren. Das Bruttoinlandsprodukt stieg 1970 um 9,5, 1971 um 11,3%, 1972 um 10,5%. Die industrielle Produktion nahm 1972 um 13,9%, die landwirtschaftliche um 11,4% zu (ohne Kaffee 4,1%). Die Zahlungsbilanz schloß für 1971 mit einem Aktivsaldo von über 500 Mill., 1972 von 2500 Mill. US-Dollar, eine Folge des hohen Überschusses der Kapitalbilanz. Die von der Zentralbank registrierten ausländischen Grund- und Reinvestitionen erreichten zum 30. Juni 1971 einen Stand von 2548 Mill. US-Dollar. Davon entfielen auf die USA als mit weitem Abstand größten Auslandsinvestor 1071 Mill. (42%); es folgten die Bundesrepublik Deutschland mit 271 Mill. (10,6%), Kanada mit 266 Mill. (10,4%), Großbritannien mit 221 Mill. (8,7%), die Schweiz mit 148 Mill. (5,8%) und Japan mit 118 Mill. (4,6%); der Anteil der Investitionen sonstiger Länder belief sich auf insgesamt 453 Mill. US-Dollar (17,9%). Die beachtliche Aufwärtsentwicklung hat ihre Kehrseite: Zahlreiche Klein- und Mittelbetriebe wurden liquidiert, die Bilanzen im Bereich Handel und Dienstleistungen waren negativ, und der Cruzeiro wurde allein 1971 siebenmal – um insgesamt 12,2% (1970: 12,1%) – abgewertet. Nach den Angaben der Zentralbank betrugen Brasiliens Devisenverbindlichkeiten am 31. März 1971 rund 5,5 Mrd. US-Dollar (gegenüber 5,3 Mrd. am 31. Dezember 1970); davon entfiel der weitaus größte Teil auf Importfinanzierungen und Kassenkredite. (Quelle: »Wirtschaftsspiegel« der Deutschen Überseeischen Bank in Hamburg.)

Jahrhundert und Science-fiction. Einsam auf und ab gehend in seinem riesigen, luxuriösen Büro, vor dem eine Art Verkehrsampel mit grünem oder rotem Licht anzeigte, ob der Raum betreten werden durfte oder nicht, gab Quadros seine Befehle an die Nation wie der unsichtbare Doktor Mabuse – auf kleinen handbeschriebenen Zetteln, deren Inhalt sich dem Empfänger nicht immer mit der nötigen Klarheit erschloß; mit dem Telefon, das er selbst bediente, ohne Zwischenschaltung eines Vorzimmerfräuleins; oder auch per Fernschreiber, den zu bedienen er eigens erlernte, um auf die Anwesenheit eines Mitarbeiters verzichten zu können.

Bei aller Janusköpfigkeit oder Kauzigkeit, die Quadros als Präsident entwickelte, hielt ihn doch niemand für schwachsinnig oder töricht, sondern eben nur für rätselhaft. Um so größer war der Schock, als er am Abend des 25. August 1961 über Rundfunk und Fernsehen seinen Rücktritt bekanntgab. In aller Welt machte das Ereignis Schlagzeilen; das Amt des brasilianischen Präsidenten schien unter einem seltsamen Fluch zu stehen: Genau sieben Jahre vorher hatte sich Getulio Vargas im Regierungspalais eine Kugel ins Herz geschossen, und jetzt warf Janio Quadros – ohne erkennbaren Grund – das Präsidentenamt hin wie ein sieben Monate getragenes, schmutziges Hemd.

Für einen Vergleich zwischen dem Selbstmord des »Vaters der Armen« und dem Rücktritt des »Eisernen Besens« gibt es tatsächlich allerlei interessante Möglichkeiten. Vargas prangerte in seinem Abschiedsbrief, der als politisches Testament gedacht war, die »ausländischen Interessen« an; er nannte »internationale Konzerne«, deren Gewinne in Brasilien sich auf »500% im Jahr« beliefen, und geißelte Importgeschäfte, bei denen der Staat jährlich um 100 Millionen US-Dollar betrogen werde. Janio Quadros drückte sich verhaltener aus; er nannte nur »dunkle Mächte«, die sich verschworen hätten, um ihn nicht regieren zu lassen. Die Wortkargheit von Quadros ist begreiflich; anders als der Selbstmörder Vargas glaubte er noch an eine Fortsetzung seiner politischen Karriere. Daß er für seinen Rücktritt den gleichen Jahrestag wählte, an dem Vargas sich erschossen hatte, war eine theatralische Geste, die als Symbol, ja als Fanal wirken sollte.

Als sicher darf gelten, daß Quadros sich von seinem Rücktritt eine besondere Wirkung versprach, etwa daß das Volk – wie nach dem Tod von Vargas – in Aufruhr die Straßen füllen werde. Der Aufruhr, so die mutmaßliche Spekulation von Quadros, würde die Politiker und die Militärs zwingen, ihn ins Präsidentenamt zurückzurufen; dieser Aufforderung würde er dann auch Folge leisten, falls man ihm Vollmachten einräumte, die es ihm gestatten würden, ohne das Parlament oder über das Parlament hinweg zu regieren.

Denn Brasiliens parlamentarische Demokratie war von jeher weit davon entfernt, dem Ideal der Volkssouveränität zu entsprechen. Gewiß, die direkt gewählten Präsidenten Brasiliens waren stets Männer, in die das Volk sein Vertrauen gesetzt hatte; die Zusammensetzung des Parlaments indessen hat den Namen »Volksvertretung« immer nur als Ironie erscheinen lassen, denn was da herumsaß und redete, abstimmte oder Kommissionen bildete, war weitgehend ein Klüngel von politischen Geschäftemachern, der, von zwei oder drei Parteimaschinen gemanagt, sich Mandate und Privilegien zuschanzte und Parlamentsdebatten meist nur als Scheinkämpfe betrieb. Oberstes Ziel der absoluten Mehrheit war es stets, keine Veränderungen zuzulassen.

Vargas hatte gegen das Parlament regieren müssen und war gescheitert; Kubitschek hatte es mit dem Füllhorn seiner Ausgabenpolitik bestochen; Quadros rannte mit seinen Reformvorschlägen bei den Abgeordneten und Senatoren gegen eine Mauer der Obstruktion an. Zurückzutreten, um vom konsternierten Wählervolk wieder an die Macht gebracht zu werden und fortan ohne parlamentarische Hemmklötze zu regieren – das ist sicher das plausibelste Motiv für die extravagante Handlungsweise von Quadros. In den modernen Palästen der fernen Hauptstadt Brasília war dem Präsidenten jedoch entgangen, daß er nicht mehr volkstümlich genug war, um einen solchen Coup zu wagen. Der Rücktritt blieb ohne Echo, er war sein politischer Selbstmord; der »Eiserne Besen« hatte ausgefegt. Trotzdem ist heute klar, daß Quadros nicht übertrieb, als er von »dunklen Mächten« sprach, die sich gegen seine Regierung verschworen hätten. Denn obwohl er mit dem Image eines Konservativen an die Macht gekommen war, betrieb Quadros in vieler Hinsicht eine Politik, die ihn in die Nachbarschaft der Linken brachte. Unter dem Stichwort »unabhängige Außenpolitik« hatte Quadros – ohne seinen glücklosen Amtsvorgänger zu nennen – wieder die nationalistische Fahne von Vargas aufgegriffen. Handel mit allen Ländern der Welt, Annahme von Entwicklungshilfe aus West und Ost, Zugehörigkeit zu den blockfreien Nationen Afrikas und Asiens, die in Bandung einen »neutralen Block« gebildet hatten: Diese Ziele der Regierung Quadros lösten in Washington höchstes Unbehagen aus – und

Schmuckkette aus Affenzähnen, Brasilien

folglich auch in der »Sorbonne«, der Höheren Kriegsschule in Rio de Janeiro.

Schon vor seiner Amtsübernahme hatte Quadros die Generale durch einen Besuch in Cuba schockiert. Sein Eintreten für die Aufnahme der Volksrepublik China in die Vereinten Nationen wirkte in der ganzen westlichen Welt (damals, 1961) als Provokation. Noch kurz vor Quadros' Rücktritt war der argentinisch-kubanische Berufsrevolutionär Ernesto »Che« Guevara nach Brasilien gekommen, und Quadros hatte »Che« – zu dessen Verblüffung – den Ritterorden zum »Kreuz des Südens« um den Hals gelegt. Das Mißbehagen der Militärs drückte sich nun nicht mehr durch bloßes Räuspern aus, sondern durch vernehmbares Säbelgerassel. Mag sein, daß Quadros durch seinen spektakulären Rücktritt – und die erhoffte triumphale Wiederkehr ins Präsidentenpalais von Brasília – auch einem in der Luft liegenden Staatsstreich der Generale zuvorkommen wollte.

Goulart, der Demagoge

Sofort nach Quadros' Rücktritt wagten die Militärs allerdings nur einen halben Putsch. Es galt, so meinten sie, unbedingt zu verhindern, daß der verfassungsmäßige Nachfolger von Quadros, der Vizepräsident João Goulart, in das »Palais der Morgenröte« in Brasília einzog. Denn Goulart verkörperte schlechthin alles, was dem Pentagon und der »Sorbonne« als verdammenswert erschien: Er war ein Schützling des Nationalisten Vargas gewesen, und er stand auf dem linken Flügel der von Vargas geschaffenen Arbeiterpartei, hinter dem wiederum die (anscheinend) mächtigen Gewerkschaften auf Radikalisierung der Regierungspolitik drängten. Obendrein wurde Vizepräsident Goulart vom Rücktritt seines Chefs in einer besonders peinlichen Situation überrascht – er befand sich ausgerechnet in Peking und tauschte höfliche Trinksprüche mit Tschou En-lai aus. Daß Goulart überhaupt Gelegenheit bekam, auf dem Präsidentenstuhl Brasiliens Platz zu nehmen, ist zwei Faktoren zuzuschreiben: Goularts »Hausmacht« im mächtigen Bundesstaat Rio Grande do Sul – und, nicht zuletzt, der Tatsache, daß in Washington seit einiger Zeit John F. Kennedy regierte.

Als das Flugzeug mit dem aus Peking kommenden Goulart sich Brasilien näherte, mußte der verfassungsmäßige Präsident des Landes damit rechnen, sofort nach der Ankunft verhaftet zu werden. In Rio de Janeiro, São Paulo und Brasília wurden Truppen an die Flughäfen entsandt – und nicht in Paradeuniform. Goulart zog es vor, in Pôrto Alegre zu landen, der Hauptstadt von Rio Grande do Sul. Hier regierte als Gouverneur Goularts Schwager, Leonel Brizola, ein Großgrundbesitzer und mehrfacher Millionär, der (trotz seiner Herkunft) als militanter Linkskatholik für radikale wirtschaftliche und soziale Reformen eintrat. Unter dem Schutz seines am Ort mächtigen Schwagers gelang Goulart die Rückkehr nach Brasília. Das Kommando der 3. Armee in Rio Grande do Sul stellte sich hinter den verfassungsmäßigen Präsidenten, und die Militärs in Rio, São Paulo und Brasília beschlossen, daß Goulart nicht das Risiko eines Bürgerkrieges wert sei. Obendrein wollten sie es nicht mit dem neuen Mann im Weißen Haus verderben; Kennedy hätte auf einen Militärputsch sehr ungnädig reagiert, und die Pläne zur definitiven Machtübernahme der Generale, die in der Höheren Kriegsschule von Rio ausgearbeitet wurden, waren damals noch nicht verwirklichungsreif.

So konnte Goulart im September 1961 die Macht im Lande übernehmen, allerdings mit gebundenen Händen. Er sollte sich mit Repräsentation begnügen, während die Regierungsgeschäfte von einem Ministerpräsidenten geführt wurden, der nicht dem Staatsoberhaupt, sondern dem Parlament unterstand. Goulart akzeptierte die demütigenden Bedingungen der Generale, denn er war sicher (und behielt damit recht), daß eine Volksbefragung genügen würde, um das alte Präsidialsystem wiederherzustellen und dem Staatschef die Kontrolle über die Regierungsmacht zurückzugeben.

João Goulart hätte allerdings blind sein müssen, um nicht zu merken, daß sein schwankender linksliberaler Kurs bei der Oberschicht und den Militärs keine Gegenliebe fand. Nach Kennedys Ermordung hatte er in Washington keine Fürsprecher mehr; es war klar, daß in der »Sorbonne« von Rio sich etwas gegen ihn zusammenbraute. Die Zahl der Generale, auf die er sich Anfang 1964 noch verlassen konnte, war äußerst gering; die Kritik der bürgerlichen Presse hatte sich zur Kampagne gesteigert. Washington verlegte sich plötzlich darauf, über Entwicklungshilfe nicht mehr mit der Bundesregierung, sondern mit einzelnen, Goulart feindlich gesinnten Gouverneuren zu verhandeln. Nach der Enteignung einer US-amerikanischen Telefongesellschaft in Rio Grande do Sul – die öffentlichen Dienste sind auch heute noch teilweise in ausländischem Besitz – verhängten einige Industrieländer stillschweigend eine Investitionsblockade gegen Brasilien, und die einheimischen Kapitalisten transferierten ihre Gelder mit unternehmerischem Elan in die Schweiz. So demokratisch war Brasilien auch damals nicht, daß die Parlamentsmehrheit nicht in den Händen der Großgrundbesitzer, der Industriekapitäne und der Anwälte des ausländischen Kapitals gelegen hätte; von dieser Seite hatte Goulart keine Hilfe zu erwarten. Es war also nicht eigentlich eine Entscheidung, sondern der letzte noch mögliche Schachzug in einem Spiel, in dem alle anderen Alternativen erschöpft waren, als João Goulart sich nun direkt an die Volksmassen wandte.

Er, der reiche Großgrundbesitzer und Viehzüchter, verkündete ein Agrarreform-Projekt, das Latifundien von mehr als 500 ha in bestimmten Regionen Brasiliens zur Enteignung freigab. Außerdem wollte er das Wahlrecht auf jene Bevölkerungshälfte ausdehnen, die weder lesen noch schreiben gelernt hat. Das waren die einzigen »linken« Maßnahmen, die Goulart konkret nachgewiesen werden können; alles andere war Rhetorik. Goulart sprach zu den Massen vom Elend Brasiliens, von den Hungernden im Nordosten, von der Sklaverei in den Kautschukplantagen, von den sterbenden Kindern in den Favelas, vom miserablen Lohn der ungelernten Industriearbeiter, und er nannte den Imperialismus Imperialismus. »Demagogie!« schrien die bürgerlichen Zeitungen – und mit Recht; in Brasilien ist die Wahrheit demagogisch.

Berauscht von der Zustimmung der Massen, umschmeichelt von brillanten, aber eher untüchtigen und harmlosen Linksintellektuellen, von seinen alten Vertrauten über die wirkliche Lage im unklaren gelassen, wagte Goulart das Äußerste: Er versuchte, die über niedrige Gehälter murrenden Unteroffiziere gegen das Offizierskorps zu mobilisieren. Irgendein »Romantiker« in seinem Kabinett ging sogar so weit, den unteren Dienstgraden der Marine den alten russischen Revolutionsfilm »Panzerkreuzer Potemkin« von Eisenstein vorzuführen. Mit solchen Extravaganzen hat Goulart den Staatsstreich, der ohnehin bevorstand, um ein paar Wochen beschleunigt und sich selbst vor aller Welt disqualifiziert. Es kann aber kein Zweifel daran bestehen, daß erst die offenkundige Verschwörung der Oberschicht und der Generale Goulart in den tragikomischen Amoklauf seiner letzten Amtstage getrieben hat. Das Spiel war aus, der Vorhang fiel am 1. April 1964. Daß die Generale da-

> **Brasilianische Landwirtschaft**
>
> Von Brasiliens Bevölkerung leben 44% auf dem Lande, und 44% aller Erwerbstätigen waren 1970 im Agrarbereich beschäftigt; 1960 waren es noch 52%. Dementsprechend ging auch der Anteil der Landwirtschaft am Bruttoinlandsprodukt von 20,4% im Jahre 1968 auf 19,4% im Jahre 1970 zurück. Von den rund 8,5 Mill. qkm des brasilianischen Staatsgebietes sind 1,5 Mill. landwirtschaftliche Nutzfläche (davon Weideland 1,2 Mill., Kulturland 0,3 Mill.). Die für die Ernährung der brasilianischen Bevölkerung wichtigsten Agrarprodukte sind Reis, Mais, Bohnen und Maniok. Die bedeutendsten Ausfuhrgüter Brasiliens entstammen ebenfalls dem agraren Bereich: Rohkaffee, Rohbaumwolle und Rohzucker; trotz des Anstiegs der Industriegüterexporte und trotz der starken Abnahme der Kaffeeausfuhr erbrachten sie 1972 noch immer rund 40% des gesamten Exportwertes. Der Entwicklung der Landwirtschaft wird denn auch von staatlicher Seite erhöhte Bedeutung beigemessen. Namentlich die Agrarfinanzierung ist in letzter Zeit erheblich verbessert worden. Außerdem ist den Pflanzern der Absatz ihrer Erzeugnisse und ein fester Erlös dafür gesichert, da der Staat Mindestpreise garantiert, die alljährlich neu festgesetzt werden. Besondere Unterstützung gilt den Kaffeepflanzern: Um die zur Deckung des Kaffee-Inlandsbedarfs (etwa 8 Mill. Sack) und zur Einhaltung des bisherigen Exportniveaus (jährlich 17–19 Mill. Sack) nötigen Kaffeemengen erzeugen zu können, erhalten die Kaffeeproduzenten umfangreiche staatliche Hilfe bei der Schädlingsbekämpfung (Kaffeerost!) und der Erweiterung ihrer Plantagen.
> (Quelle: »Wirtschaftsspiegel« der Deutschen Überseeischen Bank in Hamburg.)

mals Brasilien vor dem Kommunismus gerettet hätten, ist freilich Propaganda; am Fehlen jedes ernsthaften Widerstands zeigte sich, daß die Euphorie der Linksintellektuellen genauso unbegründet gewesen war wie die Panikstimmung der rechtsgerichteten »Brasilianischen Gesellschaft zur Verteidigung von Tradition, Familie und Besitz«. Brasilien war nicht vor dem Kommunismus gerettet worden; die Stunde der Generale schlug, weil die Demokratie (in ihrer damaligen brasilianischen Ausgabe) gescheitert war: erst an sich selbst, dann an den Generalen.

Die Geographie des Hungers – der brasilianische Nordosten

António Maciel muß nach dem Tod seines Vaters drei häßliche Schwestern unter die Haube bringen; ihre Mitgift verzehrt die gesamte Erbschaft. Danach heiratet er selbst und beginnt als Kanzleischreiber zu arbeiten – ohne großen Eifer, denn jede Beschäftigung ermüdet ihn. Seine Ehe nimmt bald ein böses Ende: Maciels junge Frau brennt mit einem Polizisten durch. Schlimmeres kann einem Mann im Nordosten Brasiliens nicht passieren. Hörner bedeuten den Verlust der Ehre, der männlichen Respektabilität; nur ein blutiger Racheakt kann die Dinge wieder ins Lot bringen. Maciel aber zieht es vor, in der Unendlichkeit des trockenen Sertão zu verschwinden, um seine Schande zu vergessen. Zehn Jahre lang hört man nichts mehr von ihm. Als schmutziger, bärtiger Einzelgänger taucht er 1870 in Bahia auf; ein blaues, bis zu den Knöcheln reichendes Hemd, fettiges Haar bis in Gürtelhöhe und ein zwei Meter langer Spazierstab geben ihm das Aussehen eines Apostels. Er hat als wandernder Bettler Tausende von Kilometern zurückgelegt und ist, wenn man den Geschichtsschreibern glauben darf, nicht mehr ganz richtig im Oberstübchen.

Hungernde und Zerlumpte beginnen ihm nachzulaufen, obwohl er ihnen keine Beachtung schenkt. Er irrt querfeldein, ohne Ziel, durch den Nordosten Brasiliens, und seine Anhängerschaft, die von Tag zu Tag größer wird, folgt ihm überallhin. Anfangs widerwillig, doch später mit wachsender Begeisterung, läßt António Maciel sich zu Predigten bewegen; sie geraten ihm zu konfusen Tiraden über Blut und Tod, Weltuntergang und Auferstehung und Jüngstes Gericht, gemischt mit fremdklingenden Brocken, die für Latein oder Aramäisch gehalten werden. Obwohl er niemandem etwas Konkretes zu sagen hat, heißt er bald der »Ratgeber« – António Conselheiro.

Als 1889 der Kaiser von Brasilien durch einen Militärputsch gestürzt und die Republik ausgerufen wird, nennt der »Ratgeber« die neue Staatsform ein Teufelswerk; diese Laune fortspinnend, belegt er die neue Regierung mit seinem Fluch. Soldaten werden in Marsch gesetzt, um António Conselheiro als subversives Element zu verhaften; sie werden von den fanatischen Anhängern des rätselhaften Apostels in die Flucht geschlagen. Canudos, ein kleines Dorf im Norden des Bundesstaates Bahia, wird zur legendären Hochburg des »Ratgebers«. Mit der Zeit wächst die Bevölkerung von Canudos auf etwa 20 000 Menschen an: ein abenteuerlicher Haufe von besitzlosen Familien, ehemaligen Sklaven, Viehtreibern und Banditen. Die Regierung in Rio de Janeiro schickt militärische Expeditionen aus, um Canudos zu unterwerfen; alle kehren geschlagen zurück – die miserabel bewaffneten Fanatiker entpuppten sich als Meister des Guerillakrieges.

Nun wird Canudos zum Prüfstein der jungen Republik erhoben, und 10 000 Soldaten werden ausgeschickt, um die Aufrührer zu vernichten. Erst eine Belagerung von fünf Monaten, ein wochenlanges Bombardement mit den neuesten, frisch aus Deutschland importierten Kanonen der Firma Krupp und eine schreckliche Epidemie im Gefolge einer Hungersnot machen es möglich, den Ort zu besiegen. Die Bevölkerung des verseuchten Hüttenstädtchens kämpft buchstäblich bis zum letzten Mann: Im Oktober 1897 ist Canudos eine Leichenlandschaft. Der abgeschnittene Kopf des »Ratgebers« wird in allen Städten des Landes herumgezeigt als Beweis dafür, daß die Zeiten der Barbarei vorüber seien und die Parole »Ordnung und Fortschritt«, positivistisches Motto des jungen republikanischen Staates, nun endlich in ganz Brasilien Gültigkeit erlangt habe.

Vor und nach dem »Ratgeber« sind im Nordosten Brasiliens immer wieder legendenträchtige Figuren aufgetaucht. Manche existierten nur in der Phantasie der Bevölkerung oder in der Sagen-Literatur, die von Bänkelsängern und kleinen, primitiv eingerichteten Druckereien verbreitet wurde; andere existierten tatsächlich und machten sich durch Raub und Mord bemerkbar, und wieder andere zogen als vermeintliche oder echte Mystiker dumpf-gläubige, unterernährte Anfänger hinter sich her, auf langen Märschen in ein nie erreichtes »gelobtes Land«. Pater Cicero, der Bandit Lampião und seine Geliebte, die »hübsche Marie«, und in den sechziger Jahren noch der Jäger »Lederhut«, der den Denunzianten der Militärpolizei die Zeigefinger abhackte – größere und kleinere Sagengestalten tauchen immer wieder auf, machen von sich reden, werden getötet oder vergessen; es sind Randgestalten der Geschichte, die in dicken Brasilien-Büchern nur in Nebensätzen oder Fußnoten Erwähnung finden. Ihr Erscheinen war (und ist) keineswegs zufällig: Wie beim »Ratgeber«, der ja erst von denen, die ihm nachliefen, zum Mystiker und Erlöser erhoben wurde, sind alle diese Gestalten aus dem Volk hervorgegangen, gewissermaßen von ihm »gemacht« worden.

Sie sind das Produkt eines Gebietes, das neun brasilianische Bundesstaaten umfaßt, mit 1,5 Millionen qkm sechsmal so groß ist wie die Bundesrepublik Deutschland und über 30 Millionen

Ihre Gesamtzahl wird auf rund 100000 geschätzt; etwa 15000 von ihnen dürften noch kaum mit der modernen Zivilisation in Berührung gekommen sein. Die Indianer leben in kleinen Gruppen hauptsächlich in schwer zugänglichen Gebieten im Bereich der Oberläufe der Amazonasnebenflüsse, in einem noch ungenügend erforschten Gebiet von der Größe halb Europas. Der Zusammenstoß mit der »Zivilisation«, lange Zeit vor allem vertreten durch Diamanten- und Goldwäscher sowie Gummisucher, bedeutete für sie in Verbindung mit eingeschleppten Krankheiten fortschreitende Dezimierung. Um die Jahrhundertwende lebte von rund 230 bekanntgewordenen Stämmen fast die Hälfte noch völlig isoliert; ein halbes Jahrhundert später galten bereits 87 Stämme als ausgestorben und nur noch 33 als isoliert lebend, während die übrigen als mehr oder weniger integriert bezeichnet wurden. Auf den von Marschall C. M. da Silva Rondon, dem legendären Pionier der Indianerpazifizierung, gegründeten »Indianerschutzdienst« (»Serviço de Proteção dos Indios«, SPI) war man anfangs zu Recht stolz – bis bekannt wurde, daß diese Organisation im Laufe der Zeit völlig korrumpiert worden und in die Hände von Bodenspekulanten geraten war; sie wurde schließlich aufgelöst. Als »Nationale Indianer-Stiftung« (FUNAI) ist sie neu erstanden, sie erstrebt die Schaffung von Schutzzonen, sogenannten Eingeborenenparks. Zu dem schon seit 1961 offiziell bestehenden Schutzgebiet am Rio Xingu (22500 qkm) sind bisher die Parks Tumucumaque (25000 qkm), Aripuana (10000 qkm) und Araguaia (22000 qkm) gekommen; weitere sind geplant. In ihnen werden die Indianer auch medizinisch betreut; so ist beispielsweise in den sechzehn Dörfern am Xingu die Säuglingssterblichkeit zurückgegangen und sind Epedemien seltener geworden. Ohne Erlaubnis darf niemand diese Reservationen betreten. Doch die Kontrolle der Grenzen, die viele Hunderte Kilometer lang sind, ist ein zentrales Problem. Die finanziellen Mittel der Nationalen Indianer-Stiftung sind noch unzureichend, und die viel zu geringe Zahl ihres Personals kann nicht alle Übergriffe verhindern. Noch sind die Methoden nicht gefunden worden, die es ermöglichen könnten, die angestammte Sprache und die sonstigen Kulturwerte zu erhalten und gleichzeitig die Vorzüge der modernen Zivilisation anzunehmen. (Bu)

Indianer in Brasilien

Links und oben: »Indianerhaushalt«

Unten: Indianerlager im Urwald

Einwohner zählt; die Gegend, kurz »der Nordosten« genannt, wird von manchen Beobachtern als das größte Elendsgebiet der westlichen Welt bezeichnet. Auf eine simple Formel gebracht, läßt sich das Auftauchen von sagenumwobenen Leitfiguren aller Art im Nordosten Brasiliens damit erklären, daß im Fegefeuer ein beträchtliches Erlösungsbedürfnis herrscht; auf ihre Art haben Mystiker und Banditen, Priester und Agitatoren die Vision einer besseren Zukunft verkörpert, und das Volk, dem keine andere Hoffnung als Alternative angeboten wurde, folgte ihnen willig.

»Soziale Unruhen« im weitesten Sinne des Wortes hat es hier also schon immer gegeben. Die Verhältnisse sind auch danach. Ein feuchter Küstenstreifen von durchschnittlich 80 km Breite, der von Salvador, dem früheren Bahia, bis in die Nähe der Amazonasmündung reicht, ist der Monokultur des Zuckerrohrs gewidmet; die Geldgier der Plantagenbesitzer und der niedrige Weltmarktpreis ihres Produkts wirken zusammen, um den Feldarbeitern ein Leben unterhalb des Existenzminimums zu bescheren. Das Landesinnere des Nordostens besteht zum größten Teil aus dem Sertão, einer trockenen, ausgedörrten Landschaft unter sengender Sonne, regelmäßig von Dürreperioden heimgesucht, mit Baumwollplantagen und mageren Herden geduldiger Zeburinder. Die Küste und das Landesinnere des Nordostens haben verschiedene Kulturen, verschiedene Menschentypen hervorgebracht – man spricht in Recife von einer »Zucker-Zivilisation« und einer »Leder-Zivilisation« –, aber beide Regionen haben viele, wenn auch nicht gerade vorteilhafte Erscheinungen gemeinsam: Unterernährung, hohe Kindersterblichkeit, eine mittelalterliche agrarsoziale Struktur; in den Augen der Marxisten ideale Voraussetzungen für eine Agrarrevolution nach chinesischem oder kubanischem Muster.

Dieser Gedanke freilich beschäftigte nicht nur die Linke. Gegen Ende der fünfziger Jahre galt der Nordosten Brasiliens im Ausland als das gefährlichste Umsturzgebiet Lateinamerikas, und sowohl die brasilianische Regierung als auch die der USA waren davon überzeugt, daß hier rasch und mit drastischen Mitteln Abhilfe geschaffen werden müsse, um eine politisch-soziale Katastrophe zu vermeiden. Die Gründung der SUDENE, der zentralen Entwicklungsbehörde für den brasilianischen Nordosten, ging direkt, und Präsident Kennedys parolenträchtiges Entwicklungsprogramm für Lateinamerika, die »Allianz für den Fortschritt«, ging indirekt auf die aufsehenerregenden Hungermärsche und Brandschatzungen im Nordosten Brasiliens zurück. Diese wurden geführt, angeregt oder angestiftet von den »Ligas Camponesas«, den »Bauernbünden« des Nordostens, und von ihrem charismatischen Führer Francisco Julião.

Inzwischen ist das Prestige dieses Mannes, der lange Zeit als der »zweite Castro« Lateinamerikas galt, nahezu ausgelöscht. Er lebt seit der Machtübernahme der Militärs im Exil in Mexico und verfaßt theoretische Schriften, die kaum beachtet werden. Aber 1952, als Castro noch ein nahezu unbekannter Jurastudent in Havanna war, betrieb der junge Rechtsanwalt Francisco Julião im Nordosten Brasiliens bereits »soziale Agitation«, indem er vor den Gerichten Nordbrasiliens die Interessen der Landarbeiter gegenüber den Großgrundbesitzern vertrat. Doch Brasiliens Bürgerliches Gesetzbuch war ihm eine zu stumpfe Waffe; von der stummen Bitterkeit seiner Mandanten angesteckt, von einer wachsenden Zahl von Bauern und Landarbeitern verehrt, akzeptierte Julião die Erlöserrolle, in die er gedrängt wurde. Er begann aufrührerische Manifeste herauszugeben, die in mancher Hinsicht dem wirren Wortwirbel jener Mystiker glichen, die bis ins 20. Jahrhundert hinein im Nord-

Rio de Janeiro · Die vom Zuckerhut überragte Viermillionenstadt ist berühmt wegen der Schönheit ihrer Lage an den Ufern der Guanabarabucht. Zugleich ist sie eins der größten Wirtschafts- und Handelszentren Brasiliens und zweitgrößte Industriestadt des Landes.

São Paulo · Die Sechsmillionenstadt ist der Kern des größten brasilianischen Industriegebietes und bedeutendes Kulturzentrum.

osten Brasiliens die Sehnsüchte der Massen artikulierten. Nun schürte er das chronische Mißtrauen des einfachen Volkes gegenüber der Regierung, den Wahlen, den Berufspolitikern und sagte den Großgrundbesitzern den Kampf an. In seinem Anrennen gegen alles Bestehende zeigte Julião sich tatsächlich als »subversives Element«. Doch dieser Mangel an konkreten Programmen war auch seine Schwäche: Niemand stand für ihn auf, als ihn die nach dem Staatsstreich vom 1. April 1964 an die Macht gekommenen Militärs ins Gefängnis warfen.

Gefährlicher als dieser mächtige Außenseiter erschienen den Generalen und den Großgrundbesitzern echte Reformer, die aus dem brasilianischen Establishment kamen: Miguel Arrais etwa, der linkskatholische Gouverneur des Nordost-Staates Pernambuco, und Celso Furtado, der Leiter der SUDENE. Arrais sagte nicht (wie Julião): »Wir müssen die Großgrundbesitzer enteignen«, sondern: »Die Landarbeiter müssen gerechten Lohn bekommen«. Furtado predigte keine radikale Bodenreform, sondern die Modernisierung der Produktionsmethoden und eine bessere Verteilung der Gewinne. Das war zwar in einer halbfeudalen Wirtschaftsstruktur revolutionär genug, lag aber doch im Bereich des Möglichen. So fiel der Vorwurf des Kommunismus, mit dem die brasilianischen Militärs erheblichen Unfug treiben, weniger auf den mystischen Sozialrevolutionär Julião als auf die bürgerlichen Reformer Arrais und Furtado. Diese Männer waren in der Tat unangenehm: Was sie erreichen wollten, war erreichbar, und es betraf direkt den Geldbeutel der Landherren.

Nach dem Staatsstreich vom April 1964 wurde überall im Nordosten jede Entwicklung, die in den Verdacht der sozialen Agitation geriet, mit brutaler Härte unterdrückt. Arrais kam ins Gefängnis und wanderte nach Algerien aus, Furtado doziert heute an US-amerikanischen und französischen Universitäten. Beider Konzept wurde von den Militärs ersetzt durch ein Entwicklungsprogramm, das nicht auf Planwirtschaft setzt, sondern auf die freie Entfaltung des Privatkapitals. In den luftgekühlten Büros der SUDENE in Recife weht heute ein nüchterner Krämergeist. Das Hauptziel ist, Geld in den Nordosten zu locken: einesteils für die Feudalherren, die in moderne, weitblickende Landwirtschafts-Unternehmer verwandelt werden sollen, anderenteils für die Industrialisierung in den größeren Städten des Nordostens – neue Fabriken sollen den Strom der Arbeitslosen aufnehmen, der sich aus dem Sertão in die Elendsviertel der Städte ergießt.

Anfang der siebziger Jahre wurde den Experten (aber noch keineswegs dem Militärregime) klar, daß das neokapitalistische Experiment gescheitert ist. Selbst die größten Optimisten in der SUDENE mußten einsehen, daß ein relativ mächtiger Kapitalzufluß nichts ändern kann an dem Grundübel, das den Nordosten belastet – daß nämlich die hoffnungslos überholte Struktur der Landwirtschaft jede soziale Gerechtigkeit ausschließt: Für die meisten Großgrundbesitzer ist es unmöglich, Pflanzer und Pächter angemessen zu entlohnen und trotzdem mit den Gewinnspannen zu arbeiten, die sie seit eh und je gewohnt sind; also bleibt es bei den traditionellen Gewinnspannen, und die Einkünfte der Landarbeiter erreichen somit nie das Minimum, das nötig wäre, um ihre Familien ohne Hunger und ohne entwürdigende Daseinsbedingungen am Leben zu erhalten. Die Industrialisierung andererseits kann die Woge der Arbeitslosigkeit nicht aufhalten. Gewaltige Steuervorteile, die den Unternehmern gewährt werden, damit sie Investitionen im Nordosten riskieren, haben nur zur Entstehung von Spekulations-Betrieben geführt; diese schaffen Maschinen und Rohstoffe aus São Paulo nach Recife, produzieren dort mit geringeren Steuern und geringeren Mindestlöhnen ihre Ware, die anschließend wieder nach Südbrasilien transportiert wird, weil es im Nordosten dafür keinen Markt gibt. Die Arbeitsplätze, die in sieben Jahren durch dieses System in Recife geschaffen wurden, liegen bei etwa 30 000 – gebraucht werden 1 Million.

Da alle Möglichkeiten für soziale Proteste seit 1964 vom effizienten polizeistaatlichen Apparat der Militärs unterdrückt werden, gibt es aus dem Nordosten Brasiliens kaum noch alarmierende Meldungen in der Weltpresse – allenfalls hört man von einem oder zwei Hungermärschen im Jahr, mehr nicht. Auch die brasilianische Öffentlichkeit erfährt aus dem Nordosten nur offizielle Erfolgsmeldungen; das Gebiet, dessen Zentrum fast 3000 km von Rio und São Paulo entfernt ist, spielt im Bewußtsein des brasilianischen Mittelstands keine Rolle. Nur die Arbeitsuchenden, die auf Lastwagen den weiten Weg bis São Paulo schaffen, geben als Nachwuchskräfte in den Industriebetrieben der »Boom City« davon Kenntnis, daß es noch ein anderes Brasilien gibt. Dieses andere Brasilien wird man eines Tages vom entwickelten Teil des Landes sorgfältig trennen müssen; ein »Cordon sanitaire« ist denkbar, der das ungute Zusammentreffen zweier Welten verhindert. Schon zu Beginn der siebziger Jahre wurden im Nordosten »Arbeitsfronten« gebildet, die offiziell dem Straßenbau und anderen nützlichen Zwecken dienen; wer sich die Sache aus der Nähe besah, konnte allerdings entdecken, daß der Hauptzweck ein anderer war und ist: Es geht darum, den Menschenstrom aus dem Landesinnern davon abzuhalten, bis nach Recife und anderen Großstädten vorzudringen. Mit Zelten, mit dürftiger Verpflegung und einem überaus kärglichen Tageslohn sollen diese erbärmlichen Elendsgestalten im Sertão festgehalten werden, damit sie nicht das »soziale Gleichgewicht« in den Großstädten »durcheinanderbringen«. Die »Arbeitsfronten« im Nordosten Brasiliens sind Dämme gegen die Flut. Obwohl auch echte Aufbaumaßnahmen getroffen wurden, ist der Nordosten eine gewaltige Bombe mit einem sehr langen Zeitzünder. Sie tickt im stillen.

Dom Helder, der »rote« Erzbischof

Es gibt keine Opposition in Brasilien, aber es gibt immerhin noch die Kirche. Daß eines Tages der einzige ernst zu nehmende Widerstand gegen das Militärregime ausgerechnet vom katholischen Klerus ausgehen würde, hätte zum Anfang der sechziger Jahre niemand vermutet. Jahrhundertelang stand der Klerus in Lateinamerika auf der Seite der Mächtigen. Er war Verbündeter der Konquistadoren und damit Komplize zahlloser Verbrechen an den Ureinwohnern; er stützte die Autorität der spanischen und der portugiesischen Krone und widersetzte sich der Unabhängigkeit; er half den Großgrundbesitzern, die Massen der Landarbeiter zu zähmen; er gab Vizekönigen, Tyrannen und Militärdiktaturen seinen Segen. Alles in allem, von vielen löblichen und manchmal heroischen Ausnahmen abgesehen, ist die Bilanz der historischen Rolle der Kirche in Lateinamerika negativ.

»Eucharistie? Erbsünde? Unbefleckte Empfängnis? Sind das wirklich Glaubensfragen von Belang in Lateinamerika?« So fragten 300 brasilianische Priester vor Jahren in einem Manifest, das an die Hierarchie der Kirche gerichtet war und in dem es weiter hieß: »In der Praxis gestattet die Kirche die brutale Ausbeutung der Bevölkerung und versucht, das Elend nur als eine Reihe privater Einzelfälle zu bekämpfen. Wir müssen uns ernsthaft fragen, ob das nicht den Vorwurf ‚Opium fürs Volk' rechtfertigt.« Was sich in diesem leidenschaftlichen Ausbruch artikulierte, war nicht nur soziale Empörung; es sprach daraus auch die brennende Sorge um den Bestand der Kirche in Lateinamerika, um ihre Überlebenschancen. In Lateinamerika leben rund 300 Millionen Menschen; 95% von ihnen werden als Katholiken betrachtet. Ein Blick auf die Weltkarte läßt Lateinamerika als die eigentliche »Massenbasis« der römisch-katholischen Kirche erscheinen. Seit einem halben Jahrtausend spielt die Kirche hier eine beherrschende Rolle, doch ihre tatsächliche Macht ist im Schwinden. Im Jahre 1968 standen den Massen der Lateinamerikaner nur 44 000 katholische Priester zur Verfügung – 14 000 weniger als in den USA, wo die Katholiken eine (allerdings starke) Minderheit sind. Von Boliviens Bischöfen sind nur ein Drittel Bolivianer. 60% aller chilenischen Priester sind Ausländer. Die Überalterung des Klerus in allen Ländern Lateinamerikas ist beängstigend angesichts des äußerst kärglichen Priesternachwuchses; in Brasilien werden jährlich nur etwa 130 neue Priester geweiht.

Dabei ist das Glaubensmonopol der Kirche keineswegs unangefochten. In fünfzehn Jahren (zwischen 1953 und 1968) stieg die Zahl der nominellen Katholiken in Brasilien um 24% (Bevölkerungswachstum im gleichen Zeitraum: 26%), während die Zahl der Protestanten um 60, die der Umbanda-Anhänger um 80% zunahm. Die Umbanda, die Sammelorganisation aller afrobrasilianischen Religionszweige, rekrutiert ihre Anhänger aus fast allen Schichten der Bevölkerung. Sicher: Je ärmer und schwärzer ein Brasilianer ist, desto wahrscheinlicher wird seine Zugehörigkeit zu einer Macumba- oder Candomblé-Gemeinschaft; doch auch wohlhabende Weiße sind oft zu Gast beim »Pai de santo«, dem als Heiligen-Vater bezeichneten Umbanda-Priester. Grobe, wenn auch keineswegs übertriebene Schätzungen sprechen von 25 bis 30 Millionen Anhängern der Macumba in Brasilien. Fast ein Drittel der Bevölkerung nimmt regelmäßig oder gelegentlich, aktiv oder passiv an ihren Riten teil, und die Zahl der Priester, Eingeweihten, Medien und Kultdiener dürfte bereits die halbe Million überschritten haben. Das heißt jedoch keineswegs, daß ein großer Teil der Brasilianer sich ausschließlich zu diesem Ritus bekehrt hätte; das widerspräche der Elastizität der brasilianischen Mentalität. Die Mehrheit der Umbandeiros praktiziert Macumba nur als Zweitreligion. Nach ihrem Glaubensbekenntnis gefragt, bezeichnen sie sich ohne Zögern als Katholiken. Der brasilianische Katholizismus, durch Priestermangel geschwächt, wird auf breitester Ebene von einem mächtigen und suggestiven, wenn auch ungeordneten Geisterkult unterwandert.

Wie der »brasilianische Mensch« nach der offiziellen Philosophie das Produkt einer Rassenmischung ist, so ist auch Umbanda das Ergebnis der Vereinigung verschiedener, teils seltsamer Kulte. Den wichtigsten Beitrag freilich leistete Afrika. Die Millionen der aus dem Sudan, aus Dahomey und Senegal importierten Negersklaven brachten im 17. und im 18. Jahrhundert den fetischistischen Gegé-Nagó-Kult mit, in dem gewisse Geister (Oxalá, Xangó, Ogum, Yemanyá) als Mittler zwischen dem Gott Olorum und den Gläubigen auftreten. Im Trancezustand wird man von diesen Geistern, die vorher durch Musik und Tanz herbeigelockt werden, »besessen«. Der Katholizismus der Portugiesen kam den Sklaven auf seine Weise entgegen.

Beim einfachen katholischen Volk sind die Heiligen vor allem Mittler zwischen dem lieben Gott und den Menschen; man kann sie anrufen und sie um Fürsprache bitten. Sie erfüllen also für viele Katholiken im Prinzip dieselbe Aufgabe wie die Geister, mit denen die Sudanesen und die Nigerianer Umgang pflegten. So fiel es den Sklaven leicht, die religiösen Bräuche ihrer portugiesischen Herren zu übernehmen: Der Geist Ogum wurde mit dem heiligen Georg identifiziert, Xangó mit dem heiligen Hieronymus, die Wassergöttin Yemanyá mit der Jungfrau Maria und so fort. In den Kulthütten der Neger fanden Heiligenbilder bald als Verehrungsgegenstände ihren Platz. Und während die Ureinwohner Brasiliens von den Konquistadoren und Kolonisten immer tiefer in die unwirtlichsten Gegenden des Riesenlandes vertrieben oder einfach niedergemetzelt wurden, hat die Umbanda doch viele ihrer primitiven Riten integriert; die Indios sterben aus, ihre Kulte überleben – wenn auch nur als Spurenelement – in den afrobrasilianischen Sekten der Umbanda.

Mit schlechthin allem übersinnlichen Rüstzeug versehen, erweitern die afrobrasilianischen Kulte von Jahr zu Jahr ihre Anhängerschaft. Gestützt auf den Artikel 141 der brasilianischen Verfassung, der völlige Religionsfreiheit garantiert, können die »Heiligen-Väter« meist ungehindert ihre Schäfchen um sich sammeln.

Echte Konflikte mit der Obrigkeit können nur entstehen aufgrund der Paragraphen, die Kurpfuscherei und ruhestörenden Lärm verbieten. Das bringt die Umbanda in direkte Abhängigkeit von der Polizei; begreiflicherweise sind die Umbanda-Priester daher bemüht, jedes Element des sozialen Aufruhrs von ihren Kultplätzen zu verbannen. Und der rebellische Teil des katholischen Klerus findet, die Umbanda erfülle in der Gegenwart die gleiche Funktion, die die Kirche jahrhundertelang in Lateinamerika erfüllt hatte: die Mühseligen und Beladenen abzulenken vom Elend ihres Daseins. Gewiß sind die afrobrasilianischen Kultgemeinschaften heute ein besserer Verbündeter der Reichen und Mächtigen als die Kirche; sie verheißen den Elenden ein Weiterleben nach dem Tode.

Nicht zuletzt die Konkurrenz dieser »Zweitreligion« war es, die die Kirche in Brasilien um die Mitte der sechziger Jahre zwang, die Fahne der sozialen Gerechtigkeit zu hissen. Der Aufruhr gegen die bestehende Ordnung hing weniger mit der aufbegehrenden Haltung junger Priester zusammen – die Generationenfrage spielte keine große Rolle. Entscheidend war vielmehr das sozialgeographische Gefälle zwischen Süden und Nordosten. Im Süden, vor allem in Rio Grande do Sul, wo ein relativer Wohlstand die sozialen Gegensätze verwischt, ist der Klerus konservativ. In den Bundesstaaten des Nordostens indessen, wo die Kargheit des Bodens, Dürreperioden und Übervölkerung die Armut gleichsetzen mit Hunger, sind Priester und Bischöfe schon seit den fünfziger Jahren revolutionär eingestellt. Christliche Nächstenliebe zu predigen, erschien ihnen aussichtslos; man mußte Partei ergreifen – nicht zuletzt, um die sozialen Forderungen nicht nur der Linken zu überlassen. Nach der Machtübernahme der Militärs im Frühjahr 1964 wurde in Recife das erzbischöfliche Palais von Truppen umstellt; Erzbischof Dom Helder Câmara, das geistige Oberhaupt des reformerischen Teils des Klerus, steht seither unter ständiger Polizeibewachung. Die Militärs bezeichnen den kleinen, zierlichen Kirchenfürsten, der ohne jeden Prunk, in spartanischer Einfachheit lebt, als »Skandalpriester«, der die katholische Herde gespalten und die Kirche von Pernambuco reif für die »kommunistische Infiltration« gemacht habe. Zwischen 1968 und 1972 gelang es den Generalen, auch die Opposition im Klerus zum Schweigen zu bringen. Sogar Dom Helder muß auf Geheiß des Vatikans, der Konflikte vermeiden will, sich jeder politischen Äußerung in Brasilien enthalten. Aber wer den schweigenden und lächelnden Erzbischof von Olinda und Recife im Nordosten Brasiliens beobachten konnte, wer sich vergegenwärtigt, welcher angestaute Unmut sich in der Volksverehrung für Dom Helder ausdrückt, der mag ahnen, daß die politische Stunde dieses charismatischen Kirchenmannes noch bevorstehen könnte.

Industrielles Herz Brasiliens: São Paulo

Im wassertriefenden Nebel hat sich der vollbesetzte Bus die Bergstraße hinaufgequält. Auf der Hochebene umfängt ihn der stickige Dieselqualm der Lastautos. Dann und wann huscht ein gespenstisches Bild vorüber: Lastwagen in Flammen, zerquetschtes Auto, verkohlte Leichen – ein alltäglicher Anblick auf der Rodovia Marechal Dutra, der meistbefahrenen Fernstraße Brasiliens zwischen den Millionenstädten Rio de Janeiro und São Paulo. Die Passagiere sind, als die Hälfte der Strecke hinter ihnen liegt, müde, verschwitzt und nervös. Da taucht ein Riesenplakat auf, mindestens 70 qm groß, befestigt an einer braunroten Felsenwand. Es zeigt den Reisenden eine silberglänzende Turboprop-Maschine der Fluggesellschaft VASP. Der Text verkündet hämisch: »Mit uns wären Sie schon längst in São Paulo.«

Hemdsärmelig und rüde wie diese Werbung ist alles hier oben. Die untergehende Sonne läßt in der Ferne die Berge aufglühen, hinter denen, 700 m tiefer, das Meer liegt, die Mangrovensümpfe und der schmale weiße Strand. Auf der Hochebene aber ist wenig zu spüren von jenem tropisch-sinnlichen Brasilien. Zwischen den Hügeln heulen Werkssirenen auf, Arbeiter kommen zu den Haltestellen und reihen sich geduldig ein für die Heimfahrt in die Stadt. Schon 60 km vor São Paulo stehen die ersten Fabriken; ohne Unterbrechung säumen sie die Fernstraße bis zu den Wolkenkratzern hin. Umgeben von gepflegten Rasenflächen und blühenden Gärten, haben diese Produktionsstätten kaum Ähnlichkeit mit der düsteren Vorstellung, die sich gemeinhin an das düstere Wort »Industrierevier« knüpft; manche Gebäude sehen eher aus wie Ferienheime oder Sanatorien. Erst wenn man in die Werkshallen hineinschaut, die halbautomatischen Maschinen und ihre vollautomatischen Bediener bei der Arbeit sieht, stellt sich heraus: Es sind eben doch nur Fabriken.

Ehrwürdige Namen schmücken ihre Pforten; wer sich der Stadt auf den Autobahnen von Rio oder von Santos nähert, fährt durch ein Spalier von Weltfirmen: Standard Electric, Remington Rand, Volkswagen, Olivetti, Mercedes, Krupp, General Motors, wobei die klangvollen Namen über den Fabriktoren mit dem kosmetischen Zusatz »do Brasil« geschmückt sind. Dann gelangt der Fremde in die unruhige Talmulde, in der die Würfelsilhouette von São Paulo ausgebreitet liegt. Im Jahre 1554 an dem Kalendertage gegründet, da nach der Überlieferung der Christenverfolger Saulus zum Apostel Paulus wurde, ist die ehemalige Jesuitensiedlung des Paters Anchieta heute die lateinamerikanische Stadt der Superlative, das wirtschaftliche Herz Brasiliens, die Zugmaschine, deren Tempo – nach Meinung der Optimisten – die Entwicklung des ganzen Landes bestimmt.

60 % aller Fabriken Brasiliens stehen in São Paulo. Alle paar Minuten startet oder landet hier ein Flugzeug, vollbepackt mit Geschäftsleuten. Von den 100 Millionen Einwohnern des Landes arbeitet über 1 Million an São Paulos Werkbänken. Dieses Industriegebiet ist, wie New York, ein Schmelztiegel der Rassen, Ziel von Einwanderern aus allen Ländern – wobei freilich, ebenfalls wie in New York, noch vieles unverschmolzen geblieben ist. Fast 300 Zeitungen, Zeitschriften, Illustrierte und Magazine werden hier gedruckt – auf portugiesisch, italienisch, japanisch, ungarisch, chinesisch, deutsch. Die Luftbrücke zwischen Rio und São Paulo kann einen Vergleich mit der zwischen Washington und New York aushalten. »O Estado de São Paulo«, das erzkonservative Blatt der Familie Mesquita, hat die umfangreichste Wochenendausgabe Amerikas nach der »New York Times«.

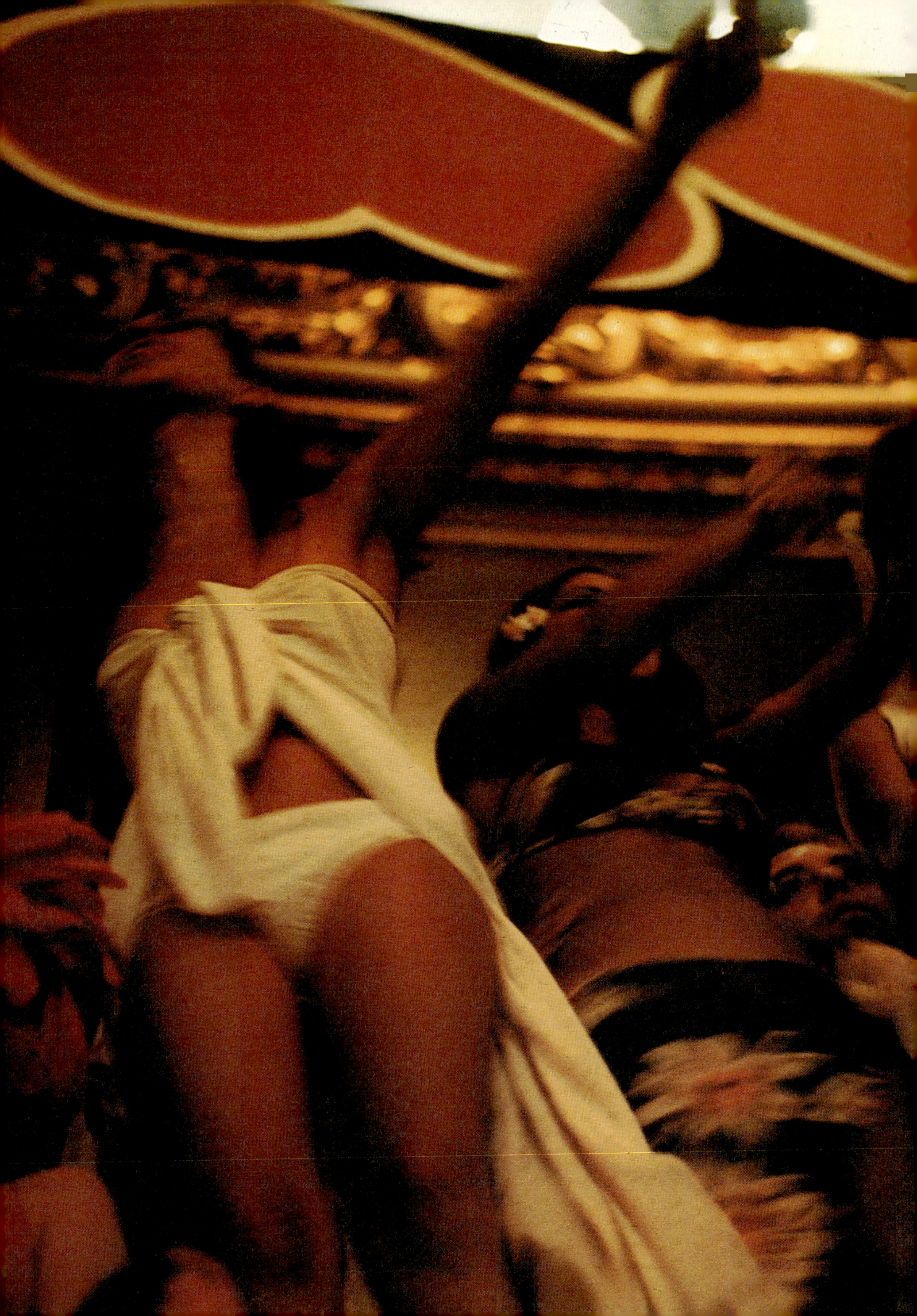

Karneval in Rio

Schlag zwölf Uhr am Samstag vor Aschermittwoch hört in Rio faktisch jede normale Tätigkeit auf. Dann werden die »Cariocas« – wie die Einwohner nach einem kleinen hier mündenden Fluß genannt werden – von einer Woge der Ausgelassenheit ohnegleichen erfaßt. Es ist ein wirbelndes, von Ekstase getragenes Volksfest. Die ungezählten Karnevalsvereine veranstalten phantasievolle Umzüge. In diesen rauschhaften vier Tagen und Nächten scheinen die tiefgreifenden sozialen Spannungen zwischen arm und reich vergessen zu sein. (Bu)

Ein gutes Dutzend Cruzeiro-Multimillionäre haust in den Prachtvillen des Prominentenviertels Morumbí; viele sind italienischer Abstammung. Allein Graf Mattarazzo, Abkömmling eines armen Einwanderers, der später von Mussolini geadelt wurde, nennt 300 Fabriken sein eigen. Diese Riesenvermögen stammen aus den ersten Boomjahren gleich nach dem Ende des Ersten Weltkrieges, als die Kaffeearistokratie São Paulos begann, ihr Geld in die Industrie zu stecken. Seit dem Ende des Zweiten Weltkrieges indessen wurde sie immer mehr in den Hintergrund gedrängt von den großen ausländischen Konzernen; deren Anteil an den Schlüsselindustrien Brasiliens – Automobilherstellung, Stahlverarbeitung, Elektronik – stieg gegen Ende der sechziger Jahre auf fast zwei Drittel. Denn in São Paulo ist die Luft zwar heiß und relativ feucht, doch das Investitionsklima günstig: Ein Viertel des gesamten westdeutschen Anlagekapitals in Übersee floß – dank São Paulo – nach Brasilien; zwischen 1951 und 1971 wurden über 2 Milliarden DM in Brasilien investiert. Welchen Gewinn diese Geldanlage erbrachte, ist schwer zu ermitteln; Fragen in dieser Richtung werden von den Managern der großen Firmen meist als Zumutung empfunden, weil sie ihrem Selbstverständnis – das dem von Entwicklungshelfern oder Philantropen gleicht – zuwiderlaufen. Als sicher kann gelten, daß die bundesdeutschen Firmen den größten Teil ihrer Gewinne reinvestieren, also weniger an den sofortigen Profit und mehr an die Zukunft denken. Die US-amerikanischen Konzerne indessen spekulieren auf den »Fast buck«, den rasch gewonnenen Dollar, und sind deshalb weniger beliebt. Der Anteil westdeutscher Firmen am privaten Auslandskapital in Brasilien macht 10% aus, während die US-Amerikaner rund 42% der Investitionen stellen.

Triebkraft des stürmischen wirtschaftlichen Wachstums dieser Stadt ist – neben dem Interesse der ausländischen Firmen – der tüchtige Menschenschlag, den der Schmelztiegel hervorgebracht hat: Ein echter »Paulistano« ist besessen vom Leistungsprinzip, er will schaffen, verdienen, eine Villa mit Swimming-pool im Nobelviertel Morumbí bauen. Erst wenn er dies erreicht hat, Mitglied eines Golfklubs wurde und sich ein Luxusappartement an den Stränden der Insel Guarujá leisten kann, hat er Chancen, in die feine Gesellschaft von São Paulo aufgenommen zu werden. Wird sein Name schließlich von den Klatschkolumnisten der Café-Society registriert, dann hat der Paulistano den Zustand der Glückseligkeit erreicht.

Noch vor Einbruch der Dunkelheit zucken an den Wolkenkratzern die enormen Lichtreklamen auf, bunte flackernde Wölkchen im Nieselregen bildend. »Alle 24 Stunden ein neues Hochhaus« – so lautete das Schlagwort, das den schwindelerregenden Aufstieg dieser Stadt kennzeichnete; alle 24 Tage, mag sein, fügt sich tatsächlich ein neuer Klotz aus Glas, Beton und Aluminium in das Würfelpanorama – das ist Tempo genug. Anfang der siebziger Jahre hatte die Stadtregion São Paulo schon mehr als 6 Millionen Einwohner, und die Einwohnerzahl nimmt jährlich um etwa eine Viertelmillion zu. Das heißt: Jedes Jahr fügt sich São Paulo eine Stadt von der Größenordnung Lübecks oder Basels hinzu. (1940 hatte São Paulo nur etwa 1,3 Millionen Ew.). Kaum eine andere Großstadt der Welt wächst schneller.

Die Manager der großen ausländischen Industriebetriebe werden nicht müde, Eifer und Geschicklichkeit des brasilianischen Arbeiters zu rühmen. Andere Vorteile, die São Paulo zu bieten hat, werden eher im Flüsterton gepriesen, etwa das im Vergleich zu Europa immer noch äußerst niedrige Lohnniveau oder das Fehlen starker Gewerkschaften; diese wurden im April 1964 ausgeschaltet; Streiks sind seither sogut wie unbekannt.

Für den Mann aus dem darbenden Nordosten Brasiliens sind die Löhne, die São Paulo auch dem ungelernten Arbeiter bietet, recht hoch – zumindest am Anfang, solange er seinen unwahrscheinlich bescheidenen Lebensstandard, der gerade noch als Existenzminimum gelten kann, beibehält. Auf Lastwagen, per Bus und Eisenbahn, manchmal sogar einen Teil der Strecke zu Fuß zurücklegend, kommen die Unterernährten und Verwahrlosten in einem beständigen Strom aus Pernambuco, Alagoas und Ceará oft mehr als 2500 km weit in den Süden, um in São Paulo das Glück zu suchen; die braungebrannten, ausgemergelten Männer aus den Notstandsgebieten des Nordostens stellen heute schon die Hälfte aller Arbeitskräfte der Industriebetriebe São Paulos. Die meisten leben mit ihren Familien in schäbigen Arbeitervierteln, die der Besucher São Paulos kaum zu Gesicht bekommt, oder in Favelas weit außerhalb der Stadt; sie können inzwischen als Paulistanos gelten. Viele aber sind in Werksbaracken untergebracht oder leben in kleinen, überfüllten Pensionszimmern; sie träumen davon, mit erspartem Geld zurückzukehren in den Nordosten und eine winzige Verkaufsbude zu eröffnen. Es sind Gastarbeiter im eigenen Land; am Abend durchstreifen sie das Zentrum von São Paulo, verloren wirkend wie jene Italiener, Türken, Spanier, die sich in den Bahnhofsvierteln der bundesdeutschen Großstädte aufhalten.

Die Mär von der Rassenharmonie

Dem frisch aus Europa eingetroffenen Emigranten Stefan Zweig, dessen Rassegenossen in den von Hitler besetzten Ländern einen gelben Stern trugen und ausgerottet wurden, mußte ein Aspekt des brasilianischen Lebens ganz besonders auffallen; in seinem Buch »Land der Zukunft« schrieb er die anerkennenden Zeilen: »Während in unserer alten Welt mehr als je der Irrwitz herrscht, Menschen ,rassisch rein' aufzüchten zu wollen wie Rennpferde oder Hunde, beruht die brasilianische Nation seit Jahrhunderten einzig auf dem Prinzip der freien und ungehemmten Durchmischung, der völligen Gleichstellung von Schwarz und Weiß und Braun und Gelb. Was in den anderen Ländern nur auf Papier und Pergament theoretisch festgelegt ist, die absolute staatsbürgerliche Gleichheit im öffentlichen wie im privaten Leben, wirkt sich hier sichtbar im realen Raume aus, in der Schule, in den Ämtern, in den Kirchen, in den Berufen und beim Militär, an den Universitäten, an den Lehrkanzeln. Es ist rührend, schon die Kinder, die alle Schattierungen der menschlichen Hautfarbe abwandeln – Schokolade, Milch und Kaffee –, Arm in Arm von der Schule kommen zu sehen. Der echte Brasilianer ist gewiß, einige Tropfen heimatlichen Blutes in dem seinen zu haben; aber Zeichen und Wunder: er schämt sich dessen nicht.« Der britische Humorist George Mikes, der Brasilien nicht ohne Gründlichkeit beschrieben hat, kam zu ähnlichen Schlußfolgerungen, machte aber die einschränkende Bemerkung, es sei in Brasilien doch besser, ein reicher Weißer zu sein als ein armer Neger.

Es gibt keine zuverlässigen Statistiken über den Anteil der verschiedenen Rassen an der Gesamtbevölkerung Brasiliens. Grobe Schätzungen geben dieses Bild: 60% sind Weiße (vor allem portugiesischer Herkunft, aber mit beträchtlichen Minderheiten von Spaniern, Italienern und Deutschen; arabische und japanische Einwanderer werden zur weißen Bevölkerung gezählt); 25% sind Mischlinge, aufgegliedert in Mulatten (eine Mischung von Weiß und Schwarz), Mestizen (Nachkommen von Weißen und Indios) und Cafusos (das Ergebnis der Vermischung von Negern mit Indios); 11–15% gelten als reine Neger. Die Ureinwohner Brasiliens, die Indios, sind im Laufe von fünfhundert Jahren von ursprünglich 2 Millionen – es gibt auch viel niedrigere Schätzungen – auf weniger als 100 000 reduziert worden; sie spielen in Prozent-Statistiken keine Rolle.

Dieses Rassenpanorama ist seit einem halben Jahrhundert Gegenstand romantischer, verklärender und idealisierender Darstellungen, die den Mythos der Gleichstellung aller Rassen in Brasilien hervorgebracht haben. Gilberto Freyre, Brasiliens berühmtester Soziologe, begründet die Rassenharmonie mit einer Argumentationslinie, die sich überwiegend an der Horizontalen entlangschlängelt: »In unserer Art, zärtlich zu sein, in unseren heftigen Gebärden und in unserem Katholizismus – der ein Fest der Sinne ist –, in unserer Musik, in unserer Art zu gehen, zu reden, kurzum: in allen unseren Lebensäußerungen ist der Einfluß Afrikas erkennbar. Jener des Sklaven und der schwarzen Magd, die über unseren Schlummer wachte und uns stillte; der Mulattin, die uns ‚die Würmer aus dem Fuß zog‘, als ob sie uns liebkoste; jener, die uns in die sinnliche Liebe einweihte und die uns – in der Hängematte im Wind – den ersten Eindruck der Mannbarkeit gab [. . .]. Man hat schon behauptet, daß die sexuelle Anziehungskraft der farbigen Frauen für die Familiensöhne zum großen Teil auf die intime Beziehung des weißen Kindes zur schwarzen Amme zurückzuführen sei [. . .].«

Die »Hängematte im Wind« und alles, was mit dieser Vorstellung zusammenhängt, ergab in der Phantasie Gilberto Freyres (der sein Hauptwerk »Herrenhaus und Sklavenhütte« als sehr junger Mann geschrieben hat) folgende Theorie: Die Portugiesen waren sinnliche Eroberer und Siedler, sie haben ihre weiblichen Sklaven nicht diskriminiert, sondern mit ihnen geschlafen; die Mischlingskinder, die aus diesen Verbindungen entstanden, wurden nicht verjagt, sondern von den Vätern – wenn auch als Bastarde – anerkannt und geliebt; die Sittenlibertinage aus der Kolonialzeit ist der Ausgangspunkt für die brasilianische Rassentoleranz; die Brasilianer sind ein Volk von Liebenden, hier wird niemand wegen seiner Hautfarbe diskriminiert.

Wahr ist vielmehr, daß die Portugiesen durch ihren frühzeitigen und jahrhundertelangen engen Kontakt mit vielen afrikanischen Völkern und durch ihren eigenen Volkscharakter eine wesentlich nachsichtigere, elastischere Einstellung gegenüber Menschen anderer Hautfarbe hatten als andere Kolonialmächte; sicher ist, daß in der Kolonialzeit die Obrigkeit das Kinderkriegen förderte, um das riesige überseeische Territorium in den Griff zu bekommen, und daß jeder Feudalherr sich auf höchst private Weise als »Bevölkerungspolitiker« betätigte. Doch kann darüber nicht vergessen werden, daß die Portugiesen die hartnäckigsten und grausamsten Sklavenhändler in Afrika waren und daß Brasilien erst im Jahre 1888 die Sklaverei endgültig abschaffte, als alle Länder des Doppelkontinents dies bereits getan hatten.

Die Bereitschaft, einen Neger oder Mulatten als gleichberechtigt anzuerkennen, war also schon damals nicht allzu groß, und heute ist subtile Rassendiskriminierung ein fester Bestandteil der brasilianischen Klassengesellschaft.

Die Bewohner der Luxusappartements von Copacabana und Ipanema sind weiß; die Menschen, die in den elenden Favelas dahinvegetieren, sind überwiegend schwarz. Der Flugzeugpassagier ist ein Weißer, der Mann, der ihm das Gepäck trägt, ein Neger. Der Manager hinter dem Schreibtisch ist weiß; der Fensterputzer, der in sein Büro hineinschaut, ist schwarz. Die Tänzer, die im Karneval durch die Avenida Presidente Vargas ziehen, sind überwiegend dunkelhäutig; das Publikum auf den Zuschauertribünen ist in der Mehrheit weiß. »Gesucht: junge Dame, angenehme Erscheinung, für Büroarbeit«, steht in der Zeitung; oder: »Portugiesisches Dienstmädchen gesucht«; oder: »Junger Mann, gutes Aussehen, für Botengänge in modernem Unternehmen«. Der Stellungsuchende kennt die Chiffren: »Angenehme Erscheinung«, »Portugiesin« und »gutes Aussehen« bedeuten schlicht, daß ein schwarzhäutiger Brasilianer keine Chance hat, die offerierten Jobs zu bekommen; er braucht sich erst gar nicht zu bewerben.

Freilich ist die Hautfarbe nur eines unter mehreren Kriterien, nach denen die soziale Stellung eines Brasilianers beurteilt wird. Einkommen und Erziehung sind mindestens ebenso wichtig, und die drei Kriterien vermischen sich auf kuriose Weise: Ein Neger, dem es gelungen ist, einen gut bezahlten Posten als Ingenieur zu bekommen, ist eine so ungewöhnliche Erscheinung, daß seine Mitmenschen ihn unwillkürlich zum Mulatten befördern werden; ein weißhäutiger, des Lesens und Schreibens nicht mächtiger, betrunkener Bettler würde von der Polizei kaum als »Weißer« eingestuft werden, sondern als dunkelhäutig, auch wenn er es offensichtlich nicht ist. Tausende von Ausnahmefällen können aber nichts ändern an der Faustregel über den Zusammenhang zwischen Rassen und Klassen in Brasilien: »Je weißer die Haut, desto höher ist die Klassenzugehörigkeit, und je dunkler die Hautfarbe, desto niedriger die Klasse.«

Der Neger wird nicht diskriminiert, weil er schwarz, sondern weil er arm ist, sagen die Brasilianer. Daß seine Armut aber nicht zuletzt eine Folge seiner Hautfarbe ist, wird vergessen.

Die Welle der Prosperität, die Brasilien einige Jahre nach der Machtübernahme der Militärs zu überschwemmen begann, hat an der Rassen- und Klassendiskriminierung wenig geändert. »Der Wirtschaft geht es gut, dem Volk geht es schlecht«, sagte Präsident Médici im Jahre 1971 in einem plötzlichen Anfall von Realismus. Das Wort »Povo« (portugiesisch »Volk«) wird in Brasilien traditionell nur verwendet zur Bezeichnung jener

> Bastide, R.: Brésil. Terre des Contrastes. *Paris 1958.* – Bense, M.: Brasilianische Intelligenz. *Wiesbaden 1965.* – Faber, G.: Brasilien, Weltmacht von morgen. *Tübingen 1970.* – Freyre, G.: Herrenhaus und Sklavenhütte. *1967.* – Lévi-Strauss, C.: Tristes Tropiques. *Paris 1955.* – Marshall, A.: Brazil. *London 1966.* – Wagley, C.: An Introduction to Brazil. *New York 1970.*

zwei Drittel der Bevölkerung, die eine untergeordnete Rolle spielen. Das obere Drittel – Mittelstand und Oberschicht – rechnet sich selbst nicht zum »Povo«. Landproletariat und städtische Arbeiterschaft sowie die Millionen »marginalisierter«, vom wirtschaftlichen Wachstumsprozeß praktisch ausgeschlossener Brasilianer bilden aber die Bevölkerungsmehrheit. Marxisten finden, diese Massen befänden sich in einer »vorrevolutionären« Situation, die Elendsbedingungen, unter denen sie leben, würden sie früher oder später in den Aufstand gegen die bestehende Ordnung treiben. Daß auch die Militärs so denken, zeigte sich 1964: Die Demokratie wurde abgeschafft, als sich die Massen für linke politische Parolen empfänglich zeigten. Doch weder die Politiker noch die Militärs hatten damals einen ausschlaggebenden Faktor bedacht: die Schicksalsergebenheit der brasilianischen Massen, ihre prinzipiell unpolitische Haltung. Heute kommt dieser Faktor dem Militärregime zugute, wohl noch für lange Zeit. Der spektakuläre wirtschaftliche Fortschritt, von dem Mittelstand und Oberschicht profitieren, wäre nicht möglich, wenn zwei Drittel der Brasilianer sich nicht an die Armut gewöhnt hätten wie an einen Fluch, gegen den jeder Einspruch sinnlos ist.

Willi Czajka

Die La-Plata-Staaten

Drei Flüsse – eine Mündung

Die südamerikanischen Republiken Argentinien, Paraguay und Uruguay senden ihre drei großen Ströme zum Río de la Plata, dem »Silberstrom«, kurz La Plata genannt. Als breiter Mündungstrichter scheidet er die atlantischen Gestade der Länder Argentinien und Uruguay. Das Land Paraguay muß sich mit binnenländischer Lage begnügen; zu beiden Seiten des Río Paraguay im Herzen des Kontinents gelegen, hat es jedoch Anteil am verkehrsgängigen »Gesamtlitoral«, wie die Meeresküsten und die Stromufer von Paraná und Uruguay zusammenfassend bezeichnet werden. Der Río de la Plata ist eigentlich kein Fluß, mag er auch Kapitän und Besatzung des ersten europäischen Schiffes so erschienen sein. Als Ende eines binnenländischen Gewässernetzes von gewaltigem Ausmaß führt er dem freien Ozean ein trübes und im Vergleich zu den Meerestiefen weithin flaches Wasser zu. Denn über dem Sockel des Kontinents, dem Schelf, versetzen sich die Mündungswasser ohne große Stoßkraft nur langsam ostwärts. Im Innersten des Mündungstrichters sichern Baggerrinnen den Ozeanschiffen den Zugang zu den Häfen Buenos Aires und Montevideo sowie zu den Unterläufen der Ströme Paraná und Uruguay. Der Paraná mündet über die zahlreichen Verzweigungen eines Deltas in den La Plata. Zwischen Paranádelta und Schelfrand liegen an 290 km. So ist der vermeintliche Fluß eher eine Meeresbucht zu nennen.

Noch weniger entspricht die Fama des »Silberstromes«, heute noch im Ländernamen Argentinien – »Silberland« – ein zweites Mal überliefert, den Realitäten. Nachdem es Christoph Kolumbus mißlungen war, in zügigem Kurs die südostasiatischen Gewürzinseln zu erreichen, trat ab 1508 an die Stelle der ursprünglich erhofften Kauffahrteiunternehmung die planmäßige Entdeckungsreise, ausdrücklich »expedición a descubrir« benannt. Der Portugiese Juan Díaz de Solís kreuzte als spanischer Kapitän vor der Küste von Honduras, um anderwärts eine Durchfahrt zu suchen. Bei einer neuen Ausfahrt, am 8. Oktober 1515, hatte er Südkurs zu nehmen, gleichsam ein zweites Kap der Guten Hoffnung suchend, um dem afrikanischen Modell der seefahrenden Portugiesen zu folgen und das Südende des zweiten Südkontinents zur Umschiffung des hindernden Erdteils aufzufinden. Neue Aussichten schienen sich zu ergeben, als er den großen Mündungstrichter fand, dem er den Namen Río de Solís gab. Kaum war er am 2. Januar 1516 mit einem Teil der Besatzung am nördlichen Ufer an Land gegangen, brachen Eingeborene aus dem Hinterhalt hervor und töteten die gesamte gelandete Mannschaft. Die Flotte lichtete sofort die Anker und kehrte nach Spanien zurück.

Die Einfahrt in den wegen des Brackwassers auch Mar Dulce – »Süßes Meer« – geheißenen Strom vollzog erst Sebastiano Caboto im Jahre 1526. Er zog als erster die Konsequenzen aus der Schiffbarkeit des Stromes und errichtete 1527 am Westufer des Paraná das Fort Sancti Spiritus als Ausgangspunkt für den Landweg nach den ersehnten Silberländern. Der Río de Solís bzw. das Mar Dulce war inzwischen zum »Silberstrom« geworden. Obgleich Silber und Gold in der Folge auf der Westseite des Kontinents erbeutet und in großem Stil abgebaut wurden, hatte der verheißungsvolle Name Río de la Plata die Erwartungen der Spanier so eindrucksvoll zur Zielvorstellung gemacht, daß er Teil der nicht auslöschbaren Topographie Südamerikas wurde.

Die drei Ströme Paraguay, Paraná und Uruguay nehmen in tropischen Wärmebezirken mit nur periodischen Niederschlägen ihren Anfang. Der Umkreis der La-Plata-Mündung wird hingegen ganzjährig von Regenfällen erreicht. Völlig anders sind die klimatischen Bedingungen jedoch in Westparaguay und im gesamten Argentinien westlich und südlich des Paraná bis Südpatagonien. In diesem fast 4000 km langen binnenländischen Bereich ostwärts der Anden herrscht semiarides bis arides Klima. Nicht allen östlichen Andenflüssen gelingt es, den Paraná oder direkt den Ozean zu erreichen. Der Río Salí, weiter abwärts Río Dulce genannt, sowie Río Primero und Río Segundo enden bereits im Mar Chiquita, einem flachen Salzsee am Südrand des Gran Chaco. Das Gebiet abgeschlossener Binnenentwässerung wird erst wieder durch den Río Tercero bzw. dessen Fortsetzung, den Río Carcarañá, in Richtung auf den Paraná gequert. In Patagonien erreichen Río Colorado, Río Negro, Río Chubut, Río Santa Cruz und Río Gallegos als Fremdlingsflüsse den Ozean. Zwei Drittel des gesamten Territoriums der La-Plata-Länder sind jedenfalls mehr oder weniger ausgeprägte Trockengebiete, wo der Regenfeldbau zum Risiko oder ganz unmöglich wird. Aber die Entwässerung der Anden nach dem Vorland, die Schneeschmelze in den südlichen Anden und die dortige Wasserspeicherung in gebirgsnahen, von Endmoränen umrahmten Bergfußseen sowie die Nachhilfe des Menschen – durch Ableitung von Flußwassern oder Errichtung von Staumauern – ermöglichen stellenweise die Bewässerung und damit eine vielseitige agrarwirtschaftliche Nutzung. Besonders günstig trifft es sich, daß der Andenosthang bis zu 27° südlicher Breite von sommerlichen Regen erreicht wird. Von

Paraguay, Hauptstadt Asunción · Der Río Paraguay, der »Papageienfluß«, ist für das Binnenland, das nur über wenige Straßen und Eisenbahnlinien verfügt, eine wichtige Verbindung zum Meer, die aber ständig durch Bagger offengehalten werden muß.

Oktober bis März ergrünen an den östlichen Andenhängen Nordwestargentiniens bis in 2300 m Höhe die Wälder. Immergrün bleiben während des dortigen Winters in den unteren Berglagen nur die Lorbeerbäume. Südlich des 27. Breitengrades hören die regengrünen Wälder auf und machen nach und nach trockenen Gehölzen oder Buschformationen Platz. Im Bereich von Mendoza zieht das Trockengebiet in die Berge hinein und steigt über zahlreiche Becken nordwärts bis zum Punablock der Zentralanden. In diesem Hochland liegt also eine zweite aride Zone, die in westlicher Richtung den Charakter einer fast niederschlagslosen Vollwüste trägt. Nach dem Aufhören der periodisch feuchten Hangwälder bei 27° südlicher Breite setzen erst in Nordpatagonien wieder Gebirgswälder ein, die von Chile aus ein wenig gegen die ostpatagonische Steppe vorrücken. Die Andenostseite von Patagonien bis zum Bergfuß bei Mendoza und San Juan befindet sich im Regenschatten. Die ganzjährigen Regen im küstennahen Gebiet von Uruguay und Ostparaguay sowie am La Plata und die nur in den Sommermonaten fallenden Niederschläge an den östlichen Andenhängen Nordwestargentiniens resultieren aus dem Zusammentreffen von antarktischen, aus südöstlicher Richtung kommenden Kaltlufteinbrüchen mit der aus Nordosten herangeführten tropisch-feuchten Warmluft. Die Becken und Längstäler des Gebirges liegen im zweiseitigen Regenschatten und weisen daher ein semiarides Gepräge auf. Da vielerorts die Möglichkeit der Bewässerung besteht und durch entsprechende Anlagen genutzt wird, finden sich sowohl in den Gebirgsbecken als auch im Andenvorland zahlreiche Anbauoasen unterschiedlicher Ausdehnung. Bei San Miguel de Tucumán liegt eine 80 km lange Zuckerrohr-Anbaufläche; auch nordwärts,

Oben: Anden-Hochkordillere Unten: Groß-Estancia in der Provinz Santa Cruz

Anden, Chaco, Patagonien

Die La-Plata-Länder reichen nordwärts noch ein wenig in die äußeren Tropen hinein und enden in kühlgemäßigten Breiten auf der Insel Feuerland. Im Westen beginnen sie an den Kämmen und Hängen der Anden und dehnen sich ostwärts bis zu ihren atlantischen Gestaden aus. Nach Relief, Klima und Pflanzenwelt schließen sie sehr verschiedenartige Landschaften ein: Wüstengebiete im Hochland, aride Steppen in Ostpatagonien, semiaride Gehölze im Gran Chaco, immerfeuchte Grasländer unmittelbar am La Plata, subtropische Wälder in Ostparaguay und in argentinischen Misiones, halblaubwerfende Wälder am Andenosthang Argentiniens bis zum 27. Breitengrad, getrennt hiervon die kühlgemäßigten Andenwälder Chiles, die bis in das Gebiet Argentiniens hinüberreichen.

Der landschaftlichen Variationsbreite entsprechen die Möglichkeiten der Landnutzung: Hartholzgewinnung im Gran Chaco, oasenhafte Kulturgebiete im Andenvorland oder in andinen Längstälern, Schafweiden im Bereich der Estanzien Ostpatagoniens und Viehhaltung um den La Plata, teilweise in Landnutzungswechsel mit Zerealien (Getreide, Feldfrüchten), Leinsaat und Sonnenblumenanbau.

Weinbauoase in NW-Argentinien

Zuckerrohrfeld in der Schwemmebene von Tucumán

Oben: Rodung – Unten: Baumfarne im Urwald

Links: Rot ist die Farbe des Erdbodens, der beim Bau von Pisten am Paraná freigelegt wird

Kürbisrassel, Paraguay

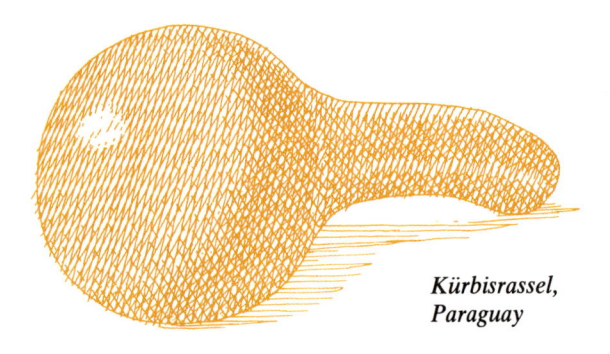

bei Salta und San Salvador de Jujuy, wird Zuckerrohr gepflanzt. Weiter südlich, bei Mendoza, tritt die Weinrebenkultur an dessen Stelle, vermehrt um Pflanzungen mit europäischen Obstsorten. Bei Cipoletti am Río Negro, also bereits in Patagonien, liegt eine weitere Anbauoase, deren Wein- und Obstkulturen aus Flußableitungen bewässert werden. Eine Reihe von Staubecken verstärken die normale Ableitung von Bewässerungskanälen aus Flüssen. Bei San Salvador de Jujuy können beispielsweise 790 000 cbm gespeichert werden, am Río Tercero 530 000.

Das vielgliedrige Gebirgsgelände der Anden weitet sich im Dreiländereck Chile–Bolivien–Argentinien durch Einschluß des Punablocks. In dessen argentinischem Teil, der Puna Argentina, liegen Becken im Niveau von rund 3500 m, überragt und eingeschlossen von 1000–1500 m höheren Gebirgsketten und Reihen von Vulkankegeln. Die Anden sind ein junges Kettengebirge, dessen Faltung in der Tiefe der Erdkruste während der Jurazeit begann, in der Kreidezeit fortgesetzt und im Tertiär in drei Phasen vollendet wurde; in der letzten Tertiärphase setzte auch der z. T. bis heute nicht zur Ruhe gekommene Vulkanismus ein. Vorläufer dieses »jungen« Gebirges war mindestens stellenweise ein jungpaläozoisches Gebirge, das noch nördlich des patagonischen Río Colorado in südöstlicher Richtung aus den Anden ausschwenkte und über den Süden der Provinz Buenos Aires verlief. Die östlichen Randkulissen des Andensystems sind nach Form und Abtragungszustand verschieden. Auf die subandinen Sierren, die von Bolivien nach Nordwestargentinien streichen, folgen südwärts die Pampinen Sierren (Sierras Pampeanas), hinter denen die 800 km lange Vorkordillere (Precordillera) bis über die Breite von Mendoza nach Süden reicht.

Das Andenvorland besitzt zwei Gesichter: Auf eine junge Aufschüttungsebene im Norden, die sich von Westparaguay in 600–1000 km Breite nach dem binnenländischen Argentinien hineinzieht und am Río de la Plata den Ozean erreicht, folgt im Süden das ostpatagonische Tafelland. Dieses Tafelland entstand dadurch, daß sich dem kristallin ausgebildeten, altkontinentalen Sockel mesozoische, tertiäre und quartäre Gesteinsserien auflagerten. Durch meist breite, nach Osten verlaufende Täler, die heute nur noch teilweise von Flüssen durchzogen werden, ist das gesamte Ostpatagonien in Erhebungskomplexe zerlegt worden, die teilweise echte Tafelbergformen angenommen haben. Die breite Aufschüttungsebene nördlich dieser Formationen füllt ein enormes Senkungsfeld zwischen dem Andensystem und dem Brasilianischen Schild aus. Auf diesem Schild ruhen paläozoische und mesozoische Deckschichten, die im Bereich des Paraná eingemuldet sind. Am uruguayischen Nordufer des Río de la Plata tritt nochmals eine breite kristalline Zone zutage. Der Westrand des Schildes hat am Río Uruguay und in Ostparaguay den Charakter eines vielfach zerstückelten Schollenlandes, das sich stellenweise sogar an den Río Paraguay heranschiebt.

Das Gebiet der La-Plata-Länder läßt somit vier große Reliefeinheiten erkennen: das Andensystem, das ostpatagonische Tafelland, das ebene Senkungsfeld von Gran Chaco und argentinischer Pampa und schließlich den Brasilianischen Schild mit seinen Deckschichten. Innerhalb dieser letzten Einheit sind die Erhebungen weit niedriger als in den Anden; so erreicht eine isolierte Kuppe in der Sierra de las Ánimas, im südlichen Uruguay (westlich von Maldonado), 501 m ü. d. M., und der Cerro Cuñaporá in der nordostargentinischen Provinz Misiones bringt es auf 520 m. Da die widerständigeren Schichten der geologischen Paranámulde Stufen bilden, ergeben sich in diesem Bereich Wasserfälle und Stromschnellen. Genannt seien die La-Guaira-Fälle des oberen Paraná, auf der Grenze zwischen Paraguay und Brasilien; die zweistufigen Fälle des linken Paraná-Nebenflusses Iguazú (Iguaçú), auf der Grenze zwischen Brasilien und Argentinien; die Stromschnellen des Paraná 80 km oberhalb von Encarnación; schließlich der Salto Grande des Uruguay, auf der Grenze zwischen Uruguay und Argentinien, in Luftlinie etwa 290 km von der Mündung entfernt.

Die Landschaften beiderseits des Río de la Plata und des unteren Paraná gelten als natürliche Grasländer. In Uruguay, wo es feuchter ist als auf der argentinischen Seite der La-Plata-Mündung, ist der Graswuchs üppiger. In Argentinien kann bei Überweidung und Viehvertritt die natürliche Vegetation durch übermäßige Distelzunahme gestört werden. Südwärts geht die waldfreie Graslandschaft wegen der zunehmenden Trockenheit in die Gras- und Buschsteppe Ostpatagoniens über, westwärts in die häufig von Trockengehölzen durchsetzte Dorn- und Buschvegetation des Monte. Nach Nordwesten weicht das La-Plata-Grasland der Chacovegetation; hierbei handelt es sich teils um subtropische Savannen mit Grasflächen, teils um Trockengehölze mit geschlossenen Algarrobo- und Palmenbeständen, zwei verstreut auftretenden Quebrachoarten (Hartholz), Flaschenbäumen, Kandelaberkakteen und Opuntien. Die streckenweise den Charakter einer Halbwüste annehmenden

Gipfel der chilenisch-argentinischen Grenzkordilleren

	Besonderheit	Höhe ü.d.M. (in m)	Ungefähre Breitenlage
Cerro Llullaillaco	Höchster Vulkan der Erde	6723	24°45′
Cerro Ojos del Salado	Zweithöchster Gipfel der Anden	6863	27°00′
Cerro Mercedario	Beginn der Gebirgsgletscher in Richtung Süden	6770	32°00′
Cerro Aconcagua	Höchster Gipfel Südamerikas	6960	32°45′
Cerro Tupungato	Kegelförmiger Gipfel mit Eiskappe	6800	33°30′
Monte Tronador	Wintersportgelände, Seilschwebebahn	3554	41°15′
Cerro San Valentín	Inmitten des Patagonischen Eises gelegen (auf chilenischem Gebiet)	4058	46°35′
Monte Fitz Roy	Allseits steilwandig, Erstbesteigung 1951	3375	49°21′
Cerro Luis de Savoya	Höchster Berg auf Feuerland (auf chilenischem Gebiet)	2469	54°35′

Mate-Gefäß mit Röhrchen, La-Plata-Gebiet

Steppen Patagoniens, der Gürtel der Montevegetation und das bis nach Paraguay hineinreichende Gebiet der Chacovegetation bilden die große, von Süden nach Norden verlaufende semiaride bzw. nur periodisch karg befeuchtete Zone der La-Plata-Länder. An drei Stellen rücken an diese Trockenzone feuchtere Waldbestände heran: In Patagonien greifen, etwa bis 40° südlicher Breite reichend, die chilenischen Wälder der kühl-gemäßigten Zone, vielfach mit Scheinbuchenarten (Nothofagus) durchsetzt, über die Anden hinweg; gegen den Chaco zu ziehen die halbimmergrünen Wälder des Andenosthangs, die von Bolivien her zunächst mit Baumfarnen in Argentinien eintreten und sich jenseits von 27° südlicher Breite in Schluchten als letzten geeigneten Standorten verlieren; von Osten her schließlich wird die Chacovegetation in Ostparaguay und im niedrigen Bergland der argentinischen Provinz Misiones von halbimmergrünen subtropischen Wäldern erreicht. Einen durchgehenden breitenparallelen Waldgürtel gibt es in den La-Plata-Ländern also nicht.

Indianer, Spanier und andere Einwanderer

Bereits in vorgeschichtlicher Zeit wanderten Indianer aus dem Norden in die Steppen, Gras- und Buschländer am Südende des Kontinents ein und formierten sich allmählich, unter Anpassung an die jeweiligen Naturgegebenheiten, zu Jäger- und Sammlerstämmen. Die lichte Vegetation erleichterte den Wildbeutern den Nahrungserwerb. Jedoch war das Angebot nicht eben reich, denn Südamerika ist relativ knapp an jagdbarem Großgetier. Kamelschafe von der Art der Guanakos leben rudelweise in Patagonien und in den Anden, allerdings in erheblich geringerer Zahl als früher. Auch die kleinwüchsigen Strauße der Pampas und des Hochlandes, die Ñandus, sind zahlenmäßig stark zurückgegangen. Jagdtiere im Chaco waren und sind der Ameisenbär und die Raubkatzen Puma und Jaguar. Ergiebiger ist die Kleintierwelt, darunter Gürteltiere. Seekühe bevölkern große Ruheplätze am atlantischen Strand. Die in Südamerika heimische und nach Nordamerika vorgedrungene Beutelratte ist das einzige außerhalb Australiens und Neuguineas vorkommende Beuteltier. Pinguine weilen hier gleichsam als Boten aus der Antarktis.

Die in Nordwestargentinien wohnhaften Diaguita pflegten den Ackerbau. Als sich das Inka-Reich schließlich bis in die Breite von Mendoza ausgeweitet hatte, gab es dort bereits Feldbau in der historischen Landschaft Cuyo. Gleich den Hochkulturvölkern der Aymará und der Ketschua verfügten die Diaguita über eine domestizierte Art der Kamelschafe, die Lamas. Am mittleren Paraguay war ein anderes Ackerbauervolk seßhaft, die Guaraní.

Als die Spanier 1535 Buenos Aires gründeten, geschah dies in der Absicht, einen Brückenkopf einzurichten. Für sich allein besaß die Siedlung keine Existenzgrundlage, und nach sechsjährigem Bestehen erlag sie den Angriffen der indianischen Jägerbevölkerung. Nach ihrer zweiten Begründung, im Jahre 1580, schützte eine Reihe von Forts zwischen der heutigen Stadt La Plata und dem untersten Río de la Plata einen schmalen Umkreis gegen Feindseligkeiten aus dem Hinterland. Die Indianer bedienten sich etwa ab dem Ende des 17. Jahrhunderts der Pferde, die ihnen im herrenlosen Gelände zugefallen waren. Im Laufe der ersten Jahrhunderte nach der spanischen Landnahme wurde die befestigte Grenze immer weiter westwärts verlegt, und schließlich entstanden zwei von Osten nach Westen verlaufende »Fronteras«, die einen Verkehrskorridor absicherten. Der Weg vom La Plata nach den Städten am Andenrand, nach Mendoza, Córdoba, San Miguel de Tucumán und Santiago del Estero, war jetzt ungefährdet.

Nach Abschluß der Entdeckung des neuen Erdteils stellte sich die Aufgabe, das eroberte Land zu erschließen und zu nutzen. Zunächst wurde ein weitgespanntes Netz von Städten geschaffen, deren Bewohnern alle Wirtschaftsmaßnahmen oblagen, die den Fortbestand der einzelnen Gemeinwesen und damit des gesamten spanischen Territorialbesitzes sicherten. Die planmäßige Errichtung städtischer Stützpunkte war also praktische Siedlungs- und Wirtschaftspolitik; doch blieb sie in dieser Art nur punkthaft. Im Andenraum erfolgten die Stadtgründungen im 16. Jahrhundert von Perú aus. Die Schaffung des städtischen Zentrums Asunción am Paraguay im Jahre 1537 und einer Reihe von Filialstädten, darunter das zweite Buenos Aires, war davon räumlich unabhängig.

Eine weitere kolonialpolitische Maßnahme der spanischen Krone bestand in der Vergabe von Encomiendas, d. h. großen Ländereien einschließlich des Patronats über deren etwa vorhandene Dauerbevölkerung, für im neuen Land geleistete Dienste. Darüber hinaus kam es auch durch die Aussetzung von Rindern auf den Grasländern zu einer überaus wirksamen »Landnahme«, da sich die Tiere, gewissermaßen auf freier Wildbahn, rasch vermehrten. Von besonderer Bedeutung wurde gerade diese letztere Tatsache für den Raum östlich des Uruguay, die Banda Oriental del Uruguay. Europäer gab es dort zunächst nicht. Bei einer Erkundungsreise auf dem Río de la Plata und dem Paraná setzte der Gouverneur Hernando Arías von Buenos Aires 1603 in der Banda Oriental je 100 Rinder und Pferde frei. Erst 1726 langten die ersten spanischen Kolonisten, aus Buenos Aires kommend, in diesem Gebiet an, und zwar provoziert durch das Verhalten der Portugiesen, die 1680 mit der Anlage der Colónia de Sacramento (der heutigen Stadt Colonia del Sacramento) am inneren La Plata Ansprüche auf dieses offensichtliche Niemandsland angemeldet hatten. Auch später bewarb man sich in Buenos Aires für das uruguayische Land teilweise nur deshalb, um innerhalb eines bestimmten Reviers Rinder jagen und Häute erbeuten zu können. Aus entgegengesetzter Richtung kamen Jesuiten in die Banda Oriental. Sie gründeten Estanzias, durch deren Bewirtschaftung der Orden seine Indio-Gemeinden, die sogenannten Reduktionen, im Gebiet von Ostparaguay und Misiones zu versorgen beabsichtigte. Auf der argentinischen Pampa hatten sich die freilebenden Rinderrudel bis zum Jahre 1800 auf etwa 40 Millionen vermehrt. Eigentumsansprüche begann man erst ab 1750 geltend zu machen, indem man sich vom städtischen Wohnsitz auf die Encomiendas begab und dort Estanzias einrichtete.

Der Anteil der Bevölkerung indianischen Ursprungs ist in den La-Plata-Ländern Argentinien und Uruguay relativ gering. Paraguay dagegen wird zu 95% von Mestizen, also Mischlingen aus Indianern und Weißen, bewohnt. Indianer sind hier noch durch reinrassige Stämme im Gran Chaco, d. h. in

Das Wirtschaftsleben in den La-Plata-Staaten

Legende:

- 🌿 Regenfeldbau
  - A Argentinische Pampa
  - B Chaco-Feldbau
- 🌿 Risikogebiet der trockenen Pampa
- --- Bodenerosionsgebiet
- — Hauptgebiete der Schafhaltung
  - V Taloasen
  - U Beckenoasen
  - X Bergfuß- und Flachlandoasen
- — Rinderzucht
- 🟩 Holzwirtschaft
  - 1 Subtropische Feuchtwälder
  - 2 Wälder des Andenosthangs
  - 3 Gemäßigte Nothofaguswälder
  - 4 Trockengehölz des Gran Chaco
- ||||| Wichtige verarbeitende Industrie (ohne Lebensmittel): argentinisches Litoral (Eisen, Stahl, Petrochemie, Konsumgüter), Córdoba (Fahrzeuge), San Salvador de Jujuy—Zapla (Hochöfen), Asunción und Montevideo
- —•— Erdölleitung
- —○— Erdgasleitung
- ⛏ Kohle
- 🏭 Holzkohlenmeiler

Beschriftete Orte und Regionen:

Titicacasee, PERU, BOLIVIEN, PARAGUAY, BRASILIEN, Rio de Janeiro, Campo Durán, Embarcación, San Salvador de Jujuy, Salta, Asunción, San Miguel de Tucumán, Santiago del Estero, Corrientes, La Rioja, Córdoba, Santa Fe, Paraná, URUGUAY, Mendoza, Santiago de Chile, San Luis, Rosario, San Rafael, Buenos Aires, Montevideo, Mar del Plata, Bahía Blanca, CHILE, ARGENTINIEN, Plaza Huincul, San Carlos, Puerto Madryn, Schafhaltung, Comodoro Rivadavia, Río Gallegos, Falklandinseln (brit.)

Westparaguay, vertreten; zusammen machen sie allerdings höchstens 2% der paraguayischen Gesamtbevölkerung aus. Deren Grundstock geht auf die Guaraní der vorspanischen Zeit zurück. Der große europäische Einwanderungsstrom erreichte das binnenländische Paraguay nicht. Auch wurde keine planmäßige Besiedlung durchgeführt. Im ganzen mögen in Paraguay während des 19. Jahrhunderts um 75 000 Einwanderer angekommen sein; gegenwärtig dürfte sich die Zahl der Immigranten im Jahr auf etwa 1000 Personen belaufen. Die Art der Kolonisierung hat bewirkt, daß in Paraguay neben den Großgrundbesitzungen auch Klein- und Kleinstbetriebe bestehen, z. T. auf Pachtland. Eine bedeutsame Landnahme vollzogen deutschsprechende Mennoniten in drei zeitlich getrennten Wellen im paraguayischen Gran Chaco. Der blutige Existenzkampf des Landes gegen die weitaus überlegene Tripelallianz von Argentinien, Uruguay und Brasilien in den Jahren 1865 bis 1870 kostete 200 000 Paraguayer das Leben und ließ den Anteil der Frauen an der Gesamtbevölkerung für einige Zeit auf 62% ansteigen.

Für Uruguay schätzt man nur 10% Mischlingsbevölkerung. Von 1796 bis 1860 vermehrte sich die Bevölkerung von 30 000 auf 229 000. Insgesamt mögen 1836–1926 ungefähr 650 000 Einwanderer, darunter auch Brasilianer, ins Land gekommen sein. Seit 1960 liegt die jährliche Einwandererquote unter 2000.

In Argentinien zählt man noch 30 000 bis 40 000 reinrassige Indios, seßhaft in Hochtälern und -becken des Nordwestens und in Reservationen im Osten der Provinz Neuquén. Im nördlichen Chaco existieren Gruppen von Buschindios. Die restlichen Feuerländer, meist bereits auf die südchilenischen Küsten eingeschränkt, dürften wenig über 100 Köpfe zählen. 1835 hatte Argentinien 600 000 Einwohner. Auf eine erste, bäuerliche Besiedlung, die nach 1850 einsetzte und von staatlicher und privater Initiative getragen war, folgte ab 1880 die sprunghafte Erschließung des Pampa-Großgrundbesitzes für den Getreideanbau, nachdem sich eine ausreichende Zahl von Landarbeitern im weiten Umkreis von Buenos Aires niedergelassen hatte. Die Kolonisierung der Anfangszeit beschränkte sich auf Randgebiete; so siedelten Deutsche ab 1856 in der Provinz Santa Fe, Waliser ab 1865 ganz isoliert am Río Chubut in Patagonien und ab 1881 in Misiones. Von den 10 Millionen Zuwanderern der Jahre 1850–1950 sind lediglich etwa 4 Millionen im Land verblieben. Vor allem Italiener wanderten häufig nur auf Zeit ein. Ein Drittel der argentinischen Nation ist italienischer, die übrigen sind großenteils spanischer Abkunft. Zu den Einwanderern aus Südeuropa kamen Vertreter slawischer Völker, ferner Franzosen, Deutsche und Vorderasiaten. Eine kleine Zahl von Japanern betreibt in den Provinzen Misiones und Mendoza mit großem Erfolg Spezialkulturen. Die heutigen Einwanderer sind fast ausschließlich Facharbeiter.

Schwerpunkte von Siedlung und Wirtschaft

Die großen Entfernungen und der unterschiedliche Grad der Bewohnbarkeit haben die Erschließung der La-Plata-Länder weitestgehend bestimmt und zur Ausbildung regionaler Siedlungsschwerpunkte geführt. In diesen spielt sich ein großer Teil des wirtschaftlichen und kulturellen Lebens ab. Selbst in Uruguay, wo die Nordgrenze nur 300 km vom La Plata entfernt liegt, haben die Landesteile im Süden und im Südwesten in wirtschaftlicher und sozialer Hinsicht ein ungleich stärkeres Gewicht als jene im Norden und im Nordosten. Dies rührt daher, daß das uruguayische Litoral – also eben der Süden und der Südwesten des Landes – einesteils bessere Böden für den Ackerbau bietet, andernteils für Städte und Industriestandorte verkehrsgünstig gelegen ist; daraus resultiert, nicht zuletzt durch die Hauptstadt Montevideo, ein aufnahmefähiger Markt für die Agrarprodukte der 50–100 km breiten Litoralzone. Hier werden, vorwiegend auf Klein- und Mittelbesitz, Weizen, Mais und Leinsaat, im nahen Hinterland von Montevideo auch Wein, am mittleren Uruguay Zitrusfrüchte kultiviert. Zuckerrohr wird nur in der äußersten Nordwestecke des Landes angepflanzt. Der Landbau dient Uruguays Selbstversorgung. Das von Brasilien kommende atlantische Gestade ist als Schwemmland recht steril und läßt nur an den Strandseen Reisanbau zu. Westlich des internationalen Seebades Punta del Este, benannt nach dem dortigen Kap, erstreckt sich der wirtschaftlich bedeutendere Teil des Litorals; er zieht sich entlang des La Plata und uruguayaufwärts bis zu den gefährlichen Stromschnellen bei Salto, dem Salto Grande. Der vielbesuchte Badestrand reicht von Punta del Este bis an die auf einer kleinen Halbinsel erbaute Altstadt von Montevideo. Die uruguayische Metropole zählt 1,2 Millionen Einwohner und beherbergt mit ihrer nächsten Umgebung 43% der gesamten Bevölkerung des Landes. Erst in weitem Abstand folgen nach der Einwohnerzahl die beiden am Uruguay gelegenen Mittelstädte Salto mit 58 000 und Paysandú mit 52 000 Einwohnern. Unweit der Uruguaymündung befindet sich das große Schlacht- und Kühlhaus von Fray Bentos, entstanden aus einer Dörrfleischfabrik, die 1864 bereits zur Herstellung von Fleischextrakt nach Liebigschem Rezept übergegangen war. Zwei gleichartige Betriebe gibt es in der Hauptstadt.

Am westlichen Stadtrand von Montevideo ragt über der felsigen, leicht hügeligen Landschaft ein kegelförmiger, 149 m hoher Berg als weit erkennbare Sichtmarke auf. Der Name der Hauptstadt steht in Beziehung mit diesem Berg, der wohl schon im 16. Jahrhundert nach einem Heiligen Monte de San Olvidio benannt wurde. Durch Zusammenziehung und Verschleifung dieser Bezeichnung kam Montevideo, 1724 als San Felipe del Puerto del Monte von Buenos Aires aus gegründet und zwei Jahre später von dort aus auch besiedelt, zu seinem heutigen Namen. Die in der Hauptstadt ansässige Industrie produziert 78,6% aller Fertigungsgüter des Landes, wobei die Verarbeitung importierter Metall-Halbfabrikate von besonderer Bedeutung ist. Die Versorgung mit elektrischer Energie erfolgt aus der Mitte des Landes, wo die Wasserkraft der beiden großen Stauanlagen am Río Negro genutzt wird.

Der westwärts von Montevideo am anderen Ufer des La Plata liegende Großraum Buenos Aires ist mit über 8 Millionen Einwohnern nach der gewaltigen Agglomeration von São Paulo der zweitgrößte städtische Ballungsraum Südamerikas. Das Herz dieses enormen urbanen Komplexes bildet der Distrito Federal, das eigentliche Buenos Aires, das für sich allein rund 3 Millionen Einwohner zählt. Das von Hochhäusern verschiedensten Stils geprägte Geschäftszentrum, dessen enge Straßenschluchten noch dem schachbrettartigen Anlageplan der Gründungszeit folgen, liegt am Nordostrand der Metropole. Die Altstadt ist in ihrem Häuserbestand weithin überaltert und im ganzen sanierungsbedürftig. Buenos Aires ist in vierfacher Weise vom Atlantik abgeriegelt: Das natürliche Strandkliff, heute überbaut, fällt steil zum Meer ab; an seinem Fuß verläuft eine acht- bis zehnspurige, von Nordwesten kommende Außenstraße; eine Reihe öffentlicher Gebäude deckt das breite Schienengelände des Hafens gegen Sicht von hier ab; die großen Docks der älteren Hafenanlagen liegen längsseits nach außen. Unterirdisch entspricht diesem Bündel von Verkehrswegen die U-Bahn-Linie, die den Fern- und Vorortbahn-

Uruguays Metropole

In Montevideo (etwa 1 203 700 Ew.), der Hauptstadt Uruguays, lebt fast die Hälfte der Bevölkerung des kleinen Staates. – 1724 als spanischer Vorposten auf einer felsigen Halbinsel nahe der Mündung des Río de la Plata gegründet, entwickelte sich Montevideo seit Beginn des 19. Jahrhunderts zum politischen, wirtschaftlichen und kulturellen Mittelpunkt des Landes. – Die Altstadt (im schachbrettartigen Grundriß angelegt) ist Sitz in- und ausländischer Banken, Handelsvertretungen und Geschäfte. Montevideo ist zugleich Seebad und Hafenstadt mit den wichtigsten verarbeitenden Industrien (Erdölraffinerien, Getreidemühlen, Fleischverarbeitung, Tannin-, Papier- und Zementfabriken, Herstellung von Textilien, Schuhen, Tabakwaren, Seife, Pharmazeutika, Kerzen, Glas und Emaillewaren). Andere Plätze der Industrie bildeten sich am unteren Uruguay und an den neuen Stauanlagen des Río Negro. – Montevideo ist Ausgangspunkt des Verkehrsnetzes. Von hier verlaufen alle Schienenstränge und Straßen radial nach außen an die Grenze. Östlich der Stadt liegt der internationale Flughafen Carrasco. Mit Buenos Aires, dessen Vorhafen Montevideo einst war, besteht regelmäßiger Schiffsverkehr. – Diese Stadt ist ohne Konkurrenz im Lande. Als Sitz einer zeitweise ideal konstruierten Musterregierung birgt sie die politisch beweglicheren Bevölkerungselemente, das Land dagegen bewohnen die agrarisch konservativ ausgerichteten Anhänger der Gegenpartei. – Die anderen Städte des Landes wirken zwergenhaft neben ihrer Hauptstadt. Von den etwa 300 Wohnplätzen mit mehr als 250 Ew. haben knapp 30 mehr als 10 000 Ew. Die größte Stadt nach Montevideo ist Salto mit 57 714 Ew. – Die Krisenhaftigkeit der vom Weltmarkt abhängigen Produktions- und Absatzlage (begründet auf Schafhaltung im großen Stil) des einst wirtschaftlich florierenden Landes spiegelt sich darin, daß Schlachthäuser der Hauptstadt geschlossen wurden.

Blick vom »Cerro« auf Treibstofftanks im Hafen

Oben: Modernes Stadtviertel »Positos«

*Links:
Ein anläßlich von
Wahlen auf die Straße gemaltes
Parteisymbol*

Der Palacio Salvo ist eines der ältesten Hochhäuser Südamerikas. Er steht an der Plaza Independencia, auf den im rechten Winkel die Avenida 18 de Julio führt.

hof Retiro mit der Station Constitución verbindet, von wo der Fern- und Vorortverkehr nach Süden ausgeht. Am Bahnhof Retiro liegen die geräumigen Hafenanlagen mit ihren Silos. In erster Linie ist Buenos Aires der Einfuhrhafen des Landes. Vom Hafen strahlen quer über die City und bis weit außerhalb des Stadtzentrums neben zahlreichen schmalen Einbahnstraßen mehrere breite Avenidas und drei U-Bahn-Linien aus.

Der Bundesdistrikt bildet zusammen mit achtzehn Verwaltungseinheiten der gleichnamigen Provinz, darunter sieben mit 100 000–300 000 Einwohnern, den Komplex Groß-Buenos Aires. Die einzelnen Teile dieser Superstadt sind funktionell stark spezialisiert. Die Außenbezirke der Hauptstadt ordnen sich im großen und ganzen gemäß diesen Funktionen nach Sektoren. Südwärts schließen sich die Industrieviertel an, darunter die Schlachthäuser sowie Textil- und metallverarbeitende Fabriken. 40% der Industriebetriebe des Landes haben in Groß-Buenos Aires ihren Standort. In derselben Richtung weiter nach außen liegen die Arbeiterwohnviertel. Nordwestwärts dagegen fallen die Repräsentativbauten der Estanzieros und die Gebäude der diplomatischen Vertretungen auf. An sie schließt sich, durch Gärten und Grünanlagen aufgelockert, eine Reihe von Satellitenstädten an. Deren letzte ist Tigre; es liegt am Rande des Paranádeltas, Erholungs- und wirtschaftlicher Ergänzungsraum für Obst- und Pappelpflanzungen der Metropole. Als Hafen-, Einwanderungs-, Regierungs-, Handels- und Industriestadt übt Buenos Aires nach wie vor einen beherrschenden Einfluß auf ganz Argentinien aus, auch im Hinblick auf das Einheitsbewußtsein der Nation. Das bedeutende grafische Gewerbe, die reichhaltigen Museen und die wissenschaftlichen Einrichtungen sowie das Theater- und Kunstleben der Stadt bestimmen weithin das geistige Gesicht des Landes.

In engerem Sinne bildet Buenos Aires auch den Kern des argentinischen Gesamtlitorals. Dieses reicht beiderseits über die Hafen-Zone und das Paranádelta bei Buenos Aires hinaus und darf nordwärts bis Rosario, südwärts bis La Plata sowie nach Ermessen auch über den großstädtischen Badeort Mar del Plata, zu dessen Bereich auch ein Hochseefischereihafen gehört, bis zum Getreideverschiffungsort und Kriegsmarinehafen von Bahía Blanca gerechnet werden. An diesem südlichen Ende des atlantischen Gestades sind die Bevölkerungshäufungen jedoch nur punkthaft verteilt. Weit näher beieinander liegen die Standorte von wirtschaftlichem Schwergewicht zwischen La Plata und Rosario. Rosario selbst wird von Getreideschiffen aus Übersee direkt angesteuert; es ist ein bedeutender zentraler Ort, mit fast 800 000 Einwohnern mit Vororten die zweitgrößte Stadt des Landes und Standort von metallverarbeitenden Werken, z. B. für die Herstellung von Traktoren. Nördlich von Rosario erreicht sowohl die aus dem Nordwesten kommende Erdgas- als auch die Erdölleitung das Flußufer; San Lorenzo wurde hier Standort der Petrochemie. Südwärts von Rosario liegt das Industriegebiet von San Nicolás de los Arroyos–Villa Constitución. Hier ist der Standort der wichtigsten und in sich in allen Teilen durchgebildeten Schwerindustrie, einzig in dieser Beziehung in diesem Lande, mit einer Jahresleistung von mindestens 550 000 t Roheisen und 750 000 t Rohstahl. Die Erdgasleitung geht am Ufer des Paranádeltas entlang bis nahe Buenos Aires, wo in Zárate-Campana auf Schrottbasis ein weiteres Stahlwerk arbeitet (200 000 t Stahlblöcke) und zugleich eine vielseitige Chemieindustrie aufgebaut wurde, für Kunstdünger, Plastikmaterial, Aromatika für Waschmittel, Grundstoffe für Kosmetika, Farben und Autoreifen. Die Metallverarbeitung erstellt Diesellocks, Container und Bauteile für Silos. Das Litoral von Rosario über Buenos Aires bis La Plata enthält also ein linienhaft aufgereihtes Stadtnetz. Zu ihm treten von der Hauptstadt westwärts noch eine Reihe von Mittelstädten in radialer Anordnung hinzu.

Angesichts des dominierenden Einflusses von Groß-Buenos Aires auf das ganze Land stellt sich die Frage, ob sich nicht in den übrigen Landesteilen wenigstens Ansätze von Stadtnetzen finden, deren Weiterentwicklung dem Ungleichgewicht entgegenwirkt, das eine zentralistische Hauptstadt schafft. Solche Ansätze sind in Argentinien vorhanden. Zu nennen sind in diesem Zusammenhang: das kolonialhistorisch bedeutende und industriell – vor allem durch Fahrzeugbau – herausragende Córdoba zusammen mit Río Cuarto und einer Reihe von Fremdenverkehrsorten in den benachbarten Bergen sowie den

---

Argentinien
(República Argentina)

Präsidialrepublik mit Zweikammerparlament, Wahlrecht für alle erwachsenen Bürger und Wehrpflicht; Hauptstadt Buenos Aires (rund 3 Mill. Ew.).

Fläche: 2 779 741 qkm (Argentinien beansprucht außerdem die Falklandinseln [Malwinen bzw. Islas Malvinas] mit 17 283 qkm und den zwischen 25 und 74° östlicher Länge gelegenen Antarktissektor mit 1,23 Mill. qkm) – **Einwohnerzahl:** Etwa 23,8 Mill. (davon über zwei Drittel städtische Bevölkerung) – **Bevölkerungsdichte:** 8,7 Ew./qkm – **Jährlicher Geburtenüberschuß:** 12,5‰ – **Größere Städte:** Rosario (798 000 Ew.), Córdoba (790 000 Ew.), La Plata (408 000 Ew.), Mendoza (350 000 Ew. mit Vororten), San Miguel de Tucumán (326 000 Ew.), Santa Fe (312 000 Ew.), Mar del Plata (220 000 Ew.), Paraná (190 000 Ew.), Salta (180 000 Ew.), Bahía Blanca (170 000 Ew.), San Juan (125 000 Ew.), Santiago del Estero (120 000 Ew.) – **Bevölkerung:** 95% Weiße (vorwiegend spanischer und italienischer Abstammung); Mestizen; etwa 30 000 Indianer – **Sprache:** Spanisch; im gebirgigen Nordwesten z.T. Ketschua – **Religion:** Katholiken rund 88, Protestanten 1,5%; 500 000 Juden; moslemische Minderheit – **Wichtige Ausfuhrgüter:** Fleisch, Mais, Weizen, Futtermittel, Rohwolle, Fette

Uruguay
(República Oriental del Uruguay)

Präsidialrepublik mit Zweikammerparlament und Wahlrecht für alle über 18 Jahre alten Bürger (Wahlpflicht für Männer); bedingte Wehrpflicht; Hauptstadt Montevideo (1,2 Mill. Ew.).

Fläche: 177 508 qkm – **Einwohnerzahl:** Etwa 2,96 Mill. – **Bevölkerungsdichte:** 16,5 Ew./qkm – **Jährlicher Geburtenüberschuß:** 12,4‰ – **Bevölkerung:** Weiße (meist spanischer und italienischer Abstammung) 90–95, Mestizen 5–10% – **Sprache:** Spanisch – **Religion:** Katholiken 96, Protestanten rund 1,4, Juden etwa 1,7% – **Wichtige Ausfuhrgüter:** Fleisch und Wolle (zusammen über zwei Drittel des Exportwertes), Obst- und Gemüsekonserven, Häute, Weizen, Pflanzen, Textilien, Glaserzeugnisse

Paraguay
(República del Paraguay)

Präsidialrepublik mit Zweikammerparlament, Wahlpflicht für alle über 18 Jahre alten Bürger und allgemeiner Wehrpflicht; Hauptstadt Asunción (437 136 Ew.).

Fläche: 406 752 qkm – **Einwohnerzahl:** Etwa 2,47 Mill. (davon rund 37% städtische Bevölkerung) – **Bevölkerungsdichte:** 6,0 Ew./qkm – **Jährlicher Geburtenüberschuß 1963–1969:** 32‰ – **Bevölkerung:** Mestizen fast 95, Weiße etwa 3, Indios 2% – **Sprache:** Spanisch und Guaraní (meist Zweisprachigkeit) – **Religion:** Katholiken 90, Protestanten 2%; 1200 Juden – **Wichtige Ausfuhrgüter:** Fleisch und Fleischextrakt, Holz, Tabak, Tannin, Baumwolle, Häute, Petitgrainöl

hydroelektrischen Großanlagen; südwestlich hiervon, allerdings in einiger Entfernung, das wachsende Mendoza mit den Hauptstädten der Nachbarprovinzen San Juan und San Luis, im ganzen die historische Landschaft Cuyo umfassend und als Oasengebiet reihenhaft südwärts entwickelt über Godoy Cruz, Maipú, Junín, Tunuyán bis zum etwas entfernteren San Rafael; im Nordwesten ist an die Reihe der Provinzhauptstädte Santiago del Estero, San Miguel de Tucumán, Salta und San Salvador de Jujuy zu denken, wobei sich im besonderen zwischen San Miguel de Tucumán und Salta zentrale Orte dritten und vierten Ranges einschieben; der letzte nennenswerte Ansatz für ein Stadtnetz findet sich oberhalb Rosario mit den Doppelstädten Santa Fe–Paraná – durch einen Tunnel unter dem Paraná miteinander verbunden –, Goya–Reconquista und Resistencia–Corrientes. Im allgemeinen gilt für Länder, die im wesentlichen erst von Europa aus besiedelt wurden und die zuvor nur dünn bevölkert und vielleicht ganz oder teilweise nicht einmal Dauersiedlungen hatten, daß die Umkreis- bzw. Markt-Radien aller bedeutenden zentralen Orte viel zu groß sind und daß vielfach über höhere innere Verwaltungsgrenzen hinweg überhaupt nur unwesentliche Querverbindungen und Verkehrsspannungen bestehen. Dies gilt auch für die heutigen Ergänzungsstadtnetze von Groß-Buenos Aires, ganz besonders aber für die Hauptstädte, Häfen, die Spezialgewerbe- und Fremdenverkehrsorte Patagoniens. In diesem abseitigen Gebiet liegt ein völlig heterogenes System zentraler Orte vor, wobei die faktischen Querverbindungen unter Umständen minimal sind. Gleiches trifft für die Landschaften zwischen den in Bildung begriffenen, schon genannten Stadtnetzen zu, also den Chaco, die westliche Pampa und den Bereich der Becken und der Pampinen Sierren.

Für Uruguay stellt sich das Problem weiterer Stadtnetze nicht in gleicher Schärfe: Mittelstädte reihen sich dort am Litoral auf. Die übrigen Verwaltungsvororte kommen über kleine Mittelstädte nicht hinaus. Ein neuer Ansatzpunkt für Industrie sind die hydroelektrischen Werke in der Mitte des Landes, am Río Negro. In Paraguay besteht ein Verkehrskorridor von der Grenzstadt Encarnación bis Asunción mit drei dazwischengelagerten Mittelstädten. In ähnlicher Weise, aber in weit geringerer Größenordnung, zieht sich am Stromweg eine Reihe von Anlageplätzen bis nach Concepción hin. In allen Fällen besteht im Grunde genommen die Aufgabe – und das gilt selbst für das argentinische Pampa-Ackerbaugebiet –, Subzentren zwischen den schon bestehenden Verkehrsbändern entlang der existenten Stadtlinien zu schaffen.

Asunción, die Hauptstadt Paraguays, wurde 1537 auf einem Sandsteinsporn am bis zu 20 m hohen Steilufer des Paraguaystromes gegründet. Das von den Guaraní als Ackerbauern bewohnte Binnengebiet bot eine gute Versorgungslage. Hochgespannte Pläne verbanden sich mit der Neuanlage auf vorgeschobenem Posten. Bald war Asunción Bischofsstadt und später auch Hauptstadt der Provinz Guaira. Tochtergründungen griffen von hier weit aus, 1560 nach Santa Cruz de la Sierra in Bolivien, zu nicht mehr bestehenden neuen Anlagen gegen den portugiesischen Osten, also Brasilien, am Strom abwärts mit Corrientes, Santa Fe und schließlich erneut Buenos Aires, dessen Zweitgründung ebenfalls von Asunción aus erfolgte. Dies alles spiegelt die Hoffnungen, die man damals hinsichtlich der Bedeutung des neuen Stützpunktes Asunción hegte. Davon ist wenig übriggeblieben. Als Binnenstadt erlebte Asunción erst im 19. Jahrhundert eine bescheidene Entwicklung. Mit Buenos Aires ist die paraguayische Hauptstadt seit 1812 durch Dampfschiffahrt verbunden (1636 km). Mittels eines Trajektes über den Paraná verkehren Züge direkt bis Buenos Aires.

Asunción monopolisiert weithin in seinem Hafen den Außenhandel und ist Standort der meisten im Lande arbeitenden Fabriken. Neben modernen Verwaltungsgebäuden hat die erst in jüngster Zeit lebendiger gewordene Stadt noch im Kolonialstil erbaute Häuser. Asunción ist Absatzmarkt für einen agrarischen Umkreis von bis zu 50 km. Jenseits dieses Gebietes wird die Landwirtschaft vorwiegend wegen der eigenen Nahrungsbedürfnisse betrieben.

Über die Halbwüsten und die nur periodisch feuchten Gebiete des Westens verteilen sich in einer Längserstreckung von etwa 1500 km Siedlungs- und Anbaugebiete sehr unterschiedlicher Größe, teils von ländlichem Charakter, teils Groß- und Mittelstädte. Gemeinsam ist allen mehr oder minder wegen der großen Abstände und des vielfach unwirtlichen Zwischengeländes eine isolierte Lage. Dadurch spielen sie alle, wenn auch in sehr unterschiedlichem Ausmaß, die Rolle von zentralen Orten. Selbst kleine Wohnplätze bedienen schüttere Versorgungsumkreise, wenn das Steppen- und Buschumland durch Räume extensiver Viehhaltung im Anschluß an kleine »Puestos« genutzt wird. Ein Teil dieser Wohnplätze war auf Landbaubasis schon vor Ankunft der Spanier vorhanden. Im 16. Jahrhundert kontrollierten hier zwischen San Salvador de Jujuy im Nordwesten und Mendoza zehn neue Städte die okkupierten Ländereien. Hierher gehören auch die isolierten, in Becken gelegenen Provinzhauptstädte Catamarca und La Rioja. Aber nicht nur der Ostfuß der Anden, sondern auch die Becken und Längstäler des Hochlandes wurden zum Standort von Oasen. Bewässerung ist weit verbreitet, aber nicht überall durchgängig notwendig. Während bei San Miguel de Tucumán im Jahresmittel an 1000 mm Niederschlag fallen, erhält das in einem Hochbecken gelegene Tinogasta nur 111 mm und Mendoza noch weniger. Zu den bloßen Flußableitungen traten später Wasserstauanlagen, teils für örtliche Zwecke, teils für die Versorgung großer Flächen. Durch Kulturpflanzen aus den europäischen Mittelmeerländern war die agrarische Produktion erweitert worden, im nördlichen Abschnitt durch Zuckerrohr und Bananen. In besonderem Maße stechen die Großanlagen für Erzeugung von Wein und der Anbau europäischer Obstsorten im mittleren Westen hervor, in ähnlicher Weise eine fruchtbare Bewässerungsoase am Río Negro, in Nordpatagonien, auf der Grundlage gestauten Flußwassers. Sehr viele kleine Anlagen in den Becken sind noch nicht viel über die Selbstversorgungswirtschaft hinausgekommen. Mitunter bietet sich als Marktprodukt nur die getrocknete Traube an. Im ganzen war die Errichtung der Bergfuß- und Hochlandoasen ein bedeutsamer Markstein im geschichtlichen Werdegang Argentiniens. Bis heute stellt die Oasenzone ein Gebiet eigener Prägung dar und ist, auch dank der später hinzugekommenen, wenn auch nur örtlichen Industrie, aus dem Wirtschaftsgefüge des Landes nicht fortzudenken.

Bodenschätze und Verkehrswege

Nachhaltige Rückwirkungen von genutzten Lagerstätten auf die Bildung wirtschaftlicher Schwerpunkte und Bevölkerungsverdichtungen sind in Paraguay und Uruguay überhaupt nicht zu verzeichnen. In Argentinien verhüttet man unweit von San Salvador de Jujuy bei Zapla mit örtlich erzeugter Holzkohle Hämatit-Eisenerz, das aus einem benachbarten Gebirge mit einer Seilbahn zu Tal befördert wird. Die an sich bekannten hochwertigen Eisenerzvorkommen bei Sierra Grande in Nordpatagonien, mit einer Reserve von 85 Millionen t, liegen in menschenleerem Gebiet noch ohne wesentliche Nutzung. Infolge des tertiären Vulkanismus sind die Anden, vor allem im Nordwesten des Landes, stellenweise vererzt. Der Abbau ist wiederholt örtlich versucht worden, hat sich aber für Stahlveredler, Edelmetalle und Kupfer durch die Lage in zu großen Höhen vorläufig nicht halten können, zumal zur notwendigen Erzkonzentration durch Waschen nicht einmal Wasser zur Verfügung steht. Die größte Anlage ist die Zinkerzgrube Aguilar, in sonst unbesiedeltem Gebiet gelegen; ihre Ausbeute wird anderwärts verhüttet. Auch der Abbau von Bleierz ist für das Hochland erwähnenswert. Ebenso stehen dort Steinsalz und Bormineralien infolge der Trockenheit oberflächennah zur Verfügung. Wegen der großen Schwemmlandebenen ist die Werksteinindustrie für weite Teile des Landes ohne natürliche Grundlage. Die ersten Granitpflastersteine wurden als Rückfracht auf Getreideschiffen aus Schweden herbeigebracht. Kohlenlagerstätten konnten keine Industrie anlocken, weil nur bescheidene Kohlenvorräte vorhanden sind. Die bei El Turbio, in der Provinz Santa Cruz, fern der Küste abgebaute Kohle gelangt über eine 247 km lange Spezialbahn nach Río Gallegos. Die neuen Schwerindustrieanlagen am Paraná stellen sich mehr auf Erdöl als Energiestoff ein. Für Erdöl und Erdgas fündig ist das unmittelbare Andenvorland. Dort sind bisher Gebiete im Nordwesten, bei Mendoza und in Nordpatagonien, bei Plaza Huincul, bereits gründlich erforscht; die reichen Vorkommen im Süden der Provinz Santa Cruz sind zwar erbohrt, liegen aber bis zur Schaffung von Transportmitteln in Reserve. Der Mittelpunkt der Erdöl- und Erdgaserzeugung ist Comodoro Rivadavia in Mittelpatagonien, der einzige Ort ansehnlicher Größe im Anschluß an Lagerstätten. 32 Tanker der staatlichen Erdölgesellschaft sorgen für den Abtransport. Die Standorte der wichtigsten Petrochemie finden sich jedoch am Paraná, am Ende der Pipelines, und, gleichfalls auf Transportgrundlage, am Río Tercero im Innern des Landes. Die größten hydroelektrischen Anlagen arbeiten bei Córdoba und Mendoza. Eine neue Großanlage entsteht am Río Limay-Río Negro in Nordpatagonien. Die wichtigsten potentiellen Kräfte an den Wasserfällen und Schnellen von Paraná und Uruguay sind noch ungenutzt. In Uruguay beginnt die große Doppelstauanlage am Río Negro Industrien anzuziehen.

Bei den großen Entfernungen, der klimatischen und topographischen Ungunst sehr ausgedehnter Gebiete, dem Fehlen ergiebiger Kohlenlagerstätten, dem Ausfallen von großen Weichholzforsten, der örtlich noch immer nicht optimalen Nutzung von Räumen und der modernen Tendenz, Standortfragen betriebswirtschaftlich anders als früher zu bewerten, ist eine regionale wirtschaftliche Durchbildung der La-Plata-Länder kaum zu erwarten. Dem Fernverkehr sind große Aufgaben gestellt. Norduruguay ist zwar durch radiale, ab Montevideo verlaufende Schienenstränge erschlossen, so daß von den alten Viehtrieben jenseits der Litoralzone nur noch die zahlreichen Versteigerungsplätze für Jung- und Mastvieh übrigblieben. Der paraguayische Chaco ist praktisch unberührt und sticht ungeachtet der neuen, nach Westen gerichteten Straßentransversale immer noch stark von dem weitgehend erschlossenen Ostparaguay ab, zumal hier der forcierte und international geförderte Straßenbau den Wald bis zur brasilianischen Grenze auch schon gut zugänglich gemacht hat. Argentinien verdankt die volle wirtschaftliche Erschließung der Pampa und anschließend der Oasenzone der frühzeitigen Verlegung – ab 1857 – seines Eisenbahnnetzes. Mit 40 187 km verfügt Argentinien über das ausgedehnteste Schienennetz aller Länder Lateinamerikas. In der Pampa waren die wirtschaftlichen Interessen der ausländischen Eisenbahngesellschaften und die der Großgrundbesitzer gleichgelagert. Die Umstellung von der Nur-Viehhaltung in der Pampa auf einen Wechselfeldbau von Getreide, Handelsgewächsen wie Sonnenblumen oder Leinsaat und Futterpflanzen erfolgte zeitgleich mit dem Ausbau der radialen Eisenbahnstrecken zuzüglich weniger transversaler Schienenstränge.

Der umfangmäßig begrenzten Weiterführung durch Stichbahnen in die Oasenzone und nach Nordpatagonien schlossen sich internationale Verbindungen an, nach Uruguay, Paraguay, Bolivien und Chile, teilweise unter Zuhilfenahme von Flußfähren. Der transandine Verkehr von Mendoza nach Santiago de Chile, von Salta nach Antofagasta und auch die Hochlandstrecke nach La Paz bedienen sich meist einer schmalen Spur, um durch kleineren Krümmungsradius die Höhenunterschiede technisch leichter zu bewältigen. Parallel mit ihnen verlaufen – meist kaum ausgebaute – Straßen. Zwei weitere Routen nach Chile treten hinzu; die eine, mehr Piste denn Straße, führt durch das südliche Punahochland und überquert eine Paßhöhe von über 4000 m, die andere, 1965 fertiggestellt, geht von San Juan aus. Die eigene Benzinversorgung und die fortschreitende Motorisierung durch Automobilbau im Lande haben inzwischen die Querverbindungen in den Oasengebieten und in Patagonien wesentlich vermehrt. Die Asphaltierung ist allerdings nur stückweise zusammenhängend durchgeführt. Patagonien verfügt nur über vier Stichbahnen von den Häfen der Küste nach dem Landesinnern. Die vorgesehene Fortführung der Strecke von Zapala nach Chile, seit Jahrzehnten geplant, harrt noch immer ihrer Verwirklichung. Als die Eisenbahn 1947 verstaatlicht wurde, mußten die finanziellen Verbindlichkeiten der ursprünglich sechs Eisenbahngesellschaften übernommen werden. Verschiedene Spurweiten lassen überhaupt nur eingeschränkt von einem Schienennetz sprechen. Ein Gutachten von 1960 bezeichnete die Qualität von Unterbau und rollendem Material als 25 Jahre im Rückstand. Die Kleinheit der Güterwagen und die fehlenden Einrichtungen für ein zügiges Rangierverfahren lassen bei dem notwendigen Güterumschlag den Schienenverkehr mit Verzögerung und damit unrentabel arbeiten. Die Binnenschiffahrt kann nur auf Paraná und Paraguay bestehende Lücken schließen. Im Reiseverkehr haben inzwischen nationale Fluglinien stärkere Mobilität ermöglicht. Internationale Linien erreichen nur die Hauptstädte. Im ganzen ist die verkehrsmäßige Durchdringung der großen Räume ein Problem, das die La-Plata-Länder weiterhin vor anspruchsvolle Aufgaben stellt.

Landwirtschaft zwischen Chaco und Feuerland

Zentral- und Norduruguay sind sogut wie ausschließlich Viehzuchtgebiete auf der Grundlage von Naturweide. Die Viehhaltung reicht teilweise noch in die Litoralzone hinein, aber der dortige Kleinbesitz ist an marktorientierter Viehwirtschaft

Harpunenspitze, Patagonien

nicht beteiligt. Das Siedlungssystem besteht aus isolierten Estanzias sowie Mittel- und Kleinstädten. 34% von Uruguays Agrarfläche bestehen aus Besitzeinheiten von über 2500 ha. Uruguay ist auf Schafhaltung spezialisiert. Auf 22 Millionen Schafe kommen nur 8 Millionen Rinder. Dementsprechend sind die landwirtschaftlichen Hauptprodukte, die sich zur Ausfuhr eignen, Wolle und Hammelfleisch. Die Spezialisierung war dadurch bedingt, daß sich Großbritannien für diese Erzeugnisse als aufnahmefähiger Markt anbot. Landwirtschaftliche Veredlungswirtschaft wird kaum gepflegt. Das Festhalten an der überkommenen Betriebsführung, d. h. das Beharren auf einer relativ niedrigen Produktivität bei einer geringen Zahl von ländlichen Dauerarbeitskräften auf dem Großbesitz, läßt das Land auf dem Weltmarkt zurückfallen. Infolge des Fehlens von Lagerstätten müssen Halbprodukte zur industriellen Weiterverarbeitung eingeführt werden. Auch die Holzversorgung aus den Niederungswäldern des Nordwestens und den Gehölzen an den atlantischen Strandseen ist für das Land nicht ausreichend.

Die Pampa als agrarwirtschaftliche Zentralregion Argentiniens liegt innerhalb eines Kreisbogens, dessen Radius an 550 km mißt. Die Aufschließung ihres wirtschaftlichen Potentials vollzog sich während des letzten Jahrhunderts. Vorausgegangen war die Ausfuhr von gesalzenem Dörrfleisch und Rindertalg, als diese Produkte preisgünstig auf dem brasilianischen Markt abgenommen wurden. Die modernen Schlachthäuser sind aus den Saladeros und Grasarías (Dörrfleischfabriken und Talgkochereien) dieser Periode hervorgegangen. 1774 bestanden im näheren Umkreis von Buenos Aires 186 Latifundien. Ihre Zahl vermehrte sich im Anschluß an die Befreiungskriege. Der eigentliche Aufschwung vollzog sich, als 1883 Qualitätsfleisch durch Kühlschiffe transportfähig wurde. Der betriebswirtschaftliche Wandel setzte ein, um die Mast der Schlachtrinder, nunmehr rassemäßig hochwertig, durch im Lande angebaute Futtermittel zu verbessern. Getreide und Handelsgewächse schoben sich nur als Wechselkulturen auf den Kunstweideflächen ein. Die Arbeit auf den Großgrundbesitzen übernahmen eingewanderte Colonos im Stand von Pächtern mit beschränkter Pachtzeit. Nach etwa acht Jahren hatten sie die Futterflächen bestellt zurückzugeben. Fast zwei Drittel des argentinischen Viehbestandes entfallen auf die Provinzen Buenos Aires, La Pampa, Santa Fe und Entre Ríos, also die produktive Pampa und deren unmittelbare Nachbargebiete im Zwischenstromland (Mesopotamia Argentina), d.h. dem Land zwischen den Flüssen Paraná und Uruguay. Im Umkreis von 250 km um die Hauptstadt hat sich die Milchwirtschaft hinzugesellt. Zur Aufzucht eignen sich vor allem die übergroßen Betriebe im trockenen Westen (400 mm mittlerer Jahresniederschlag); die Mast geschieht in der feuchten Pampa (um 555 mm Regen im Jahr). Drahtzäune gliedern zur planmäßigen Beweidung die Betriebe in Portreros zu 200–300 ha. Die Mahd der Getreide geschieht durch Mähdrescherunternehmungen, die sich zügig entlang der großen Routen von Norden nach Süden bewegen, z.B. von Córdoba in Richtung auf Bahía Blanca.

Das Landschaftsbild der Pampa ist einförmig: flaches Land mit grünen Futterflächen, die sich im Winter gelblich verfärben; verstreute Estanzias mit gepflanzten Gruppen von Eukalyptusbäumen und einer Vielzahl von Gebäuden sowie verstreuten Puestos der Colonos und Peones (Landarbeiter); Gruppensiedlungen, Pueblos genannt, als kleine zentrale Orte mit geschlossener Straßenzeile kastenförmiger Häuser. Physischgeographisch ist die Pampa nicht ungegliedert. Am Paraná liegt die »gewellte Pampa«, durch kleine Flüsse in Richtung auf den Strom etwas modelliert. Den Abschluß nach Südwesten bildet die »trockene Pampa«, die den gesamten Westen der Provinz La Pampa einnimmt. Nach der Verteilung der Feuchtigkeit regelt sich nicht nur die Verbreitung von Aufzucht und Mast, sondern auch der Anbau. Roggen ist als Futtergetreide im Westen, Hafer im Osten üblich. Die hauptsächlichen Anbaupflanzen des Nordostens sind Mais und Weizen, zu denen sich infolge der vorhandenen Feuchtigkeit Leinsaat gesellt. In der Fruchtfolge erscheinen dann Hafer und Gerste bei Herbstbestellung, worauf schließlich im Frühling Sonnenblumen eingesät werden. Nach Westen und nach Süden folgt die Weizen-Futtermittelzone, in der auch Sorghum angebaut wird. Da es freies Staatsland nur in den Randgebieten gab, wo noch keine Latifundien bestanden, konnten Landlose nur dort vergeben werden. So entstand in Santa Fe wie im benachbarten Entre Ríos die bäuerliche Koloniesiedlung, wenn auch in Streulage. In gleicher Weise konnte in der Provinz La Pampa verfahren werden. Außerdem finden sich anstelle von Großbesitzeinheiten Parzellierungen noch in der Umgebung der Pueblos. Die Estanzia ist also nicht die einzige Betriebs- und Siedlungseinheit in der produktiven Pampa.

Nordwärts der gewässerreichen Landschaft des Paranádeltas beginnt das Zwischenstromland, in das sich die beiden Provinzen Entre Ríos und Corrientes teilen. Mitte und Süden zeigen auf den Ostufern des Paraná einen Steilhang. Die Flußhäfen liegen infolgedessen auf dieser Seite. Das Westufer ist nur am unteren Paraná hoch gelagert. Hier liegen Rosario und die neuen Großindustrieanlagen. Der Norden von Corrientes ist eine Überschwemmungslandschaft. Im Knie des Paraná haben Stromverlegungen Altwasserläufe zurückgelassen. Der Süden war ursprünglich eine Parklandschaft. Im Norden hatten die Guaraní schon vor der Ankunft der Spanier Landbau getrieben. Heute erwächst der höhere Produktionswert im südlichen Abschnitt, begünstigt durch die Nähe der zu versorgenden Städte und Schlachthäuser. Im Norden erfolgt in extensiver Landnutzung die Aufzucht der Rinder. Zusätzlich haben dort die Ernten von Reis, Tabak und Baumwolle Bedeutung. Das südliche Corrientes und das nördliche Entre Ríos sind auf der Basis von Naturweide der Schaf- und Rinderhaltung zugeführt. Südwärts hiervon vollzieht sich der Übergang zur bäuerlichen Besitzverteilung mit vielseitigem Anbau, soweit das Gelände nicht der Rindermast dient.

Nordöstlich der Provinz Corrientes schiebt sich zipfelartig die Provinz Misiones zwischen paraguayisches und brasilianisches Staatsgebiet. Sie ist nur ein Teil jenes Territoriums, auf dem der Jesuitenorden ab 1609 die in Siedlungen zusammengehaltenen Indios missionierte; Ostparaguay, die benachbarten brasilianischen Landstriche und Corrientes hatten ebenfalls an diesem historischen Bereich Anteil. Nach der Vertreibung der Jesuiten im Jahre 1767 verfielen die Indianerreduktionen nach und nach und wurden vom Urwald überwuchert. Die neue, von staatlicher wie von privater Seite betriebene Kolonisation erfolgte ab 1881 von Posadas aus – dem heutigen Verwaltungs- Handels- und Versorgungszentrum von Misiones –, und zwar durch bäuerliche Siedlungen, deren Gehöfte sich locker an Rodungsschneisen entlangreihten. Für das gerodete Waldgebiet bot sich außer dem Anbau von Nahrungspflanzen wie Mais, Bohnen, Erdnüssen und Zuckerrohr auch die Anlage von Baumpflanzungen an. Vorhanden war Yerba Mate, ein Teekraut lieferender kleiner Baum (Ilex paraguayensis). Es gelang später, diesen Baum aus Samen zu ziehen und so die Sammelwirtschaft auszuweiten. Seine Kultur ist zurückgegangen und wurde durch Nadelholzpflanzungen abgelöst. Gewerblich verwendbares Öl liefert der aus China stammende Tungbaum, der 1905 zuerst nach Florida und von dort 1930 nach Misiones

Schlachthof am Rio Paraná

Rechts: Gauchos bei der Fleischmahlzeit

Viehwirtschaft in Argentinien

Rechts: Ländliches Wirtschaftsgebäude und Futtersilo

Reinigungsbad des Schlachtviehs

Veterinärinspektion in einem Schlachthof in Buenos Aires

Große Teile der La-Plata-Länder zählen zu den »Viehweiden der Erde«. Ihnen entsprechen auf der anderen Seite der Erdkugel vor allem Australien und Neuseeland. Natürliche Grasländereien, vergesellschaftet mit Buschlandschaften und Gehölzen, und eine schüttere ursprüngliche Jägerbevölkerung ohne feste Wohnweise boten diese Nutzung schon am Beginn der europäischen Landnahme im 16. Jahrhundert an. Die in Südamerika fehlenden Weidetiere wurden aus Europa eingeführt. Sie nahmen in wilder Vermehrung den Boden in Besitz, den die »Weizeneinwanderer« benötigt hätten. Eine geregelte Bewirtschaftung dieser großen Tierbestände begann erst Ende des 18. Jahrhunderts und steigerte sich zur Großausfuhr von tierischen Produkten nach Europa im Verlauf der zweiten Hälfte des 19. Jahrhunderts: Wolle, Häute, Fleischextrakt und schließlich Kühlfleisch.

Die Ausfuhr verschob sich inzwischen von den unverderblichen Produkten Wolle und Häute zu den konservierfähigen Nahrungsmitteln. 500 km im Umkreis von Buenos Aires, in der argentinischen Pampas, und im Zwischenstromland zwischen Paraná und Uruguay bildeten sich Aufzuchtgebiete und Mastweiden heraus, letztere in der Nähe der Küsten bei den Absatzmärkten und den großen Schlächtereien gelegen. Die Schlächtereien verwenden vom Tier alles, stellen also auch Knochenmehl und Seife her.

In Argentinien wurde durch ein systematisches Rotationssystem im Landbau auch Weide angelegt (Kunstweide) und in Nutzung genommen, die übrigen Flächen produzieren Getreide und Ölfrüchte, ebenfalls für die Ausfuhr. Uruguay blieb bisher konservativ bei der Naturweide.

kam. Seit 1940 wird Thea sinensis in zunehmenden Mengen geerntet; das Getränk ist wohlschmeckend, jedoch gegenüber dem asiatischen Tee im Aroma etwas verändert. Die jüngsten Kolonisten sind Japaner, die sich vorwiegend auf drei Plätze konzentriert haben. Die Guaraní haben sich weit nach Norden zurückgezogen.

Dem Verlauf des Paraguaystromes entspricht eine tektonische Linie des Untergrundes; hier endet entlang einer Verwerfung der oberflächennahe Teil des präkambrischen Brasilianischen Schildes mit seinen Deckschichten. Im Südabschnitt fließt der Strom durch eine teilweise bis zu 100 km breite Niederung. Das innere Ostparaguay wird durch eine nach Westen gerichtete Schichtstufe von 100–300 m relativer Höhe in eine waldbestandene Hochfläche im Osten und ein westliches Vorland mit dem ursprünglichen Charakter einer Parklandschaft geschieden. Diese ist im Nordabschnitt als Savannenformation vielfach noch gut erhalten, während der südliche Teil meist durch Kleinbesitz kulturlandschaftlich umgeformt wurde, und zwar durch Anbau von überwiegend tropischen Gewächsen für die Selbstversorgung: Maniok, Erdnüssen, Bataten, Bohnen, Bananen, Ananas, dem Avocatobaum und dem Teestrauch. Ein Bestand von 24 Millionen sogenannter Cocopalmen, teilweise angepflanzt, ermöglicht die Versorgung mit Speiseöl. Subtropische Kulturen sind Ölbäume, Zitrusfrüchte, Pfirsiche und Melonen. Als Handelsgewächse erbringen Baumwolle und Tabak marktfähige Ernten. Dieser gut besiedelte Südabschnitt ist von den nördlichen Savannen durch kleine Schollengebirge von 200–500 m Höhe getrennt. Der forcierte Straßenbau nach Norden und Osten bis in das Waldgebirge haben Kolonisationsräume für die Umsiedlung einheimischer Bevölkerung und für die Landnahme durch neue Einwanderer erschlossen. Hierbei wurde im Osten auf Rodungsland zum Anbau des Kaffeebaumes übergegangen.

Der paraguayische Gran Chaco westlich des großen Stromes weicht in Landschaft und Nutzung weitgehend von Ostparaguay ab. Er ist teilweise noch ein Niemandsland und Jagdgrund der restlichen Buschindios. Neuerdings durchquert ihn eine 700 km lange Straße bis zum Grenzort General Garay. Die großen Besitzeinheiten werden durch äußerst extensive Rinderhaltung genutzt. Im Süden haben deutschsprachige Mennoniten, vielfach an verlandete alte Fußschlingen im Gehölz anknüpfend, erfolgreich die Milchwirtschaft entwickelt, deren Produkte in Asunción einen Markt haben. Aus den östlichen Randbereichen holen vom Strom her Tanninfabriken Hartholz zur Extraktion heraus (Quebracho und Palo Santo). Es arbeiten jedoch nur zwei Werke (Puerto Casado und Puerto Pinasco).

Im Nordwestabschnitt des argentinischen Gran Chaco haben sich drei kleine Indiostämme noch ihr Wohnen in halbkugelförmigen Zweighütten bewahrt. Die Zurückdrängung der Ureinwohner hatte mit dem nordwärtigen Vorschieben der Rinderhaltung begonnen, zu der sich später die Gehölznutzung gesellte, so vom Paraná her die Tanninkocherei, mehr vom Westen die Kohlenmeilerei. Viele Tanninwerke wurden jedoch stillgelegt; derzeit arbeiten nur noch acht. Die Viehhaltung stützt sich auf widerstandsfähige Criollorinder. Vor dem Überschreiten einer von Santa Fe zuerst nach Westen, dann nach Nordwesten verlaufenden veterinärhygienischen Grenze muß Vieh aus dem Chaco, das von Garrabatozecken befallen sein kann, desinfizierenden Bädern unterworfen werden. Die letzte Stufe in der Erschließung der gesamten, recht trockenen Chacozone brachte den Großanbau von Baumwolle, der sich von Resistencia aus westwärts ausbreitete. Er ist rückläufig geworden. Die beiden Eisenbahnen durch den Chaco haben nur vereinzelt zur Bildung kleiner zentraler Orte geführt.

Das gebirgige Argentinien

Die Gebirge Argentiniens beginnen im Nordwesten mit dem Punahochland. Dieses grenzt nicht unmittelbar an das Aufschüttungsvorland der Anden; vielmehr schieben sich einige Puna-Randgebirge und die subandinen bzw. die Pampinen Sierren ein. Zwischen diesen ziehen steilwandige Längstäler nach Süden, darunter jenes von Humahuaca. Zu den Räumen im Bereich der nach Osten folgenden, aufgelockerten Reihe von Sierren gehören die Becken von San Salvador de Jujuy und Salta sowie andere meridional verlaufende Senken, darunter das Tal von Lerma nördlich von San Miguel de Tucumán. Wichtig für die Landnahme waren vor allem die Hochbecken und -täler und der äußere Bergfuß. Hier ist Feldbau möglich, meist auf der Grundlage von Bewässerung. Während der Andenosthang genügend feucht ist, um nutzungsfähige Wälder zu tragen, sind die Hochlandgebiete trocken. Die höchsten Gipfel der Puna-Randketten werden Nevados genannt, weil sie ganzjährig einige Schneeflecken bewahren, so der Nevado de Acay mit 5980, der Nevado de Chañí mit 6200 und der Nevado de Cachí mit 6720 m. Die Nevados del Anconquija sind eine Kette alpin gestalteter Gipfel dicht südwestlich von San Miguel de Tucumán, vom sedimentären Andenvorland von unter 400 m ü. d. M. direkt zur Maximalhöhe von 5550 m ansteigend. Im Hochland gewinnt der Bergfuß von Süden nach Norden an Höhe und erreicht schließlich um 3000 m; entsprechend geht die Rebenkultur nordwärts bis auf 2000 m hinauf, während sie am niedrigen äußeren Bergfuß keine Erträge bringt.

Dieser vielgliedrige Landschaftskomplex ist »das andere Argentinien« genannt worden. Die Bezeichnung erklärt sich aus der früheren Überlegenheit dieses Raumes gegenüber der

Paraguay, Ruine einer Jesuiten-Mission · Die Jesuiten missionierten das Land nicht nur, sie versuchten auch, in »Reduktionen« die Indianer unter Wahrung ihrer Eigenarten mit Grundprinzipien westlicher Zivilisation vertraut zu machen. Nach ihrer Vertreibung im Jahre 1767 verfielen diese indianischen Gemeinschaften.

La-Plata-Region, vor allem aber aus seiner heutigen wirtschaftlichen und kulturellen Eigenständigkeit. Durch die Gründung der spanischen Städte – von San Salvador de Jujuy bis Santiago del Estero – im 16. Jahrhundert kam es zu einer engen Bindung an Perú. Die Silberstadt Potosí in Bolivien soll im 17. Jahrhundert bereits 150 000 Einwohner gezählt haben. Für diese Menschen wurde der Raum um San Miguel de Tucumán in mehrfachem Sinne zur Versorgungsregion: Hier lag ein Erzeugungsraum für Nahrungsmittel wie Mais und Bohnen, und auf Überschwemmungsflächen weiter östlich konnte Weizen angebaut werden. Hierher kamen aber auch die Lieferungen aus Santa Fe und Córdoba. In San Miguel de Tucumán wurden die Karrentransporte auf Tiere umgeschlagen, und Salta war der Markt für Maultiere. In San Miguel de Tucumán erklärte General José de San Martín 1816 die Unabhängigkeit Argentiniens. Wirtschaftlich bedeutete diese politische Änderung das Ende des Geschäftes mit Perú. 1878 erreichte der Eisenbahnbau San Miguel de Tucumán. Damit begann hier der Zuckerrohranbau, in der Folge auch die Zuckerraffinierung. Auf dem Höhepunkt, im 20. Jahrhundert, erreichte die Anbaufläche 230 000 ha. Im Norden, am Río San Francisco, einem Nebenfluß des Río Bermejo, traten später neue Zuckerfabriken mit sehr modernen und technisch verbesserten Anlagen hinzu. Überproduktion einiger Jahre und das Unvermögen des Staates, die Rekordernten zu bezahlen, haben in den letzten Jahren zu einer örtlichen Krise geführt, so daß bei San Miguel de Tucumán viele Zuckerfabriken geschlossen wurden. Eine absatzträchtige Nachfolgefrucht für die frei werdenden Flächen hat man noch nicht gefunden; Zitruspflanzungen sind sowieso schon vorhanden. Besonders betroffen wurden die kleinen Zuckerrohrpflanzer, denn bei San Miguel de Tucumán vermahlen die Fabriken nur etwa zur Hälfte Rohr, das auf eigenem Landbesitz, vorwiegend durch Saisonarbeiter, geerntet wurde. Im gesamten Gebiet ist die Landnutzung inzwischen über diese Monokultur hinausgewachsen. In den Parallel- und Seitentälern, auch im großen Längstalzug nördlich von San Miguel de Tucumán in Richtung Salta, wird Gemüse angebaut, teilweise für den Fernabsatz. Im Raum von San Salvador de Jujuy sind, nicht zuletzt auf neuem Rodungsgelände und bei Bewässerung, tropische Früchte wie Bananen und Avocatos hinzugetreten. Die Tendenz der neuesten Entwicklung erhellt aus der Versorgung von San Miguel de Tucumán mit Milch- und Milchprodukten aus dem Tal von Lerma, wo auf Bewässerungsgrundlage Futtermittel angebaut werden: Noch 1955 kamen 69 % der Milch für San Miguel de Tucumán aus Santa Fe und Córdoba; 1963 lieferte der nähere Umkreis bereits 92 % des Bedarfs an. Die gewerbliche Wirtschaft beschränkt sich in den größeren Städten dieses »anderen Argentiniens« auf Lebensmittelverarbeitung und Ausführung von Reparaturen. Außerdem gibt es die Roheisen- und Stahlherstellung bei San Salvador de Jujuy (Rohstahlerzeugung Argentiniens 1971: 1,91 Mill. t). Ferner wird Nutzholz eingeschlagen, Sägewerke arbeiten, und einige Wasserkraftwerke sind in Betrieb. Erdgas und Erdöl gehen vom Nordwesten in Rohrleitungen bis an den Paraná.

Das Hochland selbst – mit einer durchschnittlichen Höhe von 3500 m – und die ihm aufgesetzten Sierren sind auf weite Strecken Bergsteppen mit Zwergsträuchern und Grasbüscheln, die westwärts in Vollwüste übergehen. Es bestehen einzelne zentrale Orte, von denen die hier sehr verstreuten Behausungen der Indios abhängen. Deren Lebensbasis ist die Schaf- und Ziegenhaltung. In weithin herrschender Fernsicht und bei fast immer hellem Sonnenschein wird eine in der Formenwelt mannigfaltige, aber in stumpfer Farbigkeit daliegende Landschaft sichtbar, die wie ein natürliches Freilichtmuseum anmutet: erloschene Vulkankegel mit erstarrten Lavaströmen; lockere Anhäufungen gelblichen Aschenauswurfes, Bimssteinlagen und Sinter erstorbener Geysire; glitzernde Salzpfannen, an sich zahlreich, aber verschieden groß, von zusammen 24 227 qkm; Frostmusterböden in polygonaler und streifiger Form; die jedes Jahr neu geformten Büßerschneefiguren; Sichelrasenhänge und vom Wind in schütteren Parallelreihen angeordnete Zwergsträucher. San Antonio de los Cobres ist der verbliebene Platz aufgegebenen Bergbaues.

Das Punahochland endet im Süden an einem deutlichen, von Osten nach Westen verlaufenden Rand. Von hier erstreckt sich südwärts die mehr als 200 km lange pampine Sierra de Famatina (bis zu 6250 m); einige Gipfel weisen deutliche Formung durch die eiszeitliche Vergletscherung auf. Durch Längsgebirge eingerahmte Becken wiederholen sich in Richtung Süden, meist in West–Ost-Abfolge nebeneinander angeordnet. Sie werden Campos oder Bolsones genannt. Diese Region gehört im wesentlichen zu den Provinzen Catamarca und La Rioja. Zahlreiche kleine – sogenannte arme – Oasen knüpfen an lokale Bäche oder Quellhorizonte an. Extensive Viehzucht nutzt die Gras- und Buschsteppen der Montevegetation. Nachdem die Transportmöglichkeiten sich gebessert haben, produzieren einige der Orte in Spezialisierung marktfähige Agrarerträge: Andalgalá Quitten für Marmelade, Catamarca Tafeltrauben und Nüsse, Belén und das Valle Fértil (»Fruchtbares Tal«) Feigen, La Rioja seit etwa 1930 Oliven und Datteln.

Südlich der Bolsone wandelt sich die typische Gestaltung des Großreliefs. Die Gebirge der Provinz Córdoba zählen zwar nach ihrem tektonischen Blockcharakter, zu dritt nebeneinander gelegen, zu den Pampinen Sierren; aber sie sind weit nach Osten aus den Gebirgsreihen herausgerückt, und ihr Vorland, wo die Provinzhauptstadt Córdoba liegt, geht in die »trockene

Buenos Aires · Der Schuhputzer gehört in der Hauptstadt Argentiniens genauso zum Straßenbild wie in allen lateinamerikanischen Städten.

Pampa« über. Weit südwestlich hiervon, bei Mendoza, zieht der sedimentäre Fuß der Vorkordillere unmittelbar in das Flachland hinaus. Die Städte Córdoba und Mendoza haben nicht nur ein regionales, sondern auch ein allgemeinwirtschaftliches Schwergewicht und bilden ein wesentliches Element im gesamtargentinischen Wirtschaftsgefüge. Mendoza, früher von Zerstörungen betroffen, zeigt sich heute als moderne Stadtanlage mit breiten Geschäfts- und Wohnstraßen. Es tritt namengebend für eine ganze Reihe von bewässerten Siedlungs- und Landnutzungskomplexen auf. Südwärts schließen sich San Rafael (1805 als Fort am Nordufer des Río Diamante errichtet) und, als jüngste räumlich isolierte Anlage, Malargüe an. In San Juan und San Luis bestehen hier neben Mendoza zwei weitere Provinzhauptstädte. Die Kulturen sind überall noch in Erweiterung. Das Gebirgshinterland – die Haupt- und die Vorkordillere – gibt mit den Schmelzwassern seiner Gletscher die Möglichkeit zur Bewässerung des Vorlandes. Sofern sich die Wasserläufe noch weiter ins Vorland hinausziehen, versickern sie im trockenen Steppengelände. Die Anregung zur Weinrebenkultur stammt von französischen Einwanderern; die Bodegas (Kellereien) keltern auch für die Ausfuhr.

Auf anderen Grundlagen beruht das Wirtschaftsleben in der Provinz Córdoba. Deren namengebende Hauptstadt war mit ihrer Universität schon vom 17. Jahrhundert an der hervorragende Mittelpunkt östlich der Anden, ein »kleines Lima«. Historische Baulichkeiten durchsetzen das Stadtbild. In der Neuzeit hat sich in Córdoba eine bedeutsame industrielle Fertigung entwickelt, insbesondere von rollendem Eisenbahnmaterial und Automobilen. Die Herstellung von Motorfahrzeugen, seit 1958 von nennenswerten Dimensionen, beschränkt sich zwar auf ausländische Wagentypen, doch stammt das meiste des benötigten Materials bereits aus dem Lande. Die bevölkerungs- und industriereiche Agglomeration von Córdoba wie auch die in den Bergen aus dem ganzen Land aufgesuchten Erholungsorte können heute auf der Grundlage der Bewässerungs-Stauanlagen aus der Umgebung mit Wasser und Strom versorgt werden.

Südlich von Mendoza, etwa in der Breitenlage des von Westen nach Osten fließenden Río Colorado, gehen Haupt- und Vorkordillere in die Patagonische Kordillere (Cordillera Patagónica) über. Sie beginnt mit einem etwa 500 km langen, kompliziert gebauten Gebirgskomplex, meist Nahuel-Huapí-

Massiv genannt. Dieses leitet zur eigentlichen Südkordillere über, die auf ihrer Ostseite aus gefalteten mesozoischen und im Zentrum aus kristallinen Gesteinen besteht. In der Südkordillere setzen bei 34° südlicher Breite (größtenteils erloschene) Vulkankegel ein, gefolgt, ab dem 37. Breitengrad, von Gletschern und, ab dem 39. Breitengrad, von zahlreichen Gebirgs- und Vorlandseen, deren Hohlformen und Moränenumkränzung aus der Eiszeit herrühren. Der Río Limay sammelt ihre Wasser und tritt aus dem »Verzauberten Tal« (Valle Encantado) mit seinen erosiv gestalteten Tuffelsen hier aus dem Wald in die Steppe hinaus. Der erste größere See ist (bei 41° südlicher Breite) der Nahuel-Huapí-See (Lago Nahuel Huapí), inmitten eines 785 000 ha umfassenden, vom vielbesuchten Fremdenverkehrszentrum San Carlos de Bariloche (herangewachsen seit 1940) zugänglichen Nationalparks gelegen. Ein weiterer Nationalpark umgibt den Erholungsort San Martín de los Andes. Dank einiger vom Staat angelegter Siedlungen in Tallage ist der Gebirgsrand teilweise wirtschaftlich erschlossen, so bei Junín de los Andes und bei El Bolsón. Etwas südlich des 45. Breitengrades beginnen die beiden Eisfelder der Südkordillere, Patagonisches Eis genannt, das nördliche etwa 130, das südliche 370 km lang. Das Eis liegt überwiegend auf chilenischem Gebiet; einzelne Gletscher nehmen ihren Weg nach der argentinischen Seite. Die gesamte Südkordillere wird durch tiefe Querfurchen in Einzelmassive aufgelöst. Der 2240 qkm große Buenos-Aires-See (Lago Buenos Aires), zu reichlich einem Drittel auf argentinischem Territorium gelegen, entwässert nach Westen. Noch weiter südlich, zwischen Argentinosee (Lago Argentino) und Viedmasee (Lago Viedma), ist mit 600 000 ha der Nationalpark Los Glaciares abgesteckt. Auch hierhin richtet sich, wenn auch in bedeutend geringerem Maße, das Interesse der argentinischen Touristen. Im weiteren Verlauf wird die immer wieder von Eisflächen bedeckte Südkordillere merklich niedriger und biegt auf Feuerland endgültig nach Osten.

Raum für Pioniere: Ostpatagonien und Feuerland

An der patagonischen Küste wurden erst gegen Ende des 18. Jahrhunderts dauernde Stützpunkte angelegt. Die erste administrative Gliederung Ostpatagoniens erfolgte am 16. Oktober 1884, nachdem durch die militärischen Unternehmungen des Generals Roca die Indios in den Gebieten südlich des Río Colorado »befriedet« worden waren. In den fünfziger Jahren des 20. Jahrhunderts erhielten dann die inzwischen durch Estanzias erschlossenen neuen Gebiete den Status von Provinzen. Das staatliche Interesse an Patagonien war die Konsequenz einer Reihe anderweitiger Kontakte, angefangen etwa mit der Erkundungsfahrt von Charles Darwin auf dem Río Santa Cruz bis zur organisierten Landnahme durch Waliser Emigranten am unteren Río Chubut im Jahre 1865. Binnen zweier Jahrzehnte hatten sie ihren Bewässerungsfeldbau so weit stromaufwärts vorangetrieben, daß für die 1888 weiter westlich einsetzende staatliche Kolonisation ebenfalls Waliser herangezogen wurden (Streusiedlung »16. Oktober«); damit war binnenwärts bereits Bergland erreicht. Wirtschaftliche Grundlage wurde der Rinderhandel mit Chile. Zum zentralen Ort stieg das 1906 gegründete Esquel auf, das heute 12 000 Einwohner zählt.

Die Gruppensiedlung im gebirgsnahen Patagonien wurde fortgesetzt. Nachdem 1889 die Bahnlinie zunächst bis Neuquén geführt worden war, kamen im Tal des Río Colorado Kolonien zustande, vor allem aber um die Jahrhundertwende, als nach Plänen des italienischen Ingenieurs Cipoletti die langgestreckte Obst- und Weinbauoase am Río Negro errichtet wurde. Verdichtet ist die Bevölkerung immer nur an einzelnen Punkten, so um Zapala, wo inzwischen durch das große Ölfeld bei Plaza Huincul das wirtschaftliche Schwergewicht gesteigert werden konnte. Die Vermehrung der Talsiedlung auf der Grundlage von Landbau, Rinderhaltung und Holznutzung sowie des Tourismus (Nationalparks) machen die funktionelle Verzahnung des andinen Hinterlandes mit der vorgelagerten Steppe besonders deutlich. Das Dienstleistungsgewerbe im Anschluß an den Fremdenverkehr schuf neue Arbeitsplätze. Die in den zwanziger Jahren von staatlicher Seite eingerichteten kleinen Indioreservationen sind in diesen Veränderungen des Bevölkerungsgefüges mehr oder minder rückläufig geworden. Der Fortschritt der Kolonisation im inneren Nordpatagonien vollzieht sich in den kleinen örtlichen Zentren. Dieser Landnahme im nordwestlichen Ostpatagonien steht ein anderer Typ der Landnutzung gegenüber; er dehnte sich über ganz Patagonien aus, und zwar in Form von Estanzias für die Schafhaltung, jeweils verstreut gelegen und nur durch Naturwege mit größeren Straßen verbunden. In der patagonischen Steppe war im Zuge der militärischen Sicherung von seiten des Staates an verdiente Soldaten Land großzügig vergeben worden, ohne daß es in der Regel zu einer Nutzung kam. Bodenspekulation setzte ein, und die Schafzuchtergebnisse auf den Falklandinseln wurden zur Anregung für die Begründung von Estanzias; die karge Steppe brachte Erträge. Eigentümer sind in erster Linie Familien britischer und nordeuropäischer, vereinzelt auch deutscher Herkunft. Die Estanzias sind verschieden groß. Besonders ausgedehnten Besitz, der in die Hunderttausende von Hektar gehen kann, halten Gesellschaften, für die von einfachen Puestos her die Hirten die Herden betreuen. 25 qkm vermögen 500–1000 Schafe zu tragen. Der binnenländische Estanziero hält sie bei jährlicher Schur, durchgeführt durch kontraktierte Arbeiterkolonnen, bis zu fünf Jahre. Dann ist ihr Gebiß verbraucht, sie werden zur Mast weiterverkauft und gelangen als Schlachttiere zu den wenigen, jährlich nur noch einige Monate arbeitenden Schlacht- und Kühlhäusern an der Küste. Im Zusammenhang mit dem Woll- und Fleischexport sowie wegen der Versorgungsdienste erhielten alle Küstenorte wirtschaftlichen Auftrieb, insbesondere die Häfen, unter ihnen das ab 1895 entstandene Río Gallegos. Bei Comodoro Rivadavia wurde 1907 die erste Ölbohrung niedergebracht; heute zählt die Stadt 60 000 Einwohner. In El Turbio, im Binnenland der Provinz Santa Cruz, wird an den Quellen des Río Turbio Kohle in relativ kleinen Mengen abgebaut. Das ausgedehnte Patagonien ist in mehrfacher Hinsicht ein Pioniergebiet geworden. Gleichwohl ist die durchschnittliche Bevölkerungsdichte noch sehr gering. Läßt man die zentralen Orte außer Betracht, so entfällt auf gut 2 qkm nur ein Einwohner. In den beiden südlichen Dritteln Patagoniens bieten Zollfreiheit, Steuerermäßigung und relativ hohe Lohnvorteile Anreize für Zuwanderer.

Auf der zwischen der Magalhãesstraße und dem Beaglekanal gelegenen Insel Feuerland wurde 1955 eine Straße fertiggestellt, die in der Steppe beginnt und über das Wald- und Gletschergebirge der Valdiviesokette (Monte Olivia, 1370 m) nach Ushuaía führt, der Hauptstadt des argentinischen Territoriums Tierra del Fuego. Ushuaia war bis Ende des Zweiten Weltkriegs Strafkolonie. Seitdem 1948 italienische Kolonisten ankamen, ist seine Bevölkerung auf etwa 3000 angestiegen. Der wichtigste Erwerbszweig auf Feuerland ist die Schafwirtschaft. Für die größere Anzahl von Estanzias arbeitet ein Schlachthaus unweit Río Grande (1500 Ew.). Der Holzreichtum der Kordillere wird von einigen Sägewerken genutzt.

Die Gegenwartslage der La-Plata-Staaten

Die La-Plata-Staaten hält ihre geographische Lage zum Mündungstrichter des Paraná-Paraguay-Stromsystems zusammen. Darüber hinaus sind Teile von ihnen vergleichbar, weil natürliche Landschaftseinheiten sich über die internationalen Grenzen erstrecken: Der subtropische Wald auf den ostparaguayischen Plateaus findet sich auch im argentinischen Misiones, die subtropische Savanne des Gran Chaco und ihre Gehölze reichen über den Grenzfluß Pilcomayo hinweg, und natürliche warm-gemäßigte Grasländer bieten sich als Weide beiderseits des La Plata an, sowohl in der argentinischen Pampa als auch im gesamten Uruguay.

Ferner besitzen die drei Staaten eine gemeinsame kolonialspanische Vergangenheit, gingen sie doch aus dem 1776 geschaffenen Vizekönigreich La Plata hervor. Mithin gehören sie zu der großen Gruppe von lateinamerikanischen Ländern, die sprachlich und kulturell von Spanien geformt wurden. Wie alle diese Staaten sind diese Länder Mitglieder der »Lateinamerikanischen Freihandelszone« (Asociación Latinoamericana de Libre Comercio, ALALC). Daß sich die La-Plata-Länder weitgehend unabhängig voneinander entwickelt haben, ist nicht zuletzt darauf zurückzuführen, daß der innere Regionalismus Maßnahmen erzwingt oder wechselseitigen inneren Wirtschaftsaustausch anbietet, der dann jedem einzelnen Land eigentümlich ist. In besonderem Maße gilt dies naturgemäß für den großen Flächenstaat Argentinien gegenüber den beiden anderen Ländern und schließlich auch zwischen diesen Ländern selbst.

Uruguay nutzt den gesamten Raum wirtschaftlich, aber der Norden und der Nordosten stagnieren betriebswirtschaftlich und sozialpolitisch; in Paraguay ist das Erschließungsgefälle zwischen dem Osten und dem Westen besonders auffallend. Die multiregionale Gliederung Argentiniens ist einerseits nicht ohne Wert für den inneren Wirtschaftsaustausch, andererseits jedoch in mehrfacher Hinsicht eine außerordentliche Belastung, wenn auch nicht für die nationale Zusammengehörigkeit.

Paraguay hat eine östliche, eine nördliche und eine sehr ausgedehnte westliche Erschließungsfront. Kurze Bahnlinien und neue Fernstraßen, alle vom Paraguay oder vom südöstlichen Verkehrskorridor Encarnación–Villarrica ausgehend, führen an die Pioniergrenzen heran. Drei Viertel der Nutzfläche (Anbau, Viehhaltung, Holzwirtschaft) entfallen auf Besitzeinheiten von über 50 000 ha; knapp die Hälfte aller landwirtschaftlichen Betriebe bewirtschaften, in Eigenbesitz oder auf Pachtbasis, je unter 5 ha. Bei den Importen entfallen rund 20% auf Nahrungsmittel (Weizen, Milchprodukte). Im ganzen Land gibt es nur einige Fabriken der verarbeitenden Industrie mit über 500 Beschäftigten (u.a. drei Tannin-, zwei Fleisch- und zwei Textilfabriken). Südlich von Asunción wird im Anschluß an ein Eisenerzvorkommen in kleinstem wirtschaftlichem Maßstab Roheisen erzeugt.

Investitionsgüter müssen eingeführt werden, doch stehen hierfür nicht genügend Devisen zur Verfügung. Teilweise kann man sich schon mit Halbfabrikaten begnügen. Einfache Konsumgüter werden weitgehend im Lande hergestellt. Durch Abkommen verfügt das ozeanferne Land über drei Freihäfen in den Nachbarländern; es sind dies Buenos Aires in Argentinien sowie Paranaguá und Santos in Brasilien. Paraguay wird gekennzeichnet durch die vorherrschende Selbstversorgungswirtschaft auf dem Lande und die Engpässe für jegliche Ausweitung der industriellen Fertigung. Innerhalb der ALALC genießt das Land daher besondere Entlastungen. Seine Hauptlieferländer sind die USA, Argentinien, Großbritannien, die Bundesrepublik Deutschland und – für Erdöl – die Niederländischen Antillen; alle zusammen bestreiten über vier Fünftel des Einfuhrwertes. Paraguays Abnehmer ordnen sich fast in gleicher Reihenfolge: die USA, Argentinien, Großbritannien, die Niederlande, Spanien, Uruguay, die Bundesrepublik Deutschland, Italien und Frankreich, wobei die USA und Argentinien weitaus an der Spitze liegen. Paraguay ist gezwungen, wegen seiner historisch und geographisch bedingten Situation in weitgehender Selbstgenügsamkeit zu leben. Mit nur bescheidenen Mitteln kann es für die Zukunft das innere wirtschaftliche Gleichgewicht durch einigen Außenhandel absichern. Garantiert wird diese zurückhaltende Stabilität durch eine autoritäre Regierungsführung und die Genügsamkeit einer vorwiegend bodenständig gewachsenen Bevölkerung bei geringer Beteiligung von Einwanderern.

Uruguay trat zweihundert Jahre später als seine Nachbarn in die kolonialgeschichtliche Entwicklung ein. Gleichwohl gelang ihm ein ungewöhnlich schneller Aufschwung. Das Land entwickelte sich konsequent zu einem leistungsfähigen Exporteur von Viehzuchtprodukten. 1855 wurde die erste Schafwolle nach England geliefert. Im Zuge der Handelsbeziehungen mit Großbritannien floß auch britisches Kapital nach Uruguay. Schlachthäuser und Bahnlinien entstanden auf diese Weise mit ausländischem Kapital. Die weitgehende naturlandschaftliche Einförmigkeit konnte nicht verhindern, daß sich der Regionalismus im Norden und im Nordosten des Landes auf sozialökonomischer Grundlage ausprägte. Die Traditionsgebundenheit ist dort selbst bei den viehzüchtenden Großbesitzern so stark, daß ihre Konsumgüterbedürfnisse relativ gering blieben, während der mittelständische Landbesitz des Südens, auf Ackerbaugrundlage, anspruchsvoller in das Wachstum der überdimensionierten Hauptstadt sowie der mittel- und kleinstädtischen Zentren hineinwirkt. Dagegen blieben die Löhne auf den Estanzias des Binnenlandes niedrig. Der sozialökonomische Regionalismus der nördlichen Landesteile findet seinen Gegenpol in den Städten; diesem Land–Stadt-Gegensatz entspricht auch eine Polarisierung in zwei politische Parteien. 1903–1929 stellten die Colorados als sozial fortschrittliche Partei der Stadtbevölkerung die Regierung. Uruguay kannte früh eine Sozialpolitik und demokratische Regierungsformen, die lange Zeit für Lateinamerika als Muster galten. Zeitweilig gab es sogar eine Kollegialregierung mit wechselndem Vorsitz (wie in der Schweiz). Scharfe Auseinandersetzungen der Parteien, u.a. in bezug auf die Sozialpolitik, mündeten schließlich in eine innenpolitische Krise. Die Wurzeln der politischen Divergenzen liegen im unentwegten Beharren der Viehhalter auf überkommenen Wirtschaftsformen. Der Tierbestand hat sich seit langem nicht wesentlich vermehrt. 74% der Nutzfläche entfallen auf Grünland jeder Art, wobei Naturweide noch immer den Vorrang hat; nur 12% dienen als Acker- oder Forstland. Der mittlere Landwirt des Südens kennt keine Viehhaltung für die Marktwirtschaft. Konsumgüterindustrie ist zwar vorhanden, aber für sonstige industrielle Fertigung von Metallgegenständen müssen Halbprodukte eingeführt werden. Die Einfuhr wiederum wird durch Zölle gedrosselt. Die wichtigsten Lieferländer sind die USA, die Bundesrepublik Deutschland, Großbritannien, Italien und die Niederlande; Hauptabnehmerländer für die Ausfuhrgüter Uruguays sind Großbritannien, die USA, die Niederlande, die Bundesrepublik Deutschland, Italien, Brasilien und Frankreich; insgesamt rangieren hierbei die EG-Länder mit großem Abstand vor den USA. Vorläufig ist nicht abzusehen, wie sich Uruguay in seiner Wirtschaftsstruktur den modernen Erfordernissen anpassen wird.

Argentiniens Ruf, ein reiches Land zu sein, geht auf die

Agrarproduktion der zentralen Pampa zurück. Dagegen ist Argentinien nicht übermäßig mit Bodenschätzen ausgestattet, vom Erdöl und vom Erdgas zur Eigenversorgung abgesehen, obgleich im Lande gern über mineralische Schätze gesprochen wird. Die reiche Agrarproduktion und der entsprechende Export hatten Argentinien wirtschaftlich rasch an die Spitze der lateinamerikanischen Staaten gestellt. Diese Zeiten sind vorüber. Brasilien und Mexico haben erheblich aufgeholt. Im Bewußtsein der Bevölkerung ist die Einheit des Landes ungeachtet seiner Größe und der Abgelegenheit vieler Gegenden gesichert. Poststafetten erreichen Gebiete, die nicht an das Straßennetz angeschlossen sind. Telegrafenlinien ermöglichen überallhin Geschäftsabschlüsse in Tagesfrist, noch bevor nationale Fluglinien das Reisen beschleunigten. Auch dünnbevölkerte Gegenden verfügen über ein organisiertes System von Landschulen und über stationierte Krankenpfleger für die laufende Hilfeleistung auch bei nur punkthafter Besiedlung.

Wirtschaftliche Krisen, Produktions- und Absatzschwankungen sind vorwiegend strukturell und konjunkturell bedingt; außerdem wirkt die laienhaft konzipierte Wirtschaftstheorie des sogenannten Justizialismus, die während der Präsidentschaft Peróns (1946–1955) im Schwange war, bis in die Gegenwart nach. Diesbezügliche politische Emotionen gefährden den Arbeitsfrieden. Die Neuwahlen von 1973 brachten den »Peronisten« entscheidenden Erfolg; die wirtschaftliche Entwicklung blieb jedoch labil wie die soziale Situation. Argentinien ist kein eigentliches Entwicklungsland mehr, wie die Statistik der Berufstätigen zeigt. Aber es steht vor einer Fülle von durchzuführenden Ausgleichen und Aufbauprojekten. Ab 1962 hatte die Ausfuhr wieder zugenommen. Seit 1965 stehen nicht mehr Maschinen und Fahrzeuge, sondern Halbfabrikate an erster Stelle der Einfuhrwerte. Einfuhren kommen aus der EG (an der Spitze die Bundesrepublik Deutschland, gefolgt von Italien), den USA, und Brasilien. Die Ausfuhr geht in EG-Länder (wobei die Niederlande und die Bundesrepublik Deutschland zusammen den ersten Platz haben), nach den USA und Brasilien. Eine technische Erschwerung für den Handelsverkehr ist die Tatsache, daß die USA keine agrarische Einfuhr aufnehmen können. Die Ausfuhr von gewerblichen Produkten kommt nicht voran, weil die argentinischen Waren im Preis zu hoch, in der Qualität nicht hoch genug liegen. Als Agrarproduzent bleibt Argentinien von Weltmarktpreisen abhängig. Das führt dahin, daß der landwirtschaftliche Großbesitz zur Vermeidung von Verlusten die Anbauflächen und die Zahl der gehaltenen Tiere mitunter von einem Jahr zum anderen drastisch reduziert. Hinzu kommen naturbedingte Schwankungen. Trockene Jahre bewirken in der Pampa verminderte Ernten, die jedoch meist schon im darauffolgenden Jahr durch Rekorderträge ausgeglichen werden. Natürliche Erschwerungen ergeben sich ferner aus der Mannigfaltigkeit der landschaftsökologischen Flächeneinheiten. Mit anderen Worten: Der Multiregionalismus des großen Landes macht sich bemerkbar. Patagonien kann durch seine Wollproduktion bezüglich der Ausfuhrmöglichkeit seines Erzeugnisses in größerem wirtschaftlichem Zusammenhang neben die Pampa gestellt werden, obgleich es wie andere Trockengebiete (Chaco sowie Teile der Bolsones und des mittleren Westens) den Beitrag zur Nationalwirtschaft im Bereich der Extraktionswirtschaft leistet. Andere Landesteile sind lediglich Ergänzungsräume für die nationale Selbstversorgung, so der Nordwesten, Teile der großen Oasen und des nördlichen Zwischenstromlandes. Den Einzelregionen fällt mithin im Rahmen der Nationalwirtschaft eine verschiedene Rolle zu. Das Gefüge der argentinischen Wirtschaft wird also durch mehrere Faktoren beeinflußt, nicht zuletzt auch durch den steigenden Selbstverbrauch an agrarischen Erzeugnissen infolge der inneren Bevölkerungszunahme. Bei den von Konjunktur und Natur diktierten Schwankungen ist das Agrarland Argentinien, wie es als solches im Welthandel erscheint, überfordert, von innenpolitischen Kontroversen ganz abgesehen. Ab 1963 war Ordnung in die Wirtschaftspläne gekommen, woraus sich für einige Jahre eine Stabilisierung ergab. Grundlegend wurde die Unterscheidung von branchenbezogener und regionaler Wirtschaftsförderung. Bei den Wirtschaftszweigen haben Eisen- und Stahlerzeugung, Petrochemie, Bergbau, Forstwirtschaft und Fischerei Priorität; regional stehen Patagonien und das Gebiet von Córdoba im Vordergrund. Gleichwohl mußten mitunter schon begonnene Vorhaben in der Ausführung unterbrochen werden; damit wurde schon investiertes Kapital stillgelegt. Die sozialökonomische Situation ist von Region zu Region verschieden und damit ebenso raumabhängig wie das Wirtschaftsgefüge selbst. Soziale Reformen sind daher ein besonderer Aspekt der Wirtschaftsplanung. Da der Großbesitz infolge der regionalen Spezialisierung noch sehr nahe an wirtschaftlich einseitiger Betätigung steht, wäre es jedoch sehr vordergründig, den Ausweg in einer Parzellierung, d. h. in einer Agrarreform alten Stils zu suchen. Auch die kleinen Landhalter einiger Regionen sind meist auf spezielle Marktprodukte eingestellt. Die Sozialpolitik kann für die einzelnen Regionen nicht losgelöst von den speziell einzuschlagenden Wegen gesehen werden. So sieht sich Argentinien vor dem Problem, den Erfordernissen der Wirtschaftsrationalisierung und sozialpolitischen Notwendigkeiten in ausgewogener Weise Rechnung zu tragen.

Beretta, P. L.: L'utilizzazione del suole nella regione platense. (In: Bolletino della Società Geografica Italiana, Bd. 9.) 1968. – Buhmann, Chr.: Die Viehwirtschaft im argentinischen Zwischenstromland. (In: Kölner Forschungen zur Sozial- und Wirtschaftsgeographie IV.) Wiesbaden 1968. – Bundesamt, Statistisches (Hg.): Argentinien. (Länderberichte./Allg. Statistik des Auslandes.) Stuttgart/Mainz 1968; Paraguay 1965; Uruguay 1966. – Czajka, W.: Buenos Aires als Weltstadt. (In: J. H. Schultze [Hg.]: Zum Problem der Weltstadt.) Berlin 1959. – Deffontaines, P.: Les oasis de piemont argentine des Andes. (In: Les Cahiers d'Outre-Mer, Nr. 5.) 1952. – Eriksen, W.: Kolonisation und Tourismus in Ostpatagonien. (In: Bonner Geographische Abhandlungen, Nr. 43.) Bonn 1970. – Garsch, B.: Der Einfluß der Jesuitenmission auf den Wandel der Naturlandschaft während des 17. u. 18. Jahrh. (Phil. Dissertation Universität Breslau.) 1934. – Hack, H.: Die Kolonisation der Mennoniten im paraguyanischen Chaco. Amsterdam 1961. – Pendle, G.: Uruguay. 3. Aufl. London 1963. – Wilhelmy, H./Rohmeder, W.: Die La-Plata-Länder. Braunschweig 1963.
Das Werk von Wilhelmy/Rohmeder *ist ein umfangreiches Handbuch und vermittelt in gut lesbarer Form, unterstützt von zahlreichen Kartenskizzen aller Regionen und geographischen Sachgebiete der La-Plata-Länder einen Eindruck dieses Gebietes. – Das Buch von* Pendle *ist noch aktuell genug, um wichtige Seiten dieses Lieblingslandes britischer Südamerikabeziehungen aus dem Blickwinkel eines Engländers kennenzulernen. – Weitere Handbücher liegen nur in spanischer Sprache vor. Sie sind vorwiegend beschreibend gehalten. – Die Veröffentlichungen des Statistischen Bundesamtes enthalten jeweils einen allgemeinen Text und sehr detaillierte Tabellen über alle Seiten des wirtschaftlichen und gesellschaftlichen Lebens der drei Länder. Alle übrigen, vielfach fremdsprachigen Titel sind Beispiele für regionale Monographien aufgrund neuester Studien. Sie beziehen sich nur auf Teilgebiete, sind jedoch sehr geeignet, moderne Entwicklungen in Einzelheiten kennenzulernen. – Übrige Einzelstudien sind leicht dem Werk von* Wilhelmy/Rohmeder *zu entnehmen.*

Gustav Fochler-Hauke

Lateinamerika – ein Kulturerdteil sucht seine Zukunft

Schmelztiegel von Rassen und Völkern

Lateinamerika, zu dem nicht nur Süd- und Zentralamerika, sondern in sprachlich-kultureller Hinsicht und weitgehend in der Sozialstruktur auch Mexico und der größere Teil der Antillen gehören, ist von einer ungewöhnlichen Komplexität. Das gilt namentlich auch für seine Bevölkerung, von der weniger als zwei Fünftel als Weiße gelten, während die ursprünglichen Bewohner, die Indianer, zwar zahlenmäßig stärker sind als zur Zeit der Entdeckung, aber nur noch etwas mehr als ein Zehntel aller Lateinamerikaner ausmachen. Neger und Mulatten – das ethnische Element aus wesentlich afrikanischer Wurzel – sind ungefähr doppelt so zahlreich wie die Indianer. Die verschiedenen asiatischen Volkssplitter fallen nicht ins Gewicht, so wichtig sie auch für einige Gebiete und in einzelnen Wirtschaftsbereichen Lateinamerikas sind. Die zweitstärkste Bevölkerungsgruppe sind die Nachkommen aus Verbindungen zwischen Weißen und Indianern, die Mestizen (Ladinos, Mamelucos usw.). Wie die Verteilung der Bevölkerung sehr ungleichmäßig ist und sich diese z. B. in Süd- und Zentralamerika am stärksten in den Randzonen konzentriert, so ist auch die Verteilung der verschiedenen ethnischen Gruppen sehr unterschiedlich. Da Rassendiskriminierung kaum virulent ist und sich die als mögliche Auswirkungen einer solchen vorhandenen Phänomene hauptsächlich aus den sozialen Spannungen ergeben, wird der seit der frühen Kolonialzeit vor sich gehende Prozeß der Rassenvermischung sich künftig noch mehr intensivieren, so daß Lateinamerika als der eigentliche »Schmelztiegel« von Rassen und Völkern angesehen werden kann. Es wird allerdings noch lange dauern, ehe sich die unterschiedlichen Traditionen der einzelnen Gruppen zu einer mehr oder weniger einheitlichen Form integrieren, denn die Voraussetzung dafür, die Hebung der Volksbildung, macht zwar im einzelnen bedeutende, insgesamt jedoch noch ungenügende Fortschritte; einigen Staaten, in denen die Analphabeten weniger als ein Zehntel der Gesamtbevölkerung ausmachen, stehen viele gegenüber, in denen dieser Anteil noch nahezu oder über die Hälfte beträgt. Durch den Einsatz moderner Erziehungsmittel, besonders durch den Rundfunk, besteht jedoch die Möglichkeit, die Alphabetisierung zu beschleunigen. Als ein großes Problem erscheint die bisher noch minimale Integration des indianischen Bevölkerungsteils in das allgemeine wirtschaftliche und soziale Leben; die dieses Ziel anstrebenden Bewegungen – etwa Aprismus oder Indigenismus – haben nur temporäre und prekäre Erfolge gezeigt. Die erste große proindianische Bewegung rief in den zwanziger Jahren der Peruaner Victor Raúl Haya de la Torre ins Leben, die anfangs radikalsozialistische und antiimperialistische Alianza Popular Revolucionaria Americana (APRA) der Apristen, die immer wieder unterdrückt wurde.

Die geistigen und emotionellen Strukturen der Lateinamerikaner sind heute noch derart heterogen, daß nicht abgesehen werden kann, wieweit und in welcher Art sich die unterschiedlichen ethnisch-kulturellen Komponenten durchdringen werden. Es wäre verfehlt, von der geistigen Haltung und vom kulturellen Traditionsbewußtsein der ganz allgemein kleinen Oberschicht auf die Entwicklungstendenzen der Zukunft zu schließen. Der Nationalismus, bis vor kurzem nur in relativ schmalen Schichten relevant, wird bewußt und unbewußt durch die Massenmedien und die Schulbildung verstärkt, was teilweise die Integration der unterschiedlichen ethnischen Gruppen erleichtert, auf lange Sicht hin aber die politische und wirtschaftliche Zusammenarbeit erschwert und, wie sich jüngst in mehreren Fällen gezeigt hat, sogar zu kriegerischen Auseinandersetzungen zwischen einzelnen Ländern führen kann. Die Zeit des Caudillismus traditioneller Art neigt sich dem Ende zu, aber der Zug zu autoritärer Herrschaft von Gruppen und Einzelpersönlichkeiten ist lebendiger als je, wenn er auch im Sinne von Castro, Guevara oder Torres zumindest vorläufig von sozialrevolutionärem Charisma abhängig zu sein scheint.

Durch Verstädterung zu einem neuen Proletariat

Die nicht aus den Erfordernissen der Industrialisierung, sondern aus der Not der ländlichen Massen genährte Verstädterung, die so rasch fortschreitet wie in nur wenigen anderen Teilen der Welt, bringt auch eine ganz neue Schicht zu wachsender Geltung: die städtische Industriearbeiterschaft und ganz allgemein ein lateinamerikanisches Proletariat, dessen Wurzeln in der Mehrzahl so ganz anders sind als jene des Proletariats in der frühen und der mittleren Phase der europäischen Industrialisierung. Nur die wenigen lateinamerikanischen Staaten, die bereits den Doppelcharakter von Agrar-Industrieländern haben, d. h. sich einer vollentwickelten Wirtschaft nähern, sind in der Lage, wenigstens einigermaßen die Voraussetzungen dafür zu schaffen, den Massen der heranwachsenden Jugend mehr oder weniger ausreichende Bildungs- und Ausbildungsmöglichkeiten sowie Arbeitsplätze zu sichern; es sind dies gleichzeitig die Länder, die einen mäßigen Bevölkerungszuwachs verzeichnen. Die Mehrzahl der lateinamerikanischen Länder ist jedoch gleichzeitig unterentwickelt und durch eine der höchsten Quoten der Bevölkerungszunahme gekennzeichnet, der Maßnahmen zur Geburtenkontrolle nur in allerersten Ansätzen entgegenstehen. Zwei Fünftel bis zur Hälfte der Gesamtbevölkerung dieser Länder sind Jugendliche im Alter von weniger als fünfzehn Jahren. Angesichts der Gesamtsituation ist eine Lösung der gigantischen Aufgaben arbeits-, sozial- und bildungspolitischer Art für die nahe Zukunft nicht zu erwarten. Schon heute drängen sich in den Metropolen Lateinamerikas unter entwürdigenden Bedingungen Millionen von Menschen in Elendsvierteln zusammen, für die bereits viele bezeichnende Namen vorhanden sind: Barrancas, Barriadas, Callampas, Favelas, Ranchos, Tugurios, Villas Miserias, Casas Gruyas... Die überhandnehmende Bürokratisierung lähmt viele Kräfte und Impulse zu individueller oder kollektiver Selbsthilfe, für die durchaus Voraussetzungen vorhanden sind.

Genossenschaftliche Traditionen sind in Stadt und Land ganz überwiegend noch schwach entwickelt und leiden ebenfalls unter bürokratischen Hemmungen. Indianische Traditionen gemeinwirtschaftlicher Art, wie sie sich zum Beispiel noch in den Ländern erhalten haben, die einst zum Inka-Reich gehörten, oder wie sie noch in den mexikanischen Ejidos lebendig sind oder wieder zu aktivieren versucht wurden, haben keine überzeugenden Beweise dafür gebracht, daß sie tatsächlich in der Lage seien, Probleme und Erfordernisse der Zusammenarbeit in einer gegenüber früher sich völlig verändernden Wirtschafts- und Sozialstruktur zu lösen. Die Gewerkschaften haben bisher nur in den fortgeschrittenen Ländern Lateinamerikas aus sich heraus eine positive sozialpolitische Aktivität entfaltet und gleichzeitig nüchtern die wirtschaftlichen Erfordernisse des jeweiligen Landes in Rechnung gesetzt; in der Mehrzahl handelt es sich entweder um staatlich gegängelte Organisationen, die für die Politik der Regierung eingesetzt werden, oder aber um fast anarchistische Bewegungen, die absichtlich die Wirtschafts- und Sozialstruktur und die Erfordernisse der Gesamtbevölke-

Indianische Mutter mit Kind aus einem der vorstädtischen Slums, wie sie sich in vielen lateinamerikanischen Staaten finden.

rung ignorieren. Die meisten dieser Organisationen sind hektisch gewachsen und entbehren der erfahrungsreichen Tradition der entsprechenden Organisationen der alten Industrieländer; politische Ziele im Sinne des Klassenkampfes spielen in diesen Fällen die ausschlaggebende Rolle. Die Hochschulen haben fast in allen Ländern dabei versagt, soziale Reformen mit wirtschaftlichen Notwendigkeiten zu verbinden und Kräfte auszubilden, die in diesem Sinne an führender Stelle zu einer positiven Entwicklung beizutragen vermöchten. Rechts- und linksradikale Strömungen haben fast stets die Oberhand behalten und den Lehr- und Lernprozeß nach ihren Tendenzen manipuliert, anstatt ihn unter dem Gesichtspunkt des allgemeinen Nutzens zu fördern. Viele Terroraktionen sind in ihren Ursprüngen bei Studierenden und Hochschulabsolventen zu suchen, die revolutionäre Lösungen meist ohne konkrete Zielvorstellungen in die Massen tragen.

Die Rolle von Kirche und Militär

Heterogen sind auch die Auffassungen der katholischen Kirche bzw. ihrer Vertreter, was sich dadurch besonders negativ auswirken muß, daß doch zumindest zahlenmäßig der größte Teil der Lateinamerikaner Katholiken sind. Der lateinamerikanische Katholizismus verrät in vieler Hinsicht die Tatsache, daß er sich nicht mit einer Reformation auseinandersetzen mußte. Erstarrung in Äußerlichkeiten und Machtanspruch, gewachsen in jahrhundertelanger enger Kooperation mit der wirtschaftlich und politisch herrschenden Oberschicht, sind in der offiziellen Kirche und in einem Großteil des Klerus unübersehbar. Es ist deshalb nicht zu verwundern, daß die Anziehungskraft der Kirche auf unverbrauchte und sozial aufgeschlossene Kräfte gering blieb und der überaus große Priestermangel nur notdürftig durch europäische Priester wenigstens einigermaßen kompensiert werden kann. Die Bindung an die Kirche ist im übrigen sehr unterschiedlich; das Christentum wurzelt in weiten Bereichen nicht wirklich tief und ist unter der indianischen Bevölkerung von alten Kultüberlieferungen durchsetzt, bei der afrikanischstämmigen Bevölkerung auch durch Sektenbildung und eigenartige Sonderkulte beeinflußt. In neuer Zeit haben sich auch in den hohen Klerus Reformbestrebungen stärker bemerkbar gemacht, und teilweise sind Bischöfe zu deren Aposteln geworden. Am stärksten hat sich bei jungen Priestern die Überzeugung durchgesetzt, daß zu den Hauptaufgaben der Kirche auch die soziale Verantwortung gehört. Einige dieser jungen Geistlichen haben sich von der offiziellen Kirche gelöst und sind zu Führern sozialrevolutionärer Guerillas geworden. In den letzten Jahren haben in einigen Ländern, etwa in Chile und in Venezuela, christlich-soziale Parteien wesentlichen Einfluß erlangt; sie vertreten z. T. radikalere soziale Forderungen als die Arbeiterparteien verschiedener sozialistischer Prägungen und werden von diesen und ganz besonders von den verschiedenen konservativen und von sich oft als »liberal« bezeichneten Parteien bekämpft, die mehr oder weniger eng mit den besitzenden Schichten zusammenarbeiten bzw. deren politische Machtinstrumente sind. Von den hohen Klerikern, die sich entschieden auf die Seite der Reformer gestellt haben, ist der brasilianische »Bischof der Armen und Unterdrückten«, Dom Helder Câmara, weltweit am bekanntesten geworden; zu seinen die trägen Durchschnittschristen mahnenden Parolen gehört der Aufschrei »Christlicher Hunger nach Gerechtigkeit!«.

Vielschichtig ist auch die Struktur des Militärs, das bis in die jüngste Vergangenheit hinein überwiegend den Interessen der Oligarchie, der Großgrundbesitzer und der alteingesessenen städtischen Oberschicht diente, in die nach und nach Vertreter von Handel und Industrie eingedrungen sind. In den meisten Ländern hat sich in der letzten Zeit eine Umschichtung insofern gezeigt, als aus dem mittleren und z. T. auch unteren Kreisen Offiziere und Unteroffiziere mit sozialer Verantwortung und mehr oder weniger radikalen Zielsetzungen aufgestiegen sind und nun die häufig noch konservativen höheren Militärs unter Druck setzen oder selbst die Führung in die Hand nehmen. Bisher scheint nur ein kleiner Teil authentische marxistische Prinzipien zu verfechten, während Tendenzen zu einer Kombination von Sozialreform und Nationalismus bzw. zur Bejahung eines Staatssozialismus in mehreren Ländern entscheidend geworden sind; von den an der Macht befindlichen Militärs zeigen sich nicht nur die konservativen, sondern auch die progressiven gegenüber Guerilla-Aktionen überwiegend ablehnend, ja feindlich, da sie von solchen eine Schwächung ihrer eigenen Position befürchten.

Ein charakteristisches Beispiel für die Reformpolitik progressiver Militärs ergab sich jüngst in Peru. Der 1968 gestürzte peruanische Präsident Belaúnde Terry galt als ein entschiedener Reformer; unter ihm wurde das Agrarreformgesetz von 1964 erlassen, und unter seiner Regierung wurden 915 000 ha Land enteignet, weitere 1,6 Millionen ha zur Enteignung und Verteilung unter die Kleinbauern und landlosen Indios vorgesehen. Die Anbauflächen im Küstengebiet konnten weiter ausgebaut, die Energiegewinnung und die Erschließung der Bodenschätze wesentlich gefördert werden. Belaúnde Terry galt als eine Art »Kennedy Südamerikas«, als ein Vorkämpfer der »Allianz für den Fortschritt«. Aber viele seiner Reformversuche blieben in den Anfängen stecken, da die ihn unterstützenden Parteien im Parlament keine Mehrheit besaßen. Die bewußt enge Zusammenarbeit mit den USA und die Förderung ausländischer Investitionen riefen die Gegnerschaft nationalistischer und linksextremer Gruppen hervor. Die Apristen drängten danach, endlich zur Macht zu kommen, um die seit langer Zeit von ihnen verfochtenen Reformen auch selbst durchführen zu können.

Die Zerrissenheit der Parteigruppierungen, Korruption, Kapitalflucht und Inflation waren weitere Hindernisse auf dem Weg zu einer Gesundung. Den Ausschlag für die Vorbereitung eines neuerlichen Militärputsches gaben die unbefriedigende Erdölpolitik, das Fehlschlagen einer legalen Verstaatlichung und die zwielichtige Situation im Hinblick auf die Eigentumsrechte der International Petroleum Company (IPC), einer Tochtergesellschaft zweiten Grades der Standard Oil of New Jersey. So kam es zur Übernahme der Macht durch eine Militärjunta unter General Juan Velasco Alvarado. Der Staatsstreich forderte nur wenige Opfer; ein Aufruf der APRA an die indianischen Kleinbauern und Landarbeiter, sich den Militärs zu widersetzen, blieb ohne größeren Widerhall. Die Junta setzte sich große Ziele und begann unmittelbar mit tiefgreifenden Maßnahmen. Die »Wiederherstellung der nationalen Würde«, die »Peruanidad«, d. h. die Beseitigung der Überfremdung durch Ausländer, und die endgültige Eingliederung der Indianer in die peruanische Gesellschaft – damit die Aufhebung der in der Praxis fortbestehenden Trennung in »Peruaner« und »Indios« – wurden neben einer radikalen Agrarreform als wichtigste Ziele der neuen Regierung verkündet. Es handelte sich um eine mehr oder weniger autoritäre Staatsführung von Militärs, wie dies schon mehrfach in der jüngeren Geschichte des Landes der Fall gewesen ist; aber von Anfang an traten klar staatssozialistische Tendenzen in den Vordergrund. Auch waren die führenden Militärs von einer anderen Art als bei den meisten früheren Staatsstreichen; z. T. stammen sie, wie Velasco Alvarado selbst, nicht aus den führenden Kreisen, sondern aus Arbeiterfamilien. Eine große Reserve gegenüber den USA, der Wille, mit allen Staaten, auch den kommunistischen, zusammenzuarbeiten, die Überzeugung, daß die nächste Zukunft des Landes mangels vieler Voraussetzungen nicht mit einer formalen Demokratie gemeistert werden könne, sondern eine »revolutionär« gesteuerte Evolution notwendig sei – alle diese Momente traten nun hervor. Radikaler Marxismus und Kommunismus sind bislang nicht treibende Kraft geworden. Ein von nationalen Interessen getragener Sozialismus, eine Überführung der wichtigsten Produktionsmittel in staatliche oder genossenschaftliche Verantwortung – das scheint zumindest auf lange Sicht zum Leitmotiv der neuen Politik zu gehören, die deutlich planwirtschaftliche Tendenzen erkennen läßt. »Planificación« und »Peruanidad« sind seit damals zu wichtigen Parolen geworden.

Verwaltungs- und Wirtschaftsreformen wurden sofort in Angriff genommen. Eine der ersten Maßnahmen war die Enteignung der IPC, und zwar ohne Rücksicht auf US-amerikanische Proteste. Von größter Bedeutung war aber das am 24. Juni 1969, am »Tag der Indios«, verkündete neue Gesetz zur Bodenreform. Für die bisherigen in- und ausländischen Eigentümer wurden Entschädigungen, u. a. in Form von Schuldverschreibungen, vor-

Regierungsumstürze in Lateinamerika

Die Ziffern hinter den Ländernamen geben die Anzahl der erfolgreichen Putsche seit 1944 wieder (Stand: 1. September 1972).

- Mexico
- Cuba 3
- Haiti 7
- Dominikanische Republik 5
- Puerto Rico (USA)
- Britisch-Honduras
- Jamaica 1
- Guatemala 9
- Honduras 5
- El Salvador 8
- Nicaragua 3
- Venezuela 7
- Barbados
- Trinidad und Tobago
- Costa Rica 2
- Guyana 1
- Panamá 8
- Surinam
- Französisch-Guayana
- Kolumbien 5
- Ecuador 9
- Perú 6
- Brasilien 8
- Bolivien 11
- Paraguay 4
- Chile
- Uruguay
- Argentinien 9

gesehen, wobei jedoch bei Anlage der Entschädigungssummen in industriellen Betrieben Begünstigungen möglich sind. Es handelt sich, von Cuba abgesehen, um das bisher radikalste Agrarreformgesetz in Südamerika. Um durch die Bodenaufteilung Produktionsrückschläge zu vermeiden, bemühte man sich, genossenschaftliche Einrichtungen weiter auszubauen. Auch ist die Möglichkeit gegeben, landwirtschaftliche Kollektive zu schaffen. Die großen, für die Exportwirtschaft wesentlichen agrar-industriellen Besitzungen der in- und ausländischen Gesellschaften und der heimischen Oligarchie, die zunächst in eine Art staatlich gemieteter oder bevormundeter Kollektivwirtschaften umgewandelt werden und in Zukunft gegebenenfalls in den unmittelbaren Besitz der Arbeiter übergehen sollen, werfen besondere Probleme auf. Fehlschläge in diesen und anderen Großbetrieben, die mit hohem Kapitaleinsatz aufgebaut und bewirtschaftet wurden, sind mangels vieler organisatorischer und finanzieller Voraussetzungen für eine Verstaatlichung oder Sozialisierung nicht von vornherein auszuschließen; sie würden für die Gesamtwirtschaft schwere Einbußen bringen. Es wurde schließlich die Notwendigkeit eingesehen, neue Anreize für ausländische Investitionen zu schaffen und entsprechende Sicherheiten zu bieten, ohne dabei eine neue Überfremdung zu fördern.

Die Männer, die Perú einen neuen Weg in die Zukunft bahnen wollen, sind durchaus nicht ohne Gegner. Zu diesen zählen zumindest teilweise die Apristen, die u. a. ihren gewerkschaftlichen Einfluß schwinden sehen, wenn einmal die Großkooperativen in den tatsächlichen Besitz ihrer Arbeiter übergehen sollten. Mißtrauisch gegen die Militärs sind auch viele der linksradikalen kommunistischen und trotzkistischen Gruppen und nicht wenige der allzu vielen Studenten in den oft zu rasch aufgeschossenen Universitäten, die ihre eigenen, zwischen Moskau, Peking und Cuba, zwischen den Gedanken von »Che« Guevara und Camilo Torres hin und her schwankenden Vorstellungen haben. Die Gegensätze zwischen romantisch angehauchtem »Inka-Sozialismus« und modernem »Staatssozialismus« treten immer wieder hervor, so daß der Ausgang dieser von Militärs unternommenen radikalen Reformversuche noch nicht abgesehen werden kann.

Das Ernährungsproblem

Zu den Hauptproblemen Lateinamerikas gehört die Sicherung der Ernährung der rasch wachsenden Bevölkerung. Hierbei handelt es sich nicht nur darum, die Städte ausreichend zu versorgen, sondern auch darum, die Situation der vielfach unterernährten oder qualitativ schlecht ernährten Landbevölkerung zu verbessern. Nur in wenigen Ländern, etwa in Argentinien und in Uruguay, ist die Ernährung ausreichend bis gut. Die natürlichen Voraussetzungen für die Deckung des Eigenbedarfs sind fast durchweg vorhanden, wobei vielleicht die Situation in den Hochländern der Zentralanden besonders zu wünschen übrig läßt. Von Ländern wie Argentinien und Uruguay abgesehen, in denen der entsprechende Anteil nur noch etwa ein Siebentel beträgt, sind in den Staaten Lateinamerikas ein bis zwei Drittel der Erwerbstätigen in der Landwirtschaft beschäftigt. Agrarreformen, bei denen lediglich der Großgrundbesitz, die Latifundien, aufgeteilt und in Klein- und Kleinstbesitze, in Minifundien, umgewandelt wird, können keine grundsätzliche Lösung der landwirtschaftlichen Probleme bringen, da eine solche nur durch komplexe Maßnahmen angesteuert werden kann. Wesentlich ist es, durch vielfältige Mittel die Produktivität ganz allgemein zu erhöhen, besonders auch in bezug auf die Nahrungsfrüchte; bis jetzt wurde eine solche Produktivitätssteigerung weitgehend bei Exportkulturen angestrebt, an denen in den meisten Ländern die Kleinbesitze kaum oder nur geringfügig beteiligt sind. Überwiegend wurde bei allen Entwicklungsplänen die Industrialisierung zu stark in den Vordergrund gestellt und die Landwirtschaft vernachlässigt. Nach FAO-Statistiken ist Lateinamerika an der Erzeugung von Nahrungsmitteln etwa mit dem gleichen Prozentsatz beteiligt wie an der Weltbevölkerung. Von Natur aus bestehen in weiten Gebieten dieser Region weit bessere Voraussetzungen für Neulandgewinnung als in Afrika und in Asien, aber es kommt für die nächste Zukunft vor allem darauf an, auf den bereits erschlossenen Flächen höhere Erträge zu erwirtschaften. In den letzten Jahren ist es zwar gelungen, die Steigerung der gesamten landwirtschaftlichen Produktion etwa im Einklang mit der Quote des Bevölkerungswachstums zu halten; bei genauerer Betrachtung zeigt es sich aber, daß diese Produktionserhöhung namentlich bei den Exportkulturen erreicht wurde, während in mehreren Ländern die Pro-Kopf-Produktion an Nahrungsmitteln auch bei absoluter Erhöhung der Gesamtproduktion geringer geworden ist als die Quote der Bevölkerungszunahme. Vor dem Zweiten Weltkrieg war Lateinamerika als Ganzes in der Globalberechnung ein Exporteur von Lebensmitteln; unterdessen ist es durch die »Bevölkerungsexplosion« trotz Produktionssteigerung global einfuhrabhängig geworden.

Überfremdung und Wirtschaftsnationalismus

Die Industrialisierung hat in einigen Ländern einen erheblichen Aufschwung genommen, namentlich in Brasilien, Argentinien und Mexico. Das industrielle Wachstum ist auch im Durchschnitt viel größer gewesen als das der landwirtschaftlichen Erzeugung; es erreichte in den letzten Jahren jeweils mehr als 6%, im wichtigen Energiebereich sogar 8–10%. Fehlplanungen haben allerdings in nicht wenigen Ländern auch Rückschläge gezeigt. Die Überfremdung durch ausländisches Kapital – besonders durch US-amerikanisches – würde viel geringer sein, wenn nicht finanzkräftige Lateinamerikaner selbst riesige Summen als Fluchtkapital ins Ausland brächten, um den Folgen der in den meisten Ländern andauernden Inflation zu entgehen. Ohne die Zusammenarbeit mit den Industrieländern und ohne Entwicklungskredite aufgrund bilateraler, multilateraler und privater Übereinkunft kann die weitere Industrialisierung nicht im notwendigen Umfang betrieben werden. Im einzelnen hat der Wirtschaftsnationalismus in Lateinamerika einen sehr unterschiedlichen Charakter. Verständlich ist es, wenn die Länder Lateinamerikas in einigen für die Gesamtwirtschaft wichtigen Bereichen dafür sorgen wollen, daß die weitere Entwicklung nicht durch ausländische Interessen bestimmt wird, z.B. in der Energieversorgung, im Transport- und Fernmeldewesen, in wichtigen Sparten des Bergbaues – nicht nur bei Erdöl –, in der Eisen- und Stahl- und z.T. auch in der Metallindustrie. Auch wird mit Recht das Ziel verfolgt, den direkten und indirekten politischen Einfluß ausländischer Gesellschaften auszuschalten.

Die Kritik gegenüber der wirtschaftlich und politisch einflußreichsten Macht, den USA, hat sich in den letzten Jahrzehnten ständig verschärft und ist bewußt von den interessierten Kreisen auch in die Massen hineingetragen worden. Sie war und ist in vieler Hinsicht berechtigt, denn allzuoft haben Washington und die US-amerikanischen Kapitalgeber kein Verständnis für die lateinamerikanischen Probleme bewiesen oder sie bewußt nicht zur Kenntnis genommen, wenn auch die Anfang dieses Jahrhunderts unter Präsident Theodore Roosevelt gegenüber widerspenstigen Ländern Lateinamerikas aufgekommene Politik des »dicken Prügels«, die sogenannte »Big stick«-Politik, längst aufgegeben wurde.

Immer wieder haben aber auch Regierungen aus rein innenpolitischen Gründen und zur Bemäntelung eigenen Versagens den »Dollar-Imperialismus« vor ihren Völkern angeprangert.

Die einst von Brasilien ausgegangene Initiative zu einer gleichberechtigten Zusammenarbeit – »Operação Panamericana« –, die von John F. Kennedy aufgegriffen wurde und sich in der 1961 verkündeten »Allianz für den Fortschritt« (»Alliance for Progress«, »Alianza para el Progreso«) zu einem verheißungsvollen Auftakt zu entwickeln schien, ist weitgehend wirkungslos geblieben, der mit ihr anfangs verbundene Elan erlahmt. Das lag aber nicht nur an Fehlern seitens der USA, sondern mindestens ebenso an verfehlten Planungen und wirtschaftlich-politischer Instabilität, die auf das Konto der lateinamerikanischen Regierungen gingen. Dennoch wurde der mangelnde Erfolg in erster Linie den USA angelastet, was sich immer wieder in gegen die »Yankees« gerichteten Demonstrationen drastisch äußerte.

Nationale und soziale Reformversuche

Am erfolgreichsten war bisher vielleicht Mexico in den Bestrebungen, wirtschaftliche Unabhängigkeit zu erreichen und sie mit wirksamen sozialen Reformen zu verbinden. Seit der Revolution von 1910/11 war es ständig bemüht, neben der Sicherung der politischen Unabhängigkeit die wirtschaftliche Selbständigkeit zu unterbauen und vor allem den Einfluß des mächtigen Nachbarn, der USA, zu mindern. Die seit langem relativ vorsichtig, aber planmäßig vorgenommenen Maßnahmen zur »Mexikanisierung« der Industrie sollen fortgesetzt, die Steuer- und Kapitalflucht eingedämmt, die Beziehungen zu den internationalen Finanzinstituten zu Lasten der bilateralen Kredite verstärkt werden. Die Grundlagen für die angetrebte noch größere nationale Verfügungsgewalt im Wirtschaftsleben sind seit längerem gelegt: Wahrung des staatlichen Monopols in der Energie- und Verkehrswirtschaft, in der Erdöl- und Erdgasförderung und in der Petrochemie; mexikanische Kapitalmehrheit im übrigen Bergbau und in den damit in Beziehung stehenden verarbeitenden Industrien; volle mexikanische Verfügungsgewalt in der Landwirtschaft und im Kreditwesen. Darüber hinaus ist man jedoch zu der Überzeugung gelangt, daß es auf die Dauer unumgänglich sei, breitere mexikanische Kreise als bisher an den begünstigten Anlagen auf dem Kapitalmarkt zu beteiligen, diejenigen sozialpolitisch-ökonomischen Tendenzen zu verstärken, die auf eine »Demokratisierung« des Kapitals bzw. des Wirtschaftslebens abzielen. Ob diese Pläne ausreichen werden, um dieses große Land, das unter den lateinamerikanischen Staaten neben Argentinien und Brasilien wohl mit die größten Fortschritte erzielt hat, auf die Dauer vor neuen sozialrevolutionären Eruptionen zu bewahren, ist allerdings nicht sicher. Die mexikanische Revolution liegt bereits viele Jahrzehnte zurück; restaurative Tendenzen sind angewachsen, und die herrschende Staatspartei ist trotz ihres an die Revolution erinnernden Namens mit zu vielen nicht unbedingt der Allgemeinheit dienenden Interessengruppen verbunden und vielleicht zu stark »institutionalisiert«. Dessenungeachtet aber hat Mexico unter den Staaten Lateinamerikas vielleicht die solideste Basis für eine einigermaßen kontinuierliche Weiterentwicklung und einen sozialen Ausgleich.

Drei Jahrzehnte später als in Mexico hatte sich auch in Argentinien eine revolutionäre Entwicklung angebahnt. Auch hier forderten die krassen Gegensätze zwischen der relativ kleinen, in sich heterogenen, besitzenden und

Zwischen nationalistischem Sozialismus und Marxismus · Fidel Castro (oben, zusammen mit Nikita S. Chruschtschow †, dem damaligen Ministerpräsidenten der Sowjetunion, 1963 in Moskau) sowie Juan und Eva † Perón (links), Repräsentanten sozialpolitischer Strömungen, von denen sich Millionen in den lateinamerikanischen Ländern Lösung ihrer Probleme erhoffen.

> *Adler, G.:* Revolutionäres Lateinamerika. *Paderborn 1971.* – *Arciniegas, G.:* Kulturgeschichte Lateinamerikas. *München 1966.* – *Debray, R. u. a.:* Revolution in der Revolution? *München 1967.* – *Goldenberg, B.:* Lateinamerika und die kubanische Revolution. *Köln 1963.* – *Grabendorff, W.:* Lateinamerika wohin? *München 1970.* – *Grote, B. (Hg.):* Lateinamerika – der erwachende Riese. *Reinbeck 1971.* – *Hillenkamps, C. H.:* Lateinamerika. *Stuttgart 1963.* – *Italiaander, R.:* Terra Dolorosa. *Wiesbaden 1969.* – *Niedergang, M.:* 20mal Lateinamerika. *München 1963.* – *Tannenbaum, F.:* Lateinamerika. *Stuttgart 1969.* – *Torres, C.:* Vom Apostolat zum Partisanenkampf. *Reinbeck 1969.* – *Wehner, F. (Hg.):* Idee und Wirklichkeit in Lateinamerika. *Hamburg 1971.*

die Geschicke des Landes bestimmenden Schicht und den breiten Massen des ländlichen und ständig stärker gewordenen städtischen Proletariats Umwälzungen heraus. Der Oberst Juan Domingo Perón, der 1943 Vizepräsident und 1946 Staatspräsident geworden war, vermochte durch Verfassungsänderungen seine Machtposition zu stärken und auch seine Wiederwahl durchzusetzen. Gemeinsam mit seiner charismatischen Frau Evita bemühte er sich, andere Vorstellungen zurückweisend und die wirtschaftlichen Möglichkeiten des Landes überfordernd, um eine grundsätzliche Änderung der sozialen Stellung der Massen, der »Descamisados«, so genannt, weil ein großer Teil von ihnen sozusagen »kein Hemd am Leibe« hatte. Unter der Parole des Justizialismus, d. h. sozialer Gerechtigkeit für alle und vor allem für die Massen, unternahm es der Peronismus, immer stärker auf die radikalen Exponenten der Gewerkschaften gestützt, nicht nur im eigenen Lande einen sozialen Ausgleich herbeizuführen, sondern durch Autarkiebestrebungen und Nationalisierungsmaßnahmen auch nach außen die politische und wirtschaftliche Unabhängigkeit zu erkämpfen. So fand Perón in den ersten Jahren durch die sozialen Parolen die Zustimmung der Massen, durch nationalistische Schlagworte auch die mancher anderer Kreise, ferner, u. a. durch Wiedereinführung des Religionsunterrichts in den Schulen, das Wohlwollen der einflußreichen katholischen Kirche; durch Gewährung des Frauenstimmrechts erzielte er eine für seinen Justizialismus positive Aktivierung des politischen Lebens. Der Widerstand nahm aber bald mehr und mehr zu: in kirchlichen Kreisen durch kirchenfeindliche Haltung führender Gewerkschaftsfunktionäre; in den konservativen Führungsschichten durch die Beschneidung ihrer Macht; bei den konservativen Offizieren der Streitkräfte durch die Förderung progressiver junger Offiziere; in der Wirtschaft – die zunächst mit der Hebung des Lebensstandards der Massen einen großen Aufschwung genommen hatte – wegen der z. T. dilettantischen Wirtschafts- und Handelspolitik und wegen der ihr aus sozialpolitischen Gründen zugemuteten finanziellen Dauerbelastung; in der Intelligenz durch Beschränkung der Meinungsfreiheit; bei den Parteien durch ständig größere Einengung ihrer Aktionsmöglichkeiten. Der Staatsstreich des Militärs vom September 1955, von katholisch-konservativen und liberalen Kreisen gestützt, zwang dann Perón zur Abdankung und zum Verlassen des Landes. In dem nun folgenden Jahrzehnt erwiesen sich die Militärs und die nun wieder einflußreichen traditionellen Parteien als nicht in der Lage, die soziale Befriedung voranzutreiben und das schwere peronistische Erbe in eine neue, gesündere Struktur überzuleiten. Versuche einzelner Parteien, sich mit den peronistischen Gefolgsleuten, die in den Gewerkschaften die Macht weitgehend behalten hatten, zu arrangieren, führten ebensowenig zu einer Lösung der politischen, wirtschaftlichen und sozialen Probleme wie das zeitweilige Verbot der totalitären Parteien von links und rechts. Das Militär griff immer wieder ein, ohne bisher einen neuen Weg zu zeigen. Die Stärke des extreme Flügel aufweisenden »Peronismus« hat sich bei den Wahlen 1973 erwiesen, desgleichen die Tatsache, daß die politische Entmündigung der breiten Volksschichten nicht aufrechterhalten werden kann.

In Chile wurde 1964 mit dem Sieg des christlich-demokratischen Präsidentschaftskandidaten Eduardo Frei Montalva eine neue sozialreformerische Periode begonnen, eine »Revolution in Freiheit« – wie sie genannt worden ist –, besser: eine »Reform in der Legalität«. Hatten bis dahin neben der traditionellen Oligarchie auch bereits die Bergarbeiter und die städtische Mittelschicht Einfluß auf die Politik, so gelang es unter Frei, auch das randstädtische Subproletariat und namentlich die vorher fast völlig unterdrückte Landarbeiterschaft in die politische Willensbildung einzubeziehen. Dies alles brachte verständlicherweise neue Auseinandersetzungen, den Zusammenbruch alter Ordnungsauffassungen und heftigere Gegensätze zwischen Fortschritt und Beharrung als je, ganz besonders auch im Zusammenhang mit einer Demokratisierung der Hochschulen. Die starken linken Kräfte gruppierten sich teilweise neu, Moskauer, Pekinger und kubanische Einflüsse mit ihren verschieden gearteten sozialrevolutionären Zügen prallten auf die demokratisch ausgerichteten sozialrevolutionären Tendenzen der Christlichen Demokraten. Diese Strömungen begannen sich teilweise gegenseitig zu lähmen oder zu übersteigern und regten auch die reaktionären Kräfte zu verstärkter Aktion an. So wurden unter Frei zwar wesentliche Reformen durchgeführt, aber durch die Übermacht der anderen Kräfte ebenso viele verhindert. Auch führten die unter dem Druck der extremen Linken sich verstärkenden Linkstendenzen bei den Christlichen Demokraten zur Hinwendung eines Teils der Mittelschicht zu den konservativ-rechtsorientierten Gruppen, zumal es auch nicht gelang, die Inflation einzudämmen und die Steuergesetzgebung wirklich zu verbessern. Andererseits zeichneten sich immer stärker Tendenzen ab, durch eine Allianz von radikaleren Linksparteien und Kommunisten die Volksfrontregierungen vergangener Jahrzehnte zu wiederholen. Sozialistisch-nationalistisch gesinnte Gruppen, darunter besonders studentische Bewegungen und offenbar auch jüngere Offiziere, schickten sich an, das kurzfristige Experiment der »Sozialistischen Republik« von 1932 in eine dauerhafte Zukunft umzusetzen. 1970 gelangte als Präsidentschaftskandidat der Linken der Marxist Salvador Allende, wenn auch nur mit einer knappen relativen Mehrheit, als erster Sozialist legal an die Spitze des Staates. Sein Ziel, ein politisch und wirtschaftlich unabhängiges, in seiner Gesamtstruktur grundsätzlich sozialistisches Chile aufzubauen, ist eindeutig; die eingeleiteten, tief einschneidenden Reformen lassen daran keinen Zweifel. Ein endgültiger Erfolg würde einen bisher neuen Weg in eine sozial gerechtere Zukunft bedeuten, den vielleicht auch einige andere lateinamerikanische Staaten gehen könnten. Noch ist dieser Erfolg unsicher, die Gefahr eines freiheitsfeindlichen, autoritären Extremismus nicht gebannt.

Castro und der Castrismus in seiner Bedeutung für Lateinamerika

Die Persönlichkeit Castros ist bis heute schillernd geblieben. Castro hat viele Gesichter; selbst sein Verhältnis zu den engsten Kampfgefährten, etwa Camilo Cienfuegos und »Che« Guevara, war, so lange diese lebten, zwiespältig. Zwiespältig war auch seine Haltung gegenüber dem Kommunismus. Als der Guerilla-Führer am 1. Januar 1959 als Sieger in Havanna einzog, wurde er nicht nur von progressiven Kräften, sondern auch von beachtlichen Teilen der bürgerlichen Intellektuellen jubelnd begrüßt. In weiten Teilen der ganzen Welt, auch in den USA, war ihm Sympathie sicher, sah man doch in ihm einen kühnen und unerschütterlichen Vorkämpfer gegen autoritäre Unterdrückung und Machtwillkür. Er hatte aus seinen weitreichenden Reformzielen keinen Hehl gemacht, aber sich wiederholt zu demokratischen Methoden und zu einer unabhängigen Rechtsprechung bekannt. Kubanische Kommunisten, die während des Batista-Terrors geflohen oder untergetaucht waren, stellten sich nun Castro zur Verfügung, identifizierten sich aber nicht oder nur bedingt mit seinen persönlichen revolutionären Parolen. Noch im Februar 1959 erklärte Castro in einem Interview: »Die Bewegung vom 26. Juli ist eine Partei radikaler Ideen, aber sie ist keine kommunistische Bewegung und unterscheidet sich vom Kommunismus in wesentlichen Punkten.« Drei Monate später verurteilte er sogar den Kommunismus als »totalitäres System«. »Der Kommunismus löst wirtschaftliche Probleme, aber

Wirtschaftliche und politische Zusammenschlüsse in Lateinamerika

- **Mitglied der »Organisation der Amerikanischen Staaten« (OAS/OEA); die USA sind ebenfalls OAS-Mitglied**
- **Mitglied der »Karibischen Freihandelszone« (CARIFTA); weitere Mitglieder sind die allesamt unter britischem Schutz stehenden Inselstaaten Anguilla, Montserrat und die zu den Assoziierten Staaten Westindiens zählenden Inseln Antigua, Dominica, Grenada, Nevis, Saint Kitts, Saint Lucia und Saint Vincent**
- **Mitglied der »Zentralamerikanischen Wirtschaftsgemeinschaft« (CAFTA/MCC; die Mitarbeit von Honduras ruht seit 1970) und der »Organisation der Zentralamerikanischen Staaten« (OCAS/ODECA)**
- **Mitglied der »Lateinamerikanischen Freihandelszone« (LAFTA/ALALC); es bestehen eine Anden- und eine La-Plata-Subregion**
- **Kolonialgebiete**
- **Gebiete mit über 50 Ew./qkm**

er unterdrückt die Freiheiten, Freiheiten, die den Menschen teuer sind und von denen ich weiß, wie sehr sie das kubanische Volk schätzt« – so Castro damals. Wieder ein halbes Jahr später war die Situation völlig verändert, und Castro hatte sich dem Kommunismus genähert. Nicht wenige Beobachter hatten ihn von vornherein für einen Kommunisten gehalten, andere ihn als radikalen, aber demokratischen Sozialreformer angesehen. Castro selbst behauptete schließlich mehrfach, er sei schon immer ein überzeugter Kommunist gewesen, aber er habe zunächst auch das nationale und liberale Bürgertum zur Aufrichtung der revolutionären Herrschaft benötigt, um es dann – wie es auch tatsächlich geschah – zu gegebener Zeit völlig auszuschalten.

Es ist bis heute umstritten, ob das Verhalten von Washington schließlich Castro an die Seite der Kommunisten getrieben hat. Zweifellos hat das Gesetz zur Bodenreform vom 3. Juni 1959, durch das US-amerikanisches Eigentum an Zuckerrohrplantagen schärfstens betroffen wurde, in den USA die Gegnerschaft gegen Castro verstärkt; Castro begann daraufhin und nach einem Aufstand in Zentralcuba, die USA auch vor der Organisation Amerikanischer Staaten (OAS) zu beschuldigen, sie unterstützten die »Konterrevolution«. Im Jahre 1960 erfolgte die endgültige Annäherung Cubas an das kommunistische Lager; es kam nun zu Handels- und Kreditabkommen mit Moskau und Peking, zu sowjetischen Waffenlieferungen und zur Enteignung fast des gesamten restlichen US-amerikanischen Besitzes auf Cuba. Die letztere Maßnahme führte zu einem Embargo von seiten der USA. Am 3. Januar 1961 brachen die USA ihre diplomatischen Beziehungen zu Cuba ab; im März 1961 wurde in New York ein »Revolutionsrat der Exil-Kubaner« gegründet.

Einen schweren Rückschlag für das Prestige der USA in Lateinamerika und eine Stärkung der Position Castros bedeutete die schlecht vorbereitete, von den USA zwar nicht unterstützte, aber mit Wissen von Präsident Kennedy im April 1961 unternommene Landung in der Schweinebucht (Bahía Cochinos), im Süden der Insel, ein Unternehmen, das nach wenigen Tagen völlig scheiterte. Castro triumphierte, erklärte am 1. Mai Cuba zu einem »sozialistischen Staat« und schuf im Juli desselben Jahres eine Einheitspartei, aus der 1965 der Partido Comunista de Cuba hervorging. Cuba schritt nun rasch auf seinem eigenen Weg zum Kommunismus weiter und trat im Februar 1962, um einem Ausschluß zuvorzukommen, aus der OAS aus. Castro suchte, zumindest unbewußt, den völligen Bruch mit den USA, schien doch ein solcher für ihn offenbar die Voraussetzung dafür zu sein, in ganz Lateinamerika volkstümlich und zum Begründer einer alle lateinamerikanische Länder umfassenden Revolution zu werden.

Die ständig engere Anlehnung an die Sowjetunion, die Lieferung sowjetischer Rake-

Revolutionärer Intellekt und Gewalt · Ernesto (Che) Guevara † (oben), jahrelang Leitbild revolutionärer Jugend im Westen. Die uruguayischen »Tupamaros« wurden zeitweise als Stadtguerillas zum Träger revolutionärer Ideen in Montevideo, wo es nach Entführungen und Attentaten zur bewaffneten Auseinandersetzung mit der Staatsmacht kam (rechts).

ten an Cuba und schließlich der Bau von Abschußrampen weiteten die Spannung zwischen den USA und Cuba zu einer solchen zwischen Washington und Moskau aus und beschworen im Oktober/November 1962 die Gefahr eines Atomkrieges zwischen den beiden Weltmächten herauf. Chruschtschow erklärte sich angesichts der festen Haltung der USA zum Abbau der Abschußrampen und zum Abtransport der Raketen bereit, und Anfang 1963 wurde die »Cuba-Krise« auch offiziell beigelegt. Cuba aber blieb eine kommunistische Bastion in der Neuen Welt, auch ohne Raketen für Moskau ein weltpolitischer Brückenkopf, den übrigens auch Peking mehrfach für seine Ziele zu verwenden versucht hat.

Es wäre verfehlt, Castros innenpolitisches Reformwerk zu unterschätzen. Dank der Hilfe Moskaus und anderer kommunistischer Staaten vermochte sich Cuba auch gegen allen wirtschaftlichen Druck seitens der USA zu behaupten, die binnenwirtschaftlichen Rückschläge durchzustehen und, wenn auch unter großen Opfern der Bevölkerung, seine wirtschaftliche Existenz zu sichern. Landreform, Ausbau des – nunmehr völlig politisierten – Erziehungswesens und allmähliche Industrialisierung ergaben eine Stärkung des Regimes, die um so eher möglich war, als alle politischen Gegner ausgeschaltet wurden und nach Beschlagnahme ihres Vermögens großenteils die gegebene Erlaubnis zur Auswanderung nutzten.

Castro verstand es auch, in den ideologischen Auseinandersetzungen zwischen Moskau und Peking jeweils seine Stellung abzusichern, stets darauf bedacht, die Wirtschafts- und Waffenhilfe der Sowjetunion nicht zu verlieren, da Cuba ohne eine solche kaum existenzfähig wäre, solange der Bruch mit den USA besteht.

Politische Reibungen mit Moskau und Zerwürfnisse mit Peking blieben nicht aus. Wenn es dabei zu keinem Bruch von Dauer kam, so war dies sicher nicht nur der Demagogie Castros, sondern nicht zuletzt dem sichtbaren Willen der kommunistischen Führungsmächte zu verdanken, die Selbstbehauptung des ersten kommunistischen Staates in Amerika nicht zu gefährden.

Für Jahre war Castro in Lateinamerika – und darüber hinaus unter revolutionär gesinnten Jugendlichen vieler westlicher Länder – zu einem Idol geworden, vor allem durch die Freischärlertätigkeit seines einstigen Kampfgefährten Guevara, die weit über ihre lokale Bedeutung hinaus auf die revolutionären Strömungen Lateinamerikas Einfluß nahm.

Der Tod von Guevara im bolivianischen Dschungel (1967) wirkte auf viele castristisch gesinnten Revolutionäre Lateinamerikas ernüchternd und gebar Zweifel an der Richtigkeit der von Cuba aus geführten Propaganda, nur durch Guerilla-Aktionen und einen daraus resultierenden Volksaufstand könne man die Revolution zum Siege führen. Die kommunistischen Parteien in diesem Teil der Welt, die gegenüber Castro und »Che« meist skeptisch, wenn nicht ablehnend geblieben waren, fühlten sich in ihrer Ansicht bestätigt, daß durch feste Parteiorganisation und gegebenenfalls auf legalem Wege der revolutionäre Umsturz zu erreichen sei. Durch die legale Machtergreifung des Marxisten Allende wurde die These Castros, nur eine kämpferische revolutionäre Bewegung könne zum revolutionären Durchbruch führen, erneut in Frage gestellt. Wie immer aber auch die Entwicklung weitergehen, welch eigene Wege der Sozialismus auch in Lateinamerika nehmen mag, die Tendenzen zu revolutionärer Umwälzung werden über Castro hinaus wirksam bleiben.

Hauptregister

Ländersteckbriefe (politische Angaben) und Literaturhinweise werden jeweils an erster Stelle direkt unter den Länder-, Territorien- oder Sachstichwörtern genannt.
Kursiv gesetzte Seitenzahlen verweisen auf Bildunterschriften bzw. Bildtitel. Tabellen sind durch ein (T) gekennzeichnet.
Unter C vermißte Stichwörter schlage man auch unter K, Tsch oder Z, bei J vermißte unter Tsch und Y nach.

A

Aaiún 145
Aba 93
Abbai (Blauer Nil) 34
Abidjan 111
Accra 103, 113
Acheson, Dean 238
Aconcagua 172
Adamaouahochland 80
Adams, John Quincy 180
Addis Abeba 36
Afar 34, 36
African Association 43, 44
Afrika 10–163
–, Literatur 17
–, Übersichtskarte *13*
–, Bevölkerung *14*, 16
–, christliche Kirchen 100
–, Entkolonialisierung 146, 151, 152
–, Entwicklungshilfe 151, 152
–, Erforschung 40–47, *42*
–, Erforschung, Literatur 44
–, Ethnische Gruppen 16
–, Europabeziehungen 151, 153
–, Familie, Literatur 101
–, Familienstrukturen 94–97
–, Festspiele 101
–, Großregionen 10–15
–, Islam 100, *131*
–, Kolonialherrschaft 146–153
–, Kolonialherrschaft, Literatur 153
–, Kooperation mit Europa 151–153
–, Kunst *94, 95, 97, 100*, 100, 101
–, Kunst, Literatur 101
–, Kupfergewinnung *76/77*
–, Landwirtschaft 17
–, Massenmedien *18*
–, Mission 100
–, Nationalparks *26/27*
–, »Negritude«-Bewegung 101
–, Nordostafrika 34–39
–, Oberguineastaaten 102–117
–, »Organisation für die Einheit Afrikas« (OEA) 18
–, Ostafrika 11, 20–39
–, Portugiesische Territorien 134–145, *137*
–, Portugiesische Territorien, Literatur 145
–, Rassismus 146
–, Recht, Literatur 101
–, Rechts- und Eigentumsordnung 97–99
–, Religion 99, 100
–, Religion, Literatur 101
–, Saharaländer 118–127
–, Souveränität 151
–, Sprachgruppen 11
–, Staatenbildung 15, 16
–, Stammesvereinigungen (Tribal Unions) 96
–, Sudanländer 127–133
–, südliches 48–67
–, Traditionen 94–101
–, Traditionen, Literatur 101
–, Transportprobleme *72/73*
–, Tribalismus 18
–, Unabhängigkeit *148*
–, Verkehrswege *72/73*
–, Weltwirtschaft 153
–, Wirtschaft 17, 19, 19 (T)
–, Zentralafrika 68–83
Aguiar, Peter d' 330
Aguilar 372
Aguiyi-Ironsi 84
Agulhas Negras 173
Ägypten 118
–, Wüstensiedlungen 124 (T)
Ahaggar 124, 125
Ahidjo, Ahmadou 81
Airi 127
Akan-Königreiche 112
Aksum 34
Alaotrasee 160
Alaska 169, 218
Alaskakette (Alaska Range) 169
Alberta 192
Alfonso I., König des Kongo-Reiches 12, 137
Algerien 118, 127, 146, 148
–, Oasenstädte 126
–, Wüstensiedlungen 124 (T)
Allende, Salvador 388, 391
Altiplano 172, 284, 288
Alvarado, Juan Velasco 384
Amani 24
Amapá 174
Amazonas 174
Amazonas-Indianer 174, *350/351*
Amazonasmündung 173, 174
Amazonien (Amazonia) 172, 174
–, Klima 174
Ambo (Ovambo) 50, 97
Amerika 164–391
–, Literatur 175
–, Außenhandel 168 (T)
–, Bergbau 168 (T)
–, Bevölkerungszunahme 168 (T)
–, Einwohnerzahl 168 (T)
–, Fischerei 168 (T)
–, Fläche 168 (T)
–, Forstwirtschaft 168 (T)
–, Industrie 168 (T)
–, Landwirtschaft 168 (T)
–, Nordamerika 164–170, 176–250
–, Sozialprodukt 168 (T)
–, Südamerika 282–381
–, Westindien 170, 174, 175, 268–281
–, Zentralamerika 170, 174, 246–254, 263–267
Ameriko-Liberianer 109
Anden 172, 282, *362/363*, 364
–, chilenisch-argentinische Grenzkordillere 364 (T)
–, Cordillera Blanca 294
–, Cordillera de Mérida 316
–, Sierra de Perija 316
–, Sierra Nevada de Santa Marta 304
–, Südkordillere 378, 379
Andenländer 282–315
–, Literatur 307
–, Kulturstätten *286/287, 296/297*

Andenvorland 364
Angloamerika 176–203
–, Literatur 175, 185
Anglokanadier 196
Angola *134*, 136–140, *139*
Ankober 34
Ankole 23
Antadroy 154, 163
Antaisaka 154
Antigua 280, 281
Antillen 170, 268 (s. auch Westindien)
Antillen, Kleine, politischer Status 276 (T)
Antioqueños 305, 306
Antofagasta 284
Antsirabé 161
Anville, Jean Baptiste Bourguignon d' 43
Apartheid 55, *56/57*, 58, 67, 150
Appalachen 166, 186
Apristen 382, 384, 385
Äquatorial-Guinea (Republica de Guinea Ecuatorial) 83
–, Ländersteckbrief 83
–, Provinz Río Muni 83
Äquatorialklima 70
Araukaner 284
Arawak 331
Argentinien (Republica Argentina) 360, 367–371, 376–379, 387, 388
–, Ländersteckbrief 370
–, Literatur 381
–, Bevölkerung 367
–, Fremdenverkehrszentren 379
–, Gebirgslandschaften 376–379
–, Indios 367
–, Industriegebiet 370
–, Landwirtschaft 373
–, Litoral 370
–, Nationalparks 379
–, Oasenzone 361, *363*, 364, 371
–, Peronismus 388
–, Provinz Córdoba 378
–, Provinz Corrientes 373
–, Provinz Entre Ríos 373
–, Provinz La Pampa 373
–, Provinz Misiones 373
–, Punahochland 376, 377
–, Reformen 387, 388
–, Schwerindustrie 370
–, Stadtnetze 370, 371
–, Südkordillere 378, 379
–, Vegetation 364, 365
–, Verkehrswege 372
–, Viehwirtschaft *374, 375*
–, Wirtschaftsstruktur 380, 381
Arías, Hernando 365
Arrais, Miguel 353
Aruak 174
Aruaken 273
Aruba 321
Aruwimi (Ituri) 69
Asandeschwelle 70
Aschanti 94, 99, 112
Aseb (Assab) 36
Asmera (Asmara) 36

Assalsee 34
Asunçión *360*, 365, 371
Atacamawüste 284, 288
Äthiopien (Yatyiopya Nigusa Nagast Manguist) 11, 18, 34–36, *35, 38/39*
–, Ländersteckbrief 34
–, Literatur 37
Atlas 10
Awaso 113
Axim 113
Aymará 172, 289, 314
Azteken 308, 309
–, Literatur 315

B

Bacongo 79
Baffinland 187
Bahamainseln (Commonwealth of the Bahama Islands) 268, 280, 281
–, Ländersteckbrief 273
Bahía Blanca 370
Baker, Samuel 23
Bakongo 79
Bakwanga (Mbuji-Mayi) 75
Bamako 132
Bamileke 82
–, Literatur 83
Banda, Kamuzu 58, 59, 62, 67
Bandama-Projekt 111
Bangui 78
Banks, Joseph 44
Bantu 11, 23, 50, 51, 54, 58, *64/65*, 139, 144
–, Überblick 66
Bantusprachen 22
Bantu-Staaten 58, 59, 61
Barbados *269*, 273
–, Ländersteckbrief 277
Barcelona 320
Bardaï 118, 126
Barotse 50
Barquisimeto 324
Barth, Heinrich 45, 132
Bassari 116
Basuto (Basotho) 50, 51
Basutoland (Lesotho) 50–55, 60–67
–, Ländersteckbrief 55
Bata 83
Bateke 79
Beira 137
Belalcázar, Sebastián 307
Belgisch-Kongo (Zaire) 18, 47
Bélinga 83
Belize (Britisch-Honduras) 251
–, Wirtschaftsdaten 262
Belo Horizonte 336
Ben Bella 18
Benguela 136, 137
Benguelabahn 75, 137, 138
Benguelaberge 70
Benguelastrom 137
Betancourt, Romuló 325
Betschuana (Tschwana) 50

392

Betschuanaland (Botswana) 50, 51, 54, 60, 61, 63, 66, 67
Betsileo 154, 163
Betsimisaraka 154
Biafluß 111
Biafra 88
Bibiani 113
Bilma 126
Bismarck, Otto von 12
Bissau 144, 145
Blanco, Antonio Guzmán 324
Blauer Nil (Abbai) 34
Blue Ridge 166
Bogotá 306, 307, 313
Bohlen, Charles 236
Bokassa, Jean Bedel 79
Bolama 144
Bolívar, Simón de 174, 325
–, Literatur 175
Bolivien (Republica de Bolivia, Republica Boliviana) 288–293
–, Ländersteckbrief 288
–, Literatur 307
–, Altiplano 288
–, Bergbau 293
–, Cordillera Real 292
–, Erdölförderung 293
–, Indianer 289
–, Industrie 293
–, Landbevölkerung 289, 292
–, Revolution 292
Bonampak 311
Bornu, Literatur 133
Bornu-Straße 126
Bororo 78
Boston 225
–, Tea Party 176
Botswana (Betschuanaland), (Republic of Botswana) 50, 51, 54, 60, 61, 63, 66, 67
–, Ländersteckbrief 55
Branco, Río 326
Brasília 338/339, 341, 346
Brasilianischer Schild 173
Brasilianisches Bergland 173
Brasilien (República dos Estados Unidos do Brasil) 336–359
–, Literatur 359
–, Übersichtskarte 337
–, Auslandskapital 358
–, Außenhandel 342 (T)
–, Bevölkerungsentwicklung 340 (T)
–, Bevölkerungsgruppen 358, 359
–, Entwicklungsbehörde für den Nordosten (SUDENE) 352, 353
–, Grande Pantanal 173
–, Indianer 350/351
–, Industriegebiet 355–358
–, Kirche 354, 355
–, Klima 173
–, Kriegsschule von Rio de Janeiro 343, 348
–, Landwirtschaft (Übersicht) 349
–, Militärregierung 342
–, Mutual Security Program 342
–, Planalto Central 173, 174
–, Polígono das secas 173, 174
–, Rassenharmonie 358, 359
–, Regierung 343–349
–, Regierung Goulart 348, 349
–, Regierung Kubitschek 343–346
–, Regierung Quadros 346–348
–, Religionszweige 354
–, Sertão 352
–, soziale Agitation 352, 353
–, territoriale Gliederung 340 (T)
–, Umbanda 354
–, Wirtschaftslage (Übersicht) 347
Brazza, Pierre Savorgnan de 79
Brazzaville 78, 79
British Columbia 183, 190, 192
Britisch-Guayana 328, 329
Britisch-Honduras (Belize) 170, 251
Brizola, Leonel 348
Brokopondosee 334
Bruce, James 41
Bube (Bubi) 83
Buchanan 109

Buenaventura 307
Buenos Aires 365, 367, 370, 378
–, Literatur 381
Buenos-Aires-See (Lago Buenos Aires) 379
Buganda 23, 29
Bujumbura 33
Bukavu 75
Bundesrepublik Deutschland, Afrikapolitik 152
Bunyoro 23, 29
Buren 15, 50, 51
Burenkrieg 15
Burnham, Forbes 330
Burton, Richard 23
Burundi (Republika y'Uburundi, République du Burundi) 18, 23, 32, 33
–, Ländersteckbrief 33
–, Literatur 37, 83
Buschmänner 15, 50, 51, 139
Buschneger 328, 331

C

Cabinda 136, 140
Cabora-Bassa-Stauwerk 66, 142/143, 144
Cabot, John (Caboto, Giovanni) 191
Caboto, Sebastiano 360
Cabral, Almicar 145
Cacheu 144
Caillié, René 44, 45
Callao 298
Câmara, Dom Helder 355, 384
Camões, Luis de 135
Campos cerrados 173, 174
Campos limpos 174
Canal Zone (Panamakanalzone) 170
Cantera, José Antonio Rémon 267
Canudos 349
Cão, Diego 12, 15, 136, 137
Cape Coast 113
Cap Vert (Kap Verde) 136
Caracaña, Río 360
Caracas 316, 324
Cárdenas, Lázaro 256, 258
Caroní-Kraftwerke 317
Carranza, Venustiano 256
Carretera Interamericana (Pan American Highway) 258, 266, 302
Cartier, Jacques 181, 191
Cascade Mountains (Kaskadengebirge) 169
Cassinga 140
Castrismus 388–391
–, Literatur 175
Castro, Fidel 387, 388–391
Castro, Josué de 254
Cauca, Río 304, 305, 306
Caymangraben 269
Ceará 173
Cerradão 174
Cerro Cunaporá 364
Cerro de Pasco 299
Césaire, Aimé 101
Chaco 362/363
Chama, Río 316
Champlain, Samuel de 191
Chan-Chan 294
Chavín de Huantar 314
Chavín-Kultur 314
Chibcha 251, 313
Chicago 223
Chichén Itzá 248, 249, 312, 313
Chichimeken 309
Chile (Republica de Chile) 282–288, 388
–, Ländersteckbrief 284
–, Literatur 307
–, Altiplano 284
–, Bergbau 284, 285
–, Großer Norden 284
–, Industrie 285
–, Kleiner Norden 284
–, Kleiner Süden 284

–, Kupferförderung 282, 284
–, Oberflächenform 282
–, Pampa del Tamarugal 283, 284
–, Reformen 388
–, Salpeterförderung 284
–, Wirtschaft 285, 288
Chimborazo 172, 302
Chimbote 298
Chubut, Río 360, 379
Chung, Raymond Arthur 330
Churchill Falls 202
Cienfuegos, Camilo 388
Ciudad Bolívar 317
Cochabamba 288, 289
Colonia del Sacramento 365
Colorado Plateau 169
Colorado, Río 360
Colorado River 169
Columbia Plateau 169
Comodoro Rivadavia 372, 379
Conakry 107
Conselheiro, António (Maciel, António) 349
Corcovado 173
Cordillera Blanca 294
Cordillera de los Andes (Anden) 172, 282, 364
Cordillera de Mérida 316
Córdoba 370, 378
Cornwallis, Charles, Lord 177
Cortés, Hernán 308
Costa Rica 170, 174
Cotonou 117
Cotopaxi 172
Cuanza 138, 140
Cuarto, Río 370
Cuba (Republica de Cuba) 175, 268, 272, 277, 278/279, 388–391
–, Ländersteckbrief 273
–, Castrismus 388–391
–, Reformen 388–391
–, Zuckerrohranbau 278, 279
Cuba-Krise 238, 389
Cumaná 320
Cuna 247
Curaçao 280, 321, 329
Cuzco 286/287, 314

D

Dabola 107
Dada, Idi Amin 32
Dagomba 116
Dahomey (République du Dahomey) 116, 117
–, Ländersteckbrief 116
–, Literatur 175
Danakil (Afar) 36
Dappert, Olfert 43
Darb el Arbein 132
Darfur 132
Darién, Isthmus von 251
Darwin, Charles 379
Dattelpalmenpflanzungen 125 (T)
Dawson City 202
Death Valley (Tal des Todes) 169
Déboundsssi 81
Decken, Claus von der 23
Denkyera 113
Detroit River 167
Diaguita 365
Diamantengewinnung 52/53
Dias de Novais, Paulo 137
Díaz, Bartolomeu 15, 41
Díaz, Porfirio 255, 256
Díaz de Solis, Juan 360
Dingaan 50
Djibouti 36
Dolisie 79
Dominica 270
Dominikanische Republik (Republica Dominicana) 272
–, Ländersteckbrief 273
Douala 81, 82
Drakensberge 14
Duala 82

DuBois, C. 221
DuBois, William Edward Burghardt 149
Dulce, Río 360
Dulles, John Foster 238, 239, 242
Duncan, Donald 244

E

Ecuador (Republica del Ecuador) 174, 302, 303
–, Ländersteckbrief 302
Edo 88
Effiong 88
Efik-Ibibio 88
Eisenhower, Dwight D. 238, 239, 242
Eisenhower-Doktrin 238
Ekoi 88
El-Borma 126
El Callao 317
El Dorado 313
Elfenbeinküste (République de la Côte-d'Ivoire) 102, 110–112
–, Ländersteckbrief 110
Eliot, Sir Charles 25
Elisabethville (Lubumbashi) 75
Ellesmere-Insel 166, 190
Elliot Lake 202
Elmenteitasee 21
Elmina 43
El Salvador 170, 174
–, Wirtschaftsdaten 262
El Tigre 320
El Turbio 379
Emin Pascha 46, 75
Eriekanal 212
Eriesee 167
Eritrea 34, 35, 36
Eskimos 196
Esquel 379
Essequibo 326
Ewe 113, 116
Eyasisee 21
Ezana, König von Aksum 34

F

Fakeye, Lamidi 101
Fang 83
Farias, Cordeiro de 343
Federmann, Nikolaus 307
Feuchtsavanne 130, 131
Feuerland (Tierra del Fuego) 379
Fianarantsoa 161
Florida 218, 225
Formosa-Krise 238
Fort-Lamy 78, 132, 133
Foumban 81
Fouta Djalon 107, 108
Franklin, Benjamin 176
Frankokanadier 181, 183, 184, 185, 192
Französisches Territorium der Afars und der Issas 35, 36
Französisch-Guayana (Guyane Française) 328, 330, 335
–, Ländersteckbrief 334
Französisch-Somaliland 36
Frazer-Plateau 190
Freetown 108, 109
Frei Montalva, Eduardo 388
Freyre, Gilberto 359
Frobenius, Leo 84
Fulbe (Fulani) 84, 88, 90, 107, 116, 132
Furtado, Celso 353

G

Gabun (République Gabonaise) 82, 83
–, Ländersteckbrief 83
–, Literatur 83
Galápagosinseln (Archipiélago de Colón) 302
Gallegos, Río 360, 379

Gallegos, Rómulo 320
Gama, Cristoforo da 34
Gama, Vasco da 22, 41
Gambia (The Republic of Gambia) 118, 127, 130
–, Ländersteckbrief 127
–, Literatur 117
Gana 112
Gaulle, Charles de 36
Ge (Gês) 174
Georgetown 328, 331
Ghana (Republic of Ghana) 102, 112, 113
–, Ländersteckbrief 112
–, Literatur 117
–, Kakaoanbau *104/105*, 113
Glockenberge 173, 326
Goat Island (Ziegeninsel) 167
Goldbergbau *52/53*
Goldküste 112
Goldländer 313, 314
Gómez, Juan Vicente 324, 325
Gottmann, J. 228, 229
Goulart, João 336, 348, 349
Gowon, Jakubu 84, 88
Grand Canyon 169, *210/211*
Grand-Lahou 111
Granj, Achmed 34
Great Appalachian Valley 166
Great Smoky Mountains 166
Great Smoky Mountains-Nationalpark 166
Groß-Buenos-Aires 367, 370, 371
Großer Fischfluß (Groot Visrivier) 15
Großer Salzsee (Great Salt Lake) 169
Großer Trek 50
Große Seen (Great Lakes) 167, 190
Guadeloupe 272, 280
–, Soufrière 272
Guaraní 365, 367, 376
Guatemala 170, 174, 246, 247, 309, 311
–, Literatur 254
–, Departement El Petén 246, 247
–, Maya-Kultur 309, 311
–, Wirtschaftsdaten 262
Guayana (Französisch-Guayana) 328, 330, 334, 335
Guayana, Bergland von 326
Guayana-Länder 326–335, *332/333*
–, Geschichte 327, 328
–, Klima 326
–, Oberflächenform 326
–, Plantagenwirtschaft 329
–, Sklavenbefreiung 329, 330
–, Wirtschaft *328*
Guayanamassiv 172
Guayaquil 303
Guevara, Ernesto (»Che«) 348, 388, *390*, 391
Guinea (République de Guinée) 107, 108
–, Ländersteckbrief 107
Guineahochland 107, 108
Guineaküste 106
Guinealänder s. auch Oberguinea 102–117
Guineasavanne 106, 107
Guineaschwelle 106
Guyana (Cooperative Republic of Guyana) 175, 328, 330, 331
–, Ländersteckbrief 334

H

Hadza 22
Haile Selassie I., Kaiser von Äthiopien 34, 146
Haiti (Hispaniola), (République d'Haïti) 170, 268, 272, 280
–, Ländersteckbrief 273
–, Cordillera Central 268
Halbnomaden 127
Hamed bin Mohammed (Tippu-Tip) 23
Hamitoniloten 32
Hassi-Messaoud 126
Haussa 78, 84, 88, 132

Havanna 274, *278/279*
Haya de la Torre, Victor Raúl 382
Heinrich der Seefahrer, Prinz von Portugal 41, 134
Herero 50, *54*, 146, 150, *151*
Hima 99
Hispaniola (Haiti) 170, 268, 272, 273, 280
Hofmeister, B. 229
Höhnel, Ludwig von 23
Honduras 170, 174, 246
–, Moskitoküste (Mosquitia) 246, 247
–, Wirtschaftsdaten 262
Hottentotten 15, 50
Houphouët-Boigny, Félix 110, 117
Huachipato 285
Huaxteken 309
Hudson, Henry 191
Hudsonbai 166, 190
Hudsonbaikompanie 181, 182, 191, 192
Hudsonien 166
Huichol-Indianer 250
Humboldtstrom 294
Huronsee 167
Hyläa 174

I

Ibadan *86/87*, 88, 89, 92, 93
Ibero-Amerika, Literatur 175
Iberoamerikanisches Parlament 175
Ibo 84, 88, 92, 95
Ibo, Insel 141
Ife 84, 89, *100*, 101
Iguazú-Wasserfälle *173*, 364
Ijaw 88
Illinois-Wasserweg 168
In-Aménas 126
Indianer 172, 174, 179, 193, *206/207*, 246–250, 289, *290/291*, *300/301*, 331, *350/351*, 365
Indianer, Integration 382
Indianische Hochkulturen *296/297*, 308–315, *310*, *311*
–, Literatur 315
Inhambane 141
Inseln über dem Winde (Windward Islands) 268, 269, *270/271*, 272, 273
Inseln unter dem Winde (Leeward Islands) 268, 273
Interamerikanische Entwicklungsbank (BID, IADB) 175
Interamerikanischer Wirtschafts- und Sozialrat (CIES) 175
Irokesen 193, 196
Isla Margarita 268
Issa 36
Issak 36
Ituri (Aruwimi) 69
Itzá 313

J

Jagan, Cheddi 330
Jakö 94
Jamaica 175, 268, 273, 277, 280, 281
–, Ländersteckbrief 274
–, Blue Mountains 268
Jamesbai 166
James River 166
Jamestown 176
Japan, Afrikapolitik 152
Jefferson, Thomas 176, 236
Jim-Crow-Gesetze 179
Jiménez, Marcos Pérez 325
Johnson, Lyndon B. 238, 239, 242
Joruba 84, 88, 95, 100
Josplateau *90/91*
Juárez, Benito 255, 257
Juba (Webi Ganane) 34
Julião, Francisco 352
Jungferninseln 273, 280, 281

K

Kababisch 125
Kabre 116
Kaduna 93
Kaffeeanbau *264/265*
Kagera 20
Kaieteurfälle 326
Kakaoanbau (Ghana) *104/105*
Kalahari 14, 48
Kalifornien 169, 218, *220*
Kaloumhalbinsel 108
Kalter Krieg 237
Kamerun (République Fédérale du Cameroun) 80–82, *81*, *82*, 118
–, Ländersteckbrief 80
–, Literatur 83
Kamerunberg 80
Kamerunlinie 81
Kampala 23
Kanada *167*, 175, 181–203, *188/189*, *194/195*
–, Literatur 185
–, Anglokanadier 196
–, Außenpolitik 203
–, Badlands *186*
–, Barren Grounds 166, 190
–, Bergbau 202
–, Bevölkerungszusammensetzung 196
–, Coast Mountains 190
–, Erdgasproduktion 202
–, Erdölförderung 202
–, Eskimos 196
–, Fischerei 199
–, Frankokanadier 196
–, Geschichte 181–183, 191–193
–, Großlandschaften 186–190
–, Handel 203
–, Haustypen 197
–, Holzindustrie 199, 202
–, Indianer 193
–, Industrie *192*, 202, 203
–, Innere Ebenen 187
–, Island Range 190
–, Klima 187
–, Kordillerensystem 190
–, kulturelles Leben 197, 198
–, Landwirtschaft 198, 199
–, Mennoniten 192, 197
–, Obstanbau 198
–, Pelztierzucht 199
–, Prärien *188*, *192*
–, Quebec Act 192
–, Regierung 193
–, Religionen 197
–, Rocky Mountains 190
–, Städte 197
–, Verkehrswege 203
–, Waldgürtel 190
–, Wasserkraft 202
–, Weizenanbau 198, 199
–, Wirtschaft 185
Kanadischer Archipel 166, 190
Kanadischer Schild 166, 187
Kananga (Luluabourg) 75
Kanem-Bornu 84, 132
Kankan 108
Kano 88, 93, 132
Kanuri 88
Kansas 169
Kap Barrow 166
Kap der Guten Hoffnung 48
Kapland *41*, 48
Kap Lopez 82
Kap Prince of Wales 166
Kap Verde (Cap Vert) 136
Kapverdische Inseln 135, 136, 145
Kariben 174, 317
Karibische Föderation (Westindische Föderation) 174
Karibische Freihandelszone (CARIFTA) 175, 281
Karibischer Raum s. auch Westindien 170, 174, 175, 268–281
Karume, Abeid 24
Kaskadengebirge (Cascade Mountains) 169
Katanga (Schaba) 23, 70, 71, 75, 138

–, Bodenschätze 71
–, Industrialisierung 75
–, Kupferproduktion *76/77*
Kaunda, Kenneth 62
Kayibanda, Grégoire 33
Kekchí-Indianer 247
Kenia (Jamhuri ya Kenya, Republic of Kenya) 18, 20, 25–29, *26*, *27*, *28*, 148
–, Ländersteckbrief 25
Kennan, George 236
Kennedy, John F. 239, 242, *243*, 244, 387
Kenyatta, Jomo 25, 26, *149*
Ketschua 172, 289, 299
Khama, Sir Seretse 54, 67
Khoisan-Sprachgruppe 22
Kikongo 75
Kikuju *21*, 25
Kiliba 75
Kilo 75
Kindia 107
Kindu 75
King, William Lyon Mackenzie 183
Kinshasa 71, *73*, 78
Kisangani (Stanleyville) 74
Kisuaheli 11, 22, 24, 33, 75
Kivu–Nationalpark 75
Kivusee 20
Kleine Antillen, politischer Status 276 (T)
Kolb, Peter 43
Kolonialpolitik 146–151
Kolumbien (Republica de Colombia) 174, 303–307
–, Ländersteckbrief 303
–, Literatur 307
–, Kaffeeanbau *264/265*, 305, *306*
–, Wirtschaft *304*
Kolumbus, Christoph 268
Kongo 11, 12, *73*, 78, 79
–, Regenwald 11
–, Wasserführung 70
Kongo, Volksrepublik 68, 79, 80
–, Ländersteckbrief 79
–, Literatur 83
Kongoakte 12
Kongobecken 69–71
Kongokonferenz von Berlin 12, 47, 136, 146
Kongo-Ozean-Bahn 80
Kongo-Reich 11, 12, 71, 136, 137
Konkomba 116
Kordillerensystem, nordamerikanisches 169, 190
Kordillerensystem, südamerikanisches s. auch Anden 172, 282, *362*, 364
Kordofan 132
Kota Kota 23
Kotoko 81
Kourou 335
Krapf, Johann Ludwig 23
Kruger, Ohm 51, *59*
Kuando 140
Kubango 140
Kubitschek, Juscelino 343–346
Kufra 126
Kunene 138
Kunene-Projekt 66
Kupfergewinnung (Afrika) *76/77*
Kuschitische Sprachen 22
Kutako, Hosea 146

L

Labrador 166, 187, 202
Labradorstrom 190
Lacandón-Indianer 246
Lacerda, Carlos 342
Lafayette, Marie Joseph 176
Lagoa dos Patos 173
Lagoa Mirim 173
Lago Buenos Aires (Buenos-Aires-See) 379
Lago Nahuel Huapí (Nahuel-Huapí-See) 379
Lagos 88, 89, 93, 103

La-Guaira-Fälle 364
Laing, Alexander Gordon 45
Lake Saint Clair 167
Lake Superior (Oberer See) 167
Lambaréné 83
La Plata 172, 360
La-Plata-Staaten 360–381, *362/363, 368/369, 374/375*
–, Literatur 381
–, Andenvorland 364
–, Bevölkerung 365, 367
–, Bodenschätze 371, 372
–, Chaco *362/363*
–, Erschließung 365, 367
–, Gegenwartslage 380, 381
–, geographische Gegebenheiten 360–365
–, hydroelektrische Anlagen 372
–, indianische Bevölkerung 365, 367
–, Landwirtschaft 372–376
–, Litoral 360
–, Oberflächenform 364, 365
–, Patagonien *362/363*
–, Vegetation 364, 365
–, Verkehrswege 372
–, Wasserfälle 364
–, Wildtiere 365
–, Wirtschaft 366, *374/375*
La Salle, Robert de 191
Lateinamerika 246–391
–, Literatur 175
–, Castrismus 388–391
–, christlich-soziale Parteien 384
–, Ernährungsproblem 385, 386
–, Gewerkschaften 382
–, Industrialisierung 386
–, Kapitalüberfremdung 386
–, Kirche 384
–, Militär 384
–, Reformversuche 387–391
–, Regierungsumstürze *385*
–, soziale Agitation 352, 353, 384
–, US-Einflüsse 386, 387
–, Verstädterung 382
–, Wirtschaftsnationalismus 386, 387
–, Zukunftaufgaben 382–391
–, Zusammenschlüsse *389*
Lateinamerikanische Freihandelszone (ALALC, LAFTA) 175
Laurier, Wilfrid 183
La-Venta-Kultur 309
Leakey, Louis 20
Lebomboberge 141
Leeward Islands (Inseln unter dem Winde) 268, 273
Lenshina, Alice 55
Lerma 377
Lesotho (Basutoland), (Kingdom of Lesotho) 50–55, 60–67
–, Ländersteckbrief 55
Lettow-Vorbeck, Paul von 24
Liberia (Republic of Liberia) 109–110
–, Ländersteckbrief 109
–, Literatur 117
Libreville 82, 83
Libyen 118, 119, 126, 133
–, Wüstensiedlungen 124 (T)
Lima 298
Lima, Alceu de Amoroso 341
Limay, Río 379
Lincoln, Abraham 178, *183*
Lingala 75
Litoral 360
Livingstone, David 23, 46, 51
Lodagaba 94
Lomé 116
Los Glaciares 379
Lott, Texeira 343
Lourenço Marques *141*, 144
Luanda 136, 137, 139, 140
Lubumbashi (Elisabethville) 75
Luluabourg (Kananga) 75
Lumumba, Patrice 71
Lunda 140
Lundaschwelle 70
Luo 23

M

Macenta 107
Machu Picchú *296/297*, 315
Maciel, António (Conselheiro, António) 349
Mackenziedelta 166
Mackinacstraße 167
Madagaskar (République Malgache, Repolika Malagasy) 154–163, *158/159*
–, Ländersteckbrief 156
–, Literatur 163
–, Besiedlung 154
–, Bevölkerungsstruktur *161*, 162, 163
–, Binnenwanderung 162, 163
–, Entwicklungshilfe 163
–, Exportprodukte 156
–, Industrie 161
–, Klima 154–156
–, Landwirtschaft 156–161
–, Oberflächenform 154–156
–, Reisanbau 156
–, Siedlungsformen 161
–, Sozialstruktur 162, 163
–, Verkehrserschließung 161
Magalhães, Juracy 342
Magdalena, Río 304, 305
Maghreb 10
Magosi 21
Mahafaly 163
Majunga 161, 162
Makonde 101, 144
Malan, Daniel 67
Malaspinagletscher 169
Malawi (Nyasaland), (Republic of Malawi) 51–55, 60–67
–, Ländersteckbrief 58
Mali (République du Mali) 118, 127, 131, 132
–, Ländersteckbrief 121
Malinke (Mandingo) 107
Mammutbäume 169
Mamou 107
Mandaraberge 80
Mandschurisches Axiom 238
Manengoubagebirge 80
Mangbetu 74
Manitoba 192
Manyema 23
Maracaibobecken 316
Maracay 316, 324
Marampa 109
Mar Chiquita 360
Mar del Plata 370
Marihuana 250
Marokko 118, 126, 133
–, Oasenstädte 126
–, Wüstensiedlungen 124 (T)
Marshall-Plan 238
Martinique 269, *271*, 272
Marx, Burle 342
Masai 23, 25
Matabele (Ndebele) 50, 51, *97*
Matadi 78
Mato Grosso 173, 174
Maturín 320
Mauch, Karl 46
Mau-Mau-Aufstand 25
Mauretanien (Al Djoumhouriya Al Muslemiya Al Mawritaniya) 118, 127
–, Ländersteckbrief 126
–, Wüstensiedlungen 124 (T)
Maximilian, Ferdinand (von Habsburg), Kaiser von Mexico 255
Maya 251, 309–313, *312*, 315
–, Literatur 315
Mbandaka 74
Mbuji-Mayi (Bakwanga) 75
Medellín 305, 306, 307
Médici, Emílio Garrastazu 340, 359
Mendoza 364, 378
Menelik I. von Äthiopien 34
Menelik II., Kaiser von Äthiopien 34, 146
Mennoniten 192, 197, 367
–, Literatur 381
Mérida 316, 324

Merina 154, 161, 162
Meseta 172
Meskalin 250
Mesoamerika 309
Mesopotamia Argentina 373
México (República de los Estados Unidos Mexicanos) 170, 246–263, *260/261*, 308, 309, 387
–, Literatur 254
–, Azteken 308, 309
–, Bodenreform 256
–, Bodenschätze 258, 262
–, Energiebeschaffung 262
–, Erdölförderung 258
–, Erforschung 254
–, geographische Übersicht 251
–, Geschichte 254–257
–, petrochemische Industrie 262
–, Reformen 387
–, Revolution 256
–, Schwefelförderung 262
–, Verkehrsnetz 257, 258
–, Wasserversorgung 262, 263
–, Wirtschaft 257–263
México, D. F. 247
Miani, Giovanni 46
Michigansee 167
Micombero, Michel 32, 33
Milwaukeetiefe 269
Miranda, Francisco de 325
Misquito-Indianer 247
Mississippibecken 168, 169
–, Ländersteckbrief
Mississippi-Missouri-System 168
Missouri 168
Mittelamerika s. auch Zentralamerika 170, 174, 246–254, 263–267
Mixteken 309
Moanda 82
Mobutu, Joseph Désiré 71
Moçambique 66, 134, 136, 140–144
Moçambique, Insel 141
Moçâmedes 137
Moçâmedesbahn 137, 138
Moengo 334
Mogadischo 37
Monomotapa-Reich 141
Monroe, James 180, *237*
Monroe-Doktrin *237*, 238
Monrovia 109
Montagne Pelée 269, *271*, 272
Monte Albán 309
Monte Olivia 379
Montevideo 367, *368/369*
Montreal 191, 196, 197, 202, 203
Montserrat 273
Moreno, Rafael 257
Mormonen 169
Moschesch 50, 51
Mossi 150
Moto 75
Mounana 82
Mount Elbert 169
Mount Kenia 29
Mount Logan 169, 190
Mount McKinley 169
Mount Mitchell 166
Mount Nimba 107, 109
Mount Rainier 169
Mount Robson 190
Mount Whitney 169
Mpongwe 82
Msilikatsi 50
Muisca 306, 313, 314
Mutesa II. von Buganda 29, 32
Mwambutsa IV. von Burundi 32

N

Nachtigal, Gustav *45*, 46, 113, 118, 127, 144
Nahua 308
Nahuel-Huapí-Massiv 378
Nahuel-Huapí-See 379
Nairobi 28
Namib 14, 137, 138
Namibia (Südwestafrika) 54, 58–62, 146

Nampula 144
Natal 50
NATO-Bündnis 238, *245*
Ndebele (Matabele) 50, 51, *97*
Ndorobo 22
Nebraska 169
Neger in den USA *232/233*
Neubraunschweig 183, 196
Neuenglandstaaten 176
Neufrankreich 181
Neufundland 181, 183, 193
Neumexiko 218
Neuschottland 181, 183, 191, *194*, 196
Nevado de Acay 376
Nevado de Cachí 376
Nevado de Chañi 376
Nevados del Anconquija 376
New Amsterdam 331
Nguni 50, 51
Niagarafälle 167, *200/201*
Niagara River 167
Niamey 132
Nicaragua 170, 174
–, Wirtschaftsdaten 262
Niederguineaschwelle 78
Niemeyer, Oscar *338*, 342
Niger (République du Niger) 118, 127, 132
–, Ländersteckbrief 120
–, Wüstensiedlungen (T) 124
Nigeria (Federal Republic of Nigeria) 16, 18, 84–93, *90/91*, 118, 127, 131
–, Ländersteckbrief 92
–, Literatur 93, 133
–, Bevölkerungsgruppen 88, *89*
–, Bodenschätze 92, 93
–, Erdölproduktion 93
–, Erziehungswesen 88
–, Exportprodukte 92
–, Geschichte 84, 88
–, Industrialisierung 93
–, Klima 88
–, Kohlenbergbau 93
–, Kraftwerke 93
–, Landwirtschaft 92
–, Stämme *89*
–, Tribalismus 84
–, Vegetation 88
–, Wirtschaft 92
–, Zinnindustrie 93
Nigerknie 131
Nil 131
Niloten 23
Nilotische Sprachgruppe 22
Nixon-Doktrin 238
Nkrumah, Kwame 19
Nomaden 125–127
Nomadenaufstände 133
Nordamerika 164–170, 176–250
–, Literatur 175, 185
–, Anbauzonen *217*
–, Ballungszentren *224/225*
–, Baumgrenze, nördliche 166
–, Einwanderung 176–180
–, Fläche 166
–, geographische Gegebenheiten 164–170
–, Geschichte 176–180
–, Große Ebenen 169
–, Großes Becken 169
–, Indianer 179, *206/207*, 219, 220
–, Innere Tiefländer 169
–, Inneres Becken 167, 168
–, Kanada 175, 181–203
–, Klimazonen *217*
–, Kordillerensystem 169
–, Ku Klux Klan *183*
–, Nationalparks 166, 169, 190
–, Neger *232/233*
–, Negersklaven 178
–, Ostküste *224/225*
–, Rassendiskriminierung 179
–, Sezessionskrieg 179, *181*
–, Südstaaten 178, 179
–, Unabhängigkeitskrieg *176*, 179
–, Vereinigte Staaten von Amerika 204–245
Nordostafrika 34–39, *35*

395

–, Literatur 37
–, Klima 34
–, Oberflächenform 34
–, Vegetation 34
Nordrhodesien (Sambia) 50–66
Nsongezi 21
Nsukka 89
Ntare V. von Burundi 32
Nuer 97
Nupe 88, 95
Nyasaland (Malawi) 51–55, 58, 60–67
Nyerere, Julius 24
N'Zérékoré 107

O

OAG (Ostafrikanische Gemeinschaft) 33
OAS (Organisation Amerikanischer Staaten) 175
Oasen 126, 127
Oaxaca 309
Oberer See (Lake Superior) 167
Oberguinea 102–117
–, Literatur 117
–, Klima 106
–, Landschaften 106
–, Stadtanlagen 103
–, Vegetation 107
–, Zukunftsprobleme 117
Obervolta (République de Haute-Volta) 118, 127, 133
–, Ländersteckbrief 121
–, Literatur 133
Obock 36
Obote, Apollo Milton 29, 32
Obuasi 113
OEA (Organisation für die Einheit Afrikas) 68, 163
Ogbomosho 92
Ogooué 82
Ohio 168
Ojeda, Alonso de 327
Okavango 63
Oklahoma 179
Oldoway-Schlucht 20
Ontario 183, 196
Ontariosee 167
Onverwacht 334
Oppenheimer, Harry F. 149
Oranje-Freistaat 51
Oregon 218
Orinoco *318/319*
Orinocobecken 316
Osman Dan Fodio 84
Ostafrika 11, 20–39
–, Literatur 37
–, Bantu-Sprachgruppe 22
–, Erforschung 23
–, Felsbilder 21
–, Geschichte 22
–, Kisuaheli 22
–, Klima 20
–, Königreiche 23
–, Missionierung 23
–, Oberflächenform 20
–, Sprachgruppen 22
–, Vorgeschichte 22
–, Zusammenarbeit 33
Ostafrikanischer Graben 20
Ostpatagonien 379
Otomí 308
Ovambo (Ambo) 50
Ovamboland 62
Owendo 83
Owerri 88
Oxbow-Projekt 66
Oyana 331
Oyo-Reich 84

P

Pacasmayo 294
Pachacamac 294
Paëz, Pedro 41

Pampa 172, 373
Pampa del Tamarugal 283, 284
Panamá 170, 174, 180, 251
–, Wirtschaftsdaten 262
–, Übersicht 250
Panamakanal 170, 266, *252/253*
Panamakanalzone (Canal Zone) 170
Panamericana (Pan American Highway) 258, 266, 302
Panamerika, Literatur 175
–, Zusammenarbeit 174, 175
Pão de Açucar (Zuckerhut) 173
Papei (Pepel) 144
Paraguay (Republica del Paraguay) 360, 365, 367, 376, 380
–, Ländersteckbrief 370
–, Literatur 381
–, Bevölkerung 365, 367
–, Chaco 376
–, Freihäfen 380
–, Indianer 365
–, Landwirtschaft 376
–, Osten 376
–, Stadtnetze 371
–, Vegetation 364, 365
–, Verkehrswege 372
–, Wirtschaftsstruktur 380
Paraguaystrom 360, 376
Paramaribo 335
Paraná 360, 373
Paranam 334
Paraná-Paraguay-System 172
Park, Mungo 44
Passatwüste 120
Patagonien *362/363*, 371, 379
–, Literatur 381
Patagonische Kordillere 378, 379
Paterson, J. H. 212
Paysandú 367
Paz de Río 307
Pedro I., Kaiser von Brasilien 336
Pedro II., Kaiser von Brasilien 336, 341
Pelée (Montagne Pelée) 269, *271*, 272
Pemba 24
Pennsylvania Dutch 197
Pepel (Papei) 144
Perón, Juan 381, *386*, 388
Perú (Republica del Peru) 174, 293–301, 384, 385
–, Ländersteckbrief 293
–, Literatur 307
–, Baumwollanbau 294
–, Bergbau 299
–, Bevölkerung *300, 301*
–, Bodenreform 299, 384, 385
–, Cordillera Blanca 294
–, Costa 293
–, Erdölförderung 299
–, Exportprodukte 293, 294
–, Fischfang 294, *295*, 298
–, Indianer 299, *300/301*
–, Industrie 298
–, Landbevölkerung 299
–, Militärregierung 384
–, Reisanbau 294
–, Sierra 293, 298
–, Wasserversorgung 294
–, Zuckerrohranbau 294
Peters, Carl 23, 46, 149
Petrópolis 336
Pico Bolívar 316, 321
Pico da Bandeira 173
Pico da Neblina 172, 326
Pico de Março 172
Pico Duarte 268
Pico Naiguatá 316
Pico Turquino 268
Piedmontplateau 166
Pizarro, Francisco 298
Planalto Central 173, 174
Planalto de Angola 138
Plata, La 172, 360
Pointe-Noire 78, 79, 80
Popocatepetl 246
Port-Gentil 82
Port Harcourt 88, 93
Pôrto Alegre 348
Porto-Novo 117

Portugal, Afrikapolitik 134, 146
–, afrikanische Territorien 134–145, *137*
Portugiesisch-Guinea 134, 136, 144, 145
Posadas 373
Potaroflß 326
Poto Poto 79
Potosí 293, 377
Prärie 169, 188
Prébisch, Raúl 267
Prestea 113
Pretoria 58, *59*, 67
Pretorius, Andries 50
Príncipe 136
Prinz-Edward-Inseln 183, 193
Puebla 308
Puerto Chicama 294
Puerto La Cruz 320
Puerto Rico (El Estado Libre y Asociado de Puerto Rico, Commonwealth of Puerto Rico) 268, 272, 277, 280, 281
–, Ländersteckbrief 274
Puerto-Rico-Graben 269
Puna Argentina 364
Punto Fijo 321
Pygmäen 11, 22, 74

Q

Quadros, Janio 346–348
Quebec 183, 184, *188*, 191, 196, 197
Quebec Act 192
Quelimane 141, 144
Querétaro 255, 256
Quesada, Gonzalo Jiménez de 307
Quimbaya 313
Quito 302

R

Raleigh, Sir Walter 328
Rauschmittel 250
Rebmann, Johannes 23
Regenwald 69, 70
Regibat 125
Republik Südafrika s. auch Südafrika 15, 51–66, 67, 101, 148, 150
Republik Sudan 16, 127, 131, 132
Revel, Jean-François 234, 235
Rhodes, Cecil 46, 51, 54, 55, 136
Rhodesien (Republic of Rhodesia) 51, 54, 59, 62, 66, 148
–, Ländersteckbrief 58
Riebeeck, Jan van 15
Río Branco 326
Río Bravo del Norte (Río Grande del Norte) 263
Río Carcaraña 360
Río Caroní-Kraftwerke 317
Río Cauca 304–306
Río Chama 316
Río Chubut 360, 379
Río Colorado 360
Río Cuarto 370
Rio de Janeiro 336, 341, *344/345*, 352, *356/357*
–, Kriegsschule 343, 348
Río de Oro 133, 145
Río Dulce 360
Río Gallegos 360, 379
Río Grande 379
Río Grande del Norte (Río Bravo del Norte) 263
Río la Plata 172, 360
Río Limay 379
Río Magdalena 304, 305
Río Negro 360
Río Paraguay 360, 376
Río Primero 360
Río Salí 360
Río Santa Cruz 360
Río Segundo 360
Río Tercero 360, 364
Río Uruguay, Salto Grande 364

Roanoke 166
Roca, Julio 379
Rocky Mountains 169, 190
Rodríguez, Rafael Caldera 325
Rogers, William P. 245
Rohlfs, Gerhard 127
Rokelfluß 108
Rokupr 108
Roosevelt, Franklin D. 236, 237, *239*
Roosevelt, Theodore 180, 386
Roraima 317, 326
Rosario 370
Rudolfsee 20
Ruprecht, Prinz von der Pfalz 191
Russell, Richard 244
Ruwenzori 20, 75
Rwanda (Republica y'u Rwanda, République Rwandaise) 20, 23, 32, 33
–, Ländersteckbrief 33
–, Literatur 37, 83

S

Saguia el Hamra 145
Sahara 10, 11, 47, 118–127, *124*
–, Literatur 44
–, Chotts (Schotts) 124
–, Dattelpalmenbestände 125 (T)
–, Karawanenstraßen *46*, 47
–, Klima 120, 121
–, Länder mit Wüstenanteil 126 (T)
–, Landschaftsbild 124
–, Sebchas (Sebkhas) 124
–, Siedlungen 124 (T)
–, Wasservorräte 124
Saharaländer 118–127, 133
–, Literatur 133
–, Entkolonialisierung 133
–, Kolonialisierung 133
–, Unabhängigkeit 118
Sahel 127, 130
Saint Clair River 167
Saint Elias Mountains 169
Saint Louis/Miss. *230*
Saint Lucia 281
Saint Mary's River 167
Saint-Pierre-et-Miquelon 186, 192
Saint Vincent, Soufrière 272
Sakalava 154
Salta 364, 377
Salto 367
Salto Angel 317
Salto Grande 364
Sambesi 66, *142/143*
Sambia (Republic of Zambia) 50, 54, 55, 61, 62, 66
–, Ländersteckbrief 55
Samory 110
San Augustín 314
San Carlos de Bariloche 379
San Cristóbal 324
Sandawe 22
Sangho 79
Sankt-Lorenz-Seeweg (Saint Lawrence Seaway) 167, 203
Sankt-Lorenz-Strom 167, *188/189*
Sankt-Lorenz-Tiefland (Saint Lawrence Lowlands) 167, 187, 190, 202
San Lorenzo 370
San Martín de los Andes 379
San Martín, José de 377
San Miguel de Tucumán 361, 377
San Nicolás de los Arroyos 370
San Salvador de Jujuy 364, 377
Sansibar 23, 24
Santa Cruz, Río 360
Santa Isabel 83
Santo António do Zaire 136
Santo Domingo 268
Santo Tomé de Guayana 317
São Paulo 336, 341, *352*, 355–358
São Salvador do Congo 79
São Sebastião 141
São Tomé 136
Saskatchewan 192, 199
Schaamba 125

Schaba s. auch Katanga 23, 70, 71, 75, 138
Schweinfurth, Georg 46
Schweitzer, Albert 83
Sebetwane 50
Sefwi Bekwai 113
Ségou 44
Selten 126
Senegal (République du Sénégal) 118, 130
–, Ländersteckbrief 127
Senegambien 136, 144
Senghor, Léopold Sédar 101
Senussi 150
Sequoia-Nationalpark 169
Serengeti 20
Serra da Chela 138
Serra da Mantiqueira 173
Serra do Mar 173
Serra dos Orgãos 173
Sertão 352
Shenandoah-Nationalpark 166
Sierra de Famatina 377
Sierra de las Animas 364
Sierra de Perija 316
Sierra Leone 103, 108, 109
–, Ländersteckbrief 108
–, Literatur 117
Sierra Leone River 108
Sierra Nevada 169
Sierra Nevada de Santa Marta 304
Simengebirge 34
Simonstown 59
Sioux 196
Sisalanbau 30, 31
Sklavenhandel 23, 136, 137, 146, 176
Smith, Ian 54
Smuts, Jan Christiaan 58
Sobhuza II., Swasi-König 54
Somalia (Al Jumhuriya Al Dimuqratiya Somaliya, Somali Democratic Republic) 18, 34, 36, 37
–, Ländersteckbrief 37
–, Literatur 37
–, Entwicklung 35
Sotho 50
Soufrière von Guadeloupe 272
Soufrière von Saint Vincent 272
Soweto 57
Spanisch-Sahara 118, 133, 145
–, Literatur 145
Speke, John Hanning 23
Stanley, Henry Morton 43, 45, 46, 47, 78
Stanley Pool 78
Stanleyville (Kisangani) 74
Südafrika, Republik (Republiek van Suid Afrika, Republic of South Africa) 15, 51–66, 101, 148, 150
–, Ländersteckbrief 51
–, Literatur 67
–, Apartheid-Politik 55, 56/57, 58, 67, 150
Südafrika, Union 51
Südamerika 170–174, 282–391
–, Literatur 175, 307, 315
–, Andenländer 282–315
–, Brasilien 336–359
–, Campos cerrados 173, 174
–, Campos limpos 174
–, Cerradão 174
–, geographische Gegebenheiten 170–174
–, Glockenberge 173, 326
–, Grande Pantanal 173
–, Großräume 172
–, Guayana-Länder 326–335
–, Hochkulturen 313–315
–, Hochkulturen, Literatur 315
–, Hyläa 174
–, Indianer 172, 174, 290/291, 300/301, 350/351
–, La-Plata-Staaten 360–381
–, Temperaturzonen 172
–, Viehwirtschaft 374/375
Sudan 11, 15, 103, 118
Sudangürtel 120, 121, 130–132
–, Klima 131

–, Tierwelt 131
–, Vegetation 130, 131
–, Wasserlandschaften 131
Sudanländer 127–133
–, Literatur 133
–, Entkolonialisierung 133
–, Geschichte 132, 133
–, Kolonialisierung 133
–, Unabhängigkeit 118
–, Viehzucht 131, 132
Sudan, Republik 16, 127, 131, 132
Sudansavanne 106
Sudbury 202
Südliches Afrika 14, 15, 48–67
–, Literatur 67
–, Entwicklungshilfe 61
–, Entwicklungsschwerpunkte 61–63
–, Geschichte 14, 15, 48–54
–, Große Randstufe 14
–, Infrastruktur 60, 61, 66
–, Klima 14
–, Kolonialisierung 50, 51
–, Oberflächenformen 14, 48, 62
–, Savannengürtel 48
–, Staatenbildung 54–59
–, Tribalismus 55
–, Unabhängigkeitsbestrebungen 51
–, Vegetation 48
–, Völkerwanderungen 61
–, Wassermangel 60
–, Wirtschaft 48, 49, 59–63
–, Zusammenarbeit 63–67
Südrhodesien s. Rhodesien 51, 54, 59, 62, 66, 148
Südwestafrika (Suidwes Afrika, South-West Africa, von der UNO Namibia genannt) 54, 58, 61, 62
–, Ländersteckbrief 54
Suezkanal 59
Sumter, Fort 179
Surinam (Suriname) 326, 328, 329, 330, 331–335
–, Ländersteckbrief 334
–, Wilhelminagebirge 326
Surinamefluß 334
Sverdrupinseln 183
Swasi 50, 64, 65
Swasiland (Swaziland) 50, 51, 54, 62, 63
–, Ländersteckbrief 55
Syrten 10

T

Tadjoura 36
Tafilâlt 126
Tal des Todes (Death Valley) 169
Talensi 97
Tamanrasset 126
Tamatave 161, 162
Tananarive 154, 159, 161, 162, 163
Tanasee 34, 40
Tanganjika 24
Tanganyika African National Union (TANU) 24
Tansania (Jamhuri ya Tanzania, United Republic of Tanzania) 20, 23–25
–, Ländersteckbrief 23
Tarasken 309
Tarkwa 113
Tehuantepec, Isthmus von 166, 170, 250
Teleki, Samuel, Graf 23
Temne 108
Tenochtitlán 308
Teotihuacan 249, 309
Téran, José Hernández 257
Terry, Belaúnde 384
Tete 141, 144
Texas 169, 218
Texcoco 308
Thatcher-Ferry-Bridge 252, 266
Thunder Bay 203
Tiahuanaco 314
Tibbu (Tubu) 125
Tibesti 118, 124, 125, 126, 133
Tierra caliente 172
Tierra fría 172

Tierra helada 172
Tierra templada 172
Tigre 34, 370
Tijucamassiv 173
Tikal 311
Timbuktu 44, 45, 132
Tippu-Tip (Hamed bin Mohammed) 23
Titicacasee 288, 290/291, 314
Tiv 88, 97
Tlacopán 308
Tlaxcala de Xicoténcatl 308
Tobago 175, 273, 274, 276, 277, 280
Togo (République Togolaise) 113–116, 114/115
–, Ländersteckbrief 113
Togo-Atakora-Gebirge 116
Tolbert, William R. 110
Tolteken 309, 315
Toluca de Lerdo 308
Tordesillas, Vertrag von 327
Toronto 192, 198, 202, 203
Totonaken 308, 309
Touré, Sékou 107
Transkei 58, 65, 67
Transvaal 50, 51
Trek, Großer 15
Tribalismus 55, 84
Trinidad und Tobago (Trinidad and Tobago) 175, 273, 276, 277, 280
–, Ländersteckbrief 274
Trio 331
Tristão, Nuno 144
Truman, Harry S. 237, 239
Truman-Doktrin 237
Tschad (République du Tschad) 118, 127, 131, 132
–, Ländersteckbrief 120
–, Wüstensiedlungen 124 (T)
Tschadsee 128/129, 131
Tschaka 15, 50
Tschombé, Moïse 71
Tschwana (Betschuana) 50
Tsimihety 154, 163
Tswanaland 67
Tuareg 122/123, 125
Tubman, William V. S. 110
Tubu (Tibbu) 125
Tucumán (San Miguel de T.) 361, 377
Tula 312
Tunesien 118, 126
–, Wüstensiedlungen 124 (T)
Tupamaros 390
Tupí 174

U

Ubangi 74, 78, 79
Uganda (Republic of Uganda) 23, 24, 29–32
–, Ländersteckbrief 29
Ujiji 23
Uli-Ihiala 88
Umbanda 354
United States of America s. auch Vereinigte Staaten von Amerika 204–245
United States Range 190
UNO-Wirtschaftskommission für Lateinamerika (CEPAL) 175
Uruguay (Republica Oriental del Uruguay) 360, 364–367, 368/369, 371–373, 380
–, Ländersteckbrief 370
–, Literatur 381
–, Banda Oriental 365
–, Bevölkerung 367
–, Landwirtschaft 372, 373
–, Litoral 367
–, Stadtnetze 371
–, Vegetation 364, 365
–, Verkehrswege 372
–, Wirtschaftsstruktur 380
Uruguayfluß, Salto Grande 364
USA s. auch Vereinigte Staaten von Amerika 204–245
Ushuaía 379

V

Valdiviesokette 379
Valencia 316, 324
Vargas, Getulio 341, 342
Vendaland 67
Venezuela (República de Venezuela) 174, 316–325
–, Agrarstruktur 324 (T)
–, Bergbau 317
–, Bergland von Guayana 317
–, Bevölkerung 320
–, Bodenreform 321
–, Cordillera de Mérida 316
–, Erdölwirtschaft 316, 321, 322/323
–, Export 324 (T)
–, Geschichte 325
–, Großlandschaften 316, 317
–, Industrie 321
–, Infrastruktur 321, 324
–, Landwirtschaft 321
–, Llanos 317, 320
–, Oberflächenform 316, 317
–, Orinoco 318/319
–, Schulwesen 324 (T)
–, Schwerindustrie 317
–, Serranía del Interior 316
–, Sierra de Perija
–, Verstädterung 324, 325
–, Wirtschaft 328
Vereinigte Staaten von Amerika (United States of America, USA) 204–245
–, Ländersteckbrief 208
–, Literatur 175, 185, 235
–, Afrikapolitik 152
–, American Way of Life 221–226
–, Armut 230, 231
–, Außenpolitik 180, 236–245, 239
–, Bergbauproduktion 227 (T)
–, Bevölkerungsentwicklung 219 (T)
–, Congressional Township-Landaufteilung 219
–, Cuba-Krise 238
–, Einwanderung 219–221, 219 (T)
–, Eisenhower-Doktrin 238
–, Fläche 208
–, Formosa-Krise 238
–, Gegensätze, innere 204–208
–, geographische Bedingungen 208–216
–, Geschichte 176–180, 240/241
–, Große Ebenen 169, 213
–, Größe und Reichtum 209 (T)
–, Großräume 208–216
–, Heu- und Milchgürtel 212
–, Homestead Act 219
–, Industrialisierung 223, 226–228
–, Innere Tiefländer 169
–, Inneres Becken 167, 168
–, Interventionen 237–245
–, Isolationismus 236
–, Kalter Krieg 237
–, Klassengesellschaft 229–233
–, Klima 213–216
–, Krise 234, 235
–, Landnahme 216–218
–, landwirtschaftliche Anbauverhältnisse 212
–, Landwirtschaftsgürtel 212
–, Lebensstandard 228
–, Louisiana Purchase 218
–, Maisgürtel (Corn Belt) 212
–, Mandschurisches Axiom 238
–, Marshall-Plan 238
–, Mittlerer Westen 212, 213
–, Mobilität 227, 228
–, Monroe-Doktrin 238
–, nachindustrielle Gesellschaft 228, 229
–, NATO-Bündnis 238
–, Neger 232/233
–, Nixon-Doktrin 238
–, Ostküste 224/225
–, Präsidentenporträts 210/211
–, Progressivismus 226
–, rassische Minderheiten 231, 232/233
–, Revolution, innere 235
–, soziales Wertungssystem 208, 221–226, 234
–, Sozialfürsorge 231

–, Stromproduktion 227 (T)
–, Südostasien-Politik 242–245
–, Sufficiency-Politik 245
–, Truman-Doktrin 237
–, Überengagement 243–245
–, Unabhängigkeit 218
–, Verkehrsnetz 227
–, Verstädterung 222 (T), *223*
–, Verteidigungspakte *244, 245*
–, Volkssouveränität 208
–, Weizenanbau 212
–, Westen *213*, 216
–, White Collar Revolution 229
–, Wohngettos 231
Verwoerd, Hendrik 67
Victoriasee 20
Vietnam-Politik *239*, 242–245, *243*
Vila de Sena 141
Villa, Pancho 256
Villa Cisneros 145
Villa Constitución 370
Virginia 176, 179
Virunga 20
Volksrepublik Kongo (République Populaire du Congo) 68, 79, 80
–, Ländersteckbrief 79
–, Literatur 83
Volta Redonda 341
Vorster, B. Johannes 150
Vridikanal 111
Vulkanismus 269, 272

W

Wärmewüste 121
Washington, George 176, *179*, 236
Washington D. C. *224*
Webi Ganane (Jubafluß) 34
Webi Schebeli 34

Wendekreiswüste 120
Westafrika 12, 14, 102–117
–, Literatur 117
–, Städtische Bevölkerung *111*
–, wirtschaftliche Zusammenarbeit 14
Westbantu 139
Western Mountains 169
Westindien (Karibischer Raum) 170, 174, 175, 268–281
–, Literatur 281
–, agrarsoziale Struktur 276, 277
–, Assoziierte Staaten (WIAS) 175
–, Außenhandel 276 (T), 280
–, britischer Kulturraum 268
–, Entkolonialisierung 272, 273
–, Exportprodukte 276
–, Flugverkehr *275*
–, französischer Kulturraum 268
–, Freihandelszone 175
–, Fremdenverkehr *269*, 280
–, geographische Gegebenheiten 170
–, Industrialisierung 277–281
–, Klima 272
–, Oberflächenform 268–272
–, politischer Zusammenschluß 175
–, rassische Gliederung 273, 274
–, Sozialstrukturen 273, 274
–, spanischer Kulturraum 268
–, Städte 274
–, Übervölkerung 273, 274
–, Vegetation 272
–, Vulkanismus 269, *270/271*, 272
–, Wirtschaftsstrukturen 273, 275–281
–, Zuckerrohranbau 273, 275–277
Westindische Föderation (Karibische Föderation) 174
Westmoreland, William C. 242
Wilhelminagebirge 326
Wilson, Woodrow 236
Windward Islands (Inseln über dem Winde) 268, 269, *270/271*, 272, 273

Witu 24
Wouri 81
Wüsten 10, 11, 14, 48, 118–127, 284
–, Tuareg *122/123*, 125

X

Xochimilco 308

Y

Yaoundé 82
Yarmolinski, Adam 239
Yellowstone-Nationalpark 169, *214/215*
Yosemite-Nationalpark 169
Yucatán 170, *248, 249*, 311–313
–, Maya-Hochkultur *248, 249*, 311–313
Yukon Plateau 169, 190
Yukonterritorium 166

Z

Zaire (République de Zaïre) 18, 68, 69, 71–78
–, Ländersteckbrief 75
–, Bodenschätze 71, 75
–, Industrialisierung 75
–, Klima 69
–, Landnutzung *74*
–, Ostprovinz 74
–, Provinz Bandundu 78
–, Provinz Equateur 74
–, Provinz Kasai 75
–, Provinz Katanga (Schaba) 23, 70, 71, 75, *76/77*, 138

–, Provinz Kinshasa 78
–, Provinz Kivu 75
–, Provinz Zentralkongo 78
–, Sprachen 75
Zapata, Emiliano 256
Zapoteken 309
Zárate-Campana 370
Zaria 89, 93
Zenitalregen 69
Zentralafrika 11, 68–83, *68*
–, Literatur 83
–, Klima 11, *70*
Zentralafrikanische Föderation 54
Zentralafrikanische Republik (République Centrafricaine) 68–70, 78, 79, 127
–, Ländersteckbrief 78
–, Literatur 83
Zentralafrikanischer Graben 20
Zentralafrikanische Zoll- und Wirtschaftsunion 80
Zentralamerika 170, 174, 246–254, 263–267
–, Literatur 175, 254, 315
–, Bevölkerungswachstum *259*
–, Erforschung 254
–, Exportprodukte 266
–, Feudalstrukturen 266
–, Gemeinsamer Markt (MCC) 174, 175
–, geographische Gegebenheiten 170, 251
–, Hochkulturen *248/249*, 308–313
–, Hochkulturen, Literatur 315
–, Kaffeanbau *264/265*
–, Landwirtschaft 263, 266
–, Vulkanzone 170
–, Wirtschaft 262, 263–267
Ziegeninsel (Goat Island) 167
Zuckerhut (Pão de Açucar) 173
Zulu 50, 51, 67, 150
Zweig, Stefan 336, 358

Fotonachweis

Farbe: aaa-photo, Paris – Fievet (1) – Meyers (1) – Naud (1); Agfa-Gevaert Color-Bildarchiv (1); Peter W. Bading, Anchorage (1); Bavaria-Verlag, Gauting (1) – Almasy (1) – Dr. Bleuel (1) – Brauns (1) – Comet (1) – Kunitsch (1) – Muschenetz (1) – Strobel (1) – World Photo Service (1); Klaus Boeckler, München (7); Cedri, Paris (3); Ilse Collignon, München – Black Star (1); Prof. Dr. W. Czajka, Göttingen (6); dpa, Frankfurt (10); FPG, New York (7); Dr. Peter Fuchs, Göttingen (3); Gerhard Grau, Waiblingen (4); Dr. Klaus Grenzebach, Gießen (2); Güntherpress, Lübeck (4); Ray Halin, Paris (2); Harry Hamm, Weiß b. Köln (3); Rudi Herzog, Wiesbaden (5); Thomas Höpker, München (6); Institut für Auslandsbeziehungen, Stuttgart (1); Internationales Bildarchiv Horst von Irmer, München (21); Kanadisches Fremdenverkehrsamt, Frankfurt (1); Dr. Herbert Kaufmann, Stotzheim (23); Horst Kipper, Sennestadt (2); Dr. Hans Kramarz, Bonn-Beuel (6); laenderpress, Düsseldorf (2) – Magnum (4); Mauritius Verlag, Mittenwald – Brausse (1) – Schäfer (1) – Schmidt (1); Prof. Dr. Horst Mensching, Hannover (1); Klaus Natorp, Bad Homburg (1); Carl E. Östmann, Bromma (9); Pontis-Photo, München (1) – Janicke (1) – Lebeck (5); Dr. Franz A. Rosenberger, Bonn-Bad Godesberg (3); Hans Roßdeutscher, Bielefeld (2); Prof. Dr. W. D. Sick, Freiburg (1); Siemens, München (1) – Boeckler (1); Staatl. Museum für Völkerkunde, München (2); Time-PR, Düsseldorf (4); USIS, Bonn-Bad Godesberg (1); Verlagsgruppe Bertelsmann, Bildarchiv, Gütersloh (1); Prof. Dr. Wolfang Weischet, Bad Krozingen (1); Zefa, Düsseldorf (5) – Dr. Andres (1) – Bitsch (2) – Carlé (1) – Friedmann (2) – Hoffmann-Burchardi (1) – Janoud (2) – Kurz (2) – Liesecke (1) – McGeorge (1) – Sirena (1).

Schwarzweiß: Paul Almasy, Neuilly (1); Alois Ph. Altmeyer, Bonn-Röttgen (1); AP, Frankfurt (3); Archiv für Kunst und Geschichte, Berlin (1); Archiv Gerstenberg, Frankfurt (5); Bavaria-Verlag, Gauting – van de Poll (1); dpa, Düsseldorf (7); fotopresent, Essen – Silvester (2); Harry Hamm, Weiß b. Köln (8); Adelheid Heine-Stillmark, Karlsruhe (1); Institut für Auslandsbeziehungen, Stuttgart (2); Dr. H. Kaufmann, Stotzheim (10); Pontis-Photo, München (1) – Friedel (5) – Höpker (14) – Lebeck (4) – Ramer (5); Ulrich Richters, München (1); The South African Information Service, Pretoria (1); Südafrikanische Botschaft, Köln (1); Süddeutscher Verlag, München (2); Staatl. Museum für Völkerkunde, München (1); Staatsbibliothek Stiftung Preuß. Kulturbesitz, Bildarchiv, Berlin (6); Stern-Archiv, Hamburg (6); Zefa, Düsseldorf – Liesecke (1); Prof. Dr. Otto Zerries, München (1).